華東政法大學

建校六十周年《法学》创刊五十六周年文丛

总主编／何勤华 杜志淳

法学的历史

第 2 卷

1958年

主　编／王立民
副主编／陈灵海 高珣 练育强

法律出版社
LAW PRESS·CHINA

主编简介

王立民

1950年生，浙江宁波市人。法学博士，现任华东政法大学教授、博士研究生导师、博士后合作导师。兼任教育部高等学校法学学科教学指导委员会委员、全国自学考试法学专业委员会委员、“东方讲坛”特聘讲师、上海市政治学会副会长等职。

曾任华东政法大学副校长、德国帕桑大学和日本青山学院大学客座教授，曾兼任中国法律史学会执行会长、国家司法考试协调委员会协调委员等职。

已出版《上海法制史》、《唐律新探》、《古代东方法研究》、《法律思想与法律制度》、《中国法制与法学教育》和《上海租界法制史话》等专著多部，主编著作30余部，参编著作近30部，在《法学研究》、《中国法学》等刊物发表论文280余篇。获国家省部级学术、教育成果奖项10余项。

享受国务院政府特殊津贴，全国优秀教师、国家精品课程《中国法制史》负责人、马克思主义理论研究和建设工程《中国法制史》首席专家、国家重点学科法律史和国家级教学团队法律史的主要成员之一、国家级教学成果二等奖的获得者、“当代中国法学名家”、首届“上海高校教学名师”、上海市领军人才、“上海市教育科研工作先进个人”、“上海市教育系统法制宣传教育优秀校长”，多次被在校学生评选为“我心目中的十佳教师”。

副主编简介

陈灵海

1972年生，浙江海盐人。华东政法大学法律学院副教授、硕士研究生导师，华东政法大学外国法与比较法研究院研究员，中国社会科学院法学研究所博士后研究人员。2004年获法学博士学位。2005年赴英国牛津大学Oriel学院访学。

目前主要从事唐代格、敕等法律形式的复原、整理与研究。曾出版《唐代刑部研究》（专著）、《法律、社会与思想》（合著）等著作，发表《梁启超以来的中国传统法律样式研究》、《英国法史学的“汉马克拉维”》等学术论文。

高　珣

1977年8月生，福建省漳州市人。华东政法大学法学博士。现任华东政法大学教务处副处长，副教授。兼任中国儒学与法律文化研究会秘书长，上海市法治研究会副秘书长。

主要研究方向为中国法律史、法律文化。出版专著《隋朝法制与统一秩序研究》。

练育强

1973年生，江苏东台人。华东政法大学法学博士。现任华东政法大学科学研究院助理研究员，中国政法大学法学博士后研究人员。

已出版《城市·规划·法制——以近代上海为个案的研究》（专著）、《上海租界法制研究》（主编）、《中国法律思想史》（副主编）、《法文化与构建社会主义和谐社会》（参编）等著作，在《法学》、《政治与法律》、《社会科学》、《华东政法大学学报》、《法制日报》、《中国社会科学报》等报刊发表论文20多篇。主持国家社会科学基金青年项目、博士后科学基金项目、上海市教育科学研究市级项目，参与最高人民法院重点研究项目、上海市哲学社会科学规划项目等课题10多项。

解放思想是法学进步的原动力
（代总序）

1981 年 11 月，由华东政法大学主办的《法学》复刊了。它的复刊，源自 1978 年年底的那场解放思想运动。

回顾新中国 60 多年的历史，我们可以清楚地看到，我们国家的发展，大体可以 30 年为时段分为前后两个阶段。前 30 年，我们党在治理国家的指导思想方面，出现了“左”的倾向。从“批武训传”、批俞平伯的红楼梦研究、批胡风“反革命集团”到 1957 年“反右”运动扩大化、1962 年提出“以阶级斗争为纲”，直至 1966 年爆发“文化大革命”，“左”的思想不断升级，最终导致国民经济濒于崩溃、各项建设事业停滞、学术（包括法学）陷入一片沙漠状态。

1978 年年底，中国共产党召开了十一届三中全会，实行改革开放之国策，社会各界解放思想，因而改变了整个中国的面貌，也迎来了法学研究的春天，导致了《法学》的复刊。自那时以来，我们也已经走过了整整 30 年。在这 30 年中，《法学》在上级部门的领导下，通过全体办刊人的持续努力，紧贴时代发展的脉搏，跟踪社会发展的前沿，及时回应法律界所遇到的热点和难点问题，发表了一大批高水平的作品，对我国的立法、执法和司法实践形成了重要的理论支持，在学术界乃至全社会产生了巨大影响力，推动了改革开放以后中国法律和法学的进步与繁荣。

在回顾总结《法学》30 年历程，探索法学理论与法律实践互动之规律时，我们感受最深的一点就是，解放思想是法学进步、繁荣的原动力，没有中国的改革开放和解放思想，就没有中国法律和法学的今天，更没有《法学》的今天。

一

关于解放思想，邓小平同志有一个定义，就是“解放思想是指在马克思主义指导下打破习惯势力和主观偏见的束缚，研究新情况，解决新问题”。① 这个定义，包含了三个要素：（1）马克思主义的指导，讲的是政治立场和认识论、方法

① 《邓小平文选》（第 2 卷），人民出版社 1994 年第 2 版，第 279 页。

论；(2)打破习惯势力和主观偏见的束缚，这既包括政治体制上的，也涉及其他各个领域里的；(3)研究新情况、解决新问题，就是要跟上社会发展的步伐，与时俱进。因此，在某种意义上可以说，解放思想的精神实质就在于：一是说真话；二是实事求是；三是不唯书、不唯上；四是打破不合理的偏见和传统；五是在理念、观点和制度上创新。

30年来，《法学》就是贯彻了这一精神，解放思想，不断进步。其中，冲破政治上习惯势力和主观偏见的束缚，提高法学研究在我国政治体制改革中的贡献度，是《法学》首先关注的重点。众所周知，法律与政治紧密相关，法学研究也与社会的政治决策息息相关。要使法学研究对同时代的乃至以后的政治决策有所贡献，必须解放思想。换言之，法学研究在推动社会政治体制改革、回应社会重大政治问题时，如能解放思想、提出有真知灼见的建言建策，就会大大彰显法学研究的贡献。1982年春天，当我国立法机关将宪法草案提交全国人民讨论时，《法学》月刊社就召集各方面专家，就其内容进行广泛讨论，参与者有徐盼秋、潘念之、肖蔚云、高恭佑、浦增元、孔令望、陈云生、胡土贵、周天平等众多法学界知名人士。各位专家学者解放思想，破除禁忌，充分讨论，各抒已见。《法学》在第6期、第7期连续刊登了他们的建言建策，对我国宪法内容的确定产生了很大的影响。

1982年9月1~11日，中国共产党第十二次全国代表大会召开，大会通过的新党章明确规定："党必须在宪法和法律的范围内活动。"但是，如何理解和执行党章的这一规定，许多党员甚至党的领导干部对此还存在许多疑问。当时，许多领导都曾提出了"到底是法大，还是党委大"的疑问；也有领导认为，规定党必须在宪法和法律范围内活动，就会束缚自己的手脚，妨碍开创新局面。针对党的十二大召开后社会上和党内存在的这些想法，《法学》1982年第11期刊登了楚云飞的文章《在宪法和法律范围内活动是党的一项重要原则》，系统阐述了党章这一规定的法理基础，强调我们必须解放思想，充分认识这一规定对推进我们执政党的建设和推动我国社会主义法制发展，全面开创社会主义现代化建设新局面的极其重要意义。

随着1992年10月12~18日党的十四大提出建设社会主义市场经济的改革目标后，我国市场经济发展迅速，宪法的许多规定就显得落后于客观形势的发展了，但是，真的要提出修宪的主张，在当时还是存在一定风险的。《法学》就在这一点上，以极大的理论勇气，于1992年第12期，以纪念宪法诞生10周年为契机，发表了评论员文章《修宪：市场经济发展的必然要求》。该文指出，修宪问题，无论从宪法学抑或法理学角度来看，应属技术性问题。然而，由于特定的历史条件，重提修宪问题，就不能不在某种程度上引起人们的高度警觉和重视。但是，社会主义市场经济的发展，出现了众多宪法上没有规定的事项。例如，"随着改革开放的不断发展，出现了多种经济形式并存的局面，特别是许多合营、合资、私营企业的出现，能否对这些经济形式进行保护，关系到改革开放能否向纵深发展的问题，而宪法对此并未规定"。同时，改革开放需要合法地出租、转让土地，而这一点也是宪法禁止的。因此，在适应社会主义经济发展和改革开放的历史要求下，1988年，我们就对宪法进行了修改，允许私营经济形态的存在，以及取消了对土地出租和转让的禁令。现在，改革开放的进程和社会的发展，又一次需要我们对宪法做更大范围的、更大规模的修改，我们应当与时俱进，完成这一历史使命。在发表评论员文章的同时，这一期还刊登了孙潮、戚渊的《论确立市场经济的宪法地位》、李伟的《宪法权威论》、李步云的《不断完善中国人权的保障体系》等文章，对修宪涉及的各个领域的一些重要问题作了阐述。《法学》的这些文章，虽然发表在邓小平同志1992年南方讲话之后，但此时在我国，修宪问题还是一个禁区，因此，发表上述言论还是冒了一定政治风险的。

在法理学领域，关于法的定义这一核心问题，在新中国成立的前30年，基本上是"阶级斗争论"、"阶级意志论"一统天下。要冲破这一禁区，必须鼓足勇气，在法学理论上来一个大胆的突破。而在这方面，《法学》也走在了全国研究的前列。1986年，《法学》在第1期《新年寄语慰读者》中，率先提出："科学是没有禁区的，有禁区就不会有发展和深入。法学研究也是如此。""近年来，我国法制建设和法学研究的现状表明，法学理论的研究正面临着改革和挑战，无论在内容和方法上都亟须有新的突破。""我们认为，无论是基础法学还是应用法学的研究，都应该把焦点对准现实中涌现出来的或者是历史上没有解决的问题，应该重视和倡导'问题法学'的研究。"

同期刊登的《中国法制报》政治评论部主任张宗厚的《对法的三个基本概念的质疑》一文，对现行的法的定义中三个核心命题——"法律是阶级社会特有的现象"、"统治阶级意志论"和"阶级性是法的唯一属性"进行了质疑，提出了不同观点，并予以系统阐述。同期还刊登了陈浩然的《对"质疑"的质疑》一文，与张宗厚文中的观点进行了讨论和争辩。《法学》1986年的《新年寄语慰读者》和张宗厚、陈浩然文章的发表，在我国法学界激起了巨大的冲击波，给我们的思想以极大的震撼。因为直到20世纪80年代中期，上述从苏联引进的关于法的定义的三个核心命题，是我们熟悉并认为是天经地义的，几乎从未有人提出质疑。而张宗厚的文章则颠覆了我们的传统法学观，其震动不能说不大。而陈浩然的文章，虽然是对张宗厚观点的反质疑，阐述的力度相对小一些，但陈文给学术界带来的推进学术研究“百花齐放、百家争鸣”的贡献，则有目共睹。

在法学研究发展中，一直让我们法律人纠结的就是政治与法律的关系问题。而在阐述法律与政治之关系时，思想最为解放的文章，就是陈鹏生在《法学》1987年第1期发表的《没有法律的政治是危险的政治——法学研究的反思》一文。文中指出：“本来，政治和法律都是上层建筑的组成部分，相互作用，共同为自己的基础服务，是马克思主义的常理。但是，由于高度集权思想的影响，政治被强调到可以冲击，甚至代替一切的荒谬地步。政治与法律相互作用的关系，变成政治决定法律的关系。而按照‘左’的一套理论的逻辑推导，政治就是阶级斗争，阶级斗争就是敌我矛盾。于是服务于并决定于政治的法律，就只能是以阶级性作为自己的唯一的质的规定性，以‘阶级斗争的工具’作为自己的唯一职能了。以法作为自己研究对象的法学，当然也只能是‘阶级斗争’的[学问了]。”

作者认为，这种理论的后果，一方面，使法律失去了自己的独立性，唯政治需要决定自己的兴废存亡：政治安定时，法律成为民主的点缀；政治严峻时，一言可以废法，实际上是以“人治”代替了“法治”。另一方面，也把法律与阶级斗争捆在了一起，使法律与政治一起成为学术讨论和争鸣的禁区，“一旦涉及，就‘以言治罪’，出现‘文笔贾祸’，法学研究也就不复存在”。作者进一步指出：“我们的民主，首先是制度，然后才是干部的思想作风。否则民主就会随领导的喜怒哀乐而变样。因此，要政治民主化，就应该依靠法律制度，保障民主不会因领导人的改变而改变，也不能因领导注意力的转移而改变。我们的法学家，应该通过对法制建设深刻的历史反思，从理论上令人信服地告诉人们千万不要忘记一条历史教训：政治离不开法律，没有法律的政治，是危险的政治、灾难的政治。”因此，为了防止这一点，我们必须研究如何通过法律来保障公民权利义务一致性原则的确立和实施，以及这种意识的形成。

应该说，作者关于“没有法律的政治就是危险的政治、灾难的政治”的观点，不仅是对中国“重政治，轻法律”，崇尚“人治”，轻视“法治”之传统的深刻揭示和批判，而且也阐明了理顺法律与政治的关系，对防止历史悲剧的再次发生、建设社会主义法治的重要意义。应该说，在当时的环境下，没有思想的解放，是不可能有如此大的理论勇气提出这么尖锐和鲜明观点的。①

① 就在此文发表两年前，谢次昌在“论政治与法律的关系”一文中，还强调“政治与法律相比，政治总是处于主导地位，法律的制定和实施必须服从政治的需要”，载《法学》1985年第5期。

二

解放思想也促进了法学研究在我国经济体制改革中推动作用的发挥。1982年中期，随着我国改革开放的深入，社会主义经济体制转型，经济领域犯罪日益增多且形态各异，尤其是许多正常的经济活动和犯罪行为容易混淆，这对我国的法学理论研究和定罪量刑等都提出了严峻挑战。《法学》解放思想，敢于打破常规，使法学研究及其对司法实践的指导走在了全国的研究前沿。《法学》1982 年第 7 期刊登的一组关于“职工受外单位聘用接受高额报酬是否构成犯罪”的讨论文章，就是突出的一例。

当时，随着打击经济领域犯罪的深入展开，不少单位和群众对一些在职的或退休的职工受外单位聘请、接受高额报酬的行为，向有关机关举发。当时政法机关内部对这类行为到底是否属于犯罪产生了很大分歧。而这种分歧，在 1982 年春上海某区人民法院受理检察机关诉上海某国营工厂的技术人员王某受贿①一案中获得了集中体现。从 1980 年起，王某私下接受外单位（自己的家乡奉贤县钱桥公社橡胶塑料厂）的委托，在业余时间，利用本单位的设备，从事产品试制并获成功。由此给钱桥公社橡胶塑料厂带来了巨大利润，王某也从该厂获取报酬 3800 余元。检察机关认为王某的行为已构成受贿罪，依照《刑法》第 185 条规定，予以公诉，要求惩处。在审判机关内部，有认为该定受贿罪的，有认为该定贪污罪的，有认为该定投机倒把罪的，有认为该定破坏经济秩序罪的，也有认为不该定罪的，等等，不一而足。《法学》抓住这一典型案例，组织专家进行深入讨论，最后一致认为，王某的行为虽有瑕疵，犯有错误，但还未构成犯罪，不该定刑。特别是，在改革开放的大背景下，为加快社会主义现代化建设事业，法律必须引导广大技术人员发挥自己的专长，多为国家做出贡献。而在此过程中，他们的劳动必须得到尊重，必须获得报酬，这不仅不是犯罪，而且是法律应该鼓励的行为。《法学》所发表的专家意见受到了司法机关的重视，不仅王某最终没有被定罪，而且对以后一些在职的或退休的职工受外单位聘请、接受高额报酬行为的评价也发生了良性变化。②

---

① 根据《法学》1983 年第 3 期发表的龚介民的“重视韩琨案件中的法律与政策问题”和张传桢、铁犁的“韩琨案功与罪之争”，载郭道晖、李步云、郝铁川主编：《中国当代法学争鸣实录》，湖南人民出版社 1998 年版，第 285 页。王某的真名是韩琨，上海橡胶制品研究所助理工程师。

② 之后，《法学》还接连讨论了刘亨年、戴振祥等有罪还是无罪的案件。参见《法学》1987 年第 7 ~ 11 期、1988 年第 10 ~ 12 期。

当然,《法学》在经济领域发表学术观点,并有力地冲击了传统法律观点、推动了我国社会主义市场经济体制确立的最有影响力的文章是曹建明、钱富兴、顾长浩、李朝兴所写的《外商租用土地与经营房产业的理论与实践》。① 该文指出:“土地是一种重要资源,也是利用外资、引进技术、进行生产和经营活动的基本条件。”“因此,发挥土地经济杠杆在对外开放中的积极作用,实行出租土地给外商从事综合性经济活动,并允许外商在我国购买和经营房产的政策,将涉及我国对外开放中土地和房产两个方面的法律问题,而其中地产业的问题又是最为关键的。”“外商租用土地和经营房产业,可在相当的程度上解决开放城市建设资金不足、外汇不平衡的困难。”

文章接着阐述:实行出租土地给外商以及允许外商在我国购买和经营房产的政策,在目前还是一个非常复杂和严重的问题,比如,允许外商租用开放城市的土地,“是否会重演帝国主义在半殖民地旧中国建立租界的悲剧”?作者认为,不会。因为“在对外开放中出租土地给外国投资者,与帝国主义在旧中国的租界是有本质区别的”:不仅性质不同,前者是经济活动范围的概念,后者是政治主权的概念,而且产生的原因和条件也不同。作者接着进一步就外商租用我国土地问题的理论依据和法律依据进行分析。比如,出租土地的法律行为并不违背马克思主义的基本理论,也不违反我国的宪法和法律;各国关于外国人租用本国土地的法律制度及其在我国的实践;外商租用土地、经营房产与开放城市经济发展战略的协调;外商租用土地和经营房产业的法规及其协调;等等。

文章刊登后,在全国引起了很大反响。虽然也有一些不同的观点,认为文章提出的主张违反了我国1982年《宪法》第10条关于“任何组织或者个人不得侵占、买卖、出租或者以其他形式非法转让土地”的规定(因为此时宪法尚未修改),因而是违宪的。② 但大多数学者对文章的观点表示理解、支持和赞赏,认为文章回应了我国改革开放带来的引进外资、迅速发展我国市场经济的实践所提出的实际法律问题,具有重大理论指导意义。1988年宪法修改,吸收了文章提出的观点,取消了出租和转让土地的禁止条款。文章发表以来,我国经济发展的实践证明了该文的正确以及它的强大生命力,也证明了《法学》思想的解放以及非常的理论勇气和远见卓识。

---

① 参见《法学》1986年第7期。

② 实际上,文章本身已经回答了出租土地给外商是否违宪的问题,文章认为,《宪法》第10条并没有禁止“国家”出租土地的行为,只禁止了组织和个人;当时已颁布实施的《中外合资经营企业法》中已经规定了允许出租土地给外商。

三

解放思想也促进了法学学术的进步与繁荣。学术的进步与繁荣，最为重要的就是营造一个有利于学术讨论与学术争鸣的环境和氛围。而这种环境和氛围的形成，必须是在解放思想的前提下，能够说真话，实事求是，不唯书、不唯上，打破不合理的偏见和传统，在理念、观点和制度上创新。在这方面，复刊后的《法学》做得非常好。

比如，在1981年的复刊号上，就发表了华东政法学院院长徐盼秋的《关于社会主义法律与客观规律》一文。在文中，作者解放思想、实事求是，一层一层地分析批判了以往片面夸大意志的作用，要人治，不要法治，权大于法，以言代法等不顾社会发展客观规律的错误观点，明确指出，"利用客观规律来造福于国家和人民是社会主义法律的光荣任务"，但我们"要利用客观规律，必须首先掌握客观规律"。作者认为："社会主义法律必须反映客观规律，但是它并不等于客观规律。""客观世界是不可穷尽的，人们对于客观世界的认识也永远没有完结。所以，人们只能随着对客观规律认识的发展来不断完善社会主义法制。"作者最后指出，社会主义法律，作为社会主义社会上层建筑的一部分，它对客观规律的反映，与上层建筑的其他部分相比，具有自己的突出特点：社会主义法律对客观规律的反映不是以原理、定律等科学理论的形式，而是以法律条文的形式使其规范化；被社会主义法律所反映的客观规律，有国家强制力的保障，这使它本来就具有的客观必然性更加强化，能够加速这种客观必然性的实现；法律对客观规律的反映具有稳定性和严肃性，如果能够坚持以法治国，国家就会以更加符合客观规律的方式获得迅速发展。

与徐盼秋的文章相呼应，《法学》1982年第5期发表了余先予的《论法律自身发展的客观规律》一文，该文将社会主义法律与客观规律的学术探讨进一步引向深入。余文指出："法律自身发展规律的问题，与法律表现客观规律的问题，是两个不同范畴的问题。前者是指法律这种客观的社会现象的自身发展受哪些客观规律的支配；后者是指法律这种客观事物与其他客观事物之间的关系。为了更好地完善我们的社会主义法制，我们不仅要研究法律与其表现的客观规律之间的关系，而且也要研究法律自身发展的客观规律，使我们的法律既符合客观形势所提出的要求，紧密地为解决党和国家所面临的各项任务服务，又符合法律自身发展的要求，建立完备的社会主义法律体系，真正担当起社会主义时代的历史所赋予法律的任务。"

那么，纵观数千年法律发展的历史，它有哪些规律呢？余先予教授认为，法律自身发展的规律，主要有五个方面：第一，法律制度本身是一种社会的客观存在，它源于物质生活关系，受社会经济条件制约，不是什么人想要就要、想不要就可以不要的东西，也不是可以随心所欲地“创造”的东西。第二，法律都具有鲜明的阶级性，它是取得胜利、掌握政权的阶级意志的体现，是建立和维护有利于统治阶级的社会制度和社会秩序强而有力的杠杆。第三，法律由国家机关制定或认可，以国家强制力为后盾，对全社会具有普遍约束力。第四，法律以肯定的明确的行为规范的形式，给予法律关系的当事人以权利和义务，规定他们可以做什么，不可以做什么。第五，法律制定出来就必须执行，在现实生活中兑现，务求做到有法必依，执法必严，违法必究。

又如，比较法研究，包括法系理论，在新中国成立的前30年，是一个遭受批判的领域，也几乎是一个被人们所遗忘的领域。直至改革开放之后的20世纪80年代初，比较法研究和法系理论依旧被认为是资产阶级的学术观点，是西方资本主义的研究领域。在此时，《法学》解放思想，冲破上述认识的樊笼，在全国率先提出比较法和法系的问题，在王召棠、陈鹏生的《社会主义中国法系初探》①和王召棠、张传桢、陈鹏生的《对中国式社会主义法律体系的探讨》②等文章中，作者旗帜鲜明地提出：“法系不应是资产阶级法学的专用语，而应是整个法学领域中应该着重研究的一个课题。”建立中国社会主义法系，必须肃清重刑轻民的历史影响，必须正确地处理好政治与法律的关系，肃清以政治代替法律、冲击法律的思想影响。应该说，这些观点不仅在当时，即使在目前，也是一种解放思想的观点。

再如，虽然我国于1982年12月通过了新中国的第四部宪法，但宪法理论的研究并没有很好地展开，这当中，除了人们还没有从1966～1976年10年“文化大革命”的噩梦中清醒过来，我国在言论自由方面还没有确立很明确的法治原则（对此，骆伟雄的《言论自由的若干法律问题》一文③有很好的分析）之外，宪法学研究者不能解放思想、缺乏理论勇气也是一个重要原因。对此，我国著名的比较宪法学家龚祥瑞的《中国需要什么样的宪法理论》④一文，勇开先河。龚文认为，宪法意识是从“权力必须受到限制”这个思想出发的。各国宪法规定的限制权力的表现形式可能有所不同，但立宪政府的一个共同信念，就是政府权力不

① 载《法学》1982年第2期。
② 载《法学》1983年第5期。
③ 载《法学》1989年第2期。
④ 载《法学》1989年第4期。

能无限。而宪法就是授予和限制权力的根本法，它规定了立法、行政和司法机关的职责以及彼此的监督和制约，规定了对公民权利的保障，这就是现代宪法的由来。因此，“宪法是治国之法，治官之法，是从崇尚个性解放，保护私有财产，保护人身、言论出版等自由，遏制暴政、苛政，保障公民利益出发的”。“针对权力的先定性和腐化性、侵略性，人们就要用宪法与行政法来约束它、管制它，使之分别由不同主体行使，并置于人民监督之下，这才是我们重新开始要做的。”作者最后指出：“宪法是保护人民利益的根本大法。我们要研究人性中残酷的一面、人间的疾苦的一面，忠诚地以人类追求正义的精神而不懈地积累、更新如何预防权力被人类弱点所滥用的根源、技术和方法，重新开始宪法理论问题的研究。”

重读20多年前文章中这些即使在现在看来思想也是非常解放的观点，我们不得不佩服作者的理论勇气，也不得不佩服《法学》思想的解放。我们认为，龚文的上述观点，对新中国宪法学的研究一定具有长时间的理论指导力和学术影响力。

又如，就我国改革开放之后几次大的法学学术理论探讨，关于开展法学基本理论研究、关于开展社会主义法律体系的讨论、关于社会主义法的本质、法哲学的内涵和价值、①法的阶级性与社会性、宪法司法化、复员军人进法院、“坦白从宽，抗拒从严”的质疑、“婚内强奸”的讨论、法制建设协调发展、②罪刑法定与罪刑相适应的原则、③关于“廉政建设的法律思考”、法学的现状与发展、著名学者论依法治国、“克隆人”与法律、社会主义法的精神、④创新和繁荣法学理论笔谈、⑤《物权法》草案是否“违宪”、检察监督权之探讨、“双规”的合宪性等，《法学》的研讨也都是走在全国前列的。如关于中国社会主义法的体系的讨论，曾

---

① 如傅季重：“法律哲学研究的对象及其任务”，载《法学》1982年第3期；公丕祥：“也谈重视法哲学的研究”，载《法学》1983年第4期。

② 详细参见《法学》1984年第5～10期、第12期所发文章。

③ 罗平：“同名数罪，毋须并罚”，载《法学》1982年第10期；邹涛：“关于同种数罪及并罚问题”，载《法学》1983年第4期；魏皓奔：“也谈‘罪刑适应’”，载《法学》1983年第7期。

④ 郭道晖在《法学》1994年第10期发表了“社会主义自由——当代社会主义法的精神”，从孟德斯鸠的著作《论法的精神》一书中的思想，谈了“法的精神”的科学含义以及社会主义法的精神的问题。张光博在《法学》1995年第5期上发表了“法的精神与法律精神论略——与郭道晖同志商榷”。郭道晖在《法学》1995年第6期上再发“再论社会主义法的时代精神——答张光博教授”一文，展开了激烈的思想交锋，引起了法学界的关注。

⑤ 参见《法学》1987年第1期至1988年第8期。其中，有些文章探讨的问题在当时都是非常前沿和大胆的，如夏之的“对‘马克思主义法学’提法的商榷”，魏皓奔的“社会主义社会同样产生犯罪”（当时许多人都认为只有资本主义才是产生犯罪的“温床”），崔敏的“客观性也是法的本质属性”，周叶中的“宪法实施：宪法学研究的一个重要课题”，舒国滢的“对法概念之争的思考”，吴家如的“法学研究应从适应型向创造型转变”，杨海坤的“对建立我国行政诉讼制度的思考”，等等。

经是改革开放初期我国法学界热议的课题,《法学》于 1983 年 4 月 21 ~ 29 日联合中国社科院法学所,在上海率先举办了关于法律体系和法学体系的专题研讨会。当时的一些法理学大家,如吴大英、沈宗灵、刘瀚、齐乃宽、王传生、陈汉章、余先予积极参加,撰文发言,有力地推动了中国社会主义法律体系和法学体系的形成。

尤其是从 1997 年起,《法学》在当时的主编郝铁川教授的主持下,连续刊登了一组"建国以来法学界重大事件研究"的文章,其中有《对新中国摧毁旧法制的历史反思》、《"刀把子"风波记》、《无罪推定在新中国的命运》、《1957 年错批杨兆龙的"法律继承论"纪实》、《关于 80 年代"法的社会性和阶级性问题"大论战》、《关于前苏联法对中国法制建设的影响》、《人权禁区是怎样突破的》、《人权研究中的一场风波》、《一场有缺陷的司法改革》、①《"再为司法独立鼓与呼"一文的风波》、《"法权"还是"权利"之争》、《从"法制"到"法治"二十年改一字》、《新中国第一次法理讨论会的回忆与思考》、《五十年代〈法学〉是为何被迫停刊的》、《1996 年"晓南"风波纪实》、《1957 年的王造时》、《关于更改反革命罪名的风波》、《死刑的限制与扩张之争》、《正当防卫立法的进展与缺憾》、《我们是怎样逐步实现"罪刑法定"的》等。这些文章,后来结集为《当代中国法学争鸣实录》一书,②在湖南人民出版社出版,在法学界引起了很大的反响。

最后,《法学》还非常重视对实务法律问题以及重大疑难案件展开学术研讨,直面社会现实对法学研究提出的要求,并给予法律实践以指导。这方面的例子非常多,如 1997 年对"碧纯"水侵权案件的研讨,1999 年对"枫叶"诉"鳄鱼"不正当竞争案件的研讨,2000 年对全国首例老虎袭人致死案件的研讨,对 2001 年綦江彩虹桥垮塌案件的讨论,2001 年深圳中级法院审理之中国首例贞操损害赔偿案件的研讨,对 2002 年"陆来富案件"的研讨,2003 年对"孙志刚案件"的研讨,对 2005 年"圆明园环评事件"的研讨,2008 年年初关于"许霆案"、"孕妇死亡案"、"彭宇案"的讨论,2009 年对"杨佳袭警案"、"齐玉苓案"的热议,等等。与此同时,《法学》也积极参与我国的立法活动,组织专家学者就各项法律草案进行学术研讨,对立法活动建言建策。其中最主要的有《立法法》、《行政处罚法》、

① 主要指 1952 年的司法改革运动。这场运动的结果:一是将 6000 多名旧法人员从我们的审判队伍中全部剔除了出去;二是将"法律面前人人平等"、"司法独立"、"法不溯及既往"、"尊重诉讼程序"等观点全部认定为"旧法观点"而予以彻底批判;三是用马克思主义和毛泽东思想的国家观和法学观武装我们的司法干部。详细参见何勤华:"论新中国法和法学的起步——以'废除国民党六法全书'与'司法改革运动'为线索",载《中国法学》2009 年第 4 期。

② 郭道晖、李步云、郝铁川主编:《当代中国法学争鸣实录》,湖南人民出版社 1998 年版。

《行政复议法》、《行政许可法》、《公务员法》、《公司法》、《物权法》、《劳动合同法》、《刑法(修正案)》、《刑事诉讼法》、《国家反腐败法》、《能源法》、《水污染防治法》、《反垄断法》、《政府采购法》、《监督法》、《罢工法》等。从而为我国新时期的立法、加快形成社会主义法律体系做出了贡献。

四

《法学》复刊30年的历史证明,一本杂志的进步需要解放思想,一门学术的进步也需要思想解放。这一点不仅仅是《法学》复刊30年的经验和教训,也是它之前的历史透视出来的经验和教训。

《法学》创刊于1956年6月15日。当时,正是中华人民共和国第一部宪法1954年宪法颁布实施、全国法制建设形势一片大好之时,《法学》(1956年创刊号及后面两期刊名为《华东政法学报》)应运而生。从其诞生的第一天开始,它就宣称要解放思想,鼓励学术创新,展开"百家争鸣"。其发刊词称:"'百家争鸣'是推进学术思想的重要精神。不奖励自由思想,不展开自由讨论,没有批评和自我批评,学术上就不会有进步,不会有新生力量。《华东政法学报》将充分体现'百家争鸣'的精神,重视有独立劳动和首创精神的作品,重视'问难析疑、求同存异'的学术争论。"①

正是在上述解放思想的指导方针下,《法学》在其创刊至1958年9月16日被迫停刊,这不到3年的时间内,发表了一批解放思想、极富学术创造力的好文章,如梅泽濬的《哲学上的因果关系及其在刑法中的运用》、②李良的《"百家争鸣"和法律科学》、③刘焕文的《在"百家争鸣"中谈旧法思想》、④杨兆龙的《法律的阶级性和继承性》、⑤孙晓楼的《关于中国法学遗产问题的看法》、⑥黄道的《略论刑事诉讼中的无罪推定原则》、⑦张光博的《关于"公民在法律上一律平等"的

① 载《华东政法学报》1956年第1期。
② 同上。
③ 载《华东政法学报》1956年第2期。
④ 同上。
⑤ 载《华东政法学报》1956年第3期。
⑥ 同上。
⑦ 载《法学》1957年第2期。

意义》、[①]李光灿的《论共犯》、[②]丘日庆的《现阶段国际法的体系》、[③]刘家骧的《谈谈双重国籍问题》、[④]叔思的《对建立我国刑法分则体系的一些意见》、[⑤]董敬之等的《谈重婚与通奸》[⑥]等。但到1957年夏天"反右"运动开始、法学界的思想受到禁锢以后,《法学》上也就再没有刊登什么好文章了,甚至登出了黄道被迫写的批判自己无罪推定观点的检讨文章,而中国此时的法制建设和法学研究也基本上处于停顿状态。

法学的历史是这样,其他学科的历史也一样,甚至世界上所有国家的情况都一样。在古代罗马,随着公元426年《学说引证法》(Lex Citationum)的出台,盖尤斯(Gaius,约130~180年)、乌尔比安(D. Ulpianus,约170~228年)、帕比尼安(A. Papinianus,约140~212年)等五大法学家被授予法律解答权(jus responddendi),他们五人的学说观点被认可具有法律效力,而其他法学家则不具有这种权力。百家争鸣的学术环境不再存在时,罗马法学也就失去了学术创造力,日益走向衰弱。中世纪意大利的注释法学派、法国的人文主义法学派、近代欧洲的私法注释学派、第二次世界大战之前的日本民主主义宪法学说等,其走向衰落的重要原因之一,也都是促成这些学派和学说兴盛的解放思想运动日渐衰微。

因此,解放思想是法学进步的原动力:解放思想营造了法学研究领域讲事实、摆道理、说真话这么一种"百花齐放"、"百家争鸣"的环境和氛围,激发了法学研究创造力的勃发,带动了法学方法论的创新,也改变了法学研究的整个面貌。更进一步说,解放思想是法学进步和繁荣的灵魂。应该认识到,在现代社会,包括法学研究在内的科学研究,与现代化生产劳动有着巨大的差异。

一方面,现代化生产劳动(不管是工业生产还是农业劳动)具有重复性,尤其是商业化生产、流水线作业,重复(复制)是其基本特征;而科学研究就不同,它不具有上述特性,它需要每一个项目、每一个专题、每一个观点的创新。如果科学研究不能摆脱重复性,那就是复制,就是模仿,甚至是抄袭,这样的科学研究就没有了原创价值。

---

① 载《法学》1957年第2期。

② 载《法学》1957年第2~3期。

③ 载《法学》1957年第3期。

④ 同上。

⑤ 同上。

⑥ 载《法学》1957年第4期。

另一方面，现代化生产劳动，一般具有集团性、流水作业的性质，这样，才能节约成本，最大限度地利用有限的资源，才具有商业竞争力；而科学研究（尤其是文科研究）不具有这一属性，每一个人大脑里的构思、想法，其他人是无法精确揣摩，也是无法取代的，它完全是个人思考的产物，具有个性化（包括由此带来的多元化）的特征。有没有个性化，是检验学术和科技有没有生命力的首要指标。

因此，科学研究需要解放思想（这么说，并不是否定生产劳动也需要解放思想，而是强调科学研究对解放思想更加具有依赖性，美国苹果公司创始人乔布斯是一个最好的例子），解放思想是科学研究的灵魂，科学研究与解放思想之间的紧密关联，是科学研究发展的规律之一。作为科学研究之重要组成部分的法学研究，当然也无法摆脱，而只能遵循这一规律，《法学》创刊55年、复刊30年的历程已清楚地表明了这一规律。其结论很清楚：遵守这一规律，法学就进步，就繁荣；违背这一规律，法学就退步，就衰微。

《法学》复刊的历史还证明，一个国家、一个民族的进步，也需要解放思想。改革开放30多年我国社会主义各项建设事业的艰难而辉煌的历程表明，什么时候我们的思想解放了，实事求是了，注重理念、观点和制度上的创新了，敢于打破不合理的偏见和传统了，我们的事业就进步；反之，我们的事业就受挫。《法学》复刊30年的历史，只是我们国家改革开放30多年历史发展的一个缩影而已。

本文刊登于2011年第11期《法学》，当时是为纪念《法学》复刊30周年而撰写。此次作为“法学的历史”丛书的代总序，除个别字词之外，没有做大的修改补充。编辑本丛书，基本目的在于纪念华东政法大学成立60周年，以及《法学》创刊56周年，希望通过本丛书，将《法学》（1956年出版的3期称《华东政法学报》）刊登的有影响的文章保存下来，以真实地记录《法学》，更广范围地说也包括了中国法学所走过的曲折道路，了解新中国50多年法学发展的真实面貌，以为中国法学今天的发展繁荣提供历史借鉴。正是基于这一目的，我们在编辑时，对1981年复刊以来的各期，主要是选出比较重要的文章，而对1956～1958年所出的18期（1956年《华东政法学报》共3期，1957年《法学》全年共6期，1958年《法学》1～9月共9期）文章，全文收入，未作删节和修改，以尊重历史真实。

本丛书的出版，得到了法律出版社社长黄闽、财税出版分社社长沈小英以及各位责任编辑的全力支持和帮助。在此，谨表示我们诚挚的谢意。本丛书规模宏大，参与编辑勘校人员众多，错误和疏漏在所难免，对此我们将承担全部责任，也希望广大读者能予以谅解。

*

于华东政法大学

2012 年 8 月 1 日

* 华东政法大学校长，教授、博士生导师，法学博士。

目 录

第1期

第2期

第3期

第 4 期

第5期

第6期

第7期

第8期

第9期

第一期

从司法改革问题谈起

魏文伯*

【编者按】 此稿是根据魏文伯同志1957年12月12日在华东政法学院全体师生员工大会上的讲话记录整理的。

1957年春天，有的同学要求我来学校同大家谈谈培养的目标问题，当时未加考虑就答应了。后来因事未能及时兑现，在大鸣大放的时候，同学们就贴上了一张大字报。我这次是特来还这笔债的，并不是来做报告。有的报纸上不是有"随笔漫谈"一栏吗？我现在来一个随意漫谈，由远谈到近。因为有许多同学在解放初期还在小学或者中学学习，对当时司法改革问题不大了解，有必要谈谈历史。另一方面，有些"右派分子"想推翻历史定案，他们不敢公开说我们对司法改革改坏了，但含沙射影，旁敲侧击，其意在此。到底是改好了还是改坏了？必须肯定地说，是改好了而不是改坏了。这个定案是翻不了的。我现在就从这个问题谈起吧！

（一）为什么要进行司法改革？是改坏了还是改好了？

从理论上看来，马克思的学说论证：国家是阶级统治的机器，工人阶级取得政权，毫无疑问地必须粉碎旧的反动统治阶级的国家机器，特别是反动统治阶级的军队、宪兵、法庭、监狱等，这些是敌人专政的工具，必须彻底地粉碎。工人阶级不能简单地握取反动统治阶级的国家机器，还要将它作为自己统治的工具。当时，在大陆的国民党军队、宪兵是被我们彻底地打垮了。1949年1月，党中央对接管平津司法机关问题曾经指出："国民党的司法机关，为其镇压人民的反革命的国家机构直接组成部分之一。当人民解放城市时，须立即将国民党司法机关全部接管，并建立新民主主义国家的司法机关，以执行镇压反革命活动与保护人民利益之任务。"同时又指出："原推事、检察官、书记官长等一律停止原来职务，因这些人一般地在思想上充满反革命反人民的法律观念，即封建阶级与官僚垄断资产阶级以武力强制执行的关于经济制度、社会生活和国家秩序的观念形态，在行为上专门充当镇压革命运动和惩处敲诈劳动人民的直接工具，在打碎旧

* 作者单位：华东政法学院（现华东政法大学）。

的反动的国家机器时，这部分人必须去掉（其中非反动分子和非劣迹昭著分子，如欲参加人民民主国家之司法工作，必须经过思想改造与作风改造，方可甄别录用）。同时，执达吏、法警等专门以压迫和敲诈人民为生者，须立即收缴其武装，加以遣散。”接着指出：“宣布国民党政府一切法律无效，禁止在任何刑事民事案件中援引任何国民党法律。法院一切审判，均依据军管会公布之法令及人民政府之政策处理。”从事实发展看来，这一指示是完全正确的。人民司法工作，在巩固人民民主专政，支持群众斗争，保护人民利益，通过各项运动及人民法庭等方面，创造了一系列丰富的人民司法工作的经验，其成绩是肯定的。

但是，在新的地区的大部分省、市的人民法院，自从接管了国民党反动旧法院的烂摊子以后，当时领导上还腾不出手来及时加以彻底的整顿和改造，不仅旧司法人员大部原封未动，而且反动的旧法观点和旧的审判程序，以及脱离实际的坐堂问供、孤立办案等旧司法作风也沿袭下来，到处泛滥。当时我还在华东地区兼管政法部门工作，曾记得司法机关内部在政治上、思想上和组织上的不纯，是通过1952年的“三反”运动开始暴露出来的。在司法改革时期，就我所知道的材料，华东全区司法干部6600余名中，旧法人员约有1700余名（大部分集中在新区），成分极为复杂。仅浙江省、福建省、苏南区、上海市法院的1259个旧人员中，反动党团、特务骨干分子等就占66.1%，其中有伪反省院委员、伪特刑庭庭长和“戡乱条例”起草人，伪军统特务训练班指导员及伪中统特务行动支队长等。这些人解放前是对工人阶级和劳动人民专政的旧法人员，反动透顶，解放后又掌握人民民主专政的武器，仍然站在国民党反动统治阶级的立场。还有一种情况很值得我们注意，就是有些法院虽然组织上比较纯洁，但因其政治领导力量薄弱，部分新老干部既缺乏马列主义的国家观和法律观，又缺乏群众路线的工作方法，经不起旧法观点和旧作风的侵蚀而做了俘虏。其中还有少数蜕化堕落，与旧司法人员中的坏分子同流合污。这就形成某些人民法院政治上、思想作风上、组织上的严重不纯，随之而发生许多违法乱纪的严重现象。

根据“三反”中暴露的、中央和华东各检查组所发现的材料，这些具有国民党反动旧法观点和旧作风的旧司法人员及少数坏分子，其主要特点是：(1)敌我不分，颠倒是非。对敌人不恨、不狠，包庇放纵；对劳动人民不热爱，农民受地主恶霸压迫，他们不但不同情，还替地主恶霸撑腰；对劳资纠纷是偏袒不法资方，压抑工人；对公私关系是损公利私；对婚姻案件是支持封建，压迫妇女；有钱有理，无钱无理，贪污受贿，无所不为。(2)搬用国民党束缚人民的一套反动旧司法程序。不问案情如何，没有诉状概不受理；在发现下级审判错误而当事人不来上诉的情况时，就根据旧法所谓“一事不再理”的原则置之不理；即使明知案情严重，也“不告不理”；当民事案件中涉及刑事问题，或刑事案件中涉及民事问题，甚至由此发现反革命案件的，也要“另案办理”，推出不管；如某些案件非处理不可，则又百般拖延，耽误劳动人民很多劳动生产时间。如武进县送苏南法院审判的婚姻谋杀案，事搁一年，案件遗失。就有人说：“一江春水向东流，到了法院不回头。”福州市劳动人民讽刺这种坏审判员为“五不”，也就是：对劳动人民的控诉，始不受理，理而不传，传而不问，问而不判，判而不执行。有的群众反映：“官司好打，时间难挨。”（有的劳动人民被拖得没办法，就只好作罢）还有人说：牌子是人民法院的，但实际上是国民党的。人民对这种作风愤恨之深，由此可见。(3)他们根本不联系群众。问案不调查研究，不实事求是，坐守衙门，脱离实际地坐堂问供，孤立办案，单凭口供，草率判决；而开庭时又俨然以“法官”自居（我们不叫法官，叫人民审判员），对不懂他们的“法言”、“法语”的老百姓，动辄吹胡瞪眼、拍桌打凳，加以吓唬，甚至故意刁难，不听当事人申诉，不管是非曲直，强调调解或制决，以致错案百出，被迫害者沉冤莫白，犯法者反而逍遥法外。(4)玩弄反动的司法八股，判决书艰涩冗长，堆砌旧法术语，满纸陈词滥调，空话连篇，使人看了不懂。这些作风丝毫不能体现人民司法工作为人民服务的精神。因此，绝不能让这些国民党反动旧司法人员及少数坏分子来占据我们人民司法机关，把他们从人民司法机关中清除出去，事所必至，理所当然。但右派分子却说“欢迎他们归队”，这不是胡说八道而为他们张目吗？

由于国民党反动旧司法人员及少数坏分子为非作歹，已使广大人民的正当权利受到极大的不应有的损失，降低了人民法院在群众中的政治威信，削弱了它在巩固人民民主专政中的作用。因而在当时积极地反对反动的旧法观点，彻底整顿和改造各级人民法院，便成为严重的政治任务。就其政治意义来讲，是划清新旧法律界限，肃清国民党反动的旧法观点和残余的旧司法作风，树立人民司法工作者的马列主义的世界观、法律观和群众路线的工作方法。这是一场庄严而又剧烈的政治斗争与思想斗争。

我们在司法改革中，对于各种人员的处理，本着严肃与慎重的态度分别对待。首先是自上而下地把各级法院中的一些已经堕落蜕化、作风恶劣或坚持旧法观点不改的负责干部，分别情形，加以调整处理。有的调换，有的惩罚，大公无私，毫不徇情。对旧司法人员是要有区别地对待的。把其中表现较好的与坏人区别开来。对前者是教育改造问题，对后者是依法处理的问题。原则上，旧司法人员未经改造和严格考验的，不能做司法工作。在处理时，我们的政策是既严肃又慎重，分别对待。对于少数反革命分子和贪赃枉法分子，依法处理。对于恶习甚深，不堪改造的，调出人民法院，另给以其他工作和生活出路。对于那些尚有教育改造可能的,给以训练使其转业,或改做人民法院中技术性和事务性的工作。对于那些在思想上和工作上要求进步的旧司法人员,仍然留用他们做司法工作。至于原在旧法院中工作的地下革命工作人员和参加过革命斗争和民主运动的爱国人士,不以旧司法人员对待。那时还有一条,即学过旧法而没有做过旧司法工作的,不与旧司法人员同等看待。根据1953年司法改革以后司法部的统计,全国还有旧司法人员2369人留在司法机关,其中有1142人做审判工作。此外还有调训的500人,受训后一般又回去继续工作。那时我们处理的主要是少数反革命分子和违法乱纪的坏分子。党和政府这样处理,完全不是像"右派分子"所胡说的什么"司法改革对旧法人员处理得太惨了"、"是一棍子打死"、"不把旧法人员派用场"。我们现在回过头来看,如果没有当年的司法改革,今天法院工作中的问题就会更严重。当然,很难设想它会保障社会主义改造和社会主义建设事业顺利进行。如果说司法改革中有缺点,则绝不是"太惨了"、"一棍子打死",相反地却是我们没有把应该打死的一棍子打死,特别是没有把旧法观点一棍子打死,以致今天右派分子还能找到市场。当时只在司法机关中反对旧法观点,而没有把反旧法观点运动开展到各个政法学校中去,这是一个大漏洞,也是一个大缺点。

做审判工作是否要有文化,要懂法律?当然要,但更重要的是还要懂得政治和有坚定的阶级立场,并具有人民感情。我们在司法改革的基础上,建立华东政法学院和复旦法律系,就是为了培养工人阶级的司法干部。华东政法学院开办时,我们在上海挑选了600名初中程度以上的工人加以培养。这些人毕业后参加审判工作,他们在工作中基本上是好的,办案是有成绩的,并且得到群众拥护。右派分子说我们工农出身的审判员没有文化,不懂法律,这是一种恶意的诬蔑。应该指出,我们的审判员要懂的和适用的是人民的法律,绝不是国民党六法全书的反动法律。

"右派分子"说我们"把旧司法人员一棍子打死"。他们站在反动立场说这种话又有什么奇怪呢?奇怪的是在我们队伍中有些人不分清是非,跟着他们叫喊。我希望这些人要弄清司法改革的来龙去脉,根据事实加以分析和判断,不要道听途说,人云亦云。我看,司法改革是必要的、改得好的,它是一个群众性的革命运动。司法改革是不能翻案的,翻案便会把刀把子给敌人掌握。今年夏季有些右派分子不是想在许多法院内夺取专政武器吗?这种教训难道还不深刻吗?我们绝不能拿自己的脑袋开玩笑。

(二)法律科学的阶级性

科学有两种:一是自然科学;二是社会科学。自然科学的本身没有阶级性,它被哪一阶级利用,就为哪一阶级服务。社会科学则有它的阶级性。人们的立场不同,阶级观点不同,就代表不同阶级的利益。法律科学是社会科学中的一种科学。它是阶级斗争的工具,代表一定统治阶级的利益,其阶级性非常强烈。资产阶级的法律是为资产阶级利益服务的。因为"法律是统治阶级公开以武装强制执行的所谓国家意识形态。法律和国家一样,只是保护一定统治阶级利益的工具。国民党的六法全书和一般资产阶级法律一样,以掩盖阶级本质的形式出现,但是实际上既然没有超阶级的国家,当然也不能有超阶级的法律"。"六法全书和一般资产阶级法律一样,以所谓人人在法律方面一律平等的面貌出现,但是实际上,在统治阶级与被统治阶级之间、剥削阶级与被剥削阶级之间、有产者与无产者之间、债权人与债务人之间。没有真正共同的利害,因而也不可能有真正平等的法律。因此,国民党全部法律只能是保护地主与买办官僚资产阶级反动统治的工具,是镇压与束缚广大人民群众的武器。"所谓法律是超政治的,这个观点是错误的。法律不是超政治的,而是服从政治的,并为政治服务。没有超阶级的法律,同样也没有超政治的法律。我忠告在场学过旧法的朋友们,必须一心一意学习马列主义国家观、法律观,下定决心改造自己,站在工人阶级这方面来,成为工人阶级的知识分子。不要把自己的位置摆错了,不要不服气。如果总是坚持旧法观点而无革故鼎新之意,则旧思想就无法改造,新旧法界限就无力分清。任何人思想的发展如果落后于形势而不前进,其结果必然是被抛在历史车轮后面。

(三)个人前途问题

国家有前途,个人就有前途。这两者是统一的。但国家是前提,一切应该从6亿人民出发,个人必须服从国家,而不是国家服从个人。

有人说:"政法学院培养目标不明确,应具体指出政法学院是培养审判员,而不是培养书记员。"换句话说,政法学院学生毕业后,应该充当审判员而不应该充当书记员。问题的实质就在这里。如果进一步引申地讲,就要问是充当高级、中级还是初级审判员呢?至于充当书记员,那就是"大材小用"了。

我的答复是:我们做工作首先要解决的一个思想问题,是为谁服务的问题,而不是个人地位高低问题。无论高级的或中级、初级的人民法院审判员和书记员,都是我们国家的革命干部,做的是革命工作,所不同的是彼此担负的责任不同。我们从小学到大学毕业,所学的都是书本的知识,毫无实际经验和感性知识,又无劳动观点和群众观点的锻炼,而自以为了不起,其实不知天高地厚。一个大学生离开学校投入工作岗位,只是实际生活的开始。一个青年同志毕业后去当审判员,不是一个简单的事情。社会是复杂的,案情是多种多样的。一个初出茅庐的青年,既无社会知识,又无审判工作经验,要把案件弄清楚,判决好,不经一个时期的实际学习是很难做到的。过去国民党时代大学法律系毕业的学生,经过走门路,能到法院当个录事就算幸运了,当上书记官是了不起的事。一般都是大学毕业就是失业。现在的大学生毕业就分配了工作,还要挑东选西,拣肥择瘦,这是不对的。就我想,在你们毕业分配工作时,先当一个时期的书记员,只有好处没有坏处。虽然你们在学习中,有几个月"生产实习",但还不能解决实际工作中的问题,当一个时期的书记员可以从中学习审判工作的各种经验,为当审判员打下基础,使自己在工作中少犯错误,或者不犯错误。爬得高,跌得快,对自己也没有什么好处。世界上没有一步登天的事,万丈高楼都是从平地起的,我们的高级干部,一般都是从基层逐步提拔起来的。凡是未参加劳动锻炼、未经过阶级斗争锻炼或做过基层工作的,现在都要下放到基层和到农村去劳动锻炼。这是我们党的一贯的干部政策。如果没有实际本领,又想干大事情,经不起风险,这对人民、对国家、对自己都没有好处。

还有的人说:"苦读寒窗16年,出来当个书记员,完了,完了。"这是旧社会升官发财的思想。过去旧社会教子读书的遗训,是一种"万般皆下品,唯有读书高"、"扬名声、显父母"的思想。这种思想是剥削阶级压迫人民的升官发财的思想,而不是为人民服务的思想。我们应该以新的观点看新的问题,不能以旧的观点看新的问题。例如,过去剥削阶级轻视劳动,以剥削为荣,而我们则是以劳动为荣,剥削为耻。我劝你们毕业后先去劳动一个时期,当一个时期书记员以后,再去当审判员,绝不会亏了你们。

还有人说,"政法工作在社会上低人一等,上政法学院不光荣,被人轻视","待遇低,提升慢"。我看讲来讲去,就是钱和地位。这些同学为什么不把脑筋用在学习上、用在为人民服务上呢?满脑子名利地位观念,这是旧社会资产阶级思想的反映。这种个人主义思想是与社会主义不相容的。这种个人主义思想不彻底改造,发展下去是很危险的,有许多"右派分子"不是既有名,又有利吗?但还不能满足他们个人的欲望,结果发展成为"右派分子",走到反党反社会主义反人民的道路,我们应以此为戒。从国家整体来看,任何工作都是不可缺少的,任何部门的干部在政治上也是一律平等的,谁都不高过谁,谁也不低于谁。从政法工作特点来说,由于刀把子握在自己手里,作为对敌人专政的工具,政法工作干部必须阶级观念强、政策水平高才能胜任这一工作,怎么能说比人低一等呢?政法工作绝不是被人轻视,而是被人重视。我们很重视它,敌人也很重视它。在1957年夏季,有些右派分子挖空心思、千方百计来向它进攻,他们用心之毒,你们不是在报纸上都看见过吗?

同志们，应该知道，政法工作对反革命要实行专政，对人民内部矛盾又要正确处理，它的责任是很重的。在我们新社会、新国家里，行行可以出状元，政法工作亦不例外。只要你们很好地学习，全心全意为人民服务，全国人民团结起来把社会主义建设好，国家前途是无限的，个人的前途是远大的。

（1958年第1期）

论法律与政治的关系
——驳右派分子杨兆龙所谓“法律不能跟政治走”的谬论

王绎亭[*]　高呈祥[**]　李峻勇[***]　叶松亭[****]

众所周知，法律和政治是密不可分的。任何国家的法律都反映和服务于国家的政治。政治是法律的内容，法律是政治的主要表现形式，是实现统治阶级的政治的重要手段。可是“右派分子”杨兆龙却在这个问题上大做文章，有意歪曲法律和政治的关系。他说什么过分强调法律的政治性而基本忽视了它的专门性和科学性，“关于法律的全面正确知识乃是一种专门的科学，不是任何人都懂得的”。并说我们“认为只要懂得‘政策’，有了正确的‘立场、观点、方法’就可以解决法律问题；司法及一般政府机关如果有了可靠的干部，虽无法律，也没有关系”。因而他就攻击说：“误认政策、立场、观点、方法就是法律，而不知法律的内容是比较具体细密而专门的。”

可见，杨兆龙是力图抛开政治，强调法律的专门性和科学性，把法律“纯粹化”，大喊大叫“法律不能跟政治走”、共产党“不懂法律科学”。他不仅认为立法不应强调政治，而且认为办案也不应强调政治；并无中生有地说“过分强调法律的政治性”是造成“法律界的党与非党之间的矛盾”和新中国“无法可依”的主要原因。这种说法的目的是非常明显的，他企图借着模糊法律与政治的关系，来达到他反对共产党对政法工作的领导，推翻人民民主专政制度，恢复资本主义制度的目的。这是不能容忍的。必须彻底地揭露，严厉地驳斥。下面我们准备就他在法律与政治的关系这方面的反动谬论，逐一加以驳斥。

（一）强调法律的政治性，是不是就基本忽视了法律的专门性和科学性呢？

必须肯定，我们是强调法律的政治性的。因为法律的内容就是政治，法律必须反映和服务于政治，如果法律去掉了政治内容，那还成什么法律呢？

马克思列宁主义告诉我们：政治就是阶级关系和阶级斗争。任何国家的政

* 作者单位：华东政法学院（现华东政法大学）。

** 作者单位：华东政法学院（现华东政法大学）。

*** 作者单位：华东政法学院（现华东政法大学）。

**** 作者单位：华东政法学院（现华东政法大学）。

治都反映着敌对阶级的斗争，友好阶级的合作，以及本阶级内部的相互关系。而反映统治阶级意志的法律，就是为了镇压其阶级敌人的反抗，巩固友好阶级的联盟，保障本阶级的统治和它的根本利益。法律是根据阶级斗争的需要而制定的，是实现统治阶级的政治要求，保证其在阶级斗争中取得胜利的工具。任何法律都必须反映和服务于统治阶级的政治，脱离政治、不为政治服务的法律，世界上是不存在的。不管资产阶级的思想家们怎样企图掩盖资产阶级法律的政治性和阶级性，但总是抹杀不了资产阶级法律是反映和服务于资产阶级政治的事实。资产阶级法律公开地确认和保护资产阶级私有财产神圣不可侵犯的原则，它只能是保护资产阶级的经济利益，巩固资产阶级的经济统治和政治统治，实现资产阶级的专政，镇压劳动人民的工具。就拿旧中国国民党反动政府统治时期所颁布的一些主要的反人民的法律来看，有哪一项不是反映和服务于国民党的反动政治呢？大家知道，在"四一二"反革命政变后和抗日战争爆发以前的这个时期中，国民党反动政府为了实现其镇压工农革命力量，消灭中国共产党，维持其反动统治的目的，前后所颁布的《惩治盗匪暂行条例》，《暂行反革命治罪法》，《危害民国紧急治罪法》等反人民的法律，都规定了对革命人民的严刑镇压，无数革命的和爱国的志士，就是在这些反人民法律的镇压下，被国民党反动政府残忍杀害的。能说这些反人民的法律不反映和服务于国民党的反动政治吗？

在抗日战争时期，国民党反动政府为了掩盖他们出卖祖国的行为，实现他们专制独裁的政策，曾颁布《维持治安紧急办法》、《共产党问题处置办法》和《防止异党活动办法》等反人民的法律，公开宣布抗日救国行动为"危害国家"的罪行，并规定得以使用武力进行镇压。难道说，这些反人民的法律与国民党的反动政治无关吗？

在抗日战争胜利后，国民党政府企图独占抗战胜利果实，竟不顾全国人民对和平的要求，向解放区大举进攻，引起全国爱好和平人民的公愤，纷纷起来进行反抗，爱国民主运动在全国范围内蓬勃地展开。国民党反动政府为了配合在军事上的进攻，并镇压爱好和平人民的正义行动，实现"格杀勿论"的恐怖政策，接连颁布了《维持社会秩序临时办法》和《戡乱时期危害国家紧急治罪条例》，公然规定对一切越级的十人以上的请愿、罢课、罢工、罢业和游行示威等正义行动，采取紧急的处置严厉的制裁，直至处以死刑。1948 年 4 月，为了挽救其反动政权摇摇欲坠的垂死命运，又颁布了《特种刑事法庭组织条例》和《特种刑事法庭审判条例》，专门规定了审判共产党人和爱国民主人士的特别程序。这些反人民的法律不是公开地反映和服务于国民党的反动政治吗？

既然上述这些反人民的法律是突出地反映和服务于国民党的反动政治，并露骨地表现了它的强烈的政治性和阶级性。那么，"右派分子"杨兆龙为什么反对我们强调法律的政治性呢？答案是非常明显的。因为杨兆龙过去是国民党反动派的帮凶，是执行反人民的法律、残酷杀害人民，为国民党反动政治服务的忠实走狗。解放以后，他的立场未变，他仇视新中国的政治，仇视新中国的法律。他企图恢复伪法统，实现资产阶级复辟。

我们强调法律的政治性，是不是像杨兆龙所说的那样，就基本上忽视了法律的专门性和科学性呢？

我们从来没有否认过法律的专门性和科学性，但是，我们认为法律的专门性和科学性与法律的政治性是一致的，它们是有密切的联系而不可分割的。我们懂得，法律科学是社会科学的一个组成部分，整个社会科学是阶级斗争的产物，它是正确地反映社会发展的客观规律，并为阶级斗争即一定阶级的政治服务的科学。作为社会科学的一个组成部分的法律科学，它所研究的对象就是法律，而法律的内容就是政治，我们强调法律的政治性正是充分地表达了法律的科学性。法律的阶级性正是法律的科学性的表现，同时也是法律的专门性的表现。

我们的法律科学是以马克思列宁主义的国家与法的理论为指导原则，是在共产党的政策思想照耀下发展起来的。我们的法律是根据社会发展的客观规律的要求和总结了阶级斗争的经验制定出来的，它是为工人阶级的政治服务的。因此，我们研究法律不仅是为了揭示法律的阶级本质及其规律性，还要科学地说明和解决法律如何为无产阶级专政和社会主义建设服务的问题。资产阶级的法学家们研究法律的目的是力图掩盖或抹杀资产阶级法律的政治性和阶级性，把法律孤立起来，使它离开社会的实际，企图论证资产阶级法律的"正义性"和资产阶级反动统治的"合理性"，以便于欺骗劳动人民遵守他们的法律，好维持资产阶级的反动统治。所以马列主义的法学真实地说明法律的本质，它是真正的科学，资产阶级的法学掩盖客观规律，歪曲法律的本质，是虚伪的假科学。而资产阶级的假科学正是为它的反动政治服务的。

由此可见，"右派分子"杨兆龙恶意地攻击我们"只强调法律的政治性而基本忽视了法律的专门性和科学性"的谬论，是毫无根据的，是不值一驳的。

（二）我们是不是"误认政策就是法律"，"只要政策，不要法律"？

必须指出，我们从来就没有说过政策就是法律，但我们认为要解决法律问题，就是要解决立法、司法和法律教育与法律科学研究等问题，必须懂得党和国家的各项政策，否则，任何法律问题也是不可能解决的。

众所周知，政策是法律的灵魂，法律是政策的条文化，法律是实现政策的主要工具，政策对法律具有决定性的指导意义。所谓政策就是统治阶级为了保护自己、打击敌人,以便达到其政治目的而确定的阶级活动的方式和方向,换句话说,也就是统治阶级的代表者在领导本阶级与其他阶级进行阶级斗争和对社会实行国家领导的方针路线。因此,国家的一切活动,都必须根据统治阶级的政策来进行,以便保证统治阶级的政治要求的实现。毛主席教导我们说:党在过渡时期的总路线,“是照顾我们各项工作的灯塔,各项工作离开它,就要犯右倾或‘左倾’的错误”。同样地,我们的法律工作也是如此,如果离开它,就要在政治上犯错误。所以我们说,法律和政治不能对立,无论是立法或者是司法,都不能离开党的政策。例如,党和国家在过渡时期的总路线和总任务,就在我国宪法序言中固定下来,成为我们建设社会主义的奋斗目标。其他如工业化的政策、对资本主义工商业改造的政策、对农业手工业改造的政策,以及国家的内政外交和军事等各方面的政策,都在宪法和其他各项法律、法令中确认和固定下来,成为法律规范。也就是说,党和国家的各项政策通过立法机关——全国人民代表大会及其常务委员会,用立法的手段,以法律或法令的形式表现出来,使其成为具有普遍约束力的、人人必须遵守的规则,并借助于国家的强制力保证它的贯彻和执行。所以法律是依据政策而形成和确定的,政策又靠法律而实施。

这是不是像杨兆龙所说的那样,我们“误认政策就是法律”,“只懂政策不懂法律”,“以政策代替法律呢”?

我们只是说法律和政策是一致的,政策是法律的灵魂,法律是条文化了的政策。我们并没有把法律和政策看成是一个东西,也没有以政策代替法律。

众所周知,新中国成立几年来,我们党和国家始终是对立法工作特别重视的。国家根据党的政策和阶级斗争的需要,制定了许多法规,自 1956 年我国社会主义革命基本完成后,党就及时提出“国家必须根据需要,逐步地系统地制定完备的法律”。[①] 目前我国的几个重要法典如《中华人民共和国刑法》草案,已经完成,不久即可颁布试行。《中华人民共和国民法》和《中华人民共和国刑事诉讼法》以及《中华人民共和国民事诉讼法》也正在加紧起草。这些铁的事实充分地说明了我们并不是以为有了政策就可以不要法律,而是在积极地根据需要与可能逐步地使我们的法律完备起来。那么,“右派分子”杨兆龙为什么说我们不重视?这是因为他们所需要的法律与我们所需要的法律不同,他们所需要的法律是保护反革命的法律,是反对人民民主专政和反对社会主义的法律。

必须指出,政策和法律都是从实际出发,根据革命斗争的需要而制定的,但统治阶级的各项政策并不是在任何时候都必须制定为法律。革命斗争上需要什

① 《中国共产党第八次全国代表大会关于政治报告的决议》。

么法律，就制定什么法律，需要怎样的法律，就制定怎样的法律。法律不是形式主义，也没有一定的成规。同时法律也不是万能的，更不是唯一的东西。特别是解放以来，我们国家是处在一个深刻的变革时期，如果把一切政策不适时宜地都用法律的形式固定下来，都制定为极其详密和体系整齐的法律，那就会束缚人民群众的手脚，妨碍社会的发展，不利于人民革命事业。因此，法律必须根据阶级斗争的需要来制定。在法律没有制定以前，就是根据党和国家的政策办事。

1949 年 2 月，中共中央所发布的《关于废除国民党的六法全书与确定解放区司法原则的指示》中指出："在人民新的法律还没有系统地发布以前，应该以共产党的政策以及人民政府与人民解放军所发布的各种纲领、法律、条例、决议作依据。"刘少奇同志在党的第八次全国代表大会上的政治报告中也指出："在革命战争时期和全国解放初期，为了肃清残余的敌人，镇压一切反革命分子的反抗，破坏反动的秩序，建立革命的秩序，只能根据党和人民政府的政策，规定一些临时的纲领性的法律。"因为"在这个时期，斗争的主要任务是从反动统治下解放人民，从旧生产关系的束缚下解放社会生产力，斗争的主要方法是人民群众的直接行动。因此，那些纲领性的法律是适合于当时需要的"。也就是说，新中国成立以后，为进行社会主义革命，变革生产关系，单靠法律的力量是不够的。大规模的阶级斗争，一定要依靠正确的政策和广大人民群众的直接参加才能解决，而法律也必须是在这些斗争中在总结经验的基础上逐渐地产生、发展和完备起来。所以人民政法工作的办事原则是：有法律规定的，就依据政策按照法律规定办事，没有法律规定的，就依据政策办事。这完全符合我国法制的特点。法律必须反映政策和服务于政治斗争，它绝对不能与政策相抵触。如果法律不符合当前的政策，对当前的政治斗争不利，就应当修改或废除。当然，法律也绝不能限制政治斗争的发展。例如，我们 1955 年的"肃反"运动就是一种群众性的政治斗争，任何法律只能服从于它，而不能对它加以限制。在当时凡是符合党的政策要求，有利于肃反斗争开展的一切做法都是合法的。因为我们的法律是反映工人阶级的意志和利益，而"肃反"就是工人阶级专政的基本要求和最大利益的体现。

法律和党的政策是一致的，不懂得党的政策就不可能制定和执行人民的法律，例如，我们党和国家对于反革命分子是实行"惩办与宽大相结合"的政策，我们国家就根据这一政策制定了《惩治反革命条例》。"惩办与宽大相结合"的政策和《惩治反革命条例》始终是我们处理反革命罪的依据。但根据我国的政治形势和敌情的变化，我们在具体执行上是有所不同的。在新中国成立的初期，由于土匪、特务、恶霸及其他反革命分子趁美帝国主义发动侵朝战争的机会，大肆地进行各种露骨的破坏活动，明目张胆地向人民政权进行猖狂的进攻，企图配合美帝国主义的侵朝战争，在中国实行反动统治的复辟。因此，我们为巩固人民民主政权，保障国民经济的恢复和社会主义的发展，对于反革命分子的处理就必须从严，实行坚决的镇压。而在1956年生产资料所有制方面的社会主义革命已经基本完成，同时由于"过去几年进行的镇压反革命的群众运动，已经取得了决定性的胜利，今后对于反革命残余势力还必须进行坚决的斗争。但是，因为反革命力量已经日益缩小和分化，对于反革命分子应当进一步实行宽大政策，除极少数罪大恶极，引起人民公愤的罪犯不能不处以死刑外，其余罪犯应当一律免处死刑，并且给予人道的待遇，尽可能把他们教育成为善良的劳动者"。① 第三届全国司法工作会议向人大常委会的报告中指出："人民法院在审判工作中，贯彻执行党和国家制定的镇压与宽大相结合的政策，必须根据每个时期国内的政治形势和敌情的变化，以及每个案件的具体情节，来掌握从宽从严的界限。"这说明我们审判工作中执行党和政府对反革命分子的"惩办与宽大相结合"的政策是完全正确的。但这里并不是只强调从宽而放弃从严的一面，可是"右派分子"杨兆龙却抓住了这一点向我们进攻，否定我们"肃反"运动的成绩，要我们"检查历次运动的合法性，尤其是肃反运动"。企图为反革命分子进行辩护，认为我们对反革命分子处理错啦！我们也有些存在严重右倾思想的同志，由于根本忽视了过渡时期的阶级斗争，对党和国家的政策缺乏认真的研究贯彻，而片面地强调宽大的一面，忽视了坚决镇压的一面，因而就对应该从严处理的案件也从宽处理。在检查政法工作时只注意查错查重，忽略了查漏查轻，在他们看来，只有轻罪重判才是违法，而放纵敌人都不是违法。这样，就严重地放松了当时的对敌斗争，有意无意地为反革命分子打开方便之门，既不是正确执行政策，也不是正确地适用法律。

我们大家知道，1956年所有制方面的社会主义革命虽然已取得了基本的胜利，但并不等于社会主义革命已经完成，尤其不等于阶级斗争已经熄灭。应当认识到："这种斗争在整个建设社会主义的过渡时期都会存在的。并且在过渡时期结束之后，社会主义建成之后，只要世界上还有帝国主义和资产阶级存在，也就会有反革命分子和反社会主义分子存在。阶级斗争就会继续存在，国家的专政机关也一定要存在。它的镇压敌人，惩罚犯罪，保护人民的任务也就不能取消。在任何时候，只要有敌对分子在这，无产阶级同阶级敌对分子之间的阶级斗

① 《中国共产党第八次全国代表大会关于政治报告的决议》。

争始终会带着你死我活的性质。”①譬如“最近时期资产阶级右派向党向社会主义的猖狂进攻，以及农村中地主富农中反动分子和其他反革命分子的乘机企图倒算复辟，制造骚乱，说明这种斗争在一定条件下会达到十分尖锐的程度”。② 资产阶级右派分子“这种人不但有言论，而且有行动，他们是有罪的，‘言者无罪’对他们不适用。他们不但是言者，而且是行者，是不是要办罪呢？现在看来，可以不必。因为人民国家很巩固……可以宽大为怀，不予办罪”。③ 也就是说，他们能真诚悔改，向人民低头认罪，可以宽大处理。但是如果“累戒不改，继续进行破坏活动，触犯刑律，那就要办罪”。④ 这也就说明了人民法律的适用必须以党的政策为依据，对于反革命分子和反动分子的处理，必须根据国内每个时期的政治形势和敌情的变化，以及每个案件的具体情况来掌握从宽从严的界限，分别对待。而“右派分子”杨兆龙却说，依据政策不能办事，必须事事依据法律。那么，我们就根据“惩治反革命条例”来定罪量刑吧，试问你们“右派”先生们向党向社会主义猖狂的进攻，企图推翻共产党的领导和人民民主专政，这不是已经构成了犯罪吗？哪一个不应当逮捕起来送到人民法庭上去判罪呢？“右派分子”杨兆龙说我们“误认政策就是法律”，完全是歪曲事实。我们从来就没有把政策与法律等同起来，但我们绝对不能把法律与政策割裂开来。因为法律如果不能保证贯彻政策的要求，就必然失去法律应有的作用。所以我们强调立法和执法都必须以党的政策为依据，这是不可动摇的原则。

（三）我们是否“误认立场，观点，方法就是法律”，只要可靠的干部，不要法律呢？

不错，我们的国家制定法律和执行法律，确实不但强调要懂得党的政策，而且强调还必须有正确的立场、观点和方法。因为人民的法律是对敌人实行专政的有力武器，具体执行人民法律的政法部门是对敌人实行专政的重要机关，“专政的锋芒”必须对准革命的敌人。所以《人民日报》在《政法部门需要彻底的整顿》的社论中指出：“政法部门是刀把子，这把刀把子必须掌握在忠于国家，忠于人民，忠于社会主义事业的人们的手中。在这里不但不能容许‘右派分子’的存在，而且不能容许右倾思想的传播。”我们知道，政法工作由谁来领导，人民的法律由谁来掌握，这“是有关我们的国家的政权的性质问题，是我们人民民主专政

---

① 《人民日报》12 月 10 日社论。

② 《人民日报》10 月 14 日社论。

③ 《人民日报》7 月 1 日社论。

④ 同上。

制度的生死存亡的根本问题”。[1] 因此，我们的政法部门和人民的法律，只有依靠那些具有坚定的工人阶级立场、正确的观点和方法的可靠干部，才能切实地贯彻执行党的政策，坚决地依靠党的领导和监督，正确地掌握和运用法律，有效地镇压敌人、惩罚罪犯、保护人民。但是，“右派分子”杨兆龙却反对我们这样做。不难看出，他企图叫我们放弃工人阶级的立场、观点和方法，好将这种武器抢到他们手里，把“专政的锋芒”对着人民，以便他们实行“复辟”和“变天”，使工人阶级领导的社会主义国家变质。所以这种武器绝不能容许那些站在地主资产阶级立场上、具有浓厚旧法观点的人，特别像杨兆龙之流的与人民为敌的右派分子来掌握。因为我们的政法部门和人民的法律这种专政的重要武器，如果叫他们掌握了，“革命就要失败，人民就要遭殃，国家就要灭亡”。[2]

我们强调立场、观点和方法以及可靠的干部，是不是像杨兆龙说的那样，“虽无法律，也没有关系”呢？也就是说，是不是就不要法律了呢？我们从来没有这样的意见。但是，我们认为人民的法律是具有强烈的政治性和阶级性的，它是实现人民民主专政的重要工具，它的任务——镇压什么人、惩办什么人、保护什么人，都是非常明确的。因此，我们制定法律、研究法律、解释法律、执行法律，一句话，就是解决人民的法律如何发挥它应有的作用的问题，使其更好地为人民的利益服务，就必须具有正确的立场、观点和方法的可靠干部才能解决这个问题。否则，什么法律问题也是不可能解决的。不可设想，没有改变立场、观点、方法的旧法人员，他们能根据人民的利益解决人民的法律如何更好地发挥作用的问题吗？如果说能，他们只能搬用旧法来对付人民。因此，我们说党的政策和国家的法律，工人阶级的立场、观点、方法是一致的，并不是说懂得了党的政策，有了正确的立场、观点和方法就可以不要法律了。我们共产党人对政治、法律工作是一贯重视的。在这方面我们比“右派分子”杨兆龙是懂得多，一定的社会经济基础，必然要有与这个基础相适应和积极为它服务的政治法律的上层建筑。我国人民现在正在建设社会主义的经济基础，我们就必须建立和巩固与社会主义经济基础相适应的社会主义政治法律这个上层建筑，发挥它的积极的能动作用，以帮助社会主义经济基础的形成和巩固，并帮助消灭旧基础和旧上层建筑的残余。所以我们是非常重视巩固在社会主义经济基础上建立起来的政治法律上层建筑的。怎么能说我们只强调立场、观点和方法，不重视法律工作呢？“右派分子”杨兆龙在旧中国曾忠实地执行国民党反人民的政策，亲手拿起反人民的法

---

① 《人民日报》1956 年 10 月 9 日社论。

② 毛泽东著：《论人民民主专政》。

律武器残酷地杀害共产党人和爱国志士，忠实地为国民党反动统治服务，不是很清楚地站在反动立场吗？可是他今天竟反对我们依据共产党的政策，用正确的立场、观点、方法来解决法律问题，用心何在呢？非常明显地，杨兆龙之所以反对我们这样做，当然不是因为我们国家像他所胡说的那样“无法可依”，而是因为我们的法律根本不合他的口味。杨兆龙等“右派分子”所需要的法律，是保护反革命分子为非作歹的法律。所以杨兆龙公开地否认法律的阶级性，极力地主张旧法的继承性，企图使新法和旧法调和，以便达到他所盼望的旧法“复辟”，旧法人员“归队”，党员干部“下台”的目的。

（四）杨兆龙的阴谋

综上所述，我们就可以明确地认识到，杨兆龙之所以反对我们强调法律的政治性，反对我们的依据共产党的政策和用正确的立场、观点、方法来解决人民的法律问题，是有他的重大政治阴谋。“他妄想使我们的法律工作脱离工人阶级的政治。离开共产党的政策和正确的立场、观点、方法，企图以反动的法律来代替人民的法律，以资产阶级专政代替无产阶级专政，以站在与人民为敌的立场的杨兆龙式的法学家来代替具有坚定工人阶级立场的工农革命干部，从而将专政的武器抢到他的手里，对付劳动人民，实行资本主义的复辟。”

首先，他否认我国几年来的立法工作的成绩，主张接受和吸收旧法的立法经验。他认为我国的立法工作“一团糟”，说我国某些重要法典迟迟搞不出来的原因之一，就是由于不接受和吸收旧法的立法经验和不吸收懂得旧法的“专家”参加。他就公开指责：新法既未制定，伪六法又被废除，遂“造成无法可依，造成错判，造成混乱”。这样就“使许多事情长期没有法规可以遵循……使坏人感到无所顾忌，好人感到缺乏保障”。所以就“在人民中间造成了相当的不安以及对政府的怀疑”。这是杨兆龙直接否认人民法律，企图恢复旧法的政治阴谋。

其次，反对我们的司法改革工作，他认为司法改革工作也是“一团糟”，说我们在司法改革中把大批的“对专业有专门的研究”及过去办案或做其他司法工作的旧法人员都调出司法机关之外，使“他们的命运已注定和人民政权下的司法工作绝缘”。他又认为司法改革后的“全国检察院及法院的检察员及审判员中有不少是不懂法律并且文化水平很低的……甚至连独立写判决书的能力都没有”。因而“过去在司法方面造成不少混乱现象”。责备我们“过去那种宁可信任不懂或不大懂法学的少数干部，而不敢放手使用专门研究法学的党外人士的看法是很成问题的”。因此，“今后应有一番根本的改革”。这是杨兆龙企图在司法部门赶走工农党员干部，让旧法人员全部“归队”的政治阴谋。

最后，反对我们的高等学校院系调整工作。他认为院系调整搞得也是“一团糟”，说我们把旧法学家“一棍子打死”了，在新成立的政法院系“采取了几乎是清一色的，从行政到教学的党内干部领导制，在教学工作的分配上，基本采取党内干部及年轻助教或讲师教课制……对其余的教师一律挡驾”。因而导致“学校办得很糟，教条主义很严重”。这样“阻碍了我国法律科学及教育的提高与发展……促成了一般人对法律科学及法学家的轻视与失望”。因此，他要求“从根本上进行改革”。这是杨兆龙在政法教育上反对以“老干部为骨干，积极培养青年知识分子，团结改造老教师”的办学方针，企图恢复旧法学，让老教师领导教学，党员干部退出学校的政治阴谋。

必须警惕的是，杨兆龙进行这些反动活动是披着有色外衣，装着伪善的脸孔出现的。他提出“法律的阶级性和继承性”，好像是在讨论学术问题。他提“我国重要法典何以迟迟还不颁布”，好像是热心地希望我国法律早日“完备”。更毒辣的是提出“法律界的党与非党之间”的战斗口号，装着为旧法人员，甚至为青年法律工作者请命，为他们呼吁，企图“登高一呼，四山响应”，造成“匈牙利事件”，来向共产党、向社会主义进攻、实行复辟、造反。可是历经革命锻炼，并且解放已经八年的中国人民，完全知道共产党是无产阶级的核心力量，只有共产党才能真正代表人民的利益。如果没有共产党的领导，就没有无产阶级专政，就没有社会主义制度，就没有人民的幸福。因此，杨兆龙的政治阴谋，不但是我们的政法工作不能够容忍的，也是全国人民坚决反对的。尽管有少数警惕不高的人受了杨兆龙的欺骗，但一经指出，便会认出“右派分子”的丑恶嘴脸，马上会转过来和人民一起，坚决投入反右派的斗争。不管杨兆龙怎样地伪装，怎么地捏造事实，污蔑诽谤，但骗局总归是要被揭穿的，任何阴谋诡计在已经觉悟了的6亿人民面前总归是要被粉碎的。

(1958年第1期)

对杨兆龙十二条反动纲领的驳斥

傅季重*

曾经在国民党反动政权的重要部门里一贯进行反共反人民活动的杨兆龙,解放以后,不甘于反动法统的灭亡,始终坚持反动统治阶级的立场,有计划、有纲领地进行反党反社会主义的阴谋活动。自从党中央提出“百家争鸣、百花齐放”的方针以后,杨兆龙以为时机已到,立即披着学术外衣发表了“法的阶级性与继承性”,公然反对马克思主义关于法的基本理论,企图为其政治阴谋活动打下理论基础。党的整风运动开始以后,杨兆龙窥测了“气候”,越发嚣张起来,连续在《新闻日报》与《文汇报》发表了“我国重要法典何以迟迟还不颁布?”与“法律界的党与非党之间”两篇反动文章,明目张胆地向党向人民发动了猖狂的进攻。

继此以后,杨兆龙复与《新闻日报》记者“右派分子”陈伟斯密谋,由杨兆龙提出一系列关于法制方面的具体问题,准备通过新闻日报驻京办事处转送最高人民法院,要求董必武院长公开答复。于是杨兆龙就亲拟了“向董必武院长提

* 作者单位:华东政法学院(现华东政法大学)。

出的十二条质问”。①

杨兆龙向董必武院长提出的十二条质问，与章罗联盟的反动纲领一样，是向党和社会主义法制发动猖狂进攻的一个具有重要意义的行动。这是资产阶级右派“向社会主义法制开刀”的政治活动的集中表现，也是资产阶级“右”派从政法战线上向无产阶级专政进行恶毒攻击的具体纲领。从《法的阶级性与继承性》到“十二条反动纲领”的提出，使杨兆龙的反动阴谋更集中地暴露出来，杨兆龙的反动的狰狞面目愈加明显地呈现在人民面前。“十二条反动纲领”告诉我们，资产阶级十分懂得政法工作部门的重要性，因此，他们要反对社会主义，要使资本主义复辟，就要千方百计地争夺政法工作的领导权。“十二条反动纲领”就从政法工作中的立法、司法以及政法教育等各个重要环节上，大兴“问罪之师”，提出“今后似应有一番根本的改革”的叫嚣。所谓“根本的改革”，意味着什么呢？

---

① 杨兆龙：“向董必武院长提出的十二条质问”全文。

1. 民法典，刑法典，民事诉讼法典，刑事诉讼法典等重要法典，如果在过去几年中加紧起草，能否早一些完成颁布，或者说得更具体一些，能否在现在已完成颁布？

2. 过去在起草这些法典的工作上存在哪些缺点？今后应如何补救？

3. 过去那种起草方法是否已经做到动员国内可动员的法学专家的力量？某些法典的起草工作似乎只由某些对法学并无精深研究的党内人士在那里指挥掌握，你看这样做是否妥当？

4. 民、刑诉讼法典主要规定审理及执行民、刑案件的各种程序，照各国的经验看来，并没有什么太大的具体特殊性，某些人士强调中国的特殊性及经验的缺乏等，作为延缓完成颁布的正当理由，你看对不对？

5. 刑法典已有草案，但分则部分（即规定何种行为或不行为构成犯罪以及应如何处罚的部分）规定较为简单，且有些概念很不明确，量刑幅度（即一种罪名的最高刑与最低刑之间的距离）太广，似乎还有修改的必要，主管部门是否已考虑到这一点？

6. 民法典听说正在起草，不知有无总的计划，据你估计，大约要到何时才能起草完成？

7. 在起草法典的工作方面，我国究竟有哪些特殊问题，我们过去有未做一些准备解决这些问题的具体工作？（请具体指示）这种准备工作做得够不够？是否太慢？是否有“坐而言，不起而行”的毛病？

8. 我国中央主管部门，过去对苏联及人民民主国家的立法经验及内容有否作过系统深入的研究？您看专靠我们自己创造经验而不吸收别国的经验，能不能顺利地立法？这样的做法是否科学？

9. 过去大家似乎很强调在革命的暴风雨时期不可能制定民、刑法典及民、刑诉讼法典。苏俄在十月革命以后暴风雨既厉害而又延续较久，但在五年内完成颁布了各种重要法典。这说明我们过去那种说法并不正确。您看如何？

10. 我国自解放以来各级法院及检察机关已经积累了不少经验，应该及早将这些经验系统地整理出来，向全国人民公开并作立法参考。不知这种工作已做到什么程度？大家尤其渴望的是最高人民法院的裁判例及指示汇编，不知何时可以刊出？

11. 据你看，过去所发生的错捕、错押、错判、错执行等事故在何种程度上与上述重要法典的不及时完成颁布有关？

12. 现在全国检察院及法院的检察人员及审判员中有不少是不懂法律并且文化水平很低的，过去在司法方面造成不少混乱现象，今后似应有一番根本的改革，您的意见如何？

从几个月来所揭露出的事实看来，不就是资产阶级“右派”阴谋策划篡夺政法工作的领导权吗？这一场斗争的重要意义正在于此。

“十二条反动纲领”的具体内容所牵涉的问题虽然很多，但其实质可归纳为3个方面。

一、反对党在立法工作上的领导，企图让资本主义法制复辟

立法工作由谁领导，这是社会主义法制建设的根本问题。我们肯定立法工作必须有党的领导，而资产阶级右派认为党不懂法学，不能领导立法工作。

“十二条反动纲领”中的第1、2、3条集中地反映了反对党领导立法工作的谬论。在第1、2条中杨兆龙气势汹汹地提出了过去在立法工作中存在哪些缺点的问题，同时他荒谬地认为，由于在过去几年中没有加紧起草的缘故，致使本来能早一些完成颁布的民法、刑法、诉讼法等重要法典，直到现在还未完成颁布。不过问题还不在这里，他质问的关键在于要明确过去所以没有加紧起草法典，从而影响到“人民的基本权利的保障”、“使人民遭受到多么大的损害”的原因是什么。第三条则明确地回答了这个问题。这就是：(1)没有做到动员国内可动员的法学专家的力量。(2)过去法典的起草工作只由某些对法学并无精深研究的党内人士在那里指挥掌握。按照他的逻辑，只有对法学有精深研究的法学专家才能指挥掌握立法工作(这里的指挥掌握当然就是领导的意思)。既然党内人士对法学并无精深研究，就不能领导立法工作；而我们却偏偏要让“不懂法学的”、“拿不出一套正面东西出来的”党内人士领导；反过来，对法学有精深研究的——而不是“缺乏法律科学根据的庸俗经验主义者”——真正的法学专家，(说得明确一点，也就是杨兆龙式的资产阶级“右”派的法学专家才是应该领导立法工作的)而我们对他们偏偏“缺乏信任”，“没有做到动员可动员的力量”，甚至“对他们起草的法案轻易挑剔”。这就是他所肯定的我国立法迟缓的真正理由。所以他要提出“这样做法是否妥当”的质问。当然这就成为必须予以“根本的改革”的一个根本方面了。这里，杨兆龙对我国立法工作应该由谁领导、不应该由谁领导的界限的划分是十分鲜明的。这不就是反对党在立法工作上的领导吗？不就是要让资产阶级右派的法学专家来领导我国的立法工作吗？这就是杨兆龙提出质问的最本质的问题。

为了明确立法工作的领导问题，我认为有必要辨明下列两点：(1)立法工作要不要党的领导和党能不能领导立法工作；(2)如何理解对法学有精深研究的法学专家。

对于第一点，我的回答是肯定的。我认为，社会主义国家的立法工作，必须由工人阶级的政党——共产党来领导。

从马列主义的立场来看，法律是属阶级社会范畴的。在阶级社会发展的各个阶段上，法律始终是阶级统治的重要工具。法律永远表现着掌握政权的阶级的意志，所以在不同社会制度下所建立的法律体系和一切法律规范，也就必然是由这个社会的统治阶级来制定。社会主义国家是工人阶级领导的国家。工人阶级在革命过程中要进行自觉的斗争，就必须要有自己的领导核心，这个核心就是共产党。在工人阶级取得政权后，党又是无产阶级专政的工具。党既是工人阶级进行一切斗争的领导核心，难道在体现工人阶级意志的立法工作上，能不要党的领导吗？共产党既是工人阶级的政党，难道党还不能领导表现工人阶级利益的立法工作吗？所以从法的阶级性质说来，在社会主义国家，谁来立法、谁来领导立法，这是十分明确的。

对于第二点，所谓对法学有无精深研究的问题，首先必须鉴明法学的性质，是社会主义的法学还是资本主义的法学。应该肯定，资本主义法学是维护资产阶级专政的上层建筑，是为资产阶级反动统治利益服务的东西。因此对社会主义国家来说，必须彻底否定它、批判它。我们所需要的绝不是资本主义的法学，而是社会主义的法学。既然是社会主义的法学，它正是工人阶级的法律观，正是党从领导阶级斗争的实践中所总结的法的经验和理论原则，那么，只有党才精深地懂得社会主义法学。党在立法工作中的一切措施也是符合马克思列宁主义法律科学的原理的。党不仅对社会主义法学有精深的研究，而且也完全懂得资本主义法学的反动性。马列主义的法学家更懂得社会主义国家的立法需要什么、排斥什么，依靠谁、反对谁的道理。所以，谈到什么是对法学有精深研究的法学家，同样不能离开阶级内容来理解它。杨兆龙要想抛开法学家的阶级本质问题，恬不知耻地自诩为对法学有精深研究的"法学专家"，其目的只是要篡夺党在立法工作上的领导权，为资产阶级反动统治的复辟铺平道路。在这个问题上，我们难道能不坚决予以反击吗？

革命的新政权制定革命的新法律，是巩固无产阶级专政的极重要的手段之一。中华人民共和国成立8年以来，革命法制的建设，各种法律法令的制定，不仅对于维护革命秩序，保障各种社会改革运动的胜利，促进国民经济的恢复和发展，起了很大的作用，而且也保障了各项社会主义改造的顺利进行。当然，随着革命形势的发展，还需要制定适应政治发展所需要的法律。所以党在社会主义改造取得决定性的胜利后，就及时地加强了立法的工作，积极领导起草各项较为详密的法规，如刑法、民法、诉讼法等。在起草过程中密切依靠广大劳动群众的集体经验，反复研讨，以求做到真正代表工人阶级和广大劳动人民的意志，起到巩固人民民主专政的作用。所有这些都说明新中国成立8年来，立法工作是有很大成就的，是符合社会主义的立法原则的。可是资产阶级右派对这些成就却抱着完全否定的态度。杨兆龙在“十二条反动纲领”中的第5条、6条、7条、10条、11条中就明显地反映了这种态度。他一方面否定社会主义立法的原则，对已制定的法令法律及其在革命建设中所起的作用一笔抹杀，以强调我国法律不完备为借口，进而认定刑、民法等法典还未颁布，就是“无法可依”。另一方面对党领导积极进行的起草法典工作滥施攻击，说什么“民法起草不知有无总的计划”，“法典起草工作有‘坐而言，不起而行的毛病’”等。总之，我国立法工作在他看来，不论已制定的或正在起草的都是毫无成就可言。

我们认为立法工作必须适应革命形势的发展和国家的需要，而为自己的国家利益服务。这里应该指出，所谓法律的完备与否，必须以革命形势发展的需要为衡量的标准，完备不完备只能是相对地来说，法律从来没有绝对完备可言。事实说明，法律并不是一成不变的东西，而是随着客观形势的不断发展变化而发展变化的。绝不能设想，社会主义改造和社会主义建设时期的法律与社会主义建成后的法律是不需要变更的。同样，今天不少的法律所以有别于新中国成立之初的法律，也正是说明这个道理。我们认为某些法律在制定时，如果符合当时社会发展的需要，能有力地为国家的政治服务，就当时说来就是完备的，同时也具有绝对的意义。当然，从立法的总体来说，客观形势越向前发展，法律的完备程度就越深，这也是必然的规律。因此，在革命胜利后，如果不从实际出发，脱离了当时具体的政治经济发展的条件，过早过死地规定一套，看来似乎是完备了，但与立法的客观规律完全是相违背的。所以革命的立法工作必然是逐步地由简而繁地发展和完备起来。这是社会主义立法的基本准则，也是我们对法律的完备与否的理解。资产阶级“右派”与此相反，杨兆龙从反动的资产阶级立场出发，以为只有像国民党六法的一套法律才是法律，而对新中国成立以来根据客观形势需要所制定的法律法令都不认为是法律，荒谬地要求革命胜利后立即颁布“完备”的法典，企图以固定不变的法律的形式规定来束缚人民自己的手足。否则，就大肆叫嚷“无法可依”，而把我国法制建设上已有的一切成绩全盘否定掉。“十二条反动纲领”中几乎处处反映了这种谬论。

我们知道，人民的法律既不是从书房内拟定出来的，也不是资产阶级法律家强迫劳动群众接受的东西，而必须依靠广大劳动群众的集体经验，从阶级斗争的实践中总结出来，所以在起草法典的过程中，就要反复通过群众讨论，使其切合实际。我国宪法制定的实际过程就充分说明了这一点，正因如此，每一法典的制定总须有一定的时间。杨兆龙把刑、民法典尚未颁布的原因归结为没有动用像他那样的“法学家”,说我们“没有总的计划”,“坐而言不起而行”,进而就来责问我们“要到何时才能起草完成?”杨兆龙完全否定了社会主义立法的原则。妄想把专政的武器抢到他们的手里,来实行“变天”、“复辟”,这种阴险恶毒的企图,不是十分明显吗?

二、反对学习苏联先进经验,反对废除旧法

学习苏联先进经验与中国革命实践相结合的马列主义原则,是我们进行一切革命工作的基本原则,也是法制建设工作的准绳。但是,怎样学习苏联的立法经验,怎样与中国实际情况相结合,我们和资产阶级右派也是有着根本的分歧。

杨兆龙在“十二条反动纲领”的第4条、8条、9条中,一方面指责我国中央主管部门没有系统深入地研究苏联及人民民主国家的立法经验,专靠自己创造经验的做法是不科学的,指责我们强调在革命暴风雨时期不可能制定民、刑法典的说法是不正确的;另一方面认为像民、刑事诉讼法典,照各国经验看来(当然包括资本主义国家在内——作者注),并没有什么太大的具体特殊性。所以他的结论是我们不学习各国的立法经验,片面强调中国的特殊性,以致造成立法工作上的重大损失。事实是这样吗?当然不是。这3条责问告诉我们,杨兆龙所主张的学习苏联立法经验,并不是根据时间、地点、条件来研究和学习苏联立法的先进经验,而实质上是企图旧法复辟,反对学习苏联先进经验。杨兆龙所主张的“吸收别国的经验”,只是强调民、刑事诉讼法“并没有什么太大的特殊性”,只要动员像杨兆龙这样的“法学专家”,来把旧法修改一下就行,如果不这样做,在他看来,就是不懂立法。这就是杨兆龙提出质问的实际意义。

什么是苏联立法的先进经验?这是首先必须明确的问题。我国中央主管部门绝不是像杨兆龙所说的没有系统深入地研究苏联的立法经验,正是由于对苏联立法经验有了具体的研究,我们在立法工作上紧紧把握了用革命方法彻底粉碎旧法制和从总结广大劳动群众的斗争经验来建立新法制,保证新法为工人阶级领导的政权的政策而服务,这些都是从学习苏联立法的先进经验而得出的。根据这个先进经验的指导,结合了中国革命实践的具体情况,我国明令废除国民党的六法,并随着革命不同时期的需要,从群众斗争实践中及时制定了有利于政策实施的法律、法令,指导并保障了每一时期革命斗争的顺利进行,这难道不是学习了苏联立法的先进经验吗?问题在于杨兆龙所谓学习苏联的立法经验,完全抛开了苏联立法经验中最本质的方面,而是站在资产阶级的立场,歪曲了苏联

立法经验，以符合资产阶级的利益。说得具体一些，就是他认为苏联在建国初曾援用过旧法，企图引用这一点来为自己的反动观点做辩护。很清楚，他大叫大喊要学习苏联的立法经验，就是他自己心目中的“经验”。这完全是捏造事实欺骗蒙混的手法。事实告诉我们，即使苏联在最初几年的经验，也不是把旧法保存下来，而是必须完全废除旧法，并建立新的符合人民群众利益的法律。列宁早就说过：“社会主义无产阶级一分钟也不能忘记，它正面临着而且不可免地面临着一个革命的群众斗争，这一斗争将粉碎被宣告死亡的资产阶级社会的全部法制。”这是马列主义的客观真理，也是苏联立法的最宝贵的经验。诚然，苏联曾在1917年11月24日关于法院的第一号法令里这样规定：“对于已被推翻的政府的法律，只能援用其中未经革命废除的，和不违反革命良心与革命法律意识的那一部分。”即便如此，也应分析苏联当时的具体情况。苏联当时各地区还没完全统一，有的地方法院还是旧的，旧司法人员仍然照旧法办事。这第一号命令的所谓援用旧法，正是限制旧法，不是承认旧法，所以，有必须具备不违反革命利益的一个极其重要的条件，而适用的范围也仅限于日常生活上违法的轻微刑事案件和民事纠纷的轻微案件。这正是从废除旧法的基本前提下适应当时的具体情况而规定的。必须指出，第一号法令发出以后，各地革命政权迅速地进行了旧法院的改组，几个月以后，就由第三号法令规定不得援用旧法了。总之，苏联的革命法制毫无例外地完全地废弃了旧法，这是苏联立法的真正经验。杨兆龙企图以学习苏联立法经验为名，来反对废除旧法，并以此偷运资产阶级的私货，坚持资产阶级的立法路线，实质上是反对学习苏联先进经验。这是我们绝对不能容忍的。

应该指出，废除旧法的革命措施，最是杨兆龙感到深恶痛绝的。但是他也懂得今天要公开主张恢复旧法是人民所绝不容许的，因此他千方百计地阴谋策划来为维护旧法而“斗争”，“法的阶级性与继承性”是他进行“斗争”的第一支毒箭，妄想在法的继承性的荒谬词句下对旧法来个“全盘继承”，“学习苏联和各国的立法经验”，又是他维护旧法的另一阴谋措施，妄想在学习各国立法经验的幌子下，把全盘旧法再搬出来，事实说明不管杨兆龙要着什么样的花招，也不管他怎样狡辩抵赖，他的政治阴谋是昭然若揭的，“维护旧法”的企图是注定要被彻底粉碎的。

三、“根本的改革”的反动实质

“十二条反动纲领”的最后一条最集中地暴露了杨兆龙的真面目，也是资产阶级“右派”从政法战线上向党进攻的具体纲领的最终目的，这就是要有“一番根本的改革”。从这个反动纲领来看，似乎较多的是向立法工作的进攻，但是，右派的反动阴谋是十分完整的。杨兆龙叫嚣的“根本的改革”，也是十分全面的。

杨兆龙所谓“根本的改革”，总的说来，就是要把维护人民民主专政的政法部门抢到“右派”的手里，把共产党“赶下台”去，另外搞一个“右派”“登台”的“局面”。让他们重新骑在人民头上来压迫人民，使无产阶级领导的社会主义国家变质。具体说有以下几方面：

1. 在立法工作上，杨兆龙提出的一切质问，归结起来，就是两条：一条是要迅速地制定合于资产阶级口味的法典。也就是要使已被废除的旧法复活起来。另一条是把现在在指挥掌握立法工作的党内人士赶下去，由杨兆龙式的法学专家来领导。这就是杨兆龙在立法工作上所主张的“根本的改革”。

2. 在检察司法方面，杨兆龙极力丑化忠于劳动人民利益的工农出身的审判员、检察员，说他们不懂法律，文化水平低，造成不少混乱现象。另一方面，他们自称“专家”，说旧法人员政治上没有什么严重问题、对业务有专门的研究，工作质量是今天司法机关的在职干部所不及，不应该把他们调出司法机关之外。一句话，“我们的司法改革搞糟了”，必须要让旧法人员“归队”，把工农干部赶下台去，来一个“司法改革的改革”，这就是杨兆龙在司法检察部门所主张的“根本的改革”。

3. 在行政部门，特别是在人事管理部门，杨兆龙也认为必须彻底地“改革”。他说，我国各级机构的人事部门“只会管管历史，定定阶级成分，连评级评薪都搞不好，没有科学管理，没有行政管理人才”。因此，由党所掌握的人事权必须交出来，由懂得“科学管理”的资产阶级专家来掌握。这就是杨兆龙在行政部门特别是人事部门所主张的“根本的改革”。

4. 在培养社会主义政法干部的政法教育方面，杨兆龙极力诋诽新型的社会主义性质的政法教育。他说：“政法院系办得一团糟。”他认为现在的政法院系“由于行政及教学领导大多由党内干部担任，在领导方式上几乎是清一色的，从行政到教学的党内干部领导制”，而把“学旧法”的教师全部拒绝于门外，所以“办得最坏”。这就是说，政法教育的院系调整和教学改革，在他看来，又是“搞糟”了。不仅法律系办坏了，“政治系”也取消了，这又是另一个“错误”。他主张要经过坚决的“斗争”来恢复“政治系”。总之，整个的政法教育必须“改革”，要让杨兆龙式的法学专家、教授参加“上层领导”，要让“学旧法”的教师“归队”，要使政法教育按着资本主义政法教育的道路走去，这就是杨兆龙在政法教育方面所主张的"根本的改革"。

杨兆龙叫嚣的"根本的改革"的具体内容就是如此。杨兆龙在上述各个方面的谬论已为大家批判得体无完肤,这里,只想着重揭发其"根本的改革"的政治阴谋。

我们知道,"一切革命的根本问题,就是国家政权问题",人民革命胜利后,还必须巩固政权,使之为社会主义建设服务。因此,社会主义国家的政权机关必须掌握在工人阶级手里,必须坚决地彻底地维护党的领导作用,使整个政权机关,充分发挥巩固无产阶级专政的作用。资产阶级"右派"也完全懂得政权的重要作用,所以他们向党向人民猖狂进攻的最终目的就是要推翻人民的政权,建立反动的政权来重新压迫人民。杨兆龙的各种谬论,从他的反动文章、历次座谈会上的荒谬发言,直到"十二条反动纲领"中所谓"根本的改革",归根结底,也就是为了政权的问题。他妄想把立法、司法、检察等重要的人民民主专政的武器以及培养政权机关干部的政法教育事业都抢到他们手中,成为反党反社会主义的工具。将政法部门这个刀把子,从人民手中抢夺过去为反动统治阶级服务。但是,今天6亿人民的意志是,只有在党的领导下,坚决保卫革命胜利的成果,才能把我国建设成为一个繁荣富强的社会主义国家,因此,杨兆龙的阴谋,就不能不被广大人民所彻底粉碎。

应该指出:我国人民革命胜利后,在政法工作的各个部门,根据马列主义关于打碎国家机器的革命理论,是进行了一番根本改革的。不过,我们的根本改革与杨兆龙所要的"根本的改革"却是根本对立的。我们是破资本主义立社会主义的改革,杨兆龙是破社会主义立资本主义的改革,这是两条道路的斗争。"废除国民党六法"、"司法改革"、政法教育的院系调整和教学改革等,就是我们所实施的根本的改革。正是通过这些重大的改革措施,从而巩固了工人阶级的领导和人民民主专政制度,也保卫了社会主义的伟大事业。当然,在这些伟大的革命变革中,什么人拥护这些革命措施,什么人反对这些革命措施,是非常鲜明的。拥护我们的是广大劳动人民群众,反对我们的只是一小撮反动派。杨兆龙就是反对者之一,他公然提出的"根本的改革"的方案,就是铁证。

问题摆在我们面前,政法工作由谁领导是有关我们国家政权的实质问题,是我们人民民主专政制度的生死存亡的问题。事实说明,政法工作的岗位,站在阶级斗争的最前列,不依靠具有坚定的工人阶级立场和丰富的斗争经验的老干部和工农干部是绝对不行的。这些部门必须为忠于劳动人民利益的坚定的革命干部所掌握,必须保持纯洁,这是不可动摇的原则。杨兆龙所要的"根本的改革",就是反对这个根本的原则,妄想争夺政法工作的领导权,从根本上推翻人民民主专政，把政法阵地抢夺到他们手里，实现反动统治的复辟。一句话，就是要共产党“下台”，要所有的革命的工农干部从各个政法工作有关的部门内退出去，让他们“上台”。这难道是我们能够容忍的吗？杨兆龙向董必武院长提出的“十二条反动纲领”的实质正在于此，我们与杨兆龙展开尖锐的斗争的实质也在于此。

（1958年第1期）

揭穿"右派分子"恢复资产阶级行政学的政治阴谋

张汇文*

资产阶级"右派分子"在要求恢复资产阶级政治学和政治学系的叫嚣中，都一致强调行政管理的重要性，并主张在恢复政治学课程的时候，应当首先恢复资产阶级的行政学。他们所持的理由，概括地可以用王造时和杨兆龙两人在今年6月8日民盟上海市委会召开的政治学座谈会上的发言为代表。

王造时说："培养政治人才、政务与行政人才、决策的行政干部，单凭马列主义是不够的。今后我们对人事管理，必须要有客观管理……我们也可以学习一些资产阶级的，他们在管理方面有着一系列的科学经验。"

杨兆龙说："过去强调阶级本质，阶级观点，否定了政治学。加强政治学科对培养人才有很大作用。我们过去强调建设人才，但不注意管理人才。我认为行政管理将来很重要。现在人事工作，只是查查历史，定定阶级成分，评评级别，根本没有科学管理。"

从王造时、杨兆龙二人的发言，可见"右派分子"对恢复行政学这个问题，是在否定党和政府的干部政策和我国的人事制度的基础上提出来的。要我们学习学习资产阶级的行政学，学会他们的"科学管理"和"客观管理"，依照他们的办法去改进我们的人事制度，培养政治和行政的人才。

从这里可以知道，资产阶级"右派分子"提出恢复资产阶级行政学的主张，原来就是他们企图使资产阶级社会科学在新中国复辟的阴谋的一个主要的部分。也就是说，他们是为了要贯彻章罗联盟的反党反社会主义的"科学纲领"，企图从我国的行政管理和人事制度方面打开一个缺口，从而向我国的根本制度和党的领导实行进攻，以求最后达到"偷天换日"使资本主义制度在中国复辟的目的。因此，"右派分子"叫嚣恢复行政学是一个政治阴谋，而不是学术问题。

* 作者单位：复旦大学。

一

首先，应当指出，资产阶级的行政学或行政管理这门学科，严格地说，是应该在它前面加上“英美”两个字才是，因为，这门学科是在美国出生的，而它的形成与发展是与英美两国的经济制度和政治制度血脉相关的。在英美大学里把行政学作为一门独立的学科去研究，只不过是第一次世界大战以后的事。从时代背景来分析，这门学科的成立，乃反映着英美资产阶级统治者，在资本主义发展到帝国主义阶段所面临的总危机之前，为要适应新的形势和企图解决新的矛盾，从而加强其阶级统治的一个总的要求。这个要求又反映着资产阶级国家与行政机关内部的矛盾和它们的腐朽性。也就是说，一方面，作为资产阶级统治工具的国家行政机关，为要适应垄断经济组织的发展，就不得不扩大其组织和活动的范围，从而形成了政府人员的大量增加，和人力财力的空前浪费现象；另一方面，随着经济的集中，政治集权现象也同时发展起来，在官僚主义集中制的管理下，行政人员的积极性受到压抑，使政府行政的效率日见低落。这种矛盾现象，经过第一次世界大战之后，表现得更为突出，政府机关好像一个雪球从山顶滚下，越滚越大，越大越松，大有一旦落地就要崩毁瓦解之势。统治阶级为着要挽救这一危局，就不得不要求提高行政效率加强人事管理，一心一意想把成千成万的行政人员变成统治劳动大众的更可靠、更有纪律、更顺从和更有组织的工具。资产阶级的行政学就是在这样一种历史条件下和为了要适应这样一个要求而成立起来的。

截至目前，资产阶级御用学者们对于行政学的范畴和研究对象还没有共同的看法。有些人偏重在行政活动的法律方面，而去研究行政组织和人员的职权与责任等问题；还有些人则从行政制度方面出发，着重去比较各种制度的优缺点。比较占优势的一种看法是着重在行政事务管理和人事制度方面，主张采取“科学管理”的原则和方法以及建立所谓职业化的“常任文官制度”，以求行政效率的提高。他们强调行政的“中立性”和“技术性”。这一派人的“理论”，构成了英美行政学的正统思想，反映着英美政治制度的特点和趋向。“右派分子”王造时和杨兆龙所一心向往而要我们“学习”的，也就是这派人所倡导的一套“理论”和“制度”。

二

王造时、杨兆龙等人开口就是“科学管理”，那么，就让我们谈一谈他们所谓的“科学管理”究竟是一套什么东西，它的“科学”性又是怎样。

英美行政“学者”，在建立行政学的过程中，有一个总的出发点，那就是，要把资本主义企业管理的一套经验，包括管理原则和方法，应用到政府行政上面去。在他们所认为工商企业管理中最成功的经验之一，就是以泰罗为首所倡导的那种“科学管理制度”，简称“泰罗制度”。泰罗是一个美国工程师，他在20世纪初期，为了帮助垄断资本家保证他们的最高利润，企图从工人的劳动中榨取更多的绝对剩余价值，曾提出了一种“分析管理”的办法。这办法的大意是：将企业生产的整个程序先分为若干精细的阶段，然后根据每个阶段工作的条件和要求去挑选适当的工人去担当；每个人所担当的工作，往往只限于整个程序中的一件极简单的动作，他的责任就是继续不断地去重复这个简单的动作，但要求每次动作必须在一定的时间内完成。在这样一种精细而机械的分工基础上，又推行着一种极严格的监督和检查制度，这制度的运用是靠一套自动化的设备对工人的动作从时间上完全予以控制。例如，在许多工厂里就使用“传送带”和自动“计时员”的设备，把工人的操作完全放在机器动作的控制之下，使每个人不但要在规定的时间之内完成一定的工作，而且要求他的工作速度越来越高。这样就把活活的人变成为机器的附属品，进而成为机器的牺牲品了。

美国福特汽车工厂在使用“传送带”和“计时员”方面，算是最成功的一个了，在那里，“传送带”运转得如此之快，以致工人们在工作时常常昏厥过去。在福特厂中，工人死于心脏病的为数最多，据美国全国工业卫生会议的分析，认为这都是由于装配设备上的工作速度越来越快所造成的结果。1921年我曾到美国芝加哥城去参观一个美国最大的屠宰场。在那里，我注意到许多工人的身体是畸形发展的：有的身子是歪的；有的眼睛是斜的；有的右膀异常的大，左膀异常的小；有的是背驼腰弯；等等。当时我曾好奇地向一位工头询问其原因，他很爽直地回答我说，那都是由于他们整天去做同一动作，年代久了就产生了这样的结果。从以上所举的这两个例子就可以说明，原来资产阶级学者所认为最“科学的”管理制度，乃是一种最精巧、最残酷的剥削工人的方法。这种制度的最大“功效”，就是无限制地提高工人的劳动强度，通过严格的控制和精确的计算，把工人先变成机器而后变成废人罢了。在这里使我想起列宁在揭露资本主义劳动真相的时候，曾精辟地将泰罗制度说成是“从工人身上榨取血汗的艺术”。资产阶级"科学管理"的反动本质为列宁这一句话给彻底道破了!

但是,英美资产阶级御用的学者们,却扬扬得意地把这一套反动的理论应用到政府行政方面去。他们强调泰罗制度的"科学性",主张根据那套制度的原则去改进政府行政和建立一套人事制度。例如,在人事管理方面,他们本着工业管理中的"工作分析制"的精神,提倡一种精细的职位分类制度,并且主张在职位分类的基础上,推行一种复杂的考试制度和一种极为机械而严格的考绩和升迁制度。美国联邦政府从1923年起施行职位分类制度,将政府的职位,根据其工作性质,分为5大门,47等,每等之下又分为若干类别。美国的文官考试就是依照这种分类标准制定的。在考绩方面,则有所谓图表测度法、蒲乐贝士法、工作数量估计法、质量分析法、效率登记计算法和成绩百分比较法等方式方法。资产阶级御用学者都一致夸耀说,只有通过这样一套一套的办法,才可以把人事制度放在"客观"的基础上,才可以使人事制度脱离"政治"的影响,才可以使政府行政"专门化"和"事业化"。其实,这都是一些自欺欺人的话,因为在实质上他们所提倡的一套一套的办法,无一不是为了加强资产阶级的专政,企图通过一整套的管理制度,把成千成万的公务人员都像放在工厂里的"传送带"上一样地给控制起来,使他们可以像机器一样地为统治者去服务。换句话说,在这样的制度之下,统治者把公务人员当做机器去制造、去使用和去管理,使公务员的创造性和积极性完全丧失,完全听从少数上层统治者的指使和支配。这种情况,可以从美国大学生不愿意参加政府工作的消极态度上反映出来。多年来,美国的大学毕业生,都不愿意参加政府的文官考试,政府每年举办的许多考试,往往因为报名的寥寥无几而不得不一再延期举行,甚而根本不能举行。这说明,资产阶级行政学的一套反动理论,就是连它本国的青年都骗不了的。

三

以上所讲的,只不过是资产阶级行政学在所谓"科学管理"方面所表现的反动性,现在让我们再从行政学的另一个基本论点,即所谓"文官中立原则"方面来分析一下它的反动本质。

资产阶级政治"学者"在故意掩盖国家与法的阶级性的前提下,发出了行政"中立"的谬论。他们主张行政在国家活动中应当处于"中立"的地位;对政法来说,行政是超然的,它应当不偏不倚地为政治而服务。他们有意地避开了政治和行政同为一定社会经济基础的上层建筑和为同一个社会经济基础而服务的客观事实,强调政治是行政的目的,行政是政治的工具,目的尽可不同,而工具则是一个说法。从这种荒谬的"行政工具论"又引申出了"文官中立"的原则。这个原则,简单说,就是"不问政治"的原则。一方面主张国家官吏(指事务官)的去留,不应当随着政潮的起伏而定,即当权的政党,不得根据本党的立场和利益而更换官吏,更不得强使官吏采取本党的主张和立场,或对于隶属不同政党的官吏有不同的看法。另一方面则主张,官吏对于任何政党当政都应当对它忠诚效劳,并且,为要保持其"公正"的地位,不得参加任何政治活动和随意表示其个人的政治态度。从表面上来看,这些主张都是"冠冕堂皇"和"大公无私"的:前者好像是为了要杜绝政治上的"分赃制度",对文官的地位予以保障;后者好像是为了保证公务的忠正执行,免受个人私见的影响。但实际上,这乃是挂羊头卖狗肉,彻头彻尾的一个大骗局。因为在资本主义国家中,政党的名称和组织尽管不同,它们之间尽管不断地在进行着相互倾轧和斗争,但实质上它们都是资产阶级的政党,都是同样地为垄断资本家所控制着而忠实地为他们服务的。就是连挂着"社会主义"招牌的英国工党也不能视为例外。事实证明,它不论是在执政时或在野时,都是忠实地奉行着资产阶级统治集团的政策,恭顺地遵循着议会政治活动的方式,猛烈地反对群众斗争,一贯地主张工会领袖们和资本家及保守党携手合作。换句话说,它是一贯地主张通过阶级合作的方式以维护资本主义的。在有些资本主义国家里,无产阶级政党的存在虽为法律所承认,但却遭到一些资产阶级政党的联合抵制,它们使用各种阴险的方法去排挤它,使它根本不能产生议员参加议会,即使有少数人参加,也不能发挥多大作用,更谈不到会有机会去组织政府了。并且,到了无产阶级政党的存在一旦直接威胁到资产阶级的根本利益的时候,资产阶级就会使用暴力手段去否认它的合法存在。

在这样的"政治"基础上,所谓"文官中立"的真正意义,也就只能理解为资产阶级要把文官变成他们的忠顺可靠的工具,保证不管什么政党当权,垄断资本家都能经常地控制着国家的行政。文官的地位,也只有在符合于资产阶级的利益的前提下,才可以得到保证。换句话说,所谓"不问政治",也就是不许文官去过问资产阶级利益以外的政治而已,除此之外,再不可能有别的解释了。事实上,在许多资本主义的国家中,所谓公务员应守中立的说法,都为统治阶级利用作为褫夺一般公务人员政治权利的手段。英国被称为实行"文官中立原则"成绩最好的国家,在那里,文官在政治上的权利仅限于投票,他不得参加竞选,不得参加任何政治活动,不得做任何政治性的讲演或编辑政治性的刊物,并且也不得替别人活动竞选。

在这之外,近几年来英国政府还常常以"安全"为借口,仿效美国的"忠诚检查"的法西斯方式,对被认为"有嫌疑"的公务人员进行政治检查,迫使被查问的人声明是不是共产党员，凡拒绝回答的，马上就被免职或降级。根据1954年1月16日伦敦《泰晤士报》的报道，在被调查的149个公务人员中，有24人被革职，69人被调任“非机要”的工作，19人被迫辞职，9人被停职查看，28人准予复职。尤其值得注意的是，1954年还是工党执政的时候。这说明，在这个问题上，工党和保守党是一样的，他们都是要保持公务人员在思想上和行动上成为资产阶级的忠实工具，对于无产阶级的政党都是势不两立的。从这里，我们就不难理解为什么英国的文官，当保守党执政的时候，他们仍然能够在原来的行政机构中继续工作了。

建立在“中立”原则上的英国文官制度，在资本主义国家中，一向被推崇为“模范”的人事制度。右派分子所用来攻击我国人事制度的标准，显然是以这个“模范”制度为根据。因此，进一步把这个制度的反动本质予以揭露是很有必要的。的确，在英国国家机器中，文官制度是占着首要的地位。百年以来，资产阶级统治者们集中全力和采用各种不同的方法来培养和巩固这一组织。不过，要想了解英国文官制度的本质，首先必须把文官的中上层人员和一般的低级人员区别开来看。今天英国文官中约有四千多名高级行政官员，他们构成文官的领导核心，垄断资本家们就是通过这部分人保证他们对国家行政的控制。这些高级官员形式上都是经过严格的考试选拔出来的。选拔的标准虽没有把阶级出身明文规定出来，但实际上，阶级出身乃是最主要的一个。因为，在他们的所谓“公开竞争”考试中，考试的科目是紧密地配合着几个贵族大学如牛津、剑桥等校的课程，以致考试的胜利者几乎全为几个贵族大学出身的人。本来，考试制度在资本主义国家里，实际上就等于是保障资产阶级的做官权利，而排除工人阶级参与政府行政的一种制度。因此，英国文官中的四千多名高级官员，几乎完全出身于英国的“上层家庭”，他们的社会关系和政治背景，同那些控制着国会两院的政客们也完全一样。他们都是从小就浸润在资产阶级的生活当中，他们的思想感情和立场观点，也就会很自然地同资产阶级统治集团相一致。连反动学者拉斯基都这样形容他们说：“他们这些人的思想，或者说他们思想的出发点，和拥有生产工具的人是一样的。”情形既然是这样，那么，所谓“文官中立”，对这批人来说，实在是一个讽刺。因为，任何一个资产阶级的政府，也就是他们自己的政府，也就是代表他们的阶级利益和政治见解的政府，那么对他们来说，还有什么“不中立”的必要呢?！同样地，就每一个新上台的政府来说，既然这批官吏都是忠心耿耿地站在同一立场，愿为资产阶级服务，那还有什么更换的必要呢?！

从另一方面来讲，英国的文官，在这样一批人的领导和控制之下，就自然地成为一个极反动的官僚体系。总的来说，这个体系同人民大众是完全隔绝的，不但在工作上从不容许人民参加或接受人民的监督，就是在生活上，也同人民大众格格不入。

作为一个集体来说，英国的文官不分高低，他们都是骑在人民头上，一心一意为着统治者的利益而服务。事实上，他们一起构成反动统治机器的一个重要部门，是反动统治者对劳动大众实行剥削和压迫的一个最有力的工具。但就这个体系的内部来说，在四千名高级官员和占全体官员85%的低级官员之间，又存在一条不可跨越的鸿沟，那就是说，从低级人员的队伍里，要想升到高级的阶层里去，简直是难如登天，几乎是绝无仅有的事。在这个官僚体系当中，低级人员的命运是悲惨的。这些低级人员是真正做具体工作的人，可是他们的待遇很低，工作条件很差，他们是人事管理的对象，受着一套一套的管理规章的束缚和限制。他们无权过问政策，更不得过问政治，唯一的天职就是服从上司的命令，去完成上司所交给他们的任务。换句话说，他们是行政上的盲目工具，是行政"传送带"上的牺牲者。因此，所谓"文官中立原则"，对这些人来说，也算是做到了，可是其意义则大不相同。

四

根据以上的分析和事实，我们可以清清楚楚地看出，在资本主义世界里被推崇为最好的人事制度，乃是一种既不民主又不客观，既反动又虚伪的制度。在这个制度下，所谓"不问政治"的原则，实际上乃是"必问政治"的原则，所谓"文官中立"的原则，乃是"文官不许中立"的原则。同时，在前面我们也证明了，为资产阶级学者所夸扬，和为右派分子所崇拜的那种资产阶级科学管理制度，乃是一种把人变成机器去使用的制度，在本质上，它不但是不科学的，而且是极端不人道和违反人性的。

这里，可以懂得"右派分子"为什么要恢复资产阶级的行政学，主张在人事制度上实行科学管理的真意了。

从"右派分子"王造时和杨兆龙两人的言论可以看出来，他们向党和社会主义进攻的火力，是集中在我国的人事制度和行政管理上的。他们认为，我们的人事制度和行政管理都搞得"一团糟"，其原因主要是由于：

1. 我们在用人方面过分强调了政治条件，用他们的话说，就是过分强调了马列主义的历史出身等条件；

2. 我们在行政管理和人事管理方面，都"不够科学"和"不够客观"，用他们的话说，就是缺乏"科学管理"和"客观管理"。

这两点，可说是王造时和杨兆龙向我国人事制度进攻所用的两个炮弹，这两个炮弹恰好同我们所已分析过的资产阶级行政学的两个基本观点的口径完全吻合。

首先，应该问一问，王造时和杨兆龙为什么对于我们在人事方面重视马列主义和历史出身等条件表示不同意呢？这显然是一个“用人可以不问政治”的问题。难道，在阶级还存在的今天，政府用人是可以不问政治么？如果王造时和杨兆龙认为是可以不问的，那么，就请他们具体地指出，今天世界上究竟有哪个国家或政权，它在选用和培养工作干部的时候，是不问干部的政治情况的。英国的真实情况，我们前面已经把它揭露得清清楚楚了。英国的情况是那样，美国的情况更有过之而无不及。因为美国的人事行政比英国的还要糟，垄断资本家对于文官的控制来得更直接而严格。本来在阶级社会里，任何国家的政权都掌握在一定阶级的手里，他们为维护本阶级的利益和统治，按照自己的政治标准和要求去选用和培养自己的工作干部，乃是可以理解而不足为奇的。所以说在这个问题上，社会主义国家与资本主义国家之间并没有什么不同。所不同的乃是在所要求的政治标准和具体内容上，两者之间则有根本的差别而无法做比较的。但社会主义国家这样去做，是敢于公开指明和承认的，因为这样做有利于广大劳动人民的利益，获得他们的拥护。而资本主义国家则用尽一切方法玩弄玄虚，把它掩盖起来，因为它这样做只为少数资产阶级的利益，它不但不敢承认这一点，反而用“不问政治”和“文官中立”一套的鬼话来欺骗人们，就是这个道理。

我们是社会主义的国家，我们不但敢于公开承认这一点，而且我们有权利和责任来坚持这一点。马克思早在1871年就曾指出：工人阶级绝不能简单地握取现成的国家机器，并运用它来达到自己的目的。苏联的和我们自己的革命斗争经验也都证明了：工人阶级在经过革命斗争取得政权以后，绝不能依靠资产阶级的国家机器去建立社会主义社会，它必须用新的组织去代替旧的国家机器，用从自己阶级队伍中选拔和培养出来的管理人员去代替原的管理人员。解放以来，我们的党和政府所遵循的就是这样一条基本的干部工作路线，这条路线是由我们党的阶级性所决定的。换句话说，我们的干部政策就是按照马克思列宁主义和工人阶级的政治标准制定出来的。如果我们不按照这些标准去选用干部，如果我们不把政府在解放时所“包下来”的旧人员的政治面目、政治品质和政治倾向了解清楚，那么，我们就等于是背弃了马列主义，脱离工人阶级的立场，我们也就无法说明我们的革命究竟是为了谁和为了什么！这道理是显而易见的。

我看，工造时和杨兆龙等人对这些道理并不是不清楚。他们这样的提法，显然是存心要破坏我们的干部政策，显然是有意地要破坏我们政治的纯洁性和阶级性，显然是想使恶劣的和反动的分子可以安然地夹杂在我们的行政管理中，显然是想为更多的资产阶级“右派分子”打开方便之门，以便可以在我们的干部中进行腐蚀、分化、排挤以至于“取而代之”的阴谋。一句话，他们的目的就是要削弱和推翻我们的无产阶级专政。

其次，我们又当进一步分析一下，为什么王造时和杨兆龙要那样强调“科学管理”和“客观管理”？他们这样强调的目的在哪里？所谓“客观管理”又是什么意思？

谁都知道，社会主义国家是重视管理问题的，列宁从苏维埃政权建立的最初几天起，就对苏维埃国家机关的管理工作予以很大的注意。他曾不断地提出了一系列的关于机关工作管理的基本原则，这些原则都成为苏联和其他一切社会主义国家在国家和行政工作中的指导原则。在提出这些原则的时候，他曾一再地指出，在对待管理问题上，我们必须首先考虑到社会主义制度和和资本主义制度之间的本质的区别。也就是说，社会主义制度下的行政管理的性质，必然是由社会主义的物质基础和它的国家性质所决定的；资本主义制度下的行政管理的性质，也必然是由资本主义制度的物质基础和它的国家性质所决定的。列宁也说过：“机关是为了政策，而不是政策为了机关。”这说明在社会主义国家里，当我们谈到管理问题的时候，我们必先考虑到它的目的性和政治性，离开了制度的本质和政治目的而孤立地去谈管理问题，那显然是不合理的，也是不科学的。明白了这一点，我们就不难理解，为什么泰罗制度和斯达哈诺夫制度，虽然从表面上看来好像都是提高劳动生产率的方法。但在本质上，则一个是以奴役和控制为目的，是绝对反动的，而另一个则是以发挥创造性和积极性为基础的，是极端进步的。我们是实行社会主义的国家，社会主义是为了消灭人剥削人的制度，那么，在社会制度之下，我们当然不能去采用那种为了要加强人剥削人而产生的资产阶级科学管理制度了。这道理不也是很明显吗？能够说到今天王造时和杨兆龙还不晓得社会主义是为了消灭人剥削人的一种制度吗？那么，他们既然晓得，而又提出这种主张，显然他们是想用偷梁换柱的手法来破坏我们制度的完整性，显然是想使资本主义制度在新中国复辟。

还得要指出一下，“客观管理”这个名词在英美行政学里是找不到的，这是王、杨二人所杜撰的。他们所以要特别造出这样一个名词至少包含着两种恶意：一方面，它意味着我们的人事管理制度是“不客观”的，“不客观”就等于说党是在那里独断专行，凭主观去乱搞一套；另一方面，它意味着我们应当仿效英美两国去制定一套人事管理规章和细则，那当然包括用人要凭教育资格一类的英美标准在内，如果能这样去做，则工农干部就必然地要被排挤出去，而党在人事方面的管理权也就自然而然地会受到限制和削弱，甚而可以完全为那一套一套的反动规章制度所取代了。简而言之，王造时和杨兆龙之所以强调“客观管理”，其目的就是要从人事管理方面去削弱党的领导和取消党的领导。

五

最后必须指出，我们社会主义国家的行政管理，乃是最科学的、最民主的和最有效率的行政管理。马列主义是辩证唯物主义的科学，是理论联系实际、实事求是的科学，它的客观规律性决定了我们管理制度的科学性。8 年来我国在各方面建设的伟大成就和飞速的发展，更充分证明了我国行政管理的高度组织性和效率性。在资本主义国家中，由于国家的政权是掌握在少数剥削者的手中，国家机关的一切活动便不得不根据官僚集中制的原则进行管理。官僚集中制的特点是：官吏层层向上负责，他们和广大人民之间是永远存在一条不可跨越的鸿沟，不但劳动人民完全被排挤在国家管理之外，而且一切官吏的活动都完全不受人民的监督和干涉。相反地，我们国家机关的一切活动，都不是超越人民，而是通过人民，由人民群众主动性和创造性的必然支持而开展的。在总的方面，党是我们国家机关的领导核心，它领导制定政府工作中的方针政策，并且通过它对全体工作人员进行思想教育和督促，以保证一切方针政策的正确执行。但党组织的领导活动，却从不干预或代替政府机关的行政管理；党不但不主张去干预或代替，而且一向还禁止这样去做。毛主席曾指示我们说：“党的主张办法，除宣传外，执行的时候必须通过政府的组织。”“右派分子”王造时等人把党的领导活动诬蔑为“以党代政”，可见他们是有意中伤了。

在管理方面，我们各级政府和各个组织，都是根据民主集中制的原则进行的。民主集中制，简单地说就是把广泛的社会主义民主和高度的集中领导互相结合起来的一种组织原则。用毛主席的话来说，就是“在民主基础上的集中，在集中指导下的民主”。这也就是在共产党领导下组织各项工作和执行各项工作的群众路线的应用。在人事方面，我们的组织任务是大量地吸收劳动人民参加国家的管理工作，要求做到列宁和斯大林所指示我们的“把管理的艺术交给全体劳动者”。我们非常重视国家机关工作人员的业务能力，但在重视业务能力的同时，我们更加重视他们的政治品质。换句话说，我们不是孤立地去重视一个人的业务能力，而是密切地联系着他的阶级立场和服务态度去估计他的能力。我们根本反对把干部当做机器去培养和使用，因为人不是机器，机器可以掌握在谁的手里就为领班服务，而人的一举一动都受自己的思想所支配。我们不但不禁止我们的干部过问政策，相反地我们鼓励他们去研究政策和学习政策，从各方面来培养他们的政治积极性。在我们各级机关中，干部与干部的关系是同志的关系，而不是僚属的关系；他们不论职位的高下，都是以主人翁的态度去对待工作，而也都是对人民负责的。在工作关系上，我们又非常重视下级服从上级的原则，但我们的这种服从却同资产阶级官僚集中制的服从上司根本不同。因为在重视下级服从上级的同时，我们又重视上级要接受下级的监督，领导者随时从被领导者吸取经验和教训。这种以群众的经验和被领导者的经验来补充领导者的经验的办法，给我们的行政工作带来了无法估计的力量。因为只有通过这样一个方式，才可以使每一个工作人员的创造性和积极性得到充分的发挥，从而可以加强领导者的领导力量。

根据以上的分析，我可以肯定地说，我国的行政管理和人事制度，不论是在理论方面或实际方面，都具有无比的优越性，这样优越性又是与我们的无产阶级专政、社会主义制度的本质和党的正确领导分不开的。王造时和杨兆龙都是反对我们走社会主义道路的，他们对于无产阶级专政和党的领导都极端地仇视。在前面我已经揭露和证明了，他们主张恢复资产阶级行政学的真正目的，就是为了要破坏我们的无产阶级专政制度和推翻党的领导，为资本主义制度在中国复辟打开一条道路，是一个极为恶毒的阴谋！同时这也是在两条道路的斗争中，他们对我们的一个狂妄的挑战！因此为了维护我国的优良制度，为了维护党的领导，为了完成我们伟大的社会主义革命建设事业，我们就必须对他们的攻势予以迎头的痛击，必须把他们的阴谋彻底地予以粉碎！

（1958年第1期）

公安、检察和法院应正确贯彻互相配合、互相制约的原则

胡　军*

一

我们国家的公安、检察、法院3个机关都是人民民主专政的尖锐武器，它们共同的根本职能就是镇压反动，制裁犯罪，保护国家和人民的利益。这就决定了三个机关在工作中必须遵守互相配合、互相制约的原则。这个原则不仅为正确贯彻国家法制所必需，而且也为完成共同任务所必需。

那么什么是互相配合和互相制约的原则呢？两者的关系又是怎样的呢？所谓互相配合，就是在分工负责的基础上，公安、检察和法院3个机关在揭发和惩罚犯罪分子的斗争中，必须通力合作，互相支持，团结一致，来完成共同的任务，而不能是也不应该是各管各的，互不通气，甚至各行其是，抵消力量。所谓互相制约，就是公安、检察和法院3个机关要根据党的政策和国家的法律，充分发挥各自的职能作用，互相监督，有力地防止可能在各个环节上发生“左”的或“右”的错误，保证不冤不纵，不错不漏，正确地执行政策法律。互相配合和互相制约的原则，并不是彼此矛盾的，而是互相一致的。互相配合和互相制约的原则，是我们公安、检察和法院3个机关的一大特点，也是我国法制的一大优越性，这个原则的正确贯彻，将会不使一个犯罪分子逃脱法网，也不使一个尚未构成犯罪的公民，被逮捕和交付审判。

二

在过去一个时期中，各地公安、检察和法院3个机关，在党的统一领导下，基本上贯彻执行了分工负责，互相配合、互相制约的原则，3个机关在对敌斗争中是互相支持，团结一致的，在相互关系上也是正常的，因而完成了镇压敌人，惩治

* 作者单位不详。

犯罪，保护人民的共同任务。这是主流，必须首先肯定。但是，不容忽视的是，在过去一个时期中某些地区的公安、检察和法院3个机关，在贯彻执行互相配合、互相制约的原则上，还存在一些亟待解决的问题。其中最主要的是某些公安、检察和法院干部，对贯彻互相配合、互相制约的原则，存在一些片面观点，给实际工作带来了有害的影响。这些片面观点，主要表现在以下几个方面：

1. 片面地强调互相制约，忽视了互相配合。某些干部只看到3个机关工作职能的区别，忘记了在对敌斗争上的共同性，不大懂得3个机关的分工不同，只是在完成总任务当中各司专责，而不是"唱对台戏"。因此，往往孤立地在那里谈"监督"，谈"制约"，把3个机关分工负责，误认为分家，总希望有那么一种"条文"规定，把3个机关的职责划分得毫无瓜葛，"河水不犯井水"，"谁也不要干扰谁"。（当然3个机关必须明确分工，这是无可怀疑的）在这种脱离实际的思想支配下，对本来应当合作完成的任务，不注意密切合作了；应当与兄弟部门商量办理的事情，很少或者根本不商量就办了；应当协调一致紧密配合的工作，也不那么关心配合了。对本地区的反革命分子、坏分子、坚持反动立场的剥削阶级分子和其他危害社会主义建设的分子的活动情况，很少交换情报、共同研究，以利统一认识、明确敌情、配合作战。由于忽视互相配合、密切联系，随之产生所谓"协商办案是违法的"，密切合作要"影响互相制约"等谬论。这就不是思想上的片面性问题，而是反动的旧法观点和右派分子的言论了。

2. 在贯彻互相制约的原则中，存在两种偏向。一个是本来制约本身就包括两个方面的内容：既制约违犯法纪，冤枉好人；更要制约放松专政，轻纵敌人。但是，我们有些政法干部在实际工作中，却片面地强调了前者，忽视了后者。只注意有错必纠，忽视了有反必肃；只注意查错，忽视甚至放弃了查漏；只注意制约不应捕而捕、不应判而判和轻罪重判，忽视了制约当捕不捕、当判不判和重罪轻判。这样制约结果，必然陷入右倾思想的泥坑，使政法机关减弱了作为专政锐利武器的作用。另一个偏向是只有一方面的制约，缺乏互相制约。个别地区的政法机关曾发生这样一种反常现象，就是公安机关在报捕人犯前先问问检察院能不能批捕，如检察院认为不够捕，公安机关就放弃职守，不报捕了。而对于检察院该批捕不批捕，该起诉不起诉的案件，则不去向上一级人民检察院提出意见或者控告。这就是说检察院在批捕和起诉问题上是行使了对公安机关实行法律监督的权力，而公安机关却没有很好地行使《检察院组织法》第13条所规定的权力。有的检察院在案犯批捕或起诉前，先去摸摸法院的"底"，法院如果认为不够判刑，那么检察院就不批捕或不起诉了。而对于法院该判不判和量刑上的错误，则放松了法律监督。这就是说，法院在决定对犯人是否判刑和量刑轻重的问题上行使了对检察院的制约权力，而检察院却在一个时期，由于出庭支持公诉的案件比较少，加之思想上的右倾，就没有切实担负起对审判工作上的法律监督责任。这种一方面的制约，只能起着互相抵消的力量，导致右倾思想的发展，而不利于对敌斗争，不利于社会主义事业。因此这种制约的方法是要不得的。

3. 有些政法干部把党的领导同互相制约对立起来。他们认为“党委审批案件妨碍互相制约”。这种思想观点是极为有害的，党委所以要审查一些主要的案件，这是党实现对政法工作领导的一个重要方面，也表现出党和国家对公民民主权利的高度关怀。再加上，无产阶级专政的政法部门，必须接受党的领导，政法部门也只有接受党的领导，才能正确地掌握国家的政策法令。事实上党委审批案件不仅不会妨碍互相制约，而且还会有助于互相制约的进行。因为党委审批的主要是两种案件：一种是重要案件，先经过检察机关认真审查核对，尽职尽责，提出具体意见。党委根据政法机关的意见，经过反复审查和周密考虑，做出决定。另一种是一般的刑事犯罪案件，这种案件按法律程序由检察院决定，党委只是对其中几个机关有分歧意见的案件，提出来并吸收有关部门人员参加，进行讨论，统一认识，做出结论。这样做的结果，就可以及时防止错误，保证案件的正确处理，保证互相制约的正常进行。这怎么能说党委审批案件，会妨碍互相制约呢？持这种观点的人，不是政治上幼稚，就是别有用心的攻击，假借妨碍互相制约之名，达到摆脱党委领导之实。

4. 某些检察工作人员存在一种什么都要监督的思想。他们不是紧紧地抓住批捕、起诉和审判等几个主要环节执行自己的法律监督职责，而是要实行所谓“全面监督”、“事先监督”。因此有的检察机关对公安机关进行的案件侦查的具体过程要监督，每次预审犯人要“参加监督”，监所犯人便桶的位置放不当也要“监督”，甚至对县人民委员会的日常工作也要实行“一般监督”。这种所谓“监督”，不仅超出了检察机关的职权范围，妨碍有关部门的正常工作，而且也是不符合法律规定的。

5. 我们有些检察和法院干部存在以监督者自居的特权思想，把积极的制约，变为消极的限制。有的检察干部说“我们是法律监督机关，不行就不批准，错了就抗议，用不着联系”，“公安机关报来的案犯材料，不论事实清楚与否，要不提出点问题，怎能显示出侦查监督呢”？甚至个别的有故意挑剔找岔子的情况，这不仅是不应该的，而且也是一种违法的行为。

综上所述，目前在贯彻互相配合、互相制约的原则上，还存在若干缺点、错误，它已经影响了当前的对敌斗争，成为政法工作产生右倾思想的一个重要原因。但是，这绝不是说互相配合、互相制约的原则错了，相反地，这个原则是正确的，它在实践中已经起了今后还将继续起着积极的作用。但是，这个原则实行的时间不长，还缺乏成熟的经验，因此发生一些问题也是难免的。而上述问题也只是在少数地区和某些干部中存在，夸大缺点，否定这个原则的正确性是不对的。只要我们正视这些缺点，并设法加以改进，这些问题是完全可以解决的。

三

为了加强对敌斗争，正确地惩治犯罪分子，充分地保护国家和人民的利益，公安、检察和法院三个机关必须采取有效的措施，来检查和纠正目前在分工合作上存在的问题，使其在今后工作中发挥更大的积极作用。

公安、检察和法院3个机关应该统一思想，正确地全面地认识互相配合、互相制约的原则，克服某些思想上的片面性和右倾思想、特权自居的错误思想。3个机关采用任何工作方法都要有利于社会主义建设事业，有利于镇压反革命分子，惩办犯罪分子和充分保护人民的利益。凡是符合这个要求的，就是正确的；凡是违背这个要求的，就是错误的。因此，在贯彻互相配合、互相制约的原则中，必须从这一要求出发。国家和人民的利益，无产阶级专政的利益，首先要求三个机关互相配合，一致对敌。今后与残余的和暗藏的反革命分子，及其他一切刑事犯罪分子作斗争，将是政法机关长期的、艰巨的任务。而胜利完成这个繁重任务需要有一个重要条件，这个条件不是别的，就是公安、检察和法院3个机关的密切配合，通力合作。因此今后在对敌斗争中应当互相配合的，要主动地配合，应当密切合作的，要积极地合作，坚决摒弃那种抛掉统一对敌斗争的利益，强调特殊，强调分工，强调制约，而不加强互相配合的思想和行为。只有如此，才能充分发挥专政机关的威力，及时地准确地打击敌人，惩罚犯罪分子，保障社会主义建设事业的顺利进行。

3个机关在通力合作、密切配合、一致对敌的基础上，来加强互相监督和互相制约。在实行互相制约、互相监督中，必须树立全面观点，充分发挥各个机关的作用，恪尽职责，保证案件的质量。互相制约、互相监督应该是两方面的：在案件上既要监督制约错捕、错办好人，也要监督制约放纵敌人、开脱敌人、漏掉敌人；既要监督制约不当判的判了和轻罪重判，也要监督制约当判不判和重罪轻判。在3个机关之间是：既有你对我的监督制约，也要有我对你的监督制约。只要3个机关都能互相制约、认真负责、坚持原则、一丝不苟，就能够有效地防错防漏，达到不枉不纵。公安机关应当尊重和接受检察机关的法律监督；但对检察机关该批捕不批捕、该起诉不起诉的案件，应本着对国家对人民的负责精神，行使法律规定的监督权力，提出意见或抗议。对与犯罪分子作斗争的重大原则问题，抱自由主义态度是错误的。检察机关在3个机关的互相制约中，起着重要的作用，检察人员不仅要有明确的阶级立场，和强烈的政策观点，而且还要有高度的原则性和坚持斗争的精神。检察机关应当紧紧地抓住批捕、起诉、审判3个主要环节。担负起对法院和公安机关的法律监督责任。对公安机关的不应批捕的和不应起诉的案件，以及对法院当判不判、重罪轻判和不应判而判、轻罪重判的案件，都要按法律规定进行监督，坚持职守，防止错误。法院应当根据党的政策和国家的法律进行审判，并接受检察机关的法律监督，坚决纠正当判不判、重罪轻判的错误。但对检察机关起诉的案件也要严格审查，核对事实，遵照政策，对其中起诉不当或不应起诉而起诉的案件，要实行监督制约，防止发生错判好人和轻罪重判的现象。应当强调指出的是，绝不能因为反对右倾思想，就又导向另一种偏向，即不应捕的也捕、不应起诉的也起诉、不应判的也判和轻罪重判。分别对待、实事求是的原则必须坚持。

党的统一领导是3个机关正确贯彻互相配合、互相制约原则的最重要的组织保证。反右派斗争更加说明党对政法工作领导的绝对必要性，作为专政武器的政法机关必须置于党的领导和监督下。没有党的密切领导和实际监督，没有党的统一政策的指导，3个机关就不可能统一认识，统一行动，就不能正确地贯彻党的政策和社会主义法制，就不可能正确地贯彻互相配合、互相制约的原则，必然要发生这样或那样的错误。因此，政法机关应该从思想上、组织上和工作上接受党委的领导和监督，检查和克服一切与此相反的思想行为。党委为了加强对公安、检察和法院的政治领导，亲自审批一些案件，像重要的反革命案件和刑事犯罪案件，以及几个机关意见有分歧的案件，是完全应该和必要的。对此不应该存在任何的抵触思想。同时，公安、检察、法院3个机关的党组织要加强向党的请示报告，把有关互相配合、互相制约中的问题，及时地报告给党委，求得正确的解决。

为了正确地贯彻互相配合、互相制约的原则，3个机关应该正确地理解和妥善地处理互相关系问题。在日常工作和相互关系中应当树立坚持原则、团结一致、互相尊重、互相帮助的风气。因为3个机关都相互存在制约与被制约关系，存在监督与被监督关系，因此3个机关在案件的处理上有不同意见的争论，不仅是允许的，而且也是不可避免的正常现象，应该提倡这种争论，实行互相制约，不应该把这种正常的争论、制约，与部门和个人的关系混同起来。害怕争论，逃避矛盾，为了息事宁人，把互相制约变为形式，那是错误的。因此凡是涉及政策原则和执行国家法律的问题，应该坚持真理、展开争论、明辨是非、求得一致。在日常工作中，应当密切联系，商量办事。能自己办的事不要推给别人；属于别人职责权限的，应当尊重；对应当协助的，要积极协助办理。遇到一些非原则问题，应当多听取对方的意见，互相让步，求得解决。哪个环节上发生了错误，那个部门就应当勇敢担负起来；对共同负责的问题，应当着重检查自己，吸取有益的教训，不能互相推诿、互相埋怨。互相之间有了意见，应当从改进工作的前提出发，从团结的愿望出发，提出批评；被批评的一方要虚心听取，接受同志间有益的意见。切实纠正只愿意制约和监督别人，不愿意受人制约、监督和互相制约中的形式主义现象。这样 3 个机关相互关系上存在的一些问题，即可以获得正确解决，互相配合、互相制约的原则，就会得到更好的贯彻。

上述各点只是个人的一些粗浅的看法，如有谬误之处，请同志们批评。

（1958 年第 1 期）

反对削弱院、庭长对合议庭的领导职能

魏焕华*

大鸣大放前后，法律界的“右派分子”曾经掀起一股取消院、庭长领导合议庭的逆流。这股逆流的影响所及，为害是十分严重的。有些审判人员在案件宣判以前竟拒绝院、庭长过问，更谈不上审核或指导了。有一些院、庭长也在这一影响下放弃对合议庭的领导，不敢理直气壮地过问合议庭的案件，不敢在案件上签具自己的意见，甚至将已经签具了的意见加以涂抹，错误地认为这是违反《法院组织法》的。

取消院、庭长领导合议庭的论调主要有两种：

1. 根本否认院、庭长对合议庭有领导关系。他们认为院、庭长对全院、庭的行政事务、政治思想、方针政策上有领导关系，但对合议庭审理的具体案件没有领导关系。否则就是违反“独立审判”原则，就是违反《法院组织法》第9条第1款“人民法院审判案件，实行合议制”的规定。另外，他们认为院、庭长领导合议庭就意味着“个人否定集体”，从而与民主集中制及集体领导原则不符。提出这些主张的人打着“依法办事”的幌子，把合议庭审理，院、庭长审批，审判委员会讨论这样的一个过程叫做“四级制”，把取消院、庭长批案以后的做法叫做“两级制”，并认为我国《人民法院组织法》中只有合议庭与审判委员会的两级规定，没有院、庭长批案的规定，因此“四级制”是于法无据的。根据这些说法，院、庭长只能通过审判委员会或亲自担任审判长来影响合议庭审理的案件。除此之外，不能有任何过问或审批的权力，否则就是违法的“个人专断”现象。

2. 有些人虽然承认院、庭长对合议庭的领导关系，但认为院、庭长对合议庭的案件无权审批，或者仅能审核不能决定。因而在实际后果上使院、庭长对合议庭的领导处于空泛无力的状态。如《政法研究》1957年第3期朱云同志写的“贯彻集体领导原则　加强审判工作的合议制”以及第4期王继超同志写的“谈谈刑、民事案件审理程序中的几个问题”等两篇文章就是代表了这种看法。朱同志一方面肯定了“合议庭在院长(他还没有提到庭长——作者注)领导下工作”，接着又认为“但由于合议庭是人民法院行使国家审判权的审判组织，解决诉讼

* 作者单位不详。

问题,因此院长对合议庭的领导方式不同于行政机关的一长制。表现在:(一)院长可以列席合议庭的审判评议会,但没有表决权;(二)合议庭对于成员间各持一说不能取得多数或是对于处理上没有把握的案件可以征求院长的意见,如合议庭不同意院长的意见,可提交审判委员会讨论,而院长不能自行决定……"①王继超同志也为院、庭长对合议庭的领导关系作了具体限制,认为合议庭与庭长意见不一致的案件应送院长决定,院长与庭长、合议庭意见不一致的案件应送审判委员会决定。②

显然,这些说法表面上似乎维护了院、庭长对合议庭的领导职能,实则已将院、庭长陷入清谈和咨议的地位,所谓领导已只剩下一般行政事务、政治思想的领导,在具体案件上却是无权的。因此,从客观后果上说,这是一种为右派张目的论调。从混淆是非的作用来说甚至是更为深刻的。

正如《人民日报》1957年10月9日社论所说,"右派分子为了抗拒我们党对政法工作的领导,还提出了所谓'司法独立'、'审判独立'等口号,企图把司法系统同人民民主专政对立起来"。"右派分子"知道,院、庭长是目前我国各级法院中体现党的领导作用的骨干,因此反对院、庭长领导合议庭正是"右派分子"在政法战线上抗拒与削弱共产党领导的一个重要方面,而反对院、庭长批案又必然成为他们削弱与取消院、庭长领导的中心环节。正由于"右派分子"是打着"依法办事"的招牌,装成维护"独立审判"原则、维护民主集中制与集体领导原则的样子,并以法院工作特殊性为借口来进行攻击和歪曲的,所以很容易迷惑一部分人,它在司法干部中的毒害作用也是极为深刻的。

一、超阶级的、绝对的"独立审判"原则是不存在的

"右派分子"提出"独立审判"来反对院、庭长的领导职能,用心是十分险恶的。他们企图以此迷惑那些带有资产阶级个人主义思想的审判人员,要他们向院、庭长闹独立,把合议庭变为独立王国。如果我们按照用语习惯可以把"审判员独立,只服从法律"这样一个完整的原则称为"独立审判"原则,那么,不难看出,"右派分子"所主张的"独立审判"绝不是从社会主义法制的含义下来理解的。他们所向往的只是拿"独立审判"做挡箭牌来向党向人民闹独立罢了。

---

① 朱云:"贯彻集体领导原则　加强审判工作的合议制",载《政法研究》1957年第3期。

② 王继超:"谈谈刑、民事案件审理程序中的几个问题",载《政法研究》1957年第4期。

马列主义者从来认为没有超阶级的国家，也没有超阶级的法律，自然也绝不会有超阶级的“独立审判”原则。可是资产阶级的法学家最怕揭露这一事实。他们力图把法官装扮成超然于阶级之外的公正的象征，并以“法官终身制”来欺骗人民，掩盖其阶级压迫的实质。今天，隐藏在人民队伍中的“右派分子”，则又拿出这块资本主义的遮羞布来掩盖其反对共产党领导、反对民主集中制的卑鄙目的。

无数的历史事实证明，资产阶级所标榜的“法官独立”原则只是彻头彻尾的骗局。资产阶级吹嘘最甚的所谓“法官终身制”正是资产阶级为了使人民的监督权无法及于反动法官的一种阴谋而已。资本主义国家的法官不仅完全来自忠于资产阶级利益的统治阶层，偶然有胆敢违反资产阶级意志的，就立刻会遭到免职。资产阶级的全部历史都证明了这点：1883 年 8 月 1 日法国公布了一项法令，将法官终身制的原则停止适用，借此将不适合资产阶级胃口的法官全部免职，然后又再宣布法官终身制原则重新确立。1923 年意大利法西斯政府就索性公开规定法官可以随时由于不合时宜等原因被免职。这说明资产阶级为了用它来打扮法官独立时就使这个原则生效，如必须将某些法官免职时，就随时可以宣布它停止适用或废止。有时，资产阶级甚至懒得在立法上动手脚，不惜公然采取露骨的方式直接干预审判。如俄国革命前圣彼得堡地方法院院长、著名法学家和政治活动家柯尼就是因为没有根据资产阶级意旨将枪击彼得堡市长的女革命家维拉·柴苏里奇处刑，结果就被免职了。类似这样的事例在资本主义国家法制史中是司空见惯的。在我国，国民党统治时期，反动派也曾厚颜无耻地在伪《宪法》上规定“法官须超出党派以外，依据法律独立审判，不受任何干涉”，[①]但是，这并不妨碍臭名昭彰的伪特刑庭公然屠杀共产党员和革命志士。资本主义社会中流行的谚语说：“有法院的地方就没有公理。”这真是资本主义国家所谓“法官独立”原则的写照。资产阶级所宣扬的超阶级超党派的所谓“法官独立”，实质就是如此。

二、共产党的领导是实现“独立审判”原则的根本保证

无产阶级从不讳言法律的阶级性。“独立审判”原则绝不能理解为向人民闹独立，向人民民主专政闹独立，当然更不能理解为可以向我们国家的领导核心

① 伪国民党《宪法》第 80 条。

组织——共产党闹独立。这一点在我国《宪法》第1条已规定得非常明确。我们所主张的"独立审判"原则首先是指审判案件时只服从法律,不受任何个人或团体的非法干涉。另外,也是指人民法院只能依照法律、根据事实进行判决。显然,这两方面的要求,只有在无产阶级政党的领导下才能充分地实现。因为无产阶级政党是大公无私的,它除了人民的利益以外绝无任何私利,因此在社会主义类型国家的宪法中,这已成为普遍采取的基本原则。苏联《宪法》第112条明确规定了"审判员独立,只服从法律"。同时,还由以下几个方面的措施来保证其实现:(1)审判员民主选举制度和规定审判活动的一切法律的总和;(2)由法律严格确定的审判员任期(人民审判员任期3年,其他审判员任期5年);(3)法律规定了对审判员提起公诉的特别程序,也就是说,除了选民之外,免除审判员职务的权力只有苏联最高苏维埃主席团及加盟共和国最高苏维埃主席团才能行使。① 我们知道,绝大多数资本主义国家的法官都是任命的,上面这些制度的保证正是资本主义国家所不可能办到的。但是,我们说,在这些制度保证之外,最根本的保证还是共产党的领导。因为共产党从来反对任何人或任何机关团体为了私利非法干涉审判。早在1921年8月9日列宁在向全俄肃反委员会一委员谈及郭里朗案的信件中就曾表示他对"独立审判"原则的严格态度。他说:"如果他们向我指出是否正确有疑问时,我一定要质问,你一定要根据事实答复我,说'现有某种严重的论证或证件,我反对释放减轻'等等,这就是说你一定要根据事实来答复,你可以拒绝斡旋和说情,'压力'是非法的举动。"②在《中国共产党党章》第2条中还明确规定遵守国家法律是党员的义务之一。同时,我们党还经常教育全党带头遵守国家法律。董必武同志在党的"八大"会议上就曾强调指出:"今后对那些故意违反法律的人不管他现在地位多高,过去功劳多大,必须一律追究法律责任。对于那些不知道法律的人,不仅要教育他懂得法律,还要教育他遵守法律。"同时他还提出:"为了进一步加强人民民主法制,党必须注重法制思想教育,使党员同志知道国法和党纪同样是必须遵守的,不可违反的。遵守国法是遵守党纪中不可缺少的部分。违反国法就是违反了党纪。"把遵守法制提高到这样高度的原则来教育全党,这是那些以玩弄国法、以争权夺利为能事的资产阶级政党所万万办不到的事。解放以来,正因为有了共产党的领导,几千年来一脉相传的贿赂偏私、贪赃枉法的风气才根绝了,"独立审判"的原则才真正得到实现,这是人所共知的事实。离开党的领导来侈谈什么"独立审判",无

① 《苏联及各加盟共和国法院组织法》第17~18条。

② 《列宁全集》(第35卷,俄文版),第210~271页。

异买椟还珠，是十分荒谬的。由此不难看出，右派分子只是力图摆脱党的领导，绝不是真正要维护“独立审判”原则，相反地，恰恰是为了从根本方面破坏“独立审判”原则，以便他们任意玩弄条文、上下其手，使“独立审判”原则陷入有名无实的地步。

三、“人民法院独立进行审判，只服从法律”，是我国对“独立审判”原则的具体运用

我国《宪法》是从实际出发，根据我国政治经济的客观要求，总结了历史经验，正确地吸收国际经验制定成功的。因此它每一条都明显地贯穿着这种实事求是的精神，绝不是简单的抄袭。正如列宁所说，“法律与现实相脱节，那么宪法便是虚构的。如果法律与现实相吻合，那么宪法便不是虚构的”。① 我国《宪法》第 78 条及《人民法院组织法》第 4 条规定的“人民法院独立进行审判，只服从法律”，正是我国目前审判人员及社会经济基础等现实条件在“独立审判”原则上的具体运用。这种因时因地制宜的情况不仅表现在这方面，同时也表现在关于人民法院两审终审制、审判员的产生方式、审判监督程序等许多方面。而且在社会主义法制史上也是不乏先例的。大家知道，苏联在 1918 年、1924 年都颁布过《宪法》，但“审判员独立，只服从法律”的原则是在 1936 年颁布的《宪法》中才予以明确规定。

当然，我国《宪法》上关于“人民法院独立进行审判，只服从法律”的规定与苏联《宪法》第 112 条“审判员独立，只服从法律”的规定是不完全相同的。因为苏联是以审判员为独立审判的主体，而在我国，独立进行审判的主体则不是审判员个人而是整个法院，所以院、庭长不仅有权列席评议，在政策原则上加以指导（这种指导对合议庭无约束力）。而且在合议庭作出决定以后，院、庭长仍可根据内部职权范围的分工对合议庭所决定的案件进行审核，院、庭长不同意合议庭的决定时，在他职权范围以内，可以直接改变合议庭的决定或发交合议庭重新评议，自然也可以提请审判委员会讨论。因此，院、庭长放弃审批案件的职权是与我国《法院组织法》的精神不符的。有的同志不加分析地要求将苏联“审判员独立”原则下所适用的一整套程序全部搬到我国来使用显然是错误的。

---

① 《列宁全集》（第 15 卷，俄文第 4 版），第 308 页。

我国实行的"人民法院独立进行审判，只服从法律"的规定只是对"独立审判"原则运用方式上与其他社会主义国家有所不同，绝不意味着降低或缩小"独立审判"原则的实质和意义。因为"独立审判"原则的根本意义在于保证案件的审判能够排除外来的非法干涉，以便审判人员能够依照法律、根据事实进行公正的审理。在这一意义上说，我国规定了"人民法院独立进行审判，只服从法律"不仅可以充分体现"独立审判"原则的要求，而且也正说明了我国在实行"独立审判"原则上的慎重态度。几年来的实践证明，合议庭的业务水平虽然已有很大提高，但不是说它已不需要院、庭长的审核和纠正。而院、庭长在审核案件时一般也都能充分听取和尊重合议庭的意见。因此院、庭长审批案件不仅没有违反"独立审判"原则，相反还在很大程度上保证了这一原则的实现。

自然，这不是说，实行"人民法院独立进行审判"原则，合议庭就必须将全部案件都送院、庭长层层审批了。哪些案件应该送院长批，哪些案件应该由庭长批，哪些案件可以由合议庭自行决定，哪些案件应由审判委员会讨论决定，都必须根据各地法院的具体情况由审判委员会予以讨论决定。董必武院长在全国人民代表大会常务委员会第37次会议上的报告中指出："必须健全合议庭，适当扩大其职权，并加强对合议庭的领导和监督。对合议庭的职权应该根据案件的性质、刑期长短和干部条件等具体情况作明确的规定，这样既可以发挥合议庭的作用，又便于实现对合议庭的领导和监督。"由此可见，"人民法院独立进行审判"原则并不排斥将一部分合议庭所能胜任的案件交由合议庭自行决定。如果案无大小一律层层审批，显然也是不妥当的。其结果将使院、庭长陷入被动忙乱，相对地削弱了院、庭长对全面工作的领导。

因此，我们认为人民法院根据本身条件与案件情况适当划分审判委员会，院、庭长，合议庭之间的职权范围是完全必要的，也完全符合《法院组织法》的精神。右派分子巧立名目地把这一现象说成是什么"四级制"，又把《法院组织法》中规定的说成什么"两级制"，这纯粹是离开我国《法院组织法》的精神实质来捏造和玩弄条文而已。

四、院、庭长批案是体现民主集中制及集体领导原则的一个方面

我国《宪法》第2条第2款明确规定了"全国人民代表大会、地方各级人民代表大会和其他国家机关一律实行民主集中制"。作为国家专政机关的人民法院当然不能例外。因此把《人民法院组织法》与民主集中制对立起来的论调是

极端荒谬、不堪一驳的。至于审判过程中如何正确体现民主集中制原则的问题,确曾在若干审判人员中间引起争论。而“右派分子”恰恰也就抓住这点来歪曲院、庭长批案的意义。

关于民主集中制的实质,毛主席在《论联合政府》中曾经精辟地指出:这就是“在民主基础上的集中,在集中指导下的民主”。民主与集中是不能分割的有机整体,是缺一不可的。谁都知道,民主集中制的具体内容不仅包含“少数服从多数”,而且包含“下级服从上级”、“个人服从整体”、“地方服从中央”等方面。它们中间是统一的,不是互相排斥的。我们不难设想,合议庭如果违反整体利益、违背中央政策、违背上级指示,尽管这个判决是以多数通过的,也不能认为是符合民主集中制的原则。合议庭在院、庭长领导下根据国家政策法令、按照少数服从多数的原则进行评议,然后根据职权范围的分工,按照下级服从上级的原则送法院院、庭长审批,这是体现民主集中制的全面过程。在这过程中,如果合议庭对院、庭长的决定有不同意见时也可以提供院、庭长参考,通过交换意见,统一认识。如果意见仍然不能一致,合议庭认为有必要,自然也可以把意见反映给院长,请求考虑作为重大疑难案件交付审判委员会讨论。但院长或审判委员会是否同意重新交付讨论,还应由院长或审判委员会决定,绝不是像朱云与王继超同志所说那样,凡是合议庭不同意院、庭长意见的就都要交付审判委员会讨论决定,院、庭长本身不能决定,审判委员会也势非重新讨论不可。

历年来审判实践证明,这一完整的过程既体现了高度的民主,又体现了高度的集中。它与民主集中制原则是完全相符合的。“右派分子”硬把下级服从上级这一过程歪曲为“个人否定集体”,把合议庭内部少数服从多数原则作为民主集中制的全部内容,这正说明右派分子对民主集中制的无知和歪曲。

同样,“右派分子”在集体领导原则上也进行了类似的歪曲。我们知道,集体领导原则是包括重大问题的集体讨论和执行决定中的个人负责的两个方面,缺少一个方面都是对工作不利的。列宁同志在集体领导与个人负责的问题上曾经说过:“为要审议基本问题,委员制是必要的。为使不致延滞,为使不致推卸责任,单独负责制和单独命令制是必要的。”[①]我国人民法院的集体领导制正是按照列宁原则制定的。关于院、庭长批案也正是这一原则的一部分。因为,职权范围的分工不是院、庭长个人所决定的,而是由审判委员会决定的。在审判委员会中,我国又采取了少数服从多数的原则。因此院、庭长根

---

① 《列宁全集》(第24卷,俄文第3版),第623页。

据审判委员会所决定的分工范围审批案件正是集体领导与个人负责相结合的统一过程。右派分子硬把集体领导下的个人负责一面歪曲为“个人专断”,以此来攻击院、庭长批案,企图将人民法院陷入漫无休止的会议讨论,丧失战斗力量,其用心是十分险恶的。

合议庭是人民法院进行审判活动的单位。这在《法院组织法》第9条第1款已有规定。但由于我国是采取“人民法院独立进行审判,只服从法律”的原则,因此合议庭的审判长是由院长或庭长根据同条第4款的规定予以指定的。合议庭所作的判决也对整个法院负责,因而,合议庭的审判活动只是人民法院审判活动的一个过程,不能代替人民法院的全部审判活动过程。《法院组织法》第9条第1款规定的“人民法院审判案件实行合议制”,并不排斥院、庭长对合议庭审理的案件进行审批。由此可见,“右派分子”用这一条规定来攻击院、庭长批案是“个人专断”和“违法”,更是对我们《人民法院组织法》的歪曲。

五、关于法院的“特殊性”

我们承认法院与一般行政机关是有区别的。但这种区别只表现在以下几方面:(1)工作职能上的区别。人民法院是掌握审判武器的机关。《宪法》第73条规定只有人民法院才能行使审判权。这种审判职能是任何其他行政机关所没有的。(2)上下级关系的区别。上级法院与下级法院只是审级关系,不是一般行政机关的从属关系。因此,上级法院对下级法院某一具体案件的判决内容无权指示,只能按照上诉程序或审判监督程序予以改变。(3)内部职权关系上也有区别。由于人民法院是国家执法机关——专政武器,它的判决直接影响人身自由、生命、财产,因此我国《宪法》及《法院组织法》确定了人民法院的集体领导原则,院长在审判委员会中只能主持,不能由个人做最后决定,而以少数服从多数原则进行。这与一般行政机关的首长负责制是有区别的。

但是尽管有这些区别,人民法院绝不能在遵守民主集中制及集体领导原则方面有什么特殊,绝不能在接受党的领导方面有什么特殊。正因为这样,在我国刑、民诉讼程序法尚未制定以前,对于《人民法院组织法》上尚未明文规定的具体活动过程更应紧紧依靠党的领导,按照民主集中制、集体领导原则行事,不容“右派分子”借口“组织法上没有规定”而任意加以歪曲和篡改。

上面这些情况说明,取消院、庭长批案的论调于法于理都是毫无根据的。“右派分子”企图从攻击院、庭长批案开始,来削弱院、庭长对合议庭的领导、削弱党对人民司法工作的领导,这是我们绝不允许的。历史告诉我们,资产阶级分子打着捍卫"民主原则"的招牌来攻击社会主义法制已经不是什么新鲜的事了。早在1918年,列宁同志驳斥叛徒考茨基的谬论时就曾说过:"历史上既有代替封建制而起的资产阶级民主制,也有代替资产阶级而起的无产阶级民主制。"[①]这正是对那些企图篡改社会主义法制的"右派分子"的最好答复。

(1958年第1期)

① 列宁:"论'民主'和专政",载列宁著:《列宁文集》(第6册),人民出版社1954年版,第177页。

驳资产阶级的“无罪推定”原则

张子培*

【编者按】“无罪推定”原则是贾潜、杨兆龙等“右派分子”用以破坏人民民主专政、放纵反革命分子的一支毒箭。但我们中间也有一些政治嗅觉不灵的同志曾经宣扬过这个“原则”，在客观上一样对我们的法制工作起了毒害的作用。本刊1957年第2期发表的黄道同志的“略论刑事诉讼中的无罪推定原则”一文，就是一例。编者没有鉴别地发表了这篇文章，同样是犯了政治上的错误。

这里我们发表了张子培、李保民两同志对“无罪推定”原则的批判，并刊出黄道同志对于上述一文的检查，从理论上来揭发、分析这一“原则”的反动性。请读者注意。

“无罪推定”的原则是资产阶级刑事诉讼原则之一。首先被正式规定在1789年的法国《人权宣言》中。该宣言第9条规定：“任何人即使认为必须予以逮捕，在未经宣告为有罪之前，一概被假定为无罪的人。”美国纽约州的《刑事诉讼法典》第383条亦曾作过这样的规定：被告人的罪行还未经发生法律效力的法院判决确定以前，他要被认定是无罪的人。1947年12月27日公布的意大利《宪法》第27条第2项规定：“被告在最终定罪之前，不得被认为有罪。”

“无罪推定”原则的基本内容和要求是：被告人在未被发生法律效力的法院判决确定以前，应当假定或者认为他是无罪的人。并由此而引申出3条规则：

（1）当侦查、审判机关对被告人的认定罪行轻重疑惑不决时，应从有利于被告方面作结论；

（2）证明有罪的责任由控诉一方担负，被告人没有证明自己无罪的义务（当然更没有证明自己有罪的义务），从而又引申出下面一条规则；

（3）被告人有权沉默、拒绝陈述和虚伪陈述、歪曲事实，并不因此而负刑事责任。

（一）“无罪推定”原则应从阶级斗争和社会制度变革的历史条件和我们根本的政治立场来考察

资产阶级进行反封建的革命时期提出的“无罪推定”原则，和资产阶级当时

* 作者单位：上海市人大。

提出的"自由"、"民主"、"平等"、"人权"等口号的性质是一样的具有历史的进步作用。因为当时资产阶级是代表着进步的生产关系,它以"无罪推定"的原则来反对代表反动的生产关系的封建专制独裁统治和诉讼制度。封建专制主义的刑事诉讼是用有罪推定来对待被告人及犯罪事实。凡是被告人都被认为是有罪的,毫无事实根据地但又合法地对被告人施以各种肉刑,进行残酷的折磨;对事实有怀疑的案件以有罪论。在中世纪的法兰西、德意志的刑事诉讼中,判决都分有罪、无罪及疑罪 3 种。我国《唐律》都是以有罪推定为基础的。例如,《唐律疏义》规定"诸疑罪各依所犯以赎论。疑谓:虚实之证等,是非之理均,或事涉疑似,傍无证见,或旁有闻证事非疑似之类"。[①] 因此,资产阶级吸引广大人民群众所进行的这种反封建的斗争,是推翻旧阶级的政治斗争。"无罪推定"和评断证据的"自由心证主义"一样,都是与封建主义的刑事诉讼作斗争的手段。从政治斗争的性质来看,它在当时是有进步作用的。但当资产阶级掌握了政权以后,特别是资本主义制度巩固以后,为了继续巩固其反动统治,保护本阶级的利益,其刑事镇压的锋芒就立刻转向了劳动人民和进步力量,于是"无罪推定"的原则就被抛弃了,而代之以有罪推定的原则。例如,法国《刑法典》第 218 条规定:没有固定住址和职业的人、乞丐和流浪者,如果身边被发现有价值 100 法郎以上的物品,而不能说明其来路时,则应受惩罚。美国在第二次世界大战期间(1939 年)颁布的《国防通则》第 4 条规定:"被告人和另一个人来往,有合理的根据想到对方是承担援助敌人的义务时,即应对被告加以惩罚,只有他一定证明并没有威胁到国家安全时,才得免受刑罚。"英国在 1911 年颁布了对间谍的刑事法律,其第 1 条规定:"如果一个公民把一些保藏起来不叫外人看见的计划照了相或从收藏的地方拿走了文件,在未证明他这样做不是为了威胁国家安全的利益以前,暂认为就是为了这个威胁国家安全的目的。"十分明显,这不是"无罪推定"而是有罪推定。

英国法还有类似"无罪推定"的规定,但是十分露骨地有利于统治阶级的推定。例如,对行为良好的推定规定:(1)每一个人都假定为有宗教基础的人;(2)每一个公职人员或政权代表的行为都假定为合法的。

虽然并不是所有的资本主义国家从立法条文中都把"无罪推定"原则删去了,但是从司法实践中却把它否定无遗。"无罪推定"原则和其他资产阶级提出的"民主"、"自由"、"陪审"、"辩护"、"审判独立"的口号一样,都变成欺骗劳动人民,掩盖其血腥镇压的幌子。

---

① 《唐律疏义》(三十卷),第 17 页。

“无罪推定”原则虽然是属于资产阶级法的体系，是主观唯心主义的。但是对资本主义统治下的劳动人民和进步力量，为了进行与反动统治者的斗争和维护自身的利益，仍然可以作为一个有利的武器加以利用——对于资产阶级实行屠杀、监狱政策的镇压措施是一个障碍。因此，资产阶级的反动统治者从立法上或实践中完全抛弃了“无罪推定”原则，代之以有罪推定。

在资产阶级政权统治下尚未获得解放的进步力量——共产党人、和平民主力量，如国际民主法律协会及劳动人民，为了反对反动的资产阶级的法西斯专横和对劳动人民、进步力量的镇压，为了揭露其黑暗恐怖的统治，为了把人民群众团结到自己的周围，最后推翻资产阶级的反动统治，利用资产阶级革命时期提出的“无罪推定”口号为手段，来和反动的资产阶级统治者进行合法的政治斗争，是完全必要的、正确的。这在一定程度上会限制警察和审判机关的无根据的逮捕、起诉和判决的非法专横。当不能限制其疯狂屠杀的时候，就代以扩大宣传，争取群众，孤立资产阶级的反动统治者。但是利用资产阶级提出的(包括无罪推定)口号和资产阶级的反动统治进行的斗争，不是目的而是手段。像意大利共产党目前领导全国人民所进行的维护意大利《宪法》(其《宪法》中包括无罪推定原则)运动一样，是其目前阶段的任务和策略，绝不是最终的目的。因为意大利《宪法》仍是资产阶级性质的宪法，意大利共产党的最终目的是社会主义和共产主义。从目的来说，两者的性质是根本不相容的。

资产阶级提出的“自由”、“民主”、“平等”的口号及“无罪推定”、“自由心证”的原则和其宪法、法律，本质上都是反动的，是维护资产阶级统治的，但在资本主义政权统治下的进步力量和劳动人民不能因此而拒绝利用其目前有利于劳动人民的东西进行合法斗争。

但是，在工人阶级掌握了政权的人民民主专政的国家里，这种斗争的性质和任务就完全不同了。我们是真正绝大多数人民当家作主的国家，我们是为了大多数人民的利益，依靠广大人民群众的积极性，对极少数的反革命分子、现在仍进行破坏活动的地主富农分子，以及流氓、盗窃犯、杀人犯、强奸犯等坏分子进行镇压的无产阶级专政的国家。因此不能允许用反对资产阶级的反动统治的斗争手段来对待人民民主专政的国家统治，不允许用“无罪推定”的口号为人民民主专政的敌人开脱罪责，不允许污蔑我们的司法机关和反革命分子、坏分子及其他犯罪分子的斗争是“出入人罪”，是采用“有罪推定”的原则。有的“右派分子”曾站在资产阶级的立场上利用“无罪推定”的原则来进行反对人民民主专政的“合法”斗争。因此，这不是一个简单的学术问题，而是一个政治立场的问题。

（二）"无罪推定"和有罪推定都是一样地违反马克思、列宁主义的认识论观点，是主观唯心主义的

毛主席说："辩证唯物论的认识论把实践提到第一的地位，认为人的认识一点也不能离开实践，排斥一切否认实践重要性、使认识离开实践的错误理论。"① 有罪推定和"无罪推定"的理论观点，是以两个相反的方面表现它的脱离实践的主观唯心主义的。有罪推定表现为在侦查、起诉、审判中不是根据客观的证据材料来决定，而是凭主观想象认定被告的罪行和制作有罪判决。"无罪推定"则认为对于每个被告人在未被法院生效判决证明有罪以前应认为是无罪的人。现在着重对"无罪推定"的论点加以分析批判。

"无罪推定"原则不符合我们侦查、审判人员揭露和证实犯罪人的认识发展规律。侦查、审判人员从刑事诉讼的开始到判决确定被告人有罪为止，对于被告人的罪行是一个辩证的认识过程。侦查、审判机关对于被告人的逮捕、起诉、交付审判和判决有罪，都是在有根据地认为被告有罪时才决定将其逮捕、起诉、交付审判和判决有罪，如果侦查、审判机关确认是无罪的人，就绝不会逮捕、起诉、交付审判和判罪处刑。如果确定被告人无罪，必然是撤销案件，终止诉讼的进行，或者由于证据不充分、事实未查清而重新补充侦查。因此，将被告人在法院判决确定其有罪以前仍认为是无罪的人则是脱离实际的。

再从具体诉讼过程中侦查、审判人员的认识过程来看，亦能证明"无罪推定"的错误论点。对于某些案情明显的现行犯罪案件，侦查人员在侦查开始就能很快地肯定某人是犯罪无疑（例如1955年春季北京市公安机关侦查人员当场捕获持手枪行抢的惯匪任仲元）并立即加以逮捕或采取其他强制措施。对于比较复杂的案件，一般是先根据收集到的材料，确定一定的嫌疑人，然后进一步地搜集证据。如果获得了充分的证据认为某人实施了犯罪，才对其检举或逮捕。这里所谓"充分的证据"，例如，嫌疑人承认犯罪事实经查对属实，或者虽然嫌疑人没有承认犯罪而获得直接证据，或相当的间接证据证明其犯罪或有重大嫌疑等。检举逮捕被告人、收集其他证据，查明原来不很清楚的情节和核对原来的结论是否完全可靠。侦查机关侦查终结后，完全肯定了被告人的罪行，就制作起诉书，经检察长审查批准后移送法院，提起公诉。这就意味着检察长完全确认被告人有罪。否则，作为法制监督机关的检察院，是不能对认为无罪的人提起公诉的。当然，检察院的起诉在客观上并不等于没有错误。为了防止将个别无罪的人或侦查质量不好的案件交付审判，检察院起诉的案件要经过法院预审庭审查。

① 《毛泽东选集》（第1卷），1957年版，第283页。

预审庭对决定交付审判的案件，是认为具有犯罪构成的行为并且是有充分证据材料的。否则预审庭就会发回补充侦查或驳回起诉。案件经过法庭审判，法院最后确认被告有罪时，才制作有罪判决。为了防止可能发生的错误，因而建立了上诉制度。如果当事人或检察院提出上诉或抗议，上诉审法院需要再一次地审查一审判决的正确性。

由此可见，侦查、检察和审判机关逮捕、起诉、交付审判、判决有罪的每一个诉讼的主要环节都是在认为被告有罪的思想基础上进行的。并且是在各个不同的环节上逐步加深有罪认识的过程。要求侦查、检察和审判机关在上述行为中假定被告为无罪的人是荒唐可笑和脱离实际的。

在判决生效前的侦查、检察、审判机关在逮捕、起诉、交付审判、判决有罪的各个环节上认为被告人是有罪的人是否意味着我们采取“有罪推定”的原则呢？不，绝不是的。因为侦查、审判人员的确认被告有罪的认识是建立在充分可靠的证据材料的客观基础上，而不是建立在主观臆断的基础上。我们国家和犯罪作斗争的实践完全证明了侦查、检察、审判机关的逮捕、起诉、交付审判、判处有罪的认定是建立在充分证据的基础上的。根据最高人民法院、中央公安部、最高人民检察院、司法部1956年7月召开的各省市法院院长、检察长、公安厅、局长联席会议决定，对1955年以来的肃反案件进行了一次普遍检查。检查的结果表明，绝大多数案件是办得正确的。例如，北京市自1955年1月至1956年上半年逮捕的反革命犯，经逐案检查证明98.71%的被告人是有罪的，只有1.29%是无罪错捕的。通县自1955年1月至1956年6月所逮捕的反革命犯，经县司法部门前后6次检查，证明98.52%是有罪的被告人，无罪错捕的占1.48%。1956年检察机关向法院提起公诉的案件有92.27%交付了法庭审判，其中有7.73%案件法院认为起诉不当，裁定不交付审判。但这不交付审判的案件有一部分是发回补充侦查的，不能肯定是无罪的。因此，实践证明侦查、检察、审判机关的逮捕、起诉、判决是有根据的。“无罪推定”原则要求侦查、审判人员在判决生效前认为被告人是无罪的论点是没有根据的，是主观唯心主义的。

（三）“无罪推定”原则是不符合大多数人的最大利益这个最根本的立场的

我们国家所进行的肃反以及和其他坏分子、犯罪分子的斗争是从最大多数人民的最大利益出发的。不肃清反革命势力和坏分子，社会主义建设和人民的生命财产就没有保障，如仅仅1956年就有数千干部群众被杀害。某些地区的流氓、强奸犯的犯罪活动，使一些妇女夜间不敢出门，严重地影响到生产和社会秩序的安定。因此，严厉惩办这些反革命分子、还在进行破坏活动的地富分子和坏分子是广大人民的迫切要求。最近时期出现的某些司法干部的右倾情绪、打击不力的情况，已经引起群众的相当不满。目前右倾思想的主要表现形式，就是害怕产生错误而缩手缩脚，该捕不捕、该起诉不起诉，无限制地使用免予起诉和该判不判以及重罪轻判。

应该指出，无论在肃反运动中或是在刑事诉讼和犯罪的经常斗争中，产生极少数案件的错捕、错起诉甚至错判是不可避免的。但是我们并不坚持错误和掩盖错误。根据毛主席提出的“提高警惕，肃清一切特务分子；防止偏差，不冤枉一个好人”和“有反必肃，有错必纠”的方针，不但要继续和反革命分子及其他坏分子作斗争，而且要检查捕和判的案件，发现错误，立即依法纠正。最后达到“不冤枉一个好人”的目的。1956年各级司法机关就进行了普遍的检查。人民检察院的职责之一，就是经常地进行这种检查，进行法律监督。如果按照“无罪推定”的要求，就是要我们根据在诉讼过程中可能产生的1%至5%的错误，推定95%以上的应该惩办的反革命分子、进行犯罪活动的地富分子和坏分子都是无罪的人。这实质上是为犯罪分子开脱罪责，解除侦查、审判人员的思想武装，使他们在对敌斗争中软弱无力。绝不像黄道同志所说的，“这样就能刺激着、推动着侦查人员和审判人员去搜集证据加以证明”，“相反的，要是遵守无罪推定的原则，则丝毫没有意味着可以放纵犯罪。遵守无罪推定原则，丝毫不应丧失对于犯罪行为的警惕性。无罪推定原则是积极的而不是消极的”。①司法实践和黄道同志的主观愿望恰恰相反。

（四）从法律意义上来考察“无罪推定”的原则亦是不正确的

有人说，“无罪推定”是指法律上的意义，在法律上认为被告人在判决确定前是无罪的，只有生效的有罪判决才能宣告被告人有罪，而不是指侦查、审判人员的主观认识。

的确，法律的效力和侦查、审判人员的认识并不能完全等同起来。在刑事诉讼中侦查、审判人员的认识，不经过法定的程序和形式表现出来，是不发生法律效力的。但是在刑事诉讼中，侦查、审判人员对于被告人有罪的认识和法律效力是基本上一致的。因为侦查、审判人员是国家专门和犯罪作斗争的公职人员，他们根据事实而形成的对被告有罪的认识，都是通过法律程序表现出来的。换言之，依法律程序所表达出来的诉讼行为，都是侦查、审判人员确认的结果。公安机关、检察院、法院依法和犯罪作斗争的每一行为都具有法律意义。例如，逮捕人犯、起诉就是公安机关和人民检察院确认被告有罪的结果。这些行为是法律行为，而且具有法律效力。因此，公安机关、检察机关、人民法院在和犯罪作斗争

① 黄道：“略论刑事诉讼中的无罪推定原则”，载《法学》1957年第2期。

的诉讼活动中所进行的逮捕、提起公诉、交付审判和审理判决被告有罪，都是具有法律的效力，是确认有罪的法律表现。还需要指出，虽然公安、检察机关和法院的逮捕、起诉、交付审判、判处罪刑，在认为被告有罪的法律效力上是相同的，但是不同的法律行为，它的法律后果是不同的：依法逮捕被告意味着暂时剥夺其人身自由；检察院向法院提起公诉，意味着要求法院审判被告案件（除自诉案件外，其他机关或个人没有这种控诉权）；法院裁定交付审判，意味着被告将在法庭上受审，并产生了当事人的诉讼权利；法院判处被告有罪，意味着最后决定被告有罪并受到刑事惩罚（除个别免刑判决外）。因此，“无罪推定”原则认为生效判决确定前在法律上认为被告人是无罪的，也是不正确的。

（五）“无罪推定”原则从产生的和可能产生的后果来考察，亦是有百害而无一利的

我们党和国家从来没有宣布过“无罪推定”是公安、检察机关及人民法院和犯罪作斗争的诉讼原则，法律亦没有规定。它是由法律界提出来的并且是有很大争论的一个问题。但“无罪推定”原则在法律界、法律学校、司法干部的思想中产生了不良的影响，并给实际工作带来有害的后果。它的主要表现正是黄道同志在文章中为确立其“无罪推定”原则之论点所反对的论点：“有人说，有罪的推定固然不对，无罪的推定亦同样不对。如果说有罪推定的原则，会使侦查人员和审判人员产生一种偏左的心理——认为刑事被告人总是有罪的人，那么，无罪推定的原则，则会使侦查人员和审判人员产生一种偏右的心理——容易放纵了真正的犯罪人。”①虽然“无罪推定”原则在我国法律界和司法实践中有害的影响并不很大，但确在一定程度上助长了右倾思想。主要表现在以下几个方面：

第一，在法学的学术思想上，根据“无罪推定”原则，从有利于被告方面来解释被告人的诉讼地点、判断证据、证明责任，忽视了保证及时有效地镇压敌人、打击犯罪的论述。这种思想倾向在黄道同志②、曲夫同志③的文章中都可以找到。如曲夫同志在《略谈刑事诉讼中被告人的诉讼地位》一文中写道：“被告人不负举证的义务，也不负据实陈述的义务，因此也就不负虚伪陈述和伪证、诬告的刑事责任。”这种论点是不符合党的“坦白从宽、抗拒从严，立功折罪，立大功受奖”和对反革命分子“别有用心诬告陷害好人的，一经查明，就要受到法律惩办”的政策的。④

---

① 黄道：“略论刑事诉讼中的无罪推定原则”，载《法学》1957 年第 2 期。

② 同上。

③ 曲夫：“略谈刑事诉讼中被告人的诉讼地位”，载《政法研究》1957 年第 3 期。

④ 罗瑞卿部长在第一届全国人民代表大会第三次会议上的发言。

第二,在法律学校的教学工作中,亦有一些教员对大学生和调干轮训的司法干部灌输了一些"被告在被判决有罪前应认为是无罪的"、"证据发生怀疑的时候,应从有利于被告方面解释"、"被告人虚伪陈述不负刑事责任"、"不论是逮捕、起诉或判决都强调所谓证据事实'完备'的七大公式"[也就是曲夫在上述文章中说的"只有当确实具备了犯罪构成(通称罗马七项公式)时,才能认为侦查工作完全达到法律所要求的客观性、全面性和完备性"]。殊不知在提起刑事案件、逮捕、起诉、交付审判和判决的不同诉讼行为中,并不能同样程度地要求所获得的证据,不能都要求查清所谓"罗马七项公式"。也不是每一个具体刑事案件都要按照那样公式去侦查的。例如,强奸罪就不需要去查犯人犯罪的动机。而法律学校教育的右倾观点,不能不对司法实践产生直接和间接的影响。

第三,目前司法实践中对某些案件该捕不捕、该起诉不起诉、该判不判、重罪轻判不能说没有"无罪推定"观点的影响。例如,某检察院对被害的妇女拿到强奸犯的裤子为证控告犯罪人,仍认为没有见证人不能凭信,因而不批准逮捕。同时在律师的辩护中亦有不良的影响。例如,王某杀人盗窃案,被告人供认盗窃的事实和钱数,经公安机关向被窃的工人查对,数目相同。工人的证言说:自丢钱后就"怀疑"是王某所窃。而辩护律师竟辩护说:怀疑仅仅是怀疑,根据"无罪推定"的原则,被告应宣告无罪。根据上述的证据事实,难道能说被告人是无罪的吗?但是"无罪推定"原则却给予辩护律师这种借口和武器,或者是促使他这样去认识。

"无罪推定"原则是否能够解决"主观臆断"、"偏听偏信"、"揣摩推测"、"先入为主"的审判作风呢?

从公安、检察和法院的逮捕、起诉和判决的结果来看,绝大多数案件都是依照"事实是根据,法律是准绳"的原则正确地进行了侦查、审判的。虽然少数的该捕不捕、该判不判和错捕错判的案件有一些是由于主观片面的思想方法所致,但"无罪推定"原则不仅无助于这个问题的解决,相反地更会从右的方面助长了这种主观片面的思想作风。解决这个问题的最根本的办法,是认真地学习马克思、列宁主义的辩证唯物主义的认识论,来改造自己的思想。具体到刑事诉讼活动中,我们的根本原则就是:"事实是根据,法律是准绳。"依据这个原则来防止和解决由于主观片面观点所招致的逮捕、起诉和判决方面的错误。

(六)"无罪推定"原则还有一条规则,就是"侦查、审判机关在认定被告人有罪无罪,罪轻罪重疑惑不决时,应从有利于被告方面来作结论"

我们认为这也是不能接受的。这同样是主观唯心主义。其政治法律后果必然是放纵一些犯罪分子和重罪轻判;无助于实现无产阶级专政所要求的刑事诉讼对犯罪者必须给予应得惩罚的任务。当然,我们不主张在证据事实不充分、有矛盾不能作出肯定结论的时候,从不利于被告方面作出结论,而是应当再进行调查研究、搜集证据,而后作出肯定或否定的结论。如果尽了最大的努力,暂时还不能作出结论,可以作为悬案待查。如果被告在押,可以根据案情改变较轻的强制措施或不改变。但是案情认定时所发生的疑惑属于不关量刑轻重的细小情节和事实的时候,可以从判决中去掉。例如,北京市高级人民法院在1955年曾审判一贪污案件,根据起诉材料在法庭审判中确认被告人贪污1050元,但在法庭上被告又自动承认在北京铁路西站还贪污30多元,但没有其他证据证实。从其情节来看,30多元不影响量刑轻重,法庭没有进行新的庭外调查或发回检察院补充侦查,在判决中对30多元的贪污没有确定。我认为这是完全正确的。但这并不等于在一切情况下,在认定案情疑惑不决时应从有利于被告方面作结论。

(七)由"无罪推定"原则所引申出来的"证明责任"问题亦须加以澄清

曲夫同志认为:"被告人不仅不负举证的义务,也不负据实陈述的义务,因此也就不负虚伪陈述和伪证、诬告的刑事责任。"我认为这不但不符合我们的党和国家的刑事政策,而且在理论上也是说不通的。

首先应当肯定,证明被告有罪的责任应当由控诉一方来担任,也就是说,当控诉某人实施了某种罪行的时候,应当由控诉一方提出充分的证据来证明其罪行。如果被告人不承认控诉的事实和证据而进行反驳,就应当提出反证,以利于弄清案情。实践中被告人在不承认自己的罪行时,总是提出反驳控诉的反证的。被告人在确凿证据面前沉默或拒绝陈述,那就说明证据是不可能推翻的,说明他默认,就可以判处有罪。即使是被告人积极地反驳控诉,不承认有罪,只要是证据充分可靠,也可以判处有罪。不仅如此,而且应当从重处刑。因为拒绝陈述和虚伪陈述,始终抵赖和狡辩、歪曲事实就是抗拒的表现。抗拒意味着犯罪人不知悔改,人身的社会危害性就大,需要改造的时间也长或者是不可改造的分子。就应当根据"坦白从宽,抗拒从严"的政策在量刑幅度内从重处刑(当然这里不是按新的罪名来处刑)。"坦白从宽,抗拒从严"的政策本身就是要求犯罪人自首、坦白、承认自己的罪行,就意味着不允许犯罪人在确凿证据面前拒绝陈述或虚伪陈述,不允许拒绝坦白交代。维辛斯基院士关于这一问题的论述,不仅所说被告人反驳控诉时证明义务的转化由被告人担负的论点是正确的,而且他把被告人的供认犯罪与否作为衡量其品质和加重减轻刑罚之因素的论点,亦是正确的。他写道:"在实际上对于案件有已经确认的其他情况证明了被起诉人的犯罪,则本人的供认就失去证据的意义,而在这种关系上成为不必要。在这种场合下供认的意义只能归结起来,使他作为评定被告人这种或那种道德品质,作为法院决定减轻或加重刑罚的理由而已。”①

当然,无根据地、捕风捉影地假定某人有罪而要他提出无罪的证据是不对的。如果侦查、审判人员这样讯问被告人就是不对的:“你说,你们一个村里那么多人,为什么不抓别人,单抓你出来呢?”或者说:“你说,不是你干是谁干的呢?”这种做法当然是不正确的。

犯罪人应当坦白自己的罪行,在控诉的确凿证据面前不得拒绝和虚伪陈述,反驳控诉时有责任提出反证,这并不意味着侦查、审判人员可以用肉刑或其他方法强迫犯罪人陈述,而只是意味着犯罪人担负被判处有罪或从重处刑的法律后果。

曲夫同志和刘庆林同志②都认为被告人的诬告不负刑事责任。这种论点之所以不被同意,乃因为它是不符合我们国家对被告人的诬陷好人的刑事政策的。③ 故意诬陷好人,一方面使侦查、审判机关进行毫无意义的调查或侦查活动(因为对举发的材料不能置之不理);另一方面可能是被告人以伪乱真,掩盖自己罪行的另一手法。被告人的这种故意扰乱侦查、审判机关的正常活动,企图使好人受惩罚的行为,就是敌视国家机关的社会危害行为。必须作为新的罪名加以惩罚。实践中确有一些反革命分子,为了报复和骗取立功而陷害好人。

问题的严重危险性倒不在于诬告是不是负刑事责任的犯罪构成方面,而更危险的是在于允许和鼓励被告人拒绝陈述、虚伪陈述和伪证、诬告的思想倾向。这种思想往往是偏重有利于被告为出发点的。这对于我们有效地镇压敌人,打击犯罪是很不利的。特别对公安、检察机关的讯问被告(公安机关称预审)是十分不利的。讯问被告实质上是尖锐的敌我斗争。(因为目前大部分犯罪分子都是专政的对象)给予了犯罪人这样种种的“合法”武器,将使我们侦查机关难以使犯罪人认罪服罪。

(八)我们的原则是“事实是根据,法律是准绳”

“无罪推定”和有罪推定都以主观唯心主义为思想基础,是属于资本主义的范畴,它无助于侦查、审判机关查清案情,正确地适用法律,达到“不枉不纵”的目的。有罪推定容易使侦查、审判人员产生“左”的倾向,可能导致轻罪重判或错捕、错判,冤枉好人。“无罪推定”容易使侦查、审判人员产生“右”的倾向,可能导致重罪轻判,该捕不捕、该判不判,放纵了应当惩办的敌人和其他犯罪分子。

---

① [苏]安·扬·维辛斯基著:《苏维埃法律上的诉讼证据理论》,王之相译,法律出版社 1957 年版,第 310 页。

② 刘庆林:“怎样对待刑事案件的被告人”,载《政法研究》1956 年第 3 期。

③ 罗瑞卿部长在第一届全国人民代表大会第三次会议上的发言。

因此，我们应当像对待其他资产阶级的旧法观点一样，彻底地抛弃它。

我们判断证据、认定事实和罪行的原则，就是党和国家所指出的"事实是根据，法律是准绳"的原则。司法实践证明，这是完全正确、行之有效的原则。

"事实是根据"体现着辩证唯物主义的基本观点。毛主席教导说："我们是马克思主义者，马克思主义叫我们看问题不要从抽象的定义出发，而要从客观存在的事实出发，从分析这些事实中找出方针、政策、办法来。"①在刑事诉讼中，"事实"是不以人们的意志为转移的客观外界的案件情况。"事实是根据"就是要求侦查、审判人员通过侦查、调查研究等各种方法正确地认识这一客观存在的案件事实，以便正确地决定是否逮捕、起诉、交付审判和如何判决案件。

没有充分的证据材料证明某人犯罪时，不能进行逮捕、起诉、交付审判和判罪定刑；具有充分的证据材料，能确认某人犯罪时，必须逮捕、起诉、交付审判和判罪定刑。

为防止主观片面，不但要注意搜集有罪方面的证据材料，而且注意听取被告人的辩解，查对有利于被告方面的事实。对每一个证据都要分析研究，审查其是否可靠，而后把全部证据材料进行综合分析、判断，确定犯罪行为是否某人所为，或者某人的行为是否构成犯罪。如果不能肯定，就再行侦查、调查研究。总的目的是揭露犯罪，证实犯罪人并给予应得的惩罚。

我们这里所说的事实，是指违反了刑事法律的犯罪事实。如果所发生的事实明显地看出不是违法犯罪的事实，当然不必再进行毫无意义的搜集证据、调查研究。如果还不能明显地认定是否为犯罪，就应当进一步地搜集证据、调查分析研究。查清了刑事法律所规定的犯罪事实，才能决定逮捕、起诉和定罪量刑。因此，事实的认定和法律的运用是紧密相连的。如果把事实搞错了，虽然对法律的理解是正确的，仍必然作出错误的决定；相反，如果对法律错误的理解，同样会不正确地肯定或否定犯罪事实。

为了查清案件事实，还必须遵守刑事诉讼法规。刑事诉讼法规大部分是为了保障查明案件真情的。违反了诉讼法的规定，就会发生认定事实的错误。例如，侦查、检察院审查起诉、法庭调查、辩护、合议等法定的制度，主要还是为了调查和审查案件事实的。当然这也是为了正确地运用法律。

以上就是我对"无罪推定"的看法，是否妥当，请大家研究指出。

（1958 年第 1 期）

① 《毛泽东选集》（第 3 卷），第 875 页。

“无罪推定”不应作为我国刑事诉讼的原则

李保民*

黄道同志在一篇题为“略论刑事诉讼中的无罪推定原则”的论文中,肯定在我国刑事诉讼中必须采用“无罪推定”的原则,以资指导我国的司法实践活动。我认为此种观点是不能被同意的。

“无罪推定”原则是在1789年法国的《人权宣言》中提出的。以后在英国、美国的刑事诉讼中也都曾经宣布过这一诉讼原则。例如,美国纽约州的《刑事诉讼法典》曾经规定:“在被告人的罪行还未经发生法律效力的法院判决确定以前,他要被认为是无罪的人。”资产阶级在其刑事诉讼理论中之所以提出这一诉讼原则,是和资产阶级革命初期所提出的一切革命口号一样,用来反对专制独裁的反动统治,吸引人民群众来反对封建统治时代的专横残酷——“入人于罪”的诉讼制度。它在当时确实起过一定的作用。但是,这些标榜着“民主”、“自由”的口号,一旦当资产阶级掌握了政权、反过来对劳动者实行统治和镇压时,特别是当资本主义发展到帝国主义的时期,“无罪推定”原则在刑事诉讼实践中便完全被抛到九霄云外了。他们实行的是“一千个被告人中,一千个是有罪的或者是应当有罪的”。在国民党黑暗统治时期实行的是“宁可错杀三千,不可放走一个”的反动透顶的刑事诉讼原则。这些都说明了反动统治者所实行的乃是有罪的推定。

那么,在我国的司法实践中是否也要采取“无罪推定”的原则呢?我的答复是绝对否定的。因为:

首先,要是在我国刑事诉讼活动的过程中,依靠这种“无罪推定”原则来“推动、刺激侦查人员和审判人员积极主动地搜集证据。以充分可靠的证据来证明被告人有罪或无罪,罪重或者罪轻”的话,那就等于公开否定我国的侦查、审判人员经过马列主义武装起来的全心全意为人民服务的、勤劳的一切,就等于把我国人民民主专政的刑事诉讼原则和侦查人员、审判人员与封建时代的那种专横残酷、“入人于罪”、是非不明、黑白不分的反动统治的旧中国以及“乞丐和流浪

* 作者单位:华东政法学院(现华东政法大学)。

者,如果身边被发现有价值100法郎以上的物品,而不能说明其来路时,则应受惩罚”的反动统治者的有罪推定的原则,以及那些为垄断资本家效劳的走卒——侦查、审判人员看做一模一样了。

我国《宪法》第1条规定:“中华人民共和国是工人阶级领导的、以工农联盟为基础的人民民主国家。”第18条规定:“一切国家机关工作人员必须效忠人民民主制度,服从宪法和法律,努力为人民服务。”可见,在我们国家并不存在有罪推定的诉讼原则和“人人入罪”的侦查人员、审判人员的经济基础和政治制度。可以说,我们非常清楚地看到我们国家既不是国民党反动统治的旧中国,也不是西方美、英、法帝国主义性质的国家,而是无产阶级专政的社会主义国家。而黄道却教条式地不结合实际地将“无罪推定”搬到我国刑事诉讼中来,这种观点不仅是无的放矢的,而且也是极端错误的。

其次,要是依靠或者宣扬“无罪推定”原则对我国司法实践的“推动、刺激的威力”作用,这就直接地否定了我们党的领导作用。我们认为,在我国司法实践中根本就不存在“入人于罪”的侦查审判人员,除非是钻进人民司法机关的人民敌人,借此来进行反人民的破坏活动的分子才有可能这样做。事实上发生了个别错案,也不是因为侦查、审判人员未能运用“无罪推定”的原则,而是在于他们未能很好地依照党的指示、国家的政策和保持实事求是地深入群众调查研究的工作作风。相反,那些侦查、审判人员正确地查明被告人是否犯罪、犯何种罪以及重罪或者轻罪的案情,也并不是他们运用了“无罪推定”的原则,而是忠实地执行了党的指示、国家的政策,深入和依靠群众,全面调查研究所取得的,因此,这就很明显地告诉我们,侦查、审判人员在与犯罪作斗争中所获得的巨大成就,应该归功于党的领导和这些同志的努力。绝不能归功于“无罪推定”原则的作用。董必武院长在第一届全国人民代表大会第四次会议上的报告中指出:“从全国人民代表大会第一届第三次会议以来,最高人民法院、地方各级人民法院和专门法院审判了百万以上的案件,通过这样大量案件的审判,实现了国家赋予他们的对敌人实行专政和调整人民内部矛盾的职能,这对维护社会秩序,保护人民的权利和合法利益,保护、发展生产力,保卫我们社会主义制度的继续建立和巩固等方面,都起了巨大的作用。这些成绩的取得,是由于各级党和人民代表大会的正确领导和监督,同时也与全体司法工作人员的勤劳努力和思想、政治水平、业务能力不断提高分不开的”。因此,我们完全可以得出:今后与犯罪作斗争并不是忠实地遵守“无罪推定”,而是坚决地在党的领导下,依靠人民群众与侦查、审判人员的主观努力。

最后,在我国刑事诉讼中要是依靠“无罪推定”原则,那势必要抛弃“事实是根据，法律是准绳”的审判原则，势必又要重新考虑依法被捕的、犯有罪行的罪犯是否符合法制的精神。例如，披着文艺外衣和宗教外衣的胡风、龚品梅反革命集团，以及混入党内的反革命分子潘汉年，他们都还未交付人民法院判决，我们是不是就认为他们“无罪”呢？恐怕连拥护“无罪推定”的同志也得不出这个“无罪”的结论吧！如果要一定推定这些证据确凿的反革命分子“无罪”的话，那就势必会为这些罪犯的开脱罪责找到了“理论”根据，而且也势必会推定出我们政府是“错捕”了他们的结论。但我们认为他们既有罪又该捕。这不是自我污蔑“破坏”法制了吗？显然，我们认为“无罪推定”原则不但不能“推动、刺激”侦查、审判人员的主观能动和实事求是的辩证唯物主义的精神，而相反的是助长了侦查、审判人员的右倾思想和培植他们闭起眼睛不看事实，即或看见客观存在事实，还是硬要否定客观事实的唯心主义观念。

如前所述，在我们国家的审判活动中，是以事实为根据、以法律为准绳的。这里所说的事实是指客观存在并具有内在联系以及司法机关加以收集、固定的与案件有关的一切事实。所谓以法律为准绳，是指一切诉讼活动必须依据党和国家的政策、法律、法令来进行。因为事实是适用法律的前提，而政策、法律又是保证了揭发客观真实。所以我们不能同意黄道同志认为“无罪推定”原则可以起到保证客观真实原则实现的作用的观点。为了有效地与犯罪作斗争，保证侦查、审判人员能正确地查明案情，我认为：

第一，所有的司法工作人员，首先必须依靠党的领导，在党的教育培养下，逐步地树立起无产阶级的国家观和法律观。在与犯罪作斗争的过程中依照党和国家的政策、法令，就能够正确地分清犯罪与不犯罪、犯什么罪、重罪还是轻罪，以及如何对其适用刑罚。党的领导是通过党的方针、政策来实现的。毛主席指示我们：“提高警惕，肃清一切特务分子；防止偏差，不要冤枉一个好人。”这就是说，我们司法工作人员在与犯罪作斗争中，不要放纵一个反革命分子和坏分子，也不要冤枉一个好人。最高人民检察院张鼎丞检察长在第一届全国人民代表大会第四次会议的报告中指出：“各级人民检察院本着‘有反必肃’的方针继续逮捕了一批过去有罪恶和民愤而拒不投案的反革命分子、进行现行破坏活动的反革命分子和敌人派遣进来的特务间谍分子，以及经过处理后仍不悔改又继续进行破坏活动的反革命分子。”张检察长在提到肃反运动中还存在一些局部的个别的错误与缺点时指出：“对于这些缺点和错误，我们本着‘有错必纠’的方针，凡是一经发现，就严肃认真地进行纠正。”从1955年肃反运动检查结果来看，指导肃反斗争的方针、政策是正确的，司法各部门在执行国家的法律和肃反的方针上是严肃认真的，肃反运动基本上是健康的，取得的成绩是巨大的。可见，倘若离开党的领导和严肃认真地执行党的方针、政策，而死死地抱着“无罪推定”，那么，今天的局面是很难设想的。

党不仅在方针政策上为司法工作者指明了方向，而且还指示我们在审判实践中必须遵循“重证据不轻信口供”的原则。也就是说，无罪的被告人虽自供有罪，司法人员根本不会轻信，只有在搜集与该案有关的一切证据，经过分析、判断后才加以确定。相反地，确实犯有罪行的被告人，即使犯人矢口否认，但司法机关工作人员在获得各种确定证据证实下，也同样可以作出有罪判决。例如，最近上海市第一中级人民法院判处反革命犯王振南死刑一案就是一个鲜明的例证。王犯直接迫害共产党人和非党革命人士180人之多，尽管王犯用尽了狡猾的手段，终究在铁的事实面前，未能逃脱人民的法网。

第二，群众路线是我们党一贯的根本的组织路线，也是我们司法工作者所必须遵循的路线。离开了党的这一根本的路线就会一事无成。我国肃反运动的经验证明，“主要的是由于在少数地方和某些单位未能认真正确地贯彻群众肃反的路线，没有充分地把群众发动起来，因而就不能够彻底地孤立和揭露反革命分子，造成夹生现象，漏掉了一些应当依法惩罚的反革命分子”。① 在我们充分发动群众之后，反革命分子就难以逃脱了。例如，在1955年肃反运动中，这些狡猾的敌人虽然改名换姓，东藏西躲，但在全国范围内仍然查出了81,000多名反革命分子。1957年7月6日晚上，一个特务分子在广州文化公园扔了定时炸弹，就被两个青年学生发觉。否则就不知有多少游客会死在特务手里。上海市高级人民法院1955年1～10月所审判的1564件反革命案件中，就有115件暗藏在我们国家机关、企业和团体的内部，他们都未能逃脱人民群众的雪亮的眼睛。因此党的这项根本的路线，已以法律的形式规定下来。

当“人民法院在审理案件时除法律规定的特别情况外一律加以公开进行”②或组织人民法庭实地进行审判。这样不仅可以加强法纪宣传教育，使广大人民群众提高法律知识，懂得打击谁、保护谁，提高他们辨明是非与犯罪作斗争的能力，而且也促使司法工作者的责任心的加强。此外，法院对于案件审判的正确与否，也紧密地置于人民群众的监督之下，使人民法院的审判案件能够取得及时、合法、正确的保障。所以说，只有群众路线才能对侦查、审判人员有“推动”、“一股强劲”的威力。但这并非是“无罪推定”的诉讼原则所能有的。

第三，除了依靠党的领导和人民群众的支持外，我们国家规定的诉讼程序，

① 张鼎丞检察长在全国人民代表大会第四次会议上的报告。

② 《人民法院组织法》第7条。

也保证了人民公安机关、人民检察机关、人民法院与犯罪作斗争时的联合作战、相互制约及其统一性。也就是说,当人民检察机关发现并且确认有犯罪事实的时候,应依法提起刑事案件,按法定程序进行侦查或者交由人民公安机关进行侦查,同时,人民检察机关对本级公安机关的侦查活动加以监督,如果发现本级公安机关在侦查过程中有违法行为,应及时通知公安机关加以纠正。当侦查结束后,应依法律规定移送人民检察院审查,决定起诉或不起诉。人民检察院自行侦查的案件,当侦查结束后,认为必须对被告人追究刑事责任的时候,应当向人民法院提起公诉。人民法院接到人民检察院的起诉书后,加以审查,决定是否交付审判。人民检察院对本级人民法院的第一审案件的判决和裁定认为有错误的时候,有权按照上诉程序提出抗议。另外,"各级人民法院院长对本院已经发生法律效力的判决和裁定,如果发现在认定事实上或者在适用法律上确有错误,必须提交审判委员会处理。最高人民法院对各级人民法院已经发生法律效力的判决和裁定,上级人民法院对下级人民法院已经发生法律效力的判决和裁定,如果发现确有错误,有权提审或者指令下级人民法院再审。最高人民检察院对各级人民法院已经发生法律效力的判决和裁定,上级人民检察院对下级人民法院已经发生法律效力的判决和裁定,如果发现确有错误,有权按照审判监督程序提出抗议"。①

同时在逮捕人犯时,还严格地遵守《逮捕拘留条例》。如逮捕人犯必须经人民法院或人民检察院决定或批准后执行。而人民法院或人民检察院在决定批准逮捕人犯时,得根据被拘留人的事实,依据法律决定批准逮捕或者不逮捕。再如,对现行犯、通缉在案犯、越狱逃跑犯、正在被追捕犯,任何一个公民都可以立即扭送公安机关、人民检察院或者人民法院处理。

提高侦查、审判人员办案的质量,不是在于"无罪推定"原则的保证,而在于人民公安机关、人民检察机关和人民法院的相互制约和统一性,以及法定的监督作用。如湖南省人民检察院在1957年1月至4月审查下级公安机关控告检察院不批准逮捕的错误决定有错误的案件63件,其中有21件撤销了不批准逮捕的错误决定。又如,1956年人民法院在审理检察机关起诉的案件中,有7.72%的案件被认为起诉不当,裁定不交付审判。这一事实,正说明发挥了相互制约和法定的监督作用,提高了办案质量。

第四,在司法实践中我们充分保障被告人的辩护权利的行使。《人民法院组织法》第7条第2款规定:"被告人除自己行使辩护权外,可以委托律师为他辩

---

① 《人民法院组织法》第12条。

护，可以由人民团体介绍的或者经人民法院许可的公民为他辩护，可以由被告人的近亲属、监护人为他辩护。人民法院认为必要的时候，也可以指定辩护人为他辩护。”辩护人进行辩护时，是依据事实和法律规定进行的。法律所以规定充分保证被告人行使其辩护权利，其目的也不外是辩论原则是彻底弄清案情和正确地适用法律的一个重要手段。因为它能够更全面地审查与案件有关的一切事实和正确地作出裁判。这就是我们通常所说的，真理是越辩越明，客观的事物是通过辩论来加以认识的。

综上所述，在我国刑事诉讼中必须坚决地抛弃“无罪推定”的原则，紧紧地依靠党的领导，依靠群众，依照法律，实事求是地、严肃认真地执行党与国家的方针政策，发挥司法各部门的既“联合作战”而又相互制约的作用；进一步提高我们司法工作人员的政策思想与业务水平，从而提高办案质量，更好地完成党和国家所给予我们的社会主义革命与社会主义建设的光荣任务。

（1958 年第 1 期）

应该彻底批判“无罪推定”的谬论

——对“略论刑事诉讼中的无罪推定原则”一文的初步检查

黄 道*

几年来，我在担任讲授刑事诉讼课程中，不但一直推崇着“无罪推定”的谬论，在1957年还写过一篇题为“略论刑事诉讼中的无罪推定原则”的文章（发表在《法学》第2期），更加扩大宣扬了这种谬论。这是极端错误的。为了捍卫马克思列宁主义的法律观，正确地阐明我国刑事诉讼理论中的一切问题，以利有效地为诉讼实践服务，便于完满地完成与犯罪作斗争的任务，并为了提高自己的认识，清除思想上的毒素，必须对这个问题上的错误观点，根据党的有关方针、政策和历来的指示，进行认真的检查和严肃的批判。

一、揭穿“无罪推定”的阶级本质及其唯心主义的性质

大家知道，“无罪推定”是资产阶级在资产阶级革命初期提出来的，是从“有利于被告”的观点出发，作为一个政治口号，为了吸引广大群众反对“入人于罪”、专横残酷的封建主义的诉讼制度而提出来的。但当资产阶级掌握了政权，反过来对劳动人民进行统治和镇压的时候，所实行的却不是“无罪推定”而是“有罪推定”。另一方面在资产阶级内部，即对有钱有势的人来说，法律对他们根本是无拘束力的，也无所谓“无罪推定”了。这就是它的虚伪性和反动性的实质之所在。可见，“无罪推定”始终是资产阶级用来进行阶级斗争的一种手段。当然，在资产阶级统治下的劳动人民及其先进代表——共产党人和其他革命战士，可作为一种策略方法，把它用来与资产阶级的反动统治进行合法的斗争。但是，“无罪推定”的本身却始终属于资产阶级的范畴，始终是资产阶级的意志表现。

以上是对于“无罪推定”问题所应该具有的根本认识。可是，我恰恰就在这个根本性的问题上首先存在糊涂观念，划不清无产阶级与资产阶级的思想界限，

* 作者单位：华东政法学院（现华东政法大学）。

终于混淆了是非，误把毒草当成了香花，误把极端有害的谬论作为完全有用的理论来宣扬。以“虽是同一句话，但却代表了两个本质不同的东西，两个不同的阶级，做同一件事情，它的本质是完全不相同的”这样一个论点作为宣扬这个谬论的立足点。殊不知，完全代表着资产阶级反动法律思想的“无罪推定”，对于我们无产阶级专政的国家来说，是完全绝缘的。因为它的政治实质是对劳动人民的虚伪和欺骗，是为了巩固资产阶级专政，它的华丽外衣是“有利于被告”。这个反动本质绝非我们所能改变，也不容我们去改变。我们的任务应该是无情地揭露和彻底地批判它的反动本质。我却错误地赞同、推荐采用“无罪推定”，认为它“对于正确地处理刑事案件和正确地实现刑事诉讼的目的，能起着有力的保证作用”。可是，客观的真理是无情的，事实完全证明了，结果恰恰适得其反。因为“无罪推定”的出发点是“有利于被告”。在我们的国家里成为刑事被告的是那些人呢？是城乡各种反革命分子，社会上的流氓、阿飞、盗窃犯、凶杀犯、强奸犯、贪污犯、严重破坏社会秩序和严重违法乱纪的罪犯以及其他一切罪犯。对我们来说，如果主张“有利于被告”，这就等于有利于这一切罪犯，是放纵这一切罪犯，而完全不利于无产阶级专政，不利于社会主义事业，不利于广大人民的利益。我在这一点上认识不清，这就首先表现为政治立场上的模糊，没有用阶级分析的方法来观察这个问题。

在无产阶级专政的国家里，要是接受了“无罪推定”，那么，它的锋芒正是指向无产阶级专政，这就等于自刎。资产阶级“右派分子”懂得了这一点，因而对它特别感兴趣。例如，杨兆龙曾别有用心地鼓吹说：“无罪推定不仅足以保障刑事被检举人的权利及合法利益，同时足以通过民主、法治及人道主义的发扬，加强广大群众的安全感，增进他们对政府的信仰，提高政府的威信，因而巩固国家的政权。它是于公于私都有利的。”甚至主张把“推定无罪”改为“认为无罪”。荒谬地说：“况且从加强法治，发扬民主等角度来讲，用‘认为无罪’字样，以加强语气，可以更好地引起大家的注意，实际上也未尝没有好处。”①是的，这种主张对反革命分子以及其他一切犯罪分子来说，是有好处的。可是，正如上述，对无产阶级专政、对社会主义事业、对人民的利益来说，却不但绝对没有好处，而且只能带来无穷的害处。再如，最高人民法院所揭露的“右派分子”贾潜在诉讼实践中就片面根据“无罪推定”，在审理案件时，不问具体情况如何，对于有罪的人首先要求从“无罪”方面来考虑，对于有严重罪行的人首先要求从“减轻”情节方面

---

① 曾在复旦大学第三次科学讨论会上提出讨论过的一篇文章：“刑事法律科学中的无罪推定与有罪推定问题”。

来考虑,对于犯有死罪的人首先要求从“可以真不死”方面来考虑。就这样来为犯罪分子开脱罪责。① 这些反面的实际材料就在生动地教育我们:应该彻底批判“无罪推定”的谬论。

从阶级本质上来看“无罪推定”,它完全是代表着资产阶级的意志的;从思想方法上来看,“无罪推定”又完全是唯心主义的。

有一种较通行的说法:所谓“无罪推定”就是被告人在未经生效的判决证明他有罪以前,应当推定他为无罪的人。很显然,大家不难看到,这完全是主观的、不符合实际的,因而纯粹是唯心的。人们不免要问:既然在未经生效的判决证明被告人为有罪以前,应当推定他为无罪的人,那么,难道能对一个无罪的人告知为被告人吗?能对一个无罪的被告人进行侦查、起诉、采用强制措施(逮捕、羁押等)、交付审判吗?(在资产阶级国家里,劳动人民通常是被无缘无故地交付审判的)在判决生效前把被告人推定为无罪的人——这一命题,是和上述这些诉讼行为绝对相矛盾的。对我们的刑事诉讼来说,在侦查、检察和审判人员掌握了证据能说明被告人确实是一个有罪的人的情况下,你还不准许他们脑子里出现有罪的信念,而硬要叫他们不能把被告人当成是一个有罪的人;而对一个不能被“看成是有罪”的人,却告知为被告人,采用强制措施,进行起诉,交付审判,这是极端荒谬的。

另有一种较通行的说法:所谓“无罪推定”就是被告人在未经法定程序证实他有罪以前,应当推定为无罪的人。我原先赞同了这种说法。其实,这种说法,同样是主观的,不符合实际的,因而也纯粹是唯心的。必须指出:在我们的国家里,实质上凡是触犯刑律,已经构成犯罪的人,就应该说他是有罪的人。绝不能认为实际上已经犯了罪的人,只有经过法定的程序加以证实以后才能算是有罪的人,不然,就应推定他为无罪的人。谁是有罪或者无罪、轻罪或者重罪,这是实际的客观事实。事实到底是事实,有罪的就是有罪,无罪的就是无罪,轻罪就是轻罪,重罪就是重罪。谁是有罪或者无罪决定于谁的行为本身是否触犯刑律,是否已经构成犯罪,而不决定于侦查、检察和审判人员的主观活动。也就是说,实际存在的犯罪事实,是不以侦查、检察和审判人员的意志为转移的。侦查、检察和审判人员的任务,就是要把真正已经犯了罪的人,在可能的条件下及时地把他归入刑事诉讼的范围中来,依照法定的程序加以证实,依法给予应得的惩罚,以达到保卫工人阶级领导的人民民主专政制度,维护社会秩序、保护公共财产、保护公民的权利和合法利益,保障国家的社会主义建设和社会主义改造事业的顺

① 《人民日报》1957年12月12日。

利进行,并教育公民忠于祖国,自觉地遵守法律的目的。依照法定的程序,利用证据,得到了证明的犯罪人固然是有罪的人,但是,实际上已犯了罪的人,绝不能由于未归入刑事诉讼的范围中来,未经法定的程序加以证实,他就成了无罪的人。难道蒋介石、陈诚等未经法定的程序加以证实以前,也要推定他们为无罪的人吗?未经法定的程序加以证实以前,难道他们还不是人民的罪人吗?我在这一点上认识不清,这就表现为在这一问题上没有划清唯物主义和唯心主义的思想界限,犯了唯心主义的毛病。

不少忠诚地、勤勤恳恳地、坚决而正确地在与犯罪作斗争的实际侦查、检察和审判工作人员并不是没有察觉到"无罪推定"的非科学性,其实,早就有人对它产生怀疑,怀疑它的指导实践的作用,并曾好心地提出这样一个问题:到底怎样才能把"无罪推定"的理论具体运用到诉讼实践中来呢?照理说,这就应该引起我们的警惕和重新估价它的作用了。可是不然,反而挖空心思,绞尽脑汁,来把它披上马列主义的外衣,继续公开地在推荐它。当我在研究这个问题的过程中,虽也曾经被挡住过去路,一度发生过疑虑。可是由于个人的马列主义水平不高,思想上的抗毒素不强,一下子又被教条主义、右倾思想和旧法观点这3条害虫压缩回去了。而终于企图用一种"旧瓶装新酒"的手法,把它加进唯物辩证法的"新内容",以对立面的统一和斗争的规律去说明"无罪推定"的具体运用。说是运用"无罪推定"的过程,就是在侦查、检察和审判人员的脑子里对于被告人有罪或无罪、轻罪或重罪的两种对立思想反复斗争的过程,也就是对于被告人的有罪信念和"无罪推定"的观念的这两种对立的思想经过反复的斗争,使其中的一个对立面逐渐增长,另一个对立面逐渐消失的过程。斗争的结果,终于统一在可靠的证据的基础上,树立起一个确信一被告人有罪或无罪、重罪或轻罪观念。这个矛盾的斗争是极其自然的、实际的等,这样一来,从表面上去看,问题似乎解释通了,但是,问题的严重性,也正在这里,不可遗忘的教训也就在这里。人们会问:在这里起绝对作用的不是分明是唯物辩证法吗?"无罪推定"本身的有益作用究竟在哪里呢?本来唯心主义形而上学的"无罪推定"本身在这里是解释不通的,是起不到正面的有益作用的,既然这样,那么,为什么还要销售它而不理直气壮地直截了当地来宣传唯物辩证法呢?是否在替"无罪推定"搽脂抹粉掩饰其丑恶的真面目,用来迷惑群众,混淆视听呢?应该承认,这种做法实际上已替"无罪推定"的唯心主义性质起着掩饰作用。

二、揭穿“无罪推定”所标榜的所谓“合理因素和基本作用”

主张“无罪推定”的人(包括我的文章和我们编写的讲义有关这一问题的若干论点在内),往往把它说成具有一些“合理因素和基本作用”,错误地以这些所谓“合理的因素和基本作用”作为宣扬和推广它的理论根据。事实怎样呢?为了彻底揭开“无罪推定”的奥妙,彻底揭开这个闷葫芦里装的到底是些什么货色。我们不妨把这些所谓“合理的因素和基本作用”一条条地拿来剖析一下,看看究竟是否合理,究竟能起什么作用。

1. 说是被告人没有责任(义务)证明自己无罪或罪轻,这是“无罪推定”的必然结果,是合乎逻辑地引申出来的。而侦查、检察和审判机关则有责任证明被告人的罪行。并且对能证明被告无罪或罪轻的证据也应积极、主动、全面地加以搜集。对被告人来说,证明自己无罪或罪轻这是一种权利。

这是一种有害的看法。固然,侦查、检察和审判机关有责任证明被告人的罪行,并且对能证明被告人无罪或罪轻的证据也应积极、主动、全面地加以搜集,但是,被告人如果真正为了保护自己的权利和合法利益,认为自己真正无罪或者有从轻和减轻情节的话,提出证据来论证自己的主张,也应该认为是一种实际的必要行为。要是绝对机械地说被告人就没有责任证明自己无罪或者从轻和减轻的情节,而侦查、检察和审判机关则应完全负起证明的责任,这里的用心是为了更好地保护被告人的权利和合法利益(当然,被告人的权利和合法利益是要得到保护的),可是,对于如何有利于揭发、证实犯罪和惩罚犯罪人的问题,岂能不加考虑?保护被告人的权利和合法利益与惩罚真正的犯罪人应该是统一的。把它对立起来,片面地去强调前者而忽视后者,这是完全错误的,因而是有害的。

2. 说是充分可靠的证据是追究被告人刑事责任所必不可缺少的条件。我们的任务是揭发和惩罚真正的犯罪人,这就决定了必须依照法定的程序,根据充分可靠的证据加以证实作为前提条件。因而被告人在未经法定的程序证实他犯罪以前,应推定他为无罪的人。

这是一种张冠李戴的说法。要知道,利用证据,依靠充分可靠的证据来论证犯罪事实的存在和确定犯罪人,这是由事物的客观规律性所决定的(是由于我们掌握了这种规律性的结果),是由我们刑事诉讼的人民民主专政的本质和任务所决定的,绝不是“无罪推定”的结果。在我们的刑事诉讼中不存在“无罪推定”,实际的侦查、检察和审判机关照样懂得认定案件事实,必须利用证据的道理。

3. 说是被告人在未经法定程序证实他犯罪以前，侦查、检察和审判人员不应先入为主，不应首先对他抱有有罪的确信。

不要先入为主这个说法的本身是对的，问题在于：这也绝不是“无罪推定”的结果，而应该认为这是唯物思想、全面观点、实事求是精神的体现，是我们党的方针、政策和国家的法律所要求的。

4. 说是对被告人有罪或无罪、轻罪或重罪存在怀疑的时候，应从有利于被告方面作出解释。

这里的有利于被告论，正如前面所说过的，实质上是有利于犯罪论，而不利于无产阶级专政论。这难道符合于实事求是的精神吗？这难道不是美其名曰保障被告人的权利和合法利益，而实际上岂不是不利于与真正的犯罪作斗争吗？正确的态度应该是：对被告人有罪或无罪、重罪或轻罪存在怀疑的时候，侦查、检察和审判机关应该积极地去搜集证据，谨慎地进行分析研究，借以排除这种怀疑，然后实事求是地作出有根据的结论。一方面固然不能以疑罪论处，不能在“也许”、“大概”、“可能”、“差不多”的情况下，主观地作出有罪或重罪的肯定结论；另一方面也绝不允许就在这种可疑的情况下，消极地而且同样是主观地作出无罪或轻罪的肯定结论。只有积极地排除这种怀疑，做到无可怀疑，才能顺利地完成与犯罪作斗争的任务。

5. 但是与其他各项诉讼原则一样，对被告人来说，“无罪推定原则”是有效的诉讼保障之一。

的确，“无罪推定”对被告人来说，是有效的诉讼保障之一，问题在于：它的片面性和非科学性里面包含着放纵罪犯的危险性，而导致被告人的非法利益也将得到保障，这是极端有害的。

6. 说是与其他各项诉讼原则一样，对公安、检察和审判机关来说，“无罪推定”原则有助于发现案件事实的真相。认为它能有力地推动、刺激和促使着侦查、检察和审判机关积极、主动地去搜集有意义的证据，以便发现案件事实的真相，使揭发犯罪和惩罚犯罪人的工作，完全建立在有充分可靠的证据的基础上来进行。

这是一种似是而非的说法。大家知道，我们的侦查、检察和审判机关的积极性和主动性是建立在强烈的政治责任感和对于与犯罪作斗争的任务的正确认识的基础上的，绝不是“无罪推定”的推动、刺激和促使的结果。我们的侦查、检察和审判机关在刑事诉讼中负起证明的责任来，正如上面所说过的，这是由于事物的客观规律性所决定的，是由于我们刑事诉讼的人民民主专政的本质和任务所决定的，也绝不是“无罪推定”的结果。

最后得出结论，说是与其他各项诉讼原则一样，从根本上来说，"无罪推定"原则体现了我们诉讼的人民民主的本质和法制精神，有利于与犯罪作斗争，有利于正确、顺利地实现刑事诉讼的任务。

其实，问题已经很清楚，综合上面所有的分析，大家不难看出，所谓"合理的因素"是不合理的，所谓它的"基本作用"是有利于放纵罪犯，因此，就得不出那样一个结论。相反地，应该得出这样一个结论："无罪推定"与我们诉讼的人民民主专政的本质和法制精神是根本不兼容的，它不利于与犯罪作斗争，不利于正确、顺利地实现刑事诉讼的任务。那些所谓"合理因素和基本作用"的论点，其实都是一些表面上写着马列主义的字句，实质上是似是而非、歪曲事实、不符合实际情况的非马克思主义的论断。我在这些论点上（对其中第四点的认识是明确的，一直没有接受这个错误的论点）的认识不清，这不仅是政治立场上的模糊和唯心主义观点的表现，同时也是无产阶级专政观念不强的表现。

三、谬种流传，危害非浅

自 1955 年在课堂上开始推崇"无罪推定"，至今足足 3 年了。3 年内直接受这个谬论毒害的已达千人以上，其中有专修科同学，有本科同学，还有在职轮训的司法干部。再通过 1956 年第 2 期《法学》上的一篇文章的发表。流传全国各地，毒害的面就更广了。有益的理论，流传得越广越好；有害的谬论，越传则越糟。糟的是：在这一个问题上，不自觉地把资产阶级的反动法律思想灌输给大家了，混淆了资产阶级的法律观和马克思列宁主义的法律观。

问题的严重性还在于：当在课程中推崇"无罪推定"的时候，忽视了有的同学对于这一问题的正确看法。有的同学曾经正确地指出，"有罪的推定，固然不对，无罪的推定同样也不对。如果说有罪推定的原则，会使侦查人员和审判人员产生一种偏左的心理——认为刑事被告人总是有罪的人；那么，无罪推定的原则，则会使侦查人员和审判人员产生一种偏右的心理——容易放纵了真正的犯罪人"等。我却强词夺理地解释说："一个是'无罪推定'，一个是'有罪推定'，这里看来只有一字之差，但却表现出两个不同的思想方法，前者是对头的，后者则肯定不对。"其实，两者都不对，都是代表着资产阶级反动的法律思想，都是表现了主观片面的唯心主义。

问题的危害性更在于：理论是行动的指南，正确的理论，就能产生正确的行动；错误的理论，必将导致错误的行动。我们如果按照"无罪推定"来行动，其结果是：会成为右倾思想的根源之一，会束缚了实际的侦查、检察和审判工作人员及时有效地打击罪犯的手脚,会引起该捕不捕、该起诉不起诉、该判不判和重罪轻判的严重后果。总之会造成放纵罪犯,不利于巩固无产阶级专政的严重后果。某同学反映说,“我们受了教条主义的影响,中了毒也不知道,把‘无罪推定’当成无价之宝,在业务实习期间,一拿到卷宗就从‘无罪推定’、‘有利被告’来考虑,害得有的同学甚至于以为在预审庭中都不能研究确定罪名,说是因为要‘无罪推定”等。这都足以说明,这一谬论所引起的实际危害结果了。

把明明是有害的东西,居然看成是有益的东西,把毒草当做香花,这是什么原因呢?是教条主义的思想方法;是旧法观点和右倾思想的严重表现;是由于对党的有关方针、政策和指示缺乏认真的研究,无产阶级专政观念不强,强调防错,忽视防漏,政治和业务水平不高的缘故;归根结底是由于思想认识上违反了马克思列宁主义的立场、观点和方法的缘故;是由于缺乏辨明是非能力的缘故。没有认识到在我们的国家里,在我们的刑事诉讼中,既不容存在“有罪推定”,也绝不容存在“无罪推定”。没有完全明确,我们刑事诉讼的基本理论应该是:从有利于无产阶级专政的观点出发,紧紧地在党的领导下,发挥公安、检察和法院三个专门机关的分工负责、互相配合、互相制约、统一对敌的作用;根据马克思列宁主义的立场、观点和方法,执行党和毛主席所制定的“不放纵一个坏人,不冤枉一个好人”的方针,“实事求是”,“事实是根据,法律是准绳”的原则;贯彻党和毛主席所教导的调查研究的工作作风,群众路线的工作方法,重证据不轻信口供,口供和证据必须经过查对的证据理论。为了能在我们的刑事诉讼科学中正确而透彻地阐明上述基本理论,并为了今后不致重犯类似的错误,这就必须系统地加强马克思列宁主义的学习,认真地研究党和毛主席的一切指示,牢牢地记住党和毛主席的话。坚决地和教条主义、修正主义及一切资产阶级的法律观点进行彻底的斗争。不把资产阶级的思想影响消灭干净,不和旧法观点绝缘,是学不好马列主义的。

(1958 年第 1 期)

坚决贯彻《治安管理处罚条例》

田　光*

《治安管理处罚条例》的颁布是我国6亿人民社会生活中的一件大事，是教育广大人民群众树立社会主义道德观念和集体观念的一个重大的政治思想的建设工作，同时又使广大人民群众有了对那些违法行为和不遵守国家纪律的行为作斗争的一个武器。我们国家根据《宪法》第49条第12项和第100条规定的精神，制定了这个行政法令（共34条85款），这对于我们进一步维护社会秩序，巩固国家纪律和保卫社会主义建设，保卫广大人民的利益都将起到十分重要的作用。因此，我们必须坚决贯彻执行这个条例。具体说来可以从以下几点入手：

第一，必须有力地结合当前的政治形势——全国人民大辩论、社会主义思想教育，认真组织全民进行学习。这是一个群众路线的艰巨的政治思想教育，必须向人民讲清道理，使广大人民都认识到《治安管理处罚条例》是保卫广大人民的利益和权利，是保卫社会主义制度，是广大人民要求有更好的社会治安秩序的法律准则，从而树立社会主义的道德观念和集体观念，养成一种自觉遵守国家法纪的习惯。为达到这个要求，应在农村合作社和城市里弄的全民大辩论——遵守法制类型问题中进行辩论教育，做到家喻户晓，人人皆知；有力地发动群众、依靠群众，向旧社会遗留下来的各种坏分子的坏习惯坏作风作斗争，以做到绝大多数好人起来约束少数的坏人。从而就能使《治安管理处罚条例》的贯彻成为全民的一项政治任务，共同监督、维护社会公共秩序。

第二，《治安管理处罚条例》的主要部分都反映了城市和农村的共同特点，所以在广大城市、农村都是适用的。如偷盗、诈骗、侵占少量财物、调戏妇女、进行赌博、殴打他人、违反户口管理、组织群众集会忽视安全等，城市有，农村也有。但也有只适用于农村，如伤害牲畜、损坏农作物、私自烧山烧荒、砍伐他人或合作社林木等。还有只适用于城市的，如扰乱车站、码头、公园秩序，任意放发高大声响等。因此，在执行中不能生搬硬套。同时，城市、农村在贯彻教育中，要根据实际情况通过抓典型的方法去组织力量和教育群众，并研究不守纪律和败坏道德的情况，特别要研究少数坏人破坏《治安管理处罚条例》的规律，以总结斗争经

---

* 作者单位：上海市公安学校（现上海公安高等专科学校）。

验，提高、加强工作，进一步同违反治安管理行为作斗争。

第三，执行《治安管理处罚条例》的工作人员，必须认真学习和宣传这一条例。因为这一条例是我国八年来治安管理经验的总结，它提出了今后治安管理工作的明确方向，规定了治安管理的法律准则。只有切实地懂得这一条例的重大政治意义，才能模范地遵守这一管理条例，从而更好地以马克思列宁主义的思想观点来结合实际，加以阐述，以教育广大人民群众自觉地遵守这一条例。因此，自己清楚了《治安管理处罚条例》在社会生活中的重大政治意义，不仅能从提高群众觉悟上去讲清道理，有力地教育群众遵守这一条例，同时也能根据违犯《治安管理处罚条例》的具体情况，运用这一武器向违犯法纪的分子作有力的斗争。所以，要正确执行这一条例就必须从理论原则上、政治思想上明确这一条例的性质：对坏分子来说是人民向他们实行专政的武器。这是因为：违犯《治安管理处罚条例》的人中间，有一部分人原来就是各种坏分子，他们进行过偷窃、诈骗、污辱妇女、结伙打架、扰乱公共秩序、妨害公共安全等违法活动，他们本来就是专政对象，只因为他们违法的情节比较轻，还不够给予刑事处分，所以才给予一定的行政处罚。但他们如果受到行政处罚后再不改正，仍旧为非作歹，就应该加重处分或送去劳动教养，甚至依法逮捕法办。因此，对坏分子违法行为的处罚，性质上就是人民对少数坏分子的专政。对于人民内部少数人的轻微违法行为的处罚则是国家对他们约束的纪律。例如，违反交通规则、违反户口管理、妨害公共秩序和公共卫生等行为，都妨害到广大人民的利益，他们已超过批评教育的范围，但还没有达到触犯刑法的程度，在这种情况下给他们以一定的行政处罚是必要的。也只有这样，才能使他们有所警戒，不致走上刑事犯罪的道路。而这种处罚的性质，就是对他们的纪律的约束和教育，就是用社会主义的民主去约束和限制个人主义的所谓“民主”、“自由”。这种约束和限制对他们这些人是十分必要的，否则就会放纵了少数人，就会损害到国家和集体的利益。然而对于广大人民群众来说，《治安管理处罚条例》乃是人民进行自我教育的工具，也是人民群众同那些违法行为和不遵守国家纪律的行为作斗争的一个武器。因为，这个条例告诉了我们每一个公民，在社会生活中，什么事情可以做，什么事情不可以做。如果做了治安条例中规定不可以做的事情，就是违法乱纪的行为，就要受到禁止和处罚。这就使人民有了一个社会主义民主生活的准则，能促使人们养成新的道德观念和集体观念。只有这些新的道德观念在人民思想中成长起来，使人民自己订出共同遵守的社会主义爱国公约，来逐渐地彻底改变人与人之间的旧的关系，正确处理个人与集体的关系，这样才能巩固地建立起新的社会秩序，养成新的社会风气。

正确执行这一条例还必须弄清楚什么是违反治安管理的行为，和它同触犯国家刑法的犯罪行为以及同一般属于批评教育范围的错误思想的区别。条例中从第5条到第15条止所列的各种行为都属于违反治安管理的违法行为。归纳起来大体可分为四类，即扰乱公共秩序的行为、妨害公共安全的行为、侵犯公民人身权利的行为以及损害公、私财产的行为。这一切违反治安管理的行为，都是危害国家和人民利益的行为，必须加以反对和制止。但它既不同于犯罪行为，又不同于一般批评教育范围的缺点和错误行为。它们之间的界限必须严格划清。在违反治安管理的行为中，有些行为同犯罪行为的罪名是相同的。例如"偷窃"、"诈骗"等。所不同的是：违犯治安管理条例的行为，情节比较轻微，还不够刑事处分。而犯罪则是已造成了严重的恶果，触犯了国家的刑律。如由于过失造成火警，烧毁了一些房屋、财物，但损失不大，后果还不严重，这就是违反治安管理。但如果有意识地纵火破坏或者由于过失而酿成大火灾的，那就属于犯罪的范围了。有些违反治安管理的行为同属于一般批评教育的行为也有相似之处，如辱骂他人，在街上摆摊、堆物、妨害交通等。但两者之间的区别在于：应该受到处罚的行为，必须是已经造成了恶果，或者不听制止，或者屡教屡犯。至于工作上生活上的某些过失、缺点，则可以通过群众性的批评和自我批评加以教育和约束，不应当采用处罚的办法。例如，违反劳动纪律、一般的群众纠纷等，进行批评教育就可以了。

第四，在宣传教育和学习中要批判各种不正确的认识和某些抵触情绪，并研究贯彻执行中的困难，加以克服解决。比如有人主张极端的民主和片面地强调个人自由，认为这是"小事情，没有什么了不起，何必这样谨慎小心？""我不是反革命，又没有犯罪，人民内部问题只能说说，不能压服！""我有我的自由，爱怎么着就怎么着，你管不着"。这些人没真正认识到，我们社会主义制度，既有高度的民主、自由，又有高度的集中和纪律，保护公民权利是我们《宪法》所规定了的，我们《治安管理处罚条例》正是维护和尊重这一权利。所以对那些保持着资产阶级损人利己的思想和不遵守公共秩序、无政府主义的恶习，尤其是扰乱公共秩序、妨害公共安全、侵犯公民人身权利、损害公私财产等违犯法纪、败坏道德的行为，绝不能说是小事情。因为它们侵犯或者妨害了广大人民群众的利益，我们有必要实行强制性的行政处罚，而这与用说服教育的方法来正确处理人民内部矛盾的原则是不违背的，是相辅相成的。另外还有人抱着"事不关己，高高挂起"的态度，他们认为"我又没有侵犯别人，别人又没有侵犯我，我又何必多管闲事呢？"这种论调表示了他们只关心自己的利益，而不关心国家和集体利益，这是很不对的。必须指出，在社会主义社会中，整体利益里面就包含了个人利益，没有整体利益就谈不到个人利益。因此,每一个公民对于那些侵犯公民权利,侵犯国家和集体利益的行为都应当给予责难和干涉。只有这样,我们的社会秩序才能得到进一步的巩固。总之,这些不正确的认识和某些抵触情绪,在宣传教育和学习中必须切实地有分寸地通过实际情况有说服力地予以批判。同时我们还必须看到,这些不正确的认识或抵触情绪不是一朝一夕能够解决的。罗瑞卿部长在说明中指出:“新的社会主义制度还有许多人感到不习惯,改变这种状况,需要全体人民一个较长的自我教育过程和觉悟过程。”可以想见,这里我们还要做很多复杂而又艰巨的工作。但只要我们很好地运用这个条例作为有力武器,结合经常的多方面的社会教育,特别是当前政治形势的教育,就可能解决各种不正确的认识和抵触情绪,以及克服各种障碍,从而使违反治安管理的行为大大减少,使社会秩序进一步巩固起来。

(1958年第1期)

国务院关于工资福利等四个暂行规定(草案)的意义

丘　申*

最近国务院公布了《关于工人、职员退休处理的暂行规定》(草案),《关于企业、事业和国家机关中普通工和勤杂工的工资待遇的暂行规定》(草案),《关于国营、公私合营、合作社营、个体经营的企业和事业单位的学徒的学习期限和生活补贴的暂行规定》(草案),《关于工人、职员回家探亲的假期和工资待遇的暂行规定》(草案)。这些暂行规定业经全国人民代表大会常务委员会的原则批准。在通过各地区、各部门组织广大职工结合整风运动进行传达、讨论和提出意见后,即将由国务院研究修改定案,正式公布施行。

这些暂行规定是改进我国现行劳动工资和劳保福利制度的一些具体措施,它关系着广大人民的生活,并对推动我国的社会主义建设有着重大的意义。

新中国成立8年来,我们在劳动工资和劳保福利工作上取得了很大的成绩。全国新增加了职工1300万人,旧社会遗留下来的失业人员已经基本上得到了安置。旧的工资制度被打垮了,并且建立了基本上符合按劳付酬原则的工资制度,广大职工的工资水平有了一定的提高,劳保福利也有所增长,这些不仅大大鼓舞了广大职工的劳动热情,对于国民经济的恢复和发展也起了积极的作用。但是目前劳动工资和劳保福利工作中也还有很多的问题,如劳动就业没有广开社会就业的门路,某些工资标准和工资制度的规定还不够合理,部分职工的工资水平偏高,在工资奖励制度方面过多地强调了物质鼓励作用,劳保福利的某些方面走得快了,办得多了,所有这些缺点和错误都是不利于社会主义建设事业的,需要进一步地加以改进。

新中国成立以来,我国的生产虽然有着迅速的发展,但是由于我国的经济落后,底子薄,我们的生产水平还相当低,生活资料的增长还有一定的限度,加之人口众多,这就不能不给安排劳动就业和改善人员生活带来一些困难。因此我国实行合理的低工资制,尽量使大家都有工作做,都有饭吃,并且在发展生产的基础上,使工农生活能够逐步地得到改善。

国务院公布的4个暂行规定草案,正是根据从6亿人口出发,统筹兼顾、适

* 作者单位不详。

当安排这一基本方针所规定的具体措施，是为了改进我国的劳动工资和劳保福利制度。4个暂行规定统筹兼顾了生产与生活的关系，国家与个人的关系，城市与农村的关系，老年人与青年人的关系。

4个暂行规定的贯彻，将有利于扩大劳动就业，为劳动就业开辟广阔的道路。学徒制度的规定纠正了过去几年中学徒学习时间过短和待遇偏高的缺点。如学徒生活补助标准高达39元。在短期学习出师之后，升级也快，一般的出师就是3级工，接着不久又升为4级、5级工。因为学徒和青年工人的待遇过高，不但影响老工人和青年工人的团结，对于扩大劳动就业也不利。原来我国的农业可以容纳大量劳动力，由于学徒待遇过高，青年人只愿意当产业工人，不愿意当农民。我国的手工业、服务性行业以及广大个体体力或脑力劳动者本来也可以招收并培养学徒的，由于学徒待遇过高，他们也不愿培养了。纠正学徒的工资问题能改变重工轻农的思想，也将大大地鼓励手工业者、服务性行业、个体的体力和脑力劳动者招收学徒的积极性，同时学徒的学习期限适当延长，在同一时间内学习的学徒的人数也就能够有所增加。退休规定实施后，随着应该退休职工的退休，就可以陆续吸收一些青年学徒。据估算，今后每退休一个年老职工，就可以吸收一个到两个青年学徒，从而扩大劳动就业。同时，新的学徒制度的规定，有助于青年学徒在学习期间就养成对技术的刻苦钻研，以及日常生活上的俭朴作风。

四个暂行规定的贯彻，还有利于加强工农联盟、改善城乡关系，并可防止农民盲目地流入城市。农村人口的流入城市，一方面使大批农业劳动力离开农村，直接地影响了农业生产；另一方面对城市的市场供应、交通运输、劳动就业都增加了很多的困难。造成这种情况的原因之一，也是由于城市的普遍工、勤杂工的待遇偏高，他们的劳动同一般农民的劳动差不多，但是待遇悬殊，他们之中的不少人过去也是从农村来的，这对加强工农联盟，密切城乡关系也是不利的。

几年来职工家属进城的现象比较严重，这和没有适当解决分居两地的职工和家属的团聚问题是有关的。实施新的规定，合理地确定学徒以及普通工和勤杂工的工资待遇对于改善城乡关系、密切工农联盟和控制城市人口的增加都是有利的。实施探亲制度以后，适当地满足了职工回家探亲的要求，就能鼓动职工尽量不带或少带居住外地的家属进城，同时还能鼓励已经进城的职工家属回乡生产。

4个暂行规定的贯彻，还说明了国家在发展生产的基础上，对职工生活尽可能的关怀和照顾。退休规定中适当地放宽了退休的条件，这就使目前有相当大的一部分年老的和身体衰弱丧失劳动能力的职工，因此而能够及时地退休。国家根据既要适当解决问题,又要符合精简节约的原则,最大限度地照顾了职工迫切的要求。这些规定都贯彻了实事求是、量力而行的精神。

4个暂行规定的贯彻,既保证了广大职工物质生活的适当需要,又防止和克服了脱离农民的城乡生活相差过大的现象,其最根本的用意又是有利于我国社会主义建设事业。

（1958年第1期）

【栏目】 国家与法的基本理论讲话

【编者按】 根据许多读者的要求,本刊从本期开始组织各科法学的基本理论的通俗性稿件。这里首先发表“国家与法的基本理论讲话”第一讲,随后打算分期连载。这样写法是否适合大家需要,希望读者告诉我们。

第一讲 国家与法是阶级统治的工具

王绎亭*

一、国家与法是阶级矛盾不可调和的产物

伟大的革命导师列宁曾经说过:“国家不是从来就存在的,曾经有过一个时代并不存在什么国家。国家是在社会分裂为阶级的时候和地方,是在出现了剥削者和被剥削者的时候出现的。”①这就是说,国家与法是一种历史现象,只有当人类社会发展到一定阶段,即产生了私有制,出现了阶级,而阶级矛盾到了不可调和的时候,才有国家与法。在没有阶级的社会,是没有国家与法的。

在原始公社制社会,生产力的水平很低,劳动技术也很低,人们所使用的生产工具,只是一些石刀、石斧和后来发明的弓箭等粗笨的工具。为着对自然界和猛兽进行斗争和取得生活资料以求生存,人们联合起来共同制作生产工具和集体进行劳动。因此,形成生产资料和生活资料的公有制。在这个基础上,也就形成了人人平等的互助合作的生产关系。这时人们没有私有制的观念,没有人剥削人的现象,也没有阶级,因而也就没有作为阶级斗争工具的国家与法。

原始公社制时代的社会组织是氏族。它是由于人们的经济要求而依照血统关系结成的集体,是人们的生产单位和经济组织。每一个氏族都有氏族长,战时有军事领袖,他们都是由全体氏族成员选举出来的。一切有关整个氏族的重大

---

* 作者单位:华东政法学院(现华东政法大学)。

① 列宁著:《国家论》。

事件,都是由氏族内部全体成年人参加的氏族大会讨论解决。氏族长是代表和执行氏族成员大会所表达的意志,来管理全氏族的共同事务。不论是氏族长或军事领袖,随时都能由氏族成员大会加以撤换。同时他们与其他氏族成员一样,和大家共同劳动和共同生活,他们并没有任何的强制机关和特殊权力。另外,由几个氏族组成一个部落组织,也不存在任何特殊的强制机关。

在原始公社制度下,还有一定的社会行为规则调整人们相互间的关系和维持社会秩序。这种行为规则就是世代相传下来的各种习惯。这些习惯是人们在共同劳动和共同生活中自发形成的,它代表全体氏族成员的意志和利益,所以大家都能自觉地遵守,并不需要什么特殊强制机关的保障。这种没有阶级、没有剥削、没有国家与法的社会,在人类历史上曾延续了几十万年之久。

但是,社会并不是停滞不前的,由于生产工具由石器发展到金属工具,社会生产力逐渐发展,社会劳动起了大分工,农业和畜牧业的分工,农业和手工业的分工,同时出现了交换和商人。这样就促进了私有制的逐渐形成。

由于生产力的提高和劳动的分工,生产关系有了变化。氏族内部就出现了家长制家族。在这种家族里一切财富都逐渐地集中到家长的手里,家族里的经济大权便由家长掌握,氏族成员之间的经济联系就被削弱了。

随着私有制的出现,社会就出现了人们在经济上不平等的现象。一部分占有生产资料的人就成为富人;另一部分失去了全部或部分生产资料的人就变为穷人。富人凭借占有生产资料来剥削穷人,要穷人替他们劳动,使穷人成为他们的奴隶。同时在战争中抓来的俘虏,也被强迫做奴隶。这样社会上就出现了奴隶主和奴隶,剥削者和被剥削者两个完全对立的阶级。于是,原始公社制社会最终归于瓦解而让位给奴隶制社会。

奴隶主和奴隶是有着不同的利害关系,他们之间就不可避免地存在不可调和的、对抗性的阶级矛盾。掌握生产资料和占有奴隶的奴隶主,不仅强迫奴隶替他进行劳动,服从他的剥削,而且还随意地把奴隶杀死或当做商品卖掉。奴隶主对奴隶的残酷压迫,就必然引起奴隶的反抗,引起激烈的阶级斗争。在这种情况下,原来的那种代表全社会成员利益的氏族组织,已经不能解决由于社会分裂为对立的阶级而引起的社会矛盾了。奴隶主为了强制奴隶服从他的统治,镇压奴隶的反抗,巩固自己在经济上的地位,就需要建立一种凭借暴力经常进行强制的特殊机关,这种机关就是国家。这就是在阶级社会出现的第一个国家——奴隶制国家。这一国家是掌握在奴隶主手里,用来剥削和镇压奴隶的工具。

由此可见,国家是在阶级矛盾不可调和的时候作为阶级斗争的工具而出现的,它是为一定的阶级利益服务的。所以,列宁说:“国家是阶级矛盾不可调和的产物和表现,凡是阶级矛盾在客观上不能调和的地方、时候和限度内,便产生国家。倒转来说,国家之存在,就证明了阶级矛盾之不可调和。"①斯大林同志也说过:"国家是在社会分裂为敌对阶级的基础上产生的,其所以产生,是为了剥削者少数的利益来约束被剥削者多数。"②

应当指出:作为阶级斗争工具的国家的产生,不是一个简单而突然的出现。因为从生产资料的私有制到生产资料的公有制,从无阶级社会到阶级社会,是经历了一个长期复杂的发展过程,逐渐变化而成。国家权力的各种组织也是由简单到复杂而逐渐建立起来的。

随着阶级和国家的出现,由于敌对阶级间的物质利益的根本对立,人们对于善与恶,正义与非正义的看法,就各有不同。原始公社反映全体社会成员的意志和利益的习惯,已经没有能力来调整和维持社会分裂为阶级后所形成的社会关系和社会秩序。在经济上占统治地位的奴隶主阶级,为了保护自己的私有财产和强迫奴隶服从它的残酷剥削与压迫,巩固和发展便于它对社会进行统治的社会关系和社会秩序,就通过国家,将自己的意志制定成为具有普遍约束力的规则,并借助于国家的强制力强迫人们遵守它。这种反映统治阶级意志的行为规则就是法。所以法和国家一样,也是作为阶级斗争的工具而出现的,并且只是为统治阶级的利益服务。

综上所述,说明了国家与法是阶级社会的现象,是阶级矛盾不可调和的产物和表现。在奴隶社会、封建社会、资本主义社会都存在对抗的阶级和激烈的阶级斗争,都需要强力的国家与法作为阶级统治的工具。在原始公社,人们还没有阶级分化时代,没有国家与法。当人类社会发展到更高的阶段,即当社会上的阶级和阶级斗争消灭之后,共产主义在全世界范围内获得了胜利的时候,作为阶级斗争工具的国家与法,也没有再存在下去的必要了。它们就将随着阶级和阶级斗争的消灭而逐渐地消亡下去。

二、国家与法是阶级统治的工具

(一)国家是统治阶级的政治组织

国家不是人类社会各个发展的阶段上所固有的组织,也不是阶级社会里所有阶级的共同组织,它只能是在经济上占统治地位的阶级的组织,并且只是为统

---

① 《列宁文选》(第2卷,莫斯科中文版),第156~166页。

② 《列宁主义问题》(莫斯科中文版),第790页。

治阶级的利益服务，而镇压其阶级敌人的反抗的。列宁说："国家是保护一个阶级对另一阶级的统治的机器。"①就是这个意思。

在阶级社会里，经济上占统治地位的阶级，为了使被统治阶级服从自己的利益，单纯依靠其经济上的统治是不够的。因为被统治阶级为了本身的经济利益必然进行反抗，统治阶级只有依靠其经济上的优势，组织有强制力量的国家机关，在政治上也获得统治地位，才能镇压被统治阶级的反抗，保证被统治阶级服从现行的经济制度。

与经济统治和政治统治相联系的还有思想统治。在阶级社会里，各个阶级所处的经济地位不同，所反映的思想也不同，同时思想又是指导人们的活动的。统治阶级为了巩固其经济上和政治上的统治，必须把自己的思想普及全社会，使其成为统治思想，排除和消灭与其敌对的思想，使被统治阶级从思想上服从自己的统治。经济统治、政治统治和思想统治是密切联系的，但政治统治和思想统治是决定于经济统治，并服从和服务于经济统治的。

任何国家都是维护在社会上占统治地位的阶级的经济统治、政治统治和思想统治的工具。不仅剥削阶级的国家如此，工人阶级的国家也是一样。工人阶级为了自己和全体劳动者的解放，首先必须取得政治统治，才能实现其对社会的国家领导，实行社会主义改造，消灭生产资料私有制和人剥削人的制度，建立和发展社会主义经济，过渡到共产主义。我国目前在共产党领导下所进行的全民整风和反对右派的斗争，就是为了巩固和发展社会主义经济，在政治战线上和思想战线上的社会主义革命。

作为阶级统治工具的国家，具有以下两个特点：

1. 国家是统治阶级有组织的联合力量。它体现着整个统治阶级的共同意志和利益。正如马克思和恩格斯在《共产党宣言》中所指出的，"现代的国家政权（指资产阶级国家）不过是管理整个资产者阶级共同事务的委员会罢了"。②这就说明资产阶级国家是整个资产阶级的联合力量，它全力保护着资产阶级的共同利益。社会主义国家也是一种阶级联合力量，它是工人阶级领导的广大劳动人民的联合力量，是为广大劳动人民的利益服务的。任何国家都是一定阶级的联合力量，问题是在于多数人的联合力量，还是少数人的联合力量，它是保护少数人的利益还是保护多数人的利益罢了。

2. 国家是统治阶级有组织的暴力。这也是一切国家所共有的特点。这种

---

① 《列宁全集》（第29卷），第435页。

② 《马克思恩格斯文选》（第1卷，莫斯科中文版），第11页。

暴力是有组织的阶级暴力，由军队、警察、法庭和监狱等专门机关所组成，是具有强制能力的政治权力。统治阶级依靠这种具有强制能力的政治权力来实现自己的阶级统治。在国家没有消亡以前，任何阶级掌握政权都需要依靠这种暴力，问题是要看掌握在谁的手里、为谁服务。剥削阶级掌握了这种暴力，是用来保护剥削阶级的利益，镇压劳动人民的反抗。劳动人民掌握了这种暴力，是用来保护广大劳动人民的利益，镇压少数剥削者的反抗。所以这种暴力为谁服务的问题，是由国家的性质来决定。

就国家的实质来说，它是一定阶级的专政。这一点历史上任何一个国家都不能例外。刘少奇同志说："世界上一切国家的实质都是阶级专政，问题只是什么阶级对什么阶级专政。一切地主阶级、资产阶级国家都是少数人统治多数人、剥削者统治劳动人民的工具。俄国十月革命的伟大功绩，就是它首先把这种情况颠倒过来，使国家成为多数人统治少数人、劳动人民统治剥削者的工具。"①

由此可见，阶级专政是任何阶级社会的必要条件，因为任何一个掌握国家政权的阶级，如果不对其阶级敌人实行专政，它的统治就不可能维持下去。但是，右派分子却攻击我们的专政，说我们国家"专政太多了，民主太少了"，其实他们不是为太多太少的问题，而是要根本取消我国的"人民民主专政"，让资产阶级专政复辟。所以，我们不仅不能放弃对敌人的专政，而且要加强对敌人的专政，来保卫我们的社会主义建设。

应当指出：任何阶级专政并不一定是仅由一个阶级组成国家政权。在阶级社会里，除了与统治阶级直接对立的阶级敌人以外，还可能有一些与统治阶级不存在对抗性矛盾的阶级，统治阶级为了更有效地镇压其阶级敌人的反抗，就有必要和那个根本利益相一致的阶级结成联盟，来实现本阶级的专政。例如，英国的资产阶级就曾和封建贵族结成联盟。旧中国的官僚资产阶级，不但和地主阶级结成联盟，而且还勾结外国帝国主义来共同压迫中国的劳动人民。同样，工人阶级也不是单枪匹马的，它在争取解放、摆脱剥削的事业中，是和全体劳动人民特别是农民结成巩固的联盟。因为"无产阶级专政不但需要无产阶级对于国家机关的坚强领导，而且需要最广大的人民群众对于国家机关的积极参加，二者缺一不可。无产阶级只有同广大的可以接受社会主义改造的群众结成联盟，才能形成最大多数人对于反动阶级的专政，才能实现社会主义"。②

国家都有一定的职能，这就是国家的基本活动方向，也就是全部国家机关活

① 《中国共产党中央委员会向第八次全国代表大会的政治报告》。

② 同上。

动的基本路线。不同性质的国家,有着不同性质的职能。在历史上所有的剥削者国家,如奴隶制、封建制和资本主义国家,由于它们的国家都是少数剥削者镇压多数劳动人民的工具,它们的国家职能,在本质上是一样的。剥削者国家有两个基本职能:对内职能(主要的)是约束被剥削者多数;对外职能(非主要的)是侵略他国领土或保卫本国领土以防他国侵犯。社会主义国家的职能和剥削者国家的职能有原则的区别。由于社会主义国家是劳动者多数镇压少数剥削者反抗的工具,因而社会主义国家虽然也有对内和对外职能,但它对内的职能是为了劳动者多数人的利益而镇压少数剥削者的反抗,对外职能只是保卫本国的领土以防他国侵犯而绝不去侵占他国的领土。除此之外,社会主义国家还有经济组织和文化教育的职能。这种职能是一切剥削者国家所没有的。只有在生产资料公有制和无产阶级专政的社会主义国家才能具有这种职能,因为社会主义国家掌握了全部经济,才有可能实施经济组织和文化教育的职能。

国家职能要通过国家机构才能实现。国家机构有广义的和狭义的区别。狭义的国家机构是指国家权力机关、国家管理机关、法院和检察机关以及军队、警察、监狱等。广义的国家机构,除了上述的各种国家机关外,还包括统治阶级的各种组织(如政党和其他社会团体)。统治阶级就是通过这些机构,来实现它的专政。

统治阶级要实现自己的阶级专政,必须采取一定的政治形式。毛主席说:“一定的社会阶级取何种形式去组织那反对敌人保护自己的政权机关。没有适当的政权机关,就不能代表国有。”①国家的政治形式是由国家的阶级本质来决定的,但同一阶级本质的国家,可能由于国内阶级力量对比的变化和国际条件的变化,采取不同的政治形式。不论采取什么样的政治形式,总是为一定的阶级利益服务。正如列宁所说的,“各资产阶级国家虽然形式非常复杂,但它们的本质是同一的。所有这些国家,不管怎样,归根结底,一定是资产阶级专政”,“由资本主义过渡到共产主义,当然不能不产生很多的和复杂的政治形式,但本质上都是同一的无产阶级专政”。②

综上所述,我们可以认识到:国家是掌握在统治阶级手中,用来实现本阶级的专政,保卫本阶级的利益,镇压其阶级敌人的反抗,防止国内外的敌对势力危害和侵犯本阶级的统治权力的工具。

(二)法是统治阶级意志的表现

法和国家一样,都是实现阶级专政任务的工具。因而有什么样性质的国家,

---

① 《毛泽东选集》(第2卷),第648页。

② 《列宁文选》(第2卷,莫斯科中文版),第190页。

就有什么样性质的法。它们都是为统治阶级的利益服务的。但法还有自己的特征,具体表现在以下几个方面。

1. 法是经国家制定或认可的,并由国家强制力保证其实施的行为规则的总和

掌握国家政权的统治阶级,为了保护、巩固和发展有利于实现其统治的社会关系和社会秩序,就必须根据自己的经济利益和政治要求,规定一些调整社会关系和维持社会秩序的行为规则,即规定在一定情况下人们必须做什么,不能做什么的规则。这些调整人们行为规则的总和就构成法。这些行为规则与社会上的其他行为规则(如道德规则、礼仪规则、不具有法律性质的习惯等)是不同的。各种法的规范,是经国家制定或认可的,它在实施中是依靠国家的强制力来保证,并且国家对于违反法的规范者所采取的强制的性质是在法的规范中已预先规定好的。凡是违反法的规范者,国家就要依法制裁。所以法的规范是人人必须遵守的具有普遍约束力的规则。列宁说:"如果没有一个能强迫人们遵守法的规范的机关,则所谓法便等于零。"①这说明国家的强制力是法实现其任务的必要条件,是区别于其他社会行为规则的重要标志。

国家通过各种不同的方式来制定或认可法的规范,或者由国家经过一定的立法程序直接地制定和颁布法的规范,或由国家确认一些社会上已经存在的对统治阶级有利的生活规则和习惯,赋予法律效力,使它成为法的规范。

2. 法是统治阶级意志的表现

法所表现的意志,是在经济上和政治上占统治地位的阶级的意志,这个意志的内容是由统治阶级所处的物质生活条件所决定的。取得了国家政权的统治阶级,为了对社会实行国家领导,实现本阶级的专政,保卫本阶级的利益,镇压其阶级敌人的反抗,不但依靠军队、警察等武装力量,并且需要把自己的意志变为国家的意志,提升为法律,使之成为具有普遍约束力的规则来强制人们去遵守。马克思在《德意志意识形态》一书中指出:属于统治阶级的人们,应该把自己的意志表现为人人都应该遵守的规则,使自己的意志具有普遍约束力。列宁也说过:"意志如果是国家的,就应该由政权把它制定为法律,否则'意志'一语就等于空谈。"②这说明法只表现掌握国家政权的统治阶级的意志,不是表现所有一切阶级的意志。这是法的本质的主要表现。

但是,"右派分子"杨兆龙却说,现代资产阶级国家"有些法律虽然是剥削统

---

① 《列宁文选》(第2卷,莫斯科中文版),第246页。

② 《列宁全集》(第20卷,俄文版),第532页。

治阶级所制定，但实际它们直接反映了被统治阶级的立场”，甚至“在这些法律里被统治阶级意志表现的程度要比统治阶级意志表现的程度强得多”。① 显然他是直接地否认了法的阶级性，企图借此来论证资产阶级的法的“全民性”、“永恒性”。历史事实非常明显地证明他们的说法是极端荒谬的。斯大林同志明确地指出：“在奴隶制度下，‘法律’，允许奴隶主打死奴隶；在农奴制度下，‘法律’‘只’允许农奴主出卖农奴。……在资本主义制度下，‘法律’，只‘允许劳动者陷于失业和贫困，陷于破产和饥饿。”②这就充分说明了：历史上一切剥削阶级的法，只是剥削阶级意志的表现，是为剥削阶级利益服务的工具，对于被剥削阶级来说，只能是他们脖子上的枷锁。只有社会主义的法，才真正地表现了工人阶级及其领导下的劳动人民的意志，并且是为劳动人民利益服务的工具。

所以任何一种法都具有强烈的阶级性，它绝不是对各个阶级一视同仁的。右派分子所说“同一形式的法律规范可以为不同社会的不同阶级服务”的事实是从来没有的。

3. 法的目的是保护、巩固和发展对统治阶级有利的和方便的社会关系和社会秩序

国家制定或认可法的规范，并保证其实施，是有一定的目的的。这个目的就是为实现统治阶级的经济要求和政治要求来调整社会关系，维持社会秩序。统治阶级利用法的规范，把社会上人们之间的关系，纳入符合统治阶级的利益和要求的秩序中，以便维持与巩固自己的统治，保护自己的利益，并与统治权力的侵犯者进行斗争。

综上所述，可以得出法的一般定义，即法是经国家制定或认可的，并由国家强制力保证其实施的，表现统治阶级意志的行为规范的总和，其目的是保护、巩固和发展对统治阶级有利的和方便的社会关系和社会秩序。

（三）国家与法是社会上层建筑的重要组成部分

国家与法是阶级统治的工具，但国家与法的本身并不是目的，而是实现统治阶级的经济要求的手段。因此，还必须了解国家与法和社会经济基础的关系。

国家与法是建立在一定的经济基础上面的政治上层建筑，它们是上层建筑中的重要组成部分，它们决定于经济基础并为经济基础服务。

经济基础是社会发展到某一阶段上的社会经济制度，也就是社会生产关系的总和。上层建筑就是社会对于政治、法律、宗教、艺术、哲学等观点，以及适合

① 杨兆龙：“法律的阶级性和继承性”，载《华东政法学报》1956年第3期。

② 《列宁主义问题》（莫斯科中文版），第548页。

于这些观点的政治、法律等制度。一定的上层建筑适应于一定的经济基础，有什么样性质的经济基础，就有什么样性质的上层建筑。在阶级社会中，作为上层建筑重要组成部分的国家与法的阶级内容、主要特点、历史任务和作用，都由该社会的经济基础所决定。

国家与法随着经济基础的变更而变更，当旧的经济基础消灭和新的经济基础产生的时候，建立在旧经济基础上的国家与法也必然为新的国家与法所代替。经济基础的变更，是国家与法由一种历史类型转变到另一种历史类型的根据。奴隶制的国家与法为封建制的国家与法所代替，封建制的国家与法为资本主义的国家与法所代替。根据生产力和生产关系发展的客观规律要求，世界上所有的一切剥削者的国家与法都要被最高类型的社会主义国家与法所代替。但是，国家与法的历史类型的更替，并不是一个自发的过程，只有通过社会革命的方法才能实现。因为历史上任何一个剥削阶级都不会自动地交出国家政权而退出历史舞台，相反地，当社会要求以新制度代替旧制度时，旧的统治阶级为了保护旧制度，却利用掌握在它手里的国家与法来反对新制度的建立。因此，新兴的阶级为了推翻旧制度建立新制度，就必首先推翻旧的国家政权，建立自己的政权，废除旧法，制定自己的法，并利用它来建立和保护新的经济基础和新的秩序，消灭旧基础和旧秩序。所以列宁说："一切革命的根本问题，就是国家政权问题。"①由此可见，社会革命是国家与法由一种历史类型转变到另一种历史类型的必要条件。

作为上层建筑重要组成部分的国家与法，既然是为经济基础所决定的，那么，它们就必须积极地为自己的经济基础服务，通过基础来影响社会生产的发展。因此，在经济上占统治地位的阶级所以需要国家与法，其目的就是镇压旧的社会力量的反抗，帮助新的经济基础形成和巩固，摧毁旧的基础和旧的上层建筑残余，保证生产关系一定要适合于生产力性质的经济规律的实现。

国家与法对经济基础所起的作用，由于国家性质的不同就有着不同的作用。剥削阶级的国家与法只有当生产关系与生产力相适合时，它们对经济基础所起的作用才是进步的，促进了社会生产的发展；而在生产关系成为生产力发展的障碍时，为其基础服务的国家与法所起的作用变成反动了。所以斯大林同志说："这种无组织的社会制度之所以暂时还没有被摧毁，它之所以还能坚持地抵抗无产阶级的攻击，首先是因为有资本主义国家保卫它，有资本主义政府保卫

① 《列宁文选》(第2卷，莫斯科中文版)，第23页。

它。”①但不论资产阶级国家与法怎样在某些时期起着反动作用，却无法永远阻止客观经济规律的作用。生产关系一定要适合生产力性质，资产阶级国家与法必然随着资本主义经济基础的消灭而消灭，随着无产阶级革命的胜利而为社会主义国家与法所代替。

社会主义国家与法在它存在的整个历史时期，始终对社会主义经济基础是起着积极的进步作用，它永远保证着生产关系一定要适合生产力性质这一规律有发生作用的广阔余地。因为社会主义国家与法是在工人阶级政党——共产党领导之下建立起来的，共产党能自觉地认识和运用这一规律，保证社会的生产关系不断地适合于生产力发展的要求，从而也能主动地使社会主义国家与法不断地获得发展，使它对社会经济的发展始终起着进步的作用。同时工人阶级领导的巩固的工农联盟，能够克服一切阻碍社会主义经济规律实现的社会衰朽力量。

综上所述，说明国家与法是上层建筑的重要组成部分，它是由社会经济基础所决定的，并为社会经济基础服务的，同时它是随着社会经济基础的发展变化而发展变化。不同性质的国家与法服务于不同性质的经济基础，并起着不同性质的作用。任何剥削阶级的国家与法都要随着它的经济基础的衰退而趋于反动，只有社会主义的国家与法和社会主义经济基础一样，能自动调整发展，永远起着进步的作用。

（1958年第1期）

① 《斯大林全集》(第1卷)，第305页。

谈几种尸体现象与某些生前损伤的鉴别

文剑成*

人死之后，由于各种原因，使尸体发生一系列的变化，出现各种不同的征象。如尸冷、干燥、尸斑、尸僵、自溶、腐败等征象是几乎在每一尸体上都能见到的。但其中有些征象往往被人误认为伤痕。兹将检案中经常遇到的几种情况分述如下。

一、尸斑与皮下溢血

人死后，血液循环停止，血管中的血液，由于自身的重力，逐渐向尸体的低下部位坠积，以致该部毛细血管扩张，充满血液，皮肤外表显出一种有颜色的斑块，这就叫做尸斑。尸斑形成的时间，一般在死后2～4小时，开始呈淡青红色。经过6～12小时，变为紫红色或暗紫红色。时间越长，则颜色愈深、最后变为污紫色或污青绿色。尸体低下部位受压迫处，为黄白色，不出现尸斑。尸斑出现时间的迟早，与死因的关系最大。如窒息死、急死、败血病死及一氧化碳中毒死等，尸斑出现较早，有的在死后1小时内，就出现尸斑的阴影。如果死于大出血、贫血、番木鳖碱中毒等，则尸斑出现较迟，有的在死后6～8小时才出现，而且颜色也较浅。由于尸斑具有一种特殊的色泽，往往被人误认为生前损伤（皮下溢血）。

皮下溢血是指身体某部位受到较强大的钝器打击，致皮肤、皮下组织及肌肉内的小血管破裂，引起出血，这就叫做皮下溢血。皮下溢血一般发生于生前的钝器损伤。皮下溢血部位的外表，于打击之后，局部隆起、发红，逐渐变为青红色。约经一昼夜，变为蓝深红色或暗紫色，约4～5日，变为绿色，7～10日变为黄色，14～15日消失。但轻度的皮下溢血，在2～3日内即变为黄色，7日内即消失。皮下溢血在法医学上很有价值，往往借以推测凶器的类别，打击力量的大小，形成伤痕的时间以及受伤的方法等。欲鉴别皮下溢血与尸斑，一般可从下列各点予以鉴识：

1. 部位：尸斑发生于尸体的低下部位。如仰卧者，尸斑位于背侧面枕部、项

---

* 作者单位不详。

部、背部、腰部、臀部、下肢的屈侧面、上肢的伸侧面。若尸体呈俯卧位，则尸斑在颜面、颈部、胸部、腹部、下肢的伸侧面及上肢的屈侧面等处出现。侧卧者类推。倘死后经过时间较长，尸斑扩散，即便仰卧的尸体，在季肋部、锁骨上部、肩部等处，往往也有尸斑形成。皮下溢血的部位，殊无一定，则只能局限于受打击的部位。

2. 性状：尸斑呈弥漫性，境界模糊，表面平整，作大块片状或云雾状。尸斑可以移动，如将尸体翻转，经过一定时间，原有色泽逐渐淡薄而至消失，反侧面又有新的尸斑形成。但在死后 12 小时以上，其色泽只能减薄，不能完全消失。皮下溢血的范围，系局限性的，其形状与凶器和皮肤的接触面大致相等或稍扩大。皮下组织疏松的部位受伤或损及较大的血管，往往血液扩散，形成较大的血肿。皮下溢血除局部肿胀外，有时伴有表皮剥离，境界清楚，不可能移动，将尸体翻转，即使经过较长的时间，其色泽不能减薄或消失。

3. 触诊：倘系尸斑，以手摸之，外表呈一致平整，无隆起、发硬等感觉，而且早期尸斑（约死后 12 小时以内），以指压之，则显一黄白色的指痕，将压迫解除，便可恢复。若死后 12 小时以上，以手压之，则不一定褪色。如系皮下溢血，用手摸之，则觉局部有隆起、发硬等感觉，皮下组织疏松部位新近的皮下溢血，则觉柔软。以指压之，不能褪色。

4. 切开皮肤检查：尸体低部位的皮下溢血，往往和尸斑相混淆，不易鉴别，因此必须切开皮肤检查。如系尸斑，皮下组织呈一致均匀的红色或紫红色，在切断的毛细血管中有血液作点滴状流出，容易拭去。若为皮下溢血，则皮下组织间，可见红色或紫红色的凝固性血块或流动性的血液潴留。尸斑发展严重的时候，毛细血管极度扩张，以致血管破裂出血，形成小的死后的皮下溢血，但分量较少。这种情况应结合其他征象分析，并取皮肤做显微镜检查。

5. 显微镜检查：生前的皮下溢血，有红血球侵入间质的深部组织中，有时可见大量的白血球和小动脉的血栓现象，这可作为生前伤的确证。若系尸斑，不可能有这种改变。

把尸斑误认为生前钝器伤（皮下溢血）的情况，我们在工作中经常遇到。有时往往把本来极其简单的案情弄成复杂而难以解决。如我检查的朱 × 氏因虐待童养媳在拘留期间自缢身死案。其娘家闻讯后，有意诬赖政府，声称系被看守人员所打死。该县公安局乃邀请某医师验尸，经检查，该医师将死者背侧面的尸斑误认为“钝器伤痕”。因此，死者家属更加嚣张，肯定系被打死。这时坏分子也乘机煽动，使部分不明真相的人起而兴师问罪。次日，由我会同该县公安局赶往尸场，进行复验。经检查，初验医师原认为背侧面背部、腰部等处的所谓钝器伤，均已变为污紫绿色。经切开皮下检视,皮下组织呈平匀的紫红色,无凝血块及流动性血液残留,并结合其他征象,认定确系尸斑,并非伤痕。同时在颈部检见有明显的生前缢痕,鉴定为自缢身死。然后在群众代表会上,将尸斑发生的原理、部位、形状、大小、色泽以及与伤痕的鉴别,详细说明解释,原验医师亦承认自己初验结论错误,群众便各自归家,其事始息。

二、尸体局部干燥与生前的表皮剥离

人死后在某些没有表皮或表皮较薄而且比较潮湿的部位,因水分蒸化变干燥而且发硬,形成淡褐色或深褐色的羊皮纸样斑,类似皮革,这是自发性的皮革样化。如口唇黏膜、会阴、颈项褶纹之间、鼠蹊部褶纹、男性的阴囊、女性的阴唇等处,特别是男性阴囊所形成的深红色或淡灰黑色的皮革样斑,常常被人误认为生前的表皮剥离(即擦伤)。

表皮剥离,系钝器伤的一种,一般是由于表面较粗糙的钝器打击或与地面摩擦所致。如果是生前受伤,由于组织液渗出于表面,经人体温度及外界空气的作用,很快的液体被蒸化,凝固成痂,作黄色或黄褐色的斑。这种斑块,死后因水分更加蒸化,变干燥且发硬,色泽也加深,变为暗褐色或深棕色。这种斑块,在法医学上,也称为皮革样化。

鉴别死后因干燥而形成的皮革样斑与生前的表皮剥离,一般来说,并不太难。尸体自然局部干燥现象,局限于没有表皮或表皮较薄的部位,表皮无破损,表面及边缘无出血现象。生前的表皮剥离,无一定部位,表面往往不平整,有时较周围皮肤稍凹陷,表皮剥脱,露出真皮,常常还伴有明显的皮溢血。在显微镜下,可见组织坏死,真皮乳头毛细管有血栓形成,皮肤表面或整层有局灶性或弥漫性出血,或可见有白血球浸润。但坏死、发炎、血栓形成,一般要在受伤后经过较长时间死亡,才能发现。不过表皮剥离,死后亦可形成。剥离面迅速干燥,很容易误认为生前伤,检验时,应特别注意。必要时,须切取皮肤做显微镜检查,以认定是否有生活反应。

把尸体局部的干燥现象误认为生前损伤,在实际工作中也是比较常见的。如我检查的杨某因家庭纠纷自缢案。案件发生后,经乡、区、县的干部检查,见阴囊两侧干燥、发硬、呈深褐色皮革样化,一致认为是"生殖器受伤致死,然后伪装自缢"并将"嫌疑犯"两人逮捕送至县法院。经审讯后,被告均否认,并发现案情矛盾。后经我会同该县法院同志进行复验。除检见颈部有明显的生前缢痕之外,阴囊两侧干燥发硬,呈紫褐色,表皮无剥离,皮下亦无出血,两侧睾丸也正常,故认定并非伤痕，系死后干燥现象，应属自缢身死。后经各方面侦查了解，证实死者确系自缢，生前并无被殴打经过。

三、腐败水泡与生前受伤

尸体由于细菌的作用，在尸僵缓解完毕时，开始发生腐败。在腐败进行过程中，起初的表现是皮肤变色，产生气体，尸体膨胀。表皮与真皮之间产生气体时，则表皮隆起，形成大小不等的气泡。由于皮下毛细血管内的水分被压迫，积蓄于气泡中，形成水泡，这就是腐败水泡。

当生前皮肤受到高温的作用，表皮发生凝固性坏死，张力消失，该部皮下血管及淋巴管反应的渗出浆液，充满于没有张力的表皮内隆起而形成水泡，这是生前因烫（烧）伤而形成的水泡（第二度烫伤）。

鉴别腐败水泡与生前烫伤，可从下述各点予以识辨：

1. 腐败水泡的发生，一定在尸僵完全缓解，尸体开始膨胀以后，同时，手掌足蹠的表皮均有皱褶或自行脱落。生前烫伤，在尸体尚未开始腐败时，即能发现。倘烫伤后立即死亡者，则水泡立即发生或死后几小时内发生，绝不可能到尸体腐败时才发生水泡（死后烫伤则可以）。

2. 腐败水泡的内容液，系带有臭味的黄绿色或黄红色的液体。在显微镜下，找不到白血球与纤维素。烫伤水泡的内容液，为透明或溷浊含血清而有高度蛋白的组织液体或半凝固性的浆液，一般呈淡红色，液体中可检见白血球、红血球及纤维素。

3. 腐败水泡，容易破裂，表皮易剥离，剥离之后，露出污绿色或红褐色的真皮。因生前烫伤而发生的水泡，毛细血管内血液因受热的作用而凝固，其泡底和周围发红，死后不能消失，特别是水泡的周围，往往形成一道红圈，这是生前烫伤的特征。大的烫伤水泡，也是容易破裂的。

4. 皮肤组织的显微镜检查：将水泡部位皮肤采取做切片检查，若系生前烫伤，真皮层及皮下组织血管扩张充血，并有白血球浸湿。有时皮下组织血管，有血栓形成，但烫伤后立即死亡者，炎症反应并不明显。腐败水泡，则绝无此改变。

当检验腐败尸体时，也有人将腐败水泡误认生前烫伤的。如崔某因砷中毒致死案，死后3天，在两侧锁骨上部及肩部呈污青紫色，表皮隆起，形成一些大小不等的水泡，群众怀疑为生前烫伤。经检查水泡内充满带恶臭的黄绿色液体，泡底作青绿色，周边无红斑，水泡容易破裂，表皮易剥离，水泡周围的表皮亦易剥离，证明系腐败水泡，并非烫伤。经解剖尸体及毒物化验，证实为砷中毒致死。

后经多方面了解，生前并无烫伤经过。

四、生前伤与死后伤

尸体在搬运时，可以形成损伤；旷野中的尸体，可能被动物咬啮而形成损伤；急流中漂流的尸体，因撞碰于石礁、轮船及其他物体上而可能形成损伤；肢解尸体而形成的损伤以及其他原因死后形成的损伤，都叫做死后伤。当人尚有生活能力时所遭受的损伤，叫做生前伤。鉴别生前伤与死后伤，在法医学上非常重要，同时在某些情况下也非常困难。兹将鉴别生前伤与死后伤的要点分述如次：

1. 局部皮下组织的出血：生前创伤，其创缘被血液所浸染，皮下组织间有凝固性血块或流动性血液潴留，这种现象称为生活反应，也是生前损伤的征象。死后形成的损伤，一般没有这种反应。但损伤尸体的低下部位或大血管时，死后出血也可能发生，不过常是轻微的，含血量亦少，血液呈流动性，面且几乎总在皮下脂肪组织中，而生前的损伤，常为皮肤整层出血。但在这种情况下，往往需要显微镜检查才能确定。

2. 全身贫血：生前损伤大血管，因出血过多，引起全身贫血现象，同时在现场可检见有喷溅状的血迹，均可作为生前伤的证据。死后因血液循环停止，即使损伤尸体上的大血管，一般不致引起全身贫血的现象。

3. 炎症反应：生前遭受的损伤，在 15 ~ 20 分钟开始就有炎症反应。特别是机械性的损伤，在受伤后很快的开始，但起初的几小时内，炎症反应不太明显。肉眼上能看到局部发红、肿胀及炎性分泌等现象。在显微镜下，可见血管扩张充血，血管周围可找到白血球浸润，形成浮肿、纤维素凝固等现象。这些征象，完全可以证明为生前伤。但当受伤后立即死亡者，炎症反应很弱，有时甚至不易检见。死后伤，这种反应是绝对没有的。

4. 组织收缩：生前皮肤遭受破损，由于弹性的皮肤收缩，因此创口显著哆开，这也是生前伤的征象。但死后不久，损伤皮肤，其创口也是哆开的，不过收缩性较小，创口哆开程度也较轻。如果肌肉生前遭切断。则肌肉有明显的收缩现象，死后在尸僵形成前，肌肉被切断，这种收缩现象也还存在。倘在尸僵完成后切断肌肉，则不会发生收缩现象。

5. 异物在体内的移动：在尸体剖验中，能发现有异物曾在体内移动，是生前伤的确证。如细菌栓塞、空气栓塞、脂肪栓塞等，只可能在生前形成。又如，肺中吸入血液或其他异物一般也只能在生前发生。烧死的尸体，在支气管或细支气管中发现有炭末黏附，心血中验出有一氧化碳血红素，均可作为生前烧死的根据。

6. 骨骼上的生前伤与死后伤：要鉴别骨骼上的生前伤与死后伤往往是很困难的。当皮下组织及肌肉较薄的部位，生前遭受损伤或其他部位骨折，由于受伤部位的骨膜及骨质中的滋养血管破裂，发生出血，被骨质所吸收，因此死后在该部骨质上可检见暗棕色的血瘾，用水洗刷或刀刮，都不能除去，是生前伤的确证。死后形成的骨折绝无此种反应。但在受伤后立即死亡者，这种血瘾很不明显，甚至完全没有血瘾的反应。如生前头部遭受重大暴力损伤，致颅骨粉碎性骨折，立即死亡，则在断骨的骨板上及骨折的边缘，往往没有血瘾可见，即使用紫外线检查，也很难发现。因此，我们在鉴别骨骼上的生前伤或死后伤，应该特别慎重。要了解全部受伤过程以及尸体的运送掩埋情况，综合分析。如果把死后伤误认为生前伤，往往导致案情复杂，甚至造成冤狱，因此我们应该特别慎重。

（1958 年第 1 期）

第2期

马克思列宁主义关于国家与法的理论教学改革的初步体会

华东政法学院马克思列宁主义关于国家与法的理论教研组*

一、改革的必要性

马克思列宁主义关于国家与法的理论这门课程，它的内容是非常丰富的，牵涉的范围也非常广泛，同时它的阶级性和战斗性也是特别强的。但由于这门课程直到现在还没有切合于中国实际情况的教材，我们几年来在教学过程中，主要是根据苏联的教材，参考有关的马克思列宁主义的经典著作，结合一些中国的实际情况，编写大纲和讲义，进行讲授。因而在内容上是苏联多中国少，理论多实际少。有很多的内容不切合于中国的实际情况和学生的要求，并且还有许多内容与别的课程重复。在教学方法上也是墨守成规的教条主义的老一套。过去虽然根据中国的实际情况和学生的要求，在内容上和方法上作了某些改进，但始终不能满足学生的要求。因为根本的问题即脱离实际的问题，始终没有得到解决。学生总是感到这门课程的内容太空洞、一般化，不能密切地联系和解决实际问题，因而学生特别是工农学生对这门课程的学习不感兴趣。每次大课讲授后，很多学生根本不愿去复习；在课堂讨论时，也提不出什么问题，只是把讲义或课堂笔记背诵一遍，在名词概念上钻来钻去，根本解决不了多少实际问题。

从整风和反右派斗争以来，客观形势有所发展，学生的政治觉悟有了提高，要是按照老一套教下去，是客观形势所不允许的，也是学生所不满意的。经过我们反复考虑和研究，深刻地感到不改革是不行的，用改良的办法改革也是不行的，因此下决心响应院党委的号召，从讲授内容到教学方法，进行了大胆的彻底改革的尝试。

二、怎样进行改革

在本门课程开始改革以前，担任这门课程的教师是存在各种顾虑的。有的

* 作者单位：华东政法学院（现华东政法大学）。

人认为几年来都是采用苏联教材，花费了很大的劳动编写了一套讲义，并且根据这个体系讲授过几遍，舍不得丢掉，也怕打乱这个体系，不成为一门课程。有的人认为既要改革就要有较长时间的准备，否则，就改不成，还不如不改革好。有的人认为还是看着其他政法院校改革的怎么样，等着他们取得了一定的经验，我们再改革也不晚。有的人怕改革不好，学生意见更多，吃不消。总之，是顾虑多端，没法下手改革。在听了本院陈传纲副院长关于教学改革的动员报告以后，经过座谈讨论和思想斗争，才逐渐地消除了各种顾虑，明确了课程改革的目的和意义，树立了信心和决心。在陈传纲副院长亲自领导和帮助下，经过几次反复的讨论和研究，才拟定出一个初步的改革方案。

我们知道，马克思列宁主义关于国家与法的理论，是历来劳动人民反对剥削者国家与法的斗争经验总结，特别是工人阶级创建、发展和巩固社会主义国家与法的斗争经验的科学总结。因而马克思列宁主义关于国家与法的理论是工人阶级和全体劳动者进行革命斗争和建设社会主义的重要思想武器。所以，首先，确定了这门课程改革的目的是要进一步地加强它的党性和战斗性，尽力做到以马克思列宁主义关于国家与法的理论武装学生的头脑，使学生明确国家与法的阶级性，认识人民民主制度的优越性和在过渡时期加强无产阶级专政制度的必要性，从而提高社会主义政治觉悟，划清工人阶级和资产阶级在国家与法的问题上的思想界限，为巩固学生的政法专业思想，并为专业学习和业务实践打下良好的基础。为此，就要求必须在教学实践中紧密地结合当前的革命斗争实践和学生的思想实际，贯彻社会主义政治思想教育，克服教学中的教条主义倾向，彻底批判修正主义、旧法观点和“右派分子”的反动谬论。

其次，根据上述的目的和要求，我们对于本门课程的改革，是根据“宁肯少些，但要好些”的原则和“重点深入，融会贯通”的要求，按照马克思列宁主义和中国实际情况相结合的方针，坚持学习苏联法律科学的先进成果，继承和发扬老解放区从实际出发和贯彻群众路线进行教学活动的革命传统，克服从名词概念或呆板公式出发，而不懂得运用马克思列宁主义的立场、观点、方法去研究解决中国社会主义革命和社会主义建设中的实际问题、脱离当前阶级斗争的教条主义和非政治的倾向。为此，将本门课程的内容进行了改革。将可有可无的或与别的课程重复的内容去掉，把主要内容归结为8个专题：(1)国家与法是阶级统治的工具；(2)法与政治的关系；(3)无产阶级专政；(4)社会主义民主；(5)共产党是无产阶级专政体系中的领导力量；(6)社会主义的法是实现无产阶级专政的工具；(7)社会主义法制；(8)社会主义国家与法在社会主义建设中的作用。这8个专题虽然不能概括本门课程的全部内容，但可以较突出地抓住马克思列宁主义关于国家与法的理论的中心内容，紧密地结合中国的革命实践和学生中存在的模糊思想，并能有计划有重点地结合批判有关的右派谬论、修正主义和旧法观点，便于“有的放矢”地进行讲授，克服脱离实际的教条主义倾向。

最后，在教学方法上我们坚决地打破了墨守成规的老一套，采用了老解放区从实际出发和贯彻群众路线的优良经验，实行重点讲授和系统学习相结合，个人钻研和集体讨论相结合的方法，将原来分章分节的讲授方法改为专题报告。在报告前先根据专题的内容，经教研组集体讨论，拟出简要的提纲，印发给学生，让学生课前进行预习，提出问题，教师结合提出的问题“有的放矢”地进行讲授。在课堂讲授中允许学生递条子提问题，教师能解答的即结合有关问题进行解答，不能解答的带回来教研组讨论研究。在大课讲授后，有组织有领导地组织学生以小组为单位，由小组长掌握漫谈讨论，主要是贯彻鸣放、暴露问题。小组讨论所提的问题，由教研组分门别类归纳起来，从中找出学生普遍存在的问题和各种意见分歧，布置到小组进行讨论研究，每个小组推选一个中心发言人，根据小组讨论的意见做充分的准备，参加联班辩论（最少是两个班在一起），展开自由争论。联班辩论时教师分头直接掌握，教师可根据争论的情况，发现问题及时有重点地提出，启发诱导学生逐步地深入进行辩论。在辩论会上教师一般不做小结，只是对一些概念、名词能解答的当堂解答。主要的问题如果一次辩论得不到解决，根据实际情况的需要和学生的要求，可以组织进行辩论，力求弄深弄透。辩论中不能解决的问题，经教研组集体讨论研究后，由教师作统一的解答报告；如果个别人还存在问题，就个别进行解答。每一专题的讲授、小组讨论、联班辩论和解答报告，一般都在 12 小时左右。总之，尽力达到真正的思想搞通和认识提高的目的。

采用这种教学方法，不论是大课讲授、小组讨论或联班辩论，都是根据摆事实、讲道理，以理服人的精神，认真地贯彻“百家争鸣”的方针，发扬学习生活中的自由探讨和自由争论的民主精神，充分地发挥学生的独立思考能力。通过讲授、小组讨论和联班辩论，要求尽力做到提出问题，解决问题。

三、改革后的几点收获

经过从课程内容到教学方法的改革，总的说来，基本上扭转了学生不重视这门课程的学习的偏向，并进一步提高了他们对这门课程的学习积极性，特别是工农学生更加积极起来。因为改革后，一方面教师能将理论密切地结合实际，深入浅出地说明问题，使学生容易接受和领会；另一方面能充分地发挥学生的自由思想和独立思考能力，在集体讨论的相互启发和帮助下，确实能解决一些实际问题，并能将所学到的理论知识据为己有，逐步克服了死记硬背的现象，因而学生一般都感到满意。教师们也普遍认为，这样改革后，虽然工作紧张了一些，但是精神愉快得多，客观的形势逼得自己非提高不可了。改革后的收获，根据教师与学生代表座谈会上的发言，简单地归纳为以下几点。

（一）初步解决了理论联系实际问题

理论联系实际这是马克思列宁主义理论课程的根本要求，也是检验马克思列宁主义和教条主义的试金石。尤其由于马克思列宁主义关于国家与法的理论是一门理论性、抽象概括性特别强的科学，如果忽视了理论联系实际问题，就很容易陷入教条主义的圈子里。过去几年来，我们在教学过程中，虽然也注意了这个问题，但总跳不出教条主义的圈子。因为一方面由于绝大部分教师特别是青年教师缺乏阶级斗争和生产斗争的实际知识，这样在运用理论联系实际方面就受到了一定的限制。另一方面由于教师对理论联系实际的认识还存在问题。如有的人认为讲授的理论原则加上几个“例子”，就算是联系了实际；有的人认为在讲授中简单地插进一些报纸上所登载的实际材料，就叫联系实际，根本不深入了解学生思想上存在什么问题和社会上当前的阶级斗争在学生的思想上是如何反映的，因此，在讲授中虽然穿插了一些实际材料，也多半是不合“口径”的无的放矢。还有的人认为马克思列宁主义理论本身就是理论联系实际的最高典型，因而不管地点、时间、条件，只要能把书本上的理论知识传授给学生就算完成了教学任务，能否解决实际问题是要靠学生运用的好坏。至于学生存在的具体思想问题，那是要靠党团组织去解决，并不是教师的任务。总之，教师过去是存在“只管教不管会”、“只教书不教人”的现象，在考试时，学生只要能将教师所讲授的东西按条条背下来，不管其领会得如何，就是优等成绩，所以有的“右派分子”也可以得五分。

自从整风和反右派斗争开始以后，领导上虽然提出了理论课要密切结合当前的革命斗争实际，以批判右派反动谬论为中心，教师也开始认识到理论联系实际的重要意义。但检查过去所讲的东西，确实是严重地脱离当前的阶级斗争，不但不能成为批判右派反动谬论的有力武器，甚至于在学生的思想认识上造成一些混乱。其之所以如此，基本上是由于没有认识到教学改革也是思想战线上的社会主义革命，因而就没有以革命的精神来进行改革。在具体的教学过程中虽然采取了某些改良主义的办法，但对过去的讲义基本上没有加以变动，只是在原来的讲义中把右派的反动谬论零打碎敲地穿插进去加以批判。因此，仍旧是不深不远，学生反映根本不解决问题。在实际上，这也就是由于理论联系实际问题并没有解决。

经过这次将课程内容进行根本改革以后，我们在教学实践中觉得理论联系实际问题，是初步得到了解决，基本上明确了怎样联系、联系什么的问题。所谓理论联系实际，就是要从中国当前的革命斗争实际和学生的思想实际（阶级斗争在学生思想上的反映）出发，“有的放矢”地解决实际问题。自整风运动开始以来，社会上的资产阶级“右派分子”明目张胆地否认党的领导，攻击无产阶级专政、社会主义民主和社会主义法制等反动谬论，就牵连到本课程的根本问题。同时学生在这些根本问题上也存在若干的模糊思想。并且在其他许多具体问题上，还存在社会主义和资本主义两条道路的斗争。这些问题也就是本门课程所要解决的中心问题，因此，我们在各个专题的讲授中，就贯彻了两条道路的斗争问题。一方面在有关的专题中系统地揭露和批判“右派分子”的有关反动谬论，如“右派分子”歪曲法律与政治的关系，攻击党的领导和无产阶级专政，污蔑社会主义民主，宣扬资产阶级民主等谬论，都进行了系统的批判。根据学生的反映，通过这样的讲授和学习，基本上认清了“右派分子”在上述问题上的政治阴谋，澄清了他们在这些问题上的模糊思想，提高了社会主义政治觉悟水平。另一方面我们在讲授中将学生所反映出来的一些错误思想。如有的不愿学政法专业，认为学政法没有前途；对农业合作化运动中所发生的不可避免的缺点的错误认识；对政府限制农村人口盲目流入城市的措施，认为是违反《宪法》规定的公民迁徙自由；认为统购统销虽然好，但是买粮买布买油还要凭票，是不自由的；认为法律对各个阶级不是一视同仁就谈不到法律面前人人平等；认为制定法律要根据政治，执行法律时，政治要服从法律；认为人民民主专政的实质不应当是无产阶级专政而应当是四个阶级联合专政；资产阶级是统治阶级还是被统治阶级，是不是专政的对象；认为资产阶级民主自由不见得不好，只是贯彻得不够；认为进一步扩大民主就会削弱集中，个人的极端自由是可以的，只要他不侵害别人的利益；等等。此外还有少数学生存在的无组织无纪律现象。对于这些思想问题，都结合着课程内容进行了较为透彻的分析和批判。经过座谈讨论、辩论和解答，端正了他们的认识，提高了思想水平。因而对于这门课程学习的积极性也大大提高了。学生们不仅能大胆地暴露问题，提出各种不同的看法，并且能积极地去搜集有关参考资料，展开热烈的争辩。有的对不正确的思想进行批评，有的说错了就自我批评。这样就加强了这门课程的党性和战斗性。学生一般地已初步学会了运用理论解决实际问题的基本方法。如有的学生将所学到的有关理论知识作为武器来批判“右派分子”的有关反动谬论。这说明只要教师在教学活动中能将理论紧密地结合当前的革命斗争实际，就能促使学生逐步学会运用理论解决实际问题。

（二）初步解决了本门课程与其他课程内容的重复问题

国家与法的理论是法律专业课程的基本理论，很多问题都牵涉其他专业课程。各门课程大多是根据苏联的教材，由于各门课程的教师过去联系的不够，所以在教材的安排上有许多地方不当，形成一些不必要的重复，无形中加重了学生的负担。有些课程甚至举例子都重复多次。因此，学生反映说："老师讲了上一句我们就知道了下一句。"其他课程的教师也经常向我们提出意见，说我们侵犯了他们的课程的"主权"。总之大家都强调本门课体系的完整性。过去教务处虽然组织过各门课程教师的座谈会，也提出了各门课程的重点和解决重复的办法，但一直是没有得到解决。经过这次课程内容的改革，我们这门课程特别注意了这个问题。经过教研组讨论研究，确定本门课程的主要的和中心的问题，有些内容可讲可不讲的，就让其他课程讲。如国家与法的起源和国家与法的历史类型问题的具体内容，就让给国家与法的通史去讲。国家形式和政治制度等问题，就让国家法去讲。法的关系和有关法的规范的适用问题，就让刑法和民法去讲。我们则集中精力讲深讲透最主要的和最中心的问题。这样，既解决了本门课程与其他课程内容的重复问题，也能基本上解决学生的负担过重问题，同时也并不损害本门课程的教学效果。学生对这种做法也表示满意。不过今后还要加强与其他课程教师的联系，共同防止把主要内容漏掉不讲的偏向。

（三）加强了学生的独立思考能力，贯彻了"百家争鸣"的方针

能否发挥学生的独立思考，这与教师能否联系实际和发扬社会主义民主的精神有密切的关系。过去由于教师存在教条主义的偏向，也就很难发挥学生的独立思考能力。一年级的学生多半是高中毕业的青年学生，过去在中学里是不习惯独立思考的，初进大学还不能改变过去的学习方法。在学习上总认为教师讲过的东西，不管理解不理解，只要能记住条条就行了。所以，不少的学生很少开动脑筋，积极地进行独立钻研，提出问题。有些学生虽然喜欢动用脑筋去思考一些问题，但也多半是从理论本身和名词概念上兜圈子。例如，马克思讲的话和列宁讲的话这一句和那一句有什么不同，专政和政权、工具和手段、强力和暴力、宪法和法律、根本和基本等有什么不同。在课堂讨论中除了在名词概念上钻来钻去外，就是背诵一下讲义或大课笔记，根本缺乏发挥独立思考的条件。甚至教师做小结时也是从概念出发，最后仍归结为概念，根本不能解决多少实际问题。在教学内容和教学方法改革以后，情况就不同了。一方面由于教师能将理论与实际结合起来深入浅出地进行讲授，能接触到学生的实际思想，使其容易领会，这样对学生的思想就能有所启发。另一方面动员学生有什么问题可以当堂递条子或找教师去研究。这样每堂课都能提出许多问题,多者有50多张条子,各方面的问题和各种看法都提出来了。再经过小组讨论和联班辩论,就能大大加强学生的独立思考能力。因为讨论的问题都是学生自己提出来的,所以他们就能主动地去找理论根据和事实根据进行辩论。这样就克服了过去那种教条主义学习的现象。所以学生反映,每个问题经过自己的独立思考和集体讨论,是真正贯彻了从实际出发,摆事实、讲道理,以理服人的方法。他们认为这样学到的知识的印象最深,是永远不会忘记的。

由于学生独立思考能力的加强,使"百家争鸣"的方针在教学活动中也得到了进一步的贯彻。因为学生在学习中能积极地开动脑筋,提出许多与现实生活相联系的新问题,大家的看法也各有不同。不仅在学生中展开了争论,在教师中也展开了争论。同时学生也常常提出与教师不同的看法,并且找出许多根据,不同意教师的意见,或者不同意社会上某些学者的意见。由于师生之间展开了"百家争鸣",不仅大大地活跃了教学中的政治空气和学术空气,加强了各个教学环节的战斗性,而且也鞭策着教师非积极努力提高自己不可。因为学生所提出的问题,牵涉的范围非常广泛,并且都是现实生活中的一些实际问题,就逼着教师去深入钻研,否则,就不能满足学生的要求。因此,教师们深刻地认识到,今后只凭书本知识,空谈理论,脱离实际是吃不开了。为了贯彻对学生"全面负责"的原则,不仅要认真地系统地学习马克思列宁主义的理论和党的各项政策方针,并且要积极地参加生产斗争和阶级斗争,提高社会主义觉悟水平,充实有关党和国家的政策法令和政法业务实际知识,使自己成为德才兼备、又红又专的政法教育工作者,才能胜任具有强烈的政治性、思想性和战斗性的政法教育任务。也只有这样,才能更好地贯彻"百家争鸣",保证教学质量的提高。

(四)贯彻了集体主义和群众路线的教学方法

集体主义和群众路线是我们党的领导方法和工作方法的根本原则。"凡是遵守这条路线的,工作总是好的或者较好的,即使犯了错误,也易于改正;凡是违反这条路线的,工作总是遇到挫折。这是马克思列宁主义的领导方法,这是马克思列宁主义的工作路线。"(关于无产阶级专政的历史经验)我们认为这条路线也是教学中必须坚持的,因为离开了这条路线,教学效果也是不会好的。但在本门课程改革前,教师的备课和讲授,甚至准备课堂讨论小结,都基本上是单干的,很少发挥教师的集体力量和智慧,进行深刻的讨论。至于学生学习情况如何也很少了解,教学质量的好坏只听教务部门的反映,所以教学效果一直是不高的。

在课程改革后,注意到发挥集体力量,贯彻群众路线。因为这次教学改革是新的复杂的任务,也是最艰巨的革命任务,是要将教学内容和教学方法进行彻底的改革。为了实现这项艰巨的革命任务。就必须发挥集体力量和大家的智慧。我们现在的做法是:在讲授前教师分头到各班征求学生意见和搜集学生中存在的问题,同时大家动手分头搜集有关参考资料,归纳"右派分子"的有关反动谬论,集体讨论,统一认识,安排内容,再按专题分头备课。在备课的过程中及时交换意见,提出问题,进行研究。在一个专题的讲稿编好后,在教研组内进行反复讨论,意见统一后再加修改补充。经过这样反复的讨论和研究编写出来的讲稿,在质量上比过去是有了显著的提高。在大课讲授中,本门课程的全体教师都参加听课,如果发现主讲教师对某些主要问题交代的不清楚,或者某些问题有不妥之处,在休息时间即向主讲教师提出,共同研究一下,由主讲教师在下堂课中加以说明和纠正。这样,大课的讲授质量比过去是显然不同了,不仅学生反映比过去生动活泼,听起来不觉厌烦,觉得真能解决一些问题,就是教师也感到这种集思广益的及时帮助的办法非常有益,不但能提高教学质量,而且也大大提高了每个教师的积极性和创造性,初步克服了只靠个人的单干办法,加强了互助合作的集体主义精神。除备课和讲授要结合学生提出的问题外,就是学生的小组讨论和联班辩论的问题,也是根据从学生中来的问题,由教研组归纳起来,再布置下去,充分地发挥学生的智慧和相互教育的作用,通过讨论和辩论来解决。这种运用群众教育群众的方法,解决问题可以做到又深又透,只依靠教师的力量是不可能做到的。学生提的问题在讨论中都能多方面用理论和事实进行辩论,一时坚持错误论点的学生,经过辩论,在真理的面前就会认错,并勇敢地检查自己错误认识的原因。因此,通过小组讨论和联班辩论,学生相互之间的思想也见了面,学生与学生之间、学生与教师之间的关系比过去进一步密切了,从而加强了团结。除此之外,并在一定时期召开学生代表座谈会,与教师共同研究教学内容和教学方法是否妥当。哪些是好的应继续发扬,还存在什么问题,如何改进。最后教研组根据学生的意见进行研究,及时改进。所以在教学活动中,能充分地发挥集体主义精神和认真地贯彻群众路线的方法,不但可以不断地改进教学内容和教学方法,保证教学质量的提高,而且确实能收到教学相长和师生协作的良好效果。

(五)推动了科学研究工作为教学服务

我们过去虽然也提出了科学研究为教学服务的问题,但在进行的过程中,往往是忙于教学任务,而忽视科学研究工作。有的教师即使能抽出空来进行科学研究工作,选的题目也往往是与课程内容无关。在教学实践中发现的许多困难问题,由于没有去进行专门研究,也长期得不到解决。教师编写讲义只是根据苏联的教材参考有关的经典著作和兄弟院校有关的讲义进行编写。有些重大的问题，既未很好组织专题讨论，又未进行专题研究。因而就谈不上科学研究与教学相结合的问题。在课程内容改革以后，编写专题讲稿，就必须“另起炉灶”。因为每个专题的要求，都要从当前的革命斗争实际和学生的思想实际出发，并且所提出的问题如对右派的反动谬论、修正主义的批判，这是过去所没有的新问题。因此，讲授的专题就是科学研究的题目，备课就不能采用过去老一套的方法，必须根据专题搜集资料，进行专门的分析和研究。在研究的基础上编写出来的讲稿，经过集体讨论和修改，既是理论联系实际的科学论文，又是生动活泼的教材。这样既能解决课程内容的重大问题和当前实际问题，又能解决科学研究为教学服务的问题。所以担任本门课程的教师，在课程改革后，进一步提高了科学研究的积极性，加强了学术探讨的气氛，初步树立了科学研究为教学服务的观点，为进一步提高教学质量创造了条件。

四、存在的问题和今后改进意见

课程彻底的改革是一个新的艰巨的革命任务。本门课程改革的初步尝试，虽然取得了一定的成绩，但由于我们水平的限制和时间的短促，在改革的过程中，有些工作是走了一些弯路的。因此，问题还是很多的。有些问题在教学实践中已得到解决，有些问题还需要用更大的力量和较长时间的实践，才能得到解决。根据我们初步的检查，还存在以下几方面的问题：

（一）

在本门课程改革后，我们已经讲授了四个专题（其中有一个专题是按照过去的体系讲的），在讲授内容上，根据中国过渡时期的情况，强调无产阶级专政，对阶级敌人进行斗争，着重批判右派反动谬论、旧法观点、修正主义及右倾思想，这是完全必要的。但在我国目前的条件下，两条道路的斗争既可以表现为敌我矛盾，也可以表现为人民内部矛盾，而前一种情况是比较少的，后一种情况却是大量的。但在过去的讲授中对如何运用国家与法正确地处理人民内部矛盾问题，却注意得不够。因为社会主义的国家与法已经不是原来意义的国家与法了，社会主义的国家与法不仅是解决敌我矛盾的有力武器，而且也是解决人民内部矛盾的重要手段。根据这个特点，我们准备在下几个专题的讲授中，就不仅强调我们的国家与法在对敌斗争中的巨大作用，而且要强调它在正确处理人民内部矛盾中的积极作用。因此，在各个专题中对待两种不同性质的矛盾，以毛主席《关于正确处理人民内部矛盾的问题》的文件为依据，来编写讲稿进行讲授，以便使学生正确认识和正确对待两种不同性质的矛盾，提高其辨别是非的能力。

（二）

对低年级学生的特点注意得不够。在课程改革后讲授第二个专题（即法与政治的关系）时，是着重批判了右派在法与政治的关系方面的反动谬论，学生反映这样讲好是好，就是基本的法律知识讲得少些。为了纠正这一缺点，讲授第三个专题（即无产阶级专政）时，就先集中地论述无产阶级专政的性质、任务和作用，最后集中批判右派有关的反动谬论。这样讲对右派反动谬论的批判与课程内容连接不起来，无形中减弱了课程内容的战斗性，显得无力。经过研究后，认为这两种讲法只能适合于高年级的学生。因为一般的法律专业课程他们都已学过，基本的法律知识也一般已能掌握，比较容易领会。对低年级学生来说，他们既缺乏基本的法律知识，又缺乏一般的社会常识，对右派反动谬论不能分析。根据低年级学生的特点，在讲授第四个专题（即社会主义民主）时，是将右派的有关反动谬论和学生存在的模糊思想，穿插在该专题的每一个有关的具体问题中进行分析批判，也就是先阐述正面的问题，再分析批判反面的问题，两者对比地讲，尽力注意其内在联系。这样讲学生反映论点明确，是非清楚，容易领会。实践证明，这样讲法适合于低年级学生的特点。因为这样就能使学生掌握和运用基本理论知识，明辨是非，提高认识。

（三）

在教学内容和教学方法改革后，是要进一步地加强对学生的指导。但由于时间短促，教师只忙于备课，对指导学生看参考书，帮助工农学生的学习，巩固学生的学习效果等问题，注意得不够。今后为了使学生学好这门课程，首先，在每个专题讲授前及时印发有关参考文件，指导学生阅读文件中有关的重大实际问题，使学生能预先提出问题，以便于教师“有的放矢”地进行讲授。其次，每一小组推选一个对本门课程学习较好的学生做课代表，在每一专题讲授后，教研组对他们进行一些武装，一方面使他们领导小组，掌握中心，进行讨论和联班辩论的组织准备，另一方面要他们及时向教师反映各小组的学习情况，以便于教师掌握。这样既能减轻小组长的负担，又能发挥每个学生的作用。再次，教师要分工包干帮助工农学生的学习，加强对他们个别辅导，及时解决他们学习中的困难。最后，为了巩固学生的学习效果，加强对学生平时的考查，考查的形式采用小型座谈会，提出问题进行讨论，一方面进一步了解他们的学习情况，另一方面加深他们对问题的理解，巩固其已学得的知识。

（四）

在本门课程改革后，与其他课程还是齐头并进的，这样在时间的安排上就发生问题。在每一专题讲授后，不能接着就进行小组讨论，往往是这周上课下周才能讨论，并且也没有时间准备联班辩论的发言提纲，这样就影响了讨论的深度。今后为了搞好这门课程，是准备采用单元制，时间集中使用，并要适当地增加讨论和准备时效。每一专题最低要有16小时左右，讲授四小时，小组讨论6小时，联班辩论4小时，解答报告2小时。（阅读参考文件和准备时间不包括在内）如果时间集中使用，按单元制进行教学，效果一定会更好些。课程按单元制结束后，教师可到政法业务部门去锻炼和备课。

综上所述，我们这门课程的改革，经过一个多月的教学实践，获得的这个体会仅是初步的不成熟的。但由于时间短促。准备工作做得差，不论在教学内容或教学方法上，还没有经过慎重的考虑和仔细的研究，是否可行，还要等这门课程全部讲完后，全面总结一下才能确定。如课程内容是否分为八个专题讲妥当，采取这样的教学方法是否合适，都是值得进一步考虑的。为了将课程改得完善，更切合于中国的实际情况和学生的要求，就把这个初步体会发表出来，希望兄弟院系的同志们提出宝贵的意见，给我们帮助。

（1958年第2期）

人民民主专政和共产党的领导

杨　峰*

一、我国的人民民主专政实质上就是无产阶级专政

列宁说:"一切革命底根本问题,就是国家政权问题。不认清这个问题,便谈不到什么自觉地参加革命,更说不上领导革命了。"①在资产阶级社会中,工人阶级对资产阶级所进行的任何形式的斗争,最终总是发展为夺取资产阶级政权的斗争。但在革命的进程中,工人阶级夺取政权的具体道路、对社会进行社会主义革命和改造的方式方法,并不是也不可能是完全相同的。例如,苏联与中国就各有其自己的特点。这是由两国各自的具体情况来决定的。它要取决于各国工人阶级和其他劳动人民的力量与敌对阶级力量的对比,以及国际环境等条件。但这些方式和方法,丝毫也不能改变无产阶级专政的内容。列宁指出:"由资本主义过渡到共产主义,当然不能不产生很多的和很繁杂的政治形式,但在本质上却不免是同一的:无产阶级专政。"②中国工人阶级和广大劳动人民在共产党的领导下,经过了长期、曲折、复杂、艰巨的斗争,取得了人民革命的伟大胜利,结束了帝国主义、封建主义和官僚资本主义在中国的统治时代,推翻了国民党反动政权,建立了崭新的人民民主专政的革命政权。中国人民由原来被压迫、被奴役的地位变成为新社会新国家的主人。"在资产阶级民主革命取得全国胜利以后的人民民主专政,实质上就是无产阶级专政。"③我们国家的这种性质是为它的经济基础、阶级本质及其担负的历史使命和任务所决定。具体说来有以下几点:

1. 我们国家是崭新的工人阶级的国家。中国工人阶级对待旧政权的态度向来就很明确坚定。在长期的革命战争中一直进行着摧毁国民党反动政权,建立与发展人民革命政权的斗争。随着革命的胜利,彻底粉碎了国民党反动政权,建立工人阶级自己的政权。工人阶级对待旧政权的态度与资产阶级根本不同。资产阶级运用强力从封建统治阶级手中夺取政权,并不是把它彻底打碎,而是在

---

* 作者单位:复旦大学。

① "论两个政权并存的局面",载《列宁文选》(第2卷),第23页。

② "国家与革命",载《列宁文选》(第2卷),第190页。

③ 《中国共产党第八次全国代表大会关于政治报告的决议》。

原有国家机器的基础上使之更加完备，以适合于资产阶级的反动统治。所改变的只不过是剥削方式，对于劳动人民的剥削、压迫和暴力仍然保留下来，因而旧的国家机器还是可以利用。只有工人阶级从被统治地位走上统治地位，彻底废除剥削制度，也就不能夺取现成的资产阶级国家机器，而要把它打碎，重新建立自己的政权机关。

2. 它的经济基础是社会主义的公有制。有什么样的经济基础就有什么样的上层建筑。经济基础的社会主义性质决定着我们国家政权的性质。

3. 它的阶级基础是以工人阶级为领导的工农联盟。这两个阶级的牢不可破的联盟是人民民主专政的主体。在资产阶级国家里，情况则完全相反。无论他们怎样标榜"民主"，但终究只是极少数的资产阶级居于国家的统治地位。绝大多数的劳动人民则被排斥在国家事务之外。恩格斯曾一针见血地道破了资产阶级国家的本质。他说："现代国家，无论其形式如何，在实质上总是资本主义的机器，资本家的国家，理想的总合资本家。"①在我们国家里，工人阶级和广大劳动人民真正是国家的主人，国家政权充分地体现着他们的意志。

4. 它的历史使命和任务，是消灭对于生产资料私有的剥削制度，消灭阶级，领导全国最广大的人民共同建设社会主义和共产主义社会。它为了保证最大限度地满足整个社会经常增长的物质和文化需要，运用了丰富的物质条件，依靠了生产关系一定要适合生产力性质的经济规律，进行了和正在进行着巨大的经济组织和文化教育工作。并且与国内外的社会主义的敌人作斗争。

"工人阶级领导和以工农联盟为基础，标志着我们国家的根本性质。"②我们的人民民主专政是新型的民主和新型的专政。新型的民主是社会主义的民主，是供工人阶级和其他劳动人民以及一切拥护社会主义的人民享受的民主。是任何资产阶级国家所不可能实现的最广泛的民主。新型的专政就是以工人阶级为领导、以工农联盟为基础的人民大众，向着反动阶级、反动派和反抗社会主义的其他分子实行专政。是绝大多数的人民对于极少数的敌人的专政。

我们的国家具备了无产阶级专政国家的最基本的特征，所以说我们的人民民主专政实质上就是无产阶级专政，或称为工人阶级专政（为了用语统一，除引文外以下统称工人阶级专政）。

---

① "社会主义由空想发展为科学"，载《马克思恩格斯文选》（第2卷），第148页。

② 刘少奇："关于中华人民共和国宪法草案的报告"。

二、共产党是我们国家的领导和核心力量

工人阶级专政就是工人阶级对社会实行国家领导。我国《宪法》第1条规定:“中华人民共和国是工人阶级领导的、以工农联盟为基础的人民民主国家。”工人阶级在国家政权中的领导地位用立法的形式固定下来。为什么必须由工人阶级来领导?因为工人阶级是最先进的阶级,最大公无私,最有政治远见,最富于组织性、纪律性和革命的彻底性。毛主席教导说:“整个革命历史证明,没有工人阶级的领导,革命就要失败,有了工人阶级的领导,革命就胜利了。”①在社会主义革命和社会主义建设的事业中,同样必须有工人阶级的领导,这个任务是任何其他阶级所不能完成的。工人阶级的领导作用是通过中国共产党来实现的。因为共产党是工人阶级的先锋队,它是以马克思列宁主义为行动指南的。它坚持马列主义的辩证唯物主义和历史唯物主义的世界观,能够正确地说明社会发展的规律,正确地指出实现社会主义和共产主义的道路。能够在实现社会主义和共产主义的斗争中,从实际出发,创造性地运用自己的原理去解决各种问题。引导群众按照正确的方向前进。

《中国共产党章程》总纲规定:“中国共产党必须不倦地巩固我国的人民民主专政,这是我国社会主义事业胜利的保障……它必须努力在国家生活的各个方面发挥它的正确的领导作用和核心作用。”共产党是通过以下几个基本方法来实现它对于国家的领导的。

党领导一切。它把整个国家机构的工作统一起来,指导它们的活动,使之向着建设社会主义和共产主义的同一目标前进。通常所说的国家机构主要是指拥有一定职权,能行使国家强制力的国家机关。而广义的国家机构还包括非国家机关的工会、青年团、经济文化团体等各种社会组织。一切国家机关和各种社会组织构成工人阶级专政的体系。党是这个体系中的领导和核心力量,决定着它们活动的总路线和总方针。

政府工作中的方针、政策必须由党来领导制定的。党在领导制定这些方针、政策的过程中,坚持群众路线的方法,首先依靠广大群众,同时亦重视同党外人士的协商。在贯彻实施这些方针、政策的过程中,并采用典型试验推动一般的办法,实际地掌握某些具体问题,检查干部在执行上是否存有偏差。例如,为了有

① 毛主席著:《论人民民主专政》。

效地打击反革命，党制定了“惩办与宽大相结合”的基本政策。这项政策是关于惩治反革命的法律的灵魂。只有正确地掌握这一政策，才能正确地执行法律。党通过法院、检察院和公安机关的党员干部参与了该机关的重要案件，检查其在处理某些问题上是否符合法律规定与党和国家的政策精神。这是具体地实现党的领导的重要方式和严格地贯彻执行国家法律的保证。党同时注意不断地吸取更多的经验，以便使这些方针、政策能得以发展或补充修改。可是“右派先生们”竟对此大放厥词。说什么党只能实行“政策方针的领导”，对具体问题不能“干涉”，否则就是“违法”云云。他们对党的领导是抽象地承认，具体地否定。说党这不应当“管”，那不应当“问”。实质上是企图把党置于空中楼阁，把党“赶出”各种领导的岗位。

为了实现党和国家既定的方针、政策，党进行巨大的政治动员工作和组织工作。对于“带有政治号召和政策指示性质的决定或者带有群众运动的性质、需要党政一齐动手的工作指示，由同级党政机关联合发布”，①号召与组织群众为实现这些任务而努力。由于党和国家的政策、方针充分地反映着广大人民的意志，能得到他们的广泛支持。党的保证作用，使这些政策、方针能够正确地切合实际地贯彻执行。周总理指出：“党对于人民群众直接发出政治上的号召和政策性的决定，对于政府工作不但没有妨碍，而且有很大的帮助。”②这是实现工人阶级专政的必要条件。可是“右派分子”攻击我们是“党政不分”、“以党代政”、“共产党专政”等。他们将党政混为一谈，其用意是十分恶毒的。因为工人阶级专政乃是国家的概念，它包含着强力，它是“直接凭借于强力的政权”。他们企图将党的威信描绘成是建筑在强力之上的。大家知道，党的威信是靠工人阶级和广大劳动群众的信任来维持的。这种信任是由于党有了正确的理论、正确的政策和党对于广大劳动人民的无限忠诚，使他们相信党的号召的正确而取得的。

“右派分子”攻击我们“党政不分”，实质上是想把共产党和政权分开，叫党放弃对于国家政权的领导权。工人阶级专政和共产党的领导乃是一个又分又不分的辩证关系。首先是不分，其次才是分。必须在不分的前提下来谈分。在总路线、总政策和工作方针方面，在总的行动方向上，必须要由党中央来决定，也只有它才能够决定的。这绝对不能分，应融合在一起，以便于统一认识、统一行动，防止国家机关和非国家机关在工作中可能发生的不一致和相互脱节现象，以避免它们在工作中迷失方向。这样“党政不分”的做法，不仅过去是、现在是、将来

---

① 周恩来在第一届全国人民代表大会第四次会议上的政府工作报告。

② 同上。

学也是应该采用的，是完全正确的。但绝不应该将此说成是“党包办一切”、“党代表一切”等。因为在党的路线、政策、方针决定以后，全国各方面的行政工作和具体工作，是由政府机关和非政府机关去执行的。共产党、国家机关、经济文化机关和各种社会组织，各有自己的组织系统和职权范围。党从来也没有要去代替政府机关的行政活动。党一向就反对包办代替任何非共产党机构的具体活动，反对离开自己的政治任务而陷入琐碎的事务主义倾向，在这方面是分得清楚的。但也绝不能将此理解为可以“党政分家”或“各自为政”。国家机关和非国家机关在具体地实现党的政策、方针时，是按照党所制定的民主集中制的原则，具体分工负责，许多工作并采取通力合作的方法来进行的。而且首先是在合作的前提下来分工的。我们的各项工作是彼此关联互为影响的，如果离开了合作来谈分工，事实上就是把自己的单位看做独立王国，在工作中便不可能全面地、正确地贯彻执行党的政策、方针。所以对于工人阶级专政和共产党的领导做任何机械地片面地理解都是错误的。

党为国家机关、经济文化组织和社会团体挑选干部，推荐那些对于共产主义事业无限忠诚，有高尚的思想修养，把党和国家的整体利益看得高于一切，具有高深或较深的业务知识和具有相当的组织才能的人，去担任国家机关、经济和文化组织的负责职位。

党和政府历来挑选干部的标准就是德才兼备的原则。在挑选干部时，要看两点：第一，要看该工作人员的政治品质如何，在政治上是否可以信任；第二，要看该工作人员的业务能力如何，是否适合或基本上适合于这一具体工作。党和政府就是把工作人员的政治品质和业务能力两方面综合起来考虑其工作的。党为什么要这样做？这是因为在党和国家的路线、政策、方针决定以后，关键问题在于组织工作。它的重要性在于其决定着党所制定的政治路线本身的命运。党要通过干部去实现政治领导，贯彻执行政策、方针。如果没有忠于社会主义事业的干部显然是不行的。在我们国家中“只有工人、劳动农民以及同工农相结合的革命知识分子中的经过考验的先进分子，才能组成无产阶级专政的骨干”。“党和人民政府的干部政策和人事工作，不是普通的行政事务问题，而是关系国家命运、影响国家政权性质的原则问题。”①什么阶级掌握政权，什么政治力量组成政权，体现着国家的根本性质。

党在挑选干部时并不仅限于共产党员，同时注意把非党干部（特别是工农中的非党干部）中的优秀分子选拔到各种领导岗位上去。我们人民民主专政的

① 《人民日报》1957年7月23日社论。

国家本质决定了,它不但不会排斥而且必须广泛地组织和吸收广大群众参与国家管理。同时,非党干部中的多数人是忠于或者拥护或在思想上同情社会主义的。党和政府尽量地发挥了他们在国家建设中应有的作用。而“右派分子”储安平等故意捏造事实颠倒黑白,攻击我们的国家是“党天下”、“党员统治一切”,是“清一色”。把共产党污蔑为“排斥异己分子”的宗派集团。培养红色的建设人才,本来就是我们国家的重要任务,是大家努力的方向,是党和政府的责任。储安平等攻击我们是“红色”的“清一色”,实质上是企图要党“下台”,由“右派分子”取而代之,变成他们“白色”的“清一色”。

在实现党的领导过程中,党的基层组织起着决定性的作用。因为“党的一切主张的实现,都要通过党的组织和学员在人民群众中间的活动,都要通过人民群众在党的领导下的自学的努力”。[①] 按照《中国共产党党章》的规定,凡是有正式党员三人以上的基层单位均设有党的基层组织。它是党的领导机关密切联系群众的枢纽。它的任务就是把工人、农民、知识分子和其他拥护社会主义的人民团结在党的周围。“在群众中进行宣传和组织工作,实现党的主张和上级组织的各种决议。”[②]为了更好地发挥党的领导作用,使领导和被领导、党与非党人士都能够充分发挥积极性,更好地合作共事,实现党的领导的具体组织形式和工作方法。在企业、农村、学校和部队中的党的基层组织,它们对于本单位的行政机构和群众组织处于领导和监督的地位。它“积极地实现上级党组织和上级国家机关的决议,不断地改进本单位的工作”。[③] 由于机关工作的特殊条件,机关中党的基层组织对于本机关的工作不是领导和监督的关系。但它对于所属的每个党员(包括行政负责人在内)的思想政治情况和工作表现进行经常的监督,协助机关开展工作,保证行政任务的完成。它经常关心机关工作的改进,帮助它们克服缺点,加强工作纪律,同官僚主义作不调和的斗争,把机关工作中的缺点或错误及时通知本机关的负责人和报告党的上级组织。

党的基层组织中的党员,许多就是该单位的行政干部,他们不仅是实现党的主张和政策的宣传者和组织者,同时也就是具体执行者。党员用自己的模范行动,以身作则,认真地执行党和国家的政策,并率领群众为实现这些任务而奋斗。

此外,在国家机关和人民团体的领导机关中,凡有担任负责工作的党员三人以上者设有党组。“党组的任务是在这些组织中负责实现党的政策和决议,加

---

① 《中国共产党章程》总纲。

② 《中国共产党章程》第50条。

③ 《中国共产党章程》第51条。

强同非党干部的团结，密切同群众的联系，巩固党和国家的纪律，同官僚主义作斗争。”①

社会主义革命和社会主义建设的实践证明，广大群众如果没有党的领导就不能取得革命和建设的胜利。但共产党员终究是工人阶级中的少数先进分子，他们在各种任务中如不能带领群众共同前进，同样也不能取得革命和建设的胜利。“无产阶级专政不但需要无产阶级对于国家机关的坚强领导，而且需要最广大的人民群众对于国家机关的积极参加，二者缺一不可。”②社会主义革命和社会主义建设的实践也证明了，如果没有基层党组织党员的保证作用，对于任何政策决议的彻底实现只能是一句空话。至多也不过是一种良好的愿望。由此可以看出，党的基层组织在实现党的领导的过程中是处于何等重要的地位。“右派分子”马哲民、杨兆龙等看准了这一要害，向党的基层组织放出了许多毒箭，污蔑共产党员是“木头人，没有脑筋”，“没有独立思考，光奉命办事”等。他们为什么这样痛恨共产党员？因为共产党员有自己的党性，对党“奉命办事”是每个共产党员的本分。他们能自觉地履行自己的义务，按照党的指示进行工作，能经常地以阶级观点观察问题，敢于揭露敌人的狰狞面目和反动本质。所以“右派分子”把共产党员看做眼中钉子，要想把他们“拔掉”，以便自己上台，把国家政权掌握在右派手里，好去按照“右派”的“命令”办事，这就是“右派分子”攻击党的基层组织的根本目的。

（1958 年第 2 期）

① 《中国共产党章程》第 59 条。

② 刘少奇在中国共产党第八次代表大会上的政治报告。

驳“新旧法律思想有内在联系”的谬论

王文升* 刘可元**

一

“右派分子”刘焕文在整风运动中曾恶毒地反对共产党的领导、反对人民民主专政和社会主义法制，并对解放以来的历次政治运动进行了一系列的攻击，说什么“思想改造使人成为哑子，肃反运动使人成为跛子”。其实刘焕文的进攻，并不是在整风运动中才开始的，早在整风运动之前，他就曾利用党所提出的“百家争鸣”的方针，披着学术的外衣，在《华东政法学报》1956 年第 2 期上发表了《“在百家争鸣”中谈旧法思想》一文，放肆地散布了很多毒素。

刘焕文的《在“百家争鸣”中谈旧法思想》一文，一开始就对司法改革表示不满，说“从司法改革以来，过去学习旧法的人深以学习这一学科为不幸，无人愿再谈旧法思想问题”。接着他提出对旧法思想应重新估价。如何估价呢？他说：“新旧法律思想有相当大的一部分是从与旧法思想作斗争中产生和扬弃了旧法思想而形成的……对旧法思想的了解是大有助于了解并阐明新的法律思想。”不仅如此，他还说：“旧的法理学经过批判后，也不是没有可资利用的理论。例如即使就资本主义中最反动的庞德的学说来说，也不是没有一点可取之处”等。刘焕文这一系列的谬论对于社会主义法制和法学的建设有极大的危害性。本文就这些谬论予以驳斥。

二

地主、资本家的旧法律思想和工人阶级的新法律思想是否有内在联系呢？结论当然是否定的。我们知道，刘焕文所说的旧法思想。实质上就是指的反动统治阶级压迫人民的反动的法律观点的系统化、集中化。这种思想在国民党反动统治时期是建立在半殖民地、半封建的经济基础之上，并保护和巩固这个经济

---

* 作者单位：华东政法学院（现华东政法大学）。

** 作者单位：华东政法学院（现华东政法大学）。

基础，维护地主、买办官僚资产阶级的利益，是与人民为敌的。

工人阶级的法律思想（马列主义的法律观）是建立在社会主义的经济基础之上，它的目的和任务是保护和巩固社会主义的经济基础，为广大劳动人民的利益服务的。旧法律思想和新法律思想完全是属于两种不同类型的思想体系。如果说有内在联系的话，旧法律思想只和半殖民地、半封建的经济基础有着内在联系，新法律思想只和社会主义的经济基础有着内在联系。至于工人阶级的新法律思想和地主、资本家的旧法律思想之间没有任何血缘上的瓜葛。但是，刘焕文却说："没有旧的资本主义所有制的法律思想，便不会发生新的社会主义所有制的法律思想问题，后者是针对前者提出的。"某些向旧统治阶级"学来的对付旧的统治阶级的方法，构成新的法律思想及法律制度的一部分，而且是很大的一部分"。从刘焕文的这些话来看，问题很明显，他是企图说明工人阶级的法律思想是旧法思想的发展。关于这一点，刘焕文在一次座谈会的发言中说得更加露骨。他说："不吸取旧法理论，便要从猿到人，从头搞起。"可见，刘焕文是如何有意地把新旧法律思想混在一起，从而抹杀两种法律思想在本质上的根本区别。

作为上层建筑一部分的法律思想是有其具体性质的，一定的法律思想只能是反映并适合于一定的经济基础，这一点前面已经说过。从历史上看，封建阶级与资产阶级的法律思想，都是从私有制的经济基础出发，为巩固剥削制度服务的。两者之间只是占有的对象和剥削的方式有所不同。因此，这两个社会的法律思想虽然也有某些差异，但它们有内在联系，基本上是相一致的。工人阶级从过去的被剥削者转而为新社会的统治者，他们反对剥削，废除私有制，要求实现无阶级、无剥削的繁荣幸福的社会主义。建立于这个和旧社会截然不同的基础上的工人阶级的法律思想，和过去的剥削阶级的旧法思想根本对立，完全不同。他们之间，自然也没有内在联系可言。

再就现实情况看，目前国际上社会主义体系和资本主义体系虽然并存，而且要求在一定条件下能够和平共处。尽管如此，两者在本质上仍然是对立的，不断斗争的，只是采取和平竞赛的斗争方法而已。因此，同时相处于一个世界上的工人阶级和资产阶级的思想意识也是两个对抗的体系，绝无内在联系和调和妥协可言。赫鲁晓夫在苏共第20次代表大会上报告说："个别工作人员竟企图把具有不同社会和政治制度的国家有可能和平共处的绝对正确的原理应用到思想意识方面来，这是一个极大的误解。我们主张和资本主义和平共处和进行经济竞赛，但绝不能由此得出结论，我们可以放松对资产阶级思想和人们思想意识中的资本主义残余的斗争。我们的任务是坚持不懈地揭露资产阶级思想和人们思想意识中的资本主义残余的斗争。我们的任务是坚持不懈地揭露资产阶级思想，揭穿它对人民的危害性和它的反动性。”可见，工人阶级的思想意识（包括法律思想在内）和地主、资产阶级的思想意识在它产生和发展的整个历史过程中，一直是在进行着不可调和的斗争。这种斗争自始至终都是带着你死我活的性质，是丝毫也不能妥协的。

至于我们说向敌人学习，这并不是说，我们可以采用和继承敌人的思想意识形态，而是指敌人从反面教育了我们的意识。譬如，资产阶级的“右派分子”对人民民主专政深恶痛绝，那我们就必须全力来卫护人民民主专政。又如，中国台湾的反动派和美帝国主义曾为“右派分子”的反党、反社会主义的活动而欢呼、庆祝，那我们就必须把右派集团彻底打垮。又譬如我们说“毒草对我们也有用处”，正由于毒草的出现，可以引起我们的警惕，把毒草铲除以后还可以做香花的肥料。但这并不是说香花就是毒草的发展，毒草能够变成香花。可是刘焕文却说工人阶级的新法律思想与地主、资产阶级的旧法律思想有着内在的联系，这难道不是荒谬绝伦吗？

刘焕文费了九牛二虎之力、东拉西扯、百般歪曲地“论证”新的法律思想与旧法思想“有其密切的内在联系”，落脚之处正在于“对旧法思想的了解是大有助于了解并阐明新的法律思想”。如何用旧法思想来阐明新的法律思想呢？刘焕文在人民民主集中制方面的谬论就是一个说明。他认为人民民主集中制是源于资本主义制度的。他在某次座谈会上说：1956 年艾登的侵埃政策，在国会中尽可大加争吵，这是“民主”。但艾登一声令下，英国士兵一齐走向前线，这是“集中”。他主张以“海德公园式”的民主来代替我们的民主。从这一系列的谬论中可以看出刘焕文的用心非常明显。他是企图以旧法思想来代替工人阶级的法律思想，曲解社会主义法律，从而为人民的敌人、社会主义法制的破坏者开脱罪责。刘焕文的这种阴谋诡计并不是什么新花样。他是重弹在司法改革的时候早已被我们粉碎了的滥调。在司法改革前有不少旧司法人员放纵血债累累的反革命分子逍遥法外，说什么“时效”已过，不咎既往，反革命“未遂”，不予判罪；并将解放前曾经刺杀为人民大众所切齿痛恨的恶霸地主的农民，说成“负有血债”，从而定罪量刑。他们放纵特务、反革命，对无辜群众滥捕滥押，反而用“审判独立”的名义来抗拒党和人民群众的监督。诸如此类的现象，在司法改革以前是不胜枚举的。总体来说，这些都是用旧法思想来“解释”我们的法律、“阐明”我们的法律思想的具体事实。刘焕文“论证”“对旧法思想的了解是大有助于了解并阐明新的法律思想”，他妄想死灰复燃，恢复旧法，不是洞若观火吗？

三

刘焕文在同一文章中又提出:国民党的反动法律在今天还是“可资利用的”。这也是非常荒谬的谰言。我们知道,任何法律同法律思想一样,都是一定经济基础的上层建筑,它只是为一定的经济基础、为一定的统治阶级的利益服务。在半殖民地、半封建的社会里,地主、买办官僚资产阶级和广大劳动人民在经济上、政治上都是完全处于对立的地位。因而农民与地主、工人与官僚资本家、人民群众与反革命分子、爱国人士与帝国主义分子之间绝对不能有共同的意志,也不可能有满足共同要求和彼此所乐于共同遵守的法令。当然,国民党的“六法全书”只有利于地主、买办官僚资产阶级和他们的主人帝国主义者,而绝不是保护全体人民利益的法律。关于这一点,刘焕文似乎也不得不承认。但是接着他却说:“以保护统治阶级利益为目的的法律、对被统治阶级来说,其危害程度总有轻重之分,也有某些法律对被统治阶级并不无重大危害,而在被统治阶级成为新的统治阶级以后还可资利用的……即使在利害相反的两相对立的阶级间也还是有这种情形的。例如,伪国民党政府颁行的古物保存法……狩猎法……渔业法。”刘焕文又说:“新旧法律不只有用语相同的地方,也有条文大意相同,甚至有的连篇章体系也大致相同。虽然这种相同,只是形式的,不是内容的。但仅就这点说也无法用‘偶合’来解释。”照刘焕文的意见,新旧法律不仅是形式上的“偶合”,而是实质相同。刘焕文认为国民党的法律可以延用而为社会主义法制建设服务的,不仅是“古物保存法”、“狩猎法”、“渔业法”,还有“如法院组织法、诉讼程序、监狱制度及民刑法思想中的某些部分都是”。如此说来,不仅如前节所引的,刘焕文以为我们的民主集中制就是资产阶级的“民主”与“集权”,甚至他还指责我们的法律和监狱与地主、资产阶级的法律和监狱也是相同的。在这里,刘焕文的荒谬,不必驳斥就很显明了。

在一次会议中,刘焕文提出旧法可以改造利用,他说:“生产资料所有制应从两方面说,一是所有权的主体问题……另一是对所有权的内容及保护问题。对于所有权的内容是对所有物的使用、收益和处分,这是在所有制的任何类型的社会都是基本相同的。”即就这点来说,刘焕文的说法也是荒谬的。社会主义公有制和资本主义私有制,不仅在所有者方面,就是它的内容和保护的方法也是根本不同的。资本主义的法律保护财产私有权的绝对性,地主、资本家、债主利用他们的财产作为资本,进行剥削,以最大限度地追求地租、利润和利息。但社会主义的法律禁止剥削,任何人都不能利用其财产来进行剥削。可见,即就其所有权的内容和保护方法来说，社会主义公有制和资本主义私有制也是根本不同的。刘焕文继杨兆龙之后，想利用新旧法在某些用语和形式的相似，或将法律分出主次轻重，来混淆新旧法的区别，并以旧法来混充新法，这种手法是欺骗不了人的。

四

刘焕文在他的文章中还说："旧的法理学经过批判之后也不是没有可资利用的理论。例如，即使就资本主义中最反动的庞德学说来说，也不是没有一点可取之处的。"既然最反动的庞德学说也有可取之处，在刘焕文看来，其他的旧法"理论"当然更是"可资利用"的了。这真是荒谬透顶的论调。

法的理论和自然科学中的理论完全不同，它本身就具有强烈的阶级性。

马克思列宁主义社会发展的客观规律，它科学地阐明了国家与法的产生和它们在人类历史上的发展规律，揭示了国家与法的阶级本质。但是资产阶级的国家与法的"理论"呢？由于研究者为资产阶级的利益服务，他们的反动立场使他们不能发现社会发展的真实规律，或者有意歪曲这些规律。因而他们说什么"国家与法是永恒存在的"，"奴隶占有制时代雅典的民主制是最理想的民主制"，"国家是关心整个社会福利的组织"，"人的意识、思想是产生国家与法的源泉"等。在一些根本的、主要的问题上全是得出反科学的、阻碍社会进步、阻碍人们认识客观发展规律的谬论，更何况其他呢？资产阶级关于国家与法的"理论"，既然是反科学的假理论，那么，这又有什么"可资利用"的地方呢？

我们再看看刘焕文提出的"可资利用"的又是些什么货色。刘焕文引用的例子是庞德的"法律效果论"。反动透顶的庞德从美帝国主义反动统治的利益出发，根据实用主义的效果论，提出"应当研究何以能使法律条文发生实效的方法"，使美国垄断资本家的反动法律更大地发挥血腥镇压和残酷榨取劳动人民的作用。美国的《忠诚调查法令》、《共产党取缔法令》，正是充分实现庞德的"法律效果论"，以推想、假设、预防犯罪的理由，肆无忌惮地去传审、逮捕共产党人和进步人士，任意予以解职，甚至加以杀害。罗森堡夫妇就是在这个法理学下被杀死的。可是在刘焕文的笔下，庞德竟变成一个保护劳动人民利益的法学家了。更恶劣的是刘焕文接着还引用斯大林同志在1936年苏联宪法草案报告中的话，苏联以充分的物资设备来保障工人阶级的自由，用来和庞德的"应当研究何以能使法律条文发生实效的方法"相比。把最反动的法学谬论和社会主义领导者的言论比拟，其反动用意，也很显著。

刘焕文又说："资本主义的法学思想，一般只注意制定法律，不顾执行，特别关系到劳动人民利益的规定，全是空话，成为欺骗劳动人民的一纸宣传。”大家知道，资产阶级的法律正是维持对劳动人民的统治，保障对劳动人民进行剥削的工具。但它有一个特点，就是表面上的虚伪性。所有关系到劳动人民利益的规定，正是这种虚伪性的表现。其不予执行，正是资产阶级的本意。可是刘焕文却以为这是没有注意到法律的执行的缘故。这种歪曲的辩护正可以见得刘焕文是如何忠实于资产阶级主人。

由于资产阶级的意识形态是歪曲的意识形态，所以从属于这种意识形态的资产阶级的法学，对于社会生活、国家与法的历史过程也是一幅歪曲的图画。它们除了一个“科学”的名称之外，事实上连一点科学的影子都是没有的。但是刘焕文对这种伪科学却是倍加赞扬，花了很大的篇幅来说明旧法学是“有用”的。与此同时，他却说，“社会主义法学在今天并未达到成熟的境地”，而且“这种情况不独在我国是这样的”。如何才能“达到成熟的境地”呢？刘焕文的妙计是要由旧法学者来“加以科学的整理和阐释”，吸收旧法思想和旧法理学以后，才能使“我国法学在不久的将来必然放出异彩”。刘焕文要用旧法学来代替马列主义的法律科学的企图是非常明显的。

五

刘焕文的《在“百家争鸣”中谈旧法思想》一文全是毒素。他以旧法思想来曲解社会主义的法律，用资产阶级的反动法学来代替马列主义关于国家与法的科学，企图改变社会主义法律和法学的本质。同时他还借这些谬论来反对司法改革和院系调整，反对党对法律工作的领导。所以刘焕文对旧法思想、旧法和旧法学，全部得出“有用”的结论之后，在文章的最后竟狂妄地叫嚣说：“我们学过旧法的人也会发生应有的重大作用是不难想象的。”在这里，我们可以清楚地看出，刘焕文提出对旧法思想的重新估价，其企图是为了使旧法复辟和旧法人员卷土重来。这和刘焕文在大鸣大放中恶毒地反对人民民主专政制度，攻击思想改造、三反、五反和肃反等历次政治运动的意图正是一样的。正是由于他利用“新旧法律思想有内在联系”等谬论来向党向社会主义猖狂进攻，刘焕文终于成为可耻的资产阶级“右派分子”。

（1958年第2期）

国民党伪“六法”的反动实质

宋　光[*]　江振良[**]

过去，特别是党的整风运动以来，资产阶级“右派分子”向我们党和国家进行了疯狂的进攻，其中最突出的是表现在政治和法律方面，他们企图否认我们的无产阶级专政，否认我们的社会主义法制，使资本主义在我国复辟，使反动的“六法”在我国复活。如“右派分子”贾潜就公开地叫嚣：“旧法是几十年的经验，怎么能一下子就否定呢？”张映南叫嚷：“新旧法应该并重，不能单纯迎接新的，抛弃旧的。”杨兆龙认为“旧法规范可以为从容就义建设服务”，刘焕文主张“旧法思想重新估价”。也就是说，“旧法是不应该一棍子打死的”。因而他们的结论是：我们过去废除旧法是错了。他们妄图散布这些反动的谬论，煽动一些认识模糊的人，跟着他们走，从而达到其反党反社会主义的政治目的。事实上在这一时期，也的确有一些人，特别是旧法观点较深的人，被他们迷惑了，因而使法学思想在一个时期内为之模糊和混乱起来。为了彻底粉碎和揭露资产阶级右派分子的反党反社会主义的政治阴谋，肃清旧法观点在群众中的影响。特就下列有关旧法的一些主要问题提出我们的见解。

一、伪“六法”是半殖民地半封建社会的产物，是封建的、资本主义的、法西斯的混血儿

“六法”就是“六法全书”的简称。这个用语是国民党蒋介石集团从日本帝国主义那里沿用来的。其内容是指宪法、刑法、民法、商法、诉讼法（包括刑事诉讼法及民事诉讼法）、法院组织法6种主要的法典。也是国民党蒋介石集团反动统治的具有代表性的法律文件。

“六法全书”不是什么新鲜的东西，它完全是承袭旧中国一脉相传的古代的封建法律及北洋军阀反动政府的反革命传统，并抄袭外国资本主义法律及法西斯专政的反动精神拼凑而成。例如国民党的宪法，就是继承大清皇帝的“钦定

---

* 作者单位：华东政法学院（现华东政法大学）。
** 作者单位：华东政法学院（现华东政法大学）。

宪法大纲”、“十九信条”(以上两法的主要内容是采取日本的君主立宪制),北洋军阀的“中华民国约法”、“中华民国宪法”拼凑起来的。国民党的民、刑法是在删改北洋军阀反动政府的民、刑法草案的基础上,一方面继承封建的旧法;另一方面采用德国、日本、奥国、瑞士等资本主义国家民、刑法规而制定的。特别到后来,随着四大家族官僚资本的发展和国民党蒋介石集团政治上的法西斯化的加强,又抄袭和补充了德国、日本、西班牙等国家的法西斯专政的法制原则,继承了希特勒的衣钵。至于其他如民事和刑事诉讼法、法院组织法等,也都是无例外地继承中外反动统治阶级的法律衣钵。因此,国民党“六法”乃是封建的、资本主义的、法西斯的混血儿,是一种又脏又臭的东西。

为什么国民党“六法”要继承中外反动统治阶级的法律衣钵呢?这是国民党反动统治的社会性质、经济基础及与此相适应的反动的政治制度所决定的。我们知道,在国民党蒋介石反动集团统治下的旧中国,是一个半殖民地半封建的国家。这个国家的经济基础乃是封建半封建的土地制度和封建买办的官僚垄断资本制度。因而建筑在这个基础上的国家制度和法律制度也就必然与这个基础相适应,并积极地为这个基础服务。既然国民党蒋介石反动集团是代表当时的统治阶级(即这个经济基础的代表者)——地主阶级和官僚资产阶级的统治。而过去旧中国的封建法律和北洋军阀反动政府的法律又是反映封建地主或官僚买办阶级的意志,巩固与发展封建经济或官僚买办经济的工具,因此这种阶级统治与法律本质的一致性,也就使它能够把过去的反动统治阶级的法律继承下来。同时,在这个经济落后的半殖民地的旧中国,地主阶级和买办阶级又是国际资产阶级的附庸,它们的生存和发展是附属于帝国主义的(参见毛主席对中国社会各阶级的分析),因此,它们也就始终和帝国主义站在一边,并向帝国主义学习那种如何更好地剥削劳动人民,镇压与束缚劳动人民的本领,吸收帝国主义的法制原则,加强它们的反动统治。特别是随着四大家族官僚资本的发展和国民党蒋介石集团在政治上的法西斯化,这些统治阶级为了更好地适应这种政治形势的发展,以便使法律更好地为它们这种反动的政治服务,因而也就促使他们进一步地向法西斯国家学习,使法律也随之而法西斯化。因此我们说,国民党“六法”乃是半殖民地、半封建社会的产物,是为地主阶级、官僚资产阶级的反动统治服务的。

既然国民党“六法”是这样东抄西凑而成的,因此,国民党“六法”的整个法律体系也就必然成为杂乱无章的东西,这样也就根本谈不上法律体系的完整性、科学性。譬如,以伪民法为例,它一共有5编,即总则编、债权编、物权编、亲属编和继承编。在这里他们把亲属编也列入民法当中,显然是反科学的,因为民法所调整的法律关系乃是财产关系以及与人身相联系的非财产关系。而亲属法所调整的是婚姻关系和家庭亲属关系。这样,亲属法就应该作为一个独立的法的部门。而国民党"六法"所以把亲属法也列入伪民法中,乃是他们把人与人的关系也看成为物与物的关系。所以说,它是反科学的。由此可见,"右派分子"所惯于叫嚷的"六法体系完整,具有严格的科学性"等谬论是不堪一驳的。

伪"六法"是保护大地主、大买办阶级与帝国主义反动统治,镇压与束缚人民的工具。

为了进一步批判伪"六法",揭露右派分子所谓要继承"六法"、"六法"不能一棍子打死的反动阴谋,我们还有必要把伪"六法"的五脏解剖一下,好让人们嗅嗅它里面所藏的是什么毒素。

由于国民党"六法"所涉及的问题较广,本文拟就国民党的所谓实体法来揭露和批判它的反动实质(对于所谓程序法将另文批判)。国民党的所谓实体法是什么呢?就是指国民党的民法、商法、刑法及各种民刑特别法而言。综合起来,其反动本质和特点主要有以下几方面。

1. 保护地主、买办阶级的利益,保障"人吃人"的制度,残酷地压迫和剥削人民

国民党的伪"六法",既然是建筑在半殖民地、半封建的经济基础之上,是大地主、大买办阶级的阶级意志的表现,那么,坚决地保护地主、买办阶级的利益,保障他们的剥削制度,乃是伪"六法"的基本任务。这在伪民法、商法和刑法中都反映得非常明显和突出。

例如,伪民法物权编一方面规定:"所有权人于法令限制之范围内,得自由使用、收益、和处分其所有物,并排除他人之干涉。"(第765条)公开地以法律的形式把支撑着国民党反动统治的经济支柱——封建地主经济和买办官僚资本——固定下来(无疑,当时占国民经济绝大部分的是这两种经济,而真正享有所有权的人也就是占有这些所有物的大地主、大官僚买办阶级,对劳动人民特别是对无产阶级来说,他们除了双手之外,再也没有什么所有物了),并且也允许这些所谓所有权人随意利用其土地、资本进行"合法"的剥削。而另外,又规定了"地上权人(按:指承租地主土地的佃农等)纵因不可抗力,妨碍其土地之使用,不得请求免除或减少租金"(第837条),"永佃权人(按:指支付重大租额永久租种地主土地的佃农等)积欠地租达二年之总额者,除另有习惯外,土地所有人得撤佃"(第846条),"出典人(按:显然出典人多是劳动人民)于典期届满后,经过二年,不以原典价回赎者,典权人即取得典物所有权"(第923条)。这样,法律不仅保障了地主的所有权,而且还保障了地主的地租不因天灾人祸而受到任何影响,保障地主的自由撤佃及对劳动人民财产的掠夺(包括动产不动产等)。

至于伪民法债权编,虽然在形式上也规定了债务人与债权人享有同等的权利。但是,实际上是不平等的。反映了人剥削人、人压迫人的反动特质。譬如,债权编一方面规定:“行使债权,履行债务,应依诚实及信用方法。”(第219条)表面看来,好像双方的关系都是基于“诚实”和“信用”,都是“平等”的。但是,另一方面却又规定:“债务人不给付或不能完全给付者,债权人得申请法院强制执行,并得请求损害赔偿。”(第227条)这实际上是要使伪法院直接参与债务关系的干涉,利用法律的强制力,迫令债务人清偿债务,以保障债权人的利益不受损害。同时还规定债务人如果迟延偿债日期,债务人应负迟延责任,向债权人赔偿因迟延或不履行而发生的损害。(第229条、第231条、第232条)这样也就进一步地保障了债权人对债务人的剥削,实质上也就是保障了大地主、大资产阶级、高利贷者对劳动人民的剥削。事实也正因如此,在旧中国里,劳动人民因还不起债,被地主、官僚买办和高利贷迫害而家破人亡的,真不知多少。

又如,伪商法,就公开地规定了“大鱼吃小鱼”的股份有限公司制度,保障大资本吞并小资本。根据伪公司法的规定,小股东不但享受不到合法的权利,而且还必须承担大股东所转嫁的赔偿义务。因为只有股份占1/20以上的股东,才有权请求董事召集股东临时会(第179条),声请法院选派检查员检查公司业务及财产情形(第235条),只有股份占1/10以上的股东,才有权向法院控告董事和监察人(第198条、第213条)。也就是说,掌握公司大权的只有大股东,公司的一切活动可以任由他们摆布。但公司破产时,这些小股东却要负共同责任。不仅如此,并且还规定一个公司可以充当其他公司的有限责任股东(第20条),这样也就更加保证了四大家族财政寡头通过这种“参与制”支配和吞并附属于它的“女儿公司”,进行经济垄断。特别是关于票据制度、信用债券制度等方面的规定,更加便利于官僚资产阶级对劳动人民的压迫和剥削。因为他们可以利用这些规定,膨胀信用、投机取巧,以获暴利。而且把这些证券投入流通过程,势必加重通货膨胀的危机。其结果,受掠夺的就是劳动人民。

再如,伪刑法,它就从保护地主、买办阶级的所有制出发,规定出各种所谓经济犯罪,并对这种所谓犯罪,给予极其严厉的处罚。譬如根据所谓“惩治盗匪暂行条例”的规定,对于有关抢劫的犯罪,就一律判处死刑。至于其他的刑事犯罪,如所谓内乱罪、外患罪、妨害公务公共危险罪等,也是专门用来对付劳动人民,以保障地主、买办阶级的经济统治和政治统治的。特别是国民党的所谓判例和解释例,更是无微不至地为维护地主、买办阶级,压迫和剥削劳动人民而服务的。

总之,从以上的分析中,充分地证明伪“六法”是为保护与发展大地主、大资产阶级的剥削制度服务的。

2. 实行法西斯恐怖的统治政策,残酷地屠杀和镇压人民

我们知道,国民党蒋介石集团,自从“四一二”叛变革命、建立反动统治以后,便残酷地屠杀和镇压劳动人民,实行反共、反人民、反革命的政策,并在大地主、大买办阶级和德、意等法西斯国家的支持和扶植下,逐步走上法西斯专政,因而与这个反动政权相适应的国民党的反动法律也开始法西斯化。

这种法西斯的、恐怖的统治政策,也表现在各个方面,其中特别突出的是表现在刑事政策、刑法及单行的刑事法规上。例如,1935 年所颁布的新刑法总则部分,就吸收了德国、日本、意大利、西班牙等法西斯国家的刑法原则,增设“保安处分”一章,以所谓保安处分的刑罚手段来镇压和统治劳动人民。也就是说,利用“保安”、“感化”的名义,把“有犯罪之虞”分子、“思想犯”、“阴谋犯”等,无故地,也不经任何法律手续,便关进集中营,任意加以迫害和屠杀。就是对于一般的青少年犯人,他们也要在“保安”、“感化”的名义下,关到集中营去强迫接受所谓“感化教育”(即法西斯教育)。在其他的单行法规中,还将所谓“扰乱治安罪”、“煽惑勾结罪”、“非法结社反革命宣传罪”、“内乱罪”等罪名,毫无根据地强加在爱国民主人士及革命志士的头上,进行迫害。就是宣传抗日、组织抗日民众运动都被视为犯罪,都要受到审判。(根据“危害民国紧急治罪法”和“戡乱时期危害国家紧急治罪法”的规定,凡犯有以上“罪行”的人,都应判处死刑或无期徒刑)至于对待共产党人,那就更加恐怖和残酷了。国民党蒋介石集团为了杀害共产党员,特别制定了许多有关这方面的法规和条例,如“限制异党活动办法”,“共产党问题处置办法”等。根据这些条规,凡是共产党人,或有共产党嫌疑的人,都要受到迫害。

同时,国民党为了配合和实施这种恐怖与残忍的刑罚手段,在其统治区内普遍设立了多种“感化所”和“反省院”,大量地迫害和屠杀革命爱国人士。根据不完全的统计,从蒋介石叛变革命到抗日末年就有 1200 万中国人民被屠杀。如果再加上解放战争时期被屠杀的无辜的人,其数目就更加惊人了。

从这些反动法规的规定来看,更加充分地说明了国民党蒋介石集团是坚决反共反人民的,同时也更加充分地说明了国民党的法律是坚决为大地主大资产阶级的反动统治服务的,也是世界上最反动的法律之一。当然这些统治阶级也懂得:共产党人、爱国人士、革命志士及劳动人民是他们的死敌,也是他们的掘墓人。显然在这个革命的潮流里,他们妄图通过这种政治上和法律上的恐怖政策,来挽救他们的危机,维护他们的反动统治。

3. 公开地出卖祖国和民族的利益,忠实地保护帝国主义在华的特权

国民党蒋介石集团的反动政权既然是依靠帝国主义的支持和保护,因而保护帝国主义在华的种种特权,出卖祖国和民族的利益,也就成为国民党反动法律的主要任务之一。从国民党的民、刑、商法的基本内容来看,真是无微不至地为帝国主义服务。

例如,伪民法总则施行法规定:未经认许成立的外国法人,可以在中国为法律行为。(第15条)这就公开承认帝国主义各国在中国可以不依中国的法律而自由成立各种公司和经营各种企业,听任他们对中国人民进行奴役和掠夺。伪民法债编还规定,债务之给付可以使用外币(第202条),这实质上也就是允许帝国主义各国的货币可以在中国领土内自由流通和使用,这对帝国主义的经济侵略,无疑是大开其方便之门。

又如,1946年颁布的伪公司法,就专门增设"外国公司"一章。其中规定,外国公司可以在中国取得不动产的所有权,并享有和中国公司同等的权利。(第298条)在特种股份有限公司条例中还规定:中国政府机关组织之股份有限公司,准许本国人和外国人认股。而且外国人还可以充当中国公司的董事和监察人。这就公开承认帝国主义各国可通过所谓认股的方式来控制中国公司和中国的经济命脉,承认帝国主义对中国的经济掠夺为合法。

再如,伪刑法,也公开以钳制中国人民反帝斗争的方法,来保障帝国主义分子在华的种种活动。伪刑法分则第3章专门规定了所谓"妨害国交罪"。根据其中规定,"对于友邦元首或派至中华民国之外国代表(按:实即罗斯福、希特勒、陶德曼、兴登堡、张伯伦之流),犯故意伤害罪、妨害自由罪或妨害名誉罪者,得加重其刑至三分之一"(第116条),对于"意图侮辱外国而公然损坏、除去或污辱外国之国旗国章(按:实指美、英、法、德、意、日等国而言)者,处一年以下有期徒刑、拘役或三百元以下罚金"(第118条)。就是违背国民党的所谓对外中立命令,进行反帝反侵略的斗争,也被视为妨害国交罪而加以刑事处罚。(第117条)其实,这种所谓妨害国交罪,实质上就是妨害国民党的投降卖国罪,这充分地表现了国民党蒋介石集团的奴才相。特别是关于帝国主义在华的领事裁判权的确认,那就更是反动透顶了。它进一步地保障了帝国主义分子可以在中国横行霸道,任意强奸、殴打和屠杀中国人民。

总之,从以上的分析中,也充分地证明国民党的法律具有浓厚的殖民地、半殖民地的性质,也是帝国主义借以侵略中国、统治中国的工具之一。

4. 维护封建婚姻制度、封建继承制度及封建家族的统治,压迫妇女

前面已经说过,旧中国是一个半殖民地半封建的社会,所以不论民法或刑

法，也都保留了相当浓厚的封建性，特别是关于家庭婚姻制度和继承制度，继承了中国几千年来的封建原则，这也是大地主、大买办阶级企图维持他们长期的、世世代代统治人民、压迫妇女一个重要的措施。例如，伪民法亲属编便大量地抄袭了中国古代的家族婚姻的原则，确认了强迫、包办、买卖的婚姻制度。规定了未成年人结婚和离婚都应得法定代理人的同意。（第981条、1049条）在伪司法院的解释例中，甚至更露骨地宣布男女结婚、离婚之权属于父母，并断定抢亲不能作为解除婚姻的理由。与此同时，还确认了男尊女卑的、漠视子女利益的家庭婚姻制度，规定妻应以其本姓冠以夫姓（第1000条），妻应以夫之住所为住所（第1002条），属于夫妻的共同财产，归由丈夫管理（第1018条），属于妻子婚前的原有财产，丈夫不仅享有使用权、收益权，甚至还享有处分权（第1019条、1020条），父母对于教养未成年子女权利的行使意见不一致时，由父亲单独行使（第1089条），俩愿离婚后，对于子女的监护，亦由父亲来担负（第1051条）。可见夫权统治一切，对于整个家庭实行家长式的统治。此外，对于重婚纳妾以及童养媳等，国民党的法律是采取默认的态度的。总而言之，当时束缚中国人民特别是妇女的绳索除了政权、神权之外，还有族权和夫权。在这几种权力的压迫下，中国人民特别是妇女是极其痛苦的。

又如伪民法中的继承编也大量地抄袭了中国古代的继承原则。强调嫡系子孙的优先继承权（第1138条）；养子女只能继承婚生子女应得财产之一半；（第1142条）；妻子只有“守志”才能享有继承权；寡妇不能代丈夫继承翁姑遗产，必须由其子孙继承（第1138条及伪司法院解释例）。也就是说，要把继承权限制在家族之内。这种继承法的实质，无非是为了保护大地主、大资产阶级的私有财产，使其直系血亲能够安稳地继承这种世袭的剥削特权不受死亡的影响。

就是在刑法方面，也同样是维护封建的家族统治和压迫妇女的。譬如伪刑法为了维护封建的婚姻制度，便规定有妻娶亲不构成重婚罪，公开地确认一夫多妻制。同时还强调妻子对丈夫的片面贞操，规定妻子与人通奸要受罚，丈夫与人通奸则免罚。就是对那些强奸妇女、强奸幼女并杀害被害人的犯罪行为，也是采取不告不理的反动原则。这样便为男子玩弄女性、侮辱女性大开方便之门。也就是说，压迫妇女、侮辱妇女、摧残妇女是受到国民党反动法律的保护的。

此外，不管伪民法、商法或刑法，还抄袭了资本主义国家的其他虚伪原则，如所谓“罪刑法定主义”、“保障民主自由”、“法律面前人人平等”等，企图用以欺骗人民、迷惑人民，从而更有效地为其反动统治服务。对于这些，我们也必须加以揭露和批判。

所谓“罪刑法定主义”，根据伪刑法的规定，即犯罪行为以有明文规定为限，法无明文规定不为罪。这一刑法原则,对劳动人民来说,完全是一种欺骗。因为首先,在国民党蒋介石集团的反动统治下,他们掌握了政权,随时可以根据他们的意志和需要来修改或制定镇压人民的反动法律,并依照这些法律来判罪,以此作为迫害人民的一种法律根据。其次,一旦当他们感到颁布法律对镇压和迫害人民稍有不便时,他们也就会马上撕毁法律,自由行动。退一步说,即使他们在形式上还保留这些法律,他们也会利用所谓“法理”来把法律加以曲解,使之成为有利于他们的东西。在国民党反动统治的年代里,事实正是如此,他们为了镇压人民的革命运动,不惜采用最野蛮的法西斯的恐怖手段来对付劳动人民。只要他们高兴,不管法律有无明文规定,他们都可以随便捉人、杀人。所以我们说国民党的所谓罪刑法定主义,完全是一种欺骗。

至于所谓“保障民主自由”、“法律面前人人平等”,同样是一种形式。例如,伪民法债编中规定:“当事人互相表示意思一致者,无论其明示或默示,契约即为成立”(第153条);“要约经拒绝者,失其拘束力”(第155条);“称雇佣者,谓当事人约定,一方于一定或不定之期限内为他方服务,他方给付报酬之契约”(第482条)。按这些规定,似乎双方当事人都是处于“自由”、“平等”的地位来订立契约,履行债权债务关系。但是就在这些条文中却暗藏着赤裸裸的人对人的剥削关系和压迫关系。因为在国民党的反动统治下,工人、农民都是被压迫被统治的阶级,他们的自由意志是受到饥饿和失业的压制的,所以他们在和地主资本家订立契约时就不能不接受地主资本家的意志,也就是说,他们在实际上是处在不平等的地位来订立契约的。况且契约一经订立,工人、农民就在事实上完全由地主、资本家来自由支配,任由他们剥削。同时,他们还可以利用自由解约的特权来对付劳动人民。因此,实质上也就是不自由、不平等、不民主。

又如,在伪刑法中,专门有一章规定所谓“妨害自由罪”,说什么“使人为奴隶或使人居于类似奴隶之不自由地位者,处一年以上七年以下有期徒刑”(第296条),“不依法令搜索他人身体住宅、建筑物……者处二年以下有期徒刑、拘役或三百元以下罚金”(第307条)。但是在什么时候国民党反动派保障过人民的自由?地主、资本家不是使劳动人民处于奴隶的不自由的地位吗?地主、资本家、国民党特务分子不是经常用非法的手段来剥夺劳动人民的行动自由,非法地搜索劳动人民的身体、住宅吗?为什么国民党法官老爷们不判他们的刑呢?当然,所谓“合法”与“非法”,全都是由这些法官来自由解释。但正因为是这样,才更加说明这种所谓“保障自由”、“保障民主”全都是假的。我们绝不应该被他们这些虚假的幌子所迷惑。

二、必须彻底废除伪“六法”，肃清旧法观点

从以上的分析中，我们有充分的理由证明国民党的法律是保护地主、买办阶级反动统治的工具，是镇压与束缚广大人民群众的武器。虽然国民党“六法全书”也有某些似是而非的所谓保护全体人民利益的条款，但是正如党中央1949年2月有关废除伪“六法”的指示中所指出的那样，这是反动统治阶级为了保障其基本的阶级利益（财产和政权）的安全起见，而不能不照顾一下它的同盟者或它试图争取的同盟者的某部分利益，不能不敷衍一下它的根本敌人——劳动人民，企图以此来缓和反对它的阶级斗争，而这些归根结底还是为了巩固他们的阶级利益和他们的阶级统治的。这些所谓“民主”的条款，全部都是虚伪的、骗人的。对我们来说，这种反动的反人民的法律，根本没有什么可取的地方。正因如此，所以我们党中央在1949年2月便发布了“关于废除国民党的六法全书与确立解放区的司法原则的指示”，提出必须废除伪法统，彻底废除伪六法；人民的司法工作必须要以人民的新的法律为根据。

从这里也充分地说明了“右派分子”所叫嚷的“国民党的刑法虽然不好，但也不是全部都是坏的，特别是国民党的民法有不少进步的成分，还是可以采用的”，“国民党主导性的法律虽然不能用，但国民党辅佐性的法律还是可以采用的”等陈词滥调是非常反动的。我们认为，新的人民的法律与国民党旧的反人民的法律是没有丝毫联系的，新法和旧法是水火不相容的，即使是一个法律名词、法律术语，也说不上什么继承的问题。因为任何的一个法律名词、法律术语都不是抽象的东西，它包含着强烈的阶级内容、政治内容。所以对旧法采取一棍子打死的态度是完全正确的。

从这里我们也充分地看出“右派分子”叫嚣的所谓法律的继承性的目的何在。假如按照他们的意见去做，不正是使伪“六法”在我国复活了吗？不正是拿起敌人的刀来砍自己的头吗？不正是把已经打掉了的旧枷锁重新拾起来再套在自己的脖子上吗？这是我们全国人民所绝对不能容许的。对于这些右派的谬论，我们必须同对付旧法一样，把它们一棍子打死，因为这是“你死我活”的阶级斗争，如果让右派分子得逞，我们就会被他们拉回到受苦受难的半殖民地半封建的老路上去。

同时，必须指出：我们虽然早就废除了伪“六法全书”，但是，目前在政法部门和政法学术教育界，旧法观点还没有完全被打死。个别的人就曾经以所谓有利被告、罪刑法定主义等“理论”来对待犯罪分子，或片面强调对犯人的宽大等。

这种“理论”和观点，是与我们的人民民主专政和社会主义法制不相容的。我们必须彻底清算它。

清算旧法观点，也是一场社会主义的革命运动，是一场剧烈的政治斗争和思想斗争，为了进一步维护社会主义法制，我们必须在这场斗争中取得彻底的胜利，彻底地肃清旧法观点。

（1958年第2期）

关于法律和政策的若干问题

——对朱恩霖的“法律和政策的关系”一文的意见

赵　擎*

【编者按】 赵擎同志提出法律与政策关系的若干问题来讨论，是很有意义的。这是理论问题，也是实践问题。“右派分子”曾从这个方面向我们进攻。他们说“政策不能办事”，“只有政策没有法律，政府可以随便行动，而一般人民却苦于无所适从”。因此，我们觉得讨论这一问题必须从实际情况出发，必须针对右派谬论，这样才富于实现性和斗争性。请读者参加讨论。

一、讨　　论

《法学》1957 年第 6 期登载了朱恩霖同志的文章：“法律和政策的关系”。我对这篇文章的某些论点有不同意见，兹出来与朱恩霖同志商榷，并与大家共同讨论。

二、什么是政策

朱恩霖同志说：“什么是政策？统治阶级为进行阶级斗争和国家领导，必须根据当时当地的客观情况，制定工作的一定的方针和路线与方式方法，这就是这个阶级的政策。”给政策下这样的定义，是值得商榷的。

首先，政策与法律不同。政策，不仅有统治阶级的政策，而且也有被统治阶级的政策。如果给政策下个一般的定义，就不能只端出“统治阶级”来概括一切。

其次，把工作的方式方法也看成是政策，骤然听来，似乎是更全面些，因为某些政策本身往往规定了工作的方式方法。但是，我们绝不能因为某些政策中规定有工作的方式方法，因而就把工作的方式方法也叫做政策。这正如不能因为

* 作者单位不详。

某些法律中规定有刑事处分,因而就把刑事处分也叫做法律一样。

如果把工作的方式方法也看成是政策,势必在实践中使人们弄不清政策到底是什么,或者把政策与贯彻政策的方式方法混为一谈。比如,在肃反斗争中,我们与那些暗藏的反革命分子进行面对面的斗争,这个面对面的斗争是肃反方式之一。毫无疑问,与暗藏的反革命分子进行面对面的斗争,是在肃反政策的指导下进行的,但斗争本身并不就是肃反政策。如果把肃反的方式方法也看成是肃反政策,那就会得出如下的结论:对反革命分子的大会斗争是肃反政策,小会斗争是肃反政策,个人斗争是肃反政策,而追踪特务也同样是肃反政策……这样一来,肃反政策到底是什么呢?恐怕谁也不晓得。其实肃反的政策是:“肃反斗争在党中央和各级党委领导之下,实行全党动员,群众动员,坚持严肃与谨慎相结合的方针,坚持‘提高警惕,肃清一切特务分子;防止偏差,不要冤枉一个好人’的原则,实行惩办与宽大相结合的政策,坚持调查研究、实事求是的方法,严禁刑讯逼供,遵守革命法制。”①至于肃反工作的各种方式方法,只是贯彻执行这一政策的手段,它们本身并不是肃反政策。

由此可见,绝不能说政策是工作的一定的方式方法。其实,朱恩霖同志在自己的文章中也实际上否定了关于政策是工作的方式方法这一论点。因为他谈到贯彻执行法律与政策时说道:“法律与政策的显著结合和最有效的贯彻执行方法——政治运动。”②如果认为政治运动是贯彻执行政策的最有效的方法,那就应该承认作为一种工作方法的政治运动本身,并不等于政策。

所谓政策,我的看法就是在一定的历史时期中,某个阶级为了达到自己的根本利益要求,而在阶级斗争中依据当前形势所确定的工作方针、原则,它体现着这个阶级的战略与策略。

我们平常谈论法律与政策的关系时,是指法律与统治阶级政策的关系。统治阶级的政策,就是统治阶级在一定的历史时期中,依据客观形势而制定的,为了保护和发展自己的利益,用来指导本阶级进行阶级斗争,以及领导国家一切活动的各项方针、原则,它体现着统治阶级的战略和策略。

三、法律和政策的区别

朱恩霖同志谈到法律与政策的区别时说:“所区别的是法律具有特殊强制

---

① 罗瑞卿同志在中国共产党第八次全国代表大会上的发言。

② 朱恩霖:“法律和政策的关系”,载《法学》1957年第6期。

力，并且不包括全部政策，它仅是政策的主要表现形式和最有效的形式。”

按照这段话的意思，法律与政策的区别可以归纳为两点：(1)法律具有特殊的强制力，而统治阶级的政策则不具有强制力；(2)法律不包括全部政策，它仅是政策的主要表现形式和最有效的形式。

现在，我们就来研究一下吧。

能够说统治阶级的政策不具有强制力吗？不能。无论从理论上或实践上来说，统治阶级的政策是具有强制力的，而且不能不具有强制力。

统治阶级的政策是用来指导本阶级进行阶级斗争和领导国家活动的重要工具，单这一点就决定了统治阶级的政策必须具有强制力，否则，它又怎能得到贯彻？当然，政策的贯彻执行不仅仅依靠强制力，但强制力却是保证统治阶级政策贯彻执行的不可缺少的因素。这无论在任何类型的国家里都是如此。

如果政策不具有强制力，试问美帝国主义的“实力政策”及其他种种向外侵略和对内奴役的政策，又怎能实现？（当然，即使有强制力保证它，也不能得到完全实现）如果一概认为某些政策之所以具有强制力，只因为它被体现在法律中，借法律来保证其贯彻执行。这也不见得是完全正确的。美国的宪法就没有规定什么“实力政策”和其他侵略性的政策，可是，当无产阶级和人民群众稍微抨击与破坏这种政策时，就受到残酷的追究。这种情形，也就说明了统治阶级的政策是和法律一样具有强制力的。

至于社会主义国家的政策，主要是靠在人民群众中进行宣传教育来贯彻的，但它也同样具有强制力。比如，当过渡时期的总路线还没有被规定在宪法中但已公布在中央的报纸上时，固然，人们可以在广泛讨论的基础上提出不同的意见（这是社会主义民主的特点），但如果有人在行动上来破坏总路线，试问能够对这种行为不加以制止吗？又如，“百花齐放，百家争鸣”这一繁荣我国科学艺术的政策，也没有具体地规定在法律中，可是，如果有人破坏这一方针，轻则批评教育，严重的则予以制裁。“右派分子”不是以“百花齐放，百家争鸣”为借口而大放毒箭吗？我们对这种行为不是予以坚决的反击吗？由此可见，实践证明，政策是具有强制力的。

说政策没有强制力，这种观点是相当普遍的。产生这种错误观点的主要原因之一，是由于人们片面地理解违反政策不一定就是违法，从而由此引申出政策没有强制力这一错误的结论。

违反政策不一定违法，违反法律则一定同时是违反相应的政策，这是对的。但不能由此得出结论，说只有法律才具有强制力而政策就不具有强制力。

法律与政策的区别并不在于有无强制力。违反法律，可能构成犯罪，行政过错，或民事上的违法，等等。对各种违法者科以不同的惩罚，这是法律具有强制力的表现。违反政策，除触犯刑律的受到法律制裁外，一般则是受行政处分、纪律处分或批评教育。很明显，法律制裁、行政处分和纪律处分，这都是强制的不同形式。至于对违反政策的人进行批评教育，在这种场合下，可以说，批评教育也含有强制的因素，甚至可以说是强制的另一种形式。因为，如果对方不接受批评而再坚持自己的错误行动时，就会受到别的处分了。

也许有人认为对国家机关工作人员来说，政策确具有强制力，但对于一般居民就不一样了。比如拿统购统销政策为例，有些思想落后的农民不肯出卖余粮，对他们就不能采取强制的方式。不能强迫贫雇中农出卖余粮，这是工作人员必须遵守的工作原则，但这绝不能说统购统销政策就不具有强制力。试问，报纸上登载的对破坏这一政策者的惩处，不是一个有力的证明吗？

也许有人认为承认政策具有强制力，容易使某些干部以简单粗暴的方式去贯彻政策，或对违反政策的人都予以法律制裁。我认为承认政策具有强制力是一回事，如何贯彻政策和对违反政策者的处理又是另一回事。如果以简单粗暴的方式来贯彻政策，这已经是违反政策的精神了。同样，如果对违反政策者不做具体分析而一概予以法律制裁，这也是不对的。

总之，统治阶级的政策也和法律一样是具有强制力的，只不过在强制的形式上有所不同而已。如果认为只有法律才具有强制力而政策就不具有强制力，那就实质上默许人们可以不遵守国家的政策，或对违反政策的行为漠然置之。这样就会在客观上承认法律是非常必要的，政策则是可有可无的；政策必须服从法律，而不是法律必须服从政策。

由此可见，把有无强制力作为法律与政策的主要区别是不对的。

朱恩霖同志谈到法律与政策的另一区别时又说，法律“不包括全部政策，它仅是政策的主要表现形式和最有效的形式”。

法律不包括全部政策，这是对的。但不能把这一现象作为法律与政策的区别。因为这里并没有回答法律有哪些不同于政策的特征，也没有回答政策有哪些不同于法律的特征。

至于说法律“是政策的主要表现形式和最有效的形式”。如果作者是指法律体现国家的政策，并因此而赋予政策以法律的效力，那是正确的。如果把法律作为形式，政策作为内容，因而把法律与政策的区别看成是形式与内容的区别，那就不对了。因为法律与政策同是阶级社会上层建筑的组成部分，都是为统治阶级服务的工具。它们两者按实质内容和任务来说，常常是完全一致的，而且不可能不一致。既然它们有着共同的内容，就不能将它们之间的区别看成是形式与内容的区别。如果说有形式与内容的区别,那只能说法律与(统治阶级的)政策同是统治阶级意志的不同表现形式。

那么,法律与统治阶级的政策究竟有什么区别呢?我认为它们之间的区别在于:

法律(这里"法律"一词与"法"或"法权"作为同义语,而不是指法的主要渊源)是由国家制定或认可的行为规则的总和,它有自己的专有形式,如法律、法令、命令、条例等。作为一种特殊行为规则的法律(法),它详尽地确定了保护什么、巩固什么、发展什么和反对什么。并且具体地规定了对各种违法行为的惩罚办法。谁违反了这些行为规则,谁就要受到国家的制裁。

政策是(通常是)由执政党的领导核心按照本阶级的利益,结合当前形势而提出来的工作上的方针、原则。政策没有固定的形式,它既可以体现在国家的规范性文件中,也可以体现在报告中,甚至可以作为口号提出来。在通常的情况下,政策的内容不如法律(法)的内容那么详尽具体,同时,它本身也没有明确规定对违反政策者的处分办法。违反政策的不一定受到法律制裁,但也要受处分或批评。

四、法律和政策的关系

朱恩霖同志说:"由于法律和政策都是同一经济基础的产物,都是体现着统治阶级的意志和为其政治目的而服务,因而它的相互关系是非常密切的。所区别的是法律具有特殊强制力,并且不包括全部政策,它仅是政策的主要表现形式和最有效的形式。因此说,政策是法律的灵魂,法律是政策的定型化;法律是随着政策的变化而变化的。"接着,朱同志就罗列了许多事例来论证法律与政策的关系。

从上述引文中可以看出:朱恩霖同志一方面正确地指出了法律和政策所以发生非常密切的关系,是由于它们具有共同的经济基础、共同的阶级本质和共同的政治目的。但是,另一方面对于为什么政策是法律的灵魂,法律是政策的定型化,法律随着政策的变化而变化,朱恩霖同志却把这一现象(其实就是法律和政策的关系)源于法律与政策的区别,即源于所谓"法律具有特殊的强制力,并且不包括全部政策,它仅是政策的主要表现形式和最有效的形式"。这样,人们就自然要向作者提出如下的问题:

为什么不具有特殊强制力的政策,却能成为具有特殊强制力的法律的灵魂?

为什么不包括全部政策的法律,却是政策的最有效的形式,同时一定要随着政策的变化而变化?

虽然作者在文章中以许多事例来说明这些现象本身,但产生这些现象的原因到底是什么,整篇文章基本上没有予以论证。而理论问题恰恰正在这里。

为了回答上述的问题,我们可以从法律与政策的相互关系中去分析。

法律和统治阶级政策的相互关系可以概括为两个方面。

(一)政策是创制法律和适用法律的依据

在社会主义国家里,国家的政策和法律都是工人阶级和人民群众意志的表现。它们都是巩固无产阶级专政,维护人民群众利益,建设社会主义和共产主义的重要工具。

社会主义国家的政策和法律所以能够起到巨大作用,因为它们反映了社会发展的客观规律,适合客观形势的要求,代表着广大人民群众的意志和利益。但是,作为掌握国家领导权的工人阶级,要使自己创制出来的政策和法律确切地反映社会发展的要求,这要经过许多艰巨而细致的工作。这一工作过程可以表述如下:从实际出发,把社会发展的客观要求和人民群众的意志体现为共产党的政策,经过实践的检验,然后又把党的政策总结上升为法律。

从实际出发,制定政策,经过实践检验,上升为法律,这就是社会主义国家立法工作所遵循的道路。

人们可能要问,为什么要先制定政策,然后才制定相适应的法律?先制定法律,或者同时制定同一内容的政策与法律不是更省事吗?答曰不行。我们的法律与资产阶级的法律根本不同,它是代表着全体劳动人民群众的根本利益的,它绝不能像资产阶级的立法一样,只集中一些所谓专家坐在屋子里就写出来,而是必须从实际出发。但是,社会现象是纷繁复杂的,任何人也不可能一下子准确地掌握全面,在开始观察瞬息万变的社会现象时,只能掌握总的趋向或基本方面。因此,掌握国家领导权的工人阶级总是首先通过自己的政党提出一些解决当前实际问题的方针原则(也就是政策),而不能贸然制定详尽的法律。当这些方针、原则经过实践检验后,才通过国家权力机关制定为法律。比如党在1952年提出了过渡时期的总路线(总政策),经过两年时间的实践检验,然后在1954年体现为国家的根本大法——《宪法》。

由此可见,从实际出发,制定政策,经过实践检验,总结为法律,这是社会主义国家创制法律工作的基本路线。

由此可见,政策是创制法律的依据。

政策不仅是创制法律的依据,同时也是适用法律的依据。法律一经制定出来就具有相对的稳定性,而社会生活则是千变万化的,因此,法律上所规定的内容不可能长期地都适合于社会的发展，而对于陈旧的部分，又不可能一下子加以修改或补充。为了正确地适用法律，就必须要有相应的政策为指导。所以政策又是适用法律的依据。

政策和法律都是一定经济基础上的上层建筑，它们都要随着经济基础的发展变化而发展变化，并且受阶级关系和阶级斗争的影响。但是，政策的变化总是先于法律的变化，这因为统治阶级在每一历史转折时期，总是先提出新的工作方针、原则，而不可能一下子就修改全部详尽的法律，法律的修改总是在政策的变化之后。由于这个原因，所以我们说法律随着政策的变化而变化，其实，政策和法律的变化，归根结底都是由经济基础的变化所引起的。

政策是创制法律和适用法律的依据，法律随着政策的变化而变化，正是在这个意义上，我们说政策是法律的灵魂。

（二）法律是统治阶级政策的具体化、条文化，是实现政策的重要工具之一

既然政策是创制法律的依据，所以不难理解，作为一种特殊行为规则的法律（法），无非是政策的具体化、条文化。比如，《中华人民共和国婚姻法》是当时的婚姻政策的具体化，《土地改革法》是土地政策的具体化，《农业合作社示范章程》和《高级农业合作社示范章程》是农业社会主义改造政策的具体化等。

既然法律是政策的具体化、条文化，所以贯彻执行法律就是贯彻执行政策，因此，法律是实现政策的工具。

政策的贯彻执行可以借助于各种手段，而法律则是实现政策的重要工具之一。

法律所以是实现政策的重要工具，可由以下两个方面来说明：

1. 要正确地贯彻执行政策，其首要条件是必须懂得政策的精神实质。但作为一些基本方针原则的政策，是不容易掌握的。比如1951年对反革命分子的政策是“镇压与宽大相结合”。如果没有高度的水平，就不容易正确地掌握这个政策。依据这个政策而制定的《惩治反革命条例》，就比较详尽地具体地规定对各种反革命罪行施以不同的刑罚，同时也规定了对同一类罪行可以施以不同的刑罚，此如五年至十年徒刑。这就是说，镇压与宽大相结合的政策在《惩治反革命条例》中变为条文化、具体化，从而帮助国家干部去掌握这一政策，并有效地贯彻执行这一政策。

2. 体现在法律中的政策获得了法律的效力，谁违反了它就构成违法行为，就受到法律制裁。这就是法律以自己的特殊作用来帮助政策的贯彻执行。

根据上面的论述，可见，把“法律具有特殊强制力，并且不包括全部政策，它仅是政策的主要表现形式和最有效的形式”，来作为“政策是法律的灵魂，法律是政策的定型化;法律是随着政策的变化而变化”的立论根据,是不正确的。

五、法律和政策的结合问题

朱恩霖同志说“法律与政策的显著结合和最有效的贯彻执行方法——政治运动”。

如果说法律与政策的显著结合是指两者在实质上、任务上相一致,那么,共产党的政策与社会主义国家的法律在任何时候都是“显著结合”的,而不仅仅在政治运动中。如果“显著结合”是指一定的表现形式来说,那么,认为法律与政策的显著结合是政治运动,这就值得商榷了。

政治运动不是法律与政策的显著结合,而是马克思列宁主义(体现为共产党的政策)与群众革命行动相结合的斗争形式。当然,在工人阶级掌握国家权力的条件下所进行的各项政治运动,不仅要借助于政策,同时也要借助于法律,不仅要借助于政策、法律,同时也要借助于社会主义社会的其他上层建筑,如各种宣传机构、组织机构等。如果因为在政治运动中法律起了应有的作用,就认为这是法律与政策的显著结合,那么,我们也同样可以说政治运动是政策与其他上层建筑(如宣传机构、组织机构等)的显著结合。但这种说法,除了令人模糊不清外,是不能解释问题的本质的。

根据朱恩霖同志所举的例子,可能他所说的“显著结合”,是指在政治运动中,法律依据党的政策,总结经验,不断发展和完备起来。但是,依据党的政策,总结经验,上升为法律,这是我们立法工作的根本路线,这条根本路线不仅在政治运动中体现出来,即使在平常的立法工作中同样显著地体现出来。

如果因为许多法律是在政治运动中产生、发展和完备起来,就认为这是法律与政策的显著结合,毋宁说是政治运动促进了法律的发展和完备,或者说政治运动使党的政策更加迅速地总结为法律。

如果一定要找寻法律与政策的“显著结合”,我倒认为它们两者“显著结合”的最具体的表现形式,莫如各级人民法院的典型的判决书,因为它既根据了国家的法律,同时也贯彻了党的政策。

最后,朱恩霖同志所说的“法律与政策的最有效的贯彻执行方法——政治运动”,我认为这在一定的历史时期来说是正确的。但必须估计到,朱恩霖同志所说的政治运动是指大规模的阶级斗争来说的,而大规模的阶级斗争将随着社会主义的建成而宣告结束。我们完全可以设想,在社会主义建成之后,法律和政策将会比在过渡时期更容易更有效地贯彻,因为这个时候,一方面,人民群众的共产主义觉悟水平更加提高了;另一方面,国内反抗社会主义的力量已经基本上消灭了,而蓄意破坏法律和政策的人已很少了。由此可见,认为政治运动是贯彻执行法律与政策的最有效的方法,这个论点只适用于一定的历史时期。较全面的说法应该是:在社会主义国家里,法律与政策的最有效的贯彻执行方法——宣传教育的方法。

我对"法律和政策的关系"一文的不同意见,大体说来,就是如此。由于阅读原文时还不够细致,可能在个别地方误解了朱恩霖同志的意思,但考虑到这仅是学术争论的问题,因此,不管对否,姑且提出来共同讨论,希望同志们予以批评指正。

(1958 年第 2 期)

必须克服政法战线上的右倾思想

谢　飞*

新中国成立以来，由于共产党的正确领导、全国人民群众的大力协助以及政法干部的勤奋努力，使我国在实行无产阶级专政的各项工作上，已经取得了巨大的成绩。在镇压反革命问题上，我们枪毙了一批，逮捕了一批，管制了一批。对于地主阶级、买办资产阶级、官僚资产阶级3个方面的敌人，我们剥夺了他们的政治权利和自由，只许他们规规矩矩，不许他们乱说乱动。尤其是1950年展开的肃反运动，已进一步地肃清了暗藏的阶级敌人。而正是这样做了，我们国家才有今天的巩固，社会才有今天的安宁，人民的生活才得到改善，人民的民主权利才得到保障。正如毛主席说的，"为了正确地估计我国的肃反工作，我们不妨看一看匈牙利事件对于我们国家的影响。匈牙利事件发生以后，在我国一部分知识分子中有些动荡，但是没有引起什么风浪。这是什么原因呢？应该说，原因之一，就是我们相当彻底地肃清了反革命"。①肃反问题是无产阶级专政的一项极其重要的工作，不进行这一工作，就谈不上真正的无产阶级专政。而专政的另一方面是坚决保护人民的民主权利和自由。我们国家已经实行了和正在实行着这两个方面的任务。我国人民在政治上享有的选举权、被选举权与言论、出版、集会、结社、游行示威等的自由权，它不但是得到法律上的承认，同时也得到国家机关的物质保障和实际保护，绝不允许任何人随意加以剥夺或破坏。而这些都充分地证明了我们人民民主专政的国家制度是最进步的。不论是镇压敌人或保护人员，它都发挥了最大的威力。

对上述两个方面的工作，我们虽然取得了巨大成就，但是如果严格地检查一下，在这一问题上，我们工作上还存在严重的缺点和错误的右倾思想。特别是在肃反运动之后和反右派斗争之前这一段时间内，在政法部门的干部思想中，对于专政问题不是都充分认识到的。有的在贯彻执行中显得非常不力，个别的甚至忘记了政法部门是无产阶级专政的武器。如有不少地区的政法工作干部对于反动阶级、反动派、流氓、阿飞、凶杀犯、盗窃犯、强奸犯、贪污犯，及一切破坏社会主义建设的坏分子，强调感化教育的一面，忽视了镇压强制的另一面。因而存在敌

---

* 作者单位不详。

① 毛泽东著：《关于正确处理人民内部矛盾的问题》。

我不分，该捕不捕，该判不判，重罪轻判的错误现象。如有些坏分子秘密地建立反动组织，进行破坏活动，准备夺取民兵枪支、打垮政府和解散合作社后上山打游击。被发觉后，我们的政法工作干部还认为这是落后小集团的落后活动，属于人民内部问题，不应判罪。又如，一个叛徒，叛变后杀了我们几个好干部，还带数人跟他一起叛变。被我们逮捕后，仅判3年徒刑。再如，山西有个反革命分子高××，是敌伪时期的职业特务。该犯除随从日本鬼子出发扫荡、杀人、放火、抢劫民财外，还亲自杀害我革命干部与群众7人，抢劫我军粮数千斤。当地人民恨之入骨，要求千刀万剐。但是我们的某些干部却轻易决定免予刑事处分，理由是"该犯在肃反中自动交代了"。又如，有个反革命分子王××，是日伪时期的反共副大队长，曾亲自杀害群众4人。解放后王犯隐藏在我们的供销合作社内，经群众揭发后，我方将该犯逮捕了，但仅判2年徒刑还缓期执行，仍在原机关工作。这样处理，群众极端不满，该犯则洋洋得意。又如，四川有个反革命分子邓××，是伪省三青团的组织干事，为三青团发展700名团员。在学校里布置特务活动，杀害进步学生19名之多，还亲自布置反动学生敲打民主人士。解放后混到我方中学里任教，在肃反中被发觉逮捕，但不久又释放了，且补发被押期间的全部工资。理由是"该犯是一历史反革命"。再如，山东有个反革命分子孙××，曾参与杀害我村干部和积极分子共12人之多，解放后混入我方工厂当职员，1955年被我逮捕，县法院判处无期徒刑。但在复查中认为县法院判得不当，以"杀人非主犯"为理由而将原判撤销，免予刑事处分。又如，山东路××是个坏分子，又是地主出身，在1年多的时间内，共奸污了16个幼女，被害者最大的不过16岁，最小的才8岁。经被害者家属控告，初级法院已经判处了该犯无期徒刑。但中级法院认为不合"从宽的精神"，便改判为15年徒刑。总之，这种例子是不胜枚举的。但仅从这些材料中，我们已经可以了解什么是重罪轻判与该判不判了。而这些仅仅是审判部门的右倾表现的一部分。

右倾思想不仅在审判机关中严重地存在，在检察与公安机关也程度不同地存在。

检察机关的右倾思想，主要是表现在该起诉不起诉与对审判监督的放任。这实际上就是对犯罪分子的宽容，也是对人民的残忍。例如，江苏某专区农业科查出一个反革命分子，曾参与决定杀害我革命干部40余人之多，但当地检察院对于这样的反革命分子却免予起诉。理由是"杀人的时间已经久了，又是他坦白的"。又如在1955年9月，广西某地检察院批准了逮捕一个反革命分子朱××，朱10余年来前后杀害我革命干部共10多人，而且做过许多其他的反革命罪行，但该犯在被捕后在预审中表示愿意重新做人，我们的检察院也就向法院撤回起诉,并将罪犯送回原机关工作。这种例子也是不胜枚举的。它们对法院的判决,也没有起到应有的监督作用,有时法院对犯罪分子的判决过轻,也不提起抗议。

在公安部门的右倾思想,主要是表现在对劳改队的管理上面。特别是在犯人的生活待遇上面,不少地方劳改犯人的生活大大超过当地干部与居民的生活水平。例如,湖南个别县的犯人伙食每月 12 元,犯人可以天天吃肉。而该地的革命干部的伙食每人每月仅 10 元,一般人民当然更低些。又如,福建个别地区看守所的犯人粮食定量每月 30 斤,而居民才是 25 斤(湖南某些县犯人粮食每月是 35 斤)。而更特殊的是,江苏某些劳改队,有些犯人 3 天一小荤,5 天一大荤,生病的还供给蛋糕、饼干。所以有些老百姓说,劳改队的生活这么好,也该让我们去享受一下吧。犯罪分子生活水平超过干部与居民,这是敌我不分的表现。有些干部为了对犯人进行感化教育,在平时和犯人一起打篮球、打扑克;在过年的时候还到犯人小组去向犯人拜年,祝贺犯人改造。实际上单纯用感化的办法,不但不会使改造收到应有的效果,反而可能起了反作用。犯罪分子必须通过劳动得到改造,而不会因为生活好就能觉悟与变为好人的。

为什么政法战线上会存在这样严重的右倾错误呢?原因主要有以下几点:

1. 是由于他们对我们国家的政治形势、阶级关系和阶级斗争有错误的认识。总以为在我们国家里,大规模的阶级斗争已经基本上结束了,资本主义工商业的社会主义改造已经完成,因而反革命与坏分子也没有了。但实际情况并不是如此。反革命和坏分子不仅还有,而且还疯狂地进行破坏活动。他们利用右派攻击党的机会,与"右派分子"互相呼应,到处进行猖狂的活动。这说明大规模的阶级斗争虽已基本结束,但并不等于阶级斗争就没有了。刘少奇同志在八大报告中指出,"在社会主义改造完成之前阶级斗争仍然继续存在"。其实,即使在社会主义改造完成之后,阶级斗争还会继续一个很长的时间。有些同志恰恰在这个问题上做了片面的有害的理解。

2. 观察问题不是从整个无产阶级的根本利益着眼,缺乏明确而坚定的工人阶级的立场。一遇到风吹雨打,阶级立场便向右歪了,对于敌我界限与是非界限模糊不清。把反动分子和各种坏分子当做人民看待,把他们的反动思想当做不满情绪,把他们的破坏行为当做落后行为,把他们的罪恶活动当做一般错误,因而在处理时,就当做人民内部问题去处理,而不是采用专政的办法去处理。

3. 对于党的政策缺乏详细和深刻的研究。因而就不能全面地、正确地理解,当然也就不可能正确地执行和运用。正因为这样,有一部分政法工作干部,对于党提出的"有反必肃,有错必纠"的原则,做了极端片面的理解。他们在工作中，只注意到“有错必纠”的方面，而根本忽视了“有反必肃”的方面。在对于“有错必纠”的理解上也是片面的。“有错必纠”实际上包含有两个方面的内容，就是说，有“左倾”错误要纠正，有“右倾”错误也要纠正。但某些干部单纯强调纠正“左倾”的错误，完全忽略了纠正“右倾”的错误。因而无论是检查案件、布置任务、指导工作等，根本不谈重罪轻判的、该判不判的、该捕不捕的、该起诉不起诉的“右倾”错误，而是专门找“左”的，甚至把正确的也当过“左”的去“纠正”。

4. 组织上的不纯。在政法干部中还有某些坏人，过去是干过坏事的，甚至是有血债的反革命分子。这些人在工作中处处为坏分子开脱罪责，特别是为反革命分子开脱罪责。

5. 许多政法工作干部存在严重的旧法观点。因而不适当地、过分地强调法律形式上的许多手续和程序，而不是根据客观事实和无产阶级专政的需要来与犯罪作斗争。

6. 最严重的是不尊重党的领导，不执行党的决定，不接受党的指示。这是产生一切错误的最根本的原因，也是产生右倾错误的最根本的原因。如果这些政法干部尊重党的领导，即使有前面所述严重缺点，也可以及时得到党的指示，加以纠正，从而少犯一些错误。但是恰恰有些同志借口这种那种原因，不尊重党的领导，以致形成严重的错误。

所有以上的错误，其性质都是十分严重的，都是资产阶级思想在革命干部中的反映。这给无产阶级专政与社会主义建设带来重大的危害。不克服这种思想，就不能实行无产阶级专政，也不能建成社会主义。

有些政法干部利用某些理由来作为不尊重党委领导的借口。这种思想不仅在实际工作上是极端危险的，在理论上和法律上同样也是非常错误的。

从理论上说，谁都知道中国共产党是中国工人阶级的先锋队，是工人阶级组织的最高形式，是工人阶级的政治领袖，是无产阶级专政的工具，是以马克思列宁主义所武装起来的，以马克思列宁主义作为自己的思想基础的。这个党自从它诞生的时候起，就一直是顽强地领导中国人民进行长时期的革命斗争，在斗争中锻炼了自己，壮大了自己。几十年来党积累丰富的革命经验，并总结了这些经验，从而发展了伟大的革命理论，丰富了马克思列宁主义的理论，特别是关于无产阶级专政方面的经验和理论。

也就是说，我们的党不仅有了领导民主革命的经验，也有了领导社会主义革命与社会主义建设的经验。马克思主义关于无产阶级革命和无产阶级专政的理论，是工人运动经验的总结。而无产阶级专政的学说是马克思主义的最主要之点。是否承认无产阶级专政,是马克思主义者与非马克思主义者之间最深刻的区别。党对政法工作的领导,正是根据马克思主义关于无产阶级专政的学说进行的。只有共产党才能最正确地理解和运用这个理论。认为党不能领导政法工作,是最反动的资产阶级观点的表现。

再从法律上说来,我们国家的根本大法——《宪法》上已经明确地规定了,我们国家是工人阶级领导的,共产党是国家的最高领导者。党对国家一切方面的领导,是党的权力,也是党的责任。因为党对国家的领导权力,是全国人民所赋予的,是六亿人民的意志,又是在宪法上固定下来了的。因此,这种领导不仅有其理论上的根据,也有其法律上的根据。党对国家机关任何部门的领导,不仅是合理的,也是合法的。拒绝党的领导,不仅是错误的,而且也是违法的。

经验证明:加强党的领导,正是为了提高政法工作的水平,把政法工作做得更好,使它们更正确和更坚决地对敌人实行专政,更正确地执行国家的法律。也就是说,对敌人必须坚决实行专政,对人民必须实行民主。不能严格地对敌人实行专政,也就不能充分地对人民实行民主。因为民主与专政是一件事情的两个方面,不可能片面存在。从另一角度说,无产阶级专政也不能单靠法律,法律只是在专政中逐渐产生与发展的,为无产阶级专政服务的。正如列宁所说:"无产阶级专政是无产阶级对资产阶级的统治,不受法律所限制,而以强力为依据,并得到被剥削劳动群众的同情和拥护。"

无产阶级专政必须把对于反革命力量的专政同最广泛的人民民主(即社会主义民主)紧密地结合在一起,这是不能有任何怀疑的。无产阶级专政之所以强而有力,能够战胜国内外的强大敌人而负起实现社会主义的伟大历史任务,正是因为它是劳动群众对剥削者的专政,大多数人对少数人的专政,正因为它对广大劳动人民实现了任何资产阶级民主所不能实现的民主。

政法战线上"右倾"思想的错误,集中地表现为否认党的领导与无产阶级专政。否认无产阶级专政的人们也必然否认社会主义民主需要集中,否认无产阶级政党在社会主义国家中的领导作用。

有些人在口头上也承认要有无产阶级专政,但不愿受党的领导。要实行无产阶级专政,又不要共产党的领导,这是极端荒谬的思想。正如所谓要社会主义,又不要无产阶级专政一样的荒谬、一样的反动。

问题是明显的,要不要共产党的领导、要不要无产阶级专政、要不要建设社会主义,这是三位一体的东西,是极端密切联系着的问题。不要共产党的领导,当然不可能有真正的无产阶级专政,没有坚强的无产阶级专政,当然不可能建成真正的社会主义。党的领导、无产阶级专政、建设社会主义,这是分不开的。而最基本的，也是最重要的是党的领导问题。没有党的领导，便没有无产阶级专政，便没有社会主义，便没有中华人民共和国，便没有一切。所以要克服政法战线上的右倾思想，就必须和那些对工人阶级立场不稳、敌我不分、对党的政策不重视、对党的领导不尊重的错误思想作严肃的斗争，直至其彻底粉碎为止。

（1958 年第 2 期）

对“人民法院独立进行审判，只服从法律”的理解

王乃潆[*]　陈启武[**]

一

《宪法》第78条和《人民法院组织法》第4条规定：“人民法院独立进行审判，只服从法律。”这是我们国家一项重要的法制原则。实行这项原则，就可以保证人民法院在审判中不受非法干涉，严格地依据法律，准确地打击敌人，与一切违法犯罪行为进行坚决的斗争。但资产阶级“右派分子”却利用了这项原则，把主要火力对准党对人民法院的领导，企图使人民法院脱离党的领导，脱离人民民主专政的体系，使人民法院变质，成为掌握在他们手中的镇压劳动人民的工具，让地主资产阶级的反动统治在中国复辟。

“人民法院独立进行审判，只服从法律”这项原则受到“右派分子”的进攻，是完全可以理解的，因为他们是反党、反人民、反社会主义的资产阶级反动派。但是也还有另外一些人，他们对于《宪法》及《人民法院组织法》规定的这一原则存在模糊的认识，甚至把它和资产阶级的“司法独立”混淆起来，在工作中往往忽视党的领导。因此，正确地阐明这项原则的内容与意义，驳斥“右派”观点，澄清不正确的认识，并揭露资产阶级“司法独立”的反动本质，是当前法学界的重要任务之一。

“人民法院独立进行审判，只服从法律”的原则，是指人民法院在解决具体案件时，只能以事实为根据，以法律为准绳，不受其他机关、团体或个人的非法干涉，以便作出公正的判决。也就是说，人民法院对法律规定为犯罪的，不能判决无罪，无罪的也不能判为有罪，重罪不能轻判，轻罪不能重判。人民法院必须不徇情，不枉法，坚持原则，铁面无私，坚决与反革命分子、坏分子以及一切违法犯罪分子进行斗争。只有这样，才能维护国家法律的严肃性，保障国家法律的统一执行。

---

* 作者单位：上海市司法局。

** 作者单位：上海市司法局。

二

“人民法院独立进行审判”与“只服从法律”是统一不可分的。没有前者，后者就得不到可靠的保证，没有后者，前者就成了没有目标、没有意义的东西。而这一原则的精神实质，就在于严格地按照法律办事。

有人认为，实行“人民法院独立进行审判，只服从法律”的原则，人民法院就不受任何外界的影响了。这种认识是不正确的。马列主义辩证法告诉我们，世界上从来没有绝对“独立”不受外界影响的东西。地球不能脱离太阳系而“独立”，人也不能脱离空气与外界环境而生存。人民法院审判具体案件，必须服从法律，但这不是绝对的“独立”。人民法院不能脱离当时、当地的环境形势，也不能不受当时外界思想的影响，正因为这样，人民法院为着密切配合当前的政治斗争形势，正确掌握政策和适用法律，不能孤立办案，必须在党的统一领导下，与有关部门密切配合、联系。人民法院和有关机关作了工作上的配合和联系，能够更加了解情况，切合实际，帮助法院更正确地处理案件，而不是干涉审判，也不会妨碍法院在处理案件时的独立思考。

中国共产党是我们革命事业的领导力量，是我们国家政权和一切组织的统一领导者，党的领导是建设社会主义的根本保证。作为专政工具的人民法院，更需要党的坚强领导，只有这样，才能使人民法院不致迷失政治方向，正确地估计当前的形势，了解整个敌我关系及人民内部关系，从而正确地处理案件，有效地打击敌人。

有的人口头上承认党对法院工作的领导，但他们认为这种领导只能是方针、政策的领导，不能干预人民法院对具体案件的审判，否则就是“党政不分”、“党法不分”，就是“干涉”审判。有的人甚至说，党委过问具体案件就是“违法”。还有人说党委审批案件是造成错案的原因。这些看法都是极端错误的。

首先，党是否只能管方针、政策，而不能过问具体案件的审判呢？绝对不是的。当然，党为了实现自己的领导，首先必须制定正确的方针、政策，但仅仅这样是不够的。党还必须对人民法院贯彻执行方针、政策的具体情况进行监督、检查，必须对人民法院的审判工作实行具体领导，以保证党的方针、政策得到正确地贯彻执行。正如《人民日报》社论所曾经指出的，如果说这样做了就叫“党政不分”、“党法不分”的话，无产阶级专政就需要这样“不分”。如果说这样做了，就叫“干涉”的话，社会主义建设就需要这样干涉。因为只有这种“不分”和“干涉”，才能保证党的领导作用和核心作用。当然，党的工作与人民法院的工作还是有原则区别的。我们说党必须对人民法院的审判工作实行具体领导，并不是说党要包办代替人民法院的一切工作。

其次，党委过问具体案件是否就是"违法"呢？我们只要看看宪法就知道了。《宪法》第1条明确地规定："中华人民共和国是工人阶级领导的、以工农联盟为基础的人民民主国家。"而工人阶级是通过它的政党——中国共产党来实现领导的，党对一切国家机关有绝对的领导权。人民法院是国家机器的重要组成部分，它必须在党的领导下进行工作和审理案件。这是丝毫不可动摇的，也是符合宪法规定的，怎能说这样就是"违法"呢？恰恰相反，说党不能过问具体案件，企图取消或削弱党对人民法院审判工作的领导，倒是真正违法。

最后，党委审批具体案件是否就是造成错案的原因呢？当然不是。刚好相反，党委审批具体案件是防止错案的重要保证。除了党经常教育法院干部严肃慎重地处理案件以外，党委通过审批案件，还能纠正审判人员的某些主观片面的错误。尤其是党委审批某些重大政治性的案件，就能帮助人民法院更好地掌握政策界限。实践证明，党委审批具体案件不仅不是产生错案的原因，相反，却能有效地纠正错误，保证案件的正确处理。

党的领导不仅仅限于党中央的领导，也包括地方党委的领导。有的人只承认党中央的领导而不要地方党委的领导，这实际上就是否定了党的领导。党的系统是统一的，党中央的方针、政策是要通过它的基层组织来贯彻执行的。如果不要地方党委的领导，那么党中央的方针、政策就不能得到贯彻，党的领导就成了一句空话。值得注意的是：许多右派分子都是采取这种手法来反对党的领导的，有的不敢公开直接地反对党中央，因此竭力污蔑党的基层组织，扩大基层组织的某些缺点，企图以此搞垮党的领导。我们必须清楚地认识到，党中央与地方党委是一致的、不可割裂的，人民法院既要无条件地贯彻执行党中央的方针、政策，也要坚决执行地方党委的决议与指示。

有人认为，地方党委过问人民法院的审判工作，就会妨碍上级政法机关的领导。这种认识也是十分错误的。因为无论是地方党委，还是上级政法机关，它们执行的方针、政策都是党与国家所制定的。地方党委指导、检查人民法院的工作，是根据党的总的方针、政策和上级政法机关的具体法令，结合地方的实际情况帮助人民法院更好地做好工作。地方党委负地方整个工作的组织领导和政治领导之责。人民法院只有紧紧依靠当地党委的领导，才能不犯或少犯错误。因此，党委过问审判工作不仅不会妨碍上级政法机关的正确领导，而且是正确贯彻国家关于政法工作方针、政策的必要条件。

地方各级人民法院与地方各级人民委员会之间的关系，也是一个需要正确认识的问题。在我国《宪法》和《人民法院组织法》颁布以前，《人民法院暂行组织条例》规定，各级人民法院是同级人民政府的组成部分。在国家建立之初，我们还缺乏人民自己的司法干部，为了加强对法院工作的领导，这样规定是十分必要的。当时人民法院对许多重大的案件，直接请示政府首长，这样不仅使案件得到正确及时的处理，并且发挥了审判工作为国家中心工作服务的作用。由于国家的日益巩固和发展，人民自己的法院干部也逐渐成长，政府工作的分工日益细密，人民法院就不再是同级人民政府的组成部分了。《宪法》与《人民法院组织法》作了这样的规定，旨在加强法院审判工作，是完全必要的。但是，有些人没有正确地理解这项规定的意义，片面地强调“独立”，企图与人民委员会闹对立。因此，我们有必要搞清楚地方各级人民委员会的地位。刘少奇同志在关于宪法草案的报告中明确地指出：“地方各级人民委员会是地方各级代表大会的执行机关，同时也行使人民代表大会的常务机关的职权。”这就是说，地方各级人民委员会一方面是地方行政机关，另一方面又是地方各级人民代表大会的常务机关。就它的行政机关这种地位来说，它是不能对人民法院审判具体案件作出指示或命令的。但人民委员会与人民法院都是人民民主专政的国家机关，它们活动的目的是完全一致的，都是为了实现人民民主专政的任务而积极工作。虽然，它们工作的职权范围是不同的，但是，人民委员会是地方行政机关，它了解当时、当地的全面情况，因此，人民法院在工作中与它密切配合并取得它的支持，就能更好地为当时、当地的中心工作服务，使案件得到迅速而正确的解决。另外，地方各级人民委员会还“行使人民代表大会的常务机关的职权”，除了人民法院院长由各级人民代表大会选举以外，人民法院的副院长、庭长、副庭长和审判员都是由人民委员会任免的（《人民法院组织法》第 32 条）。从这一方面来看，地方各级人民委员会与人民法院的关系，正如全国人民代表大会常务委员会与最高人民法院的关系一样，是受命的关系，是领导与监督的关系，也就是说，后者受命于前者，前者有权领导与监督后者。《宪法》虽然只规定了地方各级人民法院对本级人民代表大会负责并报告工作（《宪法》第 80 条、《人民法院组织法》第 14 条），但由于地方各级人民委员会“行使人民代表大会的常务机关的职权”，因此，在人民代表大会闭会期间，地方各级人民法院应当向本级人民委员会负责并报告工作，接受本级人民委员会的领导与监督。应当指出，某些人民法院由于对这种关系认识不清，因此过去向本级人民委员会主动请示和报告工作做得不够，主动争取本级人民委员会的领导不够，这种缺点是应该加以克服的。

根据“人民法院独立进行审判，只服从法律”的原则，上下级人民法院之间在审判工作上的关系是怎样的呢？法律规定，上下级人民法院之间在审判工作上的关系是监督关系，即最高人民法院监督地方各级人民法院和专门人民法院的审判工作，上级人民法院监督下级人民法院的审判工作（《宪法》第79条、《人民法院组织法》第14条、28条）。上级人民法院对下级人民法院审判工作的这种监督关系主要表现在以下两方面：一方面表现为审判方针、政策请示和指示；另一方面表现为对具体案件的审判可以依照法律规定的上诉、死刑复核和审判监督程序来实现监督。有人认为，实行“人民法院独立进行审判，只服从法律”的原则，上下级人民法院之间连审判方针、政策的请示和指示也不能了。这是错误的。但是，上级人民法院也不宜命令或指示下级人民法院如何解决某一具体案件，这是因为，上级人民法院并未直接参加下级人民法院对具体案件的审理，然而上级人民法院可以通过上诉、死刑复核和审判监督程序来对下级人民法院这些具体案件的审判进行监督。虽然，在上诉、死刑复核和审判监督程序中，上级人民法院在将案件发回下级人民法院重新审判时，也指示下级人民法院如何审理，但并不指示案件的具体解决办法。上下级人民法院之间在请示和指示审判方针、政策的时候，有时虽然也结合具体案件进行，但只是为了说明审判方针、政策的问题。由此可见，各级人民法院在审判具体案件时也是独立进行的，下级人民法院不必向上级人民法院请示案件的具体解决办法，而上级人民法院也不宜作这种指示。下级人民法院如果认为案情重大，不宜由自己审判的时候，可以依照《人民法院组织法》的规定，请求移送上级人民法院审判。

审判案件的审判庭和本法院的庭长、院长以及审判委员会之间在审判工作上的关系是怎样的呢？我们知道，我国实行的“人民法院独立进行审判，只服从法律”的原则，与苏联所实行的“审判员独立，只服从法律”的原则是不完全相同的。我国人民法院的审判委员会、院长、庭长和审判庭之间在审判工作上的关系是领导关系。各个人民法院根据各种案件的性质、本法院干部的质量和各个时期的中心工作，经过审判委员会的研究，规定哪些案件可以由审判庭直接处理，哪些案件不能由审判庭做最后决定，还要经由庭长或院长审核决定，甚至要审判委员会讨论后才能最后决定。即使是审判庭可以直接处理的案件，院长、庭长仍应关心这些案件的审判，可以随时提出意见。审判庭如果处理这些案件没有把握时，也应主动请示庭长、院长。我国法律根据我国的各种具体情况和历来行之有效的经验所作的这一规定，鲜明地体现着我国人民法院组织与活动的民主集中制和集体领导的原则。

三

资产阶级根据孟德斯鸠的“三权分立”学说所标榜的“司法独立”、“法官只对法律负责”以及“法官终身制”等原则，虽然在反对封建君主制度的时候有它一定的进步意义，但是在资产阶级成为统治阶级的时候，他们只利用它来掩饰资产阶级专政的实质，从来未曾实现过。在国民党旧中国的宪法和法院组织法里，也规定着这种从资产阶级国家抄袭来的原则，同样是虚伪的东西。

因为国家政权在事实上是统一不可分割的整体，孟德斯鸠的“三权分立”学说是没有根据的。马克思早就指出，所谓三权分立，就是把工业上的分工，用简化和互相监督的形式搬到政权机构上而已，并不是什么别的东西。资产阶级的“三权分立”从来没有，也不可能实现。在资产阶级国家里，司法机关同样也不是什么“独立”而不受干涉的。我们可以看到，特别是行政机关直接干涉法院的活动是极为普遍的现象，而归根结底，一切都是受命于统治集团。可见，资产阶级国家所标榜的“三权分立”，只不过是用来掩盖资产阶级专政的虚伪形式而已。

法律也不是什么“独立”的东西，而是统治阶级意志的表现。资产阶级国家的法律是资产阶级意志的表现。“法官只对法律负责”，也就是说，法官必须执行资产阶级的意志，保护资产阶级的利益。因此，在资产阶级国家里，即使法官真能做到“只对法律负责”，也不能作出什么公正的判决。马克思写道：“如果法律是自私自利的，那么大公无私的判决能有什么意义？法官只能清教徒式地声称法律是自私自利的，而却严格地执行着法律。在这种情形下，公平的只是判决形式，而不是它的内容。内容早已由法律给预定好了。”①

资产阶级还用“法官终身制”来说明他们的“司法独立”、“法官只对法律负责”是有保障的。资产阶级在采用“法官终身制”时，一般也同时采用着“法官任命制”。不难看出，资产阶级采用“法官终身制”和“法官任命制”的目的，只是在于保证挑选最忠实于本阶级的奴仆去稳定在司法工作的岗位上，以便毫无顾忌地为资产阶级的利益而服务，这不能说明什么别的，而只能说明资产阶级的司法并不是什么独立的东西。事实证明，资产阶级真只是在对自己有利的时候，才来维护“法官终身制”。1848 年革命后的法国和 1918 年革命后的德国就是这样。

---

① 《马克思恩格斯全集》(俄文版，第 1 卷)，第 257 页。

当人民起来反对这些资产阶级法官坏蛋的时候，资产阶级就利用“法官终身制”的原则来庇护他们，而当资产阶级认为法官“不可靠”的时候，又可利用各种借口来破坏这一原则。例如，可以根据法官要服务一定年限后才能适用这一原则的法律规定，对于服务不满一定年限的法官加以免职；可以根据惩戒程序来加以免职；也可以根据“职务上的利益”来将其调至另一极不合适的司法工作岗位，迫使其辞职；甚至可以借口“国家财政困难，缩减预算”的原因来加以裁减；或者索性宣布废弃这一原则来大肆清洗；等等。由此可见，“法官终身制”也不过是资产阶级的又一巧妙的骗人的形式而已。

到了帝国主义时期，资本主义国家的法官们更是公开地听命于垄断集团，听命于独裁政府，连资产阶级自己的法律也抛弃不顾了。美国最高法院公然违背美国宪法，判处爱好和平的卢森堡夫妇死刑。日本法院竟然不顾日本法律，不顾日本的民族尊严和国家主权，完全听命于卖国媚美的统治集团的意志，判处美国杀人犯哲腊德 3 年徒刑、缓刑 4 年，这实际上等于是无罪释放。这些事实都足以说明，现今的帝国主义国家的“司法独立”、“法官只对法律负责”等虚伪的资产阶级的“民主”原则，已被践踏无遗了。

（1958 年第 2 期）

辩护人必须为社会主义法制服务

程荣斌*

在刑事诉讼中实行辩护制度,是加强我国社会主义法制的重要措施之一。随着我国社会主义法制的日益完备,辩护制度已普遍贯彻,并且收到了良好的效果,受到了广大群众的欢迎、拥护。辩护人已成为巩固革命法制的不可缺少的角色。

辩护人参加诉讼的任务就是巩固社会主义法制,它从辩护方面来保证社会主义利益和个人的合法权益不受侵犯。具体来说,辩护人要对被告人正确行使辩护权,保护被告人所享有的合法权益,也就是从辩护方面来正确分析事实材料和提供法律意见,帮助法院正确地处理案件,保证被告人受到公平合理的裁判。辩护人的全部诉讼活动都要从这个任务出发,并用它来衡量每一个辩护活动是否正确。

辩护人所担负的巩固社会主义法制的任务,就决定了他必须站在国家和人民的立场上,也就是要站在社会主义的立场上进行工作,才能把被告人的权益放在适当的地位,才会认识到国家和人民的利益、社会主义的利益应高于一切。也就是说,辩护人所保护的被告人的权益是有严格的界限和分寸的。他不是被告人手中所操纵的工具。他的首要任务是为社会主义服务,因而只有在不损害社会主义的利益的前提下,才谈得到保护被告人的权益问题。

辩护人在诉讼中是独立的诉讼主体,他的意见虽然不受控诉人和法院的左右,但他和控诉人、审判员的立场是相同的,他们所追求的目的——巩固社会主义法制,也是完全一致。不放纵罪犯、不冤枉好人,作出正确的判决,是他们所共同关心的事情。

辩护人在诉讼中担负辩护的职能,这和控诉人以及审判员的职责是不同的。控诉人在诉讼中执行控诉职能,他的具体任务就是追究被告人的刑事责任,根据事实和法律,全面地论证被告人的罪责,通过控诉活动来促使法院了解犯罪的危害性,帮助法院作出正确的判决。辩护人只是从反面来收集、研究和分析对被告人有利的材料,在法庭上论证对被告人有利的事实材料和法律根据,通过提出对

---

* 作者单位:中国人民大学。

被告人有利的意见来帮助被告人，并且促使法院考虑被告人的一切有利情节，协助法院作出正确的判决。就辩护人的身份来说，他在诉讼中只能进行辩护活动。法院则执行审判职能，在控诉人和辩护人的帮助下，通过审判来积极主动地查明案情，最后作出判决。他们的具体任务和职权不同，但都是从不同的角度、通过不同的方式来执行其诉讼职能，从而达到巩固社会主义法制的目的。

辩护人必须根据自己的任务，站在国家和人民的立场上，来正确地处理同被告人之间的关系，以自己的法律知识来帮助被告人。然而辩护人也应当记住自己在诉讼中是独立的诉讼主体，是革命法制的维护者，完全是根据事实和法律来独立地进行辩护。他既不是被告人的奴仆，也不是被告人的代理人，完全不受被告人的意见的约束。当然，他不是被告人的庇护者，不能盲目地追求保护被告人的任何利益，只能保护被告人的合法权益。这就是说，辩护人只有从社会主义革命立场出发，在遵循国家和人民利益的前提下，以高度的政治敏感性，结合国家当前的中心任务，在被告人的合法权益范围内进行辩护，才能达到巩固社会主义的目的。

实际上，被告人所享有的合法权益和国家与人民的利益完全一致，并且是不可分割地交织在一起，都是受国家法制的严格保护的。例如，对于被告人轻罪重判或者冤枉了好人，就是不同程度地损害了国家利益，因此，坚决反驳没有根据的控诉或者不正确的控诉，不仅是被告人合法权益的要求，而且也是国家利益的要求。国家所关心的和所追求的是不放纵一个罪犯和不冤枉一个好人，无论是重罪轻判或者是轻罪重判，都是和法制的精神不符合的。辩护制度的实质意义也就在这里。因此，辩护人必须把被告人的合法权益看做是革命法制的利益，应当坚持原则、实事求是加以保护，不能有丝毫敷衍迁就、马虎从事的想法，或者以形式主义的态度进行辩护。也只有这样，才能使被告人始终确信：他的合法权益是有严格保障的，他的非法行为受到处罚也是应当的。辩护人在诉讼中是具体帮助被告人进行辩护的人，他在工作中应当尽量取得被告人的信任。同时辩护人对被告人所提供的材料也不应盲目相信，应以慎重的态度加以判断。因为被告人为了免除自己的刑事责任往往想出各种办法向辩护人撒谎，企图利用辩护人来帮助他开脱罪责。所以辩护人在整个辩护工作中都要保持高度的警惕性，在分析和综合案件的全部材料的基础上进行辩护。

我国辩护制度的普遍贯彻已为巩固社会主义法制起了重要的积极作用，但是还有少数人，只从表面上来看辩护人的立场和作用，认为辩护人总是为着被告人有利方面来说话，总是为大家痛恨的被告人进行辩护，由是推论出辩护人是没有立场的人。显然这些人不了解辩护制度的实质意义，不了解辩护人为被告人进行辩护乃是维护社会主义法制的一种手段，而他所保护的被告人的合法权益，是和国家利益相一致的。

另外有些辩护人在辩护中忘记了自己的根本任务和目的，产生难以容忍的错误。有的辩护人甚至丧失立场，离开社会主义利益，变成了被告人不法利益的追求者。例如，一个富农因不愿参加农业劳动跑到城市以诈骗偷窃为生活。辩护人为其辩护说："农业社纪律多，不自由，农村生活苦，农民没饭吃，城市监狱里的生活也比农民生活好。因此，被告人进城犯罪准备坐监狱。"又如，一个地主破坏统购统销，贩卖棉花。辩护人竟说："这是农民落后意识的反映，由于我们教育不够造成的。"这显然是站在反对社会主义的立场上，颠倒黑白，歪曲事实，不仅为被告人开脱罪责，而且还要加罪于社会主义制度，把社会主义的辩护制度偷换为反社会主义的东西。当然，像这样明显地站在反社会主义立场上，露骨地包庇有罪被告人的辩护人还是极少数的。一般的都是存在某种程度的右倾思想，对于通过辩护来加强社会主义法制的认识不足，没有看清辩护工作要为社会主义利益服务，因而片面追求为被告人服务，超出被告人合法权益的范围，乃至背离了社会主义的政治原则。下面就是一些较常遇到的情况：

1. 片面强调客观情况，歪曲客观事实，把有罪辩成无罪。分析每个犯罪的客观环境是必要的，但是不能强拉硬扯、牵强附会地歪曲客观事实。例如，一个惯偷刚由劳改机关回来，就去合作社仓库偷了一辆自行车。辩护人说："被告人犯罪是由仓库保管人员没有尽到职责……被告所偷的车子是滞销品，后果并不严重。"又如，一个流氓成性的被告强奸猥亵幼女10余人，辩护人说："被告人不是政治犯，也没有政治背景，又是在和前妻离婚后，在性生活不能调剂的情况下产生的。"再如，对一个盗卖国家废品共计2000多元的被告人，辩护人为他辩护说："被告人使废品变成了有用的材料，发挥了废品的使用价值，不但不犯罪而且是有利于社会主义建设的。"这样的辩护显然是强词夺理，歪曲案件的实质，为被告人掩盖罪责。

2. 硬把被告人的犯罪行为归罪于国家对他们的教育不够。例如，一个资本家盗窃了国家财产，辩护人说："这是由于他愚昧无知和爱国守法教育不够的结果。"又如，对于隐瞒自己罪行的历史反革命分子，辩护人说："这是由于受旧社会熏染较深，新社会对他教育不够，觉悟不高的结果。"这样的辩护，是抛开了被告人的反动阶级本质来空谈教育，为被告推卸责任，是很可笑的。事实上，我们国家从社会到家庭教育的广泛性和深刻性，都是任何时代所不能比拟的。例如，解放后每个人所身历其境的"三反"、"五反"、"镇反"、"肃反"五大运动和三大改造，难道不是我们国家所进行的极深刻的教育吗？由此可见，犯罪行为是由犯罪人的反动阶级本质所决定的,也应该由每个犯罪人自己负责。

3. 毫无根据地否认事实和证据,即使业已查明的事实证据,也要加以否认或推翻。例如,有个被告人在国民党军队中当排长时,曾打死我地下党员 2 人,此案有当年国民党报纸刊载的消息和参加罪行的士兵王某作证。但是辩护人说:"国民党报纸为了扩大宣传,消息不算证据……王某是事件的参与者,与被告人有利害关系,不能作证。"这样抛开客观存在的证据,或者无根据地否认证据,必然直接地妨害到审判工作的正常开展,破坏了辩护制度。

4. 脱离共产主义道德原则来评价是非善恶。例如,对于由通奸引起妨害家庭的案件,辩护人说:"通奸在我国是很普通的行为,被告人的爱人有病,不能满足被告人的精神安慰……被害人家庭的不和睦(因被害人有封建思想和心胸狭隘),被告人不能负责。"这种极其荒唐的狡辩,显然是用剥削者的道德原则来庇护被告人。这样的辩护是我们社会主义法制所不容许的,无疑也会损害到辩护人作为法制维护者的荣誉。

5. 生搬硬套。例如,某合作社的一个社员于黑夜里从仓库偷出两匹布,刚走出门口时被保管员发觉了,他便朝保管员脸上打了两巴掌。以后在外流浪三天,觉得无路可走,才到公安局投案。但辩护人说:"偷窃数量不多,又是未遂,没有后果。"此外,辩护人不是根据每个具体案件的情况做具体分析,对反革命罪说是"未遂"。把"不属主谋,后果不严重","能自动坦白、年青成分好"等公式往每个被告人的身上硬套。这种不负责的辩护态度,既不能真正保护被告人的合法权益,更损害到社会主义法制的利益,在人民群众中也留下极恶劣的印象。

综上所述,辩护人是社会主义法制的维护者,他必须具有坚定的社会主义的立场、丰富的法律知识、高度的政治敏感性和共产主义的道德水平。他要明确被告人合法权益的范围,在这个范围之内,根据"事实是根据、法律是准绳"的原则,敢于坚持原则,为维护社会主义法制和被告人的合法权益而认真地进行辩护。同时要以革命法制精神来教育公民忠于社会主义事业。只有这样,辩护人才能成为真正的巩固社会主义法制的战士,成为革命法制的宣传者和维护者。

彻底批判人民律师工作中的资产阶级思想

林自强*

一

律师制度是法律制度的一个重要组成部分，它和政治、法律观点以及适合这些观点的政治、法律制度等上层建筑一样，都是按照统治阶级的意志建立起来，并为统治阶级的经济、政治利益服务的。

在资本主义社会和国民党统治时期的旧中国，反动统治阶级为了蒙骗劳动群众，最常见的手段之一，是把律师制度涂抹上一层玫瑰的彩色，否认它们的律师制度是阶级专政的工具。譬如它们常说它们的律师是"真理的公仆"、"真理的捍卫者"、"不偏不倚的正直的法律的解释者"，律师是"为社会服务的"、"为真理服务的"。可是，一旦我们将它的遮羞布揭开，其中肮脏的、腐朽的内幕就会暴露无遗了。众所周知，在资本主义社会和旧社会里，有产者恃着他们的地位、金钱，到处横行霸道，欺压群众，他们违法犯罪，可以找自己豢养的辩护士——律师为其开脱罪责，而律师为了讨好主子，肿胀自己的腰包，也就不顾一切，搬弄是非，捏造事实，使曲的辩直，黑的辩白，以致违法犯罪分子得以逍遥法外。可是对于劳动人民来说，待遇就完全不同了。他们一方面没有钱去请律师，就是"倾家荡产"请了律师，这些为钱包服务的资产阶级辩护士，对于劳动人民的痛苦与受害也是漠不关心的。他们在大多数情况下，也还是吃败官司，弄到人财两空。所以，在资本主义社会，绝大多数的律师都是忠心耿耿地为有产者和自己的腰包服务。其中虽有个别进步的律师愿为真理服务，但也常常受到反动统治阶级的迫害。例如，轰动全世界的罗森堡夫妇案件，进步律师伊拉克充当罗氏夫妇的辩护人还不到一年，就被美国特务谋杀了。这些活生生的事实证明，资本主义社会和国民党反动统治时期的律师制度只是少数剥削者对广大劳动人民实行阶级专政的重要工具。

社会主义国家的律师制度，同资本主义社会及旧社会的律师制度在形式上

---

* 作者单位不详。

虽然有些近似，但从两者的实质看来，是根本不相同的。为反动统治阶级服务的律师制度，当然不能沿用到新社会来。因此，当全国接近解放的时候，旧的律师制度和其他旧的司法制度一样，就被彻底粉碎了。1952 年的司法改革，不但取缔了黑律师，并且对反动的律师观点进行了深刻的批判。1954 年 7 月，我国在几个大城市试办了人员律师制度。随着《宪法》、《法院组织法》的颁布，这个制度已固定在法律中。新的人民的律师，正如史良部长指出的，“同过去国民党政权下专为资产阶级服务的、敲诈群众的，而且是以参加诉讼、挑词架讼为其主要活动的旧律师根本不同”。①人民律师是为人民服务的，其任务就是在法律上帮助公民、机关和社会团体等，以维护他们的合法权益。律师组织是为人民服务的社会团体，它必须在中国共产党领导下，接受国家司法行政机关的指导监督。也就是说，人民律师必须站在工人阶级的立场，通过自己的活动来维护国家法制，保护公民的合法权益，从而促进社会主义革命和建设事业的顺利发展。

几年来，在我们党的正确领导下，人民律师的工作是有很大成绩的。但也不可否认，在人民律师工作的实践中。并不是每个律师对人民律师工作的党性和人民性都认识清楚和贯彻好的。譬如，有的律师忽视和脱离党的领导，不虚心接受甚至拒绝司法行政机关的指导监督，另外有的同检察员闹对立，个别的在工作中还丧失了立场。这些情况说明在我们人民律师的队伍中，的确还相当严重地存在资产阶级的律师观点，必须认真地予以批判和肃清。

二

（一）

资产阶级思想的一个反映，就是有的律师将法律顾问处看做是“独立”的、“不受任何机关、组织管理”的社会团体，把人民律师称为“自由职业者”，因而可以不受当地党委的领导。有的说，“法律顾问处是律师协会分设在各县市的独立的办事机构，它只直接受律师协会的领导”；有的甚至说，“党委不懂业务，给党委领导会把业务搞糟了”。这些思想都是十分错误的。

首先，新中国的律师是为人民服务的律师。律师组织是按照党和人民的意志建立起来的，虽然它是社会团体，不是国家机关，但今天的国家和社会是工人阶级及其先锋队共产党领导的。不能设想，律师组织离开了党的领导能完成党

① 《司法部关于建立律师工作的请示报告》。

交付的任务。也不能想象,脱离党的领导能不会变质,能不失掉党性和人民性。《人民日报》在《必须克服政法工作中的两种倾向》中指出:"党是无产阶级专政的核心力量,没有党的领导,就没有无产阶级专政,就没有社会主义制度。只有加强党的领导,才能够保证专政的武器有效地准确地打击敌人。"可见,律师组织虽是社会团体,但必须接受和加强当地党委的领导。

我们认为,法律顾问处不是独立的,它除了要受律师协会的领导外,还必须接受当地党委的领导和司法行政机关的指导监督。如果一定要说什么"独立",那也只是指法律顾问处不是当地法院和其他部门的附属机构,它有自己的具体工作,依照党和国家的政策、方针、法律,独立地进行自己的活动。但无论如何它不能以"独立"来拒绝上级机关的领导,特别不能不接受和服从当地党委的领导。至于说律师是自由职业者,那更是错误的。"自由职业者"这个称谓,只是反动阶级借以欺骗劳动人员的遮羞布罢了。其实在旧社会里,由于大多数的人丧失了生产资料和生活资料,他们根本不可能有什么选择"职业的自由",更谈不到什么"自由职业者",就以他们所说的医生、教师、律师来说,这些人都受着一定的反动组织、反动政治思想所约束。不管你的主观愿望如何,一切活动的实质都是对统治阶级有利、对劳动人民有害的。在新社会里,根本没有什么自由职业者,每一个国家工作人员,都必须受一定的组织的管理、领导,特别是应接受党的领导。任何企图置身于党的领导之外,在党的面前闹什么"自由",那是绝对不允许的。人民律师当然也不例外。

其次,党的领导包括组织领导、政治领导和思想领导。要保证每一件工作都能站在工人阶级的政治立场,以马克思列宁主义为指导思想去进行,首先就得保证党的组织领导。大家知道,党选派了优秀的干部在党的组织中领导所管辖的地区的一切工作。这些党员干部,经过了长期的阶级斗争和实践工作的锻炼、考验,有着丰富的对敌斗争经验,掌握了阶级斗争的规律,对于党的政策、方针、指示、路线都是最能理解和熟悉的,执行起来也是最坚决、最彻底的。同时他们对于本地区的政治、经济、文化及阶级、阶层的情况也最熟悉。特别在目前国内形势下,有些敌我矛盾和人民内部矛盾的界限不易划清。因此人民律师要使自己的一切活动都能配合中心工作,符合党的政策、方针和指示,胜利地完成党和人民给予的任务,就必须紧紧地依靠党的领导。

再次,由于法律顾问处的特点及现状,服从党的领导就有更重大的意义。一个地区的每个机关、企业,一般都是当地人民委员会的附属机构,他们在接受当地党政的领导上是不会发生什么问题的。但法律顾问处是社会团体,在组织上不直属人委会,而是律师协会设在各县市的办事机构。在当地没有上级行政机关的领导,光靠协会的领导及中级法院的指导监督是很不够的。同时,由于律师组织建立不久,不但经验缺乏,组织上、制度上也不很健全。在这种情况下如果不依靠当地党政的领导,要想做好工作是不可能的。

最后,实践中也以活生生的事例说明,律师工作稍有忽视和脱离党的领导,就会犯错误。如在前一段时期,农村和城市的反革命分子、地主富农、不法资本家及其他坏分子,乘着党整风的机会,配合城市的"右派分子"进行一系列的反攻倒算,企图翻案。有些律师因为脱离了党的领导,对当前的政治形势便失去警惕。当这些坏分子企图通过法律顾问处来达到把敌我矛盾当做人民内部矛盾处理时,我们有些律师替他们代书、代理以致进行辩护,实际上就是支持了反革命分子、地主富农、不法资本家及其他坏分子的反攻倒算。在合作化运动中,有些律师也因为离开了党的领导,不配合中心工作,孤立地自搞一套,对农村中的两条道路的斗争不关心。当有些农民企图通过法律顾问处来闹退社、盲目迁入城市时,这些律师不但不耐心教育他们走社会主义的道路,放弃资本主义的自发倾向,相反却说:"不让你退社是违法的,不让你迁移是违反宪法迁徙自由的规定。"这些言行,实际上也支持和助长了资本主义的自发势力。

从以上4方面的分析来看,律师工作不是要不要党的领导问题,而是应该如何进一步加强、依靠和服从党的领导的问题。

(二)

资产阶级思想的第二个反映,就是有些律师以错误的思想和态度来看待法律顾问处和法院、检察院的关系。

1. 同法院的关系

有人认为,法律顾问处和法院在同一个地区(县或市)是同一级的单位,如果由法院院长来指导、监督法律顾问处的工作,实在感到"不服气",从而拒绝指导监督。有的还说,"律师应监督法院的工作"。当法院工作出现一点点毛病的时候,这些律师便在上诉书、申诉书中,指责法院"坐堂问供"、"孤立办案"、"这样的判决严重地削弱我国人民民主法制"等。在法庭上,他们吹毛求疵,个别的还公开在犯人面前指斥法院,态度异常高傲自大。

这样的思想和态度是非常错误的。中央早已明确规定,律师协会(筹备会)应由省司法厅指导监督,县市的法律顾问处在当地有中级法院的,由中级法院指导监督,大城市的法律顾问处由市司法局指导监督。这些在实际中都没有发生什么问题。现在的问题是当地没有中级法院、司法局的县(市)法律顾问处,除了接受和服从当地党政领导和中级法院的指导监督外,应否受当地法院院长的指导监督。我认为这个问题是应该肯定的。理由有下面几点:第一,省律师协会筹备会成立不久，组织机构、业务建设还不很健全，不可能有许多力量、时间来领导各地的法律顾问处。就是将来健全后，由于各种原因，也还须当地法院的指导监督。第二，单靠中级法院的指导监督是很不够的，因为中级法院同法律顾问处不在一个地方，只靠干部下乡和顾问处的汇报，对各地律师工作的情况是不够了解的，也不便于全面、深入地加强指导监督。第三，法院院长同当地律师常常在工作中发生联系，了解律师工作情况全面、深入，指导监督极为方便。第四，法院院长一般都是当地党委委员或政法党组书记，接受他们的指导监督便更有利于接受和依靠党的领导。第五，在当地各部门中，法院院长最熟悉司法业务，能指导律师工作。第六，法律顾问处成立不久，一般的组织还不很健全，工作缺乏经验，人员又少，而党委也不可能对许多具体律师业务进行领导。因此要加强对律师工作的管理，法院院长是应该指导监督法律顾问处的一切活动的。

至于说“律师应监督法院的工作”，那更是很错误的。我认为律师不可能也用不着监督法院的工作。所谓监督，不外是法律监督、行政监督和组织监督，而这些监督是律师根本不可能做到的。按照法律规定，法院的审判工作由该法院院长、上级法院及检察院进行监督，这些监督都必须是强制地接受的。我们不否认，当律师发现法院的审判工作在认定事实和适用法律上有错误时，可以而且应当按照法律手续提出意见，但这些意见只能提供法院参考，没有强制改变原来判决的约束力。这种向法院提出意见的作用，在于协助法院正确地处理案件，而不是什么监督。但实践中有些律师提出要监督法院，其实质是将法律顾问处凌驾于法院之上。这种思想、态度是应该克服的。

2. 同检察员的关系

有些律师引用了《苏维埃刑事诉讼》关于“辩护与控诉相对立，并与控诉相对抗”①的论点后，得出了“律师与检察员是互相对立、对抗”的结论。在工作中，他们处处与检察员闹“对立”、闹“对抗”。有的说：“不辩垮检察员，心里就不舒服……一切为了胜诉，否则律师就显示不出作用。”在法庭上，这些律师便处处挑剔检察员的毛病，甚至在犯罪分子面前讽刺、嘲笑检察员。这些思想与行动显然是受了资产阶级的思想的影响。

资产阶级的律师认为：“我们（指资产阶级律师——引者）到法院来，不是为了证明什么，而是为了指出检察长什么东西也没有证明。”②正如一位资产阶级

---

① ［苏］切里佐夫著：《苏维埃刑事诉讼》，中国人民大学刑法教研室译，法律出版社1955年版，第155页。

② ［苏］高里雅柯夫著：《苏维埃刑事诉讼中的律师》，方蔼如译，法律出版社1957年版，第67页。

法学家在谈到律师应如何对待检察员时所主张的,“要经常而一贯地、不公平地对待对方。如果我们的对方说‘2 的 2 倍是 4’,那么由于不可驳斥这个原则,就可以沉默不言,可是不要说‘我的对方是有理的,2 的 2 倍是 4’。把对方的演说词割裂成为片断,在大笑中,这些片断就会消逝……我们须要讽刺……对于词句,对于写错的字要吹毛求疵。你对付对方越是不公平和偏颇,在我们的演说词里越是含有怨恨、讽刺,那你就会更博得人们的喜爱……在打破对方的说法时,不要忘记维护自己的说法……”①资产阶级律师这样的主张和行动是容易理解的。因为他们企图通过压倒对方来提高自己的威信,博取更多的金钱和更高的地位;为他们那些犯了罪的主子开脱罪责,逃避法网。而一旦当他们意识到这样行动会损害资产阶级整个阶级的利益时,为了使无辜的人受罪,镇压劳动人民和进步人士,讨好他们的主子,这时,律师也会和检察长串通一气,沉默不言。由此可见,这个反动的理论,都是为资产阶级律师的钱袋、为资产阶级的利益服务的。其实质也无非是企图掩盖资产阶级律师的阶级性。

资产阶级关于律师同检察长(员)的关系的主张,在新中国和社会主义国家里是绝对不能应用的。一个控诉犯罪,另一个做无罪或轻罪辩护,在表面上看来是有矛盾的,但这个矛盾又必将是统一的。我们知道,公安机关的具体任务是侦查犯罪分子,维护社会秩序,审判机关是审理民事、刑事案件,检察机关则是侦查和起诉刑事案件和实行法律监督,而律师则在法律上帮助机关、企业团体和公民。四个政法部门的具体任务不同,但它们总的任务就是根据法律和事实准确地打击敌人,维护公民的合法权益、维护社会主义法制,促进社会主义建设和改造事业的顺利进行。因此,律师与检察员的关系是可以统一起来的,它们是在不同的角度上统一地为社会主义法制工作努力。

我们说律师和检察员目标一致,并不意味着彼此在工作上失掉原则性。正如上述,律师和检察员的具体任务是不同的。国家建立辩护制度、律师组织的目的,也是为了进一步巩固国家法制。因此,彼此在工作中都必须坚持原则,依靠法律和事实,既维护了国家法制,又保护了公民的合法权益。检察员对律师的错误辩护,不能无原则地迁就,律师对检察员的错误控诉也不能不辩,否则都是对人民对国家不负责任的态度。但坚持原则并不是要求律师和检察员彼此闹不团结,闹对立、对抗。对于原则性的问题应该坚持,但态度应该虚心诚恳;非原则性的问题,在法庭上不影响法院正确处理案件的,在庭后通过批评与自我批评的方

① 转引自[苏]高里雅柯夫著:《苏维埃刑事诉讼中的律师》,方蔼如译,法律出版社 1957 年版,第 69 页。

式解决。任何企图通过压倒对方提高自己威信、闹对抗的言行都应反对。

律师和检察员应该这样,双方对于法院、公安机关工作上的一些毛病甚至错误,也应以同志式的态度来解决。

(三)

资产阶级思想的第三个反映,就是有些律师对待人民律师的立场抱有错误的看法。例如,“律师就是为当事人服务的,对当事人应一视同仁”、“收了当事人的钱,不替当事人讲些好话,好像对不起当事人”、“律师就是打抱不平、支持正义的”、“一切为了胜诉,败诉了心里就不舒服”、“律师只是提意见,采纳与否和如何判决都是法院的事,律师会有什么立场问题呢!”显然,这些思想都是极错误的。具体分析如下:

1. 认为“律师就是为当事人服务,对当事人应一视同仁”的观点就意味着对当事人的要求,不问是否合法、有理,有求必应。这显然是不应该的。大家知道,在要求律师给予法律帮助的当事人中,既有工人,也有不法资本家,既有农民,亦有地主富农,既有干部,又有反革命分子、犯罪分子、其他坏分子及其家属。这些当事人的情况是十分复杂的,律师只能合法合理地为他们进行辩护、代理,如不考虑其要求是否有理和合法就一律予以满足,为他们服务,那就会失掉法律顾问处的人民性,变成坏分子进行反攻倒算、破坏的防空洞。正如前所述,正当资产阶级“右派分子”向我们进行疯狂攻击的时候,城市和乡村中的各种各样的坏分子也同时大肆向我们反攻倒算,企图翻“土改”、“三反”、“五反”的案,翻法院判决的案。其中一个重要手段,就是通过律师来进行。有些律师在敌人进攻面前,失掉警惕,对这些非法行为也帮助他们代书、代理,实际上就是支持了他们的罪恶活动。对于敌人的进攻,我们固然应予反击,驳斥其不法要求,就是对于人民内部的纠纷,如发现显然无理的要求,也应耐心地进行法纪教育,劝导他们放弃无理的缠诉,以利于生产和团结。一个人民的律师在进行自己的活动中,必须考虑对国家和人民是否有利,而在“一视同仁,有求必应”的超阶级思想指导下进行工作,必然给国家和人民的利益带来严重的损害。

2.“收了当事人的钱不说些对他们有利的话,好像对不住当事人”的想法,实质上是资产阶级唯利主义的思想。在资本主义社会和旧中国,律师就是有钱的当事人的公仆。他们一旦收了钱,就会死心塌地地为自己的主子效劳,求得胜诉。相反,为劳动人民辩护、代理时,则是钱少少说,钱多多说。这对于那些为主子效劳、为金钱服务的资产阶级的律师来说,是容易理解的,但对人民律师来说,这是绝对不能容许的。人民的法律顾问处既不是商店,也不是要讨好别人的慈善机关,而是为人民服务的社会团体。依照规定收取当事人一定的金额,是由按劳取酬的原则决定的。收了劳动报酬，当然要为当事人尽力，但不是无原则地、随便地甚至不惜歪曲事实、搬弄是非地为当事人说好话。说的什么话，说得多与少，都必须以事实为根据，法律为准绳。在刑事诉讼中，律师不是被告的代理人，不能为被告的意志所约束；在民事诉讼中，律师虽是原告或被告的代理人，但也不可以离开人民的立场，撇开事实与法律来畅所欲言。

3. “律师就是打抱不平、支持正义”的说法，也是超阶级的观点。在我们国家里，对反革命分子和坏分子实行专政、对人民实行民主，这其中就存在绝对的不平。平与不平、正义与非正义，要以国家和人民的利益为根据，法律做准绳。凡是合法的都是公平的、正义的，凡是不合法的都是不平的、非正义的。在我们看来，一个妇女一贯受到丈夫的虐待、欺负，这是不平；债务人欠债而不还债，这亦不正义，当受害人向律师提出请求时，应予积极支持、帮助，打这个不平。反之，反革命分子或坏分子对人民犯下罪行，应受法律制裁，这在我们看来是很公平、很正义的。律师为反革命分子和其他刑事犯辩护，只是证明他们是受到合法的制裁，不受超越法律的处理。绝不能随便附和被告的意见而叫“不平”，从而为他们隐瞒、歪曲事实，曲解法律，为他们开脱罪责。不以阶级分析看待和处理平与不平、正义与非正义，其结果必会走入歧途，丧失立场，为坏分子做了“好事”。

4. “一切为了胜诉，败诉了心里就不舒服”，这是资产阶级的胜诉观点。正如上面指出，资产阶级和国民党的律师，为了金钱和地位，不惜歪曲法律、搬弄是非，求得胜诉。败诉了心里就不舒服，对他们来说是容易理解的，但对人民律师来说，对于胜诉与败诉、败诉了心里舒服不舒服，就应具体分析和分别对待了（“胜诉”与“败诉”的名词在今天应否运用，还是问题）。在代理案件中，两个律师各为一方代理或只一个律师为一方代理，除了有些案件能调解之外，其结果只能是一方胜诉，而另一方则败诉。也就是说，维护了一方的合法利益，反对另一方的无理要求。败诉一方，除法律上应负的责任以外，不受过度的打击，也就是保护了他的权益，这既维护了国家的法制，又保护了公民的合法权益。败诉了的代理律师，为什么心里不能舒服呢？又如刑事案件，辩护人的责任在于被告人的诉讼权利不受损害，并就案件事实和法律适用方面就被告人的正当利益进行辩护。只要检察员控诉犯罪，在认定事实和应用法律方面都没有毛病，这时律师就不应为了求得胜诉而捏造事实，歪曲法律，为被告狡辩，开脱罪责。就是自己在辩护时，错误地引用了法律，提出不正确的理由，法院的正确判决证明自己的辩护不当，被告确实犯了罪，又不能从轻，受到了法律制裁，这时律师是败诉了，但心里就应不舒服了吗？一个犯罪分子受到了国家的公正制裁，如果心里也不舒服，这不舒服是表示什么，大大值得检查了。

5. “律师只是提意见，采纳与否和如何判决都是法院的事，律师会有什么立场问题呢？”这种观点也是很错误的。实践证明，律师工作在帮助法院正确处理案件中是可以而且应当起一定作用的，国家建立律师制度的目的也在这里。在诉讼过程中，既有控诉人，也有辩护人，既有原告代理，亦有被告代理，彼此都根据自己的职能，根据法律和事实提出对委托人有利的意见和材料，这就能使法院全面而彻底地考虑双方的意见，作出公平合理的判决。因此，公诉人及律师必须认真负责地进行工作。另外，律师既是人民的律师，那就应以保护与支持人民的利益为出发点来进行自己的活动，任何不负责任的态度都会导致人民利益的损害。在阶级社会里，人都是有阶级性的，每一言行，不是对这个阶级有利，就是对那个阶级有利。律师组织不是国家机关，它没有权力处理案件，但是律师工作的阶级性、政治性是非常鲜明的，一言一语都具有鲜明的阶级内容。例如，一个地主要求返还土改时已没收的房子，律师虽不能决定将房子还给他，但是如果你为他代书甚至代理，这难道不能说明你是站在地主的立场，支持地主反攻倒算吗？

三

综上所述，人民律师必须坚定地站在工人阶级的立场为人民服务，不能为敌对阶级残余分子和坏分子服务。他们的工作是整个法制工作的一部分，不是和法院和检察院对立的。为此，我认为应从下述几方面努力：

第一，坚决依靠和服从当地党委的领导，加强向党委的汇报请示制度，尤其要学习党和国家的各项政策，配合运动，使律师工作和其他国家工作一致和协调起来。

第二，坚决接受当地法院院长的指导监督。在加强依靠党的领导，接受法院院长的指导监督的同时，不能忽视律师协会的领导和中级法院的指导监督。

第三，加强律师和检察员之间的团结。克服“对抗”、“对立”的思想和态度，建立与加强同志式的工作关系，各就自己的地位和职能共同做好法制工作，便能更准确地打击敌人，更好地保护人民的利益。

第四，明确人民律师应站在工人阶级的立场。要克服律师工作中的“右倾”错误，关键在于克服资产阶级的超阶级、超政治的观点。律师工作必须有正确的立场，服从法律，遵照政策办事。律师为刑事被告辩护时，保护的是被告人的合法权益，即保护其诉讼权利和不受错误判决，而不是虚构事实，曲解法律，为被告人掩盖不法罪行。律师进行民事代理时，也须依照政策法令为当事人办事，而不是为当事人窃取非法利益。无论刑事民事，律师不是消极地听从当事人的意见，也必须积极地对当事人进行教育，帮助他们成为明辨是非、守法爱国的公民。要知道，当事人能够服从国家法令，在国家法令范围之内，主张个人的权利和利益，就是个人利益与国家利益相一致的。而律师的工作就是要这样做的。

（1958 年第 2 期）

关于法定继承人的范围和顺序问题的探讨

郭　生*

决定法定继承人的范围和顺序，首先碰到的问题是确定法定继承人的范围和顺序的原则。在研究这个问题时，曾有两种不同的意见：一种意见认为，继承关系是从家庭亲属关系而来，因此应强调血缘、姻亲关系，以为只要是被继承人的近亲属都应当有继承权，非血缘、姻亲关系的其他人，则不应有继承权。另一种意见则强调与被继承人间的经济扶养关系，以为彼此间没有经济扶养关系的，便不应当有继承权。

我个人认为，在确定法定继承人范围的原则时，既应注意血缘、姻亲关系，又应注意经济扶养关系，两者互相结合，不宜偏废。对确定法定继承人顺序的原则，主要是根据继承人对被继承人的亲属关系谁是亲近的、经济关系谁是密切的、最需要遗产的照顾、有关法律的规定和群众的风俗习惯等。

一

法定继承人的范围，我个人的初步意见是：配偶、子女（包括非婚生子女和养子女）、父母（包括养父母）、兄弟姊妹（包括同父异母、同母异父以及因收养关系而形成的兄弟姊妹）、祖父母（包括外祖父母）、寄养人（被继承人生前一向所扶养、确无劳动能力而且在生活上是属于无依无靠的人，包括亲属和非亲属）、供养人（被继承人生前一向所靠以维持生活的人，也就是一向对被继承人尽经济扶养义务的人，包括亲属和非亲属）。

1. 配偶

配偶是被继承人亲属关系中最为亲近的人。他是被继承人家庭中的重要成员和助手。家庭财产是共同创造、共同所有、共同支配。配偶相互间的继承权在《婚姻法》第12条中，早有了明文规定。

为了保障妇女的继承权利，对旧社会残存的“妾”，应肯定她同样享有死者遗产的继承权。这在我们的审判实践中，是这样实现的。如上海市新成区人民

* 作者单位不详。

法院的判决中曾有："原告胡杰与被告吴袆卿都是张志荣的妻子，张志荣于1954年4月死亡，应根据双方的实际情况，并适当照顾子女利益的原则分析遗产。"但在法定继承人的范围中，不应特别规定她的法律地位，因为在《婚姻法》公布后，"妾"的问题不会再度发生，历史上遗留下来的问题，视同配偶处理就可以了。

2. 子女

子女是被继承人的直系卑亲属中最接近的。他与被继承人的经济扶养关系极为密切，思想感情也极为接近。父母子女间有着天然的伦理联系，有相互扶养教育的义务。子女是被继承人的下一代、应该把他列入法定继承人的范围之内，也是不容置疑的。

但在出嫁女子继承权的问题上还是有争论。有人认为，根据群众习惯，出嫁女子是很少回来继承的，尤其农业合作化以后，生产资料的继承权已不存在，只是些房屋家具等生活资料，出嫁女子回来继承房屋并无好处。又有人认为，从按劳付酬的原则出发，出嫁女子对家庭财产没有什么贡献，也不应有继承权。

这种否定出嫁女子继承权的意见是不能令人同意的。因为根据《宪法》、《婚姻法》的规定，男女间的权利应该平等。今天父母由出嫁女儿供养的虽较少，但并不是说出嫁女子就可以因此免除对父母扶养的义务。同时，有一点还须说明，即被继承人死亡后的遗产，只应是被继承人的个人财产，或家庭财产中个人应占的部分，故此并不产生出嫁女子对家庭财产无贡献的问题。出嫁女子回来参加分割的仅是被继承人个人财产中的若干分之一。关于遗产份额的多少，则可以根据生产、生活而为分配，出嫁女子可以取得被继承人遗产中的生活用品，而不是分割其房屋。有些人认为出嫁女子不能分得遗产，是由于没有本着团结互助的精神，研究如何具体进行遗产分配的问题，而不能因此否定出嫁女子享有继承权的问题。我认为出嫁女子在继承权上应该是平等的。这在我国的审判实践中也是如此。如广州市中级人民法院1957年3月5日的一个判决中写道：上诉人等既是麦占容的子女，则应有权继承，而不能因为离家多年就丧失权利。

非婚生子女应与婚生子女有同样的继承权利，这在《婚姻法》第15条中也有了明确的规定。

除血亲关系的子女外，尚有经收养关系而形成的养子女。收养关系在我国历史上存在很久，解放后的中国仍然有不少的收养关系。例如，根据武汉市公证处的统计：在1956年的49件收案中，属收养关系的占11件（收养儿子的5件，收养女儿的6件）；在1957年上半年的139件收案中，属收养关系的占12件（收养儿子的8件，收养女儿的4件）；又如，1956年12月6日的《工人日报》编者解答了读者所问关于收养孩子的手续问题，足见收养关系在今天还是存在的。

在我国目前的情况下，收养关系的成立，一般是经过司法机关的确认（如公证机关的证明），或收养人与被收养人的父母同意（如被收养人有一定行为能力，亦应得到收养人的同意），并实际上已劳动生活在一起，相互间负有扶养义务的。对一般只在名义上"收养"，但实质上是属于封建的宗祧立嗣关系，是不应承认的。这在一些地方人民法院的审判实践中，也能找到说明。如上海市邑庙区人民法院的一个判决中曾提到：纵然原告曾披麻戴孝，但不能借此为继承之根据，同时原告平时对死者亦无怎样负起继子之责……

养子女与亲生子女应同等看待，即养子女与亲生子女享有同等权利和负担同等义务。养子女在收养后，应终止与生父母之间的权利义务，也就是不能再继承生父母的遗产。

收养关系在有正当理由经双方同意或经法院判决时，也可以解除。收养关系解除后，养子女与养父母间的权利、义务也跟着终止，相互间的继承权也从此不复存在。例如，武汉市江汉区调解的董立朝和董运堂亲属纠纷案，董运堂原是董立朝的养子，双方因意见不合要求脱离父子关系，经调解后，同意董运堂脱离养子关系，日后对董立朝的房屋没有继承权。

在养子女中，不应该把媳妇、赘婿包括在内。因为媳妇与赘婿是姻亲关系，本身还可以继承生父母的遗产，如将他们列入养子女的范围，则会将养子女的含义过于扩大。过去的一些审判实践中，也有不主张赘婿做养子女处理的。如西南分院1951年对云南省人民法院丽江分院的批复中有："赘婿与岳父母是姻亲关系，与收养及血亲关系有所不同，因之，李巨忠对其岳母杨李氏的原有财产，原则上是没有继承权的。"媳妇如做养女解释，则她一方面继承生父母的遗产；另一方面又继承翁姑的遗产，这种双重继承遗产的情况，是不妥当的。

关于前夫的子女与后父、前妻的子女与后母能否相互继承。这是相当复杂的问题，不能一概而论。

生父母因离婚而不在一起的，对其子女仍存在抚养教育的责任，这个问题是比较简单的，如《婚姻法》第20条也明确规定："父母子女间的血亲关系，不因父母离婚而消灭，离婚后，子女无论由父方或母方抚养，仍是父母双方的子女。"但离婚后，父或母的一方对另一方所携带的子女，有些是全部供给生活教育费用，有些是部分供给生活教育费用，而另一部分则可能由后父（或母）供给，也可能全部由后父（或母）供给。由这一些情况来确定他们和后父（或母）是否形成收养关系是比较困难的。

我认为，在生父母离婚的情况下，前夫的子女对后父、前妻的子女对后母，一般地不享有继承权，仍应继承生父或生母的遗产。只有在和生父或生母已断绝经济抚养关系,又和后父或后母实际上已形成养子女与养父母关系的条件下,才能相互继承。

在子女继承方面,还牵涉代位继承的问题。代位继承是指被继承人的子女如果在继承开始前死亡,则他应当继承的份额便由他的子女代位继承(即被继承人的孙子女、外孙子女等)。

在研究代位继承时,也有争论。争论之点主要是应该代到哪一位为止的问题。主张代位继承到孙子女为止的同志认为,曾孙子女以下的直系卑亲属与被继承人已相隔四代以上,在血缘与经济联系方面已与被继承人较为疏远,他不能再用代位继承的方式而优先取得比他亲等较近的继承人的权利。主张代位继承到曾孙子女为止的同志也同样认为,代位继承应有一定的限制,不宜过宽,但又认为到孙子女为止未免又嫌过狭,不如代到曾孙子女为止较好。因为苏联也是代位到曾孙子女为止的。

我个人认为,被继承人直系卑亲属的代位继承,不宜做代数的限制。因为曾孙子女以下的代位继承人都是被继承人的直系卑亲属,他们所能代位继承的,只限于被代位人的继承份额,并不侵犯同一顺序其他法定继承人的继承权利,也不优先于同一顺序继承人的继承权利。由于人的生理、年龄的自然限制,代位继承在事实上也是有限制的。同时,曾孙子女以下的直系卑亲属在取得代位继承权的时候,一般是在幼年,其父或母、祖父或祖母等一方或双方即先于被继承人而死亡,正待别人抚养,从法律上肯定他们有代位继承权以便获得更多的物质保证是必要的。假如不把曾孙子女以下的直系卑亲属列入代位继承的范围,意义不大。因为被继承人在有曾孙子女以下的直系卑亲属的情况下,被继承人的本身已是高年,这时被继承人的父母尚存在的可能性并不多,其祖父母还健在的更是稀少,其兄弟姊妹也一般同样是高年。在这种情况下,曾孙子女以下的直系卑亲属的代位继承,只是优先于被继承人的兄弟姊妹的继承。根据群众的习惯,被继承人自己有直系卑亲属而不给他们继承,却由旁系年迈的兄弟姊妹进行继承也是说不通的。所以把代位继承限制到一定的代数为止,实际上没有多大作用。

3. 父母

父母是被继承人直系尊亲属中最接近的。父母子女间彼此都负有扶养义务。子女(包括养子女)既对父母(包括养父母)享有遗产的继承权,则父母(包括养父母)对子女(包括养子女)的遗产也应同样享有继承权。这在《婚姻法》的条文中也有了明确的规定。

4. 兄弟姊妹

兄弟姊妹是被继承人最亲近的旁系血亲,所谓“同气连枝”、“情同手足”。

他们之间不仅在亲属关系上非常密切，而且在群众习惯上也负有一定的扶养义务，特别是父母双方已经死亡，未成年弟妹一般是靠其兄姊抚养教育长大的。因而规定他们之间的相互继承权也是必要，这可以促进他们之间的团结友爱。

在兄弟姊妹中，有同父异母、同母异父的兄弟姊妹，他们之间虽则不是全血缘关系，但已是半血缘关系。有一定的经济联系和扶养义务，所以应当有相互的继承权。因收养关系而形成的兄弟姊妹（养父母所生子女与养子女之间，或养子女彼此之间），由于养子女已不能再继承原来全血缘兄弟姊妹的遗产，故也应肯定因收养关系而形成的兄弟姊妹间的相互继承权。

5. 祖父母

根据在湖北、河南等地的调查，三代同堂的家庭还不少，在他们之间，一般也都有相互的扶养关系。例如，根据湖北省武汉市郊区合作乡群力一社第 5、6、7、8 生产队的初步统计：

第 5 生产队：共 26 户，共中 3 代同堂的 5 户（当中一户有祖母和外祖母）。

第 6 生产队：共 24 户，其中 3、4 代同堂的 4 户(4 代的 2 户，一户有曾祖父，一户有曾祖母;3 代的 2 户）。

第 7 生产队：共 27 户，3 代同堂的 2 户。

第 8 生产队：共 25 户，3 代同堂的 5 户（其中一户有外祖母）。

此外，社干部还告诉我们，在第 12 生产队中，祖父和孙子两代共同生活的 1 户，这是因孙子的父母都死了，祖父虽另有儿子，但为了抚养他几个未成年的孙子，故和孙子们生活在一起。（注：以上数字是实地调查中，由社干部随便抽几个生产队口头统计的。已分居的 3 代以上的户数还未计算在内）

可见，祖父母与孙子女间的经济联系还是相当密切的。我国习惯上有扶老、敬老的美德，因此把祖父母列入法定继承人的范围之内还是必要的。

外祖父母仅是从母系计算，其亲等关系正与祖父母一样，也应承认他们的继承权。

6. 寄养人

寄养人是被继承人生前一向所扶养、确无劳动能力而且在生活上是属于无依无靠的人。（偶尔在经济上加以帮助的人，如兄弟姊妹间经济较好的一方帮助较困难的一方，供给其子女的上学、生活费用，不管这些费用是临时的或者是定期的，均不应做寄养人解释）这些人一般是被继承人的远亲属，但也可能是没有亲属关系的其他人。在我国群众的风俗习惯中，有同舟共济、助弱扶危的美德。被继承人生前既一向扶养这些亟待别人帮助的人，在他死亡后，为了避免这些人的生活陷入窘境，就应该在被继承人的遗产中酌量给他一部分遗产，以继续维持他的生活,这对寄养人本人以及整个社会生活都是有利的。有些人曾不主张把寄养人列入法定继承人的范围,只在继承开始时,当做被扶养的人,在遗产中加以一定的照顾。我个人认为是不够妥当的。因为根据继承的概念,把死者的财产移转于另一人或数人便叫继承。其财产移转于另外人的人叫被继承人;取得这项财产的人叫继承人。按照这样解释的话,则把被继承人的财产移转于寄养人的法律关系便是继承;寄养人既取得这项财产,也应叫继承人。在法定继承部分内既规定寄养人有向被继承人的遗产中要求分割的权利,则为什么不能说寄养人是法定继承人和享有继承权呢?既承认寄养人可以依法取得遗产,但又否定他就是继承人,这是说不通的。因此,为了正视现实,应该把寄养人列入法定继承人的范围,使他们在被继承人死亡后取得物质帮助时,有法定的依据。我国的司法实践中,也有不少是如此处理的。例如,区七因残废不能参加劳动,一向由吴四养活。吴四于1956年4月8日死亡,没有其他法定继承人。广州市公证处认为:经查明继承人区七是被继承人的寄养人,被继承人遗留下来的遗产应由区七继承。

7. 供养人

供养人是被继承人生前一向所靠以维持生活,也就是一向对被继承人尽经济扶养义务的人。(偶尔在经济上的帮助不能构成供养人的条件)这些人可以包括亲属和非亲属。例如,侄子一向供养叔伯父,他便对叔伯父的遗产有继承权;无子女的寡媳一向供养翁姑,她便对翁姑的遗产有继承权;赘婿一向供养岳父母,他便对岳父母的遗产有继承权;以及其他人一向对被继承人尽有经济扶养义务的,也可以享有遗产的继承权。

为什么要将供养人也列入法定继承人的范围之内呢?这主要是根据群众习惯以及实际上已是如此处理所决定的。如河北省邯郸市中级人民法院的一个判决中曾写道:查被诉人之胞弟李大黑生前即与其外甥李丰章共同生活,患病时亦赖其外甥侍奉,李大黑病故在李丰章家中,其遗产应由李丰章负责殡埋而后继承。同时也有这样的情况,如中年妇人的丈夫死后,其再未结婚,她实际上担负了她丈夫赡养公婆的义务,其后公婆死亡,遗产如由其早已出嫁多年的女儿继承,不使其媳妇继承,按情按理,都不妥当。又如年长的老人,他的儿子不务正业,他的生活多年由其女及婿养活,其后老人的女儿虽已死亡,但其婿仍然负担着赡养他的义务。这个老人一旦亡故,其遗产如先由其子继承,而不让其女婿继承,是否妥当,也值得考虑。再如,有的人从小就丧失了父母,他的生活教养完全由其堂兄负责,后来他死了,没有其他继承人,其遗产如不由一向抚养他的堂兄继承,也不妥当。此外还有些非亲属但有经济扶养关系的例子,如有的"五保户”生前日常生活需要别人的照顾，照顾他的人可能是没有亲属关系的邻居以及其他人，由于他们对“五保户”生前尽过很多扶养义务（主要表现在付出很多无代价的劳动上），故当地在处理“五保户”的遗产时，一般是视遗产的多寡而给予一向照顾“五保户”的人以一部分或全部的继承权。（湖北省鄂城县是这样做的，他们名之为托管）

因此，我个人认为，在法定继承人的范围中有包括供养人在内的必要。虽则在世界各国的立法例中，都没有如此规定，“供养人”的这个名词，也不一定就已妥当，但这种情况还是必须考虑的。

不过，这里所指的供养人，不应是一般的寡媳、侄子、堂兄弟、赘婿等。而必须是被继承人一向所靠以维持生活，也就是一向对被继承人生前尽经济扶养义务的人。更确切一点说，他们对被继承人遗产的继承，实际上并不是以寡媳、侄子、堂兄弟、赘婿等的名义，而是以供养人的法律地位进行继承。因为构成供养人条件的，并不限于亲属，而且也可以包括非亲属，只要他是符合寄养人的条件，就可以享有继承权。

二

法定继承人的顺序，我个人的初步意见是：

第一顺序：配偶、子女（包括非婚生子女和养子女）、父母（包括养父母）。

第二顺序：兄弟姊妹（包括同父异母、同母异父以及因收养关系而形成的兄弟姊妹）。

第三顺序：祖父母（包括外祖父母）。

寄养人与供养人不固定在某一顺序之内，他们在继承开始时，与应召集顺序的继承人共同继承，即有第一顺序继承人时和第一顺序继承人共同继承，没有第一顺序继承人时和第二顺序继承人共同继承，没有第二顺序继承人时和第三顺序继承人共同继承，以上三个顺序都没有或者他们都抛弃继承权的时候，寄养人和供养人可以单独继承遗产。

配偶、子女的继承顺序放在第一位，一般没有多大的分歧意见，但对父母的继承顺序则有两种分歧意见，一种是将父母的继承顺序分为两个，即无劳动能力的父母（或改为依靠被继承人生活的父母）放在第一顺序，有劳动能力的父母（或改为不依靠被继承人生活的父母）放在第二顺序。另一种意见则不分有、无劳动能力（或提为是否依靠），将父母都列入第一顺序中。我个人的意见是主张后者。（过去我曾主张划分两个顺序，但实际很难行得通）

目前,我个人认为,把父母的继承顺序按有、无劳动能力或是否依靠被继承人生活来加以划分,在中国现在的社会条件和群众习惯上是缺乏现实意义的,而且也难订出一个明确的划分标准。因为劳动力是人类劳动的能力,是蕴藏于人的身体中,储备有劳动能力的人,在目前就业问题尚未获得彻底解决的条件下,有时是难以体现出来的。又在不同的工作岗位中,劳动的效果也各不相同。参加社会劳动的人,可以直接从社会创造总的物质财富中,根据社会主义按劳分配的原则,取得一定的劳动收入。但参加家庭劳动的人,虽则这种劳动也是人们生活中不可少的组成部分,但它不是直接从社会物质财富中取得报酬的。因此,在这种情况下,具备了劳动能力的人,不一定已不需要遗产来补助他的生活。特别是从事家庭劳动的妇女,更应当保障她们的继承权。在相反的情况下,有些无劳动能力的人,却由于另有生活来源,如定期领有退休金或其他收入等,他们也不一定需要遗产来补助他的生活。又在主张以是否依靠被继承人生活来划分不同顺序的意见里,也有同样的毛病。因为不依靠被继承人生活的父母,他们的生活并不一定都有保障,如可能由于感情不够融洽而分居,也可能因子女在外工作而没有生活在一起,暂时由其他子女进行扶养。假如因此就列入第二顺序,便可能产生被继承人的配偶为了不让被继承人的父母继承遗产,事先不供养被继承人的父母,将他们推给别人,造成不依靠被继承人生活的状态。前一阶段报刊曾大量揭发有些人不愿赡养父母的不道德行为,这种现象我们也应加以防止。而且,配偶、成年子女有劳动能力、不依靠被继承人生活的也很多。他们既不划分有、无劳动能力或是否依靠被继承人生活而列入不同顺序,则父母也不应划分有、无劳动能力或是否依靠被继承人生活而列入不同顺序。《婚姻法》第12条与第14条在适用上既无孰先孰后的分别,配偶和父母子女同样地对遗产享有继承权,都应放在同一顺序也就是第一顺序中。他们之间的有、无劳动能力或是否依靠被继承人生活,只是作为分析遗产时数量多寡的参考,而不是决定顺序的条件。

对兄弟姊妹和祖父母继承顺序摆法的问题,曾有不同意见。有人认为祖父母一般是年高力衰,而被继承人的兄弟姊妹一般是年轻力壮,故祖父母的继承顺序应放在兄弟姊妹之前,即第二顺序——祖父母,第三顺序——兄弟姊妹。我认为,这种意见基本上是正确的,不过在群众习惯中还有一些问题。因为祖父母中包括了外祖父母,由于在当前情况下,外祖父母与外孙子女在一起生活的还是少数,有旁系血亲的兄弟姊妹放在第三顺序不给予继承,而让外祖父母先去继承,这在群众习惯上似乎很难行得通。当然,这种习惯的本身也不就是正确的,但为了使法律条文易于实行,在不牵涉原则性的地方,适当地反映群众的习惯也还是可行的。而且把兄弟姊妹放在第二顺序,祖父母(包括外祖父母)放在第三顺序，问题也不大。因为被继承人的兄弟姊妹和被继承人的祖父母相互间的关系，也还是孙子女与祖父母的关系，同样相互间负有扶养义务，被继承人的遗产由兄弟姊妹继承了，将来祖父母（包括外祖父母）的生活发生困难，孙子女（包括外孙子女）也是应当赡养的。把祖父母列入第三顺序的做法也可以适应外祖父母很少继承外孙子女遗产的习惯，因为这时外祖父母的继承遗产是在这种情况下发生的：由于祖父母是放在第三顺序，也就是在继承开始时，被继承人没有配偶、子女、父母、兄弟姊妹这些人，或这些人都已抛弃了继承，假如不将祖父母列入法定继承人的范围和顺序，则被继承人的遗产将可能要收归集体或国家所有，因此这时不可能发生争继遗产的纠纷。这种规定，不仅在执行时减少阻力，而且体现了男女平等的精神，改变外祖父母不能继承外孙子女遗产的旧习惯。所以我认为，把兄弟姊妹放在第二顺序，把祖父母放在第三顺序，还是可行的。

对寄养人和供养人的继承顺序，我个人认为以不列入固定顺序较为妥当。因为他们在分析遗产中都是需要参加的，但如把他们放在第一顺序，则容易在被继承人没有配偶、子女、父母时，遗产便归他们单独进行继承，这会使第二顺序的兄弟姊妹、第三顺序的祖父母一无所得，容易造成家庭成员间的不团结和产生不必要的纠纷。因此，不固定顺序而在每一召集顺序中共同分析遗产还是较为妥当的。

继承开始时，寄养人和供养人还可以包括不是召集顺序但符合寄养人、供养人条件的继承人，但这时他们不是以原有的兄弟姊妹、祖父母的法律地位取得遗产，而是以寄养人或供养人的资格取得遗产。

（1958 年第 2 期）

对"三角债"的初步探讨

李　郊*

实行农业合作化,解决了农村中资本主义和社会主义经济之间的矛盾以后,社员个人利益与集体利益之间的关系、社员和社员个人利益之间的关系,就成为农村现时而又突出的问题。也就是说,农业生产合作社内部有许许多多、大大小小不等同的矛盾,需要正确解决。笔者愿就其中比较大的矛盾之一——"三角债"做一初步探讨。

一、什么是"三角债"

债是一种民事法权关系,根据它,一方(债权人)有权对他方(债务人)要求为一定行为,或要求不为一定行为。按着这一定义,"三角债"的要素,原则上和其他债的要素是相同的(因为它是债中的一种),但是也有与它不尽相同的地方:(1)当事人。通常一般的债中只有两方当事人参加,一方是债权人,另一方是债务人。可是"三角债"却不然,不仅要有这一部分农业社社员和那一部分农业社社员参加,而且要有农业社参加,即3方当事人参加。(2)债的关系内容。这一部分社员是有权要求一定行为的债权人,农业社则是有义务履行此种行为的债务人;但农业社又是有权要求一定行为的债权人,而那一部分社员还是有履行此种行为的债务人。(3)债的标的。债的标的主要是物,也就是请求权和另一方义务所指向的基本对象。而"三角债"中所指向的基本对象,主要体现在农业社内部两笔账目上:①分配决算中这部分社员没有得到应有的收入,社欠他们的钱;那一部分社员超支,他们欠社的钱。②这一部分社员入社时所交纳的股份基金和投资,多余的社未有按规定偿还给他们;那一部分社员入社时所缺欠的股份基金和投资,社未有向他们追补上。

综上所述,"三角债"具有这样两个特点:

第一,规模广,标的大。据1956年的情况,有"三角债"的农业社很普遍,标的最少者不下千元,最大者万元以上。

---

* 作者单位不详。

第二,“三角债”是这一部分社员和那一部分社员的债务关系。农业社在这里既是居于债务人的地位,又居于债权人的地位,确切点说,是这一部分社员和那一部分社员构成债的桥梁。

二、“三角债”的发生

农业生产合作社在整个国民经济计划下,为了保证扩大再生产(特别是农业社会主义经济的创立)和社员实际生活的需要,在生产基金积累过程中和生产分配过程中,很自然地发生了“三角债”。这是因为:社员的劳动能力强弱、多少不等,因而所取得的劳动报酬数额要有一定差别;社员原来的经济状况不同决定了所交纳的股份基金和投资有多有少,因而余亏部分不可能立即解决。这就给分配工作、股份基金和投资处理工作带来很大的困难。但是,发生“三角债”的原因不独如此。

农业社内部所以能够发生“三角债”的另一个原因在于:前年农业社普遍劳动收入计划订得过高,开支有些庞大,预支没有很好的计划,特别是在年终决分时不依社员劳动的质和量为准,而是以人口多寡为定,采取所谓“一律工资”(不管挣多少,每人都分到同等数量的食粮、烧柴)的做法。这就使这部分挣到的社员在分配时未得到如数,那一部分未挣到或未完全挣到的社员在分配时得到足数。还在于:土地取消报酬以后,对于部分劳动力少人口多的社员及少数劳动不强的社员,他们过去半依土地收入的条件不存在,势必影响与减少收入。而且,农业社又未有意识地、有计划地帮助他们从事副业生产以增加收入。因此这部分社员非但欠社的股份基金补交不上,就连食粮、烧柴也得依靠社给负担一部分。

“三角债”发生了,是好还是坏呢?应从两个不同方面去研究。“三角债”发生的结果,一方面说明了:在农业社初建阶段发生“三角债”完全是必要的,它不仅保证了农业社生产公积金的稳定性与进行生产建设的物质需要,同时那一部分暂时减少收入的贫困社员的生活也得到了援助。毫无疑义,“三角债”就调整农业社与国家的经济关系、农业社与社员的经济关系、社员与社员的经济关系,以及从而推动农业合作化事业的发展,均起到了积极的作用。这是最基本的一面,首先应该肯定。但是,“三角债”发生的结果,又一方面说明了:“三角债”影响“按劳取酬”原则和互利政策的彻底贯彻,由此引起一部分社员(主要是存款的社员)生产情绪不安,社干部和存款的社员间也曾出现一些不够正常的现象。例如,社的存款户多为中农(包括富裕中农)和劳动力强的社员,欠款户多为贫农和劳动力弱的社员。存款户未有分配到全部劳动所得以及未有按期得到入社生产资料折价的款项,因此则对农业合作化的优越性发生怀疑,生产情绪有所动荡,并且在政治上排斥欠债的贫困社员,说什么“黑爪子挣钱白爪子花”、“账肚子户”等。在个别的地方,有的存款户向社干部直接讨债,曾发生了严重的口角,甚而有殴打社干部的事件。在这些存款户当中,有相当数量存有严重的资本主义思想,时有以此为口实,散布“合作社不如单干”、“合作化大家穷”等资本主义毒素,甚至闹退社。再如,欠债的贫困社员,绝大部分是原来经济条件、劳动条件不够好的,他们对负债感到吃劲,顾虑多端,怕越欠越多,越干越还不上。所以,其中有的人缺乏向社负责的劳动态度,从事与社无关的其他劳动,企图避交欠款。但也有的懒惰者故意曲解“以社为家”的真实意义,说什么“干不干都得一样”、“有饭大家吃”等。依赖农业社的思想很严重。如此情况,必须加以正视,以利于“三角债”获得解决。

肯定地说,“三角债”的发生,主要方面是好的,虽也带来一些不好的结果,但它不是主要的。

三、“三角债”的履行

在我们国家里,一切债是为了完成国民经济计划、保护社会主义财产与公民个人财产、满足人民群众物质生活和文化生活等方面而设的。自然,“三角债”也不能例外。

作为社会主义债权法的特有原则,就是实际履行问题。如何保障实际履行原则贯彻,采取什么手段去保障,就“三角债”的特别情况来说:首先,农村党政和农业领导部门帮助农业社解决,以及农业社努力自行解决;其次,由人民法院在当事人的请求下,通过法律程序或其他较好的方法去加以解决。实践证明,前一种手段最为成功,后一种手段只不过是前一种手段的辅助而已,不能占着非常显著的地位,这是由“三角债”的特性决定的。

农村出现“三角债”,引起党和国家的特别注意,把它置于处理农村经济问题的重心之一。农村党政通过对农业社的具体领导,充分发挥了集体经济的优越性,普遍地采取了帮助欠债的贫困社员增加收入的措施:(1)妥善安排欠债的贫困社员的生产劳动,尽量使他们多劳动、多收入;(2)扶助欠债的贫困社员开展家庭副业,多养猪、多养鸡;(3)适当组织老弱病残社员进行生产劳动,做到劳动一些、得一些。在帮助贫困社员增加收入的时候,要注意解决这样几个具体问题:(1)欠债的社员搞副业贷款的解决问题,先发动本人自行解决,后由国家(即信贷社)根据贫困社员搞副业的种类和特别需要,适当地贷给一部分。(2)农业社根据本地区自然条件、经济特点和每个欠债的社员家庭情况,大力开展副业来源,并应注意解决销路问题。(3)对贫困社员搞副业的收益,除扣留欠债社员继续搞副业的实际需要,农业社尽量做到及时将收益的一部分陆续地集中上来,还给存款户。为了预防"三角债"的扩大,农业社应采取这样两个措施:(1)建立正常的预支制度。农业社社员(劳动着的社员)不违反农业社向国家交农业税和出售任务粮的情况下,才能预支实物。同时农业社根据每个社员劳动情况,按期按比例地预支现款。(2)决分时,一定要贯彻"按劳取酬"原则。农业社在年终结算时,要根据每个社员劳动的质和量,做到多劳多分、少劳少分、不劳不分,彻底纠正"一律工资"的做法。

以上是从根本解决和预防"三角债"的措施。

在当前,"三角债"纠纷诉到人民法院的很少,在若干农村县法院根本没有遇到。其原因不外是:(1)"三角债"发生后,农村党政通过对农业社具体领导采取了正确解决的措施。(2)存款户与欠债户同在共产党领导下翻身解放的,他们有着基本利益相一致的愿望与感情,存款户对欠债户一般是可以谅解的。(3)有关当事人对"三角债"的可诉行为不够理解,怕诉到人民法院推出不管。但是,"三角债"既然为客观存在的普遍现象,既然为民法所调整的对象,可想今后"三角债"的纠纷要有一定限度的增讼。那么,人民法院在受理这类案件应抱着什么态度和注意什么问题呢?笔者认为,不管哪方当事人(农业社或社员)来诉讼,法院都应耐心地接待和受理,不得推出了事。抓紧查明纠纷事实情况后,应大量采取调解的方式解决,对实无法调解成立的极少数,如农业社有实力偿还而借故拒还者,或欠债户经济情况有好转而无故拒还者,始得判令限期偿还。务须求其慎重起见,最好在下判前广泛征求各方面的意见,经过反复讨论,必要时请示党委指示后,再下判出不算迟误。反之,对于比例数较大的一般纠纷,如农业社或社员暂时无实力偿还者,更不能轻易下判。其实不考虑欠债当事人能否履行债务的判决,只会造成执行工作上的困难,不会有其他好的结果。

在解决这类纠纷时,不论是农业社自行解决的,或者农村县乡党政部门帮助解决的,或是在当事人的申请下由人民法院解决的,均应遵守这样一个原则:既要保证农业社资金积累和发展生产的需要,又要保护这部分社员的合法收益和适当照顾到那部分暂时贫困的社员的生活。假设离开这个原则,偏向任何一面,都是错误的。我们知道,要使农业社发展与巩固,没有资金积累是不行的。资金从哪里来?在社员收入有所增加的条件下,应该尽可能地增加合作社的公共积累。依靠合作社自己的力量逐步增多一些基本建设,不仅是发展生产增加收入的可靠道路,而且是巩固社会主义制度(合作社)的物质基础。"有了较多的公共财产,才会使合作社象钢骨水泥般地巩固起来,否则会象沙堆一样容易散掉。"[①]因此,忽视公共积累或不赞成公共积累的错误实质,就是要不要农业社的问题。我们也知道,农业社是贯彻社会主义"按劳取酬"原则的,劳动多的社员没有及时全部得到收益,他们会有意见的,生产资料投资没有按期按比例数返还,他们同样还会有意见的。因此,"在不损害贫农、下中农基本利益的条件下,采取比例分红或其他可以协商的办法,处理他们入社生产资料遗留问题,使他们得到适当的收入"。[②] 使存款户利益不受损失,欠债户能给社付利息,社再给存款户付利息,也是应该的。我们又知道,那一部分暂时入不抵出的贫困社员要劳动生活,他们暂时无力全部偿还欠债,农业社又不能破坏公共积累代为他们还债。因此,在基本不损失存款社员利益的条件下,适当做到照顾贫困社员生产生活,也是应该的。强调对存款户(多为富裕中农)让步,是违背阶级路线的。

综上所述,这类纠纷不同于一般的债务纠纷,解决得正确与否,直接关系到农业社的巩固,阶级政策与互利政策的贯彻。因而,在处理这类纠纷时,要全面考虑情况,做到符合有关政策精神,切忌以粗糙了事的态度代替正确解决的办法。

四、"三角债"的消灭

"三角债"的存在与消灭,不能依人们的意志为转移,而是由于一定经济条件发展变化的结果。因此,"三角债"的消灭,须具备两个客观前提条件:第一,农业生产不断提高;第二,社员收入逐渐增加。

我们先看第一个条件。农业合作化的实现,改变了农村的整个面貌,崭新的社会主义农业经济制度建立起来了,从根本上排除了人剥削人的可能性,给农业发展开辟了广阔的前途。这种经济制度刚刚形成,即在全国范围内掀起了农业生产大高潮,在小农经济面前显示出自己的绝对优越。"1956 年的自然灾荒,不仅是我国解放以来最大的一次灾荒,被灾田地约 2. 3 亿亩,受灾人口约 7000 万人。在全国实行农业合作化的第一年,我国农业就经历了这样严重灾情的考验。在党和政府的积极领导和支持下,全国农民发挥了农业生产合作社的优越性,实现了增产的要求。1956 年,全国农业总产值约为 583 亿元,比 1955 年增加了

① 邓小平:"关于整风运动的报告"。
② 中共中央《关于整顿农业生产合作社的指示》。

27.7亿元，接近了第一个五年计划最后一年的指标；粮食（不包括大豆）的产量为3650亿斤，比1955年增加了154亿斤，超过了第一个五年计划最后一年的指标。”①这一无可辩驳的事实，证明了只有实行农业合作化才能保证农业不断增产。

我们再看第二个条件。农业合作化是共产党领导农民彻底解放，过幸福生活的康庄大道。由于实行了农业合作化，农民的生产积极性才能全部发挥出来，农民的生活才能日益提高。“在实现合作化的第一年，全国除了灾情严重的地区以外，就有百分之七十五以上的农户在不同程度上增加了收入，减少收入的农户只占百分之十左右。”②这一无可怀疑的事实，证明了只有实行农业合作化才能保证社员逐年增加收入。

以上事实不难断定，消灭“三角债”的两个客观前提条件，在我国社会主义农业经济制度中同时存在并且在壮大着。

进言之，“三角债”需要多么长的时间才能消灭呢？需3年到5年的时间，个别地区时间还可能短些。“在五年之内，全国绝大多数合作社必须赶上或者超过当地富裕中农的生产水平，使合作社集体经济的收入，加上社员家庭副业收入，总计起来，按人平均，赶上或者超过当地富裕中农的水平。现在农村中，百分之八十左右的农户已经达到合作化以前的一般中农水平，其中有百分之二十到三十已经达到富裕中农的水平，生活仍然贫困的农户一般不过占百分之十五左右。因此，在五年之内，达到这样的水平是完全可能的。”③其不能一两年内消灭的理由：第一，农业社的产品分配是贯彻“少扣多分”的方针，要将总收入的60%～70%分配给社员，农业社扣留的只占一小部分。为了扩大再生产，扣留的绝大部分应用到发展生产上，剩下一点点作为偿还社员入社投资的价款。第二，目前农业增产的主要途径是充分发挥农业合作化的优越条件，依靠合作社的集体力量和政府的支援，采取增加单位面积产量的措施，不能做到大量机耕与大量开荒。因而农业生产水平还不能完全满足工业建设的发展需要，农民个人的收入增加还是有限度的。第三，农业社和它的社员收入或多或少，还因他们所公共占有的生产资料的多少、好坏，自然条件和生产基础而有所区别。

（1958年第2期）

① 周恩来在第一届全国人民代表大会第四次会议上的政府工作报告。

② 周恩来在第一届全国人民代表大会第四次会议上的政府工作报告。

③ 邓小平：“关于整风运动的报告”。

中国最早的一部法医学——《洗冤录》

仲 许*

宋理宗淳佑七年（公元1247年），湖南提刑充大使行府参议官宋慈，因为看到检务的重要，便参阅《疑狱集》、《内恕录》等书，总结了历代劳动人民在司法检验方面的丰富经验，并增加了自己多年实际工作中的体会，写成《洗冤录》一书，奉旨颁行。这不独是我国第一部有系统的司法检验专书，也是世界上第一部有系统的司法检验专书。我国后来不少的检验书籍，大抵是根据它写的。

《洗冤录》是具有现代法医学轮廓和基本内容的法医学方面的专门著作。我国历代法吏皆奉它为圭臬，科刑聿罪，平反冤狱，都是靠了这部书。所以《洗冤录》在裁判上占着极重要的地位。《洗冤录》大多为经验记载，其中不少可供我们参考之用，比之近代法医学，不但它所论述的项目与范围，其内容也具备了现代检验方面所需要的初步知识。当然由于历史条件限制，以及当时各种科学尚不够发达，因此其中有些论点不切合实际，对现象的观察不够严密，缺乏科学根据，甚至涉及迷信，类若神话的，也确实不少。但该书著作在700年前，自不能以今天的科学水准来衡量它。若与当时欧洲正处在黑暗时代的法医学相比较，实在不愧为光荣而有价值的著作。这是值得我们自豪的。

现创《洗冤录》共4卷，是经过清康熙年间律例馆校正增订过的。

第一卷内有检验总论、验伤及保辜总论、尸图、尸格、验尸、验未埋尸、验已攒尸、洗罨、初检、复检、辨四时尸变、辨伤虞伪、验妇女尸、白殭、验已烂尸、验骨、检骨、检骨辨生前死后伤、论沿身骨脈、滴血、检地等项。在这一卷内首先着重地指出：人命案件的判刑，全凭尸伤检验，并强调早期检验的重要性；叙述验尸、验伤及勘察现场所应注意的事项，及时搜索凶器，以便与伤痕参照；受伤未死，应即保辜就医的意义。实施检验的人员，应不怕尸体污臭。对每一尸体，都要从头到脚地详细而有系统地检查。遇有疑难，更广为访察，并且访察不可专任一人，这正说明要走群众路线。如因病患而死，曾使医人师巫救治的，更要向这些医人师巫访问，否则是不会明白的。由此可见，古人在检验上，并没有忽视医师的地位。《验尸篇》曰："凡死人项后、背上、两肋后、腰腿内、两臀上、两腿后、两腆股、两脚

---

* 作者单位不详。

肚子上下，有微赤色，系本人一面仰卧停泊血坠所致，不是别故身死。”可见已知尸斑是死后因血行停止，血液坠积在尸体接近地面的部位，因而形成红斑，作者已知尸斑与尸位的关系。并且也初步地提出生前伤与腐斑的区别：“验伤须用手指按其青红处，是伤坚硬，指一起仍然青红，便是真伤。如系发变处，将指一点，起指即是白色。发变是人腹内之血，死后发散于外，不能聚结，故浮汎。伤系生前受打，气绝血聚成伤。”这些叙述是相当中肯的。对于验骨质上的生前伤，使用杭州黄油新雨伞，罩定尸骨，迎日隔伞看，则伤之在骨内者毫发毕露。这一方法是合乎光学原理的，因为不透明的物体，在阳光卜所显示的颜色，都是选择反射的结果，而光线通过黄油伞，则能吸收了部分足以影响仔细观察的光线，这与现在应用紫外线光罩射尸骨检查伤痕是相符合的。对于骨伤辨生前死后：“根据骨质上有无血痕来判断，有血癊乃是生前被殴，若无血癊，纵有损折，乃死后痕。”也是非常正确的。作者描写辨真伪伤，实在恰到好处：“凡伤以癊晕为主，癊之为形，要皆自近而远，由深渐浅，自浓及淡，而将尽处，又皆如云霞、如雨脚、如晴云之若有若无，可望而不可即，鲜润淡宕，要皆自然之气所致，故其色活。如红自红，紫自紫，呆板积于一处，癊脚全无，则伪造也。”这样的叙述，完全是出于多年的经验，经过细致的观察、亲身的领会而得出的正确的结论。记载尸体四时的变化现象，也与实际情况相符。

关于人体的构造，作者按周天 365 度之说，人亦有骨 365 节，这是没有从实际出发。事实上作者多年的经验，检验的骨殖，不会太少，当然很可能发现不是 365 节，但由于我国自战国以后，阴阳五行学说成立和发展，哲学家认为人身是大宇宙的缩影，所以说人身是小天地，于是将阴阳五行说附会到人体构造上去，《洗冤录》将人骨按周天 365 度的说法，正是由于这种影响。至于所载滴血法，是根据前人的经验，这一方法可谓直系亲属亲权鉴定的先声。从现在血清检验的眼光看去，这是合乎科学原理的。“父母骸骨在他处，子女欲相认，今以身上刺出血滴骨上，亲生者则血入骨，非则否。”子女血型一般说是受父母的血型影响的，但这一方法的实际应用是不够正确的。至于检地法，虽然说者认为合乎犯罪搜索的本义，但绝没有应用的价值，看起来似乎也是很荒谬的。书中认为孕妇死后，尸经埋地，因地水火风吹，死人尸首胀满，骨节缝开，故胎儿逐出腹内，这一说法，前人已有否定，孕妇死后，不待埋地，胎儿即可自腹内外出，地水火风之说，更是无稽之谈。

洗冤录中洗罨、检验、初检各篇皆提到用米醋、酒糟、白梅、五倍子等，作为伤痕局部的罨拥洗盖之用，如《验尸篇》载：“伤痕未见，用糟醋泼罨尸首……伤痕未见，但有可疑，以醋蘸纸盖上。”《洗罨篇》载：“用皂角洗涤后，用糟醋拥罨……

煮醋淋……酒醋泼。”总之，凡检验伤损，都用糟醋等物洗罨。这是有预防检验时细菌感染伤痕之效，使创痕不致发生改变。现代医疗上也应用酸以沉淀伤口或黏膜外层的组织，不受外界细菌感染，减轻伤口原有炎症，而使伤痕口固定起来，这也就是《洗冤录》中应用醋、五倍子等所起的重要的客观功效。

第二卷内载：殴死、手足他物伤、木铁等器砖石伤、踢伤致死、杀伤、杀伤辨生前死后、自残、自缢、被殴勒死假作自缢、溺水死、验溺水辨生前死后、溺井死、焚死、验火焚辨生前死后、汤泼死等项。在这一卷内叙述了各种创伤的地位，凶器的种类及性质，对于肉体上辨别生前伤死后伤，更做了较详细的描写，如“生前被刃伤，其痕肉阔，花文交出，若肉痕齐截，只是死后假作刃器伤痕。如生前刃伤，即有血污，及所伤疮口皮肉血多花鲜色，若死后用刀刃割，伤口肉色即干白无血花”，“活人被杀者，其受刃处皮肉紧缩，四畔有血癊，若被支解，筋骨皮肉□粘，受刃处皮缩骨露；死后被割截尸首者，皮肉如旧，血不灌癊，被割处皮不紧缩，刀尽处无血流，其色白，若检洗挤擦，肉内必无清血流出，即非生前刃伤”，“截下头者，活时斩下，筋缩入，皮卷，骨凸，两肩耸□，死后截下者，项长，皮肉不卷凸，两肩并不耸□”。这几段描写肉体上的生前创死后创的区别，不独非常细致，而且合乎现代法医学辨别生前创死后创的依据“生活反应”的原理。但书中对于踢伤致死的叙述是不够妥当的。比如，凡伤下部之人，不分男女，伤痕皆现于上，而不在下，男子之伤现于上下牙根里骨，伤左则居右，伤右则居左，伤正则居中，女子之伤则又现于上腭，共左右中亦然。这里不仅认为下部受伤现于上，而且认为男女伤的表现有区别。男女除生殖器官不同外，其生活职能是相同的，则受伤后的表现自不会有所区别。至于下部受伤，在学理上，其震（盪）即“荡”字力或能达于脊髓神经，绝不能经达于下颚上颚及现于牙齿上。凡因痉挛或痛苦致牙关紧闭，则上下齿龈部均可充血，故牙齿的齿冠中下部，与齿龈相连处，齿磁上往往或呈粉红色。又缢死、勒死或扼死者的下颌骨下方受巨大压迫者，则下颚齿龈部亦多充血或淤血，故下颚齿冠中下部与齿龈相连处的齿磁，往往也呈粉红色。古人检验因伤下部致死的骨殖，由于下部适无骨伤可验，也就不免误以牙齿颚骨发红色为依据。又书中称“肚腹受伤，倘皮肉消化，须检腰间方骨，其骨必紫红色”。所谓腰间方骨，即指荐椎，荐椎适当肚腹之后，当然如肚腹受伤很重，力能达到荐椎时，自可于皮肉消化后，检验荐椎。事实上荐椎之前有内脏，一般的腹部受伤致死，必然多由于造成内脏破裂出血，若肯定荐椎有伤，将是错误的。

《洗冤录》对于切颈致死，创口在颈部的位置、方向、轻重，以及利左手利右手所形成创口的区别，均有详细正确的描述，但认为“自割喉下，只是一出刀痕”。这一论点，不够确切。事实上临案常见的自刎，颈部往往是两道以上的刀痕。当然，这些刀痕如不并合为一道，其中仅有一道是较重的，其余则是较轻的。书中描述自刎致死的尸体现象："如系忿恨而刎者，牙必咬紧，眼必微张而上视，盖上视重傲，其胸大有不甘故也；如系气郁而刎者，眼虽闭而不紧，口则微张而牙关多不合，缘其气懑，终于不舒故也；若畏罪及被逼至无可奈何而刎者，则口眼俱合。乃其视死如归，急欲以死卸责也。"这完全是不从实际出发的唯心主义的说法。事实上死后的尸体现象，如何能依照死前的心理活动的不同而表现不同呢？

对于自缢现场检查应注意的事项，以及自缢索沟的位置、形状、性质，及与勒死的区别，均做了较详细的描述："自缢者，脚虚，则喉下痕深，实则浅，人肥则深，瘦则浅，绳紧细则深，懈粗则浅。""不论吊挂高低，床档上，船仓内、活套头、死套头、脚到地、膝跪地、皆可死。"这都是从实地观察得出的正确结论。"死后被人用绳索扎手脚及项下等处，其人已死，血气不行，其痕无血瘾，虽被系缚深入皮，无青紫赤色，但只是白痕。"这一叙述的现象，也是符合"生活反应"原理的。至于所述"自缢之后，开掘所缢脚下穴三尺许，如有炭方是"，实属荒谬不经之说。

对于生前溺水死后入水，生前烧死和死后烧尸的区别，都有比较详细的说明及初步检验的方法，如"生前溺死口鼻内有水泡，及有些小紫色血污，或有磕擦损处，此是生前溺死之验；死后抛掉在水内，口鼻无水沫，肚内无水不脹"，"凡生前被火焚死者，其尸口鼻内有烟灰，而手脚皆拳缩，若死后火烧者，其尸虽手脚拳缩，口内无烟灰；若不烧着两肘骨及膝骨，手脚亦不拳缩"。其于辨别生前烧死后烧，是根据《疑狱集》的"张举猪灰"，但更发展了它，认为尸体自灰烬中检出，口鼻中可以有灰，要辨别生前死后烧，应更进一步验喉管有无烟灰。至若所说"生前溺死，尸首男仆女仰"，未可视为不易之论。所述"失足落水，口眼俱开"，"自投井则眼合"，这又是唯心之说。

第三卷内分：疑难杂说，尸伤杂说，论中毒、服毒死，服毒辨生前死后，诸毒、意外诸毒等项。这一卷重点的说明在检验中所遇到的困难问题，由于各种疾病所发生的猝毙，以及各种意外伤亡的现象，并应注意的事项。作者首先强调："凡检尸差之毫厘，失之千里，切勿轻视，常有勒杀类乎自缢，溺死类乎投水，斗殴有在限内致命，而实因患病身死。"足见古人对检验工作的审慎和认真的态度。在鉴别是否斑疹伤寒致死时，着重指出观察紫红斑痕为指示标，并特别指明殴死与受伤后因破伤风而死必须加以区别，同时突出描写了破伤风的症状："口眼喎斜，手足拳缩。"即在目前仍有很大的诊断价值。作者认为烧酒不可以用锡器盛炖，倘为日稍久，饮之则能杀人，其人之面参青黯。这是指出由于中铅毒致死，是非常正确的。

《洗冤录》中记述:“跌者从高而下,或失足,或自绊,其力在下,则所伤多在腿足及臂膊,如系人推而跌者,则其力在上,所伤多在头面及两手腕,与自跌者不同。”这不能视为肯定之论,由上而下,跌伤何处,由不得自己做主,要根据高度不同,以及如何下跌,如何着力各种条件决定,绝不能从伤在腿臂或伤在头手来判断是自跌还是人推。至于所称:“将人致死,或经久尸肉腐烂,无迹可凭者,但检顾门一骨,俗称天灵盖,必浮出脑壳骨缝之外少许、其骨色淡红或微青、皆因罨绝呼吸,气血上涌所致,只拨验此骨便明。”查头骨缝略哆开,沿骨缝并有血瘾可见,是由于颅腔内压增大所致,凡溺死、勒死、脑内肿瘤等患者及其他窒息死者,死后检骨,往往有此现象。盖头盖骨内,除脑实质外,更充满脑液,一旦脑内成分增加、于是内压力也随之增大,势必至骨缝哆开,因哆开骨缝系生前体内的作用,所以沿骨缝有血瘾可见。以此《洗冤录》将头骨缝略哆开,沿骨缝有血瘾这一现象,单纯地认为由于罨绝呼吸,气血上涌所致是不够全面的,因而也会造成错误。

关于中毒方面,《洗冤录》搜集了当时有关矿物性、植物性、动物的各种毒物,这些毒物有可能用于自杀、谋杀方面的,叙述了中毒致死的尸体所表现的现象,强调了药物可由于积蓄作用而致中毒死亡,并初步地提出了检验中毒致死的尸体的方法。当然由于当时尚无化学分析与物理鉴定,因而不少论点是不符合科学的。首先叙述的服毒死的尸体现象:“凡服毒死者:口、眼多开,面紫黯或青色,唇紫黑,手足指甲俱青黯,口、眼、耳、鼻间有血出,甚者遍身黑肿,面作青黑色,唇卷发疱,舌缩或裂折烂肿微出,唇亦烂肿或裂折,指甲尖黑,喉、腹胀,作黑色,生疱,身或青斑,眼突,耳、鼻、口内出紫黑血,须发浮乱。”以上所述,原是一般尸体高度腐败时所有的现象,并非中毒死特有的现象,因而也就不能根据这些现象作出中毒致死的论断。

“验服毒,用银钗、皂角水揩洗过,探入死人口内,以纸密封,良久取出,作青黑色,再用皂角水揩洗,其色不去;如无,其色鲜白。”这一检验服毒的方法是不可靠的。凡中毒或非中毒尸体腐败后均产生硫化氢,遇到银便形成硫化银,呈黑色,揩擦不去。假若新鲜尸体,不论中毒或非中毒,以银钗试之,均不呈黑色。只有硫化砷、硫黄、硫化氢、硫化氨等中毒已死或未死动物的大便及胃内容,用银钗试之,可变为黑色。因此银钗验毒,或可认为是硫化物中毒的预试验,但却不能据此为断,而且必须在尸体开始腐败以前试验。

“将白饭一块入死人口中喉内,用纸盖一两时辰,取出饭与鸡吃,鸡亦死即是。”此法虽非理想,但在当时的条件下,能够知道这样做,仍不失为有一定的意义,这一原理与今日的动物试验是相符合的,即在目前,毒物化验中采用动物试验仍是一种重要的辅助方法,尤其在司法案件中的检材其量有限,在形态不明,无法识别,或混有其他物质反应不十分明了时,实有施行动物试验观察其是否发生中毒症状及其症状性质的必要。

《洗冤录》记载并食可以中毒“苋鳖并食毒,驴肉荆芥茶食毒,蜜鲊并食毒,河鲀风药并食毒,黄蜡炒鸡毒”等。当然作者不是凭空捏造,可能是在他的经验中遇见这些事例的,但中毒的原因不一定就是由于并食所致。事实上有些单独一种食物,吃了便可中毒,例如河豚本来就很毒,自然与他物并食无关;或者有些食物由于保藏得不好,腐败变质,吃下去发生急性肠胃炎,重则中毒致死;或者有些人对某些食物有变态反应,吃了以后发生呕吐、腹泻、痉挛、荨麻疹、昏迷等现象;或者原有心脏病、高血压的人,由于饱食后引起急死的,也并非少数。

第四卷为治疗法,有急救:救缢死、救溺死、治刃伤、教汤火伤、救中暍、救冻死、救魇、救中恶、救惊毙、救扑打身死、救跌压伤、治蛇虫伤、治颠狗伤。救服毒中毒方:解砒毒、解巴豆毒、解鼠蟒毒、解莨菪毒、解苦杏仁毒、解斑蝥芫青毒、治菌毒、解胡蔓草毒、解蕈毒、解草乌头毒、解射罔毒、解轻粉冰片毒、救服卤、治吞金、解药迭金石毒、解水银入耳、解煤熏毒、解饮馔毒、解迭毒及金蚕迭、解秽方。这一卷搜集了当时医学上各种急救的方法及解毒方,其中有些经验良方,出自《苏沈良方》及《太平惠民和剂局方》。不少方法是合乎科学原则的。在处理冻死冻伤方面,已注意到“若不先温其心,便以火灸……必死”。这是因为加温过速,必致代谢产物的积存,及液体的渗出增加,使血液循环的供应不足而致死。对于传染性创口,已知道采用扩创手术,除去无生机的组织。如:“毒蛇能毙人,惟急以利刀割去所啮之死肉,可以渐解。”并且已经知道采用上行段血管局部结扎办法,防止中毒的蔓延,如:“虺蝮伤人,其毒内攻即死,立将伤处用绳绢扎定,勿使毒入心腹,令人口含烧酒或米醋,吮伤以吸拔其毒,随吮随吐,随换酒醋再吮,俟红淡肿消为度,吮者不可误咽中毒。”就是在今天,凡毒虫毒蛇咬伤,在伤处以上加以结扎也是一项必要的措施。同时又已指出烧酒可供消毒,虽然口吮的方法有一定的危险性,但已能着重指出随吮随吐,不可误咽中毒,说明作者也已周密地考虑到这一点。对于中暑的急救:“暑月热倒,急扶在阴凉处。”即在700年后的今天治疗上,仍有相当的意义。部分毒物的解毒方法,对目前来说,还不失其价值,如“砒霜服下未久者,取鸡蛋一二十个,打入碗内搅匀,入明矾末三钱,灌之,吐则再灌,吐只便愈,但服久,砒已入腹,则不能吐出”。由此可见,当时已经知道采取催吐洗胃的方法来解除砒中毒。催吐是口服毒物后的一项重要的急救办法,除上面所引明矾催吐外,尚有:“服盐卤,将常用擦桌布洗水灌之,使吐即解。”“中胡蔓草毒,将粪汁灌之。”擦桌布洗水、粪汁,本身并不具有什么解毒作用,所以用擦桌布水、粪汁,这是因为人人都知道是很脏的东西,便可以通过条件反射的作用，引起呕吐，从而达到催吐洗胃的疗效。

总之，《洗冤录》有它光辉的一面，也有它的缺点。前人，尤其是有清一代，不少作者对它的论点提出怀疑的意见，但究竟着重在个别的地方，没有全面地系统地加以论证。因此我们应该肯定它在法医科学上的成就和价值，采取批判的态度去研究和整理它。

（1958 年第 2 期）

关于户口登记的几个问题

君　芝*

《中华人民共和国户口登记条例》已经全国人民代表大会常务委员会通过公布了,这是继《治安管理处罚条例》后的又一项重要的治安行政法令。这个条例和每一个公民都有直接的关系,为了使全体公民都能自觉地遵守户口登记制度,顺利地、正确地贯彻这个条例,户籍部门的干部、民警以及广大人民群众,对这个条例都必须有正确的认识。这里,就几个有关我国户口登记制度的问题,提出来做一个初步探讨。

一、必须全面认识我国户口登记制度的意义和作用

我国的户口登记制度,正像政府所有的各种法律、规章、制度一样,是为社会主义和广大人民群众服务的。由于户口登记是一项重要的治安行政管理工作,因此它又必然是一个对敌人实行专政的武器。但是,归根结底,它是为人民服务的。因为为社会主义建设和社会主义改造事业服务,以及向敌人实行专政,都是为了人民群众的长远利益和切身利益。这一点在罗瑞卿同志关于户口登记条例草案的说明中,有了非常明确的阐述。罗瑞卿同志在说明户口登记条例的 3 个作用时就指出:它是为建设社会主义和编制国民经济计划以及制定有关的各项政策服务的;同时它又是为了证明公民身份,保护人民群众在政治生活和社会生活中的合法权利和利益;最后,则是为了堵塞治安管理中的某些空隙,限制反革命分子和其他坏分子的破坏活动,保卫国家建设和人民生活的安全。实际上,第三个作用和第二个作用是一个问题的两个方面,第三个作用就是为了保证前两个作用的实现。

从以往的事实来看,我国的户口管理工作,也确实是在这 3 个方面发挥了不少积极的作用。我们国家的一切计划和政策措施,就是从 6 亿人口出发统筹兼顾的。我们的国家,不仅根据人口情况和其他各种现实情况出发编制了各个五年计划,而且在计划供应等各项政策措施和有关人民切身利益的各种措施(如

* 作者单位不详。

劳动就业和发展文化、教育、卫生事业,以及住宅的兴建和各种市政规划等),也都少不了正确的人口数字作为依据。在为人民的合法权益服务方面,也有不少突出的成就,如两次普选,就是由于我们已经有了一个相当健全的户口工作的基础,因此保证了广大人民都能根据宪法行使公民的政治权利。又如,为人民群众找寻失散多年的亲友方面,成绩也是很显著的,仅上海市公安机关,去年一年中即通过户口管理为不少人找到了亲友,其中有不少动人的事例。我们在报纸上就经常能看到这方面的报道,许多在旧社会被剥削被压迫而不得不妻离子散的人们,解放以后,由于公安机关帮助他们找寻这些亲人,终于重获团聚。这种情况,只有在人民当家做主的社会主义国家,才能实现。在对敌斗争中,户口管理工作同样也发挥了极其重要的作用。通过户口管理,不仅发现了不少反革命分子和其他犯罪分子,而且也有效地限制了这些分子。

但是,户口管理部门的少数工作人员,以及某些社会群众,对户口管理的意义和作用,认识是不够全面的。一般说来,往往只看到户口工作对敌人实行专政的一面,而对为国家的社会主义建设事业和人民群众的合法权益服务,却容易忽视或者认识不足。由于对户口工作的作用认识不全面,以致有些群众就会产生一种不正确的想法——"我不是反革命分子,不遵守户口管理制度就没有什么关系"。这样就会使《户口登记条例》在贯彻执行中遇到一些障碍。

二、《户口登记条例》中某些限制性的规定也是为国家的社会主义建设和人民群众集体的和长远的利益服务的

《户口登记条例》除了第 14 条是为了限制反革命分子和其他犯罪分子以外,也有若干条文(如第10 条第2 款对由农村迁往城市人口的限制)对人民群众带有一定程度的限制性。但是,我们必须认识这种限制也是从国家的社会主义建设和广大人民集体的和长远的利益出发的。这样做,完全是为了社会主义的工、农业生产利益,也是为了调整城乡关系,使城市和乡村能够更好地互相配合和互相支援。我们的国家是一个整体。国家对城市和农村、工业和农业都有一个统一的、合理的安排,如果我们不在城乡人口问题上适当控制,必然会严重影响到工、农业的生产建设计划;而农业人口大量地盲目地流入城市,其结果不仅影响到国家的国民经济计划,影响到城市人民的生活秩序,而且对盲目流入城市的人口,也必然会造成流离失所的严重恶果。我国城市里的工商业,已经基本上完成了社会主义改造,今后劳动力均由国家统一调配,盲目流入城市的农业人口,自己就很难找到职业,而且当前城市本身劳动力已经有了剩余,正在大力开

展上山下乡和精简节约运动，城市本身多余的劳动力和消费人口，也需要组织到农业战线上去，因此如果不限制由农村迁往城市的人口，不论对城市或者农村，都会发生不良的影响。

同时，人民政府对于一些有必要到城市里来的农村人口，在户口条例中也有了合情合理的照顾。因此，虽然有了若干限制，但是对于那些有正当理由进入城市的人来说是没有影响的。总而言之，在我国一切已经纳入国家计划的时候，对于人口问题，同样也必须根据国家的社会主义建设的要求和国民经济计划，加以适当的控制。而户口管理，则是控制城乡人口情况的一个方面，此外，尚有节育等措施，同样也是为了我国的社会主义事业和广大人民的利益。

这是我们在宣传和贯彻《户口登记条例》中必须反复向人民群众进行宣传的一个重要问题。这一问题如果能够向群众说清楚了，其余问题就比较容易解决了。

三、贯彻《户口登记条例》必须依靠群众自觉和国家纪律的约束

《户口登记条例》既是和国家的其他各种行政法令一样是为国家和人民的利益服务的，因此只要我们能够深入地宣传，使广大群众全面地认识《户口登记条例》的作用以后，就能使其在群众自觉遵守的基础上顺利地贯彻执行。上海《治安管理处罚条例》的宣传和实施，就有力地证明了这一点。《治安条例》就是由于宣传工作做得比较深入，因此人民群众遵守治安管理的自觉性就大大提高了，治安事件也随之减少了，即便还有少数人由于缺乏自觉而违反了治安管理，在处罚以后，一般的也能够接受教育，特别是广大群众都是拥护的。而户口管理只是治安管理中的一个方面，因此，也可以说，《治安条例》的实施，已经为今后贯彻《户口登记条例》，提供了有利条件。

但是，今后也还会有少数人有违反户口管理行为的。这些人一般说来不外乎三种情况：一种人是由于不了解户口登记制度，无意中违反了《户口登记条例》。对这些人，除了纠正他们的违法行为外，仍然应该是采取教育的办法，以防止今后再有违法行为的发生，如果情节较轻就不必采取处罚的办法。另一种人则是明知故犯或者屡教不改。对这些分子，那就必须根据《治安管理处罚条例》，给予适当的处罚，而在处罚过程中，还必须贯彻宣传教育，使行政处罚能够充分发挥教育的作用。还有一种人则是少数反革命分子和其他犯罪分子，他们违反户口管理，是别有用心的。对这些分子，就必须坚决地向他们实行专政。只要我们能够深入地启发群众的自觉，并对一切违反户口管理的人，区分不同对

象、不同情况，给予适当的处理。就会获得绝大多数群众的同情和支持。而问题的关键，就是在于宣传教育工作。

四、户口工作的群众路线

户口管理工作，是一个和群众的生活有密切关联的工作。户口工作的本身就是一个群众性的工作，因此在日常管理上，也就必须强调群众路线。只有依靠广大的人民群众的自觉和相互监督，才能够准确掌握人口情况。如果单纯依靠行政手段和有关机关的工作人员，就难以做到百分之百的准确。

另外，在户口登记手续方面，必须多想办法做到方便、简单。要照顾群众的实际困难，特别是对一些白天工作、家中无人以及文化水平很低的居民，必须给予种种方便。上海市已有不少派出所，在整风运动中通过整改，想出了一些便利群众的办法。如下户口段受理申报临时户口、夜间和休假日照常受理户口登记等，这些都是值得推广的。但是，也有个别地方曾经把户口登记工作交给街道里弄组织或者治保委员、居民小组长，请他们代理户口登记工作。我认为这样做是不够妥善的。因为，户口登记工作是人民政府的职权，不能由群众来代替国家机关行使职权。而《户口登记条例》中也明文规定了在一般地区，户口登记工作由各级公安机关主管，公安派出所是户口登记机关，农村地区和不设公安派出所的镇，户口登记机关则是乡、镇人民委员会。所以把户口登记工作交给群众组织去做，是和《户口登记条例》的规定相抵触的。此外，由于群众不熟悉业务，在登记中也容易发生差错，而且这样做虽然便利了一部分群众，但也增加了另一部分群众的负担。因而，不能认为把登记工作交给群众去做，就是贯彻了群众路线。

以上是笔者个人的几点认识，不当之处，请同志们指正。

（1958 年第 2 期）

谈我国对年老体弱职工的关怀

夏焕瑶*

妥善安置年老体弱的工人和职员，使他们能愉快地度过晚年，这一具有重大政治意义和经济意义的问题，在我国《劳动保险条例》（1951年颁布，1953年修正的）第15条和《劳动保险条例实施细则》第7章已用立法的手段明文规定了。这是我国工人阶级在中国共产党的领导下经过长期艰苦的英勇斗争的胜利果实之一。《劳动保险条例》的颁布和最近国务院《关于工人、职员退休处理的暂行规定（草案）》[以下简称新规定（草案）]公布，解决了在旧中国所不能解决的与职工切身利益最为密切的生、老、病、死、伤、残的问题。这说明了我国社会主义制度的优越性。

在旧社会里国民党反动政府所颁布的一切法律规范都是维护其反动统治的。尽管在工人阶级多次罢工、流血斗争的迫使下，国民党反动政府也曾颁布过一些残缺不全和极不合理的疾病、伤残、养老等办法，但是我们不难了解，那是反动统治者企图借以分化、麻痹工人阶级斗争意志的烟幕，以下几点就可以证明：

第一，救济基金的来源大部分是从工人的工资中明扣和暗扣中得来的。如伪资源委员会就明文规定在所有职工每月工资中扣除5‰；外商企业大部分是暗扣的。

第二，支付劳动保险金时，工人和职员的待遇悬殊，少数高级职员规定得特别高，下级职员和广大的工人群众往往就没有或者很少，女工比男工又要低一些。以此来制造工人阶级内部的矛盾。

第三，社会保险费的支付完全采用商品交易的办法。如工人因工受伤，坏了一只手给多少钱，坏了一只脚给多少钱，以致死亡给多少钱等。可见这种办法根本不能解决工人生活上的困难。

由此可以证明，国民党反动派对伤残事故和养老等的保障只是一种虚设而已。过去工人在剥削阶级残酷的压迫下享受不到任何劳动保护的权利，只有饥饿和死亡在等待他们。解放了的新中国，在共产党的领导下，工人才得到了国家高度的关怀。

---

* 作者单位：华东政法学院（现华东政法大学）。

几年来,企业职工退休了约62,000千人,国营机关工作人员退休了约1000人,共计约63,000人。所有退休的工人,职员都得到了妥善的安排。党和政府在处理和安置年老体弱的职工问题上已经做了不少的工作,并取得了很大的成绩。由于对退休人员生活有了适当的安排和保障,这样就使年老病弱的职工乐于退休和把技术无保留地传给别人。例如,在国营天津棉纺织厂的22名工人职员退休中,其中有位66岁的解放前入党的老工人李克俭,离开生产岗位的那天,他兴奋地对大家说:“我有52年的工龄,在旧社会整天干活,连养活自己都困难,所以始终没有结婚。今天在新社会我享受到了退休养老的待遇。只有在共产党领导下,我们老年工人才有这样的福。”李克俭退休后对生产还很关心,经常跑到厂里来指点徒弟干活。可见做好职工退休工作,就能够大大地鼓舞在职职工的生产积极性和创造性,提高生产率。

但是由于我国《劳动保险条例》和《国家机关工作人员退休处理暂行办法》(1955年年底发布的)所规定的退休条件比较严格,致使有些职工在年龄上虽然已具备了退休条件,而工龄不够,不能退休,或是有些职工的工龄已具备了退休条件,因年龄不够,也不能退休。以煤矿企业为例,在当前煤矿企业内的生产人员中60岁以上没有退休的职工就有2205人。有些因年老体弱丧失劳动力应予退休,可是不合退休条件不能退休。又由于某些企业单位生产条件的特殊性,如煤矿企业的工人,都长期在地下生产,担负艰苦、繁重的劳动,有部分井上职工不到60岁,井下不到55岁就体力衰退,丧失继续进行劳动的能力。根据1957年7月对鸡西、鹤岗、抚顺、开滦、峰峰、大同、淄博7个矿区的调查,井上年满55岁,井下年满50岁的年老体弱人员就有9529人,其中很多人也由于年龄工龄不够退休条件而不能退休。这些人是不能从事生产和工作的,勉强留在原工作岗,对企业提高生产和工作效率都是有影响的。同时有些退休待遇的规定不够恰当,因而使一部分职工应退休而不愿退休。基于这种情况,新的退休规定,对于《劳动保险条例》和《国家机关工作人员退休处理暂行办法》中的退休的条件和退休后的待遇作了某些改变,这样,便使那些应该退休的职工就能够退休。

新规定(草案)中对于退休条件和退休待遇方面有了较宽的规定,也有了较严的规定,并且扩大了适用范围。

首先,关于放宽规定方面,从以下几点可以看出:

(1)从退休的条件来看,如新规定(草案)第2条第1、2两项退休条件中“一般工龄”的年限,都比现行的《劳动保险条例》规定减少了5年,并且新规定(草案)第2条第3项的规定是《劳动保险条例》所没有的,这就补充了新的内容,使《劳动保险条例》更完备和更符合实际情况。这样可以解决一批根据《劳动保险条例》所不能解决的身体衰弱丧失劳动能力，并且也已经比较年老的职工的退休问题。新规定(草案)的退休条件，比之《国家机关工作人员退休处理暂行办法》的规定，在一般工龄方面也同样减低了5年。

(2)从退休以后的待遇来看，对于有特殊贡献的人员的优惠待遇，新规定(草案)规定为可以增加不超过本人工资的15%，比《劳动保险条例》的规定提高了5%。

其次，关于规定得严些和待遇略低的方面，可以从以下几点来看：

(1)从退休的条件来看，《国家机关工作人员退休处理暂行办法》规定凡是因劳致疾丧失劳动能力的工作人员，只要工作年限(同新规定的“一般工龄”含义相同)满10年，不问年龄多大就可以退休，而《劳动保险条例》中却规定了较高年龄。为使国家机关和企业单位求得一致，并照顾到企业单位的年老体弱职工的情况，新规定(草案)中除作了工龄限制的规定外，还作了年龄限制的规定，即男年满50周岁，女年满45周岁。这样规定是完全合理和必要的，国家机关工作人员的劳动和企业单位的工人劳动现在都是社会主义性质的劳动，因此，对工人、职员退休条件有不同的规定是不必要的。

(2)从退休以后的待遇来看：①取消了《劳动保险条例》规定的相当于本人工资10%～20%的在职养老补助费。在职养老补助费的规定不适合我国劳动力多的具体情况，因而是不合理的，因为有在职养老补助费的规定，使有些已到达退休年龄的职工提出各种理由，不愿退休，要求继续留用。例如，阜新煤矿目前就有一百多人应该退休而不愿意退休。把在职的养老补助费取消，不但可以减少和防止达到年龄应退休而不愿退休要求继续留用的现象，同时可以更好地安排劳动就业。退休费的标准和丧葬补助费、亲属抚恤费都略微低了些。新规定(草案)的退休费的标准比《国家机关工作人员退休处理暂行办法》的规定(本人的工资的50%～80%)，是稍微降低了一点；对于有特殊贡献的人员优惠待遇，也由“可以酌量提高”而明确规定为“不超过本人工资的15%”。②新规定(草案)的退休人员去世以后的丧葬补助费为相当于本人2至3个月的退休费总额。这比《劳动保险条例》的规定(相当于2个月的企业平均工资的总额)和《国家机关工作人员退休处理暂行办法》的规定(相当于本人3个月的退休费的总额)都略低。亲属抚恤费《国家机关工作人员退休处理暂行办法》中没有规定，新规定(草案)的标准(相当于6至9个月的本人退休费的总额)，也比《劳动保险条例》规定的(相当于6至12个月的本人工资的总额)稍低。为了节约和待遇的统一，免得互相影响，这些费用的降低是可以的。

最后，新规定(草案)扩大了适用范围。原来《劳动保险条例》中第2条规定的只适用于百人以上的工矿企业及交通运输、基本建设部门。为了更好地处理一些年老和身体衰弱丧失劳动力的退休人员，新规定（草案）没有原来的限制，除了手工业合作社和运输合作社的成员，以及未定息的公私合营企业不适用新规定外，凡是国营或公私合营的企业、学校的教师、供销合作社的工人职员都适用，事业单位、国家机关、人民团体的工人和职员也同样适用。

由此可见，新规定（草案）对于工人、职员退休条件、退休待遇等所作的修改和补充，是完全符合"从六亿人口出发，统筹兼顾，适当安排"的社会主义建设的基本方针。也是同我国人口多、底子穷、生产水平还相当低的实际情况相适应的。新规定（草案）正式颁布施行后，不仅有利于进一步妥善安置年老体弱丧失劳动能力的工人和职员，有利于节省人力和财力，并且对精简机构，提高生产和工作效率都是有很大作用的。

（1958年第2期）

第二讲 社会主义国家是无产阶级专政的国家

齐乃宽*

一、无产阶级专政是社会主义革命的根本问题，是马克思列宁主义的灵魂

社会主义革命是人类历史上最深刻的一次革命，它不仅是经济上的革命，同时也是政治上、思想上的革命。这一革命与过去任何时代的革命不同，要引起整个社会的最深刻的变化。这是因为：

第一，社会主义革命要使无产阶级在历史上第一次成为新的生产关系的体现者。这种新的生产关系是以社会主义公有制为基础，它不可能在资本主义社会内部形成。也就是说，无产阶级革命当时并没有现成的社会主义经济形式，这种经济形式只有通过社会主义革命才能建立起来。

第二，社会主义革命的任务是要消灭一切剥削和压迫，它不能依靠镇压劳动者的旧国家机器，而必然彻底粉碎旧的国家机器，重新建立起非剥削者的无产阶级专政的政权。

社会主义革命的这些特点就决定了任何一个国家要从资本主义过渡到共产主义，必须经过一个相当长久的过渡时期，而在这一过渡阶段中必然要实行无产阶级专政。

马克思在《哥达纲领批判》一书中写道："在资本主义社会与共产主义社会之间，横着一个从前者进到后者的革命转变时期。同这个时期相适应的也有一个政治过渡时期，而这个时期的国家则只能是无产阶级的革命专政。"①

一切革命的根本问题是政权问题。社会主义革命的根本问题，则是无产阶

---

* 作者单位：华东政法学院（现华东政法大学）。

① 《马克思恩格斯文选》（两卷集，第2卷），第31页。

级专政。尽管在进行社会主义革命时，所采取的方法、步骤、速度等，各国可以不一样，但根本问题是必须实行无产阶级专政。

有人说，“社会主义革命的根本问题是政权问题”这句话，对中国目前情况来说是不适用的，因为我国在进行社会主义革命时已经取得了政权。

这看法是不全面的。因为我国革命经历了两个历史发展阶段。在资产阶级性质的民主革命阶段人民已经夺取了政权，在这个基础上来进行社会主义革命，当然是不需要推翻现有政权重新来搞一个新的政权。但从社会主义革命必须要实行无产阶级专政，必须巩固无产阶级在政权中的领导地位这个意义上说，政权问题仍然是我国社会主义革命的根本问题。今天我们为什么说反“右派”斗争是一场政治上思想上的革命？既然我们已取得了政权，为什么还说要来一个政治上的思想上的革命呢？问题很简单，“右派分子”反对我们实行无产阶级专政，要推翻我们的政权，而有些人还没有能充分认识无产阶级专政的重要性，因而在这一方面还得进行严肃的革命工作。

的确，当我国生产资料所有制方面的社会主义改造基本完成以后，我国的无产阶级与资产阶级在经济上“谁战胜谁”的问题已经基本上解决了。但无产阶级专政并未完全巩固，资产阶级右派分子的猖狂进攻表明，无产阶级对国家政权的领导，就某些方面来说，还是不够巩固的。如对某些国家机关和文教部门，无产阶级还没有能够真正建立起自己的领导。“右派分子”的言行，还能在一部分人当中起影响。这也就是右派想和我们较量一番的原因。为此我们必须开展反右派斗争，以便在我们国家的一切部门和各个方面，树立起无产阶级巩固的领导地位。不这样，社会主义革命就不能实现，无产阶级专政的目的就不能达到。

马克思在1852年给约瑟夫·魏德迈的一封信中曾经写道：

(1)阶级的存在仅仅是与生产发展的一定历史阶段相联系着；

(2)阶级斗争必然要引到无产阶级专政；

(3)这个专政本身不过是进到根本消灭阶级，进到无阶级社会的过渡。①

马克思在这封信里特别强调地指出了无产阶级专政的重要性，阐明了马克思主义的阶级斗争学说和国家学说与资产阶级学说的根本分歧。

列宁在解释这一问题时曾指出：“谁仅仅承认阶级斗争那还不是马克思主义者……只有把承认阶级斗争扩展到承认无产阶级专政的人，才是马克思主义者。”②

---

① 列宁著：《国家与革命》，第2章第3节。

② 同上。

这就是说，离开了专政来空谈什么阶级斗争必然会陷入机会主义的泥潭中去。

例如，第二国际的机会主义者，无产阶级革命的叛徒考茨基。他在口头上也承认阶级斗争，但是他站在资产阶级的立场上来谈阶级斗争。他认为无产阶级革命，不需要推翻资产阶级政权，只要争取到"纯粹的"民主制，无产阶级取得一种"统治的状态"就可以了。这仅仅是口头上承认无产阶级革命，而实际上则否定了"革命"这个概念中最重要和最基本的东西，即否定了无产阶级专政。

此外，如空想社会主义者、无政府主义者，都是不要无产阶级专政的。今天的资产阶级右派，向人民进行猖狂的进攻也都集中在无产阶级专政的问题上。可见无产阶级专政问题是最关键的问题。承认或不承认无产阶级专政是马克思主义的试金石。

二、无产阶级专政的性质及其基本任务

从历史上看，奴隶主的专政、封建主的专政以及资产阶级的专政，都是剥削者的专政，都是少数人对多数人的专政。其国家历史类型的更替，都是一个剥削者代替另一个剥削者。

十月革命首先把这种情况颠倒过来，使过去的被剥削被压迫阶级掌握了政权，建立了无产阶级专政的社会主义国家。从此人类便开始进入自己掌握自己命运的历史时代。

无产阶级专政和以前任何剥削阶级的专政在性质上根本不同，"它是被剥削阶级的专政，是多数人对少数人的专政，是为着创造没有剥削、没有贫困的社会主义社会的专政，是人类历史上最进步的也是最后一次的专政"。①

为什么无产阶级专政必须以工人阶级为领导？因为无产阶级专政，并不是什么"全民的"政权，也不是什么"联合政府"。它是不与任何其他阶级瓜分领导权的一个阶级的政权。

早在1848年马克思和恩格斯在《共产党宣言》中就曾经写道："工人阶级革命的第一步是变无产阶级为统治阶级，争得民主。"又说："国家（无产阶级专政的国家），即组成为统治阶级的无产阶级。"

列宁在分析无产阶级专政的实质时写道："马克思所运用到国家和社会主

① 毛泽东："关于无产阶级专政的历史经验"。

义革命问题上的阶级斗争学说，必然归结于承认无产阶级的政治统治，无产阶级专政，即不与任何人分掌而直接凭借群众武装力量的政权。为要实现推倒资产阶级，就只有使无产阶级变为统治阶级、变为能够镇压资产阶级所必然进行的拼命反抗，并能够组织一切被剥削劳动群众来建设新经济制度的这样的统治阶级，才能够做到。”①

因此，从无产阶级领导权这个角度来说，无产阶级专政实质上是无产阶级占统治地位的政权。无产阶级专政之所以必须由工人阶级来担任领导，首先，由于工人阶级是最革命最有远见的阶级。在旧社会它不仅是受苦的阶级，同时在整个生产体系中它的地位也是最低下的。它与大机器生产相联系着，具有高度的组织性与纪律性。它有着马克思列宁主义的政党——共产党作为领导的核心。这就使工人阶级能够成为一切劳动者的革命领袖。其次，工人阶级要解放自己首先要解放全人类。能够担负起这样的伟大历史任务的也只有工人阶级，它在革命中毫无顾虑，它失掉的是自己的枷锁，而获得的是整个世界。40 年来，苏联、中国以及其他社会主义国家无产阶级专政的历史经验证明，只有工人阶级通过共产党来实现其对国家政权及人民群众的领导，才能彻底完成社会主义革命的任务，如果削弱工人阶级的领导作用，就必然会给无产阶级专政带来损害。

资产阶级“右派分子”硬说，实行无产阶级专政和工人阶级——通过共产党来领导，社会主义国家就会产生宗派主义。这完全是谬论，这其中包含着非常恶毒的含义。

在人类历史上只有工人阶级才是最不自私的、最能为全人类整体利益而坚持奋斗的阶级。只有工人阶级在做事、定计划、想问题的时候才真正从广大劳动者的利益出发，而不从任何一小部分人的利益出发。

宗派主义是旧社会遗留下来的东西，而不是由于无产阶级专政、由于工人阶级通过共产党对社会主义国家实行领导的结果。恰恰相反，只有无产阶级专政，只有不断地巩固工人阶级在无产阶级专政中的领导地位，才能彻底克服宗派主义。

试问，不实行无产阶级专政，要实行什么样的专政？不要工人阶级领导要谁来领导呢？超阶级的政治领导是不存在的。“右派分子”所企求的不是要真正清除宗派主义，而是根本反对无产阶级专政，要资产阶级专政，不要工人阶级领导，要实行他们自己的领导。事实也确实如此，在我国目前的情况下，不是工人阶级领导就是资产阶级领导，不是无产阶级专政，就是资产阶级专政。而实行资

① 列宁著：《国家与革命》，第 2 章第 1 节。

产阶级专政，实际上就是把中国重新拖回到半殖民地半封建的老路上去。那就不会再有什么社会主义，这是人民所不能容许的。

当然，说无产阶级专政必须由工人阶级担任领导，并不是说，无产阶级专政只是一个阶级的专政，不需要与其他阶级结成联盟。这里只是在于强调无产阶级专政——其领导权是不容分割的，这里丝毫没有否定无产阶级专政中工人阶级与其他阶级结成联盟的必要性。

刘少奇同志说："无产阶级专政不但需要无产阶级对国家机关的坚强领导，而且需要最广大的人民群众对于国家机关的积极参加，二者缺一不可。"①

也就是说，只有工人阶级与广大劳动群众结成牢固的联盟，才能形成最大多数的人对一小撮反动阶级以及反抗社会主义的剥削者的强有力的专政，才能实现社会主义。因此，工人阶级的同盟军问题，是无产阶级专政问题的重要组成部分。工人阶级如果不能争得广大的同盟者，如果不能正确地处理自己与同盟者之间的关系，就很难完成自己的历史任务，就不能取得社会主义和共产主义的彻底胜利。

工人阶级最可靠的同盟者是劳动农民。这是因为工人阶级和农民都是劳动者，他们在根本利益上是一致的。他们有着彻底消灭剥削和贫困的共同愿望。工农联盟真正代表着社会的大多数，像苏联、中国这样的大国，工人和农民占了全国人口大多数，巩固工人阶级为领导的工农联盟，就具有特别重大的意义。

在社会主义革命和社会主义建设时期，巩固工农联盟，就必须诱导农民积极发展生产，使农业的发展沿着社会主义道路，而不是沿着资本主义道路前进。只有改变农民的个体经济为社会主义的集体所有制的经济，才能使城市和农村都稳固地建立在社会主义的基础上。为达成这一目的，在工农联盟中最重要的是巩固工人阶级的领导地位。所以工农联盟不是削弱无产阶级专政，而是巩固无产阶级专政。

由此可见，以工人阶级为领导、以工农联盟为基础决定着社会主义国家的根本性质。尽管各社会主义国家，由于其所处的具体历史条件不同，联盟的范围可以不一样（如我国在工农联盟的基础上，建立了较工农联盟更为广泛的工人阶级与一切拥护社会主义的非劳动者的联盟），但无产阶级专政，总是一定形式的联盟，这是无可怀疑的。

无产阶级专政的性质是与无产阶级专政的目的、任务相联系着的。无产阶

---

① 刘少奇在中国共产党第八次全国代表大会上的政治报告。

级专政的目的"就是创建社会主义社会,消灭社会划分为阶级的现象,使社会全体成员都成为劳动者,消灭任何人剥削人制度的基础"。①

要达到这样的目的,并不是一朝一夕的事。这需要从资本主义向共产主义过渡的一整个历史时代。在这一整个历史阶段中,无产阶级专政必须完成以下三方面的基本任务:

(1)利用无产阶级政权来镇压剥削者的反抗,保卫国家,巩固国际无产阶级之间的团结。

(2)利用无产阶级政权,割断劳动群众与资产阶级之间的联系,巩固工农联盟,巩固工人阶级的领导权,诱导这些劳动群众积极参加社会主义建设。

(3)利用无产阶级政权,组织社会主义制度,消灭剥削、消灭阶级,过渡到人类最理想的社会——共产主义社会。

无产阶级专政的第一方面的任务,指出了无产阶级对待剥削者的态度。其第二方面的任务,则指出了无产阶级对待劳动者的态度,指出如何正确解决工农联盟关系,保证无产阶级在政权中的领导。而第三方面则指出了无产阶级对待整个社会的态度——实行彻底改造。

以上3方面的任务是统一而不可分割的,如果单纯强调其中的某一个方面,而忽略或丢掉其中另一些方面,就不能使无产阶级专政达到最终的目的。

三、无产阶级专政的作用

根据上面无产阶级专政的目的和任务的分析,可以看出无产阶级专政必须发挥以下两方面的作用。

(一)无产阶级专政的暴力作用

暴力作用是由镇压剥削者的反抗的必要性所产生出来的。无产阶级专政的目的是要彻底消灭剥削、消灭阶级,建成共产主义,但这一目的的实现,必然地要经受到国内外资本势力的强烈反抗。因此,无产阶级必须依靠强力对剥削者的反抗实行镇压。否则无产阶级专政就不能巩固,更不能为社会主义建设开辟道路。

无产阶级专政的暴力与任何剥削者专政的暴力有着根本的区别,这种暴力是以人民群众的武装为依据的。它的实现首先是靠群众的高度的自觉和积极的

① 列宁:"向匈牙利工人致敬",载《列宁文选》(两卷集,第2卷),第576页。

行动。也就是说,“无产阶级专政之所以强有力,所以能够战胜国内外的强大敌人而负起实现社会主义的伟大历史任务,正因为他是劳动群众对剥削者的专政,大多数人对少数人的专政,正因为对于广大劳动人民实现了任何资产阶级民主所不能实现的民主”。① 因此这种暴力是在教育大多数人的基础上对少数剥削者采用的。

无产阶级专政的暴力作用,并不是无产阶级专政的唯一特征,它与无产阶级专政的另一种作用——对社会改造的作用相对来说,甚至不是无产阶级专政的主要特征。列宁说,无产阶级“专政虽然非有强力不可,但专政并不仅仅是强力,而是比先前劳动组织更高的劳动组织”。② 这就表明,无产阶级专政的暴力作用是对阶级敌人而言的,不能把暴力作用作为无产阶级专政的主要特征。但这并不是说暴力对于无产阶级专政是可有可无的,或不必要的。

“右派分子”正是集中在这一点上进行歪曲。他们说,强调无产阶级专政的强力作用与巩固无产阶级的领导权是相矛盾的。他们说,苏联采用强力专政的结果,使人对无产阶级专政是否有民主、有法制的问题,产生了许多误解,使人感到“苏维埃制度与民主是抵触的”等。这种谬论对某些中间分子也起了迷惑作用。他们认为过去是少数人对多数人的专政才不得不依靠暴力,今天我们是多数人对少数人的专政,何必如此呢?特别是当我国暴风雨式的阶级斗争基本结束之后,他们怀疑是否还需要强调暴力专政。

我们知道,无产阶级专政虽然是多数人对少数人的专政,即对大多数人是采取说服教育的方法,而只是对那些少数的坚决反抗社会主义的剥削者才采用暴力措施。但我们绝不能因为他们是少数,而可以放弃对他们采用暴力。他们和人民是完全对立的。如果对那些仇视社会主义、坚决反对无产阶级专政的人不采用暴力措施,给他们以民主,人民的利益将得不到保障。无产阶级专政的领导权就得不到巩固,无产阶级专政的任务就不能完成,建设社会主义和共产主义的目的也就达不到。

又有人说,这不太刺激了吗?整天把专政挂在嘴边上也不够策略。资产阶级在进行政治统治时,口头上不谈专政,不是一样可以专政?

我们说,对那些仇视社会主义,坚决反对无产阶级专政的人,根本谈不上刺激不刺激的问题。不刺激,他们同样也要反对我们实行无产阶级专政。至于资产阶级那种口头上一套,实际上又一套的虚伪的办法,无产阶级是不采用的。无

① “再论无产阶级专政的历史经验”。

② [苏]列宁:“关于‘用自由和平等的口号欺骗人民’问题的演说”。

产阶级从来不隐瞒自己的意图。为了达到最终的目的，为了彻底铲除剥削，就必须公开地对那些少数反抗社会主义的剥削者实行暴力专政。

的确，在我国暴风雨式的阶级斗争基本结束之后，敌我矛盾是大大地减少了，人民内部的矛盾突出出来，今后在较长一段时期内，要集中精力解决这方面的问题。但这不等于说，敌我矛盾就真没有了，阶级斗争就不存在了。"右派分子"的猖狂进攻表明，阶级斗争不仅存在，而且在一定时期、一定条件下表现得还相当尖锐。有些人看不清这一点，以为"右派"的进攻没有什么了不起，不主张和他们进行政治斗争，这是完全错误的。

应当知道，阶级斗争形势的发展是不匀整的。它有时趋向尖锐，有时又趋向缓和。这种情况在我国若干年内将会反复地发生。所以敌我矛盾的存在虽然并不是大量的了，而无产阶级专政的暴力作用仍然是不可少的。只要阶级的敌人存在一天，我们就不能放松警惕，就要谈专政，就要讲暴力。我们对右派分子所进行的说理斗争，虽然采取了摆事实讲道理的办法，但这并不意味着，对反动派也实行民主。我们说要以理服人，是使广大人民通过事实和道理，彻底与"右派"划清界限，靠拢无产阶级这方面来。我们的目的是使右派分子陷入孤立。必须懂得，对那些坚决反抗社会主义的人来说，说理是不起作用的，必须采取专政的方法，即压服的方法，给予严厉的打击。不这样就要犯政治上的错误。

无产阶级专政的强力作用，表现在两方面：一方面是为了解决国内敌我之间的矛盾，即"压迫国家内部的反动阶级、反动派和反抗社会主义革命的剥削者，压迫那些对社会主义建设的破坏者"。[①] 另一方面则是为了解决国外的敌我之间的矛盾，即"防御国家外部敌人的颠覆活动和可能的侵略"。[②]

（二）无产阶级专政对社会的改造作用

对社会的改造作用是无产阶级专政作用的主要方面。这一作用的实现，能够直接保证无产阶级对整个社会实行改造的任务的完成。

对社会的改造不仅包括经济上的改造，同时也包括对人的改造。无产阶级只有领导广大人民群众，有计划地发展社会主义经济和文化，才能逐步提高人民的生活水平，才可以积极准备条件为过渡到社会主义——共产主义奋斗。

在我国，当生产资料所有制方面的社会主义改造基本完成以后，阶级斗争仍然存在。资产阶级与无产阶级的斗争，资本主义道路与社会主义道路之间的斗

---

① "再论无产阶级专政的历史经验"。

② 毛主席："关于正确处理人民内部矛盾的问题"。

争，仍然是过渡时期的主要矛盾。只是目前这种矛盾不表现在生产力与生产关系之间，而表现在经济基础与上层建筑之间。资本主义与社会主义两条道路的斗争，既可以表现为敌我矛盾，也可以表现为人民内部的矛盾。在我国目前的情况下，前一种矛盾是比较少数的（但不是说没有），后一种矛盾则是大量地存在。

正确对待人民内部矛盾问题，必须注意不能混淆人民内部矛盾与敌我矛盾的界限，不能把人民内部矛盾也弄成是敌我矛盾。如农村中的富裕中农，他们有资本主义倾向，有时对社会主义制度表现不满，但他们与地主、富农的破坏社会主义建设还是有区别的。他们是团结的对象，就不能对他们采用打击镇压的办法。

解决人民内部矛盾要用说服教育的方法，不断提高人民群众的思想觉悟，贯彻思想改造的方针。不可能设想，在经济上我们是先进的，而国家的各项工作上存在不同程度的缺点和错误，人们思想上还留恋着资本主义而我们能够顺利地建设社会主义。因此我们对社会进行经济改造的同时，就必须相应地改造我们的思想，推进我们的工作，为社会主义建设的发展扫除障碍。

四、巩固无产阶级专政的现实意义

列宁说，“无产阶级专政，不是阶级斗争的结束，而是阶级斗争在新形式中的继续”。我国过渡时期，是一个复杂尖锐的阶级斗争时期（当然这种斗争是有起伏的波浪式的）。这里主要的表现为资产阶级与无产阶级的斗争，资本主义与社会主义两条道路的斗争。这种斗争将要在相当长的一个时期内存在，而敌我斗争有时还会相当突出（当然目前已经不是大量的了）。

在这一过程中，无产阶级不仅要与那些已经被推翻的阶级进行斗争，同时也必须对反抗社会主义事业各种阴谋分子，加强警惕。为了反对旧社会势力及其传统影响，斗争的方式必须是多种多样的。它可以表现为流血的与不流血的，强力的与和平的，军事的与经济的，教育的与行政的等各个方面。

而这些斗争最突出地将反映在政治上和法律上。资产阶级右派的进攻，其目标就集中在无产阶级专政、党的领导、法制与民主等问题上。因此，我们就不能不注意巩固和加强我们的政权的作用。必须认识，无产阶级专政与党的领导乃是有关我们国家和人民的生死存亡的根本问题，没有无产阶级专政，没有党的领导，就没有一切。

为了巩固无产阶级专政，就必须进一步加强党的领导，批驳资产阶级右派的一切反社会主义的、歪曲无产阶级专政和党的领导的谬论。在政法部门中应着重防止忽视无产阶级专政和忽视党的领导的两种错误倾向，加强和反革命分子、坏分子以及一切反抗社会主义的分子的斗争，保证社会主义革命事业的胜利完成，在我国实现社会主义和共产主义。

（1958 年第 2 期）

介绍《中华人民共和国宪法讲义》

席祖德*

中央政法干部学校国家法教研室编著的《中华人民共和国宪法讲义》一书已由法律出版社出版了。这是值得欢迎的。过去虽然已出版过一些关于我国《宪法》的小册子，但无论在体系、结构和内容等方面都没有像这本的详尽和完整。资产阶级右派分子曾对我国《宪法》规定的社会制度和国家制度中的各项基本原则作了恶毒的歪曲和污蔑。本书对我国《宪法》的完整论述，又一次用事实来驳斥和粉碎了右派的谰言，显示了我国社会主义制度的无比优越性。本书在今天的出版更有着巨大的政治意义和现实意义。

现在就本书各个章的主要内容做一简单的介绍，并结合着提出一些有关体系、结构和内容方面的个人看法。

导论根据马克思列宁主义关于宪法的理论，从宪法的概念、类型和作用三个方面作了分析。通过导论的介绍，可以了解：宪法是一个国家的根本法，它反映了这个国家的阶级力量对比关系，是整个上层建筑的一个主要组成部分；目前世界上存在两种根本不同类型的宪法——社会主义类型和资本主义类型；宪法产生后就将在国家生活的各个方面起着巨大的作用。导论最后对一些不够重视宪法的思想作了批判，还着重对资产阶级"学者"们所散布的反动宪法学说作了严肃的驳斥。

在整个导论中，编著者采用了一面提出马克思列宁主义的宪法理论；另一面就用我国《宪法》的具体例子来说明的方法。如宪法的理论告诉我们，宪法的内容是"规定国家的根本问题，也就是规定社会制度和国家制度的基本原则"，①接着就指出"例如，我国宪法除序言外，第1章规定我们国家的性质、政治制度、民族关系和经济制度；第2章规定国家机构；第3章规定公民的基本权利和义务；第4章规定国旗，国徽和首都。这些都是我们国家最根本的问题"。②这样的分析，既可以了解宪法应该规定的是哪些内容，又可以知道我国宪法规定的是什

* 作者单位：华东政法学院（现华东政法大学）。

① 中央政法干部学校国家法教研室编著：《中华人民共和国宪法讲义》，法律出版社1957年版，第10页。

② 同上。

么,以及这些被宪法所规定的内容都是我们国家的根本问题。这种理论联系实际的做法是本书的很大优点,它同样被贯彻在以后各章中。

导论里还值得提出的是编著者打破了过去一般编写我国宪法教材的常规。过去在导论里往往是按宪法课程的对象、体系、渊源以及学习意义等来分节说明的。而本书的导论是分宪法的概念、类型和作用3个方面,却同样地说明了导论中应该交代的问题。如关于宪法的调整对象、学习宪法的意义等问题,就可以从"宪法的作用"里找到说明。这种简练通俗、打破老一套的写法,既容易使人了解,又可以避免在名词概念上兜圈子。这也可算是本书的一个特点。

第1章"中华人民共和国宪法是人民民主主义和社会主义的宪法"。这一章的内容主要是根据《宪法》的序言部分,说明我国《宪法》的取得是十分不易的,它是中国人民百余年来革命斗争的历史经验总结,也是新中国成立以来新的历史经验的总结;我国《宪法》是建设社会主义的宪法。

本章第3节"我国宪法规定了建设社会主义的方向和任务"的内容,是特别值得提出的。在过去编写的一些宪法小册子或是教材中,当分析到我国《宪法》是社会主义类型的宪法时,往往用我国《宪法》所规定的经济制度、国家性质、民族关系、公民基本权利等方面的内容来阐明它是社会主义类型的宪法。而这些内容在后面都是有专章来论述的,因此这部分内容就显得和以后的各章有所重复。本书第3节的内容则是列举《宪法》序言部分规定的有关我国过渡时期的总任务、完成这一任务的国内外条件等来阐明我国《宪法》是建设社会主义的宪法。这样既可以把《宪法》序言中的这部分重要内容在宪法课程中集中反映出来,又可以避免和后面各章内容的重复。同时,用这些内容来说明我国《宪法》是建设社会主义的宪法更是十分确切的。像这样在本课程内避免前后不必要的重复的处理方法,是十分值得重视的。

第2章"中华人民共和国的国家性质"。本章主要说明《宪法》第1条的规定,即我国是以工人阶级为领导、以工农联盟为基础的人民民主国家。

在这里,我们可以明显地看出本书的又一特点,就是能够把国家生活中最新的发展形势以及党和国家的任务、政策结合编写到讲义中去。如第2节"我国人民民主专政的实质是无产阶级专政"的问题,就是刘少奇同志在中共第八次全国代表大会上所作的政治报告中才全面提到的问题。又如,毛主席的"关于正确处理人民内部矛盾的问题"、周总理的"政府工作报告"等,虽然是在本书定稿的同一个月才发表的,但书中还是根据这些内容作了新的补充。这个特点说明本书在运用材料上做到了尽可能地丰富和充实,因而更加强了本书的战斗性。同时,把宪法内容密切结合目前形势以及党和国家的任务来研究和分析,也正是我们学习宪法时的榜样。

在这里还值得提出的是编著者把政治协商会议这个人民民主统一战线的组织放在本章之内。过去有的书中把这个组织同我国的政治制度放在一起,这样很容易使这个组织和我国的政治制度的性质混淆。本书放在这部分就很自然,因为这一章的第 4 节就是分析我国的人民民主统一战线的,接着就来分析统一战线的组织,这就会是十分清楚易懂的。

第 3 章"中华人民共和国的政治制度"。这里根据《宪法》第 2 条的规定,说明人民代表大会制度是我们国家的基本政治制度,它是最适合于我国人民行使国家权力的政治制度,它既可以发扬高度的民主,又能够实现国家权力的高度集中。

在这里,编著者对"右派分子"提出的"政治设计院"、"两院制"以及资产阶级国家的"三权分立"的实质都作了有力的批判,这对彻底粉碎"右派分子"的罪恶阴谋和澄清糊涂思想都是十分必要的。这种结合批判右派谬论也是本书的优点,在其他各章中也做到了这一点。

这一章的第 3 节是"人民代表大会的选举原则",有的教材是专列一章来论述的。但选举原则主要是运用在人民代表大会代表的选举上,为了使问题集中,结合在这一章也是比较妥当的。

第 4 章"中华人民共和国的民族关系"。根据《宪法》第 3 条的规定,本章说明了:我国是统一的多民族国家,把我国建成统一的多民族国家是各民族人民的共同愿望;各民族一律平等是我国民族问题的根本原则;在少数民族聚居地区实行民族区域自治,其中民族自治权利和自治机关的民族化又是民族区域自治的核心问题。

这一章有的书称为"国家结构",但正如本书所指出的,"国家结构形式问题是国家与其组成部分间的相互关系问题,在多民族的国家中,实质上也就是民族关系问题"。[①] 所以,编著者直截了当地把这一章叫做"中华人民共和国的民族关系",这样既确切易懂,更能抓住问题的实质。为了解决什么是国家结构形式及其与国家性质的关系问题,本章的第 1 节就以对比的手法作了说明,说明了在同一类型的国家中可以有不同的国家结构形式,而相同的国家结构形式也可以在不同类型的国家中采用。

第 5 章"中华人民共和国过渡时期的经济制度"。从《宪法》来看,它包括第

---

① 中央政法干部学校国家法教研室编著:《中华人民共和国宪法讲义》,法律出版社 1957 年版,第 95 页。

5 条到第 15 条等的一些内容。虽然内容较多,但本章仍分析得很清楚,一共分 7 节。第 1 节全面介绍我国过渡时期存在的主要生产资料所有制;第 2 节到第 4 节分别说明我们国家对于社会主义所有制、个体劳动者所有制和资本家所有制的不同态度;此外还分 3 节来说明我国公民的个人财产权、国民经济计划和国家鼓励公民在劳动中的积极性和创造性。

在这一章里,我们可以看到不少政策问题。如农业合作化运动中的阶级政策、对资本主义工商业的和平改造政策等。这些政策的插入是完全必要的。一方面说明这些政策都是根据我国宪法原则来制定的,另一方面这些政策的不断实现也说明我国正在大踏步地按照《宪法》规定的社会主义道路前进。

在内容中,还介绍了各种经济组织,如供销合作社、信用合作社等组织的产生、历史发展和性质。此外还列举了我国几年来在经济上的伟大成就,这些活生生的事实有力地驳斥了“右派分子”对我国经济制度的污蔑。

第 6 章“中华人民共和国国家机构”。这是《宪法》第 2 章的内容,在本书的篇幅上这是最多的一部分。全章共分 7 节,基本上是按照宪法的六节来分的,只是在前面加上一节来说明国家机构的概念、组织系统、国家机关工作的指导原则和中国共产党对国家机关的领导等问题。对每一个国家机关的分析,都从它的地位、性质、组织、任期、职权等方面来说明。在分析各个国家机关性质的同时,也结合批判了资产阶级国家机关的反人民性。

本章第 1 节中,提出了“中国共产党对国家机关的领导”这一专题。有的书曾把它列为我国国家机关组织和活动的原则之一,这显然是贬低了党对国家机关领导的重要意义。因为,党对国家机关的领导不只是国家机关的一个组织和活动原则,而是国家机关的领导核心。因此本书这样单独作为专题的做法是完全正确和必要的。这一专题的内容是分析党对国家机关是怎样进行领导的、党的组织和国家机关究竟应该是什么样的关系等问题,这对“右派分子”污蔑“党天下”的谰言也是个有力的驳斥。

第 7 章“中华人民共和国公民的基本权利和义务”。这是《宪法》第 3 章的内容。本章从我国公民基本权利和义务的特点讲起,然后具体分析我国公民的基本权利和基本义务。在分析权利时都采用了与资产阶级国家对比的方法,并列举了几年来我国公民在享受权利上不断扩大的事实以及国家对待公民享受权利上的关怀,这些只有在社会主义国家里才有可能。因此通过这一部分的学习,更能加深我们对社会主义制度的热爱。

在公民的基本义务部分,分别从各项义务的性质说明了公民自觉履行义务的必要性。特别是作为政法干部,更有责任来教育公民和自己自觉地履行《宪法》规定的各项义务。

第 8 章"中华人民共和国的国旗、国徽和首都"。这是《宪法》的第 4 章。过去有的书中根本就不提这些,本书把它们单独列为一章是妥当的。这不仅因为它们是我国《宪法》的一个组成部分;而且因为国旗和国徽是我们国家的象征和标志,首都更是我国政治、经济和文化的中心,它们都反映了我们国家的性质和特点。因此,为了表现对它们的重视,把它们列为一章是十分必要的。

从以上简单的介绍中,可以看出本书的结构体系是紧凑的,内容既丰富充实,又富有战斗性。全书做到了密切结合当前的形势发展,贯彻了党和国家的任务、政策,贯彻了理论联系实际的方针,批判了右派谬论和资产阶级国家宪法的虚伪和反动性。在文字上是简练明了,通俗易懂的。有些地方还能做到打破老一套的写法。在国家机构部分还设计了六幅图表来作为辅助读者阅读记忆之用。这些都应该归功于编著者的努力和善于发挥集体智慧的结果。

本书除具有以上这些基本优点之外,在内容上也还有一些不足的地方,现在一并提出来,希望都能得到编著者和读者的指正。

在导论部分,当分析批判资产阶级"学者"的反动宪法学说时,没有提到资产阶级宪法的形式主义分类问题。这种手法是资产阶级"学者"们掩盖宪法阶级本质的惯技。他们把宪法分成为"刚性和柔性"、"钦定和民定"、"成文和不成文"的几类,以此来迷惑人民,达到掩盖宪法阶级本质的目的。因此,这里揭穿这些问题的实质还是必要的。

导论中的另一个问题是在分析宪法的本质时,虽然提到了宪法是反映一个国家的阶级力量对比关系的,但却没有提到当这个国家的阶级力量对比关系起了变化之后,宪法也会随着变化的问题。阐明这个问题,不仅可以使我们进一步了解资本主义制度的必然灭亡,揭穿资产阶级"学者"把宪法说成"永恒"的阴谋,而且可以进一步认识宪法的阶级本质。本书没有提出这个问题,应该说是一个缺陷。

第 6 章国家机构中,全国人民代表大会常务委员会的职权①分类比较凌乱。为了在职权中也能反映出常委会的性质,不妨把职权分为两大类:一类作为最高国家权力机关常设机关的职权;另一类作为国家元首的职权(这里还要附带说明这部分职权是和中华人民共和国主席结合行使的)。

---

① 中央政法干部学校国家法教研室编著:《中华人民共和国宪法讲义》,法律出版社 1957 年版,第 197 页。

常委会的第10项职权"行使全国人民代表大会授予的其他职权"①,应该举例子来说明。如1955年7月30日的第一届全国人民代表大会第二次会议通过了《关于授权常务委员会制定单行法规的决议》就是一例。这个举例,可以说明我国是十分重视立法工作的,这对右派污蔑我国"无法可依"是一个有力的驳斥。同时,正由于这个权力是全国人民代表大会授予的,因此也绝不如右派所污蔑的"常委会立法是破坏宪法"。

第6章的另一个问题是在第5节第一个问题"我国的行政区划"中,对行政区划的概念说明得不够详细,如行政区划是如何产生和发展的、我国的行政区域究竟是根据哪些原则来划分的、为什么要根据这些原则等问题,都显得分析不够或根本没有分析。而阐明这些问题可以帮助认识我国中央和地方的关系,为什么必须坚持民主集中制,以及为什么在目前我国要贯彻权力下放结合体制下放的原因等问题。所以,在这部分多做一些分析也是有必要的。

此外,在文字上,有的地方还缺乏认真的校对。个别语词还有缺漏,希望再版时予以审订。

由于个人水平的限制和钻研的不够深入,上面有关本书的体系、结构和内容方面的某些看法,可能有不恰当甚至错误的地方。但无论如何应该肯定本书的编写是比较成功的,特别是在目前宪法教材缺乏,而政法干部和其他要学习宪法的同志都很迫切需要的情况下,这是一本值得推荐的好书。

(1958年第2期)

① 中央政法干部学校国家法教研室编著:《中华人民共和国宪法讲义》,法律出版社1957年版,第199页。

第3期

王造时反党反社会主义活动的思想基础

何海晏*

"右派分子"王造时反对共产党、反对社会主义，进行资本主义复辟，"提出改良主义的主张来逐渐修改我们社会主义的民主和法制……最后使我们的社会主义变质"，①"主张恢复资产阶级社会科学……从理论上来破坏马克思列宁主义，为资产阶级社会科学占领思想阵地"，②是有一定的历史根源和思想根源的。

王造时留学美国以后，还特地到英国去追随拉斯基，就是去学习一整套反共理论。拉斯基说过："应付共产主义这种新信仰的方法，不是去杀戮一切信仰这种主义的人，而是应当想法证明凡不信仰这种主义的人，也能有一种同样美丽光明的前途和一种同样有力量的信仰。"拉斯基又大声疾呼："老实说一句：人类应当赶紧设法另想别种方法来应付共产主义的吁求。"③这种对付共产主义的"同样有力量的信仰"是什么呢？就是拉斯基数十年来作为向社会主义进攻的武器的改良主义。也就是王造时回国以后拿着为掩盖反共实质做幌子的改良主义。

王造时回国后竭力主张实行所谓宪政，贩卖改良主义。他说："大凡一国政治的改变不外两个路径：一是改良，一是革命。改良不用武力，革命非用武力不可。在实行宪政的国家……全个政治组织，都根据于宪法，全国各种势力都归纳于轨道，循序改进，用不着革命。"④王造时回国后立即这样坚决地反对革命，宣扬改良，完全是遵从师训。拉斯基说过："共产主义是国家执政权者的一个警告，只有不断努力的改良是应付过激分子挑战的方法；普通人是得过且过不肯革命作乱的。共产党的理论最少有这点意义，就是说证明共产的错误，只要证明别的方法可以得到共产党所要的目的，这点又在力行不在多言。假使希望行的有效力，那么早行早好。"⑤

---

* 作者单位：复旦大学。

① 王造时："我的检查"。

② 同上。

③ [英]拉斯基著：《共产主义论》，黄肇年译，上海新月书店1930年版，第269页、260页。

④ 王造时："我为什么主张实行宪政"，载《时事新报》1932年6月23日。

⑤ [英]拉斯基著：《共产主义论》，黄肇年译，上海新月书店1930年版，第188页。

王造时反对革命,他把革命描绘得非常恐怖来威吓人民。他说:“革命不但少数的统治阶级……要被革命势力杀的杀,砍的砍,如法国革命与俄国革命中的贵族一样,就是全国人民,也须经过一种彻底翻腾的纷乱。这是多么一个不得已的悲剧!这又是多么一个无可逃避的罪恶!”“在过去,我们已经杀来杀去,革来革去有廿年,人是无数千万的死了,血是象沟渠般的流了,田庐是毁了,财产是尽了,到如今还是落得个田园荒芜,国破家亡!”“理性告诉我们最好用和平的改良的方法解决。”①王造时这种论调正是从拉斯基那里学来的。拉斯基耸人听闻地说:“试问英国的社会革命,即令成功,其牺牲之代价为何等乎,在此牺牲之下,全国富力既归乌有,革命家所想望之富力平等,将何从而实现乎。”②拉斯基又说:“就让共产主义者所预料的那种革命真正普遍全球,我们也不能说革命之后,共产主义者所希望的那种社会,必要实现。第一层,因为在今日要推翻一种社会制度,必须经过极危害的破坏,因为受了这种破坏,将来的新社会,恐怕不能再给我们一种发达各种冲动的机会。第二层,按学理讲,现在的各种经济阶级将来虽然可以灭亡,然后另外一种阶级统治制度——例如一种知识贵族阶级的统治制度——也许起而代之。”③

拉斯基这些话和前面王造时所说的一样。师徒两人异曲同工地描绘革命的可怕,虚构革命的危害,直到武断革命的失败,共产主义的不能实现,他们反对革命是彻骨的。

王造时既然这样反对革命,鼓吹改良,自然有他的亲与仇了。因此他对革命的共产党与背叛革命的国民党反动派,自有他的看法。他说:“国民党有一些领袖,不堪共产党的压迫,于是起而作反共的运动。但是那是武汉国民政府的干部人物,不是共产分子便是所谓‘准共产分子’……以致反共的国民党不能不在南京建立另外一个政府……其后武汉派的国民党,也不胜共产党的压迫,而与共产党分家。”④共产党要革命自然不为王造时所喜欢,所以他不说国民党背叛革命,反苏反共,反而说共产党迫使国民党分家。不仅如此,他进而污蔑共产党说:“且共产党与国民党分家之后,失却活动的凭借,于是铤而走险,而与土匪结合,采行张献忠、李自成的杀人放火的流寇政策……于是土匪利用共产党的招牌,共产党利用土匪的暴力。星星之火,成为燎原。”⑤这充分说明了王造时对共产党

① 王造时:“我为什么主张实行宪政”,载《时事新报》1932年6月23日。

② [英]拉斯基著:《政治典范》,(卷5),张士林译,商务印书馆1993年版,第75~76页。

③ [英]拉斯基著:《共产主义论》,黄肇年译,上海新月书店1930年版,第85~86页。

④ 王造时:“由‘真命天子’到‘流氓皇帝’”,载《新月》1931年第3卷第11期。

⑤ 同上。

是怎样的仇恨。他进行造谣诽谤,把共产党比做杀人放火的流寇。

王造时对国民党与共产党的亲与仇更进一步从他的主张中表示出来。他说:“我们主张政府与共产党妥协。妥协的条件是:共党(一)须交出红军让政府收编,调往前线,(二)须放弃阶级斗争政策,以期全国内部一致。”①在1941年皖南事变后,王造时主办的《前方日报》发表社论说:“建立国军的原则必须是单一的,组织是一个,军令是一个,意旨更必须是一个。国军不应有分歧的组织,不容有多系的军令,否则步调不能齐一,事实上也就不能作战,更何从谈到胜利。”②这里王造时是从仇恨共产党发展到献出办法来消灭共产党的军队了。

为了要“剿灭”共产党,王造时还向日本帝国主义献策说:“其所以国民政府以全国力量还不能剿灭共党者,别的经济政治社会原因不说,日本侵略乃是一个最大的原因。因为日本帝国主义者不断的侵略,国民政府不能坚决抗战而又去剿共……同时因为日本帝国主义者不断的侵略,国民政府受了极大的牵制,不能迅速地把红军剿灭。如果日本帝国主义者真是怕了共产党,最好的方法是不要替共产党造机会,牵制国民政府,换句话说,便得立即停止对中国的侵略。”③这说明王造时对中国的最大敌人日本帝国主义是会奴颜婢膝地哀饶而对共产党却是势不两立的。

王造时是如此仇恨共产党。这也可以从拉斯基几句简单的话中找到它的根源。拉斯基曾说:“苏联政府的成就产生了民族自豪感,或许只有外来的大祸才能把它消灭掉,至少在目前,一般公民普遍地认为这个政权是不可战胜的。而我呢,却不承认它自信已经站稳了。”④苏维埃政权如此巩固而拉斯基却说是尚未站稳。名师出高徒,所以王造时也对中国共产党大肆污蔑了。

但是无产阶级和无产阶级革命并不因为被污蔑、被仇恨就消沉、停顿下来。无产阶级负有解放人类、摆脱一切压迫和剥削的历史使命,无产阶级不能与资产阶级分享政权。它更不能和平地从资产阶级手中得到政权,因为后者永不会自愿来放弃政权的。无产阶级只有夺取政权,从战斗中把政权夺过来——除此之外再没有其他的道路。无产阶级也只有无产阶级,由于它在资产阶级社会中所处的地位,它可以和资产阶级和资产阶级的国家进行坚决的阶级斗争。只有无产阶级才能将这一斗争引向不仅反对资产阶级政治制度,而且反对整个资本主义体系的革命。

---

① 王造时:“战的政策”。

② 工造时:“二届参政会感言”。

③ 王造时:“为中日问题敬告日本国民”。

④ [英]拉斯基著:《论当代革命》(英文版),第70页。

历史唯物主义指出：凡是忽视社会发展规律的人总要自食其果。凡是违反客观规律，违反历史发展客观趋势行事的人，都不能达到自己的目的，都要遭受失败。王造时就是这类的人。

王造时从1931年到1941年发表了以上这许多反对革命、反对共产党的言论与主张，但是他的市场却愈来愈小。从1937年到1946年王造时曾数度力谋组织以反蒋为名反共为实的第三条路线的活动，但注定失败的也就是他。在他几十年的政治生活中，反对共产党、反对社会主义都是始终一贯的。

新中国成立以后全国人民都在热烈拥护共产党的领导，王造时却是“少说话，少写文章”。这一方面证明他对现实的极端不满，另一方面也说明他消极沉默暂时隐蔽起来等待时机。果然，自从苏共20次代表大会批判了斯大林同志的错误以后，接着波匈事件发生，王造时即认为社会主义有了问题。到我们大鸣大放进行整风时期，王造时却错估形势，认为时机已经到来，资本主义可以复辟了，于是不再缄默，他再度拿出改良主义来企图修改我们的社会主义。不过他现在的公开口号不是反对共产党，反对无产阶级革命，而是反对社会主义法制和社会主义民主，以致反对人民民主专政——无产阶级专政的根本制度。

改良主义究竟是什么呢？改良主义是帝国主义资产阶级欺骗无产阶级和殖民地人民的精神武器，是资本主义的思想支柱。改良主义是把维持资本主义所有制的国家制度当做社会的必要基础，并主张在这上面“一步一步推动，一点一滴改良”。显然，其目的不是要向社会主义过渡，而是要保全那摇摇欲坠的资本主义制度。拉斯基是站在资产阶级理论战线上握着这个武器向我们猖狂进攻的。他进攻的方法是隐蔽的恶毒的，因为他把改良主义也伪称为社会主义，然而是否是社会主义，只要拿对无产阶级专政的态度这块试金石来一试就可以分明。列宁曾经再三指出，无产阶级专政的学说是马克思主义的最主要之点，是否承认无产阶级专政，乃是“马克思主义者和庸俗小资产者（以及大资产者）之间的最深刻的区别”。改良主义是否承认无产阶级专政呢？这一点可以从拿着这个改良主义武器向革命的马克思主义进行斗争的拉斯基那里看出来。

拉斯基说：“无产阶级专政在社会发展史上并不是一个不可避免的阶段。”①他又武断地说：“无产阶级专政事实上必然地变成共产党专政。”②他又说：“凡是一群执行暴权的人没有能够保持民主政治之责任心的习惯的……一天到晚坐在

① ［英］拉斯基：《国家的理论与实际》，王造时译述，商务印书馆1937年版，第325页。

② 拉斯基著：《论当代革命》，第57页。

公事房里面，自然要和你所管理的人的思想和需要，完全隔绝。因为无论哪一个掌权的阶级都会产生一种自己阶级的利害心，一种永远保有权力的欲望；另一种保持自己职务的尊威和重要的野心，并且还要努力去保持这种利害心，欲望和野心。"[①]拉斯基是这样的仇恨无产阶级专政：他从否认无产阶级专政的不可避免性开始，进而诬蔑无阶级专政是共产党专政，再进而诽谤无产阶级专政是官僚主义的根源，更进而歪曲无产阶级专政之下没有民主。他制造一系列的谬论来中伤无产阶级专政。这就是改良主义与社会主义的基本不同之点。

王造时进行他一系列的政治阴谋，他的武器就是这种改良主义。他竭其全力诽谤、污蔑和反对的也是无产阶级专政。

王造时承认在人民民主制度之下，"在享受自由之中，仍有不够安全之感"。因此，他所发表的言论往往是半暗半明，不够开朗的，但其精神实质还是显然不能掩盖的。

王造时说："在阶级斗争没有基本上结束以前，因为要对付阶级敌人，所以偏重了专政，现在阶级斗争已经基本上结束，处理人民内部矛盾关系便变成为主要的问题，我们今后便不能不重视民主。"[②]很显然，王造时的意思是：过去只有专政，没有民主；今后只要民主，不要专政。王造时并不是不了解民主与专政是人民民主专政的不可分割的统一的两方面，他所以这样说，真正的意思是不要无产阶级专政。

王造时又说："我们有一些机关干部轻视法律的规定，甚至有一些司法工作者也有时犯了有法不依的过失——这都是人治主义的表现……大家必须按照法律行事，全国人民在法律面前都是平等，没有任何个人及任何机关、团体和党派是站在法律之上的……就是领导党的意志和政策，也应该通过法律的制定及国家机关的执行来实现。党固不可以党代政，也不可以党代法。"[③]王造时恶毒的用意是说现在是"人治主义"，"党站在法律之上"，党是"以党代政"，"以党代法"。在他看来也就是说共产党专政代替了无产阶级专政。

王造时还说："从革命的发展过程去看，集中或许是先行于民主，但从制度的本质上说，民主究竟是第一性。只有在民主基础上谈集中，这集中才是健全活

---

① [英]拉斯基著：《共产主义论》，黄肇年译，上海新月书店1930年版，第180~181页。

② 王造时："进一步建立社会主义的民主法制秩序"（1957年在上海新闻日报座谈会上的发言）。

③ 同上。

泼。缺乏民主基础的集中最是滋长官僚主义的温床。"①"今天的官僚主义不是个别的现象而是普遍存在着，不是刚刚萌芽，而是发展到了相当恶劣的程度。一般说来越往下层越是专横，违法乱纪的事情也越多。它阻碍了我们的生产进展，影响了我们的建设计划，损害了我们广大人民物质和精神生活。"②王造时不是不知道我们民主集中制是高度民主和高度集中的结合，是不可分割的辩证的统一。但王造时故意荒谬地把民主与集中割裂开来，说什么"民主是第一性，集中是第二性"。他真正的意思是说我们的集中是"缺乏民主基础的集中"，也就是说只有集中，没有民主，因而成了"滥长官僚主义的温床"。而且官僚主义已经严重到不堪设想的地步。这就是平白地诬说官僚主义是我国政治制度的产物，也就是说，无产阶级专政是官僚主义的根源。

王造时又说："既然要扩大民主，就不能不加强法治。民主是原则，它的体现有赖于法治，换句话说，民主原则须通过法律的规定，成为共同遵守的行为规范，才得以实现。"他又说，"宪法颁布后好象逐渐被人漠视"，各种重要法典还迟迟不颁布，以致"国家干部无法可依，一般人民无法可守，权利与义务搞个不清楚，犯罪不犯罪没有明确的界限，人治主义便要抬头，社会就不容易纳入轨道"。③ 在这里，王造时先设下一个"要民主，必先法治"的前提，继而诬蔑现在没有法治只有人治，结论就是现在没有民主。换句话说，就是在现今无产阶级专政之下是没有民主的。

关于这一点，王造时在许多年前已经说过，而且说得很清楚。他说："不过实行社会主义，政治的组织，还是个人独裁呢？一党独裁呢？抑是民主政治？这就是谁来'统制'的问题。在苏俄……'统制'是由少数共产党来统制。老百姓有饭吃有衣穿，有屋住……不过主人不是他们自己，而是共产党。"④

总体来说，王造时虽然没有否认无产阶级专政的不可避免性，但他却不要无产阶级专政。他又诬蔑无产阶级专政是共产党专政，无产阶级专政是官僚主义的根源，以及无产阶级专政之下没有民主，王造时的这些反动看法，和拉斯基的谬论正是一模一样。王造时与拉斯基是衣钵相传，一脉相承的。

但是拉斯基和王造时的种种谬论并不能阻碍历史的发展。革命的无产阶级

① 王造时："进一步建立社会主义的民主法制秩序"（1957年在上海新闻日报座谈会上的发言）。

② 王造时："把整风重点放在基层"（1957年5月在上海宣传会议上的发言）。

③ 王造时："进一步建立社会主义的民主法制秩序"（1957年在上海新闻日报座谈会上的发言）。

④ 王造时："实行统制经济的先决问题"。

的任务确实不仅只是在于推翻资产阶级的政权而已。为了镇压被推翻的剥削者的反抗与巩固革命的成果,必须有一个强有力的国家政权,必须实施无产阶级专政。马克思说过:“这个时期的国家除了无产阶级的革命的专政以外,不能是别的任何东西。”①列宁说过:“无产阶级专政不是阶级斗争的结束,而是阶级斗争在新形式中的继续。无产阶级专政是获得了胜利,夺得了政权的无产阶级所进行的阶级斗争,反对那虽已被消灭,然而却还未绝迹,还未停止反抗的资产阶级,反对那加紧反抗的资产阶级。”②因此无产阶级专政肯定是不可避免的。更不能因为阶级敌人的不喜欢就取消。

列宁对于无产阶级专政做过详细的分析。他说:“极大多数专政的新政权其所以能够保持得住和已经保持下去,纯粹是靠广大群众的信心,纯粹是因为它能够最自由地,最广泛地、最有力地吸引整个群众去参政的缘故。毫无掩饰,毫无秘密,毫无规条,毫无官样文章。”③斯大林说过:“谁把党的领导和无产阶级专政看作一个东西,谁就是曲解列宁。”④很显然,把这样吸引整个群众去参政的无产阶级专政说成是共产党专政完全是恶意的污蔑。这种专政的政治形式,要求和人民群众之间经常保持巩固的联系,这正是最足以防止官僚主义的政治形式。但是由于旧社会的影响,特别是资产阶级思想对工作干部的侵蚀,官僚主义是有可能滋长的。就因为官僚主义与无产阶级专政的基本政治属性不能相容,所以我们要经常反对它。因此把无产阶级专政说成是官僚主义的根源完全是恶意的中伤。

《关于无产阶级专政的历史经验》一文曾指出:“无产阶级的专政和以前任何剥削阶级的专政,在性质上根本不同。它是被剥削阶级的专政,是多数人对少数人的专政,是为着创造没有剥削、没有贫困的社会主义的专政,是人类历史上最进步的也是最后一次的专政。”在无产阶级专政之下,民主才真正符合了它本来的含义,也就是说,在这里实现了真正的民主——广大工农劳动群众的民主。而对于被推翻的剥削者来说,它是一种专政。列宁在批驳考茨基的“专政就是毁灭民主”的谬论时曾指出:“专政的意思不一定毁灭对其他阶级实行专政的那个阶级所享受的民主,但它一定要毁灭(或加以重大限制,这也就是毁灭的形式之一)受专政所压制或受专政所反对的那个阶级所享受的民主。”⑤这段话也应

① [德]马克思著:《哥达纲领批判》,第25~26页。
② [苏]斯大林著:《列宁主义问题》,第171页、186页。
③ [苏]列宁:“立宪民主党人的胜利和工人政党的任务”。
④ [苏]斯大林著:《列宁主义问题》,第171页、186页。
⑤ [苏]列宁著:《无产阶级革命与叛徒考茨基》,第13页。

该用来批驳王造时的无产阶级专政之下没有民主的谬论。

王造时这许多反党反社会主义的言论是有其数十年根深蒂固的思想基础的，这种思想基础正是拉斯基所传授的改良主义，但是王造时几十年的实际政治生活也使他的思想形成了他自己的体系，那就是在解放前的半殖民地的中国，他师承帝国主义主人的政策，以第三条路线的面貌来反对共产党领导的人民民主革命，在全国解放，建立了人民的新中国时候，他接受帝国主义的新政策，改用“民主个人主义”，以拥护法制和民主的口号来反对人民民主专政的根本制度。但不论他怎样变化，王造时师承拉斯基的改良主义，其主要活动就是反对无产阶级革命、反对无产阶级专政，也就是反对共产党、反对社会主义。这样不论在政治上和思想上，王造时都是中国人民的最恶毒的敌人，必须予以揭发和驳斥。

拉　斯　基

拉斯基（H. J. Laski，1893 ~ 1950）是英国的反动政论家、活动家和工党首脑、“理论家”之一。1914 年毕业于牛津大学，1914 ~ 1920 年在美国哈佛大学任讲师，1926 年任伦敦大学政治经济学院教授。1920 年参加英国工党。1922 ~ 1936 年，他一直是“费边社”（按：“费边社”是英国资产阶级知识分子于 1884 年所创立的改良主义的、极端机会主义的组织。它坚决摒弃阶级斗争和群众革命）执行委员会的委员。在第二次工党政府麦克唐纳执政的时期（1929 ~ 1931 年），他是政府委员会的委员。1945 ~ 1946 年，他是工党执行委员会的主席。在阿特里工党政府取得政权后（1945 ~ 1951 年），他是工党政府反工人、反民族的侵略政策的鼓吹者之一。他处处发表诬蔑性的反苏言论。他是反动的“民主社会主义”的宣扬者，是英国资产阶级在其反社会主义、保卫资本主义的斗争中的思想家和工具。拉斯基在其作品中以社会主义的空言作掩护，企图为资本主义辩护，掩盖资产阶级社会的阶级矛盾，力图扼杀英国和国际工人运动。

拉斯基的改良主义学说主要有 3 个方面：（1）他不承认国家是一个阶级专政的工具，他宣扬超阶级的国家，否认国家的阶级性、强制性和国家主权的存在，把国家看成是多种社会组织机构之一，与教会、工会、政党有着平等共存的地位。（2）他根本反对无产阶级专政，不承认无产阶级政党的存在，对无产阶级以武力夺取政权的革命方式曾用尽一切恶毒的词语来加以诽谤。（3）他提倡“一步一步推动，一点一滴改良”的方式，来挽救资本主义的垂亡和分化工人运动，使它符合于资产阶级的利益。

正由于拉斯基是资产阶级忠实的仆从，所以他的门徒几乎遍布各资本主义国家。我国的罗隆基、王造时、楼邦彦等“右派分子”便是他的得意门生。这些“右派分子”解放前搬用拉斯基的学说，在中国腐蚀和迷惑了许多人，甚而在去年鸣放时期也仍然妄想借的那个阶级所享受的民主。[①] 这段话也应该用来批驳王造时的无产阶级专政之下没有民主的谬论。

（1958 年第 3 期）

① 列宁著:《无产阶级革命与叛徒考茨基》,第 13 页。

关于双务合同中的客体问题的讨论

周大卓*

中南政法学院民法教研室最近讨论了民事法律关系中双务合同（如买卖合同）的客体问题。在讨论中存在两种不同的意见：第一种意见认为只有物是双务合同的客体。第二种意见认为除了物还有交付的价金也是双务合同的客体。

第一种意见所根据的理由是：(1)金钱是实现商品流通的手段，如买卖双务合同关系中，卖者的目的不是得到金钱，而是为了要用卖得的金钱去买别的物品。金钱只是交换中的媒介物，是商品流通的手段，不是权利、义务要达到的目的，因此不能作为双务合同的客体。(2)在双务合同中，决定双务合同的特点的是物，金钱不能决定双务合同的特点。若买卖的对象是房屋，则就决定了该合同是房屋买卖合同，而价金不管它多少，也不能决定或改变该合同的特点。而且金钱在大部分的民事法律关系中都普遍存在，把它作为双务合同关系的客体，没有意义。

第二种意见则反对第一种意见，认为双务合同关系中，除了物以外，金钱也是双务合同的客体。其所根据的理由是：(1)双务合同关系中有两套权利义务——如买卖双务合同，卖者有义务把物交给买者，买者有权利要求卖者交付物品；卖者有权利要求买者付钱，买者有义务付钱。这两套权利义务所要达到的目的必须要有两个客体，即物和金钱。这都是权利义务所指的东西，都是客体。(2)从整个社会关系来看，金钱是流通的手段，是媒介物。但民事法律关系不是抽象的，而是指具体的民事法律关系。因此就具体的民事法律关系（如买卖关系）来看，买者既然是为了得到物，而卖者也是为了得到金钱。(3)决定双务合同的特点的是物而不是金钱，但这不能得出金钱不是客体的结论。可以说物是主要客体，金钱是次要客体。把客体分为主次并不等于权利义务有主次。双方的权利义务都是受到法律同等的保护，地位是平等的。(4)双务合同关系中，物和金钱都是权利义务所指的东西，因此物和金钱应是双务合同中的两个客体，这符合民事法律关系中客体的定义。这个问题还在继续讨论。

（1958年第3期）

---

* 作者单位不详。

国民党伪程序法的反动实质

江振良[*] 宋 光[**]

在前一期的《法学》上，我们曾就国民党的所谓实体法作了揭露和批判，驳斥了资产阶级“右派分子”的所谓“国民党的旧法不能一棍子打死”、“国民党的刑法虽然不好，但也不是全部都是坏的，特别是国民党的民法有不少进步的成分，还是可以援用的”等谬论。本文拟继续对国民党的所谓程序法进行揭露和批判，从而驳斥资产阶级右派分子的另一谬论，即所谓“国民党的实体法虽然不能用，但国民党的程序法是可以援用的”等谬论。并澄清那些认为国民党伪程序法中还有不少“技术性”的东西可供我们学习的旧法观点。

国反党的所谓程序法，就是国民党的刑事诉讼法、民事诉讼法及其他有关诉讼程序的法规。这些伪程序法的反动本质，主要的表现在以下几个方面。

一、实行烦琐的诉讼程序和推事主义的诉讼制度，限制和剥夺人民的诉讼权利

我们知道，程序法是实现各项刑事、民事审判权的形式，是一种据以执行实体法所规定的强制措施的方法。它与实体法是相互依存而统一不可分的。因此，国民党伪程序法也必然与国民党伪实体法一样毫无例外地为大地主大资产阶级的利益服务。国民党伪程序法中除了规定一些便利于大地主大资产阶级提起诉讼的诉讼制度以外，还特别规定了各种烦琐、刁难的诉讼程序，以此来限制和剥夺劳动人民的诉讼权利，掩护大地主大资产阶级反动集团的犯罪行为。

国民党蒋介石反动集团的法律和资产阶级法律一样，为了缓和反对它的阶级斗争，巩固其阶级统治，就不能不在其法律中采用了一些虚伪的欺骗的条款。如在伪《中华民国宪法》中规定“中华民国人民，无分男女、宗教、种族、阶级、党派、在法律上一律平等”（第7条）、“人民有请愿、诉愿及诉讼之权”（第16条）等。但是事实告诉我们，这只是一个骗人的幌子，国民党蒋介石反动集团绝不会把这种权利给予人民。他们千方百计地在伪诉讼法中以所谓诉讼程序的规定，制造了种种限制的“理由”，把伪宪法中所涉及的这种诉讼权利加以限制和

---

[*] 作者单位：华东政法学院（现华东政法大学）。

[**] 作者单位：华东政法学院（现华东政法大学）。

剥夺。

我们从以下几个方面来看这个问题。

(一)关于追诉权利方面

根据伪诉讼法的规定,追诉基本上有两种:一种是自诉,另一种是公诉。所谓自诉,就是被害人直接向伪法院提起控告。所谓公诉,就是被害人首先向伪检察机关提起告诉后,再由伪检察官向伪法院提起控诉。单从表面上来看,这种规定似乎还是"公正"的。但是,实际上对劳动人民来说,不论是"自诉"或"公诉"的权利都是不存在的。因为,只有犯罪案件中的被害人才得提起自诉(根据国民党解释例的解释,被害人的范围,仅限于直接被害人本身);而且在其他条文中还附加规定"以有行为能力者为限"(伪刑事诉讼法第 311 条)、"对于直系尊亲属或配偶不得提起自诉"(伪刑事诉讼法第 313 条)。很明显,这就直接剥夺了遭受危害的苦主、未成年人、丧失行为能力的人以及遭受封建族权、夫权蹂躏的广大妇女的自诉权了(按:这主要是针对劳动人民而定的)。不仅如此,伪诉讼法还规定了同一案件只要是"经检察官终结侦查者"或伪法院"曾经判决确定者",而不论这种所谓"终结侦查"或所谓"判决确定"是否合理,被害人概"不得再行自诉"及"公诉"(伪刑事诉讼法第 231 条、315 条)。可见就是连被害人本身,有行为能力的人以及非尊亲属的人的"自诉"权或"公诉"权也都同样地遭受到剥夺。毫无疑问,这种"终结侦查"和"判决确定"的根据和理由绝不会是公正的。因为,在旧中国的伪检察官、伪审判官都是大地主大资产阶级的政治代表者,因此,他们只能是根据大地主大资产阶级的利益和意志来办事,根本就不可能作出有利于劳动人民的"终结侦查"和"判决"来,事实上,在旧社会没有一个剥削者不对劳动人民犯下了滔天的罪行,但是往往在伪检察官的所谓"不起诉处分",伪审判官的所谓"免诉处分"的庇护下而逍遥自在。所以,伪诉讼法中关于追诉权利的这些规定,实质上只是为了限制和剥夺人民的诉讼权利,以达到开脱大地主大资本家的犯罪行为的目的而已。

(二)关于诉讼程序和诉讼制度方面

国民党蒋介石反动集团还利用伪诉讼法的一系列的烦琐程序,一方面,向人民敲诈勒索;另一方面,限制和剥夺人民的诉讼权利,为剥削者的犯罪开脱罪责。

按照伪诉讼法的规定,一个案件的起诉,首先,要解决案件的管辖范围。关于这个问题,伪诉讼法中所规定的种类是极其繁多和复杂的,仅伪《刑事诉讼法》就列举了"审级管辖"、"牵连管辖"、"多数管辖"、"指定管辖"等 11 种之多。在伪民事诉讼法中,也列举了"土地管辖"、"指定管辖"、"合意管辖"等。而在这些管辖中又包括有其他五花八门的不胜其烦的规定(如"土地管辖"就包括有

14 种“特别审判藉”,5 种“专属审判藉”和“普通审判藉”等)。假若当事人违背了这些所谓管辖的规定,伪法院便以所谓“管辖不合”为理由拒绝受理。试问除了那些专以敲诈勒索为生的讼棍以外,广大的劳动人民又哪里会懂得这些烦琐、复杂的管辖范围呢?此外伪法院还以所谓诉状的形式来为难当事人。根据伪诉讼法的规定,不管是民事的起诉或刑事的起诉,都应该采取诉状的形式,而这些所谓诉状,又必须根据各种不同案件的规定书写各种不同形式。仅伪刑事诉讼法就有 22 条条文列举了 22 种不同的书状(如“自诉状”、“申诉状”、“死亡状”、“抗告状”、“答辩状”等)。同样,在伪《民事诉讼法》中,也有各式各样的诉状的规定,而且硬性规定诉状必须采取伪政府出售的司法状纸,粘贴司法印花。如果这些程序不完备,诉状的形式和内容不符合要求,当事人就必须补正,否则伪法院又以“起诉不合程序”为理由,拒绝受理。其次,伪法院还以所谓诉讼费的办法来进一步阻挠起诉,对当事人进行公开的勒索。根据伪诉讼法的规定,当事人必须交纳所谓裁判费、送达费、抄录费、翻译费、登报费、邮电费、调查证据费等的费用。否则,伪法院便以“不缴诉讼费”为理由,拒绝受理。

伪法院为了限制和剥夺广大妇女在婚姻问题上的诉讼权,还规定所谓调解程序,但对于带有强制性的“调解”,当事人不服自诉到伪检察机关或伪法院时,伪检察官和法官老爷们乃以“和解成立者不得再行起诉”为理由,拒绝受理。

有些案件,虽然侥幸地经过了以上几道手续,得到了伪法院的受理。但是,根据伪诉讼法的规定,在审判案件的过程中仍有一系列烦琐、麻烦的手续。譬如当事人要等候伪法院指定“言词辩论时日”;原告要先把如何为自己辩论、如何攻击对方等言词写成书面文件呈交伪法院;而被告也必须于就审期间 1/2 以前提出答辩状,有的甚至还要写出无数次的答辩状。在言词辩论时,法院还要命令原告、被告或他们的代理人、证人到场并提出证据,而且这些诉讼当事人还必须负有无限的陈述及举证的义务。伪法院就是以此来拖延诉讼。很显然,这对于旧中国被剥夺了受教育权的劳动人民来说,是根本办不到的事情,为此广大的劳动人民也只能到处碰壁,有冤难申。即使勉强能够聘请律师来“帮助”诉讼,但是,旧中国的律师大多数都是统治阶级专门训练出来为统治阶级服务的工具。他们与伪检察官、伪法官勾结在一起,共同营私舞弊、颠倒是非、敲诈勒索,绝不会作出保护劳动人民的事情来。

不仅如此,伪诉讼法还规定第一审法院仅就当事人所请求的范围内审理和判决,经宣判后,不管这一判决是否正确,甚至于错了,伪法院也不再审理,如果当事人再行起诉,伪法官便以“一事不再理”、“官无悔判”的反动原则来拒绝再审。在这种情况下,虽然形式上也规定允许当事人提起上诉,但是,第二审也仅就上诉的范围作出判决。即使第二审不服还可以上诉到第三审，但根据伪诉讼法的规定，只有以违背法律为理由才能上诉到第三审，而且第三审又是以第二审所认定的事实作为判决的基础，这时既不再调查事实，也不允许当事人提出新的事实和新的证据，即使第二审所认定的事实是错误的，第三审也无须纠正，只是审查其审判是否“合法”而已。显然，这种所谓审判，是一种多余的手续，对劳动人民来说，只是徒劳无益。

总之，从上述这些烦琐、刁难和推事主义的诉讼制度来看，不难理解，这种诉讼制度的实质是反动的统治阶级利用劳动人民在经济上的劣势，以及对反动法律的不了解等，来制造种种障碍，以期限制和剥夺人民的诉讼权利，为大地主大资产阶级的犯罪行为开脱罪责。而大地主大资产阶级在这种种诉讼制度的掩护下，更加为所欲为，横行霸道了。

二、实行法西斯的侦查制度和陪审制度，残酷地镇压人民的革命活动

国民党蒋介石反动集团自从“四一二”叛变革命之后，便进一步执行其反共、反人民、反革命的勾当，建立起法西斯的反动统治。这个反动集团，为了维护和加强他们的反动统治，不仅使他们的党、政、军等机关特务化，并且把侦查机关和司法机关也特务化，甚至还把这种法西斯的特务活动原则，以法律的形式在伪诉讼法中固定下来，并贯穿到各种司法制度中去。

（一）关于侦查制度方面

从伪诉讼法和伪《法院组织法》的规定来看，其中主要措施之一就是极力扩大伪侦察机关的权力，使侦查活动成为监视人民革命活动的恐怖手段。如伪《刑事诉讼法》规定，伪侦查机关有两种：一种是检察官，另一种是司法警察官和司法警察。所谓检察官是什么人呢？实际上就是设置在伪法院中的特务头子，这些人是受国民党党部的委派到法院去进行特务活动的。他们不仅有权侦察犯罪，提起公诉（伪《刑事诉讼法》第270条、230条）；而且还有权指挥当地行政长官、军队、宪兵、警察等进行公开的或秘密的侦查活动（伪《刑事诉讼法》第208条、209条、210条、224条）。只要他们认为“需要”，不管有无犯罪事实，他们都有权在任何时候进行“侦查”、“拘提”、“搜索”和“提起公诉”，以此蹂躏人权。他们这种擅断的大权是为伪诉讼法所公开确认的（按：关于这方面的规定，伪刑事诉讼法不下200条条文）。而所谓司法警察官又是哪一些人呢？他们是由警察长官、宪兵长官、军士以及其他依法令对于特定事项（按：这是可以任意解释

的）行使司法警察官职权等反革命分子充任的（伪《刑事诉讼法》第 209 条）。这些人既可以在伪检察官的指挥下“侦查犯罪”，也可以“不待指挥径行侦查”。所谓“侦查犯罪”和“侦查机关”实质上就是迫害人民，进行特务活动和特务机关的代名词。

（二）关于审判和陪审制度方面

伪法院在审判方面，虽然形式上也规定了所谓“法官审判独立制”，法官仅依据法律进行独立审判，不受任何干涉，但在实质上却公开地实行着法西斯的审判制度和陪审制度。因为，国民党的伪法官不可能有真正独立的审判权，相反地，伪法官的审判权是受国民党反动集团的直接干涉和控制的，所谓审判独立完全是骗人的鬼话。试举以下几点加以说明：

（1）国民党蒋介石反动集团远在其建立反动政权后不久，便于 1929 年 8 月 17 日颁布了一个名为“反革命（按：应读为革命）案件陪审暂行办法”的法规，规定了法西斯的陪审制度。根据规定，凡是审理“反革命”案件，都必须由国民党党部派代表参加陪审，而且还必须进行秘密审判。按照他们自己的供认，这是由于“政治犯之辩论，最易耸人听闻，且使旁听之人皆生破坏之念，此不公开也”。[①]显然，这样的陪审制度，不仅保证国民党反动集团控制和操纵伪法院，实施他们恐怖的政策，而且加强迫害了革命的爱国人士。根本就谈不到法官审判独立。

（2）从审判制度本身的规定来看，也是非常清楚的，根据伪法院组织法的规定，审判案件采用以下两种方式，即独任审判（指地方法院的审判而言）和合议审判（指高等法院及其分院，以及最高法院而言）。独任审判虽然是由伪法官个人进行审判，但是必须呈交院长审阅（伪地方法院及分院处务规程第 16 条），这样，审判权实际上是由院长控制的。至于合议审判，也往往是以那些所谓“资深者”的意见为准来进行判决的，也就是说，审判权实际上是由“资深者”控制的，而这些院长和“资深者”又是什么人呢？就是死心塌地为大地主大资产阶级服务，镇压劳动人民有“功劳”的，而为国民党所器重的反革命分子、特务分子。审判权在他们的控制和掌握之下，哪里会有真正的法官审判独立呢？即使在反动统治法院服务的是一般的伪检察官和伪法官，他们也都是反动六法的奴隶，绝不能作出有利于人民的判决来。马克思早就说过：“当立法者居心偏袒的时候，而欲求一个公正的审判员，这是何等荒谬不合实际的幻想，如果法律是自私自利的，那大公无私的判决，能有什么意义呢？”[②]

---

① 郑保华著：《法院组织法释义》，上海法学编译社 1937 年版。

② 《马克思恩格斯全集》（俄文版，第 1 卷），第 257 页。

(3)在国民党蒋介石反动统治下,金钱表现为统治社会的巨大势力,而这些伪检察官伪法官又有哪一个不是敲诈勒索、营私舞弊的金钱奴隶呢? 正所谓"有条(指金条)有理,无法(指伪法币)无天",这样也就根本不可能有什么法官独立审判,只要有钱下腰包,什么样的野蛮恐怖的手段都一齐拿出来了。总而言之,旧中国的伪检察官和伪法官无论如何是不能抛开其反动的阶级利益和反动的旧法观点来独立进行司法检察和司法审判的。他们的主要任务也无非是要通过这些法西斯式的审判活动来镇压和束缚人民,迫害革命战士。列宁在批判资产阶级法院的反动本质时就曾经这样说过:"资产阶级的法院,假装维持秩序,而实际上却是无情镇压被剥削者以保护钱袋利益的盲目而又精巧的工具。"①列宁这段话用来说明国民党司法审判的实质,也是非常恰当的。

此外,从1941年11月颁布的"特种刑事案件诉讼条例"来看,也充分说明国民党反动集团在审判实践中是公开露骨地采用法西斯原则的。根据这个条例的规定,对于特种刑事案件必须实行秘密审判,审判后迅速执行,不得上诉,为了及时迅速地镇压和迫害革命志士,允许采用电报请示复核。在这种反动的法西斯的司法镇压之下,被迫害的共产党员、爱国民主人士及其他劳动人民是数不胜数的。

三、实行主观武断、脱离群众、脱离实际的审判作风,借以实现和补充伪实体法中所未敢公然表明的反动意旨

国民党蒋介石反动集团为了保护大地主大资产阶级的利益,维护其反动统治,不仅在诉讼程序、侦查制度、审判和陪审制度等方面规定出一系列的反动措施,而且在审判作风上也确认了"坐堂问案"、"拟制自认"、"自由心证"等主观武断的专横作风,这种审判作风也是极端反动的。

所谓"坐堂问案"就是坐守衙门,不出公堂,在法庭内进行审问,单听口供,片面地依口供作判决。(伪民事诉讼法第157条,伪法院组织法第63条)这种脱离群众、脱离实际的主观主义的审判方法,当然作不出符合实际的公正的判决。但是,这正符合国民党反动派的愿望,他们是不想弄清是非,他们从来也不敢核对事实,更不敢揭露他们那种欺骗人民、剥削人民的罪恶行为。国民党法官老爷们都是高高在上地坐在公堂上,以"法言"、"法语"来恐吓老百姓,拍桌子、打板

① [苏]列宁:" 1918年在人民委员会的工作报告"。

凳、刑讯逼供、强索口供,逼迫老百姓屈服。在这种单凭片面口供的主观主义的专横审判之下,受冤枉的人是无法估计的。

所谓"拟制自认"又是什么呢?就是"当事人对于他造主张之事实,于言词辩论时不争执者,视为自认"(伪《刑事诉讼法》第280条),法院就根据这种"自认"来审判。这种办法,在国民党法官老爷们看来是"合理的"、"公正的"、"客观的"。其实,"拟制"的本身就是不根据事实出发,是一种臆想,显然也是反科学的。尽管在伪《刑事诉讼法》中有辩护权的规定,而且双方当事人还可以聘请律师为自己辩护,可是这仅仅是一种形式而已。列宁在谈到资产阶级的"辩论原则"时就这样说过:"资产阶级民事诉讼中的辩论并非其实和真正的辩论,因为这种辩论是在形式上平等,而实际上是在不平等的当事人之间进行的。"①试问穷人怎么能跟富人去辩论呢?一方面劳动人民对于这种繁杂、刁难的反动法律既不通晓,同时又没有金钱聘请律师为自己进行辩护;而另一方面大地主大资产阶级既有伪法官为他们撑腰,同时又有伪律师为他们效劳,在各种诉讼中,他们都可以通过这些诉讼棍来"引经据典"、强词夺理地攻击对方。在这种情况下,劳动人民只能成为辩论的牺牲者。

与"坐堂问案"、"拟制自认"密切相关的,乃是"自由心证"。伪诉讼法的这个原则是从资产阶级国家抄袭而来的,它的内容就是指在审判过程中,证据的真实性应由法官的良心、心理来判断。伪最高法院院长夏勤说:"无论何种证据,审判官以为可信则信之,以为可舍则舍之,证据的强弱悉凭审判官之心理判断。"伪《刑事诉讼法》第269条也规定:"证据之证明力,由法院自由判断之。"显然这是荒谬和反动的。我们在前面已经说过,旧中国的法官的良心是什么呢?是大地主大资产阶级的良心。马克思早就说过:"审判员的良知,他们的良心还须要更多的保证吗?……良知是决定于意识,决定一个人整个生活方式,一个共产主义者,一个保皇党的良知便不相同,一个富有的人和一个没有钱的人良知也不相同,一个思想家和一个从来不思想的人其良知也必各异,当陪审员职务但凭财产或其资格来决定时,他的良知也是一种有限制的良知,这正是特权者的良知,是一种特权的良知。"②根据这些统治阶级的特权的良心来判断证据的证明力,又怎么能够公正和作出有利于被统治阶级的判断呢?

以上这几种脱离群众、脱离实际的审判作风,是与大地主大资产阶级的反动的统治制度相联系的,是由国民党反动政权、反动法律的本质所决定的。国民党

① 《列宁全集》(俄文版,第1卷),第412~413页。

② 马克思在科隆法庭上的辩护词。

蒋介石反动集团统治20多年来的历史事实证明,这个反动集团就是依靠着这种反动的审判作风来进一步加强对劳动人民的司法镇压。

从以上几个方面的分析中,可见国民党伪程序法也和国民党其他法律一样,是用以镇压与束缚劳动人民,维护大地主大资产阶级反动统治的重要工具。而且,它还体现和补充了反动统治阶级在实体法中所未能公然规定的意志。因此,它的反动的程度比起实体法来真是“有过之而无不及”。由此也充分说明了在伪程序法中是没有技术性的东西可以学习的。如果是有什么技术性的话,那只是压迫人民的技术。这是我们所要坚决反对的。

(1958年第3期)

驳"右派分子"梅泽濬关于犯罪产生原因的谬论

李保民*

"右派分子"梅泽濬在讲授《中华人民共和国刑法》(总则)课时,利用我党百家争鸣的方针,以反动的资产阶级观点来修正马克思列宁主义关于犯罪产生原因的学说,进而攻击我们的社会主义制度。他说:犯罪的产生,除了阶级原因以外,还有历史原因和认识原因。接着又解释说:历史原因是由于生产力低下,贫困现象还存在;认识原因是由于人民文化水平不高,认识不到。并引证列宁同志所说的"共产主义建设的敌人是文盲",作为他的"理论"根据。

我们对"右派分子"梅泽濬抹煞犯罪产生原因的阶级性,以及将犯罪现象说成是永远不能消灭的反动观点,必须加以彻底地揭发和批判。

首先,把生产力低下作为犯罪产生的原因是极端错误的。因为生产力高低是相对的,而且这也是人类社会中永远存在的现象。

大家知道,在原始社会里,人民以捕猎为生,生产力是非常低下的,从其后的奴隶社会、封建社会和资本主义社会来说,生产力真不知比原始社会高出多少倍,但为什么唯独原始公社里没有犯罪现象呢?

犯罪是阶级矛盾不可调和的产物,是一定历史阶段上的社会现象。它只是随着私有制的产生、社会上划分为阶级以及随着国家的出现而出现的。也就是说,统治阶级为了维持和巩固自己的统治地位,便对触犯本阶级利益的行为,给予刑罚的制裁,由于原始社会没有私有制、没有阶级的区分和谁剥削谁的现象的存在,从而也就根本谈不到触犯统治阶级的利益的犯罪行为了。

我们国家今天的生产水平和美国相比较是低的,但是,据美国联邦调查局的宣布,美国重大的犯罪案件从1946年的1,685,203件到1956年上升为2,563,150件,其间上升了52.1%。而在我们国家,1956年内的犯罪数字却比1955年的下降了23.3%;恰恰相反,美国在1956年内则每隔12秒钟即发生一件重大的犯罪案件。这等于说,在一昼夜内平均要发生7200件危害性严重的犯

---

* 作者单位不详。

罪案件,全年共计250多万件。①

从以上数字的比例中可以说明:美国的犯罪数字正在不断增长,而我们国家中的犯罪数字是逐步下降的。这是什么原因呢?是不是由于生产水平的高低呢?不,这是由两个不同性质的所有制决定着的。

由于美国是生产资料私人占有制的国家,便产生和发展了惊人的贫富悬殊的现象。据报道,美国占总户数7%的富豪家庭囊括了全国国民收入的65%,其余占总户数93%的家庭仅分配到35%的国民收入。劳动者的血汗劳动被转化成了垄断资本家的超额利润,从1938年的33亿美元上升到1956年的434亿美元,19年内增加了12倍多的利润。由于垄断资本家的利润激增,工人阶级的绝对贫困化和相对贫困化却日益加深。据美国官方数字,从1939年到1955年7月,每小时工资的购买力降低了1.6%,劳动者的收入在国民经济中的比重降低了5%。为了维持自己最低限度的生活水平,少数意志薄弱的人,被迫走向"犯罪"的道路。对于这些人,我们应抱着同情,但不支持和鼓励他们,以犯罪的形式来反对建立在私有制基础上的社会制度。因为这是与工人阶级本身的阶级利益相抵触的。它败坏了人民的意识,并使工人阶级在反对自己压迫者的斗争中削弱下去。唯一正确的道路是用革命的手段来推翻资本主义的私有制度,才能使广大的劳动者得到彻底的解放。

如前所述,美国犯罪数字之所以直线上升,是由它们的资本主义私有制度所造成的。马克思写道:"如果在一种社会制度下,光是增加自己的财富,而不减少贫困现象,并且犯罪现象比人口数目的增加还快,那么在这样的社会制度中必然有某些腐朽的东西。"②

在我们国家里,由于推翻了资本主义私有制的剥削制度,广大人民的生活水平已得到了显著的改善、提高。劳动部马文瑞部长在第一届全国人民代表大会第三次会议上的发言中指出:"我国职工的工资水平是逐年提高的。仅以执行第一个五年计划的前3年来说,1955年比1952年全国各部门职工的平均货币工资提高了20.2%,实际工资提高了12%……1956年全国职工的平均工资比1955年提高14.5%。"这样就有可能根除了产生犯罪的社会基础,使犯罪数字逐年下降。新中国成立以来的事实说明,即使是像上海这样的一个大城市里,也出现了夜不闭户的现象,这绝不是毫无物质基础的。

根据上面所述产生犯罪的原因,我们有充分理由驳倒"右派分子"梅泽濬的

---

① 从1956年以来,美国犯罪数字的增加比人口的增加几乎快四倍。

② 《马克思恩格斯全集》(俄文版,第11卷,第2部分),第246页。

反动谬论。也就是说,社会之所以产生犯罪,它的根本原因绝不是生产力低下不低下的问题,而是生产资料私人占有制存在的结果。

既然生产力低下不是产生犯罪的根本原因,那么,我国现阶段为什么还存在着犯罪现象呢?其原因有以下几点:

(1)帝国主义的存在和被推翻的反动阶级残余势力的反抗。帝国主义对我国的社会主义改造和社会主义建设事业,绝不会袖手旁观,国内的那些已被推翻的地主、官僚买办阶级绝不会甘心自己的失败和死亡,也绝不会没有反抗,他们会千方百计地想法恢复他们已经失去的“天堂”。事实也是如此,以美帝国主义为首的侵略集团,从不放弃它们对我国侵略的野心。到目前为止,美帝国主义还霸占着我国的领土台湾,并支持着蒋介石反动集团,妄想进行复辟。为此,他们一直在使用着各种卑鄙的阴谋手段,派遣特务间谍潜入大陆,并支持大陆上的反革命残余势力进行反革命破坏活动。例如,1951 年 11 月 25 日《人民日报》所公布的,4 年来由美蒋派往中国大陆的间谍特务分子就有 230 余人之多。又如 1956 年,美蒋阴谋配合九龙事件,向广州派遣了十几批特务,准备制造骚乱。再如在最近一个时期,残余的反革命分子以及反动的地主阶级分子,乘资产阶级右派向党向社会主义猖狂进攻的时机,在汉阳制造了反革命暴乱。这些事实,不正是说明了帝国主义的存在和被推翻的反动阶级残余势力的反抗,是我国现阶段存在犯罪现象的原因之一吗?

(2)旧社会遗留下来的坏分子和社会渣滓。如流氓、骗子、惯盗、惯窃以及未经改造或难以改造的长期充当敌伪军政警宪等人员,还企图过着腐化堕落和剥削的寄生生活,继续为非作歹,进行各种犯罪活动。几年来我国进行了一系列的社会主义改革运动,旧社会遗留下来的社会渣滓虽经过教育改造后大部分成了新人,从事劳动生产,但是也还有些未得到彻底的改造。这些未经改造或难以改造的坏分子,他们或者已经改头换面,随着各种安排,混入了我们国家机关、工厂企业内部,特别是混入了新建、扩建工程的基地队伍,或者流落在社会的某些“偏僻”角落,继续进行犯罪活动。这类分子虽然数量不大,但他们不仅胡作非为,而且还勾结一些意志薄弱的青少年,组织流氓或盗窃集团。进行各种危害人民的勾当。例如,上海市蓬莱区人民法院在 1955 年处理 14 件盗窃案件中,其中:流氓 7 人,伪军警人员 5 人,中小学生 2 人。

(3)基本上已被消灭了的资产阶级的存在。大家知道,我国的民族资产阶级由于我国的特殊条件,国家对它是采取了赎买的政策的。作为中国资产阶级当中的分子来说,他们的思想虽有落后和进步的区别,但作为一个阶级来说,则有其共同之点。比如,反映在雇佣劳动上的剥削思想,就往往表现为唯利是图、损公利己等行为,它对人民群众的危害性是非常大的。事实也证明他们当中一些不法分子曾实施过“五毒”和抗拒社会主义改造的犯罪行为。马克思说:“资本是惧怕没有利润和利润过于微小。一有适当的利润,资本就会胆壮起来。10%会保障它在任何地方被使用;20%会使它活泼起来;50%的利润会引起积极的大胆;100%会使人不顾一切人的法律,300%就会使人不顾犯罪,甚至不惜冒绞首的危险了。”①

(4)在人们思想中还存在封建思想和资产阶级思想。其表现在破坏人民民主法律秩序上:如强迫包办婚姻,虐待子女,虐待妇女与偷窃、贪污、流氓行为等犯罪行为。1957年10月14日《人民日报》社论指出:“目前我国的阶级斗争形势的特点是什么呢?这就是:不论在城市,不论在乡村,都仍然存在着社会主义和资本主义这样两条道路斗争……1956年,在所有制方面的社会主义革命的基本胜利,并不等于社会主义革命已经完成,尤其不等于阶级斗争已经熄灭。所有制改变以后,资产阶级同无产阶级在政治上和思想上的斗争并没有结束。”由于存在剥削阶级的自私自利思想,特别是在社会主义革命阶段,个人主义和社会主义的集体主义是水火不相容的。假如在社会主义革命时代,仍保留个人主义以及缺乏守法观念,等等,少数意志薄弱的人就可能走向犯罪的道路。这种情况在今后的一定期间内还是存在的。

综上所述,完全可以看出,我国今天之所以还有犯罪现象是由于旧社会制度的残余还未肃清的缘故。社会主义制度本身是不产生犯罪的。

另外,“右派分子”梅泽濬提到,人民文化水平不高,认识不到,也是产生犯罪的原因之一。这一个观点是非常反动的。它和胡适在《我们走那条道路》一文中所说的“我们真正的敌人是贫困,是疾病,是愚昧,是贪污,是扰乱,这五大仇敌中资本主义不在内,因为我们最多只有几个富人,哪有资产阶级?封建势力也不在内,因为封建制度早已在两千年前被崩坏了。帝国主义也不在内,因为帝国主义不能侵略那五鬼不入之国”的所谓“贫困”、“愚昧”的反动观点一模一样。根据梅泽濬的“认识不到”是犯罪产生原因这一反动观点,便会得出一个结论,即犯罪现象永远不能消灭。因为人们的意识是存在所决定的,也就是说,人们的意识是客观存在的反映,因此,它必然落后于存在。

我们知道,犯罪现象是可以而且也能够消灭的。世界各国人民在共产党领导下,变私有制为公有制是社会发展的必然规律,在这个基础上不断地提高人民文化物质生活水平,提高人民的共产主义觉悟,从意识领域中彻底扣除腐朽的、没落的资本主义思想。共产主义在全世界范围内取得胜利后,“就根本不会有任何必要来对人们施用强力,不会有任何必要来使这一个人服从于另一个人,使

---

① [德]马克思著:《资本论》(第1卷),郭大力、王亚南译,人民出版社1953年版,第961页。

这一部分居民服从于另一部分居民,因为人们将习惯于遵守公共生活的起码条件,而不需要有强力和服从。”①

至于“认识不到”,也不等于就是犯罪。犯罪必须要具有罪过。也就是说,行为人在实施危害社会行为时,必须要具有故意或过失。反“右派”斗争开展前后的事实告诉我们,正像梅泽濬所说的有文化知识的资产阶级“右派分子”,却利用文化知识来进行反党、反社会主义的罪恶活动,而首先识别“右派”反动本质的却是工人、农民,这难道是他们认识不到吗?

事实也证明,文盲并不等于犯罪,而犯罪的人并不等于都是文盲,在知识分子中也有走上犯罪道路的人。

“右派分子”梅泽濬引证了共产主义建设的敌人是文盲作为自己的“理论”根据,来说明人们文化水平不高、认识不到是产生犯罪的原因之一。我认为梅泽濬对列宁同志所说的这句话是恶意的歪曲。列宁同志说这句话的原意是因为共产主义是“各尽所能、各取所需”的,到那时城乡的差别、体力劳动和脑力劳动的差别,根本不存在了。于是必须使社会上所有的成员能够全面地发展体力和智力。要做到这一点,只有用人类历史创造出来的全部知识宝藏来丰富自己的头脑,才能成为共产主义者。

可见,产生犯罪的原因,不是由于文化水平不高、认识不到,而真正产生犯罪原因之一,却是由于资产阶级唯利是图、损人利己的思想的存在。诚如列宁说的,我们“不能用万里长城把工人阶级同旧社会隔离开来。而且,革命的发生,也不能象死去一个人那样,把他们抬出去就完了。当旧社会灭亡的时候,并不能把它的尸体放进棺材里,埋葬在坟墓里。这个尸体在我们中间分化瓦解,它在腐烂,而且把毒素传染给我们。世界上所发生的大革命,没有一个不是这样的,而且也不能不是这样的。”②

综上分析,可以看出“右派分子”梅泽濬所谓犯罪产生的原因虽然也提到了阶级原因,但又捏造了历史原因和认识原因,其真正用意是在抹杀产生犯罪的原因的阶级性,从而把犯罪是一种历史范畴说成是自人类社会以来就存在的并且是永远不能消灭的。这样贩运资产阶级的谬论来修正马克思列宁主义关于犯罪产生原因的正确观点,实质上就是向党、向社会主义恶毒的进攻。

(1958年第3期)

---

① 《列宁文选》(第2卷),1957年,第232页。

② 《列宁全集》(俄文版,第29卷),第39页。

全国人民代表大会授权常务委员会制定单行法规是合法的

——驳"右派分子"吴家麟的谬论

张衍杰*

《中华人民共和国宪法》第22条规定,全国人民代表大会是行使立法权的唯一机关。1955年7月30日第一届全国人民代表大会第二次会议又通过了关于授权常务委员会制定单行法规的决议。① 据此,我国行使立法权的机关是全国人民代表大会,而在全国人民代表大会闭会期间,常务委员会对于部分性质的法律,即单行法规,也有权及时制定。

"右派分子"吴家麟在中国政治法律学会召开的座谈会上,摆出宪法教员的身份,恶毒地把《宪法》第22条从整个宪法中割裂开来,公然指责全国人民代表大合作出此项决议是最高国家领导机关不遵守法制的表现。甚至他还认为应该坚决纠正,否则上行下效,贻害无穷。② 按照他的这一论点,必然归结到:常务委员会已经根据此项决议制定的许多单行法规的效力就成为问题了。这样势必严重地损害我们最高国家权力机关及其常设机关的威信,破坏我们的人民民主法制,其用心非常险恶,必须坚决加以驳斥。

一、必须从政治意义上正确认识社会主义国家最高国家权力机关同它的常设机关的内在联系

资产阶级国家议会的大多数议员,是由欺压人民的、代表剥削阶级利益的官僚、政客来担任的。他们脱离生产,脱离人民群众,专门开会,并利用代表各个资产阶级集团利益的、属于不同党派的议员在议会中的争吵,宣扬虚伪的资产阶级

---

* 作者单位不详。

① 中华人民共和国全国人民代表大会编:《中华人民共和国第一届全国人民代表大会第二次会议文件》,人民出版社1955年版,第333页。

② "法学界人士在中国政治法律学会召开的座谈会上提出对我国法律制度的意思"中关于中国人民大学讲师吴家麟的发言报道,载《人民日报》1957年5月29日第2版。

民主。因此，资产阶级国家的宪法中关于议会组织和活动原则的规定，不可避免地要同这种基本情况相适应。

相反地，社会主义国家的最高国家权力机关的代表是真正的人民的使者，他们来自社会各阶层，各人都在自己的工作岗位上，密切联系人民群众，他们不可能经常集中在一起议事。这就决定了社会主义国家的最高国家权力机关每年开会的次数不能过多，每次的会期不能太长，以免影响生产和脱离人民群众。但是为了及时处理国家的某些必不可少的经常性工作，最高国家权力机关有必要设立自己的常设机关来进行工作。由此可见，我们社会主义国家最高国家权力机关同它的常设机关是一体的，而不是对立的。这一点必须强调，否则不可能真正理解这两个机关的内在联系。"右派分子"从资产阶级国家议会制的立场来观察它们的关系，是永远也搞不清楚的；由此而来的议论和指责，必然是错误的。

既然从政治意义上来看，社会主义国家最高国家权力机关的组织和活动原则，和剥削者国家的根本不同，我们绝不允许站在资产阶级立场上，用旧法观点来研究社会主义国家的宪法，同时在这个前提下，明确了我国全国人民代表大会同它的常务委员会是一体的，那么，在必要时，前者把自己行使的某一职权中的个别部分（如立法权中制定部分性质的法律之权），按照法定程序授予后者去行使，便是理所当然、义所必至的了。当然，这并不等于抹杀这两个机关之间在组织和职权的划分上存在的差别。

二、全国人民代表大会的此项授权具有巨大的实际意义

我国正处在过渡时期，社会主义改造和社会主义建设的事业一日千里地向前发展。由常务委员会适时地制定部分性质的法律即单行法规，及时指导和推动国家各项工作的迅速进行，这是非常必要的。如果按照吴家麟的意图行事，硬把为社会主义建设服务的、亟待制定的单行法规，拖延到一年一度的全国人民代表大会会议上去集中解决，势必丧失时机，给国家招致莫大的损失；或者每因急迫需要制定单行法规，就临时召集一次全国人民代表大会会议，在客观上也没有这个必要和可能。总之，这样做是对社会主义不利的。

三、全国人民代表大会的此项授权有充分的法律根据

我们法律工作者都了解，孤立地把一个法律规范从整体中割裂开来研究解

释，是资产阶级"法学家"所惯用的形而上学的方法，那就必然要得出错误的结论。吴家麟正是使用这套卑劣的手法，曲解《宪法》第22条"全国人民代表大会是行使国家立法权的唯一机关"的规定的。马克思列宁主义法律理论教导我们，解释法律规范，首先要阐明它的政治意义，还要使用多种的解释方法（语法上的解释方法、逻辑上的解释方法、系统的解释方法和历史的解释方法等），并把这些方法联系起来进行研究，而单纯地使用语法上的解释方法，常常不能够阐明法律规范的真实意义。吴家麟仅仅从表面文字上死命抓住"唯一立法机关"这句话，企图迷惑不懂得马克思列宁主义法律理论的人们，混淆视听。他不但不能从政治意义上认识全国人民代表大会同它的常设机关的内在联系，而且还不顾《宪法》本身的系统，割断各个条文相互之间的联系，大放厥词。作为一个宪法教员，居然对于马克思列宁主义关于法律规范的解释方法如此无知，除非是别有用心，很难令人置信。

现在我们再把《宪法》第22条同第31条第19项以及其他有关条文的规定对照起来，进行系统的研究。宪法第31条第19项明白规定全国人民代表大会有权授予常务委员会以其他职权。这里的"其他职权"自应包括制定部分性质的法律之权在内。全国人民代表大会根据这一条的规定授权常务委员会制定部分性质的法律即单行法规，是完全正确的。这样做的结果也丝毫无损于全国人民代表大会自身行使的关于修改宪法和制定刑法典、民法典等的立法权能。第一届全国人民代表大会第四次会议决定由常务委员会先行公布刑法草案，试行一个时期后，再集中各方面的意见加以修改，最后提请全国人民代表大会通过。由此可见，常务委员会绝不会由于有权制定单行法规而发生侵越全国人民代表大会的立法权的情况。

又根据我国《宪法》第33条第1款的规定，全国人民代表大会常务委员会是向全国人民代表大会负责并报告工作的机关。再参看《全国人民代表大会组织法》第24条的规定："常务委员会在全国人民代表大会每次会议举行的时候，必须向全国人民代表大会提出工作报告。"关于制定单行法规的工作情况，应该是这种报告的主要内容之一。全国人民代表大会在听取报告后，就要对报告中所涉及的工作以及常务委员会的一切活动进行审议，还要根据审议的结果作出相应的决议。其中关于常务委员会制定单行法规的工作，自应在审议和决议的范围之内。至于全国人民代表大会关于这一问题究应作出怎样的决议，则因对常务委员会在大会闭会期间制定单行法规的工作情况是否满意而有所不同。从理论上来研究，全国人民代表大会关于这个问题的决议的内容，按照不同的情况，可以包括以下的一点或几点：

（1）作出认为满意的决议，加以批准；

（2）对常务委员会在制定单行法规的工作中的缺点进行批评；

（3）如认为有必要，直接对常务委员会制定的单行法规作出修改或废止的决议；

（4）如认为有必要，责成常务委员会在全国人民代表大会闭会后，对有关的单行法规，按一定的原则进行审查，加以修改或废止。

事实上，全国人民代表大会历次会议都对常务委员会的工作认为满意，并且顺利地批准了常务委员会的工作报告。以上述第（2）~（4）各点为内容的决议，还没有出现过。

综上各节，全国人民代表大会授权给自己的常务委员会及时制定部分性质的法律即单行法规的决议，既符合当前国家和人民的利益，又符合宪法的规定，更没有削弱全国人民代表大会自身的立法权能。“右派分子”认为此项授权违反法制，同《宪法》第22条的规定相抵触，这是完全没有根据的。

（1958年第3期）

辩护人发现被告人隐瞒的犯罪事实必须揭露

李星桥*

人民律师制度和旧社会的律师制度截然不同。剥削社会的律师绝大多数是剥削阶级的爪牙,甚至有些律师本人就是当权者。他们专门以挑词架讼、搬弄是非、欺诈人民为能事。而人民律师却是全心全意为人民服务,他们的活动与人民群众的日常生活有着密切的联系。

《中华人民共和国人民法院组织法》第7条第2款规定:"被告人除自己行使辩护权外,可以委托律师为他辩护,可以由人民团体介绍的或者经人民法院许可的公民为他辩护,可以由被告人的近亲属、监护人为他辩护。人民法院认为必要的时候,也可以指定辩护人为他辩护。"法律之所以规定广泛而又充分的保证被告人行使其辩护权利的措施,其目的不外是帮助人民法院彻底弄清案情和正确适用法律。因此人民律师的辩护,必须站稳工人阶级立场,依照"事实是根据,法律是准绳"的原则来进行工作。在此基础上提出对被告人减轻罪责或无罪的意见,保护被告人的合法利益。

从立场和工作原则来说,人民律师和人民检察员、人民审判员是一致的。但是否从此就会得出人民检察员和人民律师对每一案件都有完全一致的结论了呢?我的回答是不一定。司法实践中,公诉人和辩护人之间,对事实的认定往往有些不一致的地方。例如,北京市第一法律顾问处受理的40起案件中,律师认为起诉书在认定事实上有大小问题的共15件,其中人民法院采纳律师意见的有8件,没有采纳的7件。当然更多的对事实的认定意见是一致的。因为人民检察院、人民法院同样是从工人阶级的立场,以辩证唯物论的观点,实事求是地对待事物。他们在侦查和审问中,就注意收集与被告人的犯罪行为有关的全部事实,加以全面分析。他们确定被告人有罪或无罪、罪重还是罪轻时,是根据事实、依照法律来进行的。

由于人民律师同样是站在工人阶级的立场,帮助人民法院弄清案件事实,正确适用法律,共同执行社会主义法制,他们在辩护工作中,对已经查对属实证明

* 作者单位不详。

被告人所犯的罪行,应予以肯定,对有疑问的罪行,应提出疑问所在,要求补充侦查,对不能认定的罪行,应予以否定或做无罪辩护。辩护人绝不能抹杀事实,曲解法律,为被告脱卸罪责,也不能掩盖罪行,包庇被告人的行为。

因此,我不能同意吴磊同志在 1957 年《政法研究》第 4 期《关于我国刑事诉讼中辩护人诉讼地位的研究》一文中所主张的,被告人的犯罪事实,人民法院不知道,人民检察院也不知道,而只有辩护人知道的情况下,辩护人在诉讼中就"不能作出不利于被告人的活动,更不可以揭发和论证被告人的犯罪行为",揭发了的话,就会有损于辩护人的"威信"和失去了辩护人应有的"职责"。同时也不能同意刘笪生同志在 1956 年《华东政法学报》第 3 期的《试论辩护人的立场》一文中的论点。他说:"辩护人只有使被告信任才能工作,否则就将一事无成。"我认为这些意见都是不正确的。辩护人不仅可以揭露被告人隐瞒的犯罪事实,而且也必须揭露被告人隐瞒的犯罪事实。因为在我们国家里与犯罪作斗争是每个公民应有的责任和应尽的义务,作为一个辩护人来说,也毫不例外。辩护人绝不能站在与人民、与国家相对立的立场,持着不同的观点和采取不同的做法。也就是说,在我们国家中的辩护制度是有鲜明的阶级性的,它是服务于社会主义改造和社会主义建设事业的,它根本不同于资产阶级国家中的保护钱袋利益,为有钱的当事人服务的"辩护制度"。显然两者所取的立场不能相提并论。可是吴磊、刘笪生等同志却忘记了这一点,竭力主张辩护人不能去揭露被告人的犯罪事实,显然没有划清人民律师和资产阶级律师的界限。

辩护人揭露了被告人的犯罪事实,是不是就失去了辩护人的"职责"了呢?我的答复:不仅没有失去辩护人的职责,相反地正是辩护人应有的职责。大家知道,人民律师的职责是和人民检察院、人民法院一起来与犯罪作斗争,同时又是根据事实,依照法律来维护被告人的合法权益。正如中央司法部陈养山副部长在全国第二次律师工作座谈会上的讲话中指出的,律师"始终是站在维护国家法制的立场上,根据事实和法律,维护委托人的权利和合法利益,不能为委托人捏造和歪曲事实,也不能教唆委托人作虚伪的陈述"。可见,辩护人维护被告人的利益不是无条件的,而是维护被告人的合法权益。何况,在我们国家中,主动地向人民司法机关(公安、检察、法院)坦白罪行,是被告人应有的态度。人民法院根据被告人的坦白、认罪程度以及各方面的情节,依据党和国家的政策、法律,给犯罪者免刑,或判予应得的刑罚,使其在执行刑罚过程中,改造自己成为新人。这时被告人不但不会埋怨辩护人揭发了他的罪行,反而会感谢辩护人当时的做法是对的。所以说,辩护人揭露了被告人的犯罪事实,不但没有失去辩护人的职责,反而是辩护人保护人民民主事业应有的职责以及对被告人负责的态度。可见,片面强调辩护人保护被告人的利益,而忽视国家法制的一面是错误的。

辩护人揭露了被告人的犯罪事实,是不是会丧失辩护人的“威信”呢?我的答复:不仅不会丧失辩护人威信,反而会增强辩护人的威信。因为,辩护人的这种做法会使人民群众懂得辩护人是如何地与犯罪作斗争,捍卫人民民主事业,巩固人民民主法制,保护公民的合法权利不受侵犯。相反,假如辩护人利用我国的辩护制度,掩盖被告人的犯罪事实,为被告人开脱罪责,放纵犯罪的话,人民群众便会说辩护人“丧失了立场、为犯罪分子说话”。这时辩护人的威信问题在人民群众中也就谈不上了。应该记住,假如一个人的行动离开了党的领导,失去了人民群众的信任,才真正一事无成和寸步难行。

所以,我们绝不能接受辩护人片面有利于被告人和在诉讼中不能揭发被告人的犯罪行为的错误观点。假如我们接受了这个观点,便必然会导致辩护人颠倒黑白、是非不明,利用辩护来掩盖被告人的罪迹,放纵犯罪。这种做法在我们国家中是绝不允许的,是与《宪法》第18条规定的“一切国家机关工作人员必须效忠人民民主制度,服从宪法和法律,努力为人民服务”的精神相违背的。

辩护人知道被告人隐瞒的犯罪事实以后,应该向人民检察院或人民法院揭发。这样做既不妨碍他的辩护职务,也不侵犯人民检察院的控诉职务。因为人民律师在发现被告人隐瞒的罪行以后,是根据每个公民有揭发犯罪的责任来办的,并不是进行侦查控诉。同时人民律师对被告人的辩护仍应认真进行,正确地保护他的合法利益。辩护人在诉讼中是独立的诉讼主体,享有独立的诉讼权利,他的行为并不受被告人意志所左右,而是有立场、有原则,正确维护人民法制的,所以对于被告人的合法利益既须保护,对于他所隐瞒的犯罪事实也应揭发,两者是不相矛盾的。

至于用什么方式来向人民司法机关揭发被告人的犯罪事实,也有不同的说法。有的同志认为:要在辩护人的工作结束以后进行揭发。还有的同志认为:辞去辩护人的职务,以公民的身份来揭发。我认为这两个做法,其实质仍然是说:辩护人不能去揭发被告人的犯罪事实。我是不同意这两种说法的。假如在辩护人的工作结束以后才进行揭发,必然会使人民司法机关和辩护人的工作重复,造成人力上和物力上的损失。大家知道,辩护人的工作是从受理案件开始一直到人民法院判决为止。既然人民法院对被告人的罪行作了政治上和法律上的评价(即判决)后,又由辩护人(现在便是公民的身份)去向人民司法机关告发被告人的新的犯罪事实,这时,人民司法机关又得重新侦查和开庭审判。为什么不及时揭发,以使人民司法机关与原来的案件一起审理呢?对被告人的犯罪事实及时揭露不是更有利于人民司法机关有效地打击犯罪吗?可见,辩护人要揭发被告人的犯罪事实须在辩护工作结束以后的主张是不对的。假如,辞去辩护人的职务以公民的身份去揭发,也会不利于人民司法机关及时地打击犯罪。因为辩护人发现被告人犯罪的新事实,也可能是在工作过程中发现的,如在阅卷、接见被告人以后,在写辩护词过程中发现,这时又得向被告人辞去辩护的职务,而叫他重新请个辩护人,不是拖延了审理案件的时间了吗?同时也会使被告人增加不必要的负担。可见,辩护人要揭发被告人的犯罪事实,须辞去辩护人的职务的主张也是不对的。

那么辩护人应如何去揭发被告人的犯罪事实呢?这就必须从有利于社会主义事业来考虑,也就是说,辩护人认为用什么方式对全国人民更有利、对人民民主事业更有利,那就用什么方式向人民检察院、人民法院揭发被告人的新的犯罪事实。

我认为:当辩护人知道了被告人的新的犯罪事实以后,就应该动员被告人向人民司法机关进行坦白,在动员过程中,辩护人应向被告人宣传党和国家"坦白从宽、抗拒从严"的政策、法律,并且向被告人说明隐瞒罪行是不对的,同时也是隐瞒不了的。经过辩护人的动员,被告人仍然顾虑重重,不肯坦白交代,这时辩护人就应该将自己所知道的被告人的新罪行告诉人民检察院或人民法院。但不要在法庭上揭露。假如当庭揭露的话,我想有两方面的不好。一方面,使被告人产生不必要的错觉,即产生对人民律师的敌对情绪,在某种程度上就会影响到被告人将自己的真实情况,如实地反映出来。另一方面,会使法庭组成人员在审理案件中处于被动地位,因为辩护人当庭提出被告人的新罪行,相信吗?未经调查核实。不相信吗?又没有理由。因此,我的意见是:当辩护人动员过被告人后,就应该及时地告诉人民司法机关,以便人民司法机关进一步侦查、调查、核实。从而促进人民司法机关的工作,保证正确地及时有力地打击犯罪。

总之,人民律师在全部工作的活动过程中,必须站稳工人阶级的立场,根据事实、依照法律来进行辩护。只有这样才能更好地捍卫和保护人民民主事业,巩固人民民主法制。辩护人揭露被告人的隐瞒的犯罪事实,在维护国家法律的严肃性和保护被告人的合法权利上也是一致的。

(1958年第3期)

应当批判辩护人的“有利被告论”

黄怡祥*

刑事案件中的被告人享有辩护权是我国重要法制原则之一,也是我国诉讼中的一项民主制度。苏联及各人民民主国家在宪法中都有明文规定这项民主制度。我国《宪法》第76条规定:“各级人民法院审理案件除法律规定的特别情况外,一律公开进行,被告人有权获得辩护。”这说明辩护制度已成为我国的宪法原则。为了保证被告人能真正行使辩护权的民主原则,法律上规定除了被告人自己有权进行辩护外,国家还为被告获得辩护人开辟了广泛的可能性。《人民法院组织法》第7条规定了被告人除自己行使辩护权外,还可以聘请懂得法律的人民律师来替他辩护。同时,适应《宪法》和《人民法院组织法》的规定,我国建立了社会主义国家性质的律师制度,先后成立了律师组织(律师协会、法律顾问处等),实际地保证了被告人能聘请到律师来替他辩护。

几年来律师工作中的经验证明,律师在党的领导下,对协助法院审判的深入调查、搜集和审查证据事实、防止工作中的主观片面、保证判决的正确性、及时地有力地打击反革命分子和其他刑事犯罪分子以及保护人民民主权利,是起了良好作用的。但几年来,不论是在理论方面也好,或者在律师的辩护工作中也好,都存在一些很值得重新加以考虑的问题。本文就针对一个具有普遍性的律师辩护中“有利被告论”的问题发表意见。

《宪法》和《人民法院组织法》颁布以后,报刊上发表了不少有关律师辩护的文章,其中很大部分都提到律师应从“有利被告人”进行辩护的问题。下面我列举其中几篇文章做例子来谈谈。例如,《一项重要的民主制度——辩护制度》①一文中指出:“从辩护人的基本任务出发,他对法院是有帮助的,但这种帮助是建立在与控诉相对立,积极地提出一切有利于被告人,能够证明被告人无罪或减轻其罪过的情节……”又说:“辩护人在任何场合下都不能是控诉的助手,不能作出不利于被告人的事情。”

---

* 作者单位:华东政法学院(现华东政法大学)。

① 王厚立:“一项重要的民主制度——辩护制度”,载《光明日报》1955年1月14日。

在“辩护人对被告人未被揭发的犯罪事实应否保守秘密?”[①]一文中,林育杰的见解是:“辩护人的职能应该是也只能是辩护职能,从有利于被告人方面进行辩护……如果要求辩护人揭露被告的罪行(不管用什么形式揭露)就要求辩护人执行控诉职能,而这是违反辩护制度的精神实质……就会使被告人认为律师是不可信任的……实际上等于取消辩护制度。”又说:“即使是被告人没有向法院交代的罪行是关系到国家重大利益的,辩护人知道了也不应揭露。因为揭露犯罪究竟是侦查机关的职能。”

《上海市人民法院关于加强辩护工作的试行方案》第4项第2款规定:“辩护人应诚实客观地研究分析案件的一切情节,搜集有利于被告人的材料与不利于被告人的材料相对照,就有利被告方面向法庭提出意见。”第3款也规定:“辩护人如确信对被告起诉不正确时,应坚持自己的观点,提出有利于被告的一切证据,毫无顾虑地为自己所相信的事实而进行辩护。”

有的人为了从理论上来寻找律师辩护中的“有利被告论”的根据,还引用了维辛斯基《我们的任务》[②]一文中的见解:“不论审判员多么客观,不论其对完成自己的艰巨任务有怎样的准备,如果没有支持告诉的检察署这种机关的帮助,没有提供有利于被告人的这种见解的辩护,审判员就无计可施。”

我们认为上述这种见解不能不说是存在一定的片面性,它间接或直接地给人们造成这样的印象,即律师辩护工作的出发点就是应当单纯地为了保护被告人的利益,因而应当是以“有利被告”这一点来作为律师辩护工作的指导思想。这种见解是有害的,不仅是一种脱离实际的教条主义而且实质上是一种旧法观点。正因为有这种片面地强调应从“有利被告人”进行辩护的错误见解的指导,所以在律师辩护中出现了某些不正常的现象。具体表现在如下几方面:

1. 在查阅案卷时,只寻找“有利于被告人”的各种材料和理由,而忽视被告人应受惩罚的罪行。有些律师受理案件后,在查阅案卷和审查证据时,作为他整个工作的指导思想的,是如何地更好地为被告人“服务”,更好地从“有利被告人”方面进行工作,而不是或者根本没有去考虑如何通过自己的各项工作去利于巩固无产阶级专政、利于社会主义。因为这样,一方面在查阅案卷时在情绪上就和公安、检察机关对抗,寻找他们的岔子。另一方面只要是“有利被告人”,即使律师明知检察机关对犯罪事实的认定和法律的适用有不当之处,也不加以指

① 林育杰:“辩护人对被告人未被揭发的犯罪事实应否保守秘密?”,载《北京政法学院教学简报》第22期。

② [苏]维辛斯基:“我们的任务”,载《实现社会主义法制》1953年第5号俄文版。

出纠正。因为在他们看来,检察机关这种对事实错误的认定或适用法律的不当,是控诉方面的事情,而对律师来说,他只是从"有利被告人"来进行辩护而已。有的律师为了取得被告人的"信任",即使发现被告人没有向检察机关和法院交代过的关系到国家重大利益的罪行也不加揭露,所谓无条件地为被告人保守秘密。这样显然掩护被告人的罪行、丧失辩护人应有的无产阶级立场。

2. 在审查证据事实过程中,发现证据事实不足。有怀疑时,便是从所谓"有利被告人"进行解释。有的律师为了更好地从"有利被告人"进行辩护,在发现证据事实有矛盾或怀疑之处时,不是从实事求是出发,进一步地进行调查研究,积极地想法子来求得解决,而是搬用资产阶级"无罪推定"的原则来作为替被告人摆脱罪责的论证和根据。说什么"根据无罪推定原则的规定,当证据事实不完备或有怀疑的情况下,就应该推定被告人是无罪的"。这显然是一种荒谬的论调。

3. 出庭辩护时,没有站稳无产阶级立场,缺乏政治警惕性。有的律师为了单纯地实现从"有利被告人"进行辩护,在出庭辩护时,不是全面考虑、顾及影响、有分寸地实事求是地从事实证据方面和政策法律方面去进行辩护,不是从阶级观点来分析各种类型的案件,而是仅从所谓"有利被告人"方面去钻检察长发言的空子,纠缠那些与案件基本事实无关的细节问题。在他们看来,作为律师来讲,就应该想尽办法,在法庭上把代表国家对被告提起公诉的检察员驳得哑口无言、狼狈不堪。那样才认为是"胜诉"了。正因为这样,所以有时反革命分子和其他的刑事犯罪分子就公开地利用了某些律师的这种辩护来达到他们反党反社会主义的企图,把律师的辩护变成为他们服务的工具。

4. 曲解党和国家的政策、法律。有的律师由于在从"有利被告人"进行辩护的思想指导下,因而对党和国家的政策、法律作了错误的分析,甚至予以曲解。他们对被告人的罪行,不问其性质和危害程度如何、民愤的大小,而首先是为被告人着想。处处设想从无罪、从轻、少判、减轻、从宽这一方面来分析党和国家的政策、法律。甚至有些律师还死啃抽象概念,并生搬硬套教科书上的一些什么"犯罪构成"、"犯罪阶段"、"因果关系"、"人道主义"等一套东西来代替党和国家的政策法律,来作为他们"有利被告人"、"维护被告人的利益"进行辩护的根据。并要求审判人员必须根据这些教条来看待和处理案件。实质上这是一种教条主义和旧法观点在我们律师辩护中的反映。

毫无疑问,上述这种律师辩护中片面强调"有利于被告"的思想,严重地阻碍了律师更好地服从党的领导,贯彻执行党和国家的政策法律,削弱和破坏了律师工作为社会主义服务的作用,大大地影响了检察机关和人民法院及时地、有力地打击敌人，并且为阶级敌人造成防空洞。为此，我们认为律师辩护中的这种"有利被告论"是一种反动的资产阶级法律观点，是极端有害的，大大不利于更好地发挥人民律师在社会主义革命和社会主义建设事业上应有的作用，是与人民水火不相容的，必须彻底地加以批判和肃清。

我们认为律师组织是无产阶级专政武器的一个组成部分，它是根据党和人民的意旨建立起来的。作为这个组织成员的律师来说，毫无疑问地，在任何活动中都应该表现出鲜明的无产阶级立场。他在各项业务活动中必须绝对从有利于巩固无产阶级专政、有利于社会主义出发，同时也必须绝对接受党的领导。只有绝对地、无条件地服从党的领导，并根据党和国家的政策法律，从有利于巩固无产阶级专政、有利于社会主义而进行工作时，才能保证这个作为专政武器之一的律师组织发挥其应有的作用。所有那些认为"律师是自由职业者"、"律师是为被告人服务的"、"律师应该从有利于被告进行辩护"、"律师没有什么立场"等的思想，无疑地将是自觉地或不自觉地陷入资产阶级律师的泥坑里去，是与人民的律师水火不相容的。《人民日报》社论指出："在任何时候，都不能把阶级敌对分子的有罪，设想成'无罪'。对于阶级斗争的形势和性质如果缺乏清醒的估计，我们就会丧失警惕、迷失方向，有利阶级敌人而不利于人民。"①作为无产阶级专政武器的一个组成部分的律师来说，对于这点同样要有充分和足够的认识。

律师在诉讼中是独立的诉讼主体，他的意见不受被告人的左右，他的立场和控诉人、审判员的立场是相同的。他是社会主义法制的维护者，他在党、政领导下，通过各项业务活动，巩固无产阶级专政，即为各个时期社会主义建设和社会主义改造事业的中心工作服务。社会主义国家所以建立起律师制度，其目的也在于此。那些认为律师的任务只是保护被告人的合法利益的见解，显然是不够妥当的。国家和人民的利益、社会主义的利益永远是高于一切，被告人的权益必须放在适当的地位上，只有在保护了国家和人民的利益、社会主义的利益的前提下，才能谈得上来保护被告人的合法权益。虽然被告人的合法权益是和国家、人民的利益完全一致的，并且是不可分割地交织在一起，都受国家法制的严格保护，但作为人民律师来讲，他首先保护的应该是国家和人民的利益。那些主张律师的辩护首先应该是保护被告人的合法权益的见解，显然也是错误的。因为这种见解是把被告人的个人利益驾于国家和人民的利益之上。人民律师只有在保障国家和人民利益的前提下，以高度的政治警惕性，了解和分析当前政治形势，结合国家当前的中心任务，在被告人的合法权益范围内进行辩护，才能真正达到

① "政法部门需要彻底的整顿"，载《人民日报》1957年12月20日。

人民律师为人民为社会主义服务的目的。

“有利被告论”和资产阶级反动的“无罪推定”原则有着密切不可分割的联系。在我们国家里,人民公安机关、人民检察机关和人民法院并不是而且也不能和封建地主的、资产阶级的专制机关一样,它们既不会毫无事实根据地但又合法地对被告人施以各种肉刑进行残酷的折磨,也不会在事实有怀疑、证据不足的条件下推定被告人为有罪。因此,摆在律师辩护工作面前的,不是什么“有利被告人”或“不利被告人”的问题,而是实事求是地根据事实证据,根据政策法律来和检察机关、人民法院共同地把案件处理得正确,是在于如何地从不同角度去和检察机关、人民法院一起更好地、正确地实现“镇压敌人,惩罚罪犯、保护人民”的任务。不放纵罪犯、不冤枉好人,作出正确的判决,维护和巩固社会主义法制,更好地为各个时期社会主义建设和社会主义改造事业的中心工作服务,是他们共同关心的事情。实际上也只有从这个观点出发,才能保证律师辩护工作的质量,才能保证在维护国家和人民利益的前提下来达到保护被告人合法权益的目的。

对人民律师来说,不论是反革命的案件也好,或其他刑事案件也好,该判处死刑的案件也好,或判处徒刑的案件也好,他不但不能拒绝受理辩护,相反地,在受理后必须保证辩护的质量。如前面所述,应该反对在律师辩护工作中的那种片面地强调应从“有利被告人”进行辩护的指导思想。但绝不能以此就得出结论,律师就像检察长那样或同检察机关结合在一起共同地集中火力来控诉被告人,因为人民律师和人民检察员是从不同角度上来完成职务、维护国家法制的。如果把两者混而为一体,也就不仅曲解了我国社会主义国家性质的律师制度,而且实际上是取消了我国的辩护制度。

作为被告人法律顾问的律师来说,在具体的工作中,除了一方面主动积极地对被告人进行政策法律的教育、帮助被告人解除顾虑、说出实话、认清是非、低头认罪,以取得政府的宽大处理外;另一方面律师应该在法庭上分析案情,并根据事实证据,依照政策法律,实事求是地向法院提供一些被告人无罪、减轻、从轻、从宽的材料和见解来帮助法院弄清案情,正确地适用法律,作出正确的判决,从而保护被告人的合法权益。

(1958 年第 3 期)

彻底批判“有利被告”的谬论

——对“试论刑事诉讼中的被告人”一文的检查

罗　荣*

由于我的阶级觉悟不高，敌我界限不清，对阶级性和党性最强烈的法律科学认识不足，因而在我担任的刑事诉讼课程教学中，不但积极地主张和宣扬过“有利被告”的谬论，而且在1957年第2期《法学》上还写了一篇“试论刑事诉讼中的被告人”的文章。这篇文章的基本思想是错误的。它给社会上、实践工作和学生都造成了极坏的影响。

在党的教育和同志们的帮助下，通过学习党的方针政策，现在我已初步认识到这种“理论”的反动性。为了挽回影响，特在此做一初步检查。不妥之处，希同志们批评指正。

一、“有利被告论”的反动本质

“有利被告论”和“无罪推定论”有着紧密的联系，而且都是属于反动资产阶级的东西。在资产阶级革命初期，他们为了骗取广大群众来反对封建专制制度，提出“无罪推定”和“有利被告”的理论。这在当时，对推翻封建专制制度，建立资本主义制度，使社会生产力向前发展一步，是有进步作用的。但当资产阶级取得政权后，为了实行对劳动群众的掠夺，镇压劳动群众的反抗，巩固其既得利益，他们对劳动人民却广泛地适用了“不利被告论”与“有罪推定论”。大家可以回忆一下，美国在1951年7月残暴地迫害了11位美共领袖的反动事件，就是用“不利被告论”来对共产党、进步人士和劳动人民进行迫害的无数例子中的一个。

所以说，“有利被告论”是资产阶级由欺骗劳动人民而变成镇压劳动人民的一个政治手段。在我们无产阶级掌握政权的国家里，既不存在“不利被告”的理论和做法，也不会存在任何“有利被告”的基础，这是由社会主义的司法本质所决定的。

* 作者单位：华东政法学院（现华东政法大学）。

但是，我在这个问题上就混淆了敌我界限，把资产阶级这个虚伪的、欺骗劳动人民的工具不加任何分析辨别地拿来进行宣扬，这是非常错误的。我以及主张“有利被告论”的人（“右派分子”当然是别有用心的），都积极赞成被告人没有义务来证明被控诉的犯罪事实不正确或不完全正确。我在《试论刑事诉讼中的被告人》一文中，曾引证了安·扬·维辛斯基所举的打猎一例。① 核照安·扬·维辛斯基的意见，某甲对具有“许可证”这种对自己有利的辩护有证明义务，但我在那篇文章中是反对这种主张的。我把某甲应该提出的反证责任（义务），认为是权利。并错误地认为“这样会使侦查员和审判员过分地重视被告人的口供，形成刑讯逼供”，这是不正确的。既然把反驳控诉的当然义务说成是权利，那么，某甲是否行使这种权利就由他自己确定，目的是要侦查员或审判员来履行这种“义务”。这样做的结果，除给侦查、审判工作带来人力物力的浪费，不能及时地打击犯罪分子外，对无产阶级的事业是没有任何好处的。我这种主张的错误还在于颠倒黑白，混淆了事物的阶级本质。因为刑讯逼供是剥削阶级专政的国家所独有的，是由于国家的阶级本质所决定的，绝不是人们的思想方法中产生的。在我们国家里，没有产生刑讯逼供的阶级根源，我们向来是遵循着领袖的指示——“对任何犯人，应坚决废止肉刑，重证据而不轻信口供”的原则，②而且在实践工作中还紧紧地掌握“事实证据是根据，政策法律是准绳”的原则。也就是说，我们在处理每件具体案件时，是根据犯罪人的犯罪事实和情节的轻重，并搜集了充分的证据，然后紧紧地依据党的政策和政府的法律，来全面地加以判断，这是由我们社会主义国家的本质所决定的。但我没有很好地去学习党的方针、政策，而积极主张和宣扬“有利被告”的谬论，无意中为敌人打开出路，起了削弱无产阶级专政的作用。

应该指出：在我们社会主义国家中，如果“有利被告论”在起作用，这就是敌我不分，对敌人讲情面，讲仁慈，使敌人逍遥法外，把斗争的矛头指向无产阶级专政，这正是一切“右派”先生们所希望的。“右派分子”贾潜就是一贯主张“有利被告论”，反对党的方针政策，在实际工作中利用职权，千方百计地庇护犯罪分子，为犯罪分子开脱罪责的。“所谓‘有利被告’，照他们的话说，就是在审理刑事案件的时候，不问实际情况怎样，对于被控犯罪的人，首先要从‘无罪’方面去考虑；对于犯有严重罪行的人首先要从‘减轻情节’方面去考虑；对于犯有死罪

---

① 某甲因违法打猎当场被捕，但某甲以他具有许可证为辩护。参见罗荣：“试论刑事诉讼中的被告人”，载《法学》1957 年第 2 期。

② 《毛泽东选集》（第 2 卷），第 742 页。

的人，首先要从‘可以不死’方面去考虑。”[①]比如一个历史上有过严重罪行、解放后拒不坦白、坚决与人民为敌、藏匿在墙壁夹缝里多年的反革命分子张纲权，贾潜竟以被告既是藏匿在墙壁夹缝内，就不能进行反革命活动为理由，来为这个坚决与人民为敌的反革命分子开脱罪责。[②]

从上述可以充分看出，“有利被告论”已不是思想范畴的问题。而是政治问题，它成了“右派分子”向党、向社会主义猖狂进攻的一枝毒箭。如果不尽快地铲掉这支毒箭，它将会继续向无产阶级专政射击。这是非常危险的。

在我们无产阶级专政的国家里，“有利被告论”实质上只是有利于敌人。敌人是指哪些人呢？毛主席在《关于正确处理人民内部矛盾的问题》中英明地指出：“在现阶段，在建设社会主义的时期……一切反抗社会主义革命和敌视、破坏社会主义建设的社会势力和社会集团，都是人民的敌人。”而我在这一原则问题上认识不清，把敌人当做朋友，把毒草当做香花，在和敌人斗争中失去了共产党人应有的警惕性。

二、“有利被告论”的主要表现

我认为被告人对自己为了说明自己无罪，或者为减轻自己的责任而做的虚伪陈述，或被告人在侦查员、检察员、审判员面前所表现的不良态度，都是不负责的。这是一种法制观念不强的、非马列主义的说法。首先应当指出，被检举为刑事诉讼中的被告人，是我们人民公安机关、人民检察机关和人民法院依据党的方针政策和政府的法律法令，掌握了切实可靠的证据，经过极复杂的诉讼活动的结果。如果主张被告人对其虚伪陈述不负任何责任，这不但是给3个机关的工作造成了极大的困难，不能及时地惩罚犯罪分子，发挥无产阶级专政工具的强烈作用，而且是助长了狡猾的犯罪分子，使他们仍然可以为所欲为，继续作恶，这是与社会主义法制背道而驰的。在这个问题上，刘庆林和曲夫两同志的观点更是错误的。刘庆林同志在其《刑事被告人的诉讼地位》一文中说：“甚至假如被告人为了开脱罪责欺骗侦查员和审判人员，进行虚伪的陈述；或者推卸自己的罪责而无根据地举发他人，这也是不能要求被告人负责的，同时对虚伪的陈述，既不负伪证的责任，也不负诬告的责任。”[③]（着重点是我加的）曲夫同志在其《略谈刑

① 《人民日报》1957年12月24日。

② 《人民日报》1957年12月12日。

③ 刘庆林：“刑事被告人的诉讼地位”，载《政法研究》1956年第3期。

事诉讼中被告人的诉讼地位》一文中说:“被告人不仅不负举证义务,也不负据实陈述的义务,因此也就不负虚伪陈述和伪证、诬告的刑事责任。”[①](着重点是我加的)这是一种极端荒谬的说法。它起着破坏我国法制的作用。在我党的各项方针、政策和政府的法律规定中,都没有过认为任何人对他的虚伪陈述、捏造事实、诬告好人不负责任的,当然被告人也不能例外。《中华人民共和国惩治反革命条例》第19条规定:“对反革命罪犯,任何人均有向人民政府揭发、密告之权,但不得挟嫌诬告。”《中华人民共和国惩治贪污条例》第14条第3款进一步规定:“凡对检举人施行打击、报复者,应依其情节轻重,予以刑事处分或行政处分。”罗瑞卿部长在第一届全国人民代表大会第三次会议上的发言中明确指出:“别有用心诬告陷害好人的,一经查明,就要受到法律惩办。”从上述规定和指示中看出,国家对那些狡猾的、进行打击报复和陷害好人的犯罪分子是要给予严厉的惩罚,以保护善良人民的。它有力地发挥着无产阶级专政的威力。如果照刘、曲两同志的说法,除把斗争的锋芒指向无产阶级专政外,是别无好处的。国家的法律为什么要这样规定呢?“只要记起刑事被告人和民事被告人——在案件上比任何别人是有最大利害关系的人们就够了。”[②]正因为刑事被告人在诉讼中是处于这种地位,我们就要特别地加强专政观念,提高警惕,及时识破敌人的阴谋,以便与他们进行斗争。从审判实践看出,被告人往往为了逃避罪责和掩护同伙,或者是伪装悔罪,而捏造了许多事实来打击报复,陷害好人(往往是对检举人、证人和他平时有仇恨的人以及干部和群众中的积极分子等),这种被告人有时伪装得很巧妙,容易蒙混我们的侦查员、检察员和审判员的眼睛。这实际上也是新的严重的犯罪行为,是对无产阶级专政的新的进攻。这种被告人是社会上最危险的人。如果说,被告人对其虚伪陈述、捏造事实、伪造证据和诬告好人不负责任,不是让最凶恶的敌人反而没有得到惩罚吗?

其次,司法实践是检验任何问题的最好标准,那么司法实践是怎样做的呢?第一,对做虚伪陈述的被告人,是要将虚伪陈述作为加重情节来考虑的,这是符合我国的法制精神的。因为党的政策是“坦白从宽,抗拒从严,立功折罪,立大功受奖”,被告人应有据实陈述的义务,否则,说明被告人尚无悔罪表现,而抗拒本身就是对无产阶级专政国家的敌视。因此,将被告人悔罪表现的情况作为量刑时的加重或减轻的依据是完全正确的。第二,被告人对他人进行打击报复、恶

---

① 曲夫:“略谈刑事诉讼中被告人的诉讼地位”,载《政法研究》1957年第3期。

② [苏]安·扬·维辛斯基著:《苏维埃法律上的诉讼证据理论》,王之相译,法律出版社1957年版,第810页。

意陷害而做的诬告，是构成一种新的犯罪。司法实践对这种犯罪是根据不同的情节、采取单独定罪或者合并论罪来处理的。

“有利被告论”的另一种表现，①就是主张这样的一个“原则”，即“假如对被告人存在有罪与无罪，罪重与罪轻发生犹豫时，要从有利于被告方面作出解释”。

这种主张同样是荒谬的，是非马列主义的。因为决定被告人是否有罪、罪行轻重的程度的，首先是党的方针政策和政府的法律、法令。其次是事实证据是否充分，是强是弱，是真是伪，这是办案的根据。事实证据和政策法律是处理任何案件的两个条件，缺一不可。我们的公安机关、检察机关、人民法院以及人民律师机关，就是牢牢地掌握住这两个条件，积极主动地进行工作的。而我在这一点上认识模糊，主张和宣扬“有利被告”的谬论。其实，根据“事实证据是根据，政策法律是准绳”的原则，来衡量某人的行为是否构成犯罪、罪行轻重的程度，这就有了客观标准，绝不是谁主观意志所决定的。因为犯罪是社会现象，犯罪事实是客观存在的。显然，某人是有罪还是无罪、罪重还是罪轻，绝不能凭主观来推定，必须实事求是地予以解决。但我在文章中却认为：当发生这种疑惑时应从“有利被告”做解释。这在逻辑上显然是违反马克思主义辩证法的。

提出所谓“防止被告人的地位恶化”来宣扬“有利被告”的谬论。这一谬论表现在：(1)一审法院在审理案件中，如果案情发生了重大变化，必须更改原起诉的罪名时，更改后的罪名一定要比原起诉的罪名轻。如原起诉系以反革命目的杀人罪，更改后是一般杀人罪，否则，就是“被告人地位恶化”，使被告人处于“不利”状态。(2)上诉审审理的案件，如系被告人上诉，就不能加重。例如，原判被告徒刑五年，上级法院虽发现原判显然过轻，根据我国的刑事立法应判十年以上，但上诉审法院也不能作加重判决，否则，也是使“被告人的地位恶化”。

的确，法院根据法律和证据对被告（这里是指经过诉讼活动，证实了被告确有罪过）行使国家的审判权，依法作出有罪的判决，这对被告来说是不利的，从公民变成了犯罪的人，他感到自己所处的地位恶化，这也是自然的事，何况要依法对他加重惩罚。如果是站在人民的立场上，站在无产阶级的立场上，这样做是百利而无一害的。因为被告人地位的恶化，就说明广大劳动人民的抬头伸腰和自由生活。在无产阶级专政的国家里，对自己的阶级敌人——城乡反革命分子、盗窃犯、诈骗犯、杀人放火犯、强奸犯、贪污犯、社会上的流氓、阿飞以及各种严重

① 我在《法学》1957年第2期上发表的“试论刑事诉讼中的被告人”一文和平时的教学中都有过这种谬论。

破坏社会秩序的坏分子实行的强烈专政,如果说是对被告不利,使被告的地位恶化的话,对无产阶级和广大的劳动人民来说,就是需要这种不利和恶化!这有什么奇怪的呢?

当然,这里也必须指出,上诉(检察院是抗诉)制度是我国《人民法院组织法》所规定的,即被告人如果认为原法院在认定事实证据或适用政策法律上不当,因而影响了判决的正确性时,是完全可以依照法律规定的程序向上一级人民法院上诉的。这是被告人的诉讼权利之一,任何人不得阻止。但党一贯地教导我们,必须实事求是地去对待每一案件。上级法院审查了上诉状(或抗议书),认为原审法院在认定事实证据或适用政策法律并无错误时,就应该裁定维持原判决,如果认为确实轻罪重判,就应该改判从轻处刑,或者发回原法院重新审理,如果发现原审判决过轻,应加重处罚(不管是检察院抗议还是被告人的上诉,上级法院都有权加重处刑)。这种做法完全是人民法院审判案件实事求是的表现,不能说是"被告人的地位恶化"。因为这样,不仅是上级法院及时纠正了下级法院的错误判决,而且也有力地打击了那些狡猾的、拒不悔改的犯罪分子。

主张"有利被告论"的人,还抓住这样一个理论作为立足点:刑事被告人是诉讼中的主体,是一方当事人,因此他在诉讼中与检察长平权(平等),他和其他公民一样,享有广泛的权利。

这里,我们这些人竟把被告——人民的敌人与国家的代表并列,这是十分错误的。首先,在我们国家里,公民(广泛概念称人民)是指哪些人呢?毛主席在《关于正确处理人民内部矛盾的问题》一文中指出:"在现阶段,在建设社会主义的时期,一切赞成、拥护和参加社会主义建设事业的阶级、阶层和社会集团,都属于人民的范围。"很明显,被告不属于毛主席指出的范围,而是人民公安机关、人民检察机关和人民法院,依照法律对城乡反革命分子和其他危害社会的刑事犯罪分子提起刑事诉讼的人。像上海市不久前逮捕的、曾杀害过李大钊等革命志士、有严重罪恶的反革命分子王振南,他能和公民权利平等吗?在我们国家里,公民是享有广泛的民主权利的。但如果把这些权利交给了敌人,革命者就要人头落地,人民就会遭殃,这是非常危险的。其次,说被告与检察长在法庭上平等(平权),这是荒谬透顶的说法。大家知道,检察机关是无产阶级专政最强烈的机关之一,它是国家唯一的公诉机关(通过法庭上的支持控诉,揭露犯罪、证实犯罪,就能打击敌人,保护善良的人民),如果使被告人的诉讼地位与检察长平等,这就无异于把专政的武器交给了敌人,这难道不是很清楚的吗?而我在这一点上认识不清,混淆了敌我界限,把敌人当成了朋友。

三、“有利被告论”的危害性

由于我没有认真地学习党的方针政策和政府的法律、法令，以致把毒草当成了香花，把资产阶级的反动法律观与社会主义的法律观混为一谈。

几年来，由于我的错误思想的指导，对学生的影响是很大的。我院三年级（现在四年级）学生，在去年生产实习中，由于受了这种错误思想的影响，好些同学在讨论问题和办案中都是从“有利被告”方面进行考虑，对被告人失去了应有的警惕，给工作造成了一定的损失。

我这种错误观点不仅在学生中发生了极坏的影响，而且还通过写文章宣扬，流传全国各地，对司法实践也产生了极坏的后果。这表现在：有许多案件的证据搜集充分确凿了，根据政策法律应判的不判、该捕的不捕、该起诉的不起诉、该管制的不管制，甚至于该杀的也未杀。这种右倾思想的存在，和受“有利被告论”的毒害是有一定的关系的。其结果，就是不能及时地有力地打击犯罪分子，保卫社会主义建设和社会主义改造事业的顺利进行，甚至是放纵了敌人，削弱了无产阶级专政。

“有利被告”的谬论，已被“右派分子”利用来作为向党向社会主义进攻的一支毒箭，因此，它已不是学术范围的问题了，而是政治问题。因此，我们必须严肃地对待，必须彻底地澄清这种谬论在人们思想中的影响。牢牢地掌握无产阶级专政的武器，对一切反革命分子，社会上的流氓阿飞、盗窃犯、凶杀放火犯、强奸犯、贪污犯和各种严重破坏社会秩序的坏分子坚决实行专政，保护善良的人民。

（1958 年第 3 期）

社会主义法律的概念和特征

吴大英*

社会主义法律是社会主义社会上层建筑的一个组成部分。它同整个上层建筑一样,是由经济基础产生和决定的。社会主义法律反映社会主义经济基础——社会主义生产关系的总和。

但是,上层建筑并不是消极的,它对基础起着积极的反作用。社会主义法律的创造性的作用表现在:(1)它帮助破坏旧的社会关系,消灭剥削制度;(2)社会主义法律帮助建立新的、社会主义的社会关系,并且巩固它、保护它、促使它发展。苏联、中国和各人民民主国家的法律的发展历史,完全证明了这一点。社会主义法律之所以具有巨大的作用,首先,是由于它是社会主义国家所制定的。社会主义国家是无产阶级专政的国家,它的使命是建立、保护、巩固和发展社会主义的社会关系,消灭一切旧制度和旧的社会关系。其次,社会主义法律反映了工人阶级和全体劳动人民的意志,它是依据社会发展的客观规律而制定的。当然,法律和规律不能混为一谈。法律是国家制定的,它只具有法的效力,而规律则反映了自然和社会中的客观过程,它是不依人的意志为转移的。

一切法律都具有阶级性。资产阶级法律是资产阶级用以压迫工人阶级和全体劳动人民的工具。社会主义法律则是无产阶级专政的工具。诚然,社会主义国家在它发展的第一阶段中,除了无产阶级以外,还存在资产阶级和小资产阶级(主要是农民),因此社会主义法律可以在一定的时期内和一定的条件下允许资产阶级的活动,但是这绝不能改变社会主义法律的阶级本质。因为社会主义法律的最终目的,是要消灭一切旧的社会关系和旧的社会秩序,建立新的、社会主义的社会关系和社会秩序。苏联已故法学家 M. 莱斯涅尔不了解这一点,于是犯了错误。他这样说:社会主义的法是一个复杂的法的秩序,其中包括了无产阶级的法(它占领导地位),农民阶级的法占第二位,它反映在土地法典上,资产阶级的法占第三位,它反映在民法典上①。这种说法显然歪曲了苏维埃法的本质。

我国的法律也是社会主义的法律。我国的法律的阶级性,在宪法、法律和其他法的文件里,都有很明显的反映。

---

* 作者单位:中国社会科学院。

① [苏]M. 莱斯涅尔著:《法,我们的法,他人的法,一般的法》,列宁格勒1925年版,第244页。

资产阶级也很清楚地知道法律的阶级性。"右派分子"杨兆龙在国民党反动统治时期,不仅强调法律应该服从国民党反动派的"主义",而且这样说:"我们尽管想建设及推行一个合乎国民党主义的司法制度,但是如果没有了解国民党主义的人去建设推行他,他便是个永远不能实现的理想。"①一句话,他要求在中国实行彻底反动的司法制度。可是到了解放以后的1956年,这个双手沾满人民鲜血的刽子手忽然认为"某些法律可以反映被统治阶级的意志",并且高谈法律的"继承性"了。其实,杨兆龙的真正目的,不外是要求新中国去"继承"国民党反动派的旧法律,让他这个"法学家"兼"检察长"再次上台来屠杀共产党员,屠杀工农群众。

法律是统治阶级的国家意志,这是马克思列宁主义关于法律理论的基本原理之一。对于这一原理应该从3方面来说明:第一,法律中所反映的并不是什么"超阶级的意志"、"自由的意志"或者是某个人的意志,而是整个阶级的意志。第二,法律只能反映统治阶级的意志。在一个社会中,只能有统治阶级的法律,不能有被统治阶级的法律,这一点区别了法律和法的意识。法的意识是社会意识的一种形式,它不仅包括统治阶级对法的看法,而且也包括了被统治阶级对法的看法。当然,这两者是不断地斗争的。第三,法律是一种国家意志,它虽然归根结底由经济基础所决定,但它是由国家政权直接制定的。法律不可能脱离国家的立法机关的活动,这一点也区别了法律和法的意识。因为法的意识虽然也受国家政权的影响,但它并不是由国家政权制定的。

社会主义法律反映了工人阶级的意志,同时也反映了全体劳动人民的意志,因为他们有共同的利益。这一点是很容易明白的。

社会主义法律是实现国家职能的重要工具之一。社会主义国家的职能通过许多方式来实现,如立法、国家管理、司法、检察等。社会主义法律在实现国家职能时的特点表现在:第一,法律是最高的法的文件,调整最重要的社会关系,具有最高的法的效力。第二,法律是有强制力量保证执行的。毫无疑问,在社会主义国家里,绝大多数人民都自觉地遵守和执行法律,但这绝不能否定法律有国家的强制力量作为后盾。

由此可知,社会主义法律在国家生活中具有非常重大的作用。"右派分子"杨兆龙恶意诬蔑我们不重视立法工作,"右派分子"谢怀栻咒骂我们是"爬行经验主义"。他们并不是真正关心我们的立法工作,而是企图在整风中浑水摸鱼,一心要篡夺立法的领导权,使我国的法律变质。

---

① 杨兆龙:"党化司法之意义与价值"。

事实怎样呢？我们的法律虽然还不够完备，但并不是“完全无法可循”。八年多来，我们已经有了许多重要的法律，包括宪法这样的根本法。此外，还有许多单行条例、规章、决定、指示等，它们也起了很大的作用。在国家建立初期，要制定根本性的、长期适用的法律是有困难的。现在社会主义改造已经基本完成，我们也已有了更多的经验，许多重要的法律有的已经起草完成，有的正在积极起草之中。总之，我们的法律是在逐步完备的。

以上说明了马克思列宁主义关于社会主义法律的基本原理。但是，在法学书籍和法律文件中，“法律”这一术语有两种含义。第一，“法律”是指由国家制定或批准的，由国家强制力保证执行的各种法的规范。例如，《苏联宪法》第112条规定，“审判员独立，只服从法律”；我国《宪法》第85条规定，“中华人民共和国公民在法律上一律平等”。在这里，“法律”实际上就是“法”。第二，“法律”这一术语在严格的意义上说来，是指国家机关的一定的文件，它在其他的规范性文件中占最高的地位。我国《宪法》第29条规定：“法律和其他议案由全国人民代表大会以全体代表的过半数通过。”这里的“法律”是在第二种意义上来说的。

那么，在严格意义上来说的法律究竟是什么呢？它具有哪些特点呢？它同其他法的规范性的文件有什么区别呢？这在法律科学和立法工作中是一个很重要的问题，可是在我国还没有展开专门的研究。苏联法学家们写了好些文章，直接或间接地探讨了这个问题。但是一般说来，这些文章还有一定的缺点。第一，有些作者只看到1936年《苏联宪法》颁布以后的情况，而忽视了1936年以前的情况，可是1936年以前的法律，有许多到现在还是适用的。第二，有些作者只研究全苏的法律，而忽视了加盟共和国和自治共和国的法律，因此他们作出的结论不够全面。第三，有些法学家认为在法律的定义中不能包括某些为其他法的规范所共同具有的特征，这样的出发点是不对的。

根据上面所说的情况，本文的任务在于：第一，概括苏联法学家在这方面的成就；第二，把苏联法学家研究的成果同我国和各人民民主国家的情况相比较，并找出各社会主义国家的法律所共同具有的特点。

在十月革命后初期，苏联法学家就已开始研究苏维埃法律的特征。K. A. 阿尔希波夫曾说，苏维埃国家的法律就是具有一般性的法的规范，不管这种规范是由什么机关制定的。[①] 这样的观点显然是错误的。例如，《宪法》在当时是由全苏联苏维埃代表大会制定的，它是国家的根本法，具有一般性，城市苏维埃也有权制定一般性的法的规范（如关于修复道路的决议）。试问，这两者能够等同

① ［苏］K. A. 阿尔希波夫著：《苏维埃国家的法律》，莫斯科1925年版，第46页。

起来吗？当然不能。因此，这种理论早已在苏联受到了批判。

现在所有的苏联法学家在研究法律的时候，首先研究法律是由什么国家机关制定的问题，可是他们得出了不同的结论，并且引起了争论。

有人说："只有苏联最高苏维埃才颁布法律。"[①]M. д. 沙尔果戈罗茨基、ц. A. 雅姆波尔斯卡雅、ΠΓ. E. 涅德拜洛则认为法律是由最高苏维埃（包括苏联的和共和国的）制定的。Γ. И. 彼得罗夫认为"苏维埃法律是苏维埃政权一般的国家代表机关的文件[②]。"д. A. 凯里莫夫的观点和他大致相同。这些说法都忽视了1918年的《苏俄宪法》和1924年的《苏联宪法》。这两部宪法现在虽已失效，但根据它们所制定的许多法律现在仍在适用。特别应该指出，现行的《苏联宪法》就不是由苏联最高苏维埃通过，而是由非常第八次全苏联苏维埃代表大会通过的。

根据上面所说的情况，有必要看一看1918年和1924年《宪法》中的规定。

1918年的《苏俄宪法》规定全俄苏维埃代表大会和全俄中央执行委员会是立法机关。但在1920年12月29日全俄苏维埃代表大会的决议《关于苏维埃建设》中，规定全俄中央执行委员会主席团和人民委员会也有立法权。1924年的《苏联宪法》规定享有立法权的是下列机关：全苏联苏维埃代表大会，苏联中央执行委员会，苏联中央执行委员会主席团；各加盟共和国苏维埃代表大会，各加盟共和国中央执行委员会，各加盟共和国中央执行委员会主席团。由此可见，1918年和1924年《宪法》中都规定了好几个机关有立法权。当然，它们都是在自己的职权范围内制定法律，而制定宪法性法律的权力只属于苏维埃代表大会。

只有到了1936年，《苏联宪法》才规定苏联最高苏维埃、各加盟共和国和自治共和国的最高苏维埃（也就是最高国家代表机关）是唯一的立法机关。

C. A. 格隆斯基和 M. C. 斯特罗果维奇认为法律是由"最高国家权力机关所制定的规范"[③]。C. ф. 凯契克扬和 A. И. 杰尼索夫也有类似的说法。这种说法也不完善。因为根据1936年苏联《宪法》，在最高苏维埃闭会期间，最高苏维埃主席团也是最高国家权力机关，但是它不能制定法律，只能制定法令。

M. B. 茨维克的意见比较正确。他写道：苏维埃法律是"由最高代表机关或

---

① ［苏］维辛斯基主编：《苏维埃国家法》，莫斯科1938年版，第316页。

② ［苏］Γ. И. 彼得罗夫："苏维埃法律的法的性质"，载《列宁格勒法学院学术札记》（第4集），1947年版，第102页。

③ ［苏］C. A. 格隆斯基、M. C. 斯特罗果维奇著：《国家和法的理论》，莫斯科1940年版，第174页。

其他有立法权的最高国家机关”所制定的规范。[①] 这样的说法对1936年《宪法》以前和以后所制定的法律都是适合的。

我国也有类似的情况。1949年中华人民共和国成立后,由中国共产党发起、各民主党派和人民团体的代表所组成的中国人民政治协商会议代行全国人民代表大会的职权,其中包括立法权。此外,根据《中央人民政府组织法》第7条的规定,中央人民政府也有立法权。1954年通过的《中华人民共和国宪法》第22条规定:“全国人民代表大会是行使国家立法权的唯一机关。”1955年7月30日,第一届全国人民代表大会第二次会议通过了关于授权常务委员会制定单行法规的决议。因此,全国人民代表大会常务委员会也有一部分立法权。通过这一决议的原因,是由于随着我国社会主义建设和社会主义改造事业的进展,国家急需制定各项法律,以适应国家建设和国家工作的需要。但全国人民代表大会每年只举行一次,在它闭会的期间,有些法律,不可避免地急需常务委员会通过施行。通过这一决议的法律根据是《宪法》第31条第19项。由此可见,这一决议是完全必要的,有法律根据的。右派分子吴家麟说通过这一决议是违反法制,这完全是对我们的诬蔑。

在其他各人民民主国家里,立法权是由各种名称不同的国家机关所行使的。根据各人民民主国家宪法的规定,可以看到下面三种情况:

第一种情况是立法权由国家最高代表机关单独行使的,如阿尔巴尼亚、保加利亚、匈牙利、朝鲜、蒙古国、波兰、罗马尼亚等国家。

第二种情况是法律由国家最高代表机关制定,或者由人民以全民投票的方式直接制定。《德意志民主共和国宪法》第81条就有这样的规定。《越南民主共和国宪法》第21条也规定人民对宪法性的问题有权依照宪法第32条和第70条的规定进行全民投票。

第三种情况如南斯拉夫,这是一个联邦制国家,除了国家最高代表机关以外,共和国的代表机关也有立法权。《捷克斯洛伐克共和国宪法》则规定除国家最高代表机关外,斯洛伐克民族议会也行使一部分立法权。

由此可见,在社会主义国家里,法律主要是由国家最高代表机关制定的,共和国的代表机关和其他有立法权的最高机关也制定法律,某些时候法律可以由全民投票直接通过。这是社会主义法律的第一个特征。

社会主义法律的第二个特征是它调整最重要的社会关系。A. M. 瓦西里雅夫分析了苏联最高苏维埃在21次会议中所通过的66个法律,其中有35个是宪

---

① [苏]M. B. 茨维克著:《苏维埃法律——论文提要》,哈尔科夫1952年版,第4页。

法性的法律，14 个是国家预算的法律，其余也都是重要的法律。①

Г. И. 彼得罗夫不同意这一点，他认为在最高苏维埃主席团的法令和部长会议的决议中，原则性的政治意义不见得比法律少一些。其实，谁也没有否定法令和决议的重要性，但是，在法律中规定了一切根本的原则，其他一切法的文件都是根据法律并且为了实现法律而制定的。许多国家的宪法都有这样的规定。

此外，Г. И. 彼得罗夫还认为，重要性会随着时间的改变而改变。这当然是对的，但是不能以此来否定某一法律曾在一定的时候调整过重要的社会关系。

社会主义法律是工人阶级和全体劳动人民意志的反映。差不多所有的苏联法学家都指出这一点。但是这还不够，因为在社会主义国家里，一切法的规范都是工人阶级和全体劳动人民意志的反映。应该指出，社会主义法律是工人阶级和全体劳动人民意志的最高表现。这是社会主义法律的第三个特征，它是由第一个和第二个特征所决定的。

有些苏联法学家认为社会主义法律是人民意志的直接表现。д. А. 凯里莫夫写道："苏维埃法律直接反映全体苏维埃人民的意志，因为制定法律的机关——苏联最高苏维埃(以及加盟共和国和自治共和国的最高苏维埃)是在普遍、平等、直接、秘密投票的基础上选举出来的，这些机关直接代表了自己的选民，直接反映了苏维埃人民的意志。"②Г. И. 彼得罗夫、М. В. 茨维克、А. ф. 谢朋诺夫也有同样的意见。但是，普遍、平等、直接、秘密投票的选举，在苏联只是到了第二个发展阶段时才实现的，而在第一个发展阶段时所制定的许多法律现在仍然适用，因此上述意见是不正确的。

许多苏联法学家指出，别的法的文件可以是规范性的，也可以是个别性的，但法律始终是规范性的文件。这是社会主义法律的第四个特征。

社会主义法律中的指令是有一般性的，它调整一定的社会关系，执行法律的指令的，是一切参加(或将要参加)法律所指向的社会关系的人。法律不是一次适用而是多次适用的。和法律不同的则是适用法的规范的文件。适用法的规范的文件中的指令是具体的，它是一次适用的，它规定了具体的法的关系参加者的权利和义务，它是具体的法的关系产生、变化和结束的依据。

Г. И. 彼得罗夫认为苏联最高苏维埃关于选举苏联最高苏维埃主席团的决议、关于组织苏联部长会议的决议、关于任命苏联总检察长的决议等都是法律。

---

① [苏]А. М. 瓦西里雅夫："关于苏联最高苏维埃文件的分类"，载《苏维埃国家和法》1953 年第 8 期。

② [苏]д. А. 凯里莫夫著：《苏维埃国家的立法活动》，莫斯科 1955 年版，第 100 页。

这是不正确的,因为这些都是适用法的规范的文件,它们从来没有取得法律的形式,而仅被称为决议。

ц. А. 雅姆波尔斯卡雅认为苏联最高苏维埃一切"非个人的"文件都是法律,这是不对的,因为除了"非个人的"文件外,还有许多文件也不是法律。例如,最高苏维埃关于赞同外交政策的决议虽然是"非个人的",但并不是法律。

社会主义法律是规范性的文件,但它有时也包括一些具体的条文,特别是在国家预算和国民经济计划等法律中,具体的规定更多一些。但是这并不能否定社会主义法律的规范性。

С. А. 格隆斯基和 М. С. 斯特罗果维奇在法律的定义中指出,法律是必须遵守的,这当然是正确的。但是国家机关的一切法的文件都是必须遵守的,在这一点上法律和其他法的文件并没有什么区别。

大部分苏维埃法学家则认为,法律对国家机关的其他法的文件而言,具有最高的法的力量。法律具有最高的法的力量并不意味着应该遵守法律而可以不遵守其他的法的文件。所谓最高的法的力量反映在以下两点上:第一,国家机关的其他文件都是依据法律并且为了执行法律而制定的,它们绝不能违反法律。第二,除了立法机关以外,任何人都不能废止或修改法律,而法律可以废止或修改国家机关的其他文件。

此外,Г. И. 彼得罗夫指出,各种法律的法的效力是不一样的。宪法比普通的法律具有更高的力量,普通的法律不能违反宪法;全苏的法律比加盟共和国的法律具有更高的力量,而加盟共和国的法律比自治共和国的法律具有更高的力量。但是总的来说,法律比国家机关的其他文件具有最高的力量。这就是社会主义法律的第五个特征。

社会主义的法律是在特殊的程序下制定的。这是第六个特征。

各社会主义国家制定法律的程序有自己的特点,但也有许多相同的地方。社会主义国家的立法程序一般都可分为 4 个阶段:(1)提出法律草案;(2)讨论法律草案;(3)通过法律;(4)公布法律。

П. Е. 涅德拜洛强调指出:"制定苏维埃法律的程序由宪法专门预先规定。"[①]ц. А. 雅姆波尔斯卡雅、ц. А. 凯里莫夫、А. Ф. 谢朋诺夫也这样说。其实,这是多余的。因为,首先,宪法并不一定详细规定立法的程序(如 1918 年的《苏俄宪法》);其次,立法的程序可以规定在其他许多极重要的文件中,如人民委员

---

① [苏]П. Е. 涅德拜洛:"国家的法的文件中的苏维埃法律",载《里伏夫大学学报》1949 年第 14 期,《法律科学集》(第 1 册),第 13 页。

会《关于批准和公布法律的程序》的法令、中央执行委员会《关于公布苏联政府法律和命令的程序》的决议等。

只有Г.И. 彼得罗夫一个人反对在法律的定义中包括这一点，因为他认为法律、法令、管理机关的文件、审判机关的文件等都有一定的制定程序，而且立法的程序有时会有变动。不过他的理由并不充分，不能否定社会主义法律是在特殊的程序下制定的这一特点。

总结起来，我们可以这样说：社会主义法律是由国家最高代表机关或共和国的代表机关和其他有立法权的最高国家机关在特殊的程序下所制定的规范性的文件，有时候，社会主义法律也可由全民投票来直接通过，社会主义法律是工人阶级和一切劳动人民意志的最高表现，它调整最重要的社会关系，并具有最高的法的力量。

（1958年第3期）

关于遗嘱继承问题的初步探讨

郭　生*

遗嘱继承是我国财产继承制度中转移死者遗产方式的一种，是在法律规定的范围内，用一定的形式，凭被继承人的意志来处分其死后的遗产。

由于我国公民还不习惯用遗嘱来处分他的遗产，在既往的审判实践中，积累的经验也不多，因此在我们的继承立法中，只能作简单明确的规定，不要十分复杂，以免使一般群众感到难以领会，不利于贯彻执行。

在各国的立法例中，在遗嘱继承部分规定有遗赠、遗托的内容；在我国研究民法的同志中，也有主张在将来的继承法内应列入有关遗赠、遗托的规定。我认为，在目前情况下，为了使遗嘱继承的方式易于为群众所理解和便于执行，不宜划分得过于细致。在我国的继承制度中，可以简单地规定为法定继承和遗嘱继承两种方式，在遗嘱继承部分中，不必再划分为：有些是遗嘱继承人（是遗产接受的总体，既享受权利，也承担义务）；有些是遗赠受领人（是遗产权利的部分接受，只享受权利，不承担义务）。当然，在遗嘱人认为有必要时，则也可以根据他自己的意见分为遗赠、遗托，只要在遗嘱中写得明确具体，又不违反国家的政策法令和公共利益，遗嘱是会被执行的。

一、遗嘱继承的原则

在各国的立法例中，对遗嘱人以遗嘱处分遗产的权利的规定上，是有很大不同的。有的资本主义国家，由于秉承私有财产神圣不可侵犯的原则，因此给予遗嘱人以绝对的自由。如美国是把遗嘱继承作为转移遗产的唯一法定依据，遗嘱人对其遗产的处分有绝对的自由权。“在美国曾经发生一件很可笑的故事，有一位富有的老太太，她讨厌她的子女不孝顺，也不愿意把钱分给别的近亲，结果她把她全部的财产十万元给了她的‘爱狗’继承。并在遗嘱上规定：照护爱狗的家丁每月薪金若干；狗医生每月多少钱；房子也给狗住，儿子不得霸占。她的律师照遗嘱处理。可是后来律师忽然发现，假如那狗又死了，那笔钱怎么办呢？因

* 作者单位不详。

为狗是不会写遗嘱的，谁也弄不清应该怎样办。”这是对资本主义国家中主张遗嘱的绝对自由原则的极大讽刺。

在社会主义国家中，公民个人的行为应和整个社会的道德风尚相一致。因此，遗嘱继承应当是建立在公民的个人利益与社会利益相结合的基础上。公民遗嘱意志的自由，应受到法律的极大保障，但这种自由，同时也不应影响到他人的合法权益。故在我们的社会制度下，是不能采取遗嘱可以享有绝对自由的原则的。遗嘱人处分遗产的权利，只能在不影响他人合法权益，不规避国家法律、法令，破坏国民经济计划以及危害公共利益的时候，遗嘱才能发生效力，否则，应认为无效或部分无效。

遗嘱人在处分遗产时，在社会主义各国的立法中还有强制保留的规定。如《苏俄民法典》第422条规定："遗嘱人不得剥夺未成年子女，及其他无劳动能力继承人依法应得之应继份。"《保加利亚继承法》第14条规定："遗嘱人得处分自己财产归他人承受，但不超过自己财产的二分之一。凡以遗嘱为处分者，在一切场合，不得减少特留分。"这是对遗嘱自由的一种限制。但这两个国家的规定是有区别的：《苏俄民法典》的规定是对特别继承人继承权利的保留，其保留数额是他们依法应得的应继份；而保加利亚的规定则是对全部应召集的法定继承人继承权利的保留，其保留数额根据不同情况是应继份的若干分之几。

对遗嘱继承应加适当限制的问题，在我国的审判实践中曾体现了这种精神。如华东分院1951年6月14日《关于波侨财产遗赠中国人应否有效问题的批复》中提到："一般对以遗嘱自由支配遗产，除有有意识的剥夺子女继承权或剥夺无劳动生产能力继承人的继承权等类情形，应加以干涉外，是承认其有效的。如果遗嘱内容与我人民政府法令相抵触，则可宣布其抵触部分无效或全部无效。"又如，南京市人民法院1950年民字第36号判决中说："纵令该遗嘱为真实，然以汪穆氏等姐妹四人均系丧失劳动能力之妇女，而该遗嘱指明由穆文俊一人继承全部，剥夺其他三人应有的继承权，显然不合。"故在我国的继承制度中，除应规定遗嘱不得违反国家的政策法令和公共利益外，还应规定遗嘱人在作遗嘱时，必须考虑给其未成年子女和没有劳动能力的继承人酌留一定数量的遗产。

为什么要提为酌留一定数量的遗产，而不具体规定为其应继份或特留份呢？这是因为我国公民的个人财产已基本上是些日常生活资料。限于一定的应继份和特留份，未必能保障他们的生活。我们不允许遗嘱人以遗嘱剥夺他们的继承权利，正是为了保障未成年子女的成长和无劳动能力继承人的生活。假如被继承人的遗产较多，则遗嘱处分遗产的幅度虽较大，但也可以不影响他们的生活；或未成年子女目前虽还缺乏劳动能力，但不久即届成年，可以有生活来源，则酌留的遗产也可以少些。相反地假如被继承人的遗产不多,而未成年子女及无劳动能力的继承人所需要的费用较大,则不应以应继份、特留份为限。在这种情况下,对遗嘱人所作的遗嘱,可以根据实际情况认定其部分甚至全部无效。这种既原则又灵活的规定,还是较切合我国的实际情况的。

二、遗嘱人的行为能力

什么人才可以作遗嘱,这是研究民法的同志曾经争论的问题。我认为,遗嘱所处分的既是一定的财产关系,故遗嘱人必须具有相应的行为能力。由于我国的社会情况与其他国家有所不同,因此在立法上仍应作较灵活的规定。目前,我国未成年人参加工作的已有一定的数量,公民年满16岁的就可以参加农业生产合作社和手工业生产合作社作为社员。特别是高小、初中毕业生到农村、工矿参加工作的日渐增加,他们很多已离开了自己的家庭,单独地进行生活,有一定的社会职业和一定的劳动收入。因此也需要承认他们对自己劳动所得的财产有处分的权利。故一般说来,立遗嘱人应当是成年人,但未成年人已参加工作的,也可以在自己劳动所得的范围内用遗嘱处分其财产。

除未成年人外,尚应对精神病患者限制其作遗嘱。所谓精神病患者就是指:"经医院、医生或机关、团体证明心神丧失,精神错乱的人。"由于精神病患者神志不清,不能正确地表示他本人的意见,应该认为他不能作遗嘱,即虽作了遗嘱,也不能认为有效。但精神病患者在患病前及治愈后所为的遗嘱,不能认为无效。患有间歇性精神病的人,可以在神志清醒时立遗嘱,但这种遗嘱必须经过一定单位的证明,而且作证明的单位也必须严格地审查这种遗嘱是否就代表其本人的意志,承认这种遗嘱的有效是应当特别慎重的。公民临时由于精神失常或因他人压力所作的遗嘱,是不能认为有效的。在我国的审判实践中,也十分重视这个问题。对因重病而陷入精神错乱状态中所立的遗嘱,因遗嘱人这时已不能意识到自己行为的意义,故应认为无效。如郑安益诉郑安云一案,经法院调查证明,遗嘱是在遗嘱人郑景福"病重不能开声"的昏迷中所立,因而不能认为有效。由此可见,必须是有行为能力的人,在能够表达真实意思的时候,所立遗嘱才能认为有效。

三、遗嘱继承人的范围

关于遗嘱继承人的范围,也是值得争论的问题。有的人主张范围应当狭些,认为如让遗嘱人无限制地处分其遗产，容易剥夺法定继承人的继承权，影响家庭成员间的团结；有的人主张范围可以宽些，因为遗嘱是遗嘱人的自由意志，只要遗嘱没有违反国家的政策法令和公共利益，也没有剥夺未成年子女及无劳动能力继承人的继承权利，在遗嘱继承人的范围上可以宽些。我同意后者的意见。

《苏俄民法典》的规定是比较严格的。该法第422条中写道："每一公民均得以遗嘱将其自有财产之全部或一部，给予本法第418条所定继承人中之一人或数人，以及国家机关或公共团体……无本法第418条规定之继承人时，得以遗嘱将财产赠与任何人。"

我认为遗嘱人如果没有未成年子女及无劳动能力的继承人，或虽有这些继承人，但已保留适当的遗产做妥善的安排时，则不应再有过多的限制。因为其他的继承人都是有劳动能力的，遗嘱人既有意剥夺他们的继承权利，在立法上就不必强制他不能做这种处分。苏联法学界对《苏俄民法典》第422条的内容提出过不同的意见，如 в. 安吉莫诺夫、к. 格拉维教授在苏联《社会主义法制》杂志1956年第5期所合写的《继承权》的文章中曾提道："屡次发生过这样的情况：立遗嘱人总想把某件物品在遗嘱中遗赠给不属于依法继承人之列的某人以酬谢其对他的照顾和关怀，但是由于存在着依法继承人而不能这样做。我们认为，在民法典中来规定一种这样的规范，让立遗嘱的人在满足了必要继承人之后，尽管还存在着依法继承人，也有权将剩下来的遗产实行自由处分（即遗赠给任何局外人），这应该是合理的。"这种意见是可供我们参考的。

因此，我认为，在一般情况下，遗嘱人对自己的法定继承人会比别人更为关心些，通常是不会用遗嘱将遗产给予第三人的。如果遗嘱人本身有法定继承人而不让他们继承，却立遗嘱将遗产给予第三人，则一定有他特定的原因，如他的继承人没有对他尽赡养义务，或彼此间的感情过于恶劣，或他的继承人实在没有继承他某些遗产的必要（如被继承人是学医的，但其继承人却没有学医，因而他所遗留的医疗器械和书籍用品等可能对他的法定继承人没有多大作用），或被继承人对第三人特别有好感，或为了发挥物的效用而将特定的遗产给予最需要这些对象的人……故被继承人在遗嘱中所做的这些处分是特殊情况下所产生的。既有特殊原因，又不违反法律规定，为什么不可以允许他有更多处分遗产的权利呢？假如我们只规定在有法定继承人时，仅能将遗产给予国家机关、合作社、公共团体，但不准给予其他人，是不够妥当的，放过多的限制是不必要的。

四、遗嘱的形式和内容

对遗嘱的形式问题,也是有争论的。有人认为口头遗嘱容易发生流弊,不好调查,故主张不要口头遗嘱而单要书面遗嘱。我认为,口头遗嘱虽有一定的缺点,但因我国人民的文化水平尚低,在广大群众中,尚有在临终时用口头来处分其死后遗产的习惯,因而不宜轻易废除。但在立法上可以明确规定:遗嘱一般应当具有书面形式,但因特殊原因不能用书面形式的,也可以用口头形式。同时为了避免遗嘱发生流弊,也可以规定:不论书面或口头遗嘱,都应当取得一定组织的证明。在我国的社会生活中,"组织"是相当普遍的。公证机关、人民委员会和司法机关、公民所在的行政基层组织或群众基层组织都可作证明(如公安派出所、居民委员会、工会、合作社、机关等)。为什么要规定由组织证明不能由个人来证明呢?因为由个人证明容易因彼此间的利害关系而影响遗嘱的真实性,而由组织证明则可以避免这一点。公民在立遗嘱时能经过当地公证机关的证明是最理想的,也是我们今后的方向。由于公证机关最熟悉公证的业务,在为公民作证明时,它必须对遗嘱作审查(如遗嘱是否遗嘱人的真实意志,遗嘱内容是否违背国家的政策法令和公共利益。但公证机关在作审查时,可不必对遗嘱人的遗产及是否有未成年子女和无劳动能力的继承人作审查,因为这些是在继承开始时才能确定的。公证员应当预先告诉他,在继承开始时假如有这些人,而遗嘱人并未为他们留下适当的遗产,则会影响遗嘱的部分甚至全部无效),因而在继承开始时,遗嘱便可以更有效地执行。但在我国当前的社会条件下,还不可能把公证机关定为唯一证明遗嘱的机关,因而需要补充以其他组织也可以做遗嘱的证明人。虽然这些组织缺乏办理公证业务的经验,不易发现遗嘱中有否违反法律的规定,但却能证明遗嘱是遗嘱人的真实意志,这对于法院处理这些遗嘱纠纷也是有很大帮助的。

遗嘱人在不抵触国家政策法令和公共利益的范围内,是可以凭个人的意志,用遗嘱任意处分他的遗产的。他可以在遗嘱中处分其全部或部分遗产;可以指定法定继承人中的一人或数人继承他的遗产,也可以指定国家机关、合作社、公共团体或其他的人继承他的遗产;可以具体指定遗嘱继承人接受遗产的项目,也可以原则性指定只继承某部分遗产的若干分之几;可以指定某些人为遗嘱继承人,也可以剥夺某些法定继承人接受他的遗产的权利;此外还可以做一些他人所认为需要做的处分。

在我国的群众习惯和审判实践中,都有这些例子。如上海市新成区人民法院1955年7月22日所处理的一个遗嘱案件中有：遗嘱人骆干伯在自己的遗嘱中认为，长子骆兆梁已受过高等教育，并已结婚成家，其力足以自给，宣告其丧失继承权；全部遗产均归其妻易叔才管理支配，作为骆兆栋、骆兆添及其女儿骆桂之栽培教育之用。又如，武汉市公证处在1956年8月23日所公证的一件遗嘱中，遗嘱人胡子安是按自己近亲属的有无劳动力来决定他们的继承权利的，因而他除指定妻及两个幼女为遗嘱继承人外，其他能独立生活的继承人，都不让他们继承。

此外，遗嘱人也可以在遗嘱中列上其他内容如指定葬地等。如上海市新成区人民法院1955年7月29日的一个判决中有："查本案经实际了解，死者在生前确立有遗嘱，要被告等在其死后以首饰等出售后将她埋葬在上海等，此情况也经……证明属实。"上海市新成区法院同意按遗嘱处理。

五、遗嘱的变更、撤销

关于遗嘱的变更、撤销，也是有意见分歧的。有人认为，变更、撤销遗嘱，仍要经过原来证明单位的证明，如果没有原来单位的证明，则以前所立的遗嘱，仍然有其效力。有人认为可不必经原来单位的证明，以免规定太死，使遗嘱人在变更、撤销遗嘱时感到不便。我认为，遗嘱是公民的单方法律行为，在遗嘱生效前，是应当允许立遗嘱人的变更、撤销的。变更、撤销遗嘱的手续规定得过于机械或太灵活都是有缺点的。例如，公民在甲地立有遗嘱，其后迁往乙地，假如一定要他亲自回到甲地才能办理变更、撤销遗嘱的手续，则会有困难的；但如果又允许他随便在乙地变更、撤销自己的遗嘱，而没有同时通知甲地的义务，则灵活性也太大，容易产生遗嘱的先后出现以致影响遗嘱的执行。因之，立遗嘱人应该在个人户籍所在地立遗嘱，并经当地一些组织的证明。将来变更、撤销遗嘱时，也应向原证明单位办理手续。但遗嘱人在迁往另一地方，不在原地居住时，则可以在新迁的地方的一些组织办理变更、撤销的手续，但在变更、撤销时，遗嘱人必须向新证明的组织交出原立的遗嘱，并说明变更、撤销的理由，同时并由新证明的组织或遗嘱人本人将这些情况函告原证明的组织，使原组织也了解遗嘱变更、撤销的情况，在执行中不致发生矛盾。遗嘱人先后立有数个遗嘱的，不抵触部分同时有效。

六、遗嘱的执行

遗嘱继承人是根据遗嘱取得遗产的。被继承人遗产数量的多少,是在继承开始时才能确定。被继承人的遗产,包括其个人的一切资产和负债,假如被继承人生前还有债务,则应将所欠的债务扣除。假如被继承人还有未成年子女及无劳动能力的继承人时,则也还应看遗嘱人是否已保留一定数量的遗产维持他们的生活。只有在解决以上问题后遗产尚有剩余的,才能依照遗嘱人所立的遗嘱执行,否则便可以认定其遗嘱的部分甚至全部无效。遗嘱部分无效时,遗嘱继承人只能就部分遗产行使请求权。

遗嘱的全部无效或个别遗嘱继承人抛弃继承时,所剩下的财产,按法定继承的规定进行继承,没有法定继承人的,其遗产收归国家或集体所有。

遗嘱的执行人,在遗嘱中已有明确指定的,应按遗嘱人的意志执行,未有指定或被指定的人不愿做遗嘱执行人的,可以由遗嘱继承人或法定继承人执行。

此外,在遗嘱继承中,尚有两个曾是争论的问题:一个是遗嘱继承人在按遗嘱进行继承后,能否再依法定继承的规定,参加分割遗嘱人在遗嘱中尚未处分的其他遗产的问题;另一个是遗嘱继承人先遗嘱人而死亡,其直系卑亲属能否代位继承的问题。我认为,遗嘱继承的目的,正是尊重遗嘱人的自由意志,使法定继承人中的一人或数人可能根据被继承人的意见多取得一部分遗产。因此,当遗嘱继承人按遗嘱接受其遗产,如果同时又是应召集顺序的法定继承人,则对其余部分遗产有权以法定继承人的资格参加分割。第二个问题,因遗嘱继承人是遗嘱人所特别指定的,他可以优先法定继承人而进行继承。但遗嘱的特点是在被继承人死后才发生效力的,故遗嘱继承人如先于遗嘱人而死亡,即未取得继承遗产的权利,因而也无从优先于法定继承人的继承权利,故先遗嘱人而死亡的遗嘱继承人的直系卑亲属是不能代位的。

(1958 年第 3 期)

违反治安管理行为与犯罪行为的区分问题

金　钟*

《中华人民共和国治安管理处罚条例》第2条规定:“扰乱公共秩序、妨害公共安全、侵犯公民人身权利、损害公私财产,情节轻微,尚不够刑事处分,依照本条例应当受到处罚的行为,是违反治安管理行为。”在这里,法律规定了违反治安管理行为的定义,并且揭示了违反治安管理行为与犯罪行为的区别。然而违反治安管理行为与犯罪行为的区分问题,不是在一切场合下都会被提出来的。在一些情形下,从行为的性质来看,这种行为只能是违反治安管理的行为,而不能是犯罪的行为,而且在《治安管理处罚条例》中已明文规定了这种行为是违反治安管理的行为,而《刑法》中根本没有规定这种行为,如在城市内任意堆积、晾晒、煎熬发恶臭的物品不听劝阻的行为,在街道上倾倒垃圾、秽物,抛弃动物尸体或者随地便溺的行为等,在这些行为发生以后,当然不会发生这是违反治安管理行为还是犯罪行为的区分界限问题;反之,在另一种情形下,从行为的性质看来,这种行为只能是犯罪行为,而不能是违反治安管理的行为,而且在《刑法》中已明文规定这种行为是犯罪行为,而在《治安管理处罚条例》中,根本没规定这种行为,如反革命行为、杀人行为、强奸幼女的行为等,在这些行为发生以后,当然也不会发生这是违反治安管理行为还是犯罪行为的区分界限问题。

那么,违反治安管理行为与犯罪行为之间的区分界限问题是在怎样的情形下发生的呢? 从司法实践的材料来看,主要是有些对我国以工人阶级为领导的广大人民利益有危害的行为,从这种行为本身的危害性来看,幅度很大,这种行为发生时,对社会的危害,有的可能很严重,有的可能很轻微,如偷窃、诈骗、侵占国家财产的行为,严重的可能使国家财产损失数千元,甚至数万元,轻微的可能使国家财产损失数元。因而这种行为被《治安管理处罚条例》和《刑法》从不同的角度调整着。在这种行为发生的情形下,就会发生行为是违反治安管理行为或者是犯罪行为的区别界限的问题。此外,《治安管理处罚条例》中规定的某些行为,形式上与《刑法》中规定的犯罪行为极相类似,在这种情形下也会发生某

---

* 作者单位不详。

种行为是违反治安管理行为或者是犯罪行为的区分界限问题。

在上述情形发生时,也就是说当某一行为发生以后,需要区分它是违反治安管理行为或是犯罪行为的时候,我们应当根据什么来认定某一行为是违反治安管理行为或者是犯罪行为呢?对于这个问题的回答,首先必须坚决地依靠党的领导,以党和国家的政策法律为根据,从当时当地的实际情况出发。

大家知道,我们的国家是以工人阶级为领导的人民民主专政的国家,工人阶级的领导是通过自己的阶级组织的最高形式——共产党来实现的,党的领导就体现着工人阶级的领导。我们国家生活的各个方面和各级国家机关都必须坚决依靠党的领导。国家机关的任何活动也都只有在党的领导下才能正确地发挥自己的作用,完成自己所担负的各种任务。毫无疑义,作为无产阶级专政要害部门的政法工作,也只有在党的领导下,才能准确地和有效地镇压敌人、惩罚犯罪、保护人民。而党的政策又是我们一切工作的指南,任何工作离开了它都不免要犯这种或那种错误,给国家和人员的利益造成损失。所以只有在党的领导下,正确地学习和运用党的政策,才能根据案件的各方面的情况,正确地解决某一行为是违反治安管理行为或者是犯罪行为。

我们国家的法律是党的政策的具体化、条文化,因而在法律已经明文规定了什么行为是违反治安管理行为,什么行为是犯罪行为的情形下,必须严格地依靠法律的规定来认定某一行为是违反治安管理行为或者是犯罪行为。当然,在适用法律的时候,也必须以党的政策为指导。任何离开党的政策、离开法律的规定,主观臆断的做法都是不正确的。

由于我们的国家正处在社会主义革命大跃进的形势之下,我们的国家是一个幅员辽阔、人口众多的国家,在国家的每一时期里,都有着不同的政治任务,在同一时期不同地区(如少数民族地区)也会有不同的具体要求和措施,而人民政法工作者的神圣职责是在党的领导下保证每一时期的政治任务的顺利完成。因而我们在考虑某一行为是违反治安管理行为或者是犯罪行为时,必须从当时当地的具体情况出发,因时、因地制宜。

关于区分违反治安管理行为与犯罪行为的界限,公安部罗瑞卿部长在关于中华人民共和国治安管理处罚条例草案说明中曾经作了明确的指示。罗部长说:“治安管理处罚的某些条款同刑法某些条款的罪名相同,例如偷窃、诈骗等。但它同刑法的区别,主要是情节比较轻微,危害没有那么严重,还不够给予刑事处分。”可见,违反治安管理行为与犯罪行为的区分界限主要是“情节比较轻微”、“危害没有那么严重”。我理解“情节比较轻微”与“危害没有那么严重”是统一的整体,行为危害大小、轻重,正是由行为各方面的情节决定的。

那么行为的情节指的什么呢？行为的情节又如何说明行为对社会危害大小呢？这个问题的解决，应当具体地分析案件的各方面情况。因为每一案件都有自己的特点，都有不同于其他案件的地方。不仅这一案件与另一案件有不同的情节，就是在同一案件中，各方面的情节也是很复杂的。但是从司法实践材料和法律科学来看，违反治安管理行为与犯罪行为的情节，主要有下列几方面：

(1)行为侵犯了一定的社会关系；

(2)行为本身的性质、行为造成的危害后果，行为实施的方法、地点、时间等；

(3)行为人本身的情况；

(4)行为人主观方面的情况。

实践中，上述各方面的情节，对于说明行为对社会危害大小是有不同作用的。

(一)行为侵犯的社会关系的性质对说明行为对社会危害大小的意义

列宁同志在《什么是人民之友》一书中曾经指出："社会关系分成物质关系同思想关系两种，思想关系只是基于不依人们意志和意识为转移而形成的那种物质关系的上层建筑，是人们为维持本身生存而活动的形式(结果)。"从而可以看出，社会关系共有两种：一种是物质关系；另一种是思想关系，其中物质关系是有决定意义的。大家知道，在不同的社会中，人与人之间的关系是具有不同的性质的。在资本主义社会中，人与人之间的关系是建立在私有制基础之上的少数人压迫多数人、少数人剥削多数人的关系。在社会主义社会中，人与人之间的关系，则是建立在社会主义所有制基础之上的、摆脱了压迫与剥削的、同志友爱的互助关系。在我国，一切违反治安管理行为和犯罪行为都是对我国社会关系有不同程度侵害的行为。

在我们的社会生活中，各种不同的社会关系是具有相对的不同意义的。各种不同的社会关系，相比之下，其意义有的大些，有的小些。社会关系这种相对不同的意义，就决定着对不同社会关系的侵犯行为，具有不同的危害，应当担负不同的责任。比如对人不礼貌的行为是破坏我国共产主义道德的行为，这种行为应受到道德的谴责。辱骂他人不听劝阻的行为是轻微的侵犯公民人身权利的行为，这种行为是应当受到治安管理处罚的行为；故意地违法地剥夺他人生命的行为，则是严重侵犯公民人身权利的行为，这种行为是应当受到刑罚处罚的行为。

从而可以看出，当我们为了查明某一行为是违反治安管理行为或者是犯罪行为时，应当查明的情节之一便是行为侵犯了怎样的社会关系。

（二）行为本身的性质，行为造成的危害后果，行为实施的方法、地点、时间，对说明行为对社会危害大小的作用

大家知道，人的不同的对社会有危害的行为，会给社会造成不同的危害，所以人的行为是案件的中心情节。违反治安管理行为同犯罪行为，从这两种行为本身来看，其对社会的危害也是不同的。比如违反治安管理行为中规定了妨害公共安全罪，《刑法》中也规定了妨害公共安全罪，然而，这两种不同的行为，不论从行为的性质、行为对社会的危害大小都是不同的。以非法持有枪支弹药的行为为例，违反治安管理的非法持有枪支弹药的行为，是未经政府许可持有体育用品的枪支弹药的行为，《刑法》中规定的则是私藏军火的行为。这两种行为的性质不同，对社会也有不同的危害。

应当指出，我们从行为本身来考察行为对社会危害大小时，也不能孤立地考察问题。比如行为之所以具有不同的性质，便是由于它侵犯了不同的社会关系。所以考察行为时，必须同其他情节联系起来。

行为所造成的危害后果大小，对说明行为对社会危害大小是有十分重大的意义的。实践中，许多行为被认为是违反治安管理行为或者是犯罪行为，很重要的一点，是看它造成的危害后果的大小。比如失火行为，如果失火烧损国家财物、合作社财物或他人财物，尚未造成严重损失的，是违反治安管理行为；相反，如果失火造成国家财产、合作社财产或他人财产重大损失或足以危及公共安全的，则是妨害公共安全的犯罪行为。又如偷窃、诈骗、侵占少量公共财产或他人财产的行为，是违反治安管理行为；但如偷窃、诈骗、侵占大量的公共财产或他人财产的行为，则是侵犯财产的犯罪行为。应当指出，行为造成危害后果的大小，有时可以用数字来表示，如侵犯公私财产的行为，有的则很难用数字来表示，如侵犯公民人身权利的行为。所以考察行为危害大小时，应当根据案件的具体情况，具体地进行分析。

在从行为造成的危害后果大小来考察行为对社会危害大小时，也不能孤立地考察问题。有时行为虽未造成重大后果，或者尚未引起任何结果的发生，但行为所指向的社会关系具有非常重大的意义，也可能被认为是对社会有危害的或者是危害性很大的行为。比如，制造、使用、储存爆炸物品不符合安全规定的行为，只要有制造、使用、储存爆炸物品不符安全规定的行为就有危害性了，而不要求爆炸物爆炸。如果爆炸了，行为的危害性则更大。所以在考察行为造成的危害结果时，也应看到行为侵犯的社会关系的意义。

行为实施的方法，在一些情况下，也能说明行为对社会危害的大小。比如在车站、码头、公园、展览馆、娱乐场等公共场所实行扰乱公共秩序的行为,实施的方法可以是多种多样的,采用不同的方法实施,会造成不同的危害,所以行为实施的方法,也是应注意的情节之一。

行为实施的环境,包括行为实施的时间地点,有时对说明行为对社会的危害大小也有意义。比如从时间上看,在一般的情形下,损毁消防设备或消防工具的行为,是危害轻微的违反治安管理行为,而在火灾发生的情形下,故意地毁损消防设备或消防工具的行为,就是对社会危害较大可能被认为犯罪的行为。又如从地点上来看,在放置少量物品的广场上失火,在住宅地区失火,或者在容易引起爆炸的车间失火,对社会的危害大小是各不相同的。

(三)行为人本身的情况对说明行为危害大小的作用

《治安管理处罚条例》第26条至第28条规定违反治安管理应当受到行政处罚的行为,只是那种到达一定年龄、有辨认和控制自己行为能力的人实施的违反治安管理的行为。凡不满13岁的人实施了违反治安管理行为的,不予处罚。精神病人在不能辨认或不能控制自己行为的时候,实施违反治安管理行为的,也不予处罚。也就是说,凡是到达一定年龄、具有辨认和控制自己行为能力的人,在没有免除处罚情况的时候,依照法律一律应当受到治安管理处罚。既然这样,那么有些到达一定年龄、有辨认和控制自己行为能力、实施了违反治安管理行为的人,其个人人身的情况,如过去曾经实施过违反治安管理行为或犯罪行为以及其日常工作中生活中的表现,对于说明一个人的品质好坏以及其行为对社会的危害大小也是有意义的。一个品质极端恶劣、屡教不改、一贯玩忽国家法纪的人,其所实施的社会危害行为,对社会的危害比一般人实施的同样行为,其社会危害性要大得多。

(四)行为人主观方面的情况,对说明行为对社会危害大小的意义

大家知道,人的行为是受着一定的思想支配的。人在行为实施以前,通常都经过一系列的思想活动,所以人的行为,都表现着一定的心理活动的内容。人在主观上对社会或事物有不同的态度,往往受这种思想支配的行为会给社会造成不同的危害。比如在同样的情形下,故意地放火比过失不慎失火对社会危害要大。所以查明行为人主观方面对自己行为及社会危害结果的心理态度,对认定行为人的行为对社会危害大小也是有意义的。

行为人基于怎样的动机实施某项行为,以及行为人通过自己的行为追求怎样的目的,对说明行为对社会危害大小也是有一定意义的。比如在铁路公路旁挖掘穴坑或者放置障碍物,尚不足以使车辆行驶发生危险的行为,是违反治安管理的行为。但是如果行为人出于反革命的动机,希望通过这种行为达到反革命破坏的目的,那么这种行为对社会的危害,就比违反治安管理行为要大得多。

从上看来,案件的情节是多方面的复杂的。在具体案件中各方面的情节对说明行为对社会的危害大小的作用,也不具有等同的意义。有时客观方面的情节能够更明显地说明问题;有时主观方面的情节,能更明显地说明问题。这样更要求在处理具体案件时,应当严肃慎重地对案件主观和客观方面的情节进行具体的分析,综合各方面的情节来考察问题。

综合以上所谈可以看出:当我们在认定某一行为是违反治安管理行为或者是犯罪行为时,首先应当坚决地依靠党的领导,根据党和国家的政策法律,从当时当地的具体情况出发,严肃和慎重地具体分析案件各方面的情节,从而来考察行为的情节是否轻微,行为对社会危害是否严重。以便做到像罗瑞卿部长指示的那样,"避免把应当受到刑事处分的,只给以治安管理处罚;或者把只应当受到治安管理处罚的,错误地追究了刑事责任。"

(1958 年第 3 期)

【栏目】 关于现阶段国际法体系问题的讨论

上海法学界热烈讨论现阶段国际法的体系问题

编　者*

关于现阶段国际法的体系问题,从苏联到中国,从北京到上海,存在很多的争论。1957年5月,上海的国际法学者曾进行过一次讨论,就这个问题初步提出了不同的看法(见本刊1957年第3期第26页"动态"栏)。以后在本刊、《学术月刊》和北京出版的《教学与研究》上又陆续刊登了几篇论文,①探讨这个问题。为了进一步贯彻百家争鸣的方针,推动国际法的教学和科学研究工作,上海法学会、华东政法学院和本刊编辑部邀请上海的国际法研究者和学习者,在2月15日和23日,举行了两次专题讨论,继续对这个问题展开热烈的争辩。发言的有丘日庆、周子亚、江海潮、向哲浚、何海晏、胡文治、刘家骥、马博庵、杨殿陛、耿福成、刘民钧、叶芳炎等同志。

在这两次会议上所反映出来的主要意见,大体上可分为3种:

(1)丘日庆、周子亚、刘家骥、杨殿陛等认为现阶段存在两种体系的国际法,即社会主义国际法和共同的国际法。丘日庆除了进一步说明他在《现阶段国际法的体系》一文中所持的论点外,还答复了林欣在1958年第1期《教学与研究》上对他所提出的问题。周子亚修正了他过去的只有现代国际法体系,社会主义国际法体系尚未形成的看法,现在他基本上同意了丘日庆的意见,并认为过去的看法已落后于形势。

(2)向哲浚、江海潮、何海晏、胡文治等认为存在3种国际法体系,即彼此对立的社会主义国际法、资产阶级国际法和以两种制度和平共处为基础的共同国

---

* 作者单位:《法学》月刊社。

① 《法学》1957年第3期丘日庆的《现阶段国际法的体系》、《学术月刊》1957年第7期周子亚的《现代国际法的性质问题》和《教学与研究》1958年第1期林欣的《论第二次世界大战后的国际法体系》。

际法。他们认为资产阶级国际法体系虽在衰退和趋向灭亡,但目前还是客观存在的,如果硬说它不存在,就会失去警惕性,削弱了斗争性,那是危险的。丘日庆等则反对此说,认为承认资产阶级国际法对世界和平和社会主义事业不利,而资产阶级国际法观点是需要批判的。

主张以上两种意见的同志都反对林欣的世界上没有共同的国际法的论点,认为这种论点没有看到和平共处的实际情况。他们认为如果现在不存在共同国际法规范,制度不同的国家便无法进行交往。他们还批评了林欣文章中对不同制度国家间的国际关系和国际文件分别渗入两种对立的体系并各为其组成部分的说法,认为这在理论上是不能自圆其说的。

(3)耿福成表示他同意林欣的意见,即第二次世界大战后存在社会主义国际法和资产阶级国际法两个体系。他认为不同制度国家间的交涉,各从自己的立场和利益出发,经过斗争而达成协议,不可能先有一种共同的法的体系存在。他还指出,承认资产阶级国际法的存在,不等于承认它是合理的。

会上许多不同意见的同志都坚持自己的论点,列举事实理由,互相提出问题,展开热烈的争论。但是尽管分歧之处很多,大家对于以下的基本认识是完全一致的:第一,社会主义国际法体系已经形成,特别是在东风压倒西风的形势下,它的影响和作用正在不断扩大,并将在世界取得胜利。第二,讨论现阶段国际法的体系问题,必须了解目前国际形势和外交政策,从现实生活出发,要考虑到更好地使国际法学为社会主义服务,为世界和平民主运动服务。讨论会上重大的分歧之点是:目前资本主义国际法体系是否还存在,有没有共同的国际法体系。大家同意,这些不同的意见,以后还可继续争鸣。

参加会议的部分同志的发言,经过他们自己的整理,另在本刊发表。

(1958 年第 3 期)

再论现阶段国际法的体系

丘日庆*

一

我在《法学》1957 年第 3 期发表的“现阶段国际法的体系”一文中，认为现阶段调整国际法律关系的国际法有两种体系，即共同的国际法和社会主义国际法，并认为社会主义的国际法体系业已形成。

1957 年 11 月，12 个社会主义国家的共产党和工人党的代表，在莫斯科举行会议，通过了具有划时代意义的《社会主义国家共产党和工人党代表会议宣言》。其中指出“社会主义各国把相互关系建立在完全平等、尊重领土完整、尊重国家独立和主权、互不干涉内政的原则上。这些原则是很重要的，但是还没有包括社会主义国家的相互关系的全部实质。兄弟般的互相援助，是它们的相互关系的不可分割的部分。这种互相援助有力地体现了社会主义的国际主义原则”。

以上总结了社会主义国家关系根据的全部基本原则，同时也就是概括了调整它们之间的社会主义国际法的基本原则。

由于有了以上的精神武器，使我们更加清楚地认识到社会主义国家之间的法律关系，是由社会主义国际法来调整，而不是简单地由共同的国际法来调整的。

在调整我们社会主义国家相互关系的社会主义国际法原则中，虽然也有共同国际法中所具有的如平等、尊重领土完整、尊重国家独立和主权、互不干涉内政的原则，但这些原则在社会主义国际法中有其不同的意义。总的说来，它们体现了列宁关于民族平等方面的那些原则。它们远较一般国际关系中的类似原则深刻和彻底得多。因为这些原则在运用时是结合着社会主义的国际主义原则的，它们和国际主义有着有机的内在联系。这些民主原则并不是一般“通常的”、“公认的”民主主义而是社会主义的民主主义。

* 作者单位：复旦大学。

当然，更重要的，以上原则远远没有包括社会主义国际法的全部实质。社会主义国际法还包括社会主义国际主义的原则本身。这具体表现为兄弟般的互相援助和合作分工。敦金博士说："作为国际法的一个原则的社会主义的国际主义包含着这样的意义，就是每一个社会主义国家有其明确的权利和义务。例如，它有权利接受其他社会主义国家的援助，另一方面，它也有提供援助的义务。"①

此外，由于社会主义国家间的关系是新型的、最高类型的国际关系，这种国际关系和一般的国际关系比较，不仅是量的不同，而且有着质的变革。马克思在分析资本主义必然灭亡、社会主义必然胜利，指出新的国际原则时说："与那个经济贫困和政治昏聩的旧社会相对，正在诞生一个新社会，而这个新社会的国际原则将是和平，因为每一个民族都将是同样由劳动统治的。"②社会主义国家之间虽然也有矛盾，但这是人民内部的矛盾，非对抗性的矛盾。

社会主义各国相互关系中所有的问题，完全可以在严格遵守社会主义的国际主义原则的基础上通过同志式的讨论加以解决。我们之间绝不会有冲突，更不会有战争；从而共同国际法中的战争法规和惯例，固然没有适用的余地，就是《联合国宪章》中关于联合国解决国际争端的办法，特别如《联合国宪章》第 7 章对于和平之威胁、和平之破坏及侵略行为之应付办法、国际法院的司法解决等办法，在社会主义国家之间也没有适用的余地。换句话说，在社会主义国际法体系中，是没有战争法规和惯例、强制等之规范存在的余地的。这里必须指出，维辛斯基对国际法所下的定义（指对共同国际法所下的定义），对社会主义国际法是不适用的。例如他说："国际法是调整各国间在斗争和合作过程中的关系……各种规范的总和。"显然地，在社会主义国家之间只有同志式的建议和批评，只有帮助和友好合作，斗争是没有的。

以上就是社会主义国际法的全部实质和基本内容。

有的同志认为在社会主义国家之间，调整它们之间的关系上也还适用着公认的规范（《联合国宪章》就是一个实例），因此说社会主义国际法没有形成。首先，这就无异否认国际主义原则作为调整我们国际关系的原则。因为我们国际关系的最主要原则之一是社会主义国际主义的原则，而在共同的国际法中，在《联合国宪章》中，是不可能找到社会主义的国际主义原则的。

敦金博士也说"某些社会主义国家的修正主义者否定社会主义的国际主义原则。他们断言，社会主义国家相互间的关系，完全以一般国家关系所适用的原

① ［苏］敦金："社会主义的国际主义与国际法"，载《国际问题译丛》1958 年第 2 期。

② 《马克思恩格斯文选》（两卷集，第 1 卷），莫斯科版，第 469 页。

则为基础的……这种观点,无论在理论上或实践上,都是站不住脚的。因为他们没有把社会主义国家之间相互关系的特殊性考虑在内。"①

其次,我前面也曾指出,共同国际法中的战争法规和惯例、解决国际争端的强制办法,在社会主义国家之间完全没有适用的余地。在社会主义国家之间,基本上是不适用《联合国宪章》来调整的。在社会主义国家之间,平等原则,尊重领土完整、国家独立和主权的原则,互不干涉内政的原则,具有更深刻和更彻底的意义。

我们只能说社会主义国际法还不够完备,但却不能说它没有形成。②

这里必须指出,我们说调整社会主义国家之间相互关系的法律是社会主义国际法,并不是纯粹理论上的争论,而是有着政治上和学术上的意义的。因为我们说调整社会主义国家之间的关系的法律是社会主义国际法,这就说明我们社会主义国家之间的相互关系不是一般的国际关系,我们必须在社会主义的国际主义原则基础上,加强我们的团结,而不是在《联合国宪章》的基础之上,或单是在和平共处五项原则之上加强我们的团结。这样才对我们共同的共产主义事业有利,对革命有利。莫斯科《社会主义国家共产党和工人党代表会议宣言》指出:"为了巩固社会主义各国间的兄弟关系和友谊,共产党和工人党必须执行马克思列宁主义的国际主义政策,用国际主义和爱国主义相结合的精神教育全体劳动人民。"这是有其非常深刻的意义的。

再从学术上来说,如果认识到社会主义国际法的体系已经形成,则今后如何努力进一步总结社会主义国际法的实践,用以丰富和发展社会主义国际法,就具有头等重要的意义。

二

林欣同志在"论第二次世界大战后的国际法体系"的论文中,提出现阶段存在资产阶级国际法和社会主义国际法两个体系,并指出我去年所写的论文对于某些问题没有进行说明。其中有些问题我在去年的论文里已经提到,有些问题则由于文章题材和其他原因没有得到阐述。这里我先答复林同志所提出的问题,然后谈到我对于他的论点的评价。

他在论文中所提出的问题是:"资本主义国家之间的国际关系是用哪一个

---

① [苏]敦金:"社会主义的国际主义与国际法",载《国际问题译丛》1958年第2期。

② 其他理由,我在"现阶段国际法的体系"一文中已谈到,这里不再赘述。

国际法来调整呢？如果是用共同的国际法来调整的话，那么为什么共同的国际法不能调整社会主义国家之间的国际关系，而又能调整资本主义国家之间的国际关系？这个共同的国际法究竟是怎么回事？它和社会主义国际法有些什么关系？"①

其实我在去年的文章中已经提到调整资本主义国家之间的关系的"只能是以联合国宪章为基础的共同国际法②。"此其一。

为什么共同的国际法不能调整社会主义国家之间的国际关系呢？首先是因为它没有包括社会主义的国际主义的原则，虽然它反映了民族平等那些方面的原则，如尊重主权和独立、平等、互不干涉内政等，③但它没有体现我们社会主义国家之间的关系的全部实质。其次是在共同的国际法中还包括如战争法规和惯例、强制解决国际争端等规范，这些在我们社会主义国家之间都没有适用的余地。故不足以调整我们社会主义国家之间的关系（其他理由请参看本文第一部分）。

共同的国际法的基础是《联合国宪章》，是和平共处的五项原则。按其目的，只是民主的，而没有社会主义的目的。它的目的在于捍卫世界和平和普遍安全。斯大林对于世界和平运动的看法，正足以用来说明共同的国际法的目的和性质。他说："现今的和平运动，其目的是唤起人民群众去为维护和平、防止新的世界大战而斗争。因而，它所抱的目的不是推翻资本主义和建立社会主义——它只限于维护和平而斗争的民主目的。"④这一和平要求，除了资本主义国家的好战分子之外，是绝大多数人类所殷切希望的。而且共同的国际法是世界各国所公认的，因此，它能调整资本主义国家之间的关系。

共同国际法是过渡性质的国际法。⑤ 它的历史开始于伟大的十月社会主义革命。它只具有民主的目的，不是社会主义的性质。如果全世界都是社会主义国家或绝大多数都是社会主义国家，也就是说，在整个世界完成了社会主义的过渡之后，它就没有存在的可能。在将来，社会主义国际法就将成为世界共同的国际法。社会主义国际法不是共同的国际法的延续，它有自己独特的基础。但这并不等于说，社会主义国际法和共同的国际法没有联系，它们彼此之间有着辩证的关系。社会主义国际法和共同的国际法没有冲突。这和所谓资产阶级国际法

① 林欣："论第二次世界大战后的国际法体系"，载《教学与研究》1958 年第 1 期。

② 丘日庆："现阶段国际法的体系"，载《法学》1957 年第 3 期。

③ 同上。

④ ［苏］斯大林著：《苏联社会主义经济问题》，人民出版社 1952 年版，第 31 ~ 32 页。

⑤ 丘日庆："现阶段国际法的体系"，载《法学》1957 年第 3 期。

是不相同的，它和共同的国际法是完全相矛盾和冲突的。适用社会主义国际法的社会主义国家一天一天地诞生，这就意味着共同的国际法适用范围的缩小。同时社会主义国际法范例的发展和加强，又促使了共同的国际法的发展。此其三。

林欣同志的论点值得商榷之处在哪里呢？这主要是由于他对于国际关系中矛盾着的对立面，只看到斗争的一面或夸大斗争的一面，而没有看到统一的一面。如果没有看到这一点，我们和平共处的外交政策、求同存异的外交方针，就成为不可能了。毛主席在《关于正确处理人民内部矛盾的问题》中告诉我们："马克思主义的哲学认为，对立统一规律是宇宙的根本规律。这个规律，不论在自然界、人类社会和人们的思想中，都是普遍存在的。矛盾着的对立面又统一，又斗争，由此推动事物的运动和变化。"

我们说社会制度不同的国家可以和平共处，并不是说彼此之间没有斗争，而是有很尖锐的斗争的。我们斗争的结果，诚如林欣同志所说，资本主义国家和社会主义国家达成某种协议，[①]并用法律（条约、协定等）的形式固定下来，在国际法上，如《联合国宪章》、1949 年日内瓦战俘等四个公约等就是最显著的例子。这也就是我们所说的共同的国际法的渊源，或共同的国际法的表现形式。由于历史条件的关系，目前共同国际法的渊源为数很多，如 1907 年的《海牙公约》、1925 年日内瓦《关于禁止使用细菌、有毒与窒息性气体及类似的物体作战的议定书》、1933 年《侵略定义公约》等。此外，还包括许多国际惯例。无视于这些事实是不现实的。以上的共同国际法的形式，就是调整共同的国际法的国际关系中的工具。在外文文件中，我们时时指摘某某帝国主义者的某一暴行，违反某一举世公认的国际法原则，这就是我们所指的共同国际法的原则。

毋庸置疑，在接触到某一共同的国际法规范时，我们和资本主义国家的观点，或者说资产阶级国际法的观点和我们的观点是有很大距离的。法的本身和法的观点有着密切的联系，但不能说法的观点和法的本身是一样的东西。我们解释《联合国宪章》时，只能以我们国际法的观点来解释，因为这样才能符合各国人民的利益，体现宪章的精神、实质；而以资产阶级国际法观点来解释，则恰恰相反，它会违反宪章的精神实质，从而这种解释在法律上是没有地位的。唯有根据我们国际法的观点来解释的，才是正确的解释，才是符合共同国际法本身的。在这里，林欣同志错误之处，就是将国际法观点当做国际法本身。因此，他得出了社会主义国际法和资产阶级国际法两种体系的结论。

---

① 林欣："论第二次世界大战后的国际法体系"，载《教学与研究》1958 年第 1 期。

在实践上，主张有资产阶级国际法和社会主义国际法体系的人们，是无法解答下面这些重要问题的：例如美帝侵略台湾、发动侵朝战争，在我们看来，这一罪行固然违反社会主义国际法，同时也违反了共同的国际法。但在主张上面体系的同志看来，这种罪行违反了社会主义国际法是没有问题的，但从资产阶级国际法立场来看，它却没有违反资产阶级国际法。这样就为违反国际法的国家开脱了它在国际法上的责任。

三

在去年我写的“现阶段国际法的体系”那篇文章里，我是没有提到有3个国际法体系的主张的。这是因为我在苏联的著作中没有找到这种主张的代表人物，尽管在明任斯基那篇“关于现代国际法的性质和体系问题”的论文中提到有如此的说法。

在1958年2月15日上海法学会、华东政法学院和《法学》编辑部联合召开的国际法体系问题讨论会上，有些同志提出了有3个国际法体系存在的论点，即社会主义国际法、资产阶级国际法和共同国际法。他们认为社会主义国际法调整社会主义国家之间的法律关系，资产阶级国际法调整资本主义国家之间的法律关系，而共同的国际法则调整社会主义国家和资本主义国家之间的法律关系。他们也认为有社会主义国际法和共同的国际法的存在，这是对的。但他们认为资产阶级国际法同样存在，而且调整着资本主义国家之间的法律关系，这是不正确的。

他们为什么会主张有资产阶级国际法的存在呢？这是由于他们机械地将国内法上基础与上层建筑的原理搬到了国际法上。我认为作为上层建筑的国际法固然反映基础，但它不是直接同基础发生联系，而是通过国际关系来反映基础的。在国际法这个法的部门里，如果没有国际关系的中介，就不可能产生国际法。同时我们在考量每一个国际法律问题时，也不能离开整个国际关系，单纯地当做它只是有关两个争议国之间的问题，特别是有关影响世界和平与安全的国际问题时，如英、法、以侵略埃及问题，就不是它们4个国家的问题，而是关系到整个世界和平与安全的问题，最近法国轰炸突尼斯也不能当做单是他们两个国家的事情，安全理事会不能过问。因此，以上问题就不应由他们所说的资产阶级国际法来调整。如果将以上问题当做纯粹是两个国家的问题，而不根据《联合国宪章》来解决，不根据共同的国际法来解决，而由所谓资产阶级国际法来调整，这只对帝国主义有利。所以在理论上资本主义国家之间的关系由资产阶级国际法来调整的说法，是非常危险的。而事实上也恰恰证明以上事件不是由“资产阶级国际法”来调整，而是由共同的国际法来调整的。例如，英、法、以侵略埃及事件基本上是根据《联合国宪章》来解决的。又如，1958年2月由于法国无理轰炸突尼斯村庄，突尼斯于14日向联合国安全理事会对法国提出控告，其中着重指出“法国这种行动违反联合国宪章的原则和会员国的义务”，这是“蓄意的武装侵略行动”。[①] 由此可见，调整资本主义国家之间的法律关系的，也不是什么资产阶级国际法，而仍然是共同的国际法。

这里还必须指出，到了今天，原来调整国与国之间关系的资产阶级国际法已成为反动的、违法的了。这一点我在《现阶段国际法的体系》里已简单指出："因为资产阶级国际法是不主张以和平方法解决国际纠纷，它承认不平等条约制度、殖民制度、领事裁判权制度，主张以‘人道’及其他种种借口干涉他国内政，并认为使用原子武器、氢武器和细菌从事战争是不违法等。这些都是和公认的或共同的国际法相违背的。”从而“今天资产阶级国际法甚至在资产阶级国家之间，也就不能作为调整彼此关系的工具。调整它们之间的关系的也只能是以联合国宪章为基础的共同国际法”。

此外，同志们在讨论会上也没有指出究竟哪些是今天资产阶级国际法的规范或文件。当然，它是不包括条约应该遵守的原则、公海自由航行的原则、使节不得侵犯的原则等的。因为这些在今天已是公认的国际法的原则，已是共同的国际法的一部分。有些同志指出《北大西洋公约》、《巴格达条约》，还有《东南亚集体防务条约》之类是资产阶级国际法文件。殊不知，这些文件都是违反《联合国宪章》的，违反共同的国际法的，从而也是无效的。因此在国际法上没有任何地位。资产阶级国际法已成为历史的陈迹。不过这并不等于说资产阶级国际法学不存在、资产阶级国际法的观点不存在。资产阶级国际法学还时时刻刻地向社会主义国际法学、社会主义国际法、共同的国际法掀起猖狂、恶毒的进攻；资产阶级国际法的观点，在我们新中国还没有给我们“一棍子”打死，还有待于我们今后的努力。

总之，3种国际法体系存在的论点是不正确的。

（1958年第3期）

① 《解放日报》1958年2月16日。着重点是笔者加的。

有关国际法的性质与体系的几个问题

刘家骥*

一、社会主义国际法体系是否已经形成的问题

我同意丘日庆同志的社会主义国际法体系已经形成的提法。但是1955年《苏维埃国家和法》杂志编辑部所做的讨论总结基本上也没有错。它认为“社会主义国家之间发展着一个以无产阶级国际主义原则为基础的广泛的关系体系,那么,说社会主义国际法正在作为未来的法而形成着,这乃是适时的”(重点是引者加的)。一说是社会主义国际法已经形成,另一说是社会主义国际法正在发展与形成。这两种说法是不是在基本论点上有所不同呢?我以为它们基本上是没有什么矛盾的(我用“基本”两个字,是考虑到时间的因素:1955年《苏维埃国家和法》编辑部做总结时,人造卫星还没有上天,国际形势还没有到另一个新的转折点,所以它用“胚胎”和“萌芽”字样,但这种字样是值得商榷的,因为现在已是东风压倒西风的时期)。这是因为什么叫做“体系”,可能有不同的看法;另外,什么叫做“形成”,也可能理解不同。

苏联法律辞典对于“法的体系”(这里所指的主要是国内法的体系)所下的定义是:“某一个国家的现行法,对这种现行法观察,是要从其内部划分为各个单独部门,和从这些部门的统一上来着眼的……法的体系表现出法的规范之间的相互关系,它们的统一,以及该法的分类,即它分为各种不同的部门。”根据这一定义,在另一场合,苏联法律辞典又将社会主义国内法的体系分为国家法、行政法、财政法、民法、劳动法、土地法、集体农庄法、家庭法、刑法、法院组织法、刑事诉讼法和民事诉讼法。中国人民大学编写的国际法讲义讲到国际法的体系时说:“资产阶级学者将国际法分为和平法与战争法两部分……如今在国际法方面还没有确定的体系。苏维埃国际法学者所采用的国际法体系如下:(1)国际法的概念、渊源及体系;(2)国际法及国际法学的历史;(3)主权国家是国际法的主体;(4)国际法上的居民;(5)国际法上的领土;(6)国家间的外交机关;(7)国

* 作者单位:复旦大学。

际条约;(8)国家间的组织;(9)关于专门问题的国际协定:(10)解决争端的国际法手段;(11)战争与国际法;(12)苏联为争取本国安全与国际和平而斗争的国际法形式。”在这12项中,有些可以肯定地说在社会主义国际法体系中是没有地位的,如战争法。但究竟社会主义国际法体系包含哪些部门,现在尚无定论。所以苏联大多数学者说社会主义国际法体系正在形成中,乃是说社会主义国际法体系的各个单独部门,尚不能说是已经完全发展完备的意思。例如,明任斯基1956年7月在我国外交学院演讲时说:“在第二次世界大战以后,在欧洲和亚洲出现了许多社会主义类型的国家,在它们之间便逐渐产生了社会主义国际法。但是现在还不能说社会主义国际法已经发展完备了。它是正在随着社会主义国家间的关系的发展而逐渐成长的。然而无论如何,在资产阶级国际法体系之外,[①]又产生了社会主义国际法体系,这是没有疑问的。”可见明任斯基认为社会主义国际法体系业已产生,正在逐渐成长,不过还没有发展完备,而丘日庆同志也说:“由于历史条件的限制,新兴的社会主义国际法的各种规范和制度,还没有完全完备。”苏联一般学说认为社会主义国际法体系正在形成,乃指其各个部门正在走向发展完备的过程中;而丘日庆同志说,社会主义国际法体系在总的方面已经建立,但还不完全完备,可见没有什么基本上不同之处。苏联学者早已主张社会主义国际法体系的存在。例如,柯罗文就曾经指出,早在1921年时期“在各独立的苏维埃社会主义共和国的相互关系上,开始形成了新的国际法,这是在广泛的经济、政治和军事互助的基础上实现兄弟般的、自愿的、平等的和全面的合作的一种法”。以后由于变成联邦,所以没有继续向国际法方面发展。克雷洛夫还给社会主义国际法下了一个定义,这更是研究国际法的人们共知的。丘日庆同志也引证了葛涅夫洛夫在1950年肯定社会主义国际法的存在。

当然社会主义国际法尽管现在还不完全完备,还是比起过去存在的资产阶级国际法优越千百倍,比起现代公认的国际法也优越得多,这是因为本质不同的缘故。右派分子就不懂得这点,他们别有用心地说什么要向历史较长的资产阶级国际法学习。依照这种逻辑,如就国内法而言,封建法律的历史以千年计算,资产阶级法律以百年计算,而社会主义法律不过几十年,那我们就要向封建法律、向资产阶级法律学习,而不是向社会主义法律学习了。这岂不是明明叫我们恢复人剥削人的制度,将革命成果付诸东流吗?在国际法上也是如此。资产阶级国际法是主张侵略、反对和平的。如向它学习,则等于要恢复帝国主义国家在

① 我并不同意现在还存在资产阶级国际法体系,此问题下面再谈。

世界范围内进行奴役侵略的无法无天的状态。这根本是一种反动论点。

根据以上理由，我认为：尽管苏联一般说法基本上没有错，而到现在为止，他们也没有做过什么更正；但是在国际形势东风压倒西风的时候，在我国与右派划清思想界限的时候，提出社会主义国际法体系业已形成，是比较明确而又可避免误会的。

二、所谓“国际法的继承性”问题

周子亚同志在《现代国际法的性质问题》（载《学术月刊》1957年第7期）一文中，谈到所谓“国际法的继承性”问题时说：“社会主义国际法规范继承着旧时代国际法的许多进步原则。”所谓“继承”就是“批判、吸收、改造”，并举不干涉原则的例子来做说明。社会主义国际法是一种完全新型的国际法，是剥削社会所从未有过的。所以柯罗文曾经指出：“如果说当前正在形成中的社会主义国际法，只是公认的在历史上已经形成了的国际法规范更深刻的更彻底的实现，那会是不对的……在国际关系上，过渡到社会主义的民主主义上去，不是国际法历史发展上的一个进化阶段，而是国际法的一个革命转变。”首先，公认的或共同的国际法除掉调整资本主义国家间的关系之外，主要用来调整两种对立的社会体系的国家之间的关系，而社会主义国际法则调整着一种社会经济结构相同的、社会与国家制度一致的国家之间的关系。这两种国际法体系本质上还是不同的。其次，社会主义各国间，无论应用哪种法律形式，都贯穿着无产阶级国际主义，体现着兄弟般的合作。这种新的本质，不但过去会存在的资产阶级国际法不可能有，即公认的国际法也是没有的。可见“旧时代国际法”即使有“许多进步原则”，也不可能有无产阶级国际主义，而后者正是社会主义国际法的灵魂所在。这就谈不到什么“继承”。因为无产阶级国际主义绝不是从“批判、吸收、改造”旧时代国际法中所能得到的。最后，社会主义国际法所包含的国际合作范围甚广，主要有政治的、经济的和文化的合作。这种合作不仅表现着各国政府的合作，而且体现了各国人民的合作，因为这些政府都是代表人民意志的政府。这些特点不但为“旧时代国际法”所不能梦见，即现代公认的国际法无论其如何民主，也不可能达到这种社会主义民主。说它们是“继承”关系，也是不恰当的。

周子亚同志在《国际法的阶级性和体系问题》（华东政法学院第二次科学讨论会论文）一文中最后一段谈到社会主义国际法时，还是强调《联合国宪章》，强调“社会主义国家之间在调整它们之间的关系上也还适用着公认规范”。我觉得是不应该这样强调的。诚然，社会主义国家之间不可能违反《联合国宪章》，不可能违反和平共处的五项原则，但是，难道社会主义国家之间的关系仅限于此吗？例如，仅限于互不侵犯吗？最近发表的《社会主义国家共产党和工人党代表会议宣言》就会说明，《联合国宪章》及和平共处五项原则等公认规范还没有包括社会主义国家间关系的全部实质，还没有包括社会主义国家间关系的最重要本质。宣言说："兄弟般的互相援助，是它们的相互关系的不可分割的部分。这种互相援助有力地体现了社会主义国际主义原则。"《联合国宪章》是不可能包括兄弟般的互相援助，也不可能包括社会主义的国际主义原则的。

苏联国际法学者敦金在1957年年底发表的《社会主义的国际主义与国际法》一文中，特别强调："某些社会主义国家的修正主义者否定社会主义的国际主义原则。他们断言，社会主义国家相互间的关系，完全以一般国家关系所适用的原则为基础的，也就是说建立在一般国际法的基础上的。这种观点，无论在理论上或实践上，都是站不住脚的，因为他们没有把社会主义国家之间相互关系的特殊性考虑在内。而这种特殊性是发展国际交往中的一个新的更高的阶段，而最能体现这种特殊性的是社会主义的国际主义原则。"①可见谈社会主义国际法，不强调社会主义国际主义而强调《联合国宪章》的公认规范，不强调其特殊性而强调其"继承性"，是不妥当的。

三、是否有公认的（或者共同的）国际法体系的存在，及资产阶级国际法体系是否现在仍然存在的问题

林欣同志在《论第二次世界大战后的国际法体系》（载《教学与研究》1958年第1期）一文中认为现在存在两个国际法体系——社会主义国际法和资产阶级国际法。关于社会主义国际法体系的存在是毫无疑问的。至于资产阶级国际法体系现在是否仍然存在就值得研究。林欣同志并否认公认的（或者共同的）国际法的存在。他说："大家知道，国际法是为国家的对外政策服务的，它是国家实现对外政策的法律形式。试问对外政策根本不同的资本主义国家和社会主义国家怎么可能合用一个国际法呢？"

一个国家的对外政策是为了保护该国统治阶级的根本利益的。国际上存在各种性质不同的、经济和政治制度不同的国家，它们的对外政策也有不同。在近

① [苏]敦金："社会主义的国际主义与国际法"，载《国际问题译丛》1958年第3期。

代国际舞台上，还有封建主义国家，如阿富汗。尽管它的对外政策与资本主义国家不同，但仍不妨碍它们之间合用一个国际法。在帝国主义时代，资本主义发展并不平衡，资本主义国家之间也存在尖锐的矛盾，这种矛盾曾引发过世界大战，可见其对外政策的不一致，但并不妨碍其合用一个国际法。近代帝国主义国家与民族主义国家虽同属资本主义国家，但在对外政策上有严重的冲突。相反，社会主义国家与民族主义国家尽管社会经济制度不同，互相之间反签订了许多关于遵守和平共处五项原则的联合声明，最著名的就是中印、中缅的联合声明。由此可见，不同国家间是否可以合用一个国际法并不在于它们的对外政策是否根本相同。

社会主义国家与资本主义国家共同适用一个国际法，是事实问题，而不是理论问题。1945 年社会主义国家与资本主义国家代表在旧金山集会，签订了《联合国宪章》，奠定了两大阵营和平共处的 5 大国一致原则。尽管它们对外政策根本不同，但是在国际阶级力量对比的形势下，世界人民渴望和平的督促下，终于在它们之间适用着一个共同的国际法，表现出十分明确的共同利益。这种共同的利益，又以法律的形式，在《联合国宪章》中得到巩固。这种共同国际法的存在与发展，反映出战时及战后在国际舞台上所形成的阶级力量的对比关系。

帝国主义国家统治阶级一意孤行地执行侵略的对外政策的时期，已一去不复返了。首先，资本主义各国之间充满了不可克服的矛盾。这种矛盾充斥在帝国主义国家之间、帝国主义国家与民族主义国家之间和帝国主义国家与它的殖民地之间。这种矛盾一天一天地扩大，使侵略性的外交政策一天一天地丧失人心。战争贩子终于孤立起来，而不得不放弃侵略的对外政策，来遵守共同的国际法。其次，更为重要的是侵略的对外政策要受到以社会主义国家为首的和平阵营强大力量的制约和世界人民包括帝国主义国家本身人民力量的控制，使侵略的对外政策终于走不通，又回来遵守共同的国际法。1956 年英、法侵略埃及，硬说这是“警察行动”，又说这种侵略是为了“保证苏伊士运河的航行自由”，这就是想恢复已经寿终正寝的资产阶级国际法。但是在世界舆论的谴责、苏联的严重警告和埃及的英勇抗击之下，英、法就不得不放弃侵略的对外政策，不得不遵守《联合国宪章》——共同国际法的重要文件。这种例子在近代历史上并不少见。1954 年的日内瓦会议，在印度支那问题上所取得的协议，也可以证明对外政策根本不同的国家可以适用一个国际法，可以有共同的语言。最近苏美文化协定的签订和召开东西方国家最高级会议的时机的完全成熟，也充分说明了这一点。

否认共同国际法存在的理论，会给帝国主义国家的违法行为找到借口，所以这种理论在这些国家中是有市场的。1956年苏联学者敦金在“和平共处与国际法”一文中指出：“最近几年来，在资产阶级国际法的著作中，常常有一种意见认为，在目前世界分裂成为两个对立体系的条件下，或者根本不可能有共同的国际法；或者将共同的国际法分割成为各个区域性的体系。”①敦金又指出：“苏维埃国际法科学虽然在重要的国际法问题上有着不少的分歧，但却一致认共同的国际法目前是存在，可以存在和必须存在的。”（重点是引者加的）②

最后我认为资产阶级国际法作为一个体系今天已经不存在，这点连林欣同志在文章开始几段也不否认。他甚至说：“苏联在原则上否定作为一个体系的资产阶级国际法。”但他的结论又肯定资产阶级国际法体系甚至在东风压倒西风的今天仍然存在，未免自相矛盾。他又说“苏联把资产阶级国际法的大厦打碎了之后，用分别对待的办法来处理这个大厦的另件。”这些“另件”，又如何会建筑起“资产阶级国际法的大厦”来的，也使人不易理解。限于篇幅，不准备多说。

资产阶级国际法在它形成的初期，会有一些民主进步的原则，而发展到帝国主义时期，就充斥了侵略奴役的概念，如所谓“战争权”、外人特权制度、领事裁判权及租界割让等制度。自伟大的十月社会主义革命发生后，苏联首先打破了资产阶级国际法体系的藩篱，废除不平等条约，取消外人特权制度。苏联不仅做了肃清反动制度的工作，而且还将资产阶级国际法的一些民主制度和规范，创造性地变为实现两种制度不同国家和平共处的工具，使资产阶级国际法向着共同国际法的民主途径发展。一直到联合国成立，《联合国宪章》颁布，资产阶级国际法体系可以说已完全寿终正寝。

第二次世界大战之后，资产阶级国际法更没有存在的余地。它不但不能适用于社会主义国家与资本主义国家之间，而且由于民族解放运动的高涨，也不能适用于帝国主义国家与民族主义国家之间。连帝国主义国家相互之间，也因为矛盾深刻、同床异梦，而无法适用资产阶级国际法。甚至侵略性的《北大西洋公约》，也不得不挂羊头卖狗肉地将《联合国宪章》——共同国际法——写在条文之上。

有人认为美国在海外设立军事基地，以及《北大西洋公约》的签订，就是资产阶级国际法体系仍然存在的证明。但是我们要记住，这些都是违反国际法的

① 世界知识出版社编：《苏联国际法论文选》，世界知识出版社1958年版，第1页。

② 同上，第5页。

行为，即违反《联合国宪章》、违反共同国际法的行为。绝不能说这种行为是合乎“资产阶级国际法”，因而是“合法”的。资产阶级国际法体系早已随着国际阶级力量对比关系的巨大变化而烟消云散。假使今天还说它存在的话，必将中了敌人的圈套，而为帝国主义国家各种违法行为找到借口。

（1958年第3期）

关于国际法体系的几点意见

杨殿陛*

我同意丘日庆教授的意见，认为现在存在一个社会主义国际法体系和一个共同的即现代国际法体系，并认为这是一个正确的意见。

我不同意林欣同志的意见，①认为在他的论述和结论之间有很多矛盾，而且有些道理说得很勉强。主张有3种国际法体系（社会主义的、资产阶级的和共同的国际法）的同志的意见，其基本观点和林欣同志是一致的，只不过是表达形式和说法不一样。林欣同志认为，在社会主义和资本主义两个体系之间的交往中，是有“用条约、协定、联合声明或联合宣言等国际法形式把协议固定下来”的“双方都同意的协议”的，虽然有这么一个东西存在，但却不能叫它为共同的国际法。

我觉得现在主要的问题，在于是不是存在一个资产阶级国际法体系。因为，如果说确实有一个资产阶级国际法体系存在，那么不管怎么说或给它以什么形式，都一定要承认有共同国际法的存在。其根本原因就在于，两大阵营之间不能没有经济联系和国际交往，这在林欣同志论文中实际上也是承认的。如果说我们承认在十月社会主义革命胜利之后，有一个调整社会主义和资本主义两大阵营间国际关系的公认的现代国际法，而在第二次世界大战之后，随着社会主义世界体系的形成而形成了社会主义国际法体系，那么我想，还有什么理由和根据去设想有资产阶级国际法体系的存在呢？

---

* 作者单位：北京大学。

① 林欣：“论第二次世界大战后的国际法体系”，载《教学与研究》1958年第1期。以下引文均见该文。

林欣同志实际上也不否认公认的国际法的客观存在。他正确地指出:“苏联在原则上否定了作为一个体系的资产阶级国际法,而把这个国际法的许多具体的规范重新加以审查,然后分别加以废除或者经过改造以后加以承认……苏联把资产阶级国际法中那些民主的规范,特别是资产阶级革命时期提出的规范,例如主权原则和不干涉原则……用无产阶级的观点加以改造,从而赋予这些规范以科学的内容。”“苏联也承认了资产阶级国际法中一些技术性的规范。”“苏联也根据苏维埃国家的对外政策的原则,提出许多新的国际法规范,例如,两个制度的国家和平共处、民族自决、禁止侵略战争、商务代表处制度,等等。”苏联提出的这些新的国际法规范,在《联合国宪章》中都已得到承认。林欣同志还指出:“存在着两个对立的国际法体系并不排斥它们之间达成某种协议。”

我完全同意林欣同志的上述意见。问题只在于林欣同志不同意把那些公认的国际法规范称为共同的即现代国际法。由于他不愿意承认共同的国际法,林欣同志提出了“渗透”、“容纳”、“结合”等主张,这就使人很难理解了。特别要提出的是,林欣同志认为“资本主义国家和社会主义国家双方都同意的条约、协定、联合声明或联合宣言等等国际法文件,例如,《联合国宪章》和和平共处的五项原则,既是资产阶级国际法体系的组成部分,又是社会主义国际法体系的组成部分”,而“这种资本主义国家和社会主义国家双方都同意的国际法文件本身”,虽然“既能被吸收在资产阶级国际法体系之中”,“成为资产阶级国际法的一部分”,“又能被吸收在社会主义国际法体系之中”,“成为社会主义国际法的一部分”,但却又“不能说这些国际法文件本身”反映了作为国家统治阶级的意志和“这个或那个国际法的观点”。那么,《联合国宪章》第6章(争端之和平解决)、第7章(对于和平之威胁和和平之破坏及侵略行为之应付办法)、第11章(关于非自治领土之宣言)、第12章(国际托管制度)、第13章(托管理事会)、第14章(国际法院)及苏联和其他社会主义国家所参加或承认的有关战争方面的许多条约、公约、协定等国际法规范,是作为现代国际法规范还是作为社会主义国际法规范而存在的呢?这些资本主义国家和社会主义国家双方都同意的东西,怎么能被“吸收到社会主义国际法体系之中,和无产阶级国际主义的观点结合在一起而成为社会主义国际法的一部分”呢?不能不指出:这种前后矛盾的说法,是林欣同志对共同的即现代国际法所采取的承认又否认即形式上否认而实际上承认的态度的必然结果。

我们都同意:国际法是为国家的对外政策服务的,国际法是实现国家对外政策的法律形式,同时它也是实现国家统治阶级对外政策的工具和手段。国际法和对外政策是密切联系的,但两者并不就是一个东西。有共同的国际法并不等于有共同的对外政策原则(如我国和印度等资本主义国家将和平共处五项原则作为国际关系的指导原则,但我国和这些资本主义国家的对外政策原则的思想基础就有原则的区别),事实上存在完全相反的对外政策原则(如苏联和美国共同参加了《联合国宪章》的制定,但对外政策原则完全相反)。不同制度国家间执行着不同的对外政策和两种对外政策原则在国际政治中的斗争,是不能作为否认共同国际法存在的理由和根据的。不同制度国家双方同意的共同国际法规范的产生,主要不是什么“渗透”和“容纳”的结果,而是在具体的历史条件下,根据国家统治阶级的意志和充分考虑了本阶级的利益而达成的。如1954年日内瓦会议关于恢复印度支那和平的协议和1955年亚非会议所通过的决议,都反映了各国统治阶级的意志、利益和要求,特别是日内瓦会议的协议,在当时的条件下,法国本身的困难和法国、英国、美国之间的矛盾,是一个不能忽视的因素。总之,不同制度国家间所达成的协议本身,就是不同的阶级意志、利益和要求的反映。这种协议,一方面是斗争的结果,因为从不同的阶级利益出发都有这个需要,否则就不能达成协议;另一方面又是新的斗争的开始,从不同的阶级利益出发利用这种协议展开新的斗争,因为原来协议的达成就不是矛盾的完全解决。这种以不同的考虑、不同的目的为基础而达成的协议,都反映了当时国际间阶级力量的对比关系,而阶级力量对比关系是不断变化的。对双方都同意的协议(共同的国际法规范)做不同的或相反的解释,并利用它为不同的目的服务,正是现代国际法阶级性的表现,也是现代国际法的特点。这不能作为否认它存在的理由。

再一个意见是关于资产阶级国际法体系的问题。我不认为存在一个资产阶级国际法体系。由于我看到的文章不多,这里只就林欣同志的文章来谈谈。

从林欣同志论文的实际内容中就可以看出,资产阶级国际法体系是不存在的。第一,他首先说,当苏联和资本主义国家发生国际关系的时候,“苏联在原则上否定了作为一个体系的资产阶级国际法”,“苏联把资产阶级国际法的大厦打碎了之后,用分别对待的办法来处理这个大厦的另件”。第二,他说:“几年以前,帝国主义大国还是资本主义世界的真正主宰者。”(按:几年以前?现在呢?)第三,他说:“由于社会主义世界体系的存在,由于帝国主义殖民体系的瓦解,帝国主义把国家分为‘文明的’和‘不文明的’那一套(按:不是一点、一些,而是‘一套’)大国沙文主义的国际法观点,在资本主义世界横行无阻的时代已经一去不返了。”第四,他说:“因为民族主义国家希望在本国发展独立的资本主义经济,因此他们竭力争取并维护民族独立,反对帝国主义的战争政策,愿意同社会主义国家和平共处,他们之中的一些国家还同社会主义国家一起共同宣布了和平共处的五项原则。""民族主义国家在国际舞台上的积极活动,也不能不反映到资产阶级国际法上来。"第五,他说,苏联提出"两个制度的国家和平共处、民族自决、禁止侵略战争、商务代表处制度等等""许多新的国际法规范"。上面我们提到,这些国际法规范已在《联合国宪章》得到确认而成为现代国际法的组成部分。第六,他说,苏联对资产阶级国际法的态度,"必然影响资本主义国家之间的国际关系,例如放弃领事裁判权、民族自决、禁止侵略战争等等,都对资本主义国家之间的关系发生很大的影响"。我这样想,林欣同志在论文中,本来就没有提出和论证资产阶级国际法体系是一个什么样的体系和有什么内容,而根据上面所引的他的意见,也不能说现在有一个资产阶级国际法体系存在。我以为,林欣同志对共同的即现代国际法体系是事实上承认它存在而不给它名义,而对资产阶级国际法体系是只给予名义而没有内容。

在关于国际法体系问题的讨论会中,有的同志认为有资产阶级国际法学和资产阶级国际法观点的存在,就证明有资产阶级国际法体系存在。我想这个理由是不能成立的。有的同志提出,应该承认资产阶级国际法体系存在,但不承认它"合法"。那么这个合法不合法的"法"岂不又证明有一个共同的国际法存在吗?

资本主义国家执行着作为国家统治阶级的资产阶级的对外政策,帝国主义国家的对外政策是侵略和战争政策。只要资本主义特别是帝国主义还存在,在国际政治中就会有而且一定有各种形式的破坏国际法的事件。这只能认为它破坏了公认的国际法,而不能认为它仅仅是违犯了社会主义国际法,却还遵守着资产阶级国际法。德、日、意法西斯国家和战争罪犯们挑起了第二次世界大战,它就受到了应有的惩罚和军事法庭的审判。这种惩罚和审判所根据的就是公认的国际法规范和原则,而且军事法庭的审判和它依据的原则也得到联合国的确认。只要阶级和国家还存在,法也是有的,也会有违法事件的存在。但不能因为有违法事件的存在就否认法的存在。如果没有法的存在,也就不可能区别合法或违法了。帝国主义国家在干各种罪恶勾当的时候,它总是千方百计地宣传和利用各种借口来辩护,宣称它的这种或那种罪恶行动是根据、符合或最少是不违犯国际法的。例如,《北大西洋公约》、《东南亚防务集团条约》或美蒋的什么《共同防御条约》等侵略性条约,它们就是曲解《联合国宪章》的宗旨、原则和有关条款来欺骗人民的。必须强调指出,帝国主义的这种态度是完全虚伪的。但这正反映了当前的历史情况,由于社会主义世界体系的强大存在和发展、人民群众觉悟水平和组织水平的显著提高、殖民体系的瓦解和帝国主义的严重削弱,现在已是东风压倒西风的时代,帝国主义的政策方针横行无阻的时代已是一去不返了,资产阶级国际法的那一套原则和规范，它们自己也不能拿出来见人了。那么，还有什么实在的根据，说资产阶级国际法体系存在呢？因此我认为现在存在两种国际法体系，这就是共同的即现代国际法和社会主义国际法。

（1958年第3期）

略论现阶段三种国际法体系

胡文治*

一、现阶段的三种国际法体系

现在世界上存在3种性质根本不同的国际关系：社会主义国家与资本主义国家之间的国际关系，社会主义国家之间的国际关系，资本主义国家之间的国际关系。调整这3种不同的国际关系的是3种不同的国际法。

（一）社会主义国际法

现在苏联已经完成了社会主义建设，正在向共产主义社会迈进；中华人民共和国和各人民民主国家正在顺利而又迅速地建设社会主义社会；社会主义和平民主阵营正在日益壮大与巩固；社会主义各国间的关系是历史上从未有过的新型的国际关系，也就是新的社会主义的世界经济所特有的奠基于民族平等原则与无产阶级国际主义原则之上的新型的国际关系。这种国际关系是由社会主义社会的生产关系的性质所决定的。谈到社会主义社会的生产关系，斯大林曾经指出："这里生产过程中人们相互关系的特征，乃是不受剥削的工作者们同志间的合作和社会主义的互助。"这一深刻的指示确定了社会主义阵营各国间的相互关系，社会主义各国间真诚友好的互助合作，经济上先进的国家从各方面无私地帮助经济上比较落后的国家迅速地发展生产力与实现工业化，在社会生活的一切领域中进行广泛的有计划的合作，这是社会主义国际关系的特点，也是社会主义国际法的特点。它与资本主义国际法是完全不同的。苏联国际法学家柯热夫尼柯夫教授说："在调整这个阵营各国之间的各种各样的关系的国际法体系

* 作者单位：华东政法学院（现华东政法大学）。

中完全没有资产阶级国际法中属于强制，不平等，使用武力等方面的那些制度……例如，所有直接列入所谓战争法之内的那些规范都被从社会主义国际法体系中完全排除出去了。”因此，社会主义国际法是起着推动历史向前发展的进步的作用。

（二）资本主义国际法

在资本主义体系各国，由于资本主义基本经济法则的作用使垄断集团者奴役与掠夺殖民地和落后国家，发动并且组织新战争以追逐最大限度的利润。资本主义世界的政治、经济的相互关系是掠夺、侵略、战争。资本主义国际关系是强国统治与弱国服从的关系，也就是美、英帝国主义国家对其他资本主义国家的统治、强制的关系。调整这种关系的是资本主义国际法。资本主义国际法表现并且巩固了在资本主义国际关系中占统治地位的帝国主义国家的对外政策。这种国际法起着反动的作用。

（三）共同国际法

现在世界上存在两个对立的体系——社会主义体系和资本主义体系，但这并不等于必须断绝社会主义体系各国和资本主义体系各国和平的政治、经济、文化的联系。社会主义体系各国的对外政策是以列宁关于两个体系在一定历史时期内共处与和平竞赛的学说为根据的。国际关系史提供了很多的例证，证明两个体系在国际生活的一切领域中合作的可能性。例如，苏联在第二次世界大战期间与反对德、意、日法西斯联盟的资本主义国家的合作；社会主义各国与资本主义各国相互订立的各种国际条约与协定；苏联和人民民主国家与资本主义国家共同参加了联合国以及其他的一些国际组织；在万隆和开罗举行的亚非会议也充分证明了不同体系国家友好合作的必要性与可能性，调整这两个对立体系国家间的国际关系的规范就是共同国际法。它是两个国际法体系进行斗争与合作的产物。这方面有很多的国际法规范与公认的原则，如《联合国宪章》、中印两国倡议并为各国所公认的五项原则等。毛主席指示道：“我们坚决主张，社会主义国家和资本主义国家实行和平竞赛，各国内部的事务由本国人民按照自己的意愿解决。我们坚决主张，一切国家实行互相尊重主权和领土完整、互不侵犯、互不干涉内政、平等互利、和平共处这样大家知道的五项原则。”

在现阶段错综复杂的国际关系中，共同国际法调整着两个对立体系国家间的国际关系，是为两个体系的和平共处服务的。

社会主义国际法、资本主义国际法和共同国际法的任务与性质虽然是不同的，但它们之间并不是各不相涉的。3 种国际法体系共处着、斗争着、相互起着作用。

苏联人造地球卫星上了天,1957 年 11 月,《莫斯科会议宣言》,标志着人类历史进入了新的转折点:社会主义体系日益壮大与巩固,资本主义体系正在分崩离析、日益衰亡中。现在的国际形势是东风压倒西风,世界正在迅速地从资本主义向社会主义过渡。随着国际关系的发展,条条大路通向社会主义与共产主义,最后,共同国际法和资本主义国际法无疑将会完全为社会主义国际法所代替。

二、几点值得商榷的意见

关于现阶段国际法体系的问题,众说纷纭,莫衷一是。我想就最近发表的关于这个问题的意见,提一下自己粗浅的看法,向大家请教。

有的国际法学者认为现在存在社会主义国际法和资本主义国际法,这样的主张无疑是正确的,但是,他们不承认共同国际法的存在,他们忽视了或是缩小了在现阶段为两个对立体系和平共处服务的共同国际法的重大作用,不承认调整两个对立体系国际关系的规范是客观地存在。例如,林欣先生认为:“资本主义国家和社会主义国家双方都同意的条约、协定、联合声明或联合宣言等等国际法文件,例如联合国宪章和和平共处的五项原则,既是资产阶级国际法体系的组成部分,又是社会主义国际法体系的组成部分。”①林欣先生怀疑共同国际法的存在,他问道:“那么这个共同的国际法究竟是什么东西?它的性质是怎样的?”

是否可以把调整两个对立体系的国际法看做既是社会主义国际法体系的组成部分,又是资本主义国际法体系的组成部分呢?这样的看法显然是不妥当的。以《联合国宪章》为例,它是两个体系斗争与合作的国际法形式。它的产生是与两个体系的和平共处分不开来的,它只能是调整两个对立体系之间的国际关系,而不能成为调整社会主义国家间关系的国际法规范。因为它还包含着部分与社会主义国际关系根本不相容的条款,如《联合国宪章》第 7 章“对于和平的威胁、和平之破坏及侵略行为之应付办法”、第 12 章“国际托管制度”的规定。在社会主义各国是完全不适用的,因为社会主义各国关系中存在的问题完全可以在严格遵守社会主义的国际主义原则的基础上通过同志式的讨论加以解决。由此可见,《联合国宪章》既不能是社会主义国际法体系的组成部分,也不是资本主义国际法体系的组成部分,而是自成体系的。五项原则也是一样,它是为两个体系的和平共处服务的。它在资本主义体系各国并不能得到真正的全部实施,而在

① 林欣:“论第二次世界大战的国际法体系”,载《教学与研究》1953 年第 1 期。

社会主义体系各国则又显得还不够,因为它还没有包括社会主义国家相互关系的全部实质。兄弟般的互相援助,是它们的相互关系的不可分割的部分。这种互助有力地体现了社会主义的国际主义原则,可见《联合国宪章》、五项原则都不能是两个对立的国际法体系的组成部分,而是自成体系的为两个对立体系和平共处服务的,并得到它们公认的共同国际法。林欣先生的错误还可能在于不是从当前国际生活的现实出发来研究理论,而仅仅从基础与上层建筑的理论出发,来研究国际生活的现实,由于找不到一个统一的世界经济基础,因此就得出了共同国际法不存在的结论。

我们知道:经济基础是社会发展到某一阶段上的社会经济制度。资产阶级国际法的产生是由于资本主义基础的发展,这一经济基础就是当时的国际法的基础。自伟大的十月社会主义革命时起,世界上便形成了两个基础,即社会主义的基础与资本主义的基础。这两个基础是对立的,但绝不是相互隔绝而无任何联系的。两个基础在一定历史条件下共处是可能的。两个基础的共处,同时亦存在作为法的上层建筑的两种国际法的共处,也即在平等与不歧视原则下的共处,共同国际法就体现了这种共处。

国际法是有许多固有的特点的,不能把国内法的特征生硬地搬用到国际法上来。国内法是以一定的基础,即社会发展到某一阶段上的社会经济制度为其依据的。而共同国际法的重要特征是以两个世界——社会主义世界与资本主义世界的经济共处原则为基础的,在平等和不相歧视原则上两个经济基础共处的客观存在就是共同国际法的基础。

从上述基础而来的上层建筑——共同国际法的特点,就是既非完全社会主义的,也非完全资本主义的,既含有社会主义的成分,也有资本主义的成分,是两个对立的国际法体系相互斗争与合作的结果,是两者在一定限度内,在平等与互不歧视的原则下相互渗透的结果。但并不能分属两个体系而是自成一个体系的,这就是共同国际法。

许多国际法学者都承认共同国际法和社会主义国际法的存在,但是他们之中有些人否认资本主义国际法的存在,如有人说,资本主义国际法体系不存在,只有资本主义国际法学、资本主义国际法观点还存在,是我们批判的对象。他们又说,由于现存的资本主义基础而认为存在资本主义国际法是机械地搬用基础与上层建筑的理论。他们还举出了1956年英法武装侵略埃及、最近法国滥炸突尼斯,受害国家埃及、突尼斯都向联合国呼吁,按《联合国宪章》来求得或要求解决,它们都是资本主义国家,但调整它们相互关系的是《联合国宪章》,即共同国际法,在资本主义国家间发生争端时是靠共同国际法来调整它们之间的国际关系的，可见，并不存在调整资本主义国际关系的一种资本主义国际法。如复旦大学教授丘日庆先生、华东政法学院教授周子亚先生都有着相同的看法（1958 年 2 月 23 日在上海科学会堂座谈会上的发言，大意如此）。

资本主义国际法到底存在不存在呢？

答案应该是肯定的。

丘日庆、周子亚二位先生的用意是好的，可惜说的是未来的事情。我们知道资本主义国际法起着反动的作用，资本主义国际法观点与我们的观点是格格不入的。我们看到它的存在，并不等于承认它的合法性，更不是同意它的观点，马列主义者的任务就是要发现矛盾，并着手解决矛盾。我们看到资本主义国际法的存在是为了更好地同它斗争，促使它早日死亡。

以英法在 1956 年武装侵略埃及为例，的确，埃及不是社会主义国家，英法与埃及间的争端是资本主义国际关系范畴内的事情，由资本主义国际法调整，而现在却在联合国解决，可见资本主义国际关系已由共同国际法调整。并不存在资本主义国际法。其实这是一种形式主义的看法，并没有抓住问题的实质。英、法侵埃事件实质上并不是资本主义国家关系内的问题。我们知道，自伟大的十月社会主义革命胜利后，在国际舞台上，在一切国际生活领域中都展开了尖锐剧烈的两条路线的斗争。这是国际斗争的中心，而反对帝国主义殖民统治并要求民族解放的斗争是反对帝国主义斗争的一个重要方面，也是我们的同盟军。这种斗争只能是削弱资本主义阵营，它只能指望着以苏联为首的社会主义体系各国的支持，因此在联合国讨论，乃是十分自然的事情。要从这里得出结论否定资本主义国际法的存在是不合逻辑的。

资本主义国际法的存在，是客观事实，同时它已经在衰亡了，它所适用的范围日益狭窄。由于社会主义体系的存在与日益发展，对资本主义国际关系不能不发生影响，资本主义国际法也毫不例外。因此，过去明目张胆的反动的规范有了更多的掩饰，而把反动本质巧妙地伪装了起来。如臭名远扬的《北大西洋公约》是完全反动的，是违反《联合国宪章》的，但同时要看到它今日还在起着调整这些资本主义国家国际关系的作用。

此外，对于社会主义国际法的看法也是不一致的，但最近的意见较多地认为已经形成了社会主义国际法。

根据以上论述，我们可以得出结论，现阶段有着 3 种国际法体系——社会主义国际法、资本主义国际法、共同国际法。它们之间并不是割裂的，而是相互联系的。

社会主义国际法同资本主义国际法是对立的、斗争着的，而在现代两个对立体系和平共处的历史条件下,共同国际法体现了在国际法领域中两个对立体系的共处——斗争与合作,共同国际法是为两个体系的和平共处服务的。

(1958 年第 3 期)

谈目前国际法的体系

耿福成*

关于第二次世界大战后国际法体系问题的争论,我基本同意林欣同志的主张,即第二次世界大战后存在两个对立的国际法:社会主义国际法和资本主义国际法。

十月社会主义革命在俄国取得了胜利,开辟了人类历史上的新纪元,在国际法方面也不例外。但当时社会主义国家只是一个(后来蒙古也独立了),基本上它还处于资本主义国家的包围中,苏联虽早已创造了社会主义国际法的原则,而社会主义国际法还无从广泛运用,它的体系还未曾明确建立起来。第二次世界大战之后就不同了,社会主义国家相继出现在中欧、东南欧和亚洲的土地上,形成了一个强大的社会主义体系。社会主义国家之间的关系是历史上从未有过的新型的国际关系。从社会主义国家之间的国际关系的实践中所形成的不能是别的,只能是为社会主义国际关系服务的社会主义国际法。社会主义国际法是作为国家统治阶级的工人阶级意志的表现,是社会主义上层建筑的一部分。它的物质基础是社会主义所有制要求的社会主义国家的经济合作,理论基础是无产阶级的国际主义。所以社会主义国际法一开始就作为一个独立的体系而存在和发展着,不可能属于其他任何类型的国际法体系。同时,它也不吸收其他类型国际法及其原则、制度、规范作为组成部分。

社会主义国际法是否只适用于社会主义国家之间呢?我以为这种说法是不全面的。社会主义国家不仅和兄弟国家有交往,就是和资本主义国家,不论是帝国主义国家或者是已争取独立或正在争取独立的民族主义国家,都有往来。社会主义国家在这些国际交往中同样坚持社会主义的国际法原则,即反对战争、反

---

* 作者单位不详。

对侵略、反对殖民制度，坚决为世界和平、为有利于殖民地人民和帝国主义国家内的劳动人民的解放而斗争。周总理指出："我们的国家从成立那天起，就把保卫和平看做自己的神圣职责。"社会主义国家一贯奉行着和平共处的政策，把它作为与一切国家交往的一个原则。这是针对目前社会主义国家和资本主义国家并存，而且能和平共处、和平竞赛的事实提出来的。这原则在国际关系中被执行着，得到许多国家的支持，深入人心。就像周总理指出的："我们是同印度和缅甸一起首先倡议和平共处的五项原则的国家。半年来，我们同亚洲民族主义国家的关系获得了巨大的发展，替五项原则的实现提供了更多的生动的事例。"①

不仅如此，社会主义国家（特别是苏联）根据自己的对外政策的原则，提出很多新的国际法规范，如民族自决、国家不论大小一律平等、商务代表制等，逼得资本主义国家也不得不承认。由于社会主义国家在国际交往中对资本主义世界的斗争，也影响到资本主义各国之间的国际关系，如放弃领事裁判权和目前民族主义国家的反殖民主义斗争的高涨等。

当然，社会主义国家之间的关系，和社会主义国家和资本主义国家之间的关系是截然不同的。正如《莫斯科宣言》所指出的，社会主义国家之间，仅仅适用和平共处的原则是不够的，必须加上无产阶级的国际主义。所以社会主义国家的国际法原则有对内（兄弟国家之间）和对外（对资本主义世界）的两个方面，两者是有区别的。

总之，我认为社会主义国际法已经形成一个独立的体系。作为一个体系来说，它有对内和对外的两个方面，即一方面根据无产阶级的国际主义的原则，适用于兄弟国家之间，另一面以和平共处为原则，同样对待任何资本主义国家。它在目前国际关系中不是起着次要作用，而是起着主要的作用，它的影响已超出社会主义国家之间的范围了。

由于产生资本主义国际法的资产阶级国家和资本主义国际关系还存在，所以资本主义国际法体系也还存在。它调整资本主义国家之间的关系，甚至资产阶级国家的外交代表们还企图把它的影响扩大到对社会主义国家的交往中。丘日庆和其他几位先生说，"资本主义国际法是反动的，我们不承认它。"并且作出结论说：资本主义国际法不存在。丘先生的主张是不实际的。我以为不仅资本主义国际法是反动的，就是资本主义国家的一切法律制度和政治活动也都是反动的，特别是到帝国主义阶段的。那么我们是不是承认它存在呢？我们之所以说它是反动的，正是以它存在为前提呀！就拿《北大西洋公约》、《巴黎协定》来

① 周恩来："目前国际形势和我国外交政策"。

说，社会主义国家的政府和人民坚决反对它，资本主义国家的人民也反对它。我们反对它，因为它是反动的，因为它存在反动的事实。如果说它根本就不存在，那么我们反对的是什么呢？说它是反动的根据又是什么呢？丘先生又说，“承认它的存在，在理论上是很危险的”，我认为承认资本主义国际法存在，不等于承认它是合理、合法的，更不是同意它、拥护它。丘先生是把承认资本主义国际法的存在和承认资本主义国际法的合法性混淆起来了。我以为承认资本主义国际法的存在，认识它的反动性，因而加强警惕，加强斗争，对于社会主义国家，对于全世界劳动人民，只有好处没有坏处。

随着资本主义发展到帝国主义阶段，成为腐朽、寄生和垂死的资本主义，特别是到目前，经济上更加衰退，政治上更加反动，那么它们的对外政策也不能不更加阴险和毒辣，以服务于它的经济和政治。资产阶级国家的外交家们企图毁去他们早期提出的一些仅仅是形式上的自由、民主和平等的原则，大力地组织军事集团，把外交机关当做间谍网，把外交官当做间谍，企图颠覆他国政权。资本主义国家在国际活动中想尽办法对付社会主义，订立以反对社会主义国家为内容的协定，建立军事基地。这些为了满足资本主义垂死阶段的愿望的更反动的对外政策，说明资本主义国际法已经走上了末日。因此，我认为在目前来说，用现代资本主义国际法代替资本主义国际法的提法，更加确切，更能说明问题。

座谈会上有不少同志认为：目前存在一个既为资本主义国家服务，又为社会主义国家服务的共同国际法。

我不同意这个意见，所谓共同国际法是不存在的。首先，所谓共同国际法的性质和内容是什么呢？主张者没有阐述清楚，并且也不能阐述清楚。所谓共同国际法的阶级性是什么，不能明显地体现出来，便是一个致命的问题。其次，承认共同国际法的存在，那么它与社会主义国际法、资本主义国际法的关系是什么？周子亚先生说：“社会主义国际法和现代国际法是本质上不同的，但是有辩证关系，互相假借。社会主义国际法的存在和成长对现代国际法的发展起着促进作用，是现代国际法的主流，推动着现代国际法的发展。”从这里显然看出周先生把社会主义国际法看成是现代国际法的一部分，这个观点是错误的。他不知道社会主义国际法已经形成为一种独立的体系，不能包含在其他体系中。丘日庆先生说：“社会主义国际法和共同国际法不矛盾、不冲突。”这是值得商榷的。既然有不同体系的两种国际法的存在，要它们不矛盾、不冲突，是难以想象的。此外主张三种国际法的同志，也没有把它们之间的关系说明白。因此，所谓共同国际法体系还是十分模糊的影子。

不承认有共同国际法，是否妨碍了不同制度国家的和平共处呢？我以为不是的，首先，和平共处本身就以不同制度的存在为前提；其次，共处的过程就包含着斗争。有人提出说：“没有共同国际法，那么不同制度的国家就不能共处，它们在国际交往中就不能达成协议。”我认为这是不符合事实的、非辩证的观点，不知道事物的对立的统一。资本主义国家是否和我们往来，并不由于它们是否喜爱社会主义，更不是由于有无共同法规。法规是在有了交往以后才订立起来的。例如，苏联立国初期，资本主义国家组织武装干涉、经济封锁、不承认，到现在美帝也不承认我们中华人民共和国，但是它们不如所愿，终归是失败的。列宁指出：“有一种力量大于任何敌对政府或阶级的愿望、意志和决心，这种力量便是一般的世界经济关系，这个关系迫使它们走上和我们交往的道路。”①

国际法是国家实现对外政策的工具，在解决一个问题时，它们都是用自己的国际法观点推行自己的外交政策。也就是在解决问题时，社会主义国家站在工人阶级立场上从社会主义国际法观点提出解决的方案，力求适用社会主义国际法规范；资本主义国家站在资产阶级立场上从资本主义国际法观点提出解决的方案，力求适用资本主义国际法规范。这时候就进行了剧烈的斗争。但是只斗争还是不行的，必然要根据两个体系力量的对比和当时的形势做出适当的让步，当然以不损害它的根本利益为前提。只有这样才能达成协议，就是问题得到了解决。可是协议的全部内容，可能还有为对方所不满意的地方。这样达成协议的性质是什么呢？要看协议的具体内容，不能一概而论。林欣同志说：“双方都同意的条约、协定、联合声明或联合宣言中，是资本主义国际法渗透过来的成分大呢？还是社会主义国际法渗透过去的成分大呢？由两个体系力量的对比来决定。”我认为这种提法是不妥当的。因为不同制度的国家（其实资本主义国家间也有这种情况）双方同意的条约、协定、联合声明或者联合宣言不是融洽一致的新东西，仍然是各个不同意见的凑合。这些内容是双方斗争的表现，并不能把其中的某部分看做是渗透过来的组成成分。我们分析国际文件时，一要明确国际法文件的条文和国际法规范（实质）不是一个东西，有时是矛盾着的；二要判断条约、协定的性质，必须注意它是否被实现。

主张有共同国际法的人，把《联合国宪章》作为共同国际法的代表文件，我认为是不对的。我们知道《联合国宪章》是以民主主义和和平共处为基础的，它的部分规范还是资本主义国际法原则的表现，但是由于社会主义国家苏联根据苏联和世界工人阶级利益，从社会主义国际法观点出发同资本主义国家斗争的结果，其中很大一部分也表现社会主义国际法原则。因此，《联合国宪章》可以

---

① 《列宁全集》（第33卷），第129页。

作为我们同资本主义国家斗争的工具。被侵略国家如埃及、突尼斯等国家所以引用《联合国宪章》去对抗英法等国，其原因就在于此。但是必须注意，我们不是无条件地服从联合国的一切，必须保留自己的独立意见，否则对联合国在美国操纵下所作的决议便无法抵抗。所谓共同国际法不能存在，其理由也在于此。

总之，我认为共同国际法并不存在，从第二次世界大战到目前只存在两个对立的国际法：社会主义国际法和资本主义国际法。资本主义国际法已经走上了末日，还未最终消亡。社会主义国际法在目前国际关系中不是起次要作用，而是起着主要作用。随着社会主义国家力量的日益强大，社会主义的国际法原则为日益众多的世界爱好和平的人民所拥护，社会主义国际法将排除资本主义国际法的存在，成为调整一切国家在国际关系中唯一的体系。

由于初学国际法，上面的意见是不成熟和粗糙的，希望研究国际法的专家们批评、指导。

（1958 年第 3 期）

关于正确认识与处理当前的离婚问题

——与幽桐同志商榷

刘云祥*

如何正确认识与处理当前的离婚问题是人们所关心的问题之一。幽桐同志于1957年4月13日在《人民日报》发表的“对当前离婚问题的分析和意见”一文,有许多论点是正确的,对正确认识与处理离婚问题有很大帮助,但我认为其中还有值得进一步商榷的问题。本文试就当前离婚的主要原因是什么,如何正确认识与处理当前的离婚案件等问题,发表一点浅见,盼大家指正。

一、当前离婚的主要原因是什么

幽桐同志认为“封建婚姻关系与封建残余是当前离婚的主要原因”,这是一个值得研究的问题。

考察当前离婚原因不应脱离我国的历史情况,封建主义和封建婚姻制度在我国统治的时间最长,封建思想在人们意识中根深蒂固,是有深长的历史根源的。所以,封建思想的经济基础与阶级基础虽已被彻底消灭,但封建思想在短时期内还不会被消灭。因此,当前的某些离婚案件,特别是部分偏僻地区的许多离婚案件,仍然是封建婚姻关系和封建残余所造成的,这是毋庸怀疑的。

但是承认封建婚姻关系与封建残余是当前离婚原因之一,绝不意味着承认它是主要原因。

考察当前离婚的主要原因,不能忽略党与政府几年来领导人民与封建婚姻制度及残余的封建婚姻关系斗争的成果。

1950年我国颁布了《婚姻法》,1953年又大规模地进行了贯彻《婚姻法》运动。这和封建婚姻制度和残余的封建婚姻关系斗争的结果,首先是把原有大量不和睦的婚姻关系改造好了。党和政府1953年贯彻《婚姻法》运动中均指出“将大量的既成的包办、买卖婚姻及由于婚姻不自由而造成的家庭不和睦现象,基本上应采取批评教育、提高觉悟、改善与巩固夫妻关系的办法,使之成为民主

---

* 作者单位不详。

和睦的家庭”。几年来，人民法院和有关部门一直遵循着党这一正确方针来处理婚姻纠纷，使大批不和睦的家庭关系得到改善。据全国民主妇联1954年的调查，全国已有85%~95%的家庭关系是和睦的。又据山西省一些先进地区的调查，家庭成员的关系已经或正在改善的占90%~95%，其中10%~15%的家庭关系是和睦团结具有社会主义性质的新型家庭，80%的家庭已改变了妇女受虐待的情况。人民法院对家庭关系特别恶劣的，坚决地将他们从痛苦中解放出来。仅1952年下半年以前的统计全国共处理了993,000多件离婚案，使近200万男女得到解放，加上1953年以来所处理的离婚案件，已达几百万件之多了。可见新《婚姻法》实行的结果是使大批不和睦的家庭关系得到改善或正在改善，使少数家庭关系极恶劣的也得到重新改造的机会，使原来就是和睦的家庭关系逐渐建立在新的可靠的基础上。因此，我们就应该说现在由于封建婚姻制度所造成的家庭不和睦甚至要求离婚的情况虽然还有，但已不多了。

《婚姻法》实行的另一个结果是建立了大批合乎《婚姻法》基本原则的新婚姻关系，而不是新建婚姻关系中仍有大量封建残余存在。如据11个大城市1954年上半年不完全统计，合乎《婚姻法》规定被批准结婚登记的占97.6%，因强迫包办而未被批准结婚者只占2.4%。又据1956年黑龙江、辽宁、山西、湖北、江西、浙江等省大部地区统计，自主婚姻已占90%~100%。

旧的家庭、旧的婚姻关系得到改善，新的家庭、新的婚姻关系的建立与发展，这一事实说明了封建的婚姻制度已经基本上被摧毁。事物是在发展变化的，旧的矛盾解决以后，新的矛盾又产生了。条件变化以后，矛盾的形式和内容就会起变化。在新《婚姻法》实施前后，建立民主和睦家庭的主要矛盾是封建婚姻制度和封建残余，而今天妨碍着社会主义婚姻制度的发展与巩固的，已不是封建婚姻制度和封建残余，而是资产阶级思想了。我国社会主义革命在经济战线上已取得了胜利，在政治和思想战线上经过反“右派”斗争后也取得了胜利，但是资产阶级还没有最后消灭，资产阶级分子还没有最终地被改造过来，资产阶级思想常常侵蚀着人们。因此，资本主义思想与社会主义思想的斗争将是长期的，而且这种斗争也必然要反映到婚姻关系方面来。看不到这种变化是不对的。事实上，因资产阶级婚姻观点、道德败坏以及草率结婚等要求离婚的现象日渐增多，因封建婚姻关系而要求离婚已日渐减少。如北京海淀区人民法院1955年统计110件离婚判决中属于封建包办提出离婚的只有17件，郑州市中级人民法院统计588件离婚案中仅有30件是包办结婚的，江苏省统计因封建包办而要求离婚的，只占全部离婚案的20%，沭阳县只占11%，唐山市1955年处理的离婚案件因封建婚姻而要求离婚者占16.7%，1956年比1955年又减少了2.5%，辽宁旅大市(大连市)中山区人民法院1956年统计298件离婚案中由于封建婚姻要求离婚者只有9件,福建福清县1956年下半年统计125件离婚案中有15.2%是因封建婚姻而提出离婚的。以上数字足以证明,曾作为离婚主要原因的封建婚姻关系和封建残余已退居次要地位了。

因此,我认为资产阶级婚姻观点与小资产阶级婚姻观点是当前离婚的主要原因,也是建立和巩固新的家庭关系的主要敌人。资产阶级婚姻观点成为当前主要的离婚原因并不是偶然的,这首先是因为我国还存在资产阶级,这个阶级广泛地散布着臭味。这种毒素会影响着各个阶层的人们,绝不像幽桐同志所说的只在极少数干部离婚案件中存在。其次,几年来我们在经济战线上的社会主义革命已对资本主义展开了全面的攻击,并取得了彻底的胜利,但在政治战线上和思想战线上还来不及清算人们意识中的资产阶级思想,反映在婚姻关系中的各种形式的资产阶级思想也没有得到彻底的批判。现在,在社会主义革命高潮中,政治战线和思想战线上展开与资产阶级斗争的同时坚决地对资产阶级婚姻观点进行批判就成为必然的事情。这对于巩固和发展社会主义的婚姻关系有极其重大的意义。

二、如何正确认识与处理当前的离婚问题

资产阶级婚姻观点在当前最常见的有以下几种情况:

1. 夫妇一方与第三者发生了密切关系因而要求离婚。

2. 原来夫妻关系很好,但一方由于职位、待遇和知识业务水平提高,或由于生活环境和职业的改变,认为对方不相称因而要求离婚。

3. 夫妇一方受到资产阶级生活方式的影响,借口对方“不会生活”、“不会交际”、“不漂亮”、“没有风度”、“没有感情”等要求离婚。

4. 把爱情建立在金钱关系上,而一旦对方不能满足其享受欲望时,即要求离婚。

5. 朝三暮四,显然是对待家庭婚姻的轻率态度而要求离婚者。

6. 专为玩弄女性的资产阶级杯水主义。

资产阶级婚姻观点是当前进一步巩固和发展新的家庭关系的主要敌人,人民法院及有关部门必须通过批评教育的方法使犯错误的一方认识并改正自己的错误,慎重、严肃地对待家庭婚姻关系。事实证明,许多人的错误思想被纠正以后,他们的关系是可以恢复的。但也有一少部分离婚请求者拒绝人民法院的正确批评,坚持错误,坚决要求离婚。在这种情况下人民法院应当如何处理呢?从

幽桐同志的文章看来，给人这样一个印象，凡是坚决要求离婚，双方感情完全破裂不可能和好，不管什么原因，也不管当事人的思想如何，均应予判离，否则，就造成"一方或双方违法，犯罪，受处分，坐监狱的恶果"，同时不判决离婚也是与我国《婚姻法》规定的离婚自由原则相违背的。

我认为幽桐同志的观点是不正确的。用这种观点来指导实践将会引起男女关系和家庭婚姻关系上的混乱，与人民法院巩固与发展新的家庭婚姻关系任务不相容。人民法院不但要反对人们意识中的资产阶级思想，更重要的是反对资产阶级思想对我国新的社会关系与秩序的破坏。尽管幽桐同志也注意到要对离婚请求人的资产阶级思想进行批评，但他主张满足这种错误思想的要求，即允许资产阶级思想破坏新的社会关系，这样做的结果，不仅不能教育群众，反而助长了资产阶级思想的发展。把法院判决的作用只看做"决定夫妻间权利义务的存在或消灭的手段，而不应当用作制裁错误思想或行为的手段"，这是不全面的说法。

幽桐同志指出"判决离婚与否决定于夫妻关系本身，而不决定于人民法院的主观愿望"。这一论点必须做具体分析。

婚姻是家庭的基础，家庭是社会细胞，可见婚姻关系不仅仅是私人问题。列宁认为在爱情上在男女关系上"存在着社会利益，产生着对集体的义务"。所以离婚必须由法律来调整，这是因为任何离婚都是家庭的离散，往往关系着第二代的成长和发育。马克思指出："如果婚姻不是家庭基础的话，那么它就像友谊一样不是立法对象了。"正是基于这种马列主义的认识，我国《婚姻法》对离婚及其善后问题，用了整整3章的篇幅来做详细规定。

我国法律是社会主义的法律，它体现了以工人阶级为领导的全体人民的意志。人民法院在适用法律时所考虑的首先是从社会利益出发来决定满足或不满足某种要求。个人利益和个人意志只有在它与社会利益相符合时才有可能得到体现。由此可见，离婚取决于人民法院如何裁决，而不取决于个人意志。马克思在谈到司法上的判决时指出"司法上的判决只能是婚姻内部崩溃的记录"，这就说明司法上的离婚判决与夫妻关系的内部崩溃应当是一致的。但是，这绝不能得出这样的结论说，人民法院的判决仅仅是办一办法律手续而已，毫无其他积极意义。应当强调指出，婚姻内部是否崩溃并不是由婚姻一方的个人意志决定的，也就是说，一方故意人为地制造分裂甚至坚决要求离婚并不等于就是"内部崩溃"，正确地判断这种关系是人民法院根据法律规定，结合案件具体情况确定。马克思已经指出过"只有使法律成为人民意志的自觉表现，也就是说，它应该同人民的意志一起产生并由人民意志所创立"时才能"使人相信用以判断某种论理关系的存在已不再附合其本质的那些条件确定的正确而无成见”。

人民法院一切活动的目的,都是使我国尽快地由经济落后的国家变成具有现代工业和现代农业的强大社会主义国家,因此,它的任务除了通过审判活动惩罚犯罪,处理人民内部各种纠纷外,还必须通过自己的一切活动教育人民忠于祖国、遵守法律、遵守公共生活规则,诚恳地履行自己的社会义务。为此,人民法院必须与各种形式的资产阶级思想作坚决斗争,并保证我国新的社会关系,社会秩序免受这些坏思想的侵袭。这就决定了人民法院对于反映在离婚案件中的资产阶级婚姻观点除进行无情揭露和批判外,还必须坚决拒绝满足他们的任何不当请求。由此,我们就应当得出结论说,只有人民法院处理离婚案件时根据夫妻关系的具体情况,才能确定它是否已经崩溃。幽桐同志简单提出判决离婚与否取决于夫妻关系本身,这对于教育人民遵守法律是没有好处的,会使人们认为当人民法院不满足离婚请求就是限制了离婚自由,使有错误的人不但不去认识自己的错误,相反,会把他们这种不满情绪引导到“犯罪、坐牢、受处分”的道路。这种观点的危害是显而易见的。

人民法院判决那些由于资产阶级思想而要求离婚的人不准离婚是否违反婚姻自由原则呢?婚姻自由包括结婚自由与离婚自由。但无论结婚自由或离婚自由都没有绝对的意义。结婚自由要受到当事人双方是否均达法定结婚年龄,对方是否自愿等限制。同样,离婚自由也不是想离就离。离婚自由并不是目的,而只是把陷入已经“崩溃”的婚姻关系中的人解脱出来,使之再建立新的幸福家庭,以利于巩固家庭、教养子女。正是在这个意义上,列宁才肯定了离婚自由的原则,并且指出:事实上,离婚自由,并不是破坏家庭关系而是巩固家庭关系。离婚作为一种手段必须和它所要达到的目的相一致,也必须只有在原婚姻关系已经崩溃的前提下才被允许适用。如果有人对婚姻关系采取轻率态度或借口离婚自由来达到自己卑鄙的目的,破坏正常的家庭关系和社会秩序,违反家庭和子女利益,都是不能被允许的。毛主席教导说:“如果有一种民主被用来反对社会主义,那它绝不是社会主义民主。”同样我们也可以说,如果有一种婚姻自由是用来破坏家庭巩固,逃避对家庭和子女的义务,败坏共产主义道德,那它绝不是我国《婚姻法》所规定的婚姻自由。可见,人民法院对由于资产阶级婚姻观点而要求离婚的人判决不离婚,正是坚持了婚姻自由的原则。

许多离婚请求人对我国《婚姻法》有关离婚的规定有一种误解,他们认为,只要一方坚决要求离婚,法院即判决离婚,幽桐同志的文章正是符合这种想法的。幽桐写道:“法院并不愿人们离婚,在处理案件时首先进行调解,尽可能促成和好,但当夫妻关系已经崩溃。调解绝无效果时只能判离。”而由于文章中并未明确怎样才算崩溃，就难免给人这样一种印象，好像只要有决心坚持离婚要求，最终一定能达到目的。这样在客观上就鼓励了坚持错误，与我国《婚姻法》的规定是不符合的。我们认为，《婚姻法》第17条中是把离婚分作两种不同情况规定的，一种是不经审判程序解决，即双方同意离婚的，《婚姻法》规定“准予离婚”。另一种是经审判程序解决，即一方坚决要求离婚一方不同意的，经区人员政府调解又不能达成离或不离的协议，《婚姻法》规定“应即转报县或市人民法院处理……调解无效即行判决”。这里规定的是人民法院对离婚案件应该作出判决，并没有规定要作出怎样的判决。可见，人民法院对于由它处理的离婚案件经过审判后有权依法判决离婚，也有权依法判决不准离婚。

马克思主义者并不反对正当的离婚，但是马克思主义者从来就不认为离婚是改善家庭关系的上策，更不认为离婚是改善家庭关系的唯一办法。任何离婚都是家庭的离散，所以人民法院对于离婚请求者，特别是那些有子女或多子女的请求离婚的夫妇，总是教育他们履行对家庭和子女的义务，教育他们正确认识与严肃对待自己的婚姻问题，坚决反对资产阶级婚姻观点，正像马克思早已警告过的那样，谁随便离婚，那它就是想肯定：任意和非法行为就是婚姻法。

马克思主义者也反对只考虑夫妻两个人“幸福”和“不幸福”而忽略离婚对社会、对家庭、对子女的影响，并反对用这样的观点处理离婚问题。马克思在痛斥幸福主义者时写道：“他们仅仅想到两个人，而忘记了家庭，他们注意到的仅仅是夫妻个人意志，或更确切些说，仅仅是夫妻的任性，却没有注意到婚姻意志，即这种关系的伦理实体。”

总结上面所述，我反对满足因资产阶级思想而提出的离婚请求，但这并不是绝对的。凡一方严重地破坏共产主义道德，违背夫妻忠实义务或有其他违法犯罪等行为，使夫妻关系恶化以致对方据此请求离婚的，人民法院应当支持与满足这种正义要求。如果有罪过的一方提出离婚，这时有决定意义的是对方的态度。

婚姻关系是随着社会的发展和人们思想水平的提高而逐渐发展与提高的，人民法院的任务，就在于随着人们思想意识的提高，把婚姻关系推向更高阶段。

（1958年第3期）

第 4 期

肃清旧法观点克服右倾思想
巩固人民民主专政

许建国*

【编者按】 这是中共上海市委书记处书记许建国同志1958年1月间在上海政法干部大会上所作的报告中的一部分内容,是根据记录整理起来的。

一

从1957年党中央发布关于整风运动的指示以来,到现在快要一年了。这次整风,是一场政治上和思想上的社会主义革命,声势空前浩大,高潮接着高潮,到处热火朝天。通过大鸣大放和大争大辩,发扬了朝气蓬勃的革命意志,鼓起了排山倒海的革命干劲,掀起了工农业生产和文化教育科学和各项事业的社会主义"大跃进"的高潮,使我们国家的每一个地区、每一个部门都面目一新。这次伟大的运动鼓舞了全体人民,也鼓舞了我们政法干部。在过去一年中,全国广大政法干部热烈投入整风运动,经过了反"右派"斗争,进一步检查和批判了旧法观点和"右"倾思想,整顿了作风,改进了工作,为巩固和加强人民民主专政努力,为建设社会主义大生产服务,成绩也是十分巨大的。

在1957年夏季,资产阶级"右派分子"借我们党开展整风运动的机会,对党和社会主义进行了猖狂的进攻。他们特别突出地攻击无产阶级专政,反对和污蔑镇反、肃反运动,他们的矛头直接指向我们的政法工作。在党的领导下,我们充分发动了群众,经过激烈的反"右派"斗争,已经彻底粉碎了"右派分子"的这种攻击和污蔑,保卫了社会主义事业。在这场严重的阶级斗争中,广大干部和人民群众受到了一次深刻的教育和锻炼,澄清了模糊思想,明辨了大是大非,提高了政治觉悟和革命警惕性。这对进一步巩固人民民主专政,彻底地肃清反革命,提供了极为有利的条件。

现在政法机关的整风运动正处在热火朝天的整改高潮。上海政法各部门在

---

* 作者单位:上海市政府。

整风中提出了几百万张大字报。其中有尖锐辛辣的批判，也有积极动人的建议，打击了一批坏人坏事，更多地出现了新人新事。经过整风运动，政法部门的工作和政治思想面貌起了很大的变化，民主空气空前活跃，干部的社会主义觉悟和政治积极性空前高涨，出现了积极改进领导、改进工作和改造自己的朝气蓬勃的新气象。上海各区人民法院的审判员、助审员和书记员，深入工厂里弄，依靠群众审理案件。不但民事案件得到群众帮助，有很多能获得迅速圆满的解决，就是刑事案件也能通过群众，更确实地了解情况，及时惩办犯罪，保护人民。依靠群众办案，不但轻微案件办得快，就是有些复杂的案件也顺利地解决了。检察院通过整风改进了工作，工作效率显著提高。他们努力做到"随到随批，及时起诉"，消灭积案，并主动地同公安、法院等机关联系，共同研究区内的犯罪情况，统一部署，更有效地打击各种犯罪活动。公安机关"户籍警上门受理申报户口"，有的还做到24小时内都可受理申报户口，不使群众浪费时间。最近淮阴路发生的盗杀案，在公安干部和群众的结合下，32小时内就破了案，逮捕凶犯两人归案法办。这样由于干部干劲的提高，工作方法的改进，工作效率也大大提高了。

以上这些工作方法改革以后，不仅办案快，而且在质量上也有提高。正因为正确地掌握政策，不仅能打击敌人，也能很好地解决人民内部的矛盾，使群众满意，大大有利于生产建设。这种打掉官风、走出办公室、深入群众、深入实际去处理案件的方法，生动地说明了上海各政法部门正在工作作风和工作方法上进行一个重大的革命。政法部门正和其他部门一样，是在党的密切领导之下，在伟大的整风运动中获得巨大的成绩。

二

我们政法机关对敌斗争是积极的、坚决的，执行党的方针政策，基本上也是正确的。但是在整风中间也检查出不少干部在实际工作中还存在不少的缺点和错误，和脱离群众、脱离实际的思想作风。

从1956年春季以来，特别是1957年上半年内，在部分干部中产生了"右倾"思想，一度放松了对敌斗争。主要是对反革命分子、坏分子和不法资产阶级分子的现行破坏活动惩办不严，发生了该捕不捕、该起诉不起诉、该判不判、重罪轻判、应该从严处理的案件也从宽处理，以及放松管教和改造工作的倾向。这些右的偏向虽然是局部的、暂时的，表现在各个部门的程度也是不同的，但是曾经一度助长了敌人的嚣张气焰，引起了人民群众的不满，影响了干部对敌斗争的积极性。对于这些错误的严重性，必须要有足够的认识估计。

更严重的是少数干部的极端"右倾"错误,已经发展到宽大无边、敌我不分、违抗党的方针政策的严重地步。如个别干部竟怀疑1955年的肃反运动的必要性、正确性,缩小运动的巨大成绩,夸大运动的缺点错误。他们看不到1955年国际反动派在制造紧张局势,国内正是社会主义革命高潮的前夜,敌人破坏捣乱气焰嚣张的形势,反而错误地认为党对敌情估计过高。他们提出许多所谓理由,不逮捕、控诉那些反革命分子和刑事犯罪分子,或不予判刑。他们还搜集所谓冤错案例,到处宣扬,以"证明"1955年的肃反运动错误严重。他们的做法,竟和黄绍竑、杨兆龙等"右派分子"攻击肃反的行为,没有什么两样。

这些干部还带着极端右倾思想去搞清案工作,"以否定一切的情绪和宽大无边的精神去乱翻旧案",强调查错、查轻罪重判,不提或被迫才提查漏、查重罪轻判。夸大了错案数量,错放了许多罪犯。把不是错、冤的案件也作为错、冤案清了,把正确执行政策的案件也作为偏差去纠正,把不该释放的犯人也作为好人释放。错放了许多坏人,在政治上给党给人民造成很大的危害,特别是助长了右派分子进攻的气焰。

司法部门的个别干部不仅怀疑镇反、肃反,还不满群众运动。他们说:"搞运动是违法的","运动与宪法的关系还没有解决"。他们特别仇视和反对司法改革,说司法改革曾"否定一切",改得多,建得少,连审判程序也给改掉了,对旧人员是"不分是非、一脚踢开"。当社会上的"右派分子"向党进攻的时候,他们也为旧法人员感冤叫屈,叫嚣要让旧法人员"归队"。但事实跟他们的看法正相反。司法改革从根本上摧毁了旧法,这是必要的、正确的,其成绩是不容抹杀的。整风运动开展以后,"右派分子"乘机攻击和污蔑了司法改革,旧法观点在某些干部中有所泛滥——这个事实,正说明司法改革不是改"过了头",而是改得不彻底,对旧法观点的批判,还远没有做得深透。

在法制问题上,他们到处推崇、贩卖旧法,用反动的资产阶级的旧法来反对社会主义的革命法制。宣扬"旧法可以继承",把旧法捧为"历史的宝藏"。污蔑社会主义法制为"公式化"、"概念化",说司法部门的领导干部对法律"毫无创见,企图用别人的威信或政治上的空洞词句,来掩盖自己法律上的无知"。猖狂地攻击党扼杀了法律科学的研究,认为"当前法律科学水平所以低下,是由于盲目地回避旧法"。他们主张"人民民主法制的建设,要从旧法里面去寻找宝藏"。有的主张恢复资本主义的律师制度,由律师自己"挂牌",说"律师愿意为被告怎么辩就怎么辩",不应该受"干涉"。有的标榜"防错论",曲解中央关于"提高警惕,肃清一切特务分子;防止偏差,不要冤枉一个好人"的方针,说法院只能用后面12字。反对在法院的工作中提"打击"、"斗争"等字眼,企图离开对敌人专政来谈保护人民民主权利，把专政武器变为单纯的防错机关和庇护犯罪的工具。还有少数司法、检察干部，在办案中用“无罪推定论”、“有利被告论”为罪犯开脱罪责。他们认为只有轻罪重判才是违法，而放纵罪犯、漏掉敌人，似乎并不违法。于是，有的把伪检察官迫害共产党员，说成是“职务犯罪”，把逼人致死、指使杀人，说成“无直接因果关系”。说“1945 年以前的反动党团骨干和特务分子是我们的朋友”，“现行特务无破坏后果，可免予处理”。有的强调证据到了不尽情理的地步。如已获有证据的强奸案件，还要第三者作证。对已查实的派遣进来的特务案件，仅因没有拿到特务机关的“派令”而拒绝起诉。这些情况难道不是敌我不分、以敌为友、放纵敌人、损害人民的行为么？按照他们的做法，其实质及后果就是不要无产阶级专政，就是要保护反革命的民主，而不要人民的民主。他们对于反革命分子的叫嚣和反革命家属的申诉听得进，对于人民愤恨反革命的呼声就听不进，他们想尽一切办法用各种荒谬借口来为敌人开脱罪责。对于我们党依靠人民群众经过几十年阶级斗争所创造出来的革命法制，他们不感兴趣，偏偏只相信旧法，这难道不是极端荒谬的吗？

少数干部不仅在对敌斗争上犯了宽大无边的错误，而且在服从党的绝对领导方面，也发生了以各种形式企图摆脱或削弱党的领导的倾向。他们把宪法上规定的党的领导权也否定了。有少数检察干部曲解了“地方各级人民检察院独立行使职权”的规定，以特权者自居，企图摆脱党对检察机关的领导，违背或者拒绝党委的指示、决定。个别干部对于清案工作就不依照党委的指示办事，而自搞一套，擅自试行。1957 年 8 月党委指示政法部门批判和克服“右倾”思想，他们却抗拒这个指示和批评，说“要为真理斗争到底”。还有个别干部不强调依靠党，而强调依靠自己的检察系统、自己的下级，说：“路是走出来的，不要怕跌跤。”他们错误地理解一般监督，说一般监督等于“侦察机”。也就是说，它对于任何机关都有施以“侦察”的权力。因此，不该管的也去管，不属法律范围的也去乱加干涉。有些基层的检察干部也往往拒不执行区委的决定，甚至公开提出“检察院执行区委决定违法”，“检察员只能服从法不能服从党”。这些行为，实际上是把检察机关凌驾于一切之上。

司法部门也有少数人以“人民法院独立进行审判，只服从法律”为借口，不服从党的领导，要求改变重大案件必须请示党委的制度，否则就说是“以党代政，以党代法”。不仅如此，审判员和合议庭还可以随便改变同级党委的决定。中级人民法院有一个助理审判员竟以自己能够改变区委的决定而“自豪”。独立审判不仅向党委闹，在法院内部也闹得凶，闹得院长无权过问案件，形成审判员、合议庭向院长独立。

少数干部不仅不要党的领导,而且也反对贯彻党的群众路线。有的司法干部反对依靠群众办案,说"依靠群众办案是过时的农村中的大呼隆的一套,现在行不通了","办案主要应通过调查庭进行调查",再强调依靠群众,走群众路线就"不正规、不合法"了。大呼隆的做法固然不对,但我们所说的群众路线绝不是他们所说的"大呼隆"。清案改判工作所以把不应改的改了、不应放的放了,正是由于没有走群众路线。有些检察干部以监督者自居,只监督别人,自己却不受人监督。他们释放在押犯,在批捕、起诉问题上,也往往表现了"大权在手、独断独行",不听取有关部门的意见,也不听取群众的意见。有时直接到监所放人,或者将免予起诉书直接送达犯人。在劳改监督工作上,不相信自己的同志,却很相信犯人,对犯人几乎是有求必应,找犯人谈话要看守干部回避,对犯人关心得无微不至。

整风运动不仅揭露了以上这些缺点和错误,而且还揭露了政法部门在其他问题上的官僚主义、主观主义和宗派主义的坏现象。这些坏现象属于领导作风方面的比较多。其中突出的是在部分领导干部中存在严重的"官气",表现出骄傲自满,特权思想,他们自以为是,作风不民主,遇事很少同群众商量。有的甚至简单急躁、态度粗暴,往往以行政命令代替说服教育。公安部门除了存在这些问题以外,还有少数干部在对敌斗争中,不密切联系群众,同群众商量,存在神秘孤立作风。在捕处罪犯时,又存在不严格按照法律办事的现象。有些部门领导干部事务忙乱,不深入下层,重要问题不亲自动手,办事拖拉,对党的方针政策缺乏认真研究。也有的生活作风特殊,不重视党的组织生活,缺乏接受党的基层组织和群众监督的自觉性,从而严重脱离了群众,影响了党群之间、上下之间、部门之间的关系。此外还有一些干部存在单纯业务观点和不问政治的倾向,亦有的革命意志衰退,缺乏朝气。不少干部中还不同程度地存在个人主义、自由主义、平均主义、分散主义和极端民主的倾向。

一年多来政法部门所以发生"右"的偏向和不良现象,主要是有不少干部思想认识落后于客观实际,不能够正确地掌握形势的发展变化,对敌情估计不足,对党的方针政策学习领会很差,对人民内部矛盾和敌我矛盾的性质区别不清。他们阶级立场不坚定,原来就有右倾思想,或者受到资产阶级旧法的影响,在黄绍竑、谭惕吾等"右派分子"对镇反肃反运动猖狂进攻时候,就模糊了政治方向。有一种人是受了资产阶级思想的侵蚀,从严重骄傲自满和极端个人主义发展到与党对立。正如柯庆施同志所说,"他们什么性都有,就是没有党性,什么主义都有,就是没有共产主义”。[①] 还有一种人本来就是阶级异己分子,出身于地主、资产阶级,混入革命队伍以至混入党内之后,其阶级立场没有得到根本改造,在社会主义革命更加深入的重要关头,暴露了反动的阶级本质,成为社会主义事业的反对派。这些思想和作风,危害是很大的,若不在整风中揭发和割除,是无法健全发展社会主义法制,完成社会主义的伟大事业的。

三

对于以上所说的问题,我们不仅应当分清是非,分清其性质,同时还应当吸取经验教训。

1. 第一个教训是我们政法机关必须坚决服从党的绝对领导

党是我们国家的领导核心,没有党的领导就没有无产阶级专政,就没有社会主义制度。这一点在宪法中已经作了明确的记载和规定。有的同志把服从党的领导和对法律负责对立起来,这是完全错误的。法律是阶级斗争的武器,是为阶级斗争服务的,哪个阶级掌握了政权,它就运用了这个武器。我们的法律就是我们无产阶级专政的武器,法律是无产阶级创造的,并不是法律创造了无产阶级。我们的法律是为了便于实行无产阶级专政,遵守法律同服从党的领导是完全一致的。“法院独立进行审判”是说法院独立进行工作,并不是说法院可以向党闹独立。所谓“地方各级人民检察院独立行使职权”,也并没有说它可以不接受党委的领导。只有加强党的领导,才能保证专政武器有效地准确打击敌人,才能正确地实施法律,充分发挥社会主义法制的威力。

在强调绝对服从党的领导的同时,还必须强调:公安、检察、法院 3 个机关应当正确地按照分工负责、互相制约的原则办事。3 个机关都是无产阶级专政的武器,其任务就是对敌人专政。因此,必须统一团结、通力合作、一致对敌。在一致对敌的前提下,发挥分工负责、互相制约的作用。片面地强调制约,从监督出发,忽视合作,是错误的。执法者必须在法律的监督之下,但所谓制约不是单方面的,而是互相联系的,互相影响的,你制约我,我也制约你。当然,也必须讲清楚:3 个机关团结一致,通力合作,也必须有原则。不能因为要一致,要协作,就彼此迁就,不讲原则,明知错了也不提意见。那同样要犯严重的错误。

---

① 柯庆施著:《乘风破浪,加速建设社会主义的新上海》,上海人民出版社 1958 年版。

2. 第二个教训是必须继续加强人民民主专政

公安、检察、法院3个机关都是专政的武器，其职能是对社会主义的敌人、对反革命分子和其他刑事犯罪分子以及各种坏分子实行专政，坚决地予以打击和惩办，以保卫国家和人民利益，保卫社会主义事业的顺利进行。我们政法干部必须加强专政的观念，必须保持高度的警惕性。解放以来，经过大规模的镇反肃反运动和历次政治运动，严重地打击和分化了反革命残余势力，现在"还有反革命，但是不多了"。[①] 首先应该记住"还有反革命"。特别上海是帝国主义统治了一百多年的城市，社会情况十分复杂，流氓势力过去是很大的，现在还未彻底肃清，资产阶级的改造也未完成，敌人还有社会基础，还会继续滋生出新的反革命分子和各种犯罪分子。目前，上海仍然是敌人阴谋破坏的一个重要目标，帝国主义和蒋介石集团还在不断派遣特务间谍进来。因此，上海的对敌斗争任务是长期的、艰巨的，任何放松警惕的想法都是完全错误的。当然，认为反革命活动越来越严重的想法也是没有根据的。

3. 第三个教训是要正确地掌握阶级斗争形势的发展变化掌握斗争的规律

以往的经验告诉我们，对敌人斗争，特别是跟隐蔽的敌人作斗争，常常表现出一紧一松，随着斗争形势的时紧时松，执行政策应该宽严相济。当敌人气焰嚣张的时候，政策上应该从严，但不要忽视对于动摇的敌人还有从宽的一面；当敌人受到决定性的打击，并开始分化瓦解的时候，政策上可以适当放宽一些，但也不要忽视对于坚决的敌人，还有从严惩治的一面。宽与严必须以无产阶级专政、对国家、对人民有利为前提。可是有些同志不懂得这一点，因而每当斗争形势的转变关头，思想认识往往落后于实际，辨别不清斗争的方向。1956年春季，根据当时形势，党提出进一步实行宽大政策以后，有些同志就从"右"的方面作了错误的理解，片面地强调从宽的一面，忘记了"还有反革命"的一面。甚至在1957年当"右派分子"向党猖狂进攻，一度缓和的阶级斗争形势又趋紧张的情况下，对反革命分子、反动地主、富农和其他坏分子乘机进行破坏活动的趋势，也缺乏足够的认识和警惕。还有些同志对两类不同性质的矛盾区别不清，忽视了敌我矛盾的存在，把敌我矛盾也当做人民内部矛盾来处理（有人把人民内部矛盾当做敌我矛盾来处理，当然也是错误的）。由于某些干部不懂得以上这些道理，在这次批评右倾思想中，一听到要反右倾，腰杆子就挺不起来，工作就缩手缩脚，办案子"宁左勿右"。有的甚至认为反"右"反"左"，反复无常，这是极为幼稚的。我们必须记住，"阶级斗争还没有结束，社会主义和资本主义谁战胜谁的问题还

① 毛泽东著：《关于正确处理人民内部矛盾的问题》。

没有完全解决，斗争还是长期的、曲折的，有时甚至很激烈的。无产阶级同资产阶级的矛盾，社会主义同资本主义的两条道路的斗争，在整个过渡时期，仍然是国内的主要矛盾”。① 只要世界上还有帝国主义和资产阶级，也就仍然会有阶级斗争，而在阶级斗争存在的情况下，就必然会有同反革命分子和反社会主义分子的斗争。同时我们又必须懂得，当前国内的阶级矛盾，既表现为敌我矛盾，又大量地体现在人民内部的矛盾之中，两种矛盾在一定条件下又可能转化。我们只有正确地认识和掌握了过渡时期的斗争的复杂性，灵活地运用斗争的策略才可避免犯“左”或右的错误。在政治战线上必须经常地开展反对“左倾”和反对“右倾”的两条路线的斗争，以保证党的方针政策的正确贯彻执行。

4. 第四个教训是必须坚持政法工作的群众路线

这是我们党的根本的政治路线和组织路线，我们政法机关毫无例外地必须遵循这条路线。我们共产党人之所以能够战胜一切敌人，取得革命的胜利，最根本的原因就是依靠人民群众，并且得到了他们的拥护。人民群众是我们克服各种困难的无穷无尽的力量的源泉。历史经验证明：我们社会主义法制之所以有力量，正是由于贯彻了“从群众中来，到群众中去”的原则，它无隔阂地反映了人民的意志和要求，从而变成群众自觉的行动。我国的肃反运动和司法工作所以“是先进的，是成功的，是彻底的”，正是由于我们党有着多年的专政机关同广大群众相结合的成功经验。在这里必须批判那种认为“审判工作的群众路线已过时了”的滥调，这是少数别有用心分子故意在歪曲我们人民的司法工作。最近的事例也充分说明，司法工作群众路线是正确贯彻法制的泉源。整改以来，各级人民法院好多审判员改变了孤立的“坐堂问案”的办案作风，采取携卷深入群众中去，特别是办理民事案件时简化办案程序，显著地提高了办案效率。一件解放八年多来未曾办结的复杂案件，在携卷深入到群众中去，依靠群众作了深入调查研究之后也办结了，而且做到群众满意，当事人满意，法院自己也满意。事实证明，我们党在革命斗争中用鲜血换来的宝贵的历史经验，必须坚持贯彻。这是不容置疑的。

上海政法机关在党委的绝对领导下，正在继续贯彻伟大的整风运动，全党动员，全民动员，正以万马奔腾、乘风破浪的无比力量，鼓足革命干劲，争取各项工作大跃进。一年以来，我们已经揭发和批判了严重的右倾思想、旧法观点和各种不良作风，今后仍须继续彻底进行批判，并予以克服，端正干部的政治方向，牢固

---

① 柯庆施著：《乘风破浪，加速建设社会主义的新上海》（单行本），上海人民出版社 1958 年版，第 2 页。

地树立绝对服从党委领导和加强无产阶级专政的思想，坚决反对脱离实际，脱离群众的官僚主义、主观主义和宗派主义。彻底批判骄傲自满、特权思想，批判粗糙草率和神秘孤立的作风。必须彻底解决整风中提出来的问题，大胆地改、彻底地改，使政法工作面目一新。

每个政法工作干部，特别是领导干部，应该提出指标，制定规划，经常认真地学习马克思列宁主义和毛泽东同志的著作，研究中央的政策指示，努力钻研业务，提高政治理论和政策业务水平。以便在几年之内，建成为一支政治坚强、熟悉业务、红透专深的政法干部队伍，大大提高政法工作的水平，为保卫社会主义建设事业而努力。

（1958 年第 4 期）

华东政法学院教学改革工作初步总结

华东政法学院*

一

5年来,我院在中央和上海市委领导下,经过师生员工的共同努力,基本上完成了有计划地培养政法干部的任务,在教学和科学研究上积累了一定的经验,培养了一批基本能适应教学任务的师资。因此成绩是基本的。但在整风运动的大鸣大放中,尤其是在反浪费反保守运动中,也暴露了我院几年来的教学工作存在很多的缺点和错误。就群众揭发的情况来看,最严重的问题是在培养的学生中"废次品"率很高,达14%左右。突出的如四年级,原有学生380人,历年退学的55人,"右派分子"16人,反革命分子2人,违法乱纪的坏分子6人,不合国家要求、将来不能做政法干部的6人,计85人,"废次品"率达22.4%,这是在学校工作上最大的浪费。部分学生入学后在较长时期内没有建立安心学习政法专业的思想,要做文学家的不乏其人。在双反运动前还有一个学生写一长信给党委,认为在我院学习是浪费他的青春,要求转学文学,好当作家。有些学生课余时间专看小说,看小说之风曾一度很盛,一年级一学生在一学期内看小说60余册。为害尤甚者,在司法部门反"右派"斗争中所揭露的右派论点,如"无罪推定论"、"有利被告论"、"轻刑主义"、强调一般监督、独立审判等忽视乃至取消党的领导和无产阶级专政的旧法观点和修正主义观点,在我院某些课程的讲稿中几乎都能找到影踪。究其原因,大体有以下几个问题。

(一)教育思想问题

我院是在1952年司法改革的基础上建立起来的。当时的任务是迅速培养一批工人阶级自己的政法干部。一开始就专门举办了七百余人的两年制专修科的工农班;1954年后又以训练在职干部为主,3期共训练700人以上;此外还在夜大中为在职干部专设了两个班。至1956年,在强调正规化之下才停办干训部。故在建校之初,领导思想是明确的,坚决贯彻了向工农开门的方针。自1954年开始吸收本科四年制的学生。以后由于教务部门指导思想不明确,片面

* 作者单位:华东政法学院(现华东政法大学)。

地强调正规，某些出身于剥削阶级的教师对工农缺乏感情，为工农开门的思想日渐薄弱，执行向工农开门的方针受到了一定的阻碍。表现在招生上出现了重成绩，轻政治的现象，在所吸收的学生中真正是工农出身的仅占45.5%。我校虽然调干生较多(533人)，但有一部分是不适合在部队、机关工作而复员、精简下来的，思想、品质都不够好；青年学生则不少对政法专业无兴趣，在1957年入学的一年级四班30余人中，第一志愿是政法的仅一二人，大部分是第五志愿以后的，最突出的是第十二志愿的。他们又片面地理解高教部规定的“培养高级政法干部”、“法学家”的培养目标，要“高”、要“家”，成了他们的“奋斗目标”。甚至个别教务部门的负责人还公开散布“名利双收”的思想。这些资产阶级的思想曾经泛滥了一个时期，在鸣放中就集中地反映出来。“做书记员是大材小用，是浪费”、“不愿做书记员”的大字报触目皆是，引起了一场剧烈的争辩(这是我院专题辩论的第一个题目)，但基本问题并未获得彻底解决。表现在日常的教学中，部分教师对于工农同学不是以诲人不倦的精神倍加教育和帮助，而是讽刺、刁难。有些教员说工农同学是“茶壶里煮饺子”(意思是工农同学虽有一定的实际经验，但无夸夸其谈的“口才”)、“国家五年计划四年完成，你四年学习要五年完成”、“你的提纲(课堂讨论发言提纲)比经典作家的还要精练”。这些教师特别喜爱那些“能说会道、爱吹善辩”的青年学生，认为他们有“天才”、有“学问”。对工农同学是辅导不足，考查特多。工农同学疲于应付，感到学习困难重重，对老师则敬畏有加，对同学则自愧弗如。于是，或因过于劳累而致疾，或因怯于困难而退学。这些问题说明：对于应该为国家培养什么干部，在相当一部分师生思想中存在混乱。他们所要求的和力行的实质上是走资产阶级知识分子的道路，而不是培养工人阶级的知识分子。

(二)办学方针问题

根据中央指示，我院的办学方针是：“以老干部为骨干，积极培养青年知识分子，团结改造老教授。”这就是依靠什么人来教的问题，组织路线的问题。我院就是依靠老干部起家的。在建校初期，就陆续从地方政法部门和部队中调来了一批老干部(他们大都经过一定时期的训练)，经过他们的努力，在当时师资缺乏、经验不足、教材很少的情况下，不仅完成了教学任务，也培养了一批青年教师。但在1955年中央提出“百花齐放、百家争鸣”的方针和向科学进军的口号以后，部分教师对这些方针作了修正主义的理解，尤其是教务部门的个别负责干部竟公然提出无原则的“在党的领导下，依靠全体教师”的口号来代替中央的以老干部为骨干的方针。他们片面地把科学理解为就是书本知识，因而过多地宣扬老教授有“才”，夸大了青年教师的能力，贬低了老干部的作用。部分青年教师从而滋长了骄气，自命不凡，把向科学进军变成向书本进军，向副博士进军，形成严重的脱离政治、脱离实践，给教学工作带来了严重的危害。

在贯彻“全面发展，因材施教”的方针上，领导中特别严重的是教务长徐盼秋同志也以修正主义的观点来解释这个方针，离开了政法专业的党性这个共性，片面地强调个性发展，实质上是宣扬了资产阶级个人主义自由发展的观点，对于部分学生不安于政法专业和追求名利的思想，起了推波助澜的作用。

（三）教学内容和教学方法问题

建校初期，师资不足，曾请了较多的业务部门的干部讲课，因而教学内容能够紧密结合实际，效果也好。但后来坚持贯彻理论联系实际的方针不够，不少教师对这个方针的理解简单化，把理论联系实际变成举几个例子来说明理论，甚至有的连这一点也做不到，单纯搬用外国教科书，讲稿内连一个中国的例子也找不出来。如给干训部学员讲的苏维埃民法，学员当时就有意见，认为光讲苏联的在实际工作中用不上。教员却说：“这是苏维埃民法，只在苏联适用，怎能讲中国的？”据国家法教研组检查，该组七门课程只有一门是中国的——中国宪法。由于教员这样严重地脱离司法实践、阶级斗争和学生的思想实际，他们自己的思想水平不高，受到旧法观点的影响，在教学内容中就出现了严重的旧法观点和修正主义，不把法律科学这样一个具有强烈的政治性的理论武器和无产阶级专政的工具去对准阶级敌人和犯罪分子，而把矛头倒过来，限制和束缚了无产阶级专政的国家机关及其工作人员。在教学方法上，同样出现了教条主义和形式主义的倾向，讲授时平铺直叙，批判旧法软弱无力，课堂讨论题大面广、教员背诵小结，考试考查只凭死记硬背等，致使“右派分子”也能获得五分。

（四）领导作风问题

领导抓教学不够，在较长时期内，教务部门的负责同志思想作风上有严重的缺点和错误，工作上严重地不负责任，经常是飘在外面、浮在上面，或者是马马虎虎，不大管事。下面教师中曾流行过这样一句话：“凭良心做事！”因而在教学思想上没有认真地展开两条路线的斗争，对教学内容和教学方法上存在的问题缺少严格的检查和批判，对教员和学生的思想政治教育也不够经常，等等。

二

在整风运动中，我院的教学改革，大致经历了3个阶段：

第一个阶段：自1957年11月下旬开始到1958年1月上旬，主要是“拣芝麻”，在教学方法、师生关系、学习条件等方面作了改进，同时抓住了业务理论课——国家与法的理论,进行了从教学内容到教学方法一系列的试验性的改革,重点地检查了问题比较严重的四门业务课——刑法、刑诉、法院检察院组织法和海商法,在边整边改的基础上提出了改进教学、科学研究和师资培养3个改革方案。

第二个阶段:在第二次反“右派”斗争以后,即自1958年2月初至寒假结束,主要进行了教学改革的复查工作,提出向又红又专跃进的口号。反“右派”斗争基本结束时即乘反“右”之风,召开了以“乘风破浪,鼓足干劲,向又红又专的目标跃进”为中心的学生代表和全体教师会议,根据上海市党代表大会的精神,总结了过去的改革工作,肯定成绩,改正缺点,指明方向,提出办法,同时批判了右倾保守思想。这样就使师生们认清了形势,明确要巩固已经获得的成果,彻底搞好教学改革,必须使自己成为又红又专的工人阶级知识分子。寒假中,各个教研组、教师和部分学生都订立了集体的和个人的红专规划,掀起了向又红又专大跃进的高潮。领导上又进一步修改了教学改革方案,使教学改革深入了一步,开始接触到教学思想的彻底改造问题,为进行双反运动、开展教学大检查和政法教育大革新奠定了思想基础。

第三个阶段:自双反运动开始到现在。在原来改革的基础上,进一步发动师生对教学工作进行了大检查,在教学内容、教学方法、教学制度、教学作风和教学思想上来一个大跃进。当双反运动如火如荼地形成高潮时,院党委立即号召全院师生集中力量,拿出革命干劲,上下推动,互相促进,用师生协作、群众路线的方法,充分运用大鸣大放、大争大辩和大字报的民主形式,针对教学和科学研究中的旧法观点、修正主义和教学方法上的教条主义等歪风邪气,进行一次大检查和大整改。于是,教学改革工作出现了新的热潮。教师和学生把在教学工作中违反又红又专的缺点和错误看成是最大的浪费和保守,他们通过大字报和师生协作代表会议对教学中的浪费和保守现象进行了猛烈的攻击,提出教学方面的意见共1690条(经过集中的),特别是集中到教学内容、教学作风和教学思想问题,教学改革又深入了一步。这些意见大部分是好的,我们通过师生协作代表会议和师生谈心会,在不到一周内就改了90.9%。其余问题是需要经过进一步的辩论解决的,准备采用科学讨论会的形式进行深入的辩论和批判,其中比较突出的是教育思想问题。目前正在开展献宝交心、比先进、比多快好省的运动,在肯定成绩、树立先进、指出不足的同时,来开展全院性的大辩论,批判资产阶级的教育思想和学术思想,使运动进入新的高潮,以解决教学改革中的根本问题。

由此可见,我院的教学改革是随着运动的不断发展而逐渐深入的,一般的是:先改学习条件、教学方法和教学作风,从而发展到教学内容,再进而发展到教

育思想和学术思想。虽然后一段工作尚未结束,工作上也还有缺点,但经过4个月来的努力,在教学工作上已呈现了一片新气象:

1. 新的学风开始出现,学习与斗争相结合,特别是政法教育与司法实践相结合的思想已经在教师和学生中得到贯彻。教师们纷纷深入实际,争先恐后地到业务部门和工作现场去搜集材料,请业务部门的负责同志和有实际经验的同志讲课。国家法教研组宪法小组已搬到市人委去备课。民法教研组14位教师全部出动,已经联系了市、区、农村、工厂和外县的61个单位,和41个单位建立了巩固的联系。在联系中,他们参加了22次各种座谈会;访问了农村干部、司法干部以及企业机关的干部68人;请实际部门的同志给他们上了10次小课;搜集了内部资料、典型案例、统计、总结、规划等320件实际材料;约定了5个专题报告人;抄写了法院、农村、里弄有关的大字报444张。他们深入农业社的生产队,参观了工厂的生产过程,和法院干部一起下里弄办案。在广泛的深入实际中,他们看到了很多,解决了许多书本上不能解决的问题。如了解了城乡民事案件的发展情况、解决婚姻纠纷的政策界限、依靠群众办案的优越性、民不理刑这一旧法观点的危害性等。他们提出的行动口号是:

打破老框子,冲破原体系,
兴无又灭资,理论合实际。

海商法老教授魏文翰原来是一个公私合营轮船公司的经理。他也到港务局去请负责同志来讲课,还和同学们说,要让同学们到轮船上去搞勤工俭学。理论组的教师们除提出在五年内最少有一年时间下乡下厂去劳动锻炼和进行调查研究外,现在全部深入下班(其中一部分是政治辅导员)搞"试验田",和同学们打成一片,把理论教育和思想政治工作合而为一。国家与法的理论、历史教研组提出的口号是:

学习理论为实践,研究历史为今天。
马列主义中国化,两类矛盾是红线。

教研组内的协作关系也大有改进,出现了集体互助的新气象,教师的备课和科学研究工作都采取集体合作的办法进行了。

学生的学习也改变了过去死啃书本和不重视学习党的政策和党报社论、不联系自己思想的现象。特别是通过集体检查教学内容,提高了识别能力,从而深刻体会到过去教条主义学习方法的危害性。他们说："过去是老师讲，我们听。只要把条条记清，就能拿到五分！""现在再来检查过去学习的东西，收获更大！""比考试还紧张，比读几年书有用！"所以他们对教学大检查认为不仅是为了改进教学，而且检查本身就是很好的一次学习。许多不看报的现在看报了，不少班级的规划中都订出要认真阅读党报社论；有的支部还学会了通过学习党报社论来安排和改进自己的工作；有的班级在搞勤工俭学的劳动时利用休息时间读报（也为工人读报），有的在推煤时由一个人讲报。他们把这些学习看得很重要。他们说："政治思想是统帅，是灵魂；党团教育是保证，是命根。"在学习讨论中提高了自觉性和战斗性，能根据党的政策和马克思列宁主义理论，联系实际问题开展辩论，进行批评与自我批评。

2. 教学和生产相结合的思想已经初步树立，爱劳动之风已经形成。在"文武双全，勤工俭学；德才兼备，又红又专"口号的鼓舞下，勤工俭学已经掀起热潮。在校内组织了装订、补鞋、白铁、木工、养兔、理发等 17 个小组；在校外通过联系 1200 多个单位，已经确定 78 个工厂可以经常去生产，参加人数达 708 人。根据目前预计，全年可收入 9 万～13 万元，我院提出的在年内达到学生生活费用（共 18 万余元）的半数自给是可以实现的。有些班级还提出要全部自给。一年级五班 31 人，享受助学金和生活补助费 310 元，他们提出从 1958 年 3 月起就全部自给自足。四年级十班在"不怕累、不怕苦、不怕脏，争取干重活，绝不图轻松"的口号下，争取在本学期达到全部自给。院领导同志和教师也抽出一定时间参加了同学们的劳动队伍。目前正准备规定每周抽出一定时间全体干部和教师参加劳动的制度。

3. 师生更加团结。在尊师爱生的思想指导下，开展了同志式的诚恳而又严肃的批评与自我批评，师生关系更加密切。教师们从实践中体验到要搞好教学必须依靠学生，因而表示要"引火烧身"，欢迎同学批评。国家与法的理论组教师翟廷晋说："过去我们讲得好坏，只是从教务部门得到一些反映，还感到不错，但是'产品'未经'消费者'检验。这次通过同学大检查，好像照了一下镜子，看到问题严重了，非改不可！"许多教师都把自己检查出来的问题告诉学生，以引导和启发同学协同教师更深入的检查。老教授们还敲锣打鼓地高举"引火烧身"的大字牌进入师生协作代表会议的会场，要求同学们提意见。有的教师对同学提意见不多、不尖锐的就感到不过"瘾"。学生们对此深受感动，在师生谈心会上也主动检讨了在开始批评时的某些过火的意见，检查了过去学习上的教条主义，说明不能单怪老师，并纷纷在会上、在广播中、在院刊上和书信中向老师们表示感谢。他们听到俄文教研组主任陈忠诚说，他以后教工农班，就是为了向工农同学学习，很激动地说："老师们现在这样谦虚，我们一定要更好地学习！"过去同学们见到老师是昂首而过，现在老远就亲热地问好了。在"尊师爱生、教学相长；勤教勤学，同心协作"的口号下，社会主义的互助合作的同志式的师生关系正在形成之中。

4. 师生的社会主义觉悟空前提高。我们把教学改革也作为进行社会主义教育的过程，因而通过整改，改进了工作，改造了思想，政治积极性大大提高，革命干劲十足。在党委提出：

猛攻保守山，抓紧教学环，
支援大生产，奔向红又专。

的口号以后，各个单位、各个班级都提出了誓言。教学总支的是：

党员群众一条心，献宝交心争先进，
生龙活虎奔红专，政法教育大革新。

行政总支的是：

工作加油干，保证教学环，
烧掉保守山，奔向红又专。

同学们提出：

战鼓雷鸣号角响，猛攻横扫搞双反，
干劲十足斗志昂，日夜苦干战果煌；
乘胜穷追求全胜，紧抓革新教学环，
多快好省比先进，兴无灭资奔红专。

在思想大跃进之下，过去不安于专业的现在转变了。一年级写信给党委要转学的同学已放弃了原来的打算。二年级十班杨绥芳过去是娇生惯养的"上海小姐"，她说"过去我很不喜欢我们的学校和班级，班里同学又脏又臭，没有风度！"现在工作和学习都积极起来，表示要以实际行动来摘掉"上海小姐"的帽子。她已经被二年级团总支作为先进人物表扬了。四年级十班在规划中订出保证 100% 的同学服从国家分配。教师中过去比较落后的也都有了显著的转变。体育教研组主任丘庆荣过去资产阶级思想浓厚，不问政治，管教不管学，讲究排场，在整改中同学们提了许多意见，现在有了显著转变。他积极参加整风学习，在体育经费的使用上很注意节省国家开支，经常关心同学们的体育锻炼，清早就出现在操场上指导同学锻炼，提出要在两年内成为“左派”。同学们在院刊上写稿说：“丘老师改得真快，和过去完全不一样了。”

师生们社会主义觉悟的提高具体表现在抓紧了教学环，同时带动了绿化、除八害和文体活动等各项工作。3 天之内就植树 8 万余棵；创作了 2000 多个文娱节目；100% 的参加了工间操，绝大部分都开始体育锻炼；除八害在原有基础上继续坚持了有害就抓、见到就打，仅四年级一个班在开学以来的 3 周内，已经捕捉各种害虫 600 余万只。这样就形成了各项工作的全面大跃进，因而在上海市高等学校评比中获得了先进单位的称号。在教学改革和各项工作全面大跃进的胜利浪潮中，党团的威信空前提高，一年级 312 名学生中有 113 名要求入党，52 名要求入团（原有党员 311 名，团员 208 名）。

这些成绩的获得，最主要的是在教学改革的一系列工作中，加强了党的领导，坚决执行了上级指示，市委给我们大力支持，在上级指示下，方向对头。在组织工作上，院党委团结一致，领导核心坚强，紧紧抓住了思想政治工作，在各级组织中配备了坚强的干部，发挥了各级组织的作用，依靠了教师和学生的骨干力量——他们通过整风和反右派斗争，积极性大为提高，起了重要的作用。同时，贯彻群众路线，深入发动群众，依靠群众，不断改进了领导方法。同学们在分析原因时这样说：

> 第一条，整风“反右”搞得好，思想认识提高了；
> 第二条，党的支部抓得紧，政治领导做得好；
> 第三条，思想教育很重要，一切工作离不了；
> 第四条，社会主义觉悟高，把党的事业作为自己事业一样搞；
> 第五条，人人争上游，个个不落后，赶先进，争先进，形成大高潮。

三

教学改革工作的几点体会：

1. 领导亲自动手，深入群众，面向教学，种“试验田”，作出样子，打破迷信。

整改初期,党委在整改计划中即将教学改革列为第一位,教务部门面对着群众鸣放意见834条(占当时全部鸣放意见的2/3左右),感到难以下手,只是几个干部关在屋子里研究计划,群众意见很大。党委立即采取措施,加强了党对教学工作从政治方向到组织工作的具体领导:一面具体分工由陈传纲副院长专管教学,通过师生座谈会,拣掉"芝麻",找出"西瓜",首先就教学方法、学习条件、师生关系等问题作出改革;一面党委几个领导同志包括雷经天院长、赵野民副院长和姚力、赵毅两副书记分别负责掌握国家与法的理论、民法、刑法、犯罪对策和社会主义教育五个教研组。并确定以国家与法的理论为改的试点,刑法、刑诉和法院检察院组织法三门课程为检查的重点,搞"试验田",抱"西瓜"。于是,僵局迅速打开。国家与法的理论组的教师开始时对改有顾虑。有的舍不得老一套体系,怕打乱体系后不成为一门课程了;有的怕时间紧,改不好;有的怕改不好学生意见更大,吃不消;还有的想等等看。院领导除对全体教师进行思想动员以外,亲自参加了这个组的几次讨论,提出了改革方案,教师们这才消除了顾虑,感到有奔头了。这门课程的改革,为其他课程改革作出了样子,也打破了许多教师认为老体系神圣不可侵犯的迷信思想。随之而来的就有合作社法、劳动法等课程的改革。

2. 从思想上改起,开展教学思想上的两条路线的斗争。有了思想的"大跃进",才会有教学改革工作上的"大跃进"。首先从领导思想上明确教学是中心,深入下去,同时发动群众,特别是首先发动教师。教师们开始是有顾虑的,不敢放火烧身;有的避重就轻,怕追究责任,把责任推到教科书上去;有的怕问题检查出来会丢脸,今后不好教学;有的对学生的批评采取冷嘲热讽甚至对抗的态度。我们抓紧了思想发动工作,开展了思想上的两条道路的斗争:一面讲清道理;另一面用事实来教育他们。从鸣放(主要是学生提意见)到整改,教师的思想发展规律是:从有顾虑、个别的有对抗情绪发展到感到确实需要而主动提出要火上加油、引火烧身;从心情沉重到尝到甜头而感到心情舒畅。许多教师在看到旧法观点、修正主义和教条主义的严重危害时,都说:"不清除'三害',真要祸国殃民。"刑诉主讲教员黄道说:"以前我认为搞过司法工作,审案子的一套都会,即使讲得不好,我会干,哪会有多大错误!看到学生的揭发,再自己检查一下,才感到问题严重。这次解决了我长期未解决的根本问题,就是在法律科学中坚决贯彻党的绝对领导和无产阶级专政的问题,刑诉课就是为了阐明党的方针政策和阶段路线的课程。这比司法改革时的收获还大。"

3. 放手发动群众,把心交给群众,相信群众的大多数,才能把教学改革搞深搞透。上学期的教学检查主要是依靠教师进行的。原来打算在本学期集中九周时间进行社会主义教育,主要是学习两类矛盾的学说,在提高认识的基础上,再发动同学协同教师进一步深入检查教学内容。但是“双反”热潮一起,学生们积极性高涨,已露出检查教学的苗头。党委立即引导他们把矛头指向教学,并表示把心交给群众。同学们就自动三五成群地组成小组,摊开各门课程的讲义进行检查。他们的口号是:“动脑筋,找窍门,大家一齐找原因,首先抓关键,然后分析危害性。”他们还分头访问了各有关单位,对教学工作各方面都进行了检查。四年级一班同学们说:“具体分工齐出马,白天黑夜接连干。组成访问组,分别去采访:党委会去3次,教研组跑六趟,教务总支去访问,3次走访教务长。材料多,内容广,大家一起出主张。”

事实证明:学生们检查发现的问题不仅绝大部分是正确的,而且发现了许多新问题,提出了许多宝贵的意见,也改变了某些教师原来不相信同学们会搞出什么名堂来的思想。国家与法的历史教员叶孝信原来对学生意见有反感,说:“反正是我教你们!”后来学生提出一套对国家与法的历史课的改革意见,竟与他们花了很长时间讨论出来的基本上相符,这才知道不能小看学生,感到学生的意见真是有钱难买。国际法老教授周子亚开始时怀疑学生会提出什么重要问题,当看到学生批评他存在“纯法律观点”时,他感到很惊讶,说:“真想不到,同学们看问题这样尖锐。纯法律观点是一种资产阶级的法律思想,经同学一提,我联想到其他方面,确实是存在这个问题的,是打中了要害。”

4. 师生协作代表会议,发扬社会主义民主,坚持团结—批评—团结的方针。在教学改革的第一阶段,群众特别是学生通过大鸣大放、大字报,鸣放出来的意见很多(834条),迫切地要求领导“兑现”。在这种情况下,我们试用了按年级召开师生协作座谈会的形式,让学生把迫切要求改的问题带到会上来讨论。能解决的问题,就由教师、各有关部门和领导当场“拍板”,成批地解决了当时迫切需要解决而又可能解决的问题,师生反映很好。又分别召开了工农同学、华侨学生、少数民族同学、女同学座谈会,分别解决不同对象的不同问题。在这个基础上提出改革方案,群众基本上感到满意了,因为它是来自群众的。因此到第二阶段和第三阶段就进一步发展了这个形式,成为全校性的师生协作代表会议和小型的师生谈心会(以教研组为单位)。实践证明:师生协作座谈会—师生协作代表会—师生谈心会是发扬社会主义民主和贯彻群众路线的好形式。原因在于(1)能够充分发扬民主,发挥群众智慧。在会上师生都能畅所欲言,弥补大字报不能详细地说明问题的不足,把问题解决得更好。(2)群众意见能够立即反映上来,领导意图也能及时贯彻下去,真正做到以鸣放推动整改,又以整改推动鸣放。(3)能够又多又快地改,在第三阶段中,只花了4个半天,连反映带研究,就把1699条意见中的90.9%解决了。(4)在全面“大跃进”时,各项工作紧张,开代表会,就能使其余的人搞其他工作。(5)最重要的一点是,师生见面,思想交锋,增进了师生之间的团结。

在召开这些会议中,我们坚持了团结—批评—团结的方针。事实正是这样,同学们在会上面对面地向教师提出的意见基本上是正确的,他们发言时很有礼貌,比较客观,有批评,也有表扬,有揭发,也有建议,能够分清敌我和是非界限。教师都感到学生这样冲击一下大有好处,检查才能更深刻。通过这种同志式的批评与自我批评以后,师生在新的基础上团结起来了。教师们说:“现在不是封建统治的师生关系,也不是资产阶级的买卖关系,而是真正的同志式的互助友爱的师生关系了。”

5. 教学改革的中心环节是明确教学内容的政治方向。列宁说:“在一切学校中,最重要的是教授内容的政治思想的方向。”我们坚决执行了伟大革命导师列宁同志的这一指示,一开始就重点抓紧了教学内容的改革。事实也是如此,内容决定形式,内容改革好了,其他教学方法等方面也就能够做相应的改变。国家与法的理论改为专题讲授,思想性、战斗性很强,需要密切结合学生思想进行讨论,就将课堂讨论改为小组讨论和组班辩论,这样发言更加自然,能够充分发挥自由思想,展开争辩,基本上解决了学生的思想问题,收到了应有的效果。如果离开教学内容去讨论究竟课堂讨论好还是小组讨论好的问题,是不可能得到正确结论的。

6. 要将教学改革搞好,必须搞好内外的协作关系。过去在教学中存在理论脱离实际的原因之一,是大部分教师没有实际经验,有些只能从报章杂志上剪一些材料,因此质量不高。要改变这种情况,就必须依靠有关业务部门大力协助和兄弟学校交流经验,互相支援。上学期我们请了业务部门的同志来讲了一部分合作社法和劳动法,能够密切结合实际,效果很好。同学反映:“这就是理论联系实际的样子。”民法组通过广泛的联系所获得的成就,也是一个很好的证明。因此我们现在正在积极沟通关系,加强与业务部门的协作。

同时,过去教师大都单干,各搞一套,又墨守成规,教学质量提不高。这次国家与法的理论课改得比较成功的经验之一,就是发挥了集体互助的精神。因此,今后必须加强教师之间、教研组之间的协作。

7. 政法教育的改革,应在面向生产、面向实际的基础上,进行全面大革新。从我院过去存在的问题来看,根本的问题是教学脱离生产、理论脱离实际斗争(阶级斗争、政法战线上的思想斗争和学生的思想斗争),因此必须抓紧这个根本问题的改革,使学习与斗争相结合、教学与生产相结合,才能达到理论与实践相结合、知识分子与工农群众相结合、脑力劳动与体力劳动相结合，才能培养出适合国家需要的又红又专的，既掌握法律知识，又学会生产本领和群众工作的政法干部。要使他们目前做到既是好学生，又是好工人，将来做好干部，在招生条件上必须相应提高，应该学习苏联的先进经验，规定一定的年龄、一定的实际工作或劳动的年限，和一定机关的介绍。因为政法工作是掌握刀把子的，所以招生条件应该严格规定政治条件，主要是吸收工农干部和工农子弟。这样才能使政法教育适应经济基础的需要。

1958 年 3 月 23 日
（1958 年第 4 期）

政法工作“大跃进”

田 戈*

一

党发出的要在15年或更多一些的时间内，在钢铁和其他重要工业产品的产量方面赶上或者超过英国的伟大号召，给全国人民以巨大的政治鼓舞和无穷的力量。全国人民正在党和毛主席的英明领导下，乘风破浪，力争上游，以英雄气概，为在工业、农业和文化教育事业上实现一个“大跃进”而努力奋斗。面临这样一个振奋人心的形势，作为人民民主专政武器的政法机关和政法干部也和其他工作部门一样，鼓起革命干劲，充分发挥各种有利条件，在政法工作上掀起一个“大跃进”运动，以保卫党的各项事业顺利前进。

目前各地政法干部都以高度的政治积极性，鼓足干劲，争取又红又专，红透专深，争取多快好省，提高工作。这种朝气蓬勃的革命气魄是十分可贵的。各地领导在这个运动中都站在群众的前面，及时召开会议，修订原来的工作计划，提出明确的奋斗目标和具体措施，把广大干部的这种热情和干劲，组织到工作中去，变为自觉的有领导的跃进行动。

这个时候，各地政法机关风起云涌地相互送保证书、倡议书、挑战书，提出口号、制定规划，比思想、比作风、比政治，也比工作效率。大家用全国的先进经验来丰富自己，打破常规，几次修改了规划，几次增加了指标，使政法工作跃进再跃进。如沈阳市公安部门决心要使沈阳市在5年内基本成为“内患清除，盗贼敛迹，路不拾遗、夜不闭户”的安全城市，在年内做到“人人干劲足，效率高，守纪律，遵法制，全体民警普遍树立社会主义思想道德、作风”。广东省法院保证做到“无错案、无冤案、无漏案、无积案”，检察院保证“批捕和起诉工作做得又准又快；对群众来访来信和申诉，做到有访必见，有问必答，件件有交代，案案作处理”。上海公安、检察、法院3个机关都走出办公室，深入群众，深入实际，大大提高工作质量。3个机关共同研究情况、积极采取措施，订立工作配合计划，加强了对犯罪作斗争。此外许多地区的政法机关都提出三勤（勤下乡、勤动手、勤检

* 作者单位不详。

查）、四要（要艰苦深入、要有革命干劲、要任劳任怨、要遵守制度）、五好（思想好、学习好、团结好、联系群众好、互相配合好）和八无、九无、十无（无盗窃、无赌博、无烟毒、无流氓阿飞乞丐游民、无火灾、无械斗、无破坏、无交通和群众集会伤亡事故、无集体拜神迎会的迷信活动等，各地提法不同）。有些机关还提出“提高干劲，干部又红又专第一，突破指标，工作又多又好第一”等口号，人与人之间，机关与机关之间，地区与地区之间，相互进行友谊的竞赛。在这“大跃进”运动中，全国政法机关，不论城市与乡村，也不论领导机关与基层机关，没有一处不充满干劲，向前突飞猛进。这种气象，说明政法工作是可以跃进，应该跃进，而且已经在跃进中。

二

虽然各地政法工作已经在全面“大跃进”中，但也有一些人却有不同的看法。譬如，有人认为，跃进是经济部门的事，与政法部门是无关的。这种“无关论”的观点是不正确的。大家知道，政法机关同其他国家机关一样，都是上层建筑的一个重要组成部分，上层建筑不仅仅是消极地反映和适应于自己的经济基础，而且应该成为一种巨大的力量，积极来摧毁和消灭旧基础，帮助自己的经济基础的形成和巩固。政法机关是保障我国社会主义经济建设的，它必须不遗余力地为其经济基础，也就是为社会主义建设事业服务。当前整个社会主义建设事业都在向前跃进，全国人民都卷入这个“大跃进”中，为了使这个跃进得以顺畅进行，党和国家要求政法机关为生产建设和人民生活创造一个更为安定的社会环境。为此，政法机关应该加强措施，在工作上也来一个大跃进，有效地预防犯罪的发生，及时侦破和有力地打击破坏活动，很好地解决人民内部纠纷，并在工作制度和方法上服从生产，便利人民，适应社会主义建设事业的需要。由此可见，政法工作的跃进，是保障社会主义建设事业跃进的一个根本条件，大跃进不仅与政法部门有关系，而且有重要关系。

有的人认为，政法工作特殊，不同于生产部门，不能跃进。这种“特殊论”也是不值得一驳的。从工作对象来看，政法部门与生产部门有所不同，生产部门可以制定具体的生产计划，提出年、季或月的生产产品种类指标，为了大跃进，还可以把产品产量增加百分之几十以至几倍等。政法部门的基本任务是进行对敌斗争，它不能事先订出月、季或一年的罚、管、捕、判的指标，更不能因为跃进而盲目地多罚、多管、多捕、多判。从这个意义上来说，政法部门与生产部门是有区别的。但应该看到，政法工作的跃进，是多方面的。当然我们政法机关是对敌人专政机关，对于一切反抗社会主义革命和敌视、破坏社会主义建设的反革命分子、地主富农分子和各种坏分子，必须给以及时有力的打击，但我们这里所说的跃进，主要是要消灭犯罪，保障社会主义的社会秩序，在工作效率和工作质量上的大提高，工作作风上的大转变等，而这几个方面正是大有跃进余地的。

有的法院、检察院同志认为：公安机关主要是治安工作，它可以提高破案率，减少发案率，法院和检察院主要是办案，来多少办多少，不能超额。言外之意，就是公安机关能跃进，法院、检察院不能跃进。真是这样吗？当然不是的。法院和检察院办案不能在数量上超额，但能否在质量上提高呢？案子能否办得及时呢？有的法院干部有这样一种奇怪思想，就是“百货公司不能没有货物，法院不能没有几个案子”。在这种思想支配下，造成案件的积压。也有些应该做的事还做的不够。如对群众的法制宣传教育和工作经验特别是审判经验的总结，都是做得不够的。在工作作风上也还存在若干问题。所有这些方面都是可以跃进的，通过跃进可以大大提高办案效率和办案质量，以更多的时间和力量来进行法制宣传和总结经验，积极地改进工作，改进作风。

我以为政法工作的跃进可以从下列四方面努力。

1. 政策思想上来一个大跃进。经过整风，各地政法机关都检查出不同程度的旧法观点、右倾思想，对政策法令的执行犯着或“左”或右的错误。政法机关是人民民主专政的武器，绝不容许有资产阶级思想存在的余地。这个灭资兴无、破旧立新的工作，应该作为政法机关工作大跃进中的主要的和具体的内容。必须要求全体干部确立无产阶级的立场，树立无产阶级专政的思想，提高对党和国家的政策的认识水平，加强社会主义的法制工作。

2. 工作效率上来一个大跃进。打破过去的保守计划，超额完成计划指标，要大大提高破案率和降低发案率；要定出具体办法来肃清反革命，逐步地把地主、富农和坏分子改造好；根据具体情况和可能提出在几年内达到几无，成为社会秩序空前安定的社会主义城市和农村，号召广大干部和全体人民共同努力。检察院、法院应发动干部积极提高结案率，做到及时收及时结，消灭积案。

3. 工作质量上来一个大跃进。工作效率的跃进必须建立在质量跃进的基础上才有实际意义。政法机关在对敌斗争中要正确贯彻党的政策，严格遵守法律，并总结工作经验，要保证案件质量，做到不错不漏，又准确、又策略地打击敌人，保卫社会主义建设事业。

4. 工作作风上来一个大跃进。每个政法干部都应以跃进的精神抛弃一切不利于团结，不利于工作的思想作风。打掉官气、暮气、阔气、骄气、赌气，兴朝气、长志气、增勇气，树立联系群众，调查研究，坚持原则，谦虚谨慎的作风，刻苦学习，在一定时期内把自己造成为又红又专的人。在统一对敌、互相制约的前提下，密切政法各部门的关系，团结一致，完成共同的工作任务。

上面谈到的4个跃进方面，只是概要的，还不能包括政法工作跃进的全部内容。各地情况不同，部门不同，因此跃进的内容和跃进的目标也应有所不同。

三

当然，政法工作的跃进，并不是一个号召、几次动员就能够实现的，必须采取一系列的具体措施。

（一）克服保守思想，制定工作跃进的规划

没有思想上的大跃进，就不可能有实际工作上的“大跃进”。因此，政法机关必须乘“双反”之风，“引火烧身”，烧去三害，烧去五气，破旧立新，边破边立，从而端正观点，加强政策思想，研究工作方法，算细账、挖潜力，打破常规，争取跃进的先进思想和行动。规划的制定应因地制宜，通过群众，本着既先进而又实事求是的原则做出部门的跃进规划。这里所说的实事求是，就是说各单位必须根据自己的具体情况来制定跃进规划。跃进，当然是指反对保守而言的，但是跃进也必须有基础，不能脱离了自己单位的实际情况，单纯追求数字。如过短地限定结案日期，过多地要求每人每月结案件数，或规定所有的案件一律下地区审理，原有审判程序都不要了的做法，是值得商榷的。

在部门跃进规划产生之后，再必须发动干部作出个人红专规划。因为干部的红专规划是单位跃进规划完成的保证。政法工作是无产阶级专政的工具，作为具体的政法干部来说，必须又红又专，在政治上要红，在业务上要专。这里要求政法干部业务上的专，也必须与政治上的红密切地结合起来。个人红专规划，同样也必须按个人条件贯彻实事求是的精神，针对每个人的具体情况，提出指标，规定办法。规划制定后，定期进行检查评比，总结经验，鼓舞斗志，以推动干部不断前进，保证总的跃进规划和个人红专规划的实现。

（二）加强具体领导，改进工作作风

领导要把每个干部的工作安排适当，人尽其才，充分发挥其作用；使每一项工作都有具体的负责人，不使任何一项落空，把一般号召和具体组织工作密切结合起来。在工作进程中，领导上应注意抓思想工作。鼓励先进，批判和克服各种消极因素，使每个干部都始终保持旺盛的革命意志，不断前进。同时领导干部还要善于采取抓两头，带中间的办法，使先进的更先进，中间的赶上去，落后的带动起来。

改进工作作风，主要是发扬政法工作中群众路线的优良传统。政法部门应该密切与各方面相联系，取得群众的协助，把政法工作的跃进规划通过宣传的方法，贯彻到广大群众中去，变为自觉的行动。凡是可以拿到群众中去办理的工作，都要拿到群众中去办理；凡是通过群众才能办得好的事情，必须与群众商量办理：凡是需要群众遵守或执行的问题，必须做好充分的宣传解释工作，取得群众的拥护；凡是应该就地审理的案件，都要就地审理，宣传政策，教育群众。

为着深入实际，具体掌握情况，健康地领导整个工作跃进，领导干部还应切实从事“试验田”的工作。

（三）要研究掌握阶级斗争的规律，正确进行对敌斗争

整个过渡时期的阶级斗争的形势是有起伏的，有时缓和，有时紧张。这种阶级斗争的客观规律，就决定了我们对敌斗争也应该与此相适应地有紧有松。因此为取得对敌斗争的胜利，政法干部必须重视并准确地掌握阶级斗争形势的变化，及时地相应地运用以紧对紧、以松对松、严中有宽、宽中有严、宽严相济的斗争方法。只有这样才能使我们在对敌斗争中居于主动地位，防止“右”的或“左”的错误，有利于肃清敌人。

（四）实现整个政法战线的全面“大跃进”，还需要一个重要的条件，这就是公安、检察和审判3个机关必须是共同行动，齐步跃进

如果在跃进中某一个机关的工作落后了，那必然会影响甚至会妨碍整个政法工作大跃进规划的实现。因此，在政法工作跃进中，3个机关不仅要有个人和部门的跃进规划，而且也应该共同研究，拟定共同的跃进规划，提出完成跃进的共同措施。在此基础上，3个机关应在统一对敌斗争的前提下，加强团结，密切配合，互相制约和互相支援，批判和纠正一切不利于实现政法工作跃进的思想和行为，充分发挥国家法制的威力，实现政法机关共同的跃进规划。

（五）政法工作的“大跃进”，必须在党的统一领导下，围绕当时当地工农业生产“大跃进”来进行，为生产大跃进服务

这是我们政法工作跃进的目的。离开了党的领导，离开了生产大跃进这个中心，或者违背了党对政法工作的要求，政法工作的跃进就会迷失方向，我们的跃进也就不可能实现，即使“跃进”了也可能失去意义，甚至会造成损害。

总之，政法工作大跃进的形势已经出现，现在要抓住这个有利时机，鼓足革命干劲，来扩大和提高这个大跃进，胜利地肩负起保卫生产大跃进的光荣任务。

（1958年第4期）

必须在司法工作中贯彻群众路线

张耀儒*

群众路线是我们党和国家的政治路线和组织路线。这是因为我们党和国家是体现工人阶级领导的,代表人民群众利益的。党所领导的革命事业中的各项工作,在任何时候都是人民群众的集体事业,只有团结群众、依靠群众,才能把工作做好。我国《宪法》第17条就明文规定:"一切国家机关都必须依靠人民群众,经常保持同群众的密切联系,倾听群众的意见,接受群众的监督。"从群众中来,到群众中去,便是贯彻一切工作的重要原则。

刘少奇同志曾经指出:"我们共产党人的一切事业,都是人民群众的事业,我们的一切纲领和政策,不论是怎样正确,如果没有广大群众的直接的拥护和坚持到底的斗争,都是无法实现的。"①毛主席也恳切地说过:"我们的代表大会应该号召全党提起警觉,注意每一个工作环节上的每一个同志,不要让他脱离群众。教育每一个同志热爱人民群众,细心地倾听群众的呼声;每到一地,就和那里的群众打成一片,不是高踞于群众之上,而是深入于群众之中……"②

我们的党所以能够在新民主主义革命时期,打垮了三大敌人,取得了胜利,就是因为坚持了依靠群众、走群众路线的工作方法。在进入社会主义革命的过渡时期,为着迅速地、顺利地建立社会主义社会,我们的党也是坚持了走群众路线的原则。我们党所领导的社会主义建设事业,现在和将来都同样地要掌握这个原则。

司法机关是国家机关的有机组成部分,司法工作是党所领导的革命事业,也是人民群众的事业。这就是说,司法工作利用审判武器惩办反革命分子、坏分子和其他刑事犯罪分子,解决人民内部的纠纷,其目的都是巩固人民民主专政,保护公民的权利和合法利益。正因为司法工作是革命事业,是密切联系人民群众的工作,这就是司法工作能够走群众路线的基础,也是司法工作必须走群众路线的根据。我们在审判实践中所适用的法律是实现无产阶级专政的重要工具,是人民群众革命斗争经验的总结。因此说我们国家的法律是为人民群众所创造

---

* 作者单位不详。

① 刘少奇著:《论党》,人民出版社1951年版,第48~49页。

② 《毛泽东选集》(第3卷),人民出版社1953年版,第1119页。

的，我们在审判实践中贯彻执行法律必须走群众路线，必须以群众的反映作为检验我们贯彻执行法律正确性的根据。凡广大人民群众认为对他们有利而称赞说好的，就是合法的、正确的；广大人民群众认为对他们不利而说坏的，就是违法的、错误的。

早在抗日战争时期，老解放区就大力地在司法工作中推广了马锡五同志的联系群众、向群众学习和为群众服务的审判方法，以及对群众负责、掌握政策、教育群众的精神。在全国解放初期，进一步确立司法工作上的群众路线，除大力地推广了群众路线的审判方式外，又把群众路线的方式，用法律、法令和会议决议等形式把它固定下来，教育各司法干部切实执行。如1950年7月间召开的第一届全国司法工作会议上总结与推广了“司法工作中走群众路线”的经验。为了认真贯彻这一会议的精神，原中央人民政府政务院又于同年11月3日向全国各级人民政府和司法机关发出《关于加强人民司法工作的指示》，强调指出“司法机关在工作中应力求贯彻群众路线，推行便利人民、联系人民和依靠人民的诉讼程序与各种审判制度……坚决革除国民党法院所遗留的形式主义和因循拖延的作风。积极提高审案的质量”。彭真同志在1951年5月11日向原政务院第84次政务会议所做的《关于政法工作的情况和目前任务》的报告中也指出：“政法工作不是一种坐在屋子里办公事、搞文牍的工作，而是一种广泛与群众运动相结合的实际工作，要指导与密切联系群众、通过群众、依靠群众来推广工作。只有抓住中心环节使领导与群众相结合，才能很好地完成任务，并由此建立起部门的经常工作。”

1951年9月3日经原中央人民政府委员会第12次会议通过的《中华人民共和国人民法院暂行组织条例》中，又把司法工作走群众路线的宝贵经验加以总结和提高，以法律形式把走群众路线的审判方式、制度——就地调查、就地审判、巡回审判、公开审判、人民陪审、法制宣传教育和便利人民的法院设置(三级二审制、分院的设置)等固定下来，令各司法机关认真地贯彻执行。1952年司法改革运动中又批判了一部分司法干部脱离群众、脱离实际的不调查单纯坐堂问案、孤立办案以及手续烦琐、刁难群众等旧衙门作风。树立了深入群众、依靠群众、便利群众的优良作风。因而从1950年第一届全国司法会议开始到1953年第二届司法会议3年多的时间，群众路线的工作作风已基本在司法界形成了风气，成为评价每一个司法机关、每一个司法干部工作的一个尺度，也成为司法机关开展业务工作的主要动力。

在这3年多的时间里，全国各级人民法院和人民法庭在各级党政领导下，密切地依靠群众，处理了六百余万件案件，从司法工作方面配合了土地改革、镇压反革命、"三反"、"五反"等各项运动。司法改革后,我们又依靠了群众的帮助,清理了大批积案。第二届全国司法会议也着重总结和肯定了巡回法庭、人民陪审、人民接待室和群众调解等群众路线的宝贵经验。

司法实践中贯彻群众路线的工作方法,在我们国家是有一定历史的,并经过了无数次的实践、总结,具有丰富的经验。1954 年我们的党又把这些群众路线的成功经验规定在《中华人民共和国人民法院组织法》中。由此可见,司法工作中的群众路线,不仅有长期的成熟经验和深刻的理论意义,也有着具体的法律根据。因此,每一位司法干部必须联系群众,必须在每一个审理阶段走群众路线,以广大群众的利益作为我们司法干部的行动准绳。

怎样才能在审判实践中走群众路线呢?关键还在于先树立起明确的群众观点。司法干部的群众观点,就是重视人民群众的利益,相信人民群众的力量,依靠群众来办案。具体工作上要注意下列各点:

1. 深入群众,依靠群众,做好调查研究,摸清群众思想认识,搞清案情。调查研究是处理案情的先决条件,是正确适用法律的根据。调查研究的目的,就是为了发现案情的真实情况,正确地适用法律。调查的方法应该是多种多样的,但最主要的方法必须是从实际出发,深入群众中去,依靠群众,广泛地、周密地搜集材料和意见。所谓广泛,应该包括知晓案件有关情况的各个阶层、具有各种不同的政治水平(包括进步的、落后的)和与案件结果有不同关系的群众。正由于这些群众的生活地位、政治思想水平和与案件结果所处的关系不同,因而,他们对案件所持的态度也有所不同。他们是从不同的角度反映问题和观察认识问题的。通过对他们的了解以及我们进行全面搜集的结果,会从正反面相互矛盾的材料中得到新情况,在分析判断中,更能得出正确处理案件的意见。同时,通过以上的工作,也可以摸清哪些群众是积极的,应该在工作中团结,哪些群众是中间的,应该争取,哪些群众是落后的,应该教育。

2. 把政策交给群众(包括干部),把事实摆在群众面前,组织群众积极行动起来。在初步掌握案情的基础上,即向广大群众宣布案情的基本事实,消除掉群众对案情的误解,接着交代有关政策、法律、法令,阐明这个案件与群众的密切关系。当群众认识到这个案件对社会的影响时,就会产生积极的力量,就会帮助法院进一步搞清案情。在对群众进行政策、法律、法令解释时,应该运用通俗简明的群众语言来和他们谈,不要硬谈大道理,使群众无法接受,也不要琐碎庸俗,失去法律的严肃性,应该从群众的切身利益(生产、生活)出发,阐明法律的道理。要耐心、恳切地说服群众,绝不能采取任何强制的办法。教育群众的步骤,一般的是本着由上而下,由内而外,先积极后落后的顺序进行。通过各种形式的教育，使群众认清是非，辨明合法和违法，从而积极行动起来，向违法行为作斗争。

3. 审理案件要广泛地听取各方面群众（包括有关干部）对案件性质和适用法律的意见。为了倾听群众的意见，除了对案件调查时就倾听群众的意见外，还应根据不同的案件采取就地审判和依法实行公开审判、人民陪审员制度，以便在审判过程中随时随地听取群众的意见。凡是群众中正确的意见，都应该吸收采纳。不仅如此，在案件审理结束宣判后，我们还要搜集群众的意见，遇有群众的意见与我们审判结果分歧的，要加以研究，如经过审查认为该判决或裁定确有错误时，即使当事人不上诉（指一审），法院也应依审判监督程序实行再审，纠正错误。

4. 审判制度和审判程序必须贯彻便利人民的方针，体现为人民服务的精神。法院从收案到结案应规定一些依靠群众，为群众利益服务的具体制度。什么样的案件必须深入现场勘查，什么样的案件应该就地审判，什么样的案件在某种情况下传唤证人到庭等，应该从实际来考虑。我国审判程序的总结，基本上是正确的，但也有一些需要补充和修改。审判人员要多为当事人着想，要使司法工作为生产服务。审判制度和审判程序必须便利群众。我们反对那种手续烦琐、不便人民、有碍群众生产的审判制度和程序；也反对那种死啃法律条文、硬搬书本知识、不问社会形势、不听群众反映、不愿走出法院大门的审判作风。审判人员必须做到：群众能听懂我们的话，看懂我们写的判决和裁定，也喜爱我们的作风。为此，要求我们在群众面前要具有老老实实、谦虚诚恳的态度。要放下架子，甘当小学生；要与群众做朋友，不要惊扰他们，尽可能用不影响群众生产或帮助群众生产的方式去和他们交谈。只有这样，群众才敢接近我们或相信我们，才敢把心里的话大胆地和我们谈，才能消除我们与群众之间的隔阂。

在审判实践中贯彻群众路线必须防止可能产生以下几点偏向：

1. 防止脱离党的领导，忽视教育群众的偏向。群众路线是以党的领导为核心的，党的领导与群众路线是一致的。有时群众的思想觉悟不同，我们必须对群众进行思想教育，提高他们的认识，再把群众中正确的意见综合起来，作为我们处理案件的参考。

2. 防止盲目相信群众的偏向。群众路线的工作方法，必须坚持以马克思主义的对具体事物给予具体分析的原理。要求我们对于案件结果具有不同的关系、不同的政治思想觉悟的人物所反映的情况，予以深入细致的研究，采取其中正确的，否定其中错误的，防止盲目地相信一切和否定一切。

3. 防止贯彻群众路线的形式主义偏向。贯彻群众路线的目的是搞清案情，正确地处理案件。因此，我们一方面要反对只简单地接触一下群众，而不做深入联系、分析研究的工作；另一方面，也反对在审判实践中不论实际上有无必要和可能，都一律由人民陪审员参加陪审或一律就地审判，甚至连判决也由群众表决通过，忽视了法律严肃性和司法机关应有的权力的偏向。防止案件事实已很清楚明显，也形式地向群众进行重复调查，结果浪费人力和物力。

（1958年第4期）

依靠群众办案的若干体会

邹宪民*

一

在去年整风运动的鸣放阶段，地区的调解委员会（以下简称调委），对法院单纯的坐堂问案、孤立办案等旧法观点以及严重地脱离群众的审判作风，提出了许多意见。

这些意见，确实击中了我们的要害。正由于我们单纯地坐堂问案，造成案件的大量积压，就以民事案件而论，就将近400件，法院工作长期陷于被动。这种不正常的现象，迫切需要改进，但究竟怎样改？抓住什么关键改呢？这个问题，经过领导同志的反复研究，得出结论是：只有走出法院大门，携卷深入工厂、里弄，依靠群众办案，才能狠狠地改，彻底地改。要贯彻这一革命的措施，必须发动群众。首先要发动每一个审判人员下地区办案，必须从思想上建立起群众观点，然后，才能保证行动上的走群众路线。当时审判人员对下地区办案，思想上存在四怕：怕政策无把握，或违反了程序，当事人上诉，上级法院改判，有失个人面子和威信；怕到地区办案，既不严肃，又不便当；怕到地区办案准备多、时间多、手续多，降低了办案效率；怕案件不典型，对群众教育意义不大。法院的领导上认为要打破这重重的思想顾虑，如果不用实际事例来教育大家，单纯地停留在会议桌上的讨论，是不解决问题的。为此，以院长为首的几个主要领导干部，亲自找了一个地区和案件做试点，深入地区，访问了群众。首先召开了试点地区的调委会议，在会上由院长重点地检查了我们过去单纯坐堂问案，以致脱离群众和不关心调委的旧作风外，又着重解释了请调委参加共同调解人民内部纠纷的好处。到会的调委都表示非常拥护这项新的措施。这次试点共带下8件案件，经过就地开庭处理，其中1件经过调委说服后当事人自动撤回，另1件调解不成，当场作出判决外，其余6件全部调解成立。调解成立的，当事人双方满意，旁听的群众也满意。这次试点的成功，为全面推广奠定了基础。

试点成功后，院长立即着手小结，并召开了一次全体审判人员的会议，会上

---

* 作者单位不详。

院长说明单纯坐堂问案的危害性,运用了摆事实、讲道理的办法,动员审判人员放下架子,批判了个别同志对下去信心不高的畏难情绪。这个会议基本上统一了思想认识,明确了唯有放一下架子,携卷下去,老老实实地依靠群众办案,才能改掉我们的旧法作风。当时审判人员受到了生动的实际教育后,大大地鼓舞了下地区办案的信心。对此,我们又采取趁热打铁的办法,决定即时召开全区四百多人的调委会议,在会上由院长针对过去存在的缺点,作了深刻的检查,并提出了今后改进的办法:法院审判人员携卷深入里弄,依靠群众办案,在不影响调委的生产和学习的情况下,法院和调委一起来解决人员之间的纠纷,使法院的审判活动,置于广大群众的监督之下。通过会议,消除了调委与法院之间的思想隔阂,基本上取得了认识上的一致。会后,审判人员与调委即着手研究并讨论了下地区审理的案情,确定了处理案件的地点和时间,仅历时三四天,徐汇区人民法院走出法院大门,携卷深入里弄,依靠群众办案的工作就全面推开了。

二

过去由于我们很多的同志沾染着旧法观点,唯恐违法,因此不论难易案件,件件陪审,造成每个审判员每月必须邀请二期陪审员衔接运用,人力、物力上浪费很大。现在我们根据《人民法院组织法》第8条的规定,结合我们法院实际情况,需要陪审的案件就陪审,不需要陪审的就一律不用陪审员。另外,除法律规定不公开及不宜就地审理的案件,不拿到地区处理外,其他一律拿到地区去处理。

在下地区之前,我们先进行案件排队,排队的要求主要是解决:根据产生纠纷的地点确定分工、分路进行调查。有陪审员的,审判员与一个陪审员一路,书记员和一个陪审员一路。如无陪审员,审、书各分一路。同时,在调查过程中,还应该与当地调委取得联系。并与调委初步研究案情、政策及处理的方法,然后,确定地点、时间(根据当事人的地址,集中选择居民委员会的办事处),并请他们帮助处理一些物质上的安排,也可以请他们进一步协助调查案情。

调查完毕后,有陪审员的,相互汇报进行研案,无陪审员的,审、书研究,如遇到案件政策不明,比较复杂或有一定影响的,审判员就事先向院长、庭长汇报,取得领导上的具体指示。

为了防止事先与调委研究的案情与政策有出入,在开庭前半小时再与调委做最后一次对案件处理上的研究。

我们认为,每次下地区处理的案数最多不超出8件(根据我区的具体情况,调委大部分是家庭妇女，如果时间拖长，要影响到她们的家务工作），处理时间在2小时半内。个别案件需要拖长时间的，就要与调委商量。

下地区办理的案件，传票开出在同一审理的时间。待当事人到齐之后，由审判员集中地交代政策和处理方法。交代内容包括：(1)说明加强人员内部团结教育，运用团结—批评—团结的公式达成协议的好处；(2)说明在开庭过程中先由双方当事人自行协商，由调委帮助，在协商过程中，双方都可以提出自己的意见和要求。如果调解成立了，则由法院发给调解书，并对调解书的效力加以说明，不成则由法院判决。交代完毕后，当事人各自分开小组进行协商。这时合议庭人员（包括书记员）都腾出了时间，根据事先分工的案件，参与一个或两个案件的调解，或者审判员巡视协助。看到哪处的当事人顶住而影响协商时，审判员就讲解政策说明道理，这对促进协议成立是有很大好处。调解可能有3个结果：(1)调解成立的，即在笔录上扼要地记明事实和达成协议的要点，并告知调解书分别送达。(2)调解不成立即由合议庭或独任庭问清事实，然后由审判员说明双方在调解过程中的争执焦点，记明笔录，并征求双方当事人有无其他意见，如无意见，即可判决。(3)如果调解过程中发生了变化，且就地也无法弄清的案件，带上来翻查后，再进行处理。

三

在"猛攻'右倾'思想，打死旧法观点，再接再厉，把双反运动搞得又快又好又深又透"的口号下，我们的做法是下去上来，以新攻旧，核算政治上、思想上、经济上的3笔账，特别通过下地区办案，收获很大。不但深受地区干部和里弄居民的欢迎和支持，而且及时正确地解决了人民之间的纠纷，加强了人民内部的团结，又起到了法纪宣传教育的作用。

（一）弄清案情和提高工作效率

"要正确的适用法律，必须要有清楚的事实"，这是天经地义的道理。过去每个审判人员在主观上也都有这样的要求，认为"每个案件能通过调查，就是走了群众路线"。因此出现了调查、开庭、审理、判决是唯一的操作规程，审判员往往对一些细小的纠纷，也必须经过无数次的调查（认真的调查，当然还是好的）。到了庭上，公说公有理，婆说婆有理，最后，常常不能解决问题。例如原告×××被告×××是叔侄关系，双方为了争一根木头，发生了争执，告到法院。我们组织了合议庭进行处理，共调查了九个证人，最后判决木头归原告所有。被告不服，上诉于中级人民法院，中级人民法院又以我们事实不清，撤回重审。又如原告×××被告×××系兄弟关系，双方争吵，打碎了油瓶一只，酱油瓶一只，告到人民法院。我们组织了合议庭进行处理，并对原告提出的3个证人进行了调查。但开庭时被告当庭又提出了3个证人来证明自己的事实，审判员只好宣布闭庭，等待再传被告所提的证人到庭作证，然后作出判决。在这次下地区办案时，这件案件经过群众调解，原告撤销案件，兄弟和好了。又如原告×××被告×××为房屋纠纷案，审判员事先虽然也作了调查，初步确定把所争的一间房间调解给原告租赁使用。但在就地调解时，同屋居民及邻居都参加了旁听，纷纷提出意见。有的群众说："原告自己买进了房子，根本不需要这间房屋，这间屋已空了好久。"有的群众说："由于原告好久不来居住，房间内爬出很多虫来，影响卫生。"有的群众说："被告须要房屋居住，但在事先未得到原告同意先入居住，这是不对的。"我们根据群众的反映，再进行了研究，依据政策，群众意见是正确的，我们立即改变调解方向。调解不成，当庭予以判决。群众反映"这样判决合情合理"，原告也服判。从以上几个例子，充分说明了只有真正地走群众路线，依靠群众办案，才是弄清事实的好办法，才能正确迅速地解决人民之间的纠纷。

过去不论难易案件，都是一个审判员、两个陪审员、一个书记员组成合议庭，坐在高台子和高皮椅子上，自以为严肃地进行处理。每个合议庭每月只能处理15～20件的民事纠纷。而走出法院大门，深入里弄办案后，每月能处理63件，提高了工作效率二三倍。

从以上新旧的两种工作方法，又反映出3个问题：(1)过去由于我们脱离群众，在政治上、经济上、思想上的损失很大外，对于不分难易案件，件件陪审，使陪审员脱离了生产到法院来陪审，造成生产上的损失也是很大的。(2)过去我们有九个法庭，有时还不够使用，发生抢用法庭的事情。下地区办案后彼此为争法庭发生意见的现象，也就一去不复返了。(3)由于工作效率提高了，原来需要9个(指办民事案件人员)审判员和6个书记员，现在只要4个审判员、1个副庭长、3个书记员就够了。不但法院里节约了开支，而且还能用多余的劳动力去支援其他工作。

(二)下地区办案是法纪宣传教育的过程

我们过去除了法律规定不公开审理外，其余案件，确实做到在法院门口贴出庭期表，但大部分案件，除了合议庭人员与到庭的当事人、证人之外，就没有其他人了。因此法庭的教育作用，仅局限于当事人。下地区办案，旁听群众不要去叫，都会自动而来，往往挤满了一屋人。这不但教育了当事人，也教育了群众，并且通过群众的力量来教育当事人，收到了很大的效果。例如，原告×××(男)被告×××(女)离婚一案，由于原告滋长了喜新厌旧的资产阶级思想，另结识女友,不顾家庭生活开支。这次原告提出离婚的理由:被告怀疑自己有外遇经常争吵,被告又为了经济问题发生争吵,因此认为双方感情破裂,要求离婚。在当地居民委员会处理时,群众纷纷提出意见,摆事实、讲道理来批评原告。很多群众对原告说:“你说女方怀疑你,事实上我们亲眼看到的,有时你的女友骑了脚踏车来找你,你们二人就骑了脚踏车一起出去。你说女方为经济问题向你叽咕,事实上你并未拿回钱来,一家生活都是女方负担。”群众利用这种活生生的事实有力地向原告进行了严厉的批评,原告当场面红耳赤,无言可答。最后再经法院说服教育,原告不但愿意撤销案件,而且每月自愿拿出45元归女方维持家庭生活开支(有3个孩子)。当场群众都要求男女双方握手和好时,原告不好意思,只得说:“我们一起回去吧!”在这种情况下,满屋群众哄堂大笑。群众纷纷表示:“法院到里弄来办案,实在太好了,不但说服了双方和好,而且对大家也是教育。这种情况,只有新社会里才有的。”有位老太太就:“听说法院下来办案,我奇怪,不相信,第二天果真来了,处理了这个离婚案件,大家都讲办得蛮好,现在夫妻和好了。”

(三)下地区办案是指导调委与提高调委的好办法

过去我们对调委的指导和提高是做得不够的,因此调委对调解工作失去信心,调委在居民间的威信不高,居民不要调委协助调解,情愿上法院。为此,法院的收案是不断地增加。通过下地区办案,贯彻了审判指导调委相结合的方法,调委一致认为:法院就地处理案件,对我们协助很大。把许多调委的反映集中起来,有如下几种:(1)就地处理案件,群众很自然地来旁听,受到教育。例如调委陈大姐说:“法院到地区处理案件,使群众知道什么是对的,什么是不对的,使群众可以解决自己的问题。”(2)就地处理案件,使不讲理的当事人不能再耍手段,受到群众的监督批评,容易突破矛盾,及时解决纠纷。(3)调委从审判实践中学习了政策业务。有的调委说:“过去虽然法院有专职干部和我们联系,但由于审判归审判,指导归指导,形成理论与业务脱节。现在看到了案件怎么处理,对自己提高很快。”

由于调委的政策业务有所提高,随之而来的,在居民间的威信也提高了。因此,有的居民连状子写好了,也不上法院了,他们愿意要求调委调解,从而减少了法院的收案。

(四)就地处理案件减少了法院执行案件和上诉案件

过去有的审判员有这样的论调:“法院不是教育机关,我们只要讲清道理,按照政策判决,你不服可上诉。”这种论调,乍听起来,好像是有些道理,但实际上这种论调是促退派不是促进派,促使审判工作不耐心的教育和不利用各方面的力量来教育当事人。为此,调解不成而判决的案件占到70% ~80%,上诉案件也势必增多。现在我们下地区办案后,调解成立的案件要占到70% ~80%,大部分的案件都做到当事人满意、群众满意、法院满意。

在就地处理案件时,因为有调委从中帮助当事人协商,所以调委对案情和处理的结果是熟悉的,对当事人的执行也非常关心。例如,原告×××被告×××为房屋迁让一案,就地调解成立,被告限期迁让。调解后,在调委积极设法帮助下,被告找到了房子,并在调委的督促下,仅3天就履行了调解。过去由于法院与调委的脱节,法院在判决后,一方当事人不履行时吵到调委会,调委不了解情况,就向当事人一推"请你们上法院吧",因此,执行案件又成为法院的收案。

(五)审判员算了两笔账

过去我们的审判员只算了一笔要完成自己的结案计划的账。现在不但算了自己的结案计划账,而且又算了当事人的生产账。审判员的口号是:"深入里弄办案,还必须为生产服务。"因此我们审判员除了照顾当事人厂礼拜及正星期天开庭处理外,尽量设法征求当事人的意见,做到不影响生产,有时还在夜间开庭。夜间开庭是深受群众的欢迎和好评的。例如,有的当事人说:"法院不但照顾我们白天工作,不怕天冷,一趟一趟地对我们进行帮助,了解我们白天没空,还把开庭的时间放在晚上。只有新社会才有这样的情况。"

在党的领导下,通过整风运动,我们法院出现了很多新的气象。这里所谈的,只是限于民庭的工作,由于我们正在摸索中,缺点还很多,工作做得还不透、不全面,欢迎大家提出意见。

(1958年第4期)

刑事案件也可以下地区办理

陆全惠*

上海市黄浦区人民法院通过整风运动,尤其在这次"双反"运动中,狠狠地批判了"右倾"思想,清算了旧法观点以后,着重地对工作上存在的问题,狠狠地进行了整改。在打破陈规、大胆革新的口号推动下,继民事案件下里弄到群众中去办案后,刑事案件也改变了坐堂问案的作风。审判员走出法院大门,携卷深入群众,下里弄、下厂、下店去办案。通过实践后,效果良好,使法院的面貌为之一新。过去法院门庭若市,一片闹哄哄,争法庭的现象已经成为历史的事实了。过去办公室内电话忙,现在办公室内人少见。这是整风以来司法工作的一个新局面,一个新气象。正像一张大字报中所写的:

办案出公堂,群众都赞赏。
对生产有利,三方面满意。
结案效率高,质量又很好。
打击犯罪狠,人民团结紧。
原来争法庭,现在冷清清。
减少三个庭,年省一千另。

该院在开始下地区之前,不是所有的审判员在思想上一下子就明确的,而是有着各种各样的看法和顾虑。有的人认为民事案件是民间纠纷,是人民内部之间的矛盾,可以走群众路线,用协商的办法进行解决。刑事案件是触犯国家法律,是依法审判的问题,不能拿到群众中去调解,怎样走群众路线呢?有的人认为刑事案件走群众路线只是听听群众的反映,征求征求群众的意见。还有人强调法庭的严肃性,怕到地区后法庭会乱七八糟,秩序难维持。也有人担心下地区后,每天到几个地方去开庭,而在押的人犯又分散关押在监狱和看守所等处,警员班提解在押人犯时,在时间上的效率不能提高。

群众路线是党的根本的政治路线,一切工作都可以走群众路线,难道法院不

---

* 作者单位不详。

能走群众路线吗？民事案件能够走群众路线，刑事案件就不能走群众路线吗？该院领导组织了审判员会议，针对上述问题展开了争论。经过争论，大家一致认为只要树立起正确的群众观点，刑事案件可以而且应该下地区就地审判。但刑事案件下地区仍旧要进行审判。

过去法庭设在法院里，虽然张贴庭期公告，但是开庭时旁听的人很少，甚至没有人。到群众中去审判，就是要把法庭搬到群众中去，把法纪宣教送上门去，便利群众出庭旁听以教育群众，并且使审判工作置于群众监督之下。争论中又认为到地区以后，法庭秩序也不是那么不好搞的，所谓"乱"就是看法问题。过去法庭门禁威严，清规戒律多，拘束多，群众就有些吓势势。到地区后没有法庭上那样的清规戒律，让群众自由一些，这并不是乱。争论中对警员班的人力和时间上的困难提出了一个办法。这个办法就是集中提解人犯，分片开庭。所谓集中提解人犯就是审判员事先计划好，同一天内提审同一监所中的在押人犯。如今天集中处理押在上海市监狱的在押人犯，明天处理其他监所在押人犯。所谓分片开庭就是一部分审判员今天开庭，一部分审判员明天开庭，交叉进行。对于监外的被告人不用警员值庭。这样在警员班的时间和人力上可以解决了。谈到办案的效率问题，争论中虽对这点把握不大，但认为只要加强计划性是不会有什么影响的。通过实践证明了，办案效率没有影响，反有提高。如有一个审判员在一个下午去3个居民委员会处理了12件案件。

总之，经过讨论，大家一致认为刑事案件不能走群众路线的问题是不存在的。根本的问题倒是我们群众观点不强，思想上有保守，习惯于老一套，按常规办事，旧法观点在作怪。争论中批判了这一点。

该院对刑事案件下地区在做法上是这样的，首先，审判员对材料有充分的准备，然后与原单位联系，交换意见。这种联系，不仅使判案时间减少了，而且也丰富了案情。如上海市废品公司有六件贪污案件，照平常至少要准备六小时，现在与原单位一起对案情进行研究，在时间上就缩短了3小时半。如张惠官贪污案，被告人当某种货物市面上缺货时就通过黄牛从外面买进来，再以黑市价转卖给外埠国营公司、厂商，从中贪污，使国家遭受两千多元的损失。这一情节，在起诉书中是找不到的，完全是由于我们依靠了群众而发现的。其次，下地区后照顾到企业的生产时间。如处理董守伦反革命案件时，趁公私合营新新制版厂中午休息的时间去审判。陈鸿涛反革命案件也利用上海市第二建筑工程公司法华工地晚上休息的时间去审判。群众就说："既受到活生生的教育，又不影响生产，法院这样做太好了。"

过去审判员下地区进行审判是夹着皮包进，夹着皮包出，与群众不搭腔，不讲话。现在是自己搬桌子、搬椅子与群众坐在一起,审判前后虚心听取群众的意见,群众就感到两样了,话也乐于谈了。法庭布置也不像过去挂横幅,摊白台布搞一套形式。只要有桌子、椅子就可以了,使群众感到像在居民委员会那样不受拘束。

现在该院除依法不公开审理的和重大复杂的案件外,凡能就地审判的案件都拿到群众中去处理。就地审判以后,群众极为欢迎。每案到法庭旁听的群众总是挤得满满的。一位年已60岁的居民朱金荣说:“我活到这样大的年纪,没有到过法院,也没有听到过法院到里弄来审判,这真是共产党、毛主席领导下的人民法院。”店员同志说:“我们过去没有时间到法院去旁听。现在法院到店里来审判是太好了。”工人同志说:“过去法院审案子看不到,只能看看黑板报,现在到工地来审判,对我们是活生生的教育。”

通过下地区办案也教育了群众,提高了群众的政治觉悟和革命警惕性。如处理了唐根发(19岁)窃盗案,被告人自幼进行偷窃,曾被公安机关教育过,1953年、1955年两次收容劳动教养,以后又偷窃居民晒着的衣服和放着的物件,广西北路的居民说:“对小孩要加强教育,不要与坏人去交朋友。”在食品第一商店内处理了严宝祥贪污案,审判员在审判结束后提出:要大家与犯罪行为作斗争,该店一警卫同志就想到了本单位里有一个人有偷窃嫌疑,就开始注意起来。有一天该警卫看见他从仓库内匆忙地跑出来,就查问他,结果在他袋内掏出偷窃的东西。

通过就地审判以后,也教育了审判人员。有的审判员说:“这种生动的场面坐在法庭里是见不到的。”是的,过去法庭内开庭,审判结束后,群众都走了,审判员回到办公室,是两条线。现在审判结束后即与群众座谈,成为一条线。对审判工作置于群众监督之下,审判员有了实际的体会。在广东路第五居委会处理了三件案件,一件诈骗案判7年,一件赌博案判3年,另一件窃盗案判管制2年,群众就反映:判7年正确,判5年差不多,判管制2年太轻了。

通过就地审判究竟有哪些好处呢?这里举几个具体的例子:有一个窃盗案的被告人叫徐文秀,是春江旅馆的职工,1954年间利用职务便利,偷窃旅客闵某钞票和存单,1958年又趁旅客外出在旅客的皮夹内窃取钞票。此案拿到该店审判后,职工就提供了被告人包庇娼妓卖淫的犯罪行为。百货业黄浦区店于惠泉贪污案拿到单位去审理后,又发现了贪污24元和奸污妇女的事实。在公私合营大众螺丝商店处理了张儒生(私方)的贪污案,被告人对贪污事实有证据不能不认罪,但对鸣放中拍台子,骂公方经理的恶劣行为当庭否认,旁听中的一位私方人员马上站起来发言,揭露了当天他亲眼看见的在店堂内被告人拍台子骂公方经理的事实。被告人只得面红耳赤,哑口无言。在茶叶出口公司处理了詹达清反革命案件,被告人对充当伪职期间殴打一民夫,并将他关禁闭一夜,事后又敲诈十余元伪币的事实,从“肃反”起就一直否认。这次在地区审理中,审判员当庭宣读了对被告人的控诉书。在群众面前,他就俯首认罪。这都生动地说明了就地审判的好处。

目前该院在比先进、创奇迹的口号声中,全体审判人员鼓足革命干劲,进一步地深入群众中去,要把刑事案件办得更好。

(1958 年第 4 期)

从一件案件来看下地区办案的好处

瞿秀瑾*

一天,收发员送给我一份卷宗,并对我说是“急件”。我看了卷宗,知道是本区防疫站干部杨慧英起诉的案件。杨慧英在起诉之前,曾经写信给中共中央办公厅、国务院、全国工联、全国妇联等单位,要求解决她与婆婆郑珍之间的纠纷——一笔抚恤费。当时我估计这件案件是比较复杂的,否则为了一些家事,何致写信给这许多中央机关呢?如果按照常规办事,就得进行调查,再传讯双方当事人来法院审理。但是我认为,案件尽管复杂,只要依靠群众,是能解决问题的。因此,我们决定就地调解。一方面我做了些调查工作;另一方面发动与该案纠纷熟悉的或有关的群众来参加调解,以便协助我们搞好调解工作。

为了使这个案件的解决得到好的效果,我首先研究杨慧英为什么与婆婆郑珍关系搞得这么坏。为此,我深入了地区,访问了她们的左邻右舍。从他们那里,我得到了很多的情况。原来杨慧英与郑珍之争不仅是为了一笔抚恤费,她们之间多年以来,就存在了很多意见,抚恤金只是她们之间矛盾的借口而已。早在杨慧英结婚时,婆婆郑珍就认为媳妇比儿子大 6 岁是“六冲”,不吉利。不巧在结婚的头天晚上,杨慧英不留意把大橱的玻璃又打破,婆婆心中更为不满。事情也实在凑巧,杨慧英结婚不久,丈夫就病倒了,经医生证实得的是癌症,终于在 1956 年 10 月病故,遗下来两个孩子。这一连串事情的发生,使郑珍认为儿子死亡是杨慧英“六冲”的结果,更加看不惯杨慧英。她们婆媳本来就是分居的,丈夫死后,杨慧英也没到婆婆那里去过。婆婆纵然对杨慧英有意见,但是,儿子死后,对孙子之爱更加心切。她恨杨慧英为什么不带孙子来看自己。因此,婆媳之间的疙瘩就越来越深了。

杨慧英的爱人去世后,其工作单位——新亚饭店按照劳保条例规定,给付死者直系供养亲属以死者一年的工资计 780 元,作为补助家庭生活之用。杨慧英认为这笔钱除掉归还其爱人生前所欠的医药费外,余款应作为抚养两个孩子用。郑珍认为儿子是被媳妇“冲死”的,现在新亚饭店有钱照顾直系亲属,坚持要分领其中 3 个月的抚恤金。为此,双方发生了争执,这笔抚恤金就在新亚饭店搁置

* 作者单位不详。

了一年多。

在这个问题上,我也下地区了解到一些线索,那就是郑珍曾对其邻居暴露过真实思想。她说:“这笔钱,我也不想要,看到了钱,反会想起儿子来,引起伤心,还是留给媳妇抚养两个孙子用吧!”但郑珍认为杨慧英对老人不尊重,便偏要争这笔钱。

我掌握了案件的主要方面,就下地区调解了。调解时,我们所邀请的群众都来了。我们运用了谈家常的方式代替了严肃的法庭审判,大家都心平气和地坐在桌子周围,就连当事人杨慧英、郑珍的态度,也出乎意外的安静。调解开始了,起初杨慧英和郑珍都很坚持自己的意见,各执一理,互不相让。在这个时候,我们交代了政策,阐明了新社会的家庭关系和道德,必须建立在互助互敬、互相谅解和照顾的基础上。这些话打动了一些人,在座的群众点头称是,座谈的气氛有些活跃起来了。你一句,我一句,群众都发言了。有的群众说:“郑老太太您不是曾经说过,不需要这笔钱?愿意给杨慧英抚养二个孩子吗?”有的说“杨慧英不应该不尊重老人,使老人家生气。”还有人说:“杨慧英自爱人死后就不带孩子来探望探望婆婆,这是杨慧英的不对。”有的说:“杨慧英带着两个小孩,还要工作、学习,也够辛苦了,郑老太太也原谅些她。”也有人说:“杨慧英丈夫的死,确实是癌症,这和杨慧英比丈夫大六岁,毫不相干,郑老太太以后别再相信迷信了,也别再说媳妇‘六冲’了。”你一句,我一句,很多的意见都集中到桌面上来了。其中有些话,的确打中了婆媳的心;有些合情合理、恰如其分的批评,也压服了双方的无原则的意气。

在调解过程中,杨慧英承认自己过去有些地方是不对的。但她也说明过去不去看婆婆的原因,是怕婆婆看不起她,怕自己去讨没趣。会上她表示:“既然婆婆想着孙子,我可以在星期天带孩子去看她。”郑老太太一听到孙子要来看她,眼泪就落下来了。她说:“我今年已经64岁了,儿子死了,就希望孙子好好地长大,为国家做点事。以前,我看不到自己的孙子,心中很难过的。”当下,杨慧英一听婆婆还是爱孙子的,心中也深受感触,再一次地表示了态度,郑老太太笑嘻嘻地放下了心。

座谈的气氛很和洽,群众的每一句话,都有力地推进了调解的进展。我看时候到了,就把问题引向了抚恤金上面去。我建议把全部抚恤金780元,除偿还医药欠款外,其余分成3份,一份给郑老太太,两份给杨慧英抚养孩子,群众都支持这个意见,婆媳听后也都表示同意。这个纠纷在两小时内就顺利地解决了。

通过上述案件的调解,使我深刻地体会到党的群众路线对我们司法工作的重要性。不管案件多么复杂,只要依靠群众就能顺利、及时地解决。这个案件之所以能够这么顺利地解决，就是依靠他们所提供的情况，并利用群众的心理来达到“团结—批评—团结”的作用。反之，如果我们采用了坐堂问案的方法，就找不到这个案件的关键所在，不能利用这些有利因素，无的放矢地调解，是不能解决问题的。再加上法庭审判的空气很紧张，婆媳的意气可能会更僵化。即使群众出席了旁听，但根据“程序总结”规定，群众在法庭上是不准发言的。最后，只能凭审判员一个人干巴巴地进行劝解，效果和速度都是赶不上下地区办案好。

（1958年第4期）

1789年法国《人权宣言》的批判
——从老根上清算“右派分子”关于民主、自由、法制等的谎言

叶孝信*

宣扬资产阶级的民主、自由、平等和资产阶级的国家制度与法制，是资产阶级右派分子向党、向社会主义进攻的主要毒箭之一。为了追根溯源，驳斥“右派分子”的谎言，本文拟着重就资产阶级革命的经典文献——1789年法国《人权宣言》的若干主要问题，进行批判。

一、资产阶级“理性王国”的由来及其实质

18世纪末叶，封建法国的经济、政治和思想生活领域内，发生了种种严重的矛盾。以伏尔泰、孟德斯鸠、卢梭、法国唯物主义者等为代表的所谓“启蒙”学派便应运而生。他们代表第三等级的不同阶层，在哲学和政治观点上并不完全一致，有的甚至尖锐对立，对行将到来的革命所持的态度也不相同，但在反对封建专制和维护资产阶级私有制这一基本观点上，则殊途同归。正是在这个一致的基本原则下，他们的思想指导了法国资产阶级革命。他们的观点糅合地反映在法国资产阶级革命的总纲——《人权宣言》上。

法国“启蒙”学派尖锐地批判了当时法国的全部现实生活：封建专制的专横暴戾，国家教会的骄奢淫逸，等级制度的壁垒森严，思想言论的备遭窒息等。他们力图解释国家、私有财产、宗教、不平等和不自由的起源，规划各自理想的政治局面，并为实现自己的理想提出了自己的方略。当时他们在反对落后的现实和推进社会的发展上，无疑是起着进步作用，有一定的历史功绩的。

然而，时代和阶级的局限性，使法国“启蒙”学派的视野不能超出资产阶级的范围。他们对社会上存在的各个现实问题的解释是不科学的。他们大多以“社会契约论”和“自然法论”为理论基础。他们美化了“自然状态”（即原始社会）中人们的自由和平等。如小资产阶级的代表、《社会契约论》的作者卢梭主

* 作者单位：华东政治学院（现华东政法大学）。

张国家是社会契约的产物。他认为富人希望利用穷人的力量来达到自己的自私的目的,于是向穷人提议结成社会同盟,建立国家政权,引诱他们错误地相信国家是安全和社会秩序的支柱,而事实上则是国家用法律巩固了私有财产,神圣化了对人民自然权利的剥夺行为,使多数人陷于奴役、贫困和疲惫的劳动。尽管这样,即使是卢梭也仅仅反对大的私有财产和财产分配的不平均,却并不一般地反对私有财产,反而把小私有理想化了。

揭露和批判了封建的法以后,“启蒙”学派主张实行自然法(即适用于一切人,甚至一切自然物的“自然法则”),并把自由、平等和财产列为自然法的主要内容,而大资产阶级的代表者伏尔泰则更主张政治权利只给予有产者。

不同阶层的利益也决定了“启蒙”学派对未来国家制度的理想蓝图。伏尔泰虽反对君主制,但主张“开明君主制”并向往英国的君主立宪制。中等资产阶级的代表者孟德斯鸠,主张为了保障自由,必须严守法律,实行法制,而最好的保证是在国家制度上的三权分立。卢梭则反对分权论和代表制,坚持主张政权统一不可分割,由人民直接行使,认为只有这样,才能建立“合理的”民主国家制度。

最后,除了卢梭主张以暴力推翻建立在暴力基础上的封建专制制度是完全合法的以外,“启蒙”学派大多主张用自上而下的温和的改良手段来改变现存的制度,实现他们的政治目的。他们反对革命,并轻视或敌视人民群众。伏尔泰甚至这样说过:“当人民群众起来的时候,一切都完蛋了。”

历史在法国“启蒙”学派面前提出关于反对封建专制和实现平等、自由、财产的“理性的”和“正义的”国家的“理想”。这一“理想”的实质是什么呢?恩格斯早在1877年在《社会主义从空想到科学》一书中即已作了深刻的总结:“这个理性的王国不过是理想化了的资产阶级王国,永恒的正义是在资产阶级的司法中获得实现的,平等归结为法律面前的资产阶级的平等,而被宣布为一种最主要的人权便是资产阶级的所有权。”①

二、所谓“天赋人权”

资产阶级“右派分子”进行反党、反社会主义的罪恶活动时,眼见反革命分子、阶级异己分子、刑事罪犯等在强大的人民政权下,纷纷受到应有的惩处,于是

① 《马克思恩格斯文选》(第2卷),莫斯科中文版,第118页。

惴惴不安，叫嚣“人权从何取得保障”。“右派分子”杨兆龙说：“无论在刑事或民事方面都难免使坏人感到无所顾忌，使好人感到缺乏保障。”甚至要求“检查历次运动，特别是肃反运动的合法性”。右派分子的谎言，似乎资产阶级国家是讲究“保障人权”的。那么且看所谓“人权”问题在资产阶级革命时是怎样提出和在实际上是怎样“保障”的吧。

《人权宣言》完全无视封建制生产关系的腐朽，以及建立在这基础上的封建专制统治是当时法国政治生活中的根本问题，也是人权备遭蹂躏的根本原因，却在序言中唯心地“认为人们的愚昧及其对人权的遗忘与漠视是造成社会的灾难和政府的缺点的唯一原因”。从而宣称：“在庄严的宣言中，对天赋的，不可剥夺的、神圣的人权予以阐明，为的是这一宣言在一切社会成员的经常注视之下，使他们不断忆起他们的权利与义务，为的是立法与行政当局的活动在任何时候有可能与以往的每一个政治机构的任务作对比之下得到更大的尊敬，为的是从今以后，以真诚的、毋庸置疑的原则为基础的一切公民的要求将符合宪法精神，以全民幸福为目的。”

首先，从历史唯物主义的观点看来，与义务相对应的权利——人权，只是阶级社会的范畴，是政治的和法律的意义上的范畴。在原始社会的氏族制度下，根本不知所谓权利义务为何物，也无从发生人权问题。在剥削阶级占统治地位的各个历史时期，“给与公民的权利是跟他们的财产状配相吻合的”。① 而“保障人权”的呼唤则实由于剥削统治阶级所借以恣意糟蹋无产者的人权的“公共权力”——国家权力的存在。所谓“天赋人权”，无非是《人权宣言》作者所固有的“自然神论”的反映而已。

其次，《人权宣言》以“一切社会成员”的假象蒙混了社会将人们划分为阶级的实质，以“社会契约论”注射入新政府的表皮，把新政府看成基于推翻封建专制以后的革命群众意志的产物。以此为基本前提，然后寄予新政府以执行宪法和为全民谋福利的殷望。前提即属子虚，结论自是缘木求鱼。

由无产阶级革命胜利所建立的无产阶级专政既然以镇压一小撮被推翻的剥削统治阶级的反抗为自己的首要任务之一，无产阶级专政就公开主张政权和“人权”的阶级性。无产阶级政党一再教育工人阶级和劳动人民：人民的权利是人民自己争得的，不是任何别人的恩赐，更非出于天赋。革命胜利之后，为了继续维护并发展人民自己争得的权利，就必须对一切人民的敌人“以其人之道，还治其人之身”，谈不上什么“保障人权”的问题。而我们确实也这样做了。这里，

---

① 《马克思恩格斯文选》(第2卷)，第319页。

关于好人和坏人的概念,我们和“右派”就不能不有根本的分歧。在我们国家,在社会主义建设时期,“一切赞成,拥护和参加社会主义建设事业的阶级、阶层和社会集团,都属于人民的范围”,[①]都是好人,反之,“一切反抗社会主义革命和敌视、破坏社会主义建设的社会势力和社会集团,都是人民的敌人”,[②]也都是坏人。对于好人,我们坚决保障他们的各项民主权利;对于坏人,则坚决对他们实行专政。右派分子深感其同类“缺乏保障”是可以理解的,而以“好人”来概括他们自己及其同类则是别有用心的,必须从阶级观点上严予驳斥。

三、所谓“生而自由”、“权利平等”

“好人感到缺乏保障”,这仅仅是资产阶级“右派分子”“作不平鸣”的概括,具体说来,“右派”先生们在我们国家里,是事事感到“不方便”,处处感到“低人一头”的,为此,他们声嘶力竭地向党、向社会主义要求“自由”和“平等”,他们说,自由和平等只在西方才有。那么,请看西方关于自由和平等的“渊源”吧。

在序言基本精神的昭示下,《人权宣言》第1条即郑重规定:“人生而自由、有平等之权利,社会地位之高下,只应以对公益之大小为基础。”“生而自由”的人都“平等”地有哪些权利呢?《人权宣言》第2条规定:“政治结合之目的在保障人类自然而不受限制之权利,此种权利即自由、财产、安全及对压迫之反抗。”《人权宣言》的作者对列举的这些“自然而不受限制之权利”中的财产权较其他诸权利显然表示了特殊的关心,在《宣言》的结尾为此独列一条:“财产为不可侵犯而神圣之权利……”(第17条)同时,对自由一权也兴趣盎然,在宣言的第4条,特为自由下了定义:“凡不害及他人之行为均得自由。人之自由权利只在为保障其他社会成员亦得享受此同等权利时始受限制,且唯法律能规定此种限制。”

花言巧语哄骗劳动者以自己的鲜血洒开了资产阶级独享一切“自然权利”的花蕊。革命胜利了,资产阶级的“自然权利”是现实,无产者的“自然权利”只能在沉痛的追忆里徘徊。1789年《人权宣言》的墨迹未干,以这个宣言为自己序言的1791年《法国宪法》规定,选举权和被选举权只授予“积极公民”。享有选举权的资格是年满25岁,在城、区定居一年以上和缴纳价值3个工作日以上的直接税并能提交纳税收据的法国公民。选举采复选制,每100个“积极公民”出

① 毛泽东著:《关于正确处理人民内部矛盾的问题》。
② 同上。

一复选人，城市复选人的财产收入须够100至200个工作日的工资，乡村地区的则为150个工作日的工资。在当时法国2600万人口中，"积极公民"仅40万人，即占全民的15%。按照极其简便的算术，绝大多数法国人没有选择自己的政府的起码自由，还谈什么其他自由？这便是《人权宣言》，也是1791年《法国宪法》序言中宣称的"人生而自由，有平等之权利"的现实。非常明显，"自由"、"平等"和"人权"的有无和多寡完全取决于财产的有无。无怪乎连法国最激进的资产阶级革命家、雅各宾派的领袖罗伯斯庇尔在亲自制定的1793年《法国宪法》第16条上，也这样规定："财产权是任何公民自由享受或支配其财产、收入、劳动和勤勉果实的权利。"同样的精神，把财产权换成所有权的字样，在1804年《拿破仑民法典》第544条也作了规定。资产阶级再三对财产权怀有如此广泛而深厚的兴趣，并且到处把它和"自由"联系起来制定在自己的法典中，这绝不是偶然的。

毫无疑义，工人集会结社当然是行使自己的自由权的一个重要方面。可是，在1791年6月14日立宪会议通过的《列·霞白利法案》中，这项自由也被剥夺了。这个法案借口商业自由，禁止任何"联合"，从而也不许工人组织工会，取消了工人罢工的自由。法案序言指出："在国家内，不再有行业组合，今后只有各个人的个人利益和公共利益。"法案第1条规定："解散同一阶层和同一职业的一切公民的行业组合为法国宪法根本基础之一。无论以任何借口，采用任何方式，此种行业组合均不得在事实上重行恢复。"第2条："同一阶层或同一职业之公民、企业家、商店主、工人及任何手工业工人聚会时，不得互选会长、秘书和理事，不得举行登记、采取决定或进行商讨，不得借口有关共同利益而制定规则……"法案还规定对一切主犯、祸首与教唆犯应受公安法庭传讯，判罚金500利佛尔并褫夺积极公民权一年。与对工人的态度截然相反，法案却有准许商业会议所集会的附带条件。法案提案人霞白利在讨论这个法案时公开声明："当然，你们了解，我们之中谁也不会愿意干涉商人们共同讨论他们自己的事务的。"看来，霞白利显然"忘"却了工人与商人（与任何人）一律平等是"法国宪法的根本基础之一"的。不然，何厚于彼，又何薄于此？法案的锋芒针对着谁，难道还需要证明吗？这里值得注意的是，这个法案在当时除了马拉的《人民之友报》斥之为反动以外，所有其他任何俱乐部和刊物都未予批驳。特别是，在1793～1794年的雅各宾专政时期，法国资产阶级革命的顶峰的年代，曾经废除了不少反动法令，而这项法案却丝毫未动，更不用说以后的反动年代了，以"自由"之名，行资本对劳动进攻之实，前后如出一辙，难道还须证明吗？

对农业法国的最广大群众说来，废除封建义务便是最大的自由，而《人权宣言》对此只字不提。事实是:在1789年8月4~10日由国民会议通过的决议中只废除了与农民人身依附有关的苛捐杂税和义务,以及教会的杂税,而其余一切封建义务则必须赎买。“自由”、“平等”、“人权”在实际上仅仅成为资产阶级的等权。标致的字句上处处渗透出血腥的铜臭。财产所有权扼杀了劳动者起码的生存权。一切“自由”、“平等”……的豪诺,在实践上归结只是十足的欺骗而已。

只有马克思主义才第一次科学地阐释了自由和平等的真谛。马克思主义肯定,在阶级社会内,一般的自由和一般的平等是没有的,自由和平等都是阶级的和历史的范畴,是统治阶级的特权。统治阶级的自由和统治阶级内部的平等是以被统治阶级的不自由和对被统治阶级的不平等为前提的。而“政治之结合”——国家则是统治阶级压迫被统治阶级的自由和维护对被统治阶级的不平等的暴力机器,其目的并不在于一般地“保障人类自然而不受限制之权利”。在我们无产阶级专政的国家里,毛主席说:“专政的第一个作用就是压迫国家内部的反动阶级、反动派和反抗社会主义革命的剥削者,压迫那些对于社会主义建设的破坏者,就是为了解决国内敌我之间的矛盾。”①在我们国家里,一切拥护党的领导,走社会主义道路的人们,不受任何财产、性别、宗教信仰、教育程度、居住期限……的限制,宪法保障了他们的选举权和被选举权,保障了他们的言论、出版、集会、结社、示威、游行的自由,国家并提供物质条件,以保证他们享受这些权利和自由。宪法也保障了人民的宗教信仰、居住、迁徙的自由,保障人民的人身自由和住宅不受侵犯,非经人民法院或检察院批准不得逮捕和搜查,通信秘密也受法律保护。我们的法律和实践是一致的。通过全民整风所发展了的社会主义民主的各种形式——大鸣、大争、大辩、大字报、座谈会,则更是人民自由畅抒己见的最好方式。对党和国家的任何机关和任何领导人,都可以提意见,党和国家的任何干部违法乱纪者,都受到应有的惩处。所有这些,对于广大人民说来,难道还不自由,还不平等吗?

自由不是什么对于客观必然和客观规律的“独立”,而是对于客观必然和客观规律的认识、掌握和利用。在我们国家里,党的领导和社会主义道路就是客观必然和客观规律。“右派分子”妄图抗拒和推翻这些,当然会感到“不自由”。右派分子蓄意造反,妄图搞什么“政治设计院”、“平反委员会”,与党分庭抗礼,闹什么“轮流执政”,与党唱对台戏,当然感到“不平等”。然而,我们必须正告右派先生:在我们国家里,你们要求的那种“自由”和“平等”是没有而且永远也不可能有的。

---

① 毛泽东著:《关于正确处理人民内部矛盾的问题》。

四、所谓“主权在民”、“三权分立”

为了保障他们的“人权”,实现他们的“自由”和“平等”,资产阶级“右派分子”还心劳日拙地指望在解放了的中国建立一整套资产阶级的国家制度,把进攻的矛头对准了党领导的无产阶级专政。这里,从根源上揭穿并批判资产阶级“民主”的国家制度的一些基本原则便具有现实的政治意义。

《人权宣言》宣称:“主权属于民族,任何团体或个人非经明白付托,不得行使之。”(第3条)“凡权利保障未得完全,权力分立未得规定之社会,即等于无宪法。”(第16条)

我们知道,“主权在民”之说原是“社会契约论”的基本论点,前面已略予批判。《人权宣言》在这之下紧接着必须经过全民“明白付托”方得行使主权的脚注,这就为革命后大资产阶级专政捏造出一个“民意”基础。洞若观火,《人权宣言》显然是把大资产阶级夺取政权、实现专政,以及凭借着专政的力量以行使主权的客观现实抹杀了,并且讳言两者之间的必然因果关系。在“宣言”作者看来,事情似乎是这样的:法兰西民族双手把法国主权“付托”给大资产阶级,大资产阶级光荣地承受了这一“付托”,然后行使主权。实则大谬不然。在资产阶级革命以前,法国主权的主体并不是法兰西民族,而是路易王朝,反之,法兰西民族的绝大多数人却是法国主权的客体;从而大资产阶级并不是从法兰西民族手中恭谦地“承受”,而是从路易王朝手中以暴力夺得这一主权。大资产阶级高踞统治者的宝座以后,专政就已经是当然的事实,既完全无须法兰西民族的“明白付托”,法兰西民族也从未和不可能“明白付托”之。剥削阶级的专政是血淋淋的,并不温文尔雅:1840年6月(巴黎无产阶级起义)和1871年3月(巴黎公社),资产阶级铁青着面孔,借千万颗无产者的脑袋才巩固了自己的专政,何曾承受过牺牲者的“明白付托”?

所谓“三权分立”,原是孟德斯鸠对英国国家制度描绘的假象和对未来法国国家制度的憧憬。事实上,在英国本来就不是三权分立,在法国,三权也从未分立过。大家知道,英国资产阶级革命后,新贵族在国家权力上还占显著优势,资产阶级不得不与之委曲共事。当时,大权主要操于作为立法机关的国会。18世纪60年代产业革命以后,资产阶级由于经济上的坐大,在政治上才占了上风,这时和此后,国家权力已日益转移于作为行政机关的内阁了。司法机关无论何时都是整个政权的组成部分和附属品,从未也不可能“独立”。在法国,自1789年资产阶级革命后,政局迭经演变,资产阶级政党此上彼下,在革命直线向上发展的阶段中(1789～1794年),国家制度的资产阶级民主化逐步扩展,国会在相当程度上日益掌握国家大权,行政权不能不有所顾忌,然而,三权的界限也远不如孟德斯鸠规定得那么严格,更谈不上“均衡”。至雅各宾专政(1793～1794年)而实现卢梭的主权统一不可分论,根本摈弃分权之说,在雅各宾革命政权组织中,将一切大权集中于国民公会手中,即议即行,形成强有力的专政,在内忧外患的严重关头上,捍卫了法国的独立和资产阶级革命的果实,并将革命推向最高发展阶段。在未及实现的《雅各宾宪法》(1793年)中对统一的国家权力亦作相应规定。雅各宾专政覆亡后,大资产阶级复起,为了及时而有效地进行对内镇压和对外侵略,将国家机构改组,行政权由督政府(1794～1799年)而执政府(1799～1804年)获得日益强烈的扩大,国会日益顺从于行政权下,这一情况至拿破仑称帝(1804～1814年)而登峰造极,国会被连根拔去了。哪有什么“分权”? 法国和其他资产阶级国家此后的历史发展趋势亦然,法西斯专政便是这一发展的总结。

《人权宣言》没有明确提到法国的国家制度采取什么形式的问题。事实是:革命后的法国实行君主制,在1791年《宪法》中才确定为君主立宪制。完全可以理解,《人权宣言》讳言共和是别有用心的,旨在为此后的君主立宪留下余地。不独此也,君主制在法国在1804～1814年(拿破仑第一)、1814～1830年(波旁王朝复辟)和1852～1870年(拿破仑第三)还曾三度出现。由此可见,共和国的形式对资产阶级,特别是大资产阶级说来,并不感到多大兴趣。交替执政的资产阶级政党在国家制度问题上虽有纷争,而它们的基本关注则是整个资产阶级的阶级利益。

国家权力是统一不可分的。在这点上卢梭只说对了一半,他不能把国家权力提高到阶级专政上来认识。“主权在民”,这话也极含混。卢梭把人民的阶级内容给抽空了。然而,分权也罢,不分权也罢,作为18世纪末的思想家法国“启蒙”学派在反封建方面的活动是有相当进步意义的。

我们国家的性质是工人阶级领导的、以工农联盟为基础的人民民主专政(实质上是无产阶级专政)。人民代表大会制是我们国家的基本制度。民主集中制是我们国家的组织原则。共产党是我们国家的领导力量。所有这些根本原则都明载宪法。我们国家的性质和制度的无比优越以及党的坚强领导,决定和保证了我们社会主义革命和社会主义建设的辉煌胜利。这原是像旭日东升一样的真理。可是,丧心病狂的资产阶级“右派分子”却诋毁人民民主专政是一切缺点和错误的根源,党的领导是宗派主义的根源,专政太多、民主太少,集中太多、民主太少;叫嚣资产阶级政党可以领导或共同领导国家,进而主张根本改变国家领导的各种具体制度,提出什么“两党制”、“两院制”等;政法界的“右派分子”

则在狂吠什么“党政不分”,闹“司法独立”,反对党对人民直接“发号施令”等不一而足,花招虽多,实质则无非是企图把党对国家的统一领导排挤掉,推翻无产阶级专政,让资本主义在中国复辟而已。我们必须正告右派先生,这种“自由”,在中国是绝对没有的。

五、所谓“法律为公意之表现”、“法无明文规定者不为罪”、“罪刑法定主义”、“法律不溯既往”、“无罪推定”

在恶毒攻击无产阶级专政的同时,资产阶级右派分子还从各个方面疯狂地反对社会主义法制。他们公然篡改马克思主义关于法律的定义;肆意诋毁我们法制“不完备”,推崇并在实际行动中不遗余力地执行资产阶级法制诸原则。这里,我们完全有必要从理论上和实际上对早期资产阶级法制的真相进行历史的批判。

《人权宣言》给法律下了资产阶级的定义,并以大量篇幅规定了资产阶级的法制原则。“法律为公意之表现。一切公民皆有权利以个人或代表参加法律之制订。法律之保护与惩罚对一切人均应一律。在法律之前,一切公民皆平等……”(第6条)“法律只禁止为害社会之行为,凡法律所不禁止之行为不得加以阻挠……”(第5条)“法律所规定之刑罚只应为严格而显然之必要者,非依已成法律,共其公布在犯罪行为之先而应用又合法者,任何人不得受罚。”(第8条)“凡未被宣告有罪之先,任何人皆应视为无罪……”(第9条)

首先,众所周知,法律绝不是什么“公意”的表现而是统治阶级意志的表现。在剥削阶级统治的国家里,法律的制定也绝不是一切公民都能参加的权利,而仅仅是一小撮剥削统治阶级代表人物的权利。例证不用外找,就事论事,1791年《法国宪法》不是明文规定只有“积极公民”才有选举权和被选举权吗?难道除了占全民15%的“积极公民”以外的法国人民会忽然产生如此离奇的“公意”,把决定将自己排斥于国家政治生活之外的宪法枷锁套在自己的脖子上吗?显然,这个宪法并不是什么“公意”的表现,却正是亲手制定它的大资产阶级意志的表现。这难道还需要解释吗?

“在法律之前,一切公民皆平等”,这完全是谎言。关于马克思主义如何看待阶级社会里的平等问题,前面已简略论述,《人权宣言》在此特别加上在“法律之前”的字样,只能作如是观:资产阶级法律对于亿万富豪和赤贫如洗者是平等地保护他们的私有财产的,对于武装到牙齿的军警和手无寸铁的罢工者是平等地保护他们的生命安全的,资本和劳动平等地出现在市场上进行交易,并为资产阶级法律平等地保护着，如此等等。撇开经济的和政治的现实条件，而侈谈“法律面前一律平等”，除了硬把不平等说成平等以外，还有什么？

“人权宣言”第5条的规定事实上是第4条关于自由的定义在法律上的反映。正因“凡不害及他人之行为均得自由”（第4条），从而，“法律只禁止为害社会之行为”（第5条）。《人权宣言》在此为每一公民划定了自由的界碑：“你的邻人的自由的起点便是你自己的自由的终点。”①并以资产阶级的法律为樊篱。问题更现实了。首先，资产阶级法律的樊篱是弹性的，其伸缩完全取决于资产阶级的阶级利益，公民的行为是否犯法，从而能否自由完全以资产阶级的意志为转移。其次，资产阶级以一己阶级之私盗窃了社会的名义，并以维护社会为词，制定了维护自己阶级利益的法律，“为害社会”云者，无非是为害资产阶级利益的同义语而已，若果，即是违法、犯罪。资产阶级的利益既已完全合法化了，于是，凡为巩固和发展这一阶级利益的一切行为无往而不合法，易言之，资产阶级行使自己阶级自由时是没有任何终点的，资产阶级的法律樊篱可以无限伸延，直至无产者的整个精神和肉体，因为，饥寒迫使无产者不得不接受最惨无人道的劳动条件。最后，资产阶级唯恐自己的话说得还不清楚，在《人权宣言》第10条还规定着：“凡非扰乱法律所建立之公共秩序，任何意见及宗教意见之表示均不得受胁迫。”瞧，连“公共秩序”也是法律建立的了？！掌握了政权的资产阶级志得意满地说：你高兴发表什么意见都行，只是不许扰乱我的法律建立的公共秩序。猗欤休哉，法律对于资产阶级是多么“神圣”啊。只是，资产阶级永远讳言如下一件事实：法律也罢，“公共秩序”也罢，与广大劳动者的自由和切身利益不仅毫无共同之处，而且是尖锐对立的。

《人权宣言》第8、9条为资产阶级刑法的一些基本原则——“法无明文规定者不为罪”、“罪刑法定主义”、“法律不溯既往”和“无罪推定”等提出了迷人的政治口号。但只要正确认识了资产阶级法律的阶级实质和适用这一法律的实权究竟属谁，就不难戳穿它的“秘密”了。

《人权宣言》既然认定国家是因社会人们的共同契约而成立的，而国家制定的法律是反映这一共同契约的；以此为前提，则犯罪人触犯法网的一切作为与不作为是对共同契约的破坏，而对之施以刑罚便是根据共同契约对于犯罪人的相应的报应。反之，凡法律未明文禁止的行为就等于为共同契约所允许，当然不得对之定罪量刑，基于同样理由，凡行为时未规定科刑的行为也不得追诉。这便是“法无明文规定者不为罪”、“罪刑法定主义”和“法律不溯既往”原则的基本内

① ［法］茄罗蒂著：《什么是自由》，凌其翰译，三联书店1954年版，第39页。

容。马克思主义关于犯罪的理论驳斥了这些“理论”，指出犯罪是危害统治阶级利益的作为与不作为。准此：第一，犯罪是阶级社会的现象，绝非抽象的法律概念；第二，犯罪有其阶级内容，仅仅是危害统治阶级利益的作为与不作为才是犯罪，绝非什么违反“共同契约”的结果。《人权宣言》的犯罪概念只能说明犯罪是立法者所认为犯罪的行为，根本没有说明立法者是什么阶级和为什么要认为这种或那种行为是犯罪行为。然而，恰恰就在这点上，却是《人权宣言》所讳莫如深的。

“法无明文规定者不为罪”等原则的本身既是虚伪的，因而在资产阶级国家的司法实践上也格格不入。我们知道，1791年《法国刑法典》中还曾一度规定了绝对确定的法定刑罚原则，指明过去适用之一切刑罚，凡本法典所未规定者，一律废除。但在实际上旋即大感“不便”，在1810年的《刑法典》上便改弦更张，主要地是采用相对确定的法定刑罚了。进入帝国主义阶段后，资产阶级国家经常以颁发特别法令的方法对犯罪构成作极广泛的和“弹性”的规定，以宣布戒严令的方法镇压劳动者的“闹事”，此外，有些还授权司法机关根据剥削者利益任意解释现行法律，所谓“法无明文规定者不为罪”等原则，早已抛到九霄云外了。

所谓“无罪推定”原则，首先就陷入常识逻辑的混乱。按照这一“原则”，似乎第一，法律允许对某人告知为被告，并对之进行侦查、起诉、采用必要的强制措施和交付审判，但是，该人是无罪的，第二，已经掌握证据确能证实被告为有罪的侦查、检察和司法人员，仅仅由于法院正式判决尚未生效，却不许产生被告为有罪的信念，但是，又要他们对被告进行侦查、起诉、采用必要的强制措施和交付审判。资产阶级思想家喜欢玩弄逻辑，资产阶级司法实践家却讲究实用主义。荒唐的逻辑——“无罪推定”在资产阶级对付劳动者特别是“政治犯”的司法实践中转变为自己的对立物——有罪推定，迄仍生效的1810年《法国刑法典》对“危害国家”、“危害宪法”和“危害公共安宁”3类国事罪的规定分别列为3章凡119条，已极苛细之能事，而资产阶级尤感不周，特在法典结尾“一般规定”的最后一条、第484条着重规定：“凡本法典所未规定而由特别法令规定的事件，各级法院应遵守特别法令。”唯其如此，一方面，一切不利于资产阶级的行为都可能很轻便地被推定有罪，另一方面，对实在于法无据以推定有罪的不利于资产阶级的行为，国家尚可颁布特别法令以济其穷。因此，问题的实质根本不在于司法程序上形式地“推定无罪”，而在于政治实践上资产阶级是否必须罹人于罪。正是，“欲加之罪，何患无辞？”这一情况在所有资产阶级国家中，莫不皆然。

应该指出，在18世纪末的法国，《人权宣言》有力地攻击了封建专制制度下无法可依、有法不依、有法乱依、同罪异刑、有罪推定等一切由特权阶级肆意武断的专横司法，把以“平等”、“自由”、“人权”为皈依的资产阶级的法律定义和法制原则写在资产阶级革命的旗帜上，奏起了振奋人心的号角，尽管它们在理论上是唯心的，在实际上是虚无的，但却具有相对的历史进步意义。今日中国的资产阶级右派分子在社会主义法制的光芒下却借“法无明文规定者不为罪”、“罪刑法定主义”企图把法律“神圣化”，并恶意歪曲之以对抗党的政策，借“法律不溯既往”为历史反革命开脱罪责，借“无罪推定”为专政对象伸张“人权”。昭然若揭，右派分子为旧法招魂绝不是“发怀古之幽思”，而是别具政治阴谋的。我们认为，共产党的政策就是社会主义法律的灵魂。随着社会主义革命的深化和社会主义建设的推进，随着经济结构、阶级力量对比关系和国际形势的变化，党体现了工人阶级领导的劳动人民的意志，及时制定了相应的政策，一切政法工作者必须善于学习和掌握党的政策的基本精神，站稳工人阶级立场，运用唯物辩证方法来理解和执行现行的法律，在这一基本原则下，“以事实证据为根据，以政策法律为准绳”来处理具体案件。一切从我们法律中把党的政策抽空的做法都是极端错误的。而右派分子妄图就法言法以抗拒党的政策的“自由”，在我们国家里，现在没有，将来也永远不会有的。

（1958 年第 4 期）

对敌人必须专政到底
——驳“右派分子”刘焕文关于人民民主专政问题的谬论

李仲成*

从去年春季以来,资产阶级“右派分子”就利用我党整风的机会,向党发出猖狂的进攻。他们妄想从根本上推翻人民民主专政制度,搞垮中国共产党,造成天下大乱,以便取而代之。“右派分子”刘焕文就是为了达到这一目的,配合章罗联盟肆无忌惮地向我国人民民主专政制度发出了疯狂的攻击。

“右派分子”刘焕文向社会主义制度——人民民主专政的进攻是多方面的,所采取的手段也是多种多样的。他为了使资本主义复辟,便竭力反对以工人阶级为领导、以工农联盟为基础的人民民主专政制度。譬如他说:“从形式上说,民主专政与民主集中,在资本主义国家也是如此,并无不同,只是资本主义国家对专政不明白提出,社会主义国家明白地提出,并把专政天天在口头上讲罢了。”接着他又以谴责的口吻说:“在解放生产力的暴风雨时期的斗争已经过去的条件下,讲专政是否恰当,是否妨碍地主阶级接受改造,殊值研究……”

由于刘焕文对专政心怀不满,他又在《上海盟讯》发表了《为什么要实行人民民主专政》一文。他在这篇文章中写道:“从实质上说,任何类型的国家,都是民主与专政并行,都不是只有专政,没有民主,或是只有民主,没有专政的;因为不如此就不能完成统治的任务,达到统治的目的……由上所述,可知历史上任何的国家都是有民主、有专政的。不过有的不明说,有的说假话,所谓区别,只此而已。人民民主国家,也是一种国家,自然并不例外,也是有民主、有专政的。”

在大鸣大放中,刘焕文进一步宣扬了这一反动观点,又公然叫嚣说:“我认为革命暴风雨式的阶级斗争已经过去了,阶级斗争基本上结束。反革命分子是极少数的,靠人民政法机关,几个反革命分子是可以监视的。地主阶级分子在人民政权日益巩固的情况下,除向人民投降外,已没有别的出路,他们是接受改造的。如果我们每天叫嚷阶级斗争、叫嚷专政,会给他们精神上很大刺激。”

刘焕文的反动谬论,虽然遭到严正的指责,但是他不仅不低头认错,反为自

* 作者单位:华东政法学院(现华东政法大学)。

己辩护说:“我所说的不要天天叫嚷专政,是指不要天天对反革命分子、地主阶级叫专政,尤其不要在报纸上公开地说。我们所以对他们专政的愿望,就是要改造他们,现在他们既已接受改造,我们就不要天天再对他们叫喊专政。这样会给他们的心理上很大刺激,反而使他们失去信心而抗拒改造。”

从以上事实可以看出,“右派分子”刘焕文是竭力反对无产阶级专政,散布阶级斗争熄灭的论调。他不仅否认民主与专政的阶级性,而且故意混淆敌我矛盾与人民内部矛盾的原则界限。

为了维护党的领导,巩固人民民主专政制度,建设社会主义社会,就必须坚决彻底地粉碎刘焕文的政治阴谋,驳斥他的反动谬论。

一

“右派分子”刘焕文认为,不同制度的国家的民主与专政没有什么本质上的区别。所谓区别,只不过是有的不明说,有的说假话而已。我们要问,究竟谁在说假话呢?难道资产阶级的民主与专政和无产阶级的民主与专政没有本质上的区别吗?看来只有站在资产阶级立场上的刘焕文才会得出这样的结论。在我们看来,资产阶级的民主与专政和无产阶级的民主与专政这两者之间不仅有原则的区别,并且是根本对立的。列宁说:“供极少数人享受的民主、供富人享受的民主——这就是资本主义社会中的民主制。”①从这里可以看出,资产阶级的所谓民主,是广大人民群众所享受不到的,它只有资产阶级自己才能享受到,所以说,资产阶级的民主是虚伪的。

至于说资产阶级专政的问题,它是资产阶级以民主的形式或者以公开的恐怖政策、法西斯专政的形式来实行它的专政。它是由少数剥削者向广大工农劳动群众的专政。恩格斯在为马克思的《法兰西内战》一书所写的“导言”中指出:“最民主的资产阶级共和国无非是资产阶级镇压工人阶级的机器,一小撮资本家镇压劳动群众的机器。”②这是对资产阶级专政的一针见血的写照。

与上述相反,无产阶级的民主是真正的民主。我国《宪法》规定:中华人民共和国公民有言论、出版、集会、结社、游行、示威、宗教信仰、居住和迁徙等自由。同时国家供给必需的物质上的便利,以保证公民享受这些自由。我国《宪法》又规定:国家机关,一律实行民主集中制,它必须依靠人民群众,经常保持同群众的

① 《列宁全集》(第25卷,第4版),第432页。

② 《马克思恩格斯文选》(两卷集,第1卷),莫斯科1954年中文版,第463~464页。

密切联系,倾听群众的意见,接受群众的监督。一切国家机关工作人员必须效忠人民民主制度,服从宪法和法律,努力为人民服务。

毛主席说:"我们的专政,叫做工人阶级领导的以工农联盟为基础的人民民主专政……而由工人阶级团结全体有公民权的人民,首先是农民,向着反动阶级、反动派和反抗社会主义改造和社会主义建设的分子实行专政……为了维护社会秩序和广大人民的利益,对于那些盗窃犯、诈骗犯、杀人放火犯、流氓集团和各种严重破坏社会秩序的坏分子,也必须实行专政。"①

由此可见,我们社会主义的民主,是对广大人民群众的民主,是任何资产阶级国家所不可能有的民主,而我们的人民民主专政又是最大多数人(工人阶级联合农民和其他劳动者)对少数的剥削者所实行的专政。用列宁同志的话来说就是"无产阶级同其他阶级专政(中世纪地主专政,一切文明资本主义国家中的资产阶级专政)根本不同的地方,在于地主和资产阶级专政是用暴力镇压大多数劳动人民的反抗。相反地,无产阶级专政是用暴力镇压少数地主资本家剥削者的反抗"。② 这里十分清楚地指出了,资产阶级的民主与专政和无产阶级的民主与专政之间是有着本质上的区别的。在阶级社会里,民主与专政绝不是抽象的,而是具体的,它有强烈的阶级内容。所谓纯粹的民主与抽象的民主,都是资产阶级用来欺骗劳动人民,借以维持它的反动统治的迷人的面纱。这个面纱已在阶级斗争的面前被揭开了,被撕碎了。人们从这里受到了教育,吸取了教训。现在已经清楚地看出,民主与专政不是超阶级的东西,正如毛主席指示的,在阶级斗争的社会里,"有了资产阶级的民主,就没有无产阶级和劳动人民的民主"。③ 因此说,在阶级社会里,要就是少数剥削者享有的民主,现在资本主义国家中所实行的民主,正是这样的民主,要就是无产阶级和广大劳动人民的民主,现在苏联、中国和其他社会主义国家所实行的民主,正是这样的民主,这就是自从有人类历史以来最广泛最高级的社会主义民主。

必须指出,无产阶级专政是将对敌人的专政和对人民的民主紧密地结合在一起的。如单纯地强调哪一方面都是极端错误的。因为,如果没有最广大的人民群众的积极支持,就不可能有什么无产阶级专政,就是有,也是不巩固的。但如果离开无产阶级专政而来高谈什么民主,实际上是否认无产阶级专政,背弃马列主义,把自己的立场转到资产阶级方面去。因此,绝不能把社会主义民主和无

① 毛泽东著:《关于正确处理人民内部矛盾的问题》。
② 《列宁全集》(第28卷),人民出版社1956年版。
③ 毛泽东著:《关于正确处理人民内部矛盾的问题》。

产阶级专政对立起来。

“右派分子”刘焕文歪曲民主与专政的实质的另一个方面，就是他公开颂扬资产阶级的选举是民主的。他说：他们是随便选举的，高兴投谁的票就投谁的票。其实这种说法是不值一驳的。

最近赫鲁晓夫同志在选民大会上说：美国国会最近一次选举只有57.3%达到选举年龄的人投了票，而在1954年那次国会选举中投票的人只有42.5%。在英国下院的最近一次选举中，3485.2万名选民里只有2676万人投了票。

赫鲁晓夫同志又说：这些数字说明，这些国家的选民已经看穿，不管把统治阶级的哪个代表选进国会和议会，这些代表反正都是保护资本家、银行家、大地主和大商人等统治阶级的利益的。例如，在美国现在的531名国会议员当中有半数以上是律师，四分之一是企业主和银行家。在美国国会里是没有真正的工人和农民的代表的。在占美国人口总数10.4%的黑人当中，只有3个人是国会议员。在美国国会中只选了17名妇女。① 从上述这些事实看来，这怎么能说是民主的选举，高兴要投谁的票就投谁的票呢？“右派分子”所鼓吹的资产阶级民主，所谓“自由竞选”、“两院制”，实际上是资产阶级不同集团之间争权夺利和欺骗人民群众的一种手段。

二

“右派分子”刘焕文认为革命暴风雨式的阶级斗争已经过去了，阶级斗争基本上结束。因此，不要天天叫喊专政，因为反革命分子是极少数的。靠人民政法机关，几个反革命分子是可以监视的。

不错，当前我国社会主义革命已经取得了基本的胜利，革命时期的大规模的急风暴雨式的群众性的阶级斗争虽已基本结束，但不等于说国内的阶级斗争已经完全结束，更不能由此得出阶级斗争已经熄灭的错误结论。

我们十分懂得，一切革命的根本问题，就是要取得政权，改变所有制，建立一套新的、完整的社会经济和社会政治制度。同样一个道理，我们社会主义革命的根本问题，也就是无产阶级专政的问题。以我们的国家来看，自从中华人民共和国成立到现在为止，恢复国民经济、改变所有制等工作，已经基本完成。所以我们说，我国革命时期的大规模的急风暴雨式的群众性的阶级斗争已经基本结束。

---

① 《解放日报》1958年3月16日。

但是，在今天来说，我们国家还处在社会主义的过渡时期，我们新的社会主义制度，还需要有一个继续建立和逐步巩固的过程。事实证明，在三大改造未取得决定性的胜利之前，少数人在政治上、思想上还犹豫不决、动摇不定——坚决走社会主义道路，他们尚未得到知底解决。特别是国外帝国主义还存在，国内反动阶级也仍然存在。他们敌视我们已经取得的革命成果和社会主义建设的成就，千方百计地想法破坏我们。1957 年 12 月 25 日公安部在上海市中苏友好大厦举办的"反革命分子和其他刑事犯罪分子罪证展览会"所展出的 136 件反革命和其他刑事犯罪案例和有关的 2 万余件罪证，就充分地说明了这一点。

例如，在展览会的第三部分中，陈列着破获的美蒋派遣特务的罪证。这里有白、绿色的降落伞，美国制的手榴弹、卡宾枪、定时炸弹以及无线电通讯器材等，是由美蒋特务机关训练派遣的特务分子带进来的。他们从海上、天空、陆地潜进我国大陆，妄图破坏我国人民的幸福生活和社会主义的社会秩序。

又如，在展览会的第四部分，展出盗窃犯、诈骗犯、强奸犯以及在惯窃唆使下的少年儿童犯等 40 多个案件的罪证材料。展出的图表上还说明了人民政府依靠广大人民群众，严厉打击坏分子严重危害国家和人民利益的破坏活动后，刑事犯罪案件是逐年减少了。

就以上海来看，不法资本家破坏社会主义经济建设、抗拒改造也是十分严重的。根据 1957 年 12 月 31 日《解放日报》第 2 版所载，上海市各级人民法院受理的不法资本家犯罪案件，1957 年第二季度比第一季度上升了 78.6%，第三季度比第二季度上升了 6%。这一事实说明，不法资本家盗窃国家资财，非法设立自发工厂，投机倒把，破坏市场管理，严重危害社会主义经济建设事业的犯罪行为，在去年下半年中还有增加的趋势。我们从公安局破获及各级人民法院受理的案件中也可以看出，这些不法资本家在合营企业中，经常利用职权上的便利，大量贪污、盗窃国家和企业的资财。他们进行盗窃的花样是很多的，如涂改账册、凭证，销毁账据，抬高进货价格或压低售价等。被他们盗窃的东西，既有原料，又有工具和现金。

就以整风反"右"斗争后的今天来说，上海市的走私活动近年来是日益猖獗了，只去年查获的案件就比前年增加了 66%。这种违法走私活动，严重地破坏了社会主义的经济秩序。

综上所述，我们可以看出，敌我的矛盾仍然存在，反革命分子仍然存在，我们和阶级敌人的斗争仍然是你死我活的生死之争，我们对阶级敌人绝不能有任何麻痹大意。此外，我们绝不能忘记旧社会遗留下来的污毒，并不是在短期内经过几次运动就可以彻底清除的。另外，资产阶级按其本性的发展来说，它和工人阶级的矛盾是对抗性的,它们抗拒社会主义改造,正是这种本性发展的表现。因此,刘焕文否认阶级斗争的存在,这是胡说八道,别有用心。

诚如前述,我们对这些反动势力和死不悔悟的反革命分子就必须加强专政,严厉打击。不但如此,对于那些流氓、阿飞、盗窃、凶杀、强奸、贪污、破坏公共秩序、严重违法乱纪等严重犯罪分子和进行黑市活动、投机倒把、抗粮抗税、严重破坏统购统销政策的犯罪分子以及公众公认为坏人的人,也都要依法严厉惩办。

"右派分子"刘焕文的"几个反革命分子是可以监视的"说法,也是不值一驳的。

不错,反革命分子比过去是少得多了,但是绝不像刘焕文所说的那样只有几个。其实,目前残留下来的反革命分子还有一定的数量,何况反革命分子对社会主义的危害,也不能单纯从它们的人数多少来衡量。斯大林同志指出:"为要建设德聂伯尔工程,是需要成千成万的工人,但要炸毁这一工程,也许至多只需要几十个人……为要建筑大的铁路桥梁,需要数千人,但要炸毁这座桥梁,却只要几个人就够了。"①

至于对反革命分子监视的问题,那只能对已揭发出来的反革命分子才能做到,否则是行不通的,也是脱离实际的。因为敌人的活动是隐蔽的,在他没有被广大人民揭发前,也是不可能完全被监视的(侦查的对象例外)。刘焕文在这里说的"依靠人民政法机关监视就可以"的论点,其实质就是反对我们肃反工作中的群众路线,所以刘焕文公开地说:"思想改造使人成为哑子,肃反使人成为瘸子。"他的目的是昭然若揭的。

三

刘焕文认为:"地主阶级分子在人民政权日益巩固的情况下,除向人民投降外,已没有别的出路,他们是接受改造的。如果我们每天要叫嚷阶级斗争、叫嚷专政,会给他们精神上很大刺激。"

我们知道,刘焕文是在放烟幕弹,麻痹人民群众,要人民群众放松警惕,好让他们乘机进行破坏活动。刘焕文说,反革命分子是接受改造的,但事实上是不是这样的呢?不是的。请看一看1957年10月24日《人民日报》登载的《一个犯人的日记》便清楚了。湖北省公安厅新生砖瓦厂刑满释放留厂就业的分子刘炳

① [苏]斯大林著:《论党工作的缺点和消灭托洛茨基两面派分子及其他两面派分子的办法》。

坤，他在“日记”里充分地暴露了一些反革命分子对于共产党和人民政府有着何等的阶级仇恨。例如，他当着资产阶级“右派分子”向人民、向党进攻时，就跃跃欲试，企图来个“里应外合”。他们在表面上好像是已经低头认罪，其实在内心深处，却是另一回事。不妨摘几段看看：

五月十五日　十三号的“人民日报”社论“谈职工闹事”，共产党承认有罢工有游行请愿了。这真是天大的好消息！好啊！万岁，万岁！共产党快要垮台了！

六月一日　今天算得是个好日子。我从干部俱乐部里，把共产党员的名字给弄来了……等里应外合动手之时，共产党员是一定要杀光的。

六月四日……我日夜盼望的时候就要到了……1951 年他们枪毙了不少人，没收我的田产，我的几个小老婆也不跟我了，现在还叫我蹲监狱，过去我们杀共产党，做对了，现在，我们还要这样干的。

从这里可以看出，“右派分子”刘焕文说的反革命分子本来是愿意接受改造的谰言是不符合实际情况的。像刘炳坤这样死不悔改的反革命分子，正好从反面给我们上了一课。

至于我们讲专政是不是会给地主阶级精神上很大的刺激？我认为，地主对我们来说是人民的敌人，是专政的对象，对他们讲专政，并不发生什么刺激的问题。正如毛主席在《论人民民主专政》中指出的，“在野兽面前，不可以表示丝毫的怯懦，我们要学景阳岗上的武松。在武松看来，景阳冈上的老虎，刺激它也那样，不刺激它也是那样，总之是要吃人的。或者把老虎打死，或者被老虎吃掉，二者必居其一”。难道还不明显吗？我们如果“对敌人仁慈，就是对人民的残忍！”（列宁语）

列宁在《论无产阶级专政》一书中告诉我们：“无产阶级专政是无产阶级的阶级斗争在新的形式下的继续。”斯大林同志也曾经说过：“从来没有过，而且将来也不会有这样的事情，垂死的阶级自愿放弃自己的阵地而不企图组织反抗。”

毛主席在《关于正确处理人民内部矛盾的问题》中教导说：“必须懂得，没有肃清的暗藏的反革命分子是不会死心的，他们必定要趁机捣乱。美帝国主义者和蒋介石集团经常还在派遣特务到我们这里来进行破坏活动。原有的反革命分子肃清了，还可能出现一些新的反革命分子。如果我们丧失警惕性，那就会上大当，吃大亏。不管什么地方出现反革命分子捣乱，就应当坚决消灭他。”阶级斗争的历史事实告诉我们，如果不给予企图反抗的已被推翻的剥削者以严厉无情的镇压，那么就是在建立了无产阶级专政之后，人民民主政权也是不能长期存在的。刘焕文认为地主阶级已经接受改造，不要再对他们讲专政了，这是违反反动阶级反动本质的客观规律的。因此，我们绝不能丧失革命警惕性，放松对敌人专政。

“右派分子”刘焕文为什么感觉到对地主阶级讲专政就会给他们有精神上的刺激呢？事情并不奇怪，因为刘焕文就是地主阶级出身的，他仍然站在反动的地主立场上为反革命分子、地主阶级分子叫嚣，这是可以设想的。但我们应该告诉刘焕文，你竭力反对也是无济于事的。今天人民当家作主，对于敌人是一定要专政到底的。不如此，人民就要遭殃！国家就要灭亡。

最后，必须强调指出，只要世界上还有帝国主义和资本主义国家存在，只要国内还有阶级敌人存在，我们就要对敌人专政到底，以巩固人民民主专政，保障社会主义建设的胜利进行。

（1958 年第 4 期）

【讨论】

【编者按】 关于政策和法律的关系问题,本刊自从发表了王绎亭、朱恩霖和赵擎等同志的文章以后,最近又连续收到了万山、赖彭城、王珍、何庆增、朱丁龙、王克千、吴家富、杨永华等同志的来稿。他们都本着"百家争鸣"的方针,各就政策的概念、政策所包含的范围和政策的制定、政策的强制力以及政策和法律的相互作用等等发表了自己的意见。作为这个问题的讨论的开始,我们是十分欢迎的。但由于本刊篇幅有限,除了万山同志的文章全文刊载以外,其余的来稿我们仅摘要在这里发表,请读者和作者见谅。这个问题还要继续展开讨论,希望读者多从政策和法律在实际斗争中的作用来研究,不要仅从概念说话。

政策和法律的关系

编　者*

一、什么是政策?政策是谁制定及怎样制定的?

王珍:朱恩霖同志把政策仅归于"统治阶级"制定的,而并未提到其他阶级也可以制定政策,这是片面的。但他所说的方式、方法也是政策的组成部分,那是合理的。因为一个阶级为达到本身的目的和要求,必须本着一定的原则,制定一定的方针,遵循着一定的路线,以具体的方法进行活动。因此,原则、方针、路线、方法便统一概括于一个具体的政策中,互相制约,不可分割。试以赵擎同志举证的肃反政策为例,我国的肃反政策是"肃反斗争,在党中央和各级党委的领导下,实行全党动员,坚持严肃与谨慎相结合的方针。坚持提高警惕,肃清一切特务分子;防止偏差,不冤枉一个好人的原则,实行惩办与宽大相结合的政策;坚持调查研究、实事求是的方法,严禁刑讯逼供,遵守革命法制"。罗瑞卿部长的

---

* 作者单位:《法学》月刊社。

这一阐述,它表明了3个问题,即体现在政策中的方针原则、体现在政策中的路线与方法以及在执行政策中的革命法制原则。显而易见,这里是把路线、方法统一综合于政策之中的。如果按照赵擎同志的主张,排斥了方式方法也是政策的组成部分,把方针、原则、路线和方式、方法割裂开来,那是不对的。

赖彭城:第一,赵擎同志指出,朱恩霖同志所下的定义中值得商榷的地方是"政策,不仅有统治阶级的政策,而且也有被统治阶级的政策"以及不应"把工作的方式方法也看成政策"。这两个问题的指出,我认为是对的,同时我也同意赵擎同志对这些问题的分析。但是我认为更值得注意的是朱恩霖同志在提出的定义中说,"统治阶级为进行阶级斗争和国家领导,必须根据当时当地的客观情况,制定工作的一定的方针和路线与方式方法,这就是这个阶级的政策。"这里给人们一个极其模糊的印象,似乎各个阶级的政策都是"根据当时当地的客观情况制定的"。但是众所周知,剥削阶级由于它的阶级本质以及本身的阶级局限性,是不可能真正认识客观情况,并根据客观情况来制定政策的。就以当前美帝国主义在马尼拉会议所采取的在东南亚进行扩军备战和殖民侵略政策来说,难道是美帝国主义认识了客观情况并根据客观情况制定的吗?事实上美帝国主义正是不顾全世界特别是东南亚人民的反对而一意孤行它的干涉东南亚各国内政及扩军备战、违背客观情况、违背历史发展、违背人民意志的阴谋活动。因此,我们绝不能脱离阶级属性来看政策的制定。马列主义告诉我们,只有工人阶级及其政党才能真正地了解社会发展的规律,认识客观、根据客观情况来制定适合并反映广大劳动人民利益要求的政策。如果等同地看待各个阶级的政策的制定,那就会模糊了政策的阶级属性,影响了对政策本质的真实理解。

第二,就政策的一般含义来说,我是同意赵擎同志所提出的定义的。但是应该指出,赵擎同志对政策所提出的这个定义的含义并不能完全反映共产党和社会主义国家所制定的政策的全部内容。当然,工人阶级及其政党为了维护劳动人民的利益和要求,在阶级斗争过程中确实根据当前的形势,确定了许多政策。如我们在过渡时期初期为了逐步解决资产阶级与无产阶级的矛盾,为了保护工人阶级的利益和保护社会主义建设的不受损害,曾采取了对私营工商业的限制、利用、改造的政策。又如在当前反右斗争在全国范围内取得了彻底胜利的情况下,为了正确地处理敌我之间的矛盾,我们党和国家依据当前的形势又制定了严肃与宽大相结合的处理右派分子的政策原则。但是,这并不能完全反映和衬托出共产党和社会主义国家全部政策的内容。事实上我们党和国家的政策不仅包括了反映阶级斗争的要求的内容,而且也同样反映了大量适应经济建设、开发资源以及和大自然作斗争的要求的内容。如我国为了适应国家社会主义工业化及农业社会主义改造的要求,曾颁发了开展群众性的防涝、防旱、防洪、有计划地兴修灌溉工程等政策。不仅如此,在当前我国整个社会主义建设正处在大跃进的过程中,我们党和国家的政策内容又及时地反映了先进与落后之间的矛盾的斗争内容。如我们为了加速社会主义建设、争取15年内或更多一些时间赶上英国而制定了“多、快、好、省”的社会主义建设的方针。这些显然并不单纯反映阶级斗争的内容,而且也反映社会主义国家所特有的组织经济和文化教育职能,以及反映只有社会主义国家才有可能真正地实现战胜大自然的特点。因此,根据现阶段我们国家所要求解决的种种矛盾来看,现阶段我国政策的定义应该是:“我们党和国家的政策是政治的具体体现,是在为实现社会主义社会,在阶级斗争和经济建设的过程中根据客观情况所制定的对各项工作的方针、原则。”

王克千:在阶级社会里,统治阶级为了和被统治阶级之间进行斗争,解决本阶级的根本利益,取得领导权,它就不能不根据一定的历史条件、阶级关系的对比制定些原则、方针、路线,即制定一些政策。因此,政策是在一定的历史条件下统治阶级根据客观情况为了解决与其敌对阶级之间的矛盾、本阶级内部的矛盾,达到对社会实行国家领导,解决本阶级的根本利益所采取的方针、原则、路线。比如,代表着中国无产阶级利益的中国共产党在建国初期提出的我国共同纲领,其中规定了解决国内外事务的各种政策;又如,党在1952年提出的我国过渡时期的总路线(总政策)以及其他许许多多解决国家的内政、外交和军事等各方面的政策,都代表着我国无产阶级的利益,解决了或正在解决着敌我矛盾和人民内部矛盾,巩固并发展了我国工人阶级对社会实行国家领导。正因如此,所以我们通常谈论什么是政策时,是指统治阶级的政策而言。

在探讨什么是政策时,赵擎同志一方面正确地批评了朱恩霖同志把“一定的工作方式、方法看成是政策”的论点,但另一方面他自己又提出“政策,不仅有统治阶级的政策,而且也有被统治阶级的政策。如果给政策下个一般的定义,就不能只端出‘统治阶级’来概括一切”的主张,这是值得商榷的。按照赵擎同志的这个主张,是不是会得出这样的结论,那就是在我国,政策不仅有统治阶级的政策,即中国工人阶级通过共产党的领导的政策,而且也有被统治阶级的政策,即地主、资本家的政策。既然是不能“只端出来统治阶级的政策”,那就是说,不能“只端出来中国共产党的政策”了。赵擎同志这样的主张的本质,有意或无意地否定了党对政策的提出和制定,否定了政策是党领导国家的最重要的形式。这种主张很容易被利用为“右派分子”的“各党派轮流执政”与“政治设计院”等口号做解释。这在实践上是有害的,也是与马克思列宁主义的政治法律观所不相容的。

何庆增：王绎亭、朱恩霖等同志把政策仅看成统治阶级才有，而被统治阶级没有自己的政策，这是不对的。例如，美国工人阶级是被统治阶级，然而美国工人通过自己的阶级组织——共产党经常提出与政府不同的政见，制定和执行自己的行动纲领；又如法国共产党一贯反对政府的对外侵略，主张民主和平等，难道这一切都不是或不算作政策吗？

二、政策和法律的相互作用

赖彭城：对这一问题，我打算从以下两个方面来谈一些自己的看法。

第一，政策是指导法律的，而法律反过来又为政策的贯彻实施起着积极的作用。

法律和政策都是一定经济基础的上层建筑，是政治的具体体现，两者相互起着作用。法律反映和体现政策，是政策的具体化、条文化，是以政策为转移并服务于政策的，世界上并不存有脱离政策的法律。因而政策对于法律来讲是具有指导意义的。但是反过来法律又对政策的执行贯彻起着积极作用。当然，这并不意味着政策的贯彻实施只局限于通过法律来实现。以我们党和国家的政策来讲，它的贯彻实施是多方面的相互配合保证其实现的。但作为强制工具的法律，也是政策贯彻实施的重要保证之一，是政策贯彻实施的不可缺少的配合力量。举个例子来讲，如我国粮食统购统销、油粮配给等政策的贯彻实施，一方面是建筑在广大人民的社会主义觉悟的基础上，另一方面除了各级组织及其有关部门的宣传教育、检查监督外，为了使这一政策付诸实施，就必须加强市场管理、取缔投机奸商，并对破坏分子给予依法惩处。这充分说明了法律对政策的贯彻实施是起着积极作用的。

第二，政策是具有强制力的，违反政策应受到处分，但法律是对违反政策处理的重要手段之一。

实践证明，我们党和国家的政策的制定和贯彻，是依靠广大群众并取得广大人民的积极支持的。因而从总的说来违反政策毕竟是少数，而且违反政策的原因也是各不相同的。但是这并不等于说，我们对于违反政策采取听之任之的态度，而恰恰相反，我们是采取了严肃的态度来处理的。而且是根据违反政策的不同性质、不同情况，采取不同的手段。一般讲来，对于一般违反政策的处理，我们是采取分性质、情况给予行政处分或批评教育，以提高违反政策者的思想认识。但同时必须指出，对于少数严重违反政策而又触犯刑律的人，我们是给予法律惩处的。例如，我们在执行计划收购、计划供应政策过程中，对破坏政策的反革命分子就必须依照《中华人民共和国惩治反革命条例》治罪。所以政策本身虽然具有强制力、违反政策应受到处分，但法律是对违反政策处理的重要手段之一。

三、政策是要贯彻的，但不都具有强制力

李丁龙：法律全部都具有强制力是大家一致的看法，但政策是否具有强制力，现在有着争论。

朱恩霖同志谈到法律和政策的区别时说："所区别的是法律具有特殊强制力。"这句话的意思就是法律具有强制力，政策不只有强制力。赵擎同志认为这点不是法律和政策的区别。赵擎同志说："统治阶级的政策是用来指导本阶级进行阶级斗争和领导国家活动的重要工具，单这一点就决定了统治阶级的政策必须具有强制力。"说政策有强制力或没有强制力的提法，是不妥当的。我以为政策是必须贯彻的，但贯彻的方法不是都依靠强制力。我们以无产阶级专政国家的政策为例，无产阶级在共产党的政策指领下进行阶级斗争和领导国家活动，实际上就是无产阶级专政。无产阶级专政所进行的斗争是多方面的。列宁说："无产阶级专政是为反对旧社会势力及其传统而进行的坚持的斗争，流血的与不流血的、强力的与和平的、军事的与经济的、教育的与行政的斗争。"①无产阶级进行这样复杂的多方面的斗争，当然需要强力，但不只是依靠国家强制力，而且，主要的不是依靠国家强制力。正如列宁同志所说："无产阶级专政的实质并不限于采用强力，而且主要不在于采用强力。"②由此可知，指导无产阶级进行斗争和领导国家活动的重要工具之一的政策，并不是都具有特殊强制力的。

在实践中也是这样。我国过渡时期，工人阶级与资产阶级进行的斗争是极复杂的、多方面的。这种斗争反映在政治、经济、文化、艺术等各个方面。为了在这些斗争中取得胜利，党和国家根据客观条件，在政治、经济方面制定了相应的肃反政策，土地改革政策，工业化及农业、手工业、私营工商业在社会主义改造的政策和统购统销等政策，在科学艺术方面制定了"百花齐放、百家争鸣"政策。在实践过程中，如果某人违反肃反政策或总路线，就要受到法律的处分。这说明这类政策的本身具有强制力。如果某人有唯心主义世界观，不愿意放出来，也不愿意与别人争鸣，这显然是违反了"百花齐放、百家争鸣"的政策，但不会受到法律的制裁。又如，某人违反节育政策，更不会受到法律的制裁、处分。这说明这

① 《列宁文选》(第2卷)，第711页。

② 同上，第576页。

类政策的贯彻是不用强制力的。

赵擎说:“如果有人在行动上来破坏总路线,试问能够对这种行为不加以制止吗?又如‘百花齐放、百家争鸣’这一繁荣我国科学艺术的政策……如果有人破坏这一方针时,轻则批评教育,严重的则予以制裁……由此可见,政策是具有强制力的。”

这种说法是不正确的,并且是有害的。赵擎说批评教育是强制的另一种方式,这完全和事实不符,是歪曲了党的方针。如前面所说,我国有许多政策,不是用强制力,而是用教育宣传,提高思想的方法来贯彻的。如果说教育不成就会施行别的处分,便完全否认了教育的力量,否认思想的提高,否认人民群众的自觉觉悟。而且会给人以强迫命令的根据。我以为政策是必须贯彻的,但有的带有强制力,有的则仅用宣传教育。而宣传教育一定能贯彻,宣传教育之后绝不会跟着其他处分。

其次赵擎同志又说:“政策的贯彻执行不仅仅依靠强制力,但强制力确是保证统治阶级政策贯彻执行的不可缺少的因素。”

这种说法是不正确的。大家知道,在资产阶级统治的国家里,资产阶级的政策是反映资产阶级的意志,代表资产阶级的利益,它根本不会反映劳动人民的意志,代表劳动人民的利益。它的贯彻要遭到广大劳动人民的反抗也是意料中事,所以只好以国家的强制力来保证贯彻。但在我们社会主义国家里,我们的政策是反映广大劳动人民的意志,代表广大劳动人员的利益的。只需要经过说服教育,群众懂得了政策的精神,政策就会被乐意地吸收成为自己的行动准则。所以我们政策的贯彻只需要说服教育,不需要以国家强制力来保证贯彻。赵擎的说法是把敌我问题和人民内部问题混而为一,是片面的看法。

以上说明了认为一切政策都具有强制力是不正确的。那么,是否说朱恩霖认为一切政策都无强制力是正确的?我认为也是不正确的,也是片面的。

董必武同志在中国共产党第八次代表大会的发言中说:“我们党和国家过去提出的许多代表最大多数人民利益和要求的政策、纲领,有些虽然因客观条件还不能立即定型化为具体的完备的法律条文,但是,实质上都起了法律的作用。”很显然,若果许多政策不具有特殊的强制力,那怎么能代替具有特殊强制力的法律呢?所以,认为政策完全无强制力是不正确的。

不仅许多政策实际上起了法律的作用,而且一切法律的制定、执行和解释都要依据政策。政策是一切法律的灵魂。“右派分子”说“政策不能起法律作用”,“政策不能办事”,其目的只不过是通过反对党的政策来攻击党的领导。很显然,如果照右派先生们说的,党的政策不能起法律的作用,党的政策不能办事,于是按照党的政策办事就是非法的,党的政策就是私货了,党就不能继续领导了。所以右派分子的“政策不能办事”、“事事依法办事”实质上是反党的行为。

综上所述,认为一切政策都有强制力是不正确的,认为一切政策都无强制力也是不正确的。应该认为一部分政策具有强制力,一部分政策不具有强制力。一切政策都是阶级意志的表现,是要贯彻的,但贯彻的方法,有的用强制力,有的不用强制力,而用说服教育的方法。

(1958 年第 4 期)

略论政策和法律的关系

万　山*

正确地理解政策和法律的相互关系,不仅是政法教育工作者和法学研究者所需要的,而且也是政法业务部门的同志所最迫切需要的。因此,及时地、深入地,特别是结合中国的现实情况来探讨这一问题,是完全必要和有重大的现实意义的。在我看了朱恩霖同志和赵擎同志的两篇论文以后,愿提出以下几个问题和同志们研究。

一、什么是政策

朱恩霖同志说:“统治阶级为进行阶级斗争和国家领导,必须根据当时当地的客观情况,制定工作的一定的方针和路线与方式方法,这就是这个阶级的政策。”①

我认为,朱同志给政策所下的定义是片面的,甚至是混乱不堪的。原因如下:

第一,作为政策,不仅是统治阶级有,在一定条件下,被统治阶级中的某一个阶级也可以有。赵擎同志指出这一点,一般地说是正确的。但也有模糊不清的地方。因为,并不是任何一个被统治阶级都有政策(例如,在半封建半殖民地的

---

* 作者单位不详。

① 朱恩霖:“法律和政策的关系”,载《法学》1957 年第 6 期。

旧中国里,农民阶级是一个被统治阶级,但它没有自己的独立的政策,而是在共产党的政策的鼓舞下向反动派作斗争的)。而是在一定条件下,被统治阶级中的其中一个阶级在其阶级代表(政党或政治势力)的领导下,为了夺取政治统治权,才制定了政策。(例如,中国的工人阶级在它的政党——中国共产党产生以前,并没有自己的政策。只是在中国共产党产生以后,为推翻三大敌人的罪恶统治,因而制定了各种进行阶级斗争的政策)可见,不加分析说被统治阶级也有政策的论点,是不完全正确的。

第二,把政策仅仅说成是"制定工作的一定的方针和路线与方式方法"是有问题的。(着重号是笔者加的)因为,作为一个阶级的政策,绝不是一定的方针、路线,而是一切方针、路线、原则、准则的总和。

第三,把进行阶级斗争所采取的方式方法看成政策的组成部分的观点是不正确的。不可否认,为了贯彻政策所采取的方式方法是与政策有着密切联系的。但是,方式方法毕竟是方式方法,它和政策不是一个东西。朱同志的错误就在于把政策本身和为了贯彻政策所采取的方式方法混为一谈。必须指出,方式方法是为了实现政策所采取的各种手段,而不是政策本身。比如,同一内容的政策在不同的时期里,根据阶段斗争的具体情况以及当时国内国外的政治形势,可以采取不同的方式方法来贯彻执行。对于这种现象,只能说是贯彻政策的方式方法变了,而不能说是政策变了。如果按照朱同志的说法,把贯彻政策的方式方法说成是政策的一部分,那就会得出政策随时变化的错误结论。例如,我国的外交政策是和平的外交政策。但是,在8年多以来,为了很好地贯彻和平外交政策,曾经采取或正在采取了不同的方式方法,而政策的本身始终不变。即使是在同一时期里,由于各个地方的具体情况不同,在贯彻政策时所采取的方式方法也有所不同。同样,对于这种现象只能看做方式方法的不同,而不能看做政策的不同。例如对坏分子必须实行专政,这是总的政策。但各地在贯彻这一政策时,可以采取多种多样的方式和方法。

赵擎同志说:"所谓政策,我的看法就是在一定的历史时期中,某个阶级为了达到自己的根本利益要求,而在阶级斗争中根据当前形势所确定的工作方针、原则,它体现着这个阶级的战略与策略。"①

我认为,赵同志给政策所下的这个定义也是片面的,甚至是错误的。原因在于:

首先,把政策局限"在阶级斗争中根据当前形势所确定的工作方针、原则"

① 赵擎:"关于法律和政策的若干问题",载《法学》1958年第2期。

是片面的看法。因为，政策中有一部分是依据当前的政治形势而确定的，而不是一切政策都是根据当前形势确定的。有不少的政策在相当长的时期内适用，甚至是在很长的时期内适用，这就是带有重大的、根本性的政策。像这一类政策就不是根据当前形势确定的，而是在许多年以前就确定的。

其次，把政策了解为“阶级的战略与策略”的看法，也是不完全正确的。不可否认，有些战略当它公开地向社会提出时，它就成为政策。但是，有些战略是不公开的，是保守秘密的。像这样的战略就不能看成政策。因为，政策是要公开宣传的，是要人们了解它并且遵守它的。

那么，什么是政策呢？要给政策下个确切的定义是很困难的。我的理解是：政策，就是一定的阶级（统治阶级或被统治阶级中的某一阶级）在其阶级代表（政党或政治势力）的领导下，为了巩固其统治地位（统治阶级）或夺取政治上的统治地位（被统治阶级），在进行阶级斗争的各个历史时期中所制定的暂时的或长远的一切路线、方针、原则和准则的总和。

二、政策和法律的区别

根据朱、赵二同志的意见来看，政策和法律的区别有以下3点：

1. 政策是不是具有强制力？朱同志认为法律具有强制力，而政策则不具有强制力。他说：“人们违抗了法律，就可能因此受到法律的制裁，而一般的违反政策，如文艺文针的错误，对待中医政策的错误……只能用批评教育或行政的方法来解决，并不能用法律制裁来解决。”又说：“所区别的是法律具有特殊强制力。”①这种看法当然是不正确的。因为，中国革命的实践证明，绝大多数的政策是具有强制力的。如果有人违反了具有强制力的政策，就要受刑事处分或行政处分以及批评教育等或重或轻的处分。而且，在有关某些方面的法律未颁布以前，有关这些方面的政策实际上是作为法律贯彻执行的。“右派分子”攻击我们说，“政策不能办事”、“我们只认得法律，不认得政策”、“只有政策没有法律，政府可以随便行动，而一般人民却苦于无所适从”。这种说法是没有根据的。中共中央在《关于废除国民党的六法全书与确定解放区的司法原则的指示》中指出：“目前在人民的法律还不完备的情况下，司法机关的办事原则应该是：有纲领、法律、命令、条例、决议规定者，从纲领、法律、命令、条例、决议之规定；无纲

① 朱恩霖：“法律和政策的关系”，载《法学》1957年第6期。

领、法律、命令、条例、决议之规定者,从新民主主义的政策。”(着重点是笔者加的)由此可见,在法律还不完备的情况下,就要依照政策办事。这种政策,实质上也就是法律,它具有强制力。过去,在革命根据地和陕甘宁边区等地,颁布的条文化了的法律为数不多,当时主要是靠政策办事的。即使在中华人民共和国成立之初,也有不少工作是依靠政策办事的。认为政策没有强制力的观点是错误的;说“政策不能办事”尤其是荒唐的。

赵擎同志批评朱恩霖同志所说的政策不具有强制力的观点,基本上是正确的。但是,他又从一个极端跳到另一个极端。在他看来,一切政策都是具有强制力的。他说:“能够说统治阶级的政策不具有强制力么? 不能。无论从理论上或实践上来说,统治阶级的政策是具有强制力的,而且不能不具有强制力。”①这种看法也是片面的。我认为,绝大多数政策是具有强制力的,即这些政策是依靠国家的强制力来保证其实现的。但是,也有一部分政策是不具有强制力的,这些政策是依靠党和国家的政治号召而贯彻的。如“百花齐放,百家争鸣”的政策就是很好的例证。如果有些学者不赞成这个政策,而要一花独放,一家独鸣。对于这些人只能采取批评教育或展开辩论,而不能采用法律制裁。

赵擎同志一方面承认一切政策都具有强制力,另一方面又说违反政策不一定违法。譬如他说:“违反政策不一定违法,违反法律则一定同时是违反相应的政策,这是对的。”这真是自相矛盾。既然一切政策具有强制力,那违反了政策就要予以制裁,就要以强制力保证政策的实施,这就说明违反政策的同时也就是违法。赵同志说:“至于对违反政策的人进行批评教育,在这种场合下,可以说,批评教育也含有强制的因素,甚至可以说是强制的另一种形式。”②赵同志把批评教育也看成强制的形式之一,这是不正确的。因为,我们所指的强制力是指国家的强制力,而批评教育并不是国家强制力的组成部分,它只是教育人民的一种形式。

由此可见,绝大部分政策是具有强制力的,但是,有一小部分政策是不具有强制力的。必须指出,即使对于没有强制力的政策,也不能违反。如果有人违反,就会受到批评或舆论上的制裁。

2. 法律是不是包括全部政策? 朱恩霖同志说:“所区别的是法律具有特殊强制力,并且不包括全部政策,它仅是政策的主要表现形式和最有效的形式。”③赵擎同志也赞同说:“法律不包括全部政策,这是对的。”

---

① 朱恩霖:“法律和政策的关系”,载《法学》1958 年第 2 期。

② 同上。

③ 赵擎:“关于法律和政策的若干问题”,载《法学》1957 年第 6 期。

首先，我认为朱、赵二同志在提法上就有问题。因为，问题不是法律包括不包括全部政策，恰恰相反，而是政策包括不包括全部法律。政策的外延要比法律广得多，法律只是政策的一部分，而不是政策的全部，法律不可能包括全部政策，它只能是包括在政策之中。“法律不包括全部政策”这是本末倒置的提法，是把法律凌驾于政策之上的错误看法。至于说法律“是政策的主要表现形式和最有效的形式”的看法，也不完全正确。这是因为：第一，在资产阶级占统治地位的国家里，作为无产阶级的政党所制定的政策并不主要表现在法律中；第二，即使是工人阶级掌握了政权，在新中国成立之初，政策也并不主要地由法律来表现，而是政策本身在起作用。苏联革命和我国革命的实践都证实了这一点。只是到了若干年以后，统治阶级的政策才主要地由法律来表现，如现阶段我国的情形就是这样。

3. 赵同志认为法律与政策的区别是：“作为一种特殊行为规则的法律（法），它详尽地确定了保护什么、巩固什么、发展什么和反对什么。并且具体地规定了对各种违法行为的惩罚办法。谁违反了这些行为规则，谁就要受到国家的制裁。”“在通常的情况下，政策的内容不如法律（法）的内容那么详尽具体，同时，它本身也没有明确规定对违反政策者的处分办法。违反政策的不一定受到法律制裁，但也要受处分或批评。”①

从内容详尽、具体与否，来区别政策与法律是没有意义的，而且容易掉到法律形式主义比较法的泥坑里的。至于说政策没有明确规定对违反者的处分办法，也不符合事实。因为，绝大多数政策都规定对违反者的处分办法。当然，有的原则一些，有的比较具体一些。

总之，我认为朱、赵二同志以上述3点（前两点是朱同志主张的，后一点是赵同志主张的）作为政策与法律的区别，是没有决定性意义的，是在枝节问题上打圈子。

那么，政策和法律的区别究竟在什么地方？为了搞清这个问题，有必要再把马克思列宁主义关于法律的经典定义重复一下。马克思、恩格斯指出：“你们（指资产阶级——万山）的观点根本就是资产阶级生产关系和资产阶级所有制关系的产物，正好像你们的法权不过是被推崇为法律了的你们这个阶级的物质生活条件来决定的。”②这就是说，法律是阶级意志的表现，是由经济基础决定的。在我看来，政策和法律的主要区别就在于：

1. 政策是法律的内容，法律是政策的形式。也就是说，法律的基本精神是

---

① 赵擎：“关于法律和政策的若干问题”，载《法学》1958年第2期。

② 《共产党宣言》，人民出版社，第53页。

由政策的基本精神决定的，一定的法律是体现一定的政策的，法律是政策的反映。赵擎同志不承认政策和法律的关系是内容和形式的关系。他说："如果把法律作为形式，政策作为内容，因而把法律与政策的区别看成是形式与内容的区别，那就不对了。因为法律与政策同是阶级社会上层建筑的组成部分，都是为统治阶级服务的工具……既然它们有着共同的内容，就不能把它们之间的区别看成是形式与内容的区别。如果说有形式与内容的区别，那只能说法律与（统治阶级的）政策同是统治阶级意志的不同表现形式。"①按照赵同志的逻辑，第一，既然法律和政策都是上层建筑，那么它们之间就不可能发生形式与内容的关系等。这种看法是错误的。因为，上层建筑之间也可以存在形式与内容的关系。例如，我国的人民民主专政（内容）和人民代表大会的政治制度（形式）都是上层建筑物。但是，它们之间的关系是内容与形式的关系。第二，法律和政策有共同的内容，所以不能看成是形式与内容的区别。这种看法也是错误的。因为，在通常的情况下，一定的形式是表现一定的内容的，形式和内容的基本精神是一致的。第三，统治阶级的意志是内容，政策和法律同是统治阶级意志的不同表现形式。这种看法是不正确的。这实质上是把法律与政策等同看待了。我认为，作为政策，它本身就是阶级意志的组成部分，而法律是阶级意志的表现形式。

2. 法律必须是在某一阶级已经取得政权（指统治阶级，如旧中国的统治阶级）或者拥有一定的武装力量、占据一定的土地、拥有相当的政治力量、准备夺取政权（如中华人民共和国成立以前，中国共产党领导下的解放区）的条件下，才能制定出来。政策则不然，不论统治阶级或被统治阶级，只要是在它的阶级代表（政党或政治势力）领导下，在进行阶级斗争的过程中，随时都可以制定。即使是连一点武装都没有的政党也可以制定政策，领导本阶级进行政治斗争，这是实践告诉我们的。

3. 政策最能够及时地反映阶级斗争的现状，及时地指导阶级斗争；政策是进行阶级斗争，指导阶级斗争时最有权威、最主要的、最有力的武器。而法律则有时不能很快地反映阶级斗争的新情况，甚至有些条款显得过时，不能及时地解决在阶级斗争发展到新阶段下发生的问题。

① 赵擎："关于法律和政策的若干问题"，载《法学》1958年第2期。

三、政策和法律的相互关系

讨论政策与法律的相互关系,是最有现实意义的问题。但是,很遗憾,在这一问题的探讨上,还存在比较严重的教条主义倾向。还没有把最关键性的问题提出来解决。我认为,政策和法律的相互关系主要是:

1. 政策是一切法律(包括宪法)之母,是政策产生了法律,而不是法律产生了政策。任何法律都是根据政策制定的,没有无政策的法律。政策可以不依靠法律而独立存在,法律则不能脱离开政策而独立存在。

2. 政策是具有最高法律效力或最高权威的东西,无论任何法律都不能和政策处于同等地位,更不能超越于政策之上。“政策是法律的灵魂,法律是政策的条文化”,这是人所皆知的。但是,当政策和法律对某一问题的规定不一致时,甚至有矛盾时,在这种情况下,是服从政策呢,还是服从法律?我认为,在政法实践中,是有现行政策和不久前颁布的法律对某一问题的处理上,有不一致的地方,甚至是相反的规定的情形发生。在这种情况下,服从的应该是政策,而不是法律。因为,政策才是最能及时反映当前阶级斗争的形势,才能最好地为制定它的阶级服务。那种“只认得法律,不认得政策”的观点,是极其荒谬的。在我国的具体情况下,有法律,依法律办事,无法律,依政策办事,在政策和法律同时存在的情况下,政策具有最高效力或最高权威性,任何的法律都不能约束它。比如,1954年由前政务院通过的《公私合营工业企业暂行条例》,由于资本主义工商业社会主义改造现已基本完成,并且又有了新的政策规定,在这种情况下,资本主义工商业社会主义改造的政策就具有最高效力。又如,《婚姻法》规定男20岁、女18岁即可结婚。但现在中央根据实际情况,提出了晚婚及计划生育的政策,在这种情况下,晚婚及计划生育的政策就具有最高权威性。虽然有些人还不能积极响应和遵守这一政策,对于不愿意晚婚及计划生育者也不予法律制裁。但是,计划生育的政策是具有最高权威的,在社会舆论上是受到积极支持的。

3. 法律是贯彻政策的重要工具,但不是唯一的和必不可少的工具。没有法律,某一阶级依靠它掌握的强力机器或政治威信,也可以贯彻政策。法律是随着政策的变化而变化的。但往往也有这样的情况,政策已经变化了,而法律没有及时跟着变化,仍然保持着原来的面貌,在这种情况下,法律中某些条款和政策的规定发生矛盾也是可能的。政策除了以法律武器保证其贯彻外,还可以采取其他方式,如政治运动、政治号召等来贯彻。

总的来说,作为政策,不仅统治阶级可以制定,在一定的条件下,被统治阶级中的某一阶级也可以制定。政策分有强制力的和无强制力的两种。政策和法律的相互关系中的最核心的问题,是法律是由政策决定的,是为政策服务的。当政策与法律在对待某一行为有不同的规定时,应以现行政策为准,否则死抠条文,就要在政治上犯错误。我的看法不一定正确,尚希朱、赵二同志及大家指正。

(1958 年第 4 期)

现在只有社会主义国际法体系

张汇文*

关于现阶段国际法的体系问题,目前国内同志们的讨论正集中在以下3个问题上:

(1)社会主义国际法的体系是否已经形成?

(2)资产阶级国际法的体系是否还存在?

(3)在制度不同的国家之间是否存在一个共同的国际法体系?

对于第一个问题,大家的意见基本上是一致的,所得的答案是相同的,即都认为社会主义国际法体系是已经形成了。这种看法,苏联学者们的意见也是一致的,我完全同意,无须多加论述。

不过,在这个问题上,我认为应当特别强调两点:第一,我们必须认清,社会主义国际法的体系是建筑在社会主义国家的社会经济制度和国际关系上的一种合乎历史发展要求的崭新的国际法体系。贯穿着这个体系的最主要的基本原则是社会主义的国际主义原则,它体现在社会主义国家间的"兄弟般的互相援助"的事实上。因此,社会主义国际法体系和过去的旧国际法体系或资产阶级国际法体系是有本质上的不同的;两者之间,绝不发生什么继承性的问题,也不可能发生这个问题。第二,必须指出,在强调社会主义国际法的特殊性的同时,我们还不应当忽视了社会主义国际法的一般性。它的一般性是表现在它同时包含着那些存在于现代国际法中的平等、民主和其他进步的原则。固然,就本质来看,这些原则不能说是社会主义的;但是,如果把它们同社会主义国际主义的原则对立起来看,那也是错误的。同样地,作为调整一般国际关系的《联合国宪章》和作为两个制度和平共处必要条件的"五项原则",虽则在实质上都不能视为社会主义的国际法,但也不能把它们同社会主义国际法体系对立起来看。因为,在它们与社会主义国际法体系之间,是存在一种辩证的关系的。如果我们忽视了这

* 作者单位:复旦大学。

一点而把它们彼此对立起来看，那就会限制了社会主义国际法对于一般国际关系的作用，从而使社会主义国际法的发展受到不利的影响。

关于第二个问题，即资产阶级的国际法体系是否还存在呢？在这一点上，我同意丘日庆、刘家骥、杨殿陞几位同志的看法，[①]即认为它已经不存在了。首先，我认为，在任何一个历史阶段中，都不可能有两个对立的国际法体系存在。因为，在任何一个历史时期，社会经济的发展，只能有一个主流，而不可能同时有两个或两个以上的主流。这个主流代表着这一时期的主导思想，反映着这一时期新生产关系的性质和特点，以及与这种思想和新生产关系相适应的上层建筑。从国际法的角度来说，它也必然反映着这一时代新生产关系的性质与特点，与这新生产关系的需要相适应的国际法的新标准、新原则和新制度。在一个共处的国际社会里，尽管新旧对立的现象在一定时期内的客观存在是不可避免的，但是历史发展规律证明，凡是与主流相抵触的任何法律制度，在遇到这个主流的时候，必然要碰得头破血流而土崩瓦解的。在19世纪工业革命之后，西风压倒东风的时代里，东方国家调整彼此间关系的那套朝贡、册封等封建主义的规范，在碰到资产阶级国际法的体系的时候，马上就破灭了。那一时期的国家并不是都已经变成资本主义的国家了，相反，绝大多数的国家都还是封建主义的。但是，事实却是这样发展的。那是资本主义时代！

今天是社会主义的时代，是东风压倒西风的时代了。社会主义的洪流正在以排山倒海之势，对着资本主义时代所遗留下来的一切腐朽的制度进行无情的扫荡。作为调整国际关系和反映统治阶级意志的国际法，当然不能视为例外。历史发展的要求，国际社会生产力发展的要求，以及全人类永久利益的要求，都不允许和社会主义国际法体系对立的任何国际法体系的存在。事实上，作为调整资本主义时代国际关系的国际法体系是早已瓦解了。它的瓦解不是从今天才开始的，而是从伟大的十月社会主义革命的成功就开始了。十月革命的结果，首先把资产阶级国际法体系所赖以存在的社会经济基础给冲破了。接着，苏联又单刀直入地冲破了这个体系的壁垒，把构成这个体系的一些基本原则和制度如不平等条约、秘密外交、殖民地主义、领事裁判权等给宣告了死刑，同时又提出了民族自决权、大小国平等和禁止侵略战争等原则作为衡量国际行为和调整国际关系的新标准。因此，作为一个体系来说，资产阶级的国际法从那时起就已经被否定了。后来，随着社会主义阵营的力量的不断加强，帝国主义阵营内部矛盾的

---

① 《法学》1958年第3期"关于现阶段国际法体系问题的讨论"专栏中，丘日庆、刘家骥、杨殿陞三人的文章。

继续加深和帝国主义殖民体系的瓦解，新的国际法主体一个跟一个地出现，社会主义国家也越来越多了。这整个的过程，对资本主义国际法的体系来说，就是一个摧毁和淘汰的过程，对社会主义国际法的体系来说，也就是一个建立和普及的过程。到今天，我们可以说，调整国际关系的，肯定已不是资产阶级的国际法了。资产阶级的国际法不仅不能调整制度不同的国家之间的关系，就是连资本主义国家之间的关系它也是无法调整的。它过去所有的作用和地位，已经完全为以《联合国宪章》为基础的共同国际法所代替了。当然，我们不能说，现在资产阶级国际法的残余影响已经完全被肃清了。在《联合国宪章》里我们还可以找到资产阶级国际法的因素，例如《宪章》第 12 章关于“国际托管制度”的规定，第 7 章关于应付对和平威胁破坏和侵略行为的办法的规定等，都带着浓厚的资产阶级国际法的色彩。我们也不能说，资产阶级国际法作为一个思想体系来说，现在已经不存在了，至少在一些人的脑海中，它还起着指导作用和相当大的影响。但是，应当指出，作为一个法的体系来说，它是已经一去不复返了。

有些同志在讨论中把承认资本主义国家间存在某些现象、行为和条约，同承认其为国际法混为一谈。这些同志可能是由于未能正确掌握衡量国际行为的尺度，以致在观念上产生了混淆。例如，有人就把《北大西洋公约》、《巴格达条约》、《东南亚集体防务条约》等一类的违法和非法文件看成资产阶级国际法的客观存在。他们说：尽管你不承认其合法，可是它们却被缔约者国家忠实地执行着，那种事实又怎样解释呢？我认为解释是不难的。假如现在有两个流氓，彼此订了一个贩卖人口的合同，或是订了一个高利贷的借款合同，尽管他们都很忠实地遵守这些合同，但由于违反了国家的法律，也不能说这合同在他们两人之间被忠实遵行，而承认其为客观的存在吧！又如耿福成同志在《谈目前国际法的体系》一文中说：“我认为承认资本主义国际法存在，不等于承认它是合理、合法的，更不是同意它、拥护它。”①这种看法和说法都是很难令人理解的。不合法的事物的存在，只能把它当做非法的或违法的行为去看待，而不能说它是不合法的“法”。而且说是不合法的“法”，那就无异于承认在一切所谓的“法”之上，还存在一种衡量这一切所谓的“法”合法与否的至高无上的法。如果耿福成同志的观念上确是掌握了一个具体的法的尺度，而这个尺度就是指社会主义国际法，那么，他就应该得出像《苏维埃国家与法》杂志前主编叶夫根尼耶夫所说的“所谓资产阶级国际法是违法的代名词”那样一个结论，而不应当把违法的东西还称为“法”。根据耿福成同志的结论来看，他好像是同时掌握了两个不同的尺度。

---

① 耿福成：“谈目前国际法的体系”，载《法学》1958 年第 3 期。

谈到尺度问题，我认为这也是当前一个很重要的问题。在这里顺便谈谈我的一个极不成熟的看法。应当承认，现阶段的国际关系是相当复杂的，但不论它怎样复杂，我们衡量国际行为的标准必须是一个。如果同时采用两个或两个以上的标准去衡量国际行为（包括条约、同盟、协定等的合法性与效力），那是不可思议的，因为这样做就等于是没有标准，也等于是从根本上否定了国际法的存在。在今天来说，我们必须以世界发展总的形势的客观事实和要求为基础，去理解这个标准的性质，也就是说，必须以社会主义这个主流所代表的利益（即无产阶级以及全人类的长远利益和幸福）为标准去衡量国际行为的是非。根据这样一个总的精神和标准来看，今天的国际法的尺度，似乎应当是这样性质的一个尺度，即以“社会主义国际法”为最高要求，以“共同国际法”为最低限度的一个尽度。换言之，“社会主义国际法”和“共同国际法”是这一个尺度的两端。这是一支新的尺，不是一支旧的尺。尺度的起点是《联合国宪章》和五项原则，这是根据两个制度和平共处的基础和要求定下来的；尺度的最高点是社会主义的国际主义原则，这是根据社会主义新型的国际关系的基础和要求定下来的。在今天来说，能够达到这个标准的最高要求的，只能是社会主义的国家，因为它已经具有达到这个要求的条件，所以它适用的范围也只能限于社会主义国家相互间的关系，而且应当以这个“要求”去要求它们。代表这个尺度起点的《联合国宪章》和五项原则，既然是以两个制度和平共处为基础而制定的，那么它的适用范围应当普及到制度不同的国家间的关系，同时包括资本主义国家相互间的关系。为什么说也能适用于资本主义国家相互间的关系呢？这是因为，资本主义国家都在《联合国宪章》上签了字，而且资产阶级国际法在事实上已经不存在了。

对于第三个问题，即制度不同的国家之间是否存在一个共同的国际法体系的问题，在以上的讨论中，已可以看出我是承认有共同的国际法存在的。不过，在承认共同国际法存在的同时，我很怀疑它能否称为一个“体系”。我认为，成为一个“法的体系”必须具有本质上的统一性。也就是说，在组成这一体系的各部分之间，都必须是血脉相通地贯穿在一个思想体系之上，而这个思想体系又必须是与一定的阶级利益相适应的。如仅是一些被公认的规范或是一些经过协议而制定的约章、条约等，而在它们之间缺乏本质上的统一联系的话，那就只能把它们视为属于国际法的范畴的一些法律规范或文件等，总称为“国际法”则可，称为“体系”则不可。以上面所提的这个标准去衡量过去的资产阶级国际法是符合的，去衡量今天的社会主义国际法也是符合的，所以我们都把它们称为“体系”。但是，以这个标准来衡量今天为两个制度和平共处服务的共同国际法，那就很不相符了。

应当承认,共同国际法的主要特点是"共同"而不是"统一"。这是一个"求同存异"的法,而不是一个统一的法。尽管它的基础是建立在和平共处之上,它的任务是为两个不同的制度的"共同利益"而服务,但这不等于说相反的阶级利益可以得到协调或统一。因此就不难发现,在公认的或经过协议而成立的规范之间,甚至在同一个规范之内,会存在相互抵触和相互矛盾的内容。前边所举的关于《联合国宪章》中第7章与第12章两章的例子,就是很好的说明。这种情况,正如华沙大学教授马利安·穆什卡特所说:"现代国际法(即共同国际法)与其他部门的法比较起来有一个特点,即国际法为一切国家的和平共处与和平竞赛服务。这丝毫也不排斥下一情况,即在国际法中存在着个别的和特殊的因素,也就是既属于社会主义的法,也属于资产阶级的法的因素。"[①]根据以上的分析,我认为把共同国际法称为一个"体系"的提法,是值得商榷的。我也注意到,在苏联学者们的讨论中,把它称为"体系"的人,为数还是极少。在我看来,不称其为"体系",并不意味着对于它的不重视,更不会影响到它在现阶段国际关系中的重要性,只是因为作为一个学术性的问题来看,"体系"两字的使用,是值得我们慎重考虑的。

共同的国际法既然不能成为一个独立的法的体系,那么,它的法律性质是怎样的呢?它和社会主义国际法体系的关系又是怎样的呢?我认为这是当前两个极为重要的问题,必须解决。本来,所谓共同国际法,实质上乃是指在历史发展的现阶段中,在两个制度和平共处的基础上,用来调整不同制度国家间的关系的一些国际法规范、原则、约章、协议等而言的。前边曾经指出,这一系列的东西,由于它们彼此之间缺乏本质上的统一性,所以不能称为"体系",只好笼统地称为"共同的国际法"。如果要更明确一点的话,称为"共同的国际法规范",则更为适当了。从法律的角度来看,这套规范、约章之类的东西的法律效力,不能说是它们本身所具有的,而必须依据一个最高的法的认可而成立。今天,这个最高的法的依据是在哪里呢?我看,这就是社会主义的国际法体系。换句话说,从法律的角度来看,这套规范、约章之类的东西,在当前的历史条件下,应该把它们理解成为:社会主义国际法根据历史发展的要求和无产阶级的长远利益,承认其具有法的效力,并保障其实施和不受侵犯的一些国际法规范和约章,总起来称为"共同的国际法"。因此,它之与社会主义国际法的关系,是"主从性"的或说是

---

① 法律出版社编辑部辑译:《现代国际法上的基本原则和问题》,法律出版社1956年版,第367页。

"寄附性"的。也就是说,它的法律性是寄附在社会主义国际法体系之上,而它本身则不属于社会主义国际法体系之内。

在这里,应当特别指出,所谓主从的关系,并不意味着它是社会主义性质的。它和社会主义国际法之间还存在一定程度的"冲突",表现在这套规范、约章等的正确解释、执行和发展等方面都存在激烈的斗争。而更重要的是,社会主义国际法本身虽仍有待于进一步的充实、发展以臻于尽美尽善,但是这种发展只是量变的发展,而调整两种制度国家间的共同国际法规范则非经过质变是不能成为社会主义国际法的一部分的。这是由于共同国际法的基础是特殊的、复杂的和过渡性的,质的变化是与基础的变化分不开的。此外,国内外学者曾有人提出两者目的不同,以说明它们的区别。也就是说,共同国际法的目的是民主的,是在于捍卫世界和平和普遍安全,它没有社会主义的目的,而社会主义国际法的目的则在于建设社会主义。这种区别是正确的。但是,正因为共同国际法具有这样一个目的,则更加足以说明它与社会主义国际法的密切关系。因为,从社会主义的发展前途来看,从无产阶级和全人类的长远利益来看,保持世界和平和普遍安全,都是绝对必要的。两者的目的尽管不同,但方向却是一致,并不是背道而驰的。所以说,共同国际法的存在,在一定的历史发展阶段上,乃是绝对必要的,因为它可以为社会主义的发展创造有利的条件,它的发展和巩固是符合于社会主义发展的利益和要求的。也正因为这个原因,社会主义国际法才给它以法律上的效力,并在一切可能的条件下去支持它、巩固它和发展它。

由于社会主义国际法与共同的国际法之间存在以上所说的这种辩证的联系,因此我们是可以而且应该把它们之间的关系理解为"主从"的关系的。在今天,如果我们不从这个角度去理解它们的关系,那就势必要从以下两个错误的结论中去选择一个作为我们的结论:或者是把共同国际法理解为资产阶级国际法的延续和发展,或者是把它理解为既是资产阶级国际法的一部分,又是社会主义国际法的一部分。作出这样结论的人们所根据的一个错误的前提就是到今天为止,他们还承认资产阶级的国际法体系的存在,或同时又不承认社会主义国际法体系已经形成了的事实。前面,我们已经指出并批判了这种错误的论点,在此就不再多说了。

总之,我认为,在任何一个历史发展阶段中,只能有一个国际法的体系,而不能有两个或三个体系同时并立。在任何一个历史发展阶段中,衡量国际行为的法的尺度也只能是一个,而不可能是两个或三个。现阶段的国际法虽然有社会主义的国际法和共同的国际法两种,但成为体系的则只有一个,即社会主义的国际法体系。共同的国际法不能成为一个独立的法的体系,它与社会主义国际法体系的关系是主从性的,是辩证地联系着的。

现阶段有三种国际法的体系

江海潮*

现阶段国际法的体系问题,是当前国内外国际法学者争论而尚未获得解决的一个重要问题。目前我国国际法学者对于这个问题,曾经提出过各种不同的论点,展开了热烈的讨论。这里提出我的基本看法,同大家商榷。

我们知道,当前存在两种不同类型的世界体系,在这两种不同类型的世界体系中当然也就会存在两种不同类型的国际法体系,即社会主义国际法和资产阶级国际法。

资产阶级国际法是以民族主义为基础的,用以调整资本主义国家之间的国际关系。这种关系的特点是它是一种侵略和被侵略、压迫和被压迫的关系。资产阶级国际法的目的和要求不是和平,而是战争,因此它经常被人们理解为战争法,而不是和平法。

社会主义国际法是以国际主义原则为基础的,具体表现为兄弟般的互相援助和分工合作,用以调整社会主义国家之间的国际关系。社会主义国家一贯奉行和平共处的政策,社会主义国际法是维护世界和平的有力工具。因此,社会主义国际法不是战争法,而是和平法。

总之,两种不同类型的社会制度,形成了两种不同类型的国际关系,而两种不同类型的国际关系又形成了两种不同类型的国际法体系。由于两种不同类型的国际法的目的和要求不同,也就反映了两种不同类型的国家本质的根本区别。

但是,由于目前两种不同类型的世界体系必须处于和平共处的局面之下。而社会主义国家和资本主义国家之间,在彼此进行斗争和合作的过程中,也不能不发生某些国际关系,因此,当前除了资产阶级国际法体系和社会主义国际法体系的对立以外,还存在共同的国际法体系——它不但调整和适用于社会主义国家和资本主义国家之间的关系,还可以调整和适用于社会主义国家之间的关系,

---

* 作者单位:华东政法学院(现华东政法大学)。

也可以调整和适用于资本主义国家之间的关系——其中最显著的,就是《联合国宪章》。

这样,我们认为现阶段国际法的体系有3种,即社会主义国际法体系、资产阶级国际法体系和共同的国际法体系。至于它们之间的关系究竟怎样呢?我们应该根据当前国际形势、国际关系的特点以及各国对外政策等方面所形成的辩证的关系来进行研究。

社会主义国际法是社会主义国家实现对外政策的工具,资产阶级国际法是资本主义国家实现对外政策的工具。它们是互相对立的。当社会主义国家同资本主义国家之间发生关系的时候,通过它们彼此间进行斗争和合作的过程而达到协议,便用条约和协定等各种国际法形式来增进和巩固彼此间的和平共处的关系。这种共同的国际法正是反映着社会主义国际法和资产阶级国际法的对立的统一性。但是,社会主义国际法居于领导的地位,资产阶级国际法则处于被领导的地位。社会主义国际法是共同的国际法的保障。如果只有共同的国际法而没有社会主义国际法的保障,那就等于没有国际法。反之,如果只注重社会主义国际法,而忽视资产阶级国际法,那也只是光讲理论,而不去谈事实。处于和平共处和求同存异的国际关系下的今天,没有共同遵守的国际法规范和制度,用以调整两种不同类型国家之间的国际关系,显然是不可想象的。目前公认的国际法规范为数极多,就像《联合国宪章》、《日内瓦公约》、《海牙公约》和公海航行自由原则以及外交人员的特权和外交使节不可侵权等都是。这些条约、规范、制度和原则都是各国所需要而且必须共同遵守的共同的国际法。

我们还必须看到,当前社会主义国际法体系不仅已经形成,而且正在日益壮大和发展,相反,资产阶级国际法体系正处于瓦解和崩溃的阶段。社会主义国际法体系有如旭日东升,光芒万丈;资产阶级国际法体系好比日落西山,奄奄一息。社会主义国际法在不久的将来必然地要代替资产阶级国际法,而资产阶级国际法也就必然要退出国际舞台。

有的同志否认当前社会主义国际法和资产阶级国际法并存的客观事实和具体条件,或者说社会主义国际法的形成为时尚早,都是不恰当的,也都是不现实的。另外,目前还存在共同的国际法,不论叫做现代国际法也好,或者称为公认的国际法也好,这也是目前过渡时期中不可否认的事实。

总的来说,目前存在两种社会制度所造成的3种国际关系,即为资产阶级服务的资本主义国家之间的国际关系、为无产阶级服务的社会主义国家之间的国际关系和既为社会主义国家服务也为资本主义国家服务的共同的国际关系。因而形成了以民族主义为基础的资产阶级国际法、以国际主义原则为基础的社会主义国际法和以民主原则为基础的共同的国际法 3 种国际法体系。资产阶级国际法是为一种剥削的经济制度服务的上层建筑,社会主义国际法是为一种无剥削的经济制度服务的上层建筑,共同的国际法是为两种经济制度和平共处的经济关系服务的上层建筑。资产阶级国际法反映了帝国主义国家的不平等的国际关系,社会主义国际法反映了社会主义国家的平等的国际关系,共同的国际法则反映了社会主义国家同资本主义国家处于和平共处和求同存异时期的国际关系。但是应当注意,关于共同的国际法的阶级性,社会主义国家的意志居于领导地位,资本主义国家的意志处于被领导地位。共同的国际法原则上表现着社会主义国家的意志,而并非表现着帝国主义国家的意志,也就是反映着无产阶级的意志,而并非反映着资产阶级的意志。

上面所说的两个对立的国际法体系的消长关系,对于促进和形成未来的新的国际法体系起着极其重大的作用。这种消长关系,正是反映着两种社会制度力量的对比。当前世界局势的发展已经越来越不利于帝国主义国家,而空前有利于我们社会主义国家了。尤其是各国共产党和工人党代表在莫斯科举行会议,并且发表了具有重大历史意义的宣言之后,社会主义各国的团结和国际共产主义的团结,已进入了一个新的时代。正像毛主席所说的,现在是东风压倒西风,而不是西风压倒东风的时代了。忠于无产阶级国际主义精神和马克思列宁主义思想的社会主义的团结,是世界和平和人类进步事业的重要保证。以苏联为首的社会主义阵营已经形成了世界的领导力量。但由于帝国主义时期资本主义国家经济和政治发展的不平衡,社会主义革命不可能在同一时期内在所有的国家里都获得彻底的胜利。因此,在社会主义国家和资本主义国家并存,而且必须和平共处的时候,有 3 种国际关系,从而也有 3 种国际法体系,这也是一种不可避免和否认的事实和现象。

（1958 年第 4 期）

现在有社会主义与资本主义两种国际法体系

平　明*

现在究竟有几种国际法或国际法体系呢？这是目前争论较多的问题。有的人认为就是一种，即社会主义与资本主义国家共同协议的国际法；有的说两种，即各适用于社会主义与资本主义国家之间的国际法；或说3种，即前两种看法之和。如果这里所引证的结论没有错的话，则应该认为：上述3种说法都有不够正确的地方。

首先，应该弄清楚一个基本概念，即我们所指的现代国际法的"种类"或"体系"这一词的含义是什么？通常我们对某些事物进行分类，总是按照它们在本质上有何不同来划分的。同样，在谈到体系时，也主要是指思想体系即意识形态上的体系而言。因此拿国际法来说，确定它的种类或体系，便应该是看它包含有哪些不同的观点和原则，以及看这些观点和原则分属于哪个不同的思想体系。

基于上述理由，本文作者的主张是：现在存在社会主义与资本主义两种不同的国际法或国际法体系；但这两种不同的国际法或国际法体系，并不截然分隔开，它们要在一定的属于共同所有的国际关系领域中结合。这种情形，可以拿一个比喻来说明。例如，这里有两个交叉的圆环，每一圆环代表一个不同国际法体系所适用的范围，而交叉之处，则又是它们共同适用的范围。

自从第二次世界大战后，世界上已经形成两大阵营，在经济上也出现了两个平行的市场，因此这里也就自然存在两种不同的国际法体系。但是两大阵营并不是互不交往，平行市场也并不是互不通气的。美帝国主义所率行的建立军事集团和封锁禁运的政策，正是破坏了国际间的正常状态，而为了要实现不同制度国家间的和平共处，做到相互交往与互通有无，就必须使社会主义与资本主义两种不同的国际法体系在特定的范围内相结合，于是这也就形成了所谓共同的或协议的国际法。

这种结合之所以可能，是因为不论是属于哪一种类型的国家，只要作为一个

* 作者单位不详。

国家，它就可能具有一些共同的要求与愿望，如现在盛行的互相尊重领土主权、互不侵犯、互不干涉内政、和平共处的五项原则便是。虽则各个国家，特别是不同类型的国家，在适用这些原则时，常常有不同的解释，同时，不同类型国家虽有不同的国际法原则，但却并不妨碍它们在某些问题上、在一定的时期内取得一致。即使这种一致，也常常只是结论相同，所采取的形式相同，而其出发点，其所要达到的目的仍迥然不同。

应该再一次说明的是，在现时条件下，根据两种不同制度和平共处的理论，确认经过各国协议所达成的公认的国际法规范，并不意味着两种不同国际法体系或不同意识形态的调和，它只是要达到将斗争的形式从不是不可避免的武力冲突，转变为和平的经济竞赛。因此，这里也就更谈不到，承认一种共同的协议的国际法，便是承认了原来的资本主义国际法的优势，因为现代国际法中所包含的已远远不止是资本主义的内容，何况目前的国际局势是，社会主义阵营的力量已大大超过资本主义阵营，从而在两种国际法体系的适用上也必然会反映这一特点。

主张只有一种国际法体系的人的错误，是在于将两种国际法体系与它们所共同适用的范围混淆了起来。而主张有3种国际法体系的人，则在于他们在分类时，不是以现代国际法所包含的不同原则为准，而是以这些原则分成几种形式的结合或其所适用的范围为准。

（1958年第4期）

【讨论】

当前婚姻纠纷的处理意见

编　者*

关于如何正确处理婚姻纠纷，尤其是因资产阶级思想作祟而形成的婚姻纠纷问题，是司法工作经常碰到的一个实际问题。对于这个问题，过去报刊上发表了不少文章，有的提供了很好的材料，有的表示了个人的意见。看法不尽相同，有的意见还是值得商榷的。本刊编辑部为了进一步交换意见，促进研究，在 1958 年 3 月 14 日举行了座谈会，参加会议的有政法部门的同志和政法院系的教员。会上座谈了如下 3 个问题。

一、当前离婚的原因

大家认为当前婚姻纠纷的原因是多种多样的，是复杂的。资产阶级婚姻观点、封建婚姻观点、草率结合、生活习惯不一致、生理重大缺陷、政治思想矛盾、对方判了徒刑、一方在外长期不回来等，这些都是造成家庭不和睦、婚姻纠纷的原因。在不同地区不同的时期内，婚姻纠纷的某种原因可能上升，而另一种原因可能下降。就意识形态来说，婚姻纠纷的基本原因是封建思想和资本主义思想。在目前，无论在城市或农村，因封建思想而造成的婚姻纠纷案件正在逐渐下降，从而资产阶级思想所造成的婚姻纠纷案件便相对地增加，尤其城市是这样。应该看到这种变化，才能在有力地摧毁封建婚姻关系的同时，更有效地批判资产阶级婚姻观点，进而巩固与发展社会主义的婚姻关系。

* 作者单位：《法学》月刊社。

二、如何正确地认识夫妇间的感情，怎样了解感情破裂

婚姻是以感情为基础的。如何看待“感情”呢？大家认为不应抽象地来理解夫妇间的感情。夫妇间的感情有着政治的、经济的、性的生活等内容。而在这些内容中起着决定性作用的是政治条件。不同阶级的人就有不同性质的夫妇感情。有封建的夫妇感情，有资本主义的夫妇感情，有社会主义的夫妇感情。前两种夫妇感情所建立起来的是旧的、腐朽的婚姻、家庭，这种夫妇关系，是以男子为中心，以“我”为中心，建立在损人利已、使别人痛苦而取得自己的幸福的基础上。这种家庭必然是不平等、不和睦、男尊女卑。后一种夫妇感情所建立起来的是新型的社会主义的婚姻、家庭。这种夫妇关系是男女平等、互敬互爱、同志般互助合作的关系，它为社会主义劳动所巩固。“人人为我，我为人人”是工人阶级内部和全体劳动人民内部的根本关系，也是夫妻间的根本关系。今天，旧社会遗留下来的封建、资本主义的旧式家庭，还大量存在，它们是被改造的对象。这方面，几年来已取得了巨大的成绩。但由于阶级还没有消灭，资产阶级分子还没有被完全改造过来，封建主义、资本主义遗毒还侵蚀着人们，尤其是资本主义的婚姻，观点还严重地威胁着社会主义家庭关系的巩固与发展。政治是统帅，是灵魂，夫妇感情、家庭关系同样不能和政治无关。社会主义性质的家庭和夫妇感情，必须在家庭成员和家庭生活中有充沛的社会主义政治认识和社会主义的道德修养，才能巩固和发展。一对政治上格格不入、彼此对立的夫妇，绝不可能维持婚姻关系；一个热爱社会主义生活的人也不可能和一个堕落不堪、触犯社会主义法律而不能认罪悔改的人维持婚姻关系。因此，离开政治来谈夫妇间的感情是片面的、虚伪的，是超阶级的观点。

对于婚姻、家庭关系变化的问题，不少同志都发表了意见。婚姻、家庭关系是会发展、变化的。不好的变好，好的变得更好，也有好的变坏。在社会主义过渡时期，绝大多数的婚姻、家庭是变好，是向着社会主义方向发展的。任何事物都是有条件有规律地变化，始终是在社会中变化。婚姻、家庭关系的变化也是如此。即使夫妇关系时好时坏，也不会像孙悟空那样，变化无穷、难以捉摸。事物的变化总是由内因（这是主要的）和外因（通过内因）形成的。在处理婚姻纠纷、分析感情破裂的程度时，就要善于找出这两方面的原因及其相互关系。如何救呢？大家认为应该注意以下几个方面：第一，要从本质看问题，不要从现象看问题。劳动人民和知识分子的夫妇关系在感情上表现的形式就大不一样。劳动人民的感情是直率的，夫妇间有时吵吵嚷嚷，甚至有打有闹，好像感情破裂已无法

挽回似的，其实不然。旧知识分子夫妇间的感情表现就是另一样了，他们往往是隐蔽的、虚伪的，也不能从外表上捉摸。如果用一个公式从表面现象去断定这种或那种夫妇关系的感情如何，而不细致、深入了解不同的婚姻纠纷和夫妇感情破裂的复杂性、多样性，就要犯错误的。走出办公室，深入群众，广泛地、多方面地收集意见，了解情况，这是研究夫妇感情是否破裂、解决问题的重要方法。第二，要抓事物的主流，不要为事物的个别现象所蒙蔽。夫妇关系是多方面的，如世界观、人生观、劳动和工作、相互爱慕、关怀、尊敬、性的生活、志趣、爱好、对子女的教育抚养等。无疑，这些条件在夫妻共同生活中是会发展变化的。某些条件可能由不好变好，使夫妻生活更加美满；某些条件可能由好变坏，甚至消失，使夫妻关系破裂，以致发生婚姻纠纷。提出离婚的当事人，往往是从多方面寻找理由，来全盘否定有继续维持夫妇关系的可能。处理时就必须分清主流与支流、一般和个别、几个指头与一个指头的关系。带有根本性的条件还存在、那些枝节的原因是不会造成夫妻关系破裂而不可收拾的。因此，那种不加区别地认为消失诸条件的一部分，甚至一个至两个，就会引起爱情的消失，瓦解了婚姻基础的看法，是错误的。一叶障目，不见泰山，相信一点就全盘否定的做法，是不能够正确处理婚姻纠纷的。第三，要有历史观点，不要看暂时现象。详尽地考察夫妇关系的过去、现在，而估计将来。提出离婚的一方为了达到离婚的目的，往往故意制造各种纠纷，寻找各种借口，甚至打、骂，以此来要挟对方和法院准许离婚。初一看，这对夫妻感情已经破裂，非离婚不可。仔细调查研究，并非如此。因此，处理婚姻案件的同志，应深入了解夫妇的婚姻基础、婚后的感情、现在的情况。这3点对于判断夫妇感情破裂的程度，有否和好的可能有极其重要的意义。同时还应了解中国婚姻发展概况，特别是当地的婚姻概况、民情风俗，这对于处理婚姻纠纷是有重要参考价值的。第四，要有全面的观点，不应孤立地看问题。婚姻纠纷的发展和变化是不能脱离社会环境的。城市和乡村，先进地区和落后地区，政治条件、经济条件，群众的觉悟水平和文化水平，对婚姻、家庭关系都起很大影响。进步的社会环境、好的社会风气，对人们的教育、对家庭关系的巩固和发展起很大作用。今天，在社会主义大跃进的高潮中，我国正像原子核爆破所引起的连锁反应一样，各个方面都起着巨大变化，人们的思想也起了巨大的变化。这种变化也必然要反映到婚姻家庭关系方面来，夫妇关系上也有一个新气象。有许多同志原来夫妇关系不好，在订个人红专规划中，都把搞好夫妇关系、团结生产列为规划的一条。同样地，落后的社会环境、坏的社会风气，尤其是第三者插足，对家庭关系起着不好的影响，甚至引起夫妇关系的破裂。如果说，旧社会所遗留下的各种错误思想和坏风俗，给予人们的影响是引起家庭关系的恶化，那么，新社会所树立起来的社会风气、群众觉悟水平的提高，对家庭关系的巩固也将起巨大的影响，这种影响必然越来越大。所以全面地了解社会情况、当事人周围的环境，对于解决婚姻纠纷是有重要意义的。

三、处理婚姻案件应注意的几个问题

对于婚姻案件的处理，对因资产阶级思想作祟而形成的婚姻纠纷的处理，有的同志希望有个具体标准，怎样的案件可以判离，怎样的案件不可以判离，有了这个标准就好办案。大部分同志认为，错综复杂的离婚纠纷，是不可能规定一个统一的、呆板的标准，而且也不应该有过死的标准，不然就不能根据不同案情做不同的处理。

法院处理婚姻纠纷时应根据我国婚姻政策，明确反对什么、保护什么，要有鲜明的立场。在处理婚姻纠纷时应注意以下几点：首先，有利于夫妻团结、促进生产，反对破坏家庭团结、影响生产。其次，有利于家庭幸福、教育子女，反对破坏父母子女间的关系、损害子女的利益。最后，有利于树立新的社会风气、道德质量，打击和批评各种错误思想。这3点是紧密联系的，应该全面考虑到。大家还批判了单纯从夫妇个人感情出发来处理婚姻纠纷的片面观点。法院不能“不管什么原因，只要感情破裂，就判离婚”。婚姻、家庭既是社会细胞，在处理时，必须考虑到对社会的影响。夫妇间不仅相互承担权利义务，而且共同承担了对社会的义务。当谈到夫妇关系以感情为基础，绝不是脱离社会而以“我”为中心来理解感情。单纯从个人感情出发的人，是完全没有群众观点、国家观点的；他只考虑个人幸福，不考虑他人、子女、社会利益。这纯粹是资产阶级个人主义思想在婚姻问题上的反映。因此，在处理婚姻纠纷时，首先应考虑对方、子女和社会利益。

关于因资产阶级思想作祟而要求离婚的案件的处理，有的同志认为一律不准离，否则就助长了资产阶级思想的滋长。大部分同志认为，婚姻问题是一个复杂的问题，不能用绝对、片面、简单的方法来处理。对有资产阶级思想的人提出离婚，原则上是不准离，但也有例外，这要看案件的具体情况。不准离婚的目的，不能理解为从打击、制裁资产阶级思想出发，而是从改造这个家庭，搞好夫妇关系出发。在目前，婚姻纠纷一般是属于人民内部的矛盾。说服教育是处理人民内部矛盾的方法，打击、制裁无济于事，并不能促成夫妇关系的和好。意识形态问题、感情问题，不是用简单的制裁方法所能解决的。法院处理婚姻纠纷的过程，就是教育的过程、提高有错误一方当事人觉悟的过程。无疑，法院的判决不是简单的“记录”，是起着积极作用的。判决书体现了国家的政策，指出公民的行动方向，准许做什么，不准许做什么。这种具有强制力的法院判决，是和错误思想、错误行为作斗争的尖锐武器，也就是强有力的教育工具。

在少数情况下，对由资产阶级思想而形成的婚姻纠纷，准许离婚，并不是助长资产阶级思想的滋长，而是从保护子女利益，解除对方痛苦出发的。我们不能让一方永远处于痛苦的深渊，或者牺牲子女的利益，来抑制另一方的错误思想。对于错误思想应加以批判和抑制。批判的方法是可以通过群众的舆论和犯有错误一方的工作单位等进行教育。因此，当对方经过深思熟虑而同意离婚时，应准许离婚。但在实际工作中也会碰到这样的情况，一方虽与第三者有关系，但原来夫妇感情的基础就不好（主要是封建的包办婚姻和各种资产阶级性的婚姻关系），或者夫妻感情确实完全破裂，长期不和，那种和第三者的关系是长期不和的结果，而不是造成不和的原因。那么这种情况又得另行看待。这时法院查明了确实情况，或经过最大努力而无效，准许离婚，便是解除不可挽救的夫妇关系而另行建立团结友爱的夫妻关系，对于双方的共同生活、教育子女、劳动生产，是有好处的。当然，对于没有合法婚姻关系而发生性行为的是应该予以批评教育的。

法院在处理任何婚姻案件，应充分发挥能动作用，不要只看到破裂的一面，首先应看到和好的一面。应从和好这一面去努力工作，主动地与各方面取得联系，做好工作，尤其是和当事人的工作单位和周围群众的联系。有时社会舆论力量会比法院的力量来得更大，不能忽视这一点。

（1958 年第 4 期）

对离婚案件调解程序的一些意见

甄忆蓉*

调解是法院审理离婚案件的必经程序，这在《婚姻法》第 17 条中已有明文规定，实践中也正是这样贯彻执行的。离婚问题是人民内部矛盾的一种表现。处理时必须按照处理人民内部矛盾的原则，以教育为主，从团结的愿望出发，通过批评斗争达到团结的目的。也就是说，要从建立民主和睦的社会主义家庭愿望出发，通过批评教育，达到家庭和睦、团结生产、抚养子女的目的。在婚姻案件的审理过程中，应切实掌握摆事实、讲道理、划清是非的原则。这样，一方面，可以提高当事人的社会主义思想觉悟，使他们严肃慎重地对待自己的婚姻问题，正确认识婚姻自由的实质，防止轻率离婚，合情合理合法解决婚姻纠纷，以巩固社会主义的婚姻和家庭关系，保护妇女、子女的合法利益，有利社会生产。另一方面，可见通过说理来提高周围群众的觉悟水平，树立正确的社会主义道德风尚。婚姻关系的持续，主要是以夫妻感情为基础。夫妇间的感情是会发展、变化的。要办好离婚案件，就必须摸透夫妇感情变化的情况，即双方当事人的真实思想及其演变过程。要做到这一点，就必须进行耐心、细致的调查研究工作。这除了找当事人交谈外，还要走出办公室，深入群众，下街道，下农村，找当事人的亲朋密友、邻居，从多方面进行调查。不能形式主义地理解调解程序，认为法院审判员对双方当事人采取斡旋的办法就是调解。调解过程，既是深入群众，依靠群众了解情况的过程，也是社会主义教育的过程。“双反”运动中，打破陈规，打掉官气以后，出现了不少新人新事。审判员走出审判庭，携卷下乡、下厂、下街道，调解处理婚姻案件，不仅办案迅速，不影响当事人的生产，而且广泛地联系群众，进行法纪宣传。调解程序是处理婚姻案件的必经程序，对于正确处理婚姻纠纷具有特别重要的意义，应该严格遵守。只有在个别情况下，对事实已清楚，无须调解的婚姻案件，如有生理缺陷不能发生性行为、精神病患者、重婚的妻“妾”要求离婚等，法院对这种离婚请求应予以支持与保护。只要经过调查属实，法院就可依法判处，不必再经过调解程序。

法院受理的离婚案件，一般的有两个来源（不包括法院间移送的案件）：

* 作者单位不详。

(1)区、乡或基层调解组织调解无效移送的案件;(2)当事人的起诉案件。不管区、乡移送的或当事人起诉的,也不问在起诉前是否经过调解或协议,只要是法院受理的离婚案件,都必须经过调解的程序,调解无效,才能判决。调解的方式一般有两种:(1)在人民法院内进行的;(2)在人民法院外通过群众进行的。这两种调解,都是在审判人员主持下进行的。人民法院批准制发的调解书,与法院判决书有同等的法律效力。

婚姻案件的调解,除了当事人双方完全自愿和符合政策法律以外,还必须本着有利于夫妻和好和巩固家庭关系的方针去进行。简单地讲,就是要通过调解达到他们夫妻重归于好、团结生产、抚养子女的目的。这一点,并非所有审判人员都认识得很清楚,都十分重视的。有的同志只图方便、省力、卸责任,没有弄清情况,对有些本来可以调解和好的夫妻也草率地调解离婚了。如王××与殷××离婚案,双方原为家庭琐事发生争吵,在一时气愤下跑到法院要求离婚。审判人员没有摸透双方离婚的真实思想、提出离婚的原因、有否和好的可能,就草率粗糙地调解离婚。结果双方回去抱头痛哭一场,第二天又双双跑来法院要求不要发给离婚调解书。

调解夫妻和好、巩固家庭关系是婚姻案件中调解的基本要求。但法院是否就不能调解离婚呢?这有两种不同的意见。一种意见:为了防止草率离婚,法院只能调解和好,不能调解离婚。调解中如果双方自愿离婚,由他们自己去区政府进行离婚登记,或由法院就双方同意的意见制成判决,准予离婚。另一种意见:如果经过法院耐心细致的说服教育以后,一方仍坚持离婚,而不愿意离婚的另一方,也确感到夫妻感情已经破裂,无恢复和好的可能,再坚持不离婚对自己并无好处,经过深思熟虑,出于自愿而同意离婚,且又符合婚姻法保护妇女和子女合法利益的精神,法院可以调解离婚,并发给离婚调解书。我认为后一种意见是比较正确的。法院对婚姻案件制发的调解书和判决、裁定一样,它表现了法院的意志。因为它不但包含有当事人双方的意志,更重要的是法院审查批准同意。法院的这种批准同意,它与法院的裁判在实质上是一样的,仅仅是表现的形式不同而已。因此,把已经可以调解成立的离婚案件另行判决或让当事人再到区政府办离婚登记,这样做既增加了手续,又增加了当事人的麻烦,是不必要的。至于防止草率离婚,其关键不在于是否采用判决的形式,而在于工作是不是做得深做得透,从各方面尽了最大的努力。如果调解工作做得不深不透,就是再作一次判决也避免不了粗糙的后果。

法院审理婚姻案件所进行的调解与审理一般民事案件所进行的调解是不同的。比较明显的区别有:(1)调解程序是审理离婚案件的必经程序,但它并不是审理一般民事案件的必经程序。(2)离婚案件的调解过程是说服教育他们夫妻和好的过程。要做好这一工作,必须预先查明和确定整个案情事实,即婚姻关系的性质、基础,婚前婚后感情发展变化的情况,提出离婚的真实原因等,只有查明这一切事实,才能进行说服教育,做好调解工作。而民事案件就不需要这样,一般只要查明纠纷案件的本身情况就能调解。例如房屋加租纠纷,只要弄清与加租有关的主要情况,如原来多少房租、根据一般标准是否偏低、房东提出加租的原因、双方的现实经济情况如何等,即可进行调解。至于房东如何取得房屋的所有权等,就可不必过问了。(3)离婚案件的调解不同于民事法律性质的法律行为,它的目的不是变更或消灭夫妻间的法律关系,而是要使原有的婚姻关系保持下去。只有在调解夫妻离婚时,它才起了消灭原来夫妻间法律关系的作用。民事案件的调解乃是民事法律性质的法律行为,它的目的是在变更或消灭当事人之间的法律关系。如债务纠纷经过调解后,债务人愿意及时履行债务,或者债权人愿意照顾债务人的困难,同意迟缓履行债务,或自动放弃一部分债权甚至全部债权。(4)婚姻案件如当事人双方成立和解,夫妻和好将案件撤回,或经法院调解和好(包括法院判决不准离婚的案件),事后如夫妻不和,仍然要求离婚的话,可向法院再次提出离婚申请,由法院作为新案受理。民事案件就不是这样,只要当事人和解撤回的案件,除有正当理由外,不得就同一标的再行起诉。经法院调解成立的(包括判决定案的)案件,事后如无发现新的事实,也不能就同一标的再行起诉。即使有发现新的事实时,当事人只有申请再审的权利。这些特点说明了婚姻关系不是财产关系,而是人身关系。因此,在处理婚姻问题时绝不能作为财产关系来对待,只有资产阶级思想观点的人,才把婚姻关系作为财产关系来处理。

离婚案件如经法院调解成立,事后一方表示不同意时,好不好提起上诉,应不应由上诉审作为上诉案件受理?调解既是在双方思想觉悟提高与自愿的基础上进行,这问题按理是不应该发生的。但由于当事人事先慎重考虑不够,或者审判人员作风粗糙,工作不深入,当事人也可能在事后变更原意,不同意法院的调解。这在实践中虽发生得并不多,但也是有的。对这个问题的处理有着不同的认识。一种意见认为离婚案件不同于一般民事案件,夫妻关系的持续是以感情为基础,夫妻感情往往随着人的思想和客观情况的变化而有所变化。调解时当事人可能出于一时气愤而同意离婚,但事后经过冷静地考虑或受外界的影响,又不同意离婚了。为了不轻易离婚,法院在符合婚姻政策的前提下,对调解离婚的案件,应在调解后给当事人双方以一定的考虑时间。在这个时间内,当事人有不同意见的可以上诉,由上一级法院作为上诉案件受理。另一种意见认为离婚案件的调解工作做深做透,调解的成立是在双方已经全面考虑、思想成熟的基础上自愿达成的。一般地讲,是不会发生事后不同意的现象的。而且在离婚后一方可能另行结婚,如再允许上诉,对当事人、对工作都不利。我以为,防止当事人在调解成立后发生异议,应该在事前积极做好调解工作,对当事人加强教育,而不应该消极地在事后给予上诉权利。应该知道,准许不准许上诉的问题,并不是法院慎重处理离婚案件的关键,只有把调解工作做深做透做全面才是正确、慎重处理离婚案件的关键。调解和判决虽有同等效力,但到底不同。法院的判决不完全是出于当事人双方自愿,给予上诉期,让当事人慎重考虑,是完全有必要的。调解的内容本来就是当事人双方的自愿意志,在调解过程中当事人有足够充裕的时间来考虑决定,调解成立只是把双方自愿意志加以确定而已。因此,对于调解离婚的案件可以不必给予上诉期。如果当事人一方在法院调解成立后,当调解书还未送达前,就提出异议,推翻原调解。这说明我们工作还有缺点,应该根据当事人所提出的异议,进一步做好调解工作。不能认为调解成立是经法院同意的,就同法院宣判一样,具有法律效力,不能改判。这种看法是旧法观点,从程序出发,而不是从解决问题出发,应受到批判。如果当事人一方在接到法院调解书后才提出不同意见,可与一般民事案件一样处理。法院检查原调解确有错误时,可以参照《人民法院组织法》第12条第1款规定的审判监督程序提交审判委员会处理,可以不必作为上诉案件审理。

离婚案件中已经发生法律效力的调解(或者发生法律效力的判决)与债务案件中已经发生法律效力的调解不同,不能一样强制执行。债务案件中执行的标的是财产,而离婚案件中,与婚姻关系有关的财产部分可以强制执行,如抚养费、共同财产的分割等,对夫妇双方的人身关系就不能强制执行,法院不能按一方的请求,强制他方同居。如果这样做了,那是错误的。法院只能说服教育,劝说他们夫妻和好,共同生活,搞好夫妻关系,并可通过当事人所在的基层组织和周围群众,对他们进行帮助教育,纠正其错误思想,促使他们和好。事实证明,这种做法是行之有效的好方法。

(1958年第4期)

第四讲 共产党是无产阶级专政体系中的领导力量

翟廷晋*

一、什么是无产阶级专政体系

我们在前几讲里曾经一再提到过，社会主义国家是无产阶级专政的工具。具体地说，无产阶级专政的工具不外乎政党、国家机关、人民团体和它们的附属机构等。把以上这些组织总合起来，就构成了无产阶级专政的体系。体系中的各项组织，是有机地相互结合的。它们之间的关系，既不是各自为政，也不是分庭抗礼，而是在无产阶级的政党——共产党或工人党的领导之下，分工合作，各得其所，服务于无产阶级专政和社会主义建设的总目的。

就以我们国家来说，中国共产党是我们国家的领导力量。在共产党的领导下面，有我们国家政权机关（各级人民代表大会）、国家管理机关（国务院和各级地方人民委员会）、法院、检察院等。以上这些机关，总起来又叫做国家机关。除国家机关外，尚有各种人民团体，如工会、合作社、共青团、妇女联合会以及其他文化科学、技术团体等。在我国和有些人民民主国家中，还有民主党派、和共产党领导这些党派的统一战线的组织——政治协商会议。

我们如果把无产阶级专政体系比做一架复杂的机器，那么，共产党就好像是机器的操纵者和发动机，国家机构和人民团体，就好像是杠杆、引带、螺丝钉等一样。他们各有各的具体职能和作用。但必须统一在共产党的领导下，才能一动百动，操纵自如，发挥无产阶级专政的威力，完成社会主义建设的任务。否则，各自为政，各行其是，机器就会瘫痪下来，根本也就谈不上什么无产阶级专政了。

---

* 作者单位：华东政治学院（现华东政法大学）。

因此,我们共产党的领导是无产阶级专政的中心环节,没有共产党的领导就没有无产阶级专政,也就没有劳动人民的一切。毛主席在《论人民民主专政》中总结我国革命的经验时,就把党的领导作为"三大法宝"中的首要法宝;在《关于正确处理人民内部矛盾的问题》的讲演中,规定辨别香花和毒草、大是和大非的六条政治标准时,也是把党的领导和社会主义道路作为最重要的两条。这都说明了,共产党在无产阶级专政体系中的领导地位,是绝不容许有任何动摇的。

二、社会主义国家机构是无产阶级专政体系中的主要杠杆

在无产阶级专政体系中,社会主义的国家机构是共产党领导下的主要杠杆。它所发挥的作用要比人民团体来得大(当然,人民团体也是无产阶级专政体系中不可缺少的组织)。为什么呢?因为国家机构具有一般人民团体所没有的特点:

1. 国家机构是最广泛的、无所不包的全国人民的组织。例如我国的各级人民代表大会、国务院和各级人民委员会、法院和检察院,都是代表全国人民的组织,首先是代表工农联盟的组织。共产党通过国家机构领导着各阶级和各阶层的人民。而人民团体和国家机构比较起来,就有它一定的局限性。例如工会,仅是工人和职员的组织,它就不能包括农民和其他阶层的人民,合作社也是一样,它仅是农民和其他个体劳动者的组织,共青团、妇女会只是青年和妇女的组织。总之,它们都没有像国家机构的作用那么广泛。

2. 国家机构在组织经济和发展文化教育事业方面起着决定性的作用。因为一切主要的生产资料和经济命脉都是掌握在国家手中。

3. 国家机构拥有着普遍的强制力,拥有着强制机关和武装力量,担负着镇压敌人的反抗和保卫国防的任务。因此,共产党就特别关心社会主义国家机构这一主要杠杆的巩固和进一步的改善。

社会主义的国家机构能不能完成这种主要杠杆的作用呢?肯定地说,是能够的。从十月革命到现在,无产阶级专政40年来的历史经验,也证明了这一点。这说明了社会主义国家机构的无比优越性。这种优越性是任何剥削阶级国家(包括资本主义国家)所无法比拟的。社会主义国家机构的建立,绝不是简单地改朝换代,而是社会发展的革命飞跃。因为无产阶级革命的目的,是要消灭一切剥削和阶级,是要消灭产生剥削和阶级的一切根源。这样,就决定了"工人阶级

不能简单地握取现成的国家机器,并运用它来达到自己的目的"①,而必须把旧的国家机器打碎。马克思主义关于国家学说的这一基本原理,列宁在《国家与革命》一书中进一步作了光辉地论述。苏联、中华人民共和国和其他人民民主国家的建立,都是以这一革命学说为指南的。当然,各个国家的具体历史条件不同,在打碎旧的国家机器的方法和步骤上也会存在一些差异。

在所谓"空地"上建立起来的社会主义国家机构,具有哪些优越性呢?它建立的基本原则是什么呢?主要的是:

1. 它保证人民群众广泛地参加国家的管理。这是社会主义国家机构强有力的源泉。

2. 它是按民主集中制和集体领导制建立起来的,它和官僚主义、个人崇拜是不相容的。只有社会主义的国家机构,才能从根本上克服这种不良现象。

3. 它贯彻着各民族一律平等的原则,坚决反对民族压迫和种族歧视;同时,也反对狭隘的地方民族主义。

4. 它严格遵守社会主义法制,坚决镇压敌人的反抗,保护人民的民主权利和合法利益,发挥人民建设社会主义和共产主义的积极性和创造性。

5. 社会主义国家机构最基本的原则,就是绝对地、无条件地服从共产党的领导。这一原则是实现上述其他一切原则的根本保证。

我们说,社会主义国家机构具有无比的优越性,这并不意味着它已经"十全十美",不需要任何改进了。作为上层建筑的国家机构,必须与经济基础相适应。社会主义国家机构基本上是适合于社会主义经济基础的,但是,有时在个别环节上还会和经济基础发生矛盾。掌握政权的无产阶级和它的政党,必须对这些矛盾及时地加以克服。共产党不需要掩盖这些矛盾,只有将这些矛盾加以揭露和克服,社会主义国家机构才能进一步完善。事实上,各个社会主义国家也是在这样做的。苏共20次代表大会的决议,就提出了改善国家机构的大胆英明的措施,结果,使苏联的国家机构更适合于经济发展和国际形势的要求。我国的整风运动,尤其是当前的双反运动,其目的之一,也是要使我们的国家机构与我国的社会主义经济基础相适应。社会主义国家机构的某些缺陷,只好像是一个指头和九个指头的关系,况且,有些矛盾,是前进的道路上不可避免的。社会正是因为对各种矛盾的不断克服而发展的,其中也包括基础和上层建筑的矛盾。但是,资本主义的代言人、别有用心的右派分子和现代的修正主义者,却抓住了一点,扩大成全面,极尽歪曲污蔑的能事。尤其是利用斯大林所犯的一些错误,对

① [德]马克思著:《法兰西内战》。

社会主义制度大肆攻击。说什么社会主义国家政权不应"干预"经济事业,说社会主义国家机构已变成"官僚机构",阻碍了社会主义的发展。这种恶意的中伤,在事实面前是会不攻自破的。"谁不能否认,苏联经济的巨大高涨正是劳动人民的国家政权有计划地管理经济事业的结果,而斯大林所犯的主要错误,却很少同管理经济的国家机关的缺点有关。"①在社会主义国家中虽然也有官僚主义和违法乱纪的现象,但这与社会主义制度本身是丝毫不相干的。这正是旧的意识和旧的习惯势力对个别干部的影响,也只有社会主义制度才能及时地发现和克服这种现象。只要社会主义国家机构存在一天,它就永远是生气勃勃的组织,是共产党用来改造社会的最有力的杠杆。

当然,我们就国家机构是无产阶级专政体系中的主要杠杆,并不是说,其他人民团体和社会团体就是可有可无的组织了,绝不是如此。人民团体同样是无产阶级专政体系中不可缺少的组织。它们是党用来联系各个不同阶层人民的纽带。例如:

工会是工人和职员的群众性组织,是党用来联系本阶级群众的纽带,是党对他们进行共产主义教育的学校。

合作社是农民和其他个体劳动者的集体组织,是党联合和教育农民和其他个体劳动者的组织,是社会主义国家在农村中的可靠支柱。

共青团是党团结和教育广大劳动青年的组织,是最接近于党的组织,是党的助手和后备军。

妇女联合会是党团结教育广大妇女群众的组织。

其他文化、科学、技术等团体,都是党在各个战线上联系群众的纽带,它们在不同的岗位上服务于社会主义事业。

中国人民政治协商会议和它的地方组织,是我国人民民主统一战线的组织形式。它团结着各民族、各民主阶级、各民主党派、各人民团体、国外华侨和其他爱国民主人士。政治协商会议既不同于国家机关,也不同于一般的人民团体,它是党派性的统一战线的组织。在普选的全国人民代表大会召开和宪法颁布之前,它曾经代行过全国人民代表大会的职权,现在,它仍然在我国政治生活中发挥着重大的作用。

① "再论无产阶级专政的历史经验",载《人民日报》1956年12月29日。

三、为什么无产阶级专政体系必须由共产党来领导

无产阶级专政（人民民主专政）必须由无产阶级来领导，这应当是不成为问题的。如果一个政权离开了无产阶级的领导，它就不可能是无产阶级专政。如果有人要问，农民也是劳动者，农民能不能领导无产阶级专政呢？不能。因为只有无产阶级是最大公无私、革命性最彻底的阶级，它的社会地位决定了它是无产阶级专政的天然的、唯一的领导阶级。马克思、恩格斯早在《共产党宣言》中指出过："在现时与资产阶级对立的一切阶级中，只有无产阶级才是真正革命的阶级。其余的阶级都随着大工业的发展而趋于衰落和灭亡，无产阶级是大工业本身的产物。"列宁也说过："只有无产阶级——由于它在大生产中的经济作用——才能够成为一切被剥削劳动群众的领袖，这些群众受着资产阶级的剥削和压迫，往往比无产阶级所受的还有过之而无不及，可是，他们却不能为自己的解放而进行独立的斗争。"①无产阶级领导，并不是说无产阶级的所有成员都担任领导，事实上也是不可能的。阶级的领导必须通过政党来实现。尤其是无产阶级专政要推翻资产阶级的统治，要改造整个社会，这是一场极端尖锐而复杂的、有时还是十分残酷的阶级斗争。如果没有一个坚强的、真正代表工人阶级利益的党来领导，就不可能实现这样艰巨的任务。像西欧式的社会民主党（他们自称是工人阶级政党），只知道采取和平斗争的方式去求得某些"社会改良"，却十分害怕社会革命，甚至根本否认无产阶级专政的必要性。这样的政党是不能领导工人阶级进行解放斗争的。共产党则不同，它是按照列宁的建党学说组织起来的，它具有其他任何政党（包括冒牌的工人阶级政党）所没有的特点：

1. 共产党是工人阶级先进的有组织的部队，是工人阶级中最有觉悟的分子组成的，是工人阶级组织的最高形式。只有这样的政党，才能成为工人阶级进行革命斗争的司令部。在国际工人运动史上，曾经有人反对过这一原则，他们要求把党降低到一般群众组织的地位，否则，他们认为党的领导就是少数领导多数。我国的右派分子也有类似的谬论。他们反对在人民群众中间有先进、中间、落后的划分，他们主张应当由群众领导共产党，反对由共产党来领导群众。因为共产党在人民群众中只是少数。其实，党在工人群众中、在劳动群众中只能是少数，但是，党是有组织的少数。工人阶级和劳动人民只能由这个有组织的少数来领

① 《列宁文选》（两卷集，中文版第2卷），第181页。重点是原作者加的。

导。正像列宁所说的,“什么是有组织的少数呢?假如这个少数是真正有阶级觉悟的,假如这个少数善于领导群众跟着自己走,假如这个少数能答复每一个摆在日程上的问题,那么,这个少数在本质上说就是一个政党”。①

2. 共产党是以马克思列宁主义理论武装起来的,它的方针政策反映着社会发展的客观规律。因此,在社会主义革命和社会主义建设的复杂环境中,党能够引导群众按照正确的方向前进。马克思主义的辩证唯物论和历史唯物论、马克思主义关于阶级分析的方法,就是解决这些复杂斗争的钥匙。任何教条主义和修正主义的“理论”都是共产党所坚决反对的。但是,当前国际上的修正主义者和我国的右派分子,却叫嚣什么“马克思主义已经过时”、“把阶级分析的方法放进历史博物馆去”。并且到处乱扣“教条主义”或“宗派主义”的大帽子,企图从理论上来瓦解党,以达到他们反对党的领导的目的。我们必须与右派分子和修正主义理论进行不调和的斗争。

3. 共产党的基本组织原则是民主集中制。党有着严格的、对每一个党员都适用的统一的纪律。因为共产党要领导群众进行斗争,首先自己必须投入到群众斗争的洪流中去,这样,必须有铁的纪律来统一自己斗争的步调。列宁在论到党的纪律的重要性时说:“如果我们党内没有极严格的真正铁一般的纪律……那么,布尔什维克就会不仅不能把政权保持两年半之久,而且不能保持两月半之久。”②党的高度集中和铁的纪律是建立在民主、自觉的基础上的,只有这样,才能保证最大限度地发挥党员的积极性和自觉性。这是党的战斗力在组织上的保证。现代修正主义者,竭力反对党的这一基本组织原则,要求在党内有“组织宗派集团的自由”,要求“党员在政治上有犯错误的自由”。他们不是把党看成是工人阶级有组织的部队,而是企图把党变成吵吵嚷嚷的俱乐部。美国工人日报前总编辑盖茨,就是在这个问题上走了叛党的道路。如果承认了这种观点,就必然要否定党的民主集中制和严密的组织纪律,事实上就是取消党,纳吉·伊姆雷在匈牙利的实际政治活动,就是铁的证明。

4. 共产党是采取批评与自我批评的方法对待自己的缺点和错误,这也是任何别的政党所做不到的。共产党从来没有否认过本身也会存在缺点和错误。因为,工人阶级和共产党不是离开社会孤立的,而是和社会处在密切的联系中,其他阶级的意识和习惯,也会或多或少地反映到党内来。而且共产党人所从事的

① [苏]列宁:“共产党的作用”,转引自《社会主义教育课程的阅读文件汇编》(第1编),人民出版社1957年版,第539页。

② 《列宁文选》(两卷集,中文版第2卷),第691~692页。

事业，是前人未曾做过的创造性的工作，经验还是不很够的，在进行这种伟大事业的革命过程中，完全不产生任何缺点和错误是不可想象的。但是，共产党能不能在无产阶级专政体系中成为领导力量，其关键不在于共产党会不会犯错误，而在于对待错误的态度。共产党和其他别的政党不同，不是掩盖自己的错误，而是采取恰如其分的批评与自我批评的态度来坚决改正错误。这样，不但不会降低党的领导作用，相反地，党在人民群众中的领导威信会更加提高。

5. 党和群众的密切联系是党的无穷无尽力量的主要源泉。共产党深信人民群众的解放事业必须由他们自己来实现。但是党必须深入群众从事教育和组织工作，领导群众进行斗争。党要做好这些工作，首先就要和群众打成一片，建立起血肉般的联系，否则，就无法取得革命的胜利。列宁说过："单靠先锋队是得不到胜利的。""按照来自上面的命令不可能建成社会主义……生气勃勃的、创造性的社会主义是人民群众本身的创造物……只有深信人民的人，才能得到胜利和掌握政权。"毛主席也经常教导我们，一切工作要从群众中来到群众中去，首先要当群众的学生，才能当群众的先生。柯庆施同志在中共上海市第一届代表大会第二次会议上的报告中说："我们的党，一不怕帝国主义，二不怕国内反动势力，三不怕向自然界作战中的艰难困苦，就是怕脱离群众。脱离群众也必然脱离实际。党和人民紧密地团结在一起，就没有不可战胜的敌人，就没有不可攻破的堡垒。"①

以上这些，是共产党区别于其他一切政党的特点。正因为共产党具有这些特点，所以无产阶级专政体系就非由共产党领导不可，任何其他政党和团体都不能代替。没有共产党的领导，就谈不上无产阶级专政和社会主义。"右派分子"说"没有共产党，人家也不会卖国"、"没有共产党也可以建成社会主义"、"各党派轮流执政"等，显然是别有用心的无耻谰言。

四、共产党如何实现自己的领导

无产阶级专政并不是"党专政"，并不是由共产党去直接实现专政。党是通过和领导着其他"杠杆"、"引带"（首先是社会主义国家机构）去实现无产阶级专政的。正如列宁所说的："没有一些把先进阶级先锋队和这阶级群众，把这先锋队和劳动群众联结起来的'引带'，便不能实行专政。"②

---

① 柯庆施著：《乘风破浪，加速建设社会主义的新上海》，上海人民出版社1958年版，第15页。

② 转引自［苏］斯大林著：《列宁主义问题》，第180页。

共产党既不是直接实现专政，而又必须领导无产阶级专政，那么，党如何实现自己的领导呢？主要可以从以下几个方面入手：

1. 党要在政治上实行领导，根据革命的实际需要，制定各个时期的政治路线和方针政策，使国家机关和人员团体有着同一的行动纲领。任何国家机关和人民团体，如果离开了党的政治领导，便不能作出任何政治性的决议。例如为了在我国建成社会主义，党就提出了过渡时期的总路线，和保证这一路线实现的许多方针政策。国家机关和人民团体的一切工作，都必须按照这个“灯塔”指示的方向去进行。国家重要的法律、法令和五年计划、年度计划的制订，也必须由党中央提出草案，然后交政府讨论通过，以此来保证党的政治领导。而右派分子却说这是“共产党拿出成品，让别人提意见，是形式主义”，这就是要党放弃领导。事实上，党拟定的各种草案，都是要通过各种不同的形式去征求人民群众的意见，我国的宪法草案就是交由全民进行讨论的。有的法令经过试行后，才由政府修正通过。法律、法令的草案经过群众讨论后，党和政府也接受人民正确的意见进行了修改。当然，对某些大的原则问题是很少修改的，这并不是党不让群众提出这方面的意见，而是党的路线方针的基本要求是和全国人民的要求完全一致的。

党的领导不但是党中央的领导，而且也包括地方党委和基层党委的领导。就是说，整个国家的方针政策需要由党中央来领导制定，而在地方和基层也需要党来保证它们正确地、适合具体情况地贯彻执行。党的领导是统一的、具体的。一方面，全国统一服从党中央的领导；另一方面，党的各级地方组织又是各级地方国家机关的领导核心。“右派分子”和修正主义者却千方百计地寻找借口来反对党的领导。就拿政法部门来说吧，有人以“独立审判”、“垂直领导”等来对抗党的领导，特别是地方党委的领导。有的“右派分子”还提出这样的谬论：法律既是按照党的意志来制定的，服从法律就是服从了党的领导，因此党委不应再“干涉”法院的审判工作。如果“干涉”，那就是“党政不分”、“党法不分”。当然，党并不曾包办政法部门（对其他机关也是一样）的具体事务工作，但是，如果把党的政治领导说成是“党政不分”、“党法不分”，而无产阶级专政正需要这种“不分”，因为只有党才能了解整个政治形势和敌我关系，能从全局出发权衡利害，加强社会主义法制的威力。如果一定要把党的领导从政法部门中“分”出来，那么，政法机关就不是无产阶专政的机关了。何况，党对国家机关的领导是我国宪法明文规定了的。“右派分子”是企图用变具体为抽象的办法来否定党的领导，来达到他们反党反社会主义的目的。

2. 党要在组织上进行领导。因为党要实现政治领导，还必须进行巨大的组织工作，就是要挑选配备忠于社会主义事业的、有一定工作能力的干部（包括党员和非党员）到国家机关和人民团体中去工作。党通过在这些部门中的党组织和担任工作的党员来贯彻自己的政策和决议。“在国家机关和人民团体的领导机关中，凡是有担任负责工作的党员三人以上的，就应成立党组。党组的任务是在这些组织中负责实现党的政策和决议，加强同非党干部的团结，密切同群众的联系，巩固党和国家的纪律，同官僚主义作斗争。”①党的组织领导是政治领导的物质保证。“右派分子”说：“共产党只要进行政治领导，不要进行组织领导，因为有了组织领导就会产生官僚主义。”这种谬论实际上是要工人阶级交出自己的政权。更恶毒的是右派分子还大发“党天下”的谬论。说在全国范围内，“不论大小单位，都要安一个党员作头儿”、“事无巨细，都要看共产党员的颜色办事，都要党员点了头才算数”，因此造成了“家天下清一色的局面”。这更是明目张胆地进行政治蛊惑。如果一定要说我们国家是什么“天下”的话，那就是人民的天下，有了人民的天下，就没有“蒋家天下”，也不能有“章家天下”、“罗家天下”。如果一定要说我国是什么“清一色局面”的话，那就是人民的“清一色”，右派分子正是想用资产阶级的“白一色”来代替人民的“清一色”。反右派斗争教育了全国人民，党的组织领导是绝不能放松的。

3. 党对国家机关和人民团体要经常地进行检查和监督。检查它们执行政策和决议的情况，帮助它们纠正缺点和总结经验。这也是右派分子所反对的。他们寻找各种借口来反对党的监督。例如人民检察院中的右派分子曾提出过“最高监督”、“一般监督”、“事先监督”等。他们要求检察机关要有“上方宝剑”。这都说明了他们不但不愿服从党的领导，而且还企图把检察机关置于党委之上来“监督”党。真是疯狂到了极点。事实证明，哪一个部门离开或者疏远了党的领导和监督，它就不能完满地实现无产阶级专政的任务。一切国家机关和人民团体必须自觉地把自己的工作置于党的领导和监督之下，才能避免政治上和方针路线上的错误，才能真正发挥它在无产阶级专政体系中的“杠杆”和“引带”作用。

4. 党的领导作用除了表现于以上3方面外，党还必须在人民群众中进行广泛的政治动员和思想教育工作。必要时，党还需要和政府联合或者单独向人民发布政策性的指示。这也是“右派分子”所反对的。他们说党和政府联合发布指示会妨碍全国人民的团结，会造成官僚主义和宗派主义。这真是奇谈怪论。当然，党不是国家机关，党不需要发布强制性的和事务性的命令。但是，党为了

① 《中国共产党章程》第56条。

发布政治性的号召和政策性的指示,不论是单独发布或者是和政府联合发布都是需要的。周总理在第一届全国人民代表大会第四次会议所做的政治报告中说:“党对人民群众直接发出政治上的号召和政策性的决定,对于政府工作不但没有妨碍,而且有很大的帮助。”

五、进一步加强党的领导是巩固无产阶级专政的首要条件

如果说没有无产阶级专政就没有社会主义,同样也可以说,没有党的领导就没有无产阶级专政。党的领导是无产阶级专政的灵魂。我们要进一步巩固无产阶级专政,首先就要加强党的领导。从整风运动和反右派斗争所取得的决定性胜利来看,我们党的领导是坚强的、正确的,党的威信也更进一步提高了,同时也说明了党的领导需要继续加强。凡是右派分子猖獗的地方,党的方针政策的贯彻就要受到影响,换句话说,也是党的领导比较薄弱的地方,这是一个教训。要进一步加强党的领导,首先就要彻底粉碎右派分子和修正主义者所散布的形形色色的反党谬论,从思想上将广大人民武装起来。在正确处理人民内部矛盾的同时,要进一步加强对敌人的专政。其次,党组织本身需要进一步纯洁和巩固,将隐蔽在党内的一切反党分子和不可救药的坏分子清除出去,像浙江省委和安徽省委所做的那样,进一步巩固党的领导。再次,通过整风运动,继续克服某些党员和干部的主观主义、官僚主义和宗派主义,提高干部的政治思想水平,进一步密切党和群众的联系。另外,在某些部门还需要有计划地发展和壮大党的组织,加强党对这些部门的领导。最后,所有国家机关和人民团体中的工作人员以及全国人民,都要自觉地、坚决地服从党的领导,克服个人主义、自由主义、无政府主义、分散主义、民族主义等不良倾向,把心交给党,使全国人民都紧密地团结在党的周围,在党的领导下多、快、好、省地把我国建成社会主义社会。

(1958年第4期)

第5期

如何区分两类不同性质的矛盾

谢　飞*

为什么政法干部必须学会区分两类不同性质的矛盾呢？因为政法部门是直接掌管无产阶级专政的机关，而政法干部就是在这些机关中执行这个工作任务的人。政法工作干部每天每时都接触到社会上发生的许许多多和形形色色的案件和问题。那些案件和问题，从它们发生的过程、表现的形式和所包含的内容来说，都是万分复杂、千头万绪、变化多端的。我们的政法工作干部就得在这些千头万绪、变化多端的案件和问题中，分清它们的是非，找出它们的本质，以便作为正确处理这些问题的根据和基础。不管所发生的案件如何众多、案情如何复杂、过程如何变化多端，但它们的性质不外乎两种，就是敌我问题或人民内部问题。

大家知道，所有政法3机关（公安、检察、法院）的共同任务，都是一致地、共同地、严格地、坚决地、彻底地向各种敌人及刑事犯罪分子进行斗争，它们以打击敌人、消灭敌人的方法达到保护国家、保护人民的目的。为了实现坚决地打击敌人和积极地保护人民的目的，就必须学会正确分清敌我矛盾与人民内部矛盾的问题。只有正确地把问题的性质弄清楚了，把矛盾的性质区分出来了，才能正确地处理问题，妥善地解决矛盾。由此可见，学习正确区分两类不同性质的矛盾，对政法干部说来是十分重要的。它不仅有其理论上的重大意义，更有其实际上的重大意义。如果不会区分两类不同性质的矛盾，也就不能准确地打击敌人；如果不能准确地打击敌人，当然也就不能积极地保护人民。这是打击敌人和保护人民所不可缺少的、十分重要的知识。

现在大家都知道社会上存在两种不同性质的矛盾，即敌我矛盾和人民内部矛盾。敌我矛盾是根本利益的冲突——从政治利益、经济利益、思想观点上看，它们都是对抗性的、你死我活的斗争。就这个意义上说来，敌我矛盾是主要的。谁都知道，旧的地主、官僚、买办阶级以及旧的富农、反革命分子等同人民的矛盾，是敌我矛盾，但是他们已经孤立了。现在还有一些政治资本的反社会主义的力量是资产阶级中的一部分人，以及接受他们思想观点影响的流氓、阿飞、盗窃犯、凶杀犯、诈骗犯、强奸犯。他们进行破坏社会主义建设和社会秩序的活动，危

* 作者单位：中央政法干部学校（现中国人民公安大学）。

害人民的利益。他们和人民的矛盾也是敌我矛盾。但不论在全国人民中,或在资产阶级中,他们也只是占极少数。而人民内部矛盾则是大量的。因为人民不仅是人数众多,矛盾的方面与内容也比较多。人民内部矛盾,包括工人阶级内部的矛盾,农民阶级内部的矛盾,知识分子内部的矛盾,工农两个阶级之间的矛盾,工人、农民同知识分子之间的矛盾,工人和其他劳动人民同民族资产阶级之间的矛盾,民族资产阶级内部的矛盾,等等。它还包括国家利益、集体利益同个人利益之间的矛盾,领导同被领导之间的矛盾。它还包括生产与分配之间的矛盾,生产力与生产关系之间的矛盾,经济基础与上层建筑之间的矛盾,等等。所以说人民内部矛盾是大量的。它不仅是大量的,而且还是经常的,又是永久的。旧的矛盾解决了,新的矛盾又产生出来。这种矛盾不但是过去有,现在有,将来还有。但敌我矛盾就不同,它不是永远的,过去有,现在有,将来敌人消灭了,敌我矛盾也就不存在了。这是从政治意义上、从根本利益的意义上说的。所以说,这是两类性质完全不同的矛盾。

矛盾的性质虽然只有两种,但有些时候,有些矛盾本身表现比较复杂,甚至非常复杂,很不容易判断它的性质是敌我问题还是人民内部问题。有些案件,有些人物,有些行为,看来又像敌我矛盾,又有些像人民内部矛盾。在这种复杂的矛盾中,我们往往分不清楚,因而犯了错误。如把敌我矛盾当做人民内部矛盾去看待和处理,这就犯了“右倾”的错误。相反地,如果把人民内部矛盾当做敌我矛盾去看待和处理,就犯了“左倾”的错误,如果不学习正确区分两类性质不同的矛盾,对政法机关和政法干部来说,都是会犯错误的,甚至可能犯严重错误的。这种事实,我们政法干部不少人都曾亲自经历过了。例如,有的人过去曾经把反革命或坏分子的破坏活动,把它当做是人民中的落后分子的落后行为,这就是把敌我矛盾当做人民内部矛盾,因而犯了“右倾”错误。但有些时候,有些事情又确实是人民中的落后分子所做(虽然它对社会主义事业也有某些不利之处),而我们把它当做敌我矛盾去看待与处理,因而犯了“左倾”错误。为了今后少犯错误,或不犯大的错误,政法干部应该十分重视学习区分两类矛盾的性质。因为正确区分两类不同性质的矛盾,是正确处理两类不同性质的矛盾的先决条件。

不同的性质的矛盾,一般来说,必须用不同的方法去解决。当然解决矛盾的方法除了根据矛盾的性质之外,还要根据党和国家当前的政策和策略。如果脱离了党和国家当前的政策原则和策略原则,虽然对矛盾的性质认识是正确的,但在处理问题时也会出毛病的。党和国家制定的政策,是根据人民长远利益和当前利益相结合的,因而同样性质的问题往往有不同的处理办法。如有些问题明明是敌我矛盾,但就用处理人民内部矛盾的方法去解决。对“右派分子”的处理,就是一个明显的例子。谁都知道“右派分子”与人民是敌我矛盾,是资本主义和社会主义的矛盾,是地主资产阶级专政与无产阶级专政问题的矛盾,是中国应当由地主资产阶级来领导还是由无产阶级来领导的矛盾,这是你死我活的矛盾。“右派分子”从他们的反动本质来说,应当是工人阶级专政的对象,但工人阶级并没有向他们实行全面专政,还给他们饭票和选票,这是为了要他们脱胎换骨,重新做人,而且他们中的大部分人也的确是可以改造过来的。工人阶级懂得这样处理的结果,对社会主义建设和人民的长远利益是有好处的。所以政法干部不仅要学习区分两类不同性质的矛盾,而且也要深刻学习与研究党的政策。

“为了正确地认识敌我之间和人民内部这两类不同的矛盾,应该首先弄清楚什么是人民,什么是敌人。人民这个概念在不同的国家和各个国家的不同的历史时期,有着不同的内容。拿我国的情况来说……在现阶段,在建设社会主义的时期,一切赞成、拥护和参加社会主义建设事业的阶级、阶层和社会集团,都属于人民的范围;一切反抗社会主义革命和敌视、破坏社会主义建设的社会势力和社会集团,都是人民的敌人。”①这是我们区分敌我矛盾的客观标准。这个标准是我们认识敌我矛盾的政治原则。但是有了这个标准与政治原则并不等于我们自己就能将一切矛盾的性质都弄清楚了。要弄清矛盾的性质,除了政治上的标准原则之外,还得有正确的立场、观点和方法,即必须有马列主义的立场、观点和方法去加以具体地分析,详细地研究和周密地观察。只有这样,才能做到正确地认识矛盾的性质。这就是说,当我们遇到各种矛盾的时候,要想知道它们是属于什么性质的问题,必须要做到以下几点:

第一,我们自己要有明确而坚定的工人阶级的立场。要从工人阶级当前的与长远的利益去观察问题。就是要看犯罪分子的行为对于人民的利益有什么危害、危害的大小、影响如何?大家知道,工人阶级与全体人民,现在与将来的利益,都是把我们的祖国迅速地建设成伟大富强的社会主义国家。为了达到这个目的,必须加强人民民主专政,为了加强人民民主专政,建设社会主义,就必须加强与巩固共产党对于国家和社会的全面领导。加强和巩固共产党的领导,是完成一切革命任务与建设事业的根本保证。如果有人在主观上故意破坏社会主义建设,破坏社会主义的社会秩序,破坏人民的根本利益(不论是政治的,经济的、文化的、人身的等),故意妨碍和削弱无产阶级专政,故意地破坏党和国家对社会各项工作的全面领导,有这种思想行为的人,他与人民的矛盾,就是敌我问题。这种人无论他过去的阶级成分、社会出身是什么,也不论他们的历史条件、工作

① 毛泽东著:《关于正确处理人民内部矛盾的问题》。

表现如何，他现在的思想与行为，对人民利益都是最大的危害，因而与人民的关系都是敌我矛盾（如果是过失的、轻微的、偶尔的犯罪可当别论）。因为真理是有阶级性的。

第二，要完全客观地、实事求是地去观察问题。客观存在是什么，就是什么，我们绝不应当只凭主观主义的猜想、估计、推论，便作出判断，而应当是实事求是地去调查、研究、分析和观察全部情况。尤其重要的是要弄清楚犯罪行为是出于犯罪分子的故意还是过失。这对于判断矛盾的性质是有重大作用的。因为矛盾性质是客观存在，不能由我们干部任意加给人家。但客观存在需要我们主观去认识它，我们的任务是如何正确地认识这个矛盾的性质，以便正确地处理它。因为真理是客观的。

第三，要全面地、详细地、具体地去观察问题。不能片面地、粗糙地、抽象地去观察问题。全面观察问题，就是指对犯罪行为本身与对犯罪分子的一切情况要弄清楚，如犯罪的动机与目的、本人的社会出身与阶级成分、平时的思想与工作表现。具体地观察问题，是指对犯罪分子与犯罪行为要做具体的分析。如犯罪的时间、地点，犯罪的主观原因与客观原因，主要原因与次要原因，是主谋还是从犯，是自觉的故意的，还是被骗被迫的，或者是过失的，应当统一起来加以分析研究。这对于认识矛盾性质是有巨大意义的，特别是对于处理矛盾时有重大意义。因为真理是具体的。

第四，必须具有历史观点去观察问题。观察任何政治性的问题，不能离开党和国家当时的战略任务、政治路线、方针与政策的原则。这是因为认识矛盾性质的政治原则，首先必须根据国家与人民当时的根本利益、党和国家的战略任务、政治路线来做标志的。因为真理是有历史性的。

第五，要从事物的发展、变化，相互联系、相互影响、相互依存的方法去观察问题。而不应当用静止的、不变的、孤立的、片断的、绝对的方法去观察问题。也就是说，矛盾的性质有其相对的固定性，但它没有绝对的固定性，它是可以变化的。人民内部矛盾在某种情况下，尤其处理不当的情况下，可能转化为敌我矛盾。同样地，敌我矛盾在某种情况下，尤其处理得当的情况下，也可转化为人民内部矛盾。这种情况在中外历史上都曾发生过。例如，1956 年的匈牙利事件，开始时本是人民内部矛盾，后来因为被反革命分子所利用，加上处理不当，因而转化为敌我矛盾了。又如我国工人阶级与民族资产阶级的矛盾，从经济与政治意义说来，都属于敌我矛盾的范畴。但是由于我国民族资产阶级有着两面性，工人阶级对这个问题又处理得当，在经济上对资产阶级不采用没收的办法，而采取赎买与资本主义工商业社会主义改造的办法，在政治上对资产阶级也不采用专政的办法，而给予他们一定政治权利和地位，只要他们不做反革命勾当，便不剥夺其选举权与被选举权。因而我国民族资产阶级与工人阶级，就由敌我矛盾转变为人民内部矛盾了。

第六，要抓住矛盾的主要方面。主流是九个指头和一个指头的问题，或七八个指头与二三个指头相比较。一个人有十个指头，如果烂了七八个，那就是敌我矛盾。如果好的有七八个，就是人民内部矛盾。因为主流的东西，就是他的本质。这是十分重要的原则。不能把主要的当次要的，也不能把次要的当主要的，否则是会犯错误的。因为有些问题不论其形式或内容都非常复杂。比如常常有一些犯罪分子，从他们的阶级成分、社会出身、历史情况看来，都没有什么不好的地方，但是他现在所进行的某些行为又是危害社会主义利益的，或者破坏社会主义社会秩序的。要区分这种人犯罪行为的性质是敌我矛盾还是人民内部矛盾的时候，必须同时运用上述几种方法去加以分析研究，特别重要的是抓住主流的方面。所谓主流就是犯罪分子主要方面和本质的问题。如果有人故意地进行破坏社会主义建设或社会主义的社会秩序，不管他过去的阶级成分、社会出身与工作表现是什么，他现在的行为对人民有着重大危害，就是敌我矛盾了。（如果过失的犯罪可当别论）主流的另一意义也是指要观察犯罪行为对于社会主义危害程度的大小问题，是偶尔犯罪还是一贯犯罪。如果是轻微的，又是偶尔的，其性质就应当算是人民内部的矛盾，当人民内部问题去处理。但如果是严重的，或者是多次的，这应当算是敌我矛盾。既是敌我矛盾，一般说来应当照敌我矛盾去处理，但还要根据当时党与国家的政策。

一般说来，一个人在一定时期内，对人民的矛盾只有一种性质，或者人民内部性质，或者是敌我性质。但是有些人一身就兼有两种不同性质的矛盾：有人民内部矛盾，也有敌我矛盾。例如资产阶级对工人阶级的关系来说，就是一身兼有两重性质的。一方面他们表示拥护宪法，愿意接受社会主义改造。正因如此，所以他们成为人民的一部分，他们与一般人民有内部矛盾。但是另一方面，他们又剥削工人阶级，拿定息，有些人还企图甚至还在进行其破坏社会主义建设或社会主义的社会秩序的活动，反对工人阶级专政，反对与破坏共产党对国家与社会各项工作的全面领导。在这种情况下发生的矛盾，就是敌我矛盾。

在劳动人民内部，他们之间的矛盾都是人民内部问题。但是在劳动人民内部，也有个别人物在与人民的关系上，也是一身兼有两重矛盾的，就是人民内部矛盾与敌我矛盾。一方面他们是劳动人民的一分子，与一般劳动人民的根本利益是一致的，因而所发生的矛盾是人民内部问题。但是某些人由于有严重的资产阶级个人主义思想，有些时候就作出一些对社会主义不利的事情来，甚至还有某些败坏活动。在这种情况下所发生的矛盾,就带有敌我性质的成分。当然在劳动人民中,一身兼有两种不同性质的矛盾的人是极少的,但确是有这种情况。例如,个别富裕中农,不愿走社会主义道路,要闹退社,他不但是自己退,而且还煽动别人退社,甚至故意破坏合作社的农具,暗害耕牛,破坏水利,或盗窃、破坏其他公共财产,在这种情况下,这个富裕中农与人民的矛盾,就有一部分是敌我矛盾的性质了。当然他是劳动者,也有人民内部矛盾。对于这种人一般说来,除了批评斗争之外,必要时也给予一定的法律制裁,但基本上还是应当照人民内部矛盾去处理。又如某些有严重资产阶级个人主义思想的人,为了达到个人主义的某项目的,不顾国家与人民的利益,书写反动标语或叫喊反动口号,这种行为对于社会主义建设和人民利益来说,是起了一定破坏作用的。当然进行这种行为的人,不一定都是真正想推翻社会主义制度,或者真正想打倒人民民主专政。但是他的行为在客观上是起了破坏作用,同时他的行为又出之于思想上的故意,不是出之于过失,从这个道理来说,这种人与这种行为对人民都有部分的敌我矛盾,严重的则完全是敌我矛盾。对于这种矛盾的处理,一般地说,应当照人民内部矛盾去处理,但如果严重的就应当照敌我矛盾去处理。

(1958 年第 5 期)

从两类社会矛盾看犯罪的矛盾性质

王文升* 杨一平** 刘可元***

毛主席的《关于正确处理人民内部矛盾的问题》是具有伟大的历史意义的著作。它丰富了马克思列宁主义的宝库,为我们正确认识和解决当前政治生活和社会生活中的一切问题提出了一根具有深刻指导意义的红线。本文就是我们学习了这一伟大的著作以后,根据毛主席的两类社会矛盾的学说来研究犯罪性质问题的一些肤浅的认识。

一

目前从事司法实际工作和政法教育工作的同志,对犯罪这一社会现象的矛盾性质虽已展开了研究,但是还没有取得一致的认识。有人认为,凡是犯罪都是属于敌我性质的矛盾。也有人认为,绝大部分的犯罪现象是属于敌我矛盾的性质,但是,也有少数的犯罪现象是属于人民内部矛盾的性质。我们是同意后一种意见的。

为了更好地说明这个问题,必须正确地认识哪些是敌我矛盾、哪些是人民内部矛盾。为此,要弄清楚什么是人民,什么是敌人。

人民是一个历史范畴,在我们的国家里,由于历史时期的不同,它的内容也随着变化。因为在不同的历史时期,革命的任务是发展、变化的,各个阶级、阶层由于所处的经济地位不同,他们的政治态度和政治行动,也将随着每个历史时期的革命任务的发展变化而发展变化。我国现阶段正是处在建设社会主义的时期,前进的方向是彻底完成社会主义革命。所以,人们对社会主义革命和社会主义建设事业所抱的政治态度和采取的政治行动,就是划分敌我的标准。毛主席教导我们说:"在现阶段,在建设社会主义的时期,一切赞成、拥护和参加社会主义建设事业的阶级、阶层和社会集团,都属于人民的范围;一切反抗社会主义革

* 作者单位:华东政法学院(现华东政法大学)。
** 作者单位:华东政法学院(现华东政法大学)。
*** 作者单位:华东政法学院(现华东政法大学)。

命和敌视、破坏社会主义建设的社会势力和社会集团,都是人民的敌人。”①毛主席在这里清楚地指出了我国现阶段区分敌我的标准。

在现阶段,哪些是敌我矛盾,哪些是人民内部矛盾?邓小平同志曾经做过非常明确的说明:“在我国社会主义革命时期,资产阶级反动右派和人民的矛盾是敌我矛盾,是对抗性的不可调和的你死我活的矛盾。城乡各种反革命分子,农村中还在进行破坏活动的地主富农分子,社会上的流氓、阿飞、盗窃犯、凶杀犯、强奸犯、贪污犯、严重破坏社会秩序和严重违法乱纪的罪犯以及公众公认为坏人的人,他们同人民的矛盾也是敌我矛盾。除此以外,都是人民内部的矛盾。”②

资产阶级反动“右派”、城乡各种反革命分子、农村中还在进行破坏活动的地主、富农分子,他们同广大人民之间的矛盾是敌我矛盾。这是大家都很明确的。下面我们只想着重地谈谈社会上的流氓、阿飞、盗窃犯、凶杀犯、强奸犯、贪污犯、严重破坏社会秩序和严重违法乱纪的罪犯以及公众公认为坏人的人为什么都是人民的敌人,是专政的对象,他们同广大人民之间的矛盾为什么都是敌我矛盾。原因如下:

(1)流氓、阿飞。有着良好的社会秩序是我们广大人民的意愿,因为良好的社会秩序是保证我们顺利地建设社会主义所不可缺少的一个重要条件。但是,流氓、阿飞却是一贯地蔑视国家法纪和社会共同生活规则、故意实施侮辱妇女、偷窃诈骗、打架斗殴等的卑劣行为。为了建设社会主义,我们积极地培养青少年一代成为具有共产主义高尚品德和建设社会主义能力的人,但是,流氓、阿飞却不断地腐蚀他们,使意志薄弱的青少年走上邪路。流氓、阿飞的这种行为清楚地反映出他们对社会主义所抱的政治态度。事实说明,在他们的思想意识中对社会主义绝对没有拥护的态度,而是抱着反抗、敌视、破坏的态度。他们是社会主义的敌人、人民的敌人。广大人民对这些旧社会的余孽无不感到切齿痛恨。正如列宁曾经说过的,专政是以真正坚决无情镇压流氓为前提,必须“要对骗子、懒汉、流氓决战”。③ 可见,流氓、阿飞同广大人民之间的矛盾当然是敌我矛盾。为了维护社会秩序和广大人民的利益,对他们必须实行专政。

(2)贪污犯、盗窃犯。在我们的国家里,一切赞成、拥护和参加社会主义建设事业的人都是在紧张地劳动着,实行着按劳取酬的原则。(资产阶级分子在今天由于拿取定息,还有剥削,在工人阶级和党的领导下,他们也是在逐步地使

① 毛泽东著:《关于正确处理人民内部矛盾的问题》(单行本),人民出版社1957年版,第2页。

② 邓小平:“关于整风运动的报告”。

③ [苏]列宁:“怎样组织比赛”,载《列宁文选》(两卷集,第2卷),人民出版社1954年版,第309页。

自己改造成为劳动者)但是,贪污、盗窃犯却有着严重的寄生性。他们不愿用诚实的劳动去取得报酬。为了过剥削的寄生生活,他们想尽各种不劳而获的方法来破坏社会主义所有制,破坏社会秩序,损害人民的利益,用窃取作为他们腐化生活的来源。这些表现也清楚地反映出,他们哪里具有赞成、拥护、参加社会主义革命和社会主义建设事业的政治态度?相反地,他们不愿消灭剥削,对社会主义必然是抱着反抗、敌视、破坏的态度。列宁早就指出:"富人和骗子是同胞兄弟,这是资本主义养育成的两种主要的寄生虫,这是社会主义的两种主要敌人,对于这些敌人应当由全体人民加以特别监视,当他们稍一违犯社会主义社会的规则和法令时,便应无情地加以惩治。在这方面表示任何软弱,任何动摇,任何悯惜,都是对社会主义的莫大罪行。"①斯大林也曾经指出,革命法制的锋芒是要"反对公共经济中的盗贼和暗害分子,反对恶棍和盗窃公产的人"。② 由此可见,这些贪污、盗窃犯和广大人民之间的矛盾当然是敌我矛盾。

(3)凶杀犯、强奸犯。在我们国家里,在社会主义建设事业中,人是最重要的生产力、最宝贵的财富,是创造我们伟大事业的决定因素。掌握了自己命运的劳动人民,正在用双手创造着空前的奇迹。工业生产的飞跃发展,农村面貌的迅速改变,都是与广大人民创造性的劳动分不开的。在我们国家里面,一贯地重视对公民人身权利的保护。任何杀人的罪行都是严重地侵犯公民人身权利的罪行,都是要受到法律制裁的。而凶杀犯在实施杀人犯罪时,他们完全是出自各种卑鄙恶劣的动机来进行破坏社会主义建设的活动的。有的是由于贪图他人的财产而实施凶杀;有的是由于资产阶级的喜新厌旧、争风吃醋等奸情而发展到凶杀的;有的为湮灭罪证或嫁祸于人,或因私嫌泄恨而实施凶杀;等等。强奸犯为了满足自己的兽欲,竟罪恶地实施强奸妇女的罪行,这些行为清楚地反映了他们所抱的政治态度,反映出这些人的思想意识的腐烂不堪。在他们的思想中已找不出一点拥护社会主义的因素。事实证明,他们的思想实质是为达到各种肮脏、恶劣的目的,不惜采取任何手段破坏社会主义事业。这些人当然是人民的敌人,他们同广大人民之间的矛盾是敌我矛盾,这是非常明显的。

至于其他严重破坏社会秩序和严重违法乱纪的罪犯及公众公认为坏人的人,只要经过仔细的分析,没有不是得出同样的结论的。

总之,一切坏分子的政治态度都是同社会主义绝对对立的,他们是破坏社会

---

① [苏]列宁:"怎样组织比赛",载《列宁文选》(两卷集,第2卷),人民出版社1954年版,第310页。

② [苏]斯大林著:《列宁主义问题》,唯真译,人民出版社1953年版,第621页。

主义建设的反动分子。《人民日报》社论指出:“坏分子烧杀淫掠,无恶不作,他们对社会主义事业所起的作用仅仅是破坏作用。”①他们都是依附于帝国主义、反革命,依附于敌人的。他们的破坏活动都是对反革命分子的颠覆活动的直接配合。他们的政治态度也决定了他们所采取的政治行动,势必会依附反动势力而实施犯罪。而且有些反革命分子就是隐藏在各种坏分子的中间,各种坏分子也往往发展成为反革命分子。

人民的敌人既然都是对社会主义抱着反抗、敌视、破坏的态度,实施反抗社会主义革命、破坏社会主义建设事业的行为,那么,认为所有的犯罪都是属于敌我矛盾的范围,当然是不正确的。因为有一些人的行为虽已构成犯罪,但是,从各方面的情况综合起来分析,却不能得出结论说,犯罪人是抱着反对社会主义的政治态度,实施反抗社会主义革命、破坏社会主义建设事业的行为。例如,公共汽车驾驶员王××,过去曾经有过2.5万公里和5万公里安全行车的记录。但是,在一次行车途中,他发现右边离车一丈多远的地方有一个小孩在过马路,同时又发现左边离车五六尺远的地方有两个较大一些的小孩也在横穿马路,他按了喇叭,心想右边的小孩年纪小,大概是不会过来的。于是只注意左边的两个小孩,仍以十五码的车速继续行车。结果汽车轧着了右边的小孩,送医院后不治身死。王××的行为很显然是构成犯罪了,应该受到法律的制裁。但将全部情况联系起来分析,是否可以得出王××是抱着反社会主义的政治态度而进行破坏社会主义建设的活动呢?我们认为是不能得出这样的结论的。所以我们认为凡是构成刑事犯罪的都是属于敌我矛盾的观点,是与当前客观存在的事实不相符合的。

二

根据两类社会矛盾的学说,我们认为,在犯罪这一社会现象中是存在敌我矛盾性质的犯罪和人民内部矛盾性质的犯罪的。不加分析地把所有的犯罪都看成是属于敌我矛盾性质的,或者把属于敌我矛盾性质的犯罪看成是人民内部的问题,都是不妥当的。从这一观点出发,我们认为下面的两种看法是不正确的:

(1)有的同志认为《人民日报》社论《打掉官气》一文中指出的“国家权力对反社会主义分子以及各种刑事罪犯必须坚决实行专政”,既然各种刑事罪犯都

① “对坏分子必须实行专政”,载《人民日报》1957年8月9日社论。

是专政的对象，难道还不是敌人吗？这样的理解，我们是不同意的。“打掉官气”一文中的叙述并没有错。问题是我们如何的正确理解它。从今天实际存在的各种犯罪现象的情况来看，绝大部分都是地主、富农、反革命分子、各种坏分子，他们都是人民的敌人。真正是属于人民内部矛盾性质的犯罪只是少数的。在这样的情况下，我们一般地说对反社会主义分子以及各种刑事犯罪必须坚决实行专政，当然没有错误。在《人民日报》1958 年 3 月 10 日社论“对敌人必须专政到底”一文中也指出：“反革命分子是少了，我们专政的主要对象是不是就应该有所改变呢？也不能。各种刑事犯罪分子，各种流氓、阿飞、盗窃犯、凶杀犯、诈骗犯、破坏公共秩序的罪犯和严重违法乱纪的罪犯等坏分子，当然也是我国国家政权专政的对象。”在这里很清楚地告诉我们，《人民日报》社论中所说的各种刑事罪犯并不是包括一切刑事罪犯，而是指各种流氓、阿飞、盗窃犯、凶杀犯、诈骗犯、破坏公共秩序的罪犯和严重违法乱纪的罪犯等坏分子。

(2)有些同志提出这样的一个理由：“刑法既是对敌人专政的工具，怎么能适用于人民内部呢？对犯罪分子既已判处刑罚，还说他是人民内部的犯法分子，这是无法理解的。”

我们认为，刑法是对敌人专政的工具，适用刑法制裁的犯罪分子绝大多数是人民的敌人，这是没有错的。但是，这也并不排斥在少数的情况下可以用它来解决某些属于人民内部矛盾性质的犯罪。对于敌人来说，适用刑法是对他们实行专政。对人民内部的犯法分子，有的也要适用刑法。但这与对敌人专政是有原则区别的。当然，刑法的主要锋芒是对敌人专政，但是，我们绝不能就此得出结论说，刑法只能用来对敌人专政，在个别的场合下也不能用它来解决某些属于人民内部性质的矛盾。所以认为一切犯罪都是敌我矛盾，所有犯罪分子都是人民的敌人，无疑地是会扩大敌我矛盾的范围，这对工作也是有害无益的。毛主席曾教导我们：“人民中间的犯法分子也要受到法律的制裁，但是，这和压迫人民的敌人的专政是有原则区别的。”①我们必须很好地记住这个指示。

三

在形形色色的刑事案件中，区别哪些是属于敌我矛盾性质的犯罪，哪些是属于人民内部矛盾性质的犯罪的标准，前面已经谈过。这里还要解决的问题是如

① 毛泽东著：《关于正确处理人民内部矛盾的问题》（单行本），人民出版社 1957 年版，第 4 页。

何根据这个标准来分析具体的案件。

大体说来,有的案件只要肯定了犯某种罪,矛盾的性质就很清楚了。例如,反革命罪、强奸罪、流氓罪等,只要将各方面的情况综合分析,便会得出犯罪人是实施了反革命、强奸、流氓等犯罪的结论,犯罪人同广大人民之间的矛盾就是敌我矛盾。因为绝不会有抱着赞成、拥护和参加社会主义建设态度的人去进行反革命、强奸、流氓等犯罪活动。

有的案件,从实施犯罪的罪名上还不能肯定是敌我矛盾,这就必须将各方面的情况综合起来,仔细分析犯罪人对社会主义所抱的根本态度。确定他是否属于反抗社会主义革命和敌视、破坏社会主义建设的社会势力和社会集团。如果结论是肯定的,他的犯罪行为当然是敌我矛盾。如果得出相反的结论,那就是属于人民内部矛盾性质的犯罪。例如,有一个盗窃分子为群众所痛恨,几年来虽然经过当地人民政府的几次批评教育,但他仍未悔改。有一次当他潜入某农民家中进行偷窃时,被害人在进行正当防卫的情况下将他打死了。很显然,这种行为是超过了防卫的必要范围,已经构成犯罪,应该依法受到制裁。但如果将全部情况综合起来看,就不能得出结论说这个农民是抱着反对社会主义的政治态度而实施这个犯罪行为。因此仍然应该认为是属于人民内部矛盾性质的犯罪。

首先,在分析犯罪性质的过程中,必须要站稳无产阶级的立场,如果站在非无产阶级的立场来看问题,对矛盾性质的分析当然不会得出正确的结论。

其次,还必须防止主观片面。必须对各方面的情况进行全面的分析,片面强调一点,而将其他的情况抛开不管,这就不能正确地揭露犯罪的矛盾性质。例如盗窃犯俞×,现年22岁。新中国成立后(1949年)离开学校,参加工作,后来入了团,1952年从部队复员。由于个人主义思想没有得到很好的改造,爱慕虚荣,骄傲自满,脱离政治,不接受组织对他的教育,曾经有过挪用公款、乱搞男女关系、偷窃他人资财等行为。后来为了要结婚,准备花1500元到2000元,于是潜入上海市玻璃工业公司秘书科办公室,用斧头砸开铁箱,盗窃现款1万多元。根据他的犯罪行为及其后果,和一贯的表现,很清楚地看到他对社会主义的根本态度。事实说明,在他的思想中为了满足自己堕落腐化生活的要求是不惜用犯罪手段来破坏社会主义建设事业的。这个盗窃犯当然是人民的敌人,他同广大人民的矛盾是敌我矛盾。假如我们只是片面强调其年轻,过去曾经是共青团员和复员军人等等,对其他情况抛开不管,从而得出结论说是属于人民内部矛盾性质的犯罪,当然是完全错误的。

最后,在认定犯罪性质的过程中,我们绝不能离开具体的时间、地点来分析。因为在不同的时间、地点,有些表面上相似的现象却包含着不同的内容,这也是必须注意的。

四

对各种构成犯罪的刑事案件，正确地区别是属于敌我矛盾性质的犯罪，或是属于人民内部矛盾性质的犯罪是有着很重大意义的。我国刑法既是解决敌我矛盾的工具，又是解决人民内部矛盾的工具。但是，它主要还是解决敌我矛盾。刑法的主要锋芒必须是对准阶级敌人、对准反革命分子和各式各样的反社会主义分子。因此，我们必须将属于敌我矛盾性质的犯罪和属于人民内部矛盾性质的犯罪严格地区别开来。只有这样，在司法实践中才能正确地执行党和国家的刑事政策，贯彻对敌人狠、对人民和的原则。如果在处理刑事案件中，对矛盾的性质分不清，错误地将属于敌我矛盾性质的犯罪当成人民内部矛盾性质的犯罪处理，必然会出现该捕不捕、该判不判、重罪轻判等右倾的错误。相反地，如果将属于人民内部矛盾性质的犯罪错误地当成敌我矛盾性质的犯罪处理，也会出现错捕、重判等"左"的倾向。根据最近揭露出的情况看，存在的问题并不在于将属于人民内部矛盾性质的犯罪错误地看成是敌我矛盾性质的犯罪，而是将属于敌我矛盾性质的犯罪错误地看成是人民内部矛盾性质的犯罪。因此，我们必须很好地学习和运用毛主席的两类社会矛盾的学说，来正确分析两类不同性质的犯罪。只有这样，才能正确地贯彻执行党与国家的刑事政策和国家的法律、法令，更好地运用刑法的武器来有力地镇压敌人，惩罚犯罪，保护人民，巩固无产阶级专政，保障社会主义改造和社会主义建设事业的顺利进行。

在这篇文章中的各个论点只是我们的一些粗浅的认识，难免会有错误的地方，希望读者批评、指正。

（1958 年第 5 期）

关于犯罪性质问题的几点意见

乙　公*

我国当前刑事案件中是否存在两种不同性质的犯罪，目前法律界正在展开争论。有的人认为凡是犯罪都是敌我矛盾，有的则认为犯罪有敌我矛盾性质的犯罪和人民内部矛盾性质的犯罪之分。我是赞同第二种说法的。详细理由在王文升等同志的文章中已经谈到，我不再重复。本文仅就争论中的几个问题发表个人意见。

对于过失犯罪的性质问题，一般说来，职务过失属于行政处分，即便情节严重，必须法办的，也还是属于人民内部的矛盾性质。如严重的官僚主义者，把好事办成坏事，如果到了触犯刑律的程度，就应追究直接的、间接的各方面的责任。又如工矿企业中的因工伤亡、火灾等类案件，大的如航轮失慎，都是不能仅限于批评了事的。再如民事纠纷中的附带刑事部分（如斗殴、伤害之类），还有妨害家庭、虐待老幼等，不仅是道德问题，也要处刑，但这些都应属于人员内部矛盾的犯罪性质的范围。

有人主张交通事故和医疗事故应为人民内部矛盾的性质，我认为这个提法不够完善，不够确切。因为交通事故或医疗事故，都是统计上的分类，不是罪名。罪名是过失伤人或置人于死。例如，公共汽车压死人的案件，某司机驾驶技术高明，援朝中经常夜晚行车，在敌人的飞机大炮下屡建功勋。复员后就业上海，不幸发生惨剧。据被告自供，确因城市路窄人杂，站头多，三步一停，两步一歇，由于不习惯，所以出了事故。再如手枪走火打死了人，这也是需要通过处刑来实施教育的，有的直到杀头，但也还是人员内部矛盾的犯罪性质的范围。

总之，具体案件只有通过具体分析，对于当时、当地的种种情况，当事人的政治态度，当时当地的政治任务，都要结合着进行考虑。既不能把人民内部的犯罪问题当做敌我矛盾的性质来处理，如把城市的一般过失车祸事件作为破坏交通秩序，因而就说是破坏社会主义建设，显然是不对的。同时更不能把对抗性的敌我矛盾的犯罪看成小是小非的内部矛盾性质的问题来处理。

对于犯反革命罪、杀人罪、强奸罪、流氓罪、贪污罪、盗窃罪等，应属于敌我矛

---

* 作者单位不详。

盾性质的范围,这是讨论中比较一致的看法。其实,杀人罪的情节也是多种多样的,不能够一概而论。例如×××,贫农,解放前受尽地主残酷的压迫和剥削。当地解放之后,他提着一把斧头到地主家里,将该地主全家杀死,然后带着斧头到人民政府自首,并说:“我知道自己犯了大法,请政府判我的罪,我宁愿死在自己政府的处罚中,不愿死在地主的手里。”像这种情况,纯粹是农民狭隘意识的违法行为,不能因他杀死地主全家,就把他判重刑而划归敌我矛盾的范围,作为专政对象来处理。

有人拿故意实施犯罪与过失犯罪作为区分两种不同性质的犯罪的标准,也是不能被认为是正确的。故意要看犯罪者的立场、动机和目的,过失也要看犯罪者的悔过态度。

有人认为可以从犯罪者事后的态度来划分两种不同性质的犯罪,例如犯罪者实施了犯罪行为后,如果立刻主动彻底坦白了,也可以不作为敌我矛盾处理。这种说法不尽完善。固然,事后坚持错误,因而使原属人民内部的问题转化为敌我矛盾的例子不是没有。但事后态度同样只能作为参考的一个侧面。过分强调了它,便会走上唯坦白论的歧路上去。因为如属专政的对象,尽管坦白得好,减轻了处刑,也不能改变他和人民的矛盾的性质。

有人说犯罪的危害程度可以用来划分两种不同性质的犯罪。譬如说,如果是属于偶犯或者情节轻微的,应是人民内部性质的犯罪。这种说法也是似是而非的。拿包庇反革命的行为来说,哪怕是仅有一点点的动机,虽然可以训诫教育,警告了案,但其性质仍然不属人民内部的犯罪。正如反革命的胁从分子,处刑上可以不问,政治上是不能不问的。所以把犯罪程度作为区分两种不同性质的犯罪的标准,是会导致陷入未遂论的泥坑里去,实质上是后果论的翻版。

还有人以犯罪者的成分来区分两种不同性质的犯罪,说:如果成分好,罪行虽然严重,也不能认为是敌人。这说法实际上便是唯成分论。这说法无视于工人阶级中也有蜕化变质分子的事实,其结果无视于矛盾的转化,在实际斗争中是会犯错误的。

因此,一切故意论、过失论、坦白论、程度论、后果论、成分论等主张都是片面的。它只能是量刑高低的参考的一个侧面。任何执拗着哪一个片面都会是混淆不清的“左”倾或右倾机会主义表现。要正确辨别两类不同性质的犯罪现象,必须有明确的阶级立场、阶级观点,审察犯罪事实情节,联系各个时期的阶级斗争形势,当地的犯罪情况和中心工作的要求来充分考虑。

我以为当前刑事案件的犯罪现象,不外下列几种类型:

(1)由于地、富、反、坏分子的破坏活动所造成的直接、间接有关的各类案件；

(2)由于一般不良行为而破坏社会治安，超过治安管理条例范围的各种刑事案件；

(3)由于官僚主义的错误，人为地造成的各种责任事故案件；

(4)由于思想落后，一时气愤或与民事纠纷牵连造成的斗殴伤害案件；

(5)由于工作过失如交通、医疗、工矿等操作上难以预防的偶然造成的伤亡事故案件；

(6)由于封建意识或资本主义意识，即严重的个人主义造成的重婚、通奸、妨害家庭和虐待等类案件。

除第1种类型明显地属于对抗性的敌我矛盾范围外，第3种和第6种类型的案件应属于人民内部问题，但都有转化到人民外部去的可能。第4种、第5种类型的案件，一大部分可能不以法律解决，而归入人民自己组织起来的新的调解机构去处理。这是由于人民内部矛盾是含有劳动人民与资产阶级和劳动人民自己之间的两种情况的，前者有阶级对立的一面，后者则大抵是先进与落后，需要平衡、统一一下的问题。后者即使是行为上触犯了刑律，非得依法判处不可的，也只是极为少数的个别事件。因此，当前掌握刑事政策的宽严关键，惩罚犯罪的斗争锋芒，首先是一点也不能松懈地警惕着还有敌人的存在，必须坚决予以镇压之外，同时应打击一般刑事犯罪的严重分子，而官僚主义和个人主义问题，也不能不及时地提到议事日程上来。现在正进行着全民整风运动，通过人民群众的自我教育，人们已经从认识上分清了个人主义和集体主义的界限，资产阶级的不劳而获、损人利己、损公利私的意识行为，已经成为人民的敌人，资产阶级的个人主义的合法地位早已丧失。因而再有这类犯罪现象出现，在查明事实情节之后，虽然这类案件有着两类不同性质，但基于革命向前发展，国家刑事政策的掌握有所不同，如果犯罪者是属于明知故犯，就应划归从严惩治的一类。并且通过它来大张旗鼓地开展法纪宣教工作，借以扩大预防犯罪的作用。其性质问题，这要看当地的中心工作来认定。

综上所述，当前我国的刑法理论教学和刑事政策的掌握贯彻，必须明确惩罚犯罪、保护人民、树立社会主义秩序的方针任务，直接为保卫社会主社会的顺利建成而服务。因而对于犯罪性质的区分，必须从当时的社会情况和阶级斗争的形势出发，服从于革命的需要，结合各方面来看，不能有简单的、片面的、机械的规定。

(1958年第5期)

民法与专政

赵炳霖*

根据两类矛盾的学说来研究民法，是一个新的问题。民法中的许多问题都应当根据这一学说来进一步地研究。例如区别两类社会矛盾对于民法的意义、民法是否对敌进行专政、如何根据“团结—批评—团结”的公式来解决民事纠纷，人民内部的民主集中制在民事活动中如何贯彻，以及在各经济部门中如何根据社会主义的原则来建立生产和交换相互关系的适当形式，等等，都是民法科学必须迫切研究和解决的问题。因此，摆在民法科学面前的任务是巨大的。本文只就专政与民法的关系问题发表一点意见。

一、民法是否对敌专政

以往有一种说法，认为民法的阶级性没有刑法那样明显，不是直接对敌人进行专政，或者说法院的刑庭是专政，民庭是解决人民内部纠纷。于是就产生了一个问题：民法是否对敌专政？

民法是否对敌专政这一问题的实质在于：民法所解决的问题当中是否包括或涉及敌我矛盾。从实际情况来看，民法所解决的问题，多数是属于人民内部的矛盾。例如，一般的婚姻与家庭纠纷、房屋与债务纠纷以及经济机关执行合同所发生的纠纷等。但是在实际生活中的某些民事纠纷是包括或者涉及敌我矛盾的。比如1950年7月20日前政务院第55次政务会议通过的《新区农村债务纠纷处理办法》，规定解放前农民与其他劳动人民所欠地主的债务一律废除。地主阶级是我国革命的对象，地主对农民的“债权”关系乃是一种封建剥削性质的关系。这种债权关系就体现为敌我之间的矛盾。再如1955年2月18日国务院对《执行〈有关生产的发明、技术改进及合理化建议的奖励暂行条例〉若干问题的解释》中，指出反革命犯有关生产技术的建议不适用该条例，这就是对反革命犯的民事权利的一种限制。诸如此类的法律命令不一一列举。

法律的规定是比较原则的，在具体的案件中，情形就比较复杂。究竟如何来

---

* 作者单位：复旦大学。

认定一个民事案件是敌我矛盾还是人民内部矛盾呢？我们必须进行认真的分析。首先，民事关系的当事人一方是敌对阶级分子。比如，在农村中的地主、富农往往也和农民发生某些买卖、借债等问题。有些不法地主和富农分子假借“要债”、“借用”等为幌子，进行倒算。如内蒙古某地法院曾处理过这样的一件案子，地主白××在土改后借了农民何某的粮食，当何提出要地主偿还时，地主说：“你解放前欠我一根椽子，顶了吧。”又如去年“右派分子”向党向社会主义猖狂进攻时，不法地主和富农分子也趁机蠢动，造谣说：“八路军要撤退了，要整贫农。”有个地主即向农民说：“快卖了房子去躲躲吧。”由于农民觉悟水平不高，轻信谣言，就将土改时从这个地主手中分得的3间房子以60元的价格（房屋原价约值100元）卖给个地主。显然，这完全是地主和富农分子利用民事法律来进行违法活动，企图倒算，反对土地政策。这种民事纠纷就是敌我矛盾。毫无疑问，在人民之间的民事纠纷就不可能是敌我的矛盾。其次，凡敌对阶级分子的民事活动，其性质与内容是敌视和破坏社会主义建设的，这种民事活动则是敌我矛盾。另一种情况，民事关系当事人一方虽系敌对阶级分子，他所为的民事活动（如买卖）是合法的，那么这种正当的民事活动应受到法律保护。例如，一个被管制的反革命分子到百货公司去买一件生活必需品，或农民与地主的正当买卖，都谈不到敌我矛盾或纠纷问题。所以在分析民事案件的性质时，除了当事人的阶级出身与政治态度外，还应区别清楚正当的民事活动与非法的民事活动、当事人进行民事活动的内容与目的。

最后，当我们分析民事纠纷的性质或内容时，不能脱离我国发展的不同历史时期。在解放战争时期，民事纠纷的内容或性质，凡是反对推翻三大敌人，反对土地改革的，这都是敌我矛盾。在中华人民共和国成立后，为了解决民主革命所遗留的任务，当时民法所解决的敌我矛盾，大都以此为内容，如废除农民欠地主的债、没收官僚资本的财产而发生国家所有权等。而在建设社会主义的现阶段，民法中所解决的敌我矛盾，主要是与敌视或破坏社会主义建设有关的，不法资本家抗拒社会主义改造就有可能由人民内部矛盾转化为敌我矛盾。那些开设地下工厂来反对和破坏公私合营的资本家，或为了逃避社会主义改造而分散房屋转移产权的资本家，他们所进行的经济活动而发生的民事纠纷，就属于敌我问题。

由此可见，民法虽解决大量的人民内部矛盾，同时又解决敌我矛盾。因此，对敌人进行专政的任务，民法是绝对不能例外的。

二、民法如何对敌专政

民法如何解决矛盾？如何对敌人专政？大家知道，专政就是压服。压迫那些“国内的反动阶级、反动派和反抗社会主义革命的剥削者，压迫那些对于社会主义建设的破坏者”。管、关、杀是专政的主要形式，民法中的剥夺与限制某种民事权利，或者宣布无效的民事法行为，都是专政的一种形式。被剥夺政治权利的地主阶级分子与官僚资产阶级分子，是没有出版、言论的自由权利，当然就谈不到享有著作的权利，不能与出版社签订出版合同。反革命分子在劳改中的生产发明或技术改进不适用《有关生产的发明、技术改进及合理化建议的奖励暂行条例》，即不能与人民有同等的权利。又如解放前农民欠地主的债被宣告废除等，都是从民法方面来解决敌我矛盾的方法。对于阶级敌对分子的某些民事权利虽然没有剥夺，比如买卖、居住等，但只有他们在法定范围内进行活动才被允许。如果他们利用这些权利来进行非法活动（如地主的利用借贷倒算，资本家利用买卖转移财产、抗拒改造等），民法就宣布无效，并没收其财产或单方返还。这也是民法对敌专政的另一形式。此外，民法对敌专政的方式还可能有其他的情况，这有待于我们进一步研究。对人民和对敌人剥夺或限制某些民事权利，是有原则区别的。认清这一区别是很重要的。这样才能根据党和国家的政策来处理两种不同性质的矛盾，既保护了人民，又不会放纵敌人。有旧法观点的人，将不法资本家通过不履行加工订货合同窃盗国家财产或破坏国家经济建设的行为，仅仅看成是民事纠纷，这是极端错误的，没有区分两种矛盾的不同性质，因而不能正确解决问题。

民法对敌专政一般是结合其他法律部门特别是刑法来进行的一种辅助的形式。法律是统治阶级进行阶级斗争的工具，法的各个部门都必须服务于这一任务，因而敌我矛盾的各个方面，都是由几个法律部门来解决。只有这样，才能保证我们全体人民进行和平劳动，将我国建设成为一个具有现代工业、现代农业和现代科学文化的社会主义国家。

（1958 年第 5 期）

关于民事纠纷的性质的看法

高呈祥*

民事纠纷是什么性质的矛盾？用什么方法解决这种矛盾？用专政的方法？还是民主的方法？还是既用专政的方法又用民主的方法？我认为民事纠纷的性质基本上是人民内部矛盾，解决的方法应该是民主的方法而不是专政的方法。有人说民事纠纷有时也会发展到刑事范围，因而认为把民事纠纷理解为基本上是人民内部矛盾就是忽视对敌人专政，甚至有人说这就是右倾思想。我认为民事纠纷发展为刑事案件的事实确是有的，但是既已成为刑事，就不能再称为民事，既已转化为敌我矛盾，当然也就不能再称为人民内部问题。所以，绝不能因此而否认民事纠纷的性质是人民内部矛盾。而且笼统地把刑事案件都看成是敌我矛盾，把刑事被告都看做专政的对象，也并不一定妥当。例如，一个平时很好的汽车司机，由于一时的过失在开车时偶尔撞伤了行人，被作为刑事犯罪控告到法院，能说这个刑事被告就是我们的专政对象吗？显然不能。有些民事纠纷发展到涉及刑事范围的也不一定就是不可调和的敌我矛盾。最高人民法院董必武院长于1957年7月2日在第一届全国人民代表大会第四次会议上《关于最高人民法院工作的报告》中说过，由于我国的社会面貌已有了巨大的改变，人民法院所审理的许多民事案件的性质内容上发生了新的变化。他指示我们说："民事纠纷是人民内部的是非问题，而这些问题在法律上就是权利、义务问题……绝大多数的民事纠纷，甚至引起斗殴伤害而涉及刑事范围的一些纠纷，例如村与村、社与社发生的争夺湖草、柴山、荒地等打闹事件，都不是不可调和的矛盾。因此人民法院对民事案件，应当从加强团结、有利生产的目的出发。遵照政策法律的规定，对可以调解解决的案件，尽可能采取调解的办法来解决；只有对那些必须经过诉讼和审判来解决的，才依法判决。"他还指出："各地基层政权早经设置的人民调解委员会（有的称为人民调处委员会），是处理人民内部一般纠纷的良好的组织形式，它既可以及时地调处很多民事纠纷，减少群众的诉讼，加强干部同群众的联系，也可以促进群众相互间的团结。"在这次伟大的"双反"运动中，法院对一些民事案件和轻微的刑事案件深入工厂、里弄，依靠群众进行调解，很受

---

* 作者单位：上海市法学会。

群众的欢迎。事实证明了这一论断的正确。因此，我们说不但民事纠纷基本上是属于人民内部矛盾，就是由此而引起的某些刑事案件（当然，反革命和坏分子除外）也不一定都是敌我矛盾。因此，基于人民内部矛盾所发生的案件，不论民事纠纷或轻微的刑事案件，最好是走出法庭，深入到工厂、里弄去依靠群众，采取调解的办法，在不违背政策法律的规定和群众满意的基础上解决，是更有利于人民内部团结的。

应该指出，有的人一谈到人民内部问题，一谈到走群众路线，一谈到调解，就认为"只要双方满意就可解决问题"，这种"和事佬"态度也是错误的。我认为，解决民事纠纷，用民主的方法，无论是采用判决的形式还是调解的形式，都必须是在遵照法律和政策规定的前提之下进行。"团结—批评—团结"并不排除立场，恰恰相反，"在我国目前时期，人民内部还是有不同的阶级。资产阶级的成员虽然正在向劳动者转化，小资产阶级的绝大部分虽然已经参加了合作组织，但是这两个阶级的思想影响都还将在长时期内存在"①。因此站稳工人阶级的立场，真正了解双方当事人的思想实质，"正是正确处理内部矛盾的一个必要条件"，"在'团结—批评—团结'这一个公式中，团结要有一个标准，批评也要一个标准。根本的标准，就是社会主义。不从社会主义的立场进行批评，也就不会达到在社会主义基础上的团结"②。这里说明，处理民事纠纷如同处理刑事案件一样，必须要有工人的阶级的立场和明确的阶级观点才能处理得当，只有符合社会主义的利益才算处理得正确。

（1958年第5期）

① "是不是立场问题"，载《人民日报》。

② 同上。

上海市卢湾区公安、检察、法院改进了协作关系

徐震东*

上海市卢湾区公安、检察、法院3个政法部门为了加强彼此间的协作关系，于1956年上半年，在区委统一领导下建立了政法党组。由于党组及时地指导3个部门的工作，过去在一致对敌的关系上比较正常。但是，从1956年下半年起，3个部门在不同程度上受着片面合法化、正规化的建设业务思想，和某些错误观点的影响，在工作上产生了不够协调、关系不正常的现象。特别显著的是骄傲自满的情绪，只强调自己，不考虑部门之间协作的重要性。这种骄傲自满、关系不正常的情况，表现在3个部门也各有不同。

公安方面有老大哥思想，认为公安局人多、机关大、干部老、业务水平高，看不起检察院、法院。说检察院人少，成立不久，水平不高；说检察院依靠公安局吃饭，如果公安局没有材料，检察院就没事可干；检察院工作现成轻松，公安局做了90%，检察院只加10%的工。因此，公安局送卷到检察院请批，有些干部思想不通。他们说，过去他们自己捕、自己制，也没有犯过什么错误，现在为什么要送检察院？认为多此一举，增加麻烦。有时法院、检察院直接下去了解或调查情况，公安局则大有意见，认为法院、检察院看不起他们。于是对里弄干部说，没有他们的介绍信，任何机关都不准接待。这样一来，显然就不是一致对敌了。

检察院的表现主要是监督至上，以监督者自居，有高人一等的思想。对公安局的预审、逮捕人犯、扣押人犯等，仅进行片面的监督。在检查拘留所时不注意检查犯人不认罪服法的情况、有否管教不严，而只注意检查犯人生活，如饭是否吃饱、油水足不足、是否放风等。因此助长了犯人不服管教。检察院在审批案卷时总是这里不清楚那里要补充，如反革命分子陈钦祥在解放前亲自抓去我方人员数人活埋、枪杀，都有证据，就是其中有两个人被割掉舌头一节未搞清，这样他

* 作者单位不详。

们就把案件退回公安局补充侦察，要查证舌头是杀前割的，还是杀后割的，使人在思想上感到报批案件，检察院这一关难过。检察院和公安局、法院对有些案子不能统一时，不是协商解决问题，而是片面地强调各自的独立权限。

法院则强调独立审判、孤立办案，遇有不同意见，不是协商解决，而是用裁定退回补充或不予受理的办法拒绝处理。如××贪污案件，每一笔数字都查对正确，只是总数加错了一个字，其实打一个电话联系一下就解决了，可是法院不联系，却用一张裁定，称事实未清不予受理。

不但如此，法院还要向检察院保密，明明法院对某案已经讨论研究好了，检察院问审判员，审判员却推说没有决定，不肯告诉。判决后，判刑意见不一致时，法院不是虚心地听取意见，却说"你们抗告好了"。这样 3 个部门各自强调自己的权力，孤立地进行工作，以致力量抵消，影响 3 个部门及时地打击敌人这一重要的职责。

本区 3 个政法部门在市委、区委和市直属上级部门的领导下，于 1958 年 2 月 24 日开展了"双反"运动，进行大鸣大放，共写出大字报近 20 万张，并根据区委指示，立即迅速进行大整大改。

在做法上是领导带头、思想交锋、"引火烧身"、发动群众、找关键、提措施、进行大整大改。由事到人，由人到思想，反复讨论研究从思想深处检查，找出自己的关键。然后，将提出的关键在群众面前摊开，领导自行检查，发动群众再找关键。

3 个部门除了根据自己的特点找出关键外，又找到 3 个部门间共同性的关键问题，即协作关系问题。3 个部门紧紧地抓住这个问题，深入地进行了检查，狠狠地作了整改。

首先，研究了 3 个部门为什么在协作关系上搞不好，其关键在什么地方。根据过去三个部门各自存在的情况以及揭发、暴露的材料来看，大家认为必须抓住一个关键，这就是进一步明确 3 个部门的共同职责。在这个问题上 3 部门展开了热烈的辩论，通过辩论，大家一致认为公安、检察、法院 3 个部门共同根本的职责，就是镇压敌人、惩办犯罪、保护国家和人民的利益，它们是实行人民民主专政的有力武器。由于这个共同的职责，就决定了它们彼此之间，必须遵守互相配合、互相制约的原则。只有遵从了这个原则，才能有力地打击犯罪，保卫社会主义的建设。同时，在辩论中，大家也认为要做到互相配合，不仅 3 个部门必须在分工的基础上，各自执行对敌的揭发和惩办，更重要的是 3 个部门通力协作、团结一致，以完成共同打击犯罪的任务。如果它们各干各的，各搞一套，互不通气，其结果不是有利于人民的事业，而是抵消了自己的力量，放纵了敌人。

其次，辩论中也认为要狠狠地打击犯罪，只配合了还不行，更应该互相制约。怎样制约呢？必须充分地发挥三个部门的各自职能作用，做到互相监督。互相监督的目的是不错不漏，不放纵一个罪犯，不冤枉一个好人，以利于社会主义的建设。必须纠正过去3个部门存在的程度不同的骄傲自满、自以为是的工作作风，由此所导致的片面地强调程序的做法，不是狠狠地打击敌人，而是使我们自己陷入旧法规定、教条主义和文牍圈子里去了。其结果不仅没有发挥3个部门协同作战、打击敌人、保护人民的作用，却使一些烦琐的程序紧紧地束缚住我们自己的手脚，给敌人以可乘之机。

在未整改前，3个部门对上述问题只感到对工作不利，未认识到这种行为是削弱无产阶级专政的作用。经过市级法院和检察院的会议，区政法部门在整改中，坚决贯彻了市的会议精神，结合本部门具体情况，把这个问题作为整改的关键之一。通过每个同志的自我检查、分析批判，普遍提高了认识。现在大家都明确地认识到3个机关都是无产阶级专政的武器，它们共同担负着对敌专政的任务，为此，必须要有坚强的统一对敌的思想。同时，也认识到3个部门由于过去未能统一对敌所造成的严重恶果。因此有些同志说："现在想想真痛心，继续发展下去，真太危险了。"

在思想认识提高的基础上，3个部门的关系迅速改善了。现在3个部门是互相尊重、协商办事，遇事就主动地多联系、多商量、多研究，呈现了一片协作的新气象。

现在在审讯中如果事实不清楚或被告不承认，法院或检察院一般就自己去调查一下，不再文牍一番裁定退回了。有时法院约检察院，有时检察院约公安局一起汇同调查，进一步把案情搞清。如谢××案，检察院起诉后，法院认为该犯猥亵幼女的犯罪情节及其后果尚不够清楚，法院与检察院联系后，检察院立即派人一起讯问证人，进行法医鉴定，弄清了事实。这样，审讯过程中大家都熟悉了案情，不管犯人怎样狡赖，也不会发生判不下去的现象了，对敌人既能打得准，又能打得狠。

遇有问题比较复杂，又不是本市可以查清的案件，法院也采取了协商的态度。例如法院在处理蔡××贪污一案，阅卷过程中，发现被告当过土匪、有血债的材料，检察院对这点未起诉也未否定。按过去情况，法院可以名正言顺地下一张裁定退回补充侦查，或者说事实不清不予受理。现在法院在开庭前先与检察院商量。商量结果是，决定先在庭上追一下，看被告态度后再做决定。开庭中被告不承认，但愿意考虑，为此不能认定。休庭后，经过审判员、检察员一商量。于是法院先把案犯扣押起来，案子再移检察院继续补充侦查。这样，既不放松犯罪分子,又发挥了彼此间制约的作用。同样,检察院与公安局也如此。例如,施新玉贩卖布票一案,被告虽已构成犯罪,但是瞎子,检察院认为逮捕后无劳动改造条件,经与分局共同研究后,决定判施犯回乡管制。由于大家思想、认识一致,解决问题也就快了。又如检察院审查卓××案,发觉其中有些情节不清楚,马上携卷去分局,共同商量补充介绍情况,做到马上解决问题。公安局同志还拿出过去检察院不批准逮捕的案件虚心检查,发现自己确有草率之处,就提出"调查、侦查工作做到深入钻研,积极挖掘敌人"的口号。并且要保证做到材料充分、罪证确凿,使提请逮捕的案件或管制的案件符合规格。

检察院同志参加了分局对过去不会批捕的案件的研究检查,认识了自己过去的不对,回机关后又写了大字报检讨。分局同志看见了反映说:"过去我们确实不满,有意见,现在见到检察院同志这样深刻检查批判,我们没有意见了。"

原来检察院出庭很被动,上午一庭,下午一庭,来回路上跑,王作效率不高,经法院、检察院商量后实行了审判员和检察员对口的办法。这样,开庭的时间就集中起来,工作也有了计划,办案的效率显著提高。

互相配合还表现在开庭中。如开庭时被告狡赖,检察员和审判员互相提示,如提示案卷的第几页有被害人或同案犯的证实笔录。这样,罪犯在确切的证据下只有低头认罪。

通过整改,卢湾区公安、检察、法院3个部门有了很大的改进和提高,每个干部都情绪饱满、干劲十足,发挥了政法部门对敌专政的威力。我们体验到:

1. 政治思想挂帅,思想抓得深透,这是一切工作胜利的保证。"双反"运动所以能够在我们这3个政法部门取得一些成绩的原因,主要是市委、区委和市的直属业务部门及时抓思想,抓得深透。市委在市检察院、市高级人民法院召开了两个大会,大家受到极深刻的教育。回区以后,贯彻了市的会议精神,反复地进行了思想交锋,思想基础比较成熟。在整风、贯彻市的会议的精神时,区委抓得很紧,不但参加会议做指示,还不断地个别谈话,打通思想,帮助提高,做到大家都有了主动检查自己思想的自觉性。声势浩大的整改,很快地就改变了三个部门的面貌,使它们在对敌斗争上从行动中团结起来,树立了协作的整体观念。

2. 组织的保证。卢湾区很早就成立公安局、检察院、法院3个部门的共同的党组,在统一政策思想、统一行动等方面都起了有力的作用。虽然过去曾一度在3个部门的关系上产生过不协调的现象,但由于组织的严密,纠正起来也较为容易。大家认为,3个部门要做到一致,必须要靠组织上的经常保证。这样才能把政法部门的工作置于党的绝对领导之下,保证完成党所交给的任务。

3. 既要配合又要制约。在团结的前提之下,3个部门明确了配合是为了准、狠地打击敌人,要打得准、打得狠、不漏、不错,更需要制约。因此做到了互相配合、互相制约,不让一个敌人钻空子或漏网,有力地打击了敌人。

(1958年第5期)

广州市公安、检察、法院举办了联合办案“试验田”

宋克俭*

广州市公安、检察、法院通过“双反”之火,使大量的浪费、右倾保守和办案中的教条主义、旧法观点等都被揭发出来了。这是可喜的现象,但怎样在今后的实际工作中根本清除浪费、保守?又怎样从经济上,特别是从政治、思想上来清算这笔账?这是要把运动继续引向深透所必须解决的问题,具体地说,摆在政法工作面前的问题是,必须组织面工作大跃进,才能适应保证工农业生产“大跃进”的新形势。

当时,能不能跃进和如何跃进问题,在广大政法干部中,特别是在检察干部中有过强烈的争论。有些人认为办案就得看那么多材料,能跃进多少?加点干劲,搞个小跃进还可以,大跃进是不行的。少数人干脆说他们办案就是看卷、审讯、办那么多的法律手续,有什么好跃进呢?虽然也有少数人说可以大跃进,但又讲不出理由来。群众议论纷纷,领导心中无底。

为了打开这把疑难的锁匙,广州市检察院根据红安县种“试验田”的先进经验,立即抽调干部下种耕耘办案“试验田”。经过批捕10件、起诉20件、出庭4件的试验,事实证明只要从思想上解放出来,摆脱教条主义、旧法观点的迷惑,跳出框框,抛弃条条,革除那些烦琐、费时累人而又无用的文件、手续,改进工作方法,办案不但可以跃进,而且可以大跃进。

事实证明了这个问题,市检察院1957年每人每月只办批捕案9.78件,起诉案2.3件,经过大胆革新层次手续、改进方法,每人每月可办36件,比1957年办

* 作者单位不详。

案效率提高了16倍。这仅是检察业务一个工序的跃进，但作为国家专政武器的3个部门——公安、检察、法院来说，它们就像一个工厂的3个车间一样，要把敌人打得准、打得狠、打得及时而又合法，这3个部门就必须密切配合、思想统一、步调一致。只有一个车间单独进行是不行的，它们必须共同迈步、全面大跃进。

为此，继广州市检察院办案"试验田"以后，遵照广州市委的指示，在政法部门直接领导下，由公安、检察、法院抽调了处级干部三名，科级干部五名，具有中等工作能力的一般干部五名，组成联合"试验田"小组，进行办案试验。"试验田"的主要任务是在依法办事和保证案件质量的前提下，大胆研究革新3个机关的办案程序、层次手续和办案方法，消除过去3个机关配合不够和案件流转环节过多的缺点，提高办案的质量和速度，以便统一思想，联合作战，以便更准、更快、更狠地打击敌人。

从3月19日起，我们选择了包括现行特务、历史反革命，偷运报刊、盗窃集团、走私贩私、流氓偷窃等不同类型的7个案件，进行试验。"试验田"包括从公安局提请逮捕、执行逮捕、预审到检察院审查起诉、法院审判的整个过程，采取领导干部亲自办案、逐段试论、交叉进行、边研究边改革和算新老程序账、方法账、思想账、干劲账、时间账的办法进行了试验，至3月26日结束。

从3个单位鸣、放暴露的情况和试验过程发现的问题来看，过去我们3个机关办案的程序繁复、层次手续多、公文往来多、制度订得多、直接联系少。有的规章制度不切合实际或已过时；有的是乱搬教条、套用旧法观点，或片面强调"正规法制"而制定了一些不利于对敌斗争的规章和制度。办案方法因循守旧，加上"五气"未除、干劲不足、工作拖拉、效率不高，既束缚了群众的积极性，也影响了3个机关紧密配合。这就妨碍了及时、准确、有效地打击敌人。

过去从批捕、预审、起诉到判决，要经过61道程序和往返18道手续，历时131个工时才能办完一案。其中公安机关逮捕、预审就有24道程序，经过7次审批；检察院又有27道程序，经过5次审批；法院也有10道程序，经过6次审批手续。如果把内勤、收发的工作也计算在内，每办一案，须经80余道程序和手续。由于程序手续的烦琐，再加3个机关合作关系上的拖拉和不协调，过去在一般情况下，一个案件从批捕到判决需要半个多月，有的疑难案件甚至要几个月、几年才能结案，办案效率是十分低的。

在工作方法上也十分死板和守旧。例如有的本来较为简单的工作，却把它复杂化了；有的案件往往纠缠在枝节问题上，结果拖延了时间；有的案情，本来只要在本市进行一些查对就可以了，却要到外地去调查，浪费时间、人力和财力；有的案件案情简单、证据确凿，经过审讯很快就可结案，也要经过那么一套形式手续，把结案时间拉得很长；有的在审理时不看对象、不问具体情况，生硬地做冗长、空洞的政策宣传，浪费了时间和精力。在审查起诉、审查判决方面也不问案情繁、简，沿用了一套框框条条，累赘、烦琐地规定审查材料要按照一般浏览、普遍审查、重点摘录等顺序进行。这些费时失事的陈规陋习，不单使得工作速度缓慢，而且办案质量也不能得到提高。无数清规戒律束缚了专政机关的手脚，就必然在工作上产生右倾、麻痹，在作风上产生拖拉、疲沓的现象。

在3个机关的协作关系上，某些环节存在分兵把守、各搞一套、互不通气的现象。例如有的工作，直接联系一下就可以解决问题的，却要在公文上打官腔，诸多周转留难，互相推诿、不负责任。在3个机关的广大干部中，一致对敌的观念不强、思想不统一、行动不一致。这样，3个机关共同对敌斗争的工作，就不能更有力地结合起来。

针对以上情况，联合"试验田"重点地解决了以下几个问题：

1. 根据3个单位过去工作中积累的经验，通过联合"试验田"的工作，初步摸索出3个机关在办案上的联合作战方法：四员（侦查员、预审员、检察员、审判员）碰头，直接办案：3员集会，3长决定，分头去办；3员分工包干，直接联系，各负其责。具体说，就是公安、检察、法院3个单位反掉本位主义思想，树立统一对敌斗争的共同观念。定期或不定期地召集3个单位领导干部联席会议（或通过其他形式），互相交流或研究工作情况，以便互相了解、互通情报、全面考虑、统一安排。各个时期逮捕、起诉，审决多少案犯，各单位也要订出规划，并根据形势的发展，不断修订补充，使3个单位的规划趋于完善，达到新的平衡。在具体办案中采取3员（预审员、检察员、审判员）挂钩，按人按案分头包干的办法，即每个预审员或预审组，包干侦察单位某一方面、某一系统或某一类型的案件，每个审判员（合议庭）包干审判一个或两个检察员经办的案件。这样3员的工作紧密地联系起来，既能彼此配合，又能专业化，提高工作，就能更准、更狠、更及时地打击敌人。在办案的正常情况下，可采取侦查员与预审员、预审员与检察员、检察员与审判员，以及检察员与侦查员之间的直接联系，互相碰头，由侦查员将经局长批准的提请批捕报告书直接交检察员办理审批后，再交给预审员，预审员结案后直接交给指定的检察员，由检察员办完起诉手续，经领导审批后，直接交给法院的审判员审判。这样直接交办，固定联系，就不必经过其他收发手续，改变了过去收后全部由领导审阅，再分配给经办人办理的方法。在特殊情况下，如遇到紧急行动，放火、杀人、配合党的中心工作案件及重大疑难的和需要及时处理的案件，则采取3员（或4员）集合研究解决，或由3长（局长、检察长、院长）及3

单位的处长、庭长共同研究决定，以保证正确地处理案件、及时地打击敌人。如有意见分歧，会议讨论不能解决时，则报请党委批示。

采取以上的联系作战方法，即可以进一步密切3单位的关系，树立互相推动、互相配合、互相制约、加强协作、统一对敌斗争的观念，又可以避免互不协调，减少不必要的退回补充侦查、裁定退回以及互相控告、抗议等不利于工作、影响团结的现象，更能提高办案质量和工作效率。

2. 革新了工作程序和层次手续。过去办案手续繁杂。有的是束缚自己的手脚，影响对敌斗争；有的是可有可无，自找麻烦；有的是已经过了时，应该精简、合并加以改革的。经过“试验田”的工作，认为可以把原来由审查批捕到判决执行的61道程序，废除37道，保留24道。其中检察院由27道减为6道，将原来规定监督（参与）侦察、监督（参与）预审等21道程序取消，改为审查材料、领导批准、审查起诉、出庭、审查判决、装订归档等6道程序，把组长核稿的层次取消，由检察员办案后直接交处长、检察长审批。公安机关把逮捕的24道程序、手续，裁减和合并为15道，将写“受理案件害”、拘留记录、20天内向犯人宣布罪状以及预审结案后让被告阅览卷宗等不必要的手续废除。法院也从10道程序减为4道，取消了预备庭和其他不必要的层次、手续。

3. 改进了办案、阅卷、审讯方法。主要是：

（1）检察院、法院审阅案卷材料的方法是：①系统阅卷；②看亲笔供词，核对证据；③根据历史反革命、现行特务、惯犯、集团犯、贪污犯等不同特点，采取不同的方法阅卷。公安预审部门阅看侦察材料主要是：①查明材料来源，活动地点、时间、对象；②社会关系、生活情况、道德质量；③男女、老少、新老特务、新老盗手；④弄清性质，制订计划，提出对策，要抓住重点，不要泛泛地看材料。

（2）讯问方法：

①根据不同案情性质的简、繁和不同案犯的特点，一般采取“单刀直入”、“一针见血”，查其事，证其罪，内外相结合的讯问方法。

②按照犯人供罪的情况，分别采取顽固者打击、顾虑者解说、狡猾者揭露。纠正过去那些冗长无味、无的放矢、关门捉雀、费时失事的讯问方法。

（3）审讯记录，改变过去有话必记的做法，采取综合记录被告罪行及突出表现，不记录与案情无直接关系的对话，将事情审问清楚时才记，不清楚时不记。由预审员兼记录，取消记录员（特殊案件例外）。

（4）改进和革掉一些不必要的法律文书。批捕报告书可以用批核表并附破案报告书代替；起诉意见书可用犯人罪行综合材料代替；起诉书、批捕决定书的格式、文字进行革新，消除废话，力求简单明确；判决书中的八股气和不必要的重迭文字加以革新；取消了执行书，在判决书上填写“从×年×月×日开始执行至×年×月×日止”即可。

（5）改进了审判方法。采取了一庭多案、预先安排、连续开庭、集中宣判的方法。预先安排好开庭时间，找好陪审员，做好准备工作，开一次庭连续审判几个犯人。而在连续开了几次审判庭后，集中一批进行宣判。这样可以大大缩短办案时间，减少因找不到陪审员而搁延的现象，提高了工作效率，增进了办案质量。

按照上述革新的办案方法，结合过去的办案经验，3个单位从逮捕、预审、起诉、判决、执行几个方面看来比1957年提高办案效率四倍半。

为了进一步提高工作效率和办案质量，更准、更狠、更及时地打击敌人，维护社会主义建设事业和工农业生产“大跃进”的胜利进行，“试验田”小组还对今后的工作提出如下几点具体要求：做到“四不”、“三准”、“三快”。也就是：不错、不漏、不纵、不枉；捕得准、起诉准、判得准；批捕执行快、预查快、起诉判决快。

在公安机关方面要做到：五清，即追清任务、追清罪恶、追清敌情、追清组织线索、追清罪证赃物；三准，即侦察部门材料搞得准、预审时材料用得准、定案定得准；三快，即侦察部门理结呈批快、预审突破快、送案交接材料快。

在检察机关方面要做到“两准”、“两快”，即批捕准、起诉准，批捕快、起诉快。

在法院方面要求做到审得清、判得准、判得快。

这次联合办案“试验田”是有收获的，但所发现的问题和改革的规章制度、工作方法等，还只是一个尝试，仅作为初步意见提出，由于“试验田”时间有限，有些问题还很粗糙，很不成熟，正像新生的幼苗一样，需要进一步发动广大干部群众经过加倍培育，并在实际工作中经受考验，不断地进行修正补充，才能结出丰硕的果实。

（1958年第5期）

贵州省仁怀县"三员"下乡就地审判的经验

林凤池*

贵州省仁怀县公安、检察和法院，通过政法会议，在批判了右倾保守思想的基础上，鼓足了革命干劲，提出了"激战一月，消灭积案"的战斗口号。三个机关在该县政法、党组统一领导下，采用"三员"（预审员、检察员、审判员）携带案卷，成批押解犯人，下乡就地审判的办法，取得了巨大的战绩。仅一、二、六、七区一个清案工作组，在本月中旬的6天半内就审结了刑事案件31件。在工作中，既密切地结合了当前农村的中心工作，同时也结合审判活动，扩大了法律宣传。在审判工作上，不但正确地贯彻执行了"多、快、好、省"的方针，而且还做到了"三满意"（党委满意，区乡干部满意，群众满意）。

一、具体做法

（一）准备工作

下乡前，先将公安、检察和法院3个部门积压的案件，按地区排队，然后请民警和民兵成批押解犯人，随"三员"一道下乡。

（二）服从党委领导

工作组到达区、乡后，首先向区、乡党组织请示，根据区、乡党组织必须密切结合生产的指示，将犯人全部投入农业生产或工地劳动。晚上向犯人交代政策，并组织他们学习讨论。

（三）田间审讯

犯人投入生产后，"三员"就在田间或工地附近，按其各人所负的职责进行预审或调查工作。在工作中，如果需要讯问犯人，就把犯人从田间或工地提来，问后再送回田间或工地去，做到犯人受讯与劳动生产两不误。在需要调查询问证人或案件关系人时，就事前与生产队长或工地指挥人联系，排好名单，在劳动

---

* 作者单位不详。

休息时间，由生产队长或工地指挥人通知证人或案件关系人到约定地点接受调查询问。

（四）“五员会议”

对于预审终结的案件，“五员”（即“三员”同两个在当地临时邀请的陪审员）共同研究。“三员”本着相互配合、相互制约的法制原则来审查案件是否起诉、交付审判。对于认为预审不成熟、事实不清、证据不足、尚须调查对证的案件，不必办理退回补充侦查的手续，即可再行分别查对；对于能起诉、交付审判的案件，就分别办理起诉意见书、起诉书或草拟审讯提纲，然后由审判员成批开庭审理，检察员出庭支持公诉，这样就不必再开预备庭，节省很多时间。

（五）开庭审理

开庭时，对当事人集中地交代诉讼权利后，即分别进行审理，审完一批，审判员即制作一批判决书，连同卷宗带回，呈县委审批，而后，再回当地召开宣判大会，并组织群众参加，成批宣判，并结合中心工作进行法律宣传。

（六）转移新阵地

在审判员带卷回县请县委审批后，预审员和检察员便转移到第二个点。等到审判员也转到第二个点时，即可很快地开始审理第二批案件。

二、几 点 好 处

（一）打击犯罪，准确及时

由于“三员”下乡，就地审判，使审判工作接近群众，便于依靠群众，对于需要查对的材料，可以马上查对，获得充分的证据，从而能够更准确及时地打击罪犯。如张灿彬破坏农业社一案，在城里第一、二次预审中，他都一口否认，就连不赡养他父亲的次要事实也不承认，并背后同另犯说：“我这案子，除非包公才审得清。”但经就地审判后，很快地就取得了有力的证据，及时地交付了审判，在罪证确凿的情况下，该犯只能一一供认了。

（二）促使犯人坦白交代，认罪服法

由于押解犯人就地审判，不仅便于查对材料，而且还能促使犯人坦白交代，认罪服法。在押解途中，犯人普遍地要求不交乡里斗争，同时，证人和案件关系人都在当地，无法狡赖，只得彻底交代，求得宽大处理。反革命犯刘少培，最怕见群众，他主动地坦白说：“被我奸污过的十一个妇女都在这里，我愿意坦白交代。”

（三）结合中心，促进生产

在工作中，由于坚决地服从当地党委的领导，依靠群众，密切地结合当前农村的中心工作，不但没有影响生产，而且还促进了生产。如到中枢点后，即将犯人投入毛埧沟水库工程，挖了56,426个土方。群众反映说："现在农业'大跃进'，各部门都来支持，过去把犯人关起吃饭，现在送来搞生产，法院确实改好了。这样做很好。"前进乡胡支书也说："过去对你们政法部门有很多意见。我们送去的犯人不知是怎样处理的，有的还不明不白的放了回来。现在这样办很好。"

（四）扩大法律宣传

结合具体案件和当前全省政法工作的"七无"（即无匪，无盗窃，无积案，无火灾，无骚乱，机关、厂矿、企业、学校无事故，无烟毒、赌博）运动，展开了法律宣传。如在毛埧沟水库工地，我们便向工地上的两千多人进行了极其生动的法律宣传工作。通过宣传，他们中有的主动坦白了套购粮食的不法行为。

（五）正确贯彻执行了审判工作"多、快、好、省"的方针

由于"三员"下乡就审，不但能够及时取得证据，弄清案情，而且有的还进一步发现了犯人新的罪恶。同时"三员"本着互相配合、互相制约的原则，不但提高了办案质量，而且简化了退回补充侦查、预备庭、裁定受理等手续和向陪审员介绍案情，以及在审判中采取了"集中向被告集体交代诉讼权利，分别审讯"的方法。节省了大量时间，提高了办案效率。在审判工作上也正确地贯彻执行了"多、快、好、省"的方针。

（1958年第5期）

河北省通县地区中级人民法院审判方法的跃进

张亚东*

河北省通县地区中级人民法院通过整风运动，经过大争大辩，为了彻底扭转

* 作者单位不详。

审判脱离实际，加强上下级之间以及法院和群众之间的密切联系，有利于保卫中心工作，提高办案效率和质量，准确、合法、及时、有力地打击各种刑事犯罪，迅速、合理地处理民事纠纷，对原有的审判方法，作了改进。

一、审判人员实行分片包干制

对审判人员实行分片包干制主要包括以下措施：

1. 为了密切联系实际，随时检查下级工作和总结审判经验，该院将全区基层法院划分为四片。每片刑、民庭各有一个审判员负责，他们处理该管区案件，并了解社会情况，检查基层法院工作，随时汇报。

2. 机动灵活，密切配合。为了减少人力和时间上的浪费，两庭干部，调查印证材料时，可以互相委托代办（限于较简单的案件），在同一地区作刑、民案件实体审理时，两庭审判人员可互相搭配。

3. 庭长对各片工作情况必须切实掌握，根据案件多少、缓急，要机动地调配力量，并经常检查办案的数量和质量，建立考勤簿、情况登记册。

4. 克服只愿办案，忽视总结审判经验的现象。要求每个审判人员建立办案经验摘记本。每月每人选择一至二个案例，积累办案经验，定期汇集总结。

二、明确任务，保证办案质量

明确任务，保证办案质量主要包括两个方面：

1. 在保证质量的原则下，确定每个审判人员的办案指标。对有关中心工作的刑、民案件，必须尽先处理。一般的由收到结，不超过七天，复杂案件不能如期结出时，须经庭长批准。

2. 保证办案质量。主办人阅卷要全面细致，认真研究分析，阅后写出笔录或调查审讯提纲。合议案件时，对必要的证据，应共同审查，严防粗枝大叶。

三、审判案件时采用的方法

（一）书面审理

不论刑、民上诉案件，凡经过审核卷宗，事实明确，证据齐全，不用调查印证的案件，仍作书面审理；对于主要事实不清或对审判程序有重大违反者，应发还更审。但此类案件的发还要压缩到极少数，发还的理由要做到明确合理。必要时可事先与下级法院联系，以便做到上下协调、认识一致。对于有些事实不清的案件，为了不发还更审，可用函索材料办法，但原审法院必须积极办理。

（二）以下案件作实体审

（1）案情重大复杂，牵涉面广，原审对案内的主要事实和主要证据已基本弄清，但在某些环节上还不够确切，如不发现新问题，二审通过公开审理，即能搞清的案件。

（2）有关中心工作的新型案件，事实不够清楚，案情有疑问，但时间性、政策性较强的案件。

（3）事实有疑问，证据不充足，须发还更审，但因路途较近，交通方便，又不须重新侦查，经过个别调查对证，则可审结的案件，亦酌情审理一部。

（4）民事案件中的婚姻案件，原审认定事实及适用法律显然有出入，不适宜发还的案件。

（5）再审案件和提审案件，经研究有实体审理必要的，亦可作实体审。

为密切上下级联系、交换情况、统一思想、正确办案，该院对刑事上诉案件，二审认为应改变一审判决时，必须将改判意见，事先通知原审法院，经原县党委同意后再改判。如原县党委不同意，二审法院经再次考虑认为仍应改判，则将两个意见报地委决定。民事案件上诉后，如认为是应发还更审或改判的较重大复杂的案件，必要时，应事先与原县取得联系。

四、加 强 领 导

院长对审判工作加强具体指导，经常了解审判庭工作，并抽出时间参加合议庭，有计划地办理申请再审案件或其他案件，以便更多地了解和指导工作。

该院由于审判方法的改进，达到了“四好”：

（1）法院与群众的关系好了。过去当事人来到法院，要经过很长时间的查案，才能得到主办审判长的接待，有时还得不到接待。实行分片包干后，负责该片的审判员都主动地去找当事人了，即使对收案后未审理的当事人，也一律予以热情的接待，记录情况，留作审理时的参考。因此，群众反映很好。

（2）该院与基层法院和县党委的关系好了。过去，审判员到县院去，只为审案而审案，对其他问题一律不过问，案件在改判前，也不征求县院和县党委的意见，只是一判了事，致使有的案件改判后，不符合当地的客观情况和群众的要求。现在刑、民庭的主办审判员都主动地与县院联系，对改判的案件（主要是刑事）

也做到了与基层法院打招呼或征求意见。县院对新的审判方法都满意。

(3)审判庭与接待室的关系好了。过去,为接待当事人问题,接待室与审判庭经常有争论。现在,接待室只要问清当事人上诉前原审法院及案件类型是民事或刑事后,通知审判庭,审判庭立刻有专人去接待,因而,便利了工作,消除了审判庭与接待室关系不好的现象。

(4)刑、民庭之间的关系也变好了。过去两庭之间常因刑庭案少人多有争论,现在分片包干,互相配合,办案有指标,审判人员不仅办自己庭里的案件,有时还帮别的庭办案,消除了过去的争论,改善了关系,加强了团结。

(1958 年第 5 期)

采取辩论会方式解决复杂难案的几点体会

王 敏*

开辩论会解决复杂难案这一问题,自横扫六气,尤其是学习了毛主席《论工作方法六十条》之后,引起了我们的注意。经过研究,并通过最近一个时期的实践,有了一些肤浅的体会。现在我就把这些不成熟的体会向大家汇报,以便互相交流,说得不对的地方,希望同志们批评指正。

上海市蓬莱区人民法院从 1958 年 3 月起到 4 月 15 日止,用开辩论会的方法解决了 33 件难案。其中房屋 9 件、婚姻 11 件、债务 2 件、赡养 4 件、诽谤 3 件、工资 1 件、伤害 1 件、责任事故 1 件、执行 1 件。

开辩论会解决难案,我们认为有下列好处:

(1)采用辩论会的方式,不仅保证了办案质量,而且提高了办案效率,做到群众、当事人、有关部门三方面满意。例如,江南造船厂汽车司机蒋连泉轧死幼童过失罪一案,由于该厂在认定事实方面,与起诉单位发生严重分歧,审判员对事实也心中无数,致使该案拖延了一年两个月未结。"双反"后审判人员深入该厂,召开辩论会,双方用摆事实、讲道理的民主方法展开辩论,充分发表了双方面的意见,统一了思想认识,一致认为蒋连泉应负刑事罪责。最后,法院判决,大家

* 作者单位不详。

满意。

(2)采用辩论会的方式,是司法工作走群众路线的进一步提高和发展。它的优越性在于,不仅冲破了陈规旧习,跳出单纯开庭和调解的圈子,而且吸收了有关方面人员参加,充分发扬了民主,原被告和群众相互开展了批评与自我批评,进行了深入的社会主义思想教育,在提高思想、统一认识的基础上解决了案件。

(3)采用辩论会方式,不仅扩大法纪宣传,使政策深入人心,促进双方当事人和睦团结、有利生产、有利建设,而且对预防和减少纠纷也起到了积极作用。例如,永吉新邨房屋纠纷一案,未处理前二房东华忠良贴出了30多张大字报,指责调委会主任不该支持房客减低房租。通过辩论,思想认识提高了,华忠良主动到调委主任家里道歉,承认错误。

(4)通过辩论会解决的案件,双方当事人一般都能自觉地遵守协议。由于辩论得深透,政策为双方当事人所掌握,达成协议后,一般都能自觉地遵守。例如,公私合营新建印绸厂工人庄兆连等22人,未经组织批准,擅自搬入工房居住,虽经该厂党、团、工会数次教育,仍坚持不迁让。通过辩论,工人之间相互开展了批评与自我批评,彻底地批判了个人主义损公利己、极端民主化和无组织、无纪律的错误思想,明确了个人利益与集体利益的关系、民主集中制的原则。在厂方另行安排了宿舍之后,几天之内,22人中就有20人自动搬出,腾出了五间房屋作为厂内生产之用。

如何才能开好辩论会?我们的做法和体会是:

(1)要充分做好辩论前的各项准备工作,主要有以下几方面:

第一,要做好看卷和调查工作。调查内容包括事实部分、双方当事人的争论意见和周围群众对这一问题的看法,特别要注意发现积极分子,并且对调查材料加以研究分析,明确产生纠纷的原因,找出分歧论点,提出解决问题的办法,做到心中有数。

第二,要明确辩论会的任务、目的、要求和开法。辩论的内容应根据不同类型案件中所存在的严重分歧点加以排队,找出一两个关键性的问题,作为辩论的中心。例如,赡养纠纷,抓住《婚姻法》第13条规定"子女对于父母有赡养扶助的义务"这个关键问题进行辩论。辩论题目不宜过多,否则中心不突出,讨论不深不透,使审判员顾此失彼,不好掌握。

第三,必须以平等的态度主动地与有关部门和基层积极分子商量。内容包括对案件事实、性质的认定,根据政策提出处理原则,并且决定辩论会的开法、时间、地点、人数和发言对象。做到统一思想,统一行动。

第四，审判人员必须学习有关政策和上级指示，组织参加辩论会发言的积极分子学习有关的政策，使发言的同志有所依据。为了使发言具有说服力，审判人员还应该帮助积极分子分析当事人分歧的论点，针对不同的论点准备材料。这样，不仅保证发言符合政策，而且也是一针见血，有利于解决问题。

第五，对双方当事人进行思想教育，指出用辩论会的方法解决问题对双方当事人团结和睦都有好处，参加辩论会的人应抱积极的态度，解除思想顾虑，充分准备意见，在会上展开辩论。这样，既可以使当事人思想上有所准备，又可以防止被动。

(2)辩论会大体经过下面几个步骤：

第一，进行调查工作，熟悉双方当事人工作、思想、经济等情况，掌握他们的分歧点，做到心中有数。

第二，到有关部门和里弄积极分子那里去说明来意，与他们共同研究，并通知双方当事人做准备工作。

第三，召开辩论会，先由审判员说明辩论会的意义和开法，接着由双方当事人发言，在双方摊开事实和论点的基础上，由有关部门、里弄积极分子及经过选择的左右邻居中的熟悉情况、有威信的公证人发言。最后，由审判员根据多数群众的正确意见，依据政策原则，作出处理的结论。

第四，汇集材料，进行总结。

(3)以下几种辩论方法可以结合运用：

第一，被告对起诉单位所认定的事实、性质没有意见，但被告工作单位方面，对认定事实性质却存在严重的意见。这种案件涉及机关与机关之间的分歧，可以由法院召开辩论会，被告可以不参加。

第二，关于债务执行、赡养纠纷等案件，如被告系工人、合作社社员、机关干部或人民教师等，到被告所在单位去召开辩论会，收效比较大。这种方法的好处是：弄清了被告的经济情况，帮助组织上了解干部守法情况，更重要的是达成协议后可取得该组织的督促履行。实践证明，这样做，不仅受到有关单位的欢迎，而且也因执行起来比较方便而受到原告的欢迎，因为有不少当事人在达成协议后，由被告与原单位协商，单位愿意由组织上每月从工资中代付给原告。

第三，伤害、责任事故、诽谤案件，一般到事故发生地召开辩论会。这种做法，可以使当事各方边辩论、边勘察，勘定了再辩论，而且还可以吸收当时目睹者参加辩论。这样解决问题不仅迅速，而且质量也高。

第四，房屋纠纷大多数发生在街道、里弄，这种案件的被告虽系有组织关系，但组织上很少掌握这方面的情况，因此到被告居住地开辩论会效果大。这样，可以先勘察，再辩论，辩论中发现新的问题再勘察。参加辩论会的对象有工厂、机关、学校方面，一般吸收党政工团负责人或挑选积极分子和里弄方面的调解委员、小组长等积极分子参加，并适当地吸收被告周围的群众中具有威信、情况熟悉、办事公正的人物参加。有些也可请有关部门代表参加。在时间安排上，一切从方便群众、有利生产出发，什么时间有空，就什么时间去办。

(4)在辩论中，我们感到还必须注意以下几个问题：

第一，复杂难案和一般难案适用开辩论会的方法解决。在辩论前，必须弄清事实，力争一次解决问题。离婚案件一般不适宜用开辩论会的方法解决问题。但是，遇到一方资产阶级思想严重（特别是男方）、坚持错误思想的也可以用开辩论会的方法解决。同样，可以收到良好的效果。

第二，审判员必须向积极分子反复交代清楚辩论会的目的，以利于弄清事实、认定性质、统一思想认识、促使双方和睦团结、防止可能发生的斗争会的现象。实践证明，凡是这样做了，群众都能正确掌握这条原则。

第三，加强领导，认真贯彻阶级路线，严格控制参加会议的对象，防止坏人混入。

第四，必须掌握当事人各种思想和特点，根据思想情况灵活地运用不同的方法解决，需要开辩论会的当事人，应事先使他们思想上有所准备。参加人数一般在7~15人之间为宜。

第五，开辩论会解决的案件，只要准备充分，一次即可解决问题，如果遇到当事人一方思想不通，如何办？我们认为，只要大多数人通过辩论，统一思想认识，法院就应该判决。实践证明，凡是这样做了，群众都大力支持我们的判决。

（1958年第5期）

打掉官气，联系群众，办好案件

缪宝兴*

上海市卢湾区公安分局通过“双反”运动，从领导到一般干部进一步确立了

---

* 作者单位不详。

全心全意为人民服务的观念，密切了与人民群众的关系，出现了“学政治，钻业务，比干劲，赶先进，加强专政，保护好人，保卫社会主义建设大跃进”的新局面。

为什么我们分局能呈现出这些新的气象呢？这绝不是偶然的。因为我们紧紧地抓住了双反运动的关键，进行了彻底的改革，揭发和打掉了脱离群众的官气。

过去，我局由领导到一般干部，都存在脱离群众的官气。领导方面的官气表现在：习惯于坐机关、听汇报，很少深入基层、深入群众。工作方法是“老一套”、“单打一”，不善于抓两头、带中间，更没有种“试验田”、以点带面、推动全盘的工作方法。生活作风上特殊化，遇事不与群众商量，上下级关系不大亲密。一般干部和民警同志的官气，也相当严重，突出地表现在以下几个方面：

（1）缺乏鲜明的阶级观点。有些干部和民警对于依靠谁、为谁服务的观念不很明确。在工作中不善于用阶级分析的观点来处理问题，不是坚决地维护劳动人民的利益。如有些干部和民警不大乐意到劳动人民家里去，认为资产阶级和知识分子家里清洁舒服，劳动人民家里脏。还有的民警认为资产阶级和知识分子能说能写，领会问题和完成任务快，因此，遇事往往和他们多联系、多商量、多接近；相反，认为劳动人民脑子笨、文化低、领会问题和精神不快。如有的户籍民警在整风中检查出自己对待劳动人民的态度是“三不理”，即平日无事不理，找上门来不理、路上遇见不理。同时，我们平日对劳动人民积极分子的培养上也重视不够，只愿找文化高的当干部，不给他们教育，以致有些治保组织不够纯洁。另外，在对待劳动人民工作的态度上，也反映出错误的观念，不关心他们的生活疾苦。如对于劳动人民的失窃案件，认为数量小，思想上不重视，追查不积极。反之，对于资产阶级家里的失窃案，认为失窃数量较大，因此，侦查劲头大（当然，侦查也是应该的）。在工作中很少从群众的需要出发，而是自以为是，愿意怎么干就怎么干。

（2）缺乏经常、广泛、深入地联系群众、关怀群众。平日片面强调自己的工作多、忙，不去深入群众，也不耐心帮助群众解决问题。有些群众找上门来，也不热心接待。接见群众的清规戒律很多，综合起来有“十个不见”，即开会、学习、休息、假日、工作忙、大扫除、情绪不高、邻段居民、事情复杂、问题细小均不接见。再加，呆板地执行八小时工作制度，有些劳动人民，白天工作，晚上回家，要报户口都报不上。因此，居民反映说：“要见户籍警，真比三请诸葛亮还要难。”

（3）存在特权思想和行政命令。有些干部和民警认为公安机关掌握“生养死葬，开张歇业”各个方面，存在高人一等的特权思想。由于特权思想作怪，往往用行政命令来代替宣传教育的工作，甚至对人民群众的态度粗暴，当居民失窃报案时，不仅不同情，还训斥一顿——“谁叫你不当心，公安局又不是万能”。甚至个别人员还有滥用职权、买东西不排队、看白戏等情况。正如他们在大字报上写的，“官小架子大，管辖数百家，自以权力大，样样我来抓，谁敢违抗我，就挨一顿骂”。

(4)依靠和帮助群众的组织不够。有些干部民警对待群众性的治保组织，却以领导者的姿态用行政方法交代任务。派出所个别民警对治保干部还规定了几项守则：第一，开会迟到要写书面检讨；第二，开会不准带小孩和带针线活；第三，每月测验治安管理处罚条例一次。平时任务不断地交下去，而对治保组织的业务，却很少指导和帮助，致使治保干部感到工作的苦恼。他们写了一首打油诗说：“治保治保，真正苦恼；平日无事，没人指导。治安业务，学习太少；任务一来，实在心焦。民警同志，有时来找；只交任务，方法不交。任务完成，就称罢了；今后工作，不知怎搞。”

这些官气的存在，严重地影响到上下级之间、干部民警与群众之间的关系，妨碍了工作，妨碍了对敌专政。在双反运动中，我们经过了彻底的揭发、大辩论后，深刻地认识了它对人民事业的危害性。由领导带头到一般干部，开始深刻地、集中地打掉官气、转变作风、联系群众。

分局局长、业务科科长、派出所所长深入基层、深入群众、深入实际。分局局长具体深入一个点，亲自下里弄联系群众，调查户口。遇有事故发生，分局局长都是亲临现场勘察，几起凶杀、纵火、盗窃等重大案件，都是在分局局长亲赶现场，具体指导下侦破的。如有一起复杂的纵火案件，就是分局局长在现场指挥了30个小时而破获的。他们为了及时侦破夜窃案件，保障人民群众的财产不受损失，在寒风凛冽的深夜里，分局局长还亲自带领干部民警巡逻。随着领导作风的转变，领导方法也有了很多改进，如深入重点了解情况、亲自写通报、组织现场会议、介绍先进经验。这些都推动了该区全面工作的开展。分局局长的作风转变，大大地影响了各级领导干部。如科长级干部也都走出办公室，深入到群众中去。交通队中队长的办公室也撤销了；队长、指导员亲自站岗指挥交通，并且搬进民警的集体宿舍居住，与交通民警做到同工作、同学习、同生活。派出所所长全部深入里弄联系群众。

由于领导干部雷厉风行地打掉官气，深入联系群众，在群众中出现了歌谣。全体干部民警也受到了很大的鼓舞。自上而下形成了“改作风雷厉风行，打官气万众一心”的浩大声势。干部、民警打破了陈规，一切从有利于群众、便利于群众着想。在工作方法和工作制度上作了大胆的革新。现在普遍实行昼夜24小时受理户口和登门报户口的制度。好多地区为便利群众找户籍警，设立了

“警群联系箱”。干部民警积极性都提高了，提出了“下基层，深入实际；下里弄，具体办案”的口号。现在我们已把有些案件带到工厂、学校和里弄群众中去办理，效果很好。如四年多没有解决的打架问题，也解决了。现在凡接到群众投案，在五分钟内负责该业务的公安人员就离开办公室，赶赴现场。有时报案人还未到家，公安机关干警已赶到现场，群众万分感动。

干部和民警解决了为谁服务的问题后，端正了服务态度，热情接待群众，帮助群众解决困难，关心群众的疾苦。如帮助群众筑煤球炉灶，挑泥铺路面，帮助居民打扫卫生，替居民解决自来水供应困难，修理电灯，疏通阴沟，替居民填臭水沟，在车轮底下救出人命等。为此，更加密切了公安机关同人民群众的关系，提高了群众的觉悟，使群众认识到公安机关是保卫群众利益、为群众服务的机关。所以群众纷纷检举反革命坏分子。居民委员会都提出了实现“七无”的保证书；有些里弄青年和十多岁的小孩，以集体的或个人的名义向公安机关写保证信，要做个具有共产主义道德的好青年、好儿童；还有不少群众自动地交出了麻将牌和黄色书刊。群众的这种积极性与公安工作紧密结合起来，有力地打击了敌人，大大地加强了社会治安工作。

我们也从思想上认识了孤立办案、脱离群众、脱离实际的危害性，转变了作风以后，大大地提高了工作效率，各方面的工作呈现了显著的成绩。如有两件招贴反动标语的现行破坏活动案件，由于内部配合得好，密切依靠了群众，一个在五小时、一个在九小时内就破获了，及时地打击了现行的反革命分子的破坏活动，维护了社会治安和社会主义建设的“大跃进”。

通过整改我们所以能够取得以上的一些成绩，首先是紧紧地依靠了党委的领导，及时得到党委的指示。其次，进一步明确了政法工作依靠谁、向谁专政，也就是解决了为谁服务的问题。认识到要狠狠地打击犯罪，必须依靠群众。最后，改变了脱离群众和神秘孤立办案的工作作风；打掉官气、骄气，深入群众，依靠群众，密切协作，加强了对敌专政的力量。

（1958 年第 5 期）

驳徐亚夫的“防错论”

杜祥坤*

“右派分子”徐亚夫窃据人民法院领导职位(副院长),几年以来,利用职权,在司法人员中散布了不少反动毒素。“防错论”是流毒最广、危害最大的毒中之毒。为了彻底消除他的流毒,肃清他的反动的政治思想影响,有必要对“防错论”这个反动谬论,展开彻底批驳,揭这个“画皮鬼”的原形,以保卫人民司法机关在政治上和思想上的绝对纯洁,更好地发挥人民法院在社会主义革命和工农业生产“大跃进”高潮中的保护作用。

什么是徐亚夫一再吹嘘的“防错论”呢?按照徐亚夫的说法,归纳起来就是:人民法院的主要任务是提高办案质量,防止差错,而不是对敌斗争。他说:“法院与公安机关不同,对敌斗争是公安机关的事,防错是法院的事。”为了防错,徐亚夫公然宣称:“不能相信公安机关……我们与公安机关,应当强调‘制约’不应当强调配合。”他甚至明目张胆地号召各级审判人员,要具有黄绍雄的眼睛,专门寻找公安机关的“差错”。以上就是徐亚夫反动“防错论”的基本内容。

从徐亚夫这些反动谬论中,我们不难看出这样的问题。徐亚夫确实抓住了人民法院这个根本性质的问题,展开疯狂进攻。在徐亚夫看来:人民法院不是无产阶级专政武器之一,而是一个防错的工具;它的矛头不是指向敌人,而是指向人民内部,指向人民喜爱、敌人仇恨的人民公安机关。这是十分明显的。

人民法院是无产阶级专政武器还是防错工具?我们的答复是肯定前者,否定后者。

大家知道:任何国家政权,都是阶级统治的工具,是统治阶级用以进行阶级斗争的武器。不论是资本主义国家或是社会主义国家,都不例外。问题是:政权掌握在谁的手里,对谁专政?是少数剥削阶级对绝大多数劳动人民专政,还是绝大多数人民对一小撮反动剥削阶级专政,这是区分各个国家政权性质的根本标志之一。

我们是人民民主专政,实质上也就是无产阶级专政的国家。我国的《宪法》

---

* 作者单位不详。

第1条规定:“中华人民共和国是工人阶级领导的、以工农联盟为基础的人民民主国家。”我们国家的一切权力属于人民,人民行使权力的机关是全国人民代表大会和地方各级人民代表大会。这就表明我们的国家政权是绝大多数劳动人民在工人阶级领导下,对少数反动阶级的专政。人民法院是国家政权机关的一个重要组成部分。它的首要任务必须是对敌人实行专政。“只许他们规规矩矩,不准他们乱说乱动。”①“强迫他们从事劳动,并在劳动中改造他们成为新人。”②对于少数坚决的反革命分子必须坚决打击、惩治、直到判处其死刑。人民法院这个主要任务,在《人民法院组织法》中,已作了明确规定。《组织法》第3条就规定:人民法院必须通过审判活动,惩办一切犯罪分子。质言之,人民法院必须运用审判职能,去实现镇压敌人、惩罚犯罪和保护人民的斗争任务。从当前来说,人民法院必须对反动阶级、反动派以及反抗社会主义改造和社会主义建设的分子实行专政,对于那些盗窃犯、诈骗犯、杀人放火犯、流氓集团和各种严重破坏社会秩序的坏分子以及公众认为是坏人的人,也必须实行专政。这就是专政的第一个作用,即“解决国内敌我之间的矛盾”③。“专政还有第二个作用,就是防御国家外部敌人的颠覆活动和可能的侵略。在这种情况出现的时候,专政就担负着对外解决敌我之间的矛盾的任务。”④其目的是保护人民的和平劳动、保护我国社会主义建设的顺利进行。

由此可见,作为人民民主专政之一的国家机关——人民法院的主要锋芒,必须对准敌人。在阶级斗争还没有消灭以前,人民法院的性质、任务是绝对不会改变的。当然,在各个不同的革命历史时期,我们专政的对象和斗争形式,是有所不同的。例如,在民主革命时期,我们主要是对官僚资本主义、买办资产阶级和地主阶级实行专政,反对帝国主义的侵略。在目前社会主义革命时期,我们除必须对上述三大敌人继续进行坚决斗争外,更重要的是对反抗和破坏社会主义改造和社会主义建设的各种犯罪分子实行专政。由于我国在生产资料所有制方面的社会主义革命已经取得了决定性的胜利,这一方面的阶级矛盾已基本解决,从而人民内部矛盾相对地突出了。但是在政治和思想战线上的社会主义革命还没有完成,在一定条件下,阶级矛盾还会达到相当尖锐的程度。整风运动中,资产阶级“右派分子”以及地主、富农,坏分子、反革命分子相互呼应地向社会主义革命事业进行了猖狂进攻和各种阴谋破坏活动,就是阶级斗争尖锐化的具体表现。

---

① 毛主席著:《论人民民主专政》。

② 毛主席著:《关于正确处理人民内部矛盾的问题》。

③ 同上。

④ 同上。

绝不能无视我国阶级斗争仍然存在这个客观事实，必须进一步加强无产阶级专政，及时、准确、有力地打击各种犯罪分子的破坏活动。

人民法院除了对敌人实行专政这个主要任务外，是不是就没有其他任务呢？当然不是。事实上人民法院对于民事和一般轻微刑事案件的处理，对于民事纠纷的调解，及时帮助人民群众解决各种内部的矛盾，也同样负有很大责任。但是，这绝不能被理解为人民法院在人民内部矛盾相对突出的情况下，可以削弱对敌人实行专政的职能，而把主要任务放在处理人民内部问题上。恰恰相反，人民法院依靠群众，走群众路线去解决人民内部某些矛盾的目的，正是增强人民内部的团结。增强对敌人专政的力量，以利于更有力地对敌人实行专政。对人民民主和对敌人专政，这是一个问题的两个方面，是不可分割的统一体。对人民民主，就是为了更好地对敌人专政，为了保卫无产阶级和全体劳动人民的社会主义事业。对敌人专政，正是更有效地发扬人民民主和保卫人民民主的正当权益。“右派分子”企图把民主与专政对立起来，把民主描画成超阶级的东西，把专政描画成绝对坏的东西，除说明他们在社会科学上的愚妄无知外，背后还隐藏着一个不可告人的险恶目的，就是反对无产阶级专政，阴谋复辟资本主义。“右派分子”徐亚夫所以一再高唱什么“法院主要任务不是对敌斗争而是提高办案质量，防止差错”，其险恶目的也正是为了篡改人民法院的性质任务，取消无产阶级专政，为资本主义复辟开辟道路。

人民法院在实际审判活动中要不要提高办案质量，防止差错？当然需要。党和政府历来反复教导我们：必须实事求是。人民法院的审判原则，就是“以事实为根据，以法律为准绳”。党中央和毛主席早就指示：“提高警惕，肃清一切特务分子；防止偏差，不可冤枉一个好人。”几年来，各级人民司法机关，坚决地、基本上也是正确地推行了这个方针，取得了肃反战线上的巨大胜利。斗争中也曾一度发生过个别缺点、错误，但一经发现，立即进行了检查纠正，进一步巩固了肃反斗争的胜利成果。总的说来，我们各级人民司法机关办案的质量是高的，成绩是主要的。偏差缺点，只是个别现象，有些是难以避免的。我们的责任在于采取各种积极措施，对工作中可能发生的缺点错误，加以预防和避免，及时发现，及时检查纠正。我们过去、现在都是这样做的，将来仍然这样做。这就要求各级人民司法机关，必须在党的绝对领导下，紧紧依靠群众，善于从复杂的斗争中分清两类不同性质的矛盾——敌我矛盾与人民内部矛盾。认清敌我斗争的形势，正确掌握和运用政策，严格遵守国家法律，不漏不错，不“左”不“右”，准确有力地打击、惩治各种犯罪分子的破坏活动，保护人民，保卫社会主义。这就是人民司法机关提高办案质量、防止差错的根本目的。所以，提高办案质量、防止差错，是人民法院审判工作的要求，绝不是它的主要任务。它的主要任务是对敌斗争。离开了对敌斗争这个根本前提，也就谈不上什么防错。试想：没有斗争任务，又何来防错？这不仅是本末倒置，而且等于一个人为了要防止“病从口入”，就干脆不吃饭只拉屎一样地荒唐可笑。剥开皮来看，徐亚夫所谓“提高办案质量，防止差错”，与我们所讲的毫无共同之处。它在徐亚夫的口中不过是个幌子，他的真正目的，是取消对敌斗争，庇护和放纵反革命分子及其他犯罪分子。事实正是这样，在徐亚夫的庇护和纵容下，有不少罪该惩办的犯罪分子得以逍遥法外，继续进行危害人民的活动。徐亚夫反党反人民的罪恶，就在这里。

徐亚夫对敌人是如此，他对人民公安机关怎样呢？拿徐亚夫的话来说就是“不能相信公安机关”，应当对公安机关实行“制约”。徐亚夫口中的“制约”是什么意思呢？就是掉转人民法院专政矛头，对付公安机关，阻挠公安机关及时打击犯罪分子。为此目的，徐亚夫故意把“法院与公安机关不同”强调起来，抹杀了它们共同的本质和任务。

我们知道：人民法院与公安、检察机关，都是无产阶级专政的重要武器，担负着共同的任务。虽然分工有所不同——公安机关负责侦查逮捕，检察机关负责审查批准逮捕或自行侦查逮捕和审查起诉，法院负责审理判决。但是，这种不同的分工，其根本目的是更好地完成共同的斗争任务——对敌人实行专政、保卫社会主义，绝不是被用来牵制自己，削弱对敌人实行专政的力量。因此，三个机关必须在团结统一、通力合作、一致对敌的前提下，正确地发挥分工负责、相互制约的作用。所谓“制约”是既要防止错误，更要防止漏掉敌人；你能制约我，我同样可以制约你。光讲防错，不讲防漏，对于应该打击的犯罪分子不及时打击，这样的防错，实质上就是放纵敌人。这是“右派分子”徐亚夫之流所主张的，是我们所坚决反对的。同样，仅讲防漏而不讲防错，明知不对，听之任之，这是对人民革命事业不负责任的行为，也是我们所反对的。正确的做法。必须是通力合作、一致对敌，在此前提下各按自己的职能，分工负责、相互制约。制约的原则，必须是有利对敌斗争，有利社会主义。“右派分子”徐亚夫极力反对这个原则，并在实际行动中，对公安机关工作上的个别缺点吹毛求疵，百般刁难挑剔，到处宣扬扩大，多方散布“不能相信公安机关”的谬论并造成恶劣影响，妄图打击公安机关在人民群众中威信，从而达到他保护犯罪分子、取消无产阶级专政的罪恶目的。

综上所述，我们不难看出：徐亚夫所讲的“防错论”的实质是什么呢？就是篡改人民法院的性质任务，取消对敌斗争，取消无产阶级专政，妄图把无产阶级专政武器之一的人民法院，变成庇护反革命分子的防错工具，便利敌人“东山再起”。防错论者，原来是资产阶级在人民司法机关中的代理人员。

徐亚夫这个“右派分子”，还挖空心思为他的“防错论”找根据，竟采取了偷梁换柱和造谣中伤的卑鄙手法。他一方面曲解我们“惩办与宽大相结合”的肃反政策，只讲宽大，不讲惩办，说什么“只有对敌人讲宽大，才能分化敌人”。他不问历史反革命分子罪恶如何，主张只要是历史犯，一概不加追究。如果人们不依照徐亚夫这个主张去办，在徐亚夫看来，当然是错案了。这样，他的“防错论”的根据，就显得有力了。右派分子总是过高地估计自己，把人民当做“阿斗”。这差不多是一切反动阶级、反动派必然走向失败的根本原因。

惩办与宽大相结的政策，是一个完整的不可分割的统一体。只讲惩办，不讲宽大，当然是不对的。但是，只讲宽大，不讲惩办，更是错误的。我们必须首先讲惩办，只有对坚决的反革命分子实行从严惩办，才能迫使其他犯罪分子感到除了向人民投降、坦白外，别无其他出路。一切反革命分子及其他犯罪分子，只有向人民投降，低头认罪，才能获得人民的宽大处理。在这种情况下，我们对坦白悔改的反革命分子及其他犯罪分子采取从宽处理的政策，其目的也是彻底消灭敌人。徐亚夫离开惩办而片面强调宽大，这是因为他自己对反革命的阶级感情本来就是十分深厚的。

在另一方面，徐亚夫为了制造“防错论”的事实根据，对镇反肃反运动，无耻地加以污蔑和攻击。夸大镇反运动的缺点，否定镇反运动的成绩。造谣中伤，污蔑1955年镇反斗争是“主观主义”，造成“滥捕滥捉”。这里，徐亚夫的反动面目，更是暴露无遗了。

在我们看来，1955年镇反肃反运动，是一次对敌人最集中、最有力的打击。正因为如此，所以徐亚夫感到伤心，十分仇视。因为我们的镇反肃反运动，挖了他的“底”，摧垮了他的墙脚，于是徐亚夫就产生“兔死狐悲”之感。物以类聚，人以群分，徐亚夫同反动阶级分子的命运是息息相关的。这难道不是事实么？

“右派分子”徐亚夫妄想以“防错论”来代替无产阶级专政论。必须彻底揭穿它、粉碎它。人民法院的性质任务，不许篡改；它与公安、检察部门的关系，不许曲解。我们必须在党的正确领导下，紧紧掌握无产阶级专政武器，与公安、检察机关密切配合，共同对社会主义的敌人实行专政到底，保卫伟大的社会主义建设事业，来回答“右派分子”徐亚夫之流的猖狂进攻。

（1958年第5期）

驳韩述之"审判工作的群众路线已过时了"的谬论

肖一华*

群众路线是我们共产党人根本的政治路线和组织路线,也是党的一切工作的基本方法。我们党所以能够战胜一切困难,取得革命胜利的最根本原因就在于此。作为人民民主专政工具之一的审判机关,当然应该毫无例外地遵循这条路线。可是"右派分子"韩述之等人却多方散播"审判工作的群众路线已过时了"的谰调,说"依靠群众办案是采取了早经否定的大呼隆的群众路线的方式,是机械地搬用农村群众运动的经验,是不了解司法工作特点和上海复杂的社会情况"。事实恰恰相反,无数次的实践证明,审判工作的群众路线,不仅有系统的理论根据和具体的法律依据,而且有长期的成熟经验,具有极为重要的实际意义。鉴于韩述之的谬论在部分司法人员中还有一定的影响,对这种谬论予以系统的批驳,是很有必要的。

伟大的无产阶级革命导师列宁曾经一再地指出:"我们要自行审判,人民应当人人参加审判工作和国家管理工作。吸收一切劳动者都来管理国家,对于我们来说,这是最重要的……当千百万人学会自己来作这样事情的时候,社会主义才能实现。"①又说:"法院是吸引最贫苦阶级中每一个人参加国家行政的一种工具。"根据列宁同志的指示,在俄国十月革命取得胜利以后,苏维埃政府曾公布了一系列的法令来吸引所有劳动群众毫无例外地参与法院的工作。中国共产党从它开始建立政府的那一天起,也即以群众路线作为司法工作的指导原则。早在1934年陕甘宁边区工农政权的初创时期,党就在司法工作中贯彻了群众路线的审判方法和作风,也就是依靠人民、联系人民、便利人民的群众路线的作风。当时所采用的群众路线的审判方式就已有就地审讯、巡回审判、公审、人民陪审和调解工作等多种形式。当我国人民在中国共产党领导下,经过长期的英勇奋斗,在1949年建立起以工人阶级为领导的、以工农联盟为基础的人民民主国家后,各级人民法院曾根据案件的性质,广泛地采取了巡回审判、就地审判等方式,

* 作者单位不详。

① 《列宁全集》(第27卷),俄文版第4版,第111页。

并广泛地邀请人民陪审员参加陪审。尤其在土改、镇反、三反、五反等历次社会民主改革运动中,人民群众参加审判活动就更为普遍广泛。如土改中的人民法庭,几乎有半数成员是由地方各界人民代表会议和人民团体选出的;又如,三反、五反中的人民法庭,不仅有运动中的积极分子担任审判员,同时还有人民团体、机关、企业等单位选派的人民陪审员参加陪审。这种具有广泛群众性的人民法庭,不仅有力地支持了群众运动的胜利展开,使人民群众直接参加了国家管理工作,大大地提高了人民群众当家作主的主人翁态度。而且由于群众的监督,防止了审判员可能产生的主观臆断、不调查研究、不实事求是的现象,保证了办案的质量,改进了审判作风。

1954 年 9 月 21 日第一届全国人民代表大会第一次会议通过的《中华人民共和国人民法院组织法》,更把司法审判工作贯彻群众路线的历史经验进行了全面、系统的总结,以完整的法律形式,从审判公开、辩护、人民陪审、法院设置、两审终审等各个方面,把便利群众的审判方式和审判制度加以条文化和固定化了。

"右派分子"韩述之硬说"审判工作的群众路线已过时了",现在我们不妨从当前在执行人民陪审、人民调解制度和双反运动以来上海各级人民法院审判员深入里弄、依靠群众办案所取得的效果,来看看审判工作的群众路线是否过时,是否机械地搬用农村群众运动的经验,是否不了解司法工作的特点和上海复杂的社会情况。

首先,我们来看一看《人民法院组织法》第 8 条所规定的人民陪审员制度,它是我国司法工作实行群众路线的主要特征之一。它是否如韩述之所说的那样已经过时了呢?显然不是过时了,人民陪审制度正在发挥其巨大的作用。各地人民法院多年来的实践证明,人民陪审员制度的优越性主要表现在三个方面:

(1)人民直接参加审判工作,进一步增强了人民当家作主的荣誉感和责任感,使人民更热爱自己的政权,积极支持人民法院的工作,密切法院与广大群众的关系。上海市各区法院在推行陪审员制度,吸收人民陪审员参加案件审判后,群众纷纷反映:"这才叫真正当家作主啦!"有的说:"有了人民陪审员,我们反映意见也方便了。"从而大大地提高了审判工作的威力和威信。

(2)人民陪审员由于是从群众中产生的,因此他们善于体会群众的感情和要求,可以同审判员一起很快地弄清案情,并提出适用法律的意见。从而使人民法院的审判活动受到群众的监督,作出正确的判决和裁定,防止审判员主观臆断的现象,并增加了人民法院的办案力量。

(3)通过人民陪审员还可以向人民群众进行法纪宣传教育,提高群众的法制观念,预防犯罪和纠纷的发生。例如,上海处理李世杰贪污盗窃一案,李因盗窃工厂财物达3400元,被判徒刑五年。李妻表示不满,在里弄中散播法院错判好人。参加这一案件的人民陪审员王洪元知道后,即在里弄中向居民解释案件处理经过,说明对贪污盗窃犯依法惩处是国家的法律所规定的,并宣传了国家的法律、法令。结果不仅说服了群众,而且有一居民张仁光在受到法纪教育后,自动坦白了自己的偷窃行为,要求从宽处理,以后绝不再犯。

其次,再来看一看第二届全国司法会议在总结了全国司法工作经验之后所肯定的司法工作贯彻群众路线的良好组织形式——人民调解委员会。多年来的实践证明,它是在政府领导下解决人民内部矛盾,增强人民内部团结,并运用批评与自我批评进行自我教育的最高形式,是人民法院依靠群众办案的有效方法。它的优越性在于:

(1)调解委员都是当地人,他们熟悉地方情况,群众也乐于向他们反映情况,正如俗语所说"有事瞒不过当地人"。因此一般的民事纠纷通过调解就很容易解决。群众反映调解工作有三好:不耽误工作和学习好,不要花钱好,不伤和气好。

(2)减少民事纠纷,增进内部团结。群众中的一般纠纷案件大都为房屋、水电、煤炉使用、房屋欠租、小额借款、家庭不和等细小问题,其特点是:问题不大、意气较深,三分斗理、七分斗气;多发生在左邻右舍,群众了解;易于解决,也易于翻案,纠缠不清,劳民伤财。因此对这类案件必须从团结和睦的精神出发,采取法院调解与群众规劝相结合的原则。据上海市各级法院的统计,全年受理这类案件的数量很大,一般都超过其他各种刑、民案件。过去由于没有依靠群众调解,积案很多,但在依靠群众调解后,目前就没有积案了。一般地都能做到随受理随调解,做到当事人、里弄居民、法院干部三方满意。

(3)调解委员会建立后,由于很多纠纷案件由群众调解解决,这就大大地减轻了基层政权组织和基层人民法院的工作,使基层干部和基层司法干部能够集中力量进行其他重要的工作和审理重大的案件。

最后,从整风运动以来,上海各级法院审判人员出门整风,深入里弄,依靠群众办案所取得的成果,也充分说明了贯彻审判工作中的群众路线不仅没有如韩述之所说的那样过时了,而且正在日益发展提高。如徐汇区人民法院通过近几个月来反右倾思想的斗争和"双反"运动的有力推动,在审判工作上改变了坐堂问案的大老爷作风后,由于得到里弄调解委员会、基层党政组织的协助,曾经在6天中处理了65个案子,办案效率比过去提高一倍以上。高级人民法院刑庭有一伪造证据的债务纠纷案,经过三次判决、历时八年没有解决,这次在携卷深入里弄，取得当事人双方单位领导同志协助和里弄调解委员会调解后，一天之内即顺利解决了。双方当事人都感谢法院说："今后大家不再为这事拖累了。"再如高级人民法院受理的王二姑娘房屋纠纷案，法院一直认为王有两处房屋，故判决迁让，此案区法院与高级法院意见不一致，检察院曾提出抗议，执行也执行不通，一执行王二姑娘就要上吊。民庭此次携卷深入群众后，群众很欢迎。他们首先批评法院为什么不向他们了解清楚再判，并反映了王二姑娘只有一处房屋，根本没有其他房屋可住，法院判她迁让，她无处可住，当然要自杀了，同时还揭发了二房东曾收过王的过户费，而且根本不需要收回房屋。至此案情大白，问题也就顺利解决了。蓬莱区法院还创造了审判新方法，开辩论会来解决某些疑难案件，如该院1957年1月受理的江南造船厂汽车司机蒋连泉压死幼童过失罪一案，由于在认定事实方面，双方发生严重分歧，审判员无从着手处理，"双反"运动中，他们跳出了一般开庭调解说服的圈子，携卷到江南造船厂，取得党委协助，召开辩论大会，双方用摆事实、讲道理的民主方法展开争辩。经过反复的辩论、勘察过程，终于统一了思想认识，大家认为蒋连泉应负刑事责任。至此，拖延多年的难案也就顺利判决了。这种深入里弄，依靠群众办案的审判作风，博得了广大群众的赞扬。蓬莱区一个居民的大字报说出了广大居民对法院依靠群众办案的看法。他写道：

司法机关整改好，
官僚习气克服了；
处理案件下里弄，
便利群众真不小。

有的审判人员也有感而发，写道：

过去闭门家中坐，
案件总是清不了。
深入里弄靠群众，
疑难案件一旦消。
一月工作抵一年，
居民纠纷日日少。
群众路线真真好，
干群个个哈哈笑。

所有这些事实，充分说明了审判工作的群众路线不仅没有过时，而且正在广泛地发展着，新的形式、新的方法正在不断地产生，使我们的审判工作不断地提高。在审判工作中贯彻群众路线正是证明了党是如何灵活地、正确地运用和发挥了农村群众运动的经验，使它不仅适应于农村，也适应于城市情况。正是由于党深刻地了解到司法工作的特点和上海的复杂情况，才使群众路线在上海的审判工作中起到极其巨大的作用。而作为前上海高级人民法院副院长的右派分子韩述之，却闭着眼睛在瞎说，其用心是十分明显的。实质上这是反对社会主义法制，企图为旧法招魂，复辟资本主义制度。但是他们的罪恶目的是永远无法实现的。让他们去叫嚣这也不行，那也不行吧，我们将仍然坚定地在审判工作中贯彻我们的群众路线的方针。群众路线不仅过去是、现在是、将来是，而且永远是我们审判工作的一项重要原则。

(1958年第5期)

驳“被告人上诉案件不能加重处刑论”

黄汝坚*

在这次政法战线反右倾的激流中,很多同志都提出这样的问题:“为什么刑事上诉审中,属于当事人上诉的案件,就不能加重处刑?为什么加重处刑就是违法?”足见对此问题的探讨,在司法实践中是有实际意义的。我是主张在事实确凿,程序合法,但仅是适用法律不恰当,处刑偏轻时,上诉审是应该允许加重处刑的。

二审法院在受理上诉案件时,通常不外乎这几种情况:第一种是一审认定的事实正确、证据充分、程序合法、处刑恰当的,应当驳回上诉或抗议。第二种是一审认定事实无错误、证据充足、程序也合法,就是处刑不当,或无罪当有罪,或轻罪重判的,应当改判无罪或减轻处刑。第三种是一审认定事实正确、证据充足、程序也合法,唯独处刑上偏轻的,应当加重处罚。第四种是一审认定事实有错误、证据不足,或在程序上不合法的,应当重做审理。以上四种情况中,当遇着第一种、第二种、第四种情况时,可由二审进行实体审理后,作出判决,予以改判。这在实践中和理论上都没有什么争论。第三种情况,倘若是由检察院提起抗议的案件,二审也可直接改判,也没有什么争议。只有在第三种情况中,由被告人或其监护人、辩护人、近亲属提起上诉的案件,二审法院是否可以作出判决,撤销原判,加重刑罚,几年来在司法实践中是有不同的看法的。一种认为可以,另一种认为不可以。在政法刊物上发表的文章,大部分是主张不能加重处刑的。例如《政法研究》1956年第4期熊先觉的《保护刑事被告人的上诉权》,再如,《华东政法学报》1956年第3期韩述之的《关于刑事上诉案件审理程序中的几个问题》,以及《法学》1957年第2期罗荣同志的《试论刑事诉讼中的被告人》等文章,都曾宣扬了这种诉讼原则。

他们宣扬这种诉讼原则的主要论据是:倘若被告上诉以后,上诉审法院竟判决加重处刑,就会使“被告人的地位恶化”①,“实质上”就使被告“陷于不利地位”,“从而使被告的上诉权利和辩护权利受到妨害”②。具体地说,就是“由于

---

* 作者单位不详。

① 罗荣:“试论刑事诉讼中的被告人”,载《法学》1957年第2期。

② 韩述之:“关于刑事上诉案件审理程序中的几个问题”,载《华东政法学报》1956年第3期。

刑事被告人在诉讼中的地位和处境，往往会有种种顾虑……怕上诉加刑”，因此“应保证刑事被告人不得因上诉而招致不利，其中包括上诉审法院对刑事被告人提起的上诉，改判时不得重于原判的刑罚”。[①] 按他们的逻辑推理是：倘若上诉审法院可以判决加重处罚，那么被告人就不敢上诉，因而也就损害了被告人的上诉权利和辩护权利，也就使被告人的“地位恶化”(reformatio in reins)。

我是不同意他们对此问题所持的理由的。在司法实践中，这种诉讼原则也是对工作有害的。首先它不能及时打击犯罪，使办案做到多快好省。譬如二审认为要加重刑罚，就要裁定退回一审法院，一审法院再做审理，然后判决加重刑罚。其间裁定、案卷等来来往往，便拖延了结案的时日。其次，过去还有这种情况发生：二审认为要加重刑罚，裁定退还一审法院后，一审法院的个别审判员在错误的“审判独立”和右倾思想的指导下，仍然维持原判，因而，没有给予犯罪分子以应得的惩罚。这样，邪气未曾受到及时的打击，反而更加嚣张和抬头，直接造成监所管教工作的困难和被动。

因此，我是主张上诉审可以判决加重处刑的，原因在于：

(1)因为我国建立二审终审制，乃系出发于维护人民的利益，为了保护社会主义的建设事业，是为了有利于人民，而绝非是为了有利于被告。二审法院审查一审判决在认定事实上、诉讼程序上、适用法律上是否妥当时，其指导思想是要审查该案是否正确地贯彻了党和政府的政策法律，是否准确地打击了犯罪，同时，也审查研究一审是否依法给予被告诉讼权利(如辩护、公开审理、言词辩论……)应该指出：给予被告诉讼权利，也是为了准确地打击犯罪行为。因此，二审绝不是研究被告人的地位是否“恶化”，也就是说绝不是首先从有利于被告与否的角度出发。因为二审法院同样是我们无产阶级专政的武器，而不是被告的法院。为此，二审法院还是要本着“以事实为根据，以法律为准绳”的方针进行审判。对事实不清的，进行调查研究，在确凿的事实基础上作出判决；对处刑偏重偏轻的，依据法律判决恰当的处分。通过这些具体的判决，从而具体地体现了党和国家对刑事犯罪实行“宽大与镇压相结合”、“惩办与教育相结合”、“首恶必办，胁从不问”、“抗拒从严、坦白从宽”等宽严相济的方针政策，正确地贯彻了党和国家的政策法律，从而及时、准确地打击了犯罪分子，有力地分化瓦解了犯罪分子，使犯罪分子受到应得的惩罚，教育了社会上不稳定的分子，维护了我国的法律程序。

同时，二审法院对上诉案件审理的过程，也就是实现对下级法院审判监督的

---

① 熊先觉：“保护刑事被告人的上诉权”，载《政法研究》1956年第4期。

过程。通过这些具体的案件,检查一审法院审判案件的质量,了解一审法院贯彻执行党和国家的政策法律的情况。对处理不当的案件加以纠正,也就是以具体的案例来指导下级法院。因此,二审法院的这种案例,在总的方面来说,应该是全面地体现党和国家对刑事犯罪的政策法律,也就是说,二审法院的判决,不仅要体现宽的一面,也应该体现严的一面(不仅可以减轻一审所处的刑罚,同时也应该能够加重一审所处的刑罚)。

(2)上诉审加重刑罚是否"限制被告的上诉权"呢?根据我国《人民法院组织法》第11条的规定,"人民法院审判案件,实行两审终审制。地方各级人民法院第一审案件的判决和裁定,当事人可以按照法律规定的程序向上一级人民法院上诉,人民检察院可以按照法律规定的程序向上一级人民法院抗议"。这在法律上已明确地规定了被告的上诉权,如果被告人不服一审判决时,是完全可以依据法定程序向上一级人民法院上诉的。有些人认为上诉审如果加重刑罚就会增加被告人的"思想顾虑"的说法,也是不正确的。因为倘若说要考虑到被告人的"顾虑",则当他开始被列为被告时,就产生要受处罚的"顾虑",那么试问他既有"顾虑",一审法院是否为"保障"被告的辩护权就不予处罚呢?是否要等到他消除了"顾虑"以后,才予以处刑呢?很显然,考虑被告的"思想顾虑",还是出发于有利于被告的。为了维护人民的利益,保护社会主义事业,我们当然不必管他有什么"顾虑",在进行政策教育工作后,还是要根据"以事实为根据,以法律为准绳"的原则进行审判,给予其应得的惩罚。一审既然能这样做,为何在二审中就不能这样做呢,难道二审法院的存在是为了保护被告的利益,使他们的"地位"不"恶化"吗?尤其是对无理上诉的人,我们要注意的是使他服罪,而不是无理继讼。这对人民有什么害处呢?当然只有好处!

有人认为,"上诉审加重处刑"就会"限制被告人的辩护权"。我不同意这种说法。因为我们二审是实行实体审理的,二审完全可以开庭进行调查审理。我国《人民法院组织法》第7条已明白规定:被告人有权获得辩护。被告人除自己行使辩护权外,还可以委托律师、近亲属、监护人等为他辩护。也就是说,被告及其辩护人都可以在法庭中对一审判决提出不同的看法,提出对其"有利"的理由来要求从宽或免予处分。足见被告人的这种辩护权利在法律上是受到保护的,在实践中我们也是这样做的。这里同样不发生"上诉审加重处刑"就会"限制被告人的辩护权"问题。

我国这种诉讼原则与苏联的是有所不同的。在苏联,二审是不实行实体审理的,是以一审法院审理案件的书面材料作为审理案件的根据的。又据《苏联法院组织法》第16条具体规定,根据审判监督程序审理案件时,辩护人是不准许参加最高法院的审判的。因而，苏联最高法院全体会议在1950年12月1日《关于消除法院依上诉审程序审理刑事案件工作中的缺点》中第26条规定："只有根据检察长的抗议而撤销判决时，第二次审理案件时才可以加重刑罚；同样，只有在具备检察长的抗议时，上诉审才可因刑罚过轻而撤销判决；如果检察机关对判决没有提出抗议，上诉审无权因刑罚过轻而撤销判决。"具体地说，被告提起上诉的案件改判刑罚，不得较重于原判决。倘若是检察机关提起抗议的案件，上诉审发现处刑太轻时，也只能撤销原判决，发交另一个人民法院重审。

苏联这样做，是根据它的具体情况的。我国二审既实行实体审理，可以开庭进行调查研究，而不仅是对被告的书面材料加以审查，同时又允许被告人或其辩护人出庭辩护，因而，二审可以加重处刑，这并不限制被告人的上诉权和辩护权。

基于上述理由，我认为上诉审也应该可以加重处刑。这样做有两个好处：

(1)可以及时打击犯罪，加强专政。当二审法院受理上诉审案件时，发现一审适用法律不当、处刑显属偏轻时，不必再用裁定撤销原判决，发回原审法院更审，而是由二审法院撤销原判，判决加重刑罚。这样可以迅速结案，及时打击犯罪。如1957年大鸣大放时，不少的反革命分子和刑事犯罪分子以及他们的家属，纷纷上诉，其中绝大部分是无理申诉，有的原判就是偏轻的。如上海市高级人民法院1957年2月以前，每月受理的上诉案约二三十件。大鸣大放以后，上诉案逐月上升，譬如1月的上诉案仅有32件，而2月即上升为226件，3月竟达386件。当时法院立即采取措施，进行了一些政策教育工作，上诉案的数字才有所下降。据后来审查发现，其中绝大部分是无理申诉的。如有一反革命分子，一审轻处免予刑事处分，还安排他在学校里当教员，可是他仍不知悔改，一方面到法院大吵大闹，上诉要求撤销原判；另一方面写信给右派分子黄绍竑，要求黄支持他"饬令"法院"宣告无罪"、"赔偿损失"，还狂妄地要求"归队"到法院。又如，另一个反革命分子，历充国民党的伪推事、检察官、首席检察官、法院院长、特刑庭审判官等，任职期间曾肆意判处无辜人民和爱国人士的徒刑(1948年曾判处一共产党员死刑)，解放后他还有破坏粮食计划供应、造谣生事等罪行。一审仅判处徒刑10年，显属畸轻，但被告不知悔悟，上诉要求减刑。倘若当时二审法院针对这种情况，对其中原判显属偏轻的案件，立即判决加重刑罚，必然可以及时打下这种邪气，把敌人的气焰打下去。而事实上，在审判实践中，却仍然按"上诉审不能加重处刑"的诉讼原则，撤销原判，发回更审。等到一审加重处刑时，已事过境迁了。因此，允许二审加重处刑，就能使我们的审判人员能够实事求是地更主动更灵活地进行工作，便于及时打击犯罪，加强人民民主专政。

(2)二审法院对一审处刑偏轻的案件撤销原判，并加重刑罚，这样做显然能帮助提高一审法院的审判水平。因为这样做可以全面地体现党和政府的宽严相济的政策,可以树立案例,作为一审量刑的参考。这样就不会使一审仅见到二审改判从轻处理的案件,而不见改判从重处理的案件,造成从轻一面倒的错觉,从而助长有些同志的右倾思想。

总之,我们诉讼程序和诉讼原则,都是为了便于更准确地、更有力地、更及时地打击犯罪、保护人民,而不是为了束缚自己的手脚,也不是使它妨碍我们进行专政。为了巩固人民民主专政,及时有力地打击犯罪分子,使我们的司法工作也大步跃进,我们主张抛弃"上诉审不能加重处刑"的诉讼原则。

我的意见是井蛙之见,希望同志们指正。

(1958 年第 5 期)

驳斥“右派”对联合提名和等额选举的污蔑

华国全*

关于联合提名和等额选举的问题，是“右派分子”在向党向社会主义猖狂进攻中，污蔑我国选举制度不民主的中心焦点。为了彻底击败“右派”，弄清大是大非，这里就“右派分子”的一些主要论点，加以驳斥。这些论点主要有：

1.“右派分子”说，联合提名只有集中，没有民主。我们说，联合提名既民主又集中，是完全体现和贯彻了民主集中制的。

我们一般所说的联合提名，就是指由中国共产党、各民主党派和各人民团体等联合提出代表候选人名单的方式。《选举法》第47条规定：“全国和地方各级人民代表大会的代表候选人，均按选举区域或选举单位提出之。中国共产党、各民主党派、各人民团体和不属于上述各党派、团体的选民或代表均得按选举区域或选举单位联合或单独提出代表候选人名单。”也就是说，任何党派、团体、选民或代表个人，都可以联合提出候选人名单或单独提出候选人名单。邓小平同志在选举法草案的说明中指出，联合提名的方式应该而且可能是我国选举中提出代表候选人名单的主要方式。1953～1954年和1956年的选举实践说明，有领导的联合提名和选民提名相结合的方式，是联合提名的最好方式。

以上海市为例，1956年基层选举提出代表候选人联合名单的过程是：①由区（乡、镇）选举委员会邀集中国共产党、各民主党派、各人民团体和生产合作社的代表人，自下而上进行酝酿，联合或单独提出本区（乡、镇）代表候选人的初步名单。②选举委员会将初步名单按选区提交选民小组讨论；讨论结果，由各选区召开选民小组长联席会议集中研究，报告选举委员会。③选举委员会根据多数选民的意见，确定各选区的候选人正式名单。① 步骤是“先原则，后名单；先干部，后群众”。具体办法是由选举委员会邀集中国共产党、各民主党派、各人民团体和生产合作社的代表，根据各该区的具体情况，商定本区的代表候选人提名

---

* 作者单位不详。

① 1956年上海市第二届基层选举工作细则。1958年上海市第三届基层选举工作细则也有同样的规定。

的原则、办法和名额比例，深入选民，广泛酝酿，调查了解，征求意见，物色代表候选人对象，然后就各方面提出的代表人物，反复协商联合提出初步名单。初步名单确定后，先在干部中讨论研究，再拿到选民群众中去讨论鉴别，最后根据选民的意见，确定联合提名候选人的正式名单，在选举前公布。

做好候选人提名工作，是选好人民代表的关键。选举委员会必须紧紧依靠中国共产党的领导，才能做好这一工作。因为共产党是我们国家的领导力量和核心力量，也是人民民主统一战线的领导力量和核心力量。只有在共产党的领导下才能做好民主协商，从全面出发，照顾各个阶层，提出群众认为满意和必要的代表候选人名单来，保证选好人民代表。

实践证明，采用有领导的联合提名和选民提名相结合的方式提出代表候选人的好处有下列几个方面：

(1)选举的中心目的就是要选出群众认为满意和必要的人来充任人民代表大会代表。有领导的联合提名和选民提名相结合的方式，使候选人的提出，能够充分做到由上而下和由下而上的结合，贯彻从群众中来、到群众中去的群众路线，广泛吸收选民群众的意见。在选民的民主鉴别下，可以充分避免片面地把一些已失去代表性的人或不合乎人民代表条件的人列入候选人名单，同时也可以及时地把在社会主义革命和建设中，不断涌现出来的优秀人物吸收为代表候选人，保证最大限度地做到代表候选人是群众认为满意和必要的人。例如，1956年选举时，上海市闸北区的代表候选人初步名单329人中，经选民讨论鉴别，要求更换45人。区选举委员会研究后，认为选民意见正确、理由充分，应予更换的有18人，其中因工作调动失去代表性的7人，因发现政治历史问题，不宜担任代表的1人，因有严重缺点，或严重脱离群众，为多数选民不满的10人。这样就使得正式的候选人名单具有更充分的群众基础了。又如，上海市1956年选举中，北郊区蒋家桥原先提名时，有一位为群众公认能当代表的合作社干部没有被提上，选民提出意见后，选举委员会根据选民的意见，将他提名为候选人，群众感到非常满意。上海市1956年第二届基层选举，在4957名区人民代表中，新生力量占50.23%，做到了在考虑新老代表的安排上，补充了新生力量，又适当地照顾了老代表。在今年选举中，各地选民提出“选好当家人，领导大跃进”、“要选一个好的社会主义管家人”等口号，认为只有促进派才能当代表，不能选促退派当代表。有些地方还特别在下放干部中挑选政治觉悟高、劳动好、能联系群众的优秀分子，选举他们为本乡的人民代表。

(2)有领导的联合提名和选民提名相结合的方式，可以保证充分照顾各民族、各阶层和地区的特点，使代表候选人名单的提出正确地反映我国阶级力量对比关系和本地区的特点。这样既能体现出我国工人阶级的领导地位，保证工农联盟的巩固，同时也有利于全国人民的团结和人民民主统一战线的发展和巩固，充分体现了我国选举的社会主义民主实质。例如，上海市1956年第二届基层选举，共选举区人民代表4957名，其中包括了工人、农民、青年、妇女、文教、卫生、科技、工商、手工业合作社、农业合作社、摊贩、里弄、宗教、少数民族、华侨等各方面的与其地位相适应的代表人物。又如，上海市长宁区酝酿联合提名时，工商界方面有些人起初对1953年他们名额占1/4，而1956年只占1/5颇有意见，后来他们在研究该区的名额和比例分配方案时，了解中共党员和工人方面减少了80多个名额，而工商界方面实际名额并未减少，就感到满意了。

(3)由于在提名候选人的整个过程中，充分发扬了民主，开展了批评与自我批评，这就使所有的候选人，特别是干部在群众的鉴别下，受到了深刻的社会主义民主教育，对于改进工作，改善作风，起了积极的监督和推动作用。同时也使广大选民能够更好地了解候选人的情况，更好地行使自己的选举权利。例如，1956年第二届基层选举时，上海市普陀区一般选区参加讨论候选人名单的选民比例都达80%～90%。经过讨论鉴别代表候选人的民主教育，选民们对有领导的联合提名和选民提名相结合的方式的民主实质有了较深的体验，认为这是在目前情况下最好的提名方式。有的选民说："联合提名像太阳，个别提名像手电筒。"江宁区有的选民在参加讨论鉴别代表候选人后，认识提高了，表示"现在懂得选不选，权在我们手里，要慎重选举"。在今年的选举工作中，选民们都以整风的精神，用大鸣大放、大争大辩的民主方式鉴别和挑选代表候选人。有的地区在讨论代表候选人时，是通过"比思想、比工作、比作风"的评比运动来进行挑选的。

正是由于有领导的联合提名和选民提名相结合的方式具有上述的作用，它对于团结一切可以团结的力量，调动一切积极因素建设社会主义来说，是具有非常重大的意义的。这从以上所举的事例中已得到充分的说明。

既然联合提名是最符合我国实际情况的，最能反映社会主义民主实质的提名候选人的方法，为什么《选举法》还要规定中国共产党、各民主党派、各人民团体和不属于上述党派、团体的选民或代表也可以单独提出代表候选人名单呢？邓小平同志在关于选举法草案的说明中指出："同时规定选民或代表得有单独提出候选人的权利，使选民或代表能有更多表达意见的机会，这在我们现在的情况下是有益无害的。"这正说明了在我国的选举活动中充分地尊重选民的意见，尽一切可能来保障选民有充分表达自己意见的机会。这充分表现了少数服从多数、多数尊重少数的社会主义民主精神。从这样的规定中也充分说明我国选举制度是真正民主的选举制度。

诚然,在我国的选举实践中,没有单独提出代表候选人名单的情况出现,这是不是说《选举法》关于这方面的规定,只是一种形式呢?不是的。在选举实践中没有出现单独提出代表候选人名单的情况,正是在联合提名的过程中,充分发扬了民主的必然结果。在联合提名的过程中,任何党派、人民团体、选民或代表,有了充分的机会提出自己所熟悉的并认为可以做候选人的人,也有了充分的机会讨论鉴别候选人。如果他所提出的候选人真正是大家认为满意和必要的人的话,那就必然会被吸收到联合名单中去(如上述上海市北郊区蒋家桥的事例);如果他所提的候选人还欠缺当选代表的条件,或不如别人所提的候选人的话,则在大家讨论评比、民主鉴别的过程中,也会心悦诚服地放弃自己原来的意见,转而赞成拥护大家所认为正确的候选人名单了。当然,对于那些反对共产党、反对社会主义的、别有企图的人,如隐藏的反革命分子、反动分子和“右派分子”等是不会满意我们的联合提名的。但是,由于他们在群众中的地位是孤立的,如果他们提出自己认为满意的候选人名单,必然都是一些不为广大群众认为满意和必要的人,这样恰好可以暴露其反动面目,因此他们也就不敢单独提出候选人的名单了。

由此可见,联合提名有很大的优越性。它充分体现了社会主义民主。它完全符合于“在民主基础上的集中,在集中指导下的民主”的民主集中制的要求。

2.“右派分子”说,等额选举是画圈圈,是包办,是形式,不民主,只有多额选举才算民主。我们说,等额选举符合我国情况,充分体现了我国选举制度的社会主义民主。

在《选举法》中没有明文规定我国采用等额选举的办法,但是在中央选举委员会1954年发布的《关于基层选举工作的指示》中指出:“选举委员会提到选举大会上的代表,每个选区的候选人的名额,一般应与当选代表人数相等。”实践证明,等额选举是目前最符合于我国实际情况的民主选举方法。因为等额选举是建立在有领导的联合提名和选民提名相结合的候选人提名方式的基础上的。经过充分发扬民主,由各阶层群众、各党派、各人民团体反复协商评比而提出的联合候选人名单,已集中反映了绝大多数选民的意见,绝大多数选民对于联合候选人名单上的候选人是真心拥护的。这些候选人都是绝大多数选民认为是满意和必要的各阶层代表人物,都是好里挑好的,这就不必再在选举时争取多额选举了。

“右派分子”说:“当选名额为一百人,其候选人名额应扩至一二千人,任凭选民选择。”多列几位候选人上去,在选举时再挑一次,不是更好吗?我们认为既然为了更好地挑选代表，为什么不在讨论酝酿候选人名单时，大家充分地评比鉴别呢？更重要的是我们的选举要求正确体现阶级力量对比关系，要求使各民族、各阶层都能有同他们地位相当的代表参加到人民政权中去，这是广大人民群众的要求。如果采取多额选举的办法，则各民族、各阶层必要的代表就可能有一些不能当选，这也就不能满足广大人民的要求。

"右派分子"说，共产党主张等额选举是为了包办选举，这更是一种恶毒的污蔑。事实上，采用等额选举的办法，也是各方面协商的结果。今后在这个问题上的具体做法，周总理在第一届全国人民代表大会第四次会议上所作的政府工作报告中已经指出，仍然要经由各方面协商决定。而在这次会议上，共产党曾经提出过候选人多于当选名额的具体建议，可是有些代表却不同意这个建议。他们认为这样做会使许多党外人士落选。值得我们注意的是，在不同意这个建议的人中，有一部分就是说我们现行选举制度"不民主"的"右派分子"。①

我们必须进一步指出，如果共产党仅仅从本党成员当选问题来考虑的话，则候选人名额越多于当选名额，就越有利于共产党，因为共产党在全国人民中具有崇高的威信，是全国人民所一致拥护的政党，它所提出的党员候选人是一定会当选的。但是共产党是大公无私的政党，是代表工人阶级利益而又代表全国人民利益的政党，除了工人阶级的利益和全体人民的利益之外，没有一党的私利。因此，共产党是处处从全国人民大团结着想，处处从人民民主统一战线的政策着想，处处从调动一切积极因素加速社会主义建设着想，处处考虑到少数服从多数、多数照顾少数的社会主义原则的。既然等额选举的办法是各方面协商的结果，有利于选举工作，因此共产党在选举实践中，不断教育自己的党员和广大工农劳动阶层自觉地照顾居于少数地位的党派和民主阶层，以求等额选举得到健康的贯彻。共产党的统一战线政策是为广大群众所衷心拥护的，并为群众所自觉执行的。在贯彻这个伟大的政策时，党必须经常不断地结合国内外形势和阶级关系来对群众进行宣传教育，才能收到满意的效果。在选举的整个过程中，共产党自己认真地贯彻了统一战线的政策，也自始至终地向广大人民群众进行了统战的政策教育，不断提高广大人民群众的认识。因此才保证了联合提出的与当选人数相等的候选人名单充分体现了统一战线的要求。这就更说明了"右派分子"所谓的共产党利用等额选举来包办选举，完全是无稽之谈了。

既然采取有领导的联合提名和选民提名相结合的方式，提出与当选名额相

---

① 李由义："论我国的选举制度"，载《人民日报》1957 年 11 月 29 日。

等的候选人,已充分发扬了民主,符合选民的意志,为什么还要进行投票选举呢?而在选举时,还规定选民也可以另选自己愿选的其他任何选民,即使有选民这样做了,他自己所选的在联合名单之外的人也根本不可能当选,这不是形式主义吗?

其实投票(或举手)选举是选民行使选举权利的集中表现,民主协商提出候选人,只不过为最后进行选举提供可靠的民主基础和前提,它不是选举的本身,不能把提名候选人和投票(或举手)选举混同起来。只有两者相结合,才能完整地体现出我国选举制度是真正民主的选举制度。

经过有领导的联合提名和选民提名相结合的民主提名方式提出来的候选人名单,是否真正符合大多数选民的意志,还待最后进行选举来检验。肯定地说,经过充分发扬民主、反复协商出来的候选人名单,绝大多数是正确的、符合广大选民的愿望的。但是在个别选区的选举工作中,也不是没有一些缺点甚至错误的,特别如发扬民主不够,甚至有个别选举工作人员有意无意地压制民主,使得选民在讨论酝酿候选人时,不能充分自由地表达和交换意见,因而列入候选人名单的就不是或不完全是群众真正认为满意和必要的人。在这种情况下,选民就可以在最后选举时,完全或部分地否定掉那些不为自己认为满意和必要的代表候选人。例如,1956年选举时,辽宁省辽阳县有几名乡长脱离群众,为群众不满,虽然被硬列入候选人名单,最后仍是被选掉。该省有的乡,干部强迫命令,群众说:“好吧!咱们开选举大会见。”到时不投候选人的票。这就充分说明,有了民主的提名候选人的制度,又经过选举来做最后决定,就能够充分地保证选出选民认为满意和必要的人来充任代表。同时,也检验了提名候选人工作的好坏和发扬民主是否充分。因此,从保证做好选举工作的要求来看,最后进行选举也是非常必要的。

尽管提出候选人名单是建立在广泛的民主基础上的,但是这样做只是为了便利选民行使选举权利,而不应束缚选民行使选举权利。因此,选民可以不选候选人名单上的候选人,而另选自己愿选的其他任何选民,这正说明了在我们国家的选举活动中,国家是充分保证选民有表达自己意志的自由和行使选举权利的自由的。当然,在经由有领导的联合提名和选民提名相结合的民主方式提出来的候选人名单之外,另行选举其他任何选民,当选的可能性是很微小的。这是由于联合提名具有充分的民主基础和充分的客观可靠性的缘故。但是,仅仅根据当选的可能性来确定可以另选候选人名单以外其他任何选民的规定是形式主义,则是万分错误的。

以上分析,充分说明了我国选举制度中的联合提名和等额选举的办法,在民主实质上和民主形式上，都是完全符合于我国实际情况的。这些办法充分体现了我国选举制度是真正民主的选举制度。“右派分子”集中攻击联合提名、等额选举，其目的就是妄图改变我国社会主义民主的选举制度，实行资本主义选举制度，这是绝对不能允许的。事实证明，这些恶毒的阴谋也已经在广大人民面前被彻底揭露和粉碎。

（1958 年第 5 期）

贪污案件中几个问题的初步研究

杨一平*　李保民**

贪污犯罪在社会主义社会有着敌我矛盾的性质,是属于专政的范畴的。

现在,我们的国家正处于豪迈的、一日千里的社会主义建设全面大跃进的时期,国民经济各个部门的建设都需要大量的资金。由于我们国家的性质,决定着这些资金的来源,主要是依靠内部积累的方法而取得的。可是贪污、盗窃的罪犯,竟以侵吞、盗窃、骗取、夺取公共财物,索取他人财物,收受贿赂及其他假公济私、违法取利的手法来挖我们建设社会主义事业的墙脚。这种行为显然是与我国《宪法》第101条规定的"中华人民共和国的公共财产神圣不可侵犯。爱护和保卫公共财产是每一个公民的义务"直接相违背,和社会主义制度是水火不容的。对贪污犯罪之所以必须以专政的方式来处理,不仅因为它侵占了社会主义财产,还因为贪污犯必然要与反动统治社会残留下来的渣滓——不法资本家、盗窃分子、赌棍、腐化堕落和破坏社会善良秩序与善良风气的坏分子不能分家,并严重地侵蚀和破坏社会主义制度,因此,它和社会主义的基本原则是根本相对抗的。

最近我们参加了上海市一个区的人民法院和人民检察院对该区1957年第四季度至1958年第一季度贪污案件的检查总结。通过对这次案件的检查证明:贪污犯罪对于我们国家的社会主义改造和社会主义建设事业的危害是极其严重的,贪污犯罪的手段也是形形色色的。下面根据这次检查的情况来谈谈贪污犯罪方面的几个问题。

一、贪污犯罪的危害性是极其严重的

贪污犯罪的根本特点是不劳而获地将劳动人民辛勤劳动而积累起来的、进行社会主义改造和社会主义建设的资财,非法地转为己有。据这次所检查的贪污案件来看,它给国家造成的经济上的损失即达101,368.73元之巨。如果我们

* 作者单位:华东政法学院(现华东政法大学)。

** 作者单位:华东政法学院(现华东政法大学)。

将这笔金额用来买双轮双铧犁，可买2112架；用来购买大米可买637,736斤，供10,000人吃用两个多月。贪污分子的犯罪行为不仅给国家和人民造成经济上的巨大损失，影响厂矿、企业的资金周转，妨碍了扩大再生产，而且还严重地影响到职工生产的积极性。有的合作社的公共财产被贪污、盗窃后，因为生产发生困难，就大大地降低了社员生产的积极性，影响到合作社的巩固和发展。有的单位的伙食费、工会福利费被贪污了，更直接地影响到职工的身体健康和文化福利事业的发展。有的职工同志愤怒地说："贪污分子真是喝了我们的血。"从这句话里可以看到群众对贪污盗窃犯的切齿痛恨。

贪污犯侵占国家资财，不论何种物资款项，都是无所顾忌的。他们侵占的资财有电机发动马达、五金原铁、工业电机成品、五金工业零件、自行车零件、贵重药材、应该交公的拾得物（衣料、手表、金戒等）、基本建设经费、医疗经费、房租水电费、出差费、小学生书籍费、工会会费、职工工资、文化娱乐费、伙食费、洗澡费、营养费、养老金、丧葬抚恤金，等等。这些贪污犯盗窃资财的另一特点，是他们贪污所得的赃款，在用途方面，绝大多数是追求资产阶级的腐化生活，乱搞男女关系，大吃大喝和经营投机买卖、地下工厂等破坏社会主义经济建设的行为。更严重的是某些私方人员为了掩盖其贪污罪行，有的故意地将财务账册搞得混乱不堪，有的腐蚀和拉拢职工到地下工厂做工，从而严重地危害了社会主义计划经济的建议，影响到国计民生。贪污分子盗窃国家资财的又一个特点，是他们对于社会主义建设事业乃是抱着敌视、反抗、破坏的政治态度。因此，我们对贪污犯罪的本质，必须要有足够的认识，否则我们就不可能与贪污犯罪作有效的斗争，也就不能有效地保证社会主义改造和社会主义建设事业的顺利进行。

二、贪污分子实行贪污犯罪的原因及我们的对策

贪污犯罪的原因主要的是：

1. 在社会主义改造高潮以后，资本家、小业主多被安排在国营、公私合营和合作社营等部门里，由于他们的资产阶级的唯利是图、损公利私的本质没有完全被改造过来，有的还对社会主义制度心怀不满，不甘于放弃他的腐朽的剥削的资产阶级立场，因此，千方百计地采取各种手段，盗窃国家资财，反抗和破坏社会主义改造和社会主义建设事业的进行。如公私合营××电木工厂私方人员，为了反对公方代表下厂，事先用公款来拉拢和腐蚀职工到酒馆、饭店吃喝，并造谣说："公方代表下厂，事情不好作了。"又如，公私合营××钟表店私方人员在实施贪污犯罪后，于庭讯时竟无耻地说："合营前看人家店都倒挂，政府也给解决了，便

认为自己吃了亏,所以一心想捞一把回来。”再如,××工业私方人员在公私合营前因经营不好,生产发生困难,连工资都发放不了;合营前夕竟私设骗局,纠集厂内人员(全厂9人中,私方人员7人,私方家属2人)私自提高工资,并在合营后擅自发放;屡经领导阻止教育,他不仅不予理睬,反而上书中央及上海市委,歪曲事实,恶意指斥企业领导违反政策,表示非常“愤慨”。由于不法资本家对社会主义制度心怀不满,便必然要从事盗窃国家资财的犯罪活动。正如马克思在《资本论》中所写的,“资本是惧怕没有利润和利润过于微小。一有适当的利润,资本就会胆壮起来。10%会保障它在任何地方被使用;20%会使它活泼起来;50%的利润会引起积极的大胆,200%会使人不顾一切人的法律;300%就会使人不顾犯罪,甚至不惜冒绞首的危险了”。我们所检查的这批贪污案件中,资本家(即私方人员)实施贪污犯罪的就占总人数的55%,占贪污金额总数的75.6%以上。

2. 有些工作人员品质恶劣、腐化堕落而实行贪污犯罪。如有一个电车售票员因乱搞男女关系,腐化堕落而被开除了党籍。但他仍执迷不悟,变本加厉,先后搞了两个女阿飞,一个有夫之妇,终日无心工作,出入酒馆、饭店,每顿饭要花三、五、七元不等。为了讨好姘妇,将贪污所得赃款的大部分买了皮鞋、手表、金戒指、呢大衣、丝棉袄、绒线、皮包、衣料等贵重物品赠送给她,并同去苏州、无锡、松江等地游山玩水。又如,花木公司有一个职工乘出差徐州采购鱼食的机会,先后到北京、天津、青岛、常州、常熟等地游山玩水,挪用了公款321元,因为无力偿还,于是走上贪污犯罪的道路。可见我们和这些腐化堕落、蜕化变质的贪污犯罪分子作斗争,不仅是思想上的斗争,而更重要的是政治上的阶级斗争。

3. 组织不纯、用人不当,是产生贪污犯罪的一个大漏洞。如公私合营××电讯器材厂有一个职工解放前原是一个买空卖空、投机倒把的不法分子,解放后失业在家,吃吃喝喝,无正当职业,后来以私人介绍混进了公私合营××电讯器材厂任采购员,随即进行贪污犯罪。再如同济医院有一个职工,解放前曾依匪伪势力镇压过同济医院的工人罢工。解放后被留用,任该院采购员,曾因反革命罪行被判处管制。在管制期间仍未悔改,继续进行贪污活动,故被开除了公职。后来又被吸收入院,仍任采购员,在短短的时期内竟又贪污人民币二百九十多元。当检察院受案后,该院某科长还说“他能力蛮强”,还问“要不要搞”。言下之意,还不愿或舍不得处罚他。

4. 有关单位的财政制度不健全、不严密也是贪污分子进行犯罪活动的一个客观案件。如过去电车公司一次发给售票员的电车票足够几个月出售,就使犯罪分子有可乘之机。又有的私方人员是经理,又是会计员、出纳员、现金保管员,独揽经济全权,财政制度对他来说根本谈不到什么约束作用。还有的账目长久不清查或少清查,发票保管开发制度不严,随便乱开一通,对实物不清点、盘存等,从而在客观上也就便利了犯罪分子的贪污活动,很容易发生虚报冒领、侵吞公物、大头小尾、涂改单据、收款不入账或支出而不付款、侵吞现金、窃取公物等行为。

上述各点是我们对当前产生贪污犯罪的主要情况的分析。除此以外,还必须提出,人民法院、检察院在过去一个时期曾经存在过的一定程度的右倾情绪,致未能更有效、更及时地揭发和打击犯罪活动,这对贪污犯罪的滋长是有一定的影响的(有些司法机关从侦查到判决的时间,个别案件长的有一年多,少数案件短的有几个月,整风中就有的单位把大字报送到人民法院或检察院去催办案件)。如某厂私方人员利用职务贪污公款1289.40元,案发后百般抵赖,不肯认罪,抗拒坦白,毁灭罪证,庭讯时在事实面前被迫认罪,人民法院竟从宽判处该犯徒刑一年。判决后,贪污分子所在单位提出意见,后经法院复议,改判该犯徒刑七年,群众才表示满意。

为了防止这些犯罪的继续发生,除了进一步加强人事安排、大力开展法纪宣教和政治思想教育工作以及及时打击犯罪外,特根据这次检查中发现的几种主要的贪污犯罪的手段,就如何在财务管理方面加以应对,提出我们的初步意见:

(1)在统一安排私方人员时,最好能改变私方人员既是经理,又是会计员、出纳员的状态,将企业的财务另做专人掌管,纵使需要私方人员掌管时,也应该有所选择,或将现金和收款、支付往来户的账款指定专人监管。其次,各供应单位和销售单位应建立必要的核对制度。就是说,销售单位和购货单位间将往来账款加以经常的核对,如发现问题,应及时加以查究。

(2)掌管财务的人员应对报账的凭证加以严格的审查,并且将发票和收据同时报账,杜绝只拿发票或收据就分别准予报账的现象。同时在以发票和收据报账时,有必要对时间等方面加以审核。在一定期间向记账人核对每次付款的用途、凭证和经手人。其中发现既无付款凭证又无其他原因的,应及时予以查究。

(3)对现金应经常地、不定期地进行盘存,并和账面数字核对。在清点核对库存现金时,如发现现金缺少,就要及时查究。

(4)贪污分子涂改发票日期和扩大金额,一般是由简单的数字涂改为复杂的数字,如“1”改为“4、6、7、9”等,或者将发票上的小数金额改为大数金额。因此,今后企业单位在开发票时可由小写改为大写,如“1”改为“壹”,或用打印的方法,并且紧接金额的前后加上记号,如“人民币×××元整”和“共计×××元整”等，以防止不法分子钻空子。

以上主要是揭发和预防贪污分子在财务技术方面进行贪污的几种主要方法。而根本的问题还不在于财务技术上，而是要依靠我们党政组织的领导，对所属人员经常进行共产主义道德品质的教育，使每个人对公共财产树立起神圣不可侵犯的观念，这才能更好地达到预防犯罪的效果。

三、处理贪污案件应注意的几个问题

我们知道，“一切国家机关、企业、学校及其附属机构的工作人员，凡侵吞、盗窃、骗取，夺取国家财物、强索他人财物、收受贿赂以及其他假公济私和违法取利的行为，都构成贪污罪”。① 可见，构成贪污犯罪的必须具备三个特征：

（1）犯罪者必须是国家工作人员，但在司法实践中，公私合营、厂矿企业中的私方人员、工人以及里弄干部、合作社的社员也包括在国家工作人员之内，我们认为是可以的。因为公私合营厂矿、企业中的财产所有制已起了质的变化，就是说，公私合营厂矿、企业中的财产所有制不是资本家私人所占有，而是国家占有，同样，合作社营的财产是属集体公共所有。显然这些单位的工作人员的工作不是纯私人的性质，而是为了国家和集体工作。所以他们进行侵吞、盗窃、骗取等的犯罪活动，可以被视为和国家工作人员一样，以构成贪污犯罪而给予处罚。

（2）犯罪者是利用自己的职务故意地把公私财产非法地转为己有。

（3）犯罪者的犯罪行为，乃是侵吞、盗窃、骗取、夺取、收受贿赂及其他假公济私、违法取利的行为。

构成贪污犯罪的三个特征是相互统一、缺一不可的，否则便不构成贪污犯罪。据此，我们又可以区别为如下的几个界限：

（1）关于贪污与挪用的界限。对于这一界限若混淆不清，就会影响到揭发犯罪和打击犯罪。也就是说，有的将贪污行为错误地认做挪用，而为贪污分子开脱了罪责；有的把一般挪用的违法行为却认做构成贪污的刑事犯罪。所以区别贪污与挪用的界限，对于司法实践是有重要意义的。关于贪污与挪用的界限，我们初步认为：挪用和贪污都是违法行为；贪污乃是构成刑事犯罪的一个罪名，而挪用便不是刑法中的罪名，但贪污分子是可能利用挪用作为手段而达到贪污的目的。所以贪污和挪用两者必须加以区别。挪用是国家公职人员利用职务，私

① 《中华人民共和国惩治贪污条例》第2条。

自把国家和公共资财在一定时期内加以侵占使用的违法行为。它的重要特点在于行为人主观上没有将国家和公共财产据为己有的目的,而贪污则是国家工作人员利用其职务把国家或公共财产转为己有的犯罪行为。它的重要特点是:行为人不仅侵占了国家或公共财产在一定时间的使用权,而且在主观上具有把财产永久地占为己有的目的。这个特点就是区别贪污犯罪和挪用的一般违法行为的根本特征之一。为了揭发和证实行为人是构成贪污犯罪还是挪用的违法行为,我们认为可以通过诸情节来考察确定:首先,行为人在实施挪用行为时,是在不直接地、不严重地危害国家和公共利益的前提下,并无将国家或公共财产占为己有的目的,而仅以临时使用为目的而使用国家或公共的资财;其次行为人所挪用的资财总数也确实有能力返还,并且已经主动返还或正在返还,或准备返还;最后在行为人挪用公款的用途方面也确实并无假公济私的投机倒把的违法行为,就是说,乃出于正当情况的前提下,可以考虑不认为是构成贪污罪。如行为人为了私利而不顾国家或公共利益,挪用数量较大,并无能力返还,或虽有能力返还,却积年累月不予返还,或者把挪用的公款作为投机倒把、赌博等违法行为的资本时,那就不能再认为是挪用行为了。如有一个私方人员利用职务盗用公款3000余元进行违法经营,牟取暴利6000余元,显然这些行为就不能认为是挪用公款,而应视为构成贪污犯罪及其他的多种犯罪行为。总的来说,分析行为人的行为是贪污犯罪还是违法挪用,就得根据行为人实施挪用公款后有无能力返还,或仅口头表示返还,或者虽有能力返还而并未返还,或虽已返还但却严重地危害到国家、集体利益等情况来加以确定。

(2)关于贪污与盗窃的界限,在司法实践中往往也区分不清。我们认为盗窃罪的特点是公开或秘密地把国家或公共财产占为己有,这种犯罪不论是国家工作人员或公民都能构成,同时在把公共财产非法占为己有的过程中,并没有什么职务可资利用。如××行为人系某厂生产科干部,在晚间私自进入该厂财务科,把出纳员保管现金的铁柜撬开,将要发放的工资现金偷走,这一行为则不是贪污而是构成盗窃罪。至于贪污犯罪的犯罪者则必须是国家工作人员(一般公民只能构成贪污罪的共犯),而且是利用自己职务上的便利,实施了将公私财产永久地转为己有,或因公务收受贿赂等的犯罪行为。例如某行为人系××厂仓库保管员,进入仓库内,将自己所保管的物资私自取出转为己有。这一行为就不是构成盗窃罪,而系构成贪污犯罪。因为行为人乃系仓库的保管人员,依自己的职务将其合法保管的国家资财窃取转为己有,这种行为就是贪污犯罪的一种手段,故构成了贪污犯罪。可见,贪污罪中所说的盗窃,其仍作为贪污犯罪的一种手段,这与一般盗窃罪的盗窃的含义是不同的。

最后，关于赃款用途的问题：贪污分子的赃款绝大部分是用于挥霍、腐化、堕落等方面，同时在这过程中犯罪分子往往也将贪污所得用来从事投机倒把、赌博，或利诱奸淫有夫之妇等犯罪勾当。如果在这种情况下，犯罪分子不仅是构成贪污罪，而且也构成其他的犯罪了。所以在适用刑罚时，就应考虑从数罪并罚的原则加以惩罚。

总之，我们认为贪污犯罪的危害性是严重的。因此今后在司法实践中，必须严厉而及时地打击这种犯罪的活动，尤其是对那些不法资本家的抗拒社会主义改造的行为和贪污成性与屡教不改的惯犯应该予以极严厉的打击，借以开展大张旗鼓的法纪宣传教育，从而发动群众，共同起来与这种犯罪进行斗争，以保证社会主义改造和社会主义建设事业的顺利进行。

（1958 年第 5 期）

法院调解是人民法院处理人民内部纠纷的重要方法

郑 仁*

一

人民法院有"对敌人实行专政和调整人民内部矛盾"①的两重任务，也就有两种不同的工作方法。处理对敌专政的案件，通常只有审判的一种方式，而处理人民内部的纠纷，通常采取两种方式。一种是判决，这虽是强制性的命令，但须伴之以说服教育，才能顺利地得到执行。另一种就是以说服教育、团结生产为基础的调解方式。虽然这种调解协议同样具有强制性，但是它与法院的判决有不同的特点，它是经过说服教育，在当事人相互谅解、自愿让步的前提下缔结的。这样，法院调解就具有以下的优点：(1)能够促进和加强人民内部团结、有利于社会主义建设。(2)能迅速和彻底地解决纠纷、减少诉讼程序，从而节省人力、物力、财力。(3)通过调解，密切法院与群众的关系，教育公民自觉地遵守社会主义的法制，并巩固了人民法院在群众中的威信。因而调解是人民法院解决人民内部矛盾的重要方法。

人民法院以调解方式来解决人民内部的纠纷，并不是一个新的问题。远在工农政权时期就有调解工作，抗日战争时期及第三次国内革命战争时期，各解放区法院更重视调解工作。例如，抗日战争时期太行解放区的磁县、涉县、平顺、井陆四个县，1945年有50%以上的案件是经法院调解结案，其中磁县达99%。又如陕甘宁边区1944年民事案件中调解结案的占48%，轻微的刑事案件中占12%。中华人民共和国成立以来，人民法院始终很重视调解工作，把它作为人民法院审判制度的一个必要组成部分。法院在调解工作中，密切注意克服强迫命令和无原则的"和稀泥"的偏向，把调解与调查审判结合起来。依据政策法律和自愿的原则进行调解。各地人民法院通过调解结案取得了很大的成绩。例如，

* 作者单位：复旦大学。

① 董必武在1957年7月2日第一届全国人民代表大会第四次会议上《关于最高人民法院工作的报告》。

江苏省丹阳县1956～1957年两年中，调解结案的案件占结案总数的30%左右（这里还不包括几乎与调解结案相等的终止诉讼程序的案件），该县1958年3月民事案件中调解结案的已达70%以上。这说明了法院调解工作在处理人民内部矛盾上起了巨大的作用。

二

法院调解虽然不是一切诉讼的必经手续，又不是独立的诉讼阶段，但是，从目前以及今后的发展趋势来看，却是人民法院处理民事案件和轻微刑事案件所不可缺少的一个环节。其理由是：

第一，一般的民事案件和轻微的刑事案件（反映在法律上为权利义务的争议问题）是属于人民内部的纠纷。这些案件包括婚姻、债务、房屋、土地、劳动、损害赔偿等民事案件。此外某些刑事案件也基本上属于人民内部的问题。例如，由于山林水利、河塘等纠纷引起的打闹、斗殴伤害案件，和分案件，以及情节轻微的偶然性贪污、偷窃、侵犯人权等案件。这些虽属人民内部的矛盾，但也反映了当前两条道路的斗争、社会主义的思想与资产阶级的思想之间的斗争、集体利益与个人利益之间的斗争、这一部分人民与那一部分人民之间的斗争。

这里除少数是属于犯罪行为外，一般不应强调惩罚的办法，而可以依据政策法律对当事人进行说服教育，从而完满地解决纠纷。“对可以调解解决的案件尽可能采取调解的办法来解决，只有对那些必须经过诉讼审判解决的，才依法判决”①。

第二，人民法院的调解和审理，在整个审判过程中是相互联系、相互依存的。人民法院在收案、调查、法庭审判，直至判决执行的整个过程中，不仅要弄清案情，作出正确合法的判决，而且还负有对当事人进行说服教育、分清是非、进一步解决当事人思想问题的任务。而法院调解在各个诉讼阶段中恰好承担了该项任务，并能达到诉讼的目的。

由于法院调解首先是在弄清案情的基础上进行的，因此，即使调解不成立，也并不影响法院判决的正确性。其次，在调解过程中，不仅要耐心说服，而更重要的是应具有高度的原则性，也就是使当事人对其民事权利的主张或抛弃，必须要符合于党和国家的政策、法律、法令，同时不能侵犯国家和第三者的利益。这

① 董必武在1957年7月2日第一届全国人民代表大会第四次会议上作的《关于最高人民法院工作的报告》。

种原则性还表现在人民法院对一切有资产阶级思想观点和不法行为的当事人给以严肃的批评和斗争，使他能自觉地认错改过，并在自愿而心情舒畅的基础上达成协议。这样，法院调解的案件就比法院判决能使当事人消除成见，促进团结，彻底地解决问题了。

第三，人民法院密切结合审判工作进行调解的可能性是完全具备的。首先，人民内部的纠纷是要通过说理来解决的。如群众性的由于山林水利而引起的社与社之间的纠纷，如果不依靠群众，不教育群众从集体利益出发，即使判决正确，也不能消除隔阂。相反，如判决稍有偏差就会造成斗殴、妨碍生产等严重后果。其次，有些纠纷案件是属于社会主义和资本主义两条道路的斗争问题，如集体利益和个人利益之间的矛盾，自由经营与计划经济之间的矛盾，更要通过思想斗争，而不是简单命令所能解决的。通过全民性的整风运动，全国人民的政治思想觉悟大大提高，这给调解提供了有利的条件。经过整风，人民法院也彻底地批判了脱离群众、坐堂问案的"官气"，充分发扬了人民法院深入群众、依靠群众解决纠纷的传统的审判作风。如江苏省各级人民法院相互提出：保证绝对服从党的领导，携卷下乡、下厂、下街道、下田畔，深入群众就地办案，并保证对民事案件和轻微的刑事案件经调解结案的要达到80%。人民法院的这种积极性和主动性，还体现在我国人民审判员的为人民服务、为社会主义事业服务的高度责任感上。他们善于联系群众，与群众同劳动、共呼吸，如有的审判员手携卷宗、肩抗铁锹下乡边劳动、边办案。这样他们和群众在生活上和思想上相接近，不但能更深透地了解情况，而且更善于正确地运用政策法律和耐心地进行说服教育，对法院调解工作也是十分有利的。

第四，法院调解能使人民法院及时解决人民内部纠纷，免除扩大纠纷的后果。"及时"一方面说明了在各个审判阶段都存在达成调解的可能性，从而减少了诉讼程序。另一方面，大大减少了不自愿履行义务，提起上诉拖延纠纷解决的现象，使纠纷得到彻底解决。所以，法院做好调解工作，对人力、物力、财力都可避免浪费，既能提高法院工作效率，又有利于人民团结生产。

三

人民法院的调解方式依审判实践有以下几种：

1. 个别说服动员，解决当事人的思想障碍。

2. 双方当事人自行协议，这方式一般在当事人双方已有初步谅解和心平气和的基础上进行。如在法庭审判阶段，也可根据具体情况宣布暂时休庭，给予双方当事人进行协议的机会。

3. 集体调解,就是将同类性质的案件的当事人召集起来,由审判员讲明政策,然后分别由基层组织的调解委员主持,当事人酝酿,进行协议,经审判员当场审查后成立调解。采用这种方式时,应根据当时当地的案件情况,对症下药,进行政策法纪宣传,及时解决纠纷。集体调解必须发挥调解委员的力量,并紧密地依靠当地党的组织,和与案件有关单位(如妇联、工会等)以及基层干部取得联系和支持,协同进行。

4. 小型辩论会,这是一种依靠群众自己的力量解决纠纷的一种生动的方式。也是人民法院在调解工作中根据“团结—批评—团结”的原则解决人民内部矛盾的具体体现。采用小型辩论会方式进行调解时,应注意下列几个问题:

(1)采用群众辩论的方式进行,调解的目的在于教育当事人和群众,提高思想,促进团结。因此,一般属于思想问题、是非问题的案件都适用这一方式。例如反映出喜新厌旧资产阶级思想的离婚案件、轻微的侵犯合作社财产的偷窃案件等。但是,有关生活隐私案件,一方思想顽固,辩论后只能加深成见影响团结的案件,不适用于这种方式。

(2)辩论会参加的人数不宜太多,一般由主要干部、邻居、与案件有关或了解情况的人、近亲属以及与当事人特别亲近的人参加。他们和当事人有较好的关系,或对当事人有威信,使他易于接受意见,促成纠纷的解决。

(3)准备与组织领导工作是开好辩论会的关键,因此,事先必须与基层干部、调解委员、积极分子进行研究,统一思想,明确要求,防止扩大矛盾、进行斗争的现象发生,引导辩论以理服人。即使调解不成,也有利于判决后的执行。

以上的调解方式是可以采用的。但是,应该指出,不论何种方式,只有在党的绝对领导下,依靠了群众,掌握以事实为根据、以法律为准绳的原则,才能使调解工作生气勃勃地发挥其应有的作用。

四

人民法院对民事案件和轻微的刑事案件进行调解外,还必须加强对人民调解工作的领导和业务指导。人民调解委员会是群众性的组织。从1954年政务院颁布《人民调解委员会暂行组织通则》后,人民调解工作发展和广泛深入到乡村和街道,并且发挥了消弭纠纷、增强团结、减少群众讼累、促进生产的积极作用。这种群众性的调解组织,以群众自我教育的方法来解决人民内部的各种纠纷,具有更重大的意义。例如,句容县在撤区并乡后,建立健全人民调解委员会,做到乡乡有调委会，社社有调解小组，并且由于该县党委的重视和支持，人民法院的加强领导，据初步统计，1957 年全县由调委会处理的纠纷有两万多件。人民群众、基层干部和人民法院对调解工作都很满意。首先，纠纷解决了，使当事人满意。如家庭婚姻纠纷，经调解和好后当事人对调委会非常感激。又如调解小组对不爱护合作社财产以及轻微的偷窃事件进行处理，并由偷窃者向社员公开检讨，提出保证。这种做法受到群众的一致拥护。其次，大量民间纠纷在社里调解小组以及乡调委会加以解决，使乡、社基层干部减轻了工作负担，可以集中精力领导生产。最后，使人民法院收案大大减少，并且及时解决了民间纠纷。如句容县 1957 年有 8 个乡没有一件纠纷送法院处理，1957 年 12 月全县仅收了一件诉讼案。1958 年比 1957 年同时期县人民法院所收的民事案件下降了 80%。可见，人民法院加强对人民调解工作的领导和业务指导，发挥我国民间固有的"排难解纷"的优良传统，是完全必要的。

根据毛主席在《关于正确处理人民内部矛盾的问题》中的指示，我们现在的任务，就要在整个人民内部继续扩大和更好地运用这个方法，要求所有的工厂、合作社、商店、学校、机关、团体，总之，六亿人口，都来用这个方法去解决他们的矛盾。作为审判机关的人民法院，同样应担负起处理人民内部矛盾的任务。至于如何重视和改进调解方式则是值得注意的问题。

（1958 年第 5 期）

当前农村家庭纠纷案件的情况和处理意见

石正凯* 石静斋** 郑清琪*** 柴笑尘****

解放几年来,党和国家在农村进行了一系列的社会改革工作。这些工作的胜利,使农村面貌起了根本性的变化。土地改革后,农村就向社会主义方向组织起来,1956年达到了合作化高潮,现在封建的剥削关系已不存在了,代之而起的是新型的互助合作的社会关系。由于农业合作化的实现,特别是当前全国范围内所开展的群众性的发展农业生产和建设社会主义新农村的高潮,使农村各方面的关系都起了深刻的变化。新生力量正在蓬勃地发展着,而腐朽的东西虽然也顽强地抵抗着,但已逐渐地衰亡下去,最后必然消失。农村的阶级关系、经济关系、婚姻家庭关系以及人们的思想上所起的变化,大大地推动了农村生产力的发展。

一、农村中婚姻、家庭关系的变化情况

农村合作化的实现,《婚姻法》的贯彻,使农村妇女的地位大大提高。现在农村妇女和男子一样,积极地参加了农业社的生产劳动和政治运动。妇女在经济上、政治上和文化上都和男子处于平等的地位。几千年来束缚劳动人民的封建婚姻制度被摧毁后,新的婚姻制度正在不断地发展和巩固。人们都以新的观点来对待婚姻家庭问题。许多青年男女在劳动中建立起真正的爱情,都能以正确的态度对待家务,抚养小孩和赡养老年人。许多旧式的夫妇关系也得到了改善。农村中出现了大批和睦团结的新家庭。

人们的思想往往落后于现实。落后的思想还阻碍着人们前进。封建的思想残余和资本主义思想常常在不健康的人们思想上作祟,引起婚姻、家庭关系的纠

* 作者单位不详。
** 作者单位不详。
*** 作者单位不详。
**** 作者单位不详。

纷。陕西省安康地区各级法院在1957年所受理的婚姻案件数量，虽然比历年有所下降，但在整个民事案件中仍占相当的比例。从所受理的婚姻案件看来，离婚的原因是多种多样的：

1. 父母包办强迫婚姻。残余的封建婚姻制度对一部分人，尤其是对老年人和中年人有着很深的影响，他们还迫使儿女与素不相识或者根本无爱情可言的人结婚。这种强迫包办的婚姻剥夺了儿女的幸福生活，使家庭不和睦。如罗某（男）1955年14岁时，经其父母包办，未经本人同意就与袁某（女）订婚，1956年冬季双方未达法定婚龄，没有进行婚姻登记，被强迫结婚。婚后六个月，女方即提出离婚。由于封建包办而造成的婚姻纠纷的案件占全部婚姻案件的5%左右。

2. 资产阶级利己主义。其表现有：光追求个人生活享受，把婚姻建筑在金钱的基础上；朝合暮离，草结草离；乱搞男女关系，利用"婚姻自由"过着荒淫无耻的放荡生活，把自己的"幸福"建立在对方和儿女痛苦的基础上；喜新厌旧，爱年轻漂亮，嫌自己的妻子"土里土气"、"不漂亮"，不惜对多年同甘苦共患难的妻子离婚，另求新欢。如某县百货公司采购员张某于1949年与曾某自愿结婚，婚后形影不离，女方辛勤纺织赚钱供给男方上学。1955年张参加工作后，就翻脸认为妻是农村妇女、长得不漂亮、没有文化等，提出离婚。又如，有些城市的妇女和干部或军人结了婚，夫妻关系一贯融洽。最近由于爱人下放到农村或复员回乡生产，女方嫌农村生活苦，不愿随夫到农村生产，就提出离婚。再就是有些男方得病后丧失了劳动，生活上发生困难，女方不愿同甘共苦，反而要求离婚。由于资产阶级思想作祟所造成的离婚案件，近年来有所上升。

3. 先进思想与落后思想的矛盾。（1）因退社离婚。唐某家系富裕中农，入社后收入没有以前多，要求退社。其妻张某是乡妇女副主任，共产党员，农业社监察主任，一再劝其夫不要退社，唐不但不听，反而殴打张某，并阻止她参加社会活动。从而女方提出离婚。（2）因对方劳动不好而离婚。如吕某一贯不好好劳动，东游西窜，有时还偷人家的东西，入社后吕仍不改，使家庭生活困难。其妻汪某因而提出离婚。（3）一个参加革命工作，一方却在家里，由于所受教育不同，双方政治、思想发展的水平就有距离，产生了矛盾，因而一方要求离婚。（4）有些被判刑的犯罪分子，在劳动机关劳改，其妻思想进步不愿和犯罪分子生活下去，或者因生活发生困难，要求离婚。

4. 农村中还有极少数道德败坏的分子，不遵守国家的法纪，以各种卑鄙恶劣的手段，挑拨他人的夫妻关系，破坏他人的婚姻与家庭，从而引起离婚。

以上这些矛盾，按其性质来说，是社会主义思想与封建思想、资本主义思想的矛盾。这是社会上复杂的阶级关系在婚姻家庭关系上的反映。所以,改变家庭中的关系是和改造社会密切关联着的。

我们对处理婚姻案件的体会是:首先要弄清婚姻关系破裂的主要原因是什么,婚姻关系破裂不能继续维持夫妻生活的程度如何。抓住问题的实质,对双方当事人的夫妻感情、政治、道德的因素,全面地加以考虑;在提高当事人的思想基础上,耐心地进行说服教育后,仍不能达到和好地步时,应依法作出决定,不能一味迁就和好。对判决准许离婚的条件,要做好善后安排工作,如财产的分配、债务的分担、口粮的转移、子女的抚养等问题。其次,在处理婚姻案件时,要明确支持什么、反对什么、打击什么的原则。化消极因素为积极因素。有些婚姻关系本来还好,并非不堪继续生活,但一方为了个人打算而提出离婚。对这样的婚姻纠纷,应对当事人进行思想教育,提高他(她)们的政治觉悟,特别要通过审理指出其要求离婚的思想错误,使夫妻继续和好。对有和好可能的应尽量使其和好,并作出不予离婚的决定。有些离婚案件,一方为了达到个人可耻的目的,造成夫妻间感情不睦,不堪继续生活下去,对这类婚姻纠纷应本着有利于双方当事人,有利于子女的教育,从实际出发,亦应准予离婚。但在审理过程中或判决上对有资产阶级思想的一方要进行严厉的批判,教育本人和周围的群众。最后,对破坏他人婚姻关系与家庭和睦的坏分子,要依法严肃处理,并通过对这些坏分子的处理,广泛地向群众进行守法教育。在处理婚姻案件时,要在当地党政部门的领导下,配合有关单位,对广大群众进行社会主义的教育,使他(她)们能按社会主义的原则处理家庭问题,反对封建思想和资产阶级思想,建立和巩固新的家庭关系,使双方团结互助,抚养子女,勤俭持家,热爱劳动,热爱祖国,热爱社会主义制度。打击和批判封建思想、资本主义思想,建立和巩固新的家庭关系,改造旧式的家庭关系,这将是我们政法机关一项经常的政治任务。

二、农村中扶养关系变化的情况

现在农村中赡养纠纷有上升的趋势。这类纠纷大部分是由区乡政府和当地调解组织以及农业社调解处理的;只有少数情节严重,当事人思想固执,或因调解未成的,才引起诉讼。1957 年安康地区受理此类案件较 1956 年上升 76%。这些纠纷大致发生在如下几种人之间:(1)祖父母与孙子女之间,(2)外祖父母与外孙子女之间,(3)养父母与养子女之间,(4)公婆与儿媳之间,(5)岳父母与赘婿之间,(6)继父母与继子女之间,(7)族房叔侄之间,(8)舅父母与甥男女之间,(9)五代直系血亲的长辈与晚辈之间,(10)义父母与义子女之间,(11)同姓或异姓合家后长辈与晚辈之间。情节是赡养人对被赡养人不顾赡养，要分家别居，或将老年人撵出去，甚至实施虐待。这样，使老年人生活无靠，对自己的晚年生活感觉悲观，个别的发生投河上吊等严重的后果。这不仅造成家庭不和，而且影响到社会秩序。究其原因，主要是几千年来的小农私有心理还残留着，少数落后农民嫌老年人只有消费不会生产，增加自己的负担，借故推诿，拒绝履行对老年人的赡养义务。其表现形式，第一，合作化以前，有些老年人与子女多年分家另住，原以自己的养老地雇人耕种，或将土地出租给别人靠收租维持生活。加入初级社后，仍可靠土地分红维持生活。高级农业合作化的实现，取消了土地报酬。老年人因缺乏劳动能力，要求子女赡养。而子女以多年没有管理过父母的财产，亦未尽赡养义务为理由，不愿赡养。有的老年人有几个子女，子女间相互推诿，不尽赡养责任。第二，农业高级合作化后，取消了土地报酬，实行“按劳取酬，多劳多得”的原则。有些社员家里劳动力少，吃饭人多，生活负担重，因而把年迈力衰，不能参加劳动的父母看做负担，不履行赡养父母的义务。第三，有些人错误地认为高级农业生产合作社实行了“五保”，凡是没有劳动能力或缺乏劳动能力的老年人的生活一律由农业生产合作社包起来，做子女的可以不尽责任或少尽责任。第四，有些社员长期和老年人不和睦，特别是婆媳之间的关系不好，经常发生口角，认为老年人思想落后，因而把老年人弃置一方，不加照顾，有的虽然同居一处却有虐待老年人的行为。第五，有的农民虽然比较富裕，有赡养老年人的能力，但由于严重的自私观念和恶劣的品质，嫌父母不能劳动，对自己没有帮助，把赡养老人看做自己额外的负担，推出不管。

我们处理赡养案件的体会是：

第一，要肯定，子女对父母有赡养的义务，这是《婚姻法》第 13 条所规定的原则。即使有些子女与父母分家多年，过去对父母的生活、财产没有照料过，或有现在家庭负担重、生活困难等原因，但也不能推卸对父母赡养的责任。关于外祖父母与外孙子女之间、继父母与继子女之间、族房叔侄之间、舅父母与甥男女之间、五代直系血亲的长辈与晚辈之间、义父母与义子女之间、同姓异姓合家后长辈与晚辈之间的赡养纠纷，处理意见上有了分歧：有的同志认为根据《婚姻法》第 13 条规定的精神，这些人不属于赡养范围，因而不能以赡养案件论。至于这些人丧失了劳动力，生活上发生困难，乃属社会问题，应由政府和农业社设法解决。另一些同志认为以上案件根据《婚姻法》第 13 条规定，虽不能以赡养案件进行处理，但也不能一概而论。不问青红皂白，一律推由乡区政府或农业社去安置的办法是不妥当的。我们认为：在我国民法尚未颁布前，处理民事案件时应从实际出发，根据具体情况分别考虑，不能机械地引用《婚姻法》第 13 条的规定。对父母以外的人应不应尽赡养的责任，应视长辈对晚辈是否尽过抚养的责任，抚养的程度如何，有没有其他经济上和财物上的关系。如张某在17岁时死了父母，19岁时患肺病长期卧床休养，生活发生困难。邻居乔某（无子）收养了张某，请医治好了他的病，还帮助张结了婚。乔虽未公开对张提出什么要求，但在思想上是要张养老送终。他们相居七年后，乔丧失劳动力，张却将乔夫妻俩撵了出去。乔因而申诉到法院，要求张定期定数地供给他的生活费。法院认为乔的要求是正确的，判决满足了乔的要求，对张撵走乔夫妻的行为进行了批评教育。法院这样的判决受到了群众的拥护。至于以往根本没有任何关系，现因一方生活发生困难，要求另一方赡养而发生纠纷的，就不能作为赡养案件处理，应由农业社负责"五保"，或作为一般社会问题来解决。

第二，如果父母与子女系多年分家另住的，现在要求子女赡养，应尽力调解使他们同居，这样可以改善父母与子女之间的关系，使子女能适当地照顾父母的生活，同时在经济上比分居要节约些。如系多子女的父母，或父母与子女坚决不愿同居的，应根据子女的经济情况和父母劳动力的情况，决定赡养费用的多少，分由各个子女合理负担，不能按子女人数平均分担。对于有一定劳动能力的老年人，应劝他们参加农业社或家庭劳动，以减轻子女的负担。也应教育老年人在生活上要节约，体贴子女的困难，不要脱离实际，过高地要求享受，使家庭不和睦。老年人对于这样的处理一般是满意的。

第三，当子女与父母不能同居时，确定子女定期供给老年人生活费用的标准，除按子女的经济和老年人劳动力的情况外，还应根据当地群众的一般生活水平。支付的办法，可按照农作物的分配季节，由子女亲自按数照付。如子女不能按期照付的，应由农业社从子女的劳动所得内扣除代付，以保证老年人的生活。

第四，对有赡养能力，而把老年人推给农业社去享受"五保"，不愿担负赡养义务的人，应向他们讲明"五保"政策以及子女在法律上应尽的义务，使他们能够尽到赡养的责任。

第五，对有些家庭人口多、劳动力少、生活负担较重的人，一方面教育他不能因生活困难而遗弃父母，不尽赡养的责任。另一方面建议农业社与乡区政府协助解决，例如发给一定数量的贷款，组织副业生产，利用增加收入的办法来解决困难，必要时亦可由农业社或乡区政府予以生活贷款或生活救济。

第六，对个别人，在生活上、精神上对老年人有严重虐待或遗弃行为的，造成不良后果，群众有意见，并已构成犯罪的，应查明事实，根据情节大小，分别依法处刑，以资教育。

第七，应紧密结合农村大生产与各项中心工作，与民政、妇联、文化馆等部门有计划地向群众进行有关政策法律以及赡养老人的共产主义思想教育。使广大人民群众认识到赡养父母、尊敬父母是我国从古到今的优良传统。把赡养老人、尊敬老人,看做衡量人的道德质量好坏的准则之一。对虐待和遗弃老人的行为,在群众中造成舆论上的压力,树立起尊敬老人、爱护老人、关怀老人的社会风气。这样,对预防赡养纠纷的发生会起着积极的作用。各地人民法院都应把这项工作做好,并列为开展司法宣传工作的主要内容。

(1958年第5期)

法律必须服从党的政策

光　博*

一、党的政策和国家的政策

党的政策和国家(或政府)的政策不是一个东西。但在目前情况下,两者之间在本质上并没有差别。我们的党是领导我们国家的唯一的执政党,因此党的政策就是国家的政策。它们之间的差别主要是在形式方面。例如党的政策由党中央制定,它所采取的形式是党的决议和指示等,在贯彻执行的时候靠党的政策的正确性,靠党的宣传教育工作和靠党员的先锋作用来说服并带动人民群众自觉地为它的实现而奋斗,而不是靠党组织直接行使强制力来保证,而国家的政策则在党的领导下由有权的国家机关制定,它所采取的形式是各种规范性的文件,并且靠国家强制来保证它的实现。

我们一般所通用的政策两字,是指党的政策,而不是指国家(或政府)的政策。国家的政策实质上就是一般称呼的法律。因为国家的政策是国家意志(即统治阶级的意志)的表现,而国家的意志"就应当由政权来把它制定为法律,否则,意志就要成为空谈"(列宁)。也就是说,国家的政策必须表现在各种法规(即一般称呼的法律)之中,在法律(精确些说是法规)之外,就没有国家的政策的另外形式。因此说,党的政策与国家政策的关系实际上就是党的政策与法律的关系。

二、党的政策有否强制性

有这样的一种论调流传着:贯彻和执行党的政策不可以用强制力量来保证。据说一把党的政策和强制力联系在一起,即或不说是罪大恶极,至少也是不够体面。在这当中大体上有这样两种人:一是用戴高帽子的办法,企图摆脱党的领导,破坏党的政策,资产阶级"右派分子"属于这一类;二是出于善良的愿望,认为党的政策在贯彻执行中靠它的正确,靠党的工作来说服最广大的群众相信它

* 作者单位:吉林大学。

的正确，从而自觉地为其实现而奋斗，因此用不着强制。前一种人的恶劣企图是非常明显的，不必多说；后一种说法也是不全面的，并且是有害的。许多“右派分子”正是利用某些人所存在的这种认识大做文章，向党进行猖狂的进攻。

我们党的政策最正确地反映了社会向前发展的要求，从这点来看，它具有最大的强制力；它以社会发展的客观规律为后盾，谁要违反党的政策，它必然在历史规律的面前碰得头破血流。这是贯彻党的政策的最大保证，也是党的政策必胜的根本原因。但我们这里所指的贯彻党的政策时是否要以强制力量加以保证，不是这点，而是指的国家强制，即司法强制和行政强制，等等。

那么党的政策在贯彻执行中是否要靠国家强制加以保证呢？答复是肯定的。不论哪一个阶级的政党，在它制定了某项政策之后，它必然要运用由自己所掌握的，并对它能起影响作用的一切组织、机构等物质手段来保证它的贯彻实行。不然，这个政党的存在就没有意义了。我们的党在领导人民取得政权之前，就是运用一切在它领导下的组织和一切可能条件来宣传党的政策，并组织人民群众以直接的革命斗争强制敌人，保证党的政策的贯彻执行。那时，贯彻党的政策的最大障碍就是国民党的反动政权，因此，我们革命的第一步就是首先夺取政权，然后利用政权这一强有力的工具来实现党的各项政策，完成工人阶级的事业。因此，说在工人阶级取得政权以后，党的政策还不能利用国家的强制来保证实施是没有根据的，也是毫无常识的。要是按照这种说法，我们要国家还有什么用呢？

一般说来，在人民内部，由于党的政策代表了全体人民的最根本的利益，这就使得党有可能经过宣传教育工作，使广大人民群众接受党的政策，并自觉地为其实现而奋斗。但是，绝对不可奢望，以为人民中的一切人都会做到这一点，尤其在人民内部还有剥削阶级存在、劳动人民中的旧意识还没有肃清的情况下，这是不可能的。至于对人民的敌人，则根本就不发生说服的问题，对他们只有强制使之服从党的政策的要求。

当然，我们这里所指的强制，是在终极意义上说的。对于人民内部的少数人不遵守党的政策的行为所行使的强制，是在说服的基础上进行的，是在对大多数人说服的基础上进行的。对于人民的敌人，则根本就不许他们乱说乱动来破坏党的政策，否则，立即取缔，予以制裁。

认为党的政策可以遵守也可以不遵守，它只涉及思想觉悟的问题或一般的纪律问题，对违反和破坏政策的人不能行使国家强制的看法，是极端有害的。我认为，在这当中成为问题的只是在实现党的政策时所采取的强制的形式和谁行使强制的问题，根本不存在有否强制的问题。

可能有人会问，这样，我们的法律和党的政策不是没有区别了吗？不然。法律是由国家制定，并由国家强制直接保证其实行，而政策则是由党制定，然后再以国家政权作为保证其实现的重要工具。党的各项主要政策通常都是以建议的形式提交给代表全体人民意志的最高国家权力机关，然后经过讨论被最高国家权力机关自觉地接受（不可能不被接受），使之成为国家的意志，表现在各种法规之中。也正是从这个意义上说来，党的政策没有强制性，它是经过说服教育使全国人民（通过自己的代表）自觉地接受了党的政策。但党的政策一旦被人民所接受之后，人民为了保证体现自己意志的党的政策在社会生活中得到实现，就使之表现在各种法规之中，从而人民意志的贯彻得到了国家强制的保证，也就是党的政策在贯彻中有了国家强制的保证。

与此同时，人民为了保证自己的领导者——共产党在国家中的领导地位（完全是自觉自愿地），还通过自己的代表制定了宪法，把它加以固定。这样，党的政策就具有了直接的强制力量，当然，这个强制力量不是党组织自己行使的，而是全国人民自愿地在共产党的领导下，以自己的国家作为强制工具来保证党的政策实施的。《宪法》第1条第1句规定了工人阶级是我们国家的领导力量，这个领导包括政治领导、组织领导和思想领导各方面。因此，是否接受党的政策本身就是一项违法与否的问题了。

为了贯彻宪法上的规定，一切国家机关必须按照党的指示办事。一般的情况是：国家机关通过自己的活动保证使党的各项重要政策取得法规的形式，然后以强制力保证其实施；或者，各级党委直接向各有关国家机关下指示，各国家机关在接到指示后必须遵照执行，而国家机关在贯彻党的政策的活动中就必然包含了强制在内。这两种情况都要求国家机关对违反党的政策者采取强制措施，并以此向党负责，向人民负责。也就是说，在保证党的政策贯彻执行中所采取的强制，不是由党，而是由人民自愿执行的。

“右派分子”说：党直接向人民发号施令就是违法。关于这点，《人民日报》社论已经作了批判。我们说，党直接向人民发号施令不仅不违法，而且正是法律上的规定。当然，这种发号施令并不是说党要包揽一切，直接发布强制性的命令和各种日常行政事务的指示，而是向人民发布政治任务的号召，这不论是党政联合发布，或是党单独发布都是可以的，而且也是必要的。它是党的一项重要的法律责任。

除此之外，党有时也直接组织人民群众以直接的革命行动来实现自己的政策，这也是一种强制，是群众的强制，它往往与国家的强制结合在一起。

我们在谈到这个问题的时候也应当注意另外的一个极端，即只是强调了强制性的一面,忽略了说服教育的一面。从根本上说来,我们党的政策在贯彻执行时不是靠强制来加以保证,而是靠群众的自觉;但也绝不能忽视政权这一强制工具在保证党的政策中的重大作用,而这本身也正是人民群众自愿接受党的领导的一种表现,即人民自愿以自己的政治组织——国家政权为工具,来保证代表自己根本利益的党的政策的实现。

三、法律必须服从党的政策

我们的国家和法律都是工人阶级手中实行阶级统治的工具,是实现党的政策的工具。我们进行革命斗争,夺取政权,然后又制定法律,就是为了利用这两个重要工具来实现工人阶级的,亦即党的政策路线。因此,为要实现党的政策需要组织某种国家机关时,就组织某种国家机关,需要改变国家制度的某个具体环节也就改变某个环节。对法律尤其如此。当实现党的政策需要法律时,我们就制定法律;当某项法律妨碍党的政策的贯彻时就修改或废除某项法律。这是在立法上实现党的领导的根本方面。这种关系必须明确。我们国家的法律和党的政策的作用是一致的。政策是法律的灵魂,法律只有首先正确反映了政策的要求之后,才能反过来帮助政策的贯彻,否则法律就将失掉其存在的价值。

"右派分子"最仇恨我们按政策办事。他们说我们按政策办事太灵活了,并试图证明我们"有法不依",用政策破坏法律,等等。这些都是恶意的攻击。按政策办事太灵活有何不好。打个比喻,我们的政策好比对敌作战的一挺机枪,在敌情万变的情况下,它越灵活越能准确地打击敌人,难道这不正是人民群众的要求吗?右派分子的意图是想把这挺机枪固定起来,使之失灵,以便只能向一个方向射击,然后他们好从旁边摸上来,这当然是不可能的。其实,按法律办事,实质上也是按政策办事,因为法律不是别的,它正是已经实现或正在实现的方针政策的定型化。我们的实际情况是,有法依法,无法按政策办事(当然有法也仍然按政策执行,两者并不互相排斥)。这正好反映着我国过渡时期的情况变化之大而且快的客观形势,我们绝不能不顾情况而制定许多法律来束缚人民群众的手脚;在革命的暴风雨时期基本过去之后,我们的法律自然就会更加完备起来。但是,即或那样也是并不排斥按政策办事的。按法律办事和按政策办事并不互相排斥,而是一致的,并且首先是按政策办事。"右派分子"想在这里找到进攻的空子,无论是过去、现在或者将来都是妄想。

至于说我们用政策破坏法律更是无中生有,并且这当中也充分暴露了"右派分子"对法律和政策问题的无知。政权在我们手里,我们愿意制定法律就可以制定法律,愿意修改就可以修改,难道我们专为给"右派分子"找借口才用政策破坏法律吗?这岂不是笑话。前面已经谈到,法律必须服从政策,这个服从不仅包括法律的产生、内容、修改和废除是这样,也包括对法律的理解和解释。对法律的适用必须从政策的观点出发,为政策服务,有利于政策的实现,否则都是不正确的。因此,根本就不发生政策破坏法律的事情。不可设想,一个统治阶级会干出这种互相背谬的勾当!

要求政策服从法律本是资产阶级骗人的东西,现在又拿来骗我们了。其实谁都清楚,资产阶级在取得政权以后,就是它们革命的终结,再也不敢前进了。因为再向前进,就是社会主义革命,就要革到它们的头上了。因此,在它们取得政权后,立即制定一套完备的法律以限制人民群众的手足,阻止他们在革命的道路上继续前进,并且也在表面上装出,似乎它们以后的一切政策都不超过法律所容许的范围。但这本身就是它们的法律服从其阶级政策的表现,因为这样做对资产阶级是最有利的。等到帝国主义时期,情况就更加明显了,它们甚至公开破坏法制,以贯彻它们的各项反动政策。对我们来说,既不需要骗人,也不需要用政策破坏法律,法律和政策永远是一致的。法律服从政策,政策又帮助法律的正确执行。

(1958 年第 5 期)

从法律的特殊性来谈法学研究上的厚今薄古

刘家骥*

一、法律的特殊性

法律的阶级性最为强烈,是为当前的阶级斗争服务,这是它的特殊性所在。它只为统治阶级服务,是统治阶级用来镇压被统治阶级的工具。它不可能反映被统治阶级的意志。因此旧法与一般文化遗产不同。文化遗产除掉对人民有害的东西外,还有一些对人民有益的东西。例如古代的艺术作品,虽然是为统治阶级服务,包含不少不健康的内容,但又或多或少地反映人民的生活和要求,暴露地主阶级的黑暗和腐化,有其进步的一面。而旧法之中,除掉一般通用的文字外,是没有什么对人民有益的东西的。

法律是阶级斗争的工具,与政治的关系最为密切。当然,政治不仅表现在法律方面,也表现在全部上层建筑上,如道德上、艺术上等,但是更全面更直接地表现在法律方面。因为只有在法律上,统治阶级才形成自己的意志,并使它具有普遍的强制力。从这点出发,研究历史而谈厚今薄古,与研究法律而谈厚今薄古,也有所不同。古代的历史材料,除主要反映帝王将相统治阶级生活的"正史"外,还有稗史、杂记和民间的资料,可以保存一部分人民的东西,反映历史的真相。至于法律,在人类历史上是始终以阶级斗争的一种政治现象来出现,而不是以文化现象来出现的。所以文化遗产对人民有益的都分,可以谈继承,而对于旧法就要一棍子打死,谈不到什么继承。在法律方面来谈厚今薄古,必须结合中共中央《关于废除国民党的六法全书与确定解放区的司法原则的指示》。这个指示教导我们说:"司法机关应该经常以蔑视和批判六法全书及国民党其他一切反动的法律、法令的精神,以蔑视和批判欧美日本资本主义国家一切反人民法律、法令的精神,以学习和掌握马列主义——毛泽东思想的国家观、法律观……来教育和改造司法干部。"

在法律方面,如果有人认为厚今薄古不等于废古,就是不等于废除旧法,或

---

* 作者单位:复旦大学。

者以为我们所废的旧法乃指国民党旧六法，而不包括封建王朝的法律以及资本主义国家的法律，那么所有这些想法，都是极端错误的。从法律的特殊性出发，“不等于废古”只能理解为向敌人学习。在一棍子打死旧法的前提之下，旧法只能作为极端反动与腐朽的历史资料来批判与研究，因为它不反映当代社会制度和社会性质。可以由极少的一部分人，用马列主义的立场方法来批判和研究，但必须为我国当前的阶级斗争服务。

二、提高警惕，防止旧六法借尸还魂

过去有些旧法学家过分重视封建王朝法律的研究。这从上海法学会科学研究选题登记表中可以看出，从高等学校的科学研究题目中也可以看出。例如复旦大学法律系1957年科学讨论会的七篇报告中，除掉别有用心的“右派分子”杨兆龙的报告以外，有半数题目是与现实阶级斗争没有密切联系的，其中包括《唐律的历史渊源》与《魏晋律的初探》。

在《唐律的历史渊源》一文中，作者作了许多烦琐的考据。唐律是公元652年的法典，已经够古，但作者还要追溯到公元前434年，即唐律一千多年前的《法经》，和公元200年左右的汉律。这种经院式的历史考据，不知道对于现在的阶级斗争有什么实际意义？这篇文章还不是逃避现实的问题，而是宣扬旧法，想使旧六法复辟的问题。这篇文章将唐律说得天花乱坠，说是我们要继承它。文章一开始又大事赞扬罗马法。我们都知道罗马法是资产阶级法律的祖宗。因此在研究古代法律的招牌掩护下，名义上是颂扬唐律、罗马法，实际上却是借它们来招国民党旧六法的魂，想使旧六法复辟。

上述企图，司法部门的个别干部也有过。正如许建国同志所说的，“在法制问题上，他们到处推崇、贩卖旧法，用反动的资产阶级的旧法来反对社会主义的革命法制。宣扬‘旧法可以继承’，把旧法捧为‘历史的宝藏’”①。这也是想使旧六法复辟，不仅是厚古薄今的问题。

由此可见，在法律方面的厚古薄今很可能变为厚旧法而薄新法，走上旧法复辟的道路。过去“右派分子”就是拿什么“法律的继承性”来向人民的新法律进攻的。

---

① 许建国：“肃清旧法观点，克服右倾思想，巩固人民民主专政”，载《法学》1958年第4期。

三、旧国际法同样不可复辟

当然并不是说所有研究古代法制史的人都在宣扬旧法,但生于现实的近代,而逃避现实,却总是不对的。这种现象不仅研究古代法制史的人有之,即研究近代国际法的人也有,甚至也有想使旧国际法复辟的。例如,有人强调近代国际法的所谓"继承性",这不仅是厚古问题,而是一个阶级立场问题。"右派分子"郑斌就曾公然侮蔑中印共同倡议的和平共处五项原则说:"从本质来看,它们只是国际传统的民主原则,并不是什么新奇的东西。"换句话说,1954 年提出的崭新的和平共处五项原则,又是"古已有之"。郑斌所以向和平共处五项原则开火,因为它是近代国际法的精华所在,如果它被打倒,那么旧国际法就可以复辟了。我们不妨研究一下和平共处五项原则是不是真正"古已有之"。

我们并不否认在十月社会主义革命以前,资本主义国家之间以及资本主义国家与封建主义国家曾经共处在一个地球上,但它们能否用和平的政策来共处呢?无论理论与事实都说明这是不可能的。其所以不可能,乃由于资本主义国家与封建主义国家都是剥削类型的国家,它们之间,都是大鱼吃小鱼、小鱼吃虾米的关系。强大的资本主义国家为了扩充市场、追求超额利润,侵略与奴役弱小国家,乃是司空见惯的事。特别到了帝国主义时代,资本主义国家间为了重新分割殖民地,战争趋于白热化,甚至发展到世界规模的战争。可见剥削国家之间,虽共处在一个地球上,但不是和平共处,而是战争共处。它们之间虽有时也表现一种"和平"局面,但这仅是一种休战的状态,目的是准备另一次大规模的战争。所以在资产阶级国际法中,战争法与和平法平分秋色,占了如此重大的地位,不是没有原因的。

真正的和平共处,只是在十月社会主义革命胜利后,才有可能。社会主义国家的对外政策,就是争取和平。这并不是什么暂时的策略,而是对外政策的总方针。这个总方针是由社会主义国家的本质所决定的。社会主义国家的本质与和平有密不可分的联系,因此社会主义国家与资本主义国家或封建主义国家就可能和平共处。从 1917 年就开始和平共处,到现在已经四十年以上,这是铁一般的事实。和平共处五项原则就是根据这些理论与实践而倡议的。所以五项原则特别标明是和平共处的五项原则。和平共处五项原则紧密地结合在一起,互相之间有机地联系,好像光辉灿烂的五角星的五只角一样,是不可分割的一个整体。换句话说,都为了保证和平共处。自从中华人民共和国像巨人一般,出现在国际舞台上,世界上的和平共处更有保证。亚洲两大国所倡议的崭新的和平共处五项原则，与战争共处的资产阶级国际法原则，有本质上的不同，绝不是什么“古已有之”。

如以互不干涉内政这个原则而论，资产阶级的所谓“不干涉”，实质是鼓励干涉，纵容侵略。例如，日本在1931年侵略我国东北，德国、意大利1936年干涉西班牙内政，英国、美国、法国三国都采取所谓“不干涉”政策，来养痈遗患。再以平等互利原则而论，资产阶级所谓“平等”仅形式上的“平等”，而我们的平等，则是实质上的平等。我们对外贸易采取平等互利政策，就是说不是只占别人便宜，使我们富，别人穷。而是要使双方都得到贸易的好处。如社会主义国家与亚非国家进行贸易，就不是采取帝国主义国家所用的“乘人之危”的自私手段，而表现着“救人之急”的友好态度。例如，我国买锡兰的橡胶，曾付出稍高于世界市场的价格，苏联和罗马尼亚卖石油给埃及，也是稍低于世界市场的价格。这种援助不发达国家的真正的平等互利，岂是资产阶级国际法什么民主进步原则所能梦见。

由此可见，今、古、新、旧法律阶级立场不同，法律科学阶级性又如此强烈，如果硬说什么“古已有之”，就会否认法律的阶级性。法律是为政治服务的，是为当前的中国政治服务的。厚古薄今起码会妨碍旧法观点的肃清，不但影响教学与科学研究，而且也使自己的思想改造迟迟不前。当然，厚今薄古不等于废古，而是要在彻底废除旧法的原则下，以当前我国的阶级斗争为教学与科学研究的共同基础。从这个基础出发，也可以用一小部分力量，来批判过去的旧法；从这个基础出发，来批判资本主义国家的反动法律理论。但是重点必须放在当前我国阶级斗争上面，而且特别要结合当前的司法实践，而不是从书本到书本、从理论到理论，只有这样，教学与科学研究才不致迷失方向。

（1958年第5期）

【栏目】 国家与法的基本理论讲话

第五讲 社会主义的法是实现无产阶级专政的工具

王绎亭[*] 石国强[**]

社会主义的法是新的、最高历史类型的法。它与社会主义国家一样,都是由社会主义经济基础所决定,是社会主义上层建筑的重要组成部分,并为社会主义经济基础服务。在本质上它是表现工人阶级领导劳动人民建设社会主义和共产主义的革命意志,它反映共产党和社会主义国家的政策,它的目的是在于保护、巩固和发展社会主义的社会关系和社会秩序,保证消灭剥削制度,建成社会主义和共产主义社会。所以,社会主义的法是工人阶级进行革命斗争,实现无产阶级专政,建成社会主义和共产主义的工具。它与一切剥削者的法是根本对立的。

一、社会主义法的产生

社会主义的法同社会主义的国家一样,都是由于社会主义革命的胜利而产生的。社会主义革命在打碎旧的剥削者的国家机器和建立起社会主义国家机器的同时,也废除了旧的剥削者的法,创立了新的社会主义的法。因此,社会主义的法绝不是旧的剥削者法的继续。

但是,在新中国成立初期,有些旧法人员或有浓厚旧法观点的人,曾经竭力宣扬伪六法的"可用论",企图保存伪六法。这一反动的谬论在司法改革时曾受到严厉的批判。而在1957年整风运动开始以来,资产阶级"右派分子"又乘机大肆宣扬反动旧法的"可继承性",叫喊什么"新旧法应该并重,不能单纯迎接新的,抛弃旧的",企图使新旧法调和。"右派分子"杨兆龙公开地主张反动旧法的"继承性",刘焕文则说:"新旧法律有着极密切的内在联系。"资产阶级"右派分

---

* 作者单位:华东政法学院(现华东政法大学)。
** 作者单位:华东政法学院(现华东政法大学)。

子”为了维护已经被人民革命所摧毁的反动旧法，反对社会主义的法，他们阴险毒辣地把法的形式、法的内容和法的思想割裂开来，掩盖或抹杀法的阶级性，把法看成是超阶级的东西，企图用这种手法来恢复旧法并为旧法“招魂”，以便达到以旧法来代替新法，以反动的政权来代替人民的政权。但是，这种反动的谬论早已被完全揭穿和彻底粉碎了。社会主义的法从其形式和内容来看，都与反动的剥削阶级的法是根本对立的。一切剥削阶级的法都是剥削阶级意志的表现形式，它们这种意志的内容是由它们赖以生存的物质生活条件所决定的。各种剥削阶级的法律虽然各有各的特点，但它们的共同点是都以生产资料私有制和人剥削人的制度为基础的，它们的任务都是为了实现剥削阶级专政，镇压劳动人民，巩固剥削阶级的罪恶统治，并把剥削阶级对劳动人民的剥削和奴役“合法化”。所以，它们的法在阶级本质上是一样的，是一脉相传的。如果说旧法是可以继承的话，只能是这个剥削阶级继承那个剥削阶级的法。因为它们的革命都是一种剥削形式代替另一种剥削形式，新掌握政权的剥削阶级只要把旧的法稍许加以改变，就可以使其为自己的利益服务。奴隶制国家的罗马法之所以能被封建制国家和资产阶级国家采用，就是这个道理。国民党反动政府所制定的六法全书，能够吸收和继承中国历代封建王朝的反动法律，能够抄袭德国、意大利、日本等法西斯国家的反动法律，也是很自然的。因为，它们所需要的是更加有力地巩固其罪恶统治和镇压劳动人民的法律。

社会主义的法完全是另一回事。因为无产阶级革命不是一种剥削形式代替另一种剥削形式，而是要彻底消灭一切剥削制度，建立没有剥削的社会主义社会制度。因此，社会主义的法不能与剥削阶级的法相提并论，必须加以严格的区分。

在各个社会主义国家里，由于革命的具体道路不同，虽然在废除反动旧法的具体步骤上有所差别，但在无产阶级取得政权后，必须坚决彻底废除反动旧法这一根本原理，则是一样的。苏联在十月革命胜利后，曾经在极短的时期内有条件地采用过旧法，但不久（几月后），就把反动的旧法全部废除了。革命的司法机关在审理民事和刑事案件时，所依据的是苏俄中央委员会的法令和社会主义法的意识。

在我们国家，党和劳动人民深知旧法是旧中国占统治地位的少数剥削者压榨广大劳动人民的一套很精巧的机器。所以，在中华人民共和国成立的初期，人民政府就根据党的指示和共同纲领中关于废除国民党反动政府反人民的法律，和建立人民的法律的规定，坚决彻底地废除了一切反人民的法律和司法制度，并在 1952 年又开展了司法改革运动，严格地批判了旧法观点和旧法作风，划清了新旧法律的界限。

所以,我们社会主义的法,乃是在彻底摧毁反动旧法的斗争中,随着人民革命斗争的发展和需要而逐渐发展完备的。

另外,有些人在对待社会主义法的态度上,存在一种虚无主义的思想。他们认为,在无产阶级领导的社会主义国家里,既然要废除剥削阶级的法,那么,也不需要建立社会主义的法。因而,他们主张要取消一切法,不要资产阶级的法,也不要社会主义的法。这种荒谬的论调很快地就被彻底消除了。

我们知道,无产阶级专政的社会主义国家,在废除反动旧法之后,必须建立社会主义的法,这种“毁旧立新”是完全必要的。

首先,在从资本主义向社会主义的过渡时期里,要解决生产关系和生产力的矛盾,就需要社会主义的法保障社会主义经济的建立和发展,消灭资本主义经济和改造个体经济,保证生产关系适应于生产力的发展。同时,在社会主义经济建设中,必须按国民经济计划来组织生产,不断地提高劳动生产率,保证“各尽所能,按劳取酬”的社会主义原则的实现。因而也需要社会主义的法来“对劳动量和消费量实行严格的监督”①。并且在社会主义社会建成以后,也还需要社会主义的法来促进社会主义的经济和文化进一步的发展,为共产主义社会创造经济的和文化的前提。同时从“各尽所能,按劳取酬”的社会主义原则过渡到“各尽所能,各取所需”的共产主义原则,也需要社会主义的法作为准则,教育人民肃清资产阶级思想残余,树立大公无私的共产主义思想。所以,为了保证建成社会主义社会和胜利地过渡到共产主义社会,社会主义的法是绝对必需的。

其次,在这个过渡时期,社会上还存在敌我矛盾和人民内部矛盾。要正确处理这两种不同性质的矛盾,是需要社会主义的法作为标准和尺度的。毛主席说:“对敌人说来是用专政的方法,就是说在必要的时期内,不让他们参与政治活动,强迫他们服从人民政府的法律,强迫他们从事劳动,并在劳动中改造他们成为新人。对人民说来则与此相反,不是用强迫的方法,而是用民主的方法,就是说必须让他们参与政治活动,不是强迫他们做这样做那样,而是用民主的方法向他们进行教育和说服的工作。”也就是说,对反动阶级、反动派和一切反抗社会主义革命,敌视和破坏社会主义建设的社会势力和社会集团,必须实行专政,只准敌人规规矩矩,不准他们乱说乱动,如有违反,就立即依法制裁。对敌人来说,社会主义的法就是管制他们、制裁他们,对他们实行专政的有力武器。另外,在过渡时期里,社会主义国家必须付出巨大的努力来克服旧传统和旧习惯,克服小

① 《列宁文选》(第2卷),莫斯科中文版,第245页。

资产阶级的自发性和无组织性，清除剥削阶级对劳动群众的影响，培养公民对待社会义务、国家义务、公共财产、劳动和纪律的共产主义态度。这些是需要法来保证实现的。所以在人民内部来说，社会主义的法是巩固国家的纪律，维护公共秩序，教育人民树立社会主义的道德观和集体观的重要工具。

总之，社会主义的法是工人阶级领导劳动人民建设社会主义和共产主义所绝对必需的。因为，无产阶级专政要实现自己的任务，既需要拥有社会主义的强制武器，也需要拥有社会主义的教育武器。社会主义的法正是社会主义国家手中的具有这种双重作用的有力武器之一，社会主义的法就是为了这种双重作用的需要而产生的。在它产生之后，就成为巨大的力量，积极地帮助社会主义经济基础的形成、巩固和发展，帮助新制度来消灭旧制度。

二、社会主义的法是工人阶级领导的劳动人民革命意志的表现

社会主义的法是一定的行为规则（规范）的总和。但它不是社会上一切的行为规则的总和，而只是由社会主义国家所制定或认可的那些行为规则的总和。

首先，社会主义的法是体现着对社会实行国家领导的工人阶级的革命意志，这种意志是由生产资料公有制的社会主义经济基础所决定的。它要求消灭一切剥削，建设社会主义和共产主义，要求坚决地镇压敌对阶级的反抗，严格地保护劳动人民的权利和利益。所以社会主义的法就其阶级性来说，是工人阶级的法。社会主义的法反映工人阶级这一革命阶级的意志，也体现着全体进步人类的共同愿望。

在工人阶级领导下的其他劳动者（主要是劳动农民），他们与工人阶级虽然有着一定的矛盾，但不是对抗性的矛盾。因为他们与工人阶级都是被剥削被压迫的劳动者，他们的根本利益是一致的，消灭剥削制度，建设社会主义和巩固社会主义秩序，是他们的共同愿望。因而劳动农民能够接受工人阶级的革命意志，在工人阶级的领导下为实现社会主义和共产主义而奋斗。因此，社会主义的法，不仅体现着工人阶级的革命意志，也体现着工人阶级领导的全体劳动者的革命意志。

苏联建成社会主义社会后，由于剥削阶级已经消灭，苏维埃社会主义的法是反映全体苏维埃人民建设共产主义的意志的。在我们国家和各人民民主国家，由于现在还处在从资本主义向社会主义过渡的时期，剥削阶级还未最后消火，因此，这些国家的法只是反映工人阶级领导的劳动人民建设社会主义的革命意志。

在过渡时期里，社会主义的法是否反映资产阶级的意志。在苏联不存在这样的问题，因为它一开始就对资本家采取了剥夺的办法。但我国对民族资产阶级采取改造的政策，有着既团结，又斗争的特殊联盟关系，我国宪法还在一定的时期内保护资产阶级的合法利益。同时，资产阶级还有代表人物参加人民政权，他们也在通过宪法的会议上举过手，因而有人以为我国的法也反映资产阶级的意志。

这种说法是不对的，资产阶级按其本性来说，是和社会主义根本对立的。我国的法是属于社会主义类型的，是要逐步消灭资本主义和资产阶级的，从根本上来说，它是不能反映资产阶级意志的。

为什么资产阶级代表也举手拥护宪法和参加人民政权呢？毛主席说："这是因为我国的民族资产阶级有两面性。在资产阶级民主革命时期，它有革命性的一面，又有妥协性的一面。在社会主义革命时期，它有剥削工人阶级取得利润的一面，又有拥护宪法，愿意接受社会主义改造的一面。民族资产阶级和帝国主义、地主阶级、官僚资产阶级不同。"由于这一历史特点，民族资产阶级分子绝大部分愿意接受社会主义改造，接受国家的领导和工人的监督，逐步地放弃对生产资料的私人占有，把自己逐步地改造成为自食其力的劳动者。这表明了它们是在逐步地否定其自身之为资产阶级。因而它们拥护我国宪法和人民民主政权，并不等于说，我国的法反映了资产阶级的意志。

其次，社会主义的法是由社会主义国家制定或认可的，并由社会主义国家的强制力保证其实施的行为规则（规范）的总和。

在社会上调整社会关系的行为规则是多种多样的，如道德、礼仪、纪律和不具有法律性质的习惯等规则，这些都不能成为社会主义的法，只有社会主义国家根据社会主义政治经济发展的需要，按照工人阶级的革命意志制定或认可的，具有普遍约束力的行为规则（规范）的总和，才是社会主义的法。这是社会主义的法与其他行为规则的区别所在。

社会主义国家的法的执行和遵守，必须由社会主义国家的强制力来保证。也就是说，对于违反法的规范的人，国家是要按照法律的规定采取各种强制措施的。它对于反抗和破坏社会主义的敌人实行无情的镇压和严厉的惩罚，对于人民内部的违法犯罪分子也要给予制裁。正如列宁所说的，"如果没有一个能强迫人们遵守法的规范的机关，则所谓法便等于零"①。但是，并不能因此得出结论说，社会主义的法的实施主要是依靠社会主义国家的强制力。因为社会主义

① ［苏］列宁："国家与革命"，载《列宁文选》（两卷集，第2卷），莫斯科中文版，第246页。

的法除了对人民的敌人和少数违法犯罪分子必须采取强制措施外，它对于广大人民来说，是进行自我教育的工具。因此，要保证社会主义法的实施，更重要的是逐步地消灭违法犯罪的社会根源和思想根源，教育人民群众提高社会主义政治觉悟，树立守法的风气，发动人民群众与一切违法犯罪现象进行斗争。

任何法都具有国家的强制性，但社会主义的法所具有的国家强制性，和一切剥削者的法所具有的国家强制性有着原则的区别。一切剥削者的法为了保护剥削制度和剥削阶级的利益，压迫和约束占社会绝大多数的劳动群众的行动。而社会主义的法是为了消灭剥削制度，保护人民群众的利益，这种强制作用仅实施于少数人，因而能得到社会上大多数人的拥护。同时社会主义的法不仅有强制作用，对广大人民群众还具有教育作用。这是一切剥削者的法不能也不可能有的作用。

最后，社会主义的法的目的，是保护、巩固和发展有利于和方便于无产阶级专政的社会关系和社会秩序。一切剥削者的法都是保护、巩固和发展对剥削阶级有利的和方便的社会关系和社会秩序，它保护着剥削阶级私有财产的神圣不可侵犯，保证劳动人民安于剥削阶级的剥削，巩固着剥削制度，约束劳动人民的行动。

社会主义的法是建立在社会主义经济基础之上的，它是反映和服务于无产阶级专政的要求，是为社会主义经济基础服务的。社会主义的法保护和巩固社会主义公共财产的神圣不可侵犯的原则；保护和巩固无产阶级专政，保护和巩固工人阶级的领导权和工农联盟；顺利地组织和发展社会主义经济，消灭各种非社会主义经济。所以社会主义的法是保护着革命的利益，保护着各种新生事物，是与一切垂死的没落的东西作斗争的工具。斯大林同志在《论苏联宪法草案报告》中指出，在资产阶级国家里“宪法所以需要，是为了把对于有产阶级惬意而有利的社会秩序固定起来”，在社会主义国家里“宪法所以需要，是为了把对于劳动群众惬意而有利的社会秩序固定起来”①。

综上所述，可以归结出社会主义的法的概念：社会主义的法是社会主义国家制定或认可的，反映工人阶级领导的劳动人民革命意志的，由社会主义国家赋予强制性的行为规则（规范）的总和。其目的是保护、巩固和发展有利于和方便于无产阶级专政、建设社会主义和共产主义的社会关系和社会秩序。

资产阶级“右派分子”却想歪曲和篡改社会主义的法的定义。如“右派分子”杨兆龙说：“讲法律是阶级镇压的工具，这定义今天是否要改一改？中国今

① ［苏］斯大林著：《列宁主义问题》，莫斯科中文版，第681页。

天镇压对象只有百分之几，百分之九十几的人民要不要法律?”首先，我们法律的阶级本质绝不能有丝毫的动摇，只要有阶级敌人存在，别说是百分之几，就是只剩下千分之几、万分之几，我们还是需要对之进行专政的，唯有如此，才能巩固我们的国家政权。其实，在阶级社会中，任何国家的法就其本质来说，都是阶级镇压的工具，不过镇压的对象不同罢了，一切剥削者的法都是镇压劳动人民的工具，社会主义的法是镇压反动阶级、反动派和一切反抗社会主义革命、敌视破坏社会主义建设的社会势力和社会集团的工具。我们认为敌我的阶级斗争在整个建设社会主义的过渡时期都会存在的，并且在过渡时期结束之后，即社会主义建设之后，只要世界上还有帝国主义和资产阶级存在，也就会有反革命分子和反社会主义分子存在，阶级斗争也就会继续存在，作为阶级镇压工具的法也一定要存在。它的镇压敌人、惩罚犯罪、保护人民的任务也就不能取消。其次，是否百分之九十几的人民就不需要法律了呢？我们知道，人民的法律是实现人民民主专政的工具，它有两方面的作用，即对敌人是起着镇压的作用，对人员是起着教育的作用。这两种作用是统一而不可分割的两个方面。因而人民的法律是掌握在劳动人民手中用来镇压阶级敌人的反抗和进行自我教育的工具，这是人民法律的本质所在。

“右派分子”杨兆龙企图改一改人民法律的本质，其目的是想取消人民的法律，使人民在敌人面前放下武器，束手就戮，使敌人无所顾忌地为所欲为。

三、社会主义的法的基本特征

社会主义的法根本不同于剥削阶级的法，它具有以下的基本特征：

第一，确认和巩固社会主义所有制。社会主义所有制是社会主义制度的基础。作为上层建筑重要组成部分的社会主义法，它必须保障社会主义经济的确立、巩固和发展，保障社会主义国家实现发展国民经济的计划。社会主义的法保障社会主义所有制的神圣不可侵犯性，要消灭生产资料私有制，消灭人剥削人现象。

社会主义的法规定每个公民都有爱护和保卫社会主义财产的神圣义务①为了维护社会主义所有制，不仅要打击敌人的破坏活动，而且应该同一切侵害公共财产、损害社会主义所有制的行为进行坚决斗争。也就是，不仅要和一切盗窃分

① 我国《宪法》第101条，《苏联宪法》第131条。

子和破坏分子作斗争,而且还要和那些破坏经济秩序,违反财政制度以及一切贪污、失职等行为的人进行无情的斗争。从这个意义上,可以说社会主义的法乃是保护社会主义财产,提高人民物质福利,教育人民爱护公共财产,与一切破坏社会主义公有制的行为进行一斗争的重要工具。

由社会主义的经济基础所决定,在社会主义条件下,劳动者个人利益与社会公共利益是一致的。社会主义的法严格地保护着国家和社会的公共利益,不断地促进社会主义经济和文化建设的发展。也只有这样,劳动者的个人利益、物质和文化生活水平才能不断提高。维护和发展社会公共利益,绝不排斥关心和照顾劳动者的个人利益。前者的目的正在于不断地满足人民群众的需要,当然,社会主义的法只能保护正当的个人利益,而不能保护违反集体利益的个人利益。

第二,巩固无产阶级专政和共产党的领导。社会主义的法是确认和巩固无产阶级专政的一个重要工具。在社会主义国家建立之初,在立法中首先确认了它的政权性质,确认了工人阶级的领导以及工农联盟为基础乃是社会主义国家不可动摇的原则。我国1949年《人民政协共同纲领》和《中央人民政府组织法》都明确肯定了我国人民民主专政的政权性质。我国第一部宪法,更在开宗明义第1条中明确规定:中华人民共和国是工人阶级领导的、以工农联盟为基础的人民民主国家。在苏联,1917年十月革命的当晚所召开的第二次苏维埃代表会议,首先就确定全部政权归于工农代表苏维埃。这是全世界第一次以法的形式确认和巩固无产阶级的政治统治。

巩固和加强无产阶级专政,还意味着充分发扬人民内部的民主,保障人民的民主权利,保证人民群众能够广泛的参加国家管理。同时对那些危害国家政权和社会主义社会秩序的人实行严厉的镇压与惩罚。我国《宪法》第19条第1款规定:"中华人民共和国保卫人民民主制度。镇压一切叛国的和反革命的活动,惩办一切卖国贼和反革命分子。"社会主义的法不仅要对反动阶级、反动派、反抗社会主义革命的剥削者实行专政;而且还是对流氓、阿飞、盗窃犯、凶杀犯、强奸犯、贪污犯、严重破坏革命秩序以及公众认为坏人的人实行专政的一种锐利武器。

社会主义国家在不同的时期里,人民的范围、专政对象的范围虽有所不同,但是政权的基础是工农联盟,领导权属于工人阶级,这是任何时期都不可改变的。共产党是工人阶级的先锋队和最高组织形式,工人阶级的领导是通过共产党来实现的。共产党是无产阶级的领导核心,没有共产党的领导,就没有无产阶级专政,就不可能建成社会主义和共产主义。因此,巩固共产党的领导,具有头等重要性,社会主义国家的法,都确认和体现了工人阶级和共产党在国家中的领导地位。我国宪法中也有明文的规定。我们不容许任何人来反对、破坏和削弱党的领导。

第三,巩固国内各族人民的团结。社会主义的法是巩固国内各族人民大团结的工具。它用种种法律规定来保护各民族人民的共同利益和团结一致。它不容许敌人来破坏这种大团结。

社会主义的法规定各民族完全平等。其语言、文化水平、经济发展水平的不同,以及其他任何区别,都不能成为辩护民族不平等的根据。一切民族,不管他们过去和现在状况怎样,不管他们人数多寡如何,都应在社会所有一切经济生活、文化生活、社会生活,国家生活方面享有同等的权利。

社会主义的法促进着各民族经济、文化的发展,帮助消灭先进民族与落后民族之间的经济、文化上的不平等,从而帮助先进的社会主义民族的形成和发展。

我国的法始终是实现我国民族政策的工具。《宪法》第3条第2款规定:各民族一律平等。禁止对任何民族的歧视和压迫,禁止破坏各民族团结的行为。我国的法巩固着各族人民的伟大友谊,保障国内各少数民族、人民有参加国家管理的平等权利和自治权利,法律规定各民族都有管理自己内部事务的权利,各民族都有使用和发展自己的语言文字的自由,都有保持或者改革自己的风俗习惯的自由。[①] 从而保证各民族在祖国统一的基础上建立平等、团结、友爱和互助的关系,共同来建设祖国的社会主义大家庭。

资产阶级的法是民族主义的法,它们总是从民族、种族间的歧视和不平等出发的。例如,美国的全部立法都贯穿着狭隘的民族主义的原则。联邦立法和各州立法用种种方法规定有色人种在政治和社会生活各方面不能享有完满的权利,尤其是对黑人的歧视与压迫,黑人在美国动辄便会遭致最残酷的刑罚——毒打甚至处死。

第四,公民的权利和义务的一致性。在社会主义国家,全体公民都是平等的。社会主义的法规定:不分财产状况、民族成分、性别、职业、教育程度和社会地位,所有公民权利和义务一律平等。在社会主义国家,不允许有超越法律的特权分子。

社会主义的法所规定的公民权利和义务有着不可分割的联系:享受权利就必须尽义务,不容许只享权利不尽义务,因为只有履行规定的义务,才能为享受权利创造条件。这与资本主义条件下某些人(少数剥削者)只享有权利,不尽义务或少尽义务;而多数人(被剥削阶级)只尽义务而不能或很少能享受权利的情

---

① 《宪法》第2条、67~72条。

况是根本不同的。在资本主义社会不可能有真正的平等。所以恩格斯曾强调说:“我认为应以‘权利义务一律平等’来代替‘权利一律平等’。平等义务对于我们来说,乃是对资产阶级民主制的平等权利的一项特别重要的补充。是消除这种平等权利的资产阶级专有的意义的一项特别重要的补充。”社会主义的法,体现了马克思主义的这一指示。在确认公民具有广泛权利的同时,也规定具有一定的义务。① 违反社会主义法所规定的义务是不允许的。

社会主义法不以形式上宣布公民的权利为限,而且非常注重实现这些权利的物质条件。例如,我国的法律,在规定公民权利的同时,指出国家要逐步扩大目前尚不充分的物质条件,以保证公民享受权利和自由。② 这充分证明社会主义的法非常注意公民权利的真实性。而不像资产阶级的法那样,只有形式上的规定,劳动人民的权利得不到真正实现。

第五,社会主义的法和共产主义道德的一致性。社会主义和共产主义的道德,都是由社会主义经济基础决定的,它们都是服务于工人阶级的政治的,有着共同的理论指导——马克思列宁主义,都是在共产党的领导下形成和发展起来的。正由于两者的目的和任务上的一致,因此,它们之间的相互关系是相互支持和相互作用的。整个社会主义的法都贯穿着共产主义道德的精神。社会主义的法对人们所要求或禁止的行为,也是共产主义道德对人们所培养或谴责的行为。如我国《宪法》第 16 条规定:“劳动是中华人民共和国一切有劳动能力的公民的光荣的事情。国家鼓励公民在劳动中的积极性和创造性。”这不仅是国家在法律上对公民所要求和鼓励的行为,同时,也是共产主义道德对人们所培养和赞扬的行为。又如,我国《宪法》第 14 条规定:“国家禁止任何人利用私有财产破坏公共利益。”这不仅是法律上所禁止的行为,也是共产主义道德所要谴责的行为。共产主义道德要求人们严格遵守和执行社会主义的法,并教育人民积极地与各种违法犯罪现象作斗争,借以保障社会主义法制贯彻实现。

另一方面,社会主义法也是教育人民、传播共产主义道德的一个重要手段。社会主义的法本身就是公民完善行为的准绳,它规定人们什么事应该做,什么事不应该做,并在人们思想上树立什么是合法的、什么是不合法的观念,因此,社会主义法的实现,必然促使人们的共产主义道德水平的提高。我国法律上就规定了,人民的政法机关,不仅是依照法律惩治犯罪行为,解决民事纠纷,而且还教育

① 我国《宪法》第 3 章,《苏联宪法》第 10 章。

② 我国《宪法》第 91 条。

人民清除旧道德和旧思想，培养和提高人民的新道德和新思想。① 无疑地，这对促进共产主义道德的发展和巩固有着巨大的意义。

应该指出，虽然社会主义的法和共产主义道德是一致的，但并不能因此认为两者是一个东西，因为它们毕竟是不同的社会现象，尚有其自身的特点。两者的基本区别是：(1)表现的形式和强制的方法不同。社会主义的法是经社会主义国家制定或认可的，以一定的法律形式表现出来，并由社会主义国家赋予强制性。共产主义道德是劳动人民为争取实现共产主义斗争中形成的，它存在于人们的意识中，体现在人们的相互关系中。它是由社会舆论、社会指责和人们内心信念的力量来保证实现的。(2)调整的范围不尽相同。共产主义道德调整的范围比较广。可以这样说，任何违反社会主义法的行为，必然是违反共产主义道德的行为，但是，违反共产主义道德的行为，不一定都是违法行为。因为在人们的相互关系中，有许多关系不是而且也不可能由法来调整的。如友谊、爱情、家庭生活等方面的关系，部分或全部地是由共产主义道德来调整的。

以上所列举的这些特征，贯穿在整个社会主义的法之中，它们是相互联系、互为条件的。当然，这里所列举的一些是最基本的，换言之，实际上并不限于这些。其他例如，无产阶级国际主义、社会主义人道主义、巩固民主集中制、保卫世界和平，等等，也是社会主义的法所体现着的特征。

（1958 年第 5 期）

① 《宪法》第 100 条，《人民法院组织法》第 3 条第 2 款。

第6期

纪念《关于正确处理人民内部矛盾的问题》发表一周年

编　者*

一年以前,毛主席发表了《关于正确处理人民内部矛盾的问题》一文。这是为即将到来的社会主义建设高潮准备了思想上和政治上的基础,也是为当时正在党的领导下,在全国范围内开展着的整风运动,提出方针指示,是一篇有历史意义的伟大文件。

一年多来的整风运动,经过大鸣大放、大争大辩,经过激烈的反右斗争,经过"双反"和交心运动,反复破立、步步深入、兴无灭资、又红又专,人们在政治上和思想上有了空前的提高。于是整掉三风、五气,纠正了各种错误倾向,思想解放,干劲大增,国家工作改进了,工农业生产力就大大地向前跃进,技术革命和文化革命到来了。这一切有一条纲,就是分清了两类矛盾的性质,正确处理了人民内部的矛盾。

两类矛盾的学说,是毛主席从中国革命的实践中总结起来的,是理论联系实际的典范。它早于民主革命时期在解放区的实际工作中提出了的,从1949年的《论人民民主专政》到1956年的《论十大关系》的报告发表的时候,这一伟大学说就已基本构成了。经过一年来的整风运动和最近的社会主义建设的总路线的贯彻,它更在实际工作中起了巨大的作用。

正是由于两类矛盾的学说贯彻了中国革命的实际,也就发展了马克思列宁主义。关于无产阶级专政和社会主义国家的职能等问题,在两类矛盾的学说中向前发展了。尤其是关于人民内部矛盾和解决这一矛盾的民主集中制的理论,是毛主席所大大发展和充实了的。毛主席指出人民内部矛盾在社会主义社会中是会大量存在和长期存在的,只有正确解决了人民内部矛盾才会推进社会的发展。关于矛盾转化的问题,毛主席说,矛盾的性质是会转化的,在一定的条件下,处理不得当,非对抗性的矛盾可以转化为对抗性的矛盾,处理得当,坏事也可以变成好事。我国民族资产阶级就是在工人阶级的强大力量和正确领导下而成为非对抗性的因素的。而以解决人民内部矛盾的方法去处理资产阶级右派,在目前的形势下,能够化消极力量为积极力量,使绝大多数的"右派分子"开始接受

* 作者单位:《法学》月刊社。

改造。这是马克思列宁主义在我国实际问题上的辩证的运用,也就是它的发展。

马克思列宁主义是指导无产阶级革命的富于战斗性的科学,对于马克思列宁主义的发展,正是发挥这一战斗性,而不是减弱这一战斗性。学习两类矛盾的学说特别要反对修正主义。修正主义和资产阶级"右派"的各种各样的谬论,正是资产阶级和帝国主义的政策的产物,对工人阶级的斗争活动是一种有破坏性的毒素。学会辨别香花和毒草,善于识别修正主义,并无情地铲锄毒草、批驳修正主义,是辨别两类矛盾、彻底进行两条路线斗争的重要内容。

两类矛盾学说指导着社会主义革命和社会主义建设的各项工作,指导着一切科学理论,同样也指导着政法工作和政法科学。政法工作是关于阶级斗争的工作,对敌人实行专政、同时调整人民内部纠纷。它有专政的一面,也有民主的一面,二者是相辅相成而不可分割的。因此,学习两类矛盾的学说,并把它正确贯彻到实际工作和理论研究中去,对从事政法工作的同志来说,更加显得重要。我们只有根据两类矛盾的学说来分别案件的实质,根据两类矛盾的学说来掌握政策法律,根据两类矛盾的学说来检查工作和总结经验,才能把工作做得正确。政法工作者掌握了两类矛盾的学说,就成为一种物质力量,推动工作向前发展。

政法部门经过一年来的整风,在反"右派"斗争之后,普遍地检查和批判了"右倾"思想、旧法观点和修正主义、教条主义和经验主义,依靠群众,充分运用两类矛盾的学说来办理案件和刷新理论,大大改进了工作方法,提高了工作质量。在对敌斗争上,加强了专政思想,正确地运用惩办与宽大相结合、时紧时松、宽严相济的政策,从而打击和分化了敌人,获得了专政的巨大效果。在解决人民内部矛盾上,运用了大字报、辩论会等民主方式,推行了爱国公约、调处委员会等设施,并且下里弄、下农村,废除一切不便人民、妨碍生产的程序手续,加强了说服教育和法纪宣传,及时解决了人民的纠纷,防止了案件的扩大和转化,大大加强了人民内部的团结。这些改革,都是根据两类矛盾的学说来实现的。

毛主席的学说和实际运动的发展,就形成了党的八届二中全会所决定的鼓足干劲、力争上游、多快好省地建设社会主义的总路线。在这个总路线的照耀下,我国的工农业生产力和技术革命、文化革命将声势更加壮大地向前突飞猛进。为着使政法工作更向前跃进一步,从事政法工作的同志还要充分体会毛主席的学说,实现总路线的精神。这就是:

1. 政治挂帅,红透专深。也就是绝对服从党的领导,巩固无产阶级专政的思想,学习理论,加强工作的政治性、思想性,明确工作的目的性和规律性,高瞻远瞩，把工作提高一步。所有旧法观点、“右倾”思想和脱离政治的把政法工作视为技术性的工作、单纯依法办事的观点，都应该彻底予以克服。

2. 思想解放，敢破敢立。要反对教条主义和经验主义。不要迷信书本、迷信专家、迷信古人和洋人、迷信自己过去的经验。不要死守陈规旧章，不要死抠法律条文。要吸收新鲜事物，敢想、敢说、敢做。只要有利生产、有利人民、有利人民民主专政，方向对头，便可大胆创造。兴无灭资，破旧立新，不断创造，不断跃进。

3. 厚今薄古，边干边学。厚今薄古是重视中国的现实，重视发展着的客观形势。边干边学是从工作中学习，学习不脱离工作。两者结合起来，便是学习把马列主义的普遍真理和中国的具体实践相结合的毛泽东学说。要学习毛主席的学说和思想方法，才富有马克思列宁主义的实践意义。

4. 学习理论，联系实际。联系实际，是联系生产、联系斗争。从实际工作来发展理论，以理论指导实际工作，既反对脱离实际的空头政治家，又反对迷失方向的实际家。实际工作者要从事理论研究，理论研究者要面向实际。在“大跃进”中，人们提出了许多实际问题，创造了许多宝贵的经验。把这些问题和经验加以解决和总结，便能丰富、发展革命的理论。

政法工作是上层建筑，归根到底，是为经济基础服务的。加强专政，为的是扫除障碍，防止破坏，保障社会主义的建设。扩大民主，为的是发挥人民群众的积极性，团结力量，鼓起干劲，促进社会主义的建设。一切政法工作者，必须在整风的基础上，在工作大跃进的基础上，进一步学习毛主席的伟大精神，“学习他在实际工作中时时刻刻应用马克思列宁主义、应用辩证法和唯物论的榜样，学习他把马克思列宁主义的普遍真理同中国革命的具体实践相结合、把严肃的原则精神同生动的独创精神相结合的榜样，学习他同亿万群众在一起、看到了正确方向、抓住了真理、就为真理而奋斗、势如破竹、所向披靡的榜样”。把政法理论不断发展起来，把政法工作不断提高起来，巩固我们的人民民主专政，保障和促进工农业生产的“大跃进”，为贯彻执行社会主义建设的总路线而斗争！

（1958 年第 6 期）

民法既解决人民内部矛盾，也解决敌我矛盾

张企泰*

一

民法处理人民内部矛盾，是否也解决敌我之间矛盾——对敌人实行专政？现在有着不同的看法。

一种意见认为民法不是对敌人实行专政的，它主要是解决人民内部矛盾，保护人民的民主权利。他们举了一些例子，表示对于民法也是专政武器的看法，有所怀疑。例如有些地下工厂，挖雇在业职工，盗用合营企业资财，私方在职人员"走回头路"，反抗社会主义改造。这种情事，政府当然要严加取缔，并予不法资本家以刑事处分。但这完全是个刑法问题，而不属于民法的范围。又如地主向农民倒算，如起初对案情性质内容不详，做民事案件处理，经详细查明后，给予地主以刑事处分，这又是个刑事问题。因此，他们说民法本身是不发挥对敌人专政的作用的。

另一种意见认为民法是为无产阶级专政服务的。他们的论点是：法律是统治阶级意志的反映，无论民法、刑法都是无产阶级专政的工具。而民主和专政又是一个问题的两方面：保护了人民的民主权利，也就是对敌人加强了专政；加强对敌人的专政，也就是更好地保护了人民的民主权利。因此，整个民法都是为无产阶级专政服务的。根据这种意见推论，可知民法并不是直接对敌人实行专政的。

最后一种意见认为民法有一部分是解决人民内部的矛盾，有一部分是对敌人实行专政的。因为民法中规定的权利只有人民才能享受，对敌人是要加以剥夺的。

我基本上同意最后一种意见，但不完全赞同它的提法。

首先，上列第二种论点，认为民法为无产阶级专政服务，这是正确的。不但

---

* 作者单位：华东政法学院（现华东政法大学）。

民法，任何法的部门，都要为无产阶级专政服务。不但是法，如艺术、哲学等也都要为无产阶级专政服务。不仅是我们的意识形态和法律制度，我们每个人的一切工作和一切活动都是为着发展生产力，巩固社会主义的经济基础，加强我们的人民民主专政。因此说民法为无产阶级专政服务，是显明的道理，没有人会有不同的意见。但这没有说明本文的问题，它还得出一个结论，就是民法不直接对敌人实行专政。这和第一种论点基本上是一致的。

二

专政的对象是敌人，这是肯定的。毛主席写道："专政的制度不适用于人民内部。人民自己不能向自己专政，不能由一部分人民去压迫另一部分人民。"

在现阶段，谁是敌人？毛主席说得很明白："一切反抗社会主义革命和敌视、破坏社会主义建设的社会势力和社会集团，都是人民的敌人。"又说："为了维护社会秩序和广大人民的利益，对于那些盗窃犯、诈骗犯、杀人放火犯、流氓集团和各种严重破坏社会秩序的坏分子，也必须实行专政。"

凡是国家内部的敌人，除了还未被发现的掩蔽的暗藏敌人外，大多数是被判了罪的。判罪是人民法院的职权。但在群众性运动中，也可由群众来判定。例如，在土改过程中，在人民政府领导下，以民主方式来评定地主的阶级成分；在这次整风运动中，群众决定对反党、反人民、反社会主义的分子，戴上资产阶级右派分子的帽子。

解决国内敌我之间矛盾的方法就是对敌人实行专政，专政的最有效的办法是管、关、杀。但是专政的办法，是否只有这些呢？如果说只有这些，就难怪有些人除看到刑法之外，不再看到其他法的部门（包括民法在内）能对敌人实行专政了。

管、关、杀固然是对敌人实行专政的主要表现形式，但除此之外，还有并且必然还有其他的表现形式。毛主席就解决国内敌我之间矛盾写道："例如，逮捕某些反革命分子并且将他们判罪，在一个时期内不给地主阶级分子和官僚资产阶级分子以选举权，不给他们发表言论的自由权利，都是属于专政的范围。"其中不给选举权，不给发表言论的自由权利，已经不是单纯刑法的问题了，然而能不能说这些办法，不是直接对敌人实行专政呢？尤其不给发表言论的自由权利，乃等于剥夺了敌人的出版权，这恰恰同时是一个民法的问题。

毛主席以上的提法，据我的理解，是例示而不是列举，除了管、关、杀，除了不给选举权，不给发表言论的自由权利以外，一定还有其他的办法（其中有些是属于民法的范围)。否则对于敌我之间矛盾的解决,不可能做到彻底。

只要设想一下:敌人只要是进行犯罪的活动,总是要和他人发生一些关系,或者这种活动本身是以民事关系形式表现出来的,譬如发生买卖等民事关系。如对敌人给予人身的处分,毕竟只做到专政的一部分,诚然是主要的部分;此外,还必须对某些敌人的某些财产关系,作为敌我之间矛盾来处理,以此对敌人实行专政。事实上确是这样做的。

例如,去年夏季,资产阶级“右派分子”向党和人民发动猖狂的进攻,某些地主便吓唬农民,要农民将已经在土改时分得的某些财物,低价卖给地主,而成立了买卖契约,或曾向农民借债的,乃就农民过去对地主所欠下的而在土改前已被废除的债务,作为抵消。如果事后农民对地主提起民事诉讼,而在审判中查明地主系对农民进行反攻倒算,那么法院对他判罪之后,对于这种所谓“买卖契约”和债务的“抵消”,是否不加处理而仍然承认其有效呢?回答是否定的。法院应满足农民的要求,确认那些“买卖契约”或“抵消”为无效,判令地主返还农民的全部财物和债款。这些正是民法的问题。地主和农民间的这种矛盾,能否说不是敌我之间的矛盾?法院依民法处理这些问题,能否说不是直接解决敌我之间矛盾呢?

再如,关于地下工厂,如经认定是私方在职人员“走回头路”所非法开设的,情节严重,应依刑法对他判罪。但除此之外,还必须依民法来处理他的某些财产关系。如果是合伙组织的话,应确认其合伙契约无效;其他对外的一切民事关系,按其性质和内容,应认为犯法活动的一部分,也应进行相应的处理。

又如,流氓阿飞殴打他人,毁损财物,或进行诈骗,取人财物,法院除对他们判处罪刑外,同样应判令他们赔偿损害或返还财物。

固然,法院对敌人判罪时,对其有犯罪实质或与犯罪有关的民事活动,总是一起进行处理,但在法律上仍可区分出来,在刑事案件中有民事问题。

以上说明民法是真辅助刑法对敌人实行专政的。

除此之外,民法还独立对阶级敌人实行专政。最显明的实例,是1950年间中央人民政府明令,把解放前农民及其他劳动人民所欠地富的债务,一律废除。债务关系是典型的民事关系,经废除后,地富自不得再请求农民清偿。

又如,在土地改革期间,把所有没收和征收得来的土地和其他生产资料,分配给贫苦农民所有。这就发生了土地所有权关系的大变革。从此地主不得向受分配的农民主张他的已被消灭了的土地所有权,而请求将土地返还。所有关系也是民法调整主要对象之一。能否说土地改革不是当时民法直接对阶级敌人实行专政的表现呢?

必须注意，在这一问题上，民法不但独立对敌人实行专政，并且还得到刑法的辅助。《中华人民共和国土地改革法》第32条规定："为保证土地改革的实行，在土地改革期间……对于罪大恶极为广大人民群众所痛恨并要求惩办的恶霸分子及一切违抗或破坏土地改革法令的罪犯，依法予以审判及处分……"

由此可见，民法是专政的武器。民法解决国内敌我之间矛盾，就是这样的。

不过第三种意见的提法，说"民法有一部分是解决人民内部的矛盾，有一部分是对敌人实行专政的"，我认为未尽恰当。固然民法中关于废除解放前农民对地主所欠的债务，可以说是对敌人实行专政的部分，但是像上面所说的确认某些债的关系无效、损害赔偿、财物返还等是否也是民法中专政的部分呢？不可能。因为这些法律制度也适用并且往往是用来解决人民内部矛盾。因此只能说：民法的任务既解决人民内部矛盾，又解决国内敌我之间的矛盾。

这个提法中还说到"民法中规定的权利，只有人民才能享受，对敌人是要予以剥夺的"，也不尽然，详见下节。

三

民法所处理的敌我之间矛盾，必须产生矛盾的民事关系的当事人一方是敌人，以上所举各例，都可说明这一点。如果双方是人民，当然是人民内部矛盾。

认清敌人，在某些场合比较容易，从而也容易初步辨别矛盾的性质。但在许多场合，便不这么容易。因此必须对具体事件，进行具体的分析。

如果农民向改变了成分的地主出卖某些财物，手续合法，价格合理，从种种方面考察，可认为买主无任何倒算意图，应把它看做合法的买卖。本于这种买卖行为所发生的纠纷，就应认为是人民内部矛盾。又如地下工厂不是留恋资本主义走回头路，不是要破坏社会主义建设和改造的自发工业户，而是家庭副业生产，或失业工人自愿结合的生产自救性组织，也不应作为敌我之间矛盾来处理。再如，农业生产合作社初建的一个时期，曾经有些社员为着个人一时利益要求退社，硬把入社的牲畜拉回出卖。这就必须审慎分析研究：他是有意破坏农业合作化运动呢，还是出于其他原因？——例如发生特殊困难，急需用钱；耕畜价格上涨，有利可图；或者入社不如单干顺心等。如果有意破坏运动而被判定反革命罪名，那么他与农业社之间就财产关系所发生的纠纷——返还牲畜或损害赔偿——应作为敌我之矛盾而依民法来解决。否则便应作为人民内部矛盾来处理。不但处理的结果可能不同，尤其在处理的方法上是截然不同的。

至于矛盾的一方的主体是敌人，是否都是敌我之间矛盾？这一问题有分歧的意见。

一说认为都是敌我之间矛盾。当然我们不能不让敌人到百货公司去买东西,也不能无缘无故把地主的小锄头夺去。不过法律保护他的生活资料所有权与保护人民的生活资料所有权,有所不同。法律保护人民的生活资料所有权,其最终目的,是要在生产力不断提高下,改进人民的物质生活和文化生活。对于敌人,那是改造的问题,因此也是专政的问题。敌人不具有与人民平等的权利。

另一说认为矛盾一方的主体是敌人,不一定都是敌我之间矛盾。必须对这种矛盾,具体分析其性质和内容。如果地主向农民购买些东西,并非倒算,应认为合法。

我基本上同意第二种看法。

固然在敌人没有改造和改变成分之前,他始终是敌人,他和其他人之间所发生的矛盾,从形式上讲,都是敌我之间矛盾。但从解决矛盾的角度来说,这样提法,不一定有什么好处。例如,欠了敌人的债,到期未还,因而发生纠纷。如果就债的关系发生时的种种情况来说,可以认定完全是互通有无的正当合法关系,同时在敌人被判罪后,也没有没收这笔债权。那么现在发生纠纷,并经查明债务人应该还,而且有能力还,便应叫他一次如数还清。这和债权人不是敌人的一样,在处理的结果,都是相同的。实质上这是法律保护合法权益的问题。因此没有必要把这样的纠纷说成是敌我之间矛盾,是专政问题。

说敌人不具有与人民平等的权利,这是完全正确的。不但敌人的政治权利被剥夺,并且某些敌人的民事权利也受到极大的限制。但如果说他到百货公司去买东西,在买卖关系上,他与百货公司不处于平权地位,那是不能同意的。民事关系最重要的特征,就是民法关系当事人间的平权地位。如果他要买鞋子,百货公司毕竟不能硬把帽子卖给他;如果鞋子有瑕疵,百货公司还必须把没有瑕疵的鞋子换给他。

国家既没有把某些敌人的肉体消灭,还"让他们活下去,让他们在劳动中改造自己,成为新人",当然不会把他们的民事权利全都剥夺,并且还要替他们安排改造的条件,强迫他们劳动。如果某些敌人彻底悔悟,自愿接受改造,而在改造中有较好的表现,国家也不会不让他们洗心革面。因此,对他们某些民事权利加以保护,这是有利于改造的。因此在他们某些民事权利受到法律保护的时候,不应作为敌我之间矛盾来处理,已如上述。

对敌人改造的问题,总的来说,是一个专政的问题,这样提法,我完全同意。但将一方的主体是敌人的矛盾,都说成敌我之间矛盾,将矛盾的解决,都说成对敌人实行专政,似乎没有必要。不但没有必要,并且还有问题。两类不同性质的矛盾，在解决方法上，截然不同。解决敌我之间矛盾要用强制的、压服的方法。把上列欠债、换鞋的纠纷，说成敌我之间矛盾，是否就应该用强制的、压服的方法来解决呢？对哪一方实行强制压服呢？

既不是敌我之间矛盾，又不是一般的人民内矛盾，那么这种一方是敌人的纠纷案件，到底是什么性质的矛盾呢？具体的案件要做具体的分析。在上述欠债事例中，矛盾的主要方面是债务人欠债不还，而债务人又是人民，这个矛盾就是人民内部矛盾的性质。在处理时，应采取解决人民内部矛盾的方法，进行说服教育。说服教育的对象是人民，目的是使他守法，遵守社会秩序。这是一种情形。说服教育的对象绝不是敌人，如果矛盾的主要方面的主体是敌人，那就实行专政，而不采用教育说服的方法，同时这个矛盾的性质也是敌我矛盾，而非人民内部矛盾了。上例确认“买卖契约”无效，对地富实行专政，就是另一种情形。

另一方面，在欠债的事例中，毕竟一方是敌人，因此不能把解决人民内部矛盾的全套方法，尤其不能拿团结—批评—团结的方式来适用，因为对敌人是根本说不到团结的。

四

综上所述，民法既解决人民内部矛盾，也直接解决敌我之间矛盾。它有时独立实行对敌专政，有时而且往往是辅助刑法对敌人人身方面的专政措施，而对敌人某些民事权利加以剥夺、限制或者对他的某些民事关系确认无效、责令损害赔偿、返还财物等。民法所解决的敌我之间矛盾，必然矛盾的一方的主体是敌人，但矛盾的一方的主体是敌人的案件不全都是敌我之间矛盾。如果矛盾的主要方面是人民，就是人民内部矛盾性质，应该采用说服教育的方法来解决，如果矛盾的主要方面是敌人，就是敌我矛盾性质，应该采用专政的方法来解决。

最后还须约略地提一下：民法直接对敌人实行专政，与民法调整的对象主要是财产关系，其间并没有什么抵触。被剥夺的土地所有权、被废除的债务、被没收的反革命分子财产所有权、经确认无效的某些债的关系，以及损害赔偿、返还财物，等等，这些都是财产关系，而且正是民法调整的对象。

以上初步意见，很不成熟，希读者指正。

（1958年第6期）

关于劳动教养人员的矛盾性质问题

黄汝坚[*]　肖一华[**]

现在,不论在社会上,在劳动教养单位里,有人提出这样的问题,即"劳动教养人员和犯人有什么分别?""劳动教养人员是不是公民?他们和一般的公民有何区别?是否界乎犯人和公民之间的一种人?"简单地说,就是:我们与劳动教养人员之间,是敌我矛盾,还是人民内部矛盾?

解放以来,在中国共产党正确的领导下,公安和民政部门对游民和社会渣滓的收容改造工作,已取得了辉煌的成就。收容改造了一大批的游民,把大批游手好闲、染有游惰习气、不务正业的人,改造成为爱好劳动、能自食其力、遵守法纪的人。对安定社会秩序、改变社会道德风尚和促进生产,都起了相当重要的作用。

但是,在实际工作中,由于部分同志对劳动教养人员的矛盾性质缺乏明确的认识,少数同志还存在严重的右倾思想。因而在前一时期,在部分劳动教养的单位里,"右倾"的表现是比较突出的。

他们错误地认为:对待劳动教养人员,应和一般公民一视同仁,本着所谓"教育、再教育、耐心地教育"的原则。因而只强调安置救济,忽视了强制性的劳动改造。在这种错误的思想指导下,他们制定了一系列的"大礼拜"、"请假"、"每年十天休假"等不合理的制度,给予劳动教养人员以过分的"民主"和"自由";对于劳动教养人员的违法乱纪的行为,无原则地予以迁就纵容;有的甚至对逃跑、变卖公物、出外扒窃回来的分子,也不予制裁。对劳动教养人员这种宽大无边的做法,在客观上就助长了他们嚣张的气焰。在有的劳动教养农场内,就曾发现劳动教养人员组织小集团,进行强奸、抢劫、纵火、偷窃、诈骗、破坏生产等犯法活动。当地群众对这些人员深恶痛绝,但又畏之如虎,担心"生命、财产、妻女三不保证"。混杂在劳动教养人员中的少数反革命分子,则更趁机活动,造谣生事,涂写反动标语,组织反革命小集团,骚乱请愿,甚至煽动殴打我们的干部。个别检察干部在右倾思想指导下,也因对这些人员的矛盾性质不够明确,因而经常指责劳动教养单位,这样做是"侵犯人权"!那样做又是"侵犯公民权利"!当劳动教养人员的行为已构成犯罪时,却又认为仅是违反"场规",而不依法惩处。

---

* 作者单位不详。

** 作者单位不详。

直至1957年第四季度,在全国范围内开展了政法战线上的反“右倾”的斗争后,才制止了这种“右倾”的现象。

但是,在纠正“右倾”思想后,也有个别的同志,往往不加区别地把劳动教养人员与劳动改造的罪犯同样对待。有的公安、民政干部认为劳动教养等于判处无期徒刑,因而把一些罪该判刑的刑事犯罪分子,也视做劳动教养对象,加以收容。

产生以上情况的重要因素之一,就是因为有些同志不是把劳动教养人员一律视做人民内部矛盾,就是一律认做敌我矛盾,因而在掌握政策上左右摇摆,而在前一时期右倾又是主要的。为了从根本上解决这个问题,我们认为应从本质上弄清我们与劳动教养人员的矛盾性质。

那么,劳动教养人员,根据毛主席的关于两类社会矛盾的学说来加以研究,它究竟是属于什么性质的矛盾呢?我们认为,劳动教养人员在目前通常的情况下,其中绝大部分应该是属于敌我矛盾的范畴,但也有部分是属于人民内部矛盾的范畴。

为了说明这一问题,必须首先弄明被收容实行劳动教养的是些什么人。1957年8月2日公布的国务院《关于劳动教养问题的决定》中明确规定:应当加以收容实行劳动教养的对象属于下列几种人:

(1)不务正业,有流氓行为或者有不追究刑事责任的盗窃、诈骗等行为,违反治安管理、屡教不改的分子;

(2)罪行轻微,不追究刑事责任的反革命分子、反社会主义的反动分子,受到机关、团体、企业、学校等单位的开除处分,无生活出路的分子;

(3)机关、团体、企业、学校等单位内,有劳动力,但长期拒绝劳动或者破坏纪律,妨害公共秩序,受到开除处分,无生活出路的分子;

(4)不服从工作的分配和就业转业的安置,或者不接受从事劳动生产的劝导,不断地无理取闹、妨害公务、屡教不改的分子。

大家知道,我们的国家,目前正处在建设社会主义的时期,它的根本任务在于彻底地完成社会主义革命,从而进一步向共产主义过渡。因此,人们对社会主义革命和社会主义建设事业所抱的政治态度和采取的政治行动,就成为划分敌我矛盾和人民内部矛盾的唯一标准。毛主席在《关于正确处理人民内部矛盾的问题》的文章中指出:“在现阶段,在建设社会主义的时期,一切赞成、拥护和参加社会主义建设事业的阶级、阶层和社会集团,都属于人民的范围;一切反抗社会主义革命和敌视、破坏社会主义建设的社会势力和社会集团,都是人民的敌人。”毛主席在这里为我们精辟地指出了在我国现阶段区别敌我的标准。根据主席这一指示的精神，邓小平同志在《关于整风运动的报告》中，更作了具体的说明。他说："在我国社会主义革命时期，资产阶级反动右派和人民的矛盾是敌我矛盾，是对抗性的不可调和的你死我活的矛盾。城乡各种反革命分子，农村中还在进行破坏活动的地主富农分子，社会上的流氓、阿飞、盗窃犯、凶杀犯、强奸犯、贪污犯、严重破坏社会秩序和严重违法乱纪的罪犯以及公众公认为坏人的人，他们同人民的矛盾也是敌我矛盾。除此以外，都是人民内部的矛盾。"

根据毛主席和邓小平同志对敌我矛盾和人民内部矛盾的分析，我们认为，上述被收容实行劳动教养的人员，基本上可以把他们分为两部分人加以研究。

大部分的劳动教养人员是属于敌我矛盾的范围。这些人员主要是指劳动教养人员中原来是反革命分子、刑事犯罪分子，因情节轻微，过去没有追究他们的刑事责任的；有的是刑满释放有前科的分子；也有的则是没落的资产阶级分子和逃亡的地主富农。他们长期不务正业，有流氓、盗窃、诈骗等违反治安管理的行为，并且屡教不改。他们是社会的渣滓，浸透了剥削阶级不劳而食的恶习，为非作歹，破坏社会秩序，调戏妇女，诈骗钱财，侵犯人民利益，败坏社会道德风尚。他们中也有些是具有劳动能力，但又长期拒绝劳动或者破坏纪律、妨害公共秩序、受到开除处分的坏分子。还有一种是不服从国家的工作分配、不服从就业转业安置，不接受从事劳动生产的劝导，而又不断无理取闹、妨害公务、屡教不改的坏分子。当然，这些坏分子，在我们国家里只占极少数，但如果放任不管，不加适当处理，这种恶劣的倾向就会继续蔓延发展，这种坏分子还可能增多起来，社会秩序就会无法维持，社会主义道德风尚就会被他们败坏，社会主义的建设事业就会受到严重的影响，而且他们又往往会变成反革命分子可利用的对象。据某地有关部门的统计，此类人员一般要占到劳动教养人员的75%左右。如劳动教养人员吴某，出身于地主家庭，解放后一贯对政府不满，在被所在企业单位开除后，经常散播反动言论，到处游荡，经当地政府几次批评教育，并动员其参加农业生产，但吴拒不接受，一再谩骂政府工作人员，甚至企图诈骗与窃取居民财物后潜逃海外，投奔蒋匪。显然，这些坏分子的政治态度同社会主义都是绝对对立的。我们说这些人是属于敌我矛盾的范围，其道理是十分明显的。

但是，我们如果认为所有的劳动教养人员都是属于敌我矛盾的范围，那当然也是不正确的。在实际生活中，确有这么一部分人，他们并不是对社会主义抱着反抗、敌视和破坏的政治态度的，他们仅是由于资本主义思想的影响，走上了腐化堕落、道德败坏的地步。这一部分人较多的是劳动人民出身的无业人员。例如，有一纱厂女工李某，由于受到社会上流氓、阿飞的引诱，终日结伙游荡，无故旷工，经再三教育仍不悔改，致被厂内开除。在被开除后，该女工因生活无着，在流氓、阿飞的威胁利诱下终于出卖色相，从事暗娼活动。又如，某中学学生王某，其母早死，父系一海员，经常随船外出，经年不归。由于家内疏于管教，终日与一些坏分子为伍。王在其父外出期间，将家内财物盗卖一空。其父回家发现此种情况后，感到其在家无人管教，长此以往将会进一步堕落为犯罪分子，危害社会，即自动要求国家收容教养。由此可见，把这类人划为敌我矛盾的范围显然是不妥当的。

在这里必须指出，不论劳动教养人员属于哪类性质的矛盾，我们在对他们进行处理时，基本上是采取处理人民内部矛盾的方法的。因为，一般地说，收容劳动教养的人员，其行为情节是比较轻微的，其行为的危害程度也还未达到追究刑事责任的程度，因而也就不必采取处理敌我矛盾的方法去处理他们。大家知道，"右派分子"与人民是敌我矛盾，是资本主义与社会主义的你死我活的矛盾，从"右派分子"的反动本质来说，无疑地他是人民民主专政的对象。但是，党在处理他们时，却用了处理人民内部矛盾的方法去解决，采取了斗争从严、处理从宽的宽严相济的方针，给他们以选票和饭票，并分别不同对象，采用劳动教养（开除公职或保留公职）、监督劳动、留用察看、降职降级降薪、另行分配待遇较低的工作和免予处分六种不同的处理办法。其目的也正是争取改造他们，希望他们经过外力的推动、生活的体验和他们自己觉悟的提高，幡然悔悟，接受改造，重新做人。

我们认为，党对劳动教养人员的处理，也是贯穿着这一精神的。根据劳动教养的有关法规，这些人员在被教养期间，与在押的罪犯是有区别的。一切在押罪犯是被剥夺所有政治上和经济上的权利的，但劳动教养人员在政治上还享有选举权，有的还被保留公职，还给予被选举权（如"右派分子"），在经济上也按照其劳动成果发给适当的工资，并且可以酌量扣出其一部分工资，作为其家属赡养费或者本人安家立业的储备金。同时，在劳动教养期间，凡是表现良好的，有条件另行就业的，或者本人原送请劳动教养的单位、家长、监护人请求收回自行管教的，劳动教养机关也可以酌情批准。

但是，劳动教养人员的大部分人员终究是属于敌我矛盾的范畴。因此，他们所享受的权利与义务，所处的法律地位，终究是与一般公民不同的。我们知道，我国《宪法》赋予全体公民以广泛的民主权利。《宪法》规定中华人民共和国公民在法律上一律平等；年满 18 岁的公民，都有选举权和被选举权；有言论、出版、集会、结社、游行、示威等的自由；有人身自由和住宅不受侵犯的自由；有劳动、休息、受教育等权利。同时又有遵守宪法和法律、爱护和保卫公共财产以及纳税和服兵役等义务。而劳动教养人员，国家为了促使他们在教养期间，改变他们的寄生思想和游民习气，帮助他们建立爱国守法的观念，养成爱好劳动的习惯，使他们成为参加社会主义建设的自食其力的劳动者，对他们采取了“劳动生产和政治教育相结合”的方针，通过劳动予以改造。在此期间，他们的出版、结社、游行、人身自由和住宅不受侵犯等的权利也暂时受到剥夺。

综上所述，我们可以得出如下结论：劳动教养人员在通常的情况下，大部分应该是属于敌我矛盾的范畴，但也有一部分是属于人民内部矛盾的范畴。在当前的情况下，国家对劳动教养人员基本上是用处理人民内部矛盾的方法去处理敌我矛盾的。

因此，在当前劳动教养工作中，有以下几个问题需要引起我们的注意：

1. 在收容劳动教养人员时，一定要区别情况，弄清性质，分别对待。对已构成犯罪，应该追究刑事责任的一切犯罪分子，以及有家有业，没有游民行为的公民，都绝对不能当做劳动教养人员，予以收容；务必依据国务院 1957 年 8 月 3 日《关于劳动教养问题的决定》中第 1 条的规定来收容，任何扩大或缩小劳动教养人员的收容范围的行为，都是错误的。因此，有关部门必须严格控制审查批准的权限，从而保证这一法令的正确执行，避免工作中可能发生的偏差。

2. 劳动教养单位对劳动教养人员的管教，也应分别对象，分别情况，区别对待。劳动教养既是行政法规定的强制性的行政措施，因而劳动教养单位必须制定一系列带有强制性的行政制度和纪律，不准许他们随意破坏这些制度和纪律，不允许他们出外自由行动，更不准破坏公共秩序和生产。对破坏这些制度和纪律的人员，应严肃处理。对已构成犯罪的劳动教养人员，必须依法起诉，由法院酌情判刑。同时，依据按劳取酬的原则，根据每个具体人员的劳动生产表现，酌情给予不高于当地工人、农民工资的工资报酬。对表现良好的人员，可由原送单位、家长、监护人领回管教，或另行就业。劳动教养单位对某些不合理的规章制度，也应做某些必要的修改，以便更好地贯彻劳动生产和政治教育相结合的方针。

3. 要在社会上和机关、企业、工厂、学校内部，扩大劳动教养政策法律的宣传教育工作，使群众正确地全面地理解劳动教养的政策，消除对这种行政措施的误解，从而协助公安、民政部门对劳动教养法令的正确贯彻。并使劳动教养人员做到自觉地接受改造，消除对立情绪，在劳动教养期间切实遵守制度和纪律，建立爱国守法和劳动光荣的观念，学会劳动生产的技术，养成爱国守法和热爱劳动的习惯，使他们也成为参加社会主义建设自食其力的劳动者。这既可进一步维护公共秩序，又有利于社会主义建设，把消极因素化为积极因素。

劳动教养这一行政措施，是我国社会主义改造和法制建设中的一个新创举，具有改造社会的重要意义与长远的目的,也是贯彻《宪法》第 100 条的一个具体措施。本文就是依据毛主席关于两类社会矛盾的学说,试图探讨劳动教养人员的矛盾性质。限于水平,不妥之处,请同志们指正。

(1958 年第 6 期)

在国家消亡问题上批判现代修正主义

万　山[*]

《社会主义国家共产党和工人党代表会议宣言》正确地指出："在目前条件下，主要的危险是修正主义，或者说右倾机会主义。它是资产阶级意识形态的表现，它麻痹工人阶级的革命意志，要求保存或者恢复资本主义。"宣言还特别着重地指出："现代修正主义企图诽谤马克思列宁主义的伟大学说，说它是'过了时的'，似乎目前对于社会发展已经丧失了意义。修正主义者力图腐蚀马克思主义的革命灵魂，破坏工人阶级和劳动人民对于社会主义的信心。他们否认在从资本主义向社会主义过渡的时期实行无产阶级革命和无产阶级专政的历史必要性……"

《南共纲领草案》充分地表现了南共领导集团的反马克思列宁主义的立场、观点和方法。就《南共纲领草案》的内容而论，是一个反马克思列宁主义的、彻头彻尾的修正主义的纲领。《南共纲领草案》在观察一切重大问题时，是以资产阶级的立场代替了无产阶级的立场，以唯心主义的观点代替了唯物主义的观点，以诡辩代替了辩证法，总之，以资产阶级的世界观代替了马克思列宁主义的世界观。

应该指出，《南共纲领草案》不是在个别问题上、局部问题上，而是在一切根本问题上离开了马克思列宁主义，公然背弃了马克思列宁主义的根本原则，而与《社会主义国家共产党和工人党代表会议宣言》相对抗。一切修正主义者，包括南共纲领草案在内，总是把马克思列宁主义的基本原理叫做"教条主义"，而大肆攻击。正如毛主席指出的，"修正主义，或者右倾机会主义，是一种资产阶级思潮，它比教条主义有更大的危险性。修正主义者，右倾机会主义者，口头上也挂着马克思主义，他们也在那里攻击'教条主义'。但是他们所攻击的正是马克思主义的最根本的东西"。① 像对待其他问题一样，《南共纲领草案》对马克思列宁主义关于国家消亡问题的基本观点进行一系列的攻击和歪曲。在现阶段，在从资本主义向社会主义过渡的时代，在国际上存在社会主义和资本主义两个世界体系的斗争，在各个社会主义同家内部还存在工人阶级同资产阶级之间的阶

---

* 作者单位不详。

① 毛泽东著：《关于正确处理人民内部矛盾的问题》，人民出版社1957年版，第29页。

级斗争的情况下,《南共纲领草案》违反了马克思列宁主义关于无产阶级专政的学说,不正确地提出了国家消亡的问题。

一

《南共纲领草案》写道:"马克思列宁主义关于无产阶级专政的理论(也就是关于逐渐消亡的国家和工人阶级在摧毁资本主义经济基础和建立社会主义社会关系自由发展的政治、物质条件过程中的斗争工具的理论)变成了斯大林的关于国家的理论,即国家不在消亡,而必须在社会生活的各个领域里日益加强,在社会主义建设中给了国家机器的太大的作用,而这种作用迟早必然会开始妨碍社会主义的社会因素和经济因素的发展。"正是由于纲领草案抱有上述的观点,所以他们说:"因此,在工人阶级和全体劳动人民的政权巩固后,国家逐步消亡的问题就成为社会主义社会制度基本的和具有决定意义的问题了。"(着重点是作者加的)

在《南共纲领草案》看来,无产阶级专政的存在会妨碍社会主义经济的发展。这种观点对不对呢?当然是不对的。大家知道,在从资本主义向社会主义的过渡时期里,是工人阶级和资产阶级、社会主义和资本主义之间两条道路斗争的时间,是解决"谁战胜谁"的问题。而要使社会主义在经济战线上、政治战线上和思想战线上彻底战胜资本主义,则非有无产阶级专政这一锐利的武器不可。正如马克思指出的,"在资本主义社会和共产主义社会之间有着一个前者转入后者之革命的转变时期。与这个时期相适应的也有一个政治上的过渡时期,这个时期的国家除了无产阶级底革命的专政以外,不能是别的任何东西"。① 显然,《南共纲领草案》否认了无产阶级专政在过渡时期的巨大作用,而是想很快地取消无产阶级专政。无产阶级专政是马克思列宁主义的灵魂,承认或不承认无产阶级专政,是马克思主义者和非马克思主义者之间的分水岭。列宁正确地指出:"谁仅仅承认阶级斗争,那他还不是马克思主义者,他还可以是没有离开资产阶级思想和资产阶级政策范围的人……只有把承认阶级斗争扩展到承认无产阶级专政的人,才是马克思主义者。马克思主义者和庸俗小资产者(以及大资产者)之间的最深刻的区别,就在于此。必须用这块试金石来试验对马克思主义的真正了解和承认。"②无产阶级专政的国家的存在,不但不会妨碍社会主

---

① [德]马克思著:《哥达纲领批判》,何思敬、徐冰译,解放社1950年版,第33页。

② 《列宁文选》(两卷集,第2卷),人民出版社1953年版,第189页。

义经济的发展,而且会保证社会主义经济的顺利的发展。因为,社会主义国家是保障社会主义经济建设最有力的武器。从政治上看,无产阶级取得了政权,建立了无产阶级专政,并不是无产阶级革命的终结,而是无产阶级革命的开始。在无产阶级专政的条件下,阶级斗争并没有停止,而是在新的条件下继续进行着。正如列宁指出的,"在无产阶级专政下,阶级斗争并不消失,而只是采取别的形式"。① 历史的经验告诉我们,已经被推翻的反动阶级,总是不甘心于它们的死亡,它们总是想找机会进行复辟活动。苏联的经验和各社会主义国家的经验,特别是匈牙利的经验都证明了这一点。正如斯大林指出的,"在历史上还没有过垂死阶级自动下台的事情。在历史上还没有过垂死资产阶级不用尽所有的力量来保持自己生命的事情。不管我们各下层苏维埃机关好坏如何,而我们的进展,我们的进攻,总是要缩减资本主义分子,排挤他们的,而他们这些垂死阶级是会不顾一切来实现反抗的"。② 那些将被消灭的阶级,也不是会没有抵抗的。在中国,尽管中国共产党对民族资产阶级实行了和平改造的政策,对资产阶级分子在政治上、生活上做了妥善的安排。但是,其中有一部分人即反党、反人民、反社会主义的右派分子,仍然要进行阴谋复辟活动。可见,要镇压国内的阶级敌人的反抗,就必须有无产阶级专政。正如刘少奇同志指出的,"要是没有无产阶级的坚定的、有远见的和大公无私的领导,就是贫苦的农民也不可能走上真正社会主义的道路,更不必说本性同社会主义完全相反的资产阶级了"。③ 同时,我们必须看到,在现阶段,世界上存在社会主义阵营同帝国主义阵营的对立。社会主义阵营要求和平,而帝国主义阵营则是要求战争。帝国主义国家,特别是美国,把侵略其他国家的领土,奴役世界人民作为政府的政策。帝国主义国家经常侵略社会主义国家,它们发动了侵略朝鲜的战争,阻挠我国解放自己的领土台湾,勾结匈牙利国内的反动派掀起了反革命暴乱事件。为了防御帝国主义的侵略,也必须有无产阶级专政。正如毛主席指出的,"专政的第一个作用,就是压迫国家内部的反动阶级、反动派和反抗社会主义革命的剥削者,压迫那些对于社会主义建设的破坏者,就是解决国内敌我之间的矛盾……专政还有第二个作用,就是防御国家外部的敌人的颠覆活动和可能的侵略。在这种情况出现的时候,专政就担负着对外解决敌我之间的矛盾的任务。专政的目的是保卫全体人民进行和平劳

---

① 《列宁文选》(两卷集,第 2 卷),莫斯科 1950 年中文版,第 643 页。

② [苏]斯大林著:《列宁主义问题》,莫斯科 1949 年中文版,第 322 页。

③ 刘少奇著:《中国共产党中央委员会向第八次全国代表大会的政治报告》,人民出版社 1956 年版,第 42 页。

动,将我国建设成为一个具有现代工业、现代农业和现代文化科学的社会主义国家”。① 可见,为了镇压国内的反动派,为了防御帝国主义的侵略,必须有无产阶级专政。从经济上看,无产阶级专政是建设社会主义社会的强大工具。苏联在农业集体化、社会主义工业化以及战后的两个五年计划中所取得的伟大胜利,是由于无产阶级专政的国家实行了按比例地发展国民经济计划的结果。中华人民共和国在农业合作化、手工业合作化、资本主义工商业社会主义改造以及社会主义工业化等方面取得了决定性的胜利和重大的成就,也是由于人民民主专政(实质上是无产阶级专政)的国家采取了正确的经济政策和重要措施的结果。东欧各个社会主义国家在战后,在经济建设方面所取得的伟大成就,也完全是在社会主义国家的政权的保证下取得的。由此可见,作为社会主义上层建筑的重要组成部分之一的无产阶级专政,是促进社会主义经济基础发展的基本保证,而不是像《南共纲领草案》所说的那样,会妨碍社会主义经济的发展。“谁也不能否认,苏联经济的巨大高涨还是劳动人民的国家政权有计划地管理经济事业的结果。”②

二

《南共纲领草案》对无产阶级专政进行了恶毒的诬蔑,说它“造成官僚主义、国家极权主义思想、政治领导力量脱离劳动群众、停滞、社会主义发展畸形化以及内部矛盾和对立的尖锐化”。

《南共纲领草案》把官僚主义看成是无产阶级专政的产物。这种观点对不对呢?当然是不对的。这是因为,官僚主义是资产阶级专政的产物。资产阶级国家的国家机关是资产阶级对劳动人民实行压迫的工具,是为资产阶级利益服务的工具。在资产阶级国家的国家机关中实行着不关心人民疾苦、脱离群众、高高在上、横行霸道的官僚主义制度。官僚主义作风和群众路线作风是根本对立的,和无产阶级专政是格格不入的。官僚主义是资本主义经济基础之上的上层建筑物,官僚主义和我们建立一个完整的社会主义经济基础与上层建筑的要求是根本不兼容的。正如毛主席指出的,“但是,资产阶级意识形态的存在,国家机构中某些官僚主义作风的存在,国家制度中某些环节上缺陷的存在,又是和社

① 毛泽东著:《关于正确处理人民内部矛盾的问题》,人民出版社1957年版,第3~4页。

② 人民日报社编辑部编著:《再论无产阶级专政的历史经验》,人民日报社1956年版,第10页。

会主义的经济基础相矛盾的”。[1] 无产阶级专政不但不产生官僚主义，而且有力量克服一切官僚主义作风。那么，为什么在无产阶级专政下的国家机关工作人员中，还存在官僚主义作风呢？这是因为，官僚主义有它的深远的社会历史根源，由于一部分国家机关工作人员的思想中还存在旧的剥削阶级的思想，所以沾染了剥削阶级的官僚主义的坏作风，这是非常清楚的。可见，无产阶级专政本身是和官僚主义没有任何瓜葛的，但是它不能保证某些工作人员不沾染官僚主义作风。“制度是有决定性的，但是制度本身并不是万能的。无论怎样好的制度，都不能保证工作中不会发生严重的错误。”[2]可见，克服官僚主义，是彻底消灭旧制度的残余的问题，而这正需要加强无产阶级专政。《南共纲领草案》想借反对官僚主义，使无产阶级专政瓦解的论点，显然是荒谬的。

《南共纲领草案》有意地歪曲了无产阶级专政国家的领导力量和广大人民群众之间的亲密关系。我们知道，无产阶级专政体系的领导力量是共产党，共产党是一个以马克思列宁主义武装起来的、联系群众的、采取批评和自我批评的政党。共产党一向是把劳动群众作为自己的力量的源泉，永远和劳动群众保持着血肉般的联系，这是各个社会主义国家的共同认识。中国共产党的经验证明：“如果正确地实行群众路线，使我们得到成功，那么，违背群众路线，就一定要使我们的工作遭受损失，使人民的利益遭受损失。”[3]社会主义建设事业越发展，劳动群众的物质文化生活越提高，党和人民群众的关系越密切，党在劳动人民中的威信也更加提高。因为，事实证明，共产党是为劳动人民谋福利的，而并不是像《南共纲领草案》所说的那样，政治领导力量脱离劳动群众。

三

《南共纲领草案》是把无产阶级专政和社会主义民主对立起来了，好像国家如果不取消或消亡，社会主义民主就不可能得到发展似的。

这种观点对不对呢？当然是不对的。其实，无产阶级专政和社会主义民主是不可分割的。只有在无产阶级专政的条件下，才能实现社会主义民主。无产阶级专政的加强和巩固，有利于社会主义民主的进一步发展，社会主义民主越发展，无产阶级专政也就越巩固。马克思列宁主义认为，专政和民主是一个事物的

① 毛泽东著：《关于正确处理人民内部矛盾的问题》，人民出版社 1957 年版，第 12 页。
② 人民日报编辑部编著：《再论无产阶级专政的历史经验》，人民日报社 1956 年版，第 10 页。
③ 邓小平报告：《关于修改党的章程的报告》，人民出版社 1956 版，第 39 页。

两面,正如马克思和恩格斯指出的,“前面我们已经看见,工人革命中的第一步是无产阶级变成为统治阶级,争得民主。”①毛主席也指出:“这两方面,对人民内部的民主方面和对反动派的专政方面互相结合起来,就是人民民主专政”②。(着重点是作者加的)在我们的国家,有了人民的民主,就没有反动派的民主,人民对反动派实行专政,对自己则不适用专政。正如列宁指出的,“专政的意思一定是要毁灭对其他阶级实行专政的那个阶级所享受的民主,但它一定要毁灭(或加以极重大的限制,这也就是毁灭底形式之一)受专政所制压或受专政所反对的那个阶级所享受的民主”③。事实证明,只有在社会主义同家,人民才能享受到真正的民主。这是因为,社会主义民主是绝大多数的劳动人民所享受的一种民主。正如列宁指出的,“无产阶级的民主制,其形式之一即苏维埃政权,正是为绝大多数民众,即为被剥削劳动群众把民主制发展与扩大到了世界上空前未有的地步”。④ (着重点是作者加的)社会主义民主的实质就是专供广大劳动人民享受的一种民主,从这里就可以得出结论:“无产阶级的民主制比任何资产阶级民主制都要更民主一百万倍;苏维埃政权比最民主的资产阶级共和国都要更民主几百万倍。”⑤在无产阶级专政下,劳动人民成为国家的主人,千百万的劳动人民参加了国家政权和国家管理工作,人民享有言论、出版、集会、结社、游行、示威、宗教信仰,等等自由和民主权利。在我国,广大人民运用大鸣大放、大争大辩、大字报等形式,更是证明在人民民主专政(实质上是无产阶级专政)的条件下,社会主义民主得到了多么蓬勃的发展。我国所采取的全民性的整风和大辩论,是社会主义民主的重要发展,它使我国形成了一个又有集中又有民主,又有纪律又有自由,又有统一意志又有个人心情舒畅、生动活泼的政治局面。可见,《南共纲领草案》所说的,国家不取消或消亡,社会主义民主就不可能发展的论点是毫无根据的,是反马克思列宁主义的。

《南共纲领草案》把国家和社会主义民主分了家,好像国家和社会主义民主是不兼容的。这种观点是极其错误的。我们知道,无产阶级专政的国家和社会主义民主这都是阶级社会的上层建筑,它们都是为了彻底消灭阶级差别、建立共产主义社会而服务的。如果国家消亡了,那么同时也就意味着社会主义民主消亡了,如果社会发展到需要国家消亡的阶段,那么就意味着社会主义民主也需要

① 《马克思恩格斯文选》(两卷集,第1卷),莫斯科外国文书籍出版局1955年版,第28页。

② 毛泽东著:《论人民民主专政》,人民出版社1949年版,第10页。

③ 《列宁文选》(两卷集,第2卷),人民出版社1956年版,第431页。

④ 同上,第442页。

⑤ 同上,第443页。

消亡了。正如列宁指出的，“只有在共产主义社会中，当资本家的反抗已被彻底粉碎时，当资本家已被完全消灭时，当阶级已不复存在时(那是当社会中各成员在其对社会生产资料的关系上已经没有什么差别时)，只有那时，‘国家才会消逝，才可以讲到自由’。只有那时，真正完全的、真正没有任何例外的民主制才有可能，才会实现。也只有那时，民主制才会开始消亡”。又指出：“只有共产主义才能给予真正完全的民主制，而民主制越完全，那它也就会越迅速地成为不需要的东西，而自行消亡下去。”①由此可见，不能把无产阶级专政的产生、发展和消亡的过程与社会主义民主的产生、发展和消亡的过程分割开来，两者是统一的、不可分割地连在一起的。

四

马克思列宁主义认为，国家是要消亡的。但是这并不是说，国家在任何条件下都可以自行消亡下去，而是在特定条件下，国家才会开始消亡。马克思列宁主义认为，只有当社会发展到完全的共产主义社会时，国家才会开始消亡。正如列宁指出的，“国家完全消亡底经济基础，就是共产主义社会达到了高度的发展，那时智力劳动与体力劳动的对立已经消失，因而现代社会不平等的最重要根源之一已经消失，而这个根源仅靠生产资料转为公有财产，仅靠剥夺资本家，是决不能立刻铲除的”②。换句话说，国家消亡的主要标志，就是社会主义的包围代替了资本主义的包围。因为在那时，资本主义的外来侵略的威胁不存在了，阶级也不存在了，内部也没有什么需要镇压的人了，到那时，作为强力的机关——国家机器就成为多余的了，就要被管理经济的机构所代替。列宁指出：“最后，只有共产主义才造成完全不需要国家的条件，因为那时没有人需要加以镇压——所谓‘没有人’是指阶级而言，是指对某一部分居民进行有系统的斗争而言。”③显然，在现阶段，这种国家消亡的条件还不具备，就不应该盲目地提出国家消亡问题。《南共纲领草案》把国家消亡作为一个实践问题提出的，并且强调这一问题具有决定性的意义。这如何解释呢？只能把它理解为，企图修正马克思列宁主义，企图使工人阶级放下专政这个武器，而重新受帝国主义的奴役。那么，如果共产主义在一个国家或某几个国家取得胜利，还有资本主义国家存在的情况

---

① 《列宁文选》(两卷集，第2卷)，人民出版社1956年版，第237~238页。

② 《列宁文选》(两卷集，第2卷)，莫斯科1950年中文版，第243页。

③ 《列宁文选》(两卷集，第2卷)，人民出版社1956年版，第239页。

下,国家应不应该开始消亡呢?不应该消亡。因为,还有遭受资本主义袭击的可能性存在。正如斯大林指出的,"我们的国家是不是在共产主义时期也会保存呢?是的,会保存的,假如那时资本主义包围尚未消灭,而外来的武装侵犯危险尚未铲除的话。目的很明显的,我们国家的形式,又会随着国内和国外环境变化而变更。不,不会保存而会消亡下去,假如那时资本主义包围已经消灭,而被社会主义包围所替代了的话"①。可见,在大敌当前的情况下,提出国家消亡问题是离开了马克思列宁主义,帮助了帝国主。在社会主义与资本主义进行着你死我活的决斗时,提出了"刀兵入库、马放南山"这样的口号,显然是要工人阶级放下武器,任凭敌人宰割,其荒谬可见。国家终归是要消亡的,但是,必须是在条件成熟后自行消亡。现在看来,国家消亡的条件远远没有具备。因此,就不应该提出国家消亡的行动口号。正如毛主席指出的,"'你们不是要消灭国家权力么?'我们要,但是我们现在还不要,我们现在还不能要。为什么?帝国主义还存在,国内反动派还存在,国内阶级还存在。我们现在的任务是要强化人民的国家机器,这主要地是指人民的军队,人民的警察和人民的法庭,借以保护国防和保护人民利益"②。历史的发展将会证明,《南共纲领草案》所提的关于国家消亡问题,是彻头彻尾的修正主义观点,是反马克思列宁主义的观点。

(1958年第6期)

① [苏]斯大林著:《列宁主义问题》,莫斯科1949年中文版,第792~793页。
② 毛泽东著:《论人民民主专政》,人民出版社1949年版,第10页。

对政法工作跃进问题的几点认识

孟 杰*

目前上海市的政法部门在鼓足干劲、力争上游、多快好省地建设社会主义的总路线的鼓舞下，已经掀起了一个比思想、比先进、发扬共产主义精神、全面实现跃进规划的高潮。“双反”运动以来，公安、检察、法院三个机关的同志们，在横扫“三风”、狠打“五气”、基本上克服了右倾思想和旧法观点以后，进一步加强了服从党的绝对领导、贯彻群众路线、加强人民民主专政的观念，确立了政法工作必须为中心工作、为大生产服务的观点。在保卫生产大跃进及全民整风运动的工作中，个个精神焕发，干劲充沛；狠狠地打击了反革命分子和其他坏分子的现行破坏活动，深入地挖掘了一批罪恶严重的历史反革命分子，使上海的社会秩序更为安定。在这一时期中，不仅工作上获得了令人振奋的成绩，而且在工作方法上，更充分地贯彻了全心全意为人民群众服务，从群众中来、到群众中去的原则。例如公安部门实行的“上门报户口”、“日夜受理户口”：司法机关的深入群众中去办案，分别不同性质的案件，采取登门拜访、开家庭会、小型的群众座谈会、疑难案件的辩论会等，都获得了满意的结果，都博得了广大群众的好评，收到了群众的大批表扬信件。

政法工作跃进的局面已经出现了。但是，如何使政法工作的跃进更加适应于当前的鼓足干劲、力争上游、多快好省地建设社会主义总路线的要求，如何适应于生产大跃进、技术革命、文化革命的要求，更加符合新形势底下对敌斗争的规律，并不是所有的同志都明确的。关于这个问题，我们大家正在学习和研究。就实际工作中所接触到的一些问题，我试提出一点浅薄的认识，跟同志们商榷：

第一，我觉得政法工作的跃进，首先必须认清形势、认清大局、服从中心、服从整体。这就是要通过镇压敌人、惩罚犯罪，正确地处理人民内部的矛盾，促进工农业的生产大跃进，促进技术革命和文化革命。为了达到这个要求，就需要看一下当前对敌斗争形势起了变化没有？如果敌我斗争形势已经起了一定的变化，那么对敌斗争的策略是否也须相应地改变？这就需要联系到对敌斗争上的时紧时松的规律和宽严相济的执行政策，系统地加以考虑。关于这一点，我是这

* 作者单位不详。

样看的：全民整风运动开展以后，特别是通过政治上、思想上的社会主义革命，人民内部矛盾的正确处理，在我们面前已展现了一个空前有利的政治局面，广大人民都认清了自己的前途和责任，都在奋力地奔向社会主义。“阶级敌人的力量更加削弱了，地、富、反、坏、右五类分子更转向低头和分化，社会主义的社会秩序进一步巩固了。”①在这种形势底下，我们绝不能不研究形势，不看大局，只从部门工作的角度出发，去设想自己的“跃进”，去拟定自己的先进指标。尤其不能从个人的得失出发，在批判了“右倾”思想以后，又来一个“宁左勿右”，片面地认为“左比右好”，“严比宽好”，“对反革命分子只有逮捕法办或送去劳动教养，才能收惩罚、改造之效，而处以管制就不能收效”。我们从事政法工作的同志都懂得法律是阶级斗争的武器，它不是一成不变的。有时需要宽，有时需要严，宽与严都是随阶级斗争的需要为转移的。宽与严应该从有利于生产，有利于彻底孤立反革命，有利于争取改造犯罪分子，有利于锻炼群众等几个方面去考虑。要正确地运用这个武器，绝不能凭自己的想象，必须研究当时、当地的形势。譬如现在就需要研究经过全民整风以后，人们政治上、思想上的变化，从而使政法工作更能适应于这种变化，正确地掌握斗争的策略，正确地体现惩罚与宽大相结合的政策。

第二，政法工作的跃进，必须从阶级斗争的长期性、复杂性和政法工作的艰苦性出发。因此，跃进应该首先体现在思想上，这就要“兴无灭资”，树立起坚定的无产阶级的立场，树立起全心全意为人民群众服务的观点，彻底克服“三风”、“五气”，坚决克服特权思想和孤立神秘的作风，坚持贯彻群众路线。思想上的跃进，自然会表现在工作上，并带动工作的跃进。而工作的跃进，主要的是提高实效，保证正确地执行党的方针政策，有效地镇压敌人、惩罚犯罪、保护人民。不应该笼统地套用多、快、好、省的要求。作为个人来说应该多做工作，但在对敌斗争上，就不能用“多”字；快和省也不能离开工作的质量，离开执行政策上的不“左”不“右”，不错不漏，又深又透的要求；更不能不分工作的性质，笼统地来个打擂台比指标，不切实际地订出百分比的要求。现在有些同志有片面地求快，而不够重视好的现象，我觉得是值得警惕的。现在，国内外的阶级敌人还存在，敌人绝不会甘心自己的死亡，他们一定会千方百计地从事破坏，对敌斗争的任务是长期的、复杂的。流氓阿飞、盗窃等犯罪活动，有其阶级根源和社会根源，它跟人民群众觉悟程度的提高、文化教育程度的提高、社会道德风尚的改变，都有着密切的关系。要消灭犯罪，不能单凭我们主观的愿望。假如离开了阶级斗争的现

① 罗瑞卿：“公安工作必须进一步地贯彻群众路线”。

实，提出一些办不到或暂时办不到的过高要求，或者是麻痹自己，或者会在工作上出现急于求成的简单、粗糙的现象。例如，只追求数量，而不求质量，只注意办案的速度，而不注意办案的政治效果，甚至于以强迫命令代替说服教育等，还会招致政治上的不良后果。因此，政法工作的跃进，光有良好的愿望，光鼓起革命的干劲还不够，还要从政法工作的实际出发，讲究工作的实际效果。没有干劲，就不能设想跃进；只有干劲而没有钻劲和求实的精神，干劲就会变成盲目的，其结果也就难以圆满地实现政法工作的跃进。

第三，要继续坚决地贯彻国家规定的法律制度。我们上海市的政法机关，在“双反”运动中以及在关于要不要党的领导，要不要无产阶级专政的思想论战中，曾批判了离开无产阶级专政的前提，片面地强调制约、强调程序的现象，对于某些确属脱离实际的不必要的烦琐手续，也作了适当的简化，这是完全正确的必要的。这绝不意味着对于国家规定的法律制度也可以动摇。公安、检察、法院三者之间的关系，应当是在一致对敌的前提之下，正确地贯彻分工负责、相互制约的制度。既要反对离开一致对敌的原则，片面地强调制约而不讲配合；也要反对只强调配合而实际上忽视制约，甚至放弃原则。任何一种片面的认识，都会招致工作上的不良后果。国家规定的辩护、陪审制度，充分地体现了我国司法工作的民主精神，我们应当坚决地贯彻；既要反对形式主义，也要反对取消主义。任何把政法工作的跃进，理解为在遵守与贯彻国家法律这方面也可以片面地或者不加分析地来上个“省”，那就大错而特错了。

总之，我认为政法工作的跃进，必须从上层建筑如何为经济基础服务出发，使政法工作的跃进，更能适应于社会主义建设总路线的要求，更能符合于阶级斗争的规律。

（1958年第6期）

关于农村中人民调解委员会的作用

丁　敏[*]　克　千[**]

随着社会主义革命的胜利，社会中的敌我矛盾虽然还是存在的，并且是主要的矛盾，但数量上是减少了，而另一方面，人民内部的矛盾则大量出现了。正确地认识、及时地调整和处理人民内部矛盾，对于实现总路线，加速社会主义建设，有极其重要的意义。人民调解委员会是群众性的组织，是人民群众自我教育的机构，是处理人民内部矛盾的重要工具之一。它有如下几方面的作用：

第一，它巩固与发展农村社会主义的经济基础——集体经济，促进农村生产力的发展。

大家知道，物质资料的增长是以生产力的发展为前提，而生产力的发展，首先要依靠广大劳动人民的思想解放。刘少奇同志在中国共产党八大二次会议的工作报告中指出："要知道机器是要人来创造和发动的，物质资料生产是要经过人的努力才能实现的。事在人为，人民群众的主观能动性是一个伟大的动力。"这就是说：有了广大劳动人民的生产热情和革命的创造性，生产工具才能不断革新，生产力也就不断地向前发展。当人民群众在思想上有了纠葛，有些矛盾不能及时合理地解决，人民群众的主观能动性就要受到限制，就要影响到生产的积极性和创造性。调解委员会及时地合理地解决了人民群众间的纠纷，对于促进生产力的发展，巩固合作社的经济起着直接的作用。例如，江苏句容县全县调委会于 1957 年共调解了两万件民刑案件，若以每件案件两个当事人计算，就涉及四万个人，有四万劳动日不能用来进行生产。如果纠纷不能及时解决，这个影响将会更大。比如，句空县行香乡行香社社员朱某，在没有建立调委会前，因与爱人吵架而离了婚，整天生产不正常，有时出工，有时不出工。调委会建立后，帮助他们解决了家庭纠纷，夫妻复婚，两个人生产情绪异常高昂。去年夫妻两人劳动工分所得除备置日常生活需要外，还剩余一百四十多块钱。这说明调解工作与生产是直接关联，及时解决了人民群众中的矛盾，就能大大促进生产的发展。

第二，调解委员会在基层人民委员会领导下，排解纠纷，使乡、社干部减轻工作负担，集中力量领导生产。农业生产在任何时候都是农村工作的中心，领导生

---

* 作者单位不详。

** 作者单位不详。

产是乡党委和乡人委的主要任务，但对人民群众中的纠纷也不能不给予解决。如果没有作为调解人民内部矛盾的组织的调解委员会，这些工作必然落在乡、社干部身上，使他们常常陷入解决纠纷的旋涡中，影响到对生产和其他工作的领导。例如，句容县伯群乡1956年每天有八九件人民内部纠纷要到乡里来解决。当调委会建立并发挥作用后，这部分任务就由调委担负起来，到乡里来解决纠纷的就很少，到县法院的在1958年的前几月一件都没有。因此，做好调解工作会大大减去基层干部的工作负担。

第三，大量解决人民内部纠纷，防微杜渐，加强人民内部团结，树立新风尚。

调委会是群众性的自我教育的组织机构。委员是根据一定的条件由群众选举产生。由于他们从群众中来也就最了解群众、最熟悉情况，只要他们正确掌握了党的政策就能很好地处理纠纷，受到群众的拥护和支持。在农村中所发生的小偷小摸、占公家或他人便宜，虐待和遗弃老人、子女，婚姻家庭、继承、房屋、债务等纠纷，这些纠纷如不及时解决，任它拖延下去，是会扩大、变化、产生新问题，影响更多的人和事。调解委员会及时处理了这些纠纷，便教育了群众，有利于加强团结，有利于发展生产。

毛主席告诉我们："在一般情况下，人民内部的矛盾不是对抗性的。但是如果处理得不适当，或者失去警惕、麻痹大意，也可能发生对抗。"同时，反革命分子、坏分子常常利用人民内部矛盾，煽惑群众，挑拨群众之间、群众与政府之间的关系。调解委员会及时地处理了群众间的纠纷，有一个更重的意义，是防止人民内部矛盾的扩大和转化，也防止敌人乘机利用。

我们还必须看到社会主义建设高潮中，农村的面貌虽然起着根本变化，经过全民整风运动，群众的觉悟水平已大大提高，树立了团结生产的新风尚。然而，"人一方面兴奋地看到了新时代的光明的前景，另一方面又不可免地会感到这样那样的不习惯，不协调，生疏，不摸底，不能很好安排自己的生活和工作。存在决定意织，这样深刻的社会大变动当然要深刻地反映人们的思想上来。思想又指挥行动，各种不同的思想当然也要表现为各种不同的行动"。可见，今后人与人之间的矛盾仍然要继续存在，并通过各种形式表现出来。这些矛盾的解决，单靠硬性的法律规定是不行的。那些调处人民内部矛盾的调解委员会，将会长期存在并起它应有的作用。

第四，减少刑民事纠纷，协助法院调解审理案件，进行法纪宣传。

调解委员会调处了轻微的民刑案件，一方面维护了公共秩序，保护公共财产和公民的合法权益，通过具体案件的调解进行法纪宣传，教育公民自觉地遵守法律和忠于祖国。另一方面可以降低法院的收案率，减少了人民群众不必要的诉讼,使法院能更集中力量处理重大的民刑案件,打击敌人,保护人民。调委会作为人民法院的有力助手,协助法院审理案件起到很大作用。比如,调查、了解本地区或其他地区已成诉讼案件的有关情况;反映群众对案件的处理意见和群众对法院所做判决的看法;向群众作必要的解释,使群众对法院的判决有正确的认识。可见,调解委员会的工作是人民法院的第一道防线。

调解委员会所以能发挥这样的作用,其主要原因有下列几方面:

1. 党委的重视和乡人委的具体支持。党委会应把调解工作作为工作任务之一,统一布置,统一检查、乡长兼任调解委员会中一项职务,这样便于统一安排、统一研究。

2. 县人民法院加强对乡调委会的具体业务指导。例如,句容县自解放来到目前为止,召开了多次全县的调解工作会议,提高认识,交流经验,明确党的政策,实行多、快、好、省,使工作得到进一步的开展。在条件允许的情况下,可办"调解工作通讯"的刊物,从而进行业务指导的交流。

3. 调解委员本身在工作中发挥积极性和创造性也是调解工作发挥作用的重要因素。我们知道,调解工作不仅要耐心解决纠纷,更重要的是在工作中积极想办法,预防纠纷的发生,大力向群众进行法纪宣传,发动群众订好社会主义家庭公约,使该公约能成为避免发生纠纷的重要防线。为了防止公约流于形式,调解委员召集某些当事人亲友、干部以及其他有关方面的当事人开会,进行协议和签订不发生纠纷的合同,这样依协议书及合同书去执行,会大大减少纠纷的发生。

与此同时,要特别指出的是,不是所有地区调解组织机构都建立起来了,有些地区虽有组织之名,但该组织并未发挥应有的作用。某些干部对调解工作是解决人民内部矛盾的重要一环这点认识不足。这些都是不利于农村中生产大跃进形势的。因之必须健全调委会的组织机构,克服对调委会认识不足的各种思想。

调解委员会所起的重大作用,正在日益显示出来,这一机构的组织也必将随着社会主义建设的需要、人民群众的需要而发展和完备起来。从今天农村的情况来看,原有的《调委会暂行组织通则》的某些条文已经不能满足当前实际生活的要求了。例如,《通则》第 7 条关于调委会权利的规定,"禁止对当事人进行处罚";第 4 条关于组织人员的规定,"不得超过 11 人";以及某些类似的有关调委会工作范围的规定等。这些已不能满足农村中广大群众的要求,不合于今天的生产情况。某些行为虽具有违法性质(如小偷小摸、占公家或别人便宜等),群众坚决要求调委会来进行处理,当事人也拥护调委会的处理;可是处理了不符合

《通则》的规定,不处理不能满足群众要求。因之,要使调委会组织更好发挥作用,必须对《暂行组织通则》进行必要的补充和修改。首先,在目前情况下,调解委员会的职权可适当地加以扩大,不仅调解一般的民事纠纷——土地、婚姻、债务、房屋迁让等纠纷,以及轻微的刑事案件——斗殴、伤害、毁损他人名誉、小额偷窃等纠纷,甚至可以将《治安管理处罚条例》中某些权利交给调委会执行。在执行《治安管理处罚条例》时,调委会应与治安委员会密切配合互相协作,或者也可以将治安委员会与调委会合并执行双重的职务,改名为调处委员会。

调委会的工作方法:(1)说服动员,个别打通思想与当众商议相结合(最常用的方法);(2)当众批评,进行当众检查,立下公约,保证事后不再犯;(3)扣除劳动日,等等。

有人认为调委会行使上述权力,采取以上的工作方法可能会引起混乱,会得不到群众的拥护。句容县调解工作经验证明,这些顾虑是不必要的。例如,该县里某些调委会有给当事人 10 个工分的处罚权,对于因斗殴而引起轻伤的可以令其赔补医疗费,赔偿其因打架而不能工作所损失的劳动工分;根据情节不同,对于偷分、私分合作社粮草的可以通过社员大会令其赔偿,立下不再犯的守法公约。

调委会的成员人数:自从农业合作化以后,农村中的行政村已被合作社所代替,虽然调委会应以乡为单位建立组织机构,但是为了开展工作,服务于生产,委员人数应以合作社多少为前提。每社至少应有一个调解委员才能全面地深入开展工作。甚至必要时也可在合作社里设立调解小组,由调解委员任组长。因此,《调委会组织通则》所规定的 3 ~ 11 人是应该扩大的。

调委会的性质:仍应是群众性自我教育的组织,委员应由群众选举产生,由作风正派、大公无私、能联系群众、懂得党的政策、积极热心调解的人担任。

综上所述,在农村中建立调解(或调处)委员会是继续健全民主制度的表现,是解决人民内部矛盾的重要方法。如果农村中人民内部纠纷得不到及时解决,会在某种程度上影响生产大跃进。而解决这种纠纷时,如果由地方法院去处理就不胜其烦。因之,健全和发挥农村中调委会的作用,是不可忽视的任务。

(1958 年第 6 期)

我们是这样帮助和指导里弄调解委员会进行工作的

刘同乐[*]　孙世乐[**]

一

里弄调解委员会是采用批评和自我批评的方法解决民间纠纷的群众性组织,也是司法工作贯彻群众路线的良好的组织形式。解放以来,通过各项运动,特别是一年来的全民整风运动,人民群众的觉悟大大提高,出现了相互尊重、和睦团结、鼓足干劲、多快好省地建设社会主义的新气象。但由于人们的思想意识的不同,觉悟的提高有快有慢,反映在具体事物上就必然有各种不同的看法。旧的矛盾解决了,新的矛盾又产生。这种矛盾是长期存在的。因此如何进一步发挥人民群众自己的力量来排解纠纷,处理人民内部矛盾,这是我们司法部门进一步发动群众、依靠群众的一个重要任务。但是,我们在整风和"双反"运动前,在旧法观点的影响下,强调所谓正规法制,孤立办案,对于联系群众、依靠群众、便利群众的认识不足。因而对帮助和指导里弄调解委员会进行工作是不够的。在这次里弄整风运动中,有一个调解委员会给我们送来了一张大字报,上面写着:

"调解委员本领小,提高业务无处找。法院很难请得到,单凭自己搞一套,有些地方不周到。法院,你是我领导,应该常常带我跑。"

经过整风和双反运动,横扫"三风"、"五气"、"右倾"保守和旧法观点之后,我们坚决打破陈规,走出大门,与里弄整风密切结合。各合议庭以派出所辖区为单位,分块包干,召开了调委主任会议,对里弄整风中提出的意见进行检讨,并表示整改决心,鼓励他们继续鸣放。与此同时和他们研究改进联系和指导的办法,建立制度,纠正了过去对调委"有事有人,无事无人"的现象。

---

* 作者单位不详。

** 作者单位不详。

二

目前我们联系和指导调委的方法有以下几种。

(一)采取三定(定时、定点、定人)全面指导

在各派出所地区中选择便利于大家联系的适中地点作为审判员的值班站,确定每周或每两周以半天的时间,由专人与调委联系。联系的主要内容有:

第一,各调委汇报工作情况,交流经验。这不仅能及时发现问题,加以帮助解决,更重要的是交流调解工作方法,提高调委的工作信心。如有的调委在调解中,一般先采取个别了解说服(即背靠背),然后再双方一起调解(面对面),有的调委几年来始终坚持了调委的定期会议制度,还有的调委将已调解的纠纷作了记录,等等。通过经验交流,调委反映:"本来只知道自己调解,也不知对不对,现在通过经验交流,可以向先进学习了。"

第二,解答有关法律问题和研究解决口头纠纷。在值班站中,调委往往提出很多的法律问题,如房屋迁让纠纷的政策,重婚和通奸的界线及有关诉讼程序上的问题,等等。此外还提出有些口头纠纷应如何解决的问题,也有的提出研究调解方式的问题,如去调解时一方表示不欢迎、触霉头怎么办,经反复说服教育后,仍坚持无理要求该怎么办,等等。我们就将这些问题和他们共同研究,最后归纳解答。如个别当场不能解答的问题,回法院研究后,在下一次去值班站时再予以解答。

第三,组织讨论各种类型的案件,明确政策。讨论中对调委所反映出的各种模糊思想,在讨论结束时结合讲解政策来加以说明,这样更能具体地提高他们的政策水平。例如,通过讨论一件离婚案件,认识到离与不离应该从双方感情发展的情况来看,纠正了过去认为"生了小孩,怎么没有感情?""女方没有缺点,不能离婚"的思想。讨论后,调委反映,"今天又学到了几个新东西","这种方法比大报告要好,生动易懂又易记"。

第四,选择了典型案件在值班站开庭审理。审理前先和调委们研究处理的政策和方法,审理后再和他们座谈收获与体会,并对一些不明确的问题加以研究,进一步提高他们的认识。

我们就是用这些办法来充实值班站活动的内容,鼓舞调委工作的积极性。

(二)通过办案,具体帮助

第一,通过对案件的调查,交代政策和调查方法。我们分批分块地将案件填好调查情况表格,交给所属地区的调委们,并且交代政策和明确调查要点、调查方式方法等(此系一般简单的案件,并在所属居委会地区为限)。以后我们再和他们联系,研究调查情况及该案的处理的意见。对于较重大复杂的案件和他们一起深入调查。如一件土地欠租纠纷,调委们只了解被告不付租金的原因是他所使用土地并非租得的土地全部,认为租金不合理。我们便和调委一起拿了皮尺,进行实地丈量。这样使调委在处理纠纷时能进一步掌握政策,深入调查。

第二,吸收调委协助调解案件。一般案件我们总是事先与调委们一起研究事实真相,当事人和群众对案件的看法,以及处理该案的政策和方法,并且征求他们对该案的处理意见(大多数是在向调委了解情况时结合着做的)。然后和他们约定开庭的时间、地点,请他们参加协助调解,并且由他们发动群众来旁听。在开庭时对于他们发表的正确意见,我们就加以支持。如在处理一件会款纠纷时,调委认为:原告(头会)虽是代被告(会脚)付了会款,现在会已满了,不应该按被告要求以利抵本,而应该按一般借款来处理。我们便支持调委意见。这样通过协助调解案件,使调委们取得实际工作的经验,从而也提高了他们的威信和信心。

第三,帮助调委解决口头纠纷(未起诉的纠纷)。调委们常会反映一些解决口头纠纷的困难,有些简单的纠纷,我们和他们研究了政策和调解方法后,他们可以自己去解决;有些困难的纠纷,就一定要我们看做像法院案件一样,去帮助他们调解。如有一调委反映住在工房中楼上的一户人家,洗的蓝色衣服因为没拧干,水滴在楼下人家晒的被单上,使被单上溅了蓝色污点。楼下那家一定要对方赔新的,因调解不成,我们便和调委一起到当事人家中,看了被染色的被单后,认为调委原来提出赔偿的办法是合理的,便以调委为主,再进行调解,我们加以协助。调解成立后,双方都感激调委的热心和大公无私的精神。在帮助他们解决口头纠后,对他们在调解工作上的优点加以鼓励,亦提出某些不足的地方,请他们注意,以提高他们信心和业务水平。我们体会到认真及时地帮助调委解决口头纠纷,使调委更能起到法院助手作用。同时有利于加强人民内部团结,减少纠纷。

(三)通过骨干,健全调委组织

我们为了要全面联系和指导调委,帮助他们巩固和健全组织,便由调委主任或调委中的积极分子去动员不出来工作的调委,同时又以一起或轮流来值班站联系以及参加旁听的办法,来发挥调委的集体作用。

(四)开会与个别访问相结合

除规定每月召开一次调委主任会议,和一定时间内召开调委代表会议外,对个别不出来工作的调委,我们经常进行个别询问,关心他们,设法解决他们的具体问题。如调委王×因为对法院处理她本身的案件有意见,不出来工作,我们就经常和她联系,提高她的思想认识,使她积极出来工作。又如,调委陈×对个别干部有意见,不顾搞工作,我们一方面向有关单位反映了她的意见,一方面经常去和她联系,端正她对工作的认识。整风后,她又像以前一样积极的工作了。

(五)掌握重点,以点带动面,庭(民庭)中有点,片中也有点

各合议庭以派出所地区为单位,选择一个组织较健全、力量较强的调委会,进行重点帮助(如健全制度、总结调解工作方法及学习政策等),取得经验,全面推广。庭中亦选择重点合议庭进行具体指导,帮助总结联系和指导调委的工作方法,全院推广。

三

通过实践,我们认为联系和指导调委须根据以下几个原则:

二指导:政策业务指导,工作方法指导。

四帮助:帮助健全组织,建立制度;帮助提高思想;帮助树立威信;帮助总结经验。

六依靠:依靠反映情况;依靠解决口头纠纷;依靠协助调解;依靠组织群众旁听或参加讨论;依靠进行法纪宣传;依靠监督法院工作。

四

调委们在我们整改后,工作信心和热情都提高了。他们说:“过去法院不开会,我们提了意见,现在定期开会了,希望能这样多开会,多学习,我们绝不怕苦,不怕累。”“有了值班站,我们有问题可以带到值班站去解决了。”“过去我们对法院有意见,现在法院不但事先征求我们意见,处理时还征求我们意见,这样我们工作可以搞得更好了。”“过去我们像没爷娘的孩子,没人管,现在可有人管了。”有的调委在发现夫妻闹纠纷的苗头时,立即前去说服要离婚的一方,使他们夫妻重归于好。有的调委会在我们就地审理后,自动把审理情况在里弄黑板报中写一报道(以居委会出面)。

可是我们在目前联系和指导调委工作中还存在以下几个主要问题:

1. 审判人员因案件较多,考虑这方面的工作自然不能像考虑办案那样,致使调委的点滴先进经验和先进事例未能被及时地推广。

2. 联系和指导调委的工作方法还不够多样化,值班站的内容还不够丰富多彩。

3. 尚有不少的调委组织不够健全,有的尚未建立制度。

这些问题我们正在研究改进中。

(1958年第6期)

爱国公约是社会主义法制建设的重要部分

周乃杨*

一

刘少奇同志曾经在全国检察会议上指示说："农村公约，不仅是司法工作的补充，而且是正规维护劳动纪律，维护社会主义道德的司法制度，要把调处公约当做法制建设一件大事情办。"实践证明，少奇同志的指示是完全正确的。普遍地制定社会主义爱国公约不仅是推动各项工作全面跃进的一个有效的组织制度，而且也是全民整风运动通向全胜之路的重要内容之一。

如何深入地发动群众，自觉地制定公约，真正地执行公约，成为促进生产大跃进的动力，这是一个尚在摸索中的新问题，还没有一套完整、成熟的经验。这里我想就最近时期工作中所了解的情况谈谈个人的看法。

各地制定公约在名称、内容与做法上，基本上都有着共同的地方。名称一般是：农业社社员订立"社会主义爱国公约"，工厂、农业社订立"社会主义集体公约"，学校订立"社会主义爱国爱校公约"，地、富、反、坏分子则一律订立"爱国守法保证书"。在具体内容上大体是：(1)服从党的领导，听党的话，拥护和遵守政府的政策法令，积极参加生产，遵守劳动纪律，学习先进技术；(2)勤俭持家，不铺张浪费，处处精打细算；(3)检举坏人坏事，检举反革命破坏活动，不听谣言，追查谣言；(4)防偷防盗，人人防火，家家防火；(5)不打人、不骂人、不赌博；(6)尊老爱幼，夫妻和睦，家庭团结；(7)定期公布账目，反对瞒产私分；(8)干群互亲互爱，爱护公共财物，提高农活质量；(9)积极参加政治文化学习，不断提高社会主义思想觉悟和文化、科学技术水平；(10)注意清洁卫生，积极参加除四害等。有些还按不同特点，采取"干什么，订什么，缺什么，纠正什么"的办法，订立各自不同的具体内容。老年人不能干重活的，则订出带好小孩，煮好饭，喂好猪等；小孩则订出听老师的话，帮助家庭劳动，带好弟妹，不打架、不玩火等；有的夫妻经常吵闹的，则保证和睦团结，不打骂、不吵闹等。

在做法上基本上是分做三步，总共时间需7~10天。第一步是通过安排生

---

* 作者单位不详。

产，摸底排队，由党员到团员，由党内到党外，由社干到队干，由干部到群众，层层贯彻，级级宣传，由少到多，逐步引深，广泛深入地进行思想工作。时间大约4～5天。订立社会主义爱国公约应作为推动生产的动力，必须明确以搞好当前生产为中心。首先，排四个队——政治情况、生产情况、干群思想作风、一般纠纷，做到心中有数。其次，召开动力会议（党团员、干部、积极分子、民师等），讲明订立公约的意义、要求、目的，号召以身作则，带头订好公约。开展队与队、人与人之间的竞赛，并选择订立公约的典型人物，加以培养，会后利用各种宣传工具普遍进行宣传。然后，召开社员大会，通过部署当前生产，联系当地实例，讲解订立公约的好处，结合进行法制宣传，培养带头订立公约的典型人物，并结合提出各种口号，广为传播，深入宣传。如生产大跃进，团结最要紧，团结一条心，黄土变成金；团结和睦好，劳动出勤高，生活得改善，文化得提高；生产要搞好，保牛最重要，谁人残害它，法律不能饶；赌博、偷窃真可耻，劳动生产最光荣等。从而启发群众，把订立公约变成自觉的要求。社员大会后，乡、社干部深入个别访问，小型座谈，吸收反应，进行户、人排队，对漏户、漏人进行补课。在展开宣传时，对培养成熟的典型户先行召开家庭会议订立社会主义公约，作为群众订立公约的榜样，同时召开民师、教师以及一些有文化的人的座谈会，要他们帮助群众代写公约，群众说什么就写什么，防止包办代替，措辞深奥。第二步是在充分发动群众提高思想认识的基础上，典型带头，树立榜样，组织力量，全面推开，发动群众自觉地订立公约。时间约2天。干部、群众订立社会主义爱国公约，地、富、反、坏订立爱国守法保证书。订立公约的形式：(1)全家集体订立；(2)个人订立；(3)在社员订立公约的基础上，根据社章规定的原则，订立集体公约和奖惩制度。订立时，在内容上，全家和个人均应根据各人不同的情况和存在的问题，从实际出发，防止千篇一律。同时还要做到个人与家庭、家庭与集体、公约与指标（主要是各项生产、文化、卫生等指标）三者密切结合。以达到相互制约、相互推动，巩固公约的实现。订立公约的方法：先由代表性的典型户和典型人以及干部带头示范现身说法，做出榜样，然后组织群众座谈讨论，由各户自行召开各种座谈会（吃饭时的桌头会，休息时的团座会），漫谈订公约的好处，酝酿订公约的内容，再由干部和能写的人划片包干，召开家庭会议，分头发动。订公约的时候，除不懂事的小孩外，全家男女老少都要在场参加订立，一人执笔众人讲，如有不符合要求的，则启发引导，使其自觉补充。第三步是通过总结，进行检查，组织参观，肯定成绩，发动评比竞赛，建立和健全调处组织。时间约3天。通过总结，提出四查（查漏户、查漏人、查宽度、查深度）、四边（边检查、边收集、边补课、边总结），进一步提高群众觉悟。检查总结必须贯彻从群众中来，到群众中去，采取内外一齐发动的方法，召开各种小型座谈会，表扬好人、好事，组织队与队、户与户之间的参观道喜，以相互促进，相互勉励。并将拟好的合作社集体公约初步方案，在总结会上宣布，组织讨论。同时提出调处人员候选名单，让大家一并讨论选举产生，并制定检查执行公约的一些制度。总结会后，社委会根据大家所提的意见，将集体公约研究修正，张贴公布，随后召开调处人员会议，交代任务和职权范围以及如何继续巩固公约执行等问题。

二

目前看来，各地制定公约已经由点到面，全面开花了。从各地试点情况表明，订立社会主义爱国公约，在巩固整风运动的成果，推动各项工作，培养社会主义道德思想，减少纠纷，预防犯罪，加强法制观念等方面，取得了不少的收获，效果是很好的。这些收获，初步看来主要的是这样一些：

1. 进一步提高了群众的社会主义觉悟，鼓起了生产干劲，促进了各项工作的全面跃进。江苏睢宁县睢河乡长青社原布置5天完成三麦追肥，通过订公约后，不到3天就追好了，劳动出勤率由70%提高到100%。未订公约前故意缺勤、自搞副业、外出探亲、不遵守劳动纪律等现象，经过订立公约，也都自觉改正。毛岗社有一个20年从未干过活的懒汉，现在也天天出工了。高塘社以往劳动态度好的有1140余人，劳动态度差的有315人，现在劳动态度好的有1450余人，差的只有9个人。邳县戴圩乡和平三社全社共有劳动力592人，整社前平均每天出勤只180人左右，整社中提高到370人左右，订公约以后，每天出勤达600人以上。有的饲养组在公约上还提出：喂养牲畜保证做到三勤（勤扫、勤垫、勤清）、三足（水足、草足、阳光足）、一多（多积肥），把瘦牲口加速喂养变为肥壮，做到“寸草铡三刀，牛吃肯长膘”。由于提高了群众的政治觉悟，生产热潮普遍高涨，社员田维中、王辉成等说：“现在是家家欢乐，人人喜庆，过去人会犯错误，就是因为做事没准绳，现在订了公约照好的做，将不会犯错误，生产就来劲头啦！”有些地区的乡、社干部也认为公约真是一副灵丹妙药，现在事情好干了，做工作也有抓头了。他们说，过去有六多：（1）不遵守劳动纪律多，（2）偷窃公共财物多，（3）讲价钱的多，（4）争工分的多，（5）贪污挪用的多，（6）歪风邪气多。现在有六高：（1）生产指标高，（2）群众觉悟高，（3）劳动热情高，（4）出勤率高，（5）生产勤头高，（6）干活质量高。农业社真是发生了根本的变化了！

2. 通过订立公约，向群众普遍地进行一次深刻的社会主义教育。使广大群众提高了社会主义觉悟，划清了阶级界限，增强了社会主义的法制观念，严密监督和迫使地、富、反、坏分子内部进一步分化瓦解。睢宁县睢河乡长青社全社633人,除外出群众以及四岁以下的儿童外,其余450人皆针对自己不同情况和缺点订立了社会主义爱国公约,地、富、反、坏分子订立爱国守法保证书,使大家普遍地受到了教育,有的达五次以上,基本上达到家喻户晓,深入人心。该社38个有自私自利损人利己思想的人,均自觉地订立了改正公约。社员宋如芝检讨说:"过去家有窝猪,跑到自己园地马上撵走,猪在合作社地里就装看不见。"他表示今后一定改正,去掉自私自利不爱护集体财物的思想。大丰县大道社社员朱春兰说:"我在1957年闹退社,今后再不闹退社了。"邳县戴圩乡唐为成的母亲是单干户,也表示要走社会主义道路,向社干请求入社。有些平时经常赌博,以致夫妻吵闹要离婚的,现在也都改正不再赌钱,夫妻关系重归于好。由于群众的觉悟不断提高,巫婆、神汉等的迷信活动也受到了很大的打击,沭阳县扎下乡全乡就有44个巫婆自动缴出仙堂44个以及其他迷信对象,有的搞了四十多年的迷信活动,现在也自动将仙堂、香炉等交到乡内,也有的把自己所设的仙堂用火烧掉,香炉摔掉,并动员其他巫婆毁掉迷信工具。

3. 订立社会主义爱国公约,对加强人民内部团结,改善家庭关系,减少纠纷,预防犯罪有重要的积极意义。因此,广大群众把公约看成是行动纲领,奉为家庭"大法",自觉遵守。睢宁县睢河乡长青社有夫妻关系不和的22人,婆媳关系不和的20人,兄弟妯娌及亲邻等关系不和的26人,合计68人,占全村人口10.7%。经过订约,都完全和好了。其中如张照民与妻金传英结婚六年一贯不好,男方向乡三次申请离婚,影响生产,在订公约中,开了家庭会议,双方自觉检讨,各自承认了自己的缺点,并表示克服的决心,双方又重归于好,生产也启动了。刘保英与杨桂英妯娌俩两年互不讲话,两人共同做饭,锅上不问锅下,锅下不问锅上。丘永信妻与丘水生妻妯娌俩三四年互不理睬,早上推磨时谁也不愿呼唤谁,只好以敲磨为号。现均已亲密和好。他们并敲锣打鼓地到县里向徐州地区中级法院在睢宁召开的现场会议报喜,送了他们用红纸写成的感谢书,上面写着:以前吵嘴,互不团结影响生产,订公约后,认识到闹不团结的错误,今后保证加强团结,不闹意见,服从领导,积极劳动生产,政府给我们带来了幸福,我们深深地感谢。他们表示回去一定要做到:户户争取五好,人人学习模范,大家同心合力,建设幸福家园。群众对这种情景,感激地说:"订公约真是一件大喜事,俗话说'一日吵嘴三日穷,三日吵嘴九日空',我们要生产大跃进团结一条心,那就真要黄土都变成金啦!"

4. 进一步改善和密切了干群关系。邳县和平三社生产队长冯阮文,工作上好强迫命令,作风粗暴,在本队多留粮食私分,这次订公约,他表示一定要坚持勤俭办社，大公无私，不扣留，不私分，多听取群众意见。社委刘永风挪用社内160元公款，主动检讨，并表示分期付还。睢宁县长青社副主任史胜高在订公约中订了这么一条：我对社员保证不要态度，团结社员。社员张云英也订了一条：我服从队长领导，叫我干什么就干什么。因而获得了全体干群满意。有的社员说："干部态度改好了，社员服从领导，积极生产，那还有什么意见呢！"

三

这一时期，全民普遍制定公约，取得了很大的成绩。虽然在发动群众的深度上，在执行、巩固公约等方面各地发展也不够平衡，然而，它的成绩还是主要的。概括起来说，我对制定公约有以下几方面的体会：

1. 必须在当地党、政的统一领导、全面安排下，在"政治挂帅、以生产为中心、带动各项工作一道前进"的总的前提下，展开制定公约的工作，这是订好公约和群众能否发动深透的一个关键。各地实践都证明了，凡是坚决执行了这条根本原则的，不仅都取得当地党政领导的大力支持，而且也都很顺利地开展了制定公约工作，大大地促进了生产的跃进。

2. 制定公约是社会主义法制建设的一个重要部分，也是司法工作在贯彻群众路线方面的一个重要发展。我们应该真正把它当做一件大事情来办。事实上，订立公约的过程，就是群众自我教育、自我改造的过程，因此，必须从开始到结束充分地做好群众思想的发动工作，由内到外，由上到下，内外结合，上下结合，自始至终运用各种生动活泼、丰富多彩的宣传形式，深入地、细致地、全面地贯彻思想发动，使其真正成为群众的自觉行动。

然而，也有些地区对待这样一项具有十分重要意义的群众性的工作，不是深入、细致、踏实地去进行工作，而是采取一种强迫命令、包办代替的官僚主义和形式主义的做法，他们草草了事、马马虎虎地写个几条，统一印好发给群众，有的甚至连群众都不通知就贴在各家各户的门上了。我曾经访问了一个县制定公约试点的一位老年农民，我问他："公约订了没有？有什么好处啊！"他哑口无言，惶惑地说："什么公约？我不晓得啊！光知道干部前几天贴张红纸在我家门上！"这样，不仅是公约内容生搬硬套、千篇一律，而且根本就达不到教育群众，提高群众觉悟、促进生产发展的作用，失去了制定公约的重要的积极意义。

3. 检查，有总结，有评比，有奖惩。应该明确：从制定公约到执行公约，还有一个提高思想、改变习惯的过程，因此，继续加强经常性的政治思想工作，就显得十分重要。同时，在订立公约中，根据地区的条件与可能，还应该把调处组织建立与健全起来,充分发挥其作用,这是具体督促检查公约贯彻执行的很好的组织形式。在制定公约后,应该通过检查总结,进一步发动群众,组织参观,发动竞赛,相互报喜,表扬好人好事(社与社、队与队、户与户、人与人),做好巩固公约的工作。

应该指出:订立公约并执行公约,乃是群众自我教育、自我改造的一种良好的方法;然而,目前在有些地区的少数干部却存有一种单纯借公约来管束群众的情绪,认为对那些不甚听从干部规劝或执行公约不好的,可以借公约给予惩治,这种想法是不对的。就我最近的了解,有个别地区甚至发现乱加惩罚的现象,有的竟罚款数十元以上,有的罚劳动挑土若干方,这种不区别对象和情节一律加以惩治的做法,显然是错误的,应该纠正。为了巩固公约的更好的执行,订立一定的奖惩制度是必要的,但绝不能以乱加惩罚和压服的方法去解决人民内部的矛盾。因此,各地调处委员会在贯彻执行公约的时候,基本上应该根据社章规定和社内订立集体公约的内容为准则,本着耐心说服、坚持教育的方针。对偶尔不遵守公约的,应动员启发其自觉检讨悔改;对一般的应给予适当的批评教育或赔偿道歉等;对屡不遵守公约和犯错误的应召开社员会或代表大会,通过摆事实、讲道理进行说理教育,视其悔改程度,如认识错误,一般可免予处分,如仍坚持错误不改,可罚扣劳动日(不要罚钱);对惩罚对象的确定和处罚的分寸,一律由乡党委审批决定(罚宜从轻);对违反《治安管理处罚条例》和触犯《刑法》的分子,则一律由公安、司法机关分别依法予以处理。

(1958年第6期)

上海市榆林区政法部门是怎样处理青少年犯罪问题的

沈贵龙* 萧洪亮**

怎样正确处理青少年犯罪的问题，在政法部门的某些干部中是一个长期悬而未决的难题。特别是对于少年犯，总觉得要处理年龄太小，不处理群众又有意见。因此在实际工作中就产生了两种偏向：

一种是感到少年犯年龄小，处理困难，行政拘留又不解决问题，干脆推出门去"不管"。曾经有同志写了一首打油诗，说明政法干部对待少年犯的态度。诗是这样写的：

虽然犯罪因人小，一不管；
情节轻微数量少，二不管；
次数虽多未成惯，三不管；
偷窃数字比较少，四不管；
偷窃亲朋自己人，五不管：
偷窃学校教师责，六不管；
偷窃家庭问父母，七不管；
偷窃未遂更不管；
总而之言都不管！

对待少年犯的另一种偏向是，觉得问题严重，统统抓起来办理。我们上海市榆林区在1958年1月、2月所捕的青少年犯，竟占全部刑事罪犯总数的53.6%，比去年11月、12月增加了10.9%。但实际问题并没有得到解决。

通过双反运动，这个问题引起了榆林区公安、检察、法院3个机关负责干部的重视。大家意识到减少和制止青少年的犯罪活动，不仅是降低刑事案件发生率的一个关键，同时又是保护下一代不受侵蚀的严重政治任务。"不管"和单纯

---

* 作者单位不详。
** 作者单位不详。

“惩办”的观点都是非常错误的,不符合党的政策方针的。于是3个机关共同召开会议,对这个问题进行了专门的研究,并且成立了调查小组,深入到工厂、学校、里弄和公共场所去,通过访问教师、家长和提审被告等方法,深入分析了青少年犯罪的原因,依靠组织,发动群众,采取了8个有效措施,开展了一系列的工作。从3月27日到4月20日,先后通过向教师、家长、学生作报告和举行座谈、访问等多种形式,开展了各项活动共41次,参加人数达15,500余人,获得了显著的效果。

关于青少年犯罪的原因,经过调查分析,大致有这几个方面:

1. 促使青少年犯罪的根本原因,是由于敌人的社会基础和社会渣滓尚未得到彻底的清除和改造,以及资产阶级腐朽思想影响的存在而产生的对青少年的侵蚀:有些坏分子直接教唆青少年犯罪,再加上旧社会遗毒——淫书、淫画还有一部分流散于社会上,也直接滋长了犯罪。

例如,1958年2月捕获的现行反革命分子、中学生柴某和姜某,都是敌对阶级家庭出身的子女,平时一贯思想反动,对现实不满。他们先后在学校中散发反动传单,书写“告全体同学书”多次,内容相当恶毒;污蔑人民领袖,情节非常严重。又如专以收旧货为掩护的坏分子何某,一贯指使小孩至仓库、码头等地盗窃国家生产原料。据统计,自1955年以来,他教唆了儿童六七十人,盗窃国家铜、铁数百斤之多。更严重的,何某有时还对儿童采取威吓手段,以廉价收进贵重赃物。至于反动黄色书刊和淫书、淫画,对青少年的毒害也相当严重。据统计,被逮捕的流氓阿飞中,绝大部分都看过淫书、淫画,因而走上了犯罪的道路。如学生赵某自从在劳动公园结识了流氓马某等人以后,专事阅看《风流寡妇》等淫秽书画,受毒害很深,从而与其他流氓一起走上了轮奸少女的道路。

2. 个别家长纵容包庇、教唆犯罪,某些家庭教育不当,也是促成青少年犯罪的原因之一。

例如,少年犯褚某和顾某的家长,平时不仅本身就有不法行为,还纵容、唆使子女犯罪:用孩子偷来的钱一同去买布料、存银行;更恶劣的是还阻止女儿(少先队员)向政府检举,从而使褚、顾两人走上了连续撬毁五只保险箱、盗窃大量人民币的犯罪道路。又如15岁少年犯吴某家长发现吴有偷窃行为以后,没有严格教育,当问题严重起来了就一顿痛打。结果造成吴日夜不归,成天偷窃;后来竟和少年犯陆大呆子等结伙偷窃。有一次为了偷窃少量铜料,至某工地翻窗入库,敲毁了许多电讯器材,出售仅得款2元,但使国家损失人民币达2000元之巨。再如流氓阿飞耿某,由于家庭从小溺爱,不加管教,家长对耿偷窃认为是“孩子大了,需要钱用”。直到耿为流氓阿飞案被捕后,家长害怕儿子把身体搞坏,送鱼、肉、蛋、水果、补汁等到看守所,为儿子“营养”,这样就葬送了子女的前途。

3. 工厂、学校对青年工人和学生进行政治思想教育和共产主义品德教育不够,致使个别青工、学生受资产阶级思想的腐蚀,堕落蜕化而走上了犯罪的道路。

例如,有些工厂领导只管生产,忽视思想教育,特别是小型工厂内部政治工作更为薄弱。在某些中小学内,个别教师在教学中有脱离政治的倾向,对学生政治思想关心不够,缺乏经常的共产主义道德质量教育。有的班主任只管业务,不问政治;有的教师除上课以外就不同学生接触,对学生的思想情况和生活作风毫不了解。还有些教师错误地认为学生犯了错误,责任在于家庭和社会,与教师无关。

4. 政法部门存在右倾思想和孤立办案的缺点和错误,致使这个问题没有得到很好的解决。例如对青少年犯罪分子有些该处理的没有及时处理,对青少年犯罪的严重情况也没有及时采取有效的措施。在处理少年犯时,政法干部往往强调年纪小、处理困难,当管不管。有些虽已进行处理,但也是采取就案办案的态度;对如何通过处理来扩大宣传教育,做得还很不够。

在分析以上原因的基础上,榆林区的公安、检察、法院等部门首先将青少年犯罪情况写成报告,并且提出具体意见,向本区党政领导和有关上级机关作了专门的汇报。在取得党和上级领导的指示以后,公安分局和检察院、法院又专门抽调了一批干部,投入这项工作。现在把我们在工作中所采取的 8 个有效措施说明如下:

1. 大力加强社会改造工作,清理社会渣滓,削弱敌人所依靠的社会基础;抵制资产阶级腐朽思想的侵蚀和影响。对敌人的社会基础和社会渣滓,配合有关部门大力进行了清理:对应予遣送回乡的,遣送回乡交农业社监督生产;对应予劳动教养的,予以收容,实行劳动教养;对没有条件遣送回乡或劳动教养的,以及虽够劳动教养条件而又有其他具体原因的,就地监督劳动加以改造;对教唆青少年犯罪的分子,依法严惩;对毒害青少年思想的淫书、淫画,严于取缔。这样做,就从根本上减少和制止了敌人的社会基础和资产阶级腐朽思想对青少年的腐蚀。

2. 依靠组织,发动教师,加强责任,教育学生。在取得党的指示以后,我们就依靠组织,发动学校教师。在做法上首先采取向教师“摊情况”的形式,即不分时间早晚、地点远近和人数多少,向教师作报告,举行小组座谈和个别漫谈。它们的主要内容是:首先肯定解放以来少年儿童在党的关怀和有关组织的教育下,共产主义道德质量迅速成长的基本情况;同时结合家长、学校等方面存在的问题,深入分析问题的原因,提出今后的意见,从侧面引导教师自觉地认识对学生加强品德教育的重大责任。然后各学校普遍展开了讨论。通过讨论,教师们都自觉地检查了以往管教不管导的思想,并且结合学校整风,抓关键——加强学生的政治思想教育。教师们夜以日继、干劲十足地研究讨论,提出了许多良好的办法。有的学校提出了"苦战一二周,通过家庭访问、座谈等方式全面了解掌握学生思想情况"的口号。有的学校还在学生中开展了各种活动。如惠民路第二小学等校给学生出"怎样做一个好孩子?""什么叫六好?"的作文题,从正面来启发教育儿童;监山路小学等校专门建立了"好事簿"、"好事箱",鼓励儿童多为集体做好事;华成小学等校还邀请转业军人、劳动模范给小朋友讲战斗故事和英雄模范人物的事迹,贯彻了团结友爱、集体主义和爱国爱人民的思想教育,效果很好。此外,教师们还利用休息时间给小朋友补课,采取多样化的方法加强校外的辅导小组。惠民路第三小学教师晚上九点钟还在进行家庭访问,家长反映很好。有的家长感动地说:"这真太辛苦了,不愧是人民教师!"这样做法,大大地改变了过去教师对儿童只管教不管导、只管校内不管校外的偏向,在许多学校中形成了一个加强对学生品德教育的新的高潮。

3. 转变作风,深入现场,就地取材,教育群众。为了克服以往高高在上、不深入群众的工作作风,我们根据哪里响雷哪里下雨(哪里有问题哪里开展工作)的办法,选择了一些曾经破获案件的学校,就地取材,结合它们的教学计划,通过报告会、宣判案件、讲座等形式,一方面广泛开展爱国守法教育;另一方面也丰富了学校的教学内容和教育形式。如在破获了扬州中学学生撬保险箱的案件以后,立即抓住这一点,对该校全体教师进行教育,接着召开了全体学生1300多人的会议公布案情,分析该校学生顾某的犯罪原因,说明应该如何从中吸取教训等。会后,教师得到了启发,学生受到了教育。这个问题又变为讨论会、班级会和政治课的中心内容。教师通过检查,克服了以往管教不管导的思想,解决了以往强调客观的埋怨情绪,大胆放手地在学生中开展了各项活动。在学生中则树立了集体荣誉感,使学生对一些道德败坏的行为表示了极端的鄙视。他们用四五十幅大字报和漫画,分析了顾某的犯罪原因,谴责顾的不良行为,并且纷纷向老师保证:不穿奇装异服,不与流氓阿飞为伍,不浪费钞票,等等。此外还订立了学习规划。现在学校风气已经大有转变。

4. 开家长会,个别访问,提出问题,说明道理,发动家长教育子女。少年儿童产生品德败坏、偷窃等行为,和家庭的关系也很大。但从以往的情况看,虽然也召开过家长会讲,却因为没有很好依靠组织、依靠群众,实际效果并不很好。现在在学校教师的积极性充分发挥起来的基础上,由学校出面召开每个学生家长的会议,已变为各校教师的自觉行动。这样不仅改变了政法部门孤军作战,不依靠群众的工作作风,同时在活动形式上又可以多样化。在对家长开展工作时,除了报告会的形式之外,还采用座谈、个别访问和个别家长现身说法等办法,进行相互启发,效果非常好,大大改变了以往部分家长对子女管教不负责任的现象。许昌路第一小学开家长会以后,三年级西班37个到会的家长,有35个都回家向子女进行了教育。惠民路第二小学和大连路第一小学联合召开的家长会刚结束,就有12个家长自动留下来向教师谈心,检查以往对子女教育不够的情况,并向教师提出了保证。在监山路小学召开的家长会上,有一个家长很激动地上台发言说:“我白天工作,晚上回家,看看孩子总蛮好。后来我儿子发生严重的偷窃行为,我怨学校没有教育好,我怪别人家孩子把我儿子带坏的……通过今天的会议,对我教育很大。我儿子不是人家带坏的,而是我没有教育好。回家我保证订出教育计划来!希望老师多联系。”同时,这位家长还在会上说:“为了教育好孩子的事,政法部门的同志还和我们讲了许多道理,真是新社会的新事情。旧社会里要是小孩犯法,大人倒霉,捉进去打一顿不算数,签了字还要敲一笔竹杠,说不定弄得你倾家荡产。说句良心话,这真是毛主席领导的好处!”这些话对到会的家长启发教育很大,从而在一定程度上解决了家长不重视教育自己子女的偏向。

5. 加强学生校外活动,组织小组,聘请辅导,内外结合,共同教育。学校实行二部制,学生有1/2的时间在校外活动。但如何充分运用这1/2的时间,加强学生的自学,辅导少年儿童的正当活动,就成为一个非常重要的问题。在教师和家长发动起来以后,这个问题才进一步得到了重视,也有了一些解决的办法。如华成小学为了加强学生校外活动,专门拨出经费为自学小组添置黑板。廉山路小学不仅自学小组加强了,而且许多家长担任的校外辅导员还自动买了黑板、文具、练习簿等送给学生。齐齐哈尔路第二小学一个有小偷小摸行为的学生家长,经过学校教师的宣传以后,不仅重视了对自己子女的教育,并且还担任了校外辅导小组长。许昌路第一小学学生李某的家长许大妈,平时也很重视这项工作,特别是在学校召开了家长会议之后,许大妈更加重视了。她教育小朋友要做毛主席的好学生,好好学习,听老师和家长的话,要热爱劳动。同时,她又以自己儿子在抗美援朝中牺牲的事例,教育儿童要仇恨帝国主义,长大后更好为祖国服务,为革命烈士报仇!小朋友听了很感动,大家决心做个好学生。许昌路第二小学在召开家长会时,当场敲锣打鼓,聘讲50多位家长担任校外自学小组辅导员,并替他们戴上了大红花。这些做法,也可以使校外小组巩固起来,一切实起到辅导学习和教育儿童的作用。

6. 依靠组织,发动群众,分工负责,组织青年,重点帮助,进行教育。配合派出所户籍民警,通过深入发动群众,依靠有关组织,加强对地区青少年的教育工作,减少和制止地区青少年的犯罪活动。如四平路公交工房有不少在学、失学青少年,其中有的经常偷窃郊区农作物,有的竟发展到组织号称"四大王"的偷窃集团。因此,根据这一情况,我们就结合"七无"安全宣传,深入发动群众,并以团员为骨干,把地区内初中以上在学和失学青年组织起来,成立了"青年跃进队"。工房家属委员会还提出了三教、四帮助、五合同(三教指派出所、教师、家长,四帮助指学校、工会、邻居、派出所,五合同指家长和教师、治保干部和居委会、教师和民警、家长和民警、治保干部和民警),以保证不发生青少年偷窃行为,并对他们进行共产主义道德质量教育,安排他们的劳动和学习。这样过去曾有过偷窃行为的32名青少年,自从进入"跃进队"以来,从未再发生过偷窃行为。例如曾经有过偷窃行为的学生蔡某,在居民小组长的耐心帮助下,已经做到不再偷窃,并且在功课上由原来的2~3分上进到4~5分;偷窃小集团"四大王"之一的周某也有显著转变。因此,目前在地区青少年中已经出现了一个爱劳动、勤学习的新气象。

7. 依靠工厂党、政、工、团,针对每个时期青工、艺徒的思想情况和特点,进行劳动纪律和共产主义道德品质教育。依靠工厂的党、政、工、团和保卫组织,围绕生产大跃进,以巩固劳动纪律及"七无"安全宣传为主题,对广大职工特别是过去有偷窃等不良行为和作风恶劣的落后青年,进行道德质量教育,并以多种多样的形式进行宣传。如通过举办好人好事展览会、进行"七无"安全及法纪宣传、召开宣判大会、演出由坏转好的真人真事话剧,以及保卫干部找个别青工重点帮助等方法开展工作。矿山机器厂过去有偷窃行为的某青工听了"七无"宣传以后,认识到自己的错误,缴出了偷窃的赃物。国棉十五厂某青工,过去工作一贯吊儿郎当,听了法纪宣传以后,在车间小组内咬破指头写血书,表示痛改前非。裕华纺织厂过去有一个一贯不遵守劳动纪律的青年工人,通过厂里各种宣传教育后也有了转变,并能一个人做两个人的工作量。总之青工、艺徒的品德面貌已经大大改变。

8. 对青少年犯罪中情节恶劣、危害性大、屡教不改的分子,必须依法惩办,通过处理,扩大宣传。对少数屡教不改的青少年犯罪者,其中情节恶劣、危害性大的,必须依靠群众,坚决采取措施,予以沉重打击。如今年以来,育新中学连续发生散发反动传单,扬州中学等地连续发生保险箱被撬的重大案件。面对着这一严重敌情,我们采取了积极有效的措施,组织专门力量加强侦察。最后,经过群众的协助,提供了重要线索,破获了案件,打击了犯罪分子的破坏活动。我们还选择典型案例，先后召开了有3000多名青工、学生旁听的公开宣判大会，并邀请团委书记作报告。同时，抓住破案和公开宣判的时机，印发了1200多份宣传资料；通过大字报、广播等开展了广泛的法纪宣传教育，提高了群众的思想觉悟，检举揭发了犯罪分子。

通过以上一系列的措施，在青少年中正气显著上升，学习空气空前高涨，课堂纪律大大增强，偷窃等不良行为已经相对地减少了。许昌路第一小学一个班级原来有19名学生有偷窃、赌博等不良行为，现在已全部改好。平凉路第一小学有一个班级以前有30%以上的学生有偷窃等不良行为，经过教育以后直到目前还没有再发现一个有偷窃等不良行为的人。过去许多学校学生中普遍存在的变相赌博行为"钉铜"、"钉铁"已经消灭，课余代之而起的是跳集体舞和各种正当的游戏。

此外，在学生中还出现了许多动人的事例：许昌路第一小学学生将某，曾经先后从家中出走过100多次，一贯偷窃、欺骗，但通过品德教育以后，一次买鸡蛋回家发现摊贩多找了一分钱，他为了"做一个诚实的孩子"，又认真地把钱送回去。惠民路第一小学学生胡某，在南京路中百公司二楼文具部购买毛笔两支，回家以后，发现营业员因工作忙少收了一支毛笔钱，心中就很难过，立即用电话联系，在第二天放学后专门乘车去送还了应付的钱，营业员很受感动。惠民路第二小学学生施某拾到一只皮夹，送还原主，得到群众的来信表扬。裕华小学学生黄某在学校广场上拾到了一只贵重手表，及时查找返还给失主，得到了教师、同学的一致赞扬。不仅如此，通过教育以后，小朋友的警惕性也提高了。如齐齐哈尔路第二小学学生顾某，放学回家发现一个男人正在摸一个老太太的钱，他就很机警地当场将摸窃犯抓住，送公安局处理。

总之，由于以上一系列的措施，首先在教师中普遍解决了对儿童品德教育不够重视现象，克服了只管校内不管校外、只管教不管导的脱离政治的倾向，并且积极运用了多种多样的方式展开了宣传教育活动。其次在家长方面也普遍重视了对子女的教育，负起了家长应负的责任。最后在青少年本身的品德和学习上都出现了新的气象，他们认清了是非，爱憎分明，一致要求争取做个好青年、好学生。

现在榆林区青少年犯罪的比例已经显著下降。仅4月就比1958年第一季度平均比例下降了66.1%，并且从4月以来一个半月的时间里，还没有发现一起少年现行犯罪的案件。

（1958年第6期）

民主辩论是民事审判工作的新形式

魏焕华*

群众路线是我国人民司法工作既定不移的政治路线和组织路线。但群众路线的具体工作方法和工作形式则常常随着各个时期客观条件的变化而不断地发展和丰富。新的形势和新的任务就要有相适应的工作方法。当条件发展变化后,某些过去常用的工作方法可能不适宜,新的工作方法的出现就成为必然的了。不然,就不能促进形势的发展和任务的完成。我国人民群众在全民整风、反右派斗争和社会主义大辩论的实际斗争中,创造了摆事实、讲道理的民主辩论这一生动活泼的社会主义民主形式。这一形式的运用,不仅有利于孤立和批判右派分子,而且有利于教育人民群众自己,大大提高他们的社会主义觉悟水平。民主辩论是我们党的群众路线工作方法的新发展,目前已成为各项工作中借以解决问题、明辨是非和推动工作的无往不利的法宝。人民司法工作者也应该积极学会运用群众路线这一新的形式来丰富和改进工作,处理人民内部的各种是非问题。

对审判实践中具体运用民主辩论形式是有各种不同的认识的。有的人虽然承认民主辩论方式的巨大作用,但总在"审判"两个字上扭不过来,认为审判终究是审判,不能搬用一般的群众工作方法。也有些人认为审判方式是受诉讼程序限制的,不能随便代以其他方式。还有些人对民主辩论在审判工作中能起多大作用发生怀疑。的确,古今中外还没有一部诉讼法曾经规定用这种方式解决诉讼问题。要在民事审判工作中采用民主辩论方式确是一个新问题。但是我们毕竟是生活在全民大跃进的新时代里,最好还是跳出陈规,面对现实生活来看待新鲜事物。

一、民事审判工作中采用民主辩论方式的客观基础

在当前民事审判工作中适当推行民主辩论的形式是完全必要和可能的。因为:

* 作者单位不详。

1. 从民事纠纷的基本性质来看,绝大多数属于人民内部矛盾。其中一部分是属于资本主义思想与社会主义思想的两条道路斗争问题,还有一部分则不属于或不完全属于两条道路斗争问题,而是一般的是非问题。因此,总起来看,绝大多数民事纠纷都属于思想教育范围,解决民事纠纷的全部过程常常也就是思想教育的过程,只有在思想上把问题彻底解决以后才能导致纠纷的彻底解决。特别像山林、水利、肥源等有关生产的群众性纠纷,由于纠纷标的的管理、经营、使用都与周围群众的生产和日常生活有着密切关系,具有一定的社会性。如果不让群众真正从思想上分清是非、解决问题,使之自觉执行法院的调解或判决的话,哪怕法院所作的判决或调解是完全正确的,也往往难以执行,以致变成一纸空文。毛主席教导我们:“凡属于思想性质的问题,凡属于人民内部的争论问题,只能用民主方法去解决,只能用讨论的方法、批评的方法、说服教育的方法去解决,而不能用强制的、压服的方法去解决。”①无数的事实证明,民主辩论正是当前解决思想性质问题,解决人民内部的争论行之有效的办法。这样一种有利于工作、有利于人民、有利于纠纷彻底解决的方法自然也是人民司法工作所需要的,问题只在于如何使它与审判工作的具体特点更好地结合起来。比如,对于案情比较重大复杂的群众性纠纷或长期纠缠不清无理取闹的其他纠纷,适当运用民主辩论是完全必要和可能的,至于一般比较简单的或涉及私人隐私的民事纠纷就不必或不宜采用这种方式了。因此,把民主辩论看成只适用于其他群众工作而不适用于司法工作,忽视两者根本上一致性,强调审判工作特殊的看法是完全错误的。

2. 从民事诉讼程序的意义上说,运用民主辩论方式也是完全符合社会主义法制原则的。我们知道,资产阶级法官们为了保护资本家的钱袋利益,力图用唯心的、不可知论的观点证明诉讼的事实真相是不可知的,以此竭力掩饰事实真相。因而他们对案件所做的结论并不要求符合客观事实,只求符合于当事人向法院所提供的事实。这就是资产阶级民事诉讼法中极其虚伪的“形式的或法律的真实原则”。因此在资产阶级民事诉讼程序中根本不可能出现真正有利于揭露事实真相的审判方式。与此相反,我们人民司法工作者遵循着马克思列宁主义,认为世界是可知的,纠纷的事实真相是客观存在的。所以“以事实是根据,以法律是准绳”,是我们审判工作的根本原则。民事诉讼程序的目的就是保证审判工作的正确、合法、及时,是为了加强审判工作而不是为了限制或削弱审判工作。我们研究民事诉讼程序时绝不能脱离这一根本目的。民主辩论方式是符

① 毛泽东著:《关于正确处理人民内部矛盾的问题》。

合这一目的要求的，是有利于揭露事实真相，有利于纠纷正确、彻底地解决的。因此就应该大胆地使用，逐步积累经验，使之更进一步地发展和完善。事实上，解放以来民事诉讼程序方面已经通过实践，积累和创造了许多前人所没有用过的有益经验，从而大大丰富了我国民事诉讼程序的实际内容。因此把诉讼程序看成一成不变、甘为陈规旧章所限制，不能不说是教条主义的一种表现。

3. 从当前各方面的客观条件来看，民主辩论方式对于解决某些属于思想性质的群众纠纷，不仅可能，而且很有必要。因为一方面，我国人民通过五大运动、三大改造以后，社会主义觉悟有了空前提高，广大群众的组织性与纪律性大大加强了，人民当家作主的主人翁思想和协助监督政府工作的政治热情也是大大提高了。这些都是展开民主辩论处理纠纷极为有利的条件。特别是在目前条件下，国内两条道路的斗争大量地表现为人民内部矛盾，这就更有必要充分地运用这一犀利武器，以提高群众社会主义思想，加强人民内部团结。另一方面，近年来，民事纠纷本身也发生了深刻的变化。在生产资料所有制的社会主义改造基本完成以后，原属个人间的纠纷，其中很大一部分已不存在，一部分则由于双方都已参加了集体经济组织，也就变成集体与集体之间的纠纷。个人之间的民事纠纷数字逐年减少，个人与集体或集体与集体间的纠纷相对增长。如浙江永嘉、建德两县 1957 年处理的 50 件山林纠纷，就涉及 23 个农业社与 6 个村子的群众利益。这些纠纷，数量上虽不多，但牵涉面却更广泛了。在这种情况下，运用民主辩论的方法解决纠纷也就显得更加必要。

4. 从审判实践上看，运用民主辩论方式解决纠纷也是具有现实基础的。据浙江省高级人民法院在永嘉、富阳、建德等县了解，基层人民法院过去处理群众性的纠纷，运用民主辩论解决纠纷已经做出成绩，取得了经验。但由于在思想上没有完全摆脱陈规旧章的限制，采用这种方式解决纠纷还不是完全自觉的，仅将其看做审判程序以外的辅助手段，工作方法也不完整。尽管如此，这一方式生动活泼的力量还是非常明显地显示出来了。如浙江富阳县友谊乡龙门村 8 个农业生产合作社与上官乡四堡、胜利、徐戴 3 个农业生产合作社，去年发生山林纠纷后，互相拦路劫夺柴担，并发生绑人、打人等事件。经该县法院会同有关部门，召集双方干部及群众代表进行了说理辩论，明确了是非，批判了龙门村群众仗着村大人多欺侮小村的宗派主义思想以后，纠纷就得到完满解决。在调解达成协议的当天晚上，原来闹纠纷的双方 11 个社的干部还在一起开了联欢晚会，大家在会上保证互相团结不再闹事，效果很好。

二、民主辩论方式在民事审判中的作用

目前处理民事纠纷通常有这几种工作方式：公判庭形式，调解形式，有时为了统一思想认识也有召集双方当事人进行说服教育的。这3种形式与民主辩论形式比较起来就显出一定的局限性。第一，不论公判庭或调解庭，虽然也有辩论阶段，但参加辩论的只限于当事人双方；而民主辩论不仅有纠纷的双方参加辩论，还要吸收其他群众参加辩论。这就容易减少或防止“公说公有理、婆说婆有理”的顶牛现象，使辩论中公正舆论的作用大大加强。第二，过去虽然也有召集当事人进行说服教育的会议，但审判人员不论在思想上或做法上都着重在“我说你服”方面，因而只能是自上而下的说服过程。当然，这种自上而下的说服教育方式并不是不需要的，但处理群众性纠纷时如果没有先在群众中把情况掌握起来、把群众中的正确意见集中起来，如果没有依靠群众来向错误的思想进行斗争，那么，单靠自上而下的说服方式往往是很难收效的。民主辩论的过程是群众说服群众的自我教育过程。它既便于充分反映多数群众的意见，也便于审判人员集中正确意见，依靠群众力量去批判错误意见，因而收效自然也大。第三，在公判庭与调解庭的辩论阶段中，审判人员一般只能起到维持法庭秩序和听取双方辩论理由进行判决的作用。在民主辩论中，审判人员除听取双方辩论理由外，他还是这场辩论的积极领导者与组织者，有计划有领导地组织群众展开辩论，达到明辨是非、提高认识、教育群众的目的。

由于民主辩论有这些特点，它在处理群众性纠纷上有以下几个方面的作用：

1. 能较彻底地解决纠纷双方的思想问题，处理结果的稳定性较大，执行起来也就容易。有时，同一个纠纷，由于处理办法不同，思想教育工作做得深浅不同，尽管处理结论是一致的，处理后的效果却完全相反。如永嘉县沙头区罗川村和渠口区东村的山场纠纷，在1953年已由永嘉县人民法院作过判决，判决的结论据事后证明也是正确的。但由于当时只是按照一般审判方式一判了事，没有统一双方群众的思想认识，终于在1955年又重新发生纠纷，形成群众性的宗派械斗事件，打伤了11人。永嘉县法院重新处理该案时，接受了教训，邀集双方代表及骨干分子，并吸收一部分外围村的代表参加，进行了反复的摆事实、讲道理的民主辩论。双方群众的觉悟提高了。原来积极主张械斗的分子开始受到群众的一致谴责，并当场作了检讨；原来在纠纷中积极活动的地主分子及坏分子也被揭露出来了。过去两个村的干部互相看得同仇人一样，这时也检讨说：“过去我们把东村和罗川看成两党，现在想想那里不是共产党和毛主席领导呢！”群众也

说："现在可以一条心搞合作化了。"这样处理以后，至今没有重新发生纠纷。

2. 便于搞清事实，防止主观片面、先入为主。因为纠纷的事实经过，群众是最清楚的。由于群众性纠纷的牵涉面较广，如果仅在法庭上个别讯问或仅靠个别调查，都很容易受片面反映所蒙蔽。而在辩论过程中，愈辩得深，审判人员所受到的启发和教育就愈大，主观臆断就愈少。柯庆施同志曾经有过非常确切的说明，他说："摆事实、讲道理是实事求是的方法，是群众路线的方法。采用了这个办法，我们就能实事求是，就可以避免武断、片面。摆事实，讲道理就是发扬人民的民主，让大家进行辩论，摆出来的事实，说出来的道理，经过大家的辩论，经过人民的鉴定，这样才能统一大家的认识，弄清真是真非，这样做的结果，如果还有人想要颠倒是非，就没有可能。"①因此通过民主辩论处理的案件，一般地说，质量也就较高，常常有些多年纠缠不清的纠纷，一经辩论就迎刃而解，效果很好。

3. 民主辩论不仅是解决人民内部纠纷的利器，也有利于启发群众、发动群众，从而使混在人民内部进行破坏的阶级敌人和其他坏分子容易被揭露出来。邓小平同志指出，民主辩论是正确处理人民内部矛盾的方法，也是教育和团结群众对敌人进行斗争的方法②。实际生活证明了这一论断是正确的。如奉化县余家巴村1956年起与大荒田村为了争夺水源发生纠纷，当时会经奉化县人民法院调解，协议将水源划归大荒田村。1957年4月余家巴村在为首分子余××等的煽动与策划下推翻了以前协议，重新发生纠纷，虽经法院先后四次就地调查，3次调解，2次判决，余××等都拒不执行，反而煽动全村群众捣毁大荒田村的水利设施，事情闹得很大。1958年奉化县人民法院在党委的指示下，运用了摆事实、讲道理民主辩论的方法，召开了600多人参加的群众大辩论以后，群众觉醒了，是非划清了，从而大家转过头来向破坏团结煽动闹事的坏分子和阶级敌人进行斗争。他们揭露了余××等捏造水利历史、篡改地名等一系列欺骗行为，使这个小集团的各种罪恶活动暴露无遗，大家看清了他们原来是一批蓄意破坏国家粮食政策，破坏农业合作化的敌人，从而人民法院能及时加以惩办，两村群众也就重归于好。

除了以上这些主要作用外，民主辩论也是吸引广大群众参加和监督审判活动，向群众宣传党和政府的各项政策的好办法，能够防止和减少类似诉讼的发生。即使有些纠纷在辩论会上不易当场达成协议，但群众已提高了认识，分清了是非，使无理取闹的人孤立起来，审判人员掌握了情况，了解各方面的意见，就能

① 柯庆施同志在上海市第二届人民代表大会第二次会议上的总结发言。

② 邓小平著：《关于整风运动的报告》。

作出正确的处理。在这种情况下所作出的判决或调解反映了群众的意见，执行起来也就比较顺利。当然，这不是说采用民主辩论形式以后百事都会顺当了。具体工作中还会碰到一些困难的。问题在于如何正确地运用。

三、必须注重的几个问题

在民事审判工作中运用民主辩论形式这是一件新事，大家都还缺乏系统的经验。据浙江省部分法院的初步实践情况来看，运用这一方式时必须注意以下几个问题：

1. 审判人员必须首先在思想上具有坚定的群众观点，相信群众能够解决自己的问题，大胆发动群众起来议论。同时要具有明确的阶级立场和团结多数群众的真诚愿望，真正从团结的愿望出发，通过批评和群众的自我批评，在新的基础上使双方达到新的团结，这样才能把民主辩论搞得生动活泼而不致流于形式。

2. 民主辩论是不能自觉地完成预期要求的，审判人员必须始终积极从中进行领导。因此在工作上必须有计划、有准备、有组织地进行。事先必须对主要案情做一番调查核对工作。在酝酿阶段，审判人员必须紧紧依靠贫农，团结中农，善于发现和组织双方所涌现出来的积极分子，把他们培养成辩论中坚持真理的骨干力量，以此带动和启发更多的群众，逐步缩小错误意见在群众中的影响。在辩论开始后，必须抓住问题的关键，时刻注意使辩论的进行有利于弄清事实、辨明是非、提高认识、加强团结的目的，这样才不至于使辩论会变成无原则的吵嚷。

3. 民主辩论是处理人民内部纠纷的社会主义民主形式，自然不能因此混淆敌我界限。它虽然在一定场合下可以用以揭露敌人教育群众，但绝不能用以代替对敌人专政的方式。此外民主辩论不仅适用于处理群众性的民事纠纷，有时，对于轻微的、属于思想教育问题的某些普通刑事案件（如遗弃、虐待、轻微的偷窃、伤害等自诉案件），为了提高群众认识、教育被告起见，采用民主辩论方式加以处理我们认为也是可以的。

总之，民主辩论是民事审判工作中调处纠纷的一种新的工作方式，在审判实践中还有待大家共同进一步研究和提高。我们深信这一方式在我国人民自己创造的民事审判程序的各项成就中，必将得到它应有的重视。

（1958 年第 6 期）

“事实是根据，法律是准绳”是我国刑事诉讼的基本指导原则

陈启武*

“事实是根据，法律是准绳”是侦查、起诉和审判工作的基本指导原则，它是我们党根据从实际出发的唯物主义要求，并总结我国司法实践的经验而提出来的。

所谓“事实是根据”，就是说，案件的真实情况是客观存在的，是离开我们公安、检察及审判人员的意志而独立存在的。毛主席教导说：“我们是马克思主义者，马克思主义叫我们看问题不要从抽象的定义出发，要从客观存在的事实出发，从分析这些事实中找出方针、政策、办法来。”①因此，对人民公安、检察及审判人员来说，首要的任务就是查明犯罪事实，确定案件的真实情况。只有在这个基础上，加以正确地适用政策和法律，才能保证正确地处理案件。如果认定案情事实错了，或不全面，那么尽管对政策和法律的理解是正确的，但也会对案件作出不正确的处理。正是在这种意义上说，事实是处理案件的根据，弄清案情是正确处理案件的基础。

但大家知道，查明案件事实是一件非常复杂和困难的任务，因为第一，犯罪事件的发生是一种社会现象，它的原因与后果是多种多样的，牵涉的面常常很广，因此，案情本身往往十分复杂。第二，在查明犯罪事实时，必须收集证据，但案件的事实总是过去的事情，有的相隔时间较久，证据往往消失很多，为了查清案情，只好多方听取回忆，认真地、反复地研究只字片语，以认定过去的事实。第三，案件的事实往往非常隐蔽，明显摆出来的是很少的，尤其是刑事案件中的被告人，为了开脱自己的罪责，逃避惩罚，往往湮灭证据或伪造证据，造成一种假象，迷惑侦查或审判人员。

查明案件真实情况既然如此困难与复杂，那么，在诉讼中是否有可能与必要来查清案情呢？资产阶级的“理论”家们从不可知论的哲学观点出发，认为在诉讼中不可能确定案件真实，说什么在调查方面“没有丝毫可疑是谈不到的”，“关

---

* 作者单位：华东政法学院（现华东政法大学）。

① 《毛泽东选集》（第3卷），第855页。

于诉讼案件,法官不得不依照人的审判的不成熟的资料,依照必要性而满足于较强或较弱高度的盖然性”,“在裁判方面没有而且不可能有绝对的确实性”。[①] 这种反动“理论”,无疑是为资产阶级法院颠倒黑白、任意迫害劳动人民和共产党人以及进步人士的行为做辩护罢了。

社会主义的法学理论驳斥了资产阶级的反动理论,在马克思列宁主义的基础上,使这问题获得了正确的解决。马克思主义告诉我们:世界及其规律是可以认识的,人类的思维就其性质来说是能够认识真理的,人们能够认识各种社会现象,犯罪是一种社会现象,当然也能够认识。因此,不论案件情况如何复杂,我们也是能够查清的。就我们国家的性质来说,也要求我们侦查审判人员必须查明每一案件的客观真实情况,然后依据国家的政策法令作出正确的处理。

但是,为要做到查清案情,正确地处理案件,就要求我们的公安、检察及审判人员必须:

第一,站稳工人阶级立场,看问题要有明确的阶级观点,这样才不会犯错误。但是有的人却没有站稳立场,他们不是从保护六亿人民的利益出发,而是从保护被告人的利益出发。因此处处为被告着想,在认定犯罪事实时,有了直接证据,还要片面强调旁证;人证、物证俱全,还认为不能定案。例如某地一个盗窃分子偷了农业社的一匹马,社的干部连人带马都抓回来了,还强调没有旁证。有个反革命分子,解放前曾杀害过我游击队的干部,有伪政府的奖状和国民党的档案证实,还认为不足采信。像这样丧失立场,严重的右倾思想,必须坚决克服,否则必然不能搞清案件事实,使犯罪者不能及时地受到打击。

第二,掌握辩证唯物主义的方法。这个方法是唯一科学的方法。它能够使我们正确地认识各种自然现象与社会现象。案件事实,绝不是孤立存在的,而是彼此密切联系着的。我们不仅要查清被告人的犯罪行为本身,而且要考察他犯罪的目的、动机、实施犯罪的时间、地点、方法、条件等,并将这些问题联系起来考虑;不仅要看事物的现象,而且要通过现象来认识事物的本质。这样就能对犯罪事件作出正确的认识与处理。

第三,树立深入实际、实事求是、调查研究、走群众路线的工作作风。党和毛主席经常教导我们:对待问题要从实际出发,在不了解情况的时候,应当深入群众,做周详细密的调查。坚决反对先入为主、偏听偏信、主观臆断等唯心主义的思想作风。

---

① 转引自[苏]安·扬·维辛斯基著:《苏维埃法律上的诉讼证据理论》,王之相译,法律出版社 1957 年版,第 176 页。

第四,遵守诉讼中的各项原则与制度。刑事诉讼中的各项原则与制度,都是为了保障正确而及时地处理案件而制定的。遵守这些原则与制度,就能帮助我们迅速地查清犯罪事实,惩罚犯罪者。

"法律是准绳",体现着我国刑事诉讼中的法制原则,也就是说,我们的公安、检察机关及法院在办理案件时,应当严格地遵守党与国家的政策和法律。对犯罪行为,必须依法追究刑事责任。对任何案件,必须根据犯罪事实并按照政策法律做正确的处理。绝不容许以感情代替政策,依法应予逮捕的,不能不逮捕,依法应予起诉的,不能不起诉,依法应判罪或重判的,不能不判罪或轻判。

应当强调指出:所谓"法律是准绳",并不是要我们死扣法律条文,而是要我们首先按党的政策办事。因为"政策是法律的灵魂",法律是根据政策而制定的,政策具有最高的权威性,因此,就是在适用法律时也必须以党的政策作指导。这样才能正确地做到"依法办事"。

过去在司法实践中,有的同志往往产生"左"倾或右倾情绪,不能很好地运用党与国家制定的政策和法律,正确地处理案件,打击犯罪分子。尤其是前一段时期,政法部门的某些单位有右倾情绪,防错不防漏、防重不防轻、该捕不捕、该判不判、该杀不杀的现象严重地存在。例如,杀害我们党的优秀干部陈潭秋、毛泽民二烈士、犯下了滔天罪行的反革命分子罗继奎和卢秉林,鞍山市和兰州市的中级人民法院仅判处他们20年徒刑。还有某些法院,将罪大恶极的反革命分子按一般刑事犯罪处理,为反革命分子开脱了罪责。这种"右倾"思想,给党与国家造成了极大的危害,我们必须坚决地予以清除。

怎样才能防止"右倾"与"左"倾,做到正确地适用政策和法律呢?这除了站稳工人阶级立场以外,还必须:

第一,正确地掌握敌情变化,对当前的政治形势、阶级关系和阶级斗争有一明确的认识,这样才能从思想上、工作上适应形势的发展,采取有效的措施和对策,打击敌人。例如1957年上半年资产阶级右派乘党整风机会,向党猖狂进攻时,社会上的反动地主、富农分子、反革命分子和其他坏分子即互相呼应,积极地进行反攻倒算、造谣破坏等活动,这时阶级斗争非常尖锐,就必须采取措施,对敌人狠狠地打击,打消敌人的气焰。

第二,对于党的政策应有全面而深刻的理解,掌握它的精神实质,这样才能正确运用。例如,"惩办与宽大相结合"是我们肃反政策不可分割的两个方面。在强调从严的时候,该从宽的还要从宽,反之,在强调从宽的时候,该从严的还要从严。与此同时还要认识宽、严是有限度的,在从宽的时候,不能把有罪的当成无罪,在从严的时候,也不能把无罪的当成有罪。

第三，了解当时当地的情况及群众的反映，走群众路线，这也是我们正确适用政策和法律的重要条件之一。有的人认为，只要按照政策和法律办事就行了，不必顾及当时当地的条件及群众的反映，这是极端错误的。党一再教导我们，一切要从实际出发，执行政策和法律必须结合当时当地的具体情况，贯彻实行。尤其走群众路线，这是我们党的根本政治路线与组织路线，一切工作都必须贯彻群众路线的原则，司法工作更是如此。走群众路线与贯彻执行政策和法律是一致的，它们不仅不矛盾，而且，只有依靠群众，才能更好地贯彻党与国家的政策和法律。

第四，更重要的是紧紧依靠党的领导，尤其是当地地方党委的领导。因为党是最了解当前形势与阶级关系的，依靠党的领导就使我们不致迷失政治方向。同时，地方党委既掌握政策和法律的精神实质，又透彻了解当时当地的具体情况及人民群众的要求，因此处理案件时就能领导我们正确地适用政策和法律，作出合情合理合法的判决。

我们的司法干部，在党的领导与监督下，在处理案件时，一直是遵守"事实是根据，法律是准绳"的基本指导原则的。在解决案件之前，总要对案件的事实做全面深入的调查研究，直到将案情完全查清以后，才依据党与国家的政策法律作出处理。如果在处理以后，发现了新的事实，或者发现原来的判决在认定事实方面或运用政策和法律方面有错误，即本着实事求是的精神，通过上诉、死刑复核及再审等程序，予以纠正。这些都说明我们在刑事诉讼中是始终如一地贯彻着"事实是根据，法律是准绳"这一基本的指导原则的。但是右派分子却无视事实，造谣中伤，硬说我们的司法工作是"随心所欲"、"出入人罪"，没有遵守"事实是根据，法律是准绳"的原则。他们污蔑我们提出的这个"事实是根据，法律是准绳"的原则是一句"空话"，说我们"无法可依"、"有法不依"。

然而事实总归是事实，事实不是任何人所抹杀得了的。几年来的司法实践证明，我们既有各项政策和各项法律作为我们办案的准绳，同时，我们的公安、检察机关及法院也一直都是严格地依据党与国家的政策和法律来处理案件的。以北京市人民检察院为例，1955 年批准逮捕的全部反革命分子和普通刑事犯罪分子中，错捕的只占 0.72%（其中都是有犯罪嫌疑与根据的），而 1956 年上半年错捕的只有 2 名，1956 年 7 月以后的一年中，还未发现有错捕的现象。这些都说明我们的法制工作有着巨大的成绩，我们既是"有法可依"，而且也是"有法必依"的。如果"右"派分子在这上面硬要说我们还有什么问题，那主要是我们的某些司法机关与工作人员，在前一时期里，由于对阶级斗争的形势认识不足，还有旧法观点和右倾思想，所以对于一些依法该捕、该判、该杀的人，没有及时地捕、判、杀。这种缺点我们已在纠正。但“右派分子”攻击我们“有法不依”的用意不是指我们放纵了敌人，而是怪我们对敌人太狠，打击太重，因此不惜污蔑我们司法工作人员“违法乱纪”，“滥捕、滥押、滥判”，这当然是毫无根据的造谣中伤。其目的无非是发泄他们的仇恨，企图把我们党所领导的司法工作说成一团糟，要我们下台，他们上台，以恢复地主资产阶级的反动统治而已。但是觉醒了的中国人民一眼就识破了这种诡计，他们的罪恶阴谋是永远也不能实现的。

“右派分子”在攻击我们刑事诉讼的基本指导原则的时候，还大肆宣扬“无罪推定”的原则，说什么“当被告人的罪责尚未经法院生效的判决证明以前，应假定他是无罪的人”，并说这是“对被告人诉讼权利的重要保障”。但按照“无罪推定”这种“理论”，那么当侦查机关收集到了足够的证据、证明某人确曾犯罪，并将其逮捕法办的时候，还要认为这人是无罪的（或推定为无罪的人），同样，当检察机关在批捕与起诉时，也要认为被告是无罪的人，甚至当法院根据案件事实，依法对被告判罪科刑以后，还要推定他是无罪的人，因为判决尚未最后确定。这种唯心主义的“理论”，显然是与我们的“事实是根据，法律是准绳”的原则背道而驰的。而“右派分子”散布“无罪推定”原则的阴谋，无非是想为反革命分子、坏分子及一切刑事犯罪分子开脱罪责。我们只要看看由“无罪推定”论者所引申出来的3条诉讼规则就会更明白了。例如第1条诉讼规则：“被告人有权拒绝陈述，不能以被告人的沉默作为有罪的根据。”这也就是说，沉默是被告人的“合法权利”，当被告人在铁证如山、无法诡辩的情况下，他就可以用沉默来对抗侦查员和审判员对他的讯问，拒不坦白，顽抗到底。因为这是他的一项“合法权利”，我们就不能因为他采取这种恶劣态度而按照党的“坦白从宽，抗拒从严”的政策，对他加重处理。又如第2条诉讼规则：“被告人对于他所作的虚伪的甚至是诬蔑他人的陈述，不负刑事责任。”这就是说，被告人“有权”撒谎，当被告人歪曲与捏造事实时，甚至故意诬蔑陷害好人时，也不负刑事责任，而普通公民如果故意诬告或作证陷害好人，还要负诬告与伪证的刑事责任。“立场”如此明确，爱憎如此分明，对被告人保护得无微不至，对国家人民的利益则弃之不顾。再如第3条诉讼规则：“不能因被告人对侦查、审判人员的态度不好而作出有罪的结论。”这就是说，被告人“有权”在侦查与审判人员面前要态度，侦查、审判人员还应听之任之，不能因此而判罪或加罪。请看，对被告人是何等宽大！在资本主义国家，还可以用“藐视法庭”的罪名，判处被告人的辩护人以监禁（如美共11位领袖的案件），而要我们这无产阶级专政的国家，在自己的敌人面前，表现得如此软弱无力，这无非是想削弱我们专政的威力罢了。

由此可见，“无罪推定”原则，也是“右”派用来向我们进攻的一支毒箭，我们必须彻底粉碎它，并在司法工作中坚决贯彻党所提出的“事实是根据，法律是准绳”的基本指导原则。

（1958年第6期）

驳韩述之“法律脱离政治”的谬论

田任平*

“右派分子”韩述之披着马列主义的外衣，挂着共产党员的牌子，窃据司法机关的领导地位，一贯进行着反党、反无产阶级专政、反社会主义法制的活动。他从很多方面要了花招，主张法律脱离政治，反对党对法律领导的真理。他散布的谬论很广，流毒很深，必须予以批驳。

我们知道，法律科学本身就是阶级斗争的产物，就是为阶级斗争服务的工具。政治是法律的灵魂和内容，法律是政治的表现形式之一，法律科学的特性，就是它的政治性。法学如脱离了阶级斗争，没有政治实质，它就不成为法学，从而也会失去了它的科学性。法律工作者必须明确阶级立场和政治斗争的任务，明确为谁服务、对谁专政。法律工作者必须透彻地熟悉当前阶级斗争的形势，正确地了解党和国家的策略方针，这样才能抓住法律的本质，找出它的发展变化的规律性来，更好地为无产阶级专政服务。因此，马列主义的法学家向来是以法律与政治的关系作为识别新旧法观点的分界线的。而资产阶级的法学家由于他们阶级的局限性，总是千方百计地把法律描写成为为所有阶级服务的超阶级的条文，不遗余力地攻击马克思主义的法律为阶级斗争服务的真理。他们所以积极否认法律科学为政治服务的真理，正是为其反动阶级服务的具体表现。否则，他们就要垮台。

资产阶级“右派”的政治嗅觉是很灵敏的，他们懂得无产阶级专政的政治核心是共产党，要想取消共产党对司法工作的领导，必须从法律脱离政治的问题下手。因此，韩述之在司法实践中，总是千方百计地企图排除或削弱党对司法工作的领导。他引经据典地论证党不能领导司法，不应领导司法，也不必领导司法，就是领导也只能在政策方针上的领导，不能过问具体案件，否则，就是“党政不分”、“以党代法”。他把党对司法工作的领导权，与“人民法院独立进行审判”对立起来。把服从党与服从法的一致性，硬说成“不可得兼，法院只能服从法，不能服从党”。谁都晓得，共产党的领导地位早已明确写在我国的《宪法》中。韩述之为什么一定要反对党对法律的领导呢？因为共产党是代表无产阶级的利

* 作者单位：上海市中级人民法院。

益，保护劳动人民的利益，这与韩述之所维护的利益完全相反。司法实践证明，凡是坚决服从党的领导的部门和地方，那里的司法工作就获得优良成绩，反之，凡是削弱或忽视党的领导的部门或地方，那里的司法工作就必然犯错误，因为法律与政治是统一的，而法律是服从于政治、反映政治并为政治服务的。有了共产党领导革命的胜利，才有了无产阶级的专政，有了无产阶级的专政，才创造出人民的法律。服务于无产阶级专政的社会主义法律是工人阶级通过共产党的领导而制定，也只有在共产党的领导下，才能正确地执行。所以，服从党与服从法是一致的，只有坚决服从党，才能真正服从法，才能有独立审判。因此党对司法工作的领导是绝对的，不容有任何的动摇。

"右派分子"们懂得法律是刀把子，哪个阶级掌握了它，它就为哪个阶级服务。他们为要在我们人民革命胜利以后窃取这个刀把子，使它的刀锋不挥向反动派而向着人民，就在歪曲法律和政治的关系的同时，散布法律超阶级和单纯技术的谎言，竭力解说司法工作是专门的技术工作，只有所谓"法律专家"，才能担任，从而反对工农干部领导司法工作。

司法改革后，韩述之总结上海市8个月的司法工作时写道："新来的不懂法律，不会办案……什么是犯罪不清，民刑事不清。"因此，"办案质量降低了，政策混乱了"。在他看来，上海市法院的工农审判员没有一个称职的。他在《向法律科学进军所想到的司法工作的几个问题》中，大骂工农干部没有研究法律科学的头脑，说他们在法律问题上是无知的。污蔑依照党的政策方针进行法学研究的人为"拿着党的政策方针当令箭"。说党扼杀法律科学。他还认为法学者们为之"噤若寒蝉"。那么，韩述之所指的办案质量高而称职的司法干部，以及有法学研究的天才，而被无产阶级压抑得"噤若寒蝉"的又是些什么人呢？从韩述之在大鸣大放时的实际行动，就可以找到完全适当的答案。当"右派分子"杨兆龙放出"法律界党与非党之间"的毒箭，污蔑工农干部，号召旧法人员"归队"时，韩述之公然起而响应，并得意地说："现在还有人不同意杨兆龙的意见呢？"这显然只有为蒋介石王朝镇压革命有功的旧法人员和反党反社会主义的"右派分子"，才是韩述之所谓称职的人。

马克思列宁主义告诉我们，法律是统治阶级专政的武器，无产阶级革命首先就是夺取政权。那么，无产阶级夺得这个武器之后，应该交给什么样的人来掌握呢？我们的回答：这个刀把子是压迫敌人保护人民的工具，必须握在忠于人民、忠于国家、忠于共产主义事业的人们手里。因此，我们的党把这个武器交给了我们人民自己的司法干部，然而"右派分子"韩述之反对我们这样做，他表面上是反对我们的司法干部"文化低"，实际上，他却刻骨地仇恨着他们维护了广大人民的利益。早在1871年巴黎公社之后,马克思就已指出:无产阶级夺得政权之后,不可能搬用旧的国家机器,而必须用自己的新组织、新人来代替旧法人员。中国人民在党的领导下得到了解放,从血的经验中,也找到了一条真理——凡是国民党的功臣,就是人民的罪人。在国民党血腥统治下解放出来的无产阶级和广大的劳动人民,绝不会让昨天压迫他们的刽子手重新登台。而“右派分子”千方百计地窃取司法领导权,其目的就在于这个政治实质,所谓懂不懂法律、文化高低,完全是欺人之谈。

韩述之和法学界的其他“右派分子”一样,为了冲淡和湮没法律的政治性,他就拼命地强调法律的“技术性”,借口“合法化”、“正规化”,主张只要技术,不要政治,并以坐堂问案等方法来反对人民司法工作的群众路线。他说:“群众运动不正规,与宪法有抵触,合法性值得考虑。”他认为坐堂问案是中国几千年来的优良传统,坐堂问好了案就是辩证法。因此,他强调“坐堂问犯人,办好了案就是政治”。他嘲笑法院为政治服务是教条。

群众运动是我国人民在党的领导下进行革命斗争和社会主义建设与社会主义改造的重要方法,也是人民法院审判工作的基本方法。我国《宪法》序言中也曾对群众运动作了估价:“我国人民在过去几年内已经胜利地进行了改革土地制度、抗美援朝、镇压反革命分子、恢复国民经济等大规模的斗争,这就为有计划地进行经济建设……准备了必要的条件。”试问韩述之所谓群众运动与《宪法》有抵触的根据何在呢?我们相信,任何人民的法律中都不会找到这种根据的,因为人民不会对自己专政,不会用法律条文来束缚自己斗争的手脚和限制自己的创造性。与此相反,人民在革命和建设运动中创造和发展了自己的法律。那么,韩述之的所谓“合法性值得考虑”,是指的什么法呢?记得国民党的法律曾规定:“对民众运动之发展,采取积极抵制手段……”我们知道,反动派蒋介石的法律,完全是为少数统治阶级服务的,人民没有参与政治的权利,而只有坐班房的权利,今天人民的法律,是反映人民自己的意志,法院处理案件是通过群众自己来解决的。群众的爱憎鲜明,过去他们吃过反动派的苦,今天他们懂得:要走社会主义的道路,要反对资本主义的方向;热爱革命的人士,反对破坏社会主义事业的反革命;维护广大劳动人民的利益,打击人民的敌人。正因为依靠了他们,在巩固无产阶级专政的问题上才取得了更大的胜利。韩述之反对党的群众路线就是企图使人民重陷被剥削的深坑。

韩述之不仅有目的地否定了法律的阶级性,渲染和强调法律的“技术性”和“科学性”,还公然提出了继承旧法的谬论,并向党和法学界进行了严厉的指责:认为把一切旧法范围内的东西简单地、笼统地目之为反动、反人民,为反动阶级服务等，以及法学上根本没有遗产可以继承的说法都是错误的。更装腔作势地说:“任何科学上的创造和发明……必须有科学的基本知识为其引导……历史宝藏加以无视，来个科学上的平地起高楼，是反历史的，也就是反科学的。”

试问，对封建阶级和资产阶级的旧法，目之为反动、反人民，还有什么不符合事实呢？这些反人民的旧法和无产阶级的社会主义的法律没有本质和原则的区别吗？只要站在人民方面就会看得很清楚，我们认为反人民的旧法必须全部废除。无产阶级为了打碎国民党压迫人民的旧法，曾在自己的政党——中国共产党的领导下，进行了无数次的前仆后继的斗争，付出了不可估量的血的代价，建立了保护人民的新法制。所以我们的新法与国民党反人民的旧法是互不兼容的，是完全对立的两个本质不同的类型。它们之间不存在什么继承关系，反人民的旧法绝不能成为社会主义法制的宝藏。

我们的法律科学不继承国民党的反动旧法，是不是像韩述之所说的就成为“反历史”、“反科学”了呢？

众所周知，法律是阶级斗争的产物，资产阶级在反对封建主义的统治和压迫劳动人民的斗争中，建立了资产阶级的法律，那么，无产阶级为什么不可以在反对资产阶级统治和夺得政权后，在同敌对阶级作斗争中来创立自己的法律呢？无产阶级所建立的法制是在最先进的工人阶级及其政党的领导下，在科学的马列主义国家与法的理论指导下，根据自己的革命斗争实践来创立的，因而它是最先进的、最科学的。人民运用了它战胜了三大敌人之后，镇压了形形色色敌人的反抗，又击败了资产阶级右派的疯狂进攻，从而创造和发展了人民的法律体系并使它日益完备。除别有用心的“右派分子”及其反人民的阶级外，又怎能说无产阶级没有法律科学的基本知识呢？历史事实告诉我们，真正的法律科学是由马克思列宁主义的国家与法的理论来完成的。因此，只有无产阶级才敢于揭发法律科学的本质并使之成为真正的社会科学。“右派分子”韩述之竟片面强调“技术性”，硬扣法律条文，抓住“无罪推定”、“有利被告”等的谬论，把有罪说成无罪，把重罪辩成轻罪，把保护人民的新法说成是反历史、反科学，要我们到旧法中去找“宝藏”，实质上，是叫我们到旧法中去找有利剥削阶级镇压劳动人民的枷锁，去找保护剥削阶级利益的“宝藏”。告诉“右派分子”吧！这真是你们自欺欺人，不知自量的打算。在20世纪的地球上，推动历史和科学前进的，正是工人阶级。当无产阶级获得政权以后，他们懂得对于旧的、反动的国家机器必须打碎，必须建立并握取保护劳动人民自己的法律。我们不要资产阶级那一套咬文嚼字、有利被告的技术，我们所要的技术乃是如何有力地打击犯罪，有利于保护人民和社会主义事业，任何脱离政治的技术，都是我们所要反对和废除的。正因为这样，我们的法律才是最科学的了。如果右派分子们敢于正视现实，就会得出和你们的谬论完全相反的结论。

当然，这并不是说，我们对资产阶级的法律，就不加以研究，但我们不是为了继承它，不是到那里去找"宝藏"，而是为了解它、战胜它。无产阶级夺取政权之后，不但应该宣布废除旧法，而是连旧法的反动观点的影响，也必须加以彻底清除。

从上面一系列的谬论看来，"右派分子"韩述之是紧紧地抓住了我们党在司法工作上的关键问题——政治挂帅，加以污蔑和攻击，企图使人民的政权变质，使反动派复辟。这种阴谋的手段是毒辣的。必须坚决肃清其在司法战线上的恶毒影响，使社会主义法学得以飞跃前进。

（1958 年第 6 期）

我国的肃反工作是成功的、先进的

——驳斥徐亚夫、韩述之对肃反政策的污蔑

李　勋*

几年以来，上海司法部门的党内"右派分子"徐亚夫、韩述之等明目张胆地到处散布各种谬论，并公然利用职权包庇和放纵敌人，猖獗地攻击和污蔑党的肃反政策。徐亚夫污蔑党中央对敌情的估计是"大主观主义"，上海市市委是"小主观主义"。韩述之攻击肃反运动为"主观盲动、好大喜功"。徐亚夫说："将左的东西也当做右的批判了，镇反的错误是严重的，不能看得太轻松。"韩述之说："一深千里，不可一时。"两人一唱一和、异口同声。他们将党和人民立于对抗的地位，发表这些谬论的用心，是不问就可知道的。

我国的政权是工人阶级领导下的人民民主专政，实质上也就是无产阶级专政，它的根本任务就是对反动阶级实行专政，镇压他们的反抗和破坏活动，保障社会主义的顺利建设。列宁说："无产阶级专政是新阶级为反对较大的敌人，为反对资产阶级而进行的最英勇无情的战斗。"①毛主席在《论人民民主专政》中早已给我们明确地指出："我们对敌人要实行专政，只许他们规规矩矩，不许他们乱说乱动。"又说："这个专政是干什么的呢？专政的第一个作用，就是压迫国家内部的反动阶级、反动派和反抗社会主义革命的剥削者，压迫那些对于社会主义建设的败坏者……例如逮捕某些反革命分子并且将他们判罪，在一个时期内不给地主阶级分子和官僚资产阶级分子以选举权，不给他们发表言论的自由权利。"②这说明我国镇压反革命是坚决的、彻底的，是我国人民民主专政的实质所决定的。

中国人民在中国共产党的领导下，经过长期的革命斗争，在1949年解放了全国，建立了中华人民共和国。但这只是推翻了以蒋介石为代表的半封建半殖民地的国民党反动政权，而当时各地的残余反动力量还在组织反革命地下军和政治土匪，到处疯狂反攻。此外恶霸、特务、反动党团骨干分子和反动会道门头子，亦在互相勾结，进行公开的和隐藏的反革命活动。他们严重地扰乱着社会治

---

* 作者单位不详。

① [苏]斯大林著：《论列宁主义基础》，解放社1949年版，第35页。

② 毛泽东著：《关于正确处理人民内部矛盾的问题》，人民出版社1957年版，第3页。

安,伤害了广大人民的生命财产。于是党在1950年10月发布坚决镇压反革命的指示,1951年春天开始在全国范围内展开了一次大张旗鼓地镇压反革命的运动。各地司法机关根据“坦白从宽,抗拒从严,立功赎罪,立大功受奖”的政策,将罪大恶极、罪该处死的依法判处了死刑,罪行很大但有改造余地的则判处徒刑,实行劳动改造,一部分罪行不大并愿意悔改的则判处管制,交由群众监督改造,狠狠地给反革命分子以全面的坚决的打击。这是我国镇反的第一个高潮时期。

经过这次伟大的运动以后,敌人的嚣张气焰基本上被镇压了下去了。残余反革命分子被分化瓦解,一部分悔过自新、坦白自首了,一部分更狡猾的则隐蔽得更深了。为着促使反革命内部更进一步趋于分化,有利于彻底打击敌人,这时候的肃反工作稍稍松一下、宽一点,是十分必要的。于是在1951年年底以后,党对肃反工作提出了谨慎收缩的方针,这是完全正确的。

1955年我国社会主义改造的高潮前夕,敌人又乘机进行了猖狂的破坏活动。党根据当时敌人的破坏情况及时地指示各地必须有计划地、有分析地、实事求是地再给反革命分子几个打击,并在国家机关内部进行一次肃清暗藏的反革命运动,再来一次肃反高潮。当时的客观情况是这样的:

1955年是我国社会主义建设第一个五年计划的第三个年头,各个战线上都取得了伟大的成就,是我国社会主义改造的高潮出现的前夕。我国人民的胜利就是美帝国主义和蒋介石集团的失败,我们取得的胜利愈大,他们就愈感到恐慌和失措,因而他们也就愈要进行挣扎和破坏。美国助理国务卿罗伯逊在1955年2月10日美国众议院拨款委员会上就公然叫嚣说:“我们希望的解决中国大陆问题的办法……是用促成内部瓦解的行动。”帝国主义这种阴谋绝不只停留在口头上的计划,而是早就付之于行动。他们曾以各种方法派遣大批特务间谍潜入我国,进行破坏活动。仅自1950年至1954年被我活捉和击毙的即有230名。香港的蒋匪特务机关国民党中央执行委员会二组派遣特务回来发展组织,规定每个特务发展了15人的每月薪金100元港币,发展到25人的每月薪金为200元港币。1956年河南、广东、湖南、江西、安徽等8个省和上海市就破获了反革命集团83起,其中27起即有反革命分子1074名,据不完全统计全国破获的现行反革命组织达619起。

当然,敌人的破坏绝不仅限于从外地派进来的,国内还隐藏着大批的残余反革命分子,尤其是我国被消灭了的反动阶级还是时刻伺机复辟,每当时局略有风吹草动他们就相机而起。这些反革命分子有的是自发起来的,有的是和美帝与蒋介石有联系的,有的则是早就隐蔽下来的。更严重的还有:胡风反革命集团遍及全国的严密庞大的反革命组织，他们以钻进肚皮的战术深入到各个部门各个角落进行阴谋破坏活动。龚品梅、倪柝声等反革命集团披着宗教外衣到处进行活动。这些国内外的反革命汇集在一起，就是对我们的社会主义建设进行疯狂的破坏。

上海是我国最大的城市，是帝国主义长期统治和吸吮我国劳动人民血汗的大本营，是冒险家的乐园。这里聚集的有各式各样的冒险分子、流氓、盗窃分子，解放前后敌人安插了大量的反革命分子混杂其中，以及全国各地大批的地主恶霸、反革命分子都潜入本市隐匿待机蠢动。以反革命分子的话来说："上海人多，地方大，政府一时查不清，容易隐藏。"因而这里的各色各样的反革命分子不是一次所能肃清的。值得指出的是，上海是资产阶级集中的地方，经过"三反"、"五反"及其他各项社会主义运动，绝大部分资产阶级分子在人心所向大势所趋的形势下，已愿意走社会主义道路。但也有一部分人还或明或暗地抵抗着社会主义改造。上海祥泰锯木厂老板周××就在社会主义改造的前夕，纠合了党羽组织所谓"各界人民反共总会"，印发反动传单，进行反抗社会主义改造的反革命破坏活动。其他一般流氓盗窃的破坏活动也曾猖獗一时，1955 年这类案件比 1954 年竟上升了 131.5%。

从以上事实可以看出：经过 1951 年的大张旗鼓的镇压以后，国内反革命分子虽大部分被镇压下去了，但也有相当一部分，尤其是没有露头的反革命分子则隐蔽得更深了。加之帝国主义和蒋介石的不断派遣，至 1955 年我国社会主义改造的高潮前夕，敌人又乘机进行了疯狂的破坏活动，这是客观存在的人所共知的事实。中央决定再给反革命分子几个打击就完全是正确的和必要的。

事实证明，经过 1955 年的再次打击以后，尤其是在我镇压与宽大的锐不可当的政策打击之下，反革命分子一部分被镇压下去，另一部分尚未伸头的又隐蔽了下去，有相当一部分则已被分化瓦解，向人民投降了。这时反革命案件显著下降，以上海来说，1956 年比 1955 年下降了 64.5%。在这形势下，1956 年的夏季，中央提出对反革命分子实行宽一点的方针，在《全国农业发展纲要修正草案》第 39 条以及全国人民代表大会常委会《关于宽大处理和安置城市残余反革命分子的决定》等有关文件中，都作了具体的规定。根据这一方针，全国政法机关实行进一步宽大政策，对反革命分子实行了声势浩大的政治攻势，促使他们继续分化，弃暗投明，获得了重大胜利。从 1956 年到 1957 年 6 月，全国各地向政府投案自首的反革命分子即有二十九万余人。其中有长期潜伏下来的，有刚从国外派遣进来的，以及隐藏在我国高级机关和要害部门的反革命分子。这一次对肃反工作的宽一点、松一点的政策，是在社会主义改造已取得决定性的胜利，国内政治经济形势已起了根本变化,对敌斗争已获重大胜利的新的形势下提出,这当然也是正确的、必要的。

尽管我国肃反工作已有两次全国性的高潮,也取得了巨大的胜利,但我们绝不能丧失警惕,必须记得"还有反革命"。而这些潜伏的和新产生的反革命分子,在一定的气候下又会抬起头来,疯狂活动的。1957 年的夏季形势恰好又证明了这一点。在 1957 年春季大放大鸣的时候,资产阶级"右派分子"首先得意忘形地向党猖狂进攻。未曾改造好的地主富农和城乡其他反革命分子和一般刑事犯罪分子也应声而起,汇成一股黑流。这时候全国政法机关在整风中检查了工作,克服右倾思想,再对反革命分子和其他犯罪分子给予狠狠的打击,也是必要的。

事实完全证实了我国阶级斗争时紧时松的形势,也就是说,敌人的活动时起时伏。而我们的斗争策略就不能一成不变地只紧不松或只松不紧,必须根据敌人的活动情况来灵活地调节我们的斗争方略,即在镇压与宽大相结合不变的政策下,适当地掌握时紧时松、宽严相济。敌人猖獗时就必须予以严厉镇压,抓一批、关一批,狠狠地予以打击。当敌人的气焰被镇压下去以后就可以适当地放松一下,以另一方式继续向敌人进攻,促使其分化瓦解。而当敌人重新抬头的时候必须毫无顾虑,立即反击。这是我国阶级斗争的规律,也是马克思列宁主义的发展规律。由此不难看出,1955 年的镇反运动非但没有什么"大主观主义"、"小主观主义",恰恰相反,它是马列主义辩证唯物主义的方法在我国阶级斗争中最生动最具体的运用。右派分子极力攻击和污蔑我们的肃反工作,除他们与反革命分子心同病连、同出一宗外,还由于他们不懂也不可能懂得这一有无产阶级才能掌握的最科学的辩证唯物主义方法。

我们知道,我们党的一切工作都是以实事求是的方法进行的。毛泽东同志一再地告诉我们要从实际出发,要如实地反映客观情况。他指出:"在我们党的一切实际工作中,凡属正确的领导,必须是从群众中来,到群众中去。这就是说,将群众的意见(分散无系统的意见)集中起来(经过研究化为集中的系统的意见),又到群众中去做宣传解释,化为群众的意见,使群众坚持下去,见之于行动,并在群众行动中考验这些意见是否正确。"[①]我们党在制定重大的方针政策及其他重大措施时,无不是遵照这一指示事先进行深入的调查研究,制出初步方案后再交由各级领导和群众进行讨论提出意见,然后再作出决定,这就是最科学最正确的马克思列宁主义的工作方法。它适用于一切工作,党在领导镇压反革

① 《毛泽东选集》(第 3 卷),人民出版社 1953 年版,第 921 页。

命这场严肃的阶级斗争中，毫无例外地贯彻和运用了这一工作方法。早在1951年的镇反运动中，中央就指示要充分发动群众大张旗鼓地镇压反革命，凡是经司法机关依法逮捕的反革命分子，都是经过群众的检举揭发，公安机关深入细致的调查研究，然后依法逮捕、侦查、审讯，核对证据和说明所犯罪行属实后，始交由检察机关向人民法院提起公诉。公安、检察、法院3个专门机关在进行自己的职能活动时，都是严格地遵照国家的法律规定和遵照毛主席所指出的“提高警惕，肃清一切特务分子；防止偏差，不要冤枉一个好人”的精神去进行活动的。人民法院在审理反革命案件时，除极少数关系到国家机密外，绝大多数都是公开进行的，有很大一部分还是再次吸收广大群众旁听和揭发检举而公审判决的。事实证明，经过这样反复的群众检举揭发、专门机关的深入细致的调查研究并依法作出判决的反革命罪犯，不仅都是罪证确凿、事实清楚、不枉不纵，而且最本质的是它完全反映了人民群众的意志。这就是我国人民民主专政最具体的体现。因此，我国的肃反工作，非但没有什么“错误是严重的”，什么“主观主义”，恰恰相反，我国的肃反工作就世界范围来说都是成功的和先进的。之所以是成功的，是因为我们经过一个不长的时间能将为数庞大的反革命分子基本上肃清而没有误伤好人，即使发生一些缺点，也是坚持“有错必改”，大力予以纠正的。之所以是先进的，是因为我们采取了以群众运动和专门机关相结合的办法，这就给这样一场伟大而又复杂的阶级斗争取得彻底的胜利提供了保证。“右派分子”徐亚夫、韩述之等的无耻谰言其愚其卑不值一驳。

最后必须指出的是，我国肃反工作和其他工作一样，在取得伟大的成绩的同时，由于经验不足，不可避免地产生一些粗糙和缺点。这些缺点比起成绩只不过是沧海一粟，但即使是一点点缺点，我们也是以极认真严肃的态度对待的。党中央在1956年春就指示各地对1955年的肃反工作进行一次检查，以便肯定成绩，纠正缺点和错误，总结经验，提高干部。各地均遵照这一指示作了严肃认真的检查，发现有偏差的案件均本着“有反必肃，有错必纠”的精神作了纠正。经过这次检查证明，1955年对反革命罪犯的判罚绝大多数都是正确的，在执行政策上有偏差的仅是极个别的，“右派分子”徐亚夫、韩述之企图利用这次检查从中兴风作浪来为反革命分子翻案，用心险恶已昭然若揭。

基于上述各点，可以得出以下几点结论：

(1)我国的肃反工作是根据阶级斗争时起时伏的规律而采取时紧时松的斗争方法。当敌人猖獗时严厉镇压，敌人已受到了打击、分化瓦解的时候就适当地放松一下，而当他再抬头时，仍须狠狠地予以打击。这样一反一复，直到反革命完全被肃清了为止。

(2)我国的肃反工作在党的正确领导下,运用了马克思列宁主义最科学的辩证唯物主义的方法,及时而又准确地给敌人以致命的打击。这样的打击都是合规律、有根据的,不但有可能经过几次的反复基本上肃清隐藏的反革命分子,而且还做到准和稳,没有误伤好人。就世界范围来说,这都是极其成功的典范。

(3)我国的肃反工作是在专门机关的指导下,充分发动群众、依靠群众,在广泛的群众路线基础上进行的。它不仅是依靠群众对反革命分子进行充分的揭露,同时还以此教育群众,使群众提高了政治觉悟和革命的警惕性。而且更重要的是我国的镇压反革命完全是反映了人民的意志,也是体现了我国人民民主专政的实质。正如刘少奇同志所说,“只有广泛的人民民主才能巩固人民的专政,只有巩固的专政才能更好地发扬人民民主”。因此我们说:我国的肃反工作是成功的,是先进的。

(1958 年第 6 期)

对人民公安机关的性质、任务等几个问题的认识

钱宝谨*

一、人民公安机关的性质和任务

我们的人民公安机关是国家的保卫机关和侦查机关,是人民民主专政的工具、阶级斗争的锐利武器。它和资产阶级国家的警察机关有根本性质的不同。我们的人民公安机关的基本职能是依法惩办犯罪,维护人民权益,保卫社会主义制度。与此相反,资产阶级国家的警察机关,则是资产阶级为了维护本阶级的利益面对广大劳动人民采取血腥镇压和恐怖统治的工具,是资本家的看家狗。

诚然,我们的人民公安机关和资产阶级国家的警察机关,都是阶级压迫的工具。但是,我们的人民公安机关是无产阶级和广大劳动人民用来镇压少数反动分子的工具,所以它得到了广大人民群众的拥护和支持。相反,资产阶级国家的警察机关,则是少数剥削者用来压迫、剥削广大劳动人民的工具,所以它遭到广大人民群众的唾弃和痛恨。过去国民党的警察机关,由于迫害进步人士,欺压劳动人民,因此激起了广大人民的深刻仇恨,这与现在广大人民热烈拥护、支持和积极配合我们公安机关的对敌斗争,不是一个极为鲜明的对照吗?!

我们的公安机关和资产阶级国家的警察机关的另一显著区别是:我们的公安机关,对盗窃、贪污、欺诈、拐骗和强奸、侮辱妇女等刑事犯罪,主要是采取积极预防的措施,即运用组织力量和社会舆论,千方百计地经常向人民群众进行关于社会主义法制和共产主义道德质量以及提高革命警惕性、划清敌我界限的教育,以预防和制止违法犯罪行为的发生。这在资产阶级国家不仅是根本不可能的,而且资本主义制度本身的腐朽,决定了它只能是滋长犯罪的温床。

我们的人民公安机关的基本任务是:依照国家宪法和法律惩治反革命分子,预防和制止其他犯罪分子的破坏活动,维护公共秩序和社会治安,保护公共财产,保护公民的权利和合法利益,以巩固人民民主制度,保障国家社会主义建设事业的顺利进行。但是,它在我国各个不同历史时期,又表现为不同的具体任

* 作者单位不详。

务。如在国民经济恢复时期,公安机关当时的具体任务,主要是依靠、发动群众,依据党和国家的政策、法令,肃清帝国主义、封建主义和官僚资本主义三大敌人的残余势力,以解放生产力,提高人民群众的生产积极性,保卫并推动经济恢复工作的顺利进行,巩固人民民主政权。在经济建设时期,它的具体任务,主要是在残余反革命分子已经基本肃清和人民民主政权已经大大巩固的基础上,运用革命法制,严厉打击美蒋特务间谍分子、漏网的残余反革命分子和各种杀人犯、盗窃犯、抗拒社会主义改造的不法资产阶级分子,以及一切破坏社会主义建设的敌人,以确保社会主义改造和社会主义建设事业的顺利进行。同时,人民公安机关必须把党在每个时期的中心任务作为自己的中心任务,并且确定不移地保卫党的中心任务的顺利完成。如在1956年资本主义工商业社会主义改造和农业合作化高潮的前夕,公安机关为了保卫资本主义工商业社会主义改造和农业合作化运动的顺利进行,就应该把严厉打击各种反革命的破坏活动和一切破坏社会主义改造的不法资产阶级分子与破坏农业合作化运动的不法地主、富农分子,作为当时自己的中心任务。此外,人民公安机关根据每个时期的阶级斗争形势,又有它每个时期的中心任务。如在前一个时期,在大中城市,特别是新建的工业城市中,流氓阿飞奸淫、侮辱妇女以及盗窃活动,一度甚为猖獗。公安机关根据当时的斗争形势,就以严厉打击刑事犯罪活动作为自己的中心任务。(当然,公安机关当时集中主要力量严厉打击刑事犯罪活动,并不意味着在这期间它就放松了对反革命分子的斗争)又如,在去年夏季,当资产阶级"右派分子"猖狂地向我党和社会主义制度发动进攻的时候,在城市和乡村的反革命分子、不法地主、富农分子即乘机抬头,进行阴谋破坏活动。因此,当时公安机关就以集中打击反革命分子、不法地主和富农分子的这种嚣张气焰和破坏活动,作为自己的中心任务。这样做不仅为保卫当时整风运动的顺利进行所必需,而且对迎接即将到来的工农业生产"大跃进"和推动工人、农民的生产积极性也是必要的。

公安机关在对敌斗争的同时,还须维护社会治安和为人民谋福利。如管理户口、进行消防工作、管理城市交通秩序、维护公共场所和群众集会的秩序和安全、监督公共卫生和市容的整洁、查找迷失的儿童和下落不明的人、向居民传达自然灾害的预报,以及向群众进行爱护公共财产、遵守法律、遵守公共秩序和尊重社会公德的宣传教育等工作,也是公安机关所应有的任务。

以上这些任务充分体现了人民公安机关为人民服务的本质,而这些任务又是不可分割的整体。如果只是着重维护社会治安和为人民谋取福利的行政管理工作,而忽视了同反革命分子和其他违法犯罪分子作斗争,或者,只注意了对敌斗争而忽略了维护社会治安和关心人民疾苦的群众工作,那都是片面的、错误的。在当前我国社会主义建设迅速发展、人民生活不断改善的情况下，人民公安机关不仅要深入开展同残余的反革命分子和其他犯罪分子的斗争，而且还应该比过去拿出更多的精力来帮助人民群众做好切身的福利工作。只有这样，公安机关才能进一步密切联系群众，依靠人民群众的协助，更好地执行自己的全部职责，完成自己所担负的艰巨任务。

二、国家的法律是人民公安机关对敌斗争的有力武器

我们知道：法律是国家最高权力机关所制定的，表现统治阶级意志，并为统治阶级利益服务的，具有特殊法律效力的文件。它是阶级统治的产物，是统治阶级实行其阶级统治的重要工具之一，是统治阶级用来镇压和控制其敌人的有力武器。我国的法律是用来镇压反动、保护人民利益和巩固人民民主政权，以及保障社会主义建设和社会主义改造事业顺利进行的有力武器。为了使我们的法律得到普遍的遵守和发挥其应有的作用，除主要依靠人民的自觉和社会舆论的力量外，还必须运用我们国家的强制力来作为后盾和保证。当然，我们国家所采取的强制和一切资产阶级国家所采取的强制是有着本质上的区别的。我们国家的强制是在说服大多数人的基础上对少数人所采取的，而强制的对象则都是那些反革命分子、敌对阶级分子，以及少数违法犯罪分子。因为我们的法律既然是全体劳动人民的最高意志的表现，它就能够为广大劳动人民所自觉遵守，而对少数人采取强制也正是以广大劳动人民的拥护和支持为基础的。因此，作为国家的强制机关之一的人民公安机关，就应该很好地运用这个法律武器，来向敌人施行专政，以显示我们国家的法律的巨大威力。人民公安机关在对敌斗争中，也只有运用了法律，才能更加发挥其巨大的作用和无穷的威力。这样，"我们的宪法和法律越有威力，我们的公安机关、检察机关和审判机关越有威力，人民的权利和利益就越有充分的保障，而人民的敌人就越要受到严厉的打击"。①

但是，有少数同志对法律的作用还认识不足。他们认为："过去没有这么多的法律，工作不也做得很好吗？"显然，这种思想是错误的。要知道，现在我们的国家已经从革命的暴风雨时期转入和平的经济建设时期了。在这种新的情况下，为了进一步巩固人民民主专政，保障人民民主权利，更有效地发挥人民群众建设社会主义的积极性和创造性，更有效地肃清反革命分子和一切犯罪分子，以

① 周恩来在第一届全国人民代表大会第一次会议上的政府工作报告。

保卫社会主义建设事业的顺利进行，就必须进一步加强人民民主法制。因此，必须坚决克服这种轻视法制的有害思想，以适应当前客观形势发展的需要。

此外，由于人民公安机关要同反革命分子和其他犯罪分子进行斗争，要维护公共秩序和社会治安，它在执行任务中，就必须拥有一定的权限，必须采取某些强制手段。例如，《中华人民共和国逮捕拘留条例》规定：人民公安机关对反革命和其他犯罪分子有逮捕、拘留和搜查的权限，对被逮捕、拘留人犯的邮件、电报，认为有扣押必要的时候，有通知邮电机关加以扣押的权限；又如，《中华人民共和国治安管理处罚条例》规定，人民公安机关对违反治安管理行为的公民，有处以警告、罚款和拘留的权限，等等。因此，为了防止某些公安人员滥用职权和保证这些规定的准确执行，在人民公安机关的日常工作中，严格遵守法律和依照法律办事，就更有其特别重要的意义。

为了加强对敌斗争，准确地打击犯罪分子，保护人民的民主权利和防止在工作中可能产生的差错，我们除必须经常教育干部认真学习党和国家的政策、法令，加强法制观念和树立依法办事的思想外，公安机关和检察院、法院还必须正确贯彻互相配合和互相制约的原则。其中，公安机关和检察院的关系尤为密切。它们在互相配合方面主要是：公安机关对侦查终结的刑事案件，认为需要起诉的，应该依照法律规定移送检察院审查，决定起诉或者不起诉；检察院提起的刑事案件，也可依照法律规定交给公安机关进行侦查。同时，检察院拘押人犯，又可委托公安机关代为执行。在互相制约方面有：检察院对于公安机关要求批准逮捕的人犯和移送起诉的案件，如果认为理由不足的，可以作出不批准逮捕或者不起诉的决定；同时，公安机关认为检察院的决定有错误的时候，又有权向上一级检察机关提出意见或者控告。公安机关和检察院的互相配合、互相制约，并不是彼此矛盾，而是完全一致的，目的在于使两个机关的工作更加密切地配合起来，防止在工作中和执行法律上可能发生的疏忽和错误，以便保证做到不枉不纵、不错不漏，更有效地打击反革命分子以及一切犯罪分子，充分保护人民的民主权利。

三、进一步强化人民公安机关，为彻底肃清残余反革命而斗争

人民公安机关是党的宝剑、人民的警卫员，是人民的忠实可靠的保卫者。我们的公安机关，过去在镇压反革命分子、维持社会治安和巩固人民民主政权等方面，做了一系列的艰巨的工作，取得了伟大的、辉煌的成就。但是，反革命分子和

某些资产阶级“右派分子”，在攻击、污蔑我们的镇反、肃反运动和企图取消我们的人民民主专政时，总是针对我们的人民公安机关。他们对我们的公安机关抱有如此刻骨的仇恨，这说明什么呢？这正说明我们的公安机关是很正确地在保护革命和人民的利益。他们攻击我们的镇反、肃反运动，污蔑我们的人民公安机关，恰恰证明了我们的镇反、肃反运动对敌人是狠的，曾给他们以致命的打击，是他们所痛恨的。但对人民来说，又正好证明这些运动是完全必要的，我们的公安机关的工作是完全正确的。如果我们接受了他们的意见，按照他们的意志去办事，那就有亡党、亡国、亡头的危险，就会使社会主义失败、资本主义复辟。

自从1956年我国资本主义工商业和农业、手工业的社会主义改造基本完成，敌人内部分化瓦解，和我们对反革命分子根据当时形势采取了宽一点的政策以后，某些同志由于对这些问题的认识和理解的片面，曾经一度产生了右倾思想。他们认为“目前残余反革命已经基本肃清，再也没有什么敌人了”，“公安工作可以改行了”，等等。显然，这种思想是非常错误和有害的。由于这些同志以这种错误思想作指导，因此在实际斗争中轻敌麻痹，看不到敌人。他们往往把敌我矛盾也当做人民内部矛盾来处理，而放松了对敌人的专政。具体表现在对某些反革命分子和犯罪分子，该捕不捕、该管制不管制，或者虽管制了但管得不严，以致曾经有一度反革命分子活动气焰非常嚣张。这些同志之所以会产生这种右倾思想，其主要原因是对我国的阶级斗争形势认识不清。毛主席教导我们说：“目前……还有反革命，但是不多了。首先是还有反革命。”同时他还要我们“必须懂得，没有肃清的暗藏的反革命分子是不会死心的，他们必定要乘机捣乱。美帝国主义者和蒋介石集团经常还在派遣特务到我们这里来进行破坏活动。原有的反革命分子肃清了，还可能出现一些新的反革命分子。如果我们丧失警惕性，那就会上大当，吃大亏”。[①] 因此，作为专政武器之一的人民公安机关，不仅还要存在，而且还要不断加强和很好地工作下去。如果我们放松或者放下了人民民主专政的武器，那就等于在敌人面前自动解除武装。难道我们应当在敌人面前解除武装和抛弃已经获得的胜利果实吗？社会主义不彻底胜利，共产主义不彻底胜利，帝国主义不消灭，剥削阶级不消灭，国家不完全消亡，我们的斗争是一刻也不能停止的。

为了加强对敌斗争，特别是同隐蔽敌人的斗争，我们必须进一步强化人民公安机关，以便使它在镇压反动、预防犯罪和巩固人民民主专政，以及保卫社会主义建设的顺利进行中发挥更巨大、更辉煌的作用。为此，要做到以下几点：

---

① 毛泽东著：《关于正确处理人民内部矛盾的问题》。

第一，必须坚决服从党的绝对领导。我们知道，党是无产阶级专政的核心力量，没有党的领导，就没有无产阶级专政，就没有社会主义制度。作为人民民主专政的重要武器之一的人民公安机关，只有将其绝对地置于党的领导和严密监督之下，才能够保证有效地和准确地打击敌人。因为，只有党才能够了解整个阶级关系的变化，能够从全局出发，权衡利弊，对各种问题作出正确的决定，也只有党才能够动员、组织全党和广大群众的力量，取得对敌斗争的彻底胜利。人民公安机关如果脱离了党的领导，是十分危险的，而且一定要犯严重的错误。这一真理早已为实践所一再证明。如前上海市公安局局长杨帆，由于滥用职权、包庇特务、背着党和人民进行许多犯罪活动，给国家和人民造成了严重的危害。因此，公安机关在对敌斗争中如有任何脱离党的领导的倾向，都必须给予严格的批判和坚决的纠正。

第二，必须认真贯彻群众路线，密切联系群众和依靠群众。群众路线是我党的根本政治路线和组织路线，我们的人民公安机关毫无例外地必须遵循这条路线。毛主席说："我们在肃反工作中的路线是群众肃反的路线。采取了群众路线，工作中当然也会发生毛病，但是毛病会比较少一些，错误会比较容易纠正些。"①同时，今后敌人的活动是更加隐蔽、更加狡猾了，如果要彻底暴露和肃清暗藏较深的反革命和特务分子，只靠公安机关的少数工作人员，而不密切依靠广大群众、走群众路线，是不可能的。因为广大群众的眼睛才是明察真伪、辨别是非、识别暗藏反革命的最可靠的武器。为了坚持和彻底贯彻公安工作的群众路线，为了更广泛地发动群众，我们就必须同某些同志的特权思想和一切脱离群众的神秘主义、孤立主义等倾向作坚决的斗争。

反革命分子和资产阶级"右派分子"最怕我们发动群众，所以他们总要竭力攻击我们的群众路线，特别是镇反、肃反的群众路线。这毫不奇怪，因为正是我们依靠和发动了群众，才暴露了反革命分子，孤立了资产阶级"右派分子"。这恰恰证明我们是做对了。反革命分子和"右派分子"的高兴和畏惧，倒可以用来作为检查我们的工作和对敌斗争中好坏的"标志"：如果他们高兴了，说明我们在工作上和对敌斗争中可能有偏差，这就要检查我们是否有右倾，是否放松了对敌人的斗争；反之，他们对我们有畏惧，这说明我们的行动是正确了，工作是做对了。这不是很好吗？！

"人民群众是专门机关的依靠，专门机关是人民群众的武器，两者必须紧密

① 毛泽东著：《关于正确处理人民内部矛盾的问题》。

地结合起来，才能巩固我们国家的法制，维护宪法和法律的实施。”①人民公安机关是站在阶级斗争的最前哨，历来具有依靠人民群众、走群众路线的优良传统，因而获得了人民群众的赞扬和拥护。我们必须保持和发扬这种传统，并给反革命分子和一切犯罪分子以坚决有力的打击。

第三，要善于区别两类不同性质的矛盾。毛主席提出的关于正确处理人民内部矛盾的问题，对于公安工作来说，是一个具有现实意义的极为重要的问题。它要求我们在实际工作中，必须正确区别敌我矛盾和人民内部矛盾，以免在复杂的斗争中迷失方向。如果我们把敌我矛盾当做人民内部矛盾来处理，那就要犯右倾机会主义的错误；反之，如果把人民内部矛盾当做敌我矛盾来处理，则也要犯“左”的错误。因此，为了准确地打击敌人，保护人民民主权利和保卫社会主义建设，我们每个公安工作人员必须要认真学习毛主席关于正确处理人民内部矛盾问题的指示，善于区别敌我和人民内部两类矛盾，从而采取不同的方法去处理它们。如对于人民内部矛盾，必须坚持用说服教育的办法，而绝不能采取像对待敌人那样的压服手段，否则就要犯严重的错误。

以上这些，仅是我在实际工作中的一些体会和认识，如有不当之处，请同志们指正。

（1958 年第 6 期）

① 彭真在第一届全国人民代表大会第一次会议上的发言。

谈谈我国选举制度的优越性

竹　均*

根据我国《宪法》的规定，全国人民代表大会代表和省、自治区人民代表大会代表每4年选举一次，直辖市、市辖区（县）、乡（镇）人民代表大会代表，每两年选举一次。因此，1958年全国和各个地方都要进行选举。现在许多省、区的基层选举已经胜利结束，本市的基层选举也正在分期分批地进行着。

选举制度是整个国家制度的一个重要组成部分，它是人民实现国家制度的一项手段。任何一种国家制度都是体现统治阶级的自由民主和对被统治阶级的专政的。现代资本主义国家以资产阶级的自由和民主，来掩盖它对广大劳动人民进行的残酷的反革命的专政，它的选举制度也同样是为这个可耻的目的而服务的。社会主义国家丝毫不掩饰它的目的性，这种国家制度的目的在于：保护广大人民（特别是劳动人民）的民主、自由和幸福，消灭剥削，解放生产力，使社会走向繁荣和进步；从而不得不对极少数的反动资产阶级和封建地主实行革命的专政。它的选举制度就是为实现这一革命要求而服务的。由此可见，社会主义国家的选举制度也是资本主义国家的选举制度所无法比拟的。

由于3次选举的实践，特别是新形势的影响，我国人民群众对选举的要求也在不断提高，因而在选举工作中出现了许多新气象。这充分证明《选举法》是能够促进我国社会主义制度日益发展和巩固的。

参加选举人数的比例不断地增长。就全国而言，1953～1954年参选比例是85.88%，到1956年仅51,887个基层选举单位统计，参选比例就增加到86.42%。今年已进行选举地区的参选比例，根据新华社的电讯，一般都比1956年高。如辽宁省的沈阳、鞍山等6个县、市，平均达到98.1%，重庆市达到99%以上。就上海而言，1953～1954年参选比例平均为96.53%，1956年参选比例平均上升到97.93%，今年已进行选举的郊区和3个县的参选比例，都有不同程度的增长。如嘉定县今年参选比例为90.81%，比1956年增加0.71%；宝山县今年参选比例为93%，比1956年增长5.32%；西郊区今年参选比例为96.89%，也比1956年增加0.05%。这不仅说明广大人民拥护国家制度，积极参加选举，同

* 作者单位不详。

时也说明了这种选举制度是便于发动群众参与国家政治生活的。自称为西方“民主”国家的美国和英国,从它们的参选比例来看:美国1956年是57.3%,1954年是42.5%,英国在最近一次大选中比例虽较美国高一些,也不过76%弱。这充分说明英美两国的资产阶级统治集团,虽然用尽欺骗收买等办法,也不能改变广大人民对他们的国家制度的漠视。

我国的选举制度也同样是对人民内部实行民主和对反动派实行专政相结合的一种制度。我们的选举权只给人民,不给反动派。《选举法》规定:依法尚未改变成分的地主阶级分子,依法被剥夺政治权利的反革命分子和其他依法被剥夺政治权利的人,没有选举权和被选举权。这是选举制度中专政的一面。在1953~1954年全国选举中,被剥夺选举权利的只占人口总数的1.52%、选民总数的2.82%;在1956年基层选举中,已有一部分甚至大部分的地主阶级分子改变了成分,取得了选举权利。可是少数地区执行这一政策有失之过宽的现象,对少数尚未改造好的地主阶级分子,也给予选举权利,使他们利用大鸣大放的机会,进行各种破坏活动。因此,国务院在《关于1958年选举工作若干问题的决定》中指示:对于已经改变成分的地主阶级分子,对于富农分子,如果他们从事破坏活动,应该依法剥夺其选举权利。依据这项指示规定,反革命分子刑期已满,并又取得选举权利的,如果继续进行破坏活动,但又不够重新判刑的,也可依法再行剥夺其选举权利。但我们也要认清,在当前社会主义全面大跃进的新形势下,地主阶级分子、富农分子在不断地分化,其中少数人看到大势所趋、人心所向,愿意从劳动中来改造自己,对这种人,应该经过群众的充分讨论和选举机关的认真审查,给予选举权利。这种严肃认真地对待选举权利的做法,对巩固人民民主专政是有利的。根据上海地区1956年的统计,被剥夺选举权利的人数已降到人口总数的0.5%。今年从某些先行地区来看,被剥夺选举权利的人数也略有下降。这些情况说明了我们社会主义民主的国家日益走向巩固,但绝不意味着从此就天下太平了。对反动阶级残余的斗争,还得好几个反复,因此我们在任何时候,都不应放松专政的武器,在选举工作上也同样如此。若就我国被剥夺选举权利的比例,与自称西方“民主”首脑的美国的情况来对照一下,实有天壤之别。美国各州的选民登记法律共有五十多种限制选举权利的办法,不但有财产、教育条件、纳税额、居住时期等限制条件,还有荒诞不经的,如祖父和父亲没有选举权的,他的儿孙也没有选举权的封建承袭办法。这些办法是针对劳苦大众、黑人、流浪的犹太人、华工、后来移居美国的东欧人民等而规定的。其中对黑人有的城市不给他们选举权,有的城市的黑人9/10没有选举权利。如以1952年计算,美国被剥夺选举权利的约有2500万人,占选民总数的25%左右。“右派分子”和修正主义者把美帝国主义捧成“民主国家”,攻击社会主义国家是“极权国家”;从剥夺选举权来看,究竟谁是民主,谁是极权,就不言自明了。

由于社会主义革命和社会主义建设高潮的影响,广大人民群众对选举权利的要求,在每次选举中都有所发展。就上海市而言,如对候选人的讨论中,群众就展开了批评和自我批评。因选民对少数候选人意见较大,经协商后重新调换的在1953~1954年有1%左右,到1956年有81人,占代表总数的1.63%。今年讨论候选人名单时,在若干先行地区,结合使用大字报办法,提出评比要求(如比思想、比干劲、比作风、比联系群众等),提出选举新代表、领导我们生产大跃进等生动活泼的口号来;候选人经过群众评比之后,进行检讨、提出保证的人数也在增多。在选举方法上,由于群众政治文化水平的提高,将原来的举手选举的办法改为无记名投票的办法。3个郊区今年都是这样做的。在候选人提名的方法上,绝大多数选民认为联合提名和选民提名相结合的办法最好。宝山县某乡选民提出“联合提名像太阳,选民提名像电筒,两相结合最有用”(指太阳有个别照不到的地方,用手电筒来进行补救)。但也有少数选民要求候选人应增多几个,好让他们选择一下。经过解释“这个办法是经过协商,这样可以适当照顾各方面的代表人物,特别是照顾少数”以后,他们为了顾全大局,也就收回了自己的意见。但特别值得注意的是,在郊区和3个县中,虽然实行等额选举,但结果东郊区还是落选了7名,西郊区落选了2名,宝山县落选了5名,嘉定县落选1名,总共落选15名。其中有新代表,有老代表,有党员,有非党员。这些落选的候选人大都是干劲不足,脱离群众而又不虚心检讨和提出保证的人。这一情况说明等额选举是可以充分表达选民的意志的。“右派分子”攻击我们的等额选举是“圈定”,这完全是站不住脚的。“右派分子”的意图是反对整个选举制度和整个的国家制度,这不过是其借口而已。至于“右派分子”所歌颂的美国选举制度,完全是资产阶级集团所进行的政治骗局。它们使用金钱收买、恐吓诈骗,臭气熏天,为稍有一点政治常识的人所不齿。仅就1956年总统的竞选来看,共和、民主两党费用共达3500万元,其中共和党为民主党的两倍,许多美国人都说这是艾克当选的重要因素。至于每一个议员的竞选费用,在1万元左右更是平常的事。这与我们选举中的社会主义风格相比,一个是芝兰之室,一个是鲍鱼之肆。

我国每次选举,都充分发扬民主,集中反映了选民的意志,把满意和必要的代表选举出来,因而不断地充实了国家机关的新生力量。上海市1953~1954年市、区两级代表的选举,达到了既保证无产阶级的领导,又使各阶层各方面均有其适当的代表人物参与政权机关和国家生活的要求。1956年选举之后,就区级代表来说，充实了50.23%的新生力量，这是在既体现社会主义改造高潮、又适当照顾老代表的原则之下得来的结果。为了照顾代表的广泛性，调动一切积极因素建设社会主义国家，中共党员比例减少，工人方面也自动减少了名额，科技文教界的比例增加，各民主阶层和社会人士也有适当增加，宗教、民族、华侨方面也略有增加。在联合提名中，还有药剂师、扫盲积极分子、书法家、金石雕刻家、古籍鉴定家、厨师、理发师等被提名为代表候选人。全市共选出区人民代表4957名，其中妇女1160名，占23%强。其比例分配如下：工人1348名，占26.97%；农民246名，占4.94%；文教、卫生、科技人员743名，占15.84%；工商业者855名，占17.23%；机关人员（其中包括党派、科技等人员在内）364名，占7.36%；党派人士282名，占5.88%；妇女工作者240名，占5.03%；青年83名，占1.66%；手工业合作社社员142名，占2.84%；里弄居民389名，占7.63%；摊贩58名，占1.16%；社会人士36名，占0.71%；宗教人士94名，占1.87%，少数民族人士50名，占1%；归国华侨27名，占0.55%。

今年的选举，先行区也同样根据当前形势，掀起了既要保证党的领导，又要吸收各阶层各方面的代表人物积极参加社会主义大跃进的新高潮。这样使国家机关又一次获得新的动力，使它能更加多快好省地建设社会主义。这种代表的广泛性和对新生力量的不断吸收，说明了共产党领导的大公无私精神，同时也说明了我国社会主义制度具有无限的生命力。而美国国会选举出来的代表，恰恰证明了资产阶级对于国家权力机关的垄断。例如，在美国国会里没有真正工人和农民的代表，占美国人口10.4%的黑人只有3名代表（我国少数民族人口占6%，而全国人民代表大会中的代表占14%），在国会中只选了17名妇女（我国人民代表大会有妇女代表147名，占17.31%）；但代表大资本家、大银行家、大商人、大地主的律师却占了半数以上，1/4是企业主和银行家的本身。这些代表人物组成的议会和政府，除了维护资本集团的利益以外，不会有任何好事做出来。

今年的选举工作，是在社会主义革命和社会主义建设大跃进的新形势下进行的。这个新形势的到来，是由于中国共产党领导和发动了伟大的整风运动，正确地处理人民内部矛盾，有系统地改进了国家工作，特别是鼓舞了广大人民群众，运用大鸣大放、大字报、大辩论的方法，进行广泛的批评和自我批评，尖锐地揭露官僚主义、主观主义、宗派主义，猛攻浪费和保守，清扫官风和邪气，从而使国家机关工作人员和广大人民群众建立了真正平等亲密的关系的结果。它充分证明党和政府坚定地相信群众的多数，敢于给人民群众以充分的民主权利，这在任何资本主义国家都是不能想象的。因此在国家生活中出现了一个又有集中又有民主,又有纪律又有自由,又有统一意志又有个人心情舒畅、生动活泼的政治局面。在全面整风的基础上,人民群众的政治觉悟空前提高,革命意志非常旺盛,工农业生产及其他建设事业跃进的浪潮,一个紧接着一个,波涛汹涌,蔚为大观。特别是党中央提出"鼓足干劲、力争上游,多快好省地建设社会主义"的总路线,同时号召争取在15年或者更短的时间内在主要的工业产品产量方面赶上和超过英国,修正通过《农业发展纲要草案》以后,全国各地进一步掀起了一个社会主义建设的新高潮。上海人民和全国人民一样,正在乘风破浪,奋勇前进,满怀信心地为正确实现党的总路线和各项号召,完成和超额完成第二个五年计划而奋斗。这种蓬勃兴旺的气象,更充分证明了我们国家在党的领导下实行的社会主义制度的无比优越性,这种制度比之资本主义制度胜过千百万倍。同样也证明了我们选举制度比之资本主义选举制度胜过千百万倍。

我们的国家正处在社会主义革命和社会主义建设的过渡时期,也就是说,社会主义社会尚未建成。因此,选举制度必须反映出过渡时期的特点,促进社会主义社会的实现。在当前的形势下,经济基础正在起着深刻的变化,人民的思想也正在飞跃前进,现在的选举制度今后也必然会有相应的改变。除了右派分子的借机进攻、恶意攻击外,有些选民要求候选人多提几个,使他们有所选择,这个意见值得重视。其实我国《选举法》对等额选举问题并没有明文规定,只是1953年4月3日中央选举委员会《关于基层选举工作的指示》中曾提道:"选举委员会提到选举大会上的代表候选人的名额,一般应与当选代表人数相等,即这个选举区域应选几个代表,就提出几个代表候选人。"在选举实践中也是这样做的。周恩来总理在第一届全国人民代表大会第四次公议上所作政府工作报告中也指出:"至于候选人的名额问题,过去在联合提出的候选人名单中,候选人数和当选名额相等,这是各方面协商的结果。今后在这个问题上的具体做法,也仍然要经由各方面协商决定。"这证明等额选举办法的采用,是各方面协商的结果。为了正确贯彻统一战线政策,照顾少数阶层,使其在国家权力机关中有一定比例的代表,等额选举的办法是合乎客观需要的,因此,等额选举还是符合于我国实际情况的民主选举方法。但是随着形势的变化,将来经过各方面的协商,等额选举的办法也不是不可改变的。《选举法》中采取城市和乡村选举代表名额的不同人口比例,这也是符合我国实际情况的,这样才能反映工人阶级对国家的领导作用,和我们国家工业化的发展方向。特别在《选举法》公布的时候,广大的农民多半还处在个体经济状态之下,个体经济有其两面性,可以走向集体经济,走社会主义道路,也可以走向资本主义。《选举法》规定的不同人口比例,就是要引导个体经济走社会主义道路。苏联建国之初,也采用这种不同的人口比例,当时的孟什维克和社会革命党人也曾攻讦这种制度的“不公平”。列宁曾反驳这种谬论，指出“公平应服从于打倒资本的利益”，“我们要争取平等就是消灭阶级”。直到1936年，苏联农业集体化了，机械化了，农民阶级的个体所有制消灭了，他们的选举制度也就消灭了工农之间人口不同的比例。目前我国农业集体化已经基本完成，正在开始走向农业机械化和半机械化，同时实行乡乡办工业、社社办工业，城乡之间、工农之间的差别，正在逐渐缩小，我们将会较快地改变这种按人口不同比例确定代表名额的选举办法。不但如此，由于农业机械化和农村工业化的发展，农村的交通条件改善了，文盲很快扫除了，农民的文化水平也将很快提高，过去《选举法》所规定的那些间接选举的办法，同样会较快地改为直接选举的办法。总之，我国现行选举制度是适合我国实际情况的真正的民主制度，是任何资本主义国家所无法比拟的。我国完全实行苏联那样的平等、直接、秘密的选举制度的条件，目前尚未完全具备，但是，随着形势的变化，我国的选举制度也必然会按照苏联的方向逐步前进的。

（1958年第6期）

学习列宁的教导，加强救灾工作

董　光*

我们的国家正处在一个飞跃发展的时代，各项工作在大跃进，救灾工作同样不能例外。无产阶级的革命导师列宁，在十月社会主义革命胜利以后，面对当时苏维埃国家的情况，对救灾工作曾作了一系列的指示。他说明了这项工作的重要意义，并且提出了战胜灾荒的办法。我国现在的情况虽然不同于苏联当时的经济恢复时期，而且在农业生产的"大跃进"中，各地指标积极，丰收在望，但我们又必须同时充分估计到发生各种自然灾害的可能性，遵照毛主席的指示：既鼓干劲，又留余地。因此学习列宁的教导，来加强我们的救灾工作，仍然是十分有益的。

在1917年10月社会主义革命胜利以后的最初年代里，苏维埃国家在农业生产上常常遭受不同程度的灾荒袭击，特别是1921年歉收的情况更为严重。加上当时国际帝国主义的武装干涉，国内高尔察克和邓尼金匪徒的骚乱，以及历史上沙皇制度的罪恶统治和连年战争，致使年轻的苏维埃政权在经济上处于十分困难的境地。因此，战胜饥荒和从根本上摆脱饥荒，便成为列宁当时异常关怀的问题之一。

列宁指出了拯救饥荒的重要性，认为饥荒是一种最惨重最可怕的灾难，因为这种灾难是无法忍受的。同时列宁也指出饥荒带来的困难是完全可以克服的，认为悲观失望是荒谬的、愚蠢的和可耻的。因此，列宁曾多次指出在和饥荒斗争中应该振作起来。"每一个党组织，每一个工会，每一个按职业组织起来的工人，或者虽没有组织起来但愿意同饥荒'作战'的工人，每一个苏维埃工作人员和公民的团体都应当问问自己：在扩大和加强战胜饥荒的全民运动中，我们能够做些什么？"①毫无疑问，遵照着列宁这种对劳动人民高度关怀的精神，以战斗的姿态群策群力地去对付饥荒，就没有什么不能克服的困难，这也是战胜饥荒的基本前提。

列宁十分重视灾区农业生产的恢复工作，因为这是最根本的、最积极的方面，否则必然使饥荒延续下去。列宁曾指出："在向饥荒地区供应种子和扩大国

---

* 作者单位不详。

① 《列宁全集》(第28卷)，人民出版社1956年版，第418页。

内耕地面积方面，我们在秋季已经取得了某些成绩，我们希望明春能取得更大的成绩”。“今年秋季我们受灾省份的秋播面积约为75%，部分歉收省分约为102%……这至少说明，不管我们的条件多么困难，但在扩大耕地面积和抗灾救荒方面，我们还是给了农民一些帮助……我们应当更加努力来扩大这种帮助。”①自然，灾区农业生产的恢复工作是多方面的，比如：受灾农作物的挽救、补种、改种；根据度荒需要适当播种早熟作物；适应地区性的遭灾规律，改变耕作常规以及保护耕畜；等等。但供应种子、保证一定数量的播种面积毕竟是恢复农业生产的关键。

列宁不仅重视灾后农业生产的恢复工作，而且更加重视从根本上摆脱灾荒。列宁认为摆脱饥荒、改进和发展农业生产是整个国民经济的一个根本问题。但摆脱饥荒在个体经济基础上是根本不能做到的，必须依赖于生产力的发展，必须依赖于国家的工业化。列宁指出：“今年我们所遭到的严重灾荒，即许多省分发生的饥荒，以及不是在最近一年便是在最近几年内我们很可能遭到的旱灾，提出了一个整个国民经济的根本问题，就是无论如何要认真地、切实地立刻改进和发展农业。现在有很多地方已开始有了改进。如果各省毫无例外地都能如此，那么我们就能战胜饥荒，就能真正改善农民经济。”②“同志们，你们都很清楚，1921年的饥荒使我们遭到了怎样空前的困难，旧俄的这些灾难也必然会留给我们，因为摆脱这种灾难的唯一出路，也许仅仅在于恢复生产力，但不是在旧的、贫困的、小经济的基础上，而是在新的基础上，在大工业和电气化的基础上。唯有如此，我们才能摆脱贫困和连年不断的饥荒。”③不难理解，工业和农业是国民经济的两个基本方面，而且这两方面是互相影响、互为依赖的，任何一方都不能脱离另一方而孤立地发展。一方面，我们不能也不应该忽视工业生产的主导作用，这是马克思、列宁关于生产资料必须优先发展，以便促进整个国民经济的扩大再生产的重要原理；另一方面，农业生产的丰歉又直接影响国民经济的发展。在理论上搞清楚了这一道理之后，就应当把救灾工作看做发展国民经济的一个重要环节，切实做到有灾救灾、无灾防灾，并力求使救灾和防灾相结合。

粮食问题是饥荒地区带有关键性的问题。列宁认为当苏维埃政权最主要的困难是战胜饥荒的时候，把全部余粮交给饥荒的人是一个苏维埃公民的职责。列宁也认为粮食工作者是精打细算的聪明的管家人。供应的标准应该是不多不

---

① 《列宁全集》（第33卷），人民出版社1957年版，第135～136页。

② 同上，第105～106页。

③ 同上，第134页。

少。同时列宁指出："应该使每一个铁路工作人员和每一个粮食工作者把自己看作是坚守岗位的士兵。他应该记住，他是在同饥荒作战。他应该抛弃旧的拖拉作风。"①列宁特别反对粮食自由买卖，而主张粮食垄断。他认为在闹饥荒的时候允许自由买卖粮食，就是自由地使少数人发财，而使多数人破产，就是使富裕农民有发财的自由，得不到一点粮食的人有饿死的自由。列宁指出："粮食不够，这意味着什么呢？这意味着，如果你们在决定人民生死的粮食不够的情况下准许贸易自由，你们就一定会造成疯狂的投机，使粮价暴涨，成为所谓垄断价格或挨饿价格，这种价格只能使那些收入大大超过中等人的少数上层分子心满意足，使广大群众处于饥饿状态。"②这就是我们国家所实施的粮食计划收购、计划供应的政策的原因所在。

在救济饥荒中列宁是注意发挥社会力量的。1921 年 12 月，列宁曾写信给高尔基，请他号召萧伯纳和威尔斯参加援助俄国饥荒的组织工作。这一年，苏联也接受过国外的援助。

列宁特别重视春季的救灾工作。列宁曾多次指出："我们已经进入饥饿的半年，3、4、5、6 月将是最艰苦的月份。要防止饥荒，就要拿出一切力量来。"③"现在，春天即将到来，饥荒是我们的大害；到了春天，我们的情况将更加困难。去年的冬末、春天和夏初是我们最艰难的时期，今年正好在现在我们又进入艰难的时期。"④"目前，我们正处于荒年之后最困苦的春季。可是我们决不垂头丧气。不管工人和农民的苦难多么深重，但是我们现在已经争得了不为地主而为自己工作的权利和可能。我们一定会恢复和改善被破坏的经济。"⑤

列宁是无产阶级革命时代的巨人，他所遗留给我们的只言片语都是无限宝贵的。列宁所处的时代虽然已经过去几十年了，但他的这些经典论述，直到今天对我们还是十分亲切的。列宁的这些经典论述，虽然都针对苏联当时的情况，但对我们国家来说也是十分必需的、可贵的。在救灾工作方面，我们如何接受列宁对我们的教导呢？我们只有把列宁的教导作为理论基础，从而结合我国的具体情况，加强救灾工作，这才是我们应当具有的唯一态度。

我们国家对救灾工作是一向重视的，因而作出了历史上从未有过的成绩：即使在新中国成立初期财政困难的情况下，也战胜了极其严重的灾荒。这是国内

---

① 《列宁全集》(第 28 卷)，人民出版社 1956 年版，第 346 页。

② 同上，第 372 页。

③ 《列宁全集》(第 29 卷)，人民出版社 1956 年版，第 19 页。

④ 同上，第 59 页。

⑤ 《列宁全集》(第 33 卷)，人民出版社 1957 年版，第 218～219 页。

国外有目共睹的,也是不能和旧中国相提并论的。我们在实际工作中虽然也有不少缺点,但这是局部的、暂时的,和成绩比较起来还是次要的,而且这些缺点已经在被不断克服。这是最基本的情况。

救灾工作的缺点表现在什么地方呢?从指导思想来说,主要是"右倾"保守,因而救灾工作的方针政策未能随着客观形势的发展而发展。特别是农业合作化以后,对某些方针政策本应加以系统的研究,使之更适合于集体经济,更紧密地结合生产,更积极、更主动、更直接地为消灭自然灾害服务,而我们却在这方面做得很不够,甚至还没有注意这样去做。形成这一情况的思想根源,主要是我们工作上的经验主义:它使我们守着过时的经验而故步自封;它使我们满足于日常事务而忽略关键性问题的钻研;它使我们工作陷于老一套而抓不住新鲜事物;它使我们片面地看问题而摇摆不定。因此,只有反对"右倾"保守思想,并从根源上反对经验主义的思想方法,才能出现救灾工作的大跃进。

我们国家正处于一个伟大的转折时期,继社会主义革命在经济战线上的胜利,在政治战线、思想战线上也取得了重大的胜利。由于全民整风运动的显著成效,不论城市或农村,都正以排山倒海之势掀起社会主义建设的空前高潮。这一客观新形势也给救灾工作带来了新的任务和要求:首先,我们应该坚决树立依靠地方、依靠群众,促进生产、消灭灾害的观点,要把群众的力量组织在农业生产、防灾建设和副业生产3条战线上,统一计算劳动日,按劳取酬。这样既可克服灾区的实际困难,又可促使灾区工作的全面跃进。否则,使救灾和防灾、救灾和生产不能紧密结合进行,那就是忽视群众的迫切要求。其次,不论遇到多大的灾害,要以革命的气概坚决把它制服。自然灾害最终而且很快就会被消灭,这是无疑的。但是在一定时间、一定地区还不可避免地要发生灾害,这也是不容忽视的。谭震林同志在党的八大二次会议上指出:还要估计到从1958年起到1967年的10年之内,还可能出现两三个大水、大旱。我们应该把这种情况估计在内,然后同各种灾害作顽强的斗争。我们不仅要把干部、群众的思想武装起来,而且要做好一系列的组织准备和物资准备,以便随时投入抗灾和抢救工作。再次,发扬共产主义思想,乡与乡、社与社、县与县要互相支持,密切协作。农村进行社会主教育后,这一点是可以做到的,也是应该做到的。实际上打破乡界、县界,"一社有灾百社救"、"一乡有难百乡帮"的风尚已日趋普遍,这种共产主义精神我们应当提倡和推广。最后,要把农业社的集体力量,发展到最高,使一社成为一家,灾荒带来的困难就易于克服。这是为先进的事例所证明了的。

目前,春荒正处于最后的紧张阶段,在没有夏收作物或夏收作物受到新灾的地区又遭到夏荒的威胁，特别是不少地区的水旱及其他新灾又在发生和发展。为了保证农业生产"大跃进"的顺利进行，我们必须切实加强这一工作，以回应列宁对我们的教导。

（1958年第6期）

审判制度和法律手续不能一概否定

罗素全*

随着整风、反“右派”斗争、“双反”运动的开展和深入，一些脱离实际的判制度和法律手续，已被大家所唾弃。目前，不少法院已形成了跃进的局面，这是与法律手续的简化分不开的。例如，很多法院在保证质量和程序合法的前提下，发挥了社会主义干劲，改进了办案手续和方法，结案效率提高了数倍。这是司法工作方面令人欢欣鼓舞的新气象。但这种新气象的出现，一方面简化了一些不必要的法律手续，另一方面又导致了另一种错误的态度，这就是不加以认真分析、盲目否定某些切合需要的审判制度和法律手续。如公开审判的案件，应该公告所审案件的名称、原被告姓名、审判的时间和地点，有的同志认为这样公告是形式，就不再公告了。告知刑事被告辩护等诉讼权利，不只是依法保护被告权利，而且有利于辨明是非、正确办案，有的同志只将诉讼权利写在开庭通知书上，一概不再口头告知。证人当庭具结，可以促使证人提出真实证言，花费的时间并不多，有的审判人员却在审判中把证人具结这个手续取消了。有的还把性质不同的几个案件，连续开庭审理，片面地为了节省时间，一次评议。甚至有的同志对我们宪法规定的实行人民陪审员制度，也提出怀疑。

简化不必要的法律手续是完全应该的。但必须根据客观形势加以衡量，不能只顾办案数量，不顾质量，更不能对一些切合需要的审判制度和法律手续，也一律采取盲目否定的态度。目前，这种现象，应该说是一个新的问题。虽然这和司法工作大跃进的巨大成绩比较起来是微不足道的，但值得我们注意和纠正。

为了司法工作的“大跃进”，各地政法机关应该在实际工作中，进一步检查这些制度和手续，总结一下究竟哪些制度和手续应该废除，哪些应该建立，废除得是否妥当，建立得是否完善。以便把案件办得更准确、合法、及时，更有力地打击敌人，保护人民利益和社会主义建设的事业。

（1958年第6期）

* 作者单位不详。

法学教学中厚古薄今的倾向必须克服

萧枝苹*

教条主义在教学内容和研究工作中所反映出来的厚古薄今和重外轻中的现象，实质上是一个思想方法和世界观的问题。在法学教学中也不例外。

法律科学的党性，要求法学的各部门必须具有革命的实践性、创造性和顽强的战斗性，要求我们的教学人员必须以工人阶级的立场、以唯物主义的观点和辩证的方法来研究法律科学，揭露和批判资产阶级唯心主义法学观点，总结革命斗争经验，指导革命实践，使这一门具有强烈阶级性的社会科学直接为政治服务。但是从这次教学改革中所揭露出来的问题来看，法学教学中的厚古薄今现象，在部分教学人员中却是严重地存在的。他们漠视现实，重古轻今，因此就必然使教学脱离政治，理论脱离实际。显然，这种资产阶级教学思想和自由主义教学态度所反映出来的厚古薄今，是和法律科学的党性要求背道而驰的。

法学教学中的厚古薄今，突出地表现在部分法学课程的教学内容上古代的多，现在的少，外国的多，中国的少。在法学史（国家与法的历史、法制史等）的教学中，有些学校的教师惯于按课程体系的年代，平均地按比例讲授。这显然是厚古薄今。人类社会历史有文字记载已有几千年（国家与法的历史也如此），剥削阶级的国家与法的历史和以伟大的十月社会主义革命所开创的社会主义国家与法的历史对比起来，在时间上后者显然要短得多。按这样的年代比例来讲授这一课程，显然是不恰当的。但他们却安于这样做。他们不理解法律科学是一门具有强烈阶级性的科学，我们学习国家与法的历史，也是在于了解过去一切剥削者的国家与法是在怎样的情况下产生的，它的目的和使命是什么，以便使我们进一步明确国家与法的本质和作用，使我们的法学教学为当前的政治服务。而他们则把国家和法的历史当成一门"纯历史"学问。

首先，法律科学的党性，要求我们的教学工作必须理论联系实际。而那些人却偏要去引经博古，在他们所讲授的课程中津津有味地谈论那些已经过去了几百年甚至几千年的历史琐事。如国家与法的通史是一门一年学完的课程。他们用4/5的时间去讲授剥削者国家与法的历史，而其中又以奴隶制和封建制部分

* 作者单位不详。

为最多。对以苏联为首的社会主义国家与法的历史则不屑以不到1/5的时间去谈一下。在国家与法的理论讲授中，讲到剥削阶级国家与法时，举例也是言必希腊、罗马，就是不谈中国。这些人就正如毛主席1941年在《改造我们的学习》一文中所指出的那样，“对于自己的历史一点不懂，或懂得甚少，不以为耻，反以为荣……有些人对于自己的东西既无知识，于是剩下了希腊和外国故事，也是可怜得很，从外国故纸堆中零星地捡来的”。他们安于以这种资产阶级的教学态度对待教学。对现实生活中法学上所需要研究探讨的问题，则采取回避态度。他们研究古代的东西比研究现在的东西要感兴趣得多。去年，一个大学的法律系教师发表了两篇科学论文，也都是属于外国的几个世纪以前的法学史上的问题。当然这并不是说过去的东西就不需要研究了，使人发问的就是他们以什么态度来对待法学研究。有的学校在法制史教研组成立时，出现过这样一种奇怪的现象：教师中报名搞法制史的人很多（特别是老教师），有些已经在其他教研组开课的教师也报了名，这就不能不使人感到奇怪了。

其次，过分强调课程的系统性、逻辑性。他们忽视法学的党性要求。不是密切结合国内阶级斗争和政治运动进行讲授，而是过分强调其所谓系统性，打不破老圈子，甚至把党性和科学性对立起来。

再次，生搬硬套，脱离实际。这一点突出地表现在学习苏联的态度上。当然我们肯定应当学习苏联，党中央在《再论无产阶级专政的历史经验》一文中曾经指出：“苏联的全部经验，包括某些错误和失败的经验在内，都值得我们认真地加以研究，而它的成功的基本经验尤其重要。”但在学习方法上，要采取认真研究的态度。而他们则相反，不是联系中国实际，认真加以研究，而是生搬硬套，这就必然脱离实际。在解放初期，由于当时条件的限制，在伪法统摧毁以后，在法学教学中采用一些苏联的教材，那是必要的，也是正确的。但现在情况已经大变，如果再用那一套，必然会造成教条主义。例如，《苏维埃民法》“法人”一章中，提到苏联中央国家银行、保险局为法人，而其下属单位则不是法人，这是苏联的情况。而有的教师不问中国的实际情况是怎样的，还照搬说中国各省市人民银行、保险公司也不是法人。有的学校在讲苏联国家法“国家机关”一章，谈到国家机关的特点时，提到苏联政府与人民之间没有矛盾。时当毛主席“关于正确处理人民内部矛盾的问题”一文发表，其中提到人民内部矛盾包括人民政府与人民群众之间的矛盾。学生对苏联国家法的那一论点提出了不同的看法，而教师对这问题却避而不谈。

最后，教学脱离政策。在教学上有不少教师偏重于书本传授，忽视学生的政治思想教育，实质上是资产阶级的教书不教人的思想。如国家与法的理论课程，讲到社会主义国家必须对敌进行专政这一职能时，有的学校只是从书本上谈到它的必要性如何，连我国的肃反运动都没谈到。政策是法律的灵魂，而在不少法学课程的讲授中却恰恰忽视了这一点。有的学生在答辩中得五分，可是碰到实际问题则不能解决。学了四年法律的学生毕业后出去工作时，总感到在学校里所学的东西，到实际工作中用不上去。

上面提到的只是我们所了解的一些片断，但从这里已经可以看出，厚古薄今、重外轻中的现象在法学教学中的存在并不是不严重的。当然，厚古薄今的偏向也不限于对某些历史问题的研究上，就是在现在的民法、刑法中，同样可以检查出这种问题来。例如，如何把毛主席《关于正确处理人民内部矛盾的问题》的学说贯彻到各门法学课程的教学和研究工作中去，这还是一个严重的任务。我们提倡厚今薄古。厚今，首先要厚毛泽东学说之今，首先要从当前中国的政治形势出发。而我们有些教师，对政治还是采取一种回避态度，怕犯错误，不愿搞政治。他们没有意识到法律科学是一门具有强烈阶级性的科学，从事法学的干部必须具有工人阶级的立场、观点、方法，才能搞好工作。他们只是在思想上消极地考虑法学教学容易犯错误，因而逃避政治（实际上当然是逃避不了的），而不复积极考虑如何加强自己的自我思想改造，努力学习和锻炼，以适应新的工作需要。因之在教学上就出现了这一股资产阶级自由主义的逆流。此外还有一部分人，他们把法律科学的党性和科学性对立起来，甚至以后者压倒前者。他们认为研究现实生活中法学上的问题，没有什么“科学价值”。口头上他们也承认这是科学，心里却想着另一套。他们热衷于历史上的古董，认为只有研究这些才有“科学价值”，专搞法学史也不至于会犯错误。因之这种思想反映在教学上就出现了厚古薄今，导致教学脱离政治，理论脱离实际，给我们的工作带来了严重的危害。

因此在法学教学上反对修正主义、旧法观点的同时，我们对教条主义在教学内容上所反映出来的厚古薄今的倾向，也必须彻底克服。事实上，许多学校在教学改革的过程中正在注意这些问题，有的已经做出了一些成绩。我们希望今后能出现更多的新气象，使法学教学更好地向前跃进。

（1958年第6期）

参加农业劳动锻炼的一些体会

王克千[*]　史文清[**]

人民的政法干部是掌握“刀把子”的人。具有明确的阶级观点、劳动观点和群众观点，对政法干部来说，乃是首要的条件和最根本的前提。因为只有具备了这些条件，才能在工作中站稳工人阶级立场，正确地贯彻执行党和国家的政策法令，准确、及时、有力地打击敌人、保护人民。因而政法干部进行劳动锻炼更有其特殊的意义。我们在党的爱护和关怀下，由复旦大学法律系下放到上海市北郊区葑溪乡劳动锻炼，几个月来有了很大的收获。现在着重就以下一些问题写出我们的体会。

一、锻炼我们的劳动观点和集体主义思想

由于我们过去长期坐在办公室里，未曾参加或很少参加体力劳动，缺乏劳动人民的感情，现在直接参加体力劳动乃是一个极大的转变。周围的环境已不再是卷宗、书本、纸烟、茶杯，而是锄头、粪筐、棉花、小麦。存在决定意识，随着客观环境的变化，主观思想也有了转变。例如，当我们同农民在一起劳动的时候，便会深刻地感到他们对待劳动态度踏实、窍门多、时间短、效率高，而我们却是另外一回事。这样才具体地体会到劳动的伟大，从而培养了自己普通劳动者的态度和感情。在生产大跃进的形势下，个人如果脱离了集体是无能为力的。共同劳动能更进一步地培养集体主义思想。提高了认识之后，过去在机关工作中存在的夸大个人作用、强调“审判独立”、不想互相配合等错误思想也可以进一步得到纠正。

知识分子出身的人，过去只知钱来伸手、饭来张口，对于它们的来历和生产过程体会认识不深。经过自己的辛勤劳动，才具体地认识到生产劳动是创造物质财富的唯一源泉，知识分子离开了劳动人民的生产，一天也不能生活，从而更感到我们政法干部在保卫人民劳动成果的任务中的重大责任。也唯有这样，才

* 作者单位：复旦大学。
** 作者单位：复旦大学。

能具体地认识到为什么必须对于侵占、诈骗、偷窃、放火、破坏农业合作化等犯罪行为予以坚决的打击。

二、学习劳动农民的阶级观点和实事求是的精神

劳动农民有很多的优良作风,首先是他们的阶级感情。比如我们刚刚下乡时,他们非常重视下放干部的成分,并对不同成分的人持不同的态度。他们听说下放的干部中有地主和资本家出身的,马上说“这些人要好好改造”。对带下乡去监督劳动的“右派分子”,谁也不愿使其在自己家里食宿,并且说:“伊啦反对共产党,反对我伲走社会主义路,我伲哪能养伊!”①但对一般下放干部却照顾得无微不至。有的农民同志担任社会工作,被称为“摧不垮、打不散”的人,为社“死心塌地”的人。他们对坏分子的斗争是一马当先,对敌人恨之入骨,对劳动人民无比热爱。他们虽担负着全国人民的吃穿责任,可是他们从来不摆架子,对人总是忠厚淳朴、实实在在。他们爱社如家、克勤克俭的作风,令人肃然起敬。可是他们从不夸夸其谈,你错了,他们马上批评。在会议上,发言总是为了解决或大或小的在生产中亟待解决的具体问题。相形之下,便可看出没有经过改造的知识分子的浮夸作风和空谈理论、不务实际的态度是多么丑恶!

不可讳言,在过渡时期农村中还存在不同的阶层,还有敌对分子——地主、富农以及被管制的反革命分子和坏分子等。由于旧的生产关系的影响,有的农民还有落后的方面,因此,学习农民的思想作风,必须有分析地、有批判地学习。首先应向贫、雇、下中农中的先进分子学习。而农村中的基层干部绝大多数是农民中间任劳任怨、大公无私、贯彻党的政策最好的人,因而向农民学习,自然也要向这些人学习。

用社会主义农民的标准来检查我们政法干部的思想感情和工作作风,就可以加强我们的群众观点和为劳动者服务的决心,从而使自己在执行国家政策法令时任劳任怨,一切从人民的利益和需要出发。这样也就可以帮助我们克服官僚主义和主观主义的作风。

① 上海土话:伊啦=他们;我伲=我们;伊=他;哪能=怎么。

三、学习理论联系实际的工作方法，锻炼分析两种不同性质矛盾问题的能力

政法干部下放的目的，主要是锻炼，同时要让他们在劳动中努力学习农业知识。但作为国家的政法干部，对党的各种政策方针和国家法令的学习和宣传，还负有重大的责任。因为乡村是政策法令发挥生命力——具体贯彻和实施的最后一环，也是政法干部理论结合实践的实习场所。由于我们长时期生活在劳动农民当中，和他们同吃、同住、同劳动，也就便于听到他们对各项政策法令的反映，也便于认识和体会政策法令的阶级性、正确性，以及便于检查政策法令实施后的实际效果和工作中存在的问题。比如，由于政法干部在审判工作中有“右倾”情绪，片面地执行“惩办与宽大相结合”的基本刑事政策，将不该释放的刑事犯罪分子孟某放回村里后，该犯不但没有改邪归正，反而在社里兴风作浪，煽惑群众，常和社里的地富、坏分子勾结一起，暗中破坏，妨碍生产，经群众反映后，在双反运动中又将该犯逮捕法办。社里的敌对分子——地主、富农以及管制分子的破坏活动，往往同落后群众的言行混合一起，以为掩护。例如，农民中的某些落后的人要求“多分少留”，坏分子则乘机进行煽动。在这种情况下，既有人民内部的矛盾，也有敌我矛盾。这就锻炼我们必须以高度的阶级觉悟和清醒的头脑来分清问题的性质，同敌人作斗争，并从中教育群众。

再以《合作社章程》中关于自留地问题为例。按社章规定，自留地不超过社员平均所有土地的5%（有的可以到10%）。但经过双反运动的检查，很多社员大大超过了社章的规定，某些社员竟多出一亩多土地，严重地破坏了合作社章程。还有由于旧的生产关系的影响，合作社的制度建立时间还不长，加上社员和社干部看问题角度不完全一致，对合作社的某些规章制度还感到这样或那样不习惯，因而产生很多人民内部的矛盾。如某些农民将自留地生产出来的蔬菜高价卖出，再以低价购买社里的蔬菜，从中占公家便宜。个别的人还有小偷小摸的行为，借着社里某些漏洞和不合理的制度，侵占他人和社里的财产。其他例如在现金预支和自留地的问题上，合作社管理委员会和生产队之间，劳动力的分配和队会计的调用等问题上，在队和队之间、社员和社员之间，都还存在一定的矛盾。由于这些矛盾和社干部有关，所以最后集中表现在社干部和社员之间的矛盾上来。既然存在这些非对抗性的矛盾，研究和解决这些矛盾，对下放在农村的政法干部来说是责无旁贷的。而找出解决这些矛盾的办法是解决合作社内部矛盾和巩固基层政权的基本环节。帮助解决合作社内部存在的矛盾，可以锻炼我们的

思想方法，使我们认识到考虑问题时要从全面的、大多数人的长远利益出发。这无疑对增强工人阶级的法律意识和巩固无产阶级的世界观具有直接的实践意义。

这些问题都必须经过耐心的说服教育工作，认真宣传党和国家的合作化政策才能得到解决。毛主席教导我们，真知的人只有实践的人。只有当我们投入农村中的生活之后，特别是同劳动人民打成一片之后，我们对这些问题才会感到过去由于思想上对两类不同性质的矛盾认识不足和片面地执行国家的政策法令，结果不仅未能正确地执行打击犯罪、保护人民的任务，反而助长了坏分子和反革命分子的气焰。同时也可以看出，我们在执行和贯彻国家政策法令时，单靠一纸公文、一道命令是行不通的。从而可以联想到，政策法令的贯彻和执行，对人民内部来说，主要是实行民主、进行教育的问题，而对敌人则必须采取专政的手段。这样，法律的阶级性以及执行政策法令时要用阶级观点，也就有了具体内容。但是，在我们下放的政法干部当中，有的身虽在农村，心却在城市，不愿意参加政治活动，对国家政策法令的具体情况也不做调查研究，对反映劳动人民意志的东西——法律、法令无动于衷，抱着一种“自然红”的态度，把参加农业生产劳动看成是一种“镀金”而不是“炼钢”。这样既不能提高自己的业务水平，也不能锻炼和改造自己的思想。这种红专道路上的障碍必须清除。

（1958年第6期）

第六讲　社会主义法制

石国强[*]　陈业精[**]

一、社会主义法制服务于无产阶级专政

社会主义法制就是按照工人阶级的意志和广大劳动人民的利益，制定法律、遵守和适用法律（包括依据法律颁布的其他法规，下同），巩固无产阶级专政，保卫社会主义建设。这个提法，突出地表现出社会主义法制的阶级性和服务于无产阶级专政和社会主义建设的目的性。

社会主义法制意味着：（1）它要求社会主义国家机关根据客观需要制定一定的法律，并在立法和适用法律的过程中贯穿工人阶级的意志和劳动人民的根本利益。（2）国家所制定的法律，必须得到普遍的遵守和确切的执行。也就是说，不管是国家机关还是社会团体，不管是公职人员还是普通公民，都必须毫无例外地依法办事。（3）为了实现上述要求，对于违法的人，必须一律追究法律责任，加以应有的制裁，并且对法律的执行情况进行监督。（4）社会主义法制的基本使命，在于巩固无产阶级专政，保卫社会主义建设。

由此可见，社会主义法制是服务于无产阶级专政的，无产阶级专政是社会主义法制的最高原则，社会主义法制，在实现无产阶级专政的任务上起着重大的作用。在经济上，它保护社会主义的公共财产，保证国民经济计划的完成，巩固社会主义建设秩序，保障社会主义事业的顺利进行。在政治上，它惩办一切反革命分子和其他违法犯罪分子，保护公民的权益，保证实现社会主义的民主集中制和统一的国家纪律，从而巩固工人阶级的领导地位和工农联盟，促进国内各族人民大团结，提高人民群众的政治积极性。因此，我们说，社会主义法制是巩固和实现无产阶级专政的一个重要方法。

* 作者单位：华东政法学院（现华东政法大学）。
** 作者单位：华东政法学院（现华东政法大学）。

无产阶级专政在其各个阶段还有着各种具体任务，各种不同的工作方法。斯大林在《论列宁主义底几个问题》中曾指出："在国内战争时期特别表现得明显的，是专政底强力方面……反之，在社会主义建设时期特别表现得明显的，却是专政的和平工作，组织工作和文化工作，革命法制等等。"而在我国，在民主革命时期、在社会主义革命时期和在社会主义建设时期、人民民主专政的任务和方法也是不完全相同的，因此，服务于人民民主专政的革命法制在各个不同时期的情况也就不尽相同。如果说，过去我们比较着重采用的是武装力量（以武装的革命反对反革命的武装）和群众的直接行动等方法（那时也有法制，和上述方法起配合作用）。那么现在，除了说服教育、整风运动、武力后盾等方法外，社会主义法无疑也是重要方法之一。因为，大规模的国民经济建设，需要精确的计划和良好的社会秩序，需要坚强的组织工作和千百万人的纪律，需要统一集中的领导伴之以因地制宜、因时制宜，而对于今后更趋隐蔽的反革命分子和坏分子等作斗争，也要求更细致的侦查、审判工作。这一切，都需要我们进一步发挥革命法制的作用。我们的党中央就曾明确指出：对于我们国家来说，加强社会主义法制乃是今后国家工作中的重要一环。

当然，这绝不是法律界的资产阶级"右派分子"所说的，我国过去没有法制。相反的，我国的人民民主法制，有着悠久的革命传统。它是随着我国人民民主政权的发展，适应着国家建设的迫切需要而逐步建立和发展起来的。早在中华人民共和国成立以前，在各个革命根据地，人民民主法制就已经产生和存在了。

在新中国成立初期，需要摧毁旧制度、旧秩序，建立革命的新秩序，巩固和发展人民的革命成果。当时斗争的主要任务，是从反动统治下解放人民，从旧生产关系的束缚下解放社会生产力，斗争的主要方法是人民群众的直接行动。在这种情况下，国家只能根据革命实践和人民群众的需要，颁布一些纲领性的法律。当时的政治经济情况变动得很快，在各方面都制定带有根本性的长期适用的法律。也就是说，过早地、过细地和过死地制定出一套法典来，是既不需要也不可能的。否则，反会造成上层建筑和经济基础不相适应的脱节情况，这对无产阶级专政显然是不利的。"右派分子"反对我国这条从实际出发的社会主义的立法路线，硬说我国"立法工作迟缓"、"爬行经验主义"，他们要求我国在一朝一夕就制定出一套法典来，用以限制我们无产阶级专政的作用，这除了暴露其赤裸裸的政治野心外，也表明了他们对社会主义法学常识的无知。

我们强调法制工作要从实际出发，绝不等于说法制工作可以"慢慢来"。现在，由于革命的暴风雨时期已经过去了，新的生产关系已经建立起来，国家的主要任务已由解放生产力变为保护和发展生产力。在这种情况下，斗争的方法也必须做相应的改变,逐步地、系统地制定一套比较详密的法律,就显得特别迫切了。《中国共产党第八次全国代表大会关于政治报告的决议》中,曾明确地指出:“国家必须根据需要,逐步地系统地制定完备的法律。一切国家机关和国家工作人员必须严格遵守国家的法律,使人民的民主权利充分地受到国家的保护。”以上这些都表明,我国法制工作是时刻注意从实际需要出发,而坚决反对闭门造车的做法。这是我国法制工作所以够能胜利前进,并且取得辉煌成就的原因之一,也是社会主义立法路线和资本主义立法路线的根本分歧之处。

二、社会主义法制是真正的法制

社会主义法制与资产阶级法制有原则上的不同。资产阶级法制是有局限性和虚伪性,不能真正实现的,只有社会主义法制才是能够彻底贯彻的真正的法制。也就是说,在社会主义国家中,遵守法律不是一个空洞的要求和口号,而是贯彻在人们的实际生活中。这是因为社会主义国家里确实存在彻底实现社会主义法制的社会基础和政治条件。

首先,社会主义法制的经济基础,是社会主义的生产关系。它是没有剥削的人们彼此间的合作和互助关系。它排除了任意妄为和违法乱纪的内部经济根源,铲除了封建特权和金钱特权存在的基础,社会主义生产关系不提供专横非法的有利条件,相反地,它是确立公民的民主权利和自由的物质基础。其所以仍然存在某些违法犯罪事件,主要原因是在于帝国主义的扰乱和人们意识中封建主义和资本主义残余。

相反,在生产资料私有制占统治地位的剥削者国家,不存在真正法制的基础。只要有利可图,资本家阶级甚至把法律抛在九霄云外。马克思在《资本论》中引了一个经济学家的一段话,这段话生动地道破了这个真理:“一有适当的利润,资本就会胆壮起来。10% 会保障它在任何地方被使用;20% 会使它活泼起来;50% 的利润会引起积极的大胆;100% 会使人不顾一切人的法律;300% 就会使人不顾犯罪,甚至不惜冒绞首的危险了。”①

其次,由于社会主义国家是真正人民的国家,国家的利益和人民利益是一致的。社会主义的法,反映着工人阶级领导的劳动人民的意志和利益;社会主义的立法原则具有充分的民主性。因此,它能够得到国家机关工作人员和人民群众

---

① [德]马克思著:《资本论》(第1卷),第961页。

普遍地、确切地遵守。人民群众把遵守法律,不仅当做个人的义务,而且看做有高尚道德的表现。社会主义国家和一切非法专横现象是不相容的。我们要坚决与一切违法乱纪现象作斗争,任何人没有不遵守法律的特权,不管其地位多高、功劳多大,都应对其采取毫不宽容的态度。

资产阶级的法制则不然,资产阶级只是在对它有利的情况下才采用法律的手段,在很多情况下,资产阶级以自己的行动破坏宪法和法律。它们从它们的阶级利益需要出发,或者运用它们的法律,或者采取非法行为,两者是糅合在一起的。资产阶级国家在法律上宣布"法律面前人人平等",当然,在事实上,由于经济生活上的根本不同,除了把处在饥寒交迫情况下的被剥削者和发财致富的剥削者之间的不平等硬叫做平等以外,实际上是没有任何平等可言的。但是就连这点法律形式上规定的平等也没有真正实现过,资产阶级国家并不真正存在遵守法律的平等义务。在剥削者社会,有钱有势者往往逍遥法外,旧中国就有两句流行的俗语,"有条(金条)有理、无法(法币)无天","衙门堂堂八字开、有理无钱莫进来"。因此,剥削者的法由其本质所决定,得不到广大劳动人民的支持,它们是劳动人民颈项上的枷锁,劳动人民对它是仇视的。

最后,社会主义国家为保证法制的实现,在共产党的领导下,还采取种种措施实行着严格的监督。我们的党和政府对法律的执行向来是十分重视的。在制定宪法时,刘少奇同志曾代表我们的党号召全体党员和人民群众遵守法制,他在《关于中华人民共和国宪法草案的报告》中指出:"中国共产党的党员必须在遵守宪法和一切其他法律中起模范作用。一切共产党员都要密切联系群众,同各民主党派,同党外的广大群众团结在一起,为宪法的实施而积极努力。"党的"八大"通过的新党章,更规定严格地遵守法律是党员的义务之一。由于党的重视和号召,我们国家机关的工作人员,除极少数之外,都能够严格地服从法律,依法办事。我国的《宪法》还规定了各级国家机关监督法律执行的制度(参看《宪法》第27条、31条、49条、60条、65条、79条、81条)。

除了党和国家机关的监督外,还有广泛的人民群众及其社会团体的监督,这是贯彻社会主义法制的巨大力量。我国《宪法》第17条规定:"一切国家机关必须依靠人民群众;经常保持同群众的密切联系,倾听群众的意见,接受群众的监督。"我国国家机关还规定有处理人民来信和接见人民来访的制度,人民群众可以通过种种方式向国家机关进行检举或申诉,同各种违法现象作斗争,相反,在资产阶级国家,对遵守法律并没有严格认真的监督,资产阶级的国家机关,包括法院等司法机关在内,都是无情地镇压劳动人民并保护钱袋利益的工具。在许多情况下,劳动人民虽然丝毫没有违反法律,也要受到惩罚,而对有产者,虽然明明犯了罪,也竭力地为他开脱罪责。列宁在分析资产阶级法院的审判实践时指出:“把小偷判处徒刑,但对于巨盗,亦即对于那些贪污了亿万公有财产的大亨们、都长们、银行行长、包工头们等等却很少予以惩罚,而最坏的也不过发送到边远的省份,他们在那里可以靠掠夺来的钱财过着舒舒服服的生活。”①今天美国著名的匪帮,很多都和垄断资本家有关系,或者他们的头子本人就是大资本家。他们和州市官员、警察、法官,都有勾结,他们可以随便撞入私人住宅,对黑人横施私刑,“三K党”和“美国军团”等法西斯组织可以横行无阻,“非美活动调查委员会”和“林奇裁判”②可以公开活动,人民的权利得不到保障。试问,这种情况下还谈得到什么法制?!“右派分子”所称颂的美国的“法治精神”,只是自欺欺人之谈。

综上所述,不难看出,只有无产阶级专政的社会主义国家,才是名副其实的法制国家。社会主义的敌人(包括资产阶级右派分子在内)硬把无产阶级专政说成是“破坏法制、排斥民主”的专制和独裁,把无产阶级专政和社会主义法制看成是不能相容的对立物,在事实面前这是站不住脚的。

三、我国人民民主法制在处理两类矛盾中的作用

党中央和毛主席指出:在我们面前存在两类性质不同的社会矛盾,这就是敌我矛盾和人民内部的矛盾。人民民主法制在解决两类矛盾中的作用,概括地来说是镇压反动、惩办犯罪、保护人民,从而为社会主义建设的顺利进行创立着必要的国家安全和社会治安的条件。

在我国社会主义革命时期,以下一些人是人民的敌人:(1)城乡各种反革命分子。(2)农村中还在进行破坏活动的地主、富农分子。(3)社会上的流氓、阿飞、盗窃犯、凶杀犯、强奸犯、贪污犯、严重破坏社会秩序和严重违法乱纪的罪犯以及公众认为是坏人的人。(4)资产阶级“右派分子”。

人民民主法制的第一个作用:就是要镇压阶级敌人的反抗和破坏活动;就是要压迫反动阶级、反动派和一切反抗社会主义革命、敌视和破坏社会主义建设的社会势力和社会集团;就是为了解决敌我矛盾。譬如:逮捕某些反革命分子,并将他们判罪,在一定的时期内不给反动阶级分子以选举权,不给他们发表言论的

---

① 《列宁全集》(第4卷),俄文版,第365页。

② “林奇裁判”是美国反动势力的恐怖方式之一,即残忍的、司法以外的刑罚和屠杀,这种美国私刑因其创始人为弗吉尼亚州农场主查理·林奇上校,故以“林奇裁判”命名。

自由权利。为了维护社会秩序和广大人民利益，对于那些盗窃犯、诈骗犯、凶杀犯、流氓集团和各种严重破坏社会秩序的坏分子，也必须实行专政，逮捕法办。和流氓、盗匪等作斗争，绝不如某些人所说的是“人民内部问题”，其实质也正是革命同反革命的决死斗争。这一斗争的胜负，同样关系着社会主义事业的成败。列宁把流氓骗子和被推翻的剥削者，称为“资本主义养育成的两种主要的寄生虫”，称他们为“人民公敌”、“社会主义的敌人”，号召人民与之进行决战，“对于这些敌人应当由全体人民加以特别监视，当他们稍一违反社会主义社会的规则和法令时，便应无情地加以惩治。在这方面表示任何软弱，任何动摇，任何惘惜，都是对社会主义的莫大罪行”①。列宁的这些指示，也完全适合于我国的国情。

对于上述社会主义的敌人，具体处理方法可能有所不同（如逮捕判刑、劳动教养、监督劳动等），但是只要是属于这个范围的人，我们必须对他们专政到底，只许他们规规矩矩，不许他们乱说乱动，如要乱说乱动，立即取缔加以判裁。

但是，对毛主席这一个重要指示，并不是所有的政法干部思想上都很明确的。从1956年春季以来，特别是1957年上半年内，部分干部曾产生了“右倾”思想，一度放松了对敌斗争。有的政法工作人员没有确立起无产阶级专政的思想；某些政法机关，对于反革命分子和其他犯罪分子的现行破坏活动惩办不严，发生了该捕不捕、该判不判、重罪轻判和放松管教改造工作的偏向；少数干部表现了宽大无边，敌我不分，违背党的方针政策。这些右的倾向虽然是局部的、暂时的，但是曾经一度助长了敌人的嚣张气焰，引起了人民群众的不满，对革命事业造成了损失。经过整风，在各级党委的领导下，纠正了这种“右倾”错误，发挥了社会主义法制的威力，更准确、更有力地打击了敌人，社会秩序就更安定了，人民的积极性更提高了，社会主义的经济建设和文化事业也就大大地向前跃进了。

社会主义法制也适用于人民内部，但这和对敌人的专政是有原则区别的。

保护人民的民主权利和合法利益，正确调处人民内部纠纷，教育人民遵守国家纪律和社会秩序，这就是社会主义法制另一方面重要的作用。

中国共产党一贯地要求所有国家机关及工作人员，在完成自己的工作中必须遵守法制，必须尊重公民的权利。党和人民政府采取了种种措施来和个别国家机关工作人员侵犯公民权利和违法乱纪行为作斗争。根据我国《宪法》第97条的规定，中华人民共和国公民不但享有对任何违法失职的国家机关工作人员向各级国家机关提出书面控告或口头控告的权利，而且由于国家机关工作人员

① ［苏］列宁：“怎样组织比赛”，载《列宁文选》（两卷集，第3卷），莫斯科中文版，第309～310页。

侵犯公民权利而受到损失的人，还有取得赔偿的权利。类似的精神在我国《宪法》第89、90条中也可见到。我们国家颁布了许多重要的法律，把许多行之有效的保护公民权利的方式用法律形式固定下来。如《人民法院组织法》、《人民检察院组织法》、《中华人民共和国逮捕拘留条例》等就是。在整风和"双反"运动中，还冲击了各项陈规旧章，建立起各种新的规章制度。凡此种种，不仅适应已经解放了的生产力，而且有助于克服官僚主义，改进领导作风和工作方法，从而进一步调整了劳动人民之间、各级领导和群众之间的相互关系。

社会主义法律不仅给予公民充分的民主权利，并且给予公民以一定的法定义务，遵守这些法定义务乃是劳动者社会主义纪律的基础。在社会主义的国家中一切公民都具有平等地遵守国家法律的义务，在社会主义国家中实现着统一的纪律。

社会主义法制要求所有国家机关、社会团体及人民群众去和由于剥削阶级思想和道德的影响而破坏社会纪律的行为作斗争。这主要指损害公共财产，严重地违反社会主义公共生活规则，破坏劳动纪律等行为。

为了树立劳动者的社会纪律，除了采取说服教育（这是主要的）之外，还必须采用群众的相互监督和适当的国家强制。

在我们国家，在全民整风的基础上，正掀起一个遵守社会主义法制宣传教育的高潮，开展制定社会主义爱国守法公约的群众性运动，依靠和发动群众自己制定公约，作为群众自我教育、自我约束、互相监督、共同守法的准则，约束和制止群众中所谓"大法不犯、小法常犯"，行为尚未达到触及刑律和违反《治安管理处罚条例》的程度的人。这种群众性公约的约束和治安处罚与刑事惩罚结合起来，就形成对各种不良行为、违法乱纪和犯罪分子的3种处理程序。推行城乡爱国守法公约，不只是司法工作的补充，而且是在更加广泛的基础上维护劳动纪律、社会主义道德、加强社会主义法制的一个重要措施。

列宁曾经教导说，我们不是无政府主义者，因而我们承认由资本主义过渡到社会主义还必须适当地采用强迫手段①。为使人民有效地进行生产、学习和有秩序地过生活，国家颁布各种必要的法规和采取各种适当的行政措施，以维持社会秩序，增强人民内部团结，这是不可缺少的。这同用说服教育的方法去解决人民内部的矛盾，不仅不相违背，而且是相辅相成的。在人民国家中纪律和社会秩序，本来就是建立在广大人民自觉自愿的基础上，纪律的本身又不单纯是为了消极的处罚，而主要的还是为了达到积极教育的目的。应当着重说明，社会主义国

① 《列宁文选》（两卷集，第2卷），第398页。

家所制定的法律、法令的实行,必须通过充分的宣传教育,如果不把道理向人民讲清楚,取得他们的拥护和支持,不建立在广大人民自觉自愿的基础上,即把强制简单地理解为不需要进行教育的粗暴的压服,那是完全不正确的,也是一定行不通的。毛主席在"关于正确处理人民内部矛盾的问题"一文中指出:"为着维持社会秩序的目的而发布的行政命令,也要伴之以说服教育,单靠行政命令,在许多情况下就行不通。"这个指示,我们必须切实遵守。

现在,我国人民社会主义觉悟已经大大提高,人民是遵守纪律、遵守秩序的。我们的社会秩序和社会道德,比历史上任何一个时代和当今任何一个资本主义国家都要好。但是,我们并不以此为满足,还要把我国建设成为一个具有现代工业、现代农业和高度文化水平的社会主义国家。因此,我们必须进一步消除一切违法犯罪行为。这是一个长期的斗争。不仅在整个过渡时期,我们要进行这种斗争,就是在社会主义建成以后,坏思想、坏习惯和坏作风也不可能全部消灭,我们也还要与之作斗争。社会主义法制就是与之作斗争的锐利武器。

四、正确地适用法的规范是巩固社会主义法制的必要条件

社会主义法制要求正确地适用社会主义法的规范。所谓社会主义法的规范的适用,就是国家机关和公职人员依其职权保证法律的贯彻执行,积极地向人民群众进行宣传教育,做到家喻户晓、深入人心,使人们自觉地遵守法律。当有人违反时,就需要给以强制制裁(刑事的、民事的、行政的),唯有如此,才能确保社会主义的法律秩序。

如何正确地适用社会主义法的规范呢?必须注意以下几个问题:

(1)必须无条件地服从党的绝对领导。资产阶级"右派分子"为了达到其企图推翻无产阶级专政的罪恶目的,特别集中地攻击党的领导。他们攻击党对政法部门的领导为"党政不分",攻击党委审批案件是"党法不分";他们反对检察、法院等部门服从党的领导。

必须了解,我国的法是在党的领导下制定和适用的,目的是巩固党领导的无产阶级专政的政权,是为了完成镇压敌人、惩罚犯罪、保护人民、保护社会主义建设的光荣使命,而不是便利敌人,使资本主义复辟。既然这样,那就很清楚,遵守法律同服从党的领导是完全一致的。只有加强党的领导,才能保证专政的武器能够有效地、准确地打击敌人,才能正确地实施法律,充分发挥社会主义法制的威力。

(2)在适用法的过程中,公安、法院和检察机关必须在一致对敌的基础上,

分工负责，密切配合。公安、法院和检察等国家机关，都是无产阶级专政的武器，它们的目的和任务是一致的，因此必须通力合作，一致对敌，在一致对敌的前提下，发挥分工负责、相互制约的作用。过去这3个机关由于工作不协调，造成力量彼此抵消，削弱了对敌斗争的锋芒，在整风中通过辩论，由于批判了“右倾”思想、旧法观点和骄傲自满的作风，现在它们相互之间的关系更加协调了，办案效率大大提高了，也就更好地完成了镇压敌人、惩办犯罪、保护人民、保护社会主义建设的目的。

（3）政法部门在适用法的过程中，必须遵循“以事实为根据，以法律为准绳”的原则。从事实出发，这是正确适用法的规范的首要条件，如果事实弄错了，所决定的处理办法也必定是错误的。毛主席经常教导说：“我们是马克思主义者，马克思主义叫我们看问题不要从抽象的定义出发，而要从客观存在的事实出发，从分析这些事实中找出方针、政策、办法来。”①为此，我们适用法的规范时，必须反对主观臆断、不调查、不研究、偏听偏信、先入为主的作风。当然，有时为了弄清实际情况，还需要依靠某些专门知识，如法医学、司法鉴定和关于证据的知识等。从正确的观点方法来运用专门知识是有助于精确地分别真伪、弄清事实真相的。

以事实为根据，还意味着坚决贯彻党的群众路线的工作方法，这不仅有利于打掉官气暮气，转变作风，同时还可以大大地提高工作效率，及时准确地了解情况和迅速解决问题。过去有一部分审判工作人员孤立地“坐堂问案”习惯于“两耳不闻窗外事，一心坐堂审犯人”的办案方法，给工作带来了一定的损失。整风后，审判员走出“公堂”，深入工厂、里弄和农村，依靠群众办案，不但使普通案件能够迅速结案，也使许多疑难案件获得顺利解决，大大提高了办案质量。

以法律为准绳，就是要在弄清事实情节的基础上，正确地适用法的规范，依法办事。为了做到这一点，需要注意许多具体问题。如需要选择适当的规范并证明所引用的法律条文的确切性；应当检查所援用的法规的合法性（是否符合宪法和法律）；必须明确理解法的规范的确切内容（进行法的规范的解释）；必须弄清法的规范的效力范围（就是要弄清楚法的规范是在何地区、时间范围内对什么样的人发生效力的）等。

无论如何，法的适用绝不能离开党和国家的政策，以及社会主义的立法原则和法的意识。

（1958年第6期）

① 《毛泽东选集》（第3卷），第875页。

第7期

对政法工作者贯彻总路线的一些意见

叶　军*

中国共产党第八届全国代表大会第二次会议制定了鼓足干劲、力争上游、多快好省地建设社会主义的总路线。这条总路线提出了调动一切积极因素，正确处理人民内部矛盾、巩固和发展社会主义的全民所有制和集体所有制、巩固无产阶级专政的任务，提出了技术革命和文化革命的伟大的新的革命任务。它像灯塔一样照耀着我们的一切工作。

现在，全国人民正在怀着热烈兴奋的心情，认真地学习党的八大二次会议的文件，并在总路线的鼓舞下英勇劳动。我们政法工作者在这新的历史时期和新的革命任务面前，应当怎样鼓足干劲、力争上游、提高觉悟、改进工作，为贯彻和保卫总路线的胜利实现而贡献出自己的力量，这无疑是摆在我们面前的一个重要课题。

去年以来，在我国政法战线上曾深入地展开了两条道路的斗争，取得了辉煌的胜利。在整风运动这条总纲的带动之下，政法工作已经掀起了"大跃进"的高潮。广大政法工作者同全国人民一样，表现了前所未有的革命干劲，真可说是人人意气风发，个个干劲充沛，都在为加速社会主义建设而努力不懈。但是，当我们回顾一年来整风运动取得的伟大胜利的同时，我们丝毫也不能陶醉于已有的成就。为了保卫和贯彻总路线，使政法工作适应这"一天等于二十年"的飞跃形势，我们还必须付出辛勤的劳动，我们必须继续从各方面来加强和改进我们的工作。

首先，我们必须坚持贯彻政治挂帅，做到处处插红旗，人人思想插红旗。刘少奇同志在八大二次会议的报告中指出："思想工作和政治工作永远是一切工作的灵魂和统帅。在任何情况下，放弃或者忽略党的思想工作和政治工作，就会脱离群众，迷失方向。"应当认识到，目前在少数政法干部和教学人员中的旧法观点、教条主义、修正主义思潮和形形色色的资产阶级个人主义思想，还没有得到彻底的批判和克服。而要在人们的思想上彻底消灭旧思想、旧习惯，灭资产阶级思想，兴无产阶级思想，这要比在经济上消灭剥削阶级还困难得多，必须经过

* 作者单位不详。

长期复杂的教育和艰苦的斗争过程才能解决。因此，作为无产阶级专政武器的政法部门，如果我们决心要为总路线服务，那就必须在所有政法工作人员中继续破资产阶级思想，立无产阶级思想。必须继续以整风运动为纲，破除迷信，解放思想，彻底清算忽视党的领导、忽视无产阶级专政的错误思想，彻底克服"右倾"思想、旧法观点、教条主义、神秘孤立、脱离群众、脱离实际的思想作风和形形色色的资产阶级个人主义思想。也就是说，我们一定要自觉地改造思想，继续拔掉资产阶级的白旗，插上无产阶级的红旗。要在所有的政法人员中树立起坚决服从真理、依靠群众、为真理冲锋陷阵而无所畏惧的共产主义的崇高风格；树立起忠实于党、忠实于社会主义和忠实于人民的思想；树立起坚定地相信群众、依靠群众、倾听群众意见的群众观点。与此同时，我们还必须勤于学习，学习马列主义关于无产阶级专政的原理，学习毛主席的著作、党的各项重要的方针政策以及国家的法律、法令，不断提高自己的理论政策水平和思想水平，把自己锻炼得又红又专，红透专深，真正做一个能够捍卫无产阶级利益的坚强战士。

其次，我们必须善于区别敌我之间和人民内部这两类性质不同的矛盾，正确地掌握阶级斗争的形势和发展变化的规律，从大局出发，结合中心，使政法工作为促进社会生产力服务。毛主席在《关于正确处理人民内部矛盾的问题》一文中指出："许多人对于敌我之间的和人民内部的这两类性质不同的矛盾分辨不清，容易混淆在一起。应该承认，这两类矛盾有时是容易混淆的。"由此可见，正确地区别两类不同性质的矛盾，对我们政法工作者具有极为重要的意义。应当看到：我国"在整个过渡时期，也就是说，在社会主义社会建成以前，无产阶级同资产阶级的斗争，社会主义道路同资本主义道路的斗争，始终是我国内部的主要矛盾。这个矛盾，在某些范围内表现为激烈的、你死我活的敌我矛盾"。① 事实也告诉我们：当前一方面还有未被肃清的暗藏的反革命分子和美蒋匪帮不断派遣进来的破坏分子；另一方面在阶级斗争中还可能出现一些新的反革命分子。因此，政法工作的任务是要坚决地打击敌人的一切破坏活动，继续肃清残余漏网的反革命分子，采取各种方式改造大量的地、富、反、坏、"右"五类分子，强迫他们走社会主义道路。但是，"在我国目前的具体条件下，上述两个阶级、两条道路的矛盾在大多数情况下表现为人民内部的矛盾"②。"凡属于人民内部的争论问题，只能用民主的方法去解决，只能用讨论的方法、批评的方法、说服教育的方

① 刘少奇：《中国共产党中央委员会向第八届全国代表大会第二次会议的工作报告》。
② 同上。

法去解决,而不能用强制的、压服的方法去解决。”①而这两种矛盾在一定条件下又可能相互转化,这就需要我们在工作中善于区别两类不同性质的矛盾,正确地处理人民内部矛盾,同时通过镇压敌人、惩罚犯罪,促进工农业产生的“大跃进”,促进技术革命和文化革命。为此,我们还必须正确掌握对敌斗争上时紧时松的规律,宽严相济地执行政策,即当敌人气焰嚣张的时候,政策上应该从严,但也不要忽视对于动摇的敌人还有从宽的一面,当敌人遭到决定性的打击,并开始分化瓦解的时候,政策上可以从宽一些,但也不要忽视对于坚决的敌人,还有从严惩治的一面。政策的宽和严,必须以有利于无产阶级专政、有利于人民、有利于促进生产为前提。只有当我们能够正确地区别两类不同性质的矛盾、充分认识和掌握了过渡时期阶级斗争的规律、灵活地运用斗争策略的时候,我们在工作中才有可能避免犯“右”的或“左”的错误,从而有利于生产的发展。

最后,我们必须在整风运动中结合整改,对过去所制定的规章制度加以认真的检查和修改。由于政法部门是专政部门,它所制定的规章制度往往同广大群众有密切关系,有的还具有法律规范的性质,必须得到普遍的遵守和确切的执行,因此,规章制度制定得适合与否,同加强专政、便利群众、促进生产有极大的关系。我们当前的任务是:适合情况的要坚持执行,不完全适合情况的要修改,完全不合情况的要坚决废除,特别是要废除那些阻碍生产力发展、不利于党的领导、不利于专政、束缚人民群众的规章制度,建立新的、适合于生产力的发展、有利于人民民主专政的规章制度。过去有的地方的司法部门规定了“民事不管刑事”的制度,在审理民事案件中,发现反革命和坏分子也听之任之,有的更规定了处理被告上诉的案件只能减刑,不能加刑,致上级审判机关明知轻纵了敌人,也只能撤销判决,发回重审。显然对于这种不利于专政的规定必须坚决废除。罗瑞卿部长在《公安工作必须进一步地贯彻群众路线》一文中,曾以上海市公安局交通处根据上海路面平坦的情况,改变全国卡车载重量的统一规定为例(在保证行车安全的条件下,允许适当增加运输汽车的载重量,其结果等于全市增加了五百辆解放牌卡车),充分说明了公安机关改革陈旧的规章制度,对于促进生产力的发展起着何等巨大的作用。因此,正确解决规章制度的问题,无疑将会大大有利于政法工作更有效地为总路线服务。

政法部门是上层建筑的组成部分之一,它是为经济基础服务的。在这一方面,过去我们在党和政府的领导下做了很多工作,取得了很大的成绩。值此气象万千、春色满国、一日千里的豪迈时代,我们相信,只要全体政法工作者鼓

---

① 毛泽东著:《关于正确处理人民内部矛盾的问题》。

足干劲、力争上游，认真学好党的八大二次会议的文件，牢固地树立起依靠党委、依靠群众和全心全意为人民服务的观念，那么我们的政法工作，毫无疑问，在今后一定会获得更大的成绩，一定能更好地保卫社会主义建设总路线的胜利实现。

（1958 年第 7 期）

关于司法工作贯彻社会主义建设总路线的几个问题

许　泉*　陈泽政**

党的八大二次会议提出了"鼓足干劲,力争上游,多快好省地建设社会主义"的总路线。在总路线的号召下,全国人民欢欣鼓舞,干劲冲天,以壮阔豪迈的英雄气概,加紧建设着我们伟大的祖国。在此大跃进的形势下,人民司法机关为着便利人民、服务生产,发挥了积极性和创造性,解放思想,鼓足干劲,工作上不断革新、一再跃进,成绩也是很巨大的。

一年以来,人民司法机关坚决贯彻了党的整风指示,反复深入地批判了"右倾"思想和旧法观点,挖掘出一批隐藏在司法队伍中的"右派分子"。经过这一场政治战线和思想战线上的深刻的社会主义革命,广大司法干部大大加强了党性观念、专政观念和群众观念,组织上和工作上也起了深刻的变化,面貌一新。这就为司法工作有效地为社会主义建设的总路线服务创造了有利的思想上和政治上的基础。

这里谈谈司法工作为社会主义建设总路线服务的几个问题,请同志们指正。

一、坚决对敌人实行专政,保卫社会主义建设的顺利进行

加速社会主义事业的发展,需要有一个稳定的社会秩序和安全的条件。解放以来,经过镇反、肃反和各项社会改革改造运动,我们在与残余反革命势力的斗争中取得了决定性的胜利。1957年"右派分子"乘党整风的机会,向党、向社会主义猖狂进攻的时候,反革命分子和刑事犯罪分子亦乘机破坏,一部分已经纳入合作社监督改造的地、富、反、坏分子重新抬头活动,使一度缓和了的阶级斗争又趋紧张。经过反"右派"斗争,"右派分子"在群众中孤立了,残余反革命分子和坏分子也受到了严重的打击,社会主义社会秩序进一步获得巩固。在目前条件下,虽然资产阶级与工人阶级之间的矛盾、资本主义与社会主义的两条道路的

---

* 作者单位:上海市司法局。

** 作者单位:上海市司法局。

斗争，在大多数情况下表现为人民内部矛盾，党的社会主义建设的总路线，也把正确处理人民内部矛盾放在首要的地位。但是，"由于阶级关系时而尖锐（例如，当资产阶级'右派'猖狂进攻的时候），时而缓和（例如，当反'右派'斗争取得胜利，阶级敌人被迫退却的时候），我们必须继续保持警惕，注视这方面的发展变化"。[①] 刘少奇同志指示说："对于资产阶级右派必须准备进行长时间的反复的斗争，才能彻底解决他们同人民之间的矛盾。对于其他的残余反革命分子和各种破坏社会秩序的刑事犯罪分子也必须继续加以镇压。"[②]也就是说，人民法院在任何时候都必须把坚决对敌人实行专政作为它的主要任务。在这个问题上不能有丝毫松懈或动摇，否则，就要在政治上犯严重的错误。

充分发挥法院专政职能，准确有力地打击敌人，必须首先正确区分两类不同性质的矛盾。我们既要反对把敌我矛盾当做人民内部矛盾的右倾思想，也要反对把人民内部矛盾作为敌我矛盾处理的"左"倾思想。1957年上半年由于一部分司法干部对阶级斗争形势认识不足，对于地、富、反、坏配合"右派分子"向党进攻，对社会主义事业进行猖狂破坏的活动，打击不力，惩办不严，曾经一度发生该判不判、重罪轻判的右倾偏向。其错误产生的基本原因之一，就是没有能够正确辨别哪些是敌我矛盾，哪些是人民内部矛盾。由于过渡时期阶级斗争错综复杂的情况，有时两类矛盾容易混淆。例如，敌人为了进行捣乱和破坏，他们不惜采取一切可以利用的手段，千方百计把自己伪装起来，隐藏在人民中间进行隐蔽的斗争，甚至有时利用人民内部矛盾进行破坏活动，制造各种假象来迷惑人们，使人们不易马上辨别出他们的反动面目。而某些属于人民内部的落后言论和行为，却有时在某些表现形式上和敌人的破坏活动相似。这就要我们保持清醒的头脑，用毛主席关于两类矛盾的学说去指导审判工作，正确地区分两类矛盾，准确地打击敌人，更好地保护人民，对敌人要狠，对人民要和。

为准确、严厉地打击敌人，人民法院必须坚决克服脱离政治、脱离阶级斗争形势、孤立办案的旧作风。必须学会看形势、抓大局，密切注意阶级斗争形势的变化，坚决贯彻党的方针政策；认真研究与掌握对敌斗争的严肃性和策略性。要既严肃又灵活地贯彻政策和执行法律，这就要我们根据敌人时紧时松的活动规律，掌握以紧对紧、以松对松的方针，该严则严、该宽则宽，宽中不要忘记还有严的一面，严中也不要忘记还有宽的一面。也就是说，敌人活动猖獗、阶级斗争尖锐时，我们就要严一些，敌人分化瓦解、阶级斗争缓和时，就要注意宽一些，最终

① 柯庆施："乘风破浪，加速建设社会主义的新上海！"

② 刘少奇：《中国共产党中央委员会向第八届全国代表大会第二次会议的工作报告》。

目的都是彻底肃清反革命分子。如果该严不严,就要犯"右"的错误;该宽不宽,就不能达到分化瓦解敌人、孤立少数的反革命死硬派的目的。有些同志"左右摇摆,心中无数",这主要是不了解和不注意对敌斗争形势的缘故。

明了形势,掌握政策,区分两类不同性质的矛盾,狠狠地打击敌人,从而保卫和促进社会主义建设的顺利前进。这是司法工作为总路线服务的主要方面。

二、正确处理人民内部问题,调动一切积极因素,加速建设社会主义

人民法院受理的大量民事案件,有的是男女婚姻家庭问题,有的是借贷债务关系,有的是房屋租赁纠纷。总的来说,其性质一般属于人民内部的矛盾。毛主席教导我们说:"解决人民内部的问题,使用的方法,是民主的即说服的办法,而不是强迫的方法。"①"说服教育是处理人民内部问题的主要的基本的方法,行政命令虽然是必要的,但只是辅助的手段。"②在实际工作中我们体会到,一切企图简单地用法律上的强制性去压服一方或双方做法,往往不能从根本上解决矛盾,有时反而会使矛盾越来越深。要正确处理人民内部纠纷,一定要用说服的办法,首先解决和做好当事人的思想工作。例如,上海市高级人民法院处理一件涉讼七年的庄某与史某的债务案件,双方当事人思想不通,隔阂很深,经过几次处理都未解决问题。双反运动以后,法院深入群众,依靠基层组织,着重说服教育,打通思想,几个小时就调解成立了。双方当事人还表示一定要恢复过去的友好关系。

用说服的方法处理人民内部纠纷,不是说法制在民事方面的强制手段就可以取消。列宁曾说过:"若没有一个能强迫人们遵守法权规范的机关,则所谓法权便等于零。"③为了保卫社会主义所有制,保障人民的合法权利,法律上的强制措施,是必要的、绝不可少的。毛主席教导说:"人民为了有效地进行生产,进行学习和有秩序地过生活,要求自己的政府,生产的领导者,文化教育机关的领导者发布各种适当的带强制性的行政命令。没有这种命令,社会秩序就无法维持,这是人们常识所了解的。这同用说服教育的方法去解决人民内部的矛盾,是相辅相成的二个方面。"人民法院所作的判决,一经发生法律效力,就具有法律上

---

① 毛主席:"关于正确处理人民内部矛盾的问题。"
② 罗瑞卿:"对敌要狠,对己要和",载《学习》1958年第12期。
③ 《列宁文选》(第2卷),莫斯科中文版,第246页。

的强制性。对那些少数经过教育仍不能自觉地遵守国家法律的人，就可以采取一定的带强制性的措施，这是法律的严肃性。这种带强制性的手段，今后还是要用的。但是，这只能在少数情况下采用，而且是“采取暂时带强制性的方法，作为继续进行说服教育的辅助手段”①，绝不能因而忽视或排斥人民法院处理民事纠纷必须坚决贯彻说服教育的主要方法。

整风运动以来，法院在处理人民内部纠纷问题上，根据案件的不同性质和情况，创造运用了许多成功的方法，初步收到了良好的效果。很大一部分案件现在都深入群众，下里弄、工厂、企业，依靠群众进行调解工作。有的还组织辩论会，运用摆事实、讲道理的方法解决纠纷。上海蓬莱区人民法院一件涉及四十多户人家、拖延了两年的房屋纠纷，经过交代政策，组织群众展开辩论，分清是非，统一认识以后，就完满地解决了。有的组织当事人的亲友邻居开小型座谈会排解纠纷。如邑庙区人民法院处理陆某和卢某离婚一案，经法院两次的判决和调解，第三次又提出离婚。这次法院邀请女方的好友协助进行调解，最后双方在真正解决思想问题的基础上恢复和好了。有的在调解家庭纠纷时帮助当事人开家庭谈心会。有的审判员利用当事人休息时间，上门访问，进行说服教育。如闸北区中兴路两个当事人为欠租问题，矛盾闹得很深，里弄调解两次未成。该区人民法院审判员星期日冒雨前往调解，当事人见了感动地说：“法院干部这样辛辛苦苦为我们解决问题，我们再闹意见就不像话了。”当场双方就协商和解。有少数调解不成，当事人理亏但又固执己见的，在取得群众的支持下及时审理判决，其效果也比在法庭里审判为大。

正确及时处理人民内部纠纷，解决民事案件，促进与充分发动广大群众建设社会主义的积极性，这是司法工作为总路线服务的又一项重要任务。

三、适应社会主义建设总路线的要求，司法工作必须全面大跃进

司法工作要积极地为社会主义建设服务，就应该也必须在各个方面来一个大跃进。要将总路线的精神，结合司法工作的具体特点，坚决地、认真地加以贯彻。司法工作贯彻党的总路线的关键之一，在于司法干部的思想解放。所谓思想解放是在马列主义、毛泽东思想的基础上，树立敢想、敢说、敢做的共产主义风格。有了这样一个思想前提，我们就能够勇于破除迷信，勇于革新，勇于和一切

① 罗瑞卿：“对敌要狠，对己要和”，载《学习》1958 年第 12 期。

右倾保守的陈腐观念展开斗争，特别是和束缚人们思想和手脚的反动旧法观点展开不调和的斗争。有了这样一个思想前提，我们的思想就不是“甘居中游”、更不是“甘居下游”的状态，而是“力争上游”的革命勇敢精神。有了这样一个思想前提，我们的干劲就不是七分八分，更不是三分五分，而是干劲十足、朝气蓬勃、跃进再跃进，我们的思想和工作也会适应不断发展着的客观形势。

“多、快、好、省”地建设社会主义的方针，是贯彻到一切工作上的，司法工作不能例外，但必须从它的具体特点出发。我们认为，第一是处理案件要及时。要及时有效地打击敌人的现行破坏活动，及时有力地配合党的各项中心任务，对一切破坏党的中心工作的犯罪分子给予沉重的打击，及时解决人民内部纠纷的案件，消除积案，做到案件不积压。第二是处理案件要质量好、效果好。案件处理的好坏标准、政策贯彻执行的正确与否、审判的实际效果如何，这些都应该到群众中去检验。对社会主义起促进作用的就是好，对社会主义起促退作用的就是不好。第三是多做工作，从司法方面多办对国家和人民有利的事，多办有利于促进社会主义事业大跃进的事。第四是办案中要珍惜群众的时间，节约国家的钱财。目前有的区人民法院审判员，掌握了生产单位上下班和交接班的时间，利用生产空隙去解决当事人的纠纷，大大获得群众的拥护。人民司法机关应该少花钱、多办事，而且要办好事情。在司法工作中还必须在有利对敌专政、便利人民的前提下，简化一切不必要的烦琐的手续和程序。为了正确、合法、及时地处理案件，发挥司法机关的能动作用，我们还必须大力修改甚至否定一些不切实际、束缚手足的陈规旧律，建立起一套具有中国特点和风格的人民司法制度。

四、绝对服从党的领导，深入贯彻群众路线，是司法工作“大跃进”的关键和保证

为着进一步鼓舞司法工作的“大跃进”，更好地贯彻社会主义建设的总路线，我们要做到以下两点：

1. 司法工作必须绝对服从党的领导。党是我们一切革命事业的领导核心，它领导着一切工作，司法工作是一项政治性、思想性很强的工作，这就更需要党的领导和经常的监督：离开了党，就会迷失方向。我们必须认真钻研和坚决贯彻党的方针政策；坚持向党委的请示报告制度，做到事先向党委请示、事后报告；取得党委的指示和支持，使我们能经常保持明亮的眼睛和清醒的头脑。目前我们要根据党的八大二次会议决议的精神，进一步深入贯彻整风运动，要政治挂帅，在司法工作中树立起鲜明的总路线的红旗。整风运动不获全胜，绝不收兵。这

是司法工作大跃进的根本和关键。

2. 深入贯彻群众路线的工作方法是全面实现司法工作大跃进的基本方法。邓小平同志说:“要让全党记住:如果正确地实行群众路线,使我们得到成功,那么,违背群众路线,就一定要使我们的工作遭受损失。”①我们在实际工作中,过去曾由于没有贯彻群众路线的工作方法,脱离政治、坐堂问案、关门评议,强调自由心证,不受外界影响,结果是审判脱离政治、脱离群众,削弱了法院的作用。整风以来,司法工作在群众路线方面有了显著的改进和新的发展,但是还需要我们进一步克服特权思想和旧衙门作风,树立鲜明的群众观点。要使每个司法干部都树立一切为人民群众服务,一切向人民群众负责,相信人民群众有无穷的智慧和创造力量,以及向人民群众学习的观点。我们必须以一个普通劳动者的姿态去联系群众,到群众中去工作。邓小平同志说过:“党的工作中的群众路线,本身要求党的领导保持谦虚和谨慎的态度。骄傲、专横、鲁莽,自作聪明,不同群众商量,把自己的意见强加于人,为了自己的威望而坚持错误,是同党的群众路线根本不相容的。”②司法工作的群众路线是指:必须到生产中去保卫生产,审判活动与生产相结合,干部与群众相结合,把社会主义法制普及群众中去,在群众斗争中创造社会主义法制。

在党的绝对领导下,认真贯彻党的整风运动,不断深入、提高、丰富群众路线的工作方法和审判实践的内容,就能使司法工作出现一个全面大跃进的新的局面,使司法机关举起鲜明的红旗,在为社会主义建设的总路线服务中,发挥巨大的积极作用。

(1958 年第 7 期)

---

① 邓小平:《关于修改党的章程的报告》。

② 同上。

用阶级分析的观点来处理案件
——在上海法学会座谈会上的发言记录

毛荣光*

最近,我们法律界同志正就以下一些问题展开热烈的讨论,即审判工作要解决什么样的矛盾?是一类矛盾还是两类矛盾?审判工作中解决这些矛盾应贯彻什么样的方针?关于这个问题,我个人认为,社会上既然有着两类不同性质的矛盾,审判工作也当然必须解决两类矛盾——敌我矛盾和人民内部矛盾。这个客观存在的两类矛盾反映到审判工作上来,一般就是刑事犯罪和民事纠纷的分别。

审判工作的方针任务是什么?审判机关是阶级斗争的武器,是为阶级斗争服务的。也就是说,人民法院的首要任务是对敌人实现专政,解决敌我矛盾,但同时也有调整人民内部矛盾的责任。解决这些矛盾的目的在于巩固人民民主专政。因此,不论刑庭审判刑事案件或民庭审判民事案件都应该体现这个为阶级斗争服务的方针,都应该而且必须用阶级斗争的观点来处理案件。

具体地说,人民法院所要解决的刑事案件一般是敌我矛盾的范畴,是对抗性的矛盾,因为只有当矛盾双方对抗到不可开交而形成违法犯罪的案件的时候,案件才会提到法院通过审判来解决。敌我矛盾发展到公开地反抗和破坏的行为,就需要用审判武器来解决。通过惩罚犯罪,达到了预防和减少犯罪。而人民内部的大量矛盾不一定都要通过审判工作来解决。人民内部矛盾由审判工作来解决的,也只能是发展到对抗状态的矛盾。这种矛盾才可以通过法律的强制和教育作用来解决。其实,即使是敌我性质的矛盾,在没有发展到公开对抗、违法犯罪的时候,也不一定用审判这个武器来解决。

刑事犯罪一般地说,是属于敌我矛盾,是对抗性的矛盾,但也不排斥个别的非敌我矛盾性质的案件。所以刑事案件也有两类不同的性质。一类是阶级矛盾发展到公开违法犯罪的破坏行为,这是敌我矛盾的尖锐化,对其就要依法制裁。另一类不是由阶级矛盾而发展成的犯罪行为,虽然也要依法制裁,但必须和前一类案件的性质严格分别清楚。任何一个案件都必须实事求是地进行具体分析,不深入仔细地分析和区别,就会作出错误的结论。比如,业务过失或责任事故案

---

* 作者单位不详。

件，不论医疗或交通责任事故，都要从事故本质分析，不能不加分析地全当做敌我矛盾或人民内部矛盾来处理。过去有过这样的一件事：一个医生为我们的县委书记治病而发生医疗事故。从形式上看，这是医疗事故，但是经过调查和分析之后，原来这个医生是一个阶级异己分子，是基于阶级仇恨而蓄意毒害县委书记的。这就是阶级矛盾发展到谋害干部，是敌我矛盾的性质。

总的来说，刑事案件是有两类不同的性质的，我们在处理一桩案件时，应该用阶级观点，具体案件具体分析，不能单纯地从案由上来看案件的性质。审判这种案件就是要把一般的过失责任事故和由阶级对抗发展到犯罪的案件分别清楚，这里面有原则性的不同。虽然如此，审判工作，尤其是关于刑事案件的审判工作，主要是镇压敌人，惩办犯罪，实行对敌专政。毛主席在《论人民民主专政》和《关于正确处理人民内部矛盾的问题》中，就是一再地强调我们必须善于区别不同性质的矛盾，采取不同的方针和办法，正确地处理不同的矛盾，来实现审判工作“打击敌人，保护人民”，为阶级斗争服务的作用。

关于民事案件是不是也有敌我矛盾，是一类矛盾还是两类矛盾的问题，《法学》在最近出版的两期上都曾发表过一些探讨性的文章。根据毛主席对两类社会矛盾的学说来分析，一般地讲，应该肯定民事纠纷基本上是属于人民内部矛盾。

那么民事纠纷中有没有阶级矛盾？这有两个方面。人民内部也有不同的阶级，就现在情况讲，我国的多数人民是劳动人民，即工人阶级和农民阶级，少数人是剥削阶级，即民族资产阶级分子。剥削阶级和劳动人民间的矛盾是阶级矛盾。劳动人民间的纠纷，按实际情况分析，有先进与落后的矛盾，也有两条道路的斗争。可见人民内部的民事纠纷，也是和资产阶级思想的影响分不开的。所以在处理民事纠纷上同样应该贯彻阶级分析的观点，贯彻兴无灭资的原则，不要以为民事案件就没有阶级性，没有阶级内容。有旧法观点的人，常常把债务纠纷看成“借债还钱”乃是天经地义的事，没有什么值得研究的，这就是“就事论事”，不从阶级观点去分析问题。在城市房屋管理中，也有私人业主借故收回房屋，逃避政府管理的案件。这当然也是资本主义思想的表现，是两条道路的斗争。

对上述各类民事案件，法院应该如何处理？是不是也一律当做敌我矛盾？是否一律采取判刑的方法？我认为由两条道路的斗争所引发而表现为民事案件的纠纷，也就是说，矛盾还没有发展到公开对抗的破坏行为，就不能将其作为敌我矛盾来处理。像这种带有阶级斗争性质的矛盾，如果处理得好，还可以缓和下来，仍然属于人民内部矛盾。如果处理不好，也会转化为敌我矛盾。所以简单地认为民事纠纷是人民内部矛盾，处理这种案件，就不从阶级斗争的观点出发，或者因为民事纠纷当中有阶级矛盾，就把这种民事纠纷也看成敌我矛盾，就用专政的办法来处理，我觉得都是不够妥当的。我们在处理民事案件的时候，一定要根据具体的时间、条件，运用党的政策，实事求是地以阶级分析的观点来分别处理这些矛盾。否则会造成错误，对社会主义不利。

有人问，反革命家属要求离婚的，这是敌我矛盾还是人民内部的矛盾？我想这个问题从反革命分子和人民的关系来说，当然是敌我矛盾，但对待反革命家属提出的离婚案件，应该具体案件具体分析。一般地说，反革命家属要求与反革命分子离婚是由敌我矛盾而引起的。反革命家属如果坚决站在人民立场上要求在政治上与反革命分子划清界限，应该说是有理由的。但是我们在考虑这个问题的时候，必须分析具体情况，根据党的政策，从阶级观点出发，实事求是地予以处理。简单地把凡反革命家属要求离婚的一律判离或不许判离，都不够妥当。离和不离，应该从几方面来考虑：他们之间以往的关系，提出离婚的真实原因，对子女的利益，改造犯人和国家的利益等。也就是说，执行党的政策，应该是全面的、实事求是的，而不是简单机械的。

有人问，一般的违法行为或通奸行为，应属于什么性质的矛盾？是不是也反映了资本主义思想？这当然是资本主义思想的反映。应不应判刑？这个问题争论很多。有人从犯罪构成来分析，不主张判刑，但这脱离了实际、脱离了群众，也不能解决问题。处理这类案件必须具体分析，同时也必须从阶级观点出发，不能简单地一概而论。应该处理的不处理，不应该处理的处理了，结果造成群众的很大不满，这样对社会问题的解决不是起促进作用，而是起促退作用，所以即使是轻微的非法行为，也反映两条道路的斗争，有一定的阶级斗争内容，处理时也要贯彻阶级分析的观点，贯彻兴无灭资的原则。如果办了对社会主义有利就办，如果不办对社会主义有利就不办，只要贯彻了上面的兴无灭资、有利社会主义的原则，办和不办都是妥当的。

综合起来说，审判机关是阶级斗争的武器，处理案件的最根本的关键就是要从阶级观点出发。处理案件必须分清性质，什么性质，采取什么方针。由阶级矛盾发展到反抗、破坏的案件，对反革命和坏分子的犯罪，要加强专政，狠狠地给予打击，从而保护社会主义的社会秩序和人民的利益。对从人民内部矛盾发展成为对抗性的非法行为的，也要依法制裁，但要在解决人民内部矛盾的方针下，用不同的方法来处理。一般地说，对轻微刑事案件和民事纠纷，要贯彻团结—批评—团结的公式，反映在民事案件审判当中就是以说服教育的民主方式，结合法律的强制性作为辅助的手段，来达到分清是非、兴无灭资，力求解决和减少纠纷，促进人民内部团结，从而发挥人民群众在社会主义建设中的积极性。

（1958年第7期）

两类矛盾学说对刑法科学的指导意义

杨一平*

毛主席关于两类矛盾的学说对马克思主义思想宝库作了又一次卓越贡献,对我国社会主义革命和社会主义建设的道路,从理论上解决了根本性的问题,在我国学术上奠定了马列主义最新的基石。对于作为科学一个部门的刑法科学来说,系统地研究、学习毛主席的光辉著作,尤其重要。因为要想正确地实现刑法科学的任务,更好地掌握犯罪的变化规律和与之作斗争的策略,批判"右派"言行和现代修正主义,克服教条主义和经验主义,离开了毛主席的思想指导肯定是无能为力的。

现在我想就刑法方面的几个基本问题,谈谈两类矛盾学说的伟大指导意义。

一、两类矛盾学说从理论上奠定了社会主义刑法的科学基础,使我们进一步明确了刑法科学必须为经济基础服务

刑法是干什么的,它的任务是什么?这是首先要回答的一个根本性的问题。刑法的本身没有单独的任务,国家的任务就是它的任务。这是我们从前的回答,当然没有错误。但是,我们还没有以毛主席的哲学思想来对这一任务进行科学的阐述。通过学习毛主席的两类矛盾的学说之后,我们深深地体会到刑法的任务和其他上层建筑一样,是由其经济基础所决定的,反过来它是为经济基础服务的。

在我们的国家里,基本矛盾是生产力与生产关系的矛盾、上层建筑与经济基础的矛盾。人们的思想认识赶不上客观实际的发展,表现在作为上层建筑的一部分的刑法科学上就是,它和经济基础之间也存在矛盾。那就是经济基础一日千里地发展和日益地巩固,而被我国人民推翻的反动统治阶级和代表这些阶级利益的反动分子,由于不甘于失去他们的"天堂",所以不会不进行垂死的挣扎和各色各样的反抗。这些险恶的反动破坏行为,显然对经济基础的发展和巩固是一种严重的威胁,这就是矛盾。不解决这个矛盾,社会主义的经济建设事业就

* 作者单位:华东政法学院(现华东政法大学)。

不能巩固与迅速地发展,因此经济基础就必然要求它的上层建筑为其服务,扫除前进道路上的障碍。刑法就是国家为了扫除这种障碍的一种强制方法,是被用来解决这个矛盾的。所以说我国刑法的本质,就是无产阶级专政的工具,无产阶级用刑罚的强制方法与犯罪作斗争,从而巩固我国人民民主专政与保障我国的社会主义革命和社会主义建设事业的顺利进行。

过去几年来运用刑法与犯罪作斗争是取得了巨大的成绩的,刑法基本上完成了它巩固人民民主专政和保障社会主义建设事业的进行的使命,但是,也还存在一些缺点和错误。在新中国成立初期发生过宽大无边的错误,在社会主义革命高潮中,又产生过"右倾"的偏向,放纵了反革命和其他犯罪分子。无疑,这对我国的社会主义经济建设是不利的。也就是说,我们在运用刑法武器为经济基础服务时,二者还不是完全相适应的,这就是矛盾。我们必须及时解决这些矛盾,才能及时而有效地与犯罪作斗争,保障经济建设事业的顺利进行。

运用刑罚的方法与犯罪作斗争的目的是保障我国经济基础的巩固和发展,党和国家为了经济建设的各项中心工作和中心任务殚精竭虑,刑法自然也要积极地为其服务,这是经济基础的要求。离开党和国家的政治运动和中心工作,刑法就失去了本质。离开了党和国家的政治运动和中心工作,抽象地谈与犯罪作斗争是极端错误的。

为了更好地与犯罪作斗争,还必须根据毛主席的两类矛盾的学说,正确地分析两类不同性质的犯罪,从而给予不同的惩罚。也只有这样,才能更好地体现刑法的任务。

二、两类矛盾学说概括了我国社会矛盾的特点,使我们在利用刑法与犯罪作斗争中掌握了客观规律

刑法是用来解决犯罪这一社会矛盾的。但犯罪与其他社会矛盾一样,是极其错综复杂的:有些是对我们社会主义抱着你死我活的敌对态度的犯罪分子引起的,它与人民的根本利益是相冲突的;有些是基于人民中间彼此局部矛盾而引起的犯罪。有些反社会主义分子往往利用人民内部矛盾性质的犯罪行为将其与人民之间的矛盾表现出来,有些人民内部性质的矛盾,又可能以敌我矛盾性质的犯罪行为表现出来。尽管这些现象千变万化、形形色色,但是我们根据毛主席的两类矛盾学说,就能够把许多复杂的犯罪现象,科学地概括为两大类:一为敌我矛盾性质的犯罪;二为人民内部矛盾性质的犯罪。也就是说,反革命犯、盗窃犯、诈骗犯、杀人放火犯、流氓集团和各种严重破坏社会秩序的坏分子,都是专政的

对象,这是敌我矛盾。人民中间的犯法分子,虽然也要受到法律制裁,但其行为仍属于人民内部矛盾性质的犯罪,因此,对他们的制裁与对压迫人民的敌人的专政是有原则区别的。这样,我们就可以从许多复杂的矛盾现象里解放出来,认清凡对我国社会主义事业抱有反抗、敌视态度而进行破坏活动的那些犯罪分子,与我们之间都是敌我性质的矛盾,反之则不是敌我性质的矛盾。当我们掌握了不同犯罪的矛盾性质之后,就能够采取不同的政策,正确地执行党和国家分别对待的原则,也就是贯彻对敌人要“狠”、对内要“和”的原则,从而克服我们认识上敌我不分、一视同仁的错误。

一切事物都是随着时间、地点、条件的变化而在发展变化的。毛主席运用了辩证唯物论的观点指明了矛盾斗争的双方无不在一定条件下互相转化,好事能变为坏事,坏事可能变为好事。毛主席教导我们,必须用发展的观点去对待客观事物,因此,我们在研究刑法上的犯罪的矛盾性质时,应该注意犯罪矛盾性质的转化。其中转化的条件是重要的。

我们如何去分析矛盾转化的条件呢?毛主席对“人民”和“敌人”给了我们科学的划分标准。他说:“在现阶段,在建设社会主义的时期,一切赞成、拥护和参加社会主义建设事业的阶级、阶层和社会集团,都属于人民的范围;一切反抗社会主义革命和敌视、破坏社会主义建设的社会势力和社会集团。都是人民的敌人。”我们就可以遵照这一标准去分析矛盾的转化。

有些犯罪现象本来是基于人民内部的矛盾而引起的,但是矛盾的一方转化到敌人方面,已改变了人民内部矛盾的性质时,我们就不能停留在原来的认识阶段,而应将其看做敌我矛盾的犯罪。例如,富裕中农因自发的资本主义思想不愿走社会主义的道路而闹退社,这是人民内部矛盾,要用说服教育的方法。如果退社不成,发展到敌视社会主义的合作社,甚至与地、富分子勾结一起而对合作社进行破坏等活动,那么,这种行为就已经使其站到社会主义的对立面去了,如果构成了刑事犯罪,就应该将其看做敌我矛盾性质的犯罪了。这里,转化的条件就是他们敌视社会主义合作化的政治态度和进行破坏活动的行为。显然这种行为与人民的根本利益是相矛盾的。有些犯罪分子与人民之间本是敌我性质的矛盾,但在某种特殊条件下,并不是没有转化为人民内部矛盾性质的可能的。例如,有的反革命罪犯,在归案之前,弃暗投明并立有特殊功绩,获得政府宽大处理,不予判刑,而且政府还给予其公民权并适当地安排了他的工作;又如,反革命罪犯中,在服刑期满后,通过劳动改造,确已放弃了反动立场,政府给予公民权的分子,他们与人民之间的矛盾就由敌我矛盾转化为人民内部矛盾了。因此说,不同性质的矛盾是可以互相转化的。重要的问题是转化的条件。当我们掌握了犯罪分子与人民之间的矛盾有互相转化的可能后，我们一方面可以正确地分析、确定犯罪的性质；另一方面也可以正确掌握政策，即打击最反动的分子，分化动摇胁从分子，促使他们瓦解，以及更好地改造犯人，将他们逐步改造成为对社会主义有用的人，并站到人民方面来。

为了正确地分析矛盾转化的条件，必须结合革命的形势与党的政策，否则同样要犯“左”的或“右”的错误。我们绝不能以资产阶级民主革命时期的观点来看待社会主义建设时期的敌我矛盾，尤其在我国现阶段，两个阶级与两条路线的斗争是极为复杂的，在确定敌我矛盾与人民内部矛盾的时候，必须从党的政策、观点上来分辨矛盾的性质是否发生了转化。因为敌我矛盾在当前来说，虽然是少量的，但却是主要的，而人民内部的矛盾则是大量的。我们不应把大量的人民内部矛盾看成是敌我矛盾，但犯罪分子与我们之间绝大多数是敌我矛盾。

我们知道，现实生活中存在两类不同性质的犯罪，而犯罪的矛盾性质又是可以互相转化的，那么，我们根据阶级斗争时起时伏、曲折前进的规律，就可能掌握犯罪活动的变化规律。当阶级斗争紧张的时候，犯罪分子的破坏活动也会暂时地潜伏起来，伺机而动，这是解放以来的阶级斗争所证实了的。如 1957 年“右派”向党进攻时，犯罪活动也就多起来了。总之，毛主席关于两类矛盾的学说，对我们正确地分析犯罪矛盾性质和掌握犯罪发展变化的规律，确是一把“万能”的钥匙，离开了毛主席的两类矛盾学说以上两点是不能办到的。

三、两类矛盾学说为刑法科学提供了与犯罪作斗争的策略思想

毛主席教导我们，阶级斗争必须注意策略的斗争，否则斗争就不会胜利。因此，我们在掌握犯罪规律的同时，必须紧密地掌握着斗争的策略。因为犯罪分子的情况是各不相同的，如有些犯罪分子是我们最凶恶的敌人，有些是一般的敌人，有些虽有犯罪行为，但还不能将其作为敌人看待，只能把他作为人民内部的犯法分子。在敌人中间，有些是顽抗到底的敌人，有些是动摇不定的敌人，有些是已投案自首，甚至有特殊立功表现的。那么，我们在政策上，就必须把斗争的锋芒指向最危险的敌人，对其予以坚决的镇压，实行专政，对那些动摇的敌人则分化瓦解之，其目的还是更有效地消灭敌人。作为无产阶级专政工具的刑法，自然要把斗争锋芒指向最凶恶的敌人，对反革命犯、盗窃犯、诈骗犯、杀人放火犯、流氓集团犯及其他严重破坏社会秩序的坏分子实行无情的镇压，因为他们和我们是你死我活的矛盾，特别是反革命犯。我国在匈牙利事件

之后，所以没有发生大风浪，究其原因，在很大程度上是基于我们肃清了反革命。

坚决顽抗到底的敌人毕竟只占少数，而中间动摇的分子则占多数。按毛主席的指示，不同的矛盾，采取不同的解决方法。对待坚决的敌人则要坚决镇压，对待动摇的敌人则分化瓦解之，有立功表现的，酌予宽大，以便更好地孤立顽固的敌人，并有利于坚决镇压这些敌人。但是在我国的过渡时期内，阶级斗争又是时起时伏、曲折进行的。在一次斗争之后，无产阶级取得胜利，阶级敌人被迫退却，斗争的形势可能一时缓和下来，而阶级敌人又绝不会甘心死亡，在某种条件下，他们又会向社会主义发动新的进攻。所以毛主席告诫我们："如果我们丧失警惕性，那就会上大当，吃大亏。"因此我们在掌握政策的斗争中，就必然要以"时紧时松，一紧一松，以紧对紧，以松对松，有时从宽，有时从严，严中有宽，宽中有严"的精神，对现行犯、抗拒犯、再犯、主犯要严，对历史犯、坦白犯、偶犯、胁从犯要宽。这是分别对待、瓦解敌人的有效策略。这样，我们根据阶级斗争的起伏形势，反复地、多次地与犯罪进行斗争，通过反复的斗争，随同社会主义的建成，也就逐渐地由减少犯罪进而消灭犯罪。当然，消灭犯罪绝不是单纯依靠刑法所能解决的。离开毛主席的策略思想，就不能很好地发挥刑法的作用，在工作中必然要犯这种或那种政治性的错误。只有真正地树立了毛主席的策略思想，才能使刑法有效地服务于经济基础的巩固与发展，才能澄清我们认识上的一些"左左右右，右右左左，今年防右，明年防左"的糊涂观念。

毛主席的两类矛盾学说，对我们分清敌我界限是极其重要的，掌握了这一学说，在刑法的定罪量刑上就可以贯彻他所教导我们的对敌要"狠"、对内要"和"，以霸道对敌、以王道对内的精神，使刑法能够狠狠地打击敌人和惩罚犯罪，使我国社会主义建设事业不再屡屡受到危害。当然"狠"不能单纯理解为肉体消灭，但对罪大恶极、民愤鼎沸的罪犯，也还是要处以死刑的，而对大多数的罪犯则是通过劳动改造，使其重新做人。这同样也是体现"狠"的精神，但"狠"并不意味排斥宽大的可能。

在人民内部则要贯彻"和"的原则，对人民内部的犯法分子，通过惩罚达到教育的目的，以维护社会秩序和增强人民内部的团结。当然，"和"并不是对待人民内部的犯罪都毫无条件地予以宽纵，而是采取"团结—批评—团结"的教育说服的方法。对于人民内部犯法分子的处理，刑罚是作为一种辅助的方法而采用的，这和向敌人实行专政是有原则区别的。

毛主席的两类矛盾的学说在改造犯罪的策略方面的运用，通过监狱中的劳动改造同样会得到充分的体现。对敌我矛盾中的罪犯，就要发挥监狱的专政作用，强迫那些敌对阶级的犯罪分子在劳动中加以改造；而对人民内部的犯法分子，通过劳动是要教育他们认识错误、从速悔改，这就不是用对敌专政的那种策略了。

总之，毛主席的两类矛盾的学说，为我们刑法科学提供了与犯罪作斗争的策略思想。我们必须认真地把它贯彻到刑法教学和科学研究中来。

（1958 年第 7 期）

应该深入学习毛主席的国家学说

——纪念《关于正确处理人民内部矛盾的问题》发表一周年

傅季重[*]　翟廷晋[**]　齐乃宽[***]

毛主席的著作《关于正确处理人民内部矛盾的问题》是对于马克思列宁主义理论的伟大贡献。毛主席这一光辉著作不仅以极丰富的中国革命的经验和国际共产主义运动的经验向前发展了马列主义唯物辩证法，而且进一步发展了马列主义中极其重要的部分——关于国家的学说。当我们纪念这一伟大著作发表一周年的时候，从毛主席这一著作以及他的其他许多著作中深入学习毛主席的国家学说，有着重大的意义。

毛主席关于国家与革命的理论是极为丰富和深刻的。现在仅就我们在学习中的心得，谈以下几点体会：

1. 毛主席关于建立革命政权的理论是对马列主义国家学说重大的发展。“革命的基本问题是政权问题。”（列宁语）无产阶级如不先推翻资产阶级专政和建立自己的政权，就不能从政治上解放自己。马克思和恩格斯虽然早已提出无产阶级革命和建立无产阶级专政的国家政权的理论，但由于历史条件的限制，该理论是以社会主义革命能够在所有的或大多数的文明国家同时胜利为出发点的。列宁在资本主义进入帝国主义发展阶段时期，揭露了资本主义发展不平衡的规律，提出了社会主义首先在几个甚至在单独一个资本主义国家内取得胜利的可能的新的理论。伟大的十月革命，俄国工人阶级在共产党的领导下，在历史上第一个实现了列宁的社会主义革命理论。

为了保证中国革命的胜利，毛主席以唯物辩证法的观点方法，深刻地分析了中国社会与中国革命的具体情况，创造性地把列宁的社会主义革命理论与中国革命的实践结合起来。尤其在第一次国内革命战争失败后，在极其困难的条件下，毛主席坚持马列主义的原则，独创地提出了建立红色政权的理论。高举着革

---

[*] 作者单位：华东政法学院（现华东政法大学）。
[**] 作者单位：华东政法学院（现华东政法大学）。
[***] 作者单位：华东政法学院（现华东政法大学）。

命的红旗，领导全中国人民奋勇前进。红色政权的理论具体说来，就是由农村包围城市、由小块根据地到大块根据地、由建立地方政权到建立全国政权的革命理论。在中国工人阶级政党的领导下，建立军队和全民族的统一战线，与敌人进行武装斗争。有了革命的理论和革命的行动，中国革命必然走向胜利的道路。正如少奇同志在亚澳工会代表会议开幕词中指出的，“这就是中国人民取得胜利的在国内所实行的基本道路。这条道路就是毛泽东的道路”。

中国人民革命斗争的胜利，就是毛主席的国家学说的胜利。毛主席关于建立革命政权的理论，以及他在各个革命时期对中国政权建设的英明指示，不仅是中国人民取得民主革命胜利的指针，而且也是在中华人民共和国成立之后，如何巩固并利用国家政权来进行社会主义革命和社会主义建设的指针。它不仅保证了中国革命的胜利，而且也为今天世界各国，尤其是亚非殖民地半殖民地国家的民族解放的斗争指出了正确的道路。这对国际共产主义运动的发展，做出了极重大的贡献。

2. 毛主席关于人民民主专政的国家作用的理论是我国从“一穷二白”的落后状态以最高速度建成一个伟大的社会主义强国的指针。当我国由民主革命转变到社会主义革命和社会主义建设时期，我国社会主义制度的优越性促使广大劳动人民要求摆脱“一穷二白”的落后状态。在这样的客观形势下，人民民主专政的国家政权起着伟大的创造性作用。毛主席的两类矛盾的学说，严格地区分开敌我矛盾和人民内部的矛盾，指出了解决两类不同矛盾的方法，从而具体地解决了人民民主专政国家政权在高速度的社会主义建设中的作用问题。这就是对敌人实行专政，采取压服的方法，解决敌我之间的矛盾；对人民实行民主，采取说服的方法，解决人民内部的矛盾。而专政与民主又不是相互对立的而是密切地联结着的。只有加强了专政，才能使人民团结得日益紧密，才能进一步地发扬民主；同时，民主越发扬，专政也就越坚强，也就能最有效地对敌人实行专政。从分析两类社会矛盾和民主与专政的辩证关系来确定社会主义国家无产阶级专政的双重作用，是毛主席这一著作对马列主义国家学说的重大的发展。

解决敌我矛盾必须加强无产阶级专政，以粉碎国内外的一切敌视和破坏社会主义建设事业的敌人的阴谋活动。毛主席在这一著作中对新的历史条件进行了分析，具体地论述了无产阶级专政对解决国内外敌我矛盾的两个作用，这对我们进一步分清敌我界限，做到更准更狠地打击敌人，发挥专政的威力，有着极大的指导意义。毛主席还教导我们，加强无产阶级专政必须加强无产阶级的国际团结。加强以苏联为首的社会主义阵营的国际团结，与加强无产阶级专政有着不可分割的关系。毛主席早在《论人民民主专政》中就已指出：“这个专政必须和国际革命力量团结一致。这就是我们的公式,这就是我们的主要经验,这就是我们的主要纲领。”这个精神毛主席在去年参加莫斯科会议时在苏发表的言论中也一再强调过。党提出的社会主义建设总路线的基本点中也具体指出了这一点。这使我们更加重视提高革命的警惕性来对当前帝国主义破坏社会主义阵营团结的阴谋活动开展无情的斗争。因此只要国内外敌人还存在,我们就不能放松国家的专政作用。必须加强无产阶级专政与无产阶级国际团结的观念,随时警惕国内外敌人的破坏活动,以发挥专政对保护社会主义建设、保护社会生产力发展的作用。

为了在我们这个“一穷二白”的大国里,多快好省地建设社会主义,除对敌人加强专政外,还要在人民内部广泛地发扬民主。也就是说,必须正确处理人民内部的矛盾。尤其要善于改善在生产过程中人与人的相互关系,以便调动一切积极因素,使我国社会主义建设有高速度发展的可能。这正是整风运动的主题。

经过一年来在毛主席的两类矛盾的学说的光辉思想指导下的整风运动,我国的社会主义民主得到了很大的发展。一方面表现在通过大鸣、大放、大辩论、大字报的运动,社会主义民主获得了它的新的形式;另一方面贯彻了自下而上的群众发动,这是马列主义国家学说中关于社会主义民主理论的巨大发展。由于正确地处理了人民内部的矛盾,调整了人民内部各方面的相互关系,如领导与被领导的关系,个人与集体、个人与国家的关系,体力劳动与脑力劳动间的关系等,就使上层建筑更加适应经济基础的需要,生产关系更加适应生产力发展的需要,从而形成群众的积极性和创造性空前高涨的局面,使我国生产力的发展进入了空前大跃进的时代。党中央根据毛主席的倡议提出的社会主义建设总路线,正是集中地反映了人民群众的意志和干劲。这充分显示了人民民主专政的国家在社会主义建设中组织经济和组织文化的巨大作用。这是马列主义关于社会主义建设理论的重大发展,也是毛主席对马列主义国家学说的重大发展。

毛主席在关于人民民主专政的国家作用的理论中,始终强调党是国家的领导力量。毛主席在《论人民民主专政》中指出:“总结我们的经验,集中到一点,就是工人阶级(经过共产党)领导的以工农联盟为基础的人民民主专政。”这不仅论述了我国人民民主专政国家的阶级实质,而且有力地贯彻了党对国家的领导作用的思想。在《关于正确处理人民内部矛盾的问题》中,毛主席创造性地运用辩证法提出的区别香花与毒草的6项标准,也集中地体现了党的领导的思想。这就使国家学说中巩固无产阶级专政与扩大社会主义民主理论的发展,有了可靠的保证。

毛主席关于正确处理人民内部矛盾的学说是几十年中国革命实践经验的理论概括。毛主席在具体分析我国人民内部矛盾时,关于加强工农联盟的思想和对我国工人阶级与民族资产阶级的矛盾的分析,是对马列主义阶级分析学说和无产阶级专政学说的重大发展。在我们这个拥有五亿农民的大国里，农民问题确是一个极为重要的问题。毛主席对中国社会各阶级的科学分析，从来就以农民为工人阶级最可靠的同盟军，为中国革命的主要力量。从民主革命到社会主义革命，毛主席一向依据中国革命的特点贯彻了加强工农联盟的思想。社会主义革命时期，毛主席的《关于农业合作化问题》一文，对农村中阶级变化精辟的科学的分析，对农业社会主义改造及整个社会主义革命起了极大的作用。总路线提出的工农业并举的方针，正是毛主席关于加强工农联盟思想的体现。

根据我国具体的历史条件，毛主席把我国工人阶级与民族资产阶级的矛盾划为人民内部的矛盾。这充分体现了在人民民主专政的国家下面对各阶级人民（尤其是对剥削阶级）进行改造教育的巨大作用。我国工人阶级对民族资产阶级和它的知识分子所进行的教育和改造的胜利，就是毛主席国家学说的胜利。

总之，毛主席的国家学说解决了许多过去共产主义文献中所没有解决过的问题。从“一穷二白”的国家以最高速度建设社会主义的理论，不仅对中国社会主义革命与社会主义建设具有重大的历史意义，而且对国际共产主义运动的发展也具有普遍的意义。

3. 毛主席的国家学说是我们对现代修正主义进行斗争的最有力的武器。最近，南共第七次代表大会所通过的纲领草案就是彻头彻尾的反动的修正主义纲领。南共领导集团就是现代修正主义者最集中的代表。他们在政治上是以资产阶级反动的超阶级的国家论代替马列主义的国家论。关于这点，已有不少文章加以批判。现在只就《南共纲领》中否认社会主义国家的作用和歪曲马克思主义关于国家消亡理论的谬论，根据毛主席的国家学说揭露其反动实质。

《南共纲领》为了论证取消社会主义国家的专政任务的必要性，把无产阶级专政说成是会“造成官僚主义，国家极权主义思想，政治领导力量脱离劳动群众，停滞、社会主义发展畸形化，以及内部矛盾和对立的尖锐化”。又说：“只要国家还存在，那么它获得独立的力量，并从而使社会主义发展中的某些矛盾尖锐化和转化成为对抗性的危险就不会消除。”也就是说，国家存在是“某些矛盾尖锐化和转化成为对抗性矛盾的根源”，因而他们竟把国家消亡问题作为今天的实践任务。

《南共纲领》中的这些恶毒的谰言，无非是要丑化社会主义，美化资本主义，尤其是极力为美帝国主义捧场而已。这正是现代修正主义的本来面目。可是，客观事实是抹杀不了的，只要把社会主义国家的经济建设的日益繁荣与资本主义国家严重的经济危机对比一下，就很清楚了。马克思主义者从来认为国家的消亡必须具备一定的条件，就国内来说即阶级和阶级影响的消灭，国外即帝国主义制度的消亡。而要达到这个目的，就必须实现无产阶级专政，巩固和加强无产阶级专政。因此，只有主张通过巩固无产阶级专政来消灭阶级和阶级影响从而实现国家消亡的，才是真正的国家消亡论者。而南共却以削弱和取消无产阶级专政，人为地使国家“消亡”，这不仅完全违背马克思主义关于国家自行消亡的原理，而且成了资产阶级复辟的开路先锋。《南共纲领草案》中这些谬论的实质，归根结底，就是要以资产阶级专政来顶替无产阶级专政，为美帝国主义效劳，使社会主义国家在国内外阶级敌人的面前解除武装。

以国家消亡论来反对无产阶级专政，并不是什么“新”东西。“你们不是要消灭国家权力吗?”毛主席在“论人民民主专政”一文中早已作了马克思主义的回答，“我们要，但是我们现在还不要，我们现在还不能要。为什么？帝国主义还存在，国内反动派还存在，国内阶级还存在。我们现在的任务是要强化人民的国家机器……以此作为条件，使中国有可能在工人阶级及共产党的领导之下稳步地由农业国进到工业国，由新民主主义社会进到社会主义社会与共产主义社会，消灭阶级和实现大同”。毛主席的国家学说清楚地告诉我们国家消亡是无产阶级专政本身真正实现的必然结果。在剥削阶级还未彻底消灭时，加强无产阶级专政正是为国家消亡准备了条件。这时片面强调国家的消亡，其实质就是要否定无产阶级专政。

南共否认社会主义国家的作用和国家消亡论的恶毒之处，还在于企图煽动社会主义内部的劳动人民来反对无产阶级专政。他们故意把社会主义国家的人民内部矛盾歪曲夸大为对抗性的敌我矛盾。而对真正敌我之间的对抗性矛盾，则混淆为非对抗性的人民内部矛盾。从而使人错误地认为社会主义的国家政权并不是镇压剥削阶级反抗的工具，而是对劳动人民专政的工具。毛主席的两类矛盾的学说和人民民主专政国家作用的理论，正像照妖镜一样，只要以此来照射修正主义一下，就会使其颠倒黑白、混淆是非的妖形毕露。因此必须掌握毛主席的国家学说与现代修正主义开展不调和的斗争。

毛主席关于国家与革命的理论大大丰富和发展了马克思列宁主义，我们政法科学工作者过去对毛主席著作的学习是很不够的，以致教学和科学研究工作未能取得应有的成就。在纪念毛主席《关于正确处理人民内部矛盾的问题》发表一周年的时候，应当掀起一个学习毛主席著作的热潮，尤其应该深入学习毛主席的国家学说，这对我们提高教学与科学研究水平，加强对现代修正主义的斗争和贯彻党的总路线都有极其重要的意义。

(1958 年第 7 期)

我对民事违法行为的矛盾性质的认识

林　云*

关于民事违法行为的矛盾性质的问题,《法学》第5期上发表了赵炳霖和高呈祥两位同志的文章。他们对这个问题的看法是针锋相对的。赵炳霖认为,民法虽然大量地解决人民内部矛盾,但同时也解决敌我矛盾,负有对敌专政的任务。高呈祥不同意这种看法,他认为民事纠纷的性质是人民内部矛盾,解决的方法应该是民主的方法而不是专政的方法,对于这个问题我基本上是同意赵炳霖同志的看法的。

大家知道,法是统治阶级实现阶级专政的一个重要的工具,它自始至终都是为保护、巩固和发展统治阶级的根本利益而服务的。在有些场合,统治阶级内部的人们违反了法律、触犯了整个阶级的利益,也适用法律处理。但这不是目的,而是一种手段。通过这种手段来进一步达到制裁敌人和保护本阶级的利益的目的。法的理论既然是这样,作为法的一个部门的民法。当然也毫不例外。

我国的民法是社会主义性质的。它首先是调整我国社会主义社会的财产关系(包括社会主义组织之间的财产关系、社会主义组织与公民之间的财产关系、公民之间的财产关系),同时也调整社会主义的家庭关系以及与财产关系有联系的人身关系。从新中国成立以来,我国民法(主要是指当时所颁布的一些带有民法性质的命令、指示、决议、条例等)在建立、发展和巩固社会主义财产关系上起了积极的作用。解放初期,政府立即宣布没收官僚资本的财产,并使之成为国家财产。接着,又宣布废除解放前农民与其他劳动人民欠地主的债务。土地改革中又没收了地主阶级的土地和其他生产资料转为农民所有。在我国进入大规模的社会主义改造以后,民法又同抗拒和破坏社会主义改造的资本家进行着斗争。所有上述矛盾,都属于敌我矛盾,而解决上述矛盾的方法,也都是专政的方法。在现在以及在今后的社会主义建设过程中,民法将继续为保卫和调整社会主义财产和公民个人财产进行斗争。在整个民事法律关系中,人民内部的纠纷当然是大量的,然而,贪污犯、盗窃犯、诈骗犯以及地主、富农的反攻倒算和其他坏分子破坏国家财产、集体财产和公民个人财产的案件,也会大量存在。这些

* 作者单位不详。

人的行为，一方面，侵犯社会主义国家的法律秩序，构成了刑事犯罪；另一方面，也损害了国家的、集体的和个人的财产，构成了民事违法行为。这种民事违法行为，自然都属于敌我矛盾，因而解决这类矛盾的方法，也应该是专政的方法。综上所述，我认为凡是抱着反抗和敌视、破坏社会主义建设的情绪而损害国家、集体和公民个人财产和其他权益的民事关系，都属于敌我矛盾，除此以外的一切民事关系，都属于人民内部矛盾。

高呈祥在文章中提到的“由民事纠纷发展为刑事案件，就不能再称作民事案件”的说法是似是而非的。在审判实践中，对这一类案件，确实是把民事部分合并到刑事部分来进行处理，但在处理上却包括两种性质不同的处理方法。如坏分子某甲用诈骗的手段骗取了公民某乙的财物而被控诉到法院，某甲由于他实施了诈骗行为而构成了犯罪，依法应当受到刑事处分，但同时他又非法侵占某乙的财物，在民事上应当担负返还财物的责任。因此，当一个民事案件发展为刑事案件而合并处理时，其民事部分仍然是客观地存在并且是需要加以解决的问题。

上面说过，在民事违法行为的矛盾性质中有否敌我矛盾存在的问题，我是同意赵炳霖的看法的。但是，我认为赵炳霖在某些说法和某些观点上仍有欠妥之处。如他在文章里把地、富反攻倒算的行为简单地称为民事纠纷，而没有提出这种行为同时具有刑事犯罪的性质，这样，必然使人感到模糊。另外，赵炳霖在概括区分民事案件的性质时写道：“所以在分析民事案件的性质时，除了当事人的阶级出身与政治态度外，还应当区别清楚正当的民事活动与非法的民事活动，当事人进行民事活动的内容与目的。”在这里，赵炳霖显然是把当事人的阶级出身与政治态度列为区分民事违法行为的性质的主要标准，而把区别清楚正当的民事活动与非法的民事活动和当事人进行民事活动的内容与目的列为附加标准。这样，我认为是不够正确的。首先，当事人的阶级出身和政治态度不能作为区分民事违法矛盾性质的客观标准。我们不能够把一个地主因过失行为而使一个农民在财产上遭受了某些损失归之敌我矛盾。其次，正当的民事活动与非法的民事活动也不是区分民事违法行为性质的标准，正当的民事活动与非法的民事活动仅仅是决定当事人担负民事责任与否的一个根据。我认为只有从当事人进行民事活动的内容与目的来具体分析，才是区分民事违法行为矛盾性质的唯一方法。不管任何阶级出身的人，也不管抱什么政治态度的人，只要他实际上以反抗、敌视和破坏社会主义建设为目的而进行损害国家、集体和个人财产以及其他权益的民事违法行为，就都属于敌我矛盾的性质（敌对阶级分子和其他坏分子由于他们的阶级本能和政治倾向，他的民事活动容易倾向于敌视和破坏社会主义建设,我们在分析其矛盾性质的时候应当用阶级分析的方法进行分析,但是,不能以此作为判断矛盾的性质的根据)。

对于民事违法行为的处理,应当区别不同的性质采取不同的方法。属于敌我矛盾性质的,应当采取专政的方法,即依法判决、予以取缔、责令返还、勒令赔偿损失等,在执行中还可转之以群众斗争的方法。如果这种行为触犯了刑法,则必须同时予以刑事制裁。如果属于人民内部矛盾的性质,则应当采取民主的方法,着重进行调解,即使需要进行判决,在执行中也须伴随说服教育的方法。

(1958 年第 7 期)

对劳动教养人员的矛盾性质的商榷

岳占禄*

看了《法学》第6期黄汝坚、萧一华二同志《关于劳动教养人员的矛盾性质问题》一文以后，我有以下几点不同意见，现提出与黄、萧二同志商榷。

一、关于劳动教养人员的矛盾性质问题

国务院颁布的《关于劳动教养问题的决定》是一个立法性质的行政措施，这个措施是安置和改造各种坏分子、维护国家法纪、进一步巩固社会主义秩序的一项有效的办法，同时又是我国社会主义改造和法制建设中的又一新的创举。1957年8月3日《人民日报》社论《为什么要实行劳动教养》一文指出："在国内，除了那些残留的、数量已经比过去少得多的应该依法判刑的反革命分子和其他犯罪分子以外，还有一些坏人。他们不务正业，有流氓、盗窃、诈骗等违反治安管理的行为，并且屡教不改。他们是社会的渣滓，他们浸透了剥削阶级不劳而食的恶习，为非作歹，破坏社会秩序，调戏妇女，诈骗钱财，侵犯人民利益。他们有些是有轻微罪行，可不追究刑事责任的反革命分子和反社会主义的反动分子。他们也有些是具有劳动能力，但又长期拒绝劳动或者破坏纪律、妨害公共秩序，受到开除处分的坏分子。还有一种是不服从国家的工作分配，不服从就业转业的安置，不接受从事劳动生产的劝导，而又不断无理取闹，妨害公务，屡教不改的坏分子。对于上述几类坏分子，必须实行劳动教养，才有可能予以改造，才能维护国家的法纪，才能巩固社会主义的秩序。"根据社论的精神，我认为凡是劳动教养人员都是坏分子，换句话说，就是够上坏分子的人，才能予以劳动教养。

1957年8月19日《人民日报》又以"对坏分子必须实行专政"为题，指出对坏分子实行专政，是巩固人民民主专政的必要措施。

基于上述，劳动教养人员与人民之间的矛盾，应该说完全是敌我矛盾，根本就不存在人民内部矛盾。至于黄、萧二同志举出的两个例子，我认为像女工李×虽出身于劳动阶级，但从介绍的情况看来，她已由一个劳动人民蜕化为扰乱社会

---

* 作者单位不详。

治安的犯罪分子。因此在考察这个问题的时候，我们不能单从她的出身来看，还应该看到她的犯罪活动对社会所造成的后果是很严重的。她和人民的矛盾，已经从人民内部矛盾转化为敌我矛盾了。这个女工李×，我认为是个坏分子，我们批准收容是完全必要的。再如，例举的学生王×，文章中介绍的情况还不具体，仅说他终日与坏分子为伍、把家中财物盗卖一空，而这里还有很大的一个情节没有介绍出来，就是其盗卖家中财物得来的钱是怎样同坏分子一起挥霍的？如果说仅系被坏分子骗去用了，而自己没有参加他们的犯罪活动，则我认为虽然他的家长提出申请，但根据党和国家的政策，我们也不一定批准王×劳动教养。如果王×利用变卖的钱同坏分子一起进行违法犯罪活动，那我认为是可以根据情节，对其按坏分子予以批准劳动教养的。

总之，对待劳教对象的批准必须慎重，一定要掌握标准，绝不能把人民内部性质的问题当做敌我矛盾，送一时犯错的人劳动教养。如果把人民内部性质的问题的当事人也送劳动教养，那是错误的。

二、关于处理劳动教养人员的矛盾的方法问题

对于处理劳动教养人员的矛盾的方法问题，我也不同意黄汝坚、萧一华二同志提出的基本上是采取处理人民内部矛盾的方法的论点。前面已经说过，劳动教养人员与人民是敌我矛盾，根据当前的情况来看，我们基本上是采取了处理敌我矛盾的方法来处理的，但对劳动教养人员没有采取全面专政。为什么要这样说呢？我的根据是：

(1)劳动教养人员的收容是带有强迫性的，凡是被批准劳动教养的对象，如果不来，即强迫他来，这是体现专政之一。

(2)对劳动教养人员的改造，是采取强制性的劳动生产与政治教育改造相结合的方针，也就是说，自始至终，是采取了专政的手段，强制他们改造。这是体现专政之二。

(3)被劳动教养的人员，从政治、经济、言论等各个方面都受到了一定的限制，具体地说，也就是只准他们规规矩矩，不准他们乱说乱动，如要乱说乱动，就要受到制裁。这是体现专政之三。

从上面3点来看，我们对劳动教养人员的处理是基本上采取了专政的方法，但又怎么说对他们没有进行全面专政呢？这主要是指，对劳动教养人员一般地是给予选举权，在经济上还给他们一定的待遇。选举权和经济待遇，是在专政的前提下愿意接受改造的分子才有；如果抗拒改造或乱说乱动，有的要受法律制

裁,或依法被剥夺选举权。

总之,我认为对劳动教养人员的处理方法不同于对"右派"的处理方法。对右派的处理我们是采取处理人民内部矛盾的方法,但对劳动教养人员则基本上是采取专政的方法。以上意见不一定正确,请黄汝坚、萧一华二同志及读者指教。

(1958年第7期)

关于犯罪的矛盾性质的商讨

罗素全*

随着毛主席《关于正确处理人民内部矛盾问题》的报告的发表，犯罪这一社会现象的矛盾性质，成为法学教育工作者和实际工作者在学习中常常提出争论的问题。大家对反革命罪属敌我矛盾的性质是没有争论的，争论的是一般刑事犯罪的矛盾性质。我听到多数同志的意见和《法学》第5期所刊登的谢飞、王文升、乙公等同志的意见相同。也就是说，多数人认为绝大部分的犯罪现象是属敌我矛盾的性质，但也有少数的犯罪现象是属人民内部矛盾的性质。我是不同意这种意见的。我认为一切犯罪现象都属敌我矛盾性质。在本文中，我愿本着大鸣、大放、大争、大辩的精神，把我的一些不成熟的意见谈出来。

要辨清犯罪这一现象的矛盾性质，必须了解犯罪的本质。犯罪的本质是什么呢？马克思在《德意志意识形态》一书中已回答了这个问题。他指出："正如同法一样，犯罪，即孤立的个人对于统治关系的斗争，同样不是从纯粹的任性中发生的。恰巧相反，发生犯罪的条件与发生现行统治的条件是一样的。"这说明了当人类社会还没有发生统治者与被统治者之间的统治关系的时候，犯罪也是不存在的；犯罪是阶级社会的现象，是反对和破坏统治阶级利益的行为。在我们国家里的犯罪现象，和一切剥削阶级国家里的犯罪现象，有着根本的不同。它是反对和破坏以工人阶级为首的广大人民群众利益的行为。一般刑事犯罪，虽不像反革命罪那样直接反对人民民主专政制度，但也都是毫无例外地破坏了社会主义建设所必需的社会秩序。因此，就犯罪的本质来说，一切犯罪现象，都属敌我矛盾的性质。毛主席在《关于正确处理人民内部矛盾的问题》的报告中说："为了维护社会秩序和广大人民的利益，对于那些盗窃犯、诈骗犯、杀人放火犯、流氓集团和各种严重破坏社会秩序的坏分子，也必须实行专政。"少奇同志在代表中共中央在第八届全国代表大会第二次会议上所作的工作报告中说得很清楚："对于其他残余反革命分子和各种破坏社会秩序的刑事犯罪分子也必须继续加以镇压。"《人民日报》社论"打掉官气"一文中也明确指出："国家权力对反社会主义分子以及各种刑事罪犯必须坚决实行专政。"这里谈到的"镇压"与"专

* 作者单位不详。

政”,用词虽不尽相同,但包含了一个毫不含糊的相同的内容:一切犯罪现象都属于敌我矛盾的性质。

从对待犯罪的处理方法上,也可以看出一切犯罪现象都属于敌我矛盾的性质。毛主席和党的许多文件以及党的许多领导同志的言论,都多次告诉我们,解决人民内部的问题和解决敌我问题,是用两种不同的方法。例如,毛主席在1950年6月第二次政治协商会议的讲话里说:“人民民主专政有两个方法,对敌人说来是用专政的方法,就是说在必要的时期内,不让他们参与政治活动,强迫他们服从人民政府的法律,强迫他们从事劳动,并在劳动中改造他们成为新人。对人民说来,则与此相反,不是用强迫的方法,而是用民主的方法,就是说必须让他们参与政治活动,不是强迫他们做这样做那样,而是用民主方法向他们进行教育和说服工作。”显然,判罪科刑是一种专政的方法。假如像有些同志所说的,有某些少数的犯罪,虽属人民内部矛盾的性质,但须用专政的方法去解决,这就违背了毛主席和党多次指示的“用民主方法解决人民内部矛盾”的这个政治原则。我们的革命理论是用以指导实际工作的,假如承认可以用专政的方法解决人民内部矛盾,我认为这在理论上是一种自我矛盾的说法,其结果是造成思想上和工作上的紊乱。

主张有少数刑事犯罪(以致相当多的一部分刑事犯罪)属人民内部矛盾的性质的同志所提出的一些理由,我认为是站不住脚的。

譬如有的同志引用毛主席在《论人民民主专政》中指出的“人民犯了法,也要处罚,也要坐班房,也有死刑,但这是若干个别的情形,和对于反动阶级当作一个阶级的专政来说,有原则的区别”作为“理由”,认为人民犯了法,也要处罚,既“有原则区别”,一般刑事犯罪的矛盾性质(其中至少有一部分)就不属敌我矛盾性质,处罚这些人,也不是对这些人专政。其实所谓“原则区别”,毛主席在这里就讲得很清楚,是指人民犯法只是“若干个别的情形”,处罚这少数人,不是对人民(包括工人阶级、农民阶级,小资产阶级,资产阶级)实行阶级专政,像对整个反动阶级的专政一样。至于对这犯了法的少数人来说,“也要处罚,也要坐班房,也有死刑”,明明是用的专政的方法,如果我们硬说不是专政又是什么?

有的同志引用毛主席《关于正确处理人民内部矛盾的问题》中所说的“人民中间的犯法分子也要受到法律制裁,但是,这和压迫人民的敌人的专政是有原则区别的”这段话作为“理由”,认为毛主席所说人民中间的犯法分子所犯的“法”即刑法,“也要受到法律制裁”,即受刑法制裁。我认为这样理解是错误的。毛主席在这里所说人民中间的犯法分子所犯的“法”是指行政法令,“也要受到法律制裁”,是指受到行政法令的制裁。关于这一点,毛主席在同一报告中是有明确解释的，他说："专政的制度不适用于人民内部。人民不能自己向自己专政，不能由一部分人民去压迫另一部分人民。"又说："人民为了有效地进行生产、进行学习和有秩序地过生活，要求自己的政府、生产的领导者，文化教育机关的领导者发布各种适当的带强制性的行政命令。没有这种行政命令，社会秩序就无法维持，这是人们的常识所了解的。这同用说服教育的方法去解决人民内部的矛盾，是相辅相成的两个方面。"

有的同志举出一些案例，认为有些人的行为虽已构成犯罪，但因情节轻微，不属敌我矛盾性质。例如，有人举出某汽车司机过失致人死亡，犯了法，受到刑事惩罚的例子，认为这属人民内部矛盾性质，理由是该司机不是有意破坏社会主义建设。过失行为的主观方面的社会危害性的程度，比故意行为要少得多，所以对某些危害社会的行为，如果是故意行为构成的，就应当认为是犯罪，而由过失行为构成的，就不能认为是犯罪行为。在法令规定及审判实践中，处罚过失犯罪的情况是不多的。在过失行为未构成犯罪的情况下，过失行为造成损害的这一社会现象，自然属人民内部矛盾的性质，处理的方法主要是说服教育，转之以行政法令的约束，如赔偿损失，行政上记过、降职、撤职……但过失行为既已构成犯罪的情况下，一定是造成了严重的危害社会的后果，如致人死亡或国家财产的重大损失，直接或间接对社会秩序和社会主义建设起了严重的破坏作用，而行为人主观上是有令人不能原谅的责任的，群众是有一定公愤的。在这种情况下，这种过失犯罪的现象，自然像其他犯罪现象一样，不能被认为是人民内部矛盾的问题，而应属敌我矛盾问题，因而才给予惩罚。

还有的同志说，群众间的打架斗殴，有的也要处刑，但应属人民内部矛盾的犯罪性质。这和少奇同志说过的"对……各种破坏社会秩序的刑事犯罪分子也必须继续加以镇压"的指示相抵触。打架斗殴而构成犯罪，自然是破坏社会秩序的犯罪，对这种罪犯像对其他破坏社会秩序的罪犯一样，我们应该"镇压"，怎么能认为是"人民内部矛盾的犯罪性质"？

对坏分子是必须实行专政的。坏分子未必是刑事犯罪分子，但一切刑事犯罪分子是程度不同的坏分子。《人民日报》社论《对坏分子必须实行专政》一文中指出："我们当然应该注意严格区别两类不同性质的矛盾，对于偶尔发生轻微的偷窃、贪污行为的人，或者占公家的、别人的小便宜的人，以及因为私人纠纷而打架斗殴并没有构成犯罪行为的人，必须同坏分子加以区别。"这是十分正确的。虽有轻微违法行为、尚未构成犯罪的分子，不应看做坏分子，实行专政。相反地，如已构成犯罪，哪怕是偶尔的、轻微的、过失的罪犯，应属一般的坏分子，也应实行专政；其罪行与人民的关系，应属敌我矛盾，不能像谢飞同志所主张的

"可当别论",也绝不像有的同志所说"是把敌我矛盾扩大化了"。恰恰相反,这是完全按照客观事物作出的实事求是的结论,有利于分清敌我界限、分清罪与非罪界限,有利于打击敌人、保护人民。

几年来,我们政法工作者在划分敌我矛盾和人民内部矛盾问题上,基本上是正确的,因而政法工作取得了巨大的成绩。特别是近一年来,配合全民整风,随时随地地预防和打击了地、富、反、坏的破坏活动,为工农业生产"大跃进",创造了空前安定的环境。这是毛主席教导我们正确分清敌我矛盾和人民内部矛盾这一伟大学说的成果。然而在实际工作中的若干个别情况及个别问题的理论认识上,分不清敌我矛盾和人民内部矛盾的情况仍然是有的。上面我所说的,可算是我学习这个问题的笔记和心得。其中一些批评,是批评别人,也是否定我自己过去的一些看法。欢迎批评指正。

(1958 年第 7 期)

推行社会主义爱国公约是我国法制建设的重大创举

严　则*

为了巩固整风运动的成果，掀起群众性的自我思想革命的高潮和进一步加强社会主义法制建设，现在全国各地正普遍推行社会主义爱国公约（有的地区称为爱国、爱社、爱家三爱公约）。这是人民群众提高思想共同促进的好办法，是人民群众经常进行自我教育、自我监督、自我约束，发扬民主和制止妨害公共秩序、违反劳动纪律、损害公共财产、破坏社会公德等不良行为，树立新的道德风尚，进一步安定社会秩序，预防和减少违法犯罪活动的有力武器。社会主义爱国公约，也是法制建设的重大措施，它与《治安管理处罚条例》、《刑法》共同担负着维护社会秩序、保卫人民利益和社会主义建设的重大任务，它是我国法制体系中不可缺少的一个重要组成部分。社会主义爱国公约的推行，是我国革命实践中法制建设的重大创举。过去和现在，不论是有领导的或自发的，各地群众都采取过各种形式订立过爱国公约，而且，现在各地还一直贯彻着以公约的方式，作为表达自己热爱祖国、热爱社会主义，进行自我教育的一种有效方法。在抗美援朝运动中，全国各地曾广泛地订立过爱国公约，对运动起了巨大的推动作用。在各个不同时期，各地人民群众根据不同的要求，订立过防奸公约、防火公约、爱国卫生公约等。这些公约都是群众根据国家、人民的利益和共同的愿望，提出该发扬什么、该反对什么，用公约的形式把它规定下来，作为共同遵守的准则和开展批评与自我批评的依据。这一行之有效的方法，已经在人民群众的思想中生了根，成了人民群众良好的传统习惯和喜闻乐见的形式，并且它一直起着教育群众和推动工作的重大作用。在实践中，有意识地把这一项依靠群众进行自我教育、自我约束、互相帮助、共同提高的群众路线的工作方法，加以总结提高，加以发扬，深入地贯彻下去，使它形成一种经常性的制度，它就会对我国社会主义建设和社会主义改造起到重大的促进作用，尤其是对正确处理人民内部矛盾具有重大的意义。

---

* 作者单位不详。

二

社会主义爱国公约的试行，是根据党中央指示的原则，结合各地的实际情况所采取的措施。中国共产党第八届中央委员会第三次扩大会议上，邓小平同志《关于整风运动的报告》中指出：各地农村中都有一些"大法不犯，小法常犯"的不良分子。对于这些人，如果由地方法院处理就不胜其烦，但是不加处理，对于生产秩序和社会秩序又有很大的妨害。可以考虑由社员代表大会或乡人民代表大会订出切实可行的公约，由上一级政府批准，加以约束并建立调处委员会负责公约的执行。违反这些公约的，可以授权合作社或乡政府给予适当的处罚。

根据这个指示的精神，通过社会主义爱国公约的试点工作，我体会到社会主义爱国公约是群众进行自我教育、自我约束，与资本主义的遗毒作斗争的武器，因此，在它的内容上就应当体现出这种性质来。公约的条文也必须十分集中具体地表明：什么是应该提倡的新的社会公德和风俗习惯；什么是应该抵制和革除的旧的道德和风俗习惯。它的内容应当包括这几个主要方面：

1. 在政治方向上拥护谁、反对谁、走什么道路的问题。这是关系到六亿人民幸福最根本的问题。由于我国资产阶级、小资产阶级思想意识泛滥，在资产阶级和资产阶级的知识分子中，在小资产阶级，特别是在富裕中农中，有不少的人还在向往资本主义，不高兴社会主义，这是与6亿人民的共同愿望相违背的，也是与我国的《宪法》相违背的。因此，必须继全民性整风运动和社会主义教育运动之后，通过制定社会主义爱国公约，进行两条政治道路的斗争，使他们接受社会主义改造，脱离资产阶级的影响，树立社会主义思想。作为群众自我教育、自我约束、与资本主义思想作斗争的工具的爱国公约，必须首先反映这种要求。"必须把拥护共产党的领导，走社会主义道路，反对走资本主义道路"毫不动摇地规定下来，作为群众经常进行自我教育和开展两条道路斗争的主要方面。

2. 劳动纪律方面。劳动是每个公民对社会应尽的职责。劳动纪律是完成生产任务的保证。社会的幸福靠劳动来创造，谁也不应坐享其成。但是，目前在社会上还有一少部分不觉悟的人，好吃懒做，游手好闲，不积极生产，不遵守劳动纪律，旷工、怠工，不遵守操作规程，粗制滥造。这是资本主义遗留下来的"黑痣"。列宁把骗子、懒汉、流氓等叫做"人民公敌、社会主义公敌、劳动者的公敌"，认为要对他们决战，还在论述无产阶级专政时代阶级斗争的5种新的形式时，把树立新的劳动纪律列为第5种形式。无产阶级取得政权后，应该迅速开展全体劳动人民之间的自觉的社会主义劳动纪律教育。这种教育是阶级斗争的一种新的形式。无产阶级要借助于这种形式来克服劳动人民中的资本主义习惯和传统。因此，在社会主义爱国公约的内容中，应该把“积极劳动生产，遵守劳动纪律，严守操作规程”等具体内容规定下来，一方面由群众经常进行劳动纪律的自我教育，另一方面对懒汉和不遵守劳动纪律的人，由群众依据公约监督他们好好从事生产劳动，以集体的力量改造他们。

3. 爱护公共财产方面。社会主义财产是建设社会主义的物质基础，是神圣不可侵犯的。但由于几千年来旧的传统习惯和剥削阶级唯利是图的思想影响，虽然经过了几年来的教育改造，但是人们头脑中损人利己的个人主义思想还未得到彻底的改造，社会上营私舞弊、贪污挪用公款、公私不分、损害公共财产和小偷小摸的现象还时有发生。因此，必须通过制定爱国公约，对这些不良的行为加以严格的约束，并且需要发动群众与侵犯公共财产的行为开展斗争。

4. 遵守国家的政策法令方面。目前社会上还有一小部分人，对国家的法纪是不够重视的。例如，隐瞒产量、套购贩卖国家的统购物资、破坏市场管理、以劣充好等现象，都是人们头脑中法制观念不强的表现。国家的司法机关需要对人民群众进行法制的教育外，爱国公约亦必须作出具体的规定，作为群众进行经常自我教育的一个重要方面，以加强人民群众的法制观念。

5. 尊重社会公德，遵守社会秩序方面。社会上的一些道德败坏的现象，如乱搞不正当的男女关系、破坏他人家庭幸福、虐待父母子女妻子、诽谤他人名誉、打架骂人等，都是与社会主义道德极不相容的。这些思想行为对生产和社会秩序有很大的妨害，尤其是在政治上、思想上起着腐蚀的作用。这些不良行为，如果依靠司法机关来处理，就不胜其烦，而且也不尽恰当。最好的解决办法，是依靠群众自我教育，提高道德观念和造成社会舆论的力量，抵制这种行为的发展。

爱国公约的内容，除应包括上面这几方面外，还应当结合本地区、本单位的具体情况，提出该发扬的和该反对的。公约的条文应力求通俗具体，以便于执行和检查。

社会主义爱国公约是建立在广大人民群众政治自觉性和爱国主义的基础上，公约能否制定好和执行好，关键在于发动群众。因此，制定公约的过程就是教育群众和发动群众的过程。制定公约时可采用各种形式，如漫谈、辩论、挑战、写决心书或保证书、提倡议、掀起竞赛等。

爱国公约以农业合作社、手工业合作社、街道居民委员会、厂矿为单位订立。在制定时必须充分地发扬民主，辨明什么是应该发扬的，什么是应该反对和改进的，然后采取从下到上、从上到下提出公约的内容，由社会或公约起草小组综合制订方案，交社员或居民大会修正通过，报上一级政府机关批准公布执行。

为了保证公约的贯彻执行,必须建立定期的检查制度和奖惩制度。半月或一月检查一次,一季度或半年进行一次全面的评比。有的地区以过“爱国日”的形式,进行检查评比。对模范遵守公约的单位或个人,应给予奖励,以树立旗帜;对违反公约的,应根据教育、约束和适当处分的原则,由调处委员会分别情节给予适当的处分。

二

推行社会主义爱国公约,加强法制建设,是根据我们国家的实际情况和实践经验总结起来的。

解放几年来,在党和人民政府英明的领导下,随着五大政治运动、三大社会主义改造的胜利和社会主义建设事业的飞跃发展,我国的社会面貌发生了根本的变化。特别是经过了全民性的整风运动,人民群众的社会主义觉悟大大地提高,人民内部的团结迅速地加强,劳动热情空前高涨,社会主义道德风尚正在广泛地树立,社会秩序空前的安定,但是我们绝不能满足于已经取得的成绩。我们必须鼓足革命干劲,力争上游,多、快、好、省地把我国建成一个伟大富强的社会主义国家。要达到这一个目的,就必须做更大的努力,必须更好地调动一切积极的因素,正确处理人民内部的矛盾问题。

如何正确地处理人民内部矛盾呢?几年来在实践中我们积累了不少的经验,尤其通过这次整风运动的经验证明了:对人民群众采取说服教育的方法,是正确处理人民内部矛盾的最有效的办法,是我国在革命实践中对马克思主义创造性的发展。今后,我们必须经常地把这套成功的经验加以运用,加以发扬,并且要制定一种办法使它经常化,使它成为我们日常生活中必不可少的一种制度。今天各地试行的社会主义爱国公约,以过“爱国日”的制度开展批评与自我批评,正是这种方法的具体运用。这一时期各地推行社会主义爱国公约定期进行检查、评比的事实证明了:比生产、比工作、比学习、比干劲、比先进等,是一种非常积极的自我教育的群众性的促进办法。这样也就形成了全国人民都来谈政治,上下一齐务虚的政治局面。可以预料:社会主义爱国公约的推行,将在我国人民群众中掀起自我思想革命的高潮,人民的政治思想面貌也会大大地改观,它必然成为促进我国工农业生产“大跃进”的巨大力量。

三

社会主义爱国公约与《治安管理处罚条例》、《刑法》都是积极服务于我国经济基础和上层建筑的一个重要部分，是我们国家与违法犯罪和危害社会主义建设和人民利益的各种不良行为开展斗争的武器。这三者的性质虽然不同，但是，它们从不同的角度调整着不同性质、不同范围的对我国人民利益和社会主义建设有危害的行为。它们共同担负着维护社会秩序，保卫人民利益和社会主义建设、社会主义改造事业顺利进行的重大任务。

侵犯国家与人民利益、危害社会主义建设的社会现象是形形色色、多种多样的，其性质也是错综复杂的。因此，作为斗争工具的法制，就必须适应各个时期斗争实际情况的需要。解放几年来，我国的法制建设工作取得了重大的成就。目前，社会主义爱国公约的试行，就是继不久之前颁布《治安管理处罚条例》之后，我国法制建设上又一重大的措施。爱国公约的推行，使我国的法制进一步完整。它与《治安管理处罚条例》、《刑法》构成了我国法制的完整体系。这 3 者分别调整着违法犯罪和各种不良行为的各个方面，它们的任务是分别防守着 3 道不同的防线，与各种危害国家与人民利益的行为开展斗争。

刑法是对敌斗争的重要武器之一，是国家对敌人实行专政、对人民进行教育的工具。它担负着惩罚犯罪，镇压阶级敌人的阴谋破坏，预防犯罪，教育人民的任务。《治安管理处罚条例》是调整还不到触犯刑律的程度，够不上给予刑事处分，而又超过了一般批评教育所能解决的限度的较轻微的违法行为。《治安管理处罚条例》对进行违法活动的各种坏分子来说，是人民对他们实行专政的武器；对于人民中有某些轻微违法行为的人来说，是国家约束他们的纪律；对于广大人民来说，是进行自我教育的工具。社会主义爱国公约是人民进行自我教育、自我约束的办法，也是国家与危害人民利益、妨害社会主义建设而又没有到达触犯刑律或治安管理处罚条例程度的各种不良行为斗争的工具。它调整着人民内部矛盾，预防违法犯罪的发生。我们国家掌握了这 3 种不同的武器，就可以根据不同情况，发动群众、依靠群众与各种危害国家与人民利益的行为开展斗争。

社会主义爱国公约对预防犯罪起着重大的作用。因为，一切违法犯罪现象的发生，都是有它的阶级根源和社会根源的。因此，要想减少和防止违法犯罪活动，就必须消灭敌人的活动市场，缩小敌人的活动阵地，提高群众觉悟和警惕，扩大社会主义阵地，堵塞漏洞，铲除可以滋生违法犯罪的社会根源，严密防止他们的活动，采取有效的预防措施，使他们的活动刚露头面就被扑灭。要想达到这个目的,最根本的办法是做好群众工作:教育群众、提高群众、组织群众、发动群众和依靠群众,并且把法制交给群众掌握。群众组织起来了,发动起来了,敌人就会孤立,他们的活动市场就会缩小和消灭,他们稍一露头,群众就可以随时随地把他们揪出来,他们就无法再有藏身之地。群众的政治思想教育工作做好了,思想觉悟就会迅速地提高,错误思想、错误行为或轻微的违法行为也可以得到群众的及时教育或帮助,不会使小错误发展成为大错,甚至发展成违法犯罪。订立社会主义爱国公约的目的正在于此。

(1958 年第 7 期)

对有关调处工作的几个问题的意见

赵德魁[*]　孙承基[**]　阎为群[***]

辽宁地区从1957年10月开始，各乡（镇）、部分城市街道都先后建立了调处委员会。调处委员会是乡（镇）人民委员会的组成部分，在乡（镇）人民委员会领导下进行工作。调处委员会一般由委员7～11人组成，以乡（镇）长或副乡（镇）长为主任，由委员中推定副主任1～2人。按地区大小、地理条件、纠纷情况，委员会下设若干调处小组。近几个月来，各地调处委员会已调处了不少轻微刑事案件和一般民事纠纷，并进行了法律宣传。通过正确及时地调处各种轻微刑事案件和一般民事纠纷，大大安定了生产秩序和社会秩序，预防和减少了违法、违反公约和一般纠纷案件，增强了人民内部的团结。新金县双塔乡小杨屯、小刘屯两个生产队，过去是打架、骂人、纠纷最多的生产队，在调处委员会把无理殴打生产队长的牟仁绪处分并做了六次法律宣传之后，至今，5个月来未发生一件纠纷，变成了无纠纷的生产队。这就有力地监督和推动了爱国公约的执行，已开始显示调处委员会在法制建设中第一道防线的重要作用。由于调处工作是一项新的工作，一切都在摸索创造，在实践中遇到的问题是不少的。这里提出一些不成熟的意见，请同志们指教。

一、调处委员会的性质和任务

我国社会秩序是空前安定的，但是残留在人们头脑中的资本主义思想，还需要经过长期的斗争才能消灭。目前，无论城市或农村，都还有少数人不好好从事劳动生产，不遵守国家政策法令，妨害公共秩序，违反劳动纪律，损害公共财产，妨害内部团结，败坏社会公德等，即所谓“大法不犯，小法常犯”的人。他们对生产和社会秩序妨碍很大，而且在政治上、思想上起着腐蚀的作用。因此，需要采取适当的办法，对他们加以约束。约束的最好形式，就是人民群众自己订立的社会主义爱国公约。调处委员会的任务，主要就是监督爱国公约的执行，杜绝违法

---

* 作者单位不详。
** 作者单位不详。
*** 作者单位不详。

和纠纷的发生。从这个意义来说，它是适应形势发展的需要的，是社会主义法制建设中的发展和创造。调处委员会对违反公约的处理，大体上有以下几种办法：①个别批评，大会检讨，大字报批判，大会辩论。②具结悔过，赔礼道歉。③退赃，赔偿损失，罚劳动日。这里被处理的行为，也就是调处委员会所应管辖的案件内容。因此，对这一部分案件的处理，既是调处委员会的任务，也是它监督公约执行的手段。为了监督公约的普遍执行，还应把法律宣传工作作为调处委员会的一项重要任务。因为公约是大家自愿订立的，首先应自觉地执行。只有加强宣传工作，才能使人人都做到这一点，并进而预防违法和纠纷的发生。此外，调处委员会还应把原调解委员会的任务，比如一般房屋、债务、扶养、分家、赔偿等案件接管起来，负责处理。从这个意义来说，调处委员会又是原调解委员会的发展。

二、调处委员会职权范围的划分

调处员会职权范围的划分，一般不发生在民事案件中间，因为对民事案件来说，调处委员会只能在取得当事人双方同意后才能处理，不能强制决定。对调处不成的，则交法院处理。绝大多数民事案件，是可以先经过调处的。这里不发生职权范围的划分问题。在职权范围上的混淆，主要是发生在调处委员会和治安管理部门之间，有时也发生在调处委员会和农业生产合作社之间。调处委员会和治安管理部门易于混淆的地方，主要表现在对一般打架斗殴、轻微伤害、小量偷盗、赌博等案件的处理上。这些案件在爱国公约规定中，调处委员会是可以处理的，但同样行为，在《治安管理处罚条例》中也有相应处罚的规定。比如该条例第10条规定：殴打他人的，辱骂他人不听劝阻的，处10日以下拘留或警告。第11条规定：偷窃，处10日以下拘留、20元以下罚款或者警告。第6条规定：赌博财物，经教育不改的，处7日以下拘留、14元以下罚款或者警告。对这一部分案件，双方管辖界限是不易划分的，实践情况也是如此。有的地方，治安管理部门把这些案件包揽起来；有的地方，则由调处委员会全部处理了。这种混淆，虽然在实践上还未产生重大困难，但也出现了一些问题。如由治安部门全部包下来的地方，他们感到小事太多，应接不暇，有碍其他治安工作的开展。有时也发生了处罚偏重的现象。由调处委员会全都包下来的地方，调处委员会不该管的管了，发生超越职权的现象，混淆了违反公约和违反《治安管理处罚条例》行为的界限。职权界限不清发生在调处委员会和农业社之间的，主要表现在既有社章里面对违反劳动纪律和不服从领导者给予处罚的规定，又有调处委员会对这类行为的处罚规定。有的农业社对一个偷5斤土豆的,除罚款5元外,还罚了100斤土豆;有的把偷50捧包米的,罚了500工分。这里不只是界限上不清,就是在处罚幅度上,两者口径也互不一致。

怎样划分调处委员会和治安管理部门、农业社间的职权界限呢?目前大体上有3种意见:第一种意见认为调处委员会可把刑事处罚部分全部交出去,主张这种意见的,有两点理由。其一,关于一般轻微刑事案件的处理,既无法划清界限,不如全部划出去,调处委员会不管,治安部门和农业社方面也就管起来了。其二,调处委员会和治安部门、农业社在职权范围上既然重复,只应修改调处委员会的职权,因为《治安管理处罚条例》和《农业社社章》,都是正式明文公布的法律,而《调处委员会规章》还只是试行。第二种意见认为调处委员会与治安、农业社易于重复的刑事案件,应全部授权给调处委员会处理。主张这种意见的理由是调处委员会是第一道防线,因此,关于刑事处罚这部分案件,不能交出,交出,就失去了或者不能完全发挥第一道防线的作用,而治安部门和农业社有更多更重要的业务要做,是不必管理这些事的。第三种意见认为调处委员会既不应把刑事案件全部包下来,也不应全都交出去,而应从现实出发,做大体上的划分。

我们为第3种意见是比较现实的,对界限的具体划分方法,有以下4点意见:

1. 从行为的性质上加以划分。对纯属治安性质的,如"在禁止通行的地区,擅自通行,不听劝阻的"、"无驾驶执照,驾驶机动车辆的"、"假报户口的"等行为,应交治安管理部门处理。对直接关系到劳动纪律、生产管理等的行为,应尽量交农业社统一解决。如农业社交给调处委员会处理的,调处委员会也应接受处理,但应与农业社做好协商。至于纯属民事性质的案件,应统一由调处委员会进行调处。

2. 从行为的程度上加以划分。违反爱国公约的行为,往往也是违反治安管理行为的,如赌博、打骂他人、轻微伤害等。调处委员会应该处罚的,主要是情节比较轻微,危害不很严重,还没有达到屡教不改,或不听劝阻,必须按《治安管理处罚条例》处罚的程度。如属屡教不改,或不听劝阻,应按《治安管理处罚条例》处罚的,则应交治安管理部门处罚。从实践中看,一般以下几个类型案件,如打骂斗殴、轻微虐待、偷窃、赌博、轻微投机倒把等,都可由调处委员会处理。但对案件的情节的掌握,必须从每个具体案件进行具体分析,要因地、因时做出正确评价,不能千篇一律,套用一个公式。

3. 从处理方式上和处罚幅度上加以划分。《治安管理处罚条例》规定的处罚办法有3种:警告、罚款、拘留。罚款最高为20元,拘留最多是10天。调处委员会处罚的办法，大致也有3种：批评教育（个别批评、小会检讨、大会辩论、大字报公布）、赔礼道歉、家庭管教、具结悔过、退赃、赔偿损失、罚劳动工分。从实践中看，调处案件中采取批评教育办法处理的占的比重很大，而这种处理方式，恰是调处委员会和治安管理部门在处理方式上重要区分标志之一。因此，凡是应该采取批评教育方式解决的案件，都应由调处委员会处理。有的案件，也可以从处罚幅度上加以划分，如偷窃案件可以偷窃的价值来划分，若干元以下的交调处委员会处理，超过这个限度的则交治安管理部门处理。

4. 共同协商划分。实践证明，除按上述3个方面可以将一大部分案件划分清楚外，有极少数案件，还不能截然划清，比如一个赌博事例，如治安方面发现了可能给予警告，而调处委员会发现了可能给予批评，这无论在性质上、行为程度上、处理方式和幅度上，都很难划分清楚。因此，对类似这一部分案件，还应共同协商，加以划分。目前，多半采取哪里收哪里办，或者协助弄清情况，再做必要的移转的方式。我们认为把这个方法，作为调处委员会和治安部门在处罚界限划分办法上的一个补充，从当前情况来说，还是可行的。

三、调处委员会开展工作的方法

根据各地实践摸索，调处委员会要想把工作做好，必须从以下几个方面开展工作：

1. 调处委员会的委员要分片包干，分兵把口。调处委员会的任务，是监督爱国公约的执行。这个公约是涉及每个家庭、每个公民的，因此，每个委员必须以自己所在村、社为一片，领导片内的一个或几个小组开展调处工作，进行遵守法令、遵守爱国公约的宣传，做好当地社会情况的了解。这样做的好处是：能够加强每个委员的责任心，发挥其主动性和积极性，能发挥调处小组的作用，并能较全面地了解社会情况，便利当事人，也推动了生产。为适应这种情况，调处委员会和调处小组应做适当分工。对一般民事纠纷，小组均可先行调处；对处罚不足五日的，应采取小组研究和主任批准的办法；对处罚达到五个劳动日的，一般应经调处委员会研究决定。

2. 要主动掌握情况，开展工作。调处委员会对辖区内各个时期发生的违法、犯罪和各种纠纷情况以及当地中心工作，都应做到心中有数。这样做便于调处委员会更好地安排工作，抓住重点，有计划、有目的地开展工作。对刚发生而未扩大的违法行为或纠纷，应立即采取措施加以防止，便于有的放矢地开展宣传工作。

3. 要加强与治保、民政、妇联、基层干部等的通力合作。调处委员会一般以乡(镇)为单位建立,辖区很大,凡有案件,都靠调处委员会的集体研究,无论在时间、地理条件上均有困难,事实上也行不通。因此,各调处委员必须善于与治安、监察、妇联等基层干部通力协作,互相支持,有情况相互交流,有案件相互研究。这才能提高调处工作质量,把监督爱国公约的执行工作做好。

4. 要有生产观点,要为中心服务,要从教育出发。对直接影响生产或中心工作的案件,要及时调查研究,及时处理。处理案件,要尽量利用非生产时间。在调处案件时,应同时进行有利生产、有利中心工作的教育。调处案件要从教育出发。必须坚持教育、约束和适当处分相结合的原则,克服和防止单纯惩罚的观点。这是因为:就调处案件的范围来说,其基本上是属于人民内部的问题,必须用说服教育的方法。就是给予适当的处分,也是为了达到教育的目的。因此,对人民群众来说,对应该处罚的,如其已悔悟了,可以不罚,对已决定处罚的,还可以采取缓期执行的办法,促其悔悟自新,只要悔悟了,就可以不执行,对处罚后表现好的,要及时表扬,巩固和扩大调处效果。但是,在调处委员会处分的案件中,也有少数的坏分子和被管制分子,对他们来说,处罚本身也有专政的意义,应该从严。人民和敌人必须严格区分开来,分别对待。

5. 调处工作要走群众路线。这包括两方面含义:(1)在调处案件时,要善于同群众的智慧相结合。对有教育意义的案件或蛮不讲理的当事人,可以运用群众辩论的方式解决。辩论前后必须做好思想工作,说清辩论目的,防止扩大矛盾,形成斗争。对生活隐私案件,不应采用这种方式。对房屋、山林、水利等案件,应吸收老农参加调处,他们情况熟悉,生产知识丰富,便于调处。对家庭纠纷,应吸收当事人亲属参加,知情知底,情谊相连,易于解劝。(2)要教育群众自己解决自己的问题。这是由于通过整风,群众的思想觉悟大大提高,只要调处委员会给予必要的协助,帮助他们学会处理生活中的一些是非问题,群众就完全可以摆脱依赖性,自觉地完成这项任务。旅大市西岗、中山两区,采用组包组、户包户、人包人的办法,解决了200多起纠纷,证实这个办法好,作用很大。这就可以大大减少调处委员会的负担,使调处组织可以转入以预防为主的大力开展遵守法令、爱国公约的宣传活动。

6. 要紧紧地依靠当地党政的领导。调处委员会担负着第一道防线的作用,调处工作是一个政策性较强的工作,不少地方,由于积极地争取了党政的领导把调处工作纳入党的工作计划之内,调处工作的方向更明确了,工作的干劲就更大。各地实践证明,党政领导的重视,是调处工作开展好坏的根本保证。

四、调处委员会的业务指导问题

调处委员会的工作，涉及法院、公安等几个政法部门的业务范围，在业务指导上，究竟由一个部门指导，还是由几个部门联合指导，是值得研究的问题。辽宁地区，目前是责成法院一个部门负责指导的。从实践情况看来，比较切实可行。这一方面是由于调处委员会不只担负着一部分刑事案件，同时也担负着很大一部分民事案件。因此，就业务上说，法院指导还有便利条件。另一方面法院在农村都设有若干人民法庭，并且在指导原调解委员会业务上，已积累了不少经验。因此，由法院指导不仅有了一些经验，而且在组织上也有保证。人民法院（人民法庭）指导调处业务采取什么措施呢？我们认为应该做好以下几项工作：

1. 要有明确的指导思想。要认识到调处委员会在法制建设中的重要意义。把调处工作提到法庭（法院）的重要日程上来。要认识到如充分发挥了调处委员会第一道防线的作用，对法院工作的开展，将有重大的意义。据风城县法院的调查统计，1958 年 1 ~4 月，在处理伤害、破坏家庭、砍伐国有林等案件中，可交调处委员会处理的占 50% 左右。在同一时期处理的生活费、扶养、继承、债务、工资等案件中，可交调处委员会处理的占 36.2% 。有这么大的比重的案件可以放下去，那么，法院的工作就可以更加主动，在保障多、快、好、省的社会主义建设事业中，将发挥更大的作用。

2. 要抓住主要的指导的方法。这里主要指人民法庭要经常检查了解调处工作情况，摸清一个时期存在的主要问题，有目的、有计划地指导调处工作。指导工作的方法可多种多样，主要是：（1）通过基点调处委员会，摸出经验，指导一般；或通过试验田，审判员参与实际工作，了解情况，积聚经验，进行指导。（2）通过小片会，组织学习，交流经验。（3）结合办案，具体帮助、指导。（4）通过简报，进行书面指导。（5）通过群众来访、人来人往，结合某些会议等了解情况，进行指导。（6）通过评比，推动调处工作。（7）通过现场会议，进行指导。

3. 指导要抓住中心。主要是抓监督公约执行的情况；抓政策思想指导，抓宣传工作，抓工作方法。当前，突出的则应该抓如何做好“监督爱国公约执行”的工作方法、调处委员会的职权范围以及贯彻调处工作规划的某些具体措施。

（1958 年第 7 期）

湖北枣阳、沔田、沙市推行社会主义爱国公约的经验

湖北省公安厅、检察院、法院推行爱国公约办公室*

为了取得在一个乡、社和街道推行爱国公约的经验，湖北省公安厅、人民检察院、人民法院共同抽调干部，分赴枣阳、沔阳两县和沙市市，配合当地政法部门，联合组成工作组，选择两个乡和一个街道居民委员会进行了试验，从3月中旬开始到4月中旬先后结束，初步获得了良好的效果。

试点调查的情况证明，在城市和农村，确实有一批“大法不犯，小法常犯”的不良分子。据枣阳阎岗乡和沔阳黄垓乡的调查统计，不良分子占人口总数的1%左右。沙市崇文街第七居民委员会的摸底排队中，不良分子约占总人数的1%～2%。这些不良分子的不良行为是多种多样的，对生产秩序和社会秩序都有很大的妨碍。例如，阎岗乡建强、百胜两社有39人经常不出工生产。影响生产任务的完成，黄垓乡长高社9户有不良行为的人，2月仅出工88个，出工率低于同等劳动力一倍多。其中有些是经常进行小偷小摸和爱占小便宜的，如社员刘开华1957年以来即偷盗合作社和群众财物27次，沙市崇文街织布一社120名值车工中，有20多人有偷布头的行为。有的人贪污挪用社内公款，阎岗两个社即揭发贪污公款6起，计700余元。有的败坏社会公德。社员王耀洪当过保丁，解放前即践害妇女，解放后又勾引4个妇女与其通奸，严重影响着他人家庭幸福。长高社张羊子，虐待母亲，下雪天将母亲赶出门外不养。经建社有个妇女张金兰，一贯欺街骂巷，全庄18家被她骂的有16家，并骂了两个住社的乡干部。社员雷倩仿一贯做投机生意，不好好搞生产，群众称他是“阴阳扇子”，他还常夸耀说：“搞农业生产多累，做点生意倒舒服。”还有的求神拜药，搞迷信活动，诈财害人。阎岗乡建强社黄姑，一贯下马过阴，今春又数次给群众求神看病，每次收费，还要群众送礼还愿。广大群众对这些不良行为十分不满，评论他们是“派活不干，调皮捣蛋。教育不听，真是没法办”。要求有个办法加以约束。因此，在社会主义教育和全民整风运动的基础上，发动群众讨论制定爱国公约，以教育和约束改造不良分子是完全必要的，也是正确处理人民内部矛盾的良好办法。

---

* 作者单位：湖北省公安厅、检察院、法院推行爱国公约办公室。

通过推行爱国公约，深刻地教育了群众，提高了人民群众的社会主义觉悟，预防和减少了纠纷，增强了人民内部的团结，出现了空前的生动活泼的政治局面，显著的变化是：(1)劳动出勤率大大提高，推动了当前生产。百胜社出勤率由原来70%提高到100%，建强社共有劳动力429人，原来有384人参加劳动，现除2人外全部出勤生产。黄益社在制定公约后，群众生产情绪高涨，出现5天内积肥10万担的空前纪录。(2)树立了新风尚，教育了不良分子。前述虐待母亲的张羊子亲自将母亲接回奉养，阎岗乡建强社一个社即出现3起拾物不昧的模范事例，沙市市第七居民委员会有48名行为不良的人，已经转变好的有16人。(3)群众觉悟提高，加强了对敌人的教育控制，社会秩序更加安定。阎岗乡3月以来不仅未发生任何破坏事件，连吵嘴骂人的事也大大减少了。沔阳黄㙟乡的群众说，推行公约是"三好变一好"(群众发动得好、公约订得好，大字报写得好，因而推动乡、社生产搞得更好)，真是："国有国法，家有家法，大有大法，小有小法，有奖有罚，生产大跃进，风尚日日新。"沙市市的居民把公约比做"一面镜子"，说随时对照，不犯错误。

试点推行爱国公约的做法和经验，综合有如下几点：

1. 党委领导，统一安排，依靠组织，全党动手，紧密地结合生产进行。推行爱国公约是群众自我教育、自我约束的社会主义政治思想教育活动，也是推动党的各项事业发展和胜利的重要保证，所以，必须结合生产进行。因此，一定要由党委领导，全党动手才能办好。一般做法是首先由乡(街道)党支部委员会讨论制定爱国公约的意义目的，在提高认识的基础上，做出规划，与生产统一安排，在乡社、街道干部会议上结合生产进行布置贯彻，然后分头去组织发动群众讨论制定公约。黄㙟乡党支部在全乡乡社干部会议上，将推行爱国公约工作与生产统一安排布置，并责成政法多长，治保、调处主任专责领导，乡社党团支部具体保证。沙市推行爱国公约的工作是由党委安排与整风统一进行的，在整风的同时，鸣放揭发问题，讨论制定公约。阎岗乡在总支委员会议后，分别召开了全乡治保、调处干部会，社党的分支部扩大会，各社生产组长以上干部和党团员积极分子会，共训练干部积极分子500余名，依靠他们全面地开展了推行爱国公约的工作。

当前生产十分紧张，推行爱国公约的目的又在于克服生产中的消极因素，发扬生产中的积极因素，达到促进生产发展，保卫社会治安的目的。因此讨论制定公约时，必须紧密地结合生产进行，方法是采取"三包"、"多边"，即组织干部：(1)包宣传发动。(2)包领导群众讨论制定好爱国公约。(3)包订出贯彻执行公约的保证制度。边生产，边进行宣传；边宣传，边发动群众讨论提出订立爱国公约的内容:边制定公约,边回忆对比,揭发批判坏人坏事,表扬好人好事。为了保证贯彻"三包"、"多边",必须注意两点:(1)妥善组织干部力量,做到社、队、组都有专人负责,领导群众学习讨论。(2)加强具体领导,采取"三勤",即勤布置、勤检查、勤帮助。白天学习讨论,夜晚检查汇报,布置一段,检查一段,做到及时发现解决问题,总结交流经验。

在推行爱国公约过程中,应广泛深入地向群众宣传制定公约的意义和目的,造成声势,贯彻始终。采取的形式是:(1)结合各种生产会议进行宣传,黄坟乡共召开189次田间会、21次区乡战地会、124次湾队会;(2)写大字报,贴标语,两个乡共写大字报、标语4120张,印发宣传材料920份;(3)搜集当地典型好人好事和坏人坏事的事例举行展览,用事实教育群众,黄坟乡举办的"两好,两坏"展览会,对群众教育很大;(4)提出调动群众积极性的口号,作为推动生产的动力,长高社在宣传公约中,提出与全乡开展比出勤率、比生产质量的两比竞赛,做到了家无闲人,人人上田,3天内播种棉花1500亩。

2. 讨论制定公约应与社会主义教育即全民整风运动相结合,根据群众鸣放揭露的问题和意见,集中起来,订立公约,作为群众共同守则。因此,整风整社结束地区,应在已有基础上发动群众继续深入鸣放,揭露问题;正在进行的地区,必须深入发动群众,联系当地情况,充分揭发坏人坏事,表扬好人好事,把讨论制定公约作为一次发动群众进行社会主义教育、集体主义教育、劳动守法教育和严明纪律教育的过程。方法是大鸣、大放、大字报、大辩论,具体说来有以下几点:

(1)大鸣大放。枣阳阎岗乡群众在讨论制定公约中,表扬了一贯服从领导调配、积极劳动生产、爱护公共财产的模范人物201人,指名或不指名揭发批判了有各种不良行为的236人,其中146人向群众检讨承认了错误,订出改正的保证书。

(2)充分利用大字报表扬好人好事,揭发坏人坏事,黄坟乡长高社举办了一个"两好,两坏"大字报展览室,共贴大字报300余张,计表扬56张、揭发坏人坏事140张、批评干部作风35张、相互批评69张、检讨保证23张、群众给张羊子门口贴的大字报说"羊子不是人,不养他母亲,下雪赶出外,真是无良心"。给张春生贴的大字报是"春生本姓张,老婆像阎王,儿子接八字,把钱都花光,叫他生产,向社要钱粮,社里未批准,挑担下了乡。他说赚的是现钱,工分是赊张"。大字报批评的第二天,张羊子即把母亲接了回来,张春生也积极参加生产了。

(3)对于典型的坏人坏事,开展辩论、批判,仅阎岗乡在订公约中即辩论批判了12人。

(4)结合群众鸣放,及时解决妨碍生产的问题。石刭社在订公约中,群众纷纷反映社的账目不清，经过查账，发现会计、主任集体贪污，报县批准后及时逮捕3人。联一社农具失散情况严重，即在该社发动了一个农具还家运动，两天内群众自动退还农具五十余件，占失散农具总数的90%。

采取上述做法，即深刻地教育了群众，使群众在思想上切实辨明了什么是好的、什么是坏的、什么该发扬、什么该反对，从而使公约条文订得切合实际，避免形式，并为进一步贯彻执行公约打下了思想基础。

发动群众揭发批评不良行为，是解决人民内部矛盾的办法，但应与敌我问题严格区别，不能用对敌人的办法，来对待有不良行为的人，要强调深入细致的思想教育工作，防止简单粗暴。指名批评、大字报揭发、重点辩论坏人坏事，特别是把大字报贴在大门上等做法，要慎重掌握，防止发生其他问题。

3. 制定公约的方法。制定公约要充分走群众路线，采取领导与群众相结合的方式，发动群众自下而上的讨论，在宣传发动的基础上，由合作社或居民委员会，根据群众鸣放揭露的问题，首先提出公约草案，向群众进行宣传，组织群众结合社、队、街道具体情况进行讨论——有没有、要不要、够不够，提出修改补充公约内容和意见，然后再由合作社或居民委员会综合修订，召开群众大会讨论通过，报乡人民委员会（街道办事处）批准，印发每户遵守。

公约以社或居民委员会为单位制定。公约的名称为“社会主义爱国公约”，也可叫“爱国、爱社、爱家”三爱公约。公约的内容要实际，通俗易懂，包括发扬什么和反对什么的两个方面，要抓住当时当地妨碍生产、影响社会治安的突出问题加以解决，并要在贯彻执行中不断修改或补充新的条文。公约通过后，要发动群众监督少数有不良行为的分子，订出切实遵守公约、改正错误的保证，公约重点是约束不良分子和坏人坏事，对多数群众主要是思想教育，因此不要强调户户都订遵守公约的保证。

在制定遵守公约的同时，要结合建立健全乡、社调处组织，并向群众宣传调处工作的性质和任务。

4. 在推行爱国公约中，加强对地、富、反、坏、“右”和巫婆、马脚的教育控制工作，可在公约订立后，召开上述分子训话会，进行爱国守法教育，检查劳动守法情况，向其宣读合作社订立的爱国公约的内容，责令其列为守法内容，订出保证，严格遵守，说清如有违反，从严处理。阎岗乡召开训话会议后全乡7名阴婆已停止活动。据两个社统计，有55名地、富、反、坏分子向农业社订出了守法保证。有的是在宣传发动基础上实行两订，即群众订爱国公约，地、富、反、坏订守法规约。但要严格划清界限，分别进行。采取这些办法，就进一步教育控制了敌人，也是实现安全乡、社的重要措施。

5. 公约制定后,如何巩固成果,发挥公约作用,保证公约的贯彻执行?试点研究了以下办法:

(1)建立经常检查评比制度,定每月过一次"三爱日"或"公约检查日",以生产队(居民小组)为单位,检查爱国公约执行情况。每半年全面检查一次,评比奖励,并修订公约条文。

(2)经常注意抓执行公约的好坏典型,开展表扬批评,深刻实际地教育群众。

(3)乡、社党支部,乡人民委员会把贯彻执行爱国公约当做一项经常的群众政治思想教育工作抓,具体领导调处组织,定期检查公约执行情况,解决工作中的困难。

(4)乡、社调处组织要切实做好执行爱国公约的奖惩工作,并建立工作制度,每月开会一次,汇报执行公约和调处工作的情况,交流工作经验,开展批评,研究解决工作中的困难问题。在会后3日内向人民法院(人民法庭)和乡人民委员会(街道办事处)党支部报告工作。

目前试点经验正在县、市范围内普遍开花,一个群众性的政治思想教育运动正在广泛深入地开展,这必将大大地推动生产力的发展。

(1958年第7期)

就地审判是贯彻群众路线的新发展

杨　鹏[*]　罗时润[**]

一、就地审判的意义和它的发展

就地审判（简称就审）包括就地调查、就地审理（调解）、就地宣判和就地执行。这是一种走群众路线的审判方式，它最能体现人民法院便利人民、联系人民、依靠人民、为人民服务的精神和作风。作为实施人民民主专政重要工具之一的人民法院，之所以要实行这样的审判方式和作风，是因为：第一，人民法院是全心全意为人民服务的，人民司法工作者是人民忠实的勤务员，它捍卫着党和国家的利益，也就是人民的利益，因此它必须尽量地便利群众，用群众最满意的方式执行自己的职务。第二，人民法院进行审判时，不仅仅凭诉状、供词、辩论作为判决的依据，也不能满足于法庭上的调查，而是要对案情事实做深入的调查研究，掌握了案情真相和充分证据后，才依法判处。第三，人与人的关系是复杂的，成为案件则更为复杂，但是这种关系并不能和社会生活隔绝。人民群众的社会经验和生产知识是非常丰富的，审判工作上的难题只要依靠群众，就能顺利得到解决。第四，人民法院的判决不仅要放在可靠的事实证据和正确适用政策法律的基础上，而且要顺乎人情（劳动人民的感情），这就必须正确观察群众情绪特别是发案当地的群众情绪。第五，人民的法律归根到底是群众创造的，是支持群众斗争取得胜利的武器，法律只有为群众所掌握，才能成为巨大的物质力量，因此，人民法院不仅要向群众学习，而且负有向群众进行宣传教育的任务。为达到这样的要求和目的，就必须使审判活动跟群众广泛见面，把审判活动放在群众中间，和群众发生密切的联系，只有这样，才能把审判工作置于群众的监督和协助之下，正确、合法、及时地处理案件。

群众路线是我们党的一切工作的根本路线，人民法院审判制度上体现群众路线原则的地方很多，如公开审判制、陪审制、合议制、辩护制、二审终审制，但这些制度只能体现审判过程中群众路线的一部，而不能包括其全部。最能使全部

---

* 作者单位不详。

** 作者单位不详。

审判过程自始至终贯彻群众路线的,莫过于就地审判,这就是它之所以值得尽量提倡、推广的根据。

在苏维埃革命时期、抗日战争时期、解放战争时期以及新中国成立以后,各地人民法院都实行了这一群众路线的审判方式。自卫战争时期脍炙人口的马锡五审判方式,就是这种审判方式的典型。这样优良的审判方式在1951年9月3日中央人民政府委员会通过的《中华人民共和国人民法院暂行组织条例》内也作过专门的规定,在这以后颁布的《人民法院组织法》内又把实行巡回审判方式(就地审判的一种方式)的巡回法庭提高为人民法庭。但是建立人民法庭以后,有些司法干部错误地领会固定庭址的意义,误认为巡回审判不好,坐在法庭内办案才正规;加以实行办案的正规程序以后,有些司法干部错误地认为法庭调查可以解决一切,实地调查就会先入为主。有的虽然肯定就地审判有好处,但是怕就审跑路多,怕费时误工,怕影响办案效率,怕和中心工作有矛盾,因而得出结论"公诉案件不便于就审,自诉案件不值得就审,事实清楚的案件不必要就审",对就地审判实际上抱着否定的态度。基于以上的原因,近年以来,巡回就地审判的方式渐渐地少实行了,坐堂问案的旧作风又有所滋长,这显然是错误的。在此次司法工作"大跃进"中,福建省的许多法院根据实践中的体验,认识到旧法观点、旧法作风和"右倾"保守思想的危害,把广泛实行就地审判作为实现司法工作"大跃进"的"纲",因而就地审判有了新的发展。不仅农村基层法院这样做,城市法院、二审法院也普遍这样做了。这是审判工作上贯彻群众路线的飞跃发展,是值得我们重视和兴奋的。下面我们根据福建省各地广泛实行就地审判的经验,对其加以整理,略抒管见,以求教于司法界的同志们。

二、就地审判的作用

实践证明,就地审判有以下显著的作用:

(1)便利群众诉讼和生产,节省劳力财力。特别在山高路远、交通不便的地区,法院传讯一次,来回少则一两天,多则四五天。广泛实行就审后,全年统计,为社会为当事人节省的劳力和财力是相当可观的。在当前大跃进形势下,通过就地审判来及时解除群众讼累,使当事人轻松愉快地投入生产,不因审讯而影响生产,更是直接地支持了大生产的运动。

(2)便于弄清案情,提高办案质量。下乡办案以后,把审判工作置于当地群众的监督和协助下,便于进行直接的调查研究,易于找到人证物证,易于倾听劳动人民的意见,对案情的了解和分析就更为全面和深入。如福建永春县法院在

1958年4月就地审判公安局移送的管制案件中，发现新罪行够逮捕判刑的就有10件，另外发现故意陷害的假案和起诉事实根本错误的有8件，都依法作了处理，从而保证了办案的不漏不错。又如，闽清县一个行凶报复犯郑绍钦，侦查中避重就轻，把报复行凶狡辩成是酒醉后不省人事、在不能控制自己行为的情况下的越轨行为，起诉时没法认定，县法院就审时很快就查明被告常常说为兄报仇的话（其兄系匪首，解放后被镇压），在行凶的当天早晨（未饮酒）就持械到处寻找被害人寻衅，于是很快地把犯罪性质查清楚了。

（3）便于扩大法纪宣教。过去在法院公开审判，旁听者寥寥无几。一经走出法院大门，到发案的当地审理，情况就大变了，不论是刑事还是民事、白天黑夜、晴天雨天，几乎案案都挤得满满的。过去老是叫没有法庭，现在天地之大，到处都可设法庭，到处都是法律宣传的讲坛。海澄县法院原来审判人员每人每月平均作法律讲演1次，实行就审后即增至7次。

（4）便于配合运动，支持中心工作。哪里有敌人猖狂破坏，法庭就在哪里出现，保障中心工作及时有力。特别有些落后地区和边沿结合部，工作基础较差，敌人和坏分子活动较凶，而我们过去在这些地方开展审判活动又很少，一经就地审判以后，打下邪气，正气大伸，各项工作就能顺利开展了。如闽清县法院今年春天到9个高山落后乡开展审判活动，鼓励了群众揭发犯罪的积极性，群众检举了犯罪8起，有12名反革命分子投案自首。

（5）提高办案效率。就审中由于减少了文来文往，解决了由于坐堂问案而事实弄不清楚，或当事人不到庭而长期拖延不决的案件，办案效率可大大提高。如闽清县法院今年春季70%的案件就审后，每个审判庭平均月结45件，效率比过去提高3倍，80%以上都在10天内办结。海澄县法院长期以来都有七八十件积案，每个审判庭月结10余件至30多件不等，3月实行分片包干，90%以上的案件就审后，很快消灭了积案，每个审判庭每月结案42～68件。

（6）便于培养锻炼干部向群众学习，熟悉群众的生活状况和劳动状况，坚持艰苦朴素的作风，从而使审判人员具有群众观点和阶级感情，懂得人民的心，成为既懂国法又通人情物理的完善的人民司法干部。

（7）便于指导调解（调处）工作和开展其他司法活动（如了解敌情社情，处理委托调查、公证、人民来信等）。法庭下乡可以把一般简易民事纠纷交给调解（处）委员会处理，对其加以指导，或者通过法庭调解，吸收调解（处）委员参加，带动调解（处）委员会开展工作。

三、就地审判的方式

就地审判目前有以下3种基本方式：

(1)一竿子插到底，即审判庭直接下到发案的自然村、农业社办案，与发案当地的群众直接见面，就地调查、审理(调解)、宣判，对调解和发生法律效力的判决就地执行。

(2)分点审判，即以二三个乡为一个点，就近传讯当事人、证人，在点上审判。公诉案件，将犯人押到点上，派武装看管，采用"三员协作"(预审员、检察员、审判员)，在点上批捕、侦查、起诉、审判。

(3)院内小型公判，就地大会宣判。

以上这3种方式，各地运用时不是单一化的，而是以其中一种为主，结合其他方式。这3种方式中，名副其实的就地审判是第一种，它全面地起了前述七大作用。第二种方式比坐在法院办案要好得多，但在深入群众、便利群众方面不及第一种，未全其美。第三种方式仅能起到扩大法律宣传、支持中心工作的作用。比较起来，自以第一种为最好，但也不是所有案件都须强求一律用第一种。如1957年下半年刑事案件增多时，为了及时处理这些案件，便于有关部门协作，便于看管犯人，用第二种方式是适当的。少数典型重大的刑事案件和需要秘密审理的案件，也可用第三种方式。无论采用第二或第三种方式，都不排斥做实地调查、了解当地群众意见等。

四、就地审判中的一些具体问题

这些问题是根据实践需要提出的，很不成熟，仅供进一步研究的参考。这些问题包括：

(1)就审的范围，即哪些案件适于就地审判，目前各地做法不很一致，有的除法院附近发生的案件外，绝大部分案件都就审；有的不公开审判的案件一律不就审；有的就审不包括公诉案件，有的不包括自诉案件；有的对当事人请求不就审的就不就审。根据前述就审的作用来看，我们认为凡是能收到其中一项或几项效果的案件都适于就审。因此第一种做法是可行的。不公开审判的案件除少数涉及重大国家机密的以外，对于一般隐私和少年犯案件，在农村如有适于秘密审理的地方，亦可就审，以便于调查传证，弄清案情，便利群众。认为凡是不公开审判的案件一律都不适于就审的看法是不够全面的。公诉案件只要和公安、检察部门联系好,看管犯人的问题能够解决,是最需要就审的。因为这类案件一般都和中心工作有关,影响大,是当地群众所最关心的。把就审范围仅限于公诉案件也是很不够的,因为自诉案件是大量的(一般占法院收案80%左右),就审的目的是便利人民,为生产服务,撇开这部分案件是谈不到贯彻群众路线的。至于当事人要求不就地审判的民事案件既不能毫不考虑当事人的请求,也不能无原则迁就当事人的请求。一般来说,绝大多数当事人是极愿就地审判的,但也有少数婚姻家庭纠纷的当事人怕就审丢人,不愿就审。实践中也曾发生原来尚有和好可能的婚姻纠纷,一经就地公开审判,就撕破了面皮,感情更加恶化。因此有人主张凡是婚姻家庭纠纷都不宜就审,我们认为这也不妥当。因为首先,这类不愿就审的当事人仅属极少数,这是可以照顾的。但如果对这类纠纷一律不就审,则是违背多数当事人意愿的。其次,因就地审判致使原来尚有和好可能的夫妻家庭关系决裂了的案件,问题不在该不该就地审判,而在该不该公开审判,该不该未经调解而用审判的方法处理。不该公开审判和可调解的案件,在就审时是完全应该注意的。另外也还要注意这类案件中,如果当事人一方的没落阶级的思想和行为已发展到不能容忍或者不能妥协的地步,当事人越是不愿公开,不愿就审,那我们正是要公开就审(涉及隐私的不公开审理),让这种腐朽的思想行为暴露在光天化日之下,造成舆论制裁,并教育群众,这是只有好处没有坏处的。

(2)就审的程序。就地审判由于走出法院大门,深入群众,必须和群众的生产活动和生活方式相结合,因此在执行审判制度和程序时,必须因时因地制宜,适应群众习惯。

①庭审。庭审的目的是在三头对面的情况下,按照法定的程序,全面调查案情事实。就地审判多做了一些开庭前的实地调查,这是必要的。但这种实地调查多是向当事人、证人分别进行的,并不能代替庭审。因此凡是就审案件除了某些调解解决的以外,原则上案案都必须经过认真的庭审,不可因下乡办案而随意省略。但庭审的进行应群众化,重内容不重形式,除了祠堂、庙宇、机关学校等可借做法庭外,群众大厅、庭院、空场甚至街头、巷尾、大树下,处处都可设法庭。有的法院采用田头办案,田埂当座位,大腿当桌子,我们认为对于一些轻微案件和可以调解解决的案件,这是可行的。开庭时一些无实际作用的程序可以简去,如书记员报告到庭人数、法庭组成人员出庭和宣判时全体起立等。各种裁定可尽量用口头宣布,笔录载明即可。不需要每庭都宣布法庭规则,需要宣布时也不宣布一些群众难以接受的清规戒律,如不准吸烟、不准来往走动、不准带小孩等。一般轻微案件,审判员可以自问自记,书记员可以协助调查和调解案件等。

②开庭前3天送达起诉书副本和出公告。由于就审时在一个乡不可能逗留很久，到乡开庭时间又很难掌握，对于起诉书副本和开庭裁定，除了押犯人下乡就审的案件可以3天前送达外，一般案件不必机械执行这一规定，但最好能早些送达，使当事人能有所准备，不致临时外出，就审扑空。如果事先送达不可能，临时通知亦未尝不可。至于3天前出公告更无须机械执行。较大案件，可用打锣、广播筒通知，一般案件，只需公开审理，群众就会闻声前来旁听的。

③陪审。就审时以临时邀请所在乡的陪审员陪审较好。这样的陪审员最熟悉情况，又不误生产，还可节省陪审经费。但邀请当地陪审员应自动注意回避问题。

④交代诉讼权利和作证责任。过去有些审判人员向被告交代诉讼权利时和颜悦色，向证人交代作证责任时却疾言厉色，片面强调实事求是，还着令具结按指模，进出由法警押着，伤害证人积极性，引起群众反感。就审时向被告交代诉讼权利应注意态度严肃，使群众懂得交代诉讼权利的目的是弄清案情，是从国家和人民利益着想，不是为被告着想。向证人交代作证责任，首先应动员其大胆检举揭发犯罪，然后才是实事求是。至于证人具结问题，我们认为具结与否实际上并不会增加或降低作证效力，具结又不合群众习惯，一般可以不用，改为在提证笔录上具名即可。

⑤旁听群众发言。要把审判工作真正置于群众的监督和协助下，就审时旁听群众发言应该是允许的，但要加以掌握，防止随意打断当事人的陈述，形成压制辩护。旁听群众发言具有作证性质的，应告知作证责任，至于调解案件，群众发言往往能促进当事人达成协议，可以有意识地组织。

⑥收案。一般可院内收案，统一安排下乡审理。审判员下乡亦可直接收案，并应尽可能随收随理。对一般简单案件，可允许用口诉，笔录记明即可。

(3)法庭审判和群众详论相结合问题。各地就审中把一些长期纠缠不清，难以解决，而又不涉及国家机密和私人隐私的案件，以及判处原属正确，但群众、当事人思想不通、难于执行的案件，提交群众讨论，能够迅速辨明是非，使案件得到正确解决。这是司法工作贯彻群众路线的新的创造，值得推广。但辩论会的组织应单独举行，不要和审判混在一起。

(4)审判委员会工作问题。广泛实行就审后，审判委员会成员经常在乡下，审判委员会开会就成了问题。有的认为审判委员会不过半数不能开会。照这种说法，审判委员会的工作就要停顿。我们认为审判委员会是一工作机构，不是权力机构，家里剩下几个委员，就可以开会研究，并不发生不过半数合不合法的问题。

（5）二审就审问题。福建省高级法院和各中级法院对二审案件组织下乡审理，克服书面审理中的脱离实际现象，大大提高了办案质量和效率。事实证明，那种认为基层法院可以就审、二审法院不能就审的看法是保守的。二审就审的范围，我们认为可以是些事实不清、需要变更原判决以及对中心工作有重大支持作用的案件。二审就审的方式，有下到发案地点审理、到县审理、分头下乡到点合议等几种，可根据案件的具体情况结合运用。如在县扣押的犯人可到县审理；事实不清，需要传证、牵涉面较广或者需要观察群众情绪的案件，可到发案地点审理；就审案件多、审判力量不足，可由审判员分头调查，到点会议。对于有关中心工作的重大案件，二审法院还可就地召开大规模的公判大会，造成声势，支持群众斗争，扩大法律宣传作用。

五、就地审判需要注意的几个问题

就地审判需要注意以下几个问题：

（1）必须加强对审判庭的领导。审判庭下乡，处在独立负责状态，必须加强对审判人员的政治思想、政策业务的领导。下乡回来后应有一段休整，进行总结检查，学习上级新发的指示文件。领导要认真审查审判庭的下乡计划，研究解决上山下乡遇到的问题，加强审批案件。在审批案件方法上，有的院党委授权包搞中心的一长就近审批。有的采取院领导先和合议庭研究判处意见，下乡审判时，如案情无变化即照判，如案情有了变化，请示批准后再宣判。我们认为下乡前就案件的审理和执行政策问题和院领导做些研究是可以的，但一般不宜确定具体刑期，因为这样容易陷入主观主义，并使庭审流于形式。报批时间原则上仍应放在庭审后、宣判前。为此，审判委员会应根据案件性质和干部条件，给审判庭划分一定的决定范围。有的把判处二三年以下徒刑的案件和民事案件统统让审判庭决定，我们认为这样划分决定范围不科学。因为二三年以下徒刑的案件，很多正是政策界限上判与不判的疑难案件。因此院领导最好采取抓两头的审批办法，即刑事案件中抓判处较重徒刑的案件和判与不判审判庭感到把握不大的案件，民事案件中抓影响大、政策性大的案件，其余案件可由审判庭自己决定，当庭宣判。

审判庭下乡办案，时时刻刻不能忘记服从区乡党委的统一领导。到乡应与区乡做好联系，向其汇报工作情况，请示问题，对于和中心工作关系大、影响大、民愤大的案件，应请示区乡党委，尊重区乡党委的意见。如区乡党委意见与自己意见不一致，应连同区乡党委意见报请县领导决定。

(2)必须紧密结合生产。下乡审判员首先要从思想上树立为生产服务的观念,认真学习生产斗争知识。就审本来是便利生产的,有的地方却怕就审多了影响生产,这是因为,这些地方把就审理解为案案都搞大型的公判大会,都要区乡代为布置会场、组织旁听。这样自然要影响生产,使群众、干部感到厌烦。今后除了少数重大典型案件需要组织群众旁听外,其余大部分案件都可不拘形式地就审,让群众自由旁听。在结合生产方法上,许多地方采取"白天调查、田头调解,晚上(或午休时)开庭","边劳动,边调查,边宣传","对于和中心工作有关的案件,提关审理,扩大宣传"等办法,这都是好的。对专门组织旁听的案件,应取得区乡组织的同意,并做好充分的准备工作,开庭时间不能太长,以一二小时为宜。如案件太多或审理时间太长的,最好不要组织大型的公开审判,用公开宣判扩大影响即可。

(3)妥善组织力量,加强就审的计划性。广泛实行就审以后,过去按案件性质分工的办法不能适应工作的需要,许多法院都改用刑民庭合一,将全院力量统一组成若干审判庭,将全县(市)划为几大片,每个审判庭分别包干一片或几片,这样使审判庭就审时有固定的活动地区,便于有计划地安排就审路线和时间,便于它熟悉辖区内的情况,并便于结合进行其他的司法活动。审判庭每次巡回就审时都应做好计划,做好案件的排队工作。

(1958年第7期)

依靠群众解决了一件买卖合同的纠纷

张耀儒*

我们受理一件公主岭市服务公司(以下简称公司)与怀德县怀德镇蔬菜生产合作社(以下简称菜社)买卖合同纠纷案件(二审)。简要案情是,公司订购菜社白菜80万斤、萝卜3万斤。合同规定:“菜砍倒三天后交货验质,公司不来人接收,菜受雪受冻由公司负责。”并口头议妥:“公司不来人不准砍菜,运输车辆由双方组织。”(没规定哪方承担多少)达成协议后不久,即11月16日,菜社给公司打电话催促来人,以便菜社砍菜。公司答复次日来人,但次日公司并未派人到菜社。11月19日,气温突然下降,早晨下雨,后来却下起雪来。这时公司仍未来人,菜社只动员社员把萝卜都抢救出来,而没有抢救白菜。当时菜社认为“下雪也冻不坏菜”,又片面地认为合同规定“公司不来人接收,菜受雪受冻由公司负责”,有损失也由公司负责,所以,菜社能抢救也未抢救,致使80万斤白菜受雪冻,损失达4800元。已冻的白菜,菜社未予妥善保管,又兼双方未积极组织车辆运输入库,致使白菜再次遭冻,又损失达千余元。前后共损失6000余元。

原审法院判公司负责赔偿菜社3200元的损失,其余损失由菜社自己负责。

判决下达后,公司不服,上诉称:“公司已按合同执行了,菜社把菜砍倒3天后如公司不接收菜,菜受雪受冻由公司负责,但菜社未砍倒菜,公司不负责。”公司根本否认了当时的口头约定。菜社收到判决也不服,认为“菜社按‘公司不来人不准砍菜’的约定执行了,应该由公司负全部赔偿责任”,并声称“原计算4800元损失太少,实际损失已达万元,公司应全部赔偿”。有的社员还认为:“国家嘴大,农民嘴小,法院和公司都是国家的,这是一面官司。”有的说:“再有菜可记着,宁肯扔了,也不卖给公司,惹不起这个气!”“宁肯不要脑袋也和公司干到底!”有的社员要到地委、省委请愿,不给解决就上中央找毛主席。有的不干活,悲观地说:“辛辛苦苦一年白干了!”也有的要拉马退社。社干部对社员教育解释,个别社员歪曲地说:“是你们(指干部)把我们社员卖了。”有的社干部(包括社主任)到区镇发牢骚,要求辞职。区、镇党政领导也感到这个案件“挠头”。

这个案件关系到国家与农民,城市与乡村之间的利益与团结问题,是个重大

---

* 作者单位不详。

复杂的案件。我们收了案首先向地委请示，接着召开了有关部门负责同志的会议。怀德县委农村工作部、公主岭市商业局、公主岭市委监察委员会负责同志亲自参加了会议。在会上传达了地委的指示；说明此案对国家与农民、城市与乡村、农社的发展巩固的深刻影响；讲解买卖合同的主要规定和双方可能负的法律责任（因为二审尚未深入调查，只能先预料双方可能负的法律责任）；最后，指出公司和菜社所持的错误态度，要求党政领导帮助解决。会上，县委农村工作部负责同志表示："菜社认为自己没有责任是错误的，为什么菜社不积极抢救？但公司也有一定责任。我回县向县委书记做个汇报，并给怀德区委书记、镇总支书记打电话，叫他们保证说服教育菜社干部与社员严格检查自己，认真执行法律。"市商业局负责同志也表示："公司对人民财产不关心，不按时收菜，也有责任。"会后，市委书记向商业局指示说："应该严格检查服务公司的工作，为什么不去及时接收菜？菜的损失，我们有责任。"又指示："应体贴农民的艰苦，对农民应该在经济上做适当的让步。"并责成商业局长亲自出庭充当代表人，一定把这个纠纷解决得妥当。

在取得地委指示和当地党政支持后，我们考虑到解决这个案件的另一个关键，即必须查清公司与菜社应负的法律责任。具体应查清以下两方面的问题：(1)是否人力不可抗拒的意外灾害？如公司接到菜社电话就去人收菜，能否避免白菜遭雪冻？菜社发现降雪有否抢救可能？(2)菜受冻砍倒后又再次受冻，能否避免？

为了明了本案造成纷纷的事实，并摸清菜社干部与社员的思想动态，我们就由3个审判人员组成合议庭，走出法院大门，背包深入农村，取得当地党政的支持，依靠群众，周密地进行了调查研究，并实行了就地审判，具体做法是：

首先，以各种翻查形式广泛地、周密地调查了不同类型的各个阶层群众（包括各级干部），调查了具有不同思想和与案件结果有不同关系的群众。我们用深入工地、登门访问、个别交谈、开小型漫谈会的方法，向190名群众和干部进行了调查。从群众那里得到了很多生动确凿的事实。如与案件结果没利害关系的李淑荣说："我有10垄白菜，看看天气很暖和想让它多长几天，没曾想下起大雪都给冻了。这样冷，下雪时我也没曾想到能冻坏白菜。"孟宪彦等人说："下雪时，天还没黑呢，菜社若是动员全体劳动力和家属，能够组织100多人，还有学校好几百学生都能帮忙，满可以抢救，可是社里光拔大萝卜，把白菜放着不管，说'公司不来人不准砍菜'。我当时就认为菜社不对，不能看着白菜受雪挨冻，如果，菜砍倒了公司不要，还可以外卖呢？在这一点上，菜社应负主要责任。但公司接到菜社电话不来人，若是公司头两天来人把菜砍倒了，受冻也轻一些，所以公司也有责任。”我们又向与案件结果有利害关系的社干部与社员进行了调查，发现社内芹菜、胡萝卜、大豆以及社内留用的白菜也全部遭雪受冻，菜受冻后，若是妥予保护或积极组织运输入库，也不会再次遭冻。经过调查，案情已搞清楚，公司和菜社应负的法律责任也基本明确了。我们发现有些社员还是搞不通，需要向他们进一步说明道理，使其明辨是非。

其次，对已摸清的群众思想动态分类排队（分成积极、中间、落后三类），通过个别访问、交谈的方法，把政策法律交给群众，向积极群众提出案情真相，交代有关买卖合同的政策法律。酝酿成熟后，展开对以下4个问题的辩论，即是否人力不可抗拒的意外灾害？如公司接到菜社电话就来人接收菜，能否完全避免遭雪受冻？菜社发现降雪有否抢救可能？菜冻后菜社若是就积极修理妥善保管，公司积极组织运输入库，能否避免白菜再次遭冻？通过辩论，绝大多数群众都发了言，大家基本上取得了一致的看法，即一方面公司接到电话就派人来接收菜，另一方面菜社见下雪积极抢救，菜的损失会轻一些，菜受冻后菜社积极抢救，妥善保管与公司积极组织车辆运输入库，都可以使白菜免受再次损失。因此，公司和菜社互相都认为自己没有责任的论点，受到了有力的驳斥。接着，我们又讲了有关买卖合同的政策法令（如所有权、双方当事人的义务等），把群众的正确认识归结起来，使之与政策法律相联系，从而进一步阐明公司与菜社应负的法律责任。最后，说明此案件的性质是国家与农民之间的纠纷，是人民内部的矛盾，引导大家到如何正确处理国家和集体利益问题上去，使菜社干部与社员认清国家与灾民利益的一致性。

最后，在双方提高认识的基础上，进一步弄清了是非，分清了责任，公司和菜社都放弃了各自过去的主张。公司诉讼代表人李国权（市商业局长）表示：“公司对国家和人民财产漠不关心，抱着单纯经济观点，未尽到推动生产和促进合同实现的积极作用，更严重的是未履行约定，未按期接收菜和积极承担运输义务，对菜的损失应负一定责任。”菜社诉讼代表人荣绍业（农业社主任）表示：“菜入库前所有权仍属于菜社，而菜社未尽到抢救、保管、运送的义务和责任，存有错误的信赖思想，对菜的损失负有很大的责任。”最后，双方一致认识到大家都有责任。经我们和参加调解的朱区长、王总支书记等党政领导同志协商，调解达成了协议。公司负责赔偿菜社损失人民币2500元，其余2500元的损失由菜社自己负责。这次调解收效很好，主要体现在以下几方面：

1. 公司、菜社和当地党政领导积极拥护。社主任荣绍业感激地说：“我们虽较以前少得了700元，但认识到自己应负的责任，知道从那些地方教育社员和改进工作了。公司赔偿我们这些钱，不能完全认为应得之款，应该认为这是国家对农民的支持和让步，感谢党和国家对农民的关怀。"公司代表说："过去认为公司没有责任，现在方认识到我们的责任是很大的，应赔偿这些损失！"区、镇党政领导也表示："这件纠纷解决得妥当，合理合法，给我们在思想上去了一块病。"

2. 推动了生产，巩固了农社，密切了国家和农民的关系。农社在调解达成协议后，召开了社员大会，通过了4项决定，掀起生产高潮这4项决定包括1项爱护公共财产和3项改善商业与农业关系的措施。社干部与社员纷纷在会上检查了自己在生产上、工作上的缺点，表示了今后的决心，并给中级法院写信表示感谢。

3. 改善了商业经营管理。商业局长季国权说："通过处理这个案件，对我提高很大，真像上了一堂课，懂得了合同法律，找出了工作上的漏洞，我们一定要通过整风彻底转变作风，改进工作。"

（1958年第7期）

几年来我在别古庄人民法庭是怎样工作的

刘泽钧*

我从1944年至1952年从事小学教育工作,1952年10月调本县中苏友好协会任秘书,1953年5月参加共产党,1953年8月调永清县人民法院做审判工作,1955年2月建立人民法庭时到别古庄人民法庭工作。庭里还有一名书记员,连我共2个人。辖区有5个乡124个村,7万多人口,周围村庄距离人民法庭驻地最远的有30多里。解放前,这个地区的敌人基础较强,反革命分子和一般顽伪人员较多。解放后,在党的正确领导下,经过几次镇反和各项社会改革运动,社会秩序是稳定的。别古庄人民法庭每年收结刑、民案件400件左右,每月收结平衡。在审判方法上,主要是走出法庭就地审判,通过下乡办案,经常进行法纪宣传工作。现在别古庄人民法庭辖区内共有陪审员64名,为了帮助陪审员学习,建立学习站6个,每月学习一次。村调解小组有124个,一般能起到调解群众纠纷的作用。

4年多来,我共审结刑、民案件1592件,其中调解967件,判决625件,判决后上诉的26件(经过中级人民法院审理终结基本上维持了原判)。据省司法厅、中级人民法院重点抽查及县委检查全部案卷的结果,尚未发现一件错案。在审判程序方面,执行了公开、陪审、辩护、上诉各项制度。1958年1月至4月的统计审结的226件案件中,3日以内审结的占81%,5日以内审结的占84%,7日以内审结的占10.6%。就地审判和就地宣判的占办案总数的86%。如果说别古庄人民法庭的工作有些成绩的话,这主要是党委、上级司法机关和县法院的正确领导以及同志们的热情帮助的结果,至于我自己的工作是微不足道的,可是党和政府却给了我很大的荣誉,曾连续给予多次奖励,并评我们的法庭为模范单位。我感到很惭愧,领导上的这些鼓励,我是十分感激的。现在我把四年来我们的工作做法和几点体会,向各位同志汇报一下:

第一,我体会到司法工作必须紧紧地依靠党的领导。党是领导我们一切事业的核心力量,一切工作离开党的领导,就要迷失方向。司法工作是一项政治

* 作者单位:别古庄法院。

性、思想性非常强的工作，尤其应该绝对服从党的领导。4年多来，在我所处理的案件中，除了那简单轻微的刑、民案件外，凡逮捕判刑、政策性较强及涉及村、社干部的案件，都做到了在事前和在处理过程中向党委请示，事后向党委报告。进行其他工作时，同样坚持了向党委的请示报告制度，凡是党委给我的指示，我都认真地加以研究和贯彻执行。县委以及其他县级负责同志到我们别古庄人民法庭所在地进行工作时，只要他们稍有空暇，我就主动去找他们汇报和请示工作，请他们给我一些指示。在工作中，除有时直接请示驻乡县委并通过县法院接受县委领导外，还绝对服从乡党委的领导，经常将人民法庭的情况、专题总结和院务会议的精神，向法庭驻地的乡党委汇报。到其他乡处理案件进行工作时，也随时将人民法庭的工作情况和所要处理的案件情况向该乡党委汇报和请示，听取他们的意见。到村、社进行工作时，则注意争取和倾听支委的意见。如1958年4月我处理的冯家场村任志平煽动群众闹粮食一案。一天，我下乡办案回到法庭，天快黑了，听说冯家场村发生了闹粮事件，我就连夜赶到于村，找到李万苓副书记，了解了情况和请示了处理意见（如情况属实，准备逮捕法办），李副书记还派干部裴兆洪同志前去帮助工作，我们随即连夜赶到冯家场。经调查了解到：该村有的社员粮食不够吃，经乡研究确定补助该村几千斤粮食，村、社干部讨论如何分配的时候，因为被告任志平家里不属真正缺粮户，所以没有让她购买，被告之子听说这一消息后，回家告诉了她。任志平串通思想落后和对村、社干部有意见的社员，进行捣乱要粮，不缺粮喊缺粮，致引起其他社员思想混乱，不再下地生产。全村两百多个劳动力，参加生产的只有三十余人，村、社干部也不做工作了。经调查证实，被告确还有粮，不仅有煽动是非而且还有其他投机倒把违反政策的行为。但因为发现她有四个月的小女孩，正在哺乳期间，在审理时她也表示认错悔改。我考虑逮捕法办有些不妥，就将新的情况和可判处管制的意见，向乡党委李副书记和县法院作了请示，并征求了村支部的意见，他们都同意了我的意见，使这一案件得到了正确处理。

几年来，我深深体会到依靠党委领导的重要性，每逢工作中遇到困难，或者思想上有不太明确的问题，经向党委请示得到指示和支持以后，就感到有了力量、有了信心去完成党所交给我们的任务。1958年2月，大范庄坏分子阎树增操纵落后群众破坏选举一案，村干部到法庭报告后，我和书记员王克学同志进行研究，立即向乡党委作了请示，乡党委即派武主任陈瑞峰同志前往协助，进行工作。到村口，又向驻村县委作了请示，县委又抽治保委员、社长等五名干部进行协助。在县委的亲自指挥之下，当天即把全部案情弄清，使案件得到正确、及时处理。我向党委报告和请示工作的时候，首先弄清情况，提出自己对问题的看法和意见,以便于党委根据我们的工作情况给予指示。如1958年4月我处理了三圣口乡村社干部朱洪注、王者兴、陈正义等倒卖树秧非法营利一案。开始我了解情况不多,只知道3个人有这样的非法活动,简单地向县委李书记汇报后,李书记指示这类问题可以从严处理,但应进一步调查。后经我进一步调查,发现该乡有这种非法活动的共有22个村、社干部,他们获得的非法利润,都不是归他们自己,而是作为农业社的集体收入。因此,我考虑没收非法利润,给予批评教育,建议行政上给予适当处分比较合适。因为这时李书记赴地委参加会议去了,我就将我所发现的新情况和我自己的意见先后向县委焦部长、陈副书记、我院张院长及乡党委作了汇报。他们同意这一意见,并由他们将该案的新情况向李书记作了汇报,李书记也就同意了这一意见,于是这一案件得到了正确处理。通过处理这一案件,使我更进一步认识到积极主动地提出自己的意见,与坚决执行党委的决定是一致的。

第二,司法工作必须树立强烈的群众观点,与劳动人民建立共同的思想感情,深刻体验劳动人民的欢乐和疾苦。有许多事情在别人看来,似乎不是大事情,但是具体到群众本身,那就不是一件小事。从这一思想出发,遇到群众求我解决问题时,我就想尽一切办法帮助他们解决。凡是能够当庭解决的问题,就尽力当庭解决;一次能解决的就不叫当事人跑两趟;对于需要立即下去调查的紧急问题,我就马上去就地处理;如果实在不能立即下去,也告诉当事人处理他这案件的时间和地点,以免他们徒劳往返,耽误时间;对于取得当事人的同意,介绍回村调解的简易纠纷,也加以登记,以便结合下乡办案对处理情况进行检查,看看是否已得到彻底解决。如双小营村孟宪荣婆媳家务纠纷一案,我们转到村里调解处理后,我下乡办案进行了解时,当事人告诉我说已经处理得很好,并感动地说:“政府为我这点小事费了不少心,我们解决了,请政府放心吧!”为了有利生产,便利群众,在庭内受理的案件,我们经常采取揽卷下乡、分头调查、集中审理的方法。计划到哪片去就审,就把哪片的案件事先调查好,订好开庭时间,选择一个中心地点,再把当事人传来进行审理(多是我先去调查,书记员开庭时再去)。在司法工作“大跃进”中,我们法庭经过庭务会议,提出了“事事有利于发展生产,处处便利群众出发”的口号,因此,在8月中旬又开始主动走出法院,深入落后村社,摸情况发现问题。我们到乡后,首先向党委交代意图,了解情况;到村后,通过村社干部、陪审员、调解员等,从了解生产情况入手,从中发现问题,有什么纠纷就处理什么纠纷。发现问题后,进行分类排队,自己能处理的就立即处理,不能处理的就请示领导后再做处理。下乡办案时,多是白天做好调查工作,就地邀请陪审员,晚间再开庭审理。调查时有时深入田间、工地和炕头进行调查。1958年3月老柳坨村80岁的老人廖玉勤来法庭诉其女儿女婿不赡养他。我到该村向几个证人了解情况后,因廖年老,晚上天黑,我就到廖玉勤的炕头征求意见、进行调解。通过讲明政策,廖的女儿女婿承认了错误,并保证今后赡养老人,廖玉勤非常欢喜。因当时旁听群众很多,我立即作了一次关于婚姻法中子女有赡养父母义务问题的法律讲演。听众中农民茂林(53岁)当场反映说:“法庭这个办法太好了,下乡审案对我们老百姓真便利,听这一讲可明白多了,懂得这些谁还犯错误!”讲演后已深夜一时,黎老大伯要留我在他家住一宿,我因工作忙,又觉得麻烦群众不好,仍决定连夜赶回法庭。黎老大伯怕我走错路,硬要亲自送我到村外,看我找到路才回去。该村的其他老人也反映说:“现在我们老头可有保障了。”宋德太、宋德安等兄弟4人,过去都不赡养父亲,听到这次讲演后都主动争着赡养其父。农业社社长也说:“过去有的老人明明有儿子可以赡养,也来找社五保,现在经法庭一讲,没有再来找社五保了。”由此可见,这种法律讲演对减少和预防群众纠纷是起了一定作用的。

我在工作中深深体会到,只有和群众打成一片,才能更好地为群众服务。我每次下乡都和群众同吃同住,住在哪里,就或多或少地替房东干点活。在生活上和群众一样,不搞一点特殊。1954年实行巡回就审在杨官营龚××处建立审判站时,由于龚××思想落后,树干部号召让房他不让,我们去了以后再三说服,才勉强让我们住下了。以后每次到他家时,我都帮助房东打扫院子,能干点啥就干点啥,有时还叙叙家常。不到1个月的时间,老大爷、老大娘的思想转变了,以后我们每到他家里的头一天晚上(去时有固定时间)老大娘就把炕给烧好了,屋子打扫得干干净净。建立固定人民法院以后,因很少到该村去,老大爷还给我们去信或到法庭去看望我们。我在工作中,总觉得不把事情处理完毕,让群众安心回去生产,心里就不安宁,不愿休息。有时为了及时解决群众的问题,顾不得吃饭和休息。1954年水灾期间,我由滦城到杨官营办案,一天蹚水60多里,赶不上群众吃饭,就吃几个土豆充饥。在这种情况下,每月仍然结案20多件。当时虽然很艰苦,但想到为群众解决了许多问题以后,精神又很愉快。

在实际工作中我体会到,法律是人民群众意志的集中表现,我们在执行法律的时候,必须根据这一精神,依靠群众,接受他们的正确意见来正确地贯彻政策和执行法律。我处理的许多案件都是在判决前,征求村、社干部和有关部门以及群众的意见。正确的意见虚心采纳,不正确的意见就加以说服解释。在调解案情比较复杂的案件时,也邀调解委员、陪审员、有威望的群众和村、社干部参加调解。这不仅是在审判工作中贯彻群众路线,而且也是为了更好地体现群众的意志。1958年3月我处理高永亮伤害案。高是一个富农子弟,家里曾被斗,对我们是不满的，这次他因打伤了一个生产副队长，被送到法庭。起初我还认为这是一件一般伤害案件，只准备摸清案情后，判几个月徒刑。在审判中，他供认的情节和原告控诉不符合。为了弄清案情，我下乡去调查，发现有的证人有顾虑，因此，我进行了反复的调查，采取深入工地，乘农民休息时间，用漫谈和个别相结合的办法，了解到有许多干部、群众对高及其母都很愤恨，不但指证其打伤人是事实，并且指出生产队长是公安委员，高不但不服从指挥反而殴打他，群众对他是有阶级仇恨的，都要求惩办他。乡党委指示应该这样办，我就根据乡党委指示和群众意见，经县法院批准，判了他一年半徒刑。

第三，审判工作必须为政治服务，为中心工作服务。审判干部的思想必须随着形势的发展而发展，随时注意社会情况的变化，围绕党的中心工作和生产来安排自己的工作。为了做好这一条，我采取了以下几种办法：(1)每月回县法院参加一次院务会议，会上除了汇报、总结这一个月的工作以外，还研究讨论下月的工作任务，接受院领导对配合中心工作的指示。(2)撤区并乡前，我经常参加区委所召集的(撤区并乡后参加乡党委所召集的)各种布置中心工作和生产的会议，听取工作组对各地情况的汇报，以便全面了解情况。依据县、区、乡各级党委的布置，在中心工作到来以前，分析各个不同中心工作中可能发生的案件，研究对策，拟订保卫中心工作的计划。例如，1958 年春县委交给我们的主要任务是保卫农业生产“大跃进”。我从县院带回关于保卫农业生产“大跃进”的指示和规划后，又与法庭书记员同志结合法庭辖区内的具体情况作了进一步的研究。因为当时辖区内中心工作是挖沟渠、打机井、积肥和播种等，任务繁重紧张，为了保障这些任务的顺利完成，除了应高度警惕敌人的破坏和发生偷盗种子等案件外，也对可能发生的抗拒出勤，不按规定操作，在生产中不服从领导指挥，以及打架斗殴等问题作了估计。我们向党委提出保证，凡是有关中心的案件，一定优先及时地处理，绝不拖延。同时以保卫生产为主要内容，大力加强法律宣传工作，预防犯罪和纠纷的发生。在作法律讲演时，不但批评坏的，而且表扬好的，使守法光荣、犯法可耻，劳动光荣、懒惰可耻的思想深入人心。

为了更好地保卫中心，掌握阶级敌人、反革命、坏分子的动态和社会情况，我除了参加区、乡党委所召集的有关中心工作的会议，听取工作组的汇报，了解一些情况外，还采取了以下几种办法：(1)和区武装助理、公安特派员建立了相互交换情报的制度。我了解的情况及时地告诉他们，他们知道的情况及时地告诉我。由于这样，在 1957 年秋季，我们充分地掌握了人民法庭辖区内地主、富农的动态，适时地给了当时进行破坏活动的不法地、富和坏分子以有力打击。(2)和村、社干部及陪审员、调解员建立联系制度。他们发现敌情，立刻报告法庭，报送公安特派员的材料，也抄报人民法庭一份。(3)主动深入复杂村、社调查研究村情和社情。只要是与中心工作有关，有碍于生产的，一发现线案，不管是黑夜还是白天，刮风下雨，我们都立即赶赴现场，及时地和当地党委研究对策，采取适当措施，依据审批手续和党的政策加以处理。1955 年年底，全国农业社会主义高潮到来，各地初级农业社转高级农业社的时候，一些不法地主、富农分子暗中进行破坏，扬言入了高级社，树木财产都要归公，鼓动群众砍伐树木。当时二区王虎庄、冰窖等 5 个村砍树情况相当严重。王虎庄一百多户，只有二三十户没有砍树，其他或多或少都砍了一些，特别是当时县里正召开三级干部会议，主要干部都在县里开会，一般村、社干部制止不了。我们知道这一情况后，星夜赶到王虎庄，查清了情况，将其中 8 名不法地、富分子送县处理，第二天县长就这一问题向三级干部作了报告，指示其他区、乡采取适当措施，加以处理，从而对防止类似事件的发生起了一定作用。1956 年秋，惠元庄发生了群众哄抢柴禾事件。村治安干部制止无效，哄抢人员并公开对治安干部说“狗拿耗子多管闲事”。一个晚上就把社内 18 亩地的玉米秸抢光了。村、社干部感到没办法，法庭接到这一情况的报告后，我马上赶到该村。根据村、社干部的介绍，知道哄抢的人都是妇女，当时我想，为什么都是妇女呢？根据这一情况，首先对带头哄抢、辱骂干部的 3 个重点人员进行了批评，然后，深入群众访问调查发生哄抢的原因。经过调查有 3 个原因：(1)有些户家里确实没有柴烧，男人下地生产，妇女在家里，没柴做饭；(2)有的社员认为社内的东西，弄点不算什么，家里有柴烧，也去哄抢；(3)社内有一部分柴草，因秋忙没有分给社员，社员不满。据此我想不能采取法律手段解决，经向区党委请示后，召开了全村社员大会，对 3 个重点人员当场进行了严格批评，并且令其将柴退回，不准再犯，对确实没有柴烧参加哄抢的社员，除指出其违法，还把他们抢的柴火，算为预分，待秋收后分红时扣除。同时建议村、社干部把社内存放的一部分柴草马上分给无柴烧的社员。在这个大会上并向群众进行了法制教育。这样处理后，再没有发生同类的哄抢现象。今年春天，开渠兴修水利工作中，听说有些村庄的不法分子抗拒出勤。为了保卫农业水利化这一宏伟计划的实现，我们及时下乡进行调查了解，发现半截河村张风鸣抗拒出勤，经乡、社干部一再教育不听，又因他过去犯法 3 次被扣押过，是全村公认的坏人，经请示领导批准逮捕后，利用工地群众休息时间，进行了审判。从而进一步鼓舞了社员的劳动情绪，获得了干部和群众的拥护。

在目前工农业大跃进的时期，有一些民事纠纷，特别是婚姻和家务纠纷，虽然不一定是由于生产上的原因发生的，但是如果不抓紧时间进行处理，也会影响生产。因此，对这类民事纠纷，也要及时妥善地加以解决。1958 年 2 月，正在积肥、兴修水利的高潮中，澜城镇的杨邦均从天津学校回家后，向女方郝秀英提出离婚。郝秀英是社内妇女生产队长，平素工作认真负责，劳动积极。男方提出离婚后，其整天哭哭啼啼，甚至想寻死，对生产队的生产也放弃了领导，妇女生产队的生产几乎陷于停顿状态，严重地影响了该村中心任务的顺利完成。为了解决他们的问题，有利于生产，我们抓紧时间进行了调查，发现男方提出的离婚理由不充足，便进行了耐心的说服教育，使双方重归于好。事后郝秀英领导生产更加积极，全队生产成绩登上了《跃进快报》。

为了更好地保卫中心工作，保卫生产，除了积极主动地处理有关生产的案件外，我还进行了法纪宣传。利用社员开会、电影场、干部会等机会去讲演，近两年来，我平均每月进行五至八次讲演。每次讲演都结合本地的具体情况，拟制提纲或讲稿。有时还给陪审员、调解员宣传材料，或者开小型座谈会，向他们交代宣传任务和内容，推动他们进行宣传。这对预防犯罪、预防纠纷有着重要作用。赵家杨村往年春节前后，赌博非常严重。1958 年 1 月我在该村通过处理案件，着重宣传了赌博的危害，进行了思想教育，特别是由于农村里开展了社会主义大辩论，广大群众的觉悟大大提高了，都集中精力去搞农业生产“大跃进”，因而 1958 年春节期间就没有发生一件赌博案件。

第四，司法干部必须加强政治责任心，在工作中，坚持实事求是的原则，保卫党和人民的利益。我时时都记住我的任务就是：使“坏人跑不了、好人冤不了”。经常把这种要求贯彻到处理每一件案子和每一件事情中去。1955 年秋，一天深夜两点钟，有两个群众到法院来对我说，在澜城镇发生了大车轧死人的事件，问我需要不需要勘验。我查明死者叫修贵兰，赶车的就是她的丈夫常忠孝，在我记忆中他们曾闹过离婚。天一亮我就偕同卫生人员一起赶到常家。当时不仅常忠孝和一些村干部不主张我们验尸，而且死者的父亲也坚决不同意验，并说一切责任由他负，如果有人怀疑，要告就告他。我当时考虑到人命关天，我必须对革命、对工作负责。为了积极弄清这一非正常死亡事件的真相，就极力地说服了死者的父亲，对尸首进行了检验，并赴现场进行了勘验。检查中，我发现了有 5 点疑问：(1)死者有五处伤，都集中在头部，其他地方没有伤，不像是车轧死的；(2)现场西边和北边都有高坡，东面和南面长有高秆作物，从四面都不能看见里面的动静，正是便利犯罪分子活动的场所；(3)拉车的驴子套子并未损坏，像是解开的，如果像平常所说驴子是惊跑的，套子必然会损坏；(4)死者从车上掉下来的地方有血，与翻车的地方相距很远，而翻车的地方却没有血；(5)常说翻车时，他离开车有 100 公尺之远，不可信。因此，我对常忠孝有了怀疑，当时没动声色，只嘱他在一定时间内不要将尸首埋葬，马上赶回法庭以电话向法院呈报，县里公安、检察部门立即派了2位同志和我一起邀同医生进行了第二次勘验，证实死者伤处不是轧伤而是打伤的。将常带回县里后，经讯问才弄清原来死者不是车轧死的，而是常忠孝因有不正当的男女关系，企图与死者离婚不成，蓄意杀死死者后，伪装的车祸。当执行常犯的死刑时死者的父亲、舅舅、妹妹亲自到法庭哭着说："没有政府，我们的仇一辈子也报不了。"死者的父亲又说："没有庭长做主，凭我就将女儿给冤死了。"这使我深深体会到惩办犯罪就是保护群众的利益，更加鼓舞了我同犯罪现象作斗争的信心。1953年我刚到法院不久，就处理了一件许万荣逼迫刘金岭自杀案。许是刘的外甥。刘往在许家，村干部反映许、刘在刘自杀前曾打过架，刘是被逼死的，并把许送到法院。经过审问，不但找不出刘是被逼死的材料，而且越问越发现许与刘的死关系不大。我将这一情况向领导反映后，两次派人下去调查，干部和证人仍一致反映刘是许逼死的。但是他们所举出的根据只是：(1)死者自杀前曾和许打过架；(2)事件发生时许突然跑回原籍安次县。我再三考虑，这两点"根据"都不能证实许逼死刘。当时许母正来探监，我就有意识地从旁观察，发现母子见面抱头痛哭的情景十分感动人，我就想到如果这个案件搞错了，冤枉了好人，对这一家人会造成多么大的危害啊！当时我虽然初到法院，还没有下乡调查过案子，但是这种情况促使我下决心要求领导派我下乡做第三次调查。我下乡后，首先召开干部座谈会。起初，干部仍坚持过去的说法，我就在会上讲了讲政策，并指出每个干部对这个问题应该具备的责任感。接着问了两个过去一直坚持意见的干部，他们就支吾起来了。我就接连下去询问了一些群众，并进行了实地勘验，发现刘金岭的全家是被土匪活埋的，刘事后得了精神病，这次是病发而上吊自杀的。过去两次下乡都是向村干部和村干部提出的证人调查的，由于许万荣平日不服从干部领导，村干部对他有意见，才有这些不真实的反映。许和刘打过架是事实，但不是刘自杀的前两天，而是死者自杀11个月以前的事情，与刘自杀无关。至于许回家的事，是死者自杀前的九天。我调查清楚后，又召开了村干部、群众会议，进行了讨论，大家都认为许没有逼死人，就把许放回去了。许感动地说："要不是现在的人民法院，就把我冤死了。"

怎样才能使"坏人跑不了，好人冤不了"呢？我的体会是在审理案件时要掌握一定的原则，绝不轻率下判决。我有四不判：事实不清不判，证据不足不判，性质模糊不判，政策不明不判。这样就能够防止漏判和错判。为了在实际工作中认真贯彻这一办法，我在日常工作中对每一个卷宗，都不愿放松，要逐字逐句地审问，避免发生错误。对书记员起草的文件，我都加以审查。为了便于检查工作，我们法庭还建立了庭务会议记录，工作日志以及12种登记表册，使工作能够有秩序地进行。

第五,在司法工作中要严格划清敌我矛盾和人民内部矛盾的界限。对待反革命分子、阶级敌对分子和坏分子要严厉惩办,对待人民内部的一些违法行为和纠纷,就要从有利团结、有利生产出发,尽量做好政治思想工作,打通他们的思想,提高他们的觉悟。1958 年 4 月惠元庄乡党委书记张士清同志叫我们法庭去解决惠元庄单干户拒售余粮案件,我去弄清情况并进行动员后,有 5 户表示能全部卖齐,还有 6 户不卖,这 6 户都是老年人,思想较为保守顽固。其中武呈臣 80 岁,因病不能下炕,其妻 70 余岁,患气喘病。当我叫她来动员她丈夫卖余粮时,她说:"闹了半天原来是叫我来卖余粮。"说着就气冲冲地走回去了。为了做好对这 6 户的动员卖余粮工作,经党委书记同意后,我去武呈臣家召开这 6 户的座谈会。开会时武呈臣的妻子不在,不一会她从外面回来,一见开会谈卖余粮问题,她就采取对立态度,嘴里嚷嚷:"我是快要死的人了,什么也不懂。"我虽然知道她不满,仍然继续耐心地反复地与他们解释粮食统购统销的意义,对比解放前和现在新社会的不同情况,进行社会主义前途教育。说了一会,其他的人都觉得我讲的有道理,边听边点头,讲完后有的就表示卖余粮。我对他们说:"现在先不要说卖多少,大家回去和家里的人商量后,再来告诉我。"当我要走出门时,武呈臣的妻子下炕拦住我,要给我烧水喝,并与我诉说在旧社会里的痛苦。结果,他家据实卖出余粮 200 斤,该 11 户共卖出余粮近 3000 斤,还有 10 户牵着 3 头大牛入了社。

有的民事案件本来事实清楚,可以马上下判决,我也于事前进行充分的打通思想的工作。例如,大惠庄刘忠兴和他邻居张景云为庄基问题争了很久,吵了几次架,告到法庭。我到村解决这一案件时,经过调查,对庄基进行实地丈量,情况完全搞清以后,本来是可以立刻下判决的,但是,我考虑到他们双方是近邻,每天都要见面,如果不首先解决思想问题,硬性下判决,对他们的团结是不利的。因此,我偕同村的调解委员,大力进行了说服工作,结果双方得到了和解,消除了隔阂,和好了。有些婚姻案件是由于当事人一时感情冲动而提出离婚的。处理这类案件,我总是采取耐心说服教育的方法,使他们重归于好。张国英与王得功离婚一案的过程就是这样。女方表示坚决要求离婚,为了要离婚曾一度精神失常。村调解组长张守忠到人民法庭反映这一情况以后,当时虽然天下大雨,但因为他们的关系紧张,我立即赶到村里。经过深入群众调查,发现他们并不是感情不和,而是男方怀疑女方作风不正派引起女方不满,才提出坚决要离婚的。根据这一情况,我用了一天的时间,进行了耐心的、多次的说服解释工作,最后给他们召集一次家庭座谈会,双方重归于好。事后我到村里访问,他们夫妻俩一再表示感谢人民政府和人民法院。即使双方感情确实不和,一方不同意离婚的,我也尽量多做些工作，搞通思想，而不采取简单的判离的方法。

法院的判决，当然是有强制性的，但对于人民内部一般轻微的违法行为和纠纷，经过审理发出判决以后，为了人民内部的团结，和圆满地执行判决，我也随时注意当事人的思想情况，做好思想工作。1958 年 3 月，我县三圣口、朱庄子等五个村的 20 余名村、社干部，借缘化为名进行倒卖树苗的投机活动，人民法庭经过调查审理，判决没收了他们的非法利润，并给予批评教育后，有的干部思想上没有通，情绪低落，不愿做工作，有的甚至躺下不干事。我知道这一情况后，感到在农业生产“大跃进”中，如不及时解决这些干部的思想问题，对于中心工作会有很大影响。经过进一步调查，知道他们有的认为贩卖树苗的利润是归农业社集体所有，因此贩卖行为不违法。有的虽然认识到是违法，但说这是为大伙，是卖力不讨好，反而受批评。较普遍的思想问题是认为经法庭批评后丢了脸，以后不好再领导群众了，支书、村主任及社长等主要干部的这种思想更为严重。于是我根据他们的这种不同情况召开了 3 个座谈会。会上主要讨论如下几个问题：倒卖树苗谋取暴利的做法究竟算不算违法？做了违法的事应不应该批评？群众做了违法的事情要给予批评，那么干部做了违法的事情应不应该批评？受了批评是否算做丢了脸？应该怎样来对待自己的错误和别人的批评？经过讲明党和国家的政策和反复讨论，解决了他们的思想问题，他们说：“群众做了违法的事要批评处理，干部作了违法的事也应该要批评处理。”他们还当场表明态度：“请放心吧，今后我们一定更加鼓起干劲，搞好工作。”果然，现在他们的工作更加积极了，与我们法庭的关系也更加密切了。三圣口乡的党委书记石占奎同志说：“老刘的这一工作做得真好，帮助我们解决了这些干部思想问题，现在他们的工作更加起劲了。”由于我们注意了思想工作，因而执行工作也就容易了。1957 年 1 月至 1958 年 4 月共判决和调解有执行内容的 116 件案件，已执行的 106 件，占 91%，执行一部的 8 件，占 67%，未执行的 2 件，占 1.2%。

第六，在实际工作中锻炼学习是非常重要的。几年来我的政治思想和业务水平之所以能够得到提高，除了党的培养教育和同志们的帮助以外，重要的是坚持了学习。

1953 年 8 月听说组织上调我到法院工作时，我有点胆怯，认为做司法工作责任重大，笔头一写，就判几年徒刑，甚至就掉脑袋，如判错了，没法挽救。同时，还认为司法工作有种神秘性，不是一般人能够做的。但县委书记马迅同志对我说，刚去，困难是会有的，但不要怕困难，记住一个字——“学”，勤学勤问。我想自己是一个共产党员，不能向困难低头。就下定决心，遵照县委的指示勤问、勤学。到法院以后，别人开庭我参观，我开庭请领导和同志们看，审完了请同志们提意见。不会写判决,我就看别的同怎样写,抄各类型的判决。自己写的判决先让别的同志给改一改,再交院长审查,到法院不久,院长交给我两个阴谋杀人案,一看,自己发愁了,杀人案又怎样问呢?我就先问别的同志,同志们告诉我:先阅卷,阅卷后列出审讯提纲;在审讯过程中,要抓被告口供的矛盾点进行追问。这样就把两个杀人案审结了。我被分配到别古庄人民法庭以后,在工作和学习上,除了依靠院领导经常给予指示外,主要是依靠区、乡党委,遇到涉及重大政策原则,思想上不明确的问题,就请示党委,钻研党委发给我的各种文件。我处理邵武与万振英土地典当纠纷案时,因为对处理这类案件没有经验,特别是不熟悉这方面党的政策,便主动请示区委,区委发给我一本处理这类问题的小册子,经过学习,明确了党的政策以后,案件也就顺利地处理了。对外地兄弟法院的先进经验,如北京市宣武区人民法院、沧县人民法院成批准备、逐案审理、连续开庭的办法,通过学习,改进了我们人民法庭的工作。目前我每天仍然坚持学习,早晨学习理论,晚上学习业务。(特殊情况除外)下乡办案时,也每天抽出一定时间进行学习。从我参加工作起到现在,我每天都坚持记日记,通过记日记来检查一天的工作,把记日记作为鞭策自己的一种武器。

以上是我的简单汇报,算不得什么经验。由于水平限制,我的汇报中错误是难免的,请同志们指正。

(1958 年第 7 期)

正确贯彻“严肃慎重、区别对待”的方针

杨克祥*

国家行政机关工作人员违反了国家纪律，应该本着“严肃慎重、区别对待”的方针进行处理。实践证明，这是完全正确的。所谓严肃慎重，就是对于违反纪律的行为，要坚决地实事求是地进行斗争，反对姑息迁就，马虎草率；所谓区别对待，就是要分清是非和敌我问题，有区别地加以处理。

怎样才能正确贯彻这一方针呢？主要有以下几点：

1. 在我国过渡时期，国内的主要矛盾既然是无产阶级同资产阶级、社会主义道路同资本主义道路的斗争，这在国家机关中必然有所反映。某些立场不坚定的工作人员，必然会受到资产阶级思想的侵蚀，表现出各种各样的错误行为。我们在同各种各样的错误行为进行斗争的时候，必须站稳工人阶级立场，从维护人民的利益出发，分清其所犯错误的性质。应该认识到，无产阶级同资产阶级、社会主义道路同资本主义道路的斗争，既可以表现为敌我矛盾，也可以表现为人民内部矛盾。但是在我国目前的具体条件下，上述两个阶级、两条道路的斗争，在大多数的情况下表现为人民内部的矛盾。历史事实已经证明，在国家机关内部也是这样。如果就一定范围和一定程度而言，国家行政机关工作人员违反国家纪律，都是人民内部的矛盾。然而在国家机关中反映出来的敌我矛盾，也往往表现为违反纪律的现象，或者开始时是违反纪律的现象。比如，资产阶级右派分子、混进国家机关进行破坏活动的反革命分子和坏分子，以及利用工作职权进行贪污、盗窃、诈骗、强奸等违法犯罪的分子，他们同人民之间的矛盾是敌我矛盾。在其未被揭发之前，披着国家工作人员的外衣，蒙蔽着自己的本来面目，如果人们不仔细去观察是分辨不出来的。因此，我们在处理案件时，首先就要分清敌我之间和人民内部两类不同性质的矛盾，采取不同的方法去解决。因为前者是分清敌我的问题，后者是分清是非的问题。对于前者应该抱着坚决的态度，给予无情的打击；对于后者应该抱着与人为善的态度，实行“惩前毖后，治病救人”的方针，借以达到既要弄清思想、又要团结同志的目的。

2. 事实是分析问题、认识问题、处理问题的根据。我们在处理案件之前，必

---

* 作者单位不详。

须深入细致地查对错误事实。主观臆断而想当然，道听途说就信以为真，或者先入为主、捕风捉影，这些都是“过于执”的工作方法，不是马列主义的工作方法。马列主义的工作方法是实事求是，一切从实际出发。处理案件也是一样。只有查清了错误事实，才能分析错误的性质，得出正确的结论，做出恰当的处理。否则就会造成相反的结果，以致扩大错误而偏于惩办，或者缩小错误而松弛纪律，甚至会错误地把敌我矛盾弄成人民内部矛盾，或者把人民内部矛盾弄成敌我矛盾，放纵坏人，冤枉好人。例如，道县农场场长杨从旺同志被隐藏在本场的反革命分子黄仁文等诬告其强奸妇女一案，初次经党的监委、县妇联、工会等单位组织检查，由于检查人员采取了上述“过于执”的工作方法，结果“完全证实所控事实俱在，真实无误”，要求给杨以严厉制裁。后来县委又指示县监察室组织有关部门重新进行检查，终于真相大白，不仅证明本案系属诬告，同时揭发了反革命分子黄仁文等的真实面目，使案件得到了正确的处理。由此说明，查清事实是处理案件的前提。调查错误，应当深入现场观察了解，获取确凿的人证物证，从群众中得到证实，此外也要听取本人说明情况。不仅要听取正面的意见，同时要听取反面的意见；不仅要弄清错误的后果，而且要弄清产生错误的主客观情况。最后把各方面的材料统一起来，如有矛盾的地方，必须进一步找到统一矛盾的有力材料。只要我们相信真理，深入群众，没有事实是弄不清楚的。

3. 正确地对错误事实加以分析，给出结论，这是很重要的一环。错误的现象很多是相同的，如贪污、强迫命令、乱搞男女关系等。但犯错误的人具体情况各有不同，他们所处的客观环境也各不相同，而不同的主观和客观的条件就决定了各种错误的差异，各有各的特殊性。毛主席在《矛盾论》里要我们记住列宁的话：“要真正地认识对象，就必须把握和研究它的一切方面、一切联系和‘媒介’。”毛主席又说：“表面性，是对矛盾总体和矛盾各方的特点都不去看，否认深入事物里面精细地研究矛盾特点的必要，仅仅站在那里远远地望一望，粗枝大叶地看到一点矛盾的形相，就想动手去解决矛盾（答复问题、解决纠纷、处理工作、指挥战争）。这样的做法，没有不出乱子的。”我们在处理案件中，也要切忌表面性，同时又要注意避免牵强附会、分析不恰当的偏向。不仅要看到错误的后果，更要看到产生错误的主客观原因。从“它的一切方面、一切联系和‘媒介’”，即错误人的社会出身、政治态度、工作能力、文化程度、思想动机和平日表现等，深入地精细地进行分析，求得客观的全面的结论。例如，龙山县有陈（男）、龙（女）两个干部，由于工作接近，相互之间发生了暧昧之情，一时冲动而发生了肉体关系，后来对两人处理的结论为“破坏婚姻法”，双方都被开除法办。再如，一反革命分子，混入某国家机关盗窃情报，当发觉其偷阅、抄袭机密文件时，只是作为一般违反纪律的行为处理。这两个例子都是没有全面地、深入细致地进行分析的结果,所以得出的结论也是不正确的。

4. 查清了事实,做出了正确的结论之后,就要根据政策规定去衡量错误的轻重,从而给予相应的处分或者免予处分。但是需要了解:党和国家的政策,是根据社会生产的发展和阶级斗争的变化而变化的,而且它的规定往往是原则性的。我们在实际运用的时候,绝不能机械死板,应当密切联系当时当地的具体情况。纪律处分的适用,依照国务院《关于国家行政机关工作人员的奖惩暂行规定》第7条的规定,大体可分为这样4个标准:

(1)对于违反国家纪律,使国家和人民的利益遭受到一定的损失,但仍然可以继续担任现任职务的人员,可以分别给予警告、记过、记大过、降级处分;

(2)对于严重违反国家纪律,造成国家和人民利益的重大损失,不能继续担任现任职务的人员,可以给予降职或者撤职处分;

(3)对于严重违法失职,屡教不改或者蜕化变质、不可救药、不适合在国家机关继续工作的分子,可以给予开除处分;

(4)对于混入国家行政机关进行破坏活动的反革命分子和其他坏分子,必须坚决开除出国家机关,并且依法处理。

用以上4个原则的标准来衡量具体错误的时候,必须首先分清它们之间的界限,这就是:是一般违反国家纪律还是严重的违法乱纪;使国家和人民的利益受到的损失是轻微还是严重的;是可以继续担任现职还是不可以;是由于思想方法不对头、工作经验缺乏还是有意玩忽职守;是偶尔失足还是一贯屡犯;是可以教育还是不可救药;是敌人还是同志。先把这些界限划分清楚了,然后就能给具体错误以恰当的处理。不然,处分过重不好,处分过轻也不好;把敌人当做同志是错误的,把同志当做敌人也是错误的。

5. "党中央认为,在一般的情况下,纠正同志的错误是为了取得教训,改进工作,教育同志,也就是说,'惩前毖后,治病教人',而不是为了把错误的同志'整死',整得他实际上不能在党内继续工作。"[①]党内如此,国家行政机关也是如此。对于犯了错误的国家行政工作人员,主要是教育启发帮助其认识错误,改正错误,至于采用纪律制裁,是为了整饬国家纪律,约束其他人员不要违反国家纪律。因此,我们对于违反国家纪律的人员(反革命分子、右派分子之类除外,当然对他们也要进行宣传教育,分化瓦解,但与人民内部的教育有原则的区别),不要为处分而处分,更不要放任,相反地应该加强教育,并把处理的过程当做教

① 邓小平:《关于修改党的章程的报告》。

育的过程。从团结的愿望出发，采取说服教育和批评的方法，提高其政治思想觉悟，使其在认识错误的基础上接受处分，真正痛改前非，更好地为人民服务。即使是开除，也不能放松教育。

为了对国家行政机关工作人员进行纪律教育，我们常常选择一些典型案件进行公开处理。这虽然是工作方式方法问题，但也应该严肃慎重、区别对待。因为不是所有的案件都是有教育作用的。有些应该大张旗鼓地处理，有些即应小张旗鼓地处理，有些就应偃旗息鼓地处理。比如，把一件本来影响不大、情节一般的腐化案件予以通报，结果反而扩大了不良影响，实际上失去了教育意义而起了副作用，有损纪律的严肃性。

6. 健全和完善审批案件的制度与手续，对于贯彻“严肃慎重、区别对待”的方针有着重要的保证作用。国务院《关于国家行政机关工作人员的奖惩暂行规定》第9条特别规定：“国家行政机关发现所属工作人员违反纪律，应该给予纪律处分的时候，必须迅速处理，不得无故拖延，一般应该从发现错误之日起，半年以内给予处分。如果情节复杂，或者有其他特殊原因，至迟不得超过两年。”第11条又特别规定：“国家行政机关处分任何工作人员，应该对其所犯错误的事实认真进行调查对证，并且经过一定会议讨论，作出书面结论。在讨论的时候，除了特殊情形以外，应该通知受处分人出席申述意见。纪律处分经决定或者批准生效后，应该书面通知受处分人，并且记入本人档案。”这也就是为了保持纪律严肃性，慎重地处理违反纪律的行为。实践证明：我们湖南省各级监察机关，特别是恢复县级监察机关以来，审批案件的制度较前大有改进。县（市）监察室（科）普遍建立了以县长或副县长为组长的，有党的监委、组织部门和政府的人事、检察、法院等部门负责同志参加的审议小组。通过集体研究决定，就能保证准确性。很多监察机关具体规定的批准程序、应有的材料以及同犯错误的人进行谈话等制度，都已成为保证正确贯彻“严肃慎重、区别对待”方针的有效措施，从而大大地提高了处理案件的质量和效果。

7. 认真地处理不服纪律处分的申诉，也是贯彻“严肃慎重、区别对待”方针的一个方面。犯错误人受了处分，如果不服，提出申诉，这是国家赋予的民主权利，国家行政机关有权力也有责任来接受和处理这种申诉。国务院《关于国家行政机工作人员的奖惩暂行规定》第12条规定：“国家行政机关工作人员对所受纪律处分不服的时候，应该在接到通知后1个月内，向处理机关要求复议，并且有权直接向上级机关申诉。”这是对受处分人而言的。这样规定，既保障了受处分人的民主权利，也可以避免发生时过已久才来申诉，难以复查的现象。同时又规定：“国家行政机关对于受处分人的申诉，应该认真处理。对于受处分人给上级机关的申诉书,必须迅速转递,不得扣压。”这是对国家行政机关而言的。这样规定就体现了高度的严肃慎重的精神。但在具体处理申诉案件时,同样必须区别对待。在一般情况下,申诉不服纪律处分是属于人民内部矛盾,应该采用民主的方法去解决。仔细听取申诉的理由,认真地予以复查或复议;事实有出入的应该更正,结论错了的应该修改,处分不当的也应该加重或减轻。但是,复议必须以当真、当时、当地的具体情况为依据,绝不能拿现在的政策去翻过去的案。还应该认识到,在某种情况下,少数人由于受了处分对组织不满,以致发展到向党和社会主义进攻,严重地破坏社会秩序,这时,问题的性质就由人民内部矛盾向敌我矛盾转化了,我们就应采用对待敌人的方法即专政的方法去处理。

以上是我对贯彻“严肃慎重、区别对待”方针的认识和体会,目的在于抛砖引玉,深望同志们指教。

（1958 年第 7 期）

漫谈公安人员为群众办好事的问题

史　石*

公安机关在这次整风运动中，成绩是很大的。反映在工作上，主要是两个方面：一方面是加强了对各种敌人的专政；另一方面则是为人民群众办了许多好事，并在治安管理上，想了许多办法，大大便利了人民群众。所有这些成绩的获得，是同广大公安人员在思想上进一步解决了一个根本性的问题即依靠谁、为谁服务分不开的。这个问题解决了，“三风”、“五气”也就容易克服和纠正，从而在工作上出现了许多新气象。

但是，这个问题在极少数的公安人员中还没有得到完全的解决。有些人的思想上还有一些模糊的看法，如不彻底纠正，就不可能正确地去完成公安人员的全部任务。如不久之前，有一个派出所就掀起了一场“为人民群众办好事是不是最终的目的”的争辩。问题是这样提出的：“公安机关为人民办好事究竟是目的还是手段？”意思是：公安机关是人民对反革命分子和犯罪分子实行专政的机关，因此为人民办好事，终极的目的是使人民群众能向公安机关检举坏人、反映情况。甚至还提出这样一个问题来：“为群众办好事，到底合算不合算？”

以上问题提出以后，立即受到了这个单位绝大多数人的反驳，认为公安机关为人民服务，绝不是同人民做“交易”。但是，也有人说：“公安机关为人民服务，只能在公安业务范围之内来进行。”这句话的意思是说：像上门受理户口，简化一些户口申报手续，代找失散多年、不明下落的亲友，以及积极破案，以保卫人民群众的合法权益等工作，是应该做的；至于有些民警去帮助群众大扫除、修桥筑路等，则是“分外”之事，不属于“公安业务”，大可不必了。

前一种意见，显然是错误的，也容易受到批判；但是，后一种看法，则是似是而非，同样也必须加以分析、批判。

首先，我们应该提出：人民公安机关的任务，不仅是对敌人要实行专政，而且必须为广大的人民服务。而对各种反革命分子实行专政的目的，正是保卫社会主义改造和社会主义建设的顺利进行，在当前来说，是为了保卫社会主义生产全面大跃进和贯彻建设社会主义总路线，也是为了保卫社会主义革命的胜利果实。

---

* 作者单位不详。

同时，与盗窃、诈欺、强奸、凶杀等各种犯罪分子作斗争，也正是为了保卫国家和社会的公共利益和每一个人民的切身利益。归根结底，对反革命分子和刑事犯罪分子等各种敌人实行专政，就是为人民服务的一个极其重要的方面。另外，还有许多公安业务，并不带有专政性质，而是直接为人民利益服务的，如交通管理、危险物品管理、找寻迷童、人口登记、失物招领等。因此，首先必须肯定的是：所有的公安业务，目的都是一样的，全都是为人民群众的利益服务的。公安人员在执行每一项任务时，都是在为人民服务，这是社会主义国家的公安机关的根本性质和特点。

其次，我们还必须肯定：有关社会公共福利的问题，凡是公安机关可以协助解决的，也都应该作为公安机关的“业务”（或者说“任务”）。这在我国早已有了法律的规定。在1954年12月31日全国人民代表大会常务委员会通过的《公安派出所组织条例》第2条中，关于公安派出所的职权，规定了10项，第10项就是：“积极参加和协助进行有关居民福利的工作。”1957年6月25日全国人民代表大会常务委员会通过的《中华人民共和国人民警察条例》第5条关于人民警察的19项职责中，第17项就是：“积极参加和协助进行其他有关群众福利的工作。”这两个条例中所提的“居民福利的工作”和“有关群众福利的工作”，就是指那些公共卫生、社会救济等事情。当然，居民和社会群众的公共福利工作，有些不一定是公安机关所能解决的。例如，有些街道缺少公共车辆，交通不便，有些地方水管太小，居民用水有困难等，公安人员当然不能单独解决。但是，作为一个人民的公安人员，就应该时时刻刻关心群众的痛和要求，特别是公安派出所的户籍部门，更应该成为当地人民群众的知心朋友。因此，对一些自己无法解决的群众福利问题，就有义务向有关方面反映。反之，有些问题限于条件，一时还不可能解决的，也要向群众解释，或者鼓励、组织群众自己来解决。这样的事例也是很多的。上海有些棚户区，每逢雨天道路就泥泞不堪，结果往往是在民警发动和协助之下，依靠群众力量来修铺的。因此，对上述两个条例中所指出的“积极参加和协助进行”群众福利工作，应该这样来理解：有的是应该用自己的劳动，直接为人民解决困难，或者发动组织群众，和群众一起来解决群众的福利问题，有的应该积极向有关部门反映，并尽可能和有关部门协作，依靠群众来求得解决。

至于有些公安人员，由于他们十分关心群众利益，为了群众利益而积极工作，因而获得了群众的信任和爱戴，群众也乐于向他们反映一些可疑情况和检举坏人，这是客观的事实，也是自然的结果。而且更重要的是，应该看到，群众之所以能够向公安人员检举揭发坏人，主要还是在于他们本身提高了政治觉悟和革命警惕性的缘故,绝不能认为这是个别群众对个别公安人员的“报答”。如果是这样看问题,必然会低估群众的觉悟,而对于一些确实没有什么情况可反映和检举的群众,就不会去更多地关心他们,为他们服务,从而造成脱离群众的不良后果。当然,另一方面我们也应该懂得:为人民办好事,同时对人民群众也是一个教育。

从我们党的群众路线来看,首先一条就是:全心全意为人民服务。关心群众、为群众利益而奋斗,这在每一个革命干部来说,是无条件的。何况公安机关在它本身的任务中,就已经明确规定了这一条。所以说:人民公安人员,既是人民的警卫员,也是人民的勤务员。

上海有些派出所已经提出了为人民群众“日行一善”的口号,这是很好的。一个人民公安人员应该是为敌人畏惧、人民喜爱的人。只有人民喜爱的公安人员,敌人才会怕他,原因就是他有群众的支持,因此在对敌斗争中就有无比的威力。也只有敌人畏惧的公安人员,才能赢得群众的爱戴,因为他界限分明,在对敌斗争中表现坚决机智,维护着人民群众的长远利益和切身利益。

在全国人民努力贯彻党所提出的“鼓足干劲、力争上游、多快好省地建设社会主义”的总路线的时候,人民的公安人员,也必须鼓足干劲,在对敌斗争和为人民服务中,坚决以总路线的精神来要求自己,和广大人民群众紧紧地团结在一起,更多地为人民办好事,为贯彻总路线和保卫总路线而奋斗。

(1958年第7期)

故意杀人与故意重伤身体致死的区别

C.鲍罗金*

故意杀人与故意严重伤害身体致死是对于人身最危险的罪行。要向这些罪行进行成功的斗争，就全靠在各种情况中正确地适用刑法。

由于苏联最高苏维埃主席团在1954年4月30日通过了《关于加重故意杀人罪的刑事责任》的法令，①在《苏俄刑法典》第136条第1款（适用上述法令）的法定刑与《苏俄刑法典》142条第2款关于惩罚故意重伤身体致死罪的法定刑中间就有了重大的区别②。

关于正确区别这些犯罪构成的问题有着特殊的意义。不要忘记在发布大赦令的情况下正确地判断这些罪行的性质对于服刑者本身和及时执行刑罚来说都是有意义的事。经验证明：对于被定为杀人罪的人，大赦是不能适用的。而同时，以重伤致死定罪的人往往在大赦中得赦免③。

但是侦查机关与法院并不是经常都能正确地判别故意杀人与重伤致死罪的。在许多场合下，故意杀人罪被按照《苏俄刑法典》第142条第2款定罪了，而严重伤害引起死亡后果的，却按照《苏俄刑法典》第136条第1款定罪。重伤他人致死的行为也常被看做只是出于行为的结果并非出于犯罪愿望的故意杀人。④

解决这些问题的困难就在于故意杀人与重伤致死在客观方面极其相似。因而要区别它们犯罪的实质就必须从主观方面加以判断，凡犯故意杀人罪的人，在

---

* 作者单位：苏联最高法院。

魏焕华译，苏联《社会主义强制》1958年1月号。

① 根据这一法令的规定，故意杀人罪且有加重情节者可以判处死刑。——译者注

② 《苏俄刑法典》第136条第1款的原文是："故意杀人而有下列情形之一的，处十年以下剥夺自由：(1)出于贪利、嫉妒（不符合第138条的要件者）及其他卑鄙动机的；(2)因故意杀人或伤害他人身体曾由法院判处社会保卫方法已执行完毕的；(3)使用对多数人生命有危险的方法或对被害人使用特别残酷的方法的；(4)以便利实施其他严重罪行或隐蔽其他严重罪行为目的的；(5)对被害人有特别照顾的义务的；(6)利用被害人的无状态的……"第142条的原文是："故意重伤他人身体，使人丧失视觉、听觉或任何其他器官，毁人容貌，引起他人的精神病症或其他对他人健康的损害，致使劳动力遭受很大损失的处八年以下剥夺自由。由于这种伤害而使人死亡的，或实施上述伤害行为的方式带有折磨或拷打的性质的，或伤害虽然轻微，但是，是一贯对被害人实的，处十年以下剥夺自由。"以上条文均见法律出版社苏俄法典中译本。

③ 这个经验是根据苏联几次大赦令的具体情况说的。——译者注

④ 此处系指间接故意的杀人而言。——译者注

剥夺生命这点上说,都有着直接或间接的故意。而重伤罪,即使也引起被害人的死亡,却并没有这种故意。

实践表明:查明严重伤害的故意通常是并不困难的。但在缺乏直接证据(本人的陈述、证人的证言、信件等)的情况下要证明杀人的故意那就困难得多了。问题的复杂性就在于被告受审时照例是否认自己有杀人的故意,而常常断言他仅仅只有给被害人造成伤害的故意。分析侦查与审判实践的材料可以看出,在故意杀人者的行为中,如果根据具体情况加以区别的话,它们之间总是有一些共同特征的:(1)被告动作的方向往往是指向被害人身体上生命攸关的要害部位(如头部、胸部、肝脏区域);(2)用以伤人的工具(或手段)是足以引起死亡后果的。如康麦洛夫在与伐岗诺夫吵架时,用刀刺伤了伐岗诺夫的左胸部,深及心腔,伐岗诺夫因伤死亡了,康麦洛夫虽然承认用刀刺伐岗诺夫的胸部,但坚决否认有杀人的故意。侦查机关与沃洛果次克省法院认为康麦洛夫的行为是故意杀人。第二审也维持了这一判决。这样,案件的实质就被确定了,因为康麦洛夫故意用刀猛刺伐岗诺夫,而且在被害人身体上显露出来的创伤已对被告行为的性质提供了充分的说明。其中值得注意的是创伤的部位系在被害人的胸部左方,这说明康麦洛夫的动作是指向被害人身体的致命部位。他用以伤人的是刀,也就是说,所用的凶器是能够造成致命伤的,深深地透入心腔的刺伤,显示出他用力猛刺的特征。由此可见,创伤已经证实了康麦洛夫的行为是具有故意杀人者所有的特征的。法医鉴定也认为伐岗诺夫所受的创伤是绝对致命伤。

大家知道,绝对致命伤的范围是比较小的。据苏俄人民司法委员部与人民卫生委员部 1928 年 1 月 26 日所发的通知,只有“在任何时候和对任何人都会致死的(心脏停止、大肠破坏等)”才被认为属于绝对致命伤。

故意造成的绝对致命伤往往是这样的行为的结果:这种行为按照它的动向以及所用的手段(或所用的凶器)来看,除了造成死亡以外是没有任何其他后果的。因此,凡是故意使人遭受绝对致命伤的情况,都必须看做被告故意剥夺被害人生命的证据,而审判实践中也正是这样做的。

托姆斯克省法院根据《苏俄刑法典》第 74 条第 2 款与第 136 条第 1 款第 1 项,宣告保加托夫用粗重的白桦树椿两次猛击阿勃杜拉希托夫头部致伤。阿勃杜拉希托夫所受的两次猛击是严重地危及生命的伤害,他的局部头盖骨已完全折断,大脑质受到破坏。经法医鉴定为绝对致命伤。被害者被送到医院后,经过 2 天的昏迷状态后就已死亡。保加托夫并不否认有意猛击阿勃杜拉希托夫的头部,但同时他又断言并没有杀死他的愿望。法院根据保加托夫行为的特征,认为他具有杀死被害人的敌意。苏俄最高法院刑事审判庭认为按照《苏俄刑法典》

第186条第1款第1项对被告定罪是正确的，从而维持了原判。

在这样的场合下，被害人从受伤到死亡所延续的时间长短，对于被告罪行的判断是没有什么关系的。因而绝对致命的严重创伤，只要是故意造成的，它本身就是被告故意杀人的证明之一。

但是某些法院在解决关于被告行为的定罪问题时，并没有在应有的程度上考虑这些情况。例如，诺沃西比尔斯克省法院在预备庭中认为节多夫的行为应从《苏俄刑法典》第136条第1款第1项，改按《苏俄刑法典》第142条第2款进行评议。节多夫是用栅栏上脱下的横木对潘朵琴娜面部猛击了几下，使潘遭受严重的绝对致命伤以后被控告为杀害潘朵琴娜的。被害人很快就因伤而死了。省法院认为案件中还没有足以证实节多夫具有杀人故意的证据，所以他的行为应该看做重伤身体致死。苏俄最高法院刑事审判庭认为节多夫的行为应按《苏俄刑法典》第136条第1款第1项定罪，并根据省检察长不服裁定的抗议，撤销了原审预备庭的裁定。审判庭指出：从案件材料上看来，节多夫已使潘朵琴娜遭受严重的带有绝对致命性质的肉体伤害，所以，断言节多夫没有杀人的故意是毫无根据的。诺沃西比尔斯克省法院在以后所作的判决里乃按照《苏俄刑法典》第136条第1款第1项将节多夫定罪了。

事实表明，在造成绝对致命的严重危险的伤害的情况下，从伤害到死亡所延续的时间并不影响对被告行为的定罪。但是当被害人所受的伤害并非绝对致命伤从而造成死亡时，那又是另外一回事了。在这种场合下，死亡开始的时间就成为影响定罪的一种要素。事实上，如果死亡得并不快，而是多多少少在被害人久病后死亡的话，那么死亡的结局多半是由于其他原因造成，要认定被告是预见被害人的死亡是缺少根据的。

在故意重伤他人而并未造成绝对致命伤的情况下，如果被害人没有立即死亡而是受伤以后过了比较长的时间才死的话，被告杀人的故意只有他的陈述、见证人的证言以及其他足以证实他故意实施杀人的证据才能加以证明。被告行为的特征和造成的肉体伤害，在这种场合下已经不能作为故意杀人的无可争辩的证据。

但是在这种场合下，当实施伤害的被告明明知道被害人可能死亡，然而阻挠其得到医疗救助机会的，他就必须负谋杀的责任，因而引起死亡的话，应负故意杀人的责任。

这就是区别故意杀人与重伤身体致死的部分问题。这些问题在侦查与审判实践中还不是经常都能正确解决的。

（1958年第7期）

第七讲 人民民主专政的国家与法在社会主义革命与建设中的作用

齐乃宽*

一、我国社会主义革命阶段的基本任务和主要矛盾

我国目前正处在社会主义革命与建设阶段，这一阶段是从中华人民共和国成立以后开始的。在此以前我们经历了一个新民主主义革命阶段。由于我国所处的具体历史条件，这两个革命阶段的基本任务是不相同的，两个阶段存在的主要矛盾也是不一样的。

在新民主主义革命阶段，我们的基本任务是由工人阶级领导人民大众，推翻帝国主义、封建主义和官僚资本主义在中国的统治，变半殖民地半封建的社会为新民主主义社会，即在我国实现资产阶级民主革命的纲领，为社会主义革命扫清道路。在这一阶段中，我国国内存在的主要矛盾是人民大众和帝国主义、封建主义和官僚资本主义之间的矛盾。当时我们主要的任务是要消灭三大敌人。这个任务随着中华人民共和国的成立而基本完成了。

在现阶段，即社会主义革命与建设阶段，我们的基本任务是要在我国建立起社会主义社会，完全消灭城乡资本主义成分。为了完成这一基本任务，我们国家于1953年制定了过渡时期总路线，初步确定在大约3个五年计划期间逐步实现国家的社会主义工业化，逐步实现对农业、手工业以及资本主义工商业的社会主义改造。随着我国经济建设的发展，经济战线上的革命的胜利，特别从去年以来的政治战线和思想战线上的伟大胜利，我国又总结出一条鼓足干劲、力争上游、多快好省地建设社会主义的总路线。这一条总路线是前一个总路线——过渡时期的总路线的继续和发展，是马克思列宁主义与中国实际情况相结合的产物。

* 作者单位：华东政法学院（现华东政法大学）。

这两个总路线的提出是完全从我国过渡时期的社会特点出发的。我国原来是一个一穷二白、经济上文化上十分落后的国家,在过渡时期开始时,我国存在多种经济成分,阶级关系非常复杂。几年来,由于党的正确的领导,我们已经把原有的多种经济成分基本上变为单一的社会主义的经济成分,建立起牢固的社会主义公有制的经济基础。同时,在政治上要不断地巩固工人阶级的领导权,加强工农之间的联盟,将民族资产阶级和他们的知识分子改造成为自食其力的劳动者。

要完成以上这些基本任务,就必须明确什么是我国过渡时期的主要矛盾。很显然,在现阶段,我们国内的主要矛盾就是无产阶级与资产阶级、社会主义道路与资本主义道路之间的矛盾了。从性质上看这两者之间的矛盾是不可调和的。在这场你死我活的斗争中,或者是资本主义战胜社会主义,或者是社会主义战胜资本主义。

社会主义革命乃是历史上一次最深刻、最广泛的革命。在这一革命过程中我们不仅要在经济上解决"谁战胜谁"的问题,同时还要解决政治上、思想上的"谁战胜谁"的问题。应该认识到,无产阶级与资产阶级、社会主义道路与资本主义道路之间的斗争乃是一个长期的过程。在整个过渡时期,这两个阶级和两条路线之间的斗争是一直要存在的,而且这两者之间的矛盾,有时在某些范围内表现得非常激烈,成为你死我活的敌我矛盾(如1957年资产阶级"右派"的猖狂进攻即是如此),有时又会趋向和缓。然而这并不等于说就不再存在敌我性质的矛盾了,我们必须随时警惕那些已被推翻的阶级和正在被消灭的阶级的反扑与反抗。

在我国目前的具体条件下,上述两个阶级、两条道路的斗争在大多数的情况下表现为人民内部的矛盾,而表现为敌我矛盾的情况则是少量的。对于这两类不同性质的矛盾绝不能有所混淆。

二、我国人民民主专政的国家与法在社会主义革命阶段中的基本作用

我国人民民主专政的国家与法乃是正确解决以上这些矛盾,保证我国社会主义革命与建设取得最终胜利的有力工具。它的基本作用如下。

(一)对内镇压阶级敌人的反抗

毛主席在《关于正确处理人民内部矛盾的问题》中指出:人民民主专政的第一个作用,就是压迫国家内部的反动阶级、反动派和反抗社会主义革命的剥削者,压迫那些对于社会主义建设的破坏者,就是为了解决国内敌我之间的矛盾。也就是说,我国人民民主专政的国家与法的首要职能,就是对国内的阶级敌人实

行无情的镇压,对反抗社会主义革命的剥削者给予强制,对坏分子实行专政。因为在我国现阶段,旧的地主、富农分子以及其他反革命分子的残余还是存在的,他们还随时随地地企图复辟,还不断地进行着破坏活动,资产阶级右派也是不会甘心于他们的失败的,他们对于社会主义怀着极端的仇视,社会上的流氓、阿飞、盗窃犯、凶杀犯、强奸犯、贪污犯等坏分子对社会主义建设事业也有极大的危害。这些人与人民之间的矛盾都是敌我矛盾。如果不对这些人实行坚决的镇压,人民民主专政就得不到巩固,社会主义建设事业就没有保证。

自从中华人民共和国成立以后,我国人民民主专政的国家与法在对敌斗争中已经发挥了而且正在发挥着巨大的作用,表现出它的无比威力。如 1950 年和 1955 年前后,我国人民民主专政的国家与法曾组织人民与反革命分子进行了两次大规模的阶级斗争。第一次镇反运动是在 1950 年开展起来的。那时正当我国抗美援朝、土地改革和国民经济恢复工作紧张进行的时期,反革命分子到处在进行破坏活动。于是党中央于 1950 年 10 月 10 日发布了双十指示,提出了坚决镇压反革命的任务。接着中央人民政府又在 1951 年 2 月颁布了《中华人民共和国惩治反革命条例》,组织和发动了千百万人民群众,开展了轰轰烈烈的群众性的镇压反革命运动,给了残余反革命分子一次沉重的打击。

其后,在 1955 年我国社会主义革命高潮将要到来的时候,残余反革命分子的活动又有抬头之势,于是,我们的党与政府又领导人民掀起了第二次镇压反革命运动。在国家机关、人民团体和共产党、各民主党派内部清查出来一批暗藏的反革命分子,又给了残余的反革命分子一次沉重的打击。

镇压反革命的运动取得了决定性的胜利,使反革命残余势力大大地削弱了,他们陷入了极端孤立和分化瓦解的境地。通过这些运动,大大提高了六亿人民爱国主义和社会主义的觉悟,发挥了革命斗争和各种建设的积极性,从而巩固了人民民主专政,保证了国民经济恢复工作的完成,保证了社会主义建设和社会主义改造事业的顺利进行。

我国人民民主专政的国家与法在发挥上述作用时,一贯采取了严肃与谨慎相结合的方针以及惩办与宽大相结合的政策。“提高警惕,肃清一切特务分子,防止偏差,不要冤枉一个好人”和“有反必肃,有错必纠”都是我国人民民主专政的国家与法在进行敌我斗争时的重要依据。

正是由于我们有了这些政策依据,同时又深入动员了广大人民群众,使其与国家机关密切配合,这就使得我们的国家与法发挥出巨大的威力。

在基本肃清反革命分子后,除了帝国主义及蒋介石集团派遣的特务分子和少数暗藏的残余反革命分子以外,各种坏分子便成为我国城乡的主要威胁。

毛主席指示我们，人民民主专政在对敌专政时，除了对那些被推翻的剥削者如地主、官僚资产阶级分子实行镇压以外，“为了维护社会秩序和广大人民的利益，对于那些盗窃犯、诈骗犯、杀人放火犯、流氓集团和各种严重破坏社会秩序的分子，也必须实行专政”。因为坏分子跟反革命分子一样，也是人民的公敌，是破坏社会主义建设的反动分子。有时在各种坏分子中隐藏着一些反革命分子，而且坏分子也往往容易为反革命分子所利用，或发展成为反革命分子。他们的许多活动往往也是相互配合的，所以打击坏分子，正是巩固人民民主专政的必要措施。

新中国成立几年来，我们国家在历次镇压反革命运动中，曾经清除了大批坏分子，使他们遭到了严厉的打击，从而使我国城乡的社会秩序得到了空前的安定。但根据目前的情况来看，坏分子仍然不少，他们的活动仍很猖狂。有些犯罪（如盗窃犯和欺诈犯等）对国家和人民所造成的损失很大。他们当中有些人经过处刑释放后仍一犯再犯，屡教不改。有的甚至腐蚀他人、教唆少年儿童犯罪。对这些坏分子如果放松专政，那同样是非常危险的。积极与坏分子进行不懈的斗争，就是为我们国家创造更加安定的社会秩序。

我国人民民主专政的国家与法在对国内的敌人进行斗争时，也没有放松对另一个社会主义的敌人——资产阶级“右派”的斗争。如在伟大的整风运动中所揭露出来的“右派分子”，他们就是高举了资产阶级的反动旗帜向无产阶级的专政大肆进攻，但是终于为我们击溃和粉碎。事实证明，我国人民民主专政的国家与法在与资产阶级“右派分子”的斗争中，同样也发挥出无比巨大的作用，从而使社会主义的建设事业能够得到进一步的巩固与发展。

（二）对外防御帝国主义侵略与争取世界持久和平和人类进步的作用

毛主席曾指示：人民民主专政还有第二个作用，就是防御国家外部敌人的颠覆活动和可能的侵略。也就是说，我们的国家还担负着对外解决敌我矛盾的任务。

我国人民民主专政的国家与法是在与帝国主义等反动势力的残酷斗争中建立起来的。由于过去我国人民长期地遭受帝国主义的压迫和奴役，人民深深懂得巩固自己的政权，防御帝国主义的侵犯和颠覆活动的重要意义。特别是当我国正在开展着大规模的经济建设的时期，我们更不能不警惕帝国主义的可能的侵犯。

自从中华人民共和国成立以后，我们国家就特别注意不断加强人民的武装力量。在美帝国主义发动大规模的侵朝战争的时候，我们国家立即组织了中国人民志愿军与朝鲜人民一道，共同抗敌，打退了帝国主义的猖狂进攻，获得了军事停战的伟大胜利，保卫了朝鲜的民族独立和我们祖国的安全。

在边防工作中，我们国家坚强的公安部队和边防部队，在广大人民的积极支持下，及时有效地打击了外来帝国主义间谍特务的破坏活动，从而有力地保卫了我国社会主义建设事业的顺利进行。例如，上海市人民公安机关所破获的以龚品梅为首的暗藏在天主教内部的反革命集团，就是一伙在帝国主义间谍特务指挥下的反革命黑帮。他们活动的目的就是要千方百计地设法颠覆我国人民民主专政的政权，使蒋介石卖国集团在中国复辟，对他们，我们必须坚决予以镇压。

目前，正当我国在经济、政治、思想各个战线上取得了许多新的胜利的时候，我们更须随时提高警惕，时刻不能忘记，我们的身边还存在帝国主义，我们的领土台湾还被美帝国主义所霸占，这对我们是一种严重的威胁。

我们的国家是人民的国家，我们要不断加强国防，但这与帝国主义加紧军备竞赛是根本不同的。我们巩固国防的目的在于防止侵略，保卫人民的幸福生活和和平的劳动。我们国家的性质决定着它从不会侵略别国，因为在我们这里已经不再有依靠侵略别国发财的阶级，已经铲除了对外侵略的社会根源。所以我们国家的《宪法》序言中才写下了“为世界和平和人类进步的崇高目的而努力”的誓言。

我们国家在目前国际事务中的作用也在一天天增强着。帝国主义虽然还在想尽一切办法阻挠我国恢复在联合国中的合法地位。但事实上在国际重大问题上，如果缺少了一个6亿人口大国的代表参加是不行的。由于我国一贯坚持并贯彻着不同社会制度的各国和平共处的五项原则，坚持裁减军备和以和平协商的方式解决国际争端，我们国家的国际威信日益提高了。这对于维护世界持久和平是有着巨大的意义的。

目前的情况是以苏联为首的社会主义阵营在无产阶级国际主义原则下团结得更加紧密了。亚非地区采取和平中立政策的民族独立国家已越来越多，反对殖民主义、争取民族独立运动的力量也在发展，反对战争、主张和平的力量也在逐步增长，从而形成了“东风压倒西风”的局面。我们国家的神圣义务就是要进一步增强以苏联为首的社会主义各国之间的友好团结，贯彻国际主义与爱国主义相统一的原则，孤立帝国主义，巩固世界持久和平。为了达到这一目的，我国当前的重要国际义务之一，是要坚决与破坏国际团结的现代修正主义展开无情的斗争，因为它同样是我们国家以及世界人民最危险的敌人。

（三）巩固社会主义公有制、保护社会主义公共财产和保障人民民主权利的作用

我国人民民主专政的国家与法除具有对敌人实行镇压的作用以外，还具有

保护社会主义公共财产和保障人民民主权利的作用。对敌人的专政也就是为了更好巩固社会主义经济,保障人民的民主,这是人民民主专政不可分割的两个方面,自中华人民共和国成立的第一天起,我们就把保护社会主义公共财产和保障人民民主权利放在十分重要的地位。

社会主义公共财产是建设社会主义的物质基础,是国家与法得以巩固的根基,是人民幸福生活的源泉,没有它就没有社会主义。新中国成立以来,为了保护社会主义财产,我们曾把国家与法作为杠杆同一切破坏社会主义财产的行为进行了坚决的斗争。如"三反"、"五反"运动,司法机关同不法资本家以及那些窃盗或贪污社会主义财产分子的斗争,国家对各项财政制度的监督等都充分发挥了这种作用。我国《宪法》第14条规定:"国家禁止任何人利用私有财产破坏公共利益。"这就说明,在我国社会主义财产是神圣不可侵犯的,破坏了社会主义公共财产也就是违反人民的利益。

在保障人民民主权利方面,几年来我国不但经常注意在各项法律、法令中规定保障人权的问题。而且在我国《宪法》中,专辟一章把人民应享受的各项权利作了较详尽的规定,使人民的民主权利得到了更加广泛的保障。

我国人民所获得的这些自由、民主权利,从一开始就与一切资产阶级国家有着本质上的区别。这些权利是在人民自己掌握政权的条件下获得的。在这里,"自由是人民争来的,不是什么人恩赐的"。它完全摆脱了资产阶级那种虚伪人权的假象。我们的国家还采取了各项具体措施,使它得到物质上的保障。在许多单行法规上,还规定了对侵害人民权利和自由的行为给予制裁的条款,在所有司法部门的实践中也认真贯彻了这些规定。

现在当我国在经济上政治上起了根本变化的时候,我们国家又采取了进一步扩大民主生活的各项重大措施。发动职工群众积极参加企业管理和对企业行政领导实行监督;在农业生产合作社里,提倡民主办社;健全国家奖惩制度,加强国家纪律,改善国家和机关的工作,发动群众进行全民性的整风运动,克服官僚主义、主观主义、宗派主义,等等。这些都是我国扩大民主生活的显著表现。

应当指出,我们国家机关所实行的民主集中制,是为了把广泛的民主和高度的集中结合起来。我们的民主是有目的的,是为了团结一切力量来共同建设社会主义,和进一步巩固社会主义的制度。

(四)经济组织和文化教育的作用

经济组织和文化教育工作的职能,是社会主义国家所特有的职能,是任何剥削者国家所不具备的。这一职能最突出地反映出社会主义国家在经济上和文化上的创造性的巨大作用。社会主义国家之所以具有这一职能,乃是由其无产阶级专政的本质所决定的。无产阶级专政的目的是建成社会主义和共产主义，不断改善人民的物质和文化生活，永远消灭剥削和贫困，使人们走向最美好的境地。

新中国成立几年来，我们国家经过了短时间的国民经济的恢复工作，克服了各种困难，提前完成了第一个五年计划的指标，现在全国人民发挥了积极创造性，鼓足干劲、力争上游，正在多快好省地完成着第二个五年计划。几年来的事实证明我国人民民主专政的国家与法在经济组织工作中发挥着如下的作用：

第一，改变所有制，彻底消灭旧的以私人所有制为基础的经济关系，解放生产力，促使社会主义经济飞速发展；

第二，制订国家经济建设计划，确定经济发展的方针路线，为经济的发展创造有利条件；

第三，发动群众监督生产，调节生产环节上的某些矛盾，保证国家经济计划的顺利完成；

第四，及对调整国家所规定的各项规章制度，克服旧制度给生产带来的某些不良影响，随时建立起有利于生产的新制度，等等。

随着我国经济建设的发展，人民群众的社会主义觉悟也大大提高了。摆在我们面前的首要任务是要实现技术革命和文化革命。因为一定技术和文化是一定社会的政治和经济在观念形态上的反映。目前实行技术革命和文化革命已经成为人民群众的自觉要求。我们国家的任务就是要把我们全国的经济（包括农业和手工业在内）有步骤、有计划地转到新的技术基础上，转到现代化大生产的技术基础上，使一切能够使用机器的劳动都使用机器，实现城乡电气化，使全国的大中城市都成为工业城市，并在那些条件具备的地方逐步建立起新的工业基地，使全国的县城和很多乡镇都能有自己的工业，使全国各省、自治区乃至大多数专区和县的工业产值都超过农业产值……

为了适应技术革命的需要，国家还必须大力组织文化教育工作。几年来，我国人民民主专政的国家与法适应经济发展的要求，采取了各项措施，在发展我国文化教育工作上取得了很大的成绩。目前，我们的国家正在组织群众进行文化革命，进一步发展为经济建设服务的文化教育事业。为此就必须迅速地扫除文盲，普及小学教育，逐步做到一般的乡都有中等学校；完成少数民族文字的创制和改革，并积极地进行汉字改革；消灭“四害”，讲究卫生，提倡体育，消灭主要疾病，破除迷信，移风易俗，振奋民族精神，解放思想；建立工人阶级的知识分子队伍；等等。为了不断提高人民群众的觉悟水平，我们国家还要不断地利用各种宣传工具和一切机会，大力宣传马克思列宁主义，加强思想教育工作，和一切影响社会主义建设顺利发展的迷信思想,以及非无产阶级的思想作斗争。

总之,我国人民民主专政的国家与法在社会主义革命与社会主义建设中所担负的任务和所起的作用是非常巨大的。为了充分实现我国过渡时期和社会主义建设的总路线,今后还必须不断加强我国人民民主专政的国家与法的作用,使它在解决两个阶级、两条道路的矛盾中发挥出更大的威力。

(1958年第7期)

对《对政法工作跃进问题的几点认识》一文的质疑

刘家禾*

《法学》1958年第6期孟杰同志的评论“对政法工作跃进问题的几点认识”，是值得重视的一篇指导性的文章。但我对其中几个问题的提法，有些不同的认识：

1. 评论指出：“需要看一下当前对敌斗争形势起了变化没有？”这是很重要的，但分析不全面。是的，整风和反“右派”斗争，深刻地改变了我国阶级力量的对比，全国已经展现了一个空前有利的政治局面。看不到这个形势，采取不符合形势发展的工作方法，会犯错误。但是，也不能忽视另外一面，即在整个过渡时期，无产阶级同资产阶级的斗争，始终是国内主要矛盾。然而，评论却只是提及前者，未提后者。又如，评论虽然强调了“如果敌我斗争形势已经起了一定的变化，那么对敌斗争的策略是否也需相应地改变”，但是，所提出的只是侧重于批判“宁左勿右”、“左比右好”、“严比宽好”，而如何加强对敌斗争则不明确。应当说，目前敌我斗争的形势，就总的方面说，阶级敌人的力量更加削弱了，反革命还有，但是不多了。但是，一部分坚决的反革命分子还会进行破坏，帝国主义和蒋介石的特务机关的活动仍然十分积极，敌我斗争的形势还可能有一些反复。打击反革命分子和其他犯罪分子的现行破坏活动，继续肃清残余漏网的重大反革命分子，改造大量的地、富、反、坏、“右”五类分子，严密地注视一部分坚持反动立场的分子进行的破坏活动，仍然是相当艰苦的复杂的斗争。可是，由于评论得不全面，容易使人产生错觉，好像只提到形势和缓了，应当松一下了，应当宽一些了。这样，效果就不很好了。

2. 多、快、好、省是办一切事业的方针，我认为政法工作也不能例外。多快好省和要求办案正确、合法、及时是一致的。多快好省，就是要鼓起干劲，提高工作效率，多做一些事情，就是要及时地处理案件，配合中心任务，就是要处理案件正确、合法。政法工作按多快好省办事，不是“套用”与否的问题，而是要不要以它作指导思想的问题，至于说“在对敌斗争上，就不能用‘多’字”，也值得研究。

---

* 作者单位不详。

比如,“肃清一切特务分子”、“百分之百地破案”、“消灭积案”,都贯穿着“多”字,是不对的吗?

3. 关于贯彻法律制度问题,评论提出“既要反对形式主义,也要反对取消主义”,这是完全正确的。法律制度必须适应形势的需要。现在全国正在开展思想解放、破除迷信、大胆革新的运动,许多事情都打破常规,因此对原有的规章制度要进行审订。这样来看,我们现行的法制度和程序,在保证办案质量,贯彻群众路线方面,是不是已经很完整了,不必修订了呢?如果不是,不是应当发动群众提意见、想办法吗?但评论却没有提及这点。当然,有的如果批准、擅自不执行现有规定(即使是可以改的),则是错误的。

总之,我感到目前是鼓干劲的时候,批判缺点的同时应当指出改进的方向来,不然是会使群众感到束缚的。

作者的答复

孟　杰*

对刘家禾同志所提的问题,我大部分是同意的,也还有不尽同意的方面。答复如下:

1. 关于认清形势的问题,我只讲了有利的一面,而没有同时指出斗争还会反复,敌人还在进行破坏的一面。从这一段来说确实是一个缺陷。但在第二个问题即讲斗争的长期性、复杂性时提道:“现在,国内外的阶级敌人还存在,敌人绝不会甘心自己的死亡,他们一定会千方百计地从事破坏……”只是说得很不适。至于对敌斗争的具体任务,我只提到“镇压敌人,惩罚犯罪”,不够具体。我的想法是着重如何根据斗争形势的变化,灵活地掌握政策,因此觉得不具体讲任务也可以。

2. 我同意刘家禾同志提到的政法工作也必须以多、快、好、省为指导思想,这是总路线的要求,政法工作也不能例外。在这个问题上,我只强调不能笼统地套用多、快、好、省的要求,正面的阐释是不够的,也是不完整的。对敌斗争是一个极为严肃的、政策性策略性很强的政治任务,它包含着极为复杂和极为艰苦的斗争。所谓在对敌斗争上,不能笼统地提出“多”的要求,不是说不要“肃清一切

* 作者单位不详。

特务分子”,“百分之百地破案”了,而是说不能离开对敌人打得准确、有力的基础,单纯地追求逮捕反革命分子和其他坏分子的数量指标。必须肯定,为了给国家的社会主义建设事业提供更为安全的保障,必须肃清一切的特务分子,必须更有力地打击敌人的现行破坏活动,必须对一切可能放弃反动立场的反革命分子和反动阶级分子,有计划地开展以生产劳动和政治教育相结合的改造工作,使他们由社会主义建设中的消极因素变为积极因素。

3. 关于遵守法律制度的问题,我提“对于某些确属脱离实际的不必要的烦琐手续,也作了相应的简化,这是完全正确的,必要的,这绝不意味着对国家规定的法律制度也可以动摇”。这是指对于不必要的烦琐手续的简化是对的,但对于国家规定的现行法律制度(如陪审、辩护等),在未经国家的制定机关批准之前不能擅自修改、废止或拒不执行。我十分同意刘同志提到的目前是鼓干劲的时候,应多鼓励同志们解放思想,从有利于生产、便利于群众出发,大胆地改进工作,提出修改不合理的规章制度的建议。

谢谢刘家禾同志的批评,并请同志们矫正。

(1958 年第 7 期)

第8期

必须制止殖民主义者对西亚的侵略

赵 经*

7月28日毛主席在接受印度新任大使递交国书时说:“目前由于殖民主义者对西亚的侵略,致使国际和平受到严重的威胁。我深信,中印两国将更加高举五项原则的旗帜,为维护亚洲和世界和平作出应有的努力。”①在这里,毛主席指出,美英帝国主义在7月中旬武装侵略黎巴嫩和约旦,不仅粗暴地干涉了阿拉伯民族解放运动,也严重地威胁了世界和平。这是全世界爱好和平的国家和人民所不能允许的。

西亚地区在帝国主义者的心目中,是一块肥沃的殖民地,也是个重要的战略基地。它邻近苏联,而且位于欧亚非三洲交通的要冲,并拥有丰富的战略物资。仅石油的储藏量就占资本主义世界的70%,最近的年产量占资本主义世界的23%。外国垄断资本掠夺了阿拉伯全部石油,其中美国资本占了一半。美英殖民主义者为维持对这里的高额利润的榨取,历来就在这里培养起反动统治,企图永世奴役阿拉伯民族。新近被推翻了的伊拉克反动王朝,一直反共反人民,忠心接受了臭名远扬的艾森豪威尔主义,它一直是阿拉伯人民的死敌、帝国主义在西亚最可靠的走狗。不仅如此,反动的伊拉克还是美英帝国主义长期制造和一手操纵的巴格达条约组织的中心力量。巴格达条约组织与北大西洋公约组织和东南亚条约组织相联结,唆使一批野心国家,组成了一条对社会主义世界的包围圈。在这个包围圈上有许多军事基地和奴隶军,在美国的指挥下,无时无刻不在窥伺和威胁着苏联及其他社会主义国家的安全。巴格达条约组织总部就设在伊拉克首都巴格达城,这个条约就是以此命名的。7月13日夜晚伊拉克的革命,由于人民的普遍拥护,迅速取得了胜利。共和国建立以后,立即宣布退出《巴格达条约》,退出伊约联邦,宣布奉行万隆原则,并进行了一些社会改革,使得伊拉克从帝国主义侵略西亚的基石变成反帝的前哨阵地。这对殖民主义者来说,是何其沉重而又突然的打击。所以在伊拉克革命胜利的次日,美英帝国主义便来不及伪装,赤裸裸地露出侵略面目,匆忙派遣武装部队,公然侵占黎巴嫩和约旦,其目的就是摧毁反帝的伊拉克共和国和阿拉伯联合共和国。它们企图摧毁阿拉

---

* 作者单位不详。

① 参见7月29日各报记说。

伯民族革命力量，恢复它们的傀儡王朝，永远保住它们的侵略势力。

美英帝国主义武装侵略黎巴嫩和约旦是破坏国际法原则和《联合国宪章》的罪恶行为。黎巴嫩人民反对夏蒙卖国政府，约旦人民反对侯赛因傀儡政府，是他们的内政。各国人民都有自由选择本国社会制度和政府之权，这是任何外国所不能干涉的。各国之间，必须互相尊重主权，互不干涉内政；不同社会制度的国家必须和平共处。只有这样，才能维持国际和平，在互利和平等基础上发展各国间的经济和文化关系。如果对一国的革命和内政，可以盗用各种借口而加以干涉，则战争永不停止，人类将遭受浩劫。美英帝国主义公然武装干涉黎巴嫩和约旦，不惜挑起世界大战，就是与全人类为敌的不可宽恕的罪行。

美英武装侵略黎巴嫩和约旦，威胁阿拉伯各国的安全，不仅为社会主义国家所坚决反对，而且也遭到全世界爱好和平人民的正义谴责。由于这些巨大的和平力量的警告，就是在侵略集团和侵略国家内部，有的也不敢公开支持这个侵略战争，做殉葬的牺牲。西德政府的代言人曾强调美英行动是“北大西洋公约组织范围以外的”。英国工党和自由党议员全体投票反对保守党政府在约旦的军事冒险。至于美英等国的人民更是纷纷提出抗议，举行示威游行，以反对他们反动政府的侵略暴行。今天，在东风压倒西风的形势下，战争与和平、殖民主义与民族解放运动的斗争，已经注定前者必然失败，后者必然胜利。现在全世界已有七亿人口的国家摆脱了殖民体系，和 6 亿多人口的国家正在争取和平独立或倾向中立。尤其重要的是，现在有着比过去任何时候更为强大的社会主义阵营的存在，它是一切争取解放的民族的最忠实的朋友，它是保卫世界和平、制止侵略战争的强大支柱。

当美英帝国主义武装侵略黎巴嫩和约旦事件发生的时候，我国政府和苏联政府就发表了严正的声明，严肃地指出美英侵犯西亚国家的主权，干涉阿拉伯民族的解放运动，威胁世界和平，声明两国对这个问题不能不问，并警告美英帝国主义及其仆从国家，不得侵犯伊拉克共和国和阿拉伯联合共和国的安全。8 月 3 日毛主席和赫鲁晓夫同志的会谈公报，再一次严厉地谴责美国和英国的侵略行为，坚决主张立即召开大国政府首脑会议，讨论中、近东局势，并坚决要求美国和英国立即从黎巴嫩和约旦撤出他们的军队。两国领袖会谈公报，体现了中苏两国人民和社会主义阵营人民的意志，获得了世界爱好和平的国家和人民的热烈拥护，从而也表现出无比的伟大力量。这个力量在于社会主义国家的经济都在飞跃发展，武装力量日益强大，也在于中苏两国之间的全面、兄弟般的合作，进一步加强了社会主义阵营的合作，进一步加强了一切爱好和平的国家和人民的团结。

为着防止新的战争灾难，中苏两国正在竭尽一切可能，继续为缓和国际紧张局势而努力。这个努力已经暂时抑制了美英侵略者进一步扩大战争。半个多月以来，美英两国不敢立即侵犯伊拉克共和国和阿拉伯联合共和国，现在他们还被迫承认了伊拉克共和国。可见侵略者在强大的和平力量前面，不得不有所顾虑。但是我们也必须看到，美英侵略者不但没有从黎、约撤出侵略军，还不断地在西亚和其他地方集结军队，竭力破坏大国首脑会议，在联合国和阿拉伯各国间进行各种阴谋活动。尤其是7月下旬他们在伦敦召开的所谓巴格达条约国会议，还要收拾这个破碎了的没有巴格达的《巴格达条约》，将其强加于亚洲人民的身上，为他们继续奴役西亚、进攻苏联的侵略目的服务。侵略者的魔爪在没有被最后打断以前是不会不伸出来的。我们必须警惕美英帝国主义的战争威胁。

我们不怕战争，但我们必须争取和平。我们必须动员、争取和团结世界上一切反侵略的力量，帮助阿拉伯人民制止殖民主义者对西亚的侵略。我们完全拥护我国政府和苏联政府的严正声明，完全拥护中苏两国领袖的会谈公报，并时刻准备着，在必要的时候听候祖国的号召，拿起武器来保卫世界和平。在目前，特别是我们政法工作者必须认真学习时事，掌握形势，向广大人民进行时局宣传，举起维护世界和平的五项原则，揭发帝国主义的侵略罪行，指出帝国主义的纸老虎的本质，这不仅使国内人民，也使阿拉伯人民和各国人民认清敌我、判别胜负、加强斗争。同时我们更要根据总路线的精神，在党的绝对领导下，认真贯彻群众路线，做好我国的政法工作，巩固人民民主专政，保卫社会主义事业的迅速顺利前进。我国工农业生产和各项工作的"大跃进"就是对各国和平人民的鼓舞，是保卫世界和平的伟大力量。

"帝国主义豺狼们应该记住，由他们任意摆布人类命运，任意宰割亚非国家的时代，已经一去不复返了。"①我们完全相信，日益强大的和平力量和社会主义力量，一定能够制止殖民主义者的侵略野心。我们必须斗争，我们一定胜利。

（1958年第8期）

① 毛主席在苏联最高苏维埃庆祝十月革命40周年会议上的讲话。

美英武装干涉黎巴嫩和约旦是最严重的国际罪行

——斥艾森豪威尔7月15日咨文中的所谓法律根据

胡文治*

美英帝国主义侵略军先后于7月15日和17日占领了黎巴嫩、约旦，陈兵中东，矛头指着脱离帝国主义魔掌而独立的伊拉克共和国和阿拉伯联合共和国，严重威胁了世界和平。美、英的侵略激起了全世界爱好和平人民的同声谴责，以苏联为首的和平力量正在为制止美、英帝国主义的侵略毒焰而进行着坚决的斗争。我们深信正义与和平永远是战胜者，美、英帝国主义必将遭到可耻的失败。从国际法的观点来看，各国人民有权决定自己的问题，安排自己的生活。黎巴嫩和约旦人民的革命斗争纯粹是他们自己内部的事务，这是他们的神圣的自决权利，也即是国际法上公认的民族自决原则。在国际关系中，各国都是平等的，都是享有主权的，不论大国或小国都无权干涉别国的内政。不干涉内政原则是国际法上公认的原则。

美英武装干涉黎巴嫩、约旦，完全违反了国际法的基本原则，破坏了《联合国宪章》。美英的行动构成了最严重的国际罪行。

我们都知道，《联合国宪章》的基本原则之一，是确定各国人民的平等权利和自决的原则(《宪章》第1条、2条、55条)。联合国会员国承认了民族自决是联合国组织的原则，确认了各国自决的权利，并承担了尊重这种权利的义务。

1952年联合国大会第七届会议通过的《各国人民和各民族的自决权》的决议中强调指出："依照联合国宪章，联合国的每一会员国必须承认并尊重其他国家的自决权利。"

1954年在万隆举行的亚非会议上，各国代表同声谴责帝国主义的殖民政策，并重申民族自决原则。亚非会议的决议中指出："完全支持联合国宪章中所提出的民族和国家的自决原则。"

1955年举行的联合国人权委员会第十一次会议上，虽然曾经遭到帝国主义国家的反对，但在苏联和其他主持正义、爱好和平国家的努力下，终于通过了一

---

* 作者单位不详。

项决议。决议中指出，由于民族自决权实行得不够，因而破坏了各民族间的友好关系的基础，并且违背了《联合国宪章》的宗旨和原则。该委员会所拟订的《国际人权公约草案》包括了关于承认各国人民和各民族自决权的决议案。

每一民族和国家的人民都有自决的权利，在处理内外事务上都有权不受别国的干涉；同时，任何国家都无权干涉别国内政。不干涉原则是国际法上公认的原则，《联合国宪章》第2条第7款规定："本宪章不得认为授权联合国干涉在本质上属于任何国家国内管辖之事件，并且不要求会员国将该项事件依本宪章提请解决。"根据《宪章》第2条第7款的规定，可见：(1)联合国无权干涉别国内政；(2)并不要求会员国将内政问题提请联合国解决。不论是个别的国家或是作为一个国际组织的联合国本身都负有义务，即严格遵守不干涉他国内政的原则。

中、印两国倡议的五项原则日益为各国所公认，而成为现代国际关系中的指导原则。不干涉原则在五项原则中占有重要的地位。

美英武装干涉黎巴嫩、约旦是对公认的国际法和《联合国宪章》的最无耻、最粗暴的破坏，赤裸裸地暴露了帝国主义的侵略真相，全世界维护正义、爱好和平的国家和人民，应该一致起来坚决制裁美英的侵略行为。

第二次世界大战结束以后，《联合国宪章》、《纽伦堡国际军事法庭章程》、《东京国际军事法庭章程》中，一致确认了侵略战争是最严重的国际罪行。《联合国宪章》第1条第1款规定了联合国的宗旨为："维持国际和平及安全；并为此目的：采取有效集体办法以防止且消除对于和平之威胁，制止侵略行为或其他和平之破坏。"《纽伦堡国际军事法庭章程》第6条规定："本法庭对于下列各行为，或其中任何一种行为，有管辖权，有此种行为者应负个人责任：(1)破坏和平罪：指策划、准备、发动或进行侵略战争……或参与实施上述任何罪行的共同计划或阴谋。"纽伦堡国际军事法庭的章程及其判决书，对于世界亿万人民群众争取国际和平与安全，防止新的侵略战争起了巨大的作用。

1946年12月11日联合国大会通过了一项决议，确认了纽伦堡国际军事法庭所宣布的各项原则。决议宣称："大会……注意到1945年8月8日在伦敦签订的关于成立国际军事法庭以审判和惩罚欧洲轴心国家主要战犯的协定和该协定所附的章程，并注意到下述情况：在1946年1月19日在东京宣布的审判远东主要战犯的国际军事法庭的章程中也采纳了类似的原则。因此确认纽伦堡法庭章程所承认的并在法庭的判决中获得反映的国际法的各项原则。"

纽伦堡国际军事法庭的章程所确定的并为联合国所确认的各项原则，是一切国家必须遵守的现代国际法的基本的和不可动摇的原则。

美英帝国主义出兵占领黎巴嫩、约旦，威胁阿拉伯国家，构成了国际法上最严重的侵略罪行。艾森豪威尔和麦克米伦之流已成为头号战犯，必将受全世界爱好和平的人民的审判。

美英帝国主义为了逃避法律的制裁，无中生有地制造了虚伪的“法律”根据，企图为其武装侵略狡辩。美国总统艾森豪威尔7月15日向美国人民发表演说，其主要论点后来也为麦克米伦所重复，这是美英侵略中东的所谓“法律”根据，也是战犯们的无耻鬼话。我们应该彻底予以揭穿和驳斥。

艾森豪威尔在他的上述演说中一开始就自欺欺人地把武装干涉黎巴嫩说成是由于夏蒙的“紧急请求”，还说什么“夏蒙总统的请求是得到黎巴嫩内阁的一致行动的支持的”。夏蒙卖国集团是美帝掌中的一具政治僵尸，所谓“紧急请求”云云，纯粹是美帝一手制造出来的。黎巴嫩议会议长奥塞兰致美国总统的“特使”墨菲一项备忘录，严正地反对美军非法登陆，要求美军立即从黎巴嫩撤出。这是狠狠地打了美国总统一巴掌，揭穿了艾森豪威尔的谎言。奥塞兰指出，夏蒙乞求美军援助是非法的。奥塞兰的信援引了《黎巴嫩宪法》第52条的全文，其中明白规定总统未经议会同意，不得同外国达成协议。黎巴嫩大多数议员都写了抗议书，抗议美军的侵略。黎巴嫩内阁的一位部长由于不满美军入侵而辞职不干，退出了夏蒙政府。

夏蒙的请求是非法的，没有宪法效力的。艾森豪威尔的所谓紧急请求、内阁同意的说法，是彻头彻尾的谎言。

艾森豪威尔说美国军队侵占黎巴嫩是为了“保卫美国人的生命”。这是毫无根据的。因为今天在黎巴嫩根本没有发生损伤美国侨民的事实。黎巴嫩议会议长奥塞兰7月16日谴责美国侵略时就严正指出：“自从起义爆发以来的过去65天中，美国人的生命和利益从来没有受到威胁。”从国际法的观点来看，保护侨民是一个国家固有的权利，但绝不能借此侵犯别国主权，至于直接使用武力更是国际法所严禁的。1933年的《伦敦公约》中规定，不可以任何国家的内部状况，例如：“可能威胁外国人的生命或财产的危险；任何革命或反革命运动、内战、骚乱或罢工等作为进攻的借口。”此项规定的精神并为其他国际公约（1937年的《萨阿德巴公约》，1936年美洲国家在布宜诺斯艾利斯签订的协同、扩大和保证履行条约的公约）所确认。退一步来说，如果真的为了保护侨民，也应该由有关国家通过外交途径，根据国际法和《联合国宪章》来求得合法解决，绝不可诉诸武力。《联合国宪章》第2条第3款规定：“各会员国应以和平方法解决其国际争端，避免危及国际和平、安全及正义。”有侨民在国外居住的国家何止美国一国，如“护侨”可以成为出兵侵略借口的话，岂不是所有的国家都可以去武装干涉别国的内政了吗？拆穿了说，这只不过是帝国主义惯用的侵略口实而已。帝国主义国家伪造护侨的借口来武装侵略别国的事例并不自今日始。我们还记得很清楚：日本帝国主义发动“九一八事变”、“一·二八事变”时也是伪造了什么中村大尉失踪、日僧被殴的借口而悍然发动对我国的武装侵略的。美国沿袭德日法西斯的老路，历史注定它必然遭到可耻的失败。

艾森豪威尔又说，美国军队侵占黎巴嫩是为了“协助黎巴嫩政府维护它的领土完整和政治独立”。这种狡辩是无耻透顶。黎巴嫩人民反对夏蒙卖国集团的斗争，完全是黎巴嫩人民内部的事情，根本不存在什么领土完整和政治独立遭受威胁的情况。黎巴嫩的领土本来是完整的，只是在美国军队侵入以后，才丧失了完整。黎巴嫩的政治本来至少在形式上是独立的，黎巴嫩人民反对夏蒙反动集团的斗争正是为了把这种形式的独立变为实际的独立，而在美军入侵后，就连它原有的形式上的独立也被彻底破坏了。

《联合国宪章》第 2 条第 4 款规定：“各会员国在其国际关系上不得使用威胁或武力，或以与联合国宗旨不符之其他方法，侵害任何会员国或国家之领土完整或政治独立。”美国的侵略行动粗暴地违反了这一规定，黎巴嫩领土完整和政治独立受到威胁的说法绝不能成为美帝武装侵略的借口，而恰恰是美帝不折不扣的自供。

艾森豪威尔把黎巴嫩人民的起义说成是来自外界的“间接侵略”，按照这种说法，黎巴嫩人民反对夏蒙卖国集团的斗争，就是黎巴嫩人民侵略了黎巴嫩。这种荒唐的逻辑是不攻自破的。美英出兵以前曾大肆宣传，污蔑苏联和阿拉伯联合共和国参与黎巴嫩的内战，但是联合国的调查完全否认了这个污蔑。联合国观察团的报告和联合国秘书长哈马舍尔德的声明中不得不根据事实而承认：对黎巴嫩并不存在“大规模渗入”。这就是对美国造谣的驳斥。

艾森豪威尔装作维护联合国的姿态，说是由于联合国没有采取足以维护黎巴嫩独立的措施才出兵的。他想乞援于《联合国宪章》，却更加暴露了其是侵略者的真相。《联合国宪章》第 51 条规定：“联合国任何会员国受武力攻击时，在安全理事会采取必要办法，以维持国际和平及安全之前，本宪章不得认为禁止行使单独或集体自卫之自然权利。”宪章明确规定了会员国行使自卫权的两个前提条件：(1)受武力攻击时；(2)在安全理事会采取必要办法前。

在黎巴嫩，根本不存在受武力攻击的问题，而只有纯粹的内政问题，这与远在十万八千里之外的美国更是毫不相干的。事实是，美国并没有受到任何国家的武力攻击，美国的出兵也不是在安理会采取办法以前，恰恰是在安全理事会采取一系列的办法以后，是在联合国观察团和秘书长哈马舍尔德发表了报告和声明之后。鉴于以上情况,根本谈不到所谓行使自卫权的问题。

美帝梦想假手联合国来干涉阿拉伯国家,这个阴谋注定是要失败的。我们记得1950年6月美帝悍然发动侵朝战争两天以后,在它的非法操纵下盗用了联合国名义,替它的侵略罪行盖上了“联合国”的戳记,但在中朝人民及世界爱好和平人民的坚持打击下,美国为首的帝国主义侵略集团遭到了可耻的失败。这一次美国为了混淆真相,在侵入黎巴嫩之后,又装腔作势地要求召开安理会紧急会议,要求组织一支联合国部队去干涉黎巴嫩,还想沿用侵朝时的那一套卑鄙伎俩。但在东风压倒西风的今天,美国甚至在它曾经长期操纵的联合国组织中,处境也已大不如前,它的许多仆从国家也都犹豫不前,如安理会主席阿拉霍以哥伦比亚代表身份发言时指出:哥伦比亚不准备像在朝鲜战争时期那样派遣军队参加联合国武装部队。毫无疑问,美帝仍在阴谋给它对黎巴嫩的武装干涉披上联合国的外衣,它的这个阴谋还是值得警惕的。

艾森豪威尔制造了一些虚伪的“法律”根据,口口声声拥护《联合国宪章》,又说什么支持正义和国际法的原则等,满嘴谎言,其目的是企图盗用联合国旗帜来掩盖它的侵略罪行,卸掉他头号战犯的罪责。

为了维护国际法和《联合国宪章》的尊严,必须坚决制止美英帝国主义武装干涉黎巴嫩、约旦和威胁中东国家的侵略行为,应当促使联合国采取坚决的措施来制止美英帝国主义的侵略。而制止美英帝国主义侵略行为的首要步骤,就是严令美英侵略军队立即撤出中东。这是联合国为保障本身尊严所必须履行的最低任务。过去由于美英帝国主义的操纵破坏活动,特别是美帝盗用联合国旗帜发动侵朝战争而玷污了联合国的旗帜。这次美英又想再一次利用联合国的旗帜来掩饰它们在中东的侵略行动。联合国又面临着一次严重的考验。

今天在联合国中,为世界广大人民拥护的、以苏联为首的和平力量和一小撮美英战争挑拨者正进行着尖锐的斗争。我们相信和平一定可以拯救,战争阴谋必将失败。

我们中国人民热爱和平,一贯尊重国际正义与国际法,坚决反对侵略、反对战争。6亿中国人民将同全世界一切爱好和平的国家和人民一起,全力支持阿拉伯人民的正义斗争。玩火者必将自焚,美英侵略者必将受到法律的严厉制裁。

1958年7月28日于上海

(1958年第8期)

驳斥美英帝国主义侵略黎巴嫩和约旦的无耻借口

丘日庆*

7月中旬美英帝国主义者不顾阿拉伯人民和全世界人民一致的反对，悍然武装侵略黎巴嫩和约旦，这是对国际法最起码的公认原则的最粗暴的破坏，这是对阿拉伯各国人民最严重的挑衅，也是对中东和全世界和平最危险的威胁。

首先，我们知道，根据国际法公认的原则，以及墨迹未干的1957年12月14日联合国大会第十二届会议全体会议上，以79票对0票，包括美国和英国的同意，一致通过的关于国与国之间和平和睦邻关系的决议，一个国家的内政是不允许任何国家加以干涉的，更不允许任何国家将其作为武装侵略的借口。而我们知道黎巴嫩和伊拉克人民的独立解放斗争，纯粹是黎巴嫩和伊拉克两个国家的内政，是不允许帝国主义过问的。

摆在我们面前的事实又证明，美英帝国主义者武装侵略黎巴嫩和约旦的目的，并不是其他，而是干涉黎巴嫩、约旦、伊拉克和阿拉伯联合共和国的内政，是奴役中东各国人民，企图消灭蓬勃发展着的阿拉伯民族运动。然而侵略者任何时候都不敢公然提出打家劫寨、杀人越货的口号，而任何时候总是制造种种借口，以掩饰他的侵略行为。这次美帝国主义者就是打着“保护美国侨民”和“维护黎巴嫩的领土完整和独立”的两面黑旗。但这是违反国际法和《联合国宪章》的，是骗不了人的。

《联合国宪章》第2条第3项规定，各会员国应以和平方法解决其国际争端，同条第4项又规定，各会员国在其国际关系上不得使用威胁或武力，或以与联合国宗旨不符之任何其他方法。若以保护侨民为理由，使用武力或威胁，根据上述规定，显然是对《联合国宪章》最粗暴的破坏。

何况黎巴嫩的美国侨民的生命财产，丝毫没有受到损害和威胁。尤有进者，1933年《伦敦侵略者定义公约》里面明白指出：一个国家不论何种政治上、军事上或经济上的理由，都不能作为出兵他国的借口，特别是下列情况，如可能威胁外侨的生命或财产的危险，否则就是侵略。

---

* 作者单位：复旦大学。

以上公约基本上曾为1933年国际裁军会议的安全问题委员会的报告所接受,而美国、英国、法国是当时安全问题委员会的17个成员国之一。因此美国是要受到该公约的拘束的,也就是说,美帝国主义者是绝对不得以保护侨民作为出兵侵略他国的借口的。

百年来,中国人民对于帝国主义者以护侨为借口的侵略行径有切肤之痛,而且记忆犹新。日本在1931年、1932年和1937年侵略中国,不就是以护侨为借口吗？美帝国主义者这种强盗的逻辑,必须坚决地予以粉碎。

至于美帝国主义者打着的以维护黎巴嫩领土完整和独立的另一面黑旗,则我们上面也已经说过,黎巴嫩人民的独立解放斗争,是黎巴嫩多数人民对夏蒙卖国集团的斗争,也就是说,是大多数黎巴嫩人民对少数的黎巴嫩反动派的斗争,是黎巴嫩的内政问题,根本不存在其领土完整和独立受到威胁的问题,也就是说,根本不发生"内部侵略"的问题。因此这一面黑旗也是非法的海盗黑旗。根据国际法公认的原则,侵略只能来自外部,只能发生在国与国之间,侵略不能发生在一国内部。在黎巴嫩人与黎巴嫩人之间,约旦人与约旦人之间,根本不发生所谓侵略的问题。我们遍查各国学者或政府代表在联合国或其他场合所提出的侵略定义,都毫无例外地肯定了这一点。就是1939年美国哈佛大学所公布的关于侵略时国家权利和义务公约草案,也不能不承认:只有国家方能成为侵略者。唯有帝国主义者为了便于武装干涉他国的内政,制造侵略他国的借口,才无耻地捏造所谓"内部侵略"这个反动的名词。

与其所宣称的恰恰相反,正是由于美帝国主义者侵略了黎巴嫩,黎巴嫩的领土完整和主权独立才遭受到严重的破坏。因此事实表明,美帝国主义者不是什么帮助维护黎巴嫩领土完整和独立的人,而是彻头彻尾地破坏黎巴嫩领土完整和独立的罪人。

其次,美国总统关于侵略黎巴嫩的声明又说:"当黎巴嫩也许无法……抵抗间接侵略的时候……我们不能袖手旁观。"按照美国总统的声明来说,就是要采取"集体自卫的固有权利"(应该读做集体的武装侵略)。

我们知道,《联合国宪章》规定,会员国只有遭受到直接武装侵略时,才能行使单独或集体自卫的固有权利。《联合国宪章》第51条说:"联合国任何会员国受武力攻击时,在安全理事会采取必要办法,以维持国际和平及安全以前,本宪章不得认为禁止行使单独或集体自卫之固有权利。"

也就是说,在间接侵略[①]的场合是不允许采取单独或集体自卫的固有权利的。苏联代表在1953年的联合国侵略定义专门委员会的会议上公正指出:“各个国家的武装自卫权利只有在它遭到武装进攻时才自然地产生,而不是在它遭到进攻的威胁或别国在准备进攻它的时候才产生。”以上看法得到墨西哥、比利时、挪威、伊朗、荷兰和其他绝大多数国家的代表的赞同。关于这一点,资产阶级的学者,如曾任美国无任所大使的耶普塞[②]、凯尔逊[③]、古特利区和哈姆勃罗等,[④]也是不得不承认和赞成的。

何况在黎巴嫩,连间接侵略也根本不存在。联合国安全理事会派遣去调查黎巴嫩局势的观察团的第一个报告书不得不承认:我们(指调查团)经过“非常仔细巡视”之后,并没有发现证据足以证明有人越过阿联国境去参加内战,我们“所看到的武器绝大部分是美国、法国和意大利制造的”。联合国观察团去调查的目的,原是要诬赖阿拉伯联合共和国对黎巴嫩有“大规模渗透”,即间接侵略,以便作为美国侵略黎巴嫩的借口的。以上事实表明,在黎巴嫩根本不存在间接侵略问题。不过这里必须指出:事实又证明,美帝国主义在发动直接武装侵略黎巴嫩以前,曾通过某些巴格达条约成员国运送了大批军火和军事人员去帮助夏蒙反动政府,因此,真正构成间接侵略的,是美帝自己。贼喊捉贼,徒见其心劳日拙而已!此其一。

退一万步说,如果确有发生间接侵略及在间接侵略的场合也可以行使自卫的话,则根据《联合国宪章》第51条的规定,会员国在安全理事会采取必要办法以维持国际和平及安全以前,始不禁止采取单独或集体自卫的权利,但是美帝国主义的出兵,却在安全理事会采取办法——派遣观察团之后,因此,这也是违反《联合国宪章》,任意对《联合国宪章》的践踏。此其二。

根据以上理由,美帝国主义者,根本就没有采取“集体自卫”的权利。

总之,美英帝国主义者武装侵略黎巴嫩和约旦的罪行,无可辩驳地被证明,是对国际法最起码的公认原则的最粗暴的破坏。

最后,这里必须指出,美英帝国主义目前正在施行各种阴谋,企图盗用联合

---

① 什么是间接侵略呢?间接侵略,简单说来,就是侵略者(国)假手于他人,自己在幕后供应武器或金钱,或派遣特务,以达到侵害他国的主权和使他国丧失政治独立的目的。例如:鼓动对其他国家进行颠覆活动(恐怖行动、破坏行动等);煽动其他国家的内战;促成其他国家的政变或政策的改变,以适合侵略者。以上也是帝国主义者,特别是美帝国主义者经常所犯的罪行。参见丘日庆:“维护国际和平与安全的侵略定义”,载《华东政法学报》1956年第2期。

② [美]耶普塞著:《现代国际法》,第165页。

③ [美]凯尔逊著:《联合国法》,第797页。

④ [美]古特利区、哈姆勃罗等著:《联合国宪章释义》,第300页。

国的名义，使它们的侵略行为合法化。但是在此东风压倒西风的形势之下，当全世界和平与安全的堡垒——苏联在联合国高举制裁侵略的红旗、全世界人民声罪致讨美英帝国主义者海盗行为的时候，美英的附庸国也不愿跟着它们送死陪葬。美英帝国主义者像当年侵朝战争时一样盗用联合国的旗帜，插在它们的海盗船上的时候已一去不复返了。

由于苏联在联合国里是世界和平和安全的最积极和最忠诚的保卫者，美帝国主义者就不能像1950年6月侵朝战争时，利用苏联代表为了反对蒋匪的代表窃据中华人民共和国的合法席位拒绝出席联合国的各种机构会议的机会，在安全理事会里，不遭到苏联为世界和平而行使的神圣否决权的反对那样，可以提出对黎、约的侵略提案，开动表决机器，胡作妄为了。

由于民族主义国家反帝的觉悟日益高涨，美帝"众叛亲离"，其附庸国也不愿陪葬，美英帝国主义者也休想在其侵略提案在安全理事会遭到苏联否决之后，而能像利用1950年11月3日联合国大会《关于保障和平的联合行动案的决议》那样，挂出联合国的招牌出兵侵略黎巴嫩和约旦。因为要在大会里纠集2/3以上的会员国（约五十四个国家），追随它们去送死已是不可能了（按照《宪章》第18条第1项规定，大会决议使用武力的建议，须有2/3的会员国投票通过）。

美英帝国主义者是深深知道这些关口是不可能通过的，因此它不得不绕过联合国安全理事会和大会，践踏《联合国宪章》，以先下手为强的海盗本色，出兵侵略黎巴嫩和约旦，企图造成既成事实，并进而使其侵略行径"合法化"，这种阴谋我们必须予以赤裸裸的揭露。

事实证明，美帝7月14日通知联合国要求安全理事会于15日开会，但它却于15日不等待安全理事会开会就派遣军队侵略黎巴嫩，又于同一天鬼鬼祟祟地向安全理事会提出一项提案，要求派遣联合国（警察）部队到黎巴嫩去。美帝这个阴谋诡计是非常明显的，这就是希望以联合国部队的名义来掩护美国和英国侵略军，以联合国的旗帜插在美英的海盗黑旗当中。这岂不是将其侵略罪行一笔勾销，并妄图给它们的侵略军披上合法的外衣，继续驻在黎巴嫩和约旦。而且黎巴嫩人民反对夏蒙卖国政府的解放战争，是黎巴嫩的内政，固然不允许美国武装干涉，也不允许联合国派警察部队去干涉。苏联代表深知其奸计，于18日否决了美国的侵略提案，是完全及时和正确的。

这里也不能不顺便指出，美帝的忠实走狗日本在7月19日向安全理事会提出的关于黎巴嫩问题的"折中提案"的阴谋。这个提案主张"联合国驻黎巴嫩观察团继续开展活动"，并且请求联合国秘书长在此之外，立即做出安排，以采取"必要"的措施。

日本提案不是去叫美英侵略军立刻撤出黎巴嫩和约旦，而是叫由于美英侵略了黎、约之后而不再发生任何作用的联合国观察团不要撤退，并且继续开展活动。它的阴谋，同样是想把美英的军事侵略活动和联合国观察团的活动合而为一，使它们的海盗侵略行径包藏在联合国的活动下，取得合法名义，以掩蔽世人耳目。这是美英帝国主义通过日本所施行的玩弄联合国名义的另一阴谋，也是怂恿扩大侵略、包庇侵略者的提案。我们也必须予以揭穿并坚决反对。

美英帝国主义意图永久侵占中东地区，阴谋扼杀阿拉伯民族解放运动，是蓄谋已久的。尤其对于阿拉伯联合共和国的建立，对于伊拉克共和国的出现，对于黎巴嫩人民革命事业的发展，其深感不安而求乘机干涉。为了实现这个侵略目的，它们制造了种种借口，施行各项阴谋，尤其是盗用联合国的名义，对此，我们必须给予足够的警惕和斗争。

为了阿拉伯民族的解放，为了世界和平与全人类的安全，我们必须紧急行动起来，制止美英帝国主义者的武装侵略。我们完全支持和拥护我国政府和苏联政府抗议美英帝国主义侵略罪行的声明。美国和英国军队必须立即从黎巴嫩和约旦滚出去！不许干涉黎巴嫩、约旦、伊拉克和阿拉伯各国的内政！中华人民共和国的法律工作者行动起来，和全世界人民一道，为制止美英帝国主义者的侵略罪行而斗争。

1958 年 7 月 23 日

（1958 年第 8 期）

美英帝国主义侵略西亚的石油气味

刘家骥*

美英帝国主义侵略黎巴嫩、约旦，制造了许多借口，说什么“保护侨民”、“保护黎巴嫩主权”、“间接侵略”等。这些“理由”都是侵略者的遮羞布，见不得太阳，一驳即破。但在遮羞布下，隐藏着它们罪恶的目的，那就是企图镇压阿拉伯民族运动，长期占领西亚地区，继续榨取它们的石油利润，并通过对西亚地区的占领，阴谋包围和干涉以苏联为首的社会主义阵营，维持它们的资本主义的统治。现在，我们来揭开遮羞布，让殖民主义者的狰狞面目暴露出来吧！

西亚①地区就是欧洲人所叫的“中近东”，是亚洲联结欧洲和非洲的枢纽地带。这个地区靠着黑海、地中海、红海、波斯湾，以黑海海峡和苏伊士运河将各个海湾连接了起来，是最重要的国际海空交通线。这里曾经是帝国主义集团企图称霸世界所必争之地，在第一、第二两次世界大战中具有重要的战略地位。现在的西亚地区，一方面是美、英、法等帝国主义国家互相倾轧、彼此争夺势力范围的矛盾尖锐地区，另一方面也是以美国为首的帝国主义阵营发动反苏反共战争的前哨地区。

西亚地区各国，过去都是帝国主义的殖民地，现在还有许多是在它们支配下的附庸国。这许多国家都直接或间接和苏联陆海接壤。美英帝国主义就以这个地区为中心，网罗土耳其、伊朗、巴基斯坦和伊拉克，缔结《巴格达条约》，形成巴格达条约组织，和大西洋公约组织及东南亚条约组织相联系，建立了一个新月形的军事基地网，把以苏联为首的社会主义阵营包围起来，梦想颠覆社会主义体系，复辟资本主义在世界的统治。这次伊拉克革命的伟大胜利，对于帝国主义者来说，简直是一个晴天霹雳。它使巴格达条约组织丧失了巴格达，打断了巴格达条约组织的脊骨。不但在帝国主义全球反苏侵略网的心脏上刺上一刀，而且使它们分裂阿拉伯的企图也受到致命的打击。因此美英帝国主义慌作一团，手足无措，不得不狗急跳墙露出侵略者的狰狞面目，先后派遣侵略军占领黎巴嫩和约旦，企图守住它们在阿拉伯半岛的残余基地，再进一步侵略伊拉克共和国和阿拉伯联合共和国，以恢复它们对整个阿拉伯地区的统治。不仅如此，它们还想捞起

* 作者单位：复旦大学。

① 毛主席在印度大使递交国书仪式时用语，见1958年7月29日《解放日报》。

巴格达条约组织的死尸，来借尸还魂，缝补支离破碎的全球侵略网，准备向社会主义国家进攻，不惜挑起第三次世界大战。所以美英侵略西亚，不仅是与阿拉伯人民为敌，也是和全世界人民为敌。

从阿拉伯地区来说，美英出兵黎巴嫩和约旦，就是阴谋扼杀阿拉伯民族独立运动。阿拉伯人民长期受帝国主义的剥削与奴役，与殖民主义者有不共戴天的仇恨。阿拉伯人民有悠久的革命光荣传统，一向注重加强团结、反对殖民统治和帝国主义建立军事集团的阴谋。1954 年埃及的革命给予阿拉伯民族运动以方向和力量。1956 年英、法、以侵埃战争，加强了阿拉伯民族的团结，阿拉伯民族独立运动更加高涨起来。1958 年年初埃及和叙利亚建立了阿拉伯联合共和国，也门又同阿拉伯联合共和国结成了阿拉伯联合邦，其他阿拉伯国家的人民几乎都以这个联合邦为旗帜，而酝酿着反帝反封建的革命运动。美英帝国主义国家为阻止这个运动，指使它们的傀儡国家伊拉克和约旦，组织所谓“阿拉伯联邦”来和阿拉伯联合共和国对抗，以制造阿拉伯民族的分裂和纠纷。伊拉克是巴格达条约组织的中心力量，又是阿拉伯联邦的领导者，它是美英帝国主义在西亚的有力支柱。可是这次伊拉克的革命却把它粉碎了。革命后建立的伊拉克共和国既宣布废除《巴格达条约》，退出阿拉伯联邦，还和阿拉伯联合共和国缔结共同防御协定，宣布遵守万隆原则，反对帝国主义及其代理人，这使帝国主义对阿拉伯国家的统治遭到致命的打击。这就是美英帝国主义为什么在伊拉克革命的怒潮中，丧魂失魄，狗急跳墙，不得不孤注一掷地出兵侵略黎巴嫩和约旦的原因了。

美英帝国主义之所以竭尽力量来维持对阿拉伯地区的统治，还是为着经济的利益，即“油浓于血”，它们企图通过石油管吸尽阿拉伯人民的血，榨取世界最大的石油利润。西亚地区的石油蕴藏量约占资本主义世界已知的石油蕴藏量的70%，这就说明了为什么美英等帝国主义国家对阿拉伯人民的天然富源这样垂涎三尺。西亚不仅富有石油，而且开采的成本也是全世界最低的。这主要是油田富饶及帝国主义者残酷剥削劳动力的结果。西亚每一口油井的平均产油量要比委内瑞拉大 17 倍，而比美国大 364 倍。阿拉伯人民虽然拥有这样大的自然财富，但一点也享受不到它的好处，而要在饥饿线上挣扎，这就是殖民主义的罪恶统治所造成的。

在西亚非常炎热的气候下，阿拉伯工人每天要做 12～18 小时的工作，过着牛马般的生活。帝国主义者的石油公司，每年从每一个阿拉伯工人身上剥削约 4 万美元的纯利润，而付给他们每人的工资则每年不超过 200～300 美元（只合美国石油工人的工资的 1/8）。这一点点工资连工人本身都不能糊口，更不要说养家糊口了。

由于这种非人道的剥削,西亚每吨石油的成本降到七十美分到两美元,而每吨的售价则根据美国石油价格,高达15美元。换句话说,帝国主义者在西亚每采一吨石油就要获利13~14美元。根据不完全的统计,帝国主义石油垄断集团仅在1955年就获利18.5亿美元,整个战后时期内所榨取的暴利约在80亿美元以上。这种惊人利润,就是残酷地建筑在阿拉伯人民的血泪上面。

作为西亚石油的原主的阿拉伯人民,对他们的石油,无论开采、提炼与运输,都无权过问,而由美、英、荷、法石油垄断集团一手包办。尤其美国的5大石油公司掌握了这个地区的石油生产的6/10。它控制了沙特阿拉伯与巴林群岛的石油生产的全部,科威特的一半,伊拉克的1/4,伊朗的2/5。这些公司的利润都是十分惊人的。如以美国的阿美石油公司为例,它的总投资是5亿美元,而1955年的利润就超过了这个投资额,为5.3亿美元。美国还到处排挤英、荷、法石油垄断集团,想独占超额利润。如以伊拉克石油公司为例,本来是英、法、荷的势力范围,近年以来美国在这个公司的股份已将近一半。这个公司的资本仅2.5亿美元,而1955年的利润就高达4.6亿美元,利润率达180%。了解这一点,也可以看出美国对伊拉克的火药味中混合着石油的气味。美国在全部西亚的石油利润,究竟是多少呢?美国是讳莫如深的。在1956年,美国官方宣布是9亿美元,实际上远不止这个数目。

如果以为帝国主义国家剥削阿拉伯人民仅限于榨取石油,那也未免太天真啦。帝国主义国家的剥削是无孔不入的。就拿沙特阿拉伯来说吧,早在1944年,阿美石油公司就在这里建立了所谓"阿拉伯工业发展部",一方面垄断了沙特阿拉伯铁路、港口与飞机场的建筑权;另一方面,任何企业如果不得到这个太上皇的许可,就不可能开办。阿美石油公司就通过这个部来取得石油以外的利润。美英垄断集团除掉经济剥削外,还不断干涉阿拉伯国家的政治生活。在这些国家内,他们曾经派遣了许多"顾问"与"专家",好像苍蝇一样,叮着这块肥肉。连美国的经济学家也承认阿美石油公司是某些阿拉伯国家的无冕帝王,是华盛顿的非正式大使。

就在帝国主义国家的重重剥削下,石油垄断集团过着"朱门酒肉臭"的生活,而阿拉伯人民则是"路有冻死骨"。如以伊拉克为例,帝国主义国家支持反动的封建统治,使伊拉克人民过着极端穷困的生活。全国88%的农民,仅拥有不到7%的土地,而其余93%的土地,都集中在与帝国主义勾结的约1000个封建地主的手里。全国约90%的人民是文盲。伊拉克人民曾经好几次将赛义德赶走,而帝国主义国家和本国反动力量硬将这个卖国贼捧回来。现在赛义德终于被伊拉克人民活活打死,帝国主义者总没有办法使他起死回生了。

帝国主义国家之所以支持阿拉伯国家的反动统治，就是因为它们害怕失去石油的聚宝盆，它们最不愿意听见废除不平等条约与石油国有化。然而阿拉伯人民反帝怒潮是无法遏制的，石油的物归原主，也不是帝国主义国家所能制止的。1951 年英伊石油公司的国有化虽未达到原来目的，但已显出阿拉伯人民的一部分力量。阿拉伯民族解放运动不断高涨的结果，总是要将帝国主义特权连根拔掉。这次美英帝国主义这样大规模地调兵遣将赤裸裸地进行侵略，从表面上看来好像为了黎巴嫩，而事实上并不如此，因为黎巴嫩本身并不出产石油，只不过是输油管通过的地方。美国石油垄断集团对黎巴嫩的兴趣，远没有对沙特阿拉伯这样大。可见美国出兵黎巴嫩尤其是企图长期侵占，都说明其目标并不在黎巴嫩，而是想借此恫吓所有阿拉伯人民，妄图扑灭阿拉伯民族解放的神圣火焰。美英互相勾结，不但想通过黎巴嫩进攻伊拉克，而且想从两侧翼侵犯阿联的埃及地区与叙利亚地区。

英雄的阿拉伯人民在反帝斗争中是从来不退缩的。帝国主义者已领教过他们的厉害，远的暂时不说，1956 年 3 月，横行约旦 30 多年的殖民主义刽子手格拉布被赶出约旦。就在那一年，英法出动 16 万陆军、100 多艘海军舰艇来进攻埃及，结果是一败涂地。1957 年，美国与土耳其勾结，集结大批军舰向叙利亚张牙舞爪，但由于叙利亚人民和世界人民的坚决斗争，美帝侵略阴谋又遭到可耻的失败。伊拉克人民在过去 20 余年中，曾举行了 5 次起义并终于在今年获得成功，清除了投靠帝国主义的卖国政权。这对于帝国主义者来说，也是一个很好的教训。这许多教训，很好地说明在全世界东风压倒西风的总形势下，阿拉伯民族解放运动不断地高涨，殖民主义与帝国主义除掉进坟墓外，没有其他什么出路。

阿拉伯人民的民族解放运动是有全世界人民作为后盾的。我们中国人民更要提醒美英侵略者，汲取朝鲜战场的教训。当时美国带着号称十六国联军，出动它本国陆军 1/3、空军 1/5 和海军的大部分，但最终给我们打得落花流水，共被打死、打伤、俘虏 109 万多人。这次美英侵略西亚，众叛亲离，连联合国招牌都拿不到，如果不及早回头，结局将比朝鲜战场更惨，侵略军将死无葬身之地。殖民主义终将走向坟墓，不管它如何垂死挣扎，也耐不住反殖民主义火焰的燃烧。在东风不断压倒西风的总形势下，反殖民主义的火焰将愈烧愈烈，而殖民主义与帝国主义终将化为灰烬，这是历史发展的规律，任何侵略者都无法阻止。

1958 年 7 月 31 日

（1958 年第 8 期）

必须做好务"虚",更好地为总路线服务

齐中山*

党的八大二次会议制定了鼓足干劲、力争上游、多快好省地建设社会主义的总路线。党在目前的任务,就是要在整风运动的基础上,进一步地处理人民内部矛盾,有系统地改进国家工作,百折不挠地为贯彻执行社会主义建设的总路线而斗争。司法工作是国家工作的重要组成部分。就这一方面来说,贯彻执行总路线在司法部门有十分重要的意义。正确贯彻执行总路线的精神和实质,其关键在于:必须巩固地树立和加强无产阶级的立场、观点和思想方法;必须在党的领导下,正确认识政治形势,经常深刻地用批评与自我批评的方法,检查是否正确地执行了党的方针、政策和决议。整风运动是胜利贯彻和执行总路线的基础。在整风中,党提出先务"虚"、后务"实",就是要政治挂帅。党的建设社会主义的总路线是照耀各项工作的灯塔,是各项工作的最高统帅。学习总路线,以总路线的精神检查工作、促进工作,就是以"虚"带"实","虚""实"并举。从总的方面来看,绝大多数司法干部是十分重视务"虚"的。但是还有一些人做得并不那么好,他们还有一些奇怪的"道理"。在我看来,他们这些"道理",是同总路线的精神相违背的。这里我对这些"道理"谈谈我自己的看法,不对的地方,希望大家指出。这些看法包括以下几点:

1. 有一种说法:"司法工作是人民民主专政的武器之一,本身就是'虚'。工作上领导叫怎么办就怎么办是了,只要这样做不是也能获得很大的成绩吗?"乍听起来,这种态度好像有些道理。但稍加思索,就会发觉这是一种轻视务"虚"的观点。不错,人民司法工作是无产阶级专政武器的一部分,是社会主义经济基础的上层建筑的组成部分。务"虚"是解决司法干部的政治思想问题。事实证明,并不是所有在人民司法机关工作的人员,都有着与机关性质完全一致的立场、观点、方法和思想感情的。有些人虽然受到党的多年培养和教育,但是非无产阶级思想却还支配着他们的行动,使他们常常做出与党和人民利益相违背的事来,不能正确地履行和实现自己应尽的职责。可见我们专业工作的性质,并不能代替每个人思想上的"虚"。我们可以回顾一下过去。1950年,当各地土匪、

* 作者单位不详。

恶霸、反革命分子、不法地主和富农等分子还很猖獗，人民正在猛烈地进行剿匪、反霸和土地改革运动时，不少司法干部（包括我在内）却产生了“宽大无边”的错误观点，以致广大劳动人民埋怨“天不怕，地不怕，就怕法院讲宽大”。1957年上半年，正当三大改造取得基本胜利，党和政府大力巩固已有成果，进行大规模的社会主义经济建设时，反革命残余分子、反动地主及富农分子和各种坏分子却又猖狂活动，破坏农业合作化，破坏生产建设和社会秩序。在此期间，不少同志又犯了当办不办、重罪轻判的右倾错误。这能说是“领导叫怎么办就怎么办”了吗？当然不能。例如，新中国成立以来党和国家各种政策、法律、法令和指示中，都一再强调过渡时期的阶级斗争是复杂的、长期的，强调巩固人民民主专政（即无产阶级专政）的重要性。去年春天，毛主席在《关于正确处理人民内部矛盾的问题》的报告中，再一次教导我们：“我们的国家是工人阶级领导的以工农联盟为基础的人民民主专政的国家。这个专政是干什么的呢？专政的第一个作用，就是压迫国家内部的反动阶级、反动派和反抗社会主义革命的剥削者，压迫那些对于社会主义建设的破坏者，就是为了解决国内敌我之间的矛盾。”可是，就在这个时候，我们却对毛主席的教导作了片面的理解，重视了人民内部的矛盾，忽视了敌我矛盾的存在。既然党和毛主席指示得这样明确，为什么我们反而领会得那么糊涂呢？这应该从我们的立场、观点和思想方法上去找原因。

几年来，特别自1957年秋季以来，我们认识到一条经验：当我们坚决以政治带动业务，以业务为政治服务，“虚”与“实”的关系得到正确处理时，工作便获得成绩；当业务离开政治时，就犯错误。1957年下半年全民整风以来，由于司法干部的社会主义觉悟大大提高，全省司法工作在保卫中心、支持运动中，特别在1958年春季的“大跃进”中，取得了很大的成绩，工作就由被动转向主动。有些地方工作效率由提高1倍、2倍到10倍、20倍。有的原来认为半年做不完的事一个月做完了；几年来做不到的事，现在做到了；案件收多结少的现象很快消除了。在服从党的领导、和有关部门协作、和群众密切联系等方面，在严厉打击敌人、惩罚刑事犯罪、处理民事纠纷中，正确、合法、及时办案等方面，成绩之大、质量之高、效率之快，都是空前的。司法工作真正发挥了人民民主专政武器的作用。这正是以“虚”带“实”、“虚”“实”并举的结果。任何忽视政治思想工作的看法，肯定是错误的。

2. 有些人把务“虚”和反旧法观点看做关系不大。他们认为“我没有学过旧法”，“年轻，在旧社会受影响不大”，就肯定自己不务“虚”也不会受旧法影响。应该承认，没学过旧法，受旧的影响少，当然是好事。但是如果以为这样就万事大吉，却是不符合客观实际的。我们不妨回忆一下：尽管1949年党中央就指出坚决废除伪宪法及伪法院，可是在1952年司法改革运动之前，除去旧法人员外，我们有不少从未学过旧法的干部也羡慕旧法，受了旧法的毒菌的侵蚀。伟大的司法改革运动，给旧法观点、旧法作风以极其沉重的打击，使司法工作有了很大的革新和改进。但是在许多司法干部思想中的旧法影响并未彻底肃清。1955年贯彻《人民法院组织法》以来，有些很“年轻”的人，也常以旧法观点来理解人民的宪法和法律，把人民法院独立进行审判，只服从法律，看做可以脱离党领导的“审判独立”，追求资产阶级法院的“正规化”，否定人民司法工作的传统经验。甚至有的公然赞扬美帝国主义法院，成为资产阶级右派分子，在整风运动中向党、向社会主义制度、向无产阶级专政猖狂进攻。很显然，这绝不是什么“没有学过旧法”和“受旧法的影响不大”所能够解释得了的。大家都知道，旧法是为帝国主义、封建主义和官僚资本主义服务，统治和压迫广大劳动人民的，只有社会主义法律才是为社会主义经济、为劳动人民利益服务的。可是，为什么有些人还要牢固地抱住旧法观点不肯抛弃呢？这就必须从政治思想上，从立场、观点、方法上去找原因。在肃清旧法的残余影响中，有些同志感到“新旧法的界限不好划分”。的确，如果离开了政治思想，那是“不好划分”的。因为划分这个界限，不是扣这个和那个名词，不是做这种或那种形式上的区分，而是一个思想革命。司法干部务“虚”，就是要树立和加强无产阶级的政治思想与法权思想，清除资产阶级的政治思想与法权思想。当我们的政治思想明确时，旧法残余影响就没有市场；当政治思想稍微减弱，旧法余毒就马上跟踪而来。每当一个中心运动到来，司法干部在党的领导下政治思想有了提高，旧法观点也就进一步地遭到打击。如在土改、镇反中的人民法庭以及巡回审判、就地调查处理等方法，是搞得比较好的。去年由于反“右倾”思想的胜利，在社会主义教育运动中，在以工农业生产跃进为主的全面“大跃进”中，又创造了结合群众大辩论办案、下工厂和田间办案等方法，创造了一次开庭、逐案审理和分别合议、集中宣判的审判程序。从这里只看到群众欢迎，看不到什么受人反对的旧法观点，这难道不是很好的证明吗？因此，做好务“虚”也是彻底肃清旧法观点的关键。

3. 还有一种看法：“在整风运动中，整风就是务‘虚’，不一定专搞什么务‘虚’。”这一说法也难以使人信服。我省司法部门的整风和反右派斗争确已取得了基本的胜利。工作改进了，作风转变了，司法工作为政治服务、为生产服务、为群众服务的观点更为明确了。这些都是不容置疑的。但是并非所有的同志在思想上对党的方针、政策，对阶级斗争的规律，对司法工作在建设社会主义过程中的任务和作用等问题，都解决得非常好。比如，在“大跃进”中，有些单位就提出“无民事和刑事案件”，“无押犯的监所”，有的认为“‘大跃进’以后，没有案件了，准备到社里去当社员参加劳动”。这种思想说明什么问题呢？说明有这些思想的人，把我国过渡时期无产阶级同资产阶级、社会主义道路和资本主义道路的长期斗争这个客观事实给忽略了，把国外还有帝国主义、国内还有蒋介石反动集团的存在给忽略了，把司法工作在长期、复杂的阶级斗争中的专政的职能看成了可以一劳永逸的事，这显然是十分危险的。经过伟大的整风运动，经过反对右倾思想，竟然还会出现这些观点，不是证明我们某些干部的马列主义的政治思想还很薄弱吗？这种事实越发说明司法工作大力搞务“虚”，以“虚”带“实”，“虚”“实”并举是十分必要的。应该认识到，阶级斗争不仅在相当长的时期内存在，而且在一定情况下还可能尖锐化。毛主席在《关于正确处理人民内部矛盾的问题》中教导我们说：“如果我们丧失警惕性，那就会上大当，吃大亏。”不顾领袖的教导，不顾客观存在，很幼稚地提出“无阶级斗争论”、“无监所论”、“无刑事、民事纠纷论”，放弃专政“到社里当社员”等，则是毫无根据的。产生了这样的观点，提出这种口号，不管是不是自觉的，都会使工作受到很大的损害。因此，专搞一下务“虚”，我看是必要的。忽视了这一点，整风中已有的成绩就难以巩固，同时还会带来更为严重的后果。

4. 也有这样一些同志说：“务‘虚’主要是领导机关和领导干部，与一般同志关系不大。”这种说法也不能认为是对的。务“虚”人人有责，不论党内和党外，领导干部与一般干部，树立和加强无产阶级政治思想，都是进行社会主义革命所必需的。固然，领导人带头做好务“虚”，是搞好工作的关键。同样，一般干部做好务“虚”，也是保证做好工作的极重要条件。我们知道“虚”和“实”的关系就是“红”与“专”的关系。经过整风，特别是党的八大二次会议后，我们更明确了政治是统帅、思想是灵魂的重要意义。可见务“虚”没有上下级之分，没有此一工作与彼一工作之分，不能厚此薄彼。即使是一般干部，如果不注意务“虚”，也同样会给工作带来损害。如1957年夏，正当黄河沿岸紧张防汛时，有些坏分子肆意偷盗防汛物资和器材。河南洑阳县县长亲自捉了一个盗窃分子送到法院处理，一个审判员认为手续不正规，无理拒绝受理，结果没有使坏分子的气焰及时受到打击，防汛工作也受了一定影响。像这位审判人员，他既不务“虚”，也没务“实”，做出事来就对党对人民颇为不利。我们人民司法机关就是惩办敌人、保护人民的工具，任何不顾阶级利益，把法律手续用来束缚自己的手脚、放纵敌人的做法，都是极为有害的。对司法干部来说，不红就不可能专，不务“虚”就不可能正确地务“实”。政治思想总是有鲜明的阶级性的，任何离开无产阶级的政治思想，必然成为资产阶级政治思想的猎获物。有时我们在道理上懂得了务“虚”的意义，而在实际工作中，却常常把“虚”和“实”对立起来。所以在整风中通过务"虚",解决本部门、本单位和个人的带有关键性的问题,是十分重要的。

目前我们的首要任务,就是坚决地贯彻党在八大二次会议中所制定的鼓足干劲、力争上游、多快好省地建设社会主义的总路线。这就必须把整风运动进行到底,继续肃清"右倾"思想、旧法观点和资产阶级个人主义,改进工作,改进作风,不断跃进,使司法工作更好地为总路线服务。司法工作必须发挥人民民主专政武器的作用,镇压敌人,保护人民,巩固无产阶级专政,保卫社会主义建设。而做好上述各点的基本保证,就是坚决维护党的领导,在党的绝对领导和教育下,做好先务"虚"、后务"实"、以"虚"带"实"、"虚""实"并举,正确认识"虚"和"实"的关系,并保证运用到实际工作中去。

(1958 年第 8 期)

深入群众,深入实际,从根本上改革教学

李文钧*

【编者按】 为了贯彻理论联系实际的方针,到群众中去、到实际中去找寻教学改革的方向,武汉大学法律系在最近的整风运动中,抽调了124名师生参加了武汉市政法工作检查团的检查工作。他们在20天的基层工作中,搜集了大批材料,写出了172篇文章,得到了很大的收获。在活生生的事实面前,他们开始破除对教授、对书本和对个人主义的迷信,更加深刻地体会到加强党的领导的重要性,大大鼓舞了革命干劲,从而推动了他们的教学改革工作。这里发表的是该校法律系主任李文钧同志就这个问题所写的专文的一部分,介绍他们在上述情况下初步找到的根本改革教学的途径。我们觉得这篇文章虽然是个草稿,但它的基本方向是对头的,可供从事和关心政法教学改革的同志们参考。

教学改革的根本问题,是在教学工作中树立坚强的党的领导和正确地贯彻理论联系实际的方针。教学改革的基本内容,是对教师的彻底的思想改造和课程内容的根本改革。我们参加武汉市的工作,初步找到了教师思想改造和课程改革的基本方向和具体办法。

一、从根本上改革教学内容

鉴于过去的教训,我们不能生搬硬套别人的,必须建立自己的课程体系,也不能等待什么法学家坐在屋子里给我们写出成套的教材来。这次我们根据党的理论联系实际的方针,随武汉市政法工作检查团深入到群众中去,深入到实际中去,同群众和基层干部劳动和生活在一起,学习与了解他们的斗争经验,把他们的经验加以整理,从172个材料中选了与法律课程有关的,写成了10个专题。再对这些专题进行研究、修改和补充,既可上升为教材,印发给学生,又可以上台讲授。从一个到几个专题,从专题逐渐发展成为各个课程的体系,再发展成为法学体系。我们准备在两三年内建立起自己的新的课程体系;同时在教学过程中,

* 作者单位不详。

还必须同群众和实际部门取得密切联系，根据形势的发展和党的方针政策的发展、变化，不断地修改和补充。我们认为只有这样做，才可能跳出老圈子，建立新的课程体系。这样建立起来的课程内容和课程体系，才是来自群众、来自实际斗争，而又服务于群众、服务于实际斗争的法学，才真是党和中国人民革命斗争经验的总结，才是马列主义的战斗的法学，才能够更好地巩固无产阶级专政，更有力地同旧法观点、修正主义和教条主义进行斗争。

为了贯彻理论联系实际的教学方针，在教学内容改革的同时，教学方法也必须进行改革：跳出教条主义、形式主义的老圈子，贯彻群众路线的教学方法。可以采用教师讲授与学生自学相结合的方法；有的课程还可采用确定一定题目，师生共同大鸣、大放、大辩论的办法，即大家提问题、大家辩论、大家解决的办法。为了真正解决问题，必须注意组织师生对毛主席著作的学习，将其作为理论武器。尽可能地请实际部门领导同志来作报告，帮助解决问题。还必须注意在普遍发动的同时，重点组织力量，对重点问题进行深入集中的研究。因此，在这种情况下，教师单枪匹马、一人一课的方法已不能解决问题了。我们必须在师生中组织一定力量，抓住学习中的难题深入研究，以求真正给学生解决问题。

二、在师生中认真地进行思想改造

教学改革、拔白旗插红旗所揭发的事实，再一次证明了这一点：教师的思想改造，是教学改革的一个重要环节。思想改造的办法是多种的，但最根本的办法是到生产劳动中去、到实际斗争中去锻炼。事实证明，劳动锻炼是改造思想、加强劳动观念、培养阶级感情、树立全心全意为人民服务的思想的重要途径。因此，师生都必须积极参加各项劳动活动，轮流下放到农村去锻炼，都要在劳动中毕业。这次我们参加武汉市的实际工作，一方面整理专题，写出文章，另一方面在思想上也取得了极大的收获，启发和推动了师生的思想改造。我们认为：这个办法是教学内容的改革同人的思想改造相结合的较好形式，是红与专的统一。只有这样才有可能培养出既有理论知识，又有实际斗争经验，又同群众有密切联系的教师来。在这样的教师的教育下，学生才能成为具有共产主义觉悟、马列主义法律知识和身体健康的政法干部。

三、培养新生力量，建立自己的教师队伍

长期以来的教学实际情况告诉我们，拔白旗又一次证明了，只依靠原有的教

师骨干，已不可能完成艰巨的教学任务。现有的师资有两个弱点：一个是数量少，另一个是质量低。而教学任务要求只许办好，不许办坏，必须保证教学质量。在这种情况下怎么办呢？只能是加强对教师的领导，大力培养新生力量。

我们必须依靠党的领导，贯彻执行以老干部为骨干、大力培养青年教师、区别对待旧政法老教师的方针政策。争取校内外领导同志亲自讲课，老干部开课。同时，必须大力培养新生力量，建立自己的教师队伍。对现有的助教，要给他们锻炼的机会，耐心帮助他们备课，大胆地让他们开课，让他们从实际教学工作中来提高自己。为了补充教师队伍，拟从二、三、四年级抽调一批优秀学生与教师共同到群众中去，到实际工作中去，根据专题计划，一方面调查研究，搜集材料，写出专题讲稿，另一方面，在实际工作中锻炼，改造思想，再选拔其中优秀的适合做教学工作的学生留做助教或实习助教。这样经过两三年的苦战，法律系的教师队伍可以初步形成。这个队伍是在党的领导下，在实际斗争中锻炼出来的又红又专的工人阶级自己的教师队伍。这样才能逐渐解决教师量少质弱的问题。

四、与政法业务部门、实际工作单位相互协作

与政法业务部门建立协作关系，是实现理论联系实际的教学方针的重要措施。与实际机关协作的办法很多：(1)共同组织对党和国家有关方针政策的学习、讨论。(2)相互参加工作，即"请进来"，"派出去"。我们派适当的人经常去政法机关参加他们的工作。(3)共同讨论研究问题。请他们参加我们教学与科学研究问题的讨论，我们也经常去参加他们的案件讨论。(4)双方相互交换文件资料等。

我们不但要同政法部门建立协作关系，而且还要同工厂、农业社、街道等基层生产单位建立协作，使我们研究社会科学的人，对社会动态和党的各项政策在群众中如何执行有所了解，便于教学。

还必须加强与全国各政法院校、系的密切联系与协作，互相交换资料，交流经验。如有先进的政法院校，即派人前往学习、观摩。

五、加强党的领导，贯彻群众路线办学的方针

加强党的领导、贯彻群众路线，是教学改革胜利的重要保证，是办成共产主义法律系的前提和决定因素。法律科学是党性、阶级性很强的科学。因此，法律

系的教学工作必须在党的绝对领导下进行。经验证明,我们党不去领导,资产阶级的白色法学家必然要去领导。必须明确,党不但领导政治思想工作,而且必须领导教学和科学研究工作。党要领导一切。党的领导要深入到教研组、年级和班中去,要深入到每一个地方去,做到处处插红旗,人人插红旗。让我们在法律教育战线上高高举起红旗,胜利前进。

群众路线是党的一切工作的根本路线,它也是办好法律系的根本路线。在教学改革和拔白旗的斗争中,由于充分发动了广大师生,才可能比较彻底地拔掉资产阶级法学的白旗,保证教学改革的初步胜利。这次去武汉市工作,充分证明了这一点。由于充分发动了广大师生,才有可能写出这样多的专题来。同时也证明了写出较好专题的,不是老教师,而是青年教师和广大学生。因此,在今后建立社会主义的新法学中,仍然必须贯彻群众路线,发动广大师生,人人动手,个个献计,采取既当学生又当先生、先当学生再当先生的办法。

我们有了党的坚强领导,进一步贯彻群众路线,经过两三年的苦战,相信一定可以从根本上改变法律系的面貌。

(1958 年第 8 期)

在司法工作中如何正确区分和处理两类不同性质的矛盾

尤全昌[*]　陶　中[**]　何重耳[***]　韦安元[****]

司法工作者在实际工作中如何区分两类不同性质的矛盾,采取不同的方法处理,目前仍有争论。我们的意见是,区分两类不同性质的矛盾,大致可以从下列四个方面来考虑:

1. 以犯罪的性质来区分。如反革命、地富分子的破坏活动,杀人放火犯、强奸犯以及流氓集团等严重的犯罪行为,很明显是敌我矛盾。因为他们的罪行都是反抗社会主义革命和破坏社会主义建设的。如果把强奸误为通奸、反革命造谣当做一般群众的落后言行、流氓分子污辱妇女的行为当做生活作风问题,就会把敌我矛盾误为人民内部矛盾,就会放纵敌人,挫伤群众对敌斗争的积极性。反之,如把群众的落后言行当做反革命造谣等,这就会把人民内部矛盾当做敌我矛盾来处理,就会损伤自己人,也会助长敌人的嚣张气焰。因此,正确认定犯罪的性质是非常重要的。在实际工作中,由于有些同志没有正确地区分两类不同性质的矛盾,因而在前一阶段的工作中,曾发生过不同程度的"左"的和"右"的错误。譬如有的审判人员对书写极端反动的标语的犯罪分子,认为其动机不是推翻人民民主专政,而当做一般的刑事犯罪来处理。反之也有个别的案件有相反的情况,如工人张某在某国营公司做工,平时对食堂制有意见,骂过干部、发过牢骚。有一次因家中生活困难,向原私营企业资方索取工资未获解决,张某就阻止工人做工,使6个工人停工两小时。有些审判人员就认为应以现行破坏论罪。但据我们看来,这显然是人民内部的是非问题,应采取说服教育的方法加以解决。

有人对将上述几类犯罪一律当做敌我矛盾还有怀疑,他们提出:如果群众为了捕捉现行犯而失手把他打死,是否也应把这个群众当做杀人犯呢?我们的回答是:当然不是。这不包括在我们这里所指的杀人犯的范围,这也是群众所能理

---

* 作者单位不详。

** 作者单位不详。

*** 作者单位不详。

**** 作者单位不详。

解的。

2. 对某些案件要看其对社会的危害大小、情节轻重、是一贯的还是偶犯来区分两类不同性质的矛盾。这里指的某些案件，当然不是一切案件，如反革命犯、杀人犯、放火犯、强奸犯等犯罪本身对国家和人民就有严重的危害性，我们总不能用杀人犯杀的人数多少来区分犯罪的性质。但对偷窃、贪污等犯罪就不同了。如偶尔行窃和劳动人民中间的个别人有贪图小便宜的“顺手牵羊”的行为，或者合作社中有小量贪污行为的人，按其情节尚不构成犯罪，就不应当做敌我矛盾来处理，只要指出这种行为的错误并给予批评教育就行了。

3. 是故意还是过失，这是区分两类不同性质的矛盾的一个重要方面，对某些案件来说是具有决定意义的。过失犯罪在一般的情况下，主观上是预料不到的。有时犯罪者本身是热爱社会主义并积极参加社会主义建设的人，但他的行为是对社会主义事业有害的。如李××是人民解放军汽车驾驶员的助手，平素工作表现很好，参加过抗美援朝，这次随驾驶员行车到某地，驾驶员因其他事情走了，把车子停在马路上。因停车位置不当，李急于把车换一个地方，但由于技术不熟，换错了排挡，使汽车冲向人行道，轧死了一个小孩。事后该部队妥善地处理这一事件，被害者家属及当地群众表示满意，在法院开庭时，被害者家属和群众一致要求对李××从轻处理。法院按其情节和群众意见给予李××以必要的刑事处分。当时有人主张从严惩办，那就不但混淆了两类矛盾，也是脱离群众的。从这案例来看，虽造成了命案，但不是故意，不能当做敌我矛盾来处理。相反，如沈某是动物园的饲养员，过去有偷窃行为，给公安机关拘留过。沈平日对社会主义制度不满，整风中当其谬论被揭发后，他就将价值二百多元的动物白鹳鸟的一只翅膀折断了。从犯罪的情节和后果来看，好像不如前者严重，但从其犯罪时间和其主观上是故意来讲，应属敌我矛盾。

4. 民愤大小是在划分两类不同性质的矛盾时也应注意的问题。所谓民愤，一般说是反映劳动人民的阶级感情的。破坏社会主义建设也就是破坏劳动人民最大的和最长远的利益，因此这些犯罪必然会引起广大劳动人民的公愤。我们说办案要符合人情，所谓人情也就是劳动人民的阶级感情。我们在处理案件时曾碰到一些坏人，他们经常在地方上调戏妇女，寻事生非，吵架斗殴，辱骂群众和干部，这种蛮不讲理的人，群众批评他不睬，派出所拘留也不敢，群众被闹得朝夕不安，对他非常痛恨。这种人破坏了社会主义的革命秩序，是群众公认为坏人的人，应以敌我矛盾来对待。

上面几种情况在具体划分时，对每一个案件都要进行具体分析。不仅要从犯罪的动机、目的及犯罪者本身的具体情况等主观方面来分析，而且还要以无产阶级的立场、观点，用唯物辩证的方法对其所造成的后果及危害程度全面地加以分析而确定犯罪的性质。孤立起来强调一点或几点，都是会造成错误的。例如，过失犯罪也不能绝对当做人民内部矛盾，反之也不能认为凡是故意犯罪，一律都是敌我矛盾。

怎样正确区分和处理两类不同性质的矛盾，还必须注意以下几点：

1. 区分不清两类不同性质的矛盾，当然就不可能用正确的方法处理，即使两类矛盾划清了，也不等于就已经正确处理了。要正确地区分和处理两类不同性质的矛盾，首先应该认真学习党的政策和毛主席以及中央其他负责同志的指示，把司法工作置于党委的绝对领导之下，结合当前斗争的形势，才能很好地区分两类矛盾和正确地予以处理。因为党中央的政策、指示和毛主席的著作及中央其他负责同志的许多言论都教导我们分清敌我。毛主席在《论人民民主专政》一书中明确地指出："对人民内部的民主方面和对反动派的专政方面，互相结合起来，就是人民民主专政。"又说："人民犯了法，也要处罚，也要坐班房，也有死刑，但这是若干个别的情况，和对于反动阶级当作一个阶级的专政来说，有原则的区别。"罗瑞卿同志在党的八届一次代表大会上关于肃反斗争的发言中说道："党还严格要求在斗争中区分好人和坏人，区别思想问题和政治问题，不要把那些有错误有缺点的好人，以及那些只有反动思想没有反革命行为的人，同反革命混淆起来。"1955年毛主席对肃反斗争再一次提出"提高警惕，肃清一切特务分子；防止偏差，不要冤枉一个好人"。所以很好地学习和领会党中央、毛主席的这些指示，对于正确区分和处理两类不同性质的矛盾是非常重要的。我们在审判工作中就因为坚决贯彻和执行了这些政策原则，因而取得了巨大的成绩。而一旦离开了这些政策原则，就会犯"左倾"或"右倾"的错误。如我们在过去的一个时期中对盗窃犯、诈骗犯以及流氓集团等严重破坏社会主义建设的刑事犯罪分子打击不力，就是离开了党的政策原则，误认为这是人民内部矛盾的结果。

2. 对敌人和对人民不仅在政策上完全不同，在工作方法上亦应有原则的区别。毛主席早在抗日战争时期就教导我们说："对己要和，对敌要狠。"我们对人民要有"俯首甘为孺子牛"的精神，要以一个普通劳动者的身份出现，以平等的态度对待群众，在人民群众面前绝不允许摆任何架子，"官风""官气"必须彻底打掉，要使群众不认为我们是"法官"而感到是他们的自己人，感到人民法庭是他们的人身和合法利益的保卫者。而对付敌人那就不同了，要有人民法庭的威严，使敌人在强大的人民民主专政面前感到畏怯，促使敌人分化瓦解。这是我们对人民和对敌人的两种根本不同的态度。

3. 两类矛盾往往是错综复杂、互相渗透、或明或暗、或隐或现的。有时表面上看是敌我矛盾，实质上是人民内部矛盾；有时表面上看是人民内部矛盾，而实质上却是敌我矛盾；有时则互相渗透，兼而有之。如某公司有个隐藏的反革命分子，在去年春季利用部分工人对工资不满和领导上有某些官僚主义的缺点，乘机煽动群众闹事、殴打干部，造成一阵混乱。当时从表面上看，这仅仅是该公司的领导和工人群众之间的矛盾，后来事情弄清楚了，领导缺点纠正了，群众觉悟了，这个反革命分子就赤裸裸地暴露在光天化日之下。这是敌人利用人民内部矛盾进行破坏活动的事件，也是人民内部矛盾和敌我矛盾渗透的复杂情况。又如，反革命家属的离婚纠纷，这里面也渗透着敌我矛盾，有些妇女本来就是在反革命分子威迫或引诱下而结婚的，有的是真正觉悟提高了要与反革命分子划清敌我界限，也有本身有犯罪活动为了逃避政治上或经济上的制裁而要求离婚的，因此在处理时要进行具体分析。至于敌人混在人民中间冒充人民，那是经常会碰到的。如上述工人张某因为要工资而使6个工人停工两小时，有人没有分析问题的本质，要以现行破坏处理，那就是把人民内部矛盾误作敌我矛盾。碰到这些问题应如何区分，确是复杂的。我们认为如果暂时弄不清楚矛盾的性质，应当做人民内部矛盾处理或先解决人民内部矛盾，另一方面调查研究，这样对团结教育群众，分化瓦解敌人是有利无害的。

4. 区分两类矛盾对是否要处刑和处刑轻重有重要意义。它使我们能准确地打击敌人、保护人民。正确地执行政策，但不能机械地将其作为处刑标准。因为敌我矛盾不一定都办罪，而人民犯了法，也要坐班房。这是非常明显的道理。

综上所述，司法干部在工作中正确区分两类不同性质的矛盾是极其重要的，刑事犯罪并不都是敌我矛盾，认为一切刑事犯罪都是敌我矛盾，这就扩大了敌我矛盾的范围，否认了人民内部有个别的犯法行为。但是这两类矛盾有的比较明显易分，有的就比较复杂，难以区分。有些案件只要性质确定了，属哪一类矛盾也就分清了。有些案件则以是否构成犯罪及其危害程度来区分矛盾的性质。有些案件则要从多方面分析才能确定究属哪一类矛盾。有人用个别事例来否定以犯罪的危害性、故意或过失来区分两类不同性质的矛盾，将这种做法说成是什么“故意论”、“程度论”，我们认为这种说法是片面的。

（1958年第8期）

从刑事犯罪中看人民内部矛盾的转化问题

叶 军*

毛泽东同志教导我们:“事物内部矛盾着的两方面,因为一定的条件而各向着和自己相反的方面转化了去,向着它的对立方面所处的地位转化了去。”①在“关于正确处理人民内部矛盾的问题”一文中,毛泽东同志又进一步以矛盾相互转化的论点,根据中国的具体情况,对工人阶级与民族资产阶级的矛盾,作了精辟的分析,他说:“工人阶级和民族资产阶级之间存在着剥削和被剥削的矛盾,这本来是对抗性的矛盾。但是在我国的具体条件下,这两个阶级的对抗性的矛盾如果处理得当,可以转变为非对抗性的矛盾,可以用和平的方法解决这个矛盾。如果我们处理不当,不是对民族资产阶级采取团结、批评、教育的政策,或者民族资产阶级不接受我们的这个政策,那么工人阶级同民族资产阶级之间的矛盾就会变成敌我之间的矛盾。”在同一文章中,他又说道:“在一般情况下,人民内部的矛盾不是对抗性的。但是如果处理得不适当,或者失去警觉,麻痹大意,也可能发生对抗。”毛泽东同志从理论到中国革命的丰富实践,精辟地阐明了一切矛盾着的事物,它们一面互相对立着,一面又互相渗透、互相依存、互相联结着,它们在一定的条件之下,共处于一个统一体中,在一定的条件下,它们又可能互相转化。这一理论原则,对丰富和发展马克思列宁主义,再一次做出了伟大的创造性的贡献,对于社会主义革命和社会主义建设事业已经起到并将继续起到深远的影响。毫无疑问,它对法学理论和政法工作也具有极其重大的指导作用。

我们认为绝大部分的刑事犯罪是属于敌我矛盾性质的,少数则是属于人民内部矛盾性质的。在区分两类不同性质的矛盾的时候,我们应当以阶级观点来进行全面的分析。也就是说,对每一刑事犯罪案件必须具体地分析犯罪行为的性质和后果,以及犯罪人的出身成分和他的犯罪动机,平时的政治态度和生产工作表现等。孤立地仅从被告的出身成分或平时的政治态度等来分析其矛盾性

---

* 作者单位不详。

① 引自毛泽东同志的《矛盾论》。

质，有时是会容易混淆两类不同性质的矛盾的。这是因为，在我们错综复杂、千变万化的具体生活中，每一刑事犯罪的情节都是不同的。例如，交通事故、医疗责任事故而致人伤亡的刑事案件，当事人虽也触犯刑律，判了罪，坐了班房，但它与凶杀、纵火、奸淫、盗窃等刑事犯罪的性质，终究是有区别的。它的性质仍然是属于人民内部矛盾的范畴。如果我们把这类刑事案件作为敌我矛盾来看待，显然是不妥当的。但是我们也应该看到，在刑事犯罪中，有些本来是属于人民内部矛盾的问题，在一定的条件下，是会转化为敌我矛盾的。

全国解放以来，我们的国家正在日益巩固强大，“我们国家的巩固，首先是由于我们有经过几十年革命斗争锻炼的共产党和解放军，有经过几十年革命斗争锻炼的劳动人民”①。由于我们有久经锻炼的共产党的正确领导，并通过各项政治运动对广大劳动人民进行教育和锻炼，因而人民群众的思想觉悟与政治积极性都是空前的高涨，一般都能自觉地遵守党和政府的各项政策法令，人们的政治思想面貌与其所处的经济地位基本上是相互适应的，这些都是主要的一面。但是，我们同时也应该看到，由于我国广大劳动人民过去长期受着三大敌人的压迫，国外还有帝国主义存在，国内还有两个剥削阶级，“一个是反对社会主义的资产阶级右派、被打倒了的地主买办阶级和其他反动派；资产阶级右派实质上是帝国主义者、封建买办残余势力和蒋介石国民党的代理人。另一个是正在逐步地接受社会主义改造的民族资产阶级和它的知识分子”②。我们知道，犯罪是阶级社会的产物，其根源是剥削阶级的存在和剥削思想的影响。由于国内外还有剥削阶级的存在，因此，剥削阶级的思想意识，过去曾给一部分劳动人民以深厚的影响，而且在现阶段也仍在一部分劳动人民中有着影响。

当劳动人民在思想上沾染了资产阶级思想而插上了白旗后，他就有可能走上违法犯罪的道路。当然，当他们的行为仅是属于轻微的违法行为，而尚未构成犯罪时，其性质仍然是属于人民内部的问题。但倘若他不痛下决心，拔掉白旗，反而听任资产阶级个人主义思想的不断扩展，这就会由于矛盾所依赖的条件发生了变化，使矛盾的性质也会随之发生变化，那么，其行为的性质也会由人民内部矛盾的性质而转化为敌我矛盾的性质。

在实践中，我们就经常会遇着这样的情况。

例一：工人李某，1945 年与一女工结婚，几年来感情尚算融洽，并已生有四个孩子。但自 1954 年以来，由于受到了资产阶级腐朽生活方式的影响，而与其

---

① 毛泽东：《关于正确处理人民内部矛盾的问题》。

② 刘少奇：《中国共产党中央委员会向第八届全国代表大会第二次会议的工作报告》。

妻妹一再秘密通奸，并公然要求和他的妻子离婚。当遭到他的妻子坚决拒绝以后，夫妇俩在家庭生活中，就经常发生龃龉，争吵不休。显然，他们这时的矛盾是属于人民内部的矛盾。但是，由于李某的资产阶级的腐朽思想极度发展，终于在1958年6月的某日傍晚，他把妻子诱至郊区一僻静处，佯作亲昵，最后拔出预藏的水果刀，将其妻杀死，还残酷地把她的头砍下，身首各埋一处。

例二：干部王某，早年参加革命，1955年在工作单位中追求一个下属女干部，曾数度对女方进行调戏侮辱，某次竟企图强奸女方，均遭坚拒，女方向组织揭发。经组织上对他多次进行教育，王不仅不及时悔改，反而更加对女方不满，变本加厉地先写匿名信给公安机关，诬告女方参加过所谓“复兴党”的反动组织，继而把一块包有水银的牛奶咖啡糖偷偷地放入女方袋中，企图毒死女方。在以上一系列的毒计均未得逞后，王竟在全民欢庆国庆期间，以“复兴党”的反动组织的名义缮印了反动标语，在市中心散发张贴，企图嫁祸女方。

例三：工人邹某，解放前长期失业，1952年就业，每月工资50余元，家有妻儿3人，有时还须汇些钱给他在乡下的母亲和妹妹，经济上比较拮据。无疑，这是旧社会留给人民的经济上的一时困难，也是我国人民对于经济文化迅速发展的需要，同当前经济文化不能满足人民需要的状况之间的矛盾，是人民内部矛盾的一种表现。解决这一矛盾的根本办法应该是勤俭治家，努力生产，多快好省地建设社会主义，使我国早日建成社会主义国家，使我国的经济文化状况能够充分地满足全国人民的需要，这是我们每个劳动人民应有的正确态度。但是邹某却采取了与此相反的极端错误的态度，他背着一个家庭经济困难的包袱，在生产中消极怠工，甚至当他发现同厂工人杨某经济富裕时，竟见财起意，深夜潜入该工人宿舍，把杨某杀死后，搜劫一批财物潜逃。

例四：职工张某，现年25岁，解放后参军，并参加共青团，在1952年复员，1956年调到某厂当秘书。由于资产阶级思想的影响，其贪图享受，曾贪污厂内公款30余元，被发觉后被批判并受到记过处分。如果当时张某能接受教训，幡然悔悟，他的问题显然仍然是属于受了资产阶级思想而产生的人民内部矛盾，但由于他坚持个人主义立场，并在政治上对党产生不满情绪，竟于某晚撬开厂内保险箱，窃取公款数千元和有关报表，企图潜逃海外，投奔敌人，甘心与人民为敌。当其在潜逃途中，被有关单位发觉，人赃俱获。

必须指出：在我国当前的刑事犯罪案件中，由人民内部矛盾转化为敌我矛盾的案件，终究是少数，更多的还是属于地、富、反、坏、“右”的刑事犯罪活动。我们所以列举以上4个案例，只是为了便于说明，人民内部矛盾在某种条件下处理不当是可以转化为敌我矛盾的，说明在某些劳动人民之间，在婚姻问题、经济问题，以及个人利益、集体利益，目前利益与长远利益的关系问题处理不当的情况下，是确实存在一定的人民内部的矛盾。这些问题本来是可以通过说服教育和其他各种正确的办法加以解决的，但由于行为人不接受教育改造，没有及时克服资产阶级思想，终于发展到杀人、强奸、贪污、盗窃以致在政治上堕落判变……从而严重地破坏了社会秩序和社会主义建设事业的顺利进行。这种故意行为的性质，显然已由人民内部矛盾转化为敌我矛盾。为了维护社会秩序和广大人民的利益，对他们当然不能再当做人民内部矛盾来处理，而要对他们实行专政，以解决敌我矛盾的办法去处置他们，这个道理也就十分明显了。

由此可见，矛盾的转化，主要是由于行为人主观上资产阶级思想影响的增长，有的则由于我们某些工作环节上的缺陷，例如，有些部门政治思想工作薄弱，制度不严，也给这些坏分子以可乘之机。这也就是毛主席所教导我们的"外因是变化的条件，内因是变化的根据"的道理。矛盾转化固然是客观事物发展的规律，但并不是说人们对它无能为力，只要人们认识和掌握了它，这规律还是能够为人们的意志所转移的。

因此，为了尽可能地不使人民内部矛盾转化为敌我矛盾，作为人民民主专政的政法部门，我们认为必须针对矛盾转化的条件，注意加强以下几方面的工作：

第一，必须紧密结合党所领导的各项政治运动，在各项工作中加强政治思想工作，坚持贯彻政治挂帅、兴无灭资的思想教育，提高广大人民群众的政治思想觉悟，彻底扫除人们思想上的资产阶级个人主义的残余影响。特别是要结合当前全民性的整风运动和社会主义建设总路线的宣传教育运动，加强共产主义道德品质的教育，使每一个人都能成为拥护社会主义、遵守劳动纪律、爱护公共财产、遵守国家政策法令、具有共产主义道德品质的忠实劳动者。

第二，要正确地处理人民内部矛盾。司法部门受理的大量民事案件，除少数情况外，不论是婚姻、债务，还是房屋租赁等纠纷，一般说来其性质都是属于人民内部矛盾。对于这些问题的处理，我们必须善于采取教育说服的办法，从解决当事人的思想问题着手，要防止企图简单地用法律的强制性去压服当事人。事实证明采取压服的办法，其效果往往是适得其反，不仅不能从根本上解决人民内部矛盾，有时反而使矛盾越来越深，甚至由人民内部矛盾而转化为敌我矛盾。因此，为了防止扩大矛盾，我们在工作中必须深入群众、依靠群众，运用摆事实、讲道理的方法来解决人民内部的纠纷。一切企图单纯地用压服强制的办法来解决人民内部纠纷的做法和想法，都是错误的。

第三，我们还必须通过司法实践和各项宣传活动，经常地主动地向广大人民群众进行法纪宣传教育，使广大人民群众自觉地遵守各项法令。目前，特别要通过作为群众自我教育、与资产阶级思想作斗争的工具的爱国公约的制定，进行两条政治道路的斗争，使群众自觉地接受社会主义改造，脱离资产阶级的影响，抵制和革除旧的道德风俗习惯，巩固地树立社会主义思想，并以此调整人民内部矛盾，预防违法犯罪的发生。

（1958 年第 8 期）

运用两类矛盾的学说解决一件群众闹事问题

曹亚峰[*]　金树森[**]　石正凯[***]

毛主席说，在我们的社会，群众闹事是坏事，是我们所不赞成的。但是这种事件发生后，如果我们能正确地予以处理，坏事也可以变成好事。又说，在处理闹事的过程中，我们要进行细致的工作，不要"草率收兵"。对于带头的闹事人物，除了那些违犯刑法的分子和现行反革命分子应当法办以外，不应当轻易开除。我们对红旗农业社闹事问题的处理，就是运用了毛主席关于两类矛盾的学说和关于处理群众闹事问题的这个指示精神进行工作的。处理的结果，不仅得到社员群众的拥护，大大地巩固了农业社，同时也教育了广大的社员，激发了他们的生产热情，从而更加增强了他们走社会主义道路的信念。但是，我们在处理这一闹事问题的过程中，也不是一开始就做对了，其间也有一些周折。正因为在群众闹事的问题中，往往既有人民内部矛盾，又有敌我矛盾，如果不进行细致的工作，案件就不容易分析得清楚，问题不容易处理得好的。我们所以写这篇文章，也只是希望从红旗农业社的闹事问题中给大家提供一些研究的资料罢了。

一、闹事经过

陕西省安康县恒口区燕寨乡红旗农业社是个山区社。1956年秋季由四个初级社合并成为一个高级社。面积横达五十多华里，长达35华里，全社共计380多户，分为7个生产队，其中贫农占50%左右，中农、富裕中农（包括土改后上升的中农在内）占30%左右，地主、富农占15%左右，反革命分子、被管制分子、刑满释放分子、伪官吏等占该总人口的2%左右。这个社的总的情况是地面辽阔，人口分散，社会情况复杂，土地瘠薄，贫苦农民的生活在解放后虽有显著的提高，但困难户仍然较多。占该社2/3人口的胡姓与戴姓，历来还存在封建宗族

---

* 作者单位不详。

** 作者单位不详。

*** 作者单位不详。

矛盾。解放以后，这些宗族矛盾虽然有了一些缓和，但未得到彻底的解决。在合并为高级农业社时，胡姓的人当上了社主任，戴姓的人仅当上了管理委员，因而，戴姓的部分社员狭隘地认为自己族里的人没当上社主任，心里不服气。这些思想问题没有求得解决，随着带进了高级农业社。

1957年春耕期间，高岑坡戴姓与阎王碥胡姓两个生产队之间为了包工包产，曾闹起几次风波。戴姓社员认为胡姓的人当上了社主任，有领导权，对待戴姓生产队的各方面都不公平，致严重地发展到不尊重社里的领导，不服从社上的调配，和社闹对立。同年夏季作物减了产，社员的收入大为减少，每个劳动力平均预分小麦八十余斤。根据农业社夏收总产量以及社员预分的数额，阎王碥等生产队的麦子不够分，而高岑坡生产队除留下籽种以及按标准给社员分配外，尚余小麦五千多斤。经过社管理委员会的研究，决定从高岑坡戴姓生产队中调出小麦四千斤分配给其他生产队社员做口粮和籽种粮。高岑坡戴姓生产队的部分社员不同意农业社从其生产队把粮食往外调运，于是闹起了别扭。各个生产队、组出现了不少的谣言，譬如说，“阎王碥生产队的胡清纯当上了社主任，对待高岑坡的社员不公平”，“阎王碥生产队产量包的低，工分评的高，而给高岑坡戴姓生产队以及其他的生产队产量包的高，工分评的低”。又说什么“阎王碥生产队夏季每户社员平均分90斤小麦，还是旧加二的大秤，给高岑坡与其他生产队的每户社员才分80斤小麦，还是市秤。社主任为了阎王碥的社员多分粮食，还要把高岑坡生产队的麦子往外调，这太不合理了……”这些谣言更加引起了高岑坡部分社员的不满。加之农业社还没有来得及公布夏季预分账目，又有少数的贫苦社员在夏收后的不长时间内，就把分得的粮食吃完了，生活上确实发生困难，曾多次找农业社未得解决，随之产生了不满的情绪。

以上问题的发生，社干部既没有及时地解决，又没有向乡、区党政领导反映，致其他各生产队、组也纷纷起来和农业社闹问题。农历6月28日，以高岑坡戴姓生产队为首的和前家山等生产队的260多个男女社员，把农业社的正副主任、阎王碥生产队长和保管员以及工作积极的社管委员等7个主要干部捆绑起来，分别关押于古庙和牛栏里，强迫社主任、社管委员等写出了解散农业社组织的条件书，对他们在人格上进行残暴的侮辱，并把阎王碥生产队的27亩水田挖毁。富裕农民和少数落后社员，则乘机从社里拉回了已折价入社的牲畜、农具。全社800多个劳动力7天多的时间没出过一次勤。当时把农业社弄得乱七八糟，损失达1700多元，致使农业社和社员的利益受到严重的破坏。

二、处理办法

这一问题发生后,引起了当地党委的重视。在党委的指示下,从安康县恒口人民法庭等机关抽调7名干部,组成了工作组,前往发生纠纷的所在地进行查处。工作组经过简单的调查了解,就提出处理办法。在处理上存在两种不同的意见:一种意见是采取惩一儆百的办法,主张将积极参与闹事和破坏生产、侮辱社干部的分子逮捕起来,分别情节轻重,依法处理,然后再向群众进行政治思想教育工作,以达平息事态。另一种意见认为这一问题中虽然有侮辱干部与破坏生产的情节,但这纯粹是由于宗族矛盾和落后自私观点所引起的,属于人民内部矛盾的问题,因此主张对少数积极参与闹事的人进行批评教育外,着重应对群众进行社会主义教育,重新整顿农业社的组织,从而解决纠纷与巩固农业社。由于两种意见相持不下,不能取得一致,乃请示党委。党委对两种处理意见都不赞成,于是又重新组织了力量,二次派工作组进行查处。

第二次派下去的工作组采取了走群众路线的工作方法,首先,深入实际,分别到农业社的各个生产队、组给社员讲清道理,动员所有的劳动力积极从事生产,并商同社组织初步解决贫困户的生活问题,然后调查与处理存在的问题。这样一来,大部分的社员基本上都投入了生产。其次,工作组的人员分别随着各个生产队、组一面帮助群众生产,一面了解问题。在调查问题的过程中,紧紧地依靠了贫农和新老中农中的下中农,以及在政治上可靠的干部、积极分子的力量,分析了在闹事的过程中各个生产队出现的谣言。经过多方面的反复调查和研究工作,初步掌握了如下几个方面的情况:(1)占全社总户数2/3的高岑坡戴姓与阎王碥胡姓,历来存在较深的封建宗族斗争,在转为高级社时为社里的领导权与包工包产问题,矛盾有所加深。(2)高级农业社成立为时不久,还没有真正地巩固下来。头一季的收益减了产,社员的收入减少,加之农业社还没有来得及给社员公布夏季预分账目,曾引起了部分社员的怀疑和不满。而刚从小私有制组织起来的农民的特点是个人利益、眼前利益重于集体利益和长远利益,特别是富裕农民。收入减少,加之少部分社员在生活方面,确实存在困难,而没得到妥善的解决,这些原因必然会使高级农业合作化发生动摇,使群众产生不满的情绪。(3)根据群众的检举揭发,并经过查证,弄清了农业社闹事的前夕,高岑坡戴姓生产队交社管制生产的反革命分子、不法地主、富农和刑满释放的分子以及二流子等多人,深夜集会数次。在反革命分子戴××等人的策划下,着二流子数人分别到各个生产队、组里去,利用农业社存在的宗族矛盾与农业社夏季减产、社员收入减少等机会进行造谣破坏。他们还利用访亲探友的机会,拉扯部分富裕农民和政治思想落后的社员。最后闹起了捆绑社干部,毁坏农田,唆使退社,破坏合作社的事件。

由以上几方面的情况,可以分析出发生这一闹事问题的根本原因既有人民内部矛盾,又有敌我矛盾。促使矛盾导向恶化的,显然是地富反坏分子利用我们人民内部的问题而进行的活动,因而敌我矛盾又是这一闹事问题的主流和本质方面,而人民内部矛盾则是支流和非本质的方面。

根据毛主席关于两类矛盾的学说和关于少数人闹事问题的指示精神,我们在处理这一闹事问题时所采取的方法是:(1)通过对社员群众进行社会主义政治思想教育、阶级政策教育来激发群众的阶级愤怒,使群众积极、大胆地起来检举和揭发反革命分子、不法地主、富农以及坏分子的不法活动与事实,使幕后作威作福的阶级敌对分子的丑恶面貌暴露出来。根据群众的要求,我们对主谋闹事、企图破坏农业社的四类分子展开了面对面的斗争。在弄清全部事实的基础上,就地举行了公开审判,分别情节有力地进行了打击。(2)对个别劳动农民积极参与鼓动群众闹事,并且亲手侮辱干部、破坏生产,已触犯刑律、构成犯罪的分子,分别情节,适当地给予了刑事处分。(3)对多数基于个人利益和宗族矛盾而积极参与闹事的社员,通过明辨是非,以团结—批评—团结的方式,进行了思想大辩论,从而达到了提高认识、消除一切矛盾与思想隔阂的目的。尤其是高岑坡戴姓生产队与阎王碥胡姓生产队,通过座谈,在新的基础上达到了团结一致、巩固农业社的组织与有利于发展生产的目的。(4)组织全体社员,通过对这一事件的讨论,大大地提高社员的思想认识与政治觉悟水平。我们认为通过这样的处理,不仅正确地运用了毛主席的"关于正确处理人民内部矛盾的问题"的精神,体现了党和国家的政策法令,而且使富裕的农民自觉自愿地把牲畜、农具仍旧送回社来,有些参与闹事的社员还自动要求当众检讨,表示悔改,并向社干部赔礼道歉。从而这个农业社较之前更加团结,农业社的干部在社员群众中的威信更加提高了,并且以真人真事教育了群众,使群众普遍而生动地受到一次社会主义的阶级教育和思想教育,大大地提高了农民的政治觉悟与生产积极性,特别是加强了群众对走社会主义道路的信念。

三、几 点 体 会

通过对这一闹事事件的处理,我们的体会是:

1. 为了正确地区分闹事问题的矛盾性质,每个审判人员在处理的过程中,都应该有一个政治头脑，必须首先弄清当地的社会情况、阶级关系和敌我斗争的形势，进行细致的阶级分析工作。党委第二次派到红旗农业社去的工作组，就是用了这个方法。他们下到红旗农业社以后，首先给社员讲清道理，安定他们的生产情绪，然后依靠农业社的贫农、下中农和政治上可靠的干部、积极分子，紧紧地抓住闹事过程中农业社各个生产队所出现的谣言，从而在这场复杂的斗争中，找到敌人进行破坏的一条黑线，从而有利于区别两类不同性质的矛盾。而第一次的工作组只是单纯地看问题，没有分析出红旗农业社闹事案件的复杂情况和各种不同的因素，因而处理办法也是片面的惩罚方法或片面的宽大意见，这自然是不符合实际的。

2. 对任何问题，凡是从实际出发，经过周密的调查研究，确定了问题的真实情况，就会做出正确的结论。反之，凡是不做坚苦的调查研究工作，或者脱离群众，甚至把深入群众当做“在群众中走一趟”，把认真的调查研究当做“敷衍塞责了差事”，其结果只能把工作办坏。红旗农业社闹事问题发生后，第一次派下去的工作组，由于他们没有深入到群众里边去，依靠群众，倾听多数群众的意见，加强分析研究工作，所以不能了解事件真相，仅凭主观上的抽象认识，只有单纯的片面意见，而且两种意见是相反的。第二次派下去的工作组，由于他们采取了走群众路线的方式，分别投入到农业社的生产队、组帮助群众进行生产，和群众生活在一起，从而和群众建立起了密切的联系，取得了群众的信任和支持，所以了解到了真实的情况，弄清了问题的实质，做出了符合客观存在的结论。这两种不同的工作方法的对比，充分说明了贯彻群众路线与加强调查研究工作的重要性。

3. 要严格区别敌我之间的矛盾与人民内部的矛盾，区别劳动人民内部的一般违法问题与触犯刑律、构成犯罪问题的界限。毛主席在《关于正确处理人民内部矛盾的问题》中提出的人民与敌人的概念，是我们区分敌我矛盾的客观标准。敌我之间的矛盾是对抗性的矛盾，无产阶级专政武器的斗争锋芒是指向一切革命的敌人。红旗农业社的闹事分子中有反革命分子、不法地主、富农以及坏分子等，也有普通的落后农民。地富反坏分子和合作社之间起的是敌我矛盾，落后农民和合作社之间，起的是人民内部的矛盾。对敌人狠，对人民和，对地富反坏分子采取专政的办法，根据情节给予有效的打击，对落后农民采用民主的方法，即用讨论的方法、批评的方法、说服教育的方法去解决问题，这无疑都是正确的。

对于劳动人民中的个别业已构成一般犯罪的行为，也要判刑。在通常的情况下，一方面要将其与反革命分子、阶级敌对分子的犯罪性质区别开来，在量刑上一般有所不同，但另一方面也不能再将其同人民内部的一般是非问题混为一谈,片面强调教育,而必须根据犯罪的性质和情节轻重依法处理。

4. 必须要认清当前阶级斗争的形势是"革命时期的大规模的急风暴雨式的群众阶级斗争基本结束,但是阶级斗争还没有完全结束",不论城市和农村都存在社会主义和资本主义的两条道路的斗争。资产阶级同无产阶级在政治上和思想上的斗争还是复杂的、长期的、反复的,一定的程度上还是尖锐的,彻底解决这个问题是人民司法机关今后一个长时期的任务。红旗农业社发生的事件,直接而明显地告诉了我们,反革命分子和阶级敌对分子,虽然在政治上、经济上垮了台,但思想上却仍不会甘心于自己的死亡,他们一定会千方百计地利用各种阴险毒辣的手段来破坏社会主义的建设事业,达到他们复辟的目的。这是我们从事司法工作的人所应该随时认真警惕的。

(1958 年第 8 期)

对劳动教养人员的矛盾性质的认识

张　麟[*]　马岷山[**]

《法学》第6期和第7期先后刊登了黄汝坚、萧一华和岳占禄等同志关于劳动教养人员的矛盾性质问题的文章。其中对劳动教养人员的矛盾性质和处理方法有所分歧。我们认为这种讨论是有利于我们正确地区别劳动教养人员的矛盾性质、有利于正确地贯彻执行国务院《关于劳动教养的问题的决定》的。

我们对劳动教养人员的认识，在性质上基本上同意岳占禄同志的意见，即凡是被收容劳动教养的人员都应当属于敌我矛盾，因而也就不存在人民内部矛盾的问题。但对劳动教养人员处理的方法上，我们则同意黄汝坚、萧一华二同志的主张，基本上是采取处理人民内部矛盾的方法。

为了说明我们的认识，首先应该弄清被收容劳动教养的是些什么人。1957年8月3日《人民日报》社论《为什么要实行劳动教养》一文指出："在国内，除了那些残留的、数量已经比过去少得多的应该依法判刑的反革命分子和其他犯罪分子以外，还有一些坏人。他们不务正业，有流氓、盗窃、诈骗等违反治安管理的行为，并且屡教不改。他们是社会的渣滓，他们浸透了剥削阶级不劳而食的恶习，为非作歹，破坏社会秩序，调戏妇女，诈骗钱财，侵犯人民利益。他们有些是有轻微罪行、可不追究刑事责任的反革命分子和反社会主义的反动分子。他们也有些是具有劳动能力，但又是长期拒绝劳动或者破坏纪律、妨害公共秩序，受到开除处分的坏分子。还有一种是不服从国家的工作分配，不服就业转业的安置，不接受从事劳动生产的劝导，而又不断无理取闹，妨害公务，屡教不改的坏分子。对于上述几类坏分子，必须实行劳动教养，才有可能予以改造，才能维护国家的法纪，才能巩固社会主义的秩序。"由此可见，凡是被收容劳动教养的人员，不是属于罪行轻微、不追究刑事责任的反革命分子、反社会主义的反动分子，就是属于不追究刑事责任的各类坏分子，简单地说，凡是劳动教养人员不是反革命分子，就是坏分子或者"右派分子"。这些分子，从他们的政治立场、经济态度、思想观点来看，他们对社会主义革命和社会主义建设事业都是起着破坏的作用。因此，他们的政治态度和采取的政治行动当然是属于敌我矛盾的性质，丝毫不存

---

* 作者单位不详。

** 作者单位不详。

在人民内部矛盾的问题。

根据我们对某单位已收容劳动教养人员的调查,其中属于罪行轻微,不追究刑事责任的反革命分子、反社会主义的反动分子约占25%,属于不够追究刑事责任的各类坏分子约占65%。这里面不存在什么属于人民内部矛盾性质的问题,都应当属于敌我矛盾。而在黄汝坚、萧一华二同志文章中提出的“确有这么一部分人中”所举出的两个例子,我们认为并不能说是属人民内部矛盾的范畴。根据他们的犯罪活动和对社会所造成的危害的后果来看,他们实质上已成为坏分子,与我们之间的矛盾已经由人民内部的矛盾转化为敌我矛盾了。

其次还要说明一下劳动教养同救济鳏寡孤独的教养院不同,也和以往民政部门收容教养无业游民以及移民开荒的管教队在性质上不完全相同。但是在黄汝坚、萧一华二同志的文章里,却把这几者之间的矛盾性质混为一谈了。

综合上述,我们认为劳动教养人员的矛盾性质,应当属于敌我矛盾,而不是在通常情况下其中大部分属于敌我矛盾的范畴,也有“部分是属于人民内部矛盾的范畴”。

劳动教养人员的矛盾性质既然属于敌我矛盾,为什么不完全采取处理敌我矛盾的方法即专政的方法而是基本上采取处理人民内部矛盾的方法呢?这是否符合对敌我矛盾应该采取压服而不是采取说服的原则?我们认为在这两者之间是没有什么矛盾的。这是因为:

劳动教养人员同劳动改造罪犯是有区别的,因为他们的罪行轻微,对社会主义的危害程度还未达到追究刑事责任的程度。而我们对劳动教养人员实行改造的方法,也是根据毛主席的指示进行的。毛主席在“论人民民主专政”的论文中指出:“对于反动阶级和反动派的人们,在他们的政权被推翻以后,只要他们不造反,不破坏,不捣乱,也给土地,给工作,让他们活下去,让他们在劳动中改造自己,成为新人。他们如果不愿意劳动,人民的国家就要强迫他们劳动。”实际情况也正是这样,我们对劳动教养人员的改造是采取劳动生产和政治教育相结合的方针,在劳动教养期间规定他们必须遵守的纪律和制度,帮助他们建立爱国守法和劳动光荣的观念,学习劳动生产和技术,养成爱好劳动的习惯,使他们成为参加社会主义建设的自食其力的劳动者。另外,大部分劳动教养人员还享有公民的权利,譬如他们有选举权、通讯和言论自由,也有一定的活动范围(例如某某劳动教养单位的劳动教养人员中,今年享有选举权利的占80%以上)。此外,在经济上也按照他的劳动成果发给适当的工资。如果在劳动教养期间表现良好,有条件另行就业的,经劳动教养机关批准,可以另行就业。如果原送单位、家长、监护人请求领回自行教管的,劳动教养机关还可以酌情批准。

当然,我们所说对劳动教养人员的处理基本上是采取处理人民内部矛盾的方法,并不是排除对他们还有强制性的方面,例如规定他们必要的纪律和制度以及限制其活动范围等,这都是一种强制的手段,但其目的也是有利于改造。因此,当他们在改造中自觉自愿的程度逐渐增加的时候,强迫的成分也就随之相应地减少;而当他们经过一番艰苦的改造,完全放弃反动立场而转到人民立场的时候,我们同他们的关系也就变成了人民内部的关系,所以我们对劳动教养人员的处理基本上是采取处理人民内部矛盾的方法。

我们对劳动教养人员基本上采取处理人民内部矛盾的方法是否能达到改造他们成为自食其力的劳动者的目的呢?答复是肯定的。这是因为我们国家和人民的力量无比强大,而敌人却处于孤立和不断发生分化瓦解的状况,还由于我们党的正确政策和祖国伟大社会主义建设对他们的巨大影响,将会有利于加速对他们的改造。例如,最近为了加速支持上海的工业建设,需要遣送一批劳动教养人员上山砍毛竹,由于我们事先讲明道理,指出前途,绝大多数的劳动教养人员都贴出了大字报,表示拥护,愿意接受改造,并在劳动中互相督促,互相帮助,从而使他们的对立情绪随之减少。否则我们单对他们采取强制手段,既不讲清道理,又不交代政策,就可能会增加他们的对立情绪,而不利于对劳动教养分子的改造。当然,如果少数分子在劳动中拒绝劳动,并且继续进行各种违法犯罪活动,就要根据犯罪情节和危害程度,依法制裁,绝不能迁就纵容,姑息养奸。

最后,岳占禄同志认为"对劳动教养人员的处理方法不同于对右派的处理方法。对'右派'的处理我们是采取处理人民内部矛盾的方法,但对劳动教养人员则基本上是采取专政的方法"。我认为这样的认识也是不尽妥当的。因为根据我们的了解,有些"右派分子"也是被送去劳动教养的,如果按照岳占禄同志的说法,对被送去劳动教养的"右派分子"就不是用处理人民内部矛盾的方法,而是采取专政方法了,这显然是与党处理"右派分子"的政策的精神相违背的。

以上是我们对劳动教养人员的矛盾性质和处理方法的浅见,由于水平浅薄,肯定有不妥之处,请同志们指正。

(1958 年第 8 期)

在审判工作中积极贯彻群众路线的几种做法

赵德魁[*]　赵学文[**]

辽宁省各级人民法院经过“双反”和司法工作“大跃进”以后，司法工作的群众路线有了许多新的发展。深入群众、依靠群众，实行就地办案已相习成风，并且已经常态化、制度化了。许多审判人员已实际体验到，如果不把案件拿到群众中去听听群众意见，心里就“没有底儿”。群众路线的发展，不只是表现在就地审判和就地宣判的比例数的增多上，还表现在方法和内容上新的发展。各地根据各个不同时期中心任务的需要和不同地区、不同的案件，运用和创造了各种不同的群众路线的办案方法，具体地体现了依靠群众、支持群众、为群众所参加而又便利群众的思想。与此同时，在贯彻执行陪审制度和接受人民陪审员监督方面也有所加强，并在法院内部简化了一些烦琐不合理的办案程序，使之更加便利群众。由于在审判工作中认真地贯彻执行了群众路线，不仅一般案件，就是有关中心工作和一些案情复杂、缠手的案件也都能及时正确地得到解决，有力地配合了中心，锻炼和提高了司法干部的群众观点和劳动观点，从而密切了法院与群众的关系，使司法工作出现了崭新的面貌。辽宁省各级法院在审判工作中贯彻群众路线的做法，有如下几种：

1. 简化收案手续，便利群众。

司法大跃进以前，某些基层法院，特别是某些城市基层法院，收案手续非常烦琐。例如，辽阳市法院，群众告状必须经过“八道关”：先到法律愿问处写诉状，再送接待室审查应否收案，收案后送庭长转批审判员，承办人到秘书室登记，书记员写出通知，通知另一方当事人提出答辩，法警送达通知（或由邮局寄送），直到被告到法律顾问处写答辩状交到法院接待室，再转交承办人后，才算正式收案。在一般情况下，经过这些关口就浪费时间7～8天。因此审结一个案件，少则15天，多则20多天，甚至需要1个月以上，不便及时配合中心，也不便群众进行诉讼。

跃进以后，打破了陈规戒律。审判人员纷纷走出法院大门，深入农村、街道，到群众中去就审，群众可以随时告状。特别是民事案件及轻微刑事案件，审判员

---

* 作者单位不详。

** 作者单位不详。

采取随时收案，随时找到被告当面通知答辩，同时也就作了调查。其中能调解的就调解，调解不成就合议判决。“八道关”变成“一道关”，既便利了群众诉讼，又提高了结案效率。就是到法院告状的，也大大简化了过去的收案手续。群众第一次来法院就可以收案，甚至第一次来告状就可以见到主办审判员，陈述诉讼内容。这种便利群众和符合实际情况的做法，群众非常满意。

2. 携卷下乡、下厂、下街道，深入群众调查案情。

过去有些法院片面强调“庭审”的作用。审判人员主要是靠坐在法庭上传讯当事人、证人的办法来调查案情。一次开庭调查不成，再开二三次庭；传一个证人还不够，传三五个甚至十几个到法庭来对证，很少深入群众中去调查。因此，工作效率低，结案慢。有的法院，每天当事人排长队等候、催办的很多，群众有意见，干部也忙乱不堪。现在，大部分刑民案件都拿到群众中去调查处理，特别是对于已经诉讼到法院的一些案情复杂、牵扯人员较多的案件，都采取携卷下乡（街道）的办法，深入到当事人居住地，有目的地访问有关群众，依靠群众调查案情，把事实和是非了解清楚，然后进行处理。这样，既方便了群众，又方便了自己。沈阳市铁西区法院采用这种办法，把一些比较缠手的、在法庭上一时不好搞清事实真相的案件，拿到群众中去，问题很快弄明白，并顺利解决了。如高××与江××婚姻案：双方在10年前结婚，婚后生有子女4人，于1957年11月突然到区登记离婚；离后不到一周，女方以男方给抚养费过少为由到法院告诉。审判人员收案后，感到对双方的离婚原因和女方诉讼的真实目的不明，即深入街道，访问了周围有关群众。根据群众的介绍，查明该夫妻双方到区上要求离婚，是出于口角气愤和女方姐姐从中挑拨所致。离婚后女方已后悔，借故到法院告诉。据此情况，审判人员针对他们的离婚原因，并从应如何关心子女利益等方面对双方进行了教育，又个别教育了女方的姐姐，促使其改变态度，协助改善夫妻关系。在法庭人员的认真调解和当事人的邻居及女方姐姐共同劝解下，双方已表示愿意恢复夫妻关系，由女方将案件撤销。双方恢复同居后第二天，夫妻两人身着新装，满面笑容，到法院找审判人员登门拜谢，并向审判员表示决心，今后一定和睦相处，把日子过好。此外，不少农村法院审判干部，在深入调查案件时，为了不影响群众生产，还一边参加劳动，一边和群众聊天，通过聊天，查清案情。这样，不但不耽误群众的生产，反而一起参加了生产，群众也很满意。

3. 与有关部门配合，深入到情况复杂、问题多的重点地区或重点单位去，发动群众，依靠群众，调查摸底，暴露问题，然后就地公开处理。

如彰武县法院在该县农业生产“大跃进”中，与公安、检察部门配合，深入情况复杂、生产受阻碍、群众积极性发挥不出来的××乡，在当地党政领导下，通过宣传司法规划,发动群众,摸清敌情,经过研究分析,分别不同的对象,请示党委同意后,采取就地批捕、起诉、拘留、审判等办法,召开群众会,公开予以处理。除了依法判处一批犯罪分子外,对其余有违法行为的人,根据不同情况,分别由乡治保、调处委员会作了不同处理。这种做法声势大,解决问题彻底,有力地支持了群众斗争的积极性,推动了中心工作。我们认为在一定时期,在某些比较落后的地区,根据中心工作的需要,有重点地采用这种方法是很有必要的。但必须在党政的直接领导下,与有关部门配合进行。

4. 参加到生产中去,与群众同生活、同劳动,发现案件,依靠群众力量,及时处理。

如新民县,1958 年春季全县农民大搞水利建设。为了保证这一中心工作顺利进行,该县公安、检察、法院 3 机关各抽出若干名干部,在县委生产跃进指挥部领导下,联合组成了保卫科、组。分成 3 片,分别由 3 长率领,直接参加到水利建设工程中去,一面劳动,一面开展 3 个机关的业务工作。由于和群众同吃、同住、同劳动,和群众打成了一片,群众中发生了问题,不仅立刻就会知道,而且能够了解群众的要求,依靠群众的力量,及时处理。如凶杀犯薛××在堤坝上打死做饭的民工方××后,企图逃跑未得逞,逮捕他后,法院在群众直接协助下,就地取证,查清了一切情况,根据群众的要求,依法判处,有力地保卫了水利建设的顺利进行。

铁岭县法院副院长在领导水库建设工程期间,和参加水库建设的金、任两位陪审员组成了工地审判庭。以工地地头、山坡为法庭,利用民工休息时间,随时审判工程队中发生的案件,受到水库修委会和民工们的热烈欢迎。

这种做法,是这次大跃进中的新创造,适用于生产紧张时期,人员较多、规模较大的重点建设工程地区。它的好处是:同群众联系密切,发现问题及时,解决问题及时,既参加了中心工作,又有力地保障了中心工作。

5. 审判案件除了绝对服从各级党委领导外,还必须事先倾听群众和有关单位(厂矿、企业、乡、合作社等)党政领导的处理意见,事后收集群众反映,并根据群众反映来检验处理结果是否得当。

过去,有些审判人员办案时,既不到群众中去倾听群众意见,也不主动征求有关单位领导的意见,甚至有的法院干部下去就审评议时,遇到企业领导同志在面前还故意把他支出去,不让发表意见。因此,不能把执行法律和群众的要求很好结合起来,结果脱离了群众,脱离了基层党委的领导。如有的案件宣判后群众不满,当场喊口号:“不同意法院判决!”有的法院干部判案脱离了当地中心工作和党的领导,区委书记说:“你们就这样办案,以后别到我这里来!”

现在的做法是:在审判之前了解群众的要求,征求有关单位党政领导的意见

（评议案件有时也吸收有关单位党政领导参加）；判决后收集群众反映，并根据群众反映，检验处理得是否得当。这样，就会使案件判处得更准确，群众也满意。如辽阳市法院根据群众要求，深入到联盟社处理会计贪污案件时，由于吸取了群众意见，宣判后，群众兴高采烈，一致反映"判得好！""这回把耗子抓住了"。不少地方在判案之前，主动征求了区、乡及有关单位党政领导的意见，使案件得到正确处理，因而改变了过去基层党政领导对法院的看法，他们感到法院就审有作用，欢迎法院去就审，并在工作上给以大力的支持。这样，法院才能成为各级党委随时用来保卫中心、保卫生产的有力工具。

6. 结合开庭进行法律讲演，教育群众提高爱国守法思想。

对于法律讲演，过去我们一度强调过有讲稿要送院长和党委审查，因此，审判员感到写讲稿太费劲，虽然领导上一再布置任务，讲的却很少，一个月也不一定讲上一次。自跃进以来，我们在规划上提出了结合开庭进行法律讲演和"庭庭有讲演"的要求后，各地改变了那种写讲稿、核讲稿的办法。院长放手大胆地让审判员审什么案件就讲什么，到哪儿审判就结合那里具体情况进行讲演。讲演的次数大大增多，和以前大不相同了。每当审完一个案件（特别是就审时）闭庭后，审判员都能结合所审理的案件，结合当地具体情况作一次半小时左右的法律讲演。结果讲演内容生动、具体，现实教育意义大，受到了群众的欢迎。如沈阳县法院就审时，从所处理的案件出发，联系到该社一个社员的被盗（就审中了解到的）问题，批判了偷窃行为，作了法律讲演后，第二天晚上，就有小偷把所偷的衣服、布匹等自动送回，群众很满意。

这种做法，我们认为简便易行，应继续推行并应使之经常化。因为审判员既然能够把那个案件处理得正确，从那个案件出发作一次法律讲演当然是能够做得来、做得好的。但对于较大型的讲演会和审判员认为讲演前应向领导请示的问题，还应及时请示。至于在一定时期内，编写一定内容的讲稿，送经党委审批后，进行几次规模较大的讲演的办法，仍应坚持下去。

7. 宣判大会与组织群众讨论相结合。

宣判大会不仅是打击敌人、配合政治运动、保卫中心工作的有效的审判方式，也是教育群众提高法制观念、发动群众积极同敌人作斗争的一个好办法，我们过去经常采用。但是宣判后及时通过有关部门及基层行政组织，组织群众讨论，借以提高思想做得不够。跃进以来，许多地方举行宣判大会后，都在党政的领导和有关部门协作下，及时组织群众进行了座谈讨论，收效很大。这样做，一方面进一步提高了群众的爱国守法思想，鼓舞了对敌斗争的积极性（如安东市法院在五龙背镇举行宣判大会，组织镇的和周围几个乡的群众旁听和讨论之后，在3天内就收到群众324件比较有价值的检举材料，迫使不少反坏分子和有违法行为的人坦白交代了问题，其中有的是有血债的反革命分子）；同时，群众的意见和反映，还可用来检验我们对案件的处理是否正确。

8. 审判和群众辩论相结合。

审判和群众辩论相结合的办案方法，是审判工作中群众路线的新发展。它是大鸣大放、大争大辩、大字报的群众路线方法在审判工作中的具体运用，又是群众参与审判、直接监督审判活动，并直接受到深刻法律教育的一种审判方法。旅大西岗区、清源县等几个法院都采用了群众辩论的方法处理了不少刑民案件和执行案件，收到了良好的效果。不少长期难以解决的复杂案件或用其他方法不易解决的案件，经过群众辩论，很快辨明了是非，得到了正确的处理。旅大市受理一个合同纠纷的案件，调查了4个月未弄清事实，后来召集有关工人参加辩论，在两个多小时内查清了事实，使案件圆满解决。抚顺市章党区法院受理的时××等两人打架案件，在1956年夏季就告诉到法院，直到1958年2月还没有结案。中间虽经几番调查审理，始终未得解决。后来深入当地召集了群众会，采取摆事实、讲道理的辩论方法进行处理。群众用事实驳斥了时××狡猾抵赖的缠讼行为，使她在群众面前不得不承认自己的错误。鞍山市铁西区法院用辩论方法集中解决了70件执行案件，仅用两个小时就解决了56件，其中有10多名当事人向法院检讨了自己过去不执行案件的错误，表示决心改正。

各地实践证明，用辩论方法解决案件的优点是：(1)便于依靠群众，查清事实，辨明是非。(2)法院裁判有事实根据和群众基础，当事人服气，群众满意。(3)有效地教育败诉当事人认识自己错误，并认真执行判决。(4)能够使群众协助法院监督当事人执行判决。(5)教育群众，提高爱国守法思想。

适用于群众辩论解决的案件，根据旅大西岗区等几个法院的初步试行认为主要有这样几种：民事案件中的赡养老人和抚养子女、分割财产、房屋租赁、合同等案件以及个别缠讼的案件，刑事案件方面的巫婆神汉、求神讨药、打架斗殴等案件以及某些狡猾抵赖、拒不认罪的刑事被告和其他有教育意义的案件，执行方面的被执行人有能力而故意纠讼不执行的案件，等等。

上述几种做法，有的是已经成熟而又行之有效的，有的还不完全成熟。如审判与群众辩论相结合的办案方法，哪些案件适用、哪些不适用，怎样辩论好、怎样辩论不好，群众讨论量刑是否合适等问题，都有待于今后在实际工作中进一步加以研究和解决。

（1958年第8期）

对公安工作贯彻群众路线的点滴体会

金　匀*

我们的国家已经进入了一个光辉灿烂的新时代。我们的社会主义建设事业，在鼓足干劲、力争上游、多快好省地建设社会主义的总路线的光辉照耀下，正在一日千里地飞跃前进。在这新的形势下，贯彻社会主义建设的总路线，更好地保卫生产大跃进，保卫技术革命和文化革命，是我们公安工作所面临的光荣任务。

国务院第一办公室主任兼公安部部长罗瑞卿同志的"公安工作必须进一步地贯彻群众路线"一文，①对我国公安工作的群众路线，作了精辟的阐述。读了这篇文章以后，得到深刻的教育和启发。回忆我们上海市公安局新成分局整风一年来的工作实践，也充分地说明了公安工作，只有在党的绝对领导下，实行放手发动群众、大胆依靠群众的路线，我们的工作才会出现跃进的局面。一年来的工作实践，同样又说明公安工作要充分贯彻群众路线，必须坚决地贯彻整风，狠狠地批判和纠正只相信自己、不相信群众，只相信上级、不相信基层，片面地强调保卫工作的特殊性以及"管人"、"训人"等骄傲思想、孤立神秘思想、特权思想和强迫命令的作风。我们在批判、克服上述种种错误思想作风的基础上，本着边破边立的精神，在侦查保卫工作、民警治安工作等方面，开始冲破了在某些问题上的陈规积习，因而使某些方面的工作，确实有了新的起色。

在保卫中心工作方面，我们的做法和要求是到运动中去保卫运动，使保卫工作真正在群众中扎根。今年以来，在以里弄整风为中心的各项运动中，我们在党委的统一领导下，依靠和发动了广大群众的力量，一方面适时而又坚决地打击了反革命分子和其他坏分子的现行破坏活动，同时结合"六好"（爱国爱党政治思想好，劳动、工作、学习好，勤俭持家、卫生好，扶养老人、教育子女好，团结友爱、互助合作好，社会道德风气好）的贯彻，进一步地鼓舞了群众和基层的治安保卫组织跟坏人、坏事作斗争的积极性，支持了群众对于实现安全地区、安全单位的要求。在充分发挥群众发现、监视和控制敌人的作用，鼓励群众的自我教育、自我约束，引导群众查找犯罪漏洞，以及加强安全防范等工作的基础上，目前全区

---

* 作者单位不详。

① 罗瑞卿："公安工作必须进一步地贯彻群众路线"，载《人民日报》1958年6月3日第4版。

已经出现了66%的安全地区和安全单位。当然,这些地区、单位的安全,在阶级斗争存在的情况下,还不可能是绝对的。但广大群众不断地积极做好抵制和预防犯罪工作、加强安全保障,将会有效地减少反革命分子和其他犯罪分子的活动余地。

在跟刑事犯罪分子作斗争上,由于深入实际,依靠群众,现行案件的侦破率,目前已较1957年同一时期提高了两倍半。许多重大案件,都已做到及时破获。里弄整风运动中,群众检举提供了15名惯窃犯的线索;经侦查破案后,又由15名惯窃犯扩大到侦破了盗窃案400件。惯窃犯程风清,以纺织品公司职员的身份为掩护,行窃20余年,作案百余次。就连这样一个狡猾的惯犯,也在群众检举之下被捕获了。富丽绸布店的杂务工老仇,当发现店内某职员有勾结其佣人进行盗窃活动的嫌疑以后,先后监视了几个星期,最后终于协助我们破获了这个内外勾结行窃的盗窃小集团。在广大群众协助之下,我们不仅在案发后能够及时侦破,有力地打击现行作案,同时,还做到了先发制敌,发现和打击了一批正在密谋犯罪的惯犯。在破案与防范工作有机结合的情况下,1958年盗窃案的发生率已较1957年显著下降(1958年5月较1957年5月下降了63%)。这种下降,虽然还是不稳定的,但也不是绝对的,因为刑事犯罪是资本主义的思想反映,有资本主义思想存在,刑事犯罪活动就不可能根绝。但是,现有的事实却令人信服地说明了只要依靠广大群众,并且使同刑事犯罪的斗争成为群众自觉的行动,发案就会大大减少,破案就会大大增加,对刑事犯罪分子作斗争的威力就会大大增强。

对现行反革命破坏方面的反动标语案件,在改变了不相信和不依靠群众的一套孤立做法,采取组织群众参观现场、发动大家提供线索,实行公安人员同广大群众相结合、公安机关的专门工作同广大群众的识别相结合的办法之后,绝大部分的案件,都能及时破获。最近一个时期,连续出现了反革命分子在涂写反动标语、口号时,为群众当场扭获和在发案后半个小时、一个小时就破案的生动事例。反革命分子孙靖鲁,在人民公园厕所内写反动标语,被公园管理员杨大姐发现了。杨大姐问孙:“你写什么?”孙谎称写的是“到此一游”。杨说:“我不识字,去请人来看看。”孙又急忙改口:“我写的是参加共产党。”杨大姐严肃地警告:“不行!不放你走。”反革命分子孙靖鲁就这样被杨大姐扭住了。6月9日,正当上海全市人民欢欣鼓舞宣传总路线时,新成区某机器厂食堂后扶梯旁,有人写了很多字,引起家庭妇女王大姐的怀疑。王自己看不懂,特地找一少先队员来看。当时旁边有人阻止王说:“你真好管闲事,擦掉拉倒!”王回答:“不能,我们刚讨论过‘好’,要提高警惕,发现坏人坏事要报告,不管不对!”王大姐将自己发现的问题报告了民警。派出所当即发动附近居民到现场围观,经群众提供线索,半个小时之内,这件书写反动标语的案件就破获了。

贯彻群众路线的另一个方面,是从有利于生产、便利于群众出发,在规章制度方面,开始进行一定的改革。例如,实行了上门报户口、日夜受理户口的制度;实行了民警、派出所定期向地区居民汇报工作的制度;建立了加强夜间的治安管理、实施夜间巡逻的制度;实行了户籍民警的联勤以及定时定点为群众解决疑难问题等制度。所有这些制度的建立和实施,大大地便利了人民群众。同时,也更加有利于保卫生产,保障人民生命和财产的安全。如以实行上门报户口为例,由于上海是一个人口极为集中的城市,公民来往探亲访友等活动相当频繁。我区每天办理户口申报约500余人次,派出所受理户口的地方常常是门庭若市,有时还要排成长长的队列,群众感到十分不便。有些群众因为怕误工、误学和怕麻烦,就不按时申报户口,这样也就影响了户口情况的准确性。从1957年7月份,我们分局在市公安局和中共新成区委的支持下,实行了上门报户口的制度以来,已便利居民13万余人次。以每人节省来派出所的时间半小时计,共达8千多个工作日。把这样多的宝贵时间用在生产上,将为祖国创造多少财富,就难以计量了。

"双反"运动以后,在我们分局的干部、民警中间,已经掀起了为人民办好事的热潮。他们为居民挖井、铺路、修理危险炉灶、寻找失散的亲人、送迷童回家、招领失物、在群众遇险时舍身抢救等。在服务态度方面,同志们提出对人民群众要做到"三亲"(对老人亲如父母,对中年人亲如兄妹,对儿童亲如子女)的保证。群众深为感动,写出了表扬民警中新人新事的大字报五千多张。他们说:"派出所,大跃进,日夜办事多辛勤,居民问题处理快,关心群众如亲人!"

实践证明:群众路线是我们对敌斗争的力量的源泉。我们公安机关在对敌斗争中之所以无往而不胜,正是贯彻了群众路线的结果。公安工作要充分地贯彻群众路线,必须深入进行整风,必须巩固和加强全心全意为人民服务的观念,坚定地相信和依靠群众,广泛地联系群众,以平等的态度对待群众,虚心向群众学习,发挥群众向敌人专政的威力,支持群众在对敌斗争中的创造,真正地做到从群众中来,到群众中去。只有更好地为人民群众服务,真正做到对敌狠、对内和,才能更进一步地提高人民群众对敌斗争的积极性,才能更有利于暴露、孤立和挖掘隐藏更深的敌人,才能充分发挥广大群众抵制和预防犯罪的作用,也才能更好地完成党和人民所赋予我们公安机关的光荣任务。罗瑞卿同志在《公安工作必须进一步地贯彻群众路线》一文中告诉我们:"形势发展了,群众觉悟提高了,公安工作的群众路线还应当继续发展。如果说,贯彻群众路线是八年来公安工作取得胜利的带决定性的关键问题，那么，进一步地贯彻群众路线，使公安机关'充分革命化'和'充分群众化'，彻底克服孤立主义、神秘主义的残余，彻底清除特权思想的残余，让群众路线在公安工作的一切方面有一个新的发展，对于今后公安工作更好地保卫社会主义建设全面大跃进，就不能不具有十分重大的意义。"我们必须遵循着罗瑞卿同志所指示的方向和原则，坚决贯彻群众路线，使其在公安工作的一切方面，进一步结出丰硕之果，从而为公安工作的"大跃进"，为贯彻和保卫社会主义建设的总路线，提供具有决定意义的保证。

（1958 年第 8 期）

关于查破、处理积案的一些意见

君　芝*

在社会主义建设全面大跃进的形势下，在党所提出的鼓足干劲、力争上游、多快好省地建设社会主义的总路线鼓舞下，经过“双反”、整改，公安侦查人员的思想获得了解放，在侦查工作上贯彻群众路线有了很大的发展。因此，许多地方不仅破获的现行案件的数量增加了，破案率大大提高了，同时还干劲冲天地提出了向积案进军的战斗口号，而且已经取得显著的成效，过去没有破获的案件，包括一些大案、难案，也顺利地破获了。这正是群众力量和专门机关相结合的结果，也是公安机关整风获得成绩的一个表现。对保卫国家和人民利益，深入挖掘和打击漏网、残余的犯罪分子，进一步巩固社会治安，有很大的作用。

但是，在破积案中，有几个问题是值得我们研究的。这里，我想就关于查破刑事积案的若干具化问题提出个人的见解，和有关这一工作的同志们讨论研究。

第一，我认为要查破积案，首先对这一工作的目的、意义要有一明确的认识，这样才能使我们在工作中有一个正确的方向。对历年来未能及时破获的积案重新进行查破，其目的和意义主要是这样三点：(1)保卫国家、人民的利益。有些诈骗和盗窃案件在查破后，还可以调出或追回全部或一部分赃物赃款。(2)打击残余漏网罪犯，以进一步巩固社会治安。有些累犯因为没有及时破获归案，他们不仅长期逍遥法外，而且还在继续作案。而这些惯犯能够长期不被发觉，一般说来，作案的手段也是比较狡猾的。如果任其留在社会上犯罪，对社会治安来说，是一个很大的漏洞，这是不利于生产建设和社会改造的。因此破积案的意义，不仅是为了提高对以往发生案件的破案率，而且可以减少今后的案件发生数。(3)通过破获积案，可以对人民群众进行一次提高警惕的宣传教育，进一步开展安全运动。

基于以上的认识，破积案的锋芒就必须对着大案、难案，打击的主要对象也就是一些惯犯和对社会危害性较大的各种社会渣滓。

第二，查破积案必须和打击现行犯罪活动紧密相结合，而不能把现行案件丢在一边，孤立地搞一个破积案的阶段。因为从案件的发生时间来说，有积案和现

* 作者单位不详。

行案件的区别,但是从犯罪分子来看,往往是一个过去作过案而又有现行犯罪活动的惯犯。过去很多事实证明了,破获了一个现行案件,也就顺带查破了过去发生的许多积案,所谓案中破案,常常是事半功倍。而且从现实意义来看,我们对现行犯更应该加以注意,给予及时的、严厉的打击。当然,从另外一方面来说,也可能通过查明一件或几件积案,而发现现行犯罪活动,对破获现行案件,也有一定的作用。所以,机械地把现行案件和积案分割开来,是不符合辩证法的。

第三,什么叫做积案,这是一个很重要的、也是很现实的问题。特别是在刑事案件中,绝大多数是盗窃案件,从损失数字来看,有的损失几百元、几千元,也有的只是失窃少量的财物,甚至不过是价值很小的一些日用品。再从偷窃者的成分来看,有的是惯窃、流氓,也有腐化变质的蜕化分子,这两类人实际是属于一类即坏分子。另外还有一些是贪图小便宜、思想觉悟不高的落后分子,他们往往是在偶然的机会下,顺手牵羊地拿了一些邻居或亲友的财物。因此,对这种种现象,就有严格加以区别的必要。其中一部分是属于盗窃犯罪行为,应该肯定为刑事案件,有一部分则是轻微的违法行为,还有一些是情节更轻微的不正行为(如平时贪小利,拿过邻居几个煤球等),只能算是一个道德问题。但是要十分严格地、正确地去区别各种不同的性质,则又是一个极为复杂的问题。有的同志认为可以从损失数字来加以区别,譬如规定损失在 25 元以上的算做案件,不足此数的就不算。这个办法虽然也有一定的道理,但也不尽完善。因为惯犯在进行偷窃活动时,见到大量财物,当然是“分外眼红”,但如果可偷的财物不多而又有机可乘,他们同样也不会放过“机会”。如果我们对偷窃价值 25 元财物以下的案件一概不加过问,显然又容易放过坏分子,相反地,要认识到从破小案中也能发现和破获大案。从另一方面来看,群众中的落后分子的偷窃行为,有时固然只是属于所谓“小偷小摸”,但如果他们偷窃时发现较多一些财物时,同样也会下手。也有一些同志主张从犯罪分子的成分来区别,但也不够全面,原因有二:(1)在未查明破获前,任何人都不可能主观地去判断案件的性质和偷窃者的情况。(2)即使能大体上肯定是落后分子的偶尔作案,如果数量较大时,同样也应该列为案件,必须设法破案。因此,在未查明前,就不宜主观地加以判断,而首先应该把情况搞清楚,然后再进行甄别。但是有些属于人民内部的落后分子的极其轻微的不道德行为(如上述拿邻居几个煤球或者一双袜子之类的事件),那就肯定不能列为积“案”,而且其中有些根本不是什么偷窃,而是自己遗失的。如果不加区别地把这样的事情也都一一列为“积案”,只会徒然分散我们的精力,并没有什么意义。对这类问题,还应该通过“六好”和安全教育加以防止和杜绝,而且要向群众说清楚。据说有一个民警同志,挨家挨户地去问:“解放以来,你家里少过什么东西，报一报我们可查破。”其实真正的窃案绝不可能如此普遍，结果群众把一些很少量的失物都报了“案”，而这些事情又不容易查清楚，反而形成了“被动”的局面，模糊了政策界限。

第四，查破积案的处理问题，是一个政策问题，必须十分郑重。对于惯窃和其他各种坏分子，当然应该依法给予严厉的惩处，或给予劳动教养，只有少数确是真诚悔罪，坦白自首，或有立功表现的，以及过去有过犯罪行为，但早已改邪归正，现在已有正当职业，罪行不大，又确有悔改表现的犯罪分子，可以分别情况，适当予以宽大处理。至于人民内部落后群众的偶然犯的轻微偷窃行为，一般说来，只是违反治安管理的行为，其中除少数应按《治安管理处罚条例》分别予以警告、拘留等处分外，大多数仍应坚持处理人民内部矛盾的精神，采取批评教育的办法而不必给予处分。而且在《治安管理处罚条例》中，第 19 条规定：“违反治安管理行为过了三个月没有追究的，免予处罚。”因此，对这些违法者需要处罚的也是极少数的。但是，对一些大量偷窃的行为，或者偷窃价值虽不大，但屡次偷窃，已经经过教育和处理过的，即使是属于人民内部矛盾，还应给予一定的处罚。但这个处罚，和对坏分子的实行专政，性质是不同的，这只是一个特殊的教育方式而已。同时，在对待坦白交代问题上，也要有所区别。坏分子的坦白，往往是一种分化、动摇的表现，也有一些是在眼看事情就要暴露、自知隐瞒不下去的情况下，被迫坦白的。人民内部的落后分子，也有坦白交代问题的，但这往往是一种觉悟的表现，虽然在某些情况下，这种觉悟不是很自觉的，但是只要很好地进行教育，这部分人的觉悟是可以提高的。所以，在坦白交代问题上，也不能笼统地称为“自首投案”。对待自首的犯罪分子，必须促使他们彻底供出所有的犯罪行为，并向他们说明政府的政策，打破他们的侥幸心理，号召他们立功赎罪。对待交代的落后分子，就应该加强共产主义道德教育，给予鼓励，勉励他们向先进人物学习，成为一个守法的劳动人民。即使交代不彻底，也应该消除其顾虑，使他们彻底交代问题，放下包袱，而不要用“坦白从宽，抗拒从严”这些话去攻心。但在平时，则应通过治安管理，依靠群众组织，加强对他们的教育，防止其再度违法或走上犯罪的道路。

第五，关于追赃问题，我认为对坏分子必须尽一切可能追回赃物、赃款。对落后群众的轻微偷窃行为，原则上也应追回，并鼓励他们自动退赃，一时退不出来的，可以订计划分期退，有些确实生活上有困难，也可以退回一部分，或酌情免予追赃，这对他们也是一个教育。但是必须向失主解释清楚。一般说来，应该争取他们自动交出偷窃的财物。

第六，破积案还必须和进一步开展安全运动相结合。要把破获的案件，选择典型的，用口头宣传或小型赃物、罪证展览会等形式，向群众进行提高警惕、克服麻痹、搞好地区治安保卫工作的教育。特别是一些由于麻痹思想或疏忽大意而被坏分子所趁的事例，更是向群众进行安全教育的生动材料。同时，也要宣传破获这些案件中广大群众积极协助公安机关的重大作用（对检举人的姓名仍须保密）。在宣传破积案的同时，还应该把一些现行案件拿出去宣传，向群众说明：坏人不仅过去有，现在还没有最后肃清。从而进一步提高群众的警惕。如果破了案不宣传，或者只宣传破案而不宣传防止发生案件，那么，就有可能造成副作用。有些群众会产生一种错觉，“现在公安机关很有办法，偷掉东西一定能找回来”，“这样一来，我们地区上的坏人没有了”。如果是这样的话，除了麻痹群众以外，并没有其他好处，至多，也只是使人民群众与公安机关的关系更加密切，而不能进一步提高群众搞好治保工作的信心。

以上所谈的一些问题，只是作者根据个人接触到的、想到的一些情况，提出的个人看法。其中有不正确或不尽妥善的地方，请同志们指正。特别是有关政策的若干问题，可能很不成熟，还有待于同志们通过实践，进一步补充、研究。

（1958 年第 8 期）

上海市蓬莱区人民法院是怎样开展法律讲演的

王 敏[*] 群 良[**]

一

我们在区委和司法局的领导下，在政法部门的密切配合和有关部门及群众大力支持下，经过3个月的实践，在法律讲演问题上取得了显著的成绩。据统计，3月全院共作了55次法律讲演，平均每个审判员都做了3次以上，受到教育的群众达7700余人。4～5月据统计做了68次讲演，受到教育的群众达17,000人。出现了人人做讲演，个个做宣传的跃进局面。

讲演后的实际效果表现在很多方面，主要的是：提高了人民群众的政治觉悟和守法观念，出现了不少爱厂爱社如家，检举坏人坏事的新气象，对生产、对团结起到了促进的作用；打击了反革命分子和刑事犯罪分子的气焰，对预防犯罪、减少纠纷也起了积极的良好作用；体现了人民司法制度的优越性，密切了人民群众与人民法院的联系，加强了对审判工作的检查总结，从而也锻炼与提高了审判人员的政治业务水平。冠群蜜饯厂听了报告后就有11人订出了退赃计划，并保证今后不再挪用公款。由于人民法院贯彻了有利于生产、便利于群众的原则，因而普遍地受到了群众的欢迎。群众说："只有在毛主席领导下的人民法院，才能这样为我们服务。"有些人还当面对审判员说："过去法院官腔一套，使我们见了害怕，现在法院和我们亲如一家人，还给我们做讲演，真是照顾太周到了。"

二

要做好法律讲演，首先应该确定切合实际的讲演内容，有目的、有准备地去做。我们依据党和上级的指示精神，结合本区违法犯罪的情况和趋势，针对某一时期、某一单位的具体情况，分别确定宣传内容，归结起来有以下几方面：

---

* 作者单位不详。
** 作者单位不详。

1. 把肃清一切反革命分子的宣传放到首要地位，作为我们法律宣传的主要方面。这是因为我区的情况比较复杂，一方面外地逃来一部分反革命分子，潜伏较深，另一方面，我区破获了多起现行反革命案件。我们根据党的各个时期的中心工作，挑选典型案件进行法纪宣传。如在保卫全民整风运动中，现行反革命分子陈乔祖用凶器打伤了检举人，蓄意进行报复，破坏整风运动。我们抓住这一典型案例，从严判处，并结合一件对自首投案的历史反革命分子减轻判处的案件，召开了1500人大会进行公开宣判，以肃清一切反革命分子为题做了法律讲演，具体地讲解了"坦白从宽，抗拒从严"的政策，并指出还有反革命，但是不多了，同时针对到会群众存在的太平麻痹思想进行了分析批判，号召大家提高革命警惕性，协助政府坚决肃清一切反革命分子。这样不仅及时打击了现行反革命分子活动的气焰，保卫了全民整风运动。而且用活生生的事例宣传了党的"有反必肃"的方针，体现了宽严相济的政策，使到会群众受到了一次深刻的教育。事后不少群众检查了自己的麻痹思想，表示了坚决向反革命作斗争的决心，因而鼓舞了广大群众对敌斗争的积极性。

2. 加强对坏分子必须实行专政的宣传。1957年本区坏分子活动也很猖獗，他们大肆破坏社会治安，大量盗窃公私财物，特别严重的是私方人员贪污盗窃，反抗社会主义改造。在本区接受的97件私方人员贪污盗窃案件中，被贪污盗窃的公款就达77,000余元。根据这一形势，我们主动和专业公司及有关部门配合起来，选择了各类典型案件，组织了数次大中型公开宣判。对贪污数额巨大、屡教不改的从严判处15年徒刑；对贪污800余元，自动坦白又全部退清赃款的，减轻判处训诫处分。结合实际情况，在法律讲演中，深入地揭发这些坏分子危害国家、危害人民的严重罪恶，分析犯罪分子的阶级根源和思想根源，教育群众提高觉悟，警惕和抵制资产阶级的思想侵蚀，清算资产阶级思想的严重危害，号召大家和盗窃社会主义财产、危害社会治安的犯罪分子作斗争。并指出坦白悔过、争取宽大是一切犯罪分子的唯一出路。事后有好几个屡教不改、拒不认错的私方人员也主动进行检讨，并订出了退赃计划，有两人一次各退清500余元赃款。

3. 大张旗鼓地宣传《婚姻法》，彻底地摧毁封建的婚姻制度。见好爱好，见异思迁，不履行赡养义务、虐待遗弃等资产阶级的婚姻观点和违背共产主义道德的行为，仍然存在。根据这样的情况，我们就把《婚姻法》的宣传作为比较长期的一项宣传任务。这个时期我们针对某些群众的见好爱好、见异思迁的错误思想观点，从法律上、从危害后果上来进行分析批判，指出夫妻必须互敬互爱、互相帮助，尊敬扶助老人和爱护抚育儿童是做父母、子女应尽的义务。我们根据群众的要求，将一件媳妇虐待公公致死的案件，下地区进行公开宣判，着重讲解了爱老扶幼,尊敬与扶助老人是每一个公民应有的共产主义品德。到全老人说:“这样我们老年人就有了保障了。”

4. 根据民事纠纷发展趋势来宣传社会主义的民事政策。前一个时期从房地产公司了解到本区公房欠租现象十分严重,欠租额达30万余元,并有少数抗交租金的现象。为了确保社会主义财产,我们就主动地和区房地产公司选择了一批蓄意欠租不付的案件,组织了大型的公开宣判大会,对个别经济并不困难,拒不交付租金的,采取了法律上的强制措施(查封部分财产),突出讲演了确保社会主义财产的意义,批判了那些“欠公家房租可以拖一拖”的错误想法。对到会欠租房客进行了一次爱国守法的教育,收到了良好的效果。据房地产公司统计,宣判会后的一个月中,已经收回欠租32,000余元,并有687户欠租户房客提出了积极的偿还欠租计划。这说明讲演使房客认识到“缴纳租金是自己应尽的义务,无故不缴租金是国家法律所不允许的”。

三

根据法院的特点,法律讲演最基本的形式必须是紧紧地结合审判活动进行。在方法上应该从有利于生产、便利于群众出发,采用小型、简便易行的做法,既要解决问题,又要节省时间,适合生产特点。法律讲演的形式很多,主要有以下几种:

1. 通过就地审判进行法律讲演。这种形式是推动中心工作,扩大法纪宣传教育的最生动、最有效、群众最欢迎的宣传形式。它将形象的宣传与口头的宣传有机地结合起来了。就地审判本身就有它很好的宣传作用,再把它与到会群众的思想和单位存在的实际问题结合起来进行口头讲演,可以更加形象生动全面地讲解政策,深刻地分析犯罪原因。这样按类型审判一件,结合宣判几件,既节省时间,又可以弥补不能全面体现政策的缺点。

从这一宣传形式出发,我们认为审判员在进行法律讲演时,必须要有明确的目的和要求,不要盲目地追求数字。在思想上要把审判活动当成整个宣传活动的一个组成部分。在审判活动中要突出它的宣传作用。要善于通过审讯手段,深刻地揭露犯罪分子的动机、目的、犯罪原因、危害后果,用活生生的事实来教育群众,激起群众的憎恨,以造成抵制犯罪活动的群众力量。

根据这一形式的要求,必须选择那些确实具有教育意义的案件进行审判,案情也不要过于复杂。

到工厂合作社去宣传,主要对象是工人职员,宣传的时间多半是安排在生产的空隙,最好掌握在一小时左右。做到不影响生产,又不疲劳群众。

2. 通过公开宣判进行法律讲演。这种形式的特点是:内容更加丰富,体现政策更加全面,参加的人多、面广、影响大。讲演的形式,可以分为大、中、小3种,平时又以中小型为主。大型的宣判大会,对保卫政治运动,推动中心工作,造成声势浩大的宣传形势,有力地发动群众,打击、分化瓦解敌人的内部,是能够起到很大作用的。但是因为组织工作比较繁重,牵涉的面也广,利用的次数就不宜过多。中小型的讲演简便易行,便利群众,由于范围小了,这样就能针对单位的具体情况抓住重点进行讲演。为了深入地教育群众,可建议有关部门在不影响生产,不影响工作的情况下,组织漫谈。

这种形式除了也要注意案件的选择外,对报告的内容要求就是要更全面。既要讲从宽的,又要讲从严的;既要讲阴暗的,又要讲光明的,并且要突出光明的,将兴无灭资贯穿在整个报告中。例如,我们在作“对少年儿童必须加强共产主义道德质量的教育”的报告中,就突出地讲解了许多儿童的优秀事例,以及表扬了某些家长、教师、里弄积极分子对儿童品德成长的关怀。从而启发和感动了到会的家长,使他们抓紧时机对自己的小孩进行教育。

我们觉得要组织好报告,首先要调查情况,从全区形势出发,事先深入到法律演讲的单位,了解违法犯罪和群众的具体情况,然后根据材料,明确中心去组织讲稿。这样做能使讲演做到有的放矢。其次,依靠集体力量组织讲稿,然后由专人负责拟写初稿,初稿拟成后,再由集体研究修改,有的还要经过一段时期试验。讲稿内容要深入浅出,通俗易懂,防止法言法语。最后,一般的讲演内容应事先送原单位的党政领导审核,比较重要的,报区委审核决定。

此外,如果条件许可(如有可以展览出的赃物、证物),还可以在讲演前后,进行小型罪证物展览。

3. 通过辩论方式进行法律讲演。运用摆事实讲道理的办法,解决纠纷,扩大宣传。这种方式的特点是:思想暴露深,认识提高快,问题解决透,群众发言不仅生动,而且说服力强。这种讲演虽然面不广,但较前两种讲演要深入得多。例如,审判员蔡茂芬同志依靠团支部、工会,对无理坚持离婚的团员,经过两次辩论后,较彻底地解决了纠纷,而且澄清了混乱思想,使群众认识到,见好爱好、喜新厌旧的资产阶级的婚姻观点是造成离婚的主要原因。最后由审判员再做简要的归结,进一步分析纠纷产生的根源及其危害。这样也就深入地进行了一次《婚姻法》的宣传。会后,有些人还联系思想进行了自我检查。

这种形式更需要有准备地去做,在会前对积极分子要做到三交代:交代辩论的中心;交代摆事实、讲道理的办法,做到不戴帽子、不扩大事实、不发脾气;交代政策原则。在会上要抓住辩论中心,掌握分寸,深入地解决思想问题,做到适可而止。这样容易为当事人和群众接受。

4. 通过集体调解、上门调解、家庭谈心和口头法律解答等方式进行法律宣传。通过这些活动对当事人及其周围群众进行和睦团结的教育,效果也很好。

(1958年第8期)

正确贯彻审判工作中的辩护制度

宋鑫春*

我国《宪法》第76条和《人民法院组织法》第7条均规定:“被告人有权获得辩护。”在审判实践中,我们确切不移地贯彻了《宪法》和《人民法院组织法》的这项规定。

我们贯彻辩护制度,为的是有利于社会主义,有利于无产阶级专政,有利于审判工作。通过辩护,协助法院全面地弄清案情,使案件得到正确、合法、及时的处理,从而达到准确、有力地镇压敌人、惩罚犯罪、保护人民的目的。

由于我们的国家制度与资产阶级的制度根本不同,因此,贯彻辩护制度的性质、意义和目的,亦显然不同。我们贯彻辩护制度不仅在于保证被告人切实享有辩护权利,更重要的在于有利于我们社会主义的审判工作。否则它将是我国社会主义法制所不能接受的东西。《再论无产阶级专政的历史经验》一文中明确指出:“社会主义在任何意义上都不允许同无产阶级专政对立起来,都不允许同资产阶级民主混淆起来……如果有一种民主可以被利用来进行反社会主义的活动,可以被利用来削弱社会主义事业,那么,这种所谓‘民主’就决不是什么社会主义民主。”

但是在审判实践中对贯彻辩护制度问题,过去有些同志曾一度强调了它的“民主”,实质上那是资产阶级的“民主”思想,忽视了专政,从有利于被告论的观点出发。因而在贯彻辩护制度中产生了一些右倾偏向。如有人认为有检察员出庭,或当被告人申请的时候,人民法院就必须给被告人指定辩护人,否则就是侵犯了被告人的辩护权利,是“不合法”的。我认为这种观点是极为错误的。本文就人民法院贯彻辩护制度的若干问题,提出一点不成熟的意见,请同志们批评指正。

一、检察员出庭支持公诉的案件是否一律要有辩护人参加?在被告人不委托辩护人的情况下,法院是否必须给被告人指定律师?

有人认为有检察员出庭的案件,为了保障被告人的辩护权利,应有辩护人参

* 作者单位不详。

加,如果被告人不委托辩护人,法院亦必须给被告人指定律师,否则被告人在法庭上将会处于不利的地位。

首先,从这一论点中可以看出,他们对于检察员出席法庭的职责作了片面的理解。《人民检察院组织法》第14条中已明确规定:"检察员以国家公诉人的资格出席法庭,支持公诉,并且监督审判活动是否合法……"因此人民检察员代表国家和人民的利益,在法庭上毫不容情地揭露犯罪,支持公诉,这只是检察员出席法庭的职责之一。同时他还负有监督审判活动是否严格遵守法律的责任,保障当事人在法庭上享有法律规定的各项诉讼权利。其中被告人的辩护权利当然不能例外。对于检察员的这两项职责,做任何一方面的片面理解,都是不正确的。不能想象,检察员光强调监督法院是否合法,而对被告人的罪行却不加过问,这样做显然是放弃作为无产阶级专政工具一部分的职责。与此相反,检察员只顾完成揭发犯罪的任务,而不顾审判工作是否遵守法律和当事人的诉讼权益,亦同样是违背无产阶级法制原则的。由此可见,检察员出席法庭并不影响被告人行使各项诉讼权利。说检察员出席法庭,没有辩护人参加,被告会处于不利的地位的说法是没有根据的。

其次,被告人行使辩护权利有各种形式。如《人民法院组织法》第7条规定:"被告人除自己行使辩护权外,可以委托律师为他辩护。可以由人民团体介绍的或者经人民法院许可的公民为他辩护,可以由被告人的近亲属、监护人为他辩护,人民法院认为必要的时候,也可以指定辩护人为他辩护。"被告人行使辩护权利,可以采用法律所规定的任何一种形式,律师只是其中形式之一。有的同志把律师出庭看做唯一的辩护形式,并把律师辩护片面地看做以被告人的意志为转移的,是站在被告人的立场说话的,从有利于被告人方面进行辩护的,他们从此出发,以之作为必须给被告人指定律师的理由,这显然是错误的。我们认为律师是诉讼活动中的独立主体(其他类型的辩护人亦是一样),他的辩护活动不以被告人的意志为转移,他站在国家和人民的立场,他为被告进行辩护,为的是帮助法院全面弄清案情,便于正确定案。另外是维护被告人的正当的、合法的权益,因此并不是像有的同志所理解的辩护是有利于被告人的,而背弃国家立场的那种"权利"。

最后,被告人在不委托辩护人的情况下,根据《法院组织法》的规定,自己行使辩护权利亦是可以的。因此,认为只有辩护人出庭才是贯彻辩护制度,是不正确的。在审判实践中,被告人的文化程度和法律知识的限制或心理紧张、激动状态,都是有可能影响被告人思考和解答法庭的问题。但一般的被告人对于自己所犯的罪行和对罪行的认识,或者没有犯某种罪行的辩解,都能向法庭交代清楚。这取决于我国社会主义法制原则和审判人员的工作作风。我们是坚决反对烦琐的程序和刑讯、逼供、诱供的审判作风的，而是主张根据合法、便利人民的原则，以事实为根据，以法律为准绳，严肃认真的审判工作作风。因此被告人自己行使辩护权利，完全是可能的，而且其辩护意见应当被重视和采用。

检察员出席法庭不是人民法院必须为被告指定辩护人的决定条件，有检察员出席法庭的案件，没有辩护人参加，被告人的辩护权利同样能够得到保障。没有辩护人参加的案件，被告人自己进行辩护，亦应当被认为是行使辩护权利的一种形式。法院没有必要一律指定律师参加诉讼。

二、在什么情况下法院必须指定律师出庭为被告人进行辩护？

根据《人民法院组织法》第7条规定和审判工作的实际经验，有下列几种情况者，即使被告人自己不委托辩护人，法院也应当指定律师为被告进行辩护：

（1）被告人生理有缺陷（如聋哑者）；

（2）未成年人；

（3）其他案情重大复杂，法院认为有必要的。

我们从有利于审判工作和确保被告人辩护权利出发，对未成年人和生理上有缺陷的被告人在他们自己不请辩护人时，法院应当指定辩护人为他们辩护，因为他们本身缺乏单独行使辩护权利的能力，不能全面保护自己合法权益。其他案情重大复杂的、法院认为有辩护人参加可以协助法院弄清案情，有利于准确地打击敌人，有利于我们审判工作的，法院应当为被告指定辩护人。只有具备以上条件，法院才在被告人自己不委托辩护人的情况下，指定辩护人出席法庭为被告辩护。

这些问题，提起来都是很熟悉的，但在审判实践中并不是大家都能很好地依照人所共知的道理来办事。有人认为，人民法院应该根据被告人的要求而指定辩护人，造成有求必应的局面。这会对国家诉讼开支造成不必要的浪费，对审判工作也是不利的。

同时也有人把具有这样重要意义的审判经验，只归结为法院为了节省几个钱的问题，对应给被告人指定律师的不指定，这亦是错误的。因为法院指定辩护人与否，是完全视具体案件而决定，不是以费用多少为转移。当然在可能范围内尽量节约国家诉讼开支，亦是无可责难的。总之，不根据案件和被告人的具体情况而一律给被告人指定辩护人或一律不指定辩护人的做法，都是错误的。

有人认为在被告人提出申请时，人民法院不给被告人指定律师为被告辩护，是侵犯了被告人的辩护权利,是"不合法"的,这种说法完全没有根据。如前所述,我国《人民法院组织法》规定,被告人不仅可以自己行使辩护权利,而且可以委托他人为自己辩护,只在人民法院认为必要的时候,才给被告人指定辩护人。并没有任何一条法律中规定被告人提出请求时,人民法院必须一律指定辩护人。那么,这又与什么"法"不合呢?再者,法院不仅从以上所谈的各个方面来保障被告人辩护权利,并为缺乏单独行使辩护权利能力的被告人指定辩护人,这正表示出人民法院充分保障被告人的辩护权利,而并不发生侵犯被告人辩护权利和不合法的问题。

三、在上诉审法院,被告人如何行使辩护权?

被告人的辩护权利,不仅在侦查、检察、法院一审审理过程中都得充分行使,在案件判决之后,如被告人不服原判提起上诉,在上诉审审理中,被告人亦同样享有辩护权利。二审贯彻辩护制度与一审同样具有重要的意义,不能忽视。

但因为二审审理程序不同于一审程序,二审不是对所有案件都开庭审理。如果是事实清楚,证据确凿,采用书面评议的程序审理,也同样能达到正确处理案件的目的。由于不开庭审理,当事人就不知道二审评议的日期,因而当事人参与二审诉讼活动发生了一些问题。实践中发生过这样几种情况:

有的法院没有向被告人了解,也未告知其二审的辩护权利,就进行了书面审理,因此被告人没有来得及委托辩护人为自己进行辩护。

有的法院虽已把二审的辩护权利告知被告人,但因为没有确切通知开庭日期,因此被告人迟迟未请辩护人,或者已经委托辩护人,而不知书面评议日期。辩护人不能在评议之前及时为被告人提供辩护材料,参与诉讼活动。

案件开庭审理时,被告人及其辩护人都有机会出席法庭,当庭陈述和补充自己的意见,贯彻辩护制度,这是不存在问题的,但在书面审理时,却容易忽略被告人的辩护权利。二审书面评议时,被告人及其辩护人一般地都采用递交书面辩护材料的方式,参与诉讼活动。因此法庭对于通知被告人及其辩护人提供书面辩护更应该十分重视。如果对被告人及其辩护人的书面辩护稍有不够重视,很容易使被告人及其辩护人失掉提供新情况的机会,这是对于审判工作很不利的。

二审法院在确定书面评议日期后,首先应及时传讯或提讯被告人,告诉被告人二审辩护权利,并将开庭日期通知被告人,以便其及时委托辩护人。如果被告人不委托辩护人,亦不符合法院指定律师案件的条件,被告人可以自己准备补充上诉理由或答辩材料,书面审理前交给合议庭。如果被告人委托了辩护人,法院应当迅速与辩护人联系，在案件书面审理前5天（一般城市适用，路途较远可适当延长），通知辩护人准备辩护材料，在评议前1天交给合议庭。辩护人有某些原因需要延长开庭日期，可以向合议庭提出申请，合议庭应根据案件缓急情况进行考虑。合议庭决定不能延长开庭的日期时，则辩护人应该如期递交书面辩护材料，过期不交，只能作为放弃权利处理；判决确定后才交，只能附卷存查。

总之在贯彻辩护制度中还存在一些认识问题和工作中的具体问题，需要我们很好地研究，从有利于我们社会主义审判工作出发，并保障被告人的辩护权利，坚决批判从有利于被告人论观点出发的右倾倾向，克服工作中的某些漏洞，使辩护制度在实际工作中贯彻得更好。

（1958年第8期）

关于分片包干的做法和体会

辽宁省盖平县人民法院*

从司法工作跃进以来，为适应工农业生产"大跃进"的需要，我院先后经过两次讨论研究，在原有分片包干的基础上发展和提高了一步。以下谈谈我们的具体做法和体会：

我们根据干部力量，全县划分成为六个片，每片一名审判员、一名书记员，管辖4～7个乡，每个片有人口7万～10万人。分片包干的任务是以处理刑、民案件为主，同时开展法制宣传，指导调处委员会，培训人民陪审员，了解敌、社情况，处理群众来访和来信，执行等几项工作，亦即所谓"七包"。我们的具体做法是：

一、分片实行"七包"

（一）包刑、民案件审判

各片处理的案件范围和来源有：

1. 合议庭在本片内自行受理的民事和自诉刑事案件。
2. 各片检察员直接起诉的刑事案件。
3. 公安机关按管辖直接移送的管制案件。
4. 由外地兄弟法院转来的案件。

处理案件的几种审判方式：

1. 在案件发生的生产队、组里就地审判。
2. 案件较为集中的地区，选择一个适当中心地点，对邻近案件进行集中审判。
3. 对涉及面较广和富有教育意义的案件，利用乡广播扩大站进行审判。
4. 对有的轻微刑事和民事案件，采取审判与群众辩论相结合的方法进行处理。

（二）包法制宣传

除布告、大型判例和大型文娱宣传队、排演戏剧等由院内组织进行外，各片

* 作者单位：辽宁省盖平县人民法院。

主要是采取以下宣传形式：

1. 通过就地审判除吸收群众旁听外，审判人员在闭庭后即变为宣传员，做到庭庭有讲演，审什么讲什么，结合当地情况有什么讲什么，表扬好的典型人物，指名和不指名批判坏人坏事。

2. 在一定时期，为配合中心，根据院内宣传领导小组编写的宣传提纲，适当穿插当地情况，利用各种会议机会进行法律讲演。

3. 在片内建立宣传网，定期编写宣传材料，发到各乡、社、文化馆（站），利用黑板、报刊和利用乡、社宣传员，下放干部以及有宣传能力的学生等进行宣传。

4. 利用有线广播宣传。部分乡有广播站，可将宣传材料交广播站进行广播，或审判人员利用有线广播进行法律讲演。

5. 通过文娱形式，将有教育意义的典型案例和有关材料，交各乡、社业余剧团，编成“快板”和“二人转”进行演唱。

6. 张贴有教育意义的判决。

（三）包指导调处工作

包指导调处工作主要做法有：

1. 就地办案时，吸收当地委员和组员系统地参加观摩，然后组织座谈，以提高他们的政策水平和工作水平。

2. 选择几起案件（属于调委会处理范围的），组织调处委员和组员共同调处，我们参与具体指导。通过实践，提高调处干部办案的能力和工作信心。

3. 召开小型座谈会，讨论典型案件，研究总结调处工作经验，学习调处工作的方针、政策。

4. 请示党委同意，每年集中或分片召开调处干部会议，总结调处工作，学习业务，进行评模。

5. 不定期地检查调委会处理的案件，发现问题进行指导。

6. 通过总结重点乡（即中心乡）调委会工作的经验，利用跃进报和通报形式指导各乡调委会的工作。

（四）包培训人民陪审员

包培训人民陪审员的做法是：

1. 对被邀值班的陪审员，首先认真交代陪审的重大意义，提高其责任感，和交代有关审判程序、制度、阅卷、调查等方法。对于有文化的陪审员，通过看已审结的刑、民案卷宗，培养他们很快地承担陪审工作的能力。

2. 通过试点的方法，提高陪审员业务水平。也就是说，在处理自诉刑、民案件前，选择有代表性的案件，由审判员和陪审员共同调查，然后座谈讨论调查方法,以提高其调查能力。

3. 通过就地办案,吸收附近新陪审员,让其从调查到审理、合议系统地观摩,借以学习陪审知识和政策。

4. 结合就地办案,召开小型座谈会,交流陪审工作经验和学习政策。

5. 比较熟悉业务,有一定工作经验的陪审员下乡调查时,邀请当地新陪审员协助。初次值班的新陪审员下乡调查时,主动联系已值过班的老陪审员,争取其帮助调查。这样做有两点好处:一点是,当地陪审员熟悉情况,能更多收集证据,提高调查质量;另一点是,老陪审员可以带动新的陪审员。

(五)包处理人民来信和接待人民来访

结合办案,随时处理人民来信,对未有案件地区的来信,简易者通过书面形式联系解决,较复杂疑难者即就地了解处理。接待人民来访有两种方法:一种是各片在中心乡确定每星期一为固定接待日,并通过调委会组织和通告方法,向群众宣传。另一种是结合办案,审判人员走到哪,就在哪接待。这样做,不仅避免了因分片包干使审判人员到处跑,群众有事找不到审判员的毛病,而且片的管辖范围较法庭辖区小,群众可以少跑路了。

(六)包执行工作

执行工作是几年来大家感到不好办的一项工作,因为我院没有执行员,所以执行和审判工作脱节。实行分片包干后,由于审判人员经常活动在乡下,便于了解与掌握被执行人的经济情况,因此给执行工作创造了有利条件。我们的具体做法有两种:一种是对有关经济的执行,应抓住社内给社员预支和分配的时机,主动与乡、社联系,委托或者争取其协助,动员和督促被执行人执行。另一种是对房产迁让等无理抗拒执行者,通过群众一起摆事实、讲道理的辩论方式促其执行。

(七)包了解掌握敌情、社情

各片主要是采取就地办案,走到哪,就了解到哪的方法。同时经常与调委会干部、乡公安、社治保委员交换情况。对个别落后社,要与公检部门组织力量,统一配合,摸清情况开展工作。并用口头或书面方式,每月向片长和乡党委及院领导汇报一次敌、社情况。

二、工作计划的方法

院内每月都按县委布置的中心工作制订出全院总的计划,并对各片提出工作重点和要求。片内制订计划时是根据院内提出的工作重点和各项工作的要求，及片长布置的片内中心任务对司法工作的要求，统一进行考虑。按轻重缓急，以保卫中心工作，为生产服务为主，结合开展全面工作的原则，每月制订两段工作计划。请示片长同意后执行，并报告院长。在工作安排上，是本着先中心后一般，重点保卫与一般相结合的方法。如我县在水利建设上划分3个战区，有大型水利建设工程3处，每处都有万余人工作，为了重点保卫工地的顺利施工，我们在战区的片即与公安、检察部门建立了联合办公室，经常驻在重点工地，以预防犯罪和及时打击犯罪分子，并与片内的小型工程建立联系制度。

三、与各方面的关系

（一）院内对各片的领导

院内对各片的领导方式有：

1. 每月召开一次全院干部3～5天的会议。通过各片总结，汇报上月工作，进行各片之间的评比，鼓励先进，带动落后；同时对政治、时事、业务进行一次测验，组织集体学习一次，布置下月学习任务；召开一次支部生活会，对干部进行政治思想教育；最后以县委布置的中心工作和对司法工作的要求为主，通过院务会研究制订出下月工作计划，对各片提出下月工作重点与要求。

2. 院长分片、分工经常不定期地到各片巡回督促检查，并与乡党委密切联系，了解干部思想、工作情况，及时进行指导教育。

3. 对重大复杂案件和有关中心工作与涉及面较大的案件，院长亲自参加合议庭进行指导。

4. 通过对判处3年以上徒刑案件的研究，和3年以下案件判决的审核，掌握政策和对案件质量进行检查指导。

5. 不定期地出版跃进报和通报，及时将各片的工作经验、先进办法进行交流。

6. 通过各片之间互相查卷的办法，检查案件质量改进工作。每个合议庭，每年都要拿出一个季度处结的刑民案件，交给另一个合议庭全面地进行查卷，将检查出的在执行政策、事实认定、合法及时、审判作风等方面存在的问题，写出书面材料提交审判委员会讨论通过，并在全院干部会上进行讨论、分析、批判，借以提高业务，总结审判实践，改进工作。

7. 院内每半月各召开一次审判委员会、院务会、支部生活会议，对干部进行政治思想教育。

8. 必要时用书面、电话和亲自回院向院长汇报请示工作情况和案件的处理。院长也经常用通信、电话等方式指导各片工作。

9. 每年年终评选一次先进工作者,以此表扬、鼓励先进,带动中间,推动落后。

(二)片长的领导

片长的领导工作包括:

1. 每片的审判干部都与县委派出担当片长的县常委住在中心乡,参加片长领导生产、布置中心工作的各种会议。在配合中心工作保卫生产上,服从片长的统一指挥与调动,哪里需要就到哪里去。基本上起到了党在领导生产和中心工作中随手应用的武器的作用。在对具体案件的批捕判刑上,是采取既请示片长也请示院长的双层领导的方法。

2. 每片除随时随地地向片长汇报、请示片内的司法工作外,在每月月初都向片长具体地将上月工作,进行全面汇报,并将本月院内布置的工作任务提交片长审查,如片长认为院内布置的工作任务与片内中心工作抵触时,即按片长指示执行,并将片长的指示汇报给院长。

3. 在工作中凡是涉及全片各个乡的问题,如贯彻司法工作大跃进宣传、训练调处干部等,均应做出计划请示片长批准,然后由片长在各党委书记会议上统一布置贯彻。

(三)与中心乡党委和片内其他乡党委的关系

党员干部办理了临时组织关系,转到中心乡党委支部,在组织生活上受中心乡党委领导,参加中心乡党委各项中心工作布置的会议。在处理中心乡有关配合生产的刑、民案件时,请示乡党委的领导,征求乡党委的意见。在思想和工作上接受乡党委的监督和领导。与片内其他乡党委的关系是,凡是在该乡内处理有关配合中心工作的案件和开展全面工作,均事前向乡党委请示求得领导与支持,事后向乡党委汇报。通过处理案件和群众来信来访发现的问题,不属于我们解决范围的就及时汇报给乡党委研究解决。各乡党委如发现了有碍中心工作与影响生产的案件,就随时指示我们进行处理,有力、及时地保卫中心工作和生产。

(四)和公安、检察部门的配合

和公安、检察部门的配合方式有:

1. 检察院在每个片也派了一名固定检察员,负责批捕、起诉工作。检察员对起诉的案件,凡不属于长期徒刑的都直接来到片内合议庭,遇有事实不清,随时可以研究解决。

2. 每个乡都有一名公安特派员,特派员在工作中发现了民事纠纷和属于我们直接受理的轻微刑事案件,就立即介绍给我们。我们发现了需要通过侦查起诉的案件也及时介绍给特派员并协助其收集证据。同时双方还经常到一起对敌、社情况进行研究，交换情报，步调一致地为中心工作服务。

3. 对需及时配合政治中心的案件，和对敌、社情复杂的地区采用了三员就地侦查、预审、起诉、审判的做法，通力合作，统一对敌，以有力地保卫中心、保卫生产。

通过工作实践，我们有以下几点体会：

1. 紧密依靠党的领导是完成一切任务的根本保证。实行分片包干除法院应根据县委统一部署，来布置各片的工作任务外，各片的审判干部，也必须加强向下乡领导生产的县委成员的请示，与乡、社党委支部保持经常的联系，这样才能使我们的工作紧紧围绕农村的生产中心，得到当地党政领导的重视和支持，使司法工作在各级党委的直接监督下紧紧地围绕党的中心开展司法工作。各片审判人员根据党的各项中心工作的要求，遵照各级党委的指示，哪里需要司法工作配合，就随时到哪里去，成为各级党委的驯服的武器，随时惩办破坏中心工作与生产的犯罪分子。

2. 充分地发挥人民民主专政武器的作用。实行分片包干后，绝大部分刑事案件，按发生案件地区，分别下放给各片处理。这样不仅便于就地调查，迅速搞清事实，便于搜集群众意见，使案件做到正确处理，同时也能增强审判人员的敌情观念，克服右倾麻痹思想，克服不问政治、孤立办案、脱离群众的工作作风。现在由于各片审判人员感到处理刑事案件不了解、不掌握敌情，就不能正确、及时、有力地打击敌人，因而就都注意了随时随地地了解敌情。乡、社干部和群众也主动向他们检举犯罪分子。这就不仅使审判人员掌握敌情，有利于对敌斗争，而且也可以向党委提供敌情情况，使党委及时指导工作。特别是刑事案件分别由各管辖片处理后，不仅克服了过去刑事庭案件积压，打击罪犯不及时的现象，同时也能使所有合议庭都全面发挥专政武器的作用，使人民法院这个专政武器显得更加充分有力。

3. 有利于保卫政治中心，保障生产，为建设社会主义总路线服务。实行分片包干后，审判人员固定在一个地区，加强了和各级党的组织的联系，及时了解和掌握每个时期党的中心工作和生产情况，这就对审判人员如何保卫中心、为生产服务，指出了明确的方向。过去未实行分片包干时，审判人员就不大注重了解各地中心工作和生产情况，即使了解，也不全面，因此也就不大注意研究司法工作如何更好地为中心工作服务。现在这种现象基本得到了解决。

4. 更好地贯彻了群众路线的工作方法，转变了脱离政治、脱离群众、孤立办案的审判作风。实行分片包干，是促进审判人员彻底转变审判作风的有效措施。

因为分片包干后审判人员不只是处理案件，而是要全面担负起“七包”工作，由于这些工作必须深入乡、社才能做好，因此审判人员也一定要转变作风，克服坐堂问案，深入下去，就地审判。由于审判人员经常同片内群众生活在一起，与群众保持着密切的联系，从而使审判活动与其他各项工作活动，都直接置于群众监督之下，得到群众的支持，使我们能及时了解到案件的真实材料和群众对案件处理的意见和反映，达到正确结案。而且也便于搜集群众对法院工作的意见和要求，有利于改善法院的工作。同时，群众又能无顾虑地向法院干部检举、揭发坏人坏事。所以实行分片包干以来，审判人员普遍感到人熟、地熟、情况熟，开展工作非常有利。现在深入群众已经成为每个审判干部的习惯。为了保持这一有利条件，我们认为各片审判人员固定下来之后，一般应当不再变动，这对开展工作是有很大好处的。

5. 保证案件质量和提高办案效率。审判人员和片内群众经常生活在一起，建立了密切联系，这就便于查清案情和了解群众对案件处理的意见，从而就能正确执行“以事实为根据，以法律为准绳”的原则。如我院 1958 年 1 至 5 月上诉刑、民案件并 23 件，除有一件尚未发回外，其余都维持原判。对提高办案效率问题，通过工作实践证明，实行分片包干，不仅能够促使审判人员大力地开展就地审判，而且办案效率不但没有降低，反而有很大的提高。如 1958 年 4 月 20 个工作日，5 个片共处结刑、民案件 196 件，平均每个合议庭结案 39 件。其中最多的合议庭 17 个工作日处结刑、民案件 52 件，平均每天结案 3. 3 件，创造了全院最高纪录。

6. 增强了干部的责任心，全面开展了司法工作。实行分片“七包”前，审判人员对处理案件比较重视，对其他各项工作的开展则不大关心，认为案件处理了，工作成绩明显，而其他法制宣传、指导调处工作等，开展得好坏，当时看不出效果来，工作成绩不明显。实行分片“七包”后，这种现象都克服了。因为审判人员感到，分片包干，自己要长期固定在一个地区，仅仅处理案件，工作是不会主动的，要想争取工作主动，就必须把全面工作开展起来，从积极方面去预防犯罪，减少纠纷。现在片内的审判员不仅基本做到了庭庭有讲演和随时随地一有机会就讲，而且在讲演质量上，也能做到内容丰富、实际，教育群众深刻。在宣传形式上也多样化了，开始积极帮助调处组织开展工作。对其他各项工作也同样是认真负责地全面担负起来了。

7. 可以全面锻炼干部。首先由于分片包干，审判人员担负了“七包”工作，这就能够全面地熟悉和掌握起各项司法业务、提高干部的业务能力，克服了过去只会办民事案件，而不会办刑事案件，缺乏对敌斗争的本领和不善于运用各项司法业务配合政治中心的偏向。其次由于分片包干，审判人员经常活动在乡下，与群众同吃同住，并抽出一定时间同劳动，这对审判人员加强劳动锻炼，熟悉生产知识，增强与劳动群众的思想感情，树立群众观点和同群众共甘苦的艰苦朴素作风，都起着积极作用。因此，分片包干也是锻炼干部红专的一项很好的措施。

（1958 年第 8 期）

关于农村调处委员会组织形式的探讨

金　文*

目前，不少地区的调处组织都已相继建立。关于农村调处委员会的组织形式问题，各地做法都不一致，有的是以乡为单位建立调处组织，有的是以社为单位建立调处组织。究竟哪一种组织形式便利群众、有利生产和便于领导，在实际工作中有不少同志发生争论。有些同志主张以乡为单位建立调处组织，主任由乡党委书记或乡长兼任，每一农业社建立一个调处小组，由各生产队产生一个调处员，组长由社副主任（即乡调处委员）兼任。也有些同志主张以社为单位建立调处组织，调处委员会主任由社副主任兼任，每一生产队设委员一人，调处委员负责调处队内纠纷，乡党委设专人负责领导全乡的调处组织。

调处委员会的组织形式问题关系到能否有效地开展调处工作和及时正确地处理人民内部矛盾，以达到增强人民内部团结、促进生产发展的目的。有的虽然也能正确地解决纠纷，但由于调处组织没有根据便利群众、有利生产的原则进行建立，或建立后，制度不健全，领导不便，不能及时有效地调处纠纷，因此，调处委员会的组织形式问题，还有进一步探讨的必要。

自1955年农村撤区并乡后，乡的面积随之扩大。经过整顿后的乡，一般相当于以前的三四个乡，大的甚至有六七个乡之多。由于乡的面积扩大，我认为以乡为单位建立调处组织，对于召开会议、汇报和讨论工作均有不便之处。有的社离乡较远，往返需半天时间，这样不仅乡领导社的调处工作有困难，同时也不能经常、及时地了解情况和指导工作。社的调处干部去乡开会也往返费时，影响生产。以社为单位成立调处组织，由于调处组织主任就是社副主任，调处委员是生产队长，主任可以在下队检查和帮助生产时，顺便了解调处工作情况，从而指导和布置工作。又由于调处委员都是社队干部，因此可以在召开各种生产会议后，研究和布置调处工作。由此可见，以社为单位建立调处组织就能做到便利领导，有利于开展和推动调处工作，并能及时解决纠纷。

有些同志顾虑以社为单位建立调处组织后，是否会产生处罚过多，以处罚来代替说服教育的现象。为了正确认识这个问题，我们可以从两方面来看。首先，

---

* 作者单位不详。

自农村撤区并乡以后，区的领导干部大都担负了乡的领导工作，乡的领导干部都担负了社的领导工作，因此，由社干部来担任调处委员会的领导工作是完全能胜任的。他们都是经过各项运动的锻炼，一贯积极地贯彻和执行党的各项政策方针，熟悉生产和民情，密切联系群众的好干部，由他们去担负调处工作，不仅不会发生随便处罚的现象，相反地，他们能切合实际地贯彻和执行党的各项方针政策。当然，在个别地方和个别调处干部中也可能发生随便处罚、忽视说服教育的情况，但这终究似沧海一粟，我们不能因噎废食。其次，以社为单位建立的调处组织，应在乡党委领导下进行工作，乡党委设专人负责领导全乡的调处工作，调处委员会遇有重大事情和调处的纠纷情况必须向乡党委请示汇报，即使发生上述现象，在乡党委的坚强领导下，也是能很快就克服的。

以乡为单位建立调处组织，群众发生纠纷后，往往会闹到乡里，因此，亦有些人认为社里是调处小组，乡里是调处委员会，纠纷到最后也要乡里解决，还不如直接到乡里。我认为，这种说法不一定恰当，乡的面积很大，乡调处组织对各社的情况很难全面了解，因而群众纠纷闹到乡里后，往往乡里又将纠纷转到社内解决，这样不仅耽误当事人生产，同时也增加了乡干部的麻烦，使他们整天纠缠于烦琐的纠纷事务，无法专心致志地领导生产。特别是以乡为单位建立调处组织后，因为社多、人多、纠纷多，乡党委不可能配备大批的调处干部，有时对发生的纠纷也不可能及时派人深入了解处理。然而，若以社为单位建立调处组织，调处干部与当事人都是左邻右舍，对纠纷发生的原因、发展、变化最清楚，对当事人的性格亦很了解，往往在调处纠纷时能对症下药，易于收效。同时，也能及时进行调查处理，并且可以选择一些普遍存在的问题采取群众辩论的办法来解决纠纷、教育群众。以乡为单位建立的调处组织，就很难做到这一点。

还有些同志主张，以乡为单位建立调处委员会，社内建立调处分会，这样乡调处委员会就能领导社的调处工作。存在这样看法的同志，主要是认为乡不建立调处组织就不能调处纠纷，不调处纠纷就不能领导社的调处工作。这种看法是片面的。以社为单位建立调处组织与乡党委对社的调处工作的领导并无矛盾。如社的调处委员会经常向乡党委请示汇报工作，或乡党委设专人负责，经常对社的调处委员会进行指导，这样就能使调处工作有领导、有计划地开展。如乡设有调处委员会，社又设调处分会，这样就会产生机构重叠、职责不清的现象，究竟哪些纠纷该由乡调处委员会调处，哪些纠纷该由社调处分会调处，往往会发生互相推诿，致使纠纷不能及时调处。而以社为单位建立调处组织，纠纷由社内解决，乡党委就可从纠纷的事务中摆脱出来，抓调处工作的政治思想工作，加强政策指导和研究处罚界限和办法，总结经验，指导工作。这样不但不会使调处组织陷入松懈，反而能使它在党委的领导下更有效地开展工作，及时、正确地处理人民内部纠纷，促进生产的发展。

关于以社为单位建立调处组织后的委员人数，前政务院颁布的《人民调解委员会暂行组织通则》第4条规定："调解委员会由委员三人至十一人组成。"这一规定与目前情况已不适合。根据目前行政区划的扩大和工作需要，要做到便利群众，有利生产和便于领导，有效地开展调处工作，及时解决纠纷，委员人数可按照选区或生产队酌情增加，但人数不宜过多，一般最好不要超过17人。调处委员会主任最好由政治副主任兼任，调处委员最好由政治副队长兼任，这样既便于领导调处工作，又不影响领导生产。

（1958年第8期）

适用法律必须服从党的政策

高呈祥*

关于政策和法律的关系问题,《法学》和《政法研究》都先后发表过一些讨论性质的文章,可见这个问题已引起法律界的重视。现拟就以下的两个问题发表一些粗浅的看法。如有不妥之处,请大家指正。

一、政策和法律有着不可分割的密切关系,不能把政策和法律割裂开来。过分地强调法律和政策的区别是没有现实意义的。

研究政策和法律的关系时,主要是谈统治阶级的政策和法律的关系,尤其是研究我国的政策和法律的关系时,而不应该过多地谈论被统治阶级的政策和法律的关系,更不能把统治阶级的政策和被统治阶级的政策混淆起来。因为那样做缺少现实意义。

为什么说我们不应当过分地强调政策和法律的区别呢?这从我们过去的教训中回想一下就可以知道了。过去我们就是过多地强调了政策和法律的区别,而忽视了政策和法律的密切联系,因而使旧法观点的侵袭有了一个可乘之机。当然右派分子强调政策和法律不同,"政策不能代替法律","司法不司政策"等,是别有用心的。过去我们已做了一些揭发,今后仍应继续严加批判。可是在我们的一些同志中,也有人感到这种论调似乎有点"科学性",有点"道理",因而本来没有旧法观点的人,也就受了旧法观点的侵袭,这是应该引为教训的。作为一个政法工作者,应该了解法律和政策的区别,但是更应该了解政策和法律的密切联系,两者是不可分割的。政策和法律同是阶级斗争的产物,它们具有同一的阶级内容,为着同一的阶级服务,都是统治阶级的意志表现,都是统治阶级实现专政的工具。换句话说,政策和法律同是社会的上层建筑,都是为经济基础服务的,它们无论在性质上、任务上和目的上都是一致的。如果说政策和法律有所不同,那只是法律比较具体和细致些,带有相对的稳定性,而政策则比较原则,灵活

* 作者单位:上海市司法局。

性也比较大一些，它除了通过法律体现以外，还可通过上层建筑的其他部分来体现。

另外有人把国家的政策和党的政策截然割裂开来，他们说“国家的政策是一般称呼上的法律，党的政策就不是法律”。这种论点也是极为不妥的。

我们知道，在阶级社会里，只有统治阶级的政策才能被奉为国家的政策（国家的政策也就是统治阶级的政策）。在我们的国家里，国家的政策就是工人阶级的政策，工人阶级的政策，是通过自己的政党——中国共产党提出来的，因此，我认为党的政策和国家的政策是完全一致的。如果我们不是从概念出发，而是从实际出发的话，是找不出党的政策和国家的政策有什么原则的不同的。所以说，我们绝不能把党和国家的政策对立起来。如果可以说国家的政策“就是一般称呼的法律”，我看党的政策也未尝不可以如此理解。

有人说我们这是“党政不分”。我看我们就是应该要这样的不分。因为我们的国家就是共产党领导的国家，试想，党政怎么能分家呢？如果硬要党政分家，那除非不要党的领导，要共产党“下台”，此外，别无其他办法可使党政分家。如果要共产党“下台”，那又和“右派”的论调有什么不同呢？王稼祥同志说得好：“在进行社会主义革命和社会主义建设的过程中，在建设社会主义的总路线和总政策方面，在社会主义国家的方针政策方面，党必须起领导作用，因此，党政是应当不分的。如果党政分家，使政府脱离共产党的领导，是完全错误的。”①作为一个政法工作者，我认为这一点是必须了解的。否则，我们就不可能达到无产阶级专政的目的。或许有人要问，共产党这样不是“大权独揽”吗？是的。我们共产党应该大权独揽。过去已揽了一个新民主主义革命，现在又揽了一个社会主义革命。我们想想看，如果没有共产党的这样“独揽”，行吗？不叫共产党“揽”又叫谁去“揽”呢？有谁能“揽”得了呢？我认为搞清这些问题，是有助于正确地理解政策和法律的关系这一问题的。

二、党的政策是法律的灵魂，是制定和适用法律的依据。法律是政策的具体化、条文化，是实现政策的一个重要的工具。

我们说政策和法律有密切的关系，不应割裂开来，并不等于说政策和法律是半斤八两的平衡关系。政策和法律的关系问题实质上也就是政治与法律的关系

① 《红旗》1958 年第 2 期。

问题。政治是一切工作的灵魂和统帅，法律当然不能例外，所以说，政策和法律的关系问题，实质上也就是政策是法律的灵魂和统帅的问题，是法律必须服从政策、为政治服务的问题。

为什么说党的政策是法律的依据呢？因为：

第一，中国共产党是中国工人阶级的先锋队与司令部，是我们国家的领导核心，是无产阶级专政的领导力量和组织力量，党的政策是党对国家实现领导的重要工具。早在1937年5月的时候，毛主席在延安召开的中国共产党全国代表会议上就说过“无产阶级怎样经过它的政党实现对于全国各革命阶级的政治领导呢？首先，是根据历史发展行程提出基本的政治口号，和为了实现这种口号而提出关于每一发展阶段和每一重大事变中的动员口号。例如，我们提出了‘抗日民族统一战线’和‘统一的民主共和国’这样的基本口号，又提出了‘停止内战’、‘争取民主’、‘实现抗战’的口号，作为全国人民一致行动的具体目标，没有这种具体目标，是无所谓政治领导的”①。毛主席所说的口号，也就是党的政策。党的政策在革命运动中和国家的政治生活中是起着决定作用的。从我们党领导革命的发展过程来看，没有党的这种正确政策就无法取得革命的胜利。既然党以自己的政策作为对国家实行政治领导的重要工具，那么国家在制定法律和适用法律时，也就必须以党的政策为依据；否则，法律不为政策服务，就会脱离党的领导，就达不到无产阶级专政的目的。

第二，法律并不是像某些人所想象的那样神秘。有的人把法律看得很神秘，说法律是“神圣的”，有“不可侵犯的尊严性”。其实，法律并不神秘，也并不是那么“神圣”地不能动它一下。因为，我们并不是先有立法再有革命的，而是有了革命才有立法的。法律是在革命的斗争中创造的，它是人写的，人当然可以动它。我们的法律与旧法不同，它是从群众中来的，虽然它对群众有约束作用，但是它绝不是拿来管着群众不准动的。我们的法律对生产力来说，是促进而不是促退的。如果它束缚了生产力的发展，我们就应该修改它，或者废除它。

有人说：“执行了法律就是执行了政策。”也就是说，立法需要政策的指导，司法就不需要政策的指导。我认为这种说法是错误的。因为法律本身有它自己的特点，它比较具体和比较稳定，它不可能包括各个方面，又不能根据实际情况的某些差异和变化来随便修改，如果没有政策指导就不能适应客观情况的需要。我们必须要了解，法律是总结过去的经验和反映当时的需要的，它本身就是有一定的局限性的。列宁说过，原则是灰色的，事物是长青的。事物的生长不一定都

① 《毛泽东选集》（第1卷），第253页。

按照固定的原则，事物的形式也是千差万别的。例如，有些案件虽然本质相同，但办案却不能只照本质去办，必须要比较、研究它们的差别性。一个法律条文在那个时期适用，在这个时期就不一定能适用；这个条文在这个地区适用，在另一地区就不一定能适用。如果离开党的政策，法律就成了死的东西，就失掉了它的活力，就不能体现统治阶级的意志。因此，作为一个政法工作者，法律要守，但不能死守。一定要养成守法的灵活性。我们通常所说的"事实是根据，法律是准绳"，这个准绳就必须要有伸缩性。有时要伸得长一些，有时要缩得短一些。我们必须了解，中国地方这样大，根据各个不同地区和不同时期的不同情况，当宽当严要善于掌握分寸，没有灵活是不行的。我们不可能要求中央作出一个固定不变的规定，拿来解决所有的问题。因此，同一个犯罪，在北京判5年，在云南沿海一带就可能判10年，也可能在这个地区要杀头，在另一个地区就不一定要办罪了。由此看，量刑幅度是不能不有一定距离的。有人说量刑幅度大了就失掉了"法律的严肃性"。我看量刑幅度小了就不能解决实际情况的多样性。不能解决实际问题的法律，实际上就是不能用的法律，不能用的法律就谈不上什么"严肃性"了。

我们的法律要解决什么实际问题呢？这就是体现人民民主专政，保卫我们的社会主义建设的问题。因此适用法律必须服从于、切合于实际形势和指导实际斗争的党的政策。如果只强调法律的稳定性、统一性，把它抽象化，而不适应当时当地的现实斗争需要，法律又有什么意义呢？

有人说，"无法律规定者从政策"。是的，没有法律规定的当然要从政策，就是有法律规定的也要服从党的政策。因为社会现象是无穷无尽的，法律不可能应付一切现象，而且现实生活又是千变万化的，与此相适应，政策和法律也要随着政治经济的发展变化而发展变化。在政策和法律的变化过程中，政策的变化是先于法律的变化的，法律的修改总是在相应的政策变化之后，并且是要经过一定的手续的。在这种情况下，当新的政策已经提出来，而原有的法律还没修改或废除时，政策和法律有一定的矛盾。但这种矛盾绝不是本质上的对立，而只是现实生活的反映。要解决这个矛盾，就必须从实际出发，执行政策，服从政策，如果借口"依法办事"而不服从政策，就是天大的错误。

（1958年第8期）

党的政策是具有最高科学性的理论

杨一平*

关于党的政策和法律的关系问题,《法学》编辑部组织了各方面的人士作了进一步的讨论,我在参加讨论中也得到不少的教益。现就党的政策是不是理论、是不是科学这样的一个问题,发表个人的意见。

党的政策是具有真正的最高科学性的理论,关于这一点,我们一向没有怀疑过,今后也是永远不会和不应怀疑的。只在过去一年中,才被资产阶级"右派"搞得复杂起来。例如,他们污蔑我们党的政策不是理论、不是科学,在刑法学上把"犯罪构成"夸耀成唯一的科学,认为脱离开了"犯罪构成"的理论,司法实践就寸步难行,就不能"摆脱盲目状态",党和国家就不能制定有科学根据的政策,等等。我们党的政策不是理论、不是科学吗?事实是胜于雄辩的,我们党的政策假如不是理论、不是科学,那么,我国的革命事业怎么能在党的政策指导下从一个伟大的胜利走向另一个伟大的胜利,而且还将再接再厉呢?这里的道理不是很明白吗?

资产阶级"右派"为了反对党的领导,恶毒地攻击我们党的政策的作用,一味强调法律条文的"万能",说什么法律有高深的"专门性"与"科学性",等等。其实法律条文并不是什么"万能"的东西,这也是被古今中外的革命斗争实践所证明了的。我国无产阶级革命取得胜利,不是靠法律条文。同样,我国社会主义革命和社会主义建设的伟大成就,也不是单靠制定这种或那种法律条文所取得的。当然,我们也不是说法律一点用处都没有了,如果是革命实际斗争所需要的话,法律条文还是有用的,但绝不是"万能"。

法律有没有"专门性"与"科学性"呢?我们从来没有否认过,它是有的。但是我们还必须用阶级分析的观点去看,换句话说,我们赞成的是怎么样的"专门性"与"科学性"的法律,反对的又是怎么样的。道理很简单,举例来说,我们的《惩治反革命条例》,有没有"专门性"与"科学性"呢?可以得出两种相反的结论来,有,或者没有。站在无产阶级立场上的革命人士认为有!因为这一条例具有巩固无产阶级专政的"专",它是无产阶级政权与反革命分子作斗争的一个极其锐利的武器,从而为无产阶级解决革命战胜反革命(这是一个方面)的实际问

---

* 作者单位不详。

题,所以它有"专门性"和"科学性"。相反地,站在反动阶级的立场上的人看来,这个条例最没有"专门性"与"科学性"了。因为根据这个条例就要把他们的头砍下来,无论如何他们是不会承认它是具有"专门性"和"科学性"的法律的。

同样,国民党反动派的《戡乱时期危害国家紧急治罪条例》,以及专门针对共产党人和革命人士的"宁可错杀三千,勿要漏放一个"的各项反动法律,有没有"专门性"和"科学性"呢?在敌人看来这些法律是最有"专门性"和"科学性"了,因为它能为反动统治阶级服务,亦即镇压劳动人民,保护反动阶级的利益。但是,在我们看来,这是最反动的、根本没有"专门性"和"科学性"可言的。因为根据这些法律,我们的头就保不住,头都保不住了,你还认为它有"专门性"和"科学性"吗?这显然是海外奇谈。

谁的法律有"专门性"和"科学性"?资产阶级"右派"夸耀他们的老祖宗——国民党反动派有,攻击我们党的政策没有。我们又说我们有,批判反动法律没有。究竟谁有谁没有,这的确使人难以辨别。我认为,有或没有,这既不好自吹,又不好任意把一顶"没有"的帽子强加在别人的头上。有或没有的标准就在于看谁的政治法律能一日千里地推动社会生产力向前发展,谁能,谁就是先进的政治法律,谁就是革命的政治法律。那么,究竟谁的政治法律能够对社会生产的发展起这样大的作用呢?大家看,新中国成立几年来取得多么伟大的成就:就目前工农业上的"大跃进"来讲,如1958年半年的工业生产量比去年同时期增长46%,不久将要把老牌的英帝国主义抛在后边。农业上的"大跃进",如小麦亩产量达7000多斤,全国总产量已经超过最夸张的美帝国主义40多亿斤。现在全国各地又大搞文化、生产技术革命,一个跃进接一个跃进,并且创造出不胜枚举的奇迹。这在旧中国出现过吗?不仅没有,连想都没人敢想过,只有在今天的新中国,才能创造出这么史无前例的奇迹。这些奇迹能说不是我们的政策的胜利吗?能说我国先进的革命的法律不曾起作用吗?当然不能。我们不禁要问,旧中国为什么没有今天这样的奇迹出现呢?这就充分地说明,乃是旧中国反动统治的政治、经济制度所决定的。为什么这些奇迹能在新中国层出不穷呢?这充分说明是社会主义革命制度的优越性所决定的。由此可见,在先进的、革命的经济、政治制度下的政策、法律,它必然是具有推动和保障社会生产力向前迈进的"专门性"与"科学性"的。反之,反动的经济、政治制度下的政策、法律,必然没有推动社会生产力向前迈进的属性,而且还严重地束缚社会生产力的向前发展。因之,我们党的政策是具有最高科学性的理论乃是十分明显的。这是反动阶级和代表这些阶级利益的反动分子的恶毒攻击所抹杀不了的。

此外,资产阶级右派还把法律科学说成是什么神秘的东西,其实也不然。法律只不过是统治阶级意志的表现,统治阶级需要的时候就制定它,不需要的时候就废除、修改了它,或者干脆把它放到历史博物馆去。如在解放战争中,国民党反动派为了维护它的反动统治,曾制定和修改了不少法律条文,专门用来对付共产党人和革命人士。当然,我们的法律是我们自己写的,有利于我们的就写,不利于我们的就不写,写了也可以废除或修改,总之我们自己制定的法律条文不能把我们自己的手脚束缚起来。当然,这不是说任何一个人都可以随便制定、废除或者修改法律,这是需要经过一定的法律手续的。更不是说我们制定了法律,可以随便抗拒执行,或不按法律办事了。

资产阶级"右派"之所以攻击我们党的政策作用,目的就在于反对我们党的领导。因为我们国家的各项政策,没有一个不是我们党提出来的,党通过政策去实现它对国家的领导,这是极其重要的环节。"右派分子"污蔑我们按照政策办事就会破坏法制,既然按政策办事会破坏法制,过去办了是错的,今后当然不能再按政策办事了。显而易见,否定党的政策的作用,否定党的政策对法律的灵魂性的指导,不是为了反对党的领导是什么呢?

资产阶级反动"右派"把我们党的政策在"理论上"一脚踢开之后,接下来将矛头指向党员干部,尤其是党员老干部,污蔑他们只懂党的政策,不能算是懂了科学。按这个反动的逻辑,不懂科学的这些党员老干部既不能从事教学和科学研究工作,还不该早点"下台"吗?接着他们就提出要那些所谓懂得科学的人"上台"或者称为"归队"。这样,他们的反党反社会主义的狰狞面目就十分明显地暴露出来了。

我们从理论上、实践上肯定了我们党的政策是具有最高科学性的理论,从而也肯定了党的政策对法律的灵魂作用这样的一个根本性的问题,其重要的意义还在于能更好地帮助我们彻底粉碎资产阶级"右派"的阴谋,从而捍卫我们党的领导和社会主义革命的事业。对于我们自己来说,也将接受教益,提高觉悟,以便正确地看待党的政策,使我们毫不动摇地遵照党的政策来指导我们的各项工作。

要想正确地理解党的政策和法律的关系,以及辨别这方面的香花和毒草,如果没有无产阶级的立场、观点是得不出正确的结论的。

综合上述,今后我们必须坚决执行党的政策,加强学习研究,离开了党的政策是寸步难行的,是非犯错误不可的。正确地执行与贯彻党的政策,这就是体现了党的领导,这就符合有利于社会主义、有利于无产阶级专政的原则。这无论任何时候、任何情况下都是不能动摇的。

(1958年第8期)

【栏目】 政法工作在怎样解放思想

【编者按】 读者参加这个“问题讨论”的来稿很多,本期先选择登载一部分。希望大家结合已经发表的内容,继续深入地参加讨论;最好也能提出一些问题,反映一些不同的意见。讨论办法见上期本刊。

大跃进的事实证明政法工作能够大胆设想

甄忆蓉*

我不同意“在政法部门工作,不加大胆设想;大胆设想,易出毛病”的说法。

随着全国“大跃进”新形势的发展,各地法院在工作中涌现出来的史无前例的新气象,就是政法工作破除迷信,解放思想,能够发挥革命独创精神的一个明证。海宁县人民法院在1958年4月的一个月内办结了刑民案件534件,超过了1957年全年结案数的总和。经过抽查,质量良好,全部属于正确或基本正确。嘉兴市人民法院在1958年4月的一个月中也办结了406件刑民案件,较1957年同时期翻了九番。杭州市有一件先后调过4个审判员、积压两年多、大家认为“复杂难办”的房屋纠纷案,通过群众辩论,30分钟就完满地解决了。乐清县雁芙乡吕家田与长墩两村,远在清代就起纠纷,百年来陆续有冲突斗殴的事情发生,但在群众鸣放、辩论后,也得到了妥善的解决。过去巡回法庭、人民法庭的建立,现在调解组织改建为调处组织,处理轻微刑民案件,三遵三爱公约的订立,安全乡、社的出现……这些不都是敢想、敢说、敢做在法院工作中的具体表现吗?不都雄辩地说明了政法工作是能够大胆设想的吗?可见政法工作不能大胆设想,否则易出毛病的讲法是没有根据的。

有人说:你说政法工作大胆设想不会出毛病,那“右派分子”不是出了毛病吗?这根本是另外一回事。右派分子反对党对司法工作的领导,企图削弱和推

---

* 作者单位:浙江省高级人民法院。

翻无产阶级专政,使资本主义制度复辟,他们是反党反人民的。这种与人民为敌的胡思乱想,当然要出毛病。我们不是“右派”,不是站在反动立场上来“大胆设想”,这又怎么会出毛病呢?当然,由于个人思想意识上、思想方法上还存在一些毛病,以及工作经验不足等,也可能使我们在大胆设想中出些小偏差。有人因为怕出这样的小偏差而不敢想,这也是不对的。因为一个人所具有的这些毛病,是客观存在的,它们绝不会因为你不去大胆设想而有所改变。我们只有通过实践,在实践中不断学习提高,使自己在不断发挥创造性的过程中提高自己的原则水平,又在原则水平提高的基础上进一步发挥独创精神,不要怕出毛病。事实上,只要我们能坚持原则,坚决服从共产党的领导,紧紧依靠群众,兴无灭资,在政法工作中大胆设想,与在其他工作中大胆设想一样,是不会犯政治性的错误的。

(1958年第8期)

政法工作者想、说、做的内容是非常丰富的

孙继珍*

我们在政法部门工作的同志如何解放思想,做到“敢想敢说敢做”这个问题,有不少同志曾经反复考虑过,但是也有一些怀疑。例如有人说:“我们政法工作者有什么东西可以发明创造的呢?”“难道我们去创造发明一个法律出来不成?”这说明我们部分政法工作者还没有全面地找到想、说、做的正确方向和内容,因此认为自己的工作不太好搞,不知道如何发挥自己的智慧和作用。

我认为,政法工作者是能够做到“敢想敢说敢做”的。要做到这一点,首先要力求思想解放,在思想上插红旗。不能否认,目前在少数政法干部中的旧法观点、教条主义、修正主义思潮和形形色色的资产阶级个人主义思想,还没有得到彻底的批判和克服。如果要决心为总路线服务,那就必须继续破资产阶级思想,立无产阶级思想,自觉地进行改造,树立起坚决服从党的领导、服从真理、依靠群

* 作者单位:湖北省黄冈地区中级人民法院。

众、相信群众、忠实于社会主义事业的思想。只有在这样的思想基础上，才谈得上"敢想敢说敢做"的共产主义风格。至于想、说、做的方向和内容是什么？我从司法工作的具体情况出发，提出以下的几点意见：

第一，办案要及时，消除积案；处理案件要质量好、效果好。如何做到，这就需要我们大胆设想。不要以为我们的工作只是绝对服从党的领导，根据国家政策和法律来进行，没有什么可想、可说、可做的了。我们黄冈地区中级人民法院采取了案件随到随办、对有关中心工作的案件优先处理的办法，以保卫中心工作。我们还组织了一个由院长、庭长、审判员、书记员等四人组成的巡回合议庭到各个县人民法院去，一方面检查工作和帮助总结经验，另一方面受理一部分上诉案件和重大的民事纠纷。这样不但月月无积案，而且及时打击了敌人，解决了人民内部的纠纷。当我们处理案件的时候，还要考虑到如何保证案件的质量，如何取得良好的实际效果。

第二，我们要多做工作，从司法工作方面多做些对国家和人民有利的事，多做些促进社会主义大跃进的事。由于在我国人民中社会主义思想教育的逐步深入以及调处工作的广泛展开，诉讼纠纷已大大减少。这样我们就有可能抽出大部分工作人员，配合党的中心工作，到生产中去保卫生产。例如，目前我们黄冈地区中级人民法院，以院长为首，到各个县去领导和参加抗旱、抢收、抢插工作的几乎占全院人员的2/3。这样做到了干部与群众相结合，使审判活动结合了生产，结合了中心，保卫了中心工作。同时我们还加强了社会情况的调查研究工作，主动分析可能发生的问题，提出有效的预防措施。

第三，在办案中，我们应想办法爱惜群众的时间，节约钱财，做到既正确处理了人民内部纠纷，又能够调动一切积极因素，加速社会主义建设。

第四，我们还可以考虑如何将九年来司法工作实践的经验总结起来，提高到理论上来进行分析。这样做对我国法律科学的研究和发展具有重大的意义。这是一个很艰巨的任务，有待于我们所有司法工作人员和法律科学研究人员的共同努力。

总之，政法工作者想、说、做的内容是非常丰富的。只要我们所想、所说、所做的任何一件事情，都是有利于加速社会主义建设，有利于无产阶级专政的，那它都是好事情。同志们，让我们共同努力吧！

（1958年第8期）

思想解放，就能在工作中创造奇迹

周云发*

这里我想举一个虹口公安分局吴淞路派出所依靠群众，在一个多小时内破获了一件反动标语案的例子，来说明政法工作者的思想解放问题。

6月15日晨7时左右，在虹口区北海宁路75号和81号后门，出现了两条反动标语。当地居民发现后，向吴淞路派出所作了报告。按照过去有些同志的做法：去现场拍一张照，悄悄地擦去，然后再悄悄地侦查破案。这次由于学习了党的八大二次会议和总路线的文件，破除了迷信，解放了思想，发扬了敢想、敢说、敢做的共产主义风格，在接到居民的报告后，该所所长孙炳琪、民警毛正延当即去现场观察，并发动了两个居民小组的居民去看，要求大家反映情况，认笔迹，帮助追查破案。群众看了反动标语后很气愤，说："总路线刚刚宣传过，现在还有这种人！"过后居民小组组长苑金凤就向民警反映："早上6时起身刷牙时，85号有一个青年密树立，在81号后门，形迹可疑，以后慌慌张张地走了。"83号居民高梅贞老太太（71岁）也向居民小组组长反映："早晨在洗衣服时，看到密树立在75号后门，行动可疑。"同时在组织群众观看反动标语时，民警和有些群众发现别人看后都很气愤，唯有密树立闷不声响。之后经过与密本人核对，笔迹完全相同，在事实面前密承认了是他所为。整个工作由于破除迷信，解放思想，克服神秘孤立作风和单纯技术观点，依靠群众提供线索，进行调查研究，因此从发现反动标语到破案，前后只有一个多小时。这种向群众公布案情、依靠群众破案的方法，也是整风以来公安工作在贯彻群众路线方面新的创造和发展。因此，政法工作者只要政治挂帅，方向对头，是能够做到"敢想敢说敢做"，和其他经济、文教工作一样创造和发明的。

（1958年第8期）

* 作者单位：上海市公安局。

大胆设想和犯错误是两回事

——我对错误的切身体验

刘家禾*

任何个人,犯错误总是难免的。对待错误有两种态度:一是认真分析原因,找出教训,迅速彻底地改正;二是不做具体分析研究,采取回避的办法,不从根本上解决问题。认为政法工作政治性强,一犯错误就是政治立场问题,而为了避免犯错误,就不敢大胆设想,不安于位,即属后者。我的切身体验是,采取后者并不能从根本上解决问题。

1956年前后,我们受理的书写反动标语案件,占一定比重。犯者除反革命分子和坏分子以外,还有出身、成分都无问题的人。我除了肯定反革命分子和坏分子书写反动标语属于敌我矛盾以外,把那些出身、成分虽无问题,但由于对某些问题不满,因而由思想问题转化为敌我问题,以至书写反动标语的案件,认为是人民内部矛盾。觉得对前者应当守政,对后者除情节严重、影响很坏者,一般不必判刑,可采取批判、斗争处理。显然,这是混淆了两类不同性质的矛盾,发生了"右"的偏向。在检查"右倾"时,受到了批判。

对这件事,我一方面认为应当批判,对自己有帮助,另一方面又有消极想法:今后不再干这样的事了。好像不再研究这样的问题,就可以避免"右"的偏向。这种想法,直到学习党的八大二次会议的文件,读到刘少奇同志报告中所教导的"我们的党,我们的国家,现在需要大批敢想敢说敢做的人……依靠这样的人,我们才能够领导全国人民跃进再跃进,多快好省地完成伟大的社会主义建设事业"的时候,才认识到是极其错误的。

错在哪里?第一,从所采取的态度看,消极地回避,是从个人利害得失出发,而不是从有利于党和人民的事业出发。这种个人主义的态度是错误的。第二,从问题的实质看,对两类矛盾混淆不清,首先是在分析认识问题的时候,无产阶级的立场、唯物的观点、辩证的方法,还不够明确,其次是对两类矛盾的区分和转化的问题缺乏了解。要纠正错误,应当从加强锻炼和学习入手,而不是回避所能解决的。第三,从党提倡敢想、敢说、敢做的要求看,大胆设想是建立在马列主义、毛主席的思想的基础上,不是胡思乱想,也说明怕犯错误而不敢大胆设想是

---

* 作者单位:广州军区军事法院。

不对的。

由此可见,大胆设想和犯错误是两回事。不大胆设想并不能消除犯错误的根源。应当大胆地想、大胆地干,从干中提高,从错误中吸取教训,避免错误。

(1958 年第 8 期)

彻底扫除三种思想障碍

张耀儒*

政法工作者应该说是能够做到"敢想敢说敢做"的。但必须彻底扫除以下 3 种主要思想障碍:

首先,必须破除迷信,扫掉恐惧和自卑感。有些同志迷信专家、教授、学者,认为只有他们才能发明创造,做实际工作的,搞不出什么名堂来。其实理论正是通过人们的实践活动而总结起来的,过时了的理论并不能解决当前的实际问题;法律本来是从斗争中来的,是随着经济基础的发展变化而发展变化的,迷信外国的法律科学也不能解决中国的具体问题。有些同志迷信已经过时了的经验和习惯,因而墨守成规,安于现状。由于以上这些迷信束缚着干部思想,因而使干部不能充分发挥全部力量和智慧,工作中恐惧、自卑,不敢大胆创造。我们必须不断总结工作中的经验,鼓励先进思想、先进事物,借以发挥干部的创造性。

其次,必须克服顾虑多端的个人主义。有些同志认为敢想、敢说、敢做之后,别人会说自己"个人突出"、"个人英雄主义",怕说错了又会是修正主义或旧法观点,怕自己创造出来的东西被说成清规戒律,怕失败了丢脸,等等。其实只要目的明确(为社会主义服务)、方向对头(多快好省),并不是什么个人主义、破坏法制等问题。

最后,必须消除特殊感。有些同志认为政法工作"特殊",不像工农业生产战线上那样容易发明创造,因而不仅自己不积极创造经验,还拒绝推行其他地方的经验。我们应该用实际事例(如群众辩论、试验田、现场会议等工作方法在政法工作上的运用等)来批判这种特殊感。

---

* 作者单位:吉林省公主岭地区中级人民法院。

我认为只要能破除迷信，扫除恐惧和自卑感，克服顾虑多端的个人主义，消除特殊感，就能够解放思想，真正做到敢想、敢说、敢做。

（1958年第8期）

政治性强，有利于改造自己；单纯地怕，并不能不犯错误

刘剑辉*

在这次整风运动整改复查的几百张大字报中，我们单位也突出地反映出一个思想问题——不安心政法工作，其主要原因是怕犯错误。如有的同志写道："过去认为'左'比右好，因为'左'是认识问题，右是立场观点问题。当批判宁'左'勿右的错误实质后，就感到政法工作'左'也不行，右也不行，不'左'不右又很难掌握，真是不如干其他如工业、文教等工作好。"有的同志检查自己怕得连《国家和法的理论》、《政法研究》、《法学》这类的业务书刊都不敢看；至于办案，那更是谨小慎微，畏首畏尾。有的同志在写总结报告时，也不敢大胆分析，提出自己的看法，怕暴露了错误观点，特别怕当"右派"。

"政法工作政治性强"，这是对的。但政治性强是不是就容易犯政治性的错误？单纯怕，是否就能不犯错误了呢？我们知道，政法机关是无产阶级专政的武器之一。我们每办一个案子都是具体执行党和国家的政策法令的。例如，批捕与不批捕、起诉与不起诉，都是根据党和国家的政策法令以及当前的形势来决定的。如果该捕的没有捕或该起诉的不起诉，无疑是放纵了敌人，犯"右"倾的错误；反之，即犯"左"的错误。而"左"、"右"倾错误都是政治路线问题、立场观点问题。但绝不能因此就认为其他工作，如经济、文教工作，就可以不按党和国家的政策、方针办事，就不会犯政治性的错误，从而错误地把政法机关神秘化、特殊化；更不能因噎废食，甘于放弃这个"刀把子"而要求离开对敌斗争的岗位。因为那显然是一种消极退缩、逃避困难的想法。究其根源，仍是卑鄙的、反动的资产阶级个人主义唯"我"思想在作祟。处处想着"我"，自然会畏缩不前，越想越

* 作者单位：桂林市人民检察院。

害怕。其实,单纯地怕是不可能不犯错误的。因为错误是客观存在的,不凭你主观愿望怕不怕来决定的。至于说离开政法工作就不会犯政治性的错误,不会当"右派",那更是掩耳盗铃的戏法。如果一个人的立场、观点不正确,到哪里早晚都会犯错误。在反"右派"斗争中,文教等系统不是出现了一批"右派分子"吗?这难道不是很明显、很现实的例证吗?同时,政法工作政治性强,对我们的改造有着更有利的条件,更能加强我们的党性锻炼,坚定我们的工人阶级立场。我们又有什么理由不去考虑这积极的、本质的一面呢?所以说我们应彻底搞臭、挖掉资产阶级个人主义思想,立即把"怕"的这一消极因素,变为大胆敢干的积极因素。同时在工作中紧紧依靠党的绝对领导,依靠群众,深入实际,调查研究,使自己不犯或少犯错误。

(1958年第8期)

只有破除迷信、解放思想
才能克服教条主义

瑞 亭* 点 工**

在政法工作中,迷信外国、迷信书本是思想没有解放的一个表现。同时,也容易产生教条主义和旧法观点。有些人还强调什么国际惯例,而不愿联系中国的实际,这同样也是一种迷信。如果离开中国的实际而单纯地强调国际惯例,这实际上是资产阶级的法律观点。例如,律师和我们国家的干部一样,都是拿国家的工资待遇的。可是,有些人却不敢承认这个事实,而硬说这是群众团体,是自力更生的,还说什么"如果说律师属于国家机关的话,就得不到群众的那种信任"。我们认为群众是否信任律师,并不决定于律师是否属于群众团体,而是决定于群众是否信任人民政府。如果群众信任人民政府,还有什么不信任人民政府的律师之说呢?如果群众不信任人民政府,难道还单独地信任律师吗?这显然是不可能的。

---

* 作者单位:上海市司法局。

** 作者单位:上海市司法局。

我们中国的政法工作，在党的领导下，在全国人民多少年来的实际斗争中，已经积累了非常丰富的宝贵经验。我们必须用马列主义的观点，在毛泽东同志的思想指导下，把它很好地总结起来，创立具有中国风格的法制体系和法学理论。要做到这点，就必须破除迷信，解放思想。有些人怕这样做会犯错误。我们认为怕犯错误而不敢去设想，不敢去联系中国的实际，这本身就是一个错误。我们应该学习列宁敢想、敢说、敢做的精神。例如，关于社会主义能否在一个国家内建成的问题，列宁根据新的历史情况，以肯定的结论代替了马克思的过时了的学说。苏联的革命实践证实：列宁的意见是对的。马列主义不是教条，而是行动的指南，它是在革命实践中不断发展的。我们学习它，绝不能脱离实际，只要方向对头，只要有利于巩固无产阶级专政、有利于社会主义的建设事业，我们就可以大胆设想、大胆创造。

（1958年第8期）

第9期

联大通过美英撤军决议仅是斗争的开始

刘家骥*

联合国大会紧急特别会议于8月21日一致通过关于美英侵略军撤出黎巴嫩和约旦的决议。这说明了阿拉伯人民和世界人民反对美英侵略的斗争,已取得初步胜利。但联大决议墨迹未干,美英又发动挑衅,美军包围黎巴嫩起义军驻区,向黎运送沙漠作战装备。英国外交部公开说,现在要预言英军撤出约旦的日期还"为时过早"。可见要美英侵略军履行联大决议,完全撤出黎巴嫩和约旦,还需要阿拉伯人民和世界人民继续进行一场尖锐而复杂的斗争。斗争的场所也包括9月16日开始的第十三届联大常会在内。苏联外交部长葛罗米柯早在联大决议通过时已指出:"如果美英两国政府不严肃认真地对待这个决定而用各式各样的借口,拖延从黎巴嫩和约旦撤退自己的军队,那么苏联政府认为,现在就有必要声明,它将在联合国大会常会上,再向联合国提出这个问题。"①阿拉伯各国人民和全世界一切爱好和平的人民都坚决要求美英两国迅速履行它们自己举手赞成的联大决议。美英侵略军一天不撤出黎巴嫩和约旦,我们的斗争也一天不会停止。

一、美英在联大紧急特别会议的种种阴谋全部破产

美英武装侵略黎巴嫩和约旦,受到阿拉伯人民和全世界人民的一致声讨,它们在联大紧急特别会议上,是一个受审的被告,处境非常狼狈。因之挖空心思地制造种种阴谋,希望能够遮掩世界人民耳目,蒙混过关。这些阴谋已在联大紧急特别会议上完全破产,将来如在联大常会重玩一次,也不会成功的。

美英第一个阴谋就是想转移大会的注意力到无尽无休地讨论所谓"间接侵略"、"经济援助"等问题上去,而对美英侵略军从黎、约撤退这一个最主要问题,避而不谈。艾森豪威尔亲自出马在大会发表演说,就是闭口不谈撤兵问题,而大谈特谈所谓"近东和平计划"。其卑鄙阴谋完全遭到和平阵营的社会主义国家

---

* 作者单位:复旦大学。

① 《人民日报》1958年8月23日。

和阿拉伯国家的揭露和反对。在大会发言的代表除掉极少数侵略集团的国家代表外，都坚决主张美英必须撤军。结果联大一致通过阿拉伯十国提案，责成联合国秘书长同有关政府磋商，以便于外国军队早日撤出黎巴嫩和约旦，更说明了会议主题未被转移。

美英第二个阴谋就是想走侵朝战争的老路，阴谋盗用联合国招牌，使侵略罪行“合法化”。艾森豪威尔在联大演说的第四点公开地提出，要组织所谓“联合国和平部队”，使美英侵略军张起联合国旗帜，披上“合法”的外衣，成为镇压西亚人民和其他各国民族独立运动的刽子手。但是联大正处在东风压倒西风的国际形势影响下，1958 年的今天，已经不是 1950 年美国盗用联合国旗帜进行侵朝战争的时代了。1950 年，美国还能发动表决机器，操纵联合国，通过了不少配合美国侵朝的决议，而今天连偷贩美国私货，主张建立所谓“联合国和平部队”的挪威七国提案，一提出就被立即揭破，未能付诸表决。1950 年联合国 60 个会员国中还有 15 个会员国象征性地派兵参加侵朝战争，做美国的帮凶，而今天连美英自己也被迫接受阿拉伯十国提案，不得不同意撤军。杜勒斯也只能自我解嘲地对于阿拉伯国家提案（即联大最后决议）没有提到建立所谓“联合国常备部队”，表示遗憾一番。

美英第三个阴谋就是想在大会上分化瓦解阿拉伯国家，无中生有地叫着所谓阿联干涉黎、约的内政。尽管联合国观察团报告完全推翻这种胡说，美英还在大会上大放厥词，玩弄殖民主义传统的“分而治之”的手法。但是今天阿拉伯国家已经团结起来，阿拉伯十国提案就是由阿联和其他阿拉伯国家取得协议来草拟的。由这个提案形成的联大决议，“要求所有会员国严格按照互相尊重领土完整和主权、互不侵犯、严格地互不干涉内政和平等互利的原则行事，并且保证它们在言论上和行动上，符合于这些原则”。中印倡导的和平共处五项原则，又再度为联大决议所接受。实际上这个决议不但对于美英侵略黎、约的领土完整和主权给予公正的谴责，而且对于艾森豪威尔主义的干涉西亚国家内政给予致命的打击。这个决议要求美英侵略者不仅在口头上答允早日撤军，而且还要在行动上兑现。

我《人民日报》社论指出：“阿拉伯十个国家的提案提到了美英军队要早日撤退中东，这是符合于联大紧急特别会议上所反映出来的各国人民的迫切要求的。尽管这个提案，如苏联外长葛罗米柯指出的，在提法上还有某些不足，可是由于它说了联大紧急特别会议所必须说的话，所以社会主义国家和其他亚非国家表示支持这个提案。”①

二、东风压倒西风的国际形势在联大特别紧急会议上得到反映

在这次联大特别紧急会议上，和平力量以排山倒海之势，压倒战争力量。要求美英撤兵的阿拉伯提案以80票赞成、0票反对、0票弃权，被一致通过(多米尼加没有参加投票)。这是国际形势东风压倒西风的反映，是和平阵营国家与全世界爱好和平国家的斗争力量发挥的巨大作用。

首先，联合国会员国已由美帝发动侵朝战争的1950年的60个增加到81个。新增加会员国有阿、匈、罗、保4个社会主义国家。今天属于社会主义阵营的会员国共有9个(我国席位被窃据，未计算在内)，是联大和平力量最坚强的核心。它们在这次大会上最坚决地要求联大迅速解决美英军队从黎、约撤退问题。

其次，联合国从1950年来新增加的会员国还有12个亚非国家，连以前加入的共28个。这28个亚非国家除掉极少数参加侵略集团的国家外，绝大多数基本上是反侵略、反殖民主义的国家。这是因为它们都是深受殖民主义侵略之祸，创钜痛深，而拥护以苏联为首的社会主义阵营所奉行的和平共处政策。这次阿拉伯十国提案包括和平共处五项原则绝非偶然。

本来根据《联合国宪章》的规定，联合国大会对于重要问题的决议，应以到会及投票的会员国2/3的多数来决定。81个会员国要达到2/3的多数，就要54个国家。由于社会主义国家像高山那样屹立在联合国大会内，加上基本上属于和平阵营的亚非国家，以及欧洲采取和平中立政策的国家，在联合国81个会员国中，已有大约半数国家基本上站在和平方面。不管美国在大会内如何鞭策其仆从国家，总不能像1950年那样取得54国的数目，来通过侵略性决议。美国《纽约时报》在紧急特别会议将开幕前，已承认“美国还可以在大会阻挠决议的通过，但是它已没有办法硬使决议通过，假使苏联、亚洲、非洲反对的话”。

再次，美国认为还可以在大会起阻挠作用，那么为什么不阻挠要求撤兵的阿拉伯国家提案的通过呢？这是美国之前没有的在联大表决机器严重失灵之处，即作为美国“后院”的拉丁美洲国家对美国的“背叛”，是美英不得不硬着头皮接受阿拉伯国家提案重要原因之一。美国操纵联大表决机器王牌之一，就是20个

① 《人民日报》1958年8月23日。

代表团组成的拉丁美洲集团。这一次完全出乎美国意料之外的就是拉丁美洲20国中竟有17国反对美英两国侵略中东。深受美国干涉侵略祸害最惨的拉丁美洲国家也不像过去那样俯首帖耳地任由美国牵着鼻子走了。最能够说明拉丁美洲国家不再任人摆布的例子,就是联大通过的阿拉伯国家提案原来规定“从而使外国军队早日撤出这两个国家成为可能”,3个拉丁美洲国家墨西哥、委内瑞拉和厄瓜多尔认为这样的措辞含有承认美英侵略黎、约的合法性的含义,而建议改为“从而便于外国军队早日撤出这两个国家”,结果成为联大最后定稿。这些例子充分说明美国的“后院失火”,它连阻挠阿拉伯国家提案通过所必需的28票也没有把握了。

最后,使美国对表决机器丧失信心的,还有一向死心塌地为美国卖命的侵略集团国家分崩离析、躲躲闪闪、顾虑重重。如1950年参加侵朝战争做美国帮凶,以后又参加北大西洋公约组织的希腊,这一次也表示希望美英撤军。处在美国半占领状态下、与美国订有《共同防御协定》的日本,表现出它的两面性,这一次也认为美英军队留驻黎、约,“可能引起不良的后果”。这次美、英在联大失败之惨,的确不是美英统治集团所能预料到的。这就说明了为什么美国在大会开幕日假手联合国秘书长提出的所谓“五点建议”,以及艾森豪威尔亲自出马提出的“六点计划”和美国在幕后牵线的“七国提案”,都落到可悲的下场,甚至连杜勒斯也不得不表示接受阿拉伯国家提案,虽然他“更喜欢”七国提案。

三、必须迅速地履行联大关于美英撤军的决议

如果以为只要联大通过关于美英撤军的决议,就可以高枕无忧,结束斗争,这种乐观是毫无根据的。事实证明,美英不但没有撤军征象,而且还在不断挑衅。可见对于帝国主义国家来说,联大决议案的通过,与决议案的履行,还不是一回事。这一点从美国对待联大决议案的态度,也可以看出。

首先,美英拼命歪曲联大决议案的实质,硬说它与挪威七国提案“形式上有所不同,实质上没有不同”。而事实上,挪威提案是七国商标美国货,它要求联合国秘书长研究设立“联合国和平部队”,作为美英任意干涉他国内政、镇压民族解放运动的工具。联大决议案根本没有这一条。关于这一点,杜勒斯还说“第十三届联合国大会会议无论如何终将考虑这个问题”,这又暴露出他想在第十三届联大旧事重提的阴谋。如果挪威提案与联大决议实质相同,那又何必多此一举呢?联大决议案特别强调外国军队早日撤出黎巴嫩和约旦,而挪威提案不但没有提出美英军队撤退的要求,而且还唱出所谓不得“间接”侵害他国或者

"煽动内争"的美国调,蓄意对阿拉伯民族主义加以轻蔑。如果硬说它们相同,那等于说撤兵与不撤兵相同。这又暴露出美英不想撤兵的阴谋诡计。

其次,艾森豪威尔、杜勒斯之流在每次演说中,总是以《联合国宪章》的保护人自居。而这次在联大将通过阿拉伯十国提案的时候,杜勒斯就来了一个金蝉脱壳,为违反联合国决议做好伏笔。他厚颜无耻地说:"任何提案,其本身是不会解决近东问题的……这些问题具有随时能够出乎我们意料之外的一触即发的方面。大会任何决议的本身都不能解决这些问题。"所谓一触即发的方面,除掉美英扩大侵略外,还有其他什么可能呢?整段话等于预先说明美国不但可能不遵守它自己举手通过的大会决议,而且还在阴谋扩大侵略。由此可见,联大关于美英撤军决议的通过,仅是世界人民斗争的初步胜利,要达到美英侵略军完全撤出黎巴嫩和约旦,还需要世界人民高度警惕,坚持斗争,不达到最后胜利,绝不停止。

1958年8月29日

(1958年第9期)

党的社会主义建设总路线是伟大的群众路线

忻元锡*

【编者按】 本文是作为原华东政法学院函授学员所作的专题报告，由该院国家法教研组记录整理而成的。

一、总路线是群众路线的应用和发展

党的社会主义建设的总路线是党的群众路线在社会主义建设事业中的应用和发展。而群众路线是总结了几十年来我国革命的经验和国际革命的经验。用毛主席的话来说就是："从群众中来，到群众中去，集中起来，坚持下去。"实践充分证明：凡是真正从群众中集中起来的意见，总是正确的、颠扑不破的。同样，当它回到群众中去的时候，它就会产生无比强大的威力。

党的八大二次会议，根据毛泽东同志的倡议所制定的鼓足干劲、力争上游、多快好省地建设社会主义的总路线，集中地概括了我国6亿人民的根本利益和基本要求，充分反映了他们的思想感情。现在它已变成了全国人民的共同语言，具有最广泛的群众基础。1956年，当我国取得资本主义工商业、农业和手工业社会主义改造的基本胜利以后，社会主义的生产关系就代替了私有制。社会生产力在解除了各种束缚以后，便猛烈地向前发展。这是社会发展的基本规律。总路线一方面是根据6亿人民的基本要求，另一方面也是根据社会发展的基本规律制定的。我国是"一穷二白"的国家，人民群众迫切想要摆脱贫困和落后的面貌，对发展生产和改善生活有着强烈的愿望。所以在总路线的照耀下，在党的领导下，人民群众能够突飞猛进。如果对这一点认识不足，那必然会对我国的高速度建设产生怀疑。

多快好省与少慢差费是对立的。主张少慢差费的人看不到人民高速度建设社会主义的愿望。例如，在1956年，我们有些同志忘掉了多快好省和发展农业的40条纲要，刮起一股反"冒进"的歪风，严重地挫伤了人民群众建设社会主义

* 作者单位：华东政法学院（现华东政法大学）。

的积极性，影响了1957年的生产，特别是农业生产的增长速度。这种马鞍形的发展给了我们的同志一个很大的教训，它说明了在我们一些同志的头脑中，群众的思想和感情还没有扎根，还不相信群众的信心和力量。我们只看到一些不平衡和困难，只看到现象，没看到本质。因为建设中的困难是前进道路上的困难，是可以克服的。我们看不到这一点，结果就与人民群众多快好省地建设社会主义的要求相违背。过去我们做财贸工作也看到过6亿人民，但我们看到的往往首先是6亿人民的吃和穿，却不是首先看到6亿人民的心和手。正是因为我们没看到6亿人民可以创造财富和奇迹，没看到解放了的人民群众能创造出几千年达不到的成绩，总感到生产的太少了，需要的太多了。于是就叫喊这也快了，那也快了，最好是基本建设慢一点，财政开支少一点。这样，无论自觉不自觉，实际上是在走着少慢差费的道路，是要求先进的生产力来等待我们落后的思想和工作。商业工作供应不足，消极的做法是叫喊紧张，积极的则是帮助生产部门发展和增加生产。在财政上最怕的是收支不平衡，消极的做法是少用钱，积极的是增产节约，增加利润和收入。工农业生产也是如此。如由于江、浙和内地地方工业的发展，上海某些原有工业产品（如火柴、卷烟、钢笔）的市场就成了问题，这些工业的发展就显得困难。但这个困难只是现象，不是本质，是好事而不是坏事。正是有了这个矛盾，才能推动上海工业向发展高级的方向发展。消极的做法是在这个矛盾前面叫喊困难，积极的做法是将这些工业让给地方工业，将这些工厂合并搞高级产品——化学工业和其他新型工业。这就是说，我们要顺着群众的愿望办事，那就会无往而不胜，否则就会碰得头破血流。

二、实现总路线要运用群众路线的方法

总路线既从群众中来，就必须回到群众中去。当它一旦为群众所掌握，就会产生巨大的物质力量。在实现总路线时一定要运用群众路线，即实现群众的要求一定要充分发动群众、依靠群众，发挥群众的力量和主观能动性，由群众自己来干。今天我们的群众不仅在政治经济上已获得了解放，而且已经过了许多的考验和锻炼，其主动性是非常大的。“双反”运动的经验证明：只有依靠群众、发动群众，才能多快好省；如果只依靠少数的干部和专家，则只能少慢差费。

总路线看来没有人敢于反对，但很难说没有分歧。有些人不是不赞成总路线，而是不赞成用群众路线和群众运动的方式来实现总路线，特别是反对群众搞

工业生产。他们认为现代工业要有设计图样、技术装备、干部资金等,而这一系列问题不能依靠群众路线来解决。在他们的眼中什么都看到了,就是没有看到最具有决定性意义的人的作用,看不到群众的力量在建设社会主义中的作用,也就是见物不见人。我们政法工作是做思想工作和人的工作,是上层建筑,更应当注意这个问题。工业生产要不要走群众路线、政治挂帅是我们与他们的根本分歧。"双反"运动以来,上海掀起了生产高潮,许多普通的人能做出惊天动地的事情来。如普陀区药水弄有个96个工人的弄堂小工厂,设备一共只值40万元,去年生产了600吨无缝钢管,今年他们却要生产1万吨无缝钢管。鞍钢无缝钢管厂有4000万元的设备,一年只生产5万吨。这个厂一共有12个指标,现在已有9个指标超过,3个相当于英国的水平。原来15个顶头钻1吨钢,现在1个顶头钻101吨。人和机器还是原来的一套,只是思想解放了,技术革新了,生产就发生了根本的变化。大新振染织一厂电气工人魏惠良创造了"停象观察器",解决了印染厂八九十年来许多工程技术人员不能解决的一个关键性的问题。国棉十一厂,是个有名的"国际历史博物馆",厂里的机器很多都是几十年以前制造的,有日本货,有英国货,还有张之洞时代的机器,过去生产技术非常落后。但是现在思想一解放,每道工序都做了改良,成为自动化和半自动化,也出了优级纱,打破了"这个厂无法改变"的迷信。再如炼钢问题,过去总要用马丁炉炼钢,现在群众用小转炉炼钢,每只一年可产1万吨钢,结果一年全国就可增产上千万吨钢,这也是人在发挥主动作用。正是由于走群众路线、依靠群众、发动群众,才能真正做到多快好省,真正实现总路线。许多本来认为办不到的事,一通过群众就解决了。

这里强调人的作用,并不否定物的作用。人对生产能起的作用总是要通过物、通过生产工具来实现的。只有最相信人的作用的人,才能最大限度地发挥物的作用,最大限度地估计到物的力量,否则就会成为物的奴隶。

有些人也承认人的作用,但他们只承认少数人即"高贵者"的作用,不承认多数人即"卑贱者"的作用。普陀区有个工厂,厂里有4个工程师,他们看到报纸上说"高贵者最愚蠢,卑贱者最聪明"这句名言,心里很不舒服。他们组成一个所谓"诸葛亮小组",挑出厂里12个生产中的关键问题,准备解决,想和工人比赛一番。当他们正关门研究还没摸到门路的时候,车间里的工人就敲锣打鼓地向他们报喜来了。问题都被工人群众解决了。因此他们不得不认输。又如普陀区的技术革新者计936人,其中工人有799人,技术员有105人(有一半是从工人中提拔的),工程师32人。就文化程度来说,其中文盲39人,小学438人,初中339人,高中38人,大学81人,留学的只1人。这充分说明了迷信少数"高贵”的人是没有根据的。

三、怎样走群众路线

走群众路线可以说也难也不难，关键在于老老实实，放下架子，当小学生，要和群众路线的对立面——主观主义、官僚主义作斗争。任何英雄豪杰和负责干部，他的主见和办法只能是客观事物的反映，他的头脑只是一个加工厂，他必须要从群众的实践中去吸取原料，加工出来的产品还要到群众中去检验。深入群众、深入实际，首先一定要打破只坐办公室、不和群众见面、两条腿不勤的习惯。这方面，毛主席和其他许多优秀的领导同志的工作方法为我们提供了范例。毛主席工作这样繁忙，但是他几个月来，足迹遍布全国各地，到处进行总结，做群众的小学生。毛主席能这样做，我们为什么不能这样做呢？关键的问题不在于忙，而是在于是否能相信和热爱群众。走群众路线对于我们许多同志是思想作风、工作方法的问题，而对另外一些人就是一个立场问题，他们和群众志不同、道不合，要走群众路线就首先必须改变立场。

走群众路线的根本秘诀和关键就是“带头干”。种试验田、以身作则就是带头干。带头干就能和群众黏在一起，就能熟悉他们的思想感情，体会他们的愿望和要求。跨不开这一步，一辈子就休想走群众路线。去年冬天农村里搞施肥积肥，要挖墙头墙脚泥和见脚泥，干部就带头干，许多群众受感动也自动拆屋挖泥，熬过一冬，争取个高额丰产，再盖新房屋。在工厂中也要带头。过去工厂24小时生产不停，但干部一律只办公8小时，16个小时没有干部，有问题一定要等到第二天办公的时间才能解决。现在实行跟班制，24小时都有干部，群众与领导的关系就改变了。又如过去进行座谈、访问，虽是很好，但仍有距离，因为没有共同劳动，体会不到群众的思想感情。过去干部下车间，手插在口袋里，摇摇摆摆，工人感到讨厌，干部自己体会不出来。现在下车间劳动出汗，才体会到在车间摇摇摆摆的确令人讨厌。因此所处的地位不同，思想感情也不同。过去有些问题即使群众讲了，因为体会不到他的思想感情，也听不进去。

四、用群众路线的方法，正确处理人民内部矛盾

总路线的基本纲领之一，就是正确处理人民内部矛盾。毛主席在“关于正

确处理人民内部矛盾的问题"一文中说:"我们的根本任务已经由解放生产力变为在新的生产关系下面保护和发展生产力。"因此所有不适合生产力发展的上层建筑和思想意识都必须去掉。发展生产力必须改变人与人在共同劳动中的关系,首先是领导与被领导的关系。通过正确处理人民内部矛盾,就改变了人与人的关系,从而能调动一切积极因素,加速社会主义建设。

过渡时期的基本矛盾是无产阶级与资产阶级的矛盾,是社会主义与资本主义两条道路的斗争。这个矛盾在我国现阶段条件下,大量表现为人民内部矛盾,少量为敌我矛盾。在人民内部矛盾中,一部分是由于阶级存在、阶级影响造成的,另一部分则是思想认识不符合客观实际所造成的。如三风五气就是受非无产阶级思想意识的影响,但是像正确与错误、先进与落后、积极与消极等一般都是认识上的问题。

有些人不承认社会主义社会有矛盾,思想僵化,因此就不能正视矛盾,正确处理这些矛盾,束手束脚。如斯大林后期就犯了这个错误,使得生产不能飞快发展。有些人虽然承认有矛盾,但划不清两类矛盾,如把敌我矛盾划为人民内部矛盾则为"右倾"机会主义或修正主义,反过来就是"左倾"机会主义或教条主义。毛主席的两类矛盾学说解放了我们的思想,帮助我们运用辩证法来认识矛盾、解决矛盾,从而自觉地、经常地使上层建筑适应于生产关系、生产关系适应于生产力的发展。毛主席两类矛盾学说的伟大意义也就在于此。整风运动和反右派斗争就是最生动地、正确地处理两类矛盾的范例。柯庆施同志也说矛盾是推动社会发展的动力。人民群众在解放后改变了生产关系,便积极地推动生产力向前发展,这是客观发展;但主观上我们还要扫除一切障碍,正确处理人民内部矛盾,所以要整风。而整风必须采取群众路线的方法,即采用大鸣大放、大字报、大辩论的方法来开展批评与自我批评。它的目的就是要:(1)改进党与非党、领导与被领导、工人和技术人员、部门与部门、地区与地区的关系;(2)改变劳动组织,改善生产管理(如跟班劳动,科室人员下放车间),革新技术;(3)精简机构,下放干部,大规模地改变不合理的规章制度,提高工作效率。这些都是为了正确处理人民内部矛盾,促进生产力的发展,方法就是正确地运用群众路线,其效果是很大的。

但是在实践中也还有不是运用群众路线的方法来正确处理人民内部矛盾的情况。如普陀区在整改中遣送灾民还乡,曾用强迫命令的办法,强制他们回去,搞得群众不满,影响很坏。灾民不是地、富、反、坏、"右",怎么能用压服的办法呢?这种做法完全忘记了人民群众是国家的主人。如果有人用国民党的办法和作风来对待群众,群众也会用对待国民党的办法来对待他们。毛主席曾说:"农民瞒产,说明我们的政策还没有深入人心。”这是一个严重的教训。

现在敌我矛盾还存在,不能放松警惕。但人民内部矛盾是大量的,用群众路线来处理人民内部矛盾是一个长期的、不变的方法。

（1958 年第 9 期）

司法工作必须坚决贯彻群众路线

王亚东*

我们清楚地知道，群众路线是我党的根本政治路线和组织路线。不管做什么工作都必须走群众路线，要把走群众路线当成我们一切工作部门的工作方法，形成我们普遍的、一贯的工作作风。当然，我们司法部门必须遵循这条路线，来完成党所赋予的政治任务。

但是，对群众路线的正确意义，就我省（江苏）司法部门来说，尚缺乏正确完整的理解，因而，表现为某些同志的思想上认识不足，行动上还是那么自觉和习惯。加之由于"右倾"思想和旧法观点没有得到根除，因而在相当一部分审判人员中仍旧存在脱离政治、脱离群众、脱离实际的旧法思想及坐堂问供、孤立办案的审判作风。

各地在党委的统一领导下，通过整风、反右派、反右倾的斗争和"双反"运动，对忽视专政、忽视党的领导的错误倾向，以及旧法观点、教条主义、右倾保守、"三风"、"五气"、"四个主义"进行了批评和斗争。这些问题已经基本上得到了解决，广大司法干部受到深刻的教育，社会主义觉悟有了显著提高，端正了政治方向，鼓起了革命干劲，大大地转变了工作作风，出现了跃进的形势。走出法院、深入基层、依靠群众、就地办案，已成为当前司法干部的自觉行动了。因而，工作效率大大提高，绝大部分地区的办案效率都提高了一倍以至于几倍以上，清理了大批积案，促进了生产，保卫了中心，密切了法院和群众的关系，得到了群众的赞扬。他们说：

法院田头来办案，官气去了一大半。
当地事情当地了，工少误来路少跑。
群众纠纷调处好，法院收案就减少。
劳动生产热情高，干群个个齐称好。

但是，这里必须指出，由于脱离政治、脱离群众的旧法观点和错误的审判作

---

* 作者单位不详。

风是有着它深远的社会根源和思想根源的，因而要彻底扫除这些错误的思想和作风还有一个反复的、长期的教育和斗争过程。事实也正是这样。这一时期以来，绝大部分同志都已纷纷走出法庭，携卷下乡，依靠群众，就地办案，他们把自己看成是人民的勤务员，要为群众做好事情。然而，也有一部分同志他们虽然行动上走出办公室，就地办案，但思想上总认为就地办案往返跑路多，浪费时间，工作效率只会降低，不会提高，或者是认为就地办案不如坐堂问供方便，又会影响群众生产，等等。因此，这种先进与落后及新旧两种审判作风的斗争，还是一个长期的事情，对此我们必须有清楚的认识，只有这样，司法工作才能进一步地贯彻群众路线，在生产"大跃进"中来一个司法工作大跃进。

现在，我就这一时期来司法工作在贯彻群众路线、转变思想、转变审判作风方面，谈谈如下的几点体会：

第一，要走群众路线，必须贯彻执行党的方针、政策，坚决克服右倾偏向，积极支持群众斗争。有些同志不认真研究并贯彻执行党的方针、政策，有的则关门办案，埋头搞业务，不深入群众调查研究，不倾听和反映群众的要求和意见，等等。因而，审判作风不能适应政治斗争的需要，必然产生对敌斗争的右倾偏向和不能正确地处理人民内部的纠纷，造成对敌斗争软弱无力，对敌人不狠，对人民不爱，甚至丧失了立场，放弃了职守。靖江县反革命杀人犯黄应中，曾充任匪乡长、匪中统组长，主谋和指使杀害我地下工作同志9人，群众称之为"杀人魔王"，民愤极大，数百人上书毛主席要扒监击狱，打死黄犯，而省法院却3次发回原审，认为不能判处死刑，拖延了一年半之久。群众对于我们这种右倾偏向是非常不满意的，责备我们说："司法部门行动迟缓，专政机器不灵光了。"加之对有些犯罪分子该判不判，有的群众即自行动手惩罚犯罪分子，他们说："送到乡里鼓台拍凳，送到区里训他一顿，送到县里（指法院）拿茶端凳，倒不如铁匠做官——打他一顿。"这说明我们司法机关的右倾偏向、脱离群众，该是到了何等严重的地步。事实告诉我们，不认真克服右倾偏向，要想在工作中贯彻群众路线，为群众办好事情，那是不可想象的。

第二，要走群众路线，必须彻底打掉官气，树立为中心、为生产、为群众服务的观点，这就必须要彻底地放下官架子，到群众中去办案，参加生产，同生产结合起来，以一个普通劳动者的姿态出现，以平等态度对待人民群众。事实证明，群众对于我们的携卷下乡就地办案，是非常欢迎的，而且这样做也正确地处理了案件，保证了案件的质量。如丹徒县法院的审判人员就做到了送上田头，跟下工地，与群众同吃、同住、同劳动，真正和农民打成一片，农民也把审判人员当知心人，和他们谈知心话。这样一来，很多难办的案件也很容易解决了。如王正楼告纪小根破坏家庭的案件，由于纪小根是生产队的干部，在审判员巫克勤去调查前，他事先布置干群不要反映真实情况，但由于巫克勤作风艰苦，他白天帮助农民搞生产，晚上没有床和被子，就抱一捆稻草睡在地上，结果使当地农民深受感动，大胆地向他揭发了案件的真实情况，说"队长和被告人是窝里鸡"、"被告破坏他人家庭是事实"，并提出了根据，从而使案件迅速地了结，得到正确的判处。群众说："这真是毛主席的司法干部，既能办案，又能劳动，你们这样干，我们更要加油干。"宿迁县法院还实行了工作与劳动相结合的办法，审判员下乡，人人背大锹，带"劳动手册"，群众称赞说："审判员下了乡，生产、工作两便当。"由于依靠了群众，转变了作风，有些拖延数年不能解决的疑难案件，通过群众也就迎刃而解。常州市有一件迁让纠纷案件，过去由于审判人员坐堂问案，八年未能解决，现在由于审判人员深入调查审理，很快就正确地解决了。省法院在处理反革命杨士珍案时，曾更审四次，现在也通过群众，周密调查，弄清了血债事实，正确地做出了处理。这就说明了我们司法工作必须深入群众、密切联系群众，进行认真的调查研究工作，只有这样才能彻底地扫除我们司法部门中存在的脱离群众的官气，发挥它为中心、为生产、为群众服务的作用。

第三，要走群众路线，必须在不影响生产的原则下，对可以就地公开审判的案件，大力地开展就地公开审判或就地公开宣判。实践经验表明，这是审判工作贯彻群众路线的重要形式之一。现在各地对于刑事案件的处理，大多已实行了就地公开审判或就地公开宣判的办法，配合中心，扩大宣传教育。在处理民事案件上，绝大部分都已做到就地处理，方法主要有这样 3 种：第一种是揣卷下乡，一直到底，深入农业社、工厂、街道，依靠当地党、政组织的支持进行审理或调处。第二种是案件排队，分别情况，携卷下乡，把一部分简易的案件，有领导地交由调解委员会或通过群众座谈会等形式，发动群众去解决。第三种是审判员下乡结合办案直接收案，边收案、边调解。实践情况说明，就地审判的好处是很多的，主要是：(1)保卫了党的各项中心工作，促进了生产。如丹徒县法院在处理何运才贩卖耕牛案时，原来只发现一个被告，经审判员在当地查访后，发现有 23 人非法贩卖耕牛，对农业生产影响很大，当时审判人员就对其中情节比较严重的罪犯进行审判，并传唤其他违法牛贩前来旁听，从而制止了这种违法活动，这就发挥了保卫生产的作用。(2)打击了敌人的气焰，分化瓦解了敌人内部，扩大了战果。通过就地审判，广泛地进行了宣传，震慑了敌人，促使敌人投案自首。睢宁县沙集乡多有 3 件血债的反革命分子杨化修，在一次宣判会后即向政府投案自首。(3)保证了案件的质量。就地审判后，由于紧紧地依靠了党委，依靠了群众，群众熟悉情况，证人在场，犯人一般不敢狡赖，更易于使犯人认罪服法，有时群众还会揭发被告的新罪，补充和验证了事实，做到既可防错又可防漏。由于审判人员在就地审理案件的过程中，依靠了群众，依靠了基层干部，这就更进一步地密切了干群关系。(4)就地审判便利群众，有利于生产，及时合理地排解群众纠纷，绝大多数可以达成和解结案。有的民事案件经过个别说服教育或召开家庭会议，当事人就自觉地撤回诉讼或达成协议。同时，通过案件的处理还结合真人实事向群众进行法律宣传，增长了群众的法制观点，既提高了警惕，又达到预防犯罪的目的，我们认为，就地公开审判或就地公开宣判，是可以大力继续加以发展和推广的。

第四，要走群众路线，必须解放思想，破除迷信，发挥敢想、敢说、敢做的精神，树立朝气蓬勃、势如破竹的共产主义风格。大胆地对不合理、不必要、束缚自己手脚的规章制度加以改革，进行大破大立，建立切实可行的、有利于对敌斗争、有利于工作开展和便利群众的新规章制度。“右派分子”曾经进攻我们说，“外行不能领导内行”，“工农干部不懂法律”，“现在的司法干部是不学无术，毫无知识”，等等。然而，无数雄辩的事实已经驳倒了这些“右派分子”的谰言。但是，就目前情况来看，在我们司法干部中，却有不少同志存在一种认为自己没有进过大学，没有学过法律，把法律看成是高不可攀、神秘莫测的东西的思想，这种自卑心理、妄自菲薄的奴隶思想必须彻底地扫除。应该真正懂得，社会主义法律是“从群众中来，到群众中去”，不光是书本上的东西，而是集中反映了广大人民群众的意志和要求。事实告诉我们，只要我们树立高屋建瓴的革命气概，只要我们彻底解放思想、敢说敢为、勇于独创，相信群众、相信自己，就没有什么克服不了的困难，就没有什么攻不破的科学堡垒，那种冷冷清清、委靡不振、庸俗自卑的思想是毫无根据的。因此，我们必须刻苦学习，特别是学习毛主席的著作，使我们的视野广阔一些、知识丰富一些、头脑生动活泼一些，使我们的政治业务水平不断提高。各地在解放思想的基础上，在明确方向、坚持原则的前提下，破了不少陈旧的规章制度，立了不少新的、切合实际、便利人民的规章制度，很多地方在这方面都已经做出了初步的成绩。例如，南京市中级法院在深入群众办案的实践中，对法院从收案到结案的制度，进行了系统的改革，破除了13项陈规。如过去按案件性质分案，往往同一地区、同一单位的案件交给几个审判员办理，这样即使审判人员陷入被动，不能更全面地了解有关地区和有关单位的情况，从而不能准确地处理案件，同时也给有关地区和单位添了不少麻烦；现在按系统地区分案，案件集中，便于处理，既有利生产，也节约了人力、财力。另如在法庭形式上，过去审判员入庭和宣读判决要全体起立，交代被告人的权利，使用法言法语，影响了审判员和群众的关系，现在不再用这种办法了。目前，全省各级法院对这些规章制度改革后，不但使法院更有力地保卫了党的各项中心工作，促进了生产，提高了工作效率，清理了大批的积案，同时也密切了法院和群众的关系。

第五，要走群众路线，必须在党委的领导下，发动群众，做好基层工作。这就必须加强法院调解、人民陪审、人民调解等工作，这对于进一步地贯彻群众路线是有着很重要的意义的。

1. 法院调解是人民法院处理民事案件和轻微刑事案件的一个重要方法。它可以促进和加强人民内部团结，迅速和彻底地解决纠纷，减少诉讼，增强人民群众的社会主义法制观念。法院调解方式大体上有这样几种：第一种是个别说服动员，解决当事人双方的思想障碍；第二种是双方当事人自行协议；第三种是集体调解；第四种是召开家庭会议；第五种是小型辩论会。由于这样深入群众就地办案，当地基层干部、调解干部、群众就都有充分的机会参加调解，这就比判决更能使当事人消除成见，促进团结，迅速、彻底地解决问题。睢宁县法院处理方玉平与陈令堂的离婚案件，县法院审判员通过就地调查、登门就审的方法，了解和掌握了案情，通过家庭会议，促使他们相互检讨交换意见，当时方玉平即撤销诉讼。该院审判员说："过去往往将离婚当事人传到法庭审讯，有关系到家庭其他人时，就得再了解再重讯，现就地用调解的方法可就得到解决了。"群众对于这种耐心说服教育，是很欢迎的。灌南县群众有这样的反映：

富庄社员富大嫂，
以前夫妻处得不够好。
每天都吵三四嘴，
平时常往娘家跑，
三天两天把架闹，
生产没劲道，工分得的少。
如今夫妻和了好，
下定决心把生产搞，
今后绝不再吵闹。

2. 改变过去陪审员固定轮值的制度，改用就地临时邀请或就地吸收本地陪审员参加陪审的办法，可以更好地发挥陪审员的作用。实践经验表明，固定轮值是有它一定缺陷的。陪审员轮流值班往返费工误时，影响生产，有时无事也要轮流值15天，每天照发工资，浪费了国家经费开支。不分案件情况，一律实行固定轮值，致有些陪审员的作用发挥不大。就地临时邀请或就地吸收本地陪审员参加陪审的好处很多，主要是：陪审员一般熟悉情况，不需再花很长时间阅卷或详细介绍案情，因此，也便于弄清事实，充分发挥其作用；在对案件的处理上能反映群众的心情和意见，使法院的审判活动在群众的监督下，把案件处理得更加正确、确当；可以大大地节省时间、人力、物力，既不窝工，又不影响生产；可以及时地向周围人民群众进行法制宣传教育，提高群众的法制观念，预防犯罪和纠纷的发生。

3. 做人民调解工作。各地实践经验证明，人民调解组织是司法工作在贯彻群众路线方面的良好的组织形式。它是指人民群众以自我教育的方法来解决人民内部大量的各种纠纷。通过全民整风和基层选举，绝大部分地区都在党委统一领导下，普遍整顿和健全了调解组织，少数地区又在原有调解组织的基础上试建了调处委员会。据徐州、盐城等6个专区、5个市的统计，在1785多个居委会中，调委会已经建立健全的有1644个，占92%强，一般也都发挥了积极作用，不少地区还先后发动调解组织制订跃进规划，召开誓师大会，组织现场参观，开展了社会主义革命竞赛，这就更进一步地推动和鼓舞了调解干部的积极性，他们提出了“积极防范，主动处理”，“预防为主，处理为辅”的口号，调解干部的政治觉悟普遍得到了提高，想出了不少调解纠纷的好办法。如南京、句容等地有的调解组织采取了“排问题，找原因，积极提出预防办法”、“抓住典型，就地调处，教育一般”、“帮助群众建立家庭会议制度”以及对五保户妥善安排等方法，有效地防止了某些纠纷的发生，法院的收案数也有了显著下降。

我们深深觉得，必须加强对于这些方面工作的指导，大力地开展这些工作。这不仅是有利于生产，而且也是便利群众，党委需要我们这样做，群众也非常需要我们这样做，我们应该坚决地、更好地做下去。

我们认为，这一时期以来，通过整风和“双反”运动，我省各级法院在打掉官气，扫除暮气，坚决贯彻群众路线方面是有很大成绩的。审判人员和群众的关系更加密切了，群众不再称呼某某审判员为“法官”，而亲切地称之为某某同志或老张、老李了，群众冲天的生产干劲教育了干部，干部的深入群众、依靠群众为群众办好事情，也鼓舞了群众的生产热情，提高了群众的政治觉悟，从而支持了司法工作，使司法工作进一步地在群众中扎了根。然而，也有一部分同志他们却在那里故步自封、暮气沉沉地认为司法工作不能贯彻多快好省的精神，司法工作不能再跃进了，提那么多跃进指标是喊喊口号、鼓鼓气的，等等。他们把贯彻执行社会主义建设总路线和司法工作不断跃进以及贯彻群众路线，看成是对立的、互相矛盾的东西，这显然是极其错误的，这些跃进中的思想障碍必须要继续加以扫清。我们深信：在党的领导下、在社会主义建设总路线的光辉照耀下，司法工作和其他各项工作一样，将会继续出现一个跃进的新局面，司法工作在贯彻群众路线方面将会涌现出更多的生动事迹和更好的办法，出现中国司法史上独创的新风格，社会主义新法制将得到逐渐完善。在全民所有制和集体所有制里，随着人民政治觉悟的不断提高，人民群众中将出现越来越多的懂得正确处理敌我矛盾、人民内部矛盾两类矛盾的审判员和调解员，他们能够运用专政武器，制服敌人，预防犯罪，使人民司法的作用得到充分的发挥和发展。

（1958 年第 9 期）

在党的领导下做好人民司法工作

李养龄*

一

党是领导一切工作的核心。作为无产阶级专政工具的人民法院，必须成为党的驯服工具，不能设想，离开党的领导、不做党的驯服工具而能够做好专政的工具。8年来的经验告诉了我们，什么时候离开了党的领导、忽视党的领导，就必然要犯政治上的严重错误，工作就搞得糟，问题就发生得多。只有紧紧地依靠、坚决地服从党委领导的时候，工作才做得好，问题才发生得少。1951年镇反运动时，由于有党委的坚强领导，县委书记、区委书记亲自挂帅，审批案件，甚至担任人民法庭的审判长，直接指导法庭工作，司法工作的方向明确，中心突出，镇反运动就进行得轰轰烈烈，坚决地镇压了反革命，推动了土改运动，取得了巨大的成绩。同时得到了群众拥护与支持，案件处理得正确、及时，虽然也有某些缺点，但是成绩巨大，问题很小，而且有些偏差缺点是当时很难避免的。1955年后，旧法观点和旧法作风在司法系统中又复活了。有些人用资产阶级的法律观点，理解我们的社会主义法律，甚至用资产阶级的法律观点解释我们社会主义的法律。也有一部分人由于受了资产阶级思想和旧法观点的影响、侵蚀，片面地、错误地理解人民法院独立进行审判，只服从法律等规定。我们在学习贯彻《法院组织法》时，没有同时对旧法观点进行彻底的批判，对此又缺乏警惕，嗅觉不灵，因此旧法观点就借尸还魂，又抬起头来，产生了忽视党的领导，脱离党领导的倾向。不经常向党委请示报告工作，不请示党委审批案件。对党委审批案件的规定，也不是认真愉快地坚决执行。“右”倾思想和旧法观点、旧法作风肆行无忌地到处传播，其严重后果就是对敌打击不力，放纵了一些反革命，削弱了法院专政的任务。党委批评，群众反对，工作被动，到处碰壁。1957年党领导的整风、反右派斗争惊醒了我们。通过整风、反“右”派、反“右”倾，批判了忽视党的领导和忽视专政的倾向。加强了向党委的请示报告，使司法工作置于党的绝对领导之下，因此方向明确，局面改变了，工作做得挺好。1958年，政法“大跃进”中，许多事实教育了我们，司法

* 作者单位不详。

工作在任何时候，也绝对不能离开党的领导，必须永远把自己的工作严格地置于党的领导之下，才能有力地打击敌人，才能真正发挥无产阶级专政武器的作用。

二

为了保证把司法工作永远绝对置于党的领导之下，必须继续批判和经常警惕旧法观点的影响。整风、反右派以来的经验证明，在党对司法工作的领导问题上，除了右派分子有意的进攻，反对党的领导，篡改人民法院无产阶级专政的政治方向以外，我们有许多同志，也还有不少糊涂思想，这主要表现在：对于党对司法工作的领导的绝对性这一根本原则问题认识不清楚，或多或少、程度不同地受着一些旧法影响，自觉、不自觉地以各种形式反映出“司法独立”、“司法特殊”的超阶级超政治的资产阶级法律观点。有时把党对司法工作的领导，停留在口头上，而实际工作中没有把审判工作认真地置于党的领导之下。“人民法院独立进行审判”这本来只是说，党和国家把审判工作交给人民法院去做。所谓“只服从法律”，我认为也就是审判案件，必须“以事实为根据，以法律为准绳”。这里根本不能设想没有党的领导，能够做好审判工作，和没有党的领导能够正确地执行法律。但我们有些同志，由于带着资产阶级的个人主义思想、观点。因此，不能正确地理解这些法律规定。把“人民法院独立进行审判，只服从法律”理解为可以不要党的领导。把司法工作看成特殊化、神秘化。因此，在实际工作中表现出孤立办案、脱离群众、脱离实际、脱离党的领导的错误倾向。当然，否认司法工作和其他工作的区别是不符合事实的。对于司法工作在整个国家工作中的重要性，也应该有明确的认识。但司法工作和其他任何工作一样，都是整个党和国家工作中不可缺少的部分。各部门在工作性质上、具体业务上都有它自己的特点。司法工作就是对敌人专政，保护人民，也就是说，它是无产阶级专政的武器。至于党的领导、群众路线等根本原则问题，则不能有丝毫的特殊和动摇。一切把司法工作看成特殊化、神秘化，把司法工作的重要性不适当地看成凌驾于一切工作之上，把国家赋予的审判权看成是个人的特权等，都是资产阶级思想、个人主义思想在我们司法工作上的反映。也可以总的说是旧法观点和旧法作风。事实证明，要彻底肃清旧法观点、旧法作风，就必须在司法干部中彻底地清算资产阶级思想、个人主义思想。这是长期的、反复的斗争过程，是我们司法工作上无产阶级和资产阶级的斗争、社会主义道路和资本主义道路的斗争。右派分子去年的进攻已经被击退了。但还须做长期、反复斗争的准备。对一切资产阶级思想、观点反映到我们司法工作上的表现，则必须继续不断地批判和经常警惕它们的影响。也只有这样,才能保证把司法工作绝对置于党的领导之下,做好人民司法工作。

三

加强党对司法工作的领导,绝不是什么抽象的东西,它必须被贯彻到日常的各项具体工作中。这里就下面一些问题,谈谈我个人的一些意见:

1. 首先必须对干部加强政治思想教育,在干部思想上插红旗。经常对干部进行无产阶级的思想教育、共产主义的思想教育,批判各种资产阶级思想观点,特别是个人主义和旧法观点。引导干部提高识别能力,善于识别各种香花毒草,能够坚持真理,敢于与不正确的思想进行斗争,使政治在司法干部思想上真正成为统帅,使司法干部真正认识到党的领导的重要性和绝对性。一个好共产党员和好革命干部必须是要听党的话,党要你干什么,你就干什么,党不要你干什么,你就不要干什么。这是服从党的领导最根本的一个问题。不听党的话,就谈不到服从党的领导。每个司法干部必须从思想上明确起来,在实际生活中学会运用这一条,保证司法工作成为党的很好的驯服工具。

2. 司法工作中的党员干部,特别是党员负责干部,必须以身作则,做出榜样,这是非常重要的一条。必须认真地向党委请示报告工作。只有这样才能得到党委更多的指示与监督。必须具体认真地坚决贯彻执行党委的各项指示决定,不能把个人与组织的原则关系看成为私人之间的关系。作为一个司法干部来说,他的工作任务、职权范围是党和人民授予的。党要求我们成为一个驯服的工具,坚决贯彻执行党的方针政策。因此,我们就必须认真地学习党的各项方针政策,正确地、全面地理解党的方针政策,不懂的、不清楚的就要请示党委。在工作中根据党的方针、政策、指示,制订自己的执行方案,报请党委审查批准后坚决贯彻执行,并在实践中随时注意研究总结,按照实际情况,把党的方针政策和具体情况完全结合起来,同时,根据实际情况的发展、变化,不断修改、补充自己的方案,并报请党委的批准。这才是正确地听了党的话,服从党的领导。这样才能在工作中不犯错误或少犯错误。

3. 服从党的领导,不仅要坚决服从党的方针政策的领导,而且要坚决服从党委对具体案件以及其他一切工作的具体指示和监督。因此,党委审批案件,是党对司法工作领导的一个重要方面。1957 年以前,不少法院是宣判以后再送党委审批,党委不同意时,再用院长监督程序改制。这种做法是不符合党的领导原则的,既然法院已经审了、判了,再去请示党委批准,显然是把党的领导置于可有可无或形式主义的地位了。实际上也就是先斩后奏的做法。1957 年反“右倾”

以来,改变为在审理后、宣判前报请党委审查批准。但几个月来实际执行情况是,有的法院是先送党委审批决定刑期后,再进行审理制决(即公安预审后,法院审判前送党审批)。如果审判中发现有出入需要改变党委原决定,再请示党委决定。这种做法,我认为,对于个别案情十分简单、明显的案件是可以的。但一律这样做或大多数案件这样做就显得不完全妥当。一方面是法院没有经过审理,很难提出自己确切的意见,也就容易使少数审判干部放松自己的职责,产生就案办案、草率从事等不良现象。另一方面是案件还没有经过法院审理,反、正面材料还没有最后摆出来分析研究,这会使党委不易了解案件的全部过程,审批时容易发生某些可以避免的偏差。因此,这样做是不够妥当的。其所以这样做,除了一部分同志片面地强调及时以外,这里还有一部分同志有个思想问题必须澄清,即他们历来总是强调所谓"当庭宣判",他们认为当庭审了,就应该立即当庭宣布判处决定才好。同时强调"旁听群众听了审理后,都愿意当庭听到该案的判处结果"。其实,某次开庭专门审理,某次又开庭专门宣判,有什么不好呢?旁听群众某次专门听审理,某次又专门听宣判,是完全可以的。这里面是不是反映着一部分同志的某些特权思想和司法特殊化的旧法观点呢?他们认为审判员既有权审,就有权判,当庭宣判才能显示出自己的威严,这种错误思想必须纠正。因此,我认为今后送党委审批案件,一般应在审理后、宣判前。在具体执行中可以采用如下具体办法:第一,凡属案情较为复杂、事实材料证据都不够明显充分的案件,应在法院认真审查材料,并开庭审理犯人后,提出具体的处理意见和处理的根据、理由报请党委批示决定,然后再开庭专门宣判,或结合其他案件进行宣判。第二,对个别案情非常简单、明显,材料、证据充分,预审中犯人供认没有矛盾的案件,可由法院书面审查材料后,即提出处理意见,报党委批示。在审理中也再未发现变化时,即可当庭宣判。第三,介乎上面两种情况之间的案件,也可由法院在审查材料后,不正式开庭审理,而是带查对性地个别审讯一下犯人,再报请党委批示,在开庭审理中如无变化,亦可当庭宣判。第四,各地党委都有具体规定,党委怎样具体规定,法院即应怎样具体执行。

上诉复核案件,经过上级法院审批后,要分析研究上级法院批准或改判的情况和原因,等等。要将情况报告党委,最好是经常、逐个地向党委报告,以便党委更多地了解情况,更准确地审批案件,更严格地监督审判工作。要批判那种只送党委批案,而不向党委报告结果的形式主义等恶劣现象。

4. 服从党的领导,不仅要服从党中央领导,还必须坚决服从当地党委的领导,人民法庭必须尊重和服从乡、社基层党组织的领导。我们下面有许多人民法庭,而且经常有干部在乡、社调查或者审判案件。如果脱离当地乡、社基层党组织的领导,就必然要影响工作的顺利进行。右派分子过去根本否认这一点。我们许多同志在这一问题上,也存在糊涂思想,主要是片面地认为自己是在上级党委的意图下,代表上级党委在下面工作的。所以他们不是一切依靠和通过基层党组织去进行工作,许多必须向基层党组织请示或商量的问题也不请示商量,而是脱离基层党组织孤立地进行工作。甚至还有少数干部在资产阶级个人主义的支配下与基层干部比上下、比高低。也有少数旧法观点严重的干部,沉陷于司法工作神秘化、特殊化的深坑里,他们把依靠和通过基层党组织进行工作一概误认为是“受了外界影响,产生主观片面”。此外,还有的同志说:“人民法庭辖区内十几个乡党委,究竟服从哪一个乡党委领导好呢?这么多领导如何工作?”言下之意是如果服从乡党委领导,就会使领导关系复杂化了,因此要求少领导甚至不领导。这种认识也是很片面的。单纯地看到我们并非固定于一乡一社工作,而是常和许许多多社发生关系,他们就笼统地、表面化地认为这种关系太复杂了。实际上,我们下去一般都是在一定地区范围以内进行工作的,在哪个地区进行工作,就受那个地区的党组织领导,这种关系并不复杂。因此,我们到一个乡、一个社进行工作时,首先应向乡、社党组织说明来意,征求他们的意见,得到他们的帮助和监督,完成任务后要向他们汇报情况,再征求他们的意见(有时候在进行工作的过程中要多次向他们汇报并研究工作)。很好地和乡、社工作结合起来,这样不但不会影响或打乱乡、社的中心工作;而且能够保卫和促进乡、社的中心工作;同时,也就使自己不致孤立地进行工作,能够得到乡、社干部与群众的具体帮助与支持。

至于在处理某些具体案件时,在认识上与乡、社意见不一致的时候,应该将各自的意见和理由报告请示县委,由县委权衡决定。如果县委否定了我们的意见,必须坚决执行县委的决定,如果县委否定了乡、社的意见,我们应该虚心地将县委决定的精神向乡、社干部传达说明。乡、社党组织都会同意并执行上级党委的指示决定的。

有些法庭固定于一个乡、镇时,应该在政治思想和生活学习等方面完全接受并服从驻在地乡、镇党委的领导与监督。

5. 加强法院党组织的活动是加强党对司法工作领导的一个重要方面。法院的党组织和支部应该多开会议,经常研究司法干部的政治思想情况。把服从党的领导、执行党的方针政策列为对党员经常检查监督的重要内容,在党员中开展批评与自我批评。所有这些都为的是使司法工作正确地贯彻执行党的方针路线,保证司法工作绝对置于党的领导之下,改进工作,提高干部素质,保卫党的社会主义建设事业,保障党的总路线的贯彻实施。

(1958 年第 9 期)

运用矛盾法则，掌握专政武器

子　伟*

世界上一切事物的发展过程，均存在自始至终的矛盾运动。矛盾到处存在，不论是自然界、社会现象或精神现象，没有一件事物不具有矛盾。这就是矛盾的普遍性和绝对性。所谓矛盾，就是同一事物内部包含着相互对立的东西的意思。我们在工作中经常说的"有问题"，其实就是矛盾的存在。这种对立面的统一和斗争的规律就是辩证法的核心。

政法工作时时刻刻都在研究与解决社会现象、人与人之间的矛盾。每一工作，每一案件，不论是刑事或是民事，都充满着各色各样的矛盾，但从其性质来说，可以归结为两类，即敌我矛盾和人民内部矛盾。由此可见，政法工作者学习与掌握矛盾法则显有特别重要的实际意义。这里我想谈一谈学习矛盾论对实际工作的一些意义，但不是整个矛盾法则的分析研究，也不是专为区别两类不同性质的矛盾的撰文，仅仅是有关此类问题的片断意见。

一、运用矛盾斗争规律观察敌情、使用政策法律

几年来，我们政法工作虽然取得了主要的、巨大的成绩，但为什么还有一些干部（我也在内）常犯"左""右"偏差的错误，特别是1957年上半年的严重"右"倾错误？又常有些同志说："老是主观跟不上客观形势发展，总是犯错误，挨批评，今年反右明年反左，后年又不知反啥。"这是什么道理呢？我看犯左、右倾错误的原因固然多种多样，如阶级立场模糊等，但其重要原因之一，就是对矛盾的斗争规律没有正确的认识，或者认识很薄弱、很片面，不能掌握敌我矛盾的斗争过程，因此也就不能正确地运用政策法律，使主观脱离了客观。

矛盾法则告诉我们："事物发展过程的根本矛盾及为此根本矛盾所规定的过程的本质，非到过程完结之日，是不会消灭的；但是事物发展的长过程中的各个发展的阶段，情形又往往互相区别。这是因为事物发展过程的根本矛盾的性质和过程的本质虽然没有变化，但是根本矛盾在长过程中的各个发展阶段上采

* 作者单位不详。

取了逐渐激化的形式……如果人们不去注意事物发展过程中的阶段性，人们就不能适当的处理事物的矛盾。”①从毛主席这段话中，我们清楚地看到，根本矛盾的性质在长期过程中虽然没有改变，但是各个发展阶段各有不同的表现形式。拿敌我矛盾来说，在整个过渡时期中它是主要的、根本性的矛盾，是一个相当长的斗争过程。可是在这样长的过程中，它并不是直线发展，而是螺旋式的曲线发展的、有阶段性的，各个阶段各有其不同的表现形式。当我们宽大无边或麻痹松弛的时候，敌情活动便嚣张起来，这时敌我矛盾的表现形式就显示为激化。当我们严厉镇压，群众警惕性提高之后，敌情活动便可能暂时消匿一下，这时敌我矛盾的表现形式就显示为缓和。解放后八年多来的对敌斗争，几次从严镇压，几次实行宽大，就充分地证明了这一规律性。不过这种时宽时严不能认作是简单重复，而是每次都有它的不同情形和不同对策。不了解这一点就不能正确地运用政策。以反革命分子而论，经过几次的镇压、分化瓦解，是越来越少，不是越来越多。当然这不是说今后可以不镇压，可以“马放南山、刀枪入库”了，那也是完全错误的、危险的。

由于敌我斗争在长期过程中有不同的阶段性、波浪式的起伏进行，因此决定了解决敌我矛盾的政策有时宽、有时严。这也是我们党和国家在主观意识上如实地反映客观事物的正确表现。但是我们的一些同志并没有很好地理解到这一点，在工作中不深入和全面地研究敌情活动的具体情况，不管已有的法律指示是否适应当时当地的斗争需要，生搬硬套，把条文甚至一些以往的经验总结当做不可逾越的戒律。一旦犯了偏差错误或受了批评，并不是虚心地检查自己，而是满腹牢骚，埋怨上级领导，埋怨法律条文不尽一致，这都是不符合辩证法的错误思想观点。按唯物主义辩证法的观点，政策法令是属意识形态的范畴，系受客观阶级斗争所反映与决定的。也就是说，客观存在的阶级斗争表现形式怎么样，政策法令也就怎么样，形势变了，政策法令也随之改变。过渡时期中敌我矛盾没有消灭，解决敌我矛盾的政策原则也就依然存在，但各个阶段的敌我矛盾斗争形式表现不同，因此各个时期解决敌我矛盾的策略也就各有区别。譬如说《惩治反革命条例》在长时间中总的精神没有变，但每个时期的具体执行却有不同。有些1956年不该捕和判的，在1957年即该捕该判；有些1955年可杀的，到了1957年就不杀。由此可知，那些想象有一套分毫不差的法律条文，不必研究敌情活动的具体情况即可照套的思想是完全错误的。但是这不等于说我们的工作就不需要法律条文了。那也是错误的。法律虽系客观阶级斗争所反映与决定，虽属第二

① 毛泽东著:《矛盾论》。

性的东西,但法律一经制定执行,即反过来影响或推动客观存在的阶级斗争,能起反作用。忽视这一点也是不对的。今后我们仍然需要法律,但不能生搬硬套,而是要根据当时当地的敌我斗争的具体情况,有研究、有分析地灵活应用。只要对社会主义事业有利,对阶级斗争有利,哪怕是突破原有的法律规定也是应该的。正如列宁教导的,“专政是直接凭借于强力而不受任何法律限制的政权”①。

二、运用矛盾的特殊性来研究分析案件本质

每件案子都充满着矛盾,可是每个案件的本质、情节又各有不同,处理方法和处理结果又各有所区别。为什么在我们实际工作中会产生一些错案?譬如说把反革命造谣破坏当做落后言行,相反地把一些落后言行定为反革命造谣破坏,把诈骗当做借贷,把通奸当做强奸等。这是什么道理呢?我看,主要原因之一就是没有或者是片面地认识矛盾的特殊性,往往为外表现象所迷惑,未能抓住案件的本质。这就不免要出错误。

矛盾法则告诉我们:“任何运动形式,其内部都包含着本身特殊的矛盾。这种特殊的矛盾,就构成一事物区别于他事物的特殊的本质。这就是世界上诸种事物所以有千差万别的内在的原因,或者叫做根据。”②由此可见,如我们对每一工作、每一案件的事实过程,不从各方面找出它的特点,那就不可能正确地认定它的性质是轻微还是严重。有些案件从其行为的表现形式来看,好像没有什么区别,可是有的就应定为敌我矛盾,认定他是敌人,相反,有的则应定为人民内部矛盾,认定他是人民。例如,富裕中农赖××,平时表现不好,对党对政府的农业社会主义改造政策一贯不满。1955年有余粮不卖,并散播反动言论,如说“共产党比秦始皇还厉害”等。入社不久便闹退社,而且煽动了几户中农跟着闹退社。有一次在拉耕牛耕地时路过一座高山,赖拉着牛尾、打牛拖它上山。牛因过累,上山即死亡。另有一中农邓×,入社后因收入不多,家庭小孩多,劳动力少,因此对合作化不满,也说过些反动言论。如说“今不如昔,累死人还要挨饿,合作化要命”等。也有过退社的表现,经教育后有所认识,仍留在社里。某次在耕田时因挣工分而不顾耕牛的健康,打牛犁田,结果使牛过累,即夜死去。若以两案的行为表现形式而论,似乎没有多大差别。讲反动话、闹退社、打死耕牛等不都是一样吗?可是你如果从他们的行为的各方面深入地细加分析,找出它们的特点,

---

① 《列宁文选》(两卷集第2卷),第432页。

② 毛泽东著:《矛盾论》。

将会得出它们是两种不同性质的矛盾的结论来。一个是坚决地走资本主义道路，一贯对党对政府不满，采取仇视的政治态度，抗拒改造，有意识地破坏农业合作社财产；而另一个（后者）虽有走资本主义道路的愿望，但还没有前者的坚决，对党和对政府不满尚不是一贯表现，为个人利益多挣工分而不顾集体的长远利益致打死耕牛，但不是有意识地破坏。根据各方面的特点可以这样论断：赖××的案件的矛盾性质已经转化为敌我矛盾；而邓×案件的矛盾性质则是个人利益和集体利益间的人民内部矛盾。在民事案件中也是一样，你可随便地拿几件离婚案一起研究比较，不难发现各个案件都有它的不同地方。有的是草率结婚，秉性不合，没有感情基础；有的是喜新厌旧，玩弄对方；有的是一时家庭经济困难，互相埋怨，造成纠纷；有的是夫妻间不忠诚，有一方和别人通奸；有的夫妻长期隔别；有的是有性病；等等。总之各案有各案的不同特点，这就是矛盾的特殊性造成了每个案件的不同本质。如果我们不了解这一法则，不去研究分析它们的特点，那就无从避免错案的发生。

在研究分析矛盾特殊性的时候，还有一个亟须注意的问题，就是不能带有主观性、片面性和表面性，而是必须全面地进行分析研究。毛主席说："为要暴露事物发展过程中的矛盾在其总体上，在其相互联结上的特殊性，就是说暴露事物发展过程的本质，就必须暴露过程中矛盾各方面的特殊性，否则暴露过程的本质成为不可能，这也是我们做研究工作时必须十分注意的。"①这就是说，我们在研究分析每一工作、每一案件时，应当全面地进行分析，不但要了解被告方面，而且要了解原告方面，不仅要研究案犯行为的客观危害性，而且要研究其行为发生过程的各个方面：动机、目的、出身成分、政治态度、一贯表现、时间地点、周围环境、人证物证等具体情况，然后把各方面的特点综合起来加以判断，才能正确地认定案件的矛盾性质，才能恰如其分地做出处理，否则就要造成差错，所求无成。

三、运用主要矛盾和矛盾的主要方面的法则，抓住中心环节，解决关键问题

我们在日常工作中为什么要有中心？为什么要抓主流？又为什么有些案件反反复复，调解又判决，一判再判，处理了几次仍未彻底解决？这是什么原因呢？我看其主要原因之一，就是没有抓到与解决主要矛盾和矛盾的主要方面。矛盾

① 毛泽东著：《矛盾论》。

法则告诉我们:“在复杂的事物的发展过程中,有许多的矛盾存在,其中必有一种是主要的矛盾,由于它的存在和发展,规定或影响着其他矛盾的存在和发展。”[①]这就是说,矛盾不但普遍存在于一切事物中,而且在每一事物的发展过程中同时存在很多矛盾,其中有主要的也有次要的。以我们日常处理的案件来讲,一件案中往往具有很多矛盾。单一的矛盾怕是很少见的。譬如案犯梁××,因为追求享乐腐化生活,先后贪污区人委会拨下来的办公费、群众福利费、救济款等共六百多元。他为达到贪污的目的,除假造单据、把会计账搞乱外,在工作中也是消极怠工,不负责任。在此案中可以看到很多矛盾存在,如享乐腐化的剥削阶级思想和勤俭朴素的无产阶级思想的矛盾;建设社会主义社会和破坏社会主义建设的矛盾;个人利益和群众集体利益的矛盾;困难群众的救济和不救济的矛盾;财经会计制度中的矛盾;工作积极和消极的矛盾;等等。显然在这里的主要矛盾就是建设社会主义和破坏社会主义的行为的矛盾,其他如和救济户的矛盾、财经制度的矛盾等都是由于前者的存在和发展所引起及决定的。由于此案的主要矛盾是破坏社会主义建设的剥削阶级思想行动和无产阶级的利益间互相对抗的敌我矛盾,因此也就决定了案件的性质是敌我矛盾。解决了这个主要矛盾,其他的矛盾将迎刃而解。民事案也是一样,如原告陈××起诉要和她的丈夫王×离婚,案中摆出很多问题,如草率结婚,没有感情基础,男方性情粗暴,女方不会料理家务,男方一时失业,家庭经济发生困难、互相埋怨,婆媳之间不睦,经常吵闹等。感情基础显然是这里的主要矛盾,其他像经济问题、婆媳关系问题、料理家务问题都不是主要的。要决定离婚不离婚就需要研究一下这里的主要矛盾(感情基础)能不能解决。其他工作也是如此,往往是在同一时期中有许多矛盾、许多工作要我们去解决。如果我们不在这许多矛盾、许多工作中找出其主要矛盾,抓住中心环节,解决关键问题,那将是如堕烟海。毛主席说:“不懂得这种方法,结果如堕烟海,找不到中心,也就找不到解决矛盾的方法。”[②]中央早就指出:“在任何一个地区内,不能同时有许多中心工作,在一定时间内只能有一个中心工作、辅以别的第二位,第三位的工作。”[③]当然也不是说,光解决主要的而次要的就可不理了,那也是片面的。次要矛盾也要解决,解决它也会反过来有助于解决主要矛盾。

在研究矛盾的特殊性时,还必须注意矛盾的主要方面。矛盾法则告诉我们:

① 毛泽东著:《矛盾论》。

② 同上。

③ 毛泽东:“关于领导方法的若干问题”。

"无论什么矛盾，矛盾的诸方面，其发展是不平衡的……矛盾着的两方面中，必有一方面是主要的，他方面是次要的。其主要的方面，即所谓起主导作用的方面。事物的性质，主要地是由取得支配地位的矛盾的主要方面所规定的。"①从前面所举的梁××贪污案，可以看到，梁本身存在剥削阶级享乐腐化的思想和无产阶级思想的矛盾，在初期剥削阶级的思想尚不是主要的，但发展至后来即占据主要地位，支配着他去盗窃国家财产。所以说梁的矛盾性质是敌我矛盾，也就是由于这时他的剥削阶级思想行为占据主要地位，统治了他的思想行动，决定了他的行为之故。民事案也是一样，譬如某离婚案的主要矛盾是感情不好，但夫妻间必有一方是主要的，可能在男方，也可能在女方，这就需要具体问题具体分析。因此我们在解决一件工作，处理一件案件的时候，就必须竭力找出主要矛盾，找出矛盾的主要方面，才能正确地认定其性质，才能对症下药、事半功倍。

四、运用矛盾的相互转化规律，研究分析事物的发展变化

我们不但要认识矛盾的普遍性、特殊性和斗争性，更重要的是要认识矛盾着的各方面的相互转化。列宁说："辩证法是一种学说，它研究对立面怎样才能够同一，是怎样（怎样成为）同一的——在什么条件下它们是同一的，是相互转化的——为什么人的头脑不应该把这些对立面当做僵死的、凝固东西，而应该当做活生生的，有条件的，活动的，互相转化的东西。"②也就是说，矛盾的对立面是根据一定条件共同存在于统一体中，互相排斥、互相斗争，而又根据一定条件互相转化，譬如工人阶级和资产阶级共同存在于资本主义的生产关系中，缺乏任何一方，他方就不能存在，资本主义制度消灭了，这个对立面就没有了。又如，我们处理案件，没有原告就不会有被告，原告和被告共同存在于一件案中，但必须根据一定的条件，这种条件就是有一方损害了他方的利益，缺乏这条件案件也就不能成立。

在我们实际工作中常会遇到这样的问题，如说：被告成分好，是劳动人民，这点事情嘛不外是思想落后、贪图小利等；或者是，被告以前有劣迹，历史成分不好，这一定是有意识的破坏行为。因此把一些反革命造谣破坏认作是落后言行，把贪污盗窃视作贪图小利，作为人民内部矛盾处理；或者相反地把一些过错当敌

① 毛泽东著：《矛盾论》。

② ［苏］列宁著：《哲学笔记》，第86页。

我矛盾处理。例如，刘××成分为小商贩，因去街坊工作积极，1952年被吸收为供销合作社营业员。后因嫌工资收入不多，遂于1954年要求退职营商，经教育无效终于离职。刘退职后拟往返广西贵阳营商，但因缺乏资本未达目的，改找职业未成，因之对党和政府不满。1955年曾多次公开辱骂共产党是“强盗”、“土匪”、“不要脸”，并书写反动诗词：“有朝一日若得志，兴动海水洗贵阳。”同时叫嚷：“若不得经营，就要杀人放火。”气焰甚为嚣张。此案在辩论时有不少同志认为刘××系劳动人民，思想本质是好的，他谩骂共产党、书写反动诗词系出于经商不成，生活有问题，是落后言论，并非潜存有反革命的动机目的，且未有现行的反革命破坏行为，因之断言刘××案件的矛盾性质系人民内部矛盾。我认为这种说法是不正确的，没有从矛盾的转化发展方面看问题，停留在以往的阶段上。不错，刘过去是小商贩，系劳动人民，一般说，他和社会主义的利益基本上是一致的。但这是过去的事情，今天的情况不同了。要知道，事物是发展变化的，不是凝固、僵死的。在一定的条件下敌我矛盾可以转化为人民内部矛盾；反之人民内部矛盾也可转化成为敌我矛盾。周总理说：“而目前属于人民内部的一些人或者某种集团，如果他们坚持反对社会主义的立场，抗拒社会主义改造，破坏社会主义建设，他们就有可能从人民方面转化到人民的敌人方面去。”①以刘××为例，正说明了这一点。刘本来不是敌人，不是敌我矛盾，但由于他自身潜存有向上爬的资本主义思想，因而不满原来的工作、待遇，退职营商。这时资本主义思想有了发展，矛盾也开始转化，不过此时矛盾的对抗形式尚未激化，矛盾的本质还未完全改变，仍然不能称他是敌我矛盾。到后来，经商发财的资本主义目的不能达到，甚至亏了本，但他并没有从此认识到走资本主义的道路是错的，从而自觉地回过头来，而相反地却责怪共产党不该领导全国人民走社会主义道路，坚持反对社会主义的立场，仇视谩骂共产党和人民政府，公然叫喊要杀人放火，要“兴动海水洗贵阳”。这时，资本主义思想已由原来不是主要的转化成为占据统治地位，支配了他的反动行动，他和社会主义的矛盾性质也就转化成为对抗性的敌我矛盾了。这就是矛盾的相互转化。因此，我们在研究每一案件、每一具体矛盾时，不能采取固定不变的观点停留在某一阶段上，而必须是活生生的、运动的和发展的观点。原来出身成分好坏、历史过程优劣，在研究分析案件时应当考虑，但不能就据此而认定案件的性质。有些原来成分不好，好久之前做过一些坏事，但后来已转变为好人，我们就无理由再说他是坏人；相反地，一些原来是好人，是人民内部问题，但在后来逐渐转化成为坏人，我们就不能再认为他是

① 1957年6月26日周恩来在第一届全国人民代表大会第四次会议上的政府工作报告。

好人。

总之，学习与运用对立面的统一和斗争的法则，对我们处理案件、解决矛盾具有特别重大的实际意义。这里所谈的只不过是一些零星片断，而且有很多理解还可能是错误的，这就有待于同志们的指正。

（1958年第9期）

不能说一切刑事犯罪都是敌我矛盾的性质

赖传祥*

《法学》连续刊登了关于犯罪的矛盾性质问题的探讨性的文章，其中谢飞、王文升、乙公、毛荣光和杨一平等同志认为绝大部分刑事犯罪是属于敌我矛盾的性质，少数的刑事犯罪是属于人民内部矛盾的性质。我完全同意这种意见。但第7期发表的罗素全同志的“关于犯罪的矛盾性质的商讨”一文，认为一切犯罪现象都是属于敌我矛盾的性质，这种意见我是不能同意的。

为了论证一切犯罪现象都是属于敌我矛盾的性质，罗素全同志试图从犯罪的本质着眼。然而，罗同志的分析却是片面的。因为它仅仅说明了犯罪的敌我矛盾的性质，仅仅说明产生犯罪的社会历史根源和犯罪与阶级斗争的关系。诚如马克思在《德意志意识形态》一书中所指出的那样，“犯罪，即孤立的个人对于统治关系的斗争……”毋庸讳言，犯罪的范围是掌握了“刀把子”的统治阶级根据本阶级的利益来决定的。统治阶级为了维护其本阶级的统治关系和统治秩序，对损害其阶级利益的行为就宣布为犯罪。可是，就是根据犯罪的本质和加以全面的、具体的阐述时，也不会只得出一切犯罪现象都是敌我矛盾性质的结论。众所周知，在我国，从工人阶级和全体劳动人民的利益出发，凡是危害人民民主制度，破坏法律秩序，对社会有危害性的行为都是犯罪。从这一基本观点出发，可以得出两个结论：第一，绝大多数的犯罪是来自敌对阶级分子（如反革命分子、坏分子、地富分子的反攻倒算），他们本来就反对和破坏人民民主制度，严重地扰乱社会秩序，破坏以工人阶级为首的广大劳动人民的利益的，所以其所犯罪行都是属于敌我矛盾性质的犯罪。第二，工人阶级或劳动人民内部的个别人，因为缺乏生产经验和社会经验，或存在封建残余思想和资产阶级思想，或因过失而实施了损害（不是出于反对、破坏和敌视社会主义而实施的）工人阶级和劳动人民的全体利益的行为，工人阶级为了维护其整个阶级的利益，使之不受侵害，就必须对这些侵害了一定的社会主义关系的犯法分子给予一定的处罚。“这是因为人民要组织自己的国家，要维持好自己国家的秩序，除了对敌人必须实行专政

* 作者单位不详。

外,同时,还应该树立起人民国家的纪律和公共秩序,而国家的纪律和公共秩序,是不容忍任何人来损害的。”①因此,人民内部矛盾性质的犯罪就是属于工人阶级或劳动人民内部的个别分子(除非矛盾性质已经软化),由于破坏了法律秩序,由于损害了“国家的纪律和公共秩序”而构成的犯罪。我们要全面而具体地说明犯罪的矛盾性质,要正确地定罪量刑,司法实践已经证明了:不能从抽象的犯罪概念出发,而必须运用阶级分析的方法,从阶级斗争的形势、党在不同时期与犯罪作斗争的政策和策略原则,以及两类不同性质的社会矛盾的基本原理出发。只有这样,才能如实地反映出犯罪的矛盾性质。任何企图离开阶级斗争,想从抽象的犯罪概念中去探讨犯罪的矛盾性质的做法,都没有多大现实意义。但如果把这几方面的主要原则作为基本点去考虑,就可以在犯罪的本质概念中得出这样的结论:犯罪现象大多数是敌我矛盾的性质,少数是人民内部矛盾的性质。这是马克思列宁主义的革命辩证法在犯罪的阶级本质中的具体体现。刑法的对敌要狠、对内要和的精神,才能在实践中得到真正的贯彻。

“从对待犯罪的处理方法上,也可以看出一切犯罪现象属于敌我矛盾的性质。”这是罗素全同志的另一个基本论点。我认为,两类矛盾、两种方法必须辩证地理解,而不能绝对地、机械地去对待。毫无疑问,在任何情况下,处理人民内部矛盾和处理敌我矛盾的方法必须严格地区别开来,“敌我之间和人民内部这两类矛盾的性质不同,解决的方法也不同”(毛主席语)。对于敌对阶级所需要的是坚决的专政,对于人民内部的问题所需要的是民主的即说服教育的方法。因为,在绝大多数的情况下,就人民内部的矛盾来说,完全是属于人民内部的是非问题和人民内部的争论问题。对于这些人民内部的思想性质的问题,毛主席指示我们:“凡属于思想性质的问题,凡属于人民内部的争论问题,只能用民主的方法去解决,只能用讨论的方法、批评的方法、说服教育的方法去解决,而不能用强制的,压服的方法去解决。”②所以,凡是对人民内部的问题,其中包括某些群众的落后言行以及没有构成犯罪的一般违法行为,均应坚持教育的方针,人民法院绝不能滥用惩罚的手段去解决这些问题。

然而,人民内部的矛盾,在某些情况下却表现为不属于人民内部的思想问题、是非问题和争论问题,而表现为人民和触犯刑律的犯法分子之间的矛盾。这也是非对抗性质的、非根本利益相冲突的矛盾。就这一意义来说,人民内部矛盾和人民内部矛盾性质的犯罪有其本质的相同,也有其非本质的不同,两者不能混

① 罗瑞卿:“关于中华人民共和国治安管理处罚条例草案的说明”。

② 毛泽东著:《关于正确处理人民内部矛盾的问题》,第6页。

淆起来。对于在劳动人民中业已构成犯罪的行为，也必须根据犯罪的性质和情节轻重，依法判处。对人民内部矛盾性质的犯罪科处的刑罚是在强制基础上的说服教育的手段，对犯法者本人是“惩前毖后，治病救人”，而不是镇压。邓小平同志说：“人民中的犯法分子也要给予法律处分，这种处分有教育作用。”[①]这些说明对人民内部个别触犯刑律的犯罪分子的处理，再也不能一律搬用“讨论的方法”、“批评的方法”去解决，而必须采用刑罚的方法作为说服教育的辅助手段。这种处理方法，又可称为特殊的教育方法（不能认为是专政的方法），它并不违反毛主席和党多次指示的“解决人民内部矛盾和解决敌我矛盾是用两种不同的方法”的原则。

作为无产阶级专政锐利工具之一的刑法，主要是负担解决敌我矛盾的任务，刑法的斗争锋芒是指向人民的敌人，它用刑罚的手段同一切反革命分子和各种刑事犯罪分子作坚决的斗争。不过，在一定的场合下，我们也用它来处理人民中的个别犯法分子。这样，并没有改变刑法的阶级专政的实质。问题就在于，“人民中间的犯法分子也要受到法律制裁，但是，这和压迫人民的敌人的专政是有原则区别的”（毛主席语）。这就清楚地告诉了我们：某些刑事犯罪虽然也要受到法律的惩罚，但在本质上仍然是属于人民内部的矛盾。如果按照罗同志的说法，这一“原则的区别”就是：个别与整体的区别，即是对人民中个别犯法分子的专政，不是对人民的专政，是对个别的犯法分子与对敌人作为一个阶级专政的区别。这样的理解为什么不正确呢？因为，既然不是对人民的专政，但又认为是对人民中的个别犯法分子专政。这是很难自圆其说的。前面已经谈到，个别和整体的性质是相同的，即人民内部矛盾性质的犯罪与人民内部矛盾在性质上是相同的。既然如此，具有同一性质的事物，就不会有什么原则的区别了。难道说人民可以向自己专政，可以由一部分人民压迫另一部分人民吗？

原来意义上的专政，完全是一种政治上的概念，其含义只能是一个阶级对另一个阶级所施以的政治压迫。专政比起法律制裁，其内容要广泛得多。正因如此，人民中的个别犯法分子（除非矛盾的一方已经转到敌人方面去）所受到的法律惩罚，一般说来并不是对其施加政治上的压迫。因而，也就不是什么个别的犯法分子与对敌人作为一个阶级专政的区别。列宁说：“专政，这是一个残酷的、严峻的、血腥的、痛苦的字眼，这样的字眼是不能随便乱讲的。”[②]我认为“这个原则的区别”指的是专政与刑罚的区别。绝不能把刑罚与专政之间画上一个等

---

① 邓小平著：《关于整风运动报告》，第2页。

② ［苏］列宁著：《关于用自由平等口号欺骗人民》。

号,刑罚只是一种斗争的形式和手段,它与犯罪的矛盾性质并不是同一个东西。我们必须根据矛盾的性质决定采用何种手段,绝不能由解决矛盾的手段来决定矛盾的性质。不是刑罚决定了犯罪的矛盾性质,而是犯罪的矛盾性质决定了刑罚。所以,判刑与不判刑不能作为划分犯罪的矛盾性质的根本标尺,用判刑与否来区分犯罪的矛盾性质是极端错误的。对于那些盗窃犯、诈骗犯、强奸犯、杀人放火犯、流氓集团和各种严重破坏社会秩序的坏分子,因为这些刑事犯罪分子的犯罪本身的性质就是属于敌我矛盾,他们的政治态度完全与社会主义相对立,他们是破坏社会主义事业的反动分子。正如《人民日报》社论指出的,“坏分子的烧杀淫掠,无恶不作,他们对社会主义建设所起的作用,仅仅是破坏作用”,“坏分子的活动,从它的危害性来看,从它的后果来看,都是对反革命颠覆活动的直接配合”。因而,我们对坏分子所科处的刑罚在性质上就具有阶级专政的内容。相反地,一个汽车司机由于一时的疏忽大意或因机件失灵而引起车祸事件,撞死了人,在这种情况下,也要判刑,但司机的过失致人死亡的行为并不是敌视和破坏社会主义建设事业,也不是有意地破坏社会秩序,因而对这种过失犯罪所科处的刑罚,从其性质上说,根本就不具有阶级专政的内容。

刑罚是我们国家政权用来惩罚敌对阶级分子的最主要、最基本、最普通的专政形式(敌我矛盾性质的犯罪一般说来都是要判刑的)。但并不排斥在一定的条件下(国家政权的巩固和人民觉悟的提高)从党的政策和策略原则出发,对一些敌我矛盾性质的犯罪可以不判刑,而采取另一种专政的形式。比如,右派分子是反党、反人民、反社会主义的资产阶级反动派,他们妄图推翻人民民主政权,复辟资本主义,他们的行为是具有社会危害性的,实质上就是敌我矛盾性质的犯罪。可是,我们对这些反动分子一般地并不判刑(除一部分触犯刑律的之外),而是采取坚决打击、孤立、分化和强迫改造自新的专政形式。有些反革命并未被逮捕判刑,但也并不因不对其判刑而改变其反革命的本质。如果把专政与刑罚画上一个等号,就必然会给人们以这样的一种印象:上述的两类犯罪没有对他们判刑,就不是敌我矛盾性质的犯罪了。这不仅在理论上是荒谬的,而且在实际中也是十分有害的。

“人民中间的犯法分子”所犯的“法”是指行政法令,“也要受到法律制裁”是指受到行政法令的制裁。罗素全同志又想以此来论证人民内部矛盾性质的犯罪的不存在。这样的提法很值得商讨。我理解毛主席说的“人民中间的犯法分子”指的是违反刑事法律的犯罪分子,而“也要受到法律制裁”也只能是受到刑法的制裁。但我们不能断章取义地去理解毛主席的话,而必须前后联系起来考虑。要不,为什么毛主席又说:“专政的制度不适用于人民内部。人民自己不能向自己专政，不能由一部分人民去压迫另一部分人民。”这十分清楚地表明了：对人民中的个别触犯刑法、构成犯罪的刑事犯罪分子要给予判刑，但不是作为敌我矛盾、专政对象来论处的。当然，毛主席在同一文中又提到：“人民为了有效地进行生产、进行学习和有秩序地过生活，要求自己的政府、生产的领导者、文化教育机关的领导者发布各种适当的带强制性的行政命令。没有这种行政命令，社会秩序就无法维持，这是人们常识所了解的。”这显然是指劳动纪律和一般的社会秩序等方面而言，并不是对犯罪分子说的，两者不能混为一谈。

就退一步说，是否任何行政法令都不处理敌我矛盾了呢？也不是。《治安管理处罚条例》是一个行政法令，它除处理人民内部矛盾外，还处理一些敌我矛盾。《人民日报》社论指出：“治安管理处罚条例对于少数进行违法活动的坏分子说来，是人民对他们实行专政的武器；对人民中有某些轻微违法行为的人说来是国家约束他们的纪律。”罗瑞卿部长也说过：“违反治安管理应当受到处罚的人中，有一部分人原来就是各种坏分子。他们进行偷窃，诈骗财物，猥亵调戏妇女，扰乱公共秩序，妨害公共安全，造谣生事等等违法活动。这些坏分子，是我们专政的对象。对他们的违法活动，是必须实行专政，必须加以处罚的……但是，还有另一种情况，这就是在应当处罚的违法行为中，还有许多却是属于人民中某些轻微的违法行为，或者说，是属于人民中某些违反国家纪律、妨害公共秩序的行为……”[①]十分明显，想以“违反行政法令”、“受行政法令制裁”来否定“人民中间的犯法分子”是指违犯刑法的犯罪分子，“也要受到法律制裁”是指受到刑法的制裁，来反驳“一切刑事犯罪分子并不都是敌我矛盾、专政对象”的理由是站不住脚的。

罗素全同志为了说明一切犯罪现象都属于敌我矛盾的性质，还引证了毛主席的“关于正确处理人民内部矛盾的问题”和刘少奇同志在中共八大二次会议上的报告以及《人民日报》社论“打掉官气”一文中有关对各种刑事犯罪必须实行坚决专政的论断。这些文章和社论中的论断是正确的，问题是要如何正确地理解这些论断。可惜，罗同志在解释这些问题时缺乏根据，仅从字眼出发，而不是从实质上去分析问题。原来意义上的刑事犯罪，就其形式的概念来说，只不过是违犯了刑事法律和党的刑事政策的犯罪，但不是就其形式，而是就其内容和实质来说。即根据毛主席关于划分敌我的标准、阶级分析的方法，并非一切刑事犯罪分子都是反抗、敌视与破坏社会主义的犯罪分子。所谓各种刑事犯罪分子，只能指坏分子而言。即盗窃犯、诈骗犯、强奸犯、杀人放火犯、贪污犯、严重破坏社

① 罗瑞卿：“关于中华人民共和国治安管理处罚条例草案说明”。

会秩序和严重违法乱纪的犯罪人、公众公认为坏人的人以及进行破坏活动的地主富农分子等。对于这些披着人皮的野兽,当然要实行无情的专政,不能有任何的姑息。这些犯罪我们称它为“各种刑事犯罪”,它们在刑事犯罪中占绝大多数。应该懂得:毛主席和党的领导同志的文章总是把各种刑事犯罪的具体的名称列举出来,总是明确地提出“各种刑事犯罪”,而没有笼统、抽象地提出一切刑事犯罪都是敌我矛盾、都是专政对象。所以,在刑事犯罪中除了绝大部分如上述所列举的敌我矛盾性质的犯罪外,还有一部分是属于普通一般的刑事犯罪。这些犯罪就是属于人民内部矛盾的性质。诸如过失罪,责任事故,医疗事故,妨害婚姻、家庭自由罪等都是。这些犯罪,虽然对社会主义是不利的,但我们绝不能对其以坏分子论处,对他们实行专政。如果毫无根据地认为“一切犯罪分子都是程度不同的坏分子”,这样一来,不仅混淆了矛盾的性质,而且十分令人费解。因为,所谓“程度不同的坏分子”,如果指的是矛盾性质的大小不同,那就根本说不通。从司法实践看来,从群众的要求和利益出发,公众公认为坏人的人是属于坏分子,应视为犯罪分子。因此,坏分子中无一不是犯罪分子(当然不包括违反“爱国公约”的坏人坏事),既然如此,为什么把坏分子划分为“不同程度”,又为什么认为“坏分子未必是刑事犯罪”呢?

偶尔、轻微、过失的犯罪是否应当做坏分子处理,对其实行专政呢?本来这是不成问题的问题,可是罗同志却做出了肯定的回答。如果根据阶级分析的方法和党对犯罪的政策以及对具体的犯罪情节做具体的分析,凡因偶尔的、轻微的、过失的行为而犯错的人,甚至有的虽构成了犯罪,一般地都不能当做坏分子看待,而应当看做是人民内部矛盾性质的犯罪,有的虽构成了犯罪,但可以不判刑。例如,对于生活无着落,或者有轻微的、偶尔行窃的盗窃行为的,可不必处刑或从轻处刑、建议有关部门处理。很显然,那种认为凡是“如已构成犯罪,哪怕是偶尔的、轻微的、过失的犯罪,应属一般的坏分子,应实行专政;其罪行与人民的关系应属敌我矛盾”的提法,完全是脱离实际的,与党对犯罪的政策和策略原则相背离,并会因此对犯罪的矛盾性质做出错误的结论。若用它来指导实践,其危害后果是不堪设想的。

最后,关于过失犯罪的矛盾性质问题。罗同志也认为一切行为所构成的犯罪均应属于敌我矛盾的性质,“理由”是:“过失行为既已构成犯罪的情况下,一定是造成了严重的危害的后果”、“行为人在主观上,有令人不可原谅的责任”、“群众是有一定的公愤”。这些理由把后果和矛盾的性质混为一谈,这是一种撇开阶级分析方法去解释犯罪现象所得出的当然的、错误的结论。无可非议,犯罪的后果严重与否对于判断是否构成过失犯罪来说虽有很大的作用,但这个作用仅可作为量刑时的参考，绝不能作为确定矛盾性质的主要依据。确定矛盾的性质，对于具体的犯罪现象来说，主要是从犯罪的行为的性质、犯罪者的主观恶性去考察。我们可以这样说：只有实施了反抗、敌视和破坏社会主义的行为所造成的危害社会的结果才能被认为是最严重的。当然，不同矛盾性质的犯罪有时也可产生相同的结果，这是因为过失犯罪本身就有比较严重的后果，否则就不能构成犯罪。例如，一个医师由于一时的疏忽大意，致病人死亡而构成的医疗事故的犯罪，其后果虽然与杀人行为致人丧命的结果相同，但是有谁能说，这个医疗事故致人死亡的行为与杀人的行为在性质上是相同的呢？又有谁能说这个医师是“直接或间接地破坏社会主义”呢？难道群众会像对待杀人凶犯一样去对待这个医师吗？这些，都是“后果论”者无从解释的。因此，以后果的严重与否来观察矛盾的性质是极端错误的。

(1958年第9期)

从一件医疗事故案件的处理看审判思想

谢桂生*

刑法是否调整两类不同性质的矛盾？我们认为，刑法既调整敌我矛盾，也调整人民内部矛盾，这是客观存在的事实。下面试以毛主席关于正确处理人民内部矛盾的学说来分析一件医疗事故案件的责任认定和处理办法。这是一件属于刑事范围，而绝不是用专政方法来处理的案件。

一

案件死者叶××，女，3岁，原在托儿所中每逢身体不适即发高烧至39℃。1957年10月25日由上诉人（死者母亲）抱至×县某联合诊所由被上诉人诊治，注射青霉素20万单位，注射前未做病理试验。治疗后半小时死者发生休克、抽搐。同年11月14日上午，死者又由上诉人抱至该所诊疗，热度40.2℃，有肺支气管呼吸音等。上诉人并告知死者前次诊断后发生休克，被上诉人认为是由于死者身体高温所致，除继续注射青霉素20万单位以外，并用含量0.5瓦水化氯醛生理盐水100CC灌肠，以求降低体温。在注射青霉素前又未做病理试验。死者在治疗后返家途中即发生休克，回家后发生眼球混浊等现象。后由被上诉人急救注射强心针，于下午6时30分送某人民医院，至次日晨7时30分死亡。

叶孩死后，上诉人向法院提起诉讼，请求追究被上诉人的责任。在原审审理中，法院曾数次组织医务人员讨论。根据死者临床诊断之症状，对于死者是否由于青霉素注射过敏反应作用致死意见分歧。最后法院在征得上诉人同意下于11月23日进行尸体解剖。由于解剖时已距死亡时达8日，尸体已开始腐败，肺部发现小叶性肺炎症状，脑部已呈豆渣状，不能检查。在对肺、肝、脾、肾等病理切片检查后，不能认定有青霉素注射过敏反应的水肿现象，只能肯定为自溶。据此，法医解剖的病理诊断和鉴定结论为“小叶性肺炎致死”。

根据法医解剖的结论，原审法院裁定：“叶××系肺水肿、小叶性肺炎死亡，案件不予受理……”上诉人不服，接着就以“法医鉴定及法院裁定不能否定被上

* 作者单位不详。

诉人之责任事故及医疗过失”的理由，提起上诉。

二

为了正确处理这一医疗责任事故案件，实际地解决这一问题，必须分析这类案件的性质，指出处理的原则，作为处理案件的指导思想。

首先必须指出，医疗责任事故案件的犯罪人只能是医务工作者，而且他的行为只能是属于工作中的过失。如果说，他在诊治中知道自己的行为所带来的后果而抱着希望或放任的态度（主观上可能有某种动机和目的），那么他就应该负故意杀人或伤害的责任，而不是过失了。

所以医疗责任事故案件的实质乃是同旧思想、旧作风作斗争的问题，是人民内部的矛盾，在一般情况下是一种轻微的刑事案件。正确处理这类案件，必须贯彻毛主席关于正确处理人民内部矛盾问题所指出的原则和精神，必须从有利团结、有利社会主义建设事业出发。追究责任的目的并不单纯是使某一个在医疗过程中存在过错的医生受到惩处，重要的是通过案件的审理，揭露他的缺点，使他认识错误，教育他忠心耿耿地为人民服务，消灭事故的根源。同时，也以此教育其他的医务工作者，使他们加强责任心，提高医务工作的水平。

医务工作者肩负着救死扶伤的光荣任务，但是医疗上的疏忽、过失，也极易造成病人的死亡或健康受损。解决这种矛盾应该用批评教育的方法。对于情节恶劣、后果严重的亦应判刑，这同批评教育的方法是相辅相成的。

三

究竟在本案中被上诉人有何过错、如何认定他的责任呢？

一、上诉审法院对被上诉人责任的分析

通过案件的审理，首先上诉审法院肯定被上诉人在治疗过程中的错误——两次注射青霉素前均未做病理试验，第二次注射青霉素前未做病理试验正是引起死者死亡原因争执之所在。

根据医疗规定，注射青霉素前必须做病理试验（特殊情况如短期内连续注射除外），因为病人很可能发生过敏反应。而被上诉人并未重视这一点，两次注射未遵照执行。但要认定被上诉人的责任，必须查明他的过错和死者生前的病变、死亡的因果关系。从对死者生前的临床诊断看来，死者之病变和死亡确与青霉素的注射存在时间上的联系，而且在病变上存在某些症状的相符。但是，二者也可能只是现象上的相同、在时间顺序上的偶然巧合，而无内在有机的联系。因此，这种情况尚不足以说明被上诉人的过错是造成死者死亡的原因和认定他的刑事责任的依据。

根据死者生前病状和尸体解剖记录，可以鉴定出死者生前患有小叶性肺炎。在法医鉴定解剖记录和病理切片检查中没有认定青霉素注射过敏反应的情况下，只能初步肯定：死者致死的原因是小叶性肺炎。

但是这样的结论并不是彻底和完全肯定的。

根据临床诊断和死者病情看来，死者（小孩）患有肺炎本来是危险的病症，在高热度之下（医学上称体温39℃以上即为高热度）很可能突然发生休克，另外未做病理试验即行注射青霉素也很可能发生休克（过敏反应）。是前者还是后者引起死者的死亡？这个问题不能从临床诊断的病情判断出来，也没有得到具有重要证据效力的法医鉴定。因为尸体解剖时已是死后8天，尸体已开始腐败，重要器官——脑部已不能检验，其他内脏部分（肝、肺等）在鉴定中只能认定自溶现象，对其他症象不能肯定。因而法医鉴定虽肯定了死者生前患有小叶性肺炎（它是可以引起、而且已被鉴定为致死者死亡的原因），却不能否定发生青霉素过敏反应以及它对死者病症的加重、促进或完全因此致死的可能性。

二、上诉审法院对本案的处理

根据以上分析，上诉审法院认为被上诉人的过错可能同死者的死亡有很大的关系，但是还不能因此而追究被上诉人的刑事责任。同时认为本案是人民内部矛盾的性质，其处理不但在于解决刑事责任问题，而且应该加强教育解决思想问题，促进工作，促进团结。

因此，上诉审法院在认定本案的性质、分析了被上诉人的过错、责任以后，以毛主席关于正确处理人民内部矛盾学说为指导，贯彻了“团结—批评—团结”的方针，在当地卫生部门协助下，通过调解来解决。在整个调解过程中，上诉审法院首先对被上诉人的过错进行严肃的批评教育，建议当地卫生部门给予重视、处理，另外法院也对上诉人讲清案件事实情况和正确处理本案的目的和方法。在上诉人理解毛主席的正确处理人民内部矛盾问题的意义以后，也感到人民法院是在勤勤恳恳，全心全意为人民服务，严肃认真地办案，从而自动撤回上诉。案件获得圆满的解决。

我认为上诉审法院对于本案的处理是正确的、成功的。这个案件是相当复杂的，因为被上诉人有显著的过错，但又不能断定他的过错就是死者致死的原因，因而追究被上诉人的刑事责任是有困难的。但因追究刑事责任没有根据，从而像原审法院一样用裁定或判决“驳回上诉”，不但不能使上诉人信服，而且审判思想上表现为是单纯为了惩处而来认定责任的。事实上，在这里认定责任的问题并不仅仅是一个证据理论问题，而是贯彻毛主席关于正确处理人民内部矛盾学说，加强教育、加强团结的问题。

处理这样的一个医疗责任事故案件时查明死者死亡原因的目的是解决被上诉人的刑事责任问题。但是，从处理案件的目的看来，人民法院根据被上诉人应负的法律责任，决定是否判罪、如何量刑是必要的，但尤其重要的是通过审理，用被上诉人在医疗上和执行规章制度上的缺点及其后果来教育被上诉人和其他医务工作者，使医务部门通过这一事件吸取教训，改进医务工作，使他们更好地为当前大生产服务，为社会主义建设服务。因此，在案件审理中必须对被上诉人进行批评教育，使他认识错误，诚心悔改；同时，将这一事件通报给当地卫生部门，引起他们的重视，防止今后类似事件的发生。在这样的基础上，由于缺乏根据而不可能追究上诉人的刑事责任的情况下，在当地卫生部门追究被上诉人的一定的行政责任以后，再追究其刑事责任也就没有必要了。

在处理这样一个人民内部矛盾的问题上，存在两种针锋相对的方法：一种是用强制的、压服的、命令的方法，另一种是采用民主的、讨论的、批评教育的方法。后一种方法是解决人民内部矛盾唯一正确的方法，前一种方法不仅不适当，也不能解决问题（案件的争执）。原审法院简单地用裁定“驳回起诉”，结果形成了上诉案件，正有力地说明这点。原审法院没有在思想上正确理解处理这个案件的目的和意义，因此，在审理中没有严肃地肯定被上诉人的过错并给予严格的批评和教育，对于上诉人的这个正当要求在裁定（应当采用判决）中毫无反映，放弃了法院向旧思想、旧作风的斗争任务。另外法院也没有以有利团结、有利生产的思想和“团结—批评—团结”的方式处理案件，对上诉人进行教育，也就不可能使上诉人信服。这种方法所以是有害的，是因为它不仅不能有效地解决矛盾，而且某种情况下可能扩大这种矛盾，即不仅不能正确解决上诉人和被上诉人之间的矛盾，而且可能造成上诉人对法院的错误认识和不满。原审对本案裁定后，上诉人曾怀疑原审法院偏袒被上诉人就是证明。

这个案件之所以解决得成功，正是因为上诉审法院不但没有把这个案件看做是敌我矛盾性质的案件，而且也不是只从追究刑事责任着眼，而是贯彻毛主席关于正确处理人民内部矛盾的指示和“团结—批评—团结”的方针，采用了建议行政处理和思想教育的方法，既没有使被上诉人不适当地负刑事责任，又没有因此而放弃了对被上诉人的批评教育和免除了他的一切责任，达到了群众和上诉人满意、有利于团结和生产的目的。

（1958年第9期）

采用群众辩论方法处理案件的几点做法和体会

王云生*

山东各地人民法院采用群众辩论处理案件的方法，是在整风运动中，克服了坐堂办案的作风，深入群众就地审判时摸索出来的。当时济南市中级人民法院受理了一起裁缝铺失火，殃及洗衣局，烧毁很多顾客衣料，引起损失赔偿纠纷的案件。因失主很多，被告又无力偿还，以致长期纠缠不能解决。在提出司法工作跃进后，审判人员召集街道干部与失主一起开会，把情况摆开，让大家出主意，看看该怎么办。结果，一天时间就顺利解决了，而且效果很好。这个做法给我们很大启发，我们认为各地都可试行，就总结推广。全省不少法院争相试用，起初多用它处理民事案件，现在对某些刑事案件也采用了。从试行的结果来看，它不仅依靠群众弄清了案情，保证了办案质量，而且通过活生生的事实，广泛深刻地向群众进行了法制教育，对预防犯罪，预防纠纷起着积极的作用。实践证明，运用这个方法处理案件既为广大群众所欢迎，也大大提高了办案效率。同时，全民整风后，广大群众经过了社会主义教育，政治觉悟空前提高，并已学会用大鸣、大放、大字报、大争大辩的方法来解决社会主义建设中的问题。因此，在党的领导和法院的具体掌握下，采用群众辩论的方法处理案件，妥善地解决人民内部和敌我之间矛盾的条件已经成熟了。

一

采用群众辩论的方法处理案件，必须深入群众，就地进行。各地一般做法是：事先审阅材料，大体掌握案情和发生原因，选择适宜辩论的案件携卷下乡，进一步核对案情，依靠当地党委，通过基层组织，研究处理方法，确定辩论重点，根据案件特点和客观条件，确定采用什么辩论形式。目前，各地采用的有大型辩论、小型辩论、分别辩论、共同协商和家庭会等几种方式。

1. 对影响较大或牵涉面广，有教育意义的案件，一般是采用大辩论的方式。

---

* 作者单位不详。

如德县法院处理的反动富农杨××破坏生产一案。该犯土改时曾被斗争,1956年划入农业社管制生产。1957年与社员郑某等栽白菜时,他在每棵菜心上放上土,企图使白菜烂心死掉,栽到两亩多时被发现,被责命用水冲洗一遍,白菜才未受损失。在秋耕时,杨××又偷了农业社的3副牲口套。在该犯的影响下,该村5户富农、3户地主都不老实,乱偷乱摸的现象很严重。在逮捕审讯时,该犯狡猾抵赖,拒不认罪。为了弄清案情、及时处理,法院于1958年4月到该村与支部、社委研究,并进一步核对了材料,召开了五千多人的群众大会进行辩论。首先讯问被告起诉事实有无出入,被告否认事实,进行狡赖。群众见他狡赖,都气愤地站起来,纷纷要求发言。在群众的揭发辩驳下,在铁的事实面前,被告理屈词穷,不得不承认说:"是我使了坏心。"这时案情大白,法院即判处被告徒刑。经过这个案件的处理后,群众反映,地主富农真不老实,得处处防备他们。支书、社长说:"这一下,地、富分子的气焰就打下去啦,法院审了这个案,给俺社生产带来了有利条件。"

又如莱西县法院处理的夏格庄社饲养员孙、刘两人因失火烧死牲口案。失火原因是:用饲草烧坑,引燃了饲草和秫秸墙(牛棚墙是秫秸搭的)。起火后,两人只顾抢救自己的东西,而未及时喊人救火,以致延烧房子8间和14头牲口,其中除被别人救出3头外,其余全被烧死。事件发生后,群众对烧死这样多牲口十分痛惜,对两个饲养员只顾自己的东西,不抢救牲口的行为极为气愤,要求惩办。法院在进行调查中,了解该乡过去也曾发生过这类问题。饲养员缺乏责任心和管理制度不严,是较为普遍的现象。法院还与乡党委研究,确定通过该案的处理,教育全乡饲养员加强责任心,树立爱护集体财产的观念,推动所有农业社建全管理制度,采取防火措施。在乡党委主持下,共同召集了全乡饲养员、社干、治保主任参加的辩论会。法院先报告了案情,让大家展开讨论,与会干部、群众一致批判了这两个饲养员不爱护公共财产的失职行为,有的社员情绪激愤,要求严厉惩办。也有些社员提出失火和放火不同,他俩终究是好人,不要处理得太过分。与会的饲养员,除一致谴责了他俩的错误外,都表示今后要对集体财产比自己的东西更关心,不然,对不住大家的委托。社干一致表示,要接受教训,健全饲养管理制度。辩论中,大家还分析了失火的客观原因,提出饲养室不能存放大批饲草,不宜用秫秸做墙壁,应建立防火制度等。法院综合了各方面意见,宣判两个被告短期徒刑,并表扬了抢救出牲口的社员。群众一致拥护。与会饲养员都认为这次受到的教育既深刻又实际。乡社干部反映:"法院这个处理法真好,教育作用大。"会后,乡党委布置各社,对饲养工作普遍进行检查,修订管理制度,研究出防火的措施。

2. 对牵涉面小,但有教育意义的,或因有某些人同情支持而难以执行的案件,一般是采取了邀集当事人信服的乡社干部、有关群众参加的小型辩论会的方式。如胶县法院处理的汽车肇事案。青岛运输公司司机董××,驾驶汽车到胶县董城村附近,发现公路旁有小孩,车距其78公尺即鸣笛示警,距24公尺又鸣笛,这时小孩已站在路侧不动,当车距其8公尺时,突有一小孩横跑过路,董××刹车不及,急向右方打转,前轮已下沟底,但仍将小孩撞死。事情发生后,经有关部门研究,给了司机行政处分,向死者家长进行安慰,并抚恤40元。但难主不干,部分社干、群众也表示不满,说:"光讲交通规则不解决问题,养个孩子容易吗?上午活蹦乱跳,下午成了两半截,谁受得了?"有的说:"好贱的孩子,40元钱想买条人命"等。在部分干群支持下,难主哭叫连天,连续到县人委、法院哭闹10余次,要求严办司机。在这种情况下,有关部门也意见不一,调处几次都没有解决,后来起诉到法院。法院认为解决该案的关键在于向群众反复讲透道理,分清责任,提高认识。即会同有关部门与乡党委研究,统一认识后,召集了难主及有关干群40余人的小型辩论会,提出驾驶员是有意还是无意撞死人,在那种情况下能否控制,是意外事故还是过失,应当怎么处理等3个重点,进行了辩论。经过反复辩论,一致认为:"撞死孩子人人心疼,但当时的情况,司机已来不及刹车,不能只怨司机。当家长的也有责任,平时不教育孩子,随便在公路上乱窜乱跑,叫人家无法躲避。"群众同意了以前的处理,在大家的分析教育下,难主表示同意,接受了抚恤费,并要烧水做饭招待。事后干群十分满意,反映说:"真是人民政府,在这种情况下轧死人,还三番五次地来安慰处理,要是国民党时候,就是故意轧死人,谁敢问他。"干部并表示要认真地宣传贯彻交通规则,群众表示一定要好好地教育孩子。

又如,淄博市中级人民法院处理的陈××与刘××(女)婚姻纠纷。陈于1953年提出与刘××离婚,刘××哭闹寻死,坚决不离。区院、市院处理多次,至1956年共经一审、二审法院四次判决,不准离婚。但五年之久二人关系并无好转,吵闹不休,诉讼不断,法院也认为是个缠案。1958年春陈又提出申诉,法院经研究认为,这情况应该判离了,但须打通女方思想,防止发生意外。法院通过街干邀集女方平日佩服的群众,进行座谈,并叫刘××也参加,讨论究竟是离婚好,还是不离好。大家一致认为,闹到这个样应该离,不离没有好处。有个老太太说:"好孩子,可不能再那么死板啦!你光说不离婚是为了幸福,你们四五年不同居,你的幸福在哪里呢!"经过群众动员,讲明利害,女方不再坚持。法院随即判决离婚,不但没发生意外,而且执行得很顺利。

3. 对某些家务纠纷,采取家庭辩论会,以"自己的事、自己分析、自己解决"

的方法处理。这种方式有时只吸收家庭成员参加，有时则吸收当事人都乐意接近的干部或家族邻居参加。如昌乐县法院处理的袁××(女)与刘××离婚案件，从女方起诉理由看，是因为受了虐待，态度坚决，非离不可。经过深入调查，夫妻感情一向很好，但是男方思想落后，参与闹退社后，女方规劝回社，多次不听，退社后，生活困难，将牛卖掉吃光，以致夫妻经常口角，打骂小孩，激起离婚。法院考虑应该支持女方的进步要求，批评男方的落后思想，在新的基础上，使双方重新和好。遂会同社干及其本族中的社员，开了一个家庭辩论会，让男女双方陈述理由，大家对刘××的退社单干，作了批判，劝他重新入社。刘因不听妻子的解劝，致生活困难，闹了离婚，也表示后悔，作了检讨。女方也愿撤销离婚重新和好。干部并帮助其订出生产、生活计划，根据其家庭情况，给予救济。入社后，夫妇对法院和社干十分感激，劳动积极，事事带头。在这一问题的影响下，其他闹事退社户也相继重新入社，干部群众反映很好。

又如，胶县法院受理姜××(女)要求与李××离婚案，女方态度坚决，死也不去男家。但经调查，并非夫妇感情破裂，主要是婆婆嫌儿媳，岳母嫌女婿，互相挑剔，造成隔阂。法院认为必须打通双方家长思想，才能解决问题。遂协同社干、邻居在男方家召开了家庭辩论会，以尊婆爱媳为题进行辩论，在大家的分析批判下，婆媳均检讨了自己的缺点，消除了意见。为了彻底解决两方家长的思想，又约同两亲家在女方娘家召开了家庭会。结果两亲家相对检讨，婆婆表示要拿着媳妇当闺女，岳母表示待女婿和亲儿一样。一场风波从此云消雾散。

4. 对村与村、社与社之间的群众性纠纷，各地采用分别辩论、协商处理的方式。如胶县法院处理的张官寨村(社)王××与李子行村(社)夏××的树木纠纷。王所在村的部分干部群众认为王××伐自己的树，夏××看见不制止，伐倒后却全部扣留，归了李子行村使用，因此极不满意。而夏××所在村的部分干群则认为：制止伐树是上级指示，谁发现了谁扣留也不犯法。双方各有一定的宗派情绪，多次调解不成，告到法院年余，也处理不下去。在司法工作跃进中，法院对这个案件进行了反复研究，认为这虽系两个人的诉讼，但不教育提高群众，消除两村的宗派情绪，是难以解决的。针对这样的情况，审判人员先与乡党委做了研究，在社干中召开了会议，进行了社会主义集体教育。统一了对问题的认识之后，又分别召开了两村(社)的群众大会，让大家辩论如何解决这一问题。在张官寨村里，辩论的重点是：王××听说入社，就伐河滩上的树木，对不对？大家认为怎么办好？在李子行村里，辩论的重点是：看到伐树应抱什么态度？夏××办的这件事，哪是对的，哪是不对的？在分别辩论中，群众批评了王××的个人主义，指出伐倒的都是小树，破坏堤植，危害生产，于公于私均无利。在李子行村，群众指出夏××制止伐树是对的，但看见时不立即制止，等到砍完了却扣留的做法，则是不对的。经过分析批判，双方均检讨了缺点，在提高思想、统一认识的基础上，共同协商进行了处理。从此，消除了两个村的隔阂，增强了团结。

二

从试行的情况看，采取辩论的方法处理案件，效果是显著的，明显的好处是：

1. 有利于查清案情、明确是非、正确处理。采取群众辩论的方法处理案件，对刑事案件来说，是直接发动群众揭发了犯罪，从而获得充分的材料、确凿的证据。对民事案件来说，通过摆事实、讲道理，情况搞得更全面、更踏实。由于辩论是“三头对面，群众参与”，因此，所谈情况一般都比较真实，说了谎马上就要揭底。所以，适用这个方法取得的材料，比审判人员单人独马直接调查(当然某些案件的直接调查还是需要的)，则更加全面真实。同时，由于群众提出了对问题的各种不同看法，这就使法院在处理时，考虑得更加周到一些，有利于案件的正确处理。因而，主观片面的作风，可以得到有效的纠正。

2. 采用群众辩论的方法处理案件，可以拿活生生的现实问题向群众进行法制教育。它比吸收群众参加旁听，作法律报告，效果更为良好。因为，群众辩论的方法，参与的人都可发表意见。同时，群众相互辩论的过程，也就是互相教育提高的过程。通过群众自己的互相教育，再加审判人员根据政策与群众意见宣布处理的结果，它对群众的教育作用，远比单作法律报告或只参加旁听，形式上更活泼，印象上也更深刻。通过具体案件的辩论，使政策法律更深入群众，某些不正确的思想认识，得到批判和纠正，对防止类似问题的发生，有极为现实的作用。

3. 采用群众辩论的方法处理案件，不仅仅是具体地处罚了犯罪分子，解决了纠纷，更重要的是对于预防或者解决某一时期、某一地区同类性质的社会问题，有着积极作用。解决了过去办了这件再办那件，办完这起又发生那起的被动局面。如上述德县法院通过对反动富农破坏案件的处理，就提高了群众的政治警惕，有力地打击了地、富分子的反动气焰。胶县法院通过对汽车肇事案的处理，有力地贯彻了交通规则，对防止类似问题的发生，起着积极作用。再如前述失火烧死牲口的案件，通过辩论，个人自私自利的行为受到批判，群众普遍增强了爱社如家的观念。同时，通过眼前的事实，提高了社员和社干的警惕，使他们接受教训，健全了饲养管理制度，这就有效地减少以致避免了类似问题的发生。

4. 采用群众辩论的方法处理案件，对进一步丰富审判人员的实践知识，增强相信群众、依靠群众的观念,有着重要的意义。过去认为是疑难,甚至是无法处理的案件,采用深入群众,组织辩论,很快地就解决了,而且效果还很好。干部从实践中体会到,群众的智慧和力量是巨大的,感到所谓疑难案件,不是案子难办,而是办案人员孤立办案,不深入群众,没找到解决问题的关键。因为当事人生活在群众中,事情的根底群众都摸得清,只要发动起群众,就会弄清底细找着关键,想出解决问题的办法。这就使审判人员从群众中学到本事,受到锻炼,丰富了为人民办事的实践经验,加强了群众观点。

5. 采用辩论方法处理的案件,都便于执行。特别对民事案件,这是一个比较突出的优点。如昌乐县采用辩论方法处理了40多起案件,件件都顺利执行了。过去在民事案件和轻微刑事案件中,往往发生不能执行的问题,其原因不是情况查得不透或者处理方法不大合适,就是思想工作没做到家。运用辩论方法,由于群众面对当事人摆清了事实,讲透了道理,说明了利弊,法院也做到正确地处理,这就为顺利执行奠定了基础。同时,通过辩论,案情和政策均为群众所掌握,即使有个别无理取闹的分子,通过辩论使其在群众中孤立了,虽想找点便宜,但在舆论的抵制和监督下,也不得不老老实实地按照判决执行。

三

根据各地实践中的经验教训,采用群众辩论方法处理案件,一般应注意以下几点:

1. 审判人员必须绝对服从党委的领导,特别是切实尊重所到地区党委的领导,并要尊重案件发生地区工厂、农业社等单位党支部的意见。在案件辩论前,要与地区党委或单位支部讲清案情,统一认识。要尊重他们指出的意见,并在党委统一领导下进行工作。因为当地党委不仅熟悉地区情况,了解群众的感情与要求,而且,对组织群众鸣放辩论的经验也比审判人员丰富得多。如果离开了当地党委的领导,孤立地去组织群众辩论,不仅是错误的,而且也行不通,办不好案。

2. 教育审判人员树立起牢固的相信群众、依靠群众的观念,清除孤立办案的思想作风。因为,运用辩论方法,依靠群众处理案件,同不相信群众、孤立办案的思想是一个对立面。这个方法是通过整风,在同脱离群众、孤立办案的思想作风进行斗争中产生和发展起来的。开始,有的干部认为这样做太麻烦,办案效率会低,不如单独办案快,试用时并不积极。有的认为群众辩论,七嘴八舌不好掌握,对此抱着怀疑否定的态度。经过不断的实践和斗争,干部在实践中受到了启发，才逐步地由不明确到明确、由试试看到乐于采用。

3. 领导与群众相结合，要有领导教育群众，把群众的认识水平提高到党与国家的政策、法律上来。既要批判不相信群众的观点，又要防止尾巴主义。因此，案件在辩论前后，必须做好一系列的工作：(1)依靠党委和基层组织，沟通政策思想，取得统一认识；(2)根据辩论的案件，讲清有关政策，使多数群众的认识逐渐趋向于符合党的政策和国家法律；(3)对同情支持当事人的错误的个别群众，要分别情况进行教育，提高其认识，把阻力变为助力。此外，在辩论的过程中，还应根据辩论的重点，及时地加以掌握与启发。实践证明，凡是这样做的，不仅正确地处理了案件，也教育提高了群众；反之，则造成工作上的被动。如烟台市法院处理的潘××(女)与梁××离婚案，其处理之所以失败，就是事先缺乏与街干沟通政策思想，统一对问题的看法，以致辩论中，男方所在地的街干偏袒男方、压抑女方的正确申述，结果是非不明，辩论形成压服，造成女方精神失常，其他群众也议论纷纷。后经多方面进行工作，才避免了意外，挽回了不良后果。

4. 明确辩论的目的，辩论的重点应放在发动群众，弄清案情，辨清是非，求得多数群众统一认识，给正确处理创造前提上。而不能放弃领导，失却掌握，更不能将判刑权限也交给群众(征求群众意见也是需要的)。为此，要做到：(1)根据解决案件的要求，抓住一两个关键问题辩深辩透，不再牵涉一些无关紧要的情节。(2)掌握摆事实、讲道理的方法，既发动到会群众发言，也允许双方当事人陈述，这样才能通过相互辩论，将是非弄清，使犯罪分子低头，使当事人服气，使到会群众受到教育。(3)只要弄清了案情，大多数人统一认识即适可而止，不必强求所有的人看法一致，以免无止境地辩论下去。(4)对处理结果，适宜当场宣布的即当场宣布，否则也可定期宣布，个别再做番工作，防止当事人一时想不通，或者碍于面子而造成僵局。

5. 辩论的案件须加以选择，不是所有案件都可以采用辩论的方式，根据案件性质，影响范围，和客观条件，采用各种恰当的辩论形式。试行的体验是，民事案件中，除属于生活隐私和当事人性格怯懦的不宜辩论外，对牵涉面广，影响较大或带有宗派性质的纠纷，采用这种做法收效良好。在刑事案件中，大法不犯、小法常犯，反动道会门，神汉巫婆，责任事故，破坏生产，聚赌贪污，斗殴伤害等案件，一般适宜于辩论。对涉及国家机密，法律规定不宜公开审理的案件，则不宜采用。其他刑事案件是否适用，是否辩论，还有待于实践。

6. 对民事案件辩论，必须坚持说服教育的原则，掌握团结—批评—团结的公式，防止节外生枝，借题发挥。否则将招致不良后果，如胶县人民法院处理的赵××(女)因婆媳不合，提出与丈夫离婚一案，其所以辩论失败了，主要是辩论中没有注意上述问题，使群众离开了因婆媳不合离婚这个主要问题，而将赵的婆母过去经常与四邻吵架、无理纠缠等行为乱揭一通，借此出气。结果给一对本有和好可能的夫妇，造成非离不可的结局。

最后，说明一下，以上几点，多限于辩论民事案件中的体会，对刑事案件的辩论还未及总结，谈得很少。同时这一做法所显示出来的优点，只是与那种不相信群众、孤立办案的做法比较而言，并不意味着这样做已经是完美无缺了。如何发展、提高，还有待于今后的实践。

（1958 年第 9 期）

广泛开展群众性的法纪教育

解连河*

法纪宣传是社会主义教育的组成部分。浙江省绍兴县人民法院在县委领导下，通过审判活动和法律演讲等形式，已在全县90%以上的乡镇内蓬勃开展了群众性的法纪宣传工作，仅4~5月间就使21万人次受到不同程度的法纪教育。这不仅有力地推动了党在各个时期的中心工作，预防了犯罪，减少了纠纷，还大大密切了人民法院与群众的联系，受到区、乡干部和人民群众的热烈欢迎，使我们真正体会到法律只有为群众所掌握，才能成为巨大的物质力量。

一、政治挂了帅，法纪宣传才有力量

半年多来，我们法纪宣传的主要特色之一就是为政治服务，为生产服务。通过有关中心案件的审判活动，揭露敌人的阴谋破坏罪行，教育群众提高警惕与反革命分子和其他犯罪分子作斗争，并遵守国家政策、法令，以保卫党的每个时期中心工作的顺利进行，有力地促进生产。1957年秋收前后各地开展"反对瞒产私分"斗争时，我们就选择了粮食问题较多的40个农业社，普遍地作了1~2次"反对瞒产私分、反对偷窃"的法律讲演，收到了巨大的效果。马山乡西安社和平水镇两社经过法律讲演以后，社员就缴出私分的粮食5500斤、人民币762元。有的社员懊悔地说："早听了法律报告，死也不会瞒产了。"有些历年都有瞒产情况的农业社，在我们开展了法律讲演，指出了瞒产私分的错误性质和处理政策以后，当年就消灭了瞒产现象。因此，区委十分支持，将我们法律宣传的讲稿分发给各乡干部去作报告。1958年春花收割前后，我们根据往年这个时候偷窃和私分情况较多的经验，选择一批有关盗窃合作社财产的案件进行了就地审判。通过并结合各地的具体情况，运用各种形式，主动开展了"反对偷窃、反对瞒产私分、保证春花颗粒还家"、"保护合作社财产人人有责"的法律宣传，先后编发了10次有关的宣传资料和数千份墙头标语、墙头漫画，造成"偷窃可耻、劳动光荣"的社会舆论。有偷窃行为的群众，有的检查了过去错误，表示悔悟，有的当场交

* 作者单位不详。

出了偷去的稻谷,有的妻子当场检举丈夫的偷窃行为。陶堰乡堰西社小队长陈××听了法律报告以后,就把刚偷来的200斤稻谷交还社里,并检讨说:“我做了不是好人做的事情,请求按社章处理。”当赌风一度盛行影响生产时,我们为了制止赌博活动,选择了典型案件,在赌风最严重的中灶村,采用回忆对比的方法作了一次有关禁止赌博的报告,大大感动了有赌博行为的人。当场就有一个好赌分子交出了牌九牌等赌具,有25个人自动向群众作了改过的保证。如好赌分子周××在小组里讨论法律报告时,讲得痛哭流涕,说“今后决不再赌了,请大家监督我”。以后检查,他确实没有再赌,群众都说“他变好了”。

由于我们的法纪宣传就是这样紧密无间地围绕中心进行,因此不仅得到各级党组织的支持,也使法院与区乡的关系进一步密切起来。过去法院干部下乡找区乡干部联系工作总觉得中心工作紧张,业务工作插不进。通过审判有关中心工作案件和法律演讲,以及开展法纪宣传保卫了中心工作以后,情况大大扭转。区乡干部常常到法庭来找我们,要我们去作法律报告,积极为我们准备会场。群众对法律报告也很感兴趣,听法律报告时瞌睡打盹也没有了。有一个农民把一直不参加会议的妻子也叫去听法律报告,说:“大家都去懂道理,你也要去。”我们的法律讲演之所以能够受到干部、群众这样的欢迎,并没有别的窍门,只是因为我们一直把法纪宣传看成社会主义教育的组成部分,抛开了单纯业务观点,紧紧地为中心服务。

二、打破迷信,依靠群众,使法纪宣传工作遍地开花

生动有力的法纪宣传必须采取群众路线的工作方法,做到“从群众中来,回到群众中去”。先是宣传材料要来自群众,就地取材,克服光向上级要宣传提纲的依赖思想。事实上,深入群众中去就地取材,不但内容生动活泼富有说服力,而且取之不尽,用之不竭。通常我们都带有两个本子,一本收集有关中心工作的各项政策、法令、社论,作为宣传的政策依据,另一本专用作收集敌情与群众的思想情况、疑问、具体事例,作为报告的素材。这样,宣传材料的困难就迎刃而解。根据群众的需要,用通俗的群众语言由浅入深地进行宣传,就能有的放矢,句句扣入人心。如有一次一位审判员到社里去作法律报告,刚巧这个村里这天抓住了一个小偷小摸的分子群众准备斗争他,而我们那位审判员却大谈其“保护公民人身权益不侵犯”。大家都不要听,乱哄哄地把小偷推上台,把审判员挤到台下,自发地斗了一阵散去。又有一次我们去樊江社作报告,由于报告内容没有很好结合当地实际材料,对群众思想情况了解不足,结果群众听了很乏味,慢慢地

一个个溜走了,剩下来的几个坐在那里打瞌睡。从这两次事例中,我们深深体会到法律报告必须从实际出发,才能为群众所欢迎。

我院过去曾有些人把法律宣传工作看得很神秘,只迷信自己,不相信陪审员、调处委员等群众力量,认为法律宣传的思想性与政治性很强,运用群众力量开展法纪宣传容易发生偏差。可是半年来的工作实践完全打破了这种迷信观点。事实证明:只要有领导、有计划地运用陪审员、调处委员等群众力量进行宣传,不但不会出什么偏差,而且可以更加广泛深入地开展法纪宣传活动,能更及时地保卫中心。我们的做法:(1)搞好宣传资料,保证讲稿的质量,使他们有了宣传的"资本"。只要材料通俗易懂、由浅入深,他们是能够理解和掌握的。(2)建立联络网,一般采用分片集体传授,如召集陪审员、调处委员开会,发给资料,讲明中心内容和应该注意的问题,再由他们根据当地具体情况回去进行宣传。有时采用个别辅导的办法也很有效。由于这些人联系群众,熟悉当地情况,善于运用群众语言,并在群众中具有一定威信,只要法院根据每个时期的中心工作情况,给予必要的帮助,就能很好地完成任务。他们掌握了法纪宣传的精神实质以后,不但也能作"法律报告",有时还运用大字报、墙头漫画、法律宣传栏等多种多样的形式来开展宣传活动,作用都显著。如马山乡冯××平日有小偷小摸行为,老脸皮厚,屡教不改,他们就在冯××的门口贴上一张附有漫画的大字报。内容是:

冯××,做小偷,
偷窃社里麦和豆,
偷偷摸摸算好手。
自己犯法勿够头,
害得妻儿吃苦头。
你不赶快转回头,
前途实在危险透。

结果来往的人都要站住看看大字报,又往屋里瞧瞧人。因此冯××感到十分羞耻,从此天天下田劳动,转变作风,以后再没有发现他偷窃了。柯岩乡梅墅一社社员程××一贯迷信神鬼,不好好生产,被群众贴了一张讽刺漫画后,就下决心把泥菩萨也去掉,积极投入劳动。自从打破了法律宣传的神秘观点、贯彻了群众路线以后,工作的广度与深度也都有了迅速发展。一个多样化、群众化的法纪宣传网就形成了。公开审判(或宣判)和法律报告是我们进行法纪宣传经常运用的主要形式,做法是:(1)深入乡社,就地办案,公开审判或宣判,组织群众旁听,同时在审(宣)判的前后空隙,结合当地情况,作法律讲演,做到工作到哪里,宣传到哪里。(2)与区乡联系,对偏僻、落后、中心工作贯彻经常顶牛的或者发生建社犯罪问题较多的村、社,进行排队,根据这些地区的不同情况,确定主题、时间,有计划地去作法律报告。(3)结合区乡召开的生产行政会议,主动插进去作法律报告。(4)深入到工地去作报告,农村兴修水利热火朝天时,日夜开工,群众都上山去修水库,我们就上工地去趁白天或晚上休息时间去宣传。

在文字宣传方面的做法:(1)积极向报社、广播站报导投稿。(2)编写宣传资料、法律讲演稿以及有教育意义的判决书,经过党委审查后,发至乡、社、学校,仅4~5月间我们就印发了8000多份,全县各个农业社都收到了这种资料,有的不但向群众宣传,还到农业中学、夜校去上"法律课"。(3)利用农村黑板报进行宣传。(4)占领墙头阵地,运用鲜艳夺目的漫画、标语进行宣传。同时发动群众建立民办"宣传栏",运用群众力量广泛开展宣传工作,目前(6月10日前统计)已经建立了198处。这种群众自办的"法纪宣传栏",有的是利用门板、横匾改装的,也有的就在墙壁上,全部由陪审员、治保、调处干部和小学教员负责管理。我们定期发给资料(如判决书、宣传稿件等),管理人员收到资料后先向群众宣传,然后再贴上去,有的还添上了漫画。干部群众把宣传栏比做镜子,他们说:"有了这面镜子,随时照照,错误也不会犯了。"有时我们还与电影放映队协作放映幻灯等。一支群众性的法纪宣传队伍就这样形成了。

三、开展法纪宣传后,案子办得更好了

大力开展法纪宣传活动与及时办案是一致的。可是有单纯业务观点的人往往认为大力开展了法纪宣传活动以后就不能及时办案。实践证明,这种顾虑是不必要的,只要我们善于全面安排,两者不仅不互相妨碍,而且可以互相促进、互相推动。我们的做法是每月把案件根据轻重缓急和不同地区进行排队,使案件办到哪里,法律报告做到哪里,哪里有什么案件就讲什么案件,使宣传与办案密切结合起来。这样不但使宣传有了丰富、实际的内容,又便于群众监督审判活动,提高群众觉悟,使有些疑难的案件也迎刃而解了。绍兴第六中学诉唐××等偷窃木料一案,经了解偷窃的人很多,被告人不过是其中之一,其他的人一时又查不出,因此已经积压了一年多没法解决。这次法庭把这个案件拿到当地去,经过了解,摸了些情况,作了一个题目为"爱护公共财产人人有责"的法律报告。群众觉悟程度提高了,在群众协助下,偷窃第六中学木材的21个人都退回了偷

去的木材,还作了检讨,这个案件就非常圆满地自行解决了。过去伤害案件最多,1957 年我们结合社会主义辩论,开展了一系列法纪宣传以后,1958 年 1 ~ 5 月的收案数即比去年同一时期下降了 88%,民事纠纷也减少了 66%。这一切都说明加强法纪宣传工作以后,案件更好办理,也办得更好了。

四、领导动手、思想解放是打开局面的关键

我们取得以上成绩也是经过斗争的。在 1955 年前后,我院法律讲演工作本有一定基础,但由于当时部分同志陶醉于已有的点滴成就,滋长了“差不多”思想,认为“只有这样了,否则要影响办案”,“讲来讲去就是这样,群众不像以前要听了”。因此,这个工作曾经一度停滞不前。1957 年春夏间由于“右派分子”向党向社会主义猖狂进攻的影响,农村里也刮起了一阵歪风,反革命分子和其他坏分子,一部分地主、富农分子又乘机活跃起来,少数落后群众的闹事、偷窃粮食、瞒产私分以及赌博等违法犯罪行为不断发生。我们除了狠狠地打击敌人,对犯罪分子及时给予惩罚以外,又重新讨论了开展法纪宣传工作。但仍然有些同志缺乏信心,怕影响办案,不敢大胆去做。为了打开这个僵局,院长就亲自动手,在皋埠法庭作了试点。这个法庭在一个月内作了 16 次法律报告,不仅新收 10 件案子当月办结,还清理了 21 件积案。这个生动的例子摆出以后,对审判人员启发很大,部分原来有畏难情绪的同志,在先进的事实面前信服了,解放了思想。他们说:“皋埠法庭能办到,我们也绝不落后。”个个劲头很大,互相之间开展了竞赛。从此,法律讲演工作又出现了一片新气象。

3 月,省政法会议给我们提出了为工农业生产“大跃进”创造安全环境的光荣任务以后,我们感到光靠自己力量已不能适应客观形势的要求了。如何依靠和发挥群众力量就成为迫切问题。5 月中旬,我们又在马山乡召开了现场会议,总结推广了这个地区依靠群众开展多样、形象化、现实化、通俗化的法纪宣教工作,预防犯罪、保卫中心的先进经验,使全县的法纪宣传工作有了飞跃的发展,局面就这样打开了。

五、再接再厉,在总路线的光辉照耀下,跃进再跃进

我们全院干部在党的八大二次会议所制定的社会主义总路线的鼓舞下,有充分信心在党的领导下,依靠广大群众,紧紧围绕中心工作掀起一个更为广泛深

入的群众性法纪宣传活动，并使之经常化。通过审判活动和法律演讲等形式，我们的规划是：结合审判活动，大搞法纪宣传，每个审判员每月要作10次以上的法律报告，广泛运用群众力量展开宣传活动，做到社社都有法纪宣传员和群众自办的“法纪宣传栏”。并根据全县工业飞速发展的情况，使法纪宣传内容也做到工农业并举，向厂矿企业开展工作。区区建立宣传站，厂厂建立宣传网，在全县范围内开展多样化、形象化、现实化的法纪宣传活动。半年内要使全县70万人民平均每人受到1～2次以上的社会主义法制教育，使群众一般地懂得国家保护什么、反对什么、提倡什么、禁止什么，使国家的每个时期的重要政策法令能够深入人心、家喻户晓。把法纪宣传工作与法院的全部活动紧密地结合起来，使其成为宣传贯彻总路线的组成部分。在这一基础上，达到预防犯罪、减少纠纷，以便更有力地保卫总路线的贯彻执行。

（1958年第9期）

民事审理应为社会主义建设服务

王和亭[*]　翁德良[**]

我国民法是国家整个社会主义法律的一个部门，它以社会主义的原则，通过民事活动和处理民事问题，来保证我国社会主义建设和社会主义改造事业的顺利进行。民法在社会主义建设中的作用，主要体现在如下三个方面。

一、保护国家财产不受侵害保护

（一）国家财产的重大意义

中国人民在中国共产党领导下推翻了骑在人民头上的帝国主义、封建主义、官僚资本主义的反动统治，建立了中华人民共和国。新中国成立后，拥有大量的国家财产。国家财产的来源，在革命胜利初期主要是用革命手段，剥夺国民党反动政府及其官僚资本家的财产，归为国家所有（《共同纲领》第3条、第28条）。这些财产中包括国民党反动政府在抗战胜利后接收的日、德、意各国在中国的企业。人民政府在没收了这些财产以后，即把它们变为国营的社会主义企业，使国家掌握了最大的银行、几乎全部的铁路、绝大多数的钢铁工业、其他重工业的主要部分和轻工业的重要部分，为社会主义经济奠定了初步基础。其他尚有国家税收、征购、没收反革命和其他刑事犯罪分子的财产，特别是国营企业的扩大再生产，和国内外贸易所积累的资金，是国家财产的主要来源。如1958年的国家预算各类项目中，国营企业和事业单位收入占预算收入的47.53%（包括工业、铁道、交通、邮电、商业、对外贸易部门的收入）。这就是国家财产最经常的主要生产方法。党中央提出“在十五年或者在更短的时间内赶上和超过英国”的口号以后，工人群众的积极性空前高涨，生产向前飞跃发展，国家财富更将迅速增加。

国家财产是全民所有制的财产。《宪法》第6条规定：“国营经济是全民所有制的社会主义经济，是国民经济中的领导力量和国家实现社会主义改造的物

* 作者单位不详。

** 作者单位不详。

质基础。国家保证优先发展国营经济。”这不但体现了法律对国家财产的充分保护,同时也说明了国家财产和国营经济在社会主义建设中的重要作用,它们不仅是我们过渡时期社会主义建设和实现社会主义改造的物质基础,也是社会主义所有制的主要形式。只有社会主义经济得到发展巩固,生产资料不断增长,社会建设飞速进步,才能使国家富强,才能使每一个公民的物质福利和文化生活不断提高。因此保护国家财产,对国家、对社会主义建设、对每一个公民来讲,都有着非常重要的意义。

(二)民法对国家财产的特别保护

由于国家财产有上述重大作用,它是建设社会主义的物质基础,因此,在法律上和司法实践中都特别重视对国家财产的保护。如《宪法》第 101 条明确规定了公共财产神圣不可侵犯的原则。对我们法院来讲,《人民法院组织法》第 3 条就规定有保护公共财产的任务,同时常把它列为首要的任务加以执行。

民法是怎样保护国家财产的呢?从当前社会主义法律原则和司法实践的情况来看,目前处理案件时,法院要做到:一方面根据党的政策方针,已经发布的单行法规、暂行办法等,以及根据公共财产神圣不可侵犯的原则;另一方面必须密切结合当前的政治斗争来发挥民法特别保护国家财产的作用。例如,我们处理一件公共房产权纠纷案,某处有公房数十幢,是本市解放时国家没收的官僚资本主义伪中央信托局的产业,由市房地产公司管理出租,其中有两幢,原建筑在 1948 年,因房屋失火,大部分被焚毁。当时伪中央信托局未予修建,由原住的房客自行在原建筑墙基屋架上重建复原,除自住外尚分出一部分与他人居住。这所房子自修复到 1957 年住户不付租金,他的理由是:“房子是我所建,应归我所有,若我不建,仍是空架子,你们向谁收租金。”虽然管理单位多次向他催征租金,他都置之不理,还说:“除非你们先偿付我修建费,才论租金。”这样就诉讼到法院来了。我们在查明事实后,认为这房子为房客重建复原是事实,但他是在原有墙基屋架基础上复建的,这与空地上修建起来的性质根本不同。依照《上海市公共房屋租赁暂行办法》第 17 条规定的“就公共房屋所为之改装或增建应无偿归房管处所有……接管前所为之改装或增建也同”的原则,判决确认这房子是属于国家财产,房客应与房管处订约付租,同时考虑到房客在重建时曾花去一笔费用,准予在欠租中酌情减免一个时期。这一事例说明,因为法律上对这一情况已有明确规定,在保护国家财产上就充分发挥了民法作用。又如,处理居民拖欠公共房屋租金案件,在 1958 年 2 月,由于区内公房住户拖欠租金情况较为严重,召开了有 700 多欠租户参加的案件宣判大会,对四件欠租情况严重的案件,按照《上海市公共房屋租赁暂行办法》第 14 条规定,分别判决限期清偿欠租及终止租赁关系,并对其中一户在判决时先行查封其财产,宣判时严肃地指出和批判了不交租金的违法行为,同时说明居住房屋付租金,同国家财政收入、管理和保养及扩建房屋的重大关系和对其的作用。因此,在判决后,不但被查封财产的欠租户于第二天即将欠租全部付清,同时到庭旁听的欠租户,也通过政策教育,纠正了以前认为"欠国家房租没有关系"的错误思想。事后,据房地产公司反映,在不到一个月的时间中就收回欠租6万多元,使国家应收的财产不被无故拖欠而造成损害。从这些事实中也充分说明了国家财产的不可侵犯性,和民法在保护国家财产中的作用。

二、民法在不同时期中如何为党的中心工作、为生产、为社会主义建设服务

在国家经济建设时期,我们党为了提高人民群众建设社会主义的积极性,根据形势的发展,在各个时期提出各项中心任务,对国家社会主义建设和社会主义改造有决定的意义和作用。我们司法工作者在党的绝对领导下,依靠群众,主动配合运动,为中心工作服务。通过处理民事案件,并进行有关法律演讲和政策教育,来扩大法纪影响,保证党的中心工作顺利进行,从而促进社会主义建设。例如,在1953年春季梅雨季节将临,本市房屋中因超龄失修或因建筑简陋而发生危险的有一万余间,若不及时修理,随时有倒塌伤人的危险。但不少私有房屋者却以消极和观望的态度来对待。前上海市人民政府根据这一情况和党的政策,及时发布了《督促修理私有危险房屋的暂行办法》,推动了全市私有房屋业主进行抢修危险房屋的工作。司法实践中我们依照该办法规定,配合有关单位进行法纪宣传教育,对个别经过协商仍不肯负责修理房屋的业主,判令即行修理。如有个业主叫张良诚,他有多处房屋出租,但只知收租不肯修理,造成房屋非常危险的情况。根据这个情况,依照《督促修理私有危险房屋的暂行办法》第3条,判令即日修理,使房屋脱离危险。这样不仅对城市建设和劳动人民的居住起了积极的作用,而且有力地保证中心工作顺利进行。又如1955年,本市动员农业人口和剩余劳动力回乡参加生产时,当时有不少农业人口响应党的号召愿意回乡,但他们之中有部分人有房屋产权、租金、债务及家庭等纠纷,若不予以及时解决就要延期动身,这样不但会影响中心工作的进行,同时也会影响农业生产。人民法院针对这些任务,集中一定的干部力量,及时地解决他们之间存在的纠纷,使他们能安心地如期动身。如区内南京街地段有十几户农业人口,他们虽愿意回乡,但因自己所搭的棚户与土地主间有纠纷,由此影响他们及时回乡,经我们

积极、及时、正确解决了纠纷,使他们可以如期回乡,并推动了其他地区类似情况的解决。由于司法工作与当前中心工作密切配合,为它服务,在这次动员工作中确实起到保证农业人口准时回乡,有力地支援了农业建设的作用。又如1956年,本市市政建设开辟南北干道,这一基本建设中需要拆除地区房屋达几千户,涉及被拆除房屋中的产权价值,房屋主与房客的房租、押租纠纷和违章建筑等问题,若不迅速解决,就会妨碍拆迁计划的进行,影响道路建设的准期完成。法院针对这一情况,组织了专门力量,配合有关部门了解了存在的问题和情况,根据民法所规定的有关房屋政策,制定协商原则,交予群众自行协商,使绝大部分纠纷就地协议解决,保证了建设计划的进行。现在这条南北干道已经全部建成,根本改变了旧城区没有一条现代化马路的面貌。又如,本区公私合营企业或合作社对改造前各生产单位所使用的房屋统一调整使用,作为商业网布局、生产归并或职工宿舍之用,当时有不少私有房屋业主,为了达到另行出租收取较高的租金或移作他用,想乘机收回,甚至借一方迁出另一方尚未迁入的机会,予以占用。有的以不承认专业公司或合作社的租赁来要求收回,影响生产进行和商业网的合理布局。法院根据坚定维护社会主义利益原则,对改造企业的房屋租赁权作了规定:应由专业公司和合作社承受继续租赁,同时有权决定使用。对私有业主借口要求收回的请求不予准许,批判了私有房屋业主想乘机收回房屋的错误思想,保证了生产大跃进。

三、通过对各类民事案件的处理促进社会主义生产建设

民法根据有利于社会主义、有利于人民内部的团结的根本原则,对各类民事案件进行处理,对保护和促进社会主义建设起了很大的作用。这些作用体现在以下几点中:

首先,正确处理婚姻案件,调整家庭关系。如收案数占50%左右的婚姻案件中,好多案件在处理前,因夫妻不和影响生产的积极性,或使双方消极对待生产,经过处理,问题解决后,生产也搞好了。如有件婚姻纠纷,男女双方均很年轻,男的在上海某生产合作社工作,女的在农村搞农业生产,本来关系是很好的,后来这个男的因受资产阶级思想影响,认为上海的姑娘漂亮,因此开始对女的冷淡,不通音信,后来,干脆提出要离婚,女的闻讯放弃了农业生产,到上海来住在亲戚家中,不肯回乡,向男的要生活费无着,乃诉讼到法院。经我们分析后,着重地给予男的帮助和教育,同时又经过其组织协助,对其错误思想进行了批判,使他认识到自己思想不对。经教育后,男方愿意与女方重新和好。在开始时女的

还不大相信，后来看到男的有好的表现，她才安心地赶回原籍参加春耕。男的在认识错误后，思想也通了，因此在生产上恢复正常态度。这类例子是很多的，又如本区有个剧场的头牌花旦，她与一个资本家子弟结婚，因为结合草率，她非但对男的历史不了解，而且对男的日常态度作风也不了解，因此在婚后意见就不合，经常争吵。后来才知道这个男的以前就有虐待妇女的行为，在解放后，还被判处过徒刑，这样关系更不好。男的在婚后3个月又为另案被判刑改造。这个女的在开始时碍于面子不敢提出离婚，但经常暗泣，群众也反映她艺术上每况愈下，演喜剧也无笑脸。经过法院依法判决离婚后，情况就大为转变，在艺术上也大起变化，变消极为积极。因此我们认为正确地处理婚姻关系，对促进生产是有很大作用的。

其次，是表现在调整不合理为合理，解决民间纠纷方面。如本区处理永吉新村房租纠纷案，因原来租金确实过高，一间普通的后楼每月租金要20多元，影响了居民的正常生活。我们根据这一事实，结合对私有出租房屋的改造，适当地调低了租金，这样使许多原来因房租过高造成负债的不再负债了，因此积极性大为提高，在1958年认购建设公债中家家都踊跃认购。

再次，通过案件处理，批判错误思想，支持合理要求。如有一前妻子女与后母的赡养纠纷案件，按《婚姻法》规定及该案件的具体情况，前妻子女是有赡养义务的，因后母本人没有工作，她的亲生子女都还年幼。前妻子女共4人，其中长子是某建筑公司的职员，次子是小学教员，一个女儿是铁路局的医务人员，然而他们都不愿养后母。幼子还以后母过去待自己不好为理由，旷几个月的职，写了一本五万字的诉状到法院诉后母虐待。后来又写了专门对付后母的“家庭防务条例20条”，其中甚至规定了后母拿碗不能有声，走路不能有声，关门不能有声，等等。并且把此家庭纠纷说成是阶级斗争，是敌我矛盾。甚至写信到中央、人大常委、上海市委、检察院等有关部门。

我们对此案作了具体的分析，召开了家庭座谈会，说明了这是家庭纠纷问题，是人民内部矛盾，批判了他们不养老人的错误思想，支持了后母的合理要求。并作出了判决：(1)驳回幼子无理要求；(2)担负后母的生活，确定生活费数字。后来这人也在自己的工作单位进行检讨，并且按月交付生活费。通过案件的正确处理，安定了当事人的工作情绪，对社会主义建设起了促进作用；反之，如果处理不当，则也可能起促退作用。

最后，合法权利坚决予以保护。如有个五金生产合作社在两年前买进一幢房屋做生产工场，但该屋中一原住户不肯让出。而至1958年该社生产进一步发展，需该屋做集中生产之用，要该居户迁出，而该居户仍强调与原业主有意见而不肯迁出，该社为他代找的房子也总不合他的要求。我们在了解这一情况后，经分析认为这个房客不但在另调房子条件上有苛求，而且还有趁此获取一笔搬场费的不正确打算。我们在说服无效后，判决限期迁出，这样就保证了该五金生产合作社的生产计划的进行。

以上仅就我们在司法实践中的一些体会写成。民法在社会主义建设中的作用，并不仅表现在这一些上面，如它通过合同制度，经济核算制，对社会主义经济的改造，对资本主义工商业的加工订货合同，对农民和个体手工业劳动者的预购、贷款等合同制度，都起到了有力地保证国家经济计划的实现，促进社会主义改造的作用。

（1958 年第 9 期）

六安县徐集人民法庭在大跃进中的审判活动

晋少东*

安徽省六安县徐集人民法庭管辖1个区、13个乡、73个农业社，全区人口有20多万人，东西长110华里，南北宽45华里。法庭有庭长、审判员各1人。过去法庭收案每月20件左右，自1957年冬整社和加强对敌斗争以来，每月收案增加到两倍多，刑事案件占2/3以上。"双反"运动以前，法庭干部"右倾"保守思想严重，墨守成规，办案效率较低，每月平均只能结案17件，对社会情况了解得少，保障中心工作做得较差，工作被动。在整风、反右派斗争和双反运动中，右倾保守思想受到了严格的批判，"三风"、"五气"得到克服，法庭干部在区委和县院的领导下，发扬了敢想敢做的精神，打破常规，鼓足干劲，掀起了跃进的热潮，并认真地贯彻了群众路线，发挥了审判工作为中心工作服务的作用，使法庭工作出现了新的面貌，办案效率比过去提高3.5倍，办案质量显著提高。最近六安中院抽查了法庭办结的32件刑事案件，基本上都达到了事实清楚、处理恰当的要求，全部办结的案件中，只有一件离婚案件上诉，但仍维持原判。

一、坚决依靠党委领导，密切与有关部门配合

徐集人民法庭是把本身的一切活动都置于党委的绝对领导之下的，工作人员经常主动地向区委请示汇报工作，参加区委召开的有关中心工作会议，根据区委的布置结合全区情况，安排法庭工作，制订保卫中心工作的计划。平时加强与乡党委的联系，了解各乡的工作情况和社会动态，处理案件时还主动征求乡党委的意见。通过审判工作活动，发现有关中心工作和社会治安上的问题及时向区委汇报，提出解决的办法。对经过审批的案件，在审理中发现新的足以影响量刑的问题，便及时向党委反映。这就使法庭的工作能够符合党的中心工作的要求。同时区委对法庭工作很重视，经常作具体指示，当法庭工作繁忙的时候，还指示乡、社干部协助法庭调查案情，并曾抽出专人帮助法庭调查、校对材料和誊写判

* 作者单位不详。

决。区委负责同志下乡工作发现问题也及时用电话告诉法庭。

法庭在区委的领导下，还主动地与派出所和驻区检察员密切配合，每10天开碰头会一次，互通情报，研究敌情，对全面性的重大问题，共同进行调查。每次下乡办案前事先联系，能够顺路调查的案件均互相帮助调查。这样协作，既便利工作，又有利于对敌斗争。

二、紧密地围绕党的中心工作开展审判活动

法庭干部在思想上对审判工作必须为农村中各个时期的中心工作服务，是很明确的，并根据中心工作的需要，按月制订计划，10天做一次安排。1958年春季以来，先后制订了保卫普选工作计划、保卫夏收夏种计划，报请区委审查，并分送各乡党委，使其了解法庭工作，以便更好地配合。对有关中心工作的案件他们皆及时处理，不拖拉，不积压。自3月下旬以来共处理了破坏粮食统购统销、破坏生产和不法地主、富农的案件77件，一般不超过10天就办结了，有12件两天就办结了。对这些案件均分别就地审理，就地宣判，有力地保卫了农村生产。如1958年4月初区委布置做好春耕下种和秧田鉴定工作，有少数坏分子从中破坏。法庭便选择了坏分子何××偷窃500多斤稻种的案件在分路口乡就地公开审判，通知生产队长以上的社干旁听，并组织群众讨论。这次审判对该乡3天内做好秧塘鉴定工作和140亩秧田的追肥工作起了积极作用。审判结束后，又及时向区委汇报了这一情况，后来区委书纪在全区300多个大队长以上干部会议上，就这一典型事例教育干部克服右倾保守思想，提高警惕，防止盗窃稻种事件的发生。当区委提出“千担肥，千斤粮”的积肥号召后，法庭在梁集乡结合公开宣判一批管制案件，通过一些具件事例宣传积肥的重要意义。5月初正当青黄不接之际，法庭与各乡党委联系了解社会动态时，发现少数不法富农分子故意叫嚣缺粮，进行破坏。根据区委指示，及时在问题较多的梁集乡公开宣判了坏分子潘××破坏粮食供应的案件，有力地打击了敌人的破坏活动。原来有些富裕中农故意叫嚣缺粮的也不叫了，中农史××等10多户还自动检查了哄闹供应的错误。

为了有效地保卫中心工作，法庭还改变了过去的等案上门和机械执行受理案件范围的规定，主动和区、乡党委联系，找案件办。有关中心工作的77件案件中就有76件是由法庭直接受理的。法庭这种积极为中心工作服务的态度深受党委和区乡干部的欢迎。徐集区委书记说：“法庭为中心工作服务得真不错，我们很满意。”骆家庵乡党委书记说：“法庭真是我们中心工作的好帮手。”

三、深入群众、就地办案

双反运动以后，法庭提出了“走出办公室，依靠群众，就地办案”的口号。他们携卷下乡，沿线调查，白天工地了解，晚间就地审理，当庭调解、合议，结合进行法律宣传，90%以上案件都做到就地审理。具体做法是：

1. 案件排队，路线排队，拟好提纲，沿线调查。收案后，根据案件的性质研究是否应在法庭审理或就地审理。认真审案情，拟好调查提纲，根据当事人和调查对象的住址以及路途远近安排调查路线，与乡、社用电话联系好，然后沿线进行调查，根据调查提纲，逐人询问，避免在途中查卷。

2. 白天工地调查，晚间就地审理。群众白天生产很忙，审判员便到地头调查访问。有时和群众在一起生产，就顺便了解案情。事实查清后，当面通知当事人、证人在晚间到约定的地点逐案开庭审理，有些简易案件，在调查时便结合进行调解。

3. 就地陪审，当庭调解、合议。就地审理案件时均临时邀请陪审员来陪审，但要注意了解陪审员与当事人有无利害关系，以免当事人临时申请回避，影响开庭。如果是不能当庭判决的案件，要教育陪审员保密，以免发生意外。能够调解的案件，便当庭调解结案，需要判罚的案件，当庭合议，报县审批后再行宣判。

这些做法的好处有几点。首先，便利了群众，有利生产。自1958年4月以来法庭就地审理了91起案件，有158个当事人和122个证人、关系人，免于停工上法庭节省群众劳动日260多天，深为群众欢迎。青下乡农民刘某说：“法庭上门办案，便利人民，又教育了人民，真是共产党领导的好法庭。”陪审员也感到很方便。如陪审员马建华说：“这种办法真好，过去轮值，人住法庭，心念家中生产，现在只要耽搁一点瞌睡就行了。”其次，便利了法庭的工作。过去坐堂办案，而当事人往往因忙生产不能到庭，影响结案，现在下乡办案法庭就能主动了。据统计一庭审结的案件有124件，占结案数90%。4月初一个审判员就地审理，2天跑了2个乡，5个农业社，访问了27个群众，办了7个案件。最后，就地审判保证了办案质量。因为在就地审判时群众和陪审员都熟悉情况，便于全面弄清案情，正确办案。如汪××殴打致死人命一案，先因证人捏造事实，因而错误地认定汪打人致死，就地调查时，有许多了解问题真相的人在一起，证人不敢再说假话，终于查清了事实，证明是殴打成伤致死，使案件得到正确判决。有5起原拟管制的案件，就地调查时，群众揭发了许多新的犯罪事实，改判了徒刑。

徐集法庭贯彻群众路线的工作方法，也是经历了一番思想斗争的。开始时，干部认为法庭管辖地区辽阔，跑路耽搁时间，下乡办案不能贯彻审判制度，对下乡办案有顾虑。但在“大跃进”中，农民忙于生产，屡次传讯不能到庭，案件迟迟不能办结，工作非常被动，由于形势逼人，非改变老的工作方法不可。同时，干部经过双反的教育，也认识到贯彻群众路线的重要，便毅然地改变了工作方法。现在就地办案已经成为法庭的固定制度，法庭干部经常赤脚穿草鞋下乡和群众一起劳动，就地办案，群众有话都愿意向他们讲。基层干部与法庭审判员关系也非常融洽，亲如家人，只要法庭请他们办的事都一定办到，他们热情地为法庭干部带路、反映情况。总之法庭工作已经真正地在群众中生根了。

四、依靠群众调处群众纠纷

徐集法庭在处理民事案件时，贯彻了群众路线，依靠群众认真地进行调处，以加强人民内部团结。对简易的民事纠纷就指导乡、社调处委员会进行调处，一般纠纷在调查过程中便结合调处，比较重大复杂的民事纠纷便采用通过群众辩论的方法进行调处，或者开小型家庭会来调处。两个月来受理的33件民事纠纷中，经过调处结案的27件，占结案数的82%。另交给调处委员会调解和好的15件。对一些难以调处的纠纷，利用晚间召集有关的群众开会，摆事实，讲道理，进行调处。有些民事纠纷在群众中认识模糊，针对这些问题，出题目让群众讨论，以便澄清错误思想，化阻力为助力。如丁××与夏××离婚纠纷，夏原有丈夫，因一时生气而离婚，离婚后生活无着，草率与丁结婚。婚后感情不好，夏常想念与原夫所生的孩子，而丁不愿她带孩子来，时常争吵。夏坚决提出离婚，丁不愿，群众对夏也不同情，认为她离婚没有理由。此案两次调解无效。法庭当时考虑，如即时判决离婚，一定招致群众反对，便就地召集群众座谈，提出“丁、夏的结婚是否有草率现象”，“他们的感情是不是真好”两个问题来开展辩论。经过辩论，问题明确了，很多群众认为他们结婚是草率的，其实并没有什么感情，丁不愿离婚是怕丢面子。最后达成和解离婚。丁也心服口服地说：“你们这样处理我思想很通，要是判决的话，我一定要上诉。”又如张××与高××离婚一案，他们两人原来感情很好，张因不顾农业劳动，想到合肥找工做，双方发生争吵，便提出离婚。法庭邀请双方家庭和亲友在一起开家庭会议进行调处。张的父亲当场批判张有资产阶级思想，其他亲友又提出她的公公、丈夫过去待她怎样好，不应该闹离婚。亲友们真诚的语言，使张受到感动，她当场放弃了离婚的要求，并写了搞好夫妻关系的保证书，回家后积极从事生产，恢复了家庭和睦。这样细致的调处增强了群众的团结。

五、大力开展法律宣传

徐集法庭重视法律宣传工作，经常通过审判活动广泛地向群众开展法律宣传，教育群众，收到的效果很好。所采用的宣传方法主要有：选择典型案件就地公开审判和公开宣判，并结合法律讲演，根据当时当地突出的违法犯罪问题，拟好讲演提纲，送区委审查批准，到农业社作法律讲演；与区乡配合，组织群众讨论具体案件，出大字报和黑板报。在工作中，由于紧密围绕着中心工作开展宣传活动，因而对教育群众，推动中心工作，促进生产起了一定作用。两个多月来共举行大型公判 25 次，结合作法律讲演 26 次，就地审判 66 次，受教育的群众 892 人。5 月 7 日，法庭白天就地查明了周××违法乱纪、陈××反攻倒算的案情，当夜在郭店农业社就地审理，有四百多个群众旁听，审理后又结合讲演，揭发敌人的破坏活动，并结合宣传区委布置的裁决任务，教育群众提高警惕、提高生产。由于区委领导动员，加上乡干、社干所进行的一些具体工作，第二天该社就有 9 个生产队完成了 200 多亩的栽秧任务。会后不法地主肖××自动向农业社坦白了曾经偷了 300 多斤稻种，并赔偿了。农民梅××有小偷小摸行为，干活吊儿郎当，这次受到教育以后说："今后我要老老实实，分配我干什么，我就干什么。"基层干部说："法庭放进话真管劲，希望今后多到我们这里来宣传。"

（1958 年第 9 期）

云霄县下河人民法庭是怎样为中心工作服务的

王英才*

福建省云霄县下河法庭，辖6个乡，有394个自然村，80个农业社，地区辽阔，分散多山，横直80多华里。该法庭在党的领导下，通过整风、“反右”和“双反”双比运动的斗争，当地群众和有关部门给他们贴了大字报，他们自己也开展了一场思想上两条路线的斗争。批判了单纯坐堂问案、下乡开庭失去了庄严和不正规等资产阶级法律观点，同时也批判了忽视党的领导（特别是不尊重乡党委的领导），和上山下乡办案怕吃苦，怕积案多了，为中心工作服务不力等一系列的错误思想后，在党的总路线照耀下，他们解放了思想，振作了精神，摒弃了旧“三风”和“五气”。在工农业生产“大跃进”的鼓舞下，把鼓足干劲、力争上游、多快好省地建设社会主义的总路线具体地贯彻到审判工作中去。开展了上山下乡办案的审判活动，及时有力地打击了敌人，保卫了党的中心工作。加速处理了民事纠纷，解除群众顾虑，促进了人民内部的团结，鼓舞了群众的生产积极性。在审判活动中，广泛而深入地开展了法纪宣教工作，及时揭穿了敌人的破坏活动和阴谋，提高了群众的阶级警惕性，加强了群众爱国守法的观念。对绝对服从党委领导的根本问题，不仅在思想上明确，在实际行动中也具体体现出来了。由于严格批判了资产阶级法律观点的影响，把审判工作真正置于广大群众监督之下，树立了依靠群众、调查研究、实事求是的工作作风。一方面达到了准确、合法、及时的要求和有力地打击了敌人，保卫了工农业生产“大跃进”的顺利进行。另一方面也发动了群众，群众又支持了我们，更进一步地密切了和党与群众的关系。抓住了上山下乡办案的这一环节，不仅提高审判效果，扩大法纪宣教，而且就地邀请陪审员参加审判，也是使陪审员少耽误生产的好办法，节省了人力。对调处委员会的业务指导问题也得到了解决，能够经常在调解具体案件上就执行政策方面同他们互相研究，进行帮助，使其在政策业务上逐步得到提高。实践证明，这一工作做得越好，调处委员会作用就越大，它不但能及时调处群众中的纠纷，相应地使法院减少收案，更重要的是能促进人民内部的团结，有力地推动生产力

* 作者单位不详。

的发展。

他们的具体做法是：

1. 绝对服从党的领导，依靠群众开展审判活动。不仅要服从中央的领导，而且要服从各级党委的领导，密切联系基层干部，多听群众的意见。采取的办法是：(1)向当地党委(支部)说明来意，汇报工作计划，交换工作意见，取得当地党委的指示，事后汇报工作情况、群众反映和后果。(2)列席乡党委(或支部)召开的有关生产工作的会议，听取党委对中心工作的部署、安排。根据当地生产工作中存在的问题和敌情、社情，提出保卫工作意见或建议，协助领导分析情况。(3)开庭审判的案件，请示当地党委决定，由党委根据中心工作需要，安排开庭时间、地点、规模大小，并请基层干部协助组织群众旁听。(4)民事(调解)和刑事判决都与当地党委研究，或者请示县委决定。(5)由党委统一安排，在群众会、干部会或社员会上进行法律讲演，在案件的处理上还了解乡社干部和群众的意见，听取各方面的反映。

法庭同志把所了解到的社会情况、存在的问题，都及时向乡党委汇报并提出建议。这些建议都得到了乡党政领导的重视与支持。如该庭了解到杨美乡坪水村夏季产量很低，可能有压产现象，向乡领导提出建议。他们就接受了这个建议，召开了生产队长、保管员、记工员会议进行检查。车墩乡石芹农民食堂庶务长何×偷窃大米十余斤，饭煮得很稀，社员有意见，说车墩乡车墩村农民食堂，劳改释放分子和地主当了炊事员，法庭提出建议，该乡根据法庭建议，立即进行处理、撤换。由于法庭的工作，与党的中心工作、生产工作融合在一起，这就得到乡党政的领导和广大群众的支持。如过去到乡公判案件，经常碰到生产会议，乡里不肯安排时间，现在就不同了，能够根据生产情况做适当的安排。车墩乡党委书记在群众会议上一再支持法庭的法律讲演和建议，并指示各个社都组织法纪宣教组，负责法律宣传工作。这对开展审判活动、保卫中心工作起了积极的作用。杨美乡党委书记很满意地说："法院双反双比后，工作跃进最多，过去像官一样，案件办得很久，现在都是赤脚仙，案件发生后三天就下来审判。"石碧宁村干部何××要求："你们要多来住一天，你们讲一讲，像安地头那样走气(意思是起作用)。"他们发现盗窃和其他案件、社情、敌情，也打电话告诉我们，如龙坑乡向法庭反映了后山与胶墉内水利纠纷，将要发生械斗，法庭立即配合支书、社长进行解决。法庭工作紧密地围绕党的总任务、围绕着农村生产而展开。这是我们到哪里就受到那里的党政领导干部、群众热烈的欢迎支持的根本原因，也是法庭工作服从党的领导最根本的标志。

2. 什么地方有破坏，就到什么地方开庭审判；哪里有纠纷，就到那里解决；

什么地方有中心案件，就先到那里去公判处理。百分之百地就地公判。审判工作深入到生产队、自然村巡回就地审判。同时，为了不影响群众生产，特别是在夏收夏种大忙中，就采取小型开庭，大型宣判。遇有许多队、村晚上出夜工，就采取小型开庭，小型宣判，然后用广播筒、大字报向群众传播宣传。该庭对审判工作必须绝对从党的中心，服务生产，在指导思想上是明确的，因此，他们的一切活动，首先就考虑从有利生产、有利对敌斗争出发。他们不论到哪一个乡，首先就了解生产，了解党的中心工作，以及干部、群众的思想情况，首先就办有关中心和妨碍生产的案件，解决生产中的问题和障碍，进行保卫中心、保卫生产的法律宣传。

3. 大张旗鼓地进行公判，及时打击现行破坏活动，保卫总路线，保卫党的各项中心工作顺利开展。他们不怕大风大雨，或天气炎热，上山下乡进行审判活动。如7月份当夏收夏种大忙阶段，连日下大雨，闹了3次洪水，但为了及时有力地打击现行破坏活动，保卫"四夏"，该庭并没有停止审判活动，审判人员冒着大雨，过大水，到龙坑等5个乡8个自然村开了8次公判庭。到哪一个村就参加那一个村的抢收抢种运动。晚上开庭，白天参加生产，干部群众反映很好。有力地保卫了夏收夏种顺利进行。在处理本庭所受案件的同时，主动打电话向县院汇报审判工作和敌情、社情。并了解院内有无本地区的有关中心案件，以便及时处理。在中心工作到来之前就向各乡调处委员会写信，并在调处员会议上布置如何为生产、中心服务，使调处组织也都起到为中心服务的作用。

4. 对民事案件，采取乡乡建立代收案处，便利人民群众诉讼，避免当事人直接走到法庭告诉的往返跋涉、耽误生产、妨碍工作。该庭委托乡调处委员会代为收案，收案后打电话告诉法庭，或由法庭主动与调处委员会联系（但要发挥调处委员会作用，防止依赖思想）。法庭根据各乡发案情况，审判员、书记员冒风冒雨，早出晚归，上山下乡，登门下田，利用群众生产空隙时间调查处理。一般是采取边帮助群众干活，边调查访问，把大腿当桌子写笔录，借队部当法庭，于中午或晚上时间进行调解或审判，并就地邀请陪审员、调处员参加调解或审判，这样，节省了人力财力，直接和间接服务了生产。

5. 广泛深入地开展法纪宣教，加强做好防范工作。宣传和讲演的材料方面，是就地取材，因地制宜，首先是讲生产，保卫生产。其次是教育群众遵守法律，做一个爱国守法的公民。扫除中心工作中的一切障碍。在生产季节和中心运动开展之前，就抓住宣传活动和社会改造的教育工作。党的中心是什么、生产是什么，就宣传保卫什么。如在1958年春耕前和夏收夏种前，就印发了保卫春耕生产、保卫夏收夏种的宣传材料、大字报，分别召开调处、治安、武装会议布置保卫工作。向有关人员(保管员、记工员、队长)、干部、群众进行守法与提高警惕教育,并分别召开地、富、反、坏、管制分子会,进行守法、改造教育,检查修订他们的改造计划。在审判活动中,选择典型的、有教育意义的案件,通过出布告、大字报等宣传材料,大张旗鼓做好宣传。该庭在6月以来根据上级指示,在辖区内运用基层力量,开展群众性的守法安全宣传运动。这对教育群众提高警惕、预防犯罪、减少纠纷,打击分化敌人,保卫中心起了很大作用,使犯罪和纠纷大大下降。全区在7月份有收到民事案件,车墩乡纠纷下降90%以上,其他乡虽发生少数纠纷,也由调处委员会解决了。

6. 密切配合社、乡机关,主动了解有关中心工作的案件。首先是由三长分片包干,一长带三员(侦查员、检察员、审判员)到包干的地区进行工作。关于一般案件的批捕、起诉和量刑等政策界限的掌握,三员会报后,由一长负责批准,有疑难复杂的案件请示县委决定后执行。至于法律手续则由三员分别办理,同时检察员应根据案件的需要,出庭支持公诉。这样做的结果是,既准确、合法、及时地打击了敌人的破坏活动,保卫了党的各项中心和生产工作的大跃进,又做到了3个部门互相配合、一致对敌、各司其职和互相制约的原则。

(1958年第9期)

我是怎样做书记员工作的

纪琼英*

我出身于一个贫苦的家庭，小时候只读了两年书，解放前长时期做女工和保姆。解放后我在厦门市一个京果店里当炊事员，“五反”后党为了培养工农干部，把我调到厦门市人民法院搞民庭书记员工作。按照我当时的文化水平，是不能胜任这项工作的，因此我曾经有一度思想波动，认为法院里不是大学生就是高中生，像我这个小学生怎么能干得了。后经党团一再地教育和鼓励，使我认识到只有在共产党和毛主席领导下的今天，我们这些在旧社会受压迫受鄙视的劳动人民才得到翻身，能够起来当家作主。像我这样在旧社会里没有地位，到处被人瞧不起的妇女，要是过去，连伪法院的衙门口都不敢经过，今天能到法院工作，就应该以主人翁的态度全心全意为人民服务。由于有了这些力量鼓舞我，给我增强了信心和勇气，因此我下决心克服困难，做好工作。

开始工作真是困难重重，如业务工作一点也不懂，连“原、被告”这一个名词的意思都不懂得，普通话也不会听，认识到几个字，写起来歪歪斜斜，又写得特别慢，在法庭上对当事人讲的话听不懂，记不下。后来领导把我调到接待室，在接见群众时又常碰到钉子，领导又把我调到庭上来。这时我的思想很苦闷，看看自己工作两三年进步很慢，这项工作干不了，那项工作又做不好，特别是1955年实行正规法制的时候（兼刑庭书记员），一听到要我出席公判庭做记录，心里总是七上八下的，很慌张，越慌张就越记不下，有时急得满头大汗。在这种情况下记的笔录，简直没有人看得懂，太不像样子。当时我想如果是这样长期下去那可不行，会辜负党对我的培养。为了适应当时的形势，使笔录能给人家看得懂，我只好在闭庭后牺牲休息时间将笔录重新抄正，我就从这个时候起，开始下苦功学习、钻研，经领导的不断教育培养，审判员的具体帮助，加上自己学习文化，这样，业务水平和工作能力才逐渐地得到提高。

（一）不断提高政策、文化水平，改进工作方法

我的做法主要是：

（1）首先加强文化学习。我现在有4个孩子，最大的4岁，最小的只有4个

* 作者单位：福建省厦门市人民法院。

多月,家里只有一个婆婆照顾,有些家务也得我负担。这样要好好地进行学习是存在许多困难的,但我克服了这个困难,坚持文化学习。在学习文化时,我是以语文为学习重点。最初是以词句、标点符号为主,后则以故事、文章结构为重点。通过这样艰苦的学习,我现在的文化水平比以前有很大的提高。

(2)不会就学,不懂就问,认真学习有关政策法令及办案方法,准确地运用字句。现在我基本上学会审问、调查和写判决书、公函等,过去一份判决书草稿,自已要修改三五次,现在就不要,只要草拟一次,稿就可以写出来。对那些同音不同意思或者笔画相类似容易模糊的字,以及较少用到的方言、词句、简体字等,我把它摘录在纸上,放在玻璃板下面,经常学习,并且注意从报纸杂志和向审判员学习一些词句、名词等。本来我的记录错字和生字很多,现在基本上消灭了错、生字。

(二)不断提高记录工作的质量

我的做法主要是:

(1)开庭前先熟悉案情,并了解审判员审讯重点,对一般案件我只是看看起诉书,对较复杂的案件,我就准备充分一些,除看起诉书和当事人在侦查时的口供外,有时还看看证人证言和鉴定意见书(有时将被告的主要犯罪手段摘录下来,如涉及技术性的东西,即将名词记在另一张纸上,便利记录参考),这样有重点地准备,既不浪费时间,又能抓住关键问题记录。特别是在人手不足的时候,一个人要配合三四位审判员,如果每个案件都花很多时间去准备那是不可能的,同时,不做重点准备,亦会影响对复杂案件的关键性记录。

(2)在开庭时集中精神细听、快记。当审判员问话快了,记不上就空下审判员的问话,着重记当事人的答话。有记不清楚的地方,等休庭后再向当事人查问清楚,当面补正。对有关重要问题的地方还和审判员核对,并将审判员的问话填上。碰到当事人讲方言,就将方言记下,并留下空位置,闭庭后再用普通话注明或加以括号说明意思。

(3)庭审完后,从头到尾看一遍笔录,修改错别字。如字迹潦草,修改过多,就重新抄一份(如整庭笔录修改过多就将整庭笔录抄清,如果是个别修补较乱,就将这几张重新抄清)。有些案件记录很多,要普查是有困难的,就做重点检查,即在记录时发现有错漏字或明知重要的问题没记上的地方,就将它空下来并加注符号,闭庭后就根据这些记号来认真检查修正。通过以上方法,我记的笔录有很大提高,现在记的笔录已经不用重新整理抄正,一般还能如实反映公判庭的审判活动。记那些较复杂的案件也不像以前那样感到困难、吃力,现在除做书记员工作外,还可兼办其他一些工作,如调查案件、填卡片以及处理执行案件等。

（三）对日常工作要妥善安排

我的做法是：

（1）根据时间长短、事情的轻重缓急做出安排。对需要发函调查、询问和委托送达、上诉等案件，除紧急的案件以外，一般是临时写好，集中送发，以免办一件跑一趟，浪费时间。利用开庭前后的时间进行工作（尤其是碰到连续开庭）。如果开庭前后只有十几分钟，就利用这些时间写简单的公函或者核对判决书、盖印等。如果剩下较长的时间，就写较复杂的公函或者填卡片等。两项兼顾，不因连续开庭而丢下一些事务工作，充分利用时间，使自己既没空闲，也不会忙乱，并且提高了工作效率。

（2）根据各个阶段的工作情况，明确工作重点。开庭前除做好填发传票或者协助调查外，就是做好记录的准备工作。开庭后主要是检查笔录（因书记员工作重点就是笔录），把笔录及时修补好。有时间就协助审判员拟判决书草稿，填卡片等。整理卷宗放在较空闲时去做。

（3）卷宗整理，一般都做到"二整"、"三有"，即材料完整、整齐，有顺序、目录、编号。案件较简单、卷宗较薄的，整理时按诉讼文件排列，进行装订；如果是案情较复杂、卷宗较厚的，整理时就以文件类别为主，结合时间先后装订。这样既便于阅卷，又便于编写目录。在整理卷宗时，我都用两个铁夹子（特别是厚的更需要），当材料整理后要装订绳子时，就将两个夹子分别夹在卷宗的两头，这样避免钻子一钻材料动来动去，歪斜不正。

由于党和同志们的教育、帮助，几年来我的工作有一定的进步，但我感到还是很不够，我的政治文化水平还很低，各方面的知识还很缺乏，还赶不上形势发展的需要。我现在的水平比兄弟法院的书记员同志和本单位某些书记员同志的水平还差得很远。我必须在党的领导下，戒躁戒骄，虚心学习，认真学习党和国家的各项政策、法令及《人民日报》和本省、市党报的社论，不断提高政治理论、文化水平。并以建设社会主义总路线的精神，不断地来武装自己的头脑，打破迷信，解放思想，发扬敢想、敢说、敢做的共产主义精神，争取做一个又红又专的书记员。

（1958 年第 9 期）

对盗窃犯罪的初步研究

张耀华*　陈显静**

几年来,由于党和政府的正确领导,通过各项社会改革运动,特别是通过全民性的整风运动和反"右派"斗争,通过城乡社会主义大辩论和安全运动的开展,不仅坚决地打击了反革命分子的破坏活动,击退了"右派分子"的猖狂进攻,同时也给其他刑事犯罪分子予以严厉的打击。我国目前刑事犯罪案件已大大减少,城乡社会秩序已出现了前所未有的安定局面。但是,坏分子现在仍然还有,在我省某些地区内他们的活动还是猖狂的,其中以盗窃分子的数量为最大。根据我们在江西几个地区调查的结果,盗窃案占普通刑事案件的第一位。这是值得引起我们严重注意的。

最近,我们对几个地区的盗窃犯罪进行了调查研究。通过这次调查,证明盗窃犯罪对社会主义建设事业和公民个人的危害仍然很大,产生盗窃犯罪的原因是多种多样的,其手段也形形色色。现在,根据这次调查的情况和我们的认识来谈谈盗窃犯罪几个方面的问题。

一、盗窃犯罪的性质及其危害性

在无产阶级专政的社会主义国家里,盗窃犯罪是属于敌我矛盾的性质,是专政的对象。

在我们的国家,公共财产对社会主义建设事业有着重大的意义,它是国家工业化和社会主义建设的物质基础,也是国家富强、人民物质文化生活不断提高的源泉。所以,《宪法》规定:公共财产神圣不可侵犯,爱护和保卫公共财产是每一个公民的义务。党和政府一贯采取有效措施,保证扩大和发展公共财产。党提出的建设社会主义的总路线鼓舞着全国人民以冲天的干劲和"一天等于二十年"的速度建设着社会主义。一切赞成、拥护和参加社会主义建设的人,都在紧张地劳动着,为社会主义建设贡献出自己的力量。但是,盗窃犯却不诚实地劳

* 作者单位不详。

** 作者单位不详。

动，而偷盗公共财物和他人钱财来过寄生生活，破坏了社会主义所有制，扰乱了社会秩序，损害了公民的个人利益。在社会主义革命和社会主义建设时期，人们对社会主义革命和社会主义建设事业所抱的政治态度以及采取的政治行动，就是划分敌我的标准。盗窃犯的丑恶的寄生生活和严重的破坏性，显然和社会主义的根本制度相对立。他和人民之间的关系无疑是敌我性质了。

所以盗窃犯是社会主义建设的敌人，他对社会的危害很大，后果也严重，是社会的蛀虫，原因在于：

首先，盗窃锋芒主要是针对国家机关、企业、合作社财产，其中以银行，粮站，国营商店，供销、信用和农业社为偷窃的主要对象。盗窃犯给国家和人民财产所带来的损失是很严重的。例如，某食品公司收购站一次被窃现金854元，惯窃犯吴××，自1957年夏季以来，先后盗窃30多次，所窃财物已经有据可查的即达1200多元。根据这次在几个地区检查的盗窃案件来看，总计被盗财物损失10万元以上。而盗窃犯的犯罪活动，不仅使国家经济直接遭受损失，对国家社会主义建设也直接起了破坏作用。

其次，盗窃分子不但给国家和人民造成经济上的巨大损失，而且扰乱社会治安，破坏和影响生产，影响群众的生产积极性。有的厂矿、企业和合作社的财物的被盗，影响这些单位的资金周转，妨碍了扩大再生产。如××篾器生产合作社准备购买竹子的560余元被盗，结果不能按期进货，停工待料，影响生产。在农村中，盗窃分子往往偷窃农业社的耕牛、水车、斛斗、犁耙等生产工具和种子、稻谷，因而直接破坏生产和影响生产。如惯窃犯刘××从1947年以来先后偷盗农业社的耕牛3头，有的被杀害出卖牛肉，有的被牵往他处低价出卖。盗窃犯王××先后偷农业社的耙6张，窃后有的耙被私自低价变卖，有的耙被打碎，把木头当柴烧，耙齿当废铁出卖。盗窃犯陈××一次即盗窃农业社浸在水塘内的种谷240余斤。此外，还有不少盗窃红薯、甘蔗、芋头、豆等种子的，并且多是在春耕生产下到地里后被挖走的。盗窃犯支××于1957年秋收后与其他二人先后8次盗窃农业社的稻谷3490斤。农业社的生产工具、稻谷和种子被盗窃后，生产发生困难，大大降低了社员的生产积极性，影响合作社的巩固和发展。有的盗窃分子所窃财物虽然不多，但影响很大，后果严重。如某市居民李××，全家4口人，靠一辆小板车替人运送货物来维持全家生活，结果小板车被盗，弄得全家生活无着，哭哭啼啼。又如，农民张××带了3元从乡下坐火车到鹰潭镇，想买点青布、食盐等日用品回家，结果，下火车不久，钱被扒去了，蹲在大街上哭叫，也无钱买车票回家。盗窃活动比较嚣张的地区，群众都提心吊胆，害怕会偷到自己的头上，下田劳动也担心家里被盗，因而不安心生产。

再次，有的盗窃犯，在盗窃过程中还往往产生强奸、凶杀等其他犯罪行为，危害到人民的身体健康和生命安全。如惯窃犯吴××，在行窃时经常携带菜刀、镰刀等凶器，一方面作为撬门、破窗、扭锁之用，另一方面准备如果被捕捉时，持刀行凶杀人，以便脱逃。该犯在盗窃过程中，曾两次强奸妇女。又如，盗窃杀人犯赵××和杨××，一贯游手好闲，爱赌博，曾多次盗窃过。春节期间该二犯因赌博输了钱，回家路过陈家村，在盗窃木匠陈××的衣裤、本箱、鱼肉和钱财后，为了灭口，用绳将陈勒死。

最后，盗窃分子还与旧社会遗留下来的社会渣滓，如不法资本家、贪污犯、流氓、阿飞、赌棍等坏分子勾结一起，同流合污，破坏社会秩序与道德风尚。有的甚至为反革命分子所利用，或与其勾结起来，进行反革命活动。

可见，盗窃犯的寄生性、破坏性是极其严重的。他对社会主义抱着反抗和敌视破坏的态度。他和广大人民间的矛盾是敌我矛盾，他是专政的对象。

二、盗窃犯的手段及其犯罪的原因

盗窃犯的手段是多种多样的，有偷窃、扒窃、夺取等。其中以偷窃最为普遍，扒窃在城镇中较多，夺取较为少见，只发生在偏僻地方或四周无人的情况下，被夺取的人多半是年老体弱或是妇女小孩。如盗窃犯傅××于1958年春天先后两次夺取小孩身上所戴的银项圈和手镯，拿到银行去兑换。盗窃犯一般都是情况熟悉，对所要窃取的财物了解得很清楚，然后趁夜深人静，大家都回家休息的时候，只身外出作案，或趁男女劳动力下田劳动、无人看家的机会进行盗窃。有的三四人组织盗窃集团，事先分头探好线索，窥视盗窃对象，晚上集体作案。惯窃分子作案经验多，有一套行窃的本领，胆子也大，又狡猾，手段更为“巧妙”。他们多在省、县、乡交界地区作案，此地行窃，彼地销赃，流动性大，不易发觉。他们一般是偷了东西后，迅速转移地点，先隐蔽起来，不马上拿出来去卖，等“风声过去”公安机关追查不紧时，才将原物拿出来改头换面去出卖。扒窃犯多在星期六、星期天人多拥挤的时候作案，或在发工资后的几天，工人和干部身上都有钱的时候动手行窃。他们发现偷窃对象，就跟踪追行，趁人多拥挤的时候，或制造有利条件以便下手。如扒窃犯王××，在公共娱乐场所，见一干部掏出一叠人民币买电影票，买的是19排7号的票子，王犯就随后指明要20排7号，利用放电影时光线不足，人们集中注意银幕的机会，盗窃了该干部的50多元。

产生盗窃犯罪的原因主要有以下几方面：

1. 旧中国遗留下来的惯盗、惯窃分子，经过解放以后历年来的打击，虽然所剩不多,但是还有。他们是若干大案的主犯。有些惯窃犯恶习难改,在刑满释放以后仍然继续进行盗窃犯罪活动。如惯窃犯朱××解放前一贯不务正业,在武汉、长沙、南昌一带流窜扒窃,解放后仍继续进行扒窃,被判徒刑,1956 年释放回家后,又先后偷盗、扒窃多次,有一次在某市百货公司破窗而入,窃去手表、毛线、衣料等价值 1000 余元的大量物资。对这些惯窃分子必须要严厉打击。

2. 因生活腐化,追求享乐而实行盗窃。这些人由于滋长着严重的资产阶级个人主义的享乐腐化思想,一味追求资产阶级生活方式,品质恶劣,因而不择手段进行盗窃。如某市搬运公司黄××,每月工资 60 余元,全家只 4 口人吃饭,生活很好,由于资产阶级享乐腐化思想作怪,为了讨好恋爱对象,想多送些东西给女方,因此,进行盗窃活动(一次盗窃人民币 312.88 元)。窃后大肆挥霍,买衣服等物送女方,做订婚礼金,大吃大喝,出入酒馆饭店,每顿饭要花 3~5 元不等,几天之内即吃掉 40 多元。自己做了哔叽服、绒衣等,另外还买了两头猪准备结婚之用。由此可见,和这些腐化堕落、蜕化变质的盗窃犯罪分子作斗争,不仅是思想上的斗争,而且更重要的是政治上的阶级斗争。

3. 有严重的寄生思想,好吃懒做,不顾劳动。这些人由于旧社会的恶习未改,好逸恶劳,讲究吃喝,不从事生产,生活一有困难时,就进行盗窃。如盗窃犯魏××年轻力壮(29 岁),解放前即好吃懒做,有盗窃行为。解放后仍不悔改,继续行窃,加入农业社后不劳动生产,两年内即盗窃 10 多次。

4. 教唆盗窃也是产生盗窃犯罪原因之一。有些惯盗、惯窃分子教唆别人犯罪,特别是教唆少年儿童犯罪。如惯窃分子马××经常以车站、公共娱乐场所为据点,除自己扒窃外,还教唆几个少年儿童去扒窃,然后到他这里来交账,坐地分赃。个别品质恶劣的家长,教唆自己子女去盗窃。如姜××不务正业,游手好闲,不劳动,好吃喝,经常教唆自己 16 岁和 14 岁的两个孩子去偷别人的东西,偷到了就鼓励,偷不到就不给饭吃,骂孩子无用。在她的唆使下,两个孩子先后盗窃人家的锄头、茶油、脸盆、棉衣、棉裤、毛线衣等物。

三、制止盗窃犯罪的几项措施

为了巩固与发展国家所有制和集体所有制,保护公共财产和公民个人财产,就必须有效地及时打击盗窃犯罪的破坏活动,采取措施防止盗窃犯罪的继续发生,以保卫工农业生产"大跃进"的顺利进行。这些措施包括:

1. 正确认识盗窃犯罪的性质和危害性,对他们必须实行专政,坚决予以打击。可是,过去有不少人特别是有右倾思想的人把盗窃犯罪当做人民内部问题,而错误地单纯进行说服教育，忽视了对他们实行专政，使盗窃分子受不到应有的打击。通过反右倾，这种错误思想得到矫正后，给盗窃分子以严厉的打击，就使盗窃案大大下降。但还必须明确认识同盗窃犯罪作斗争，仍是一个较长时期的艰巨任务。

对构成犯罪、应该逮捕判刑的，一定要逮捕判刑；对应该判重刑的惯盗、惯窃分子一定要判重刑；对刑满释放后继续进行盗窃犯罪的，一定要再捕再判。但是，对偶尔发生轻微盗窃或小偷小摸的人，应与盗窃犯罪分子严加区别，对这些人也应严加批评教育。

2. 对在劳改中的盗窃犯，特别是惯盗、惯窃分子，一定要进行长期改造，对刑满的盗窃分子，应尽量说服其留下来生产。对那些少数刑满而需要释放的盗窃犯，也要交当地政府或农业社对他们加强教育，实行监督，并给劳动生产的机会，以便从劳动中锻炼和改造其成为真正自食其力的新人。

3. 健全财物管理制度，堵塞漏洞。各机关、企业、学校、农业社的仓库要有专人负责保管，对财物要按时清点盘算，对巨额现款要妥善保管，不能随便乱放，应及时存入国库；健全管理制度，严格交接手续，如发现财物短少，就要及时查究。通过这些方法，提高警惕，以堵塞盗窃犯罪漏洞。

4. 深入开展安全运动，制定社会主义爱国公约，采取具体措施，开展群众性的防盗，做好预防犯罪的工作。各地在围绕中心，结合生产，深入开展安全运动的基础上，制定爱国公约，以约束不良分子，在群众中树立起“守法光荣，违法可耻”的风气。对不从事劳动生产、游手好闲的懒汉、二流子以及大法不犯、小法常犯，有偷摸行为的人，加强教育与帮助，以预防犯罪。如举办社会主义教育训练班，白天生产，晚上学习，对坏人坏事展开辩论。或采取“二勤帮一懒”的办法，在生产队内由两个积极分子帮助一个懒汉、二流子或有小偷小摸的人，对他加强政治思想教育，带他学好劳动生产技术，使其经过群众的帮助、自己的努力，能参加劳动生产，逐步从劳动中改造自己。对因某种原因如水灾、旱灾、家里死人等，生活一时发生困难，暂时无法解决的人，应当由当地政府或农业社给予适当的救济，贷款、借粮食等，或采用社员与社员之间互相进行帮助、借换等办法予以解决，使他们安心地积极投入生产。实践证明，这些做法很好。如某某县开展安全运动、举办社会主义教育训练班，两个月来全县560个农业社，有554个社（占98.93%）没有发生盗窃案件。某县南溪乡实行“二勤帮一懒”后，全乡几个月来无盗窃。明星农业某村的26户人家1957年冬和1958年春被盗窃分子徐××盗窃过，自从实行“二勤帮一懒”后，3个多月来没有一户发生失窃现象，徐××也逐步学会了农业生产技术，开始有劳动习惯了。

5. 在党和政府的领导下，对群众加强政治思想教育，提高共产主义觉悟，提高革命警惕性。在社会主义建设高潮中，一方面教育人民鼓足干劲进行社会主义建设，树立共产主义风格，改变人与人之间的关系。另一方面，加强共产主义道德品质和法制教育，提高人民群众的警惕性和道德观念。在党的领导下，可以通过群众的辩论会，公开地审理案件等，一方面通过惩办那些盗窃分子教育其他人，另一方面进行法纪宣传，提高人民群众的政治觉悟，与犯罪分子作斗争，与资产阶级思想作斗争，树立遵守法制，遵守社会秩序和爱护公共财产的新的风向。这样才能更好地达到预防犯罪的效果，给我们的国家创造更加安定的社会秩序，以保障社会主义建设的顺利进行。

（1958 年第 9 期）

自杀还是他杀(案例分析)

乃 路*

一、疑 案

1953年12月某夜9时余,某地公安局接到劳工医院的报告:"现有张某送来妇女吴某1名,抵院检查,业已气绝身死。"公安人员前往查悉,吴某是张某的妻子,据张说,"她平时没有什么毛病,最近因月经不来,曾延请中医治疗,今日上午还就诊服药。下午1时许到姑母家裁衣服。5时左右回家。晚饭后她替小孩洗脚哄睡,我则照常练写小楷,突然听见她喊难过,我便劝她上床休息。当我写完字准备睡觉,发现她仰靠在床上,眼睛紧闭,面色苍白,呼之不应,推之不动,便唤醒睡在旁边的奶妈李妈,送医院求治,但抵院后即告死亡"。

承办人员到达现场,发现现场是一个二楼前房,窗朝南,门在北,北墙是他们夫妇的床,床头靠西,旁边是梳妆台等,靠东墙的床是奶妈和孩子睡的,靠窗是一张四方桌。当日没有外人来过,承办人员便听信张某的反映,搜集了吴某当日服用的中药渣和方单,送化验证明药中毒。又将死者的胃解剖化验,结果是:"死者的胃内容物中含有氰化物剧毒成分。"

可见她是服了氰化物(山奈)而死亡,但这究竟是自杀还是他杀呢?

二、证 据

开始时,由于承办人员没有深入群众中了解,而是孤立神秘地办案,偏信张某的反映,便只局限于对中药渣、胃、张的叙述等证据的研究。因而两年多都没有破案,感到"山穷水复疑无路"。但是,当深入实际,依靠群众,便搜集到各方面的证据。再逐个进行研究,加以综合分析,使案情大白。

(一)吴某是怎样的一个人

吴某的母亲、姑母、邻居、李妈等人证明:死者吴某36岁,比张大1岁,小学文化程度。1944年和张结婚,生有3个小孩。她的老母和幼弟在农村,依靠她

---

* 作者单位不详。

每月汇钱去维持生活。她暗地里还储蓄了200百余元,以备老母他日安葬之用。死前数日表现很正常,没有哭过,当日去姑母家心情舒畅。但因长期患“卵巢血性囊肿”病,故精神不佳。

(二)那么,张某又是怎样的一个人

邻居、死者母亲、李妈和保姆高妈等证明:张某无政治历史问题,1946年来某纱厂当职员,现在月薪170元,交其妻家用仅90元。解放前在农村居住时张经常毒打其妻。解放后,吴携儿来和他住在一起,关系一般。1953年夏,吴回乡数周,张和保姆高某通奸,吴某回家发现此种关系,与张争吵,并打了他,还把他锁在晒台房里,经邻居解围,张某大为窘迫。吴将高辞退,张则借口陪高去办户口手续,和高同出,吴又揪打高某,当众搜查高某的口袋和身体,使张感到极为羞恨。高走后张暗中送给哔叽、金戒、现款等物。吴某死后,张在1955年又雇佣了奶妈朱某,不久又和朱某发生性关系,同时,在厂里又追求一女工,和那女工约定秋末冬初结婚,但不久朱某怀孕了,不得不又准备和朱某结婚。

又据他工作单位的负责人叙述,他在1953年11月中旬调物料间工作(事发前不久),工作一向表现不好,性格孤僻,同事称之“木乃伊”。在他的办公处发现他的私人箱子四只,内藏有春宫照片、黄色书刊、金条、现款等物。

(三)吴某的死亡过程是怎样的

她死亡时,房间里有张某、保姆李妈和小孩3人。这时小孩都已睡着,李妈也躺在床上,但还未入睡。因而,当时亲见她死去的,只有张和李。自1953年到1955年下半年,李妈所叙述的情况,和张某在事发那天所谈的,都是一样的。到了1955年9月以后,经过教育,她才提供了真实的情况。李妈陈述如下:

事发的当日上午10时后,吴煎饮中药两次,午后,带了孩子去姑母家裁衣服,五时余回家,用缝衣机缝制衣服。不久张某回家,对她说:“痛经丸我买来了,吃下就不痛。”便把药放在梳妆台上,并说:“等一会就可以吃了。”饭后,我陪小孩睡觉,张则在写字,还催她:“好吃药了。”吴问:“怎样吃呢?”张说:“用开水吞服好了。”吴说:“不会吞。”张说:“用一只调羹调好了。”吴拿来了调羹,张拿出了药片,是个小长方形的纸盒,里面是玻璃管,药片是圆形白色的。张倒了些开水在调羹里,把药片放在里面,由他用手揿碎,吴拿了即吞下去,还说:“这样苦,很难过,肚子痛得很!”张叫她在床上靠一靠,她靠在床上就没有声响了。张继续写字,我迷迷糊糊地睡着。不久,张把我叫醒,说叫了她好几声,都唤不醒。我叫他继续喊,仍无用。张说要把她送去医院,同时,把调羹用水冲洗了一下,把水倒入痰盂里后,便把她送去医院。我为何看得这样仔细呢?因为我也有妇女病,我想,倘若她能治好,我也要试吃。因而当时我开始面向墙,听见她吃药,我便把脸转向外面，看着她吃。

（四）她死后有什么值得我们注意的情况

据李妈在1955年9月间（案发两年后）的叙述，事发当晚，张某从医院回来后，把梳妆台上的药放进口袋里。公安人员走后，李对他说："要不把这些药给她吃，恐怕是不会死的。"他说："为了要她好，才买药给她吃，我又不会药死她的。"李接着又说："可否拿药到药房去评评理？"张说："买药时，药房里原说过这药片日久了，恐怕不灵，现在拿去，他们也不会承认的。人已死了，拿去讲也讲不好的。"李又说："明天买只鸡试试看！"他说："这种事难看，不要搞。"接着他又嘱咐李："千万不要讲出去（指给吴某吃药），假若讲出去，我是要犯错误的，这些孩子怎么办呢？岳母和小舅的生活依靠谁呢？等孩子长大了，我死也不要紧。"后来每当传李妈去了解，他事前总叮嘱李妈，不要讲曾给吴吃过"优散痛"。1955年年初李妈回乡前，他送给李妈一磅半绒线和一只小金戒。临走时他又叮嘱："事情已很长远了，如果乡下问起来，最好不要讲出去。"后来李妈想，这事根本不关她事，她再不说实话，那岂不是等于将别人的棺材搬到她家里去，她犯不着，因此，她现在讲了实话。

又据当日承办该案的同志记录：张某当晚不同意解剖尸体，后来告诉他，依法要解剖的，他也就表示无可奈何。当该同志去现场时，发现他从抽屉里拿了一件东西，放进自己口袋里。但该同志当时没有加以追究。

（五）法医的鉴定意见怎样

法医对死者的胃解剖检验后，做过这样的结论："该死者之胃内容物中含有氰化物剧毒成分。"

既然据李妈说曾吃过"优散痛"，那么，胃内是否有"优散痛"成分呢？据法医化验："该胃内容物不含有优散痛。"

又据法医反映，吃山奈（氰化物）后，往往在五分钟左右即有反映，肚子绞痛，脸色有的发白，有的发红，有的口吐白沫，有的不吐白沫，吴某当时的征象是符合这种特征的。

（六）张某是怎样叙述的

他说："我估计她是因脑充血或心脏病而死的（因为她死去得很快）；当然，她也可能自杀而死，因为在她死前10天左右，她曾写过一张字条，上面写有：'当我眼中钉，我心中时时刻刻气死，我做人冤煞。'我问她写来做什么，她说：'我空时写写。'说时并将纸头丢进痰盂。还有死前三四天，她很苦闷，哭了一日一夜，饭也不吃，我不了解她为什么哭。"

又说："她临死前三四天，我到某药房买疳积糖，另一顾客拿了一瓶'优散痛’要调换‘阿司配令’,店员说货出门不能退,他们发生了争执,我便把它买来,放在梳妆台的抽屉里。那天晚饭后,她问‘优散痛在哪里?’我说:‘在抽屉里。’她自己拿开水吞服说:‘人难过来!嘴里干得很!’我问她是否要开水,她又说不要,就靠在床上睡了。我写好一张字后,过去拿烟吸,对她说:‘你睡好些。’喊了几句她都不应,再看她脸色不对,我就喊奶妈。她说:‘这一定是药吃坏的,把这药丢掉。’我说:‘这不要讲起了,讲起怪讨厌的。’至于奶妈走时,给她东西是有的,因为我妻子生前答应给她的。”

他还说:“山奈是什么样子,我没有看见过,我们厂里的山奈放在哪里,我不知道。”

(七)死者服用的山奈从何而来

死者和李妈都是一般的家庭妇女,素来不懂也不接触山奈,没有山奈来源。而张某是在纱厂物料间工作的,负责管理机件和废料,物料间有山奈、烧碱等几十种,储藏在危险物品间。该间的钥匙无专人负责,挂在墙上,可随便取用。事发前半个月左右,曾有一只空山奈桶在物料间,放置过一两天,桶边粘有山奈屑。该物料间负责人也承认:“由于制度不健全,他是很可能从这里偷去山奈的。”

三、分　　析

案情的分析应该极其慎重。倘若认定案情上有错误,便可能发生两种情况:一种是把人民内部矛盾——夫妻感情不和睦,当做敌我矛盾——杀人案件来处理;另一种是把敌我矛盾——杀人案件,当做人民内部矛盾——夫妻感情不和睦来处理,两者都会犯严重错误。那么,面对这些不同来源的证据,本案究竟应做怎样的判断呢?

一种看法认为此案直接证据不足,主要都是些间接证据,因而主张张某是有毒害其妻的嫌疑,但不能认定他就是凶手。吴某死亡时,重要的证人是李妈,她只能证实吴某是吃了“优散痛”死亡,而不能证明张某毒害其妻。倘若张某毒害其妻,其犯罪动机也不合常理。因感情不和,可采取离婚办法,用不着下此毒手。退一步说,假使认定张某是被告,那也可能是买错了药,过失致人于死。

另一种看法认为应把张某列为被告,并追究其刑事责任。虽然张某矢口否认,我们当时在勘验现场上也有疏忽,没有搜集到“优散痛”的药瓶和调羹等重要物证,但根据证人的证言和鉴定人的意见等直接和间接证据,足以认定张某是被告。

我是同意后一种判断的,这可从以下的几方面来分析:

1. 从证人的证言中,可以看到死者对她的母亲是很孝顺的(母亲和弟弟都依靠她寄钱去生活)。她和张某以前的关系虽然不够融洽,但在事前的一个时期和当日,她的表现都很正常。由此可见,她没有理由突然自寻短见。张某提出的她可能自杀的反证,是经不起客观事实的检验,是不足采信的。

2. 李妈是来自农村,到城市不久的一个纯朴的农妇,是由死者亲自从农村请来的。她与死者关系和洽没有仇恨,作风也很正派,她更无法搞到山奈,因而,她是不可能毒害被害人的。张某也承认这一事实:“奶妈没有毒死我老婆的可能,因她们无冤无仇。”

3. 所谓“优散痛”是否有问题呢?张某所叙述的买药过程,是不合乎常情的,像他这样一个性情孤僻,不关心社会活动的人,会为了免得他人争执,而把引发他人争执的已开了口的药买下来吗?退一步说,就算他把药买下来了,药厂是不会把山奈制成“优散痛”卖出来害人的,换“阿司配令”的人,也不会把山奈伪装成“优散痛”,去害他根本不识也没有冤仇的人的。我们再据法医的书证,死者胃内只有山奈,而没有“优散痛”,足见是吞服了冒充的“优散痛”——山奈而致死,而这冒充的“优散痛”,按事实的逻辑推论,除了张某“制造”外是不可能有其他人“制造”的。

4. 死者不会自杀,李妈不会毒害她,死者又无其他仇人。那么张某呢?他解放前经常毒打妻子,解放后生活作风不正派,乱搞男女关系,对妻子厌倦,不久前又因与保姆高某通奸事,受吴某的痛骂,二人之间是有问题的。吴某暴死前是经张的“催促”和“帮忙”,吃了张为她买来的“优散痛”。吴死后张还把调羹冲洗过、把“药”盒放入口袋,不同意解剖尸体,反对把“药”给鸡试吃,叫李妈不要讲吴吃“药”事,李妈走时,又送她东西,再三嘱咐她不要把此事宣扬出去。他在物料间工作,这里藏有山奈,自然有可能搞到山奈。以上这一系列的“环节”,一个扣住一个,对这些情况综合分析,就足以分析判断张某是杀妻凶手,应列为被告,追究他的刑事责任。

四、体　　会

通过对此案的研究,我有以下主要体会:

1. 我们办案人员绝不可能亲身耳闻目睹所处理的一切案件的发生过程。这些过程对办案人员来说,往往是已过去的事实。为了惩罚犯罪,我们就必须搜集证据,运用唯物辩证和形式逻辑方法,利用已掌握的证据,推论出事实的全部真相。因而我们在搜集证据时,就绝不应孤立神秘脱离群众进行,这样往往容易被假象所迷惑,以致被犯罪分子所愚弄。

本案事发时,承办同志没有走群众路线,而是孤立神秘地照老办法进行侦查,没有深入邻居、亲属中去了解张、吴和李妈 3 人的情况,从而进一步去了解吴某是自杀还是他杀,而只听信张和李妈的陈述,仅仅搜集了中药渣和中药单方,认作重要物证加以检验,以致历经数年,一直列为悬案而未破案,犯罪分子则逍遥法外。

当转变工作作风,深入到群众中,案情始逐步明朗,线索渐渐增多,证据继续充实,办案人员的思路也逐渐开阔。在做法上首先是通过邻居、亲戚等了解张、吴和李妈的平时为人,张、吴的关系等,从中就发现张的许多可疑点,也发现李妈是一个重要证人。这样案情的侦查便被推向重要的新阶段。于是着手对李妈进行反复的政策教育,消除思想顾虑,提高她的思想认识,她也就感到不能再"将别人的棺材搬到自己家里来"了,不能再把真实情况隐瞒下去了,她就坦率地陈述当日所见的真实情况。当掌握了这些情况,再去查问张某,便突破了不少缺口。张某承认了最重要的事实——吴某吞食了他买的"优散痛",但他却又像淹在大海里的溺者抓住几支麦秆一样,还狡辩没有看过山奈,那是"优散痛"不是山奈,她可能抑郁而自杀……但无论他怎样推卸罪责,也无法自圆其说,因为邻居、亲属、保姆等周围群众都提供了许多重要的情况。这就有力地教育了我们,办案必须坚决地贯彻群众路线。专业工作与群众路线相结合,这是我们党领导三十余年革命斗争中所创造的宝贵经验之一,它是我们办案中战无不胜的重要武器。我们必须要珍惜这宝贵的经验,并坚决地将其贯彻在实践中。

同时,在贯彻群众路线中还应注意这一点,就是对提供证据(书证、证言、物证)的证人和鉴定人,应该深入了解他们的政治态度、阶级成分、心理状态和本案的利害关系等。通过对这些情况的了解,才能判断他们叙述情况的客观性和真实性。并且,应对他们进行反复的政策教育,消除其思想顾虑,以便取得客观真实的证据。

2. 有些同志在处理类似此案的案件时,虽有其他的确凿证据,但由于被告矢口否认,往往认为没有最主要的直接证据,感到证据不充分,从而推定案情难以认定,处理时表现动摇踌躇。我们认为这种观点最本质的东西,就是过高地估计被告陈述的证据价值,自觉或不自觉地陷入资产阶级形式证据论的泥坑里。形式证据论者是把被告人陈述看做"全部证据中最好的证据",是"证据皇后"的。

我们认为被告陈述是诉讼证据中的一种普通证据,它没有什么特殊的地位。办案中讯问被告的目的是查清案情,揭发犯罪,辨明是非,明确责任,审查被告人的认罪态度,以便酌情给予适当的处罚。因而,我们认定案情时,主要不是根据被告的陈述,而是根据其他各种证据。就以本案来论,虽然张某矢口抵赖,又没有搜集到“优散痛”药片和药瓶,以及当时盛药的调羹等直接证据,但是我们掌握其他重要的直接与间接证据。在直接证据方面有:(1)李妈的证言;(2)胃内的氰化物;(3)法医的鉴定书等。在间接证据方面有:(1)亲属、邻居、保姆、同事等证人对张某平时为人,张、吴关系,事后张的表现等的证言;(2)送李妈的绒线和金戒等;(3)废料间的山奈桶等。根据这些证据足以认定张某是被告,应追究其刑事责任的。

我们知道,对被告人陈述的态度,也是我们与无罪推定论者根本分歧的标志之一。他们认为是诉讼的主体,陈述是被告的权利,我们认为在诉讼活动中,陈述主要是被告的义务,他不仅是诉讼主体,也应该是诉讼客体。因此,他必须老老实实地陈述真实的情况,彻底交代罪行,从而争取宽大处理。倘若弄虚作假,甚至诬攀他人,那必须从严惩处。如本案张某5年以来,竭力狡辩,无耻地自比为“窦娥冤”中的窦娥,企图迷惑我们视线,推卸罪责,妄图逃脱法网。他所得到的绝不应是从宽处理或宣告无罪,而应是从严惩治。

因而,当被告人死不认罪,其供词又自相矛盾,与事物本身的发展逻辑不相符,与客观事实不一致,而其他直接与间接证据确凿,那么,我们绝不能因被告不承认,而认定被告无罪。反之,应根据党的“坦白从宽,抗拒从严”的政策,从严惩处。

为了保卫和贯彻社会主义建设的总路线,有力地打击反革命和其他刑事犯罪分子,加强人民民主专政。在服从党的绝对领导下,我们应该很好地学会密切地依靠群众,搜集和运用诉讼证据,从而有力地打击犯罪,保护人民。

(1958年第9期)

【栏目】　政法工作在怎样解放思想

为什么会有人思想不能解放呢

陈庆年*

灭蚁专家李始美经过几年挫折，排除万难，终于揭开了白蚁生活的秘密，给人类做出大贡献。发明“手掐自动倒土机”的贺亭被中国农业科学院农业机械化研究所聘请为特约研究员。他们是什么人呢？李始美只念到初中一年级，贺亭是没有进过学校门槛的农民。他们为什么能创造出奇迹？因为他们是天不怕地不怕，敢于蔑视那些卖狗皮膏药的“权威”而敢想、敢说、敢做的人。

任何事情不经过人去想、去说、去做是绝不会出现成绩的。政法工作亦然。政法工作者一般都是受过党的多年教育、经过一些实际锻炼、有一定觉悟的干部，按理都应该是敢想、敢说、敢做的人，但事实却并非人人都如此。原因何在？我看是：

1. 不相信或者没有充分认识到人的主观能动性的伟大力量。这种人对于工作往往只看到困难的一面，忽视了人可以排除万难的一面；对于工作不是先大胆去设想，分析有利和不利的条件，然后想出克服困难的办法，而老是闭着眼睛叫“困难呀，困难呀”，甘当困难的俘虏。1958年3月间福建龙岩专区布置“扫残”任务，要求各县法院苦战七天清完积案，一个县法院的院长当时就光看到积案200、审判员少等困难，因此接受任务不愉快。回去一传达，想不到全体干部干劲充沛，保证完成任务。大家积极研究改进了工作方法，结果如期完成了任务。这个院长同志得到的深刻体会是：“人，鼓起了干劲，发挥了钻劲之后，是了不起的。”

2. 甘居中游的思想束缚了积极性和创造性。自居落后的人现在是少见了，但安于“比上不足比下有余”的甘居中游的思想的人却还不是少数。我自己就曾经有过这种思想。在这种思想指导下，对于“鼓足干劲，力争上游”无动于衷，缺乏争先进、争上游的社会主义大志，缺乏把工作做得好些、更好些的责任心，因而思想也就逐渐僵化了。通过整风，我深刻体会到：我们的工作有如逆水行舟不进则退。“中游”是站不住的。不奋发前进，上游的把你抛得远远的，原是下游

* 作者单位：福建省龙岩地区中级人民法院。

的却跑到你前面去了。

3. 资产阶级个人主义是敢想、敢说、敢做的绊脚石。真正敢想、敢说、敢做的人必然是有集体主义思想、有高度共产主义觉悟的人。他在思考问题、处理工作的时候,一心只想如何把工作做得更好,为党做出更多的贡献。就是做错了也敢于及时从错误中吸取教训,改进工作。而个人主义者却一切从个人出发,专门考虑个人得失。史明同志所举的"大胆设想,易出错误"因而"束手束脚,谨小慎微,唯恐出错"的思想,实质就是个人主义的反映。事实上谨小慎微并不能保证不犯错误,而"唯恐出错,束手束脚",暮气沉沉,干劲不足,这本身就是最大的错误。

4. 自卑感。特别是一些工农干部表现得较突出,认为自己"没有文化吃不开"。自卑感在一定程度上阻碍着共产主义风格的大发扬。工农干部一般有较高的觉悟和政治理论水平,这是做好工作的最根本条件。实践中也证明了工农同志的工作做得很好。因此,我们不要迷信,更不要妄自菲薄,要像一切"土专家"一样敢于蔑视那些"假洋鬼子",也能踏踏实实地勤学苦钻。同时也不要忘了我们的短处,但只要勤学苦钻,文化科学是一定会被我们掌握的。

综上所述,我认为政法工作者能够而且应该敢想、敢说、敢做。要做到这点,必须发挥人的主观能动性,清除甘居中游的思想以及个人主义和自卑感。拔掉白旗,高举红旗,大胆地想,顽强地干,就能势如破竹,所向披靡。

(1958 年第 9 期)

又红又专,就能解决怕犯错误而不安心政法工作的问题

计国豪*

在政法部门工作的同志,确实有些存在不同程度的怕犯政治立场性的错误想法。我要求调离法院甚至要求退职,也就是这个缘故。1958 年 4 月我被调到法律顾问处工作,当时非常愉快,认为律师工作再不像审判员那样容易犯政法上的错误。可是当我为刑事被告人辩护,检察员对辩护论点有意见,认为律师的立

* 作者单位:贵州省安顺市法律顾问处。

场有问题时，又觉得为地、富、反、坏分子辩护比审判员还难办，更容易犯政治立场性的错误。就想：若把我调到生产部门多好，就是没有发明创造，只要苦干，多生产，这就有利无害，又可以避免政治上犯错误。因此，不安心工作，鼓不起干劲，工作也就做得既慢又不好。

经过红专辩论，觉察到自己的思想是错误的，给工作带来不少损失。如果不彻底解决，就会陷入不可挽救的境地，这是很危险的。经过找思想根源，发现这主要是政治思想问题和专业问题没有得到正确的解决。如果思想不正确，就是调到生产部门埋头生产不问政治，同样要犯政治上的错误。只有又红又专，才能从根本上解决这一问题。因此，自己订出规划，从以下具体方面来解决这一问题：

第一，坚决在党的绝对领导下进行工作，认真学习党的政策、方针、决议、指示的精神实质，并坚决贯彻执行。及时向党委请示报告工作。

第二，确立无产阶级立场。拿辩护工作来说，应该要有无产阶级的立场。只有辩护论点正确，法庭才会采纳，检察员才不会有意见。这就要首先明确一致对敌、互相配合，使案件办得更准确，在巩固无产阶级专政的前提下进行辩护。只有这样才不会犯政治性的错误。

第三，不要怕犯错误，怕，始终是解决不了问题的。万一犯了错误，就应该分析研究，找出产生错误的原因，抱着"有错必纠"的精神去改正错误，并吸取教训。

第四，要刻苦钻研业务。工作中的政治错误，除了离开党的领导，丧失立场外，与不熟悉业务也是有很大关系的。因此必须刻苦钻研人民律师业务。

第五，要想不犯错误，还必须走好群众路线。这就必须深入群众，调查研究，听取广大群众的意见。

（1958年第9期）

政法理论上需要"敢想、敢说、敢做"

岑　堃*

我国法律是工人阶级领导的人民群众的意志的表现，也是党领导人民进行

* 作者单位：中南政法学院。

革命斗争经验的总结。同时法律是为当前的政治服务，为适应革命斗争的需要而制定，而不断加以修改的。足见，作为具体执行法律的政法工作者是大有“敢想、敢说、敢做”的余地。政法工作应该而且能够“敢想、敢说、敢做”。这可从以下几点来谈谈。

首先，“敢想、敢说、敢做”就是要有大胆革新的精神。这就必须破除迷信，彻底划清新旧法界限，不要怕“权威”，不要受“体系”所束缚。譬如，过去对“无罪推定论”、“有利被告论”等旧法观点，许多人早已认为不对，但谁也不敢说，甚至盲目传播。为什么？因为没有划清新旧法界限；因为被“权威”压服了，认为它们是“书本子”讲过的。现在呢？被驳倒了。又如，在我国已基本上实现了生产资料的公有制后，社会上就不会有许多争夺遗产的案件需要用法律来解决，也不会有很多关于债务方面的法律问题。可见民法上的继承与债务问题在今天已起了根本的变化。然而，许多教员还在遵循着原来的民法课程“体系”，用很大的篇幅来进行讲授，有些法学家还坐在家里用过去的一些理论来写他们的“巨著”。这就需要想一想、说一说，对此问题提出一些新的意见了。

其次，要创造我国法律体系，也要求“敢想、敢说、敢做”。党领导中国人民在长期革命斗争中，在法律方面积累了丰富的成功的经验，问题在于没有完全加以总结提高。如“死刑缓期执行”，古今中外都没有过。又如，最近各地试点推行的社会主义爱国公约，也是我国法制建设的伟大创举，更与《治安管理处罚条例》、刑事处分构成了我国法律的完整体系，这也是外国没有过的。如果不重视、不去总结，从而创立自己的适合中国情况的法律体系，而去抄外国的，认为人家一切都好，岂不是拿着金饭碗讨饭吃吗？

最后，学习苏联及其他社会主义国家的先进经验，如何学，是个问题。人家有成功的经验，也有失败的经验，而且有它的民族特点，在时间、地点、条件诸方面都和我国有所不同。因此，我们不能教条主义地学，也就要求有“敢想、敢说、敢做”的精神，通过自己的思考去研究；否则，最好的东西也会学坏的。如在刑法讲授中的“共犯”，其实在我国就是“贪污集团”之类的“集团犯”；民法讲授中的“居间”，就是我们俗称的“中人”。如此等等，这些简单易懂、为工人农民所熟悉的经过实践检验认为是正确的东西，我们不去运用而至今仍原样搬用别人的，岂不是“东施效颦”。

以上3点，正说明政法工作者应该大胆去想、说、做。不是像史明同志所说的政法工作“不能大胆设想”、“不像经济和文教工作那样，能够有什么创造和发明”。

（1958年第9期）

从规章制度的改革,看政法干部思想解放的必要性和可能性

乙　敏*

这里,我打算以政法部门某些过时的规章制度的改革来说明,我们政法干部的思想可以大大解放一番。

大家知道,一切事物永远是在矛盾中发展的。上层建筑和经济基础之间经常会发生这样或那样的矛盾。旧的矛盾解决了,新的矛盾还会出现。一部分法律、法令和规章制度,原来是正确的、适时的,是促进生产力发展的,但在情况发生变化之后,就不适用了,反过来又会阻碍生产力的发展。至于少数的,特别是一些不成文的规章制度,本来还不够完善,更不必说了。因此,我们所有政法干部就有责任根据实际情况,解放思想,在方向对头的情况下积极提出建议,使有关领导机关及时地调整上层建筑各个部分、各个环节同经济基础之间的某些矛盾,及时地改革那些已同社会主义的经济基础不相适应,限制生产力发展,束缚群众积极性的规章制度,使上层建筑更有效地为经济基础服务。

譬如,在司法部门来说,它的审判程序和审判制度应当是密切联系群众,一切从便利群众出发的。但是,过去有的地方的有些规章制度却是脱离群众、约束群众,规定了一系列的坐堂问案的烦琐程序。对于大量的民事纠纷,不问有无必要,不顾影响生产,都要开庭审问。为了追求所谓法庭的严肃性和正规化,在审判员进法庭时和宣判时,竟由法警喝令旁听群众起立,甚至独脚残废人也不能例外。在法庭上准许被告为其罪行巧辩,却不准旁听群众发言。对于这些不适当的规章制度,我们难道也不能提出一些适当的新的规章制度来代替它吗?

又譬如说,上海市公安机关在1950年间公布的《危险物品暂行规则》和1951年间公布的《硝酸织维管理暂行规则》,当时是为了限制私营工商业者贪图利润,在制造、贮藏、使用和运输方面不顾安全,防止火灾和爆破事故的发生所制定的。1956年私营工商业全部公私合营后,情况发生变化,原规定的具体管理办法,已不利于当前生产的发展。另外,危险物品又必须继续管理。对于这种变化了的情况,作为公安干部,无疑地也是可以解放思想,积极提出一些建议的。

---

* 作者单位:中共上海市市委政法工作部。

一个大家所熟知的事例，如卡车载重量的规定，是中央业务部门根据全国情况在路面崎岖的情况下制定的。但是，上海市公安局交通处技术员项世杰同志却不被规章所束缚，他在研究了上海路面光滑平坦的情况后，大胆提出了每辆卡车提高载重量半吨至一吨的建议。经过实验证明，领导认为这项建议是可行的，经在全市推广的结果，使全市数千辆卡车每天多运了货物将近 8000 吨，相当于 500 辆解放牌卡车一天的运输量。

以上这些事例证明，政法工作者不仅能够解放思想，敢想敢做，而且在方向对头的情况下，破除束缚了生产力发展的陈规旧章后，就能大大地促进社会生产力的发展，为国家增加巨量的财富。何况政法工作的思想解放还不仅在于规章制度的改革上，其他如政法部门的组织体制、工作方法、协作关系以至法律科学的研究等，又有哪个不可以破除迷信、解放思想、大胆设想呢？一切认为政法工作者不能大胆设想的说法显然在事实面前彻底破产了。还是让我们大家鼓足干劲，力争上游，丢掉个人主义的患得患失情绪，大胆解放思想，在工农业生产"大跃进"的同时，使政法工作也来个飞跃吧！

（1958 年第 9 期）

公证工作也能敢想、敢说、敢做

赵　德*

我是一个公证工作人员，过去，我也有像史明同志那样的想法，认为政法工作神秘、复杂，有它的独特性，不能像工业财贸部门那样敢想、敢说、敢做。如果大胆设想、大胆做就会降低公证质量，易出纠纷，易犯错误。总之，认为公证工作不能大胆想、说、做。

但是，实践证明，强调政法工作的特殊性，而不敢大胆设想的说法是错误的。"大跃进"中，有不少地方在程序上、方法上打破了不少教条主义的束缚，创造了不少新的工作方法，使工作向前推动了一大步。就拿呼市中级法院的公证工作来说，过去只强调"公证是无讼案件，有纠纷不能办理"，必须当事人亲自到公证

* 作者单位：呼和浩特市中级法院公证室。

机关办理。这样不仅影响了当事人的生产，而且也使公证工作开展得不好。“大跃进”中，打破了这种陈规旧律，对于工人、农民、职员因忙于生产和工作不能亲自来办理的，我们与工厂、企业、机关建立了电话联系制度，只要有事即可打电话下去办理，使公证送上门。对于一些分家、继承、收养子女、出卖房子的公证事件，有些事当事人当时想不到，公证时又想提出来帮助解决的。过去我们不论纠纷或问题大小，一律推到法院，经过调解后无纠纷再来办理，现在我们对于这些问题，只要是与公证有关的问题和轻微纠纷，就协助当事人进行调解，这样不仅有利于生产，也能增强人民团结。由于便利了群众，加强了宣传，公民申请公证的事件日益增多。这样的设想，这样的做法，是否易出毛病呢？不是。到目前为止不但没有发现因审查不严、调查不周而导致的合同纠纷，反而保证了案件质量，使工作效率提高了。事实说明，不是易出纠纷，而是真正预防了纠纷。因此，我认为必须思想上彻底解放，打碎一切清规戒律和非马列主义思想的束缚，坚持富有独创精神和敢想、敢说、敢做、敢为的共产主义风格，才能把工作做好。

(1958 年第 9 期)

发挥了创造性才能更好地实现原则性

饶孝章*

我是一个工人出身的司法工作者，5 年来的实践证明：政法工作者不仅可以敢想、敢说、敢做，而且可以大胆想、大胆说、大胆做。关键问题在于你站在什么立场，以什么态度来对待新鲜事物。比如说，政法工作必须绝对服从党委的领导，必须贯彻群众路线，必须坚定不移地执行党和国家的政策法律。这是一个原则性的问题，可不能胡思乱想，任意改变，否则将会犯政治上的错误。但原则性不是束缚人们的手足，而是要在原则的指导下发挥人们的积极性、创造性，因时因地设法实现原则，从而做好政法工作。我们只要在有利无产阶级专政，有利工农业生产“大跃进”的前提下，就可以提倡大胆革新，大胆创造，发扬敢想、敢说、敢做的共产主义高尚风格，这是当前政法工作的主要方面。

---

* 作者单位：浙江省景安县人民法院。

比如,联系到我们法院,最近与基层调处组织签订的调处民间纠纷分工合同,就是新的创举。过去我们也强调指导调处组织;由于抓得不紧,每月都有大量纠纷告到法院,成为我们很大的负担;调处委员会也因纠纷内容性质发生变化,政策界限不清,表示畏难。针对上述存在问题,我们与调处组织采取包调处、包指导的方法,确定调处任务,划分调处范围,研究调处纠纷时间、方法,签订了合同。这样,不仅满足了调处组织在"大跃进"中提出辖区内发生纠纷由他们自行调处的要求,而且使法院能腾出手来审理那些更为重要的纠纷和案件。这就是司法干部破除迷信,解放思想,打破常规,大胆革新的一个事例,也是走群众路线的新形式。再者,过去我们办案片面强调正规,机械执行程序,迷信坐堂问案,迷信自己办案,结果出了很多问题。比如在执行陪审制度上,过去不问有案无案,案大案小,都得请陪审员。现在改为法律规定有需要陪审的案件才请,并采取临时邀请的办法,不仅使陪审员不脱离生产,而且为国家节省了大批财力。又如在传唤证人的问题上,过去由于迷信自己,不相信兄弟部门材料,某些案子既有足够的证据,又有被告人承认的供词,受了"有利被告论"的影响,照例仍要传唤证人到庭见证,使证人往返数天,影响生产。因此,他们反映:"检举犯罪容易,赶法庭见证太麻烦。"这不是正确的批评吗? 此外,破陈规、立新章、大胆创造的事实,目前都已收到良好的效果。可见政法工作和其他工作一样,完全可以做到敢想、敢说、敢做。只有发挥了创造性才能更好地实现原则性。

(1958年第9期)

大胆设想必须建立在马列主义基础上

遥　野*

在这"一天等于二十年"的日子里,我们单位的同志,已比较普遍地树立了敢想、敢说、敢干的共产主义风格,打破了陈规,简化了程序,办案质量提高了,速度也加快了很多。但在跃进中,也曾经出现了一些不够踏实的步伐。最近接触到印象比较深刻的两件事。

---

* 作者单位:广州军区军事检察院。

第一件，某检察院为了及时批准逮捕一名案犯，经与各有关单位初步研究，认为可以逮捕时，便一面呈报党委批准，一面办理逮捕手续。可是，党委还没有批下，案犯已逮捕起来。

另一件，某法院为了加快办案速度，采用了“一庭多案制”的办法，一庭审理了4个比较简单的案子，时间不到半个小时，平均每审完1个案子，仅区区7分钟。

上述两例，是不是敢想、敢干呢？是。这个办法可取不可取呢？不可取。为什么？因为敢想、敢说、敢干必须符合党的领导，符合准确、及时、合法地打击反革命分子和其他刑事犯罪分子的原则。而上面举的两个例子，前一个是没有坚持服从党的领导，他们忽略了无产阶级专政机关必须实际接受党的领导，而不是形式上办办手续，因而这种做法是错误的。后一个，也可设想，7分钟审完一个案子，未免有些粗糙了，这与准确、及时、合法的办案原则是不相符合的。所以大胆设想必须建立在马列主义、毛主席思想的基础上。只有建立在马列主义、毛主席思想基础上的敢想、敢说、敢干才能符合党的利益，才能促进工作。

（1958年第9期）

思想解放必须贯彻群众路线

张景厚*

政法工作者要解放思想、大胆创造，关键问题在于贯彻群众路线。我是一个公安工作人员，根据我的体会，“大跃进”以来，公安保卫机关经过整风，扫荡了“三风”、“五气”，批判了孤立神秘主义、右倾保守主义和特权思想，逐渐扭转了不顾发动群众，害怕群众的思想和作风。思想逐步解放了，工作日益提高了。

随着社会主义建设大跃进的发展，公安部门与群众之间的关系在日益增强，绝大多数的公安人员都认识到：只要是对群众有利的事就能想、能说、能做。在公安机关，民警正在提倡“日行一善”，为群众办好事，日夜受理户口，登门上户

* 作者单位：唐山开滦矿公安处。

口;厂矿企业保卫部门,正在推行"跟班生产、保卫生产"的经验。所有公安保卫机关,正在进行向群众汇报工作,要群众做鉴定,提批评意见,给公安部门和个人贴大字报。这种种的做法都是过去所不敢做的。

在这里不妨检查一下,过去我们有些同志由于受到"神秘化"、"特殊化"的思想束缚,不敢依靠群众。自以为工作特殊,对群众不敢靠得太近了,很多事不敢对群众说,更不敢交给群众去做,结果使自己头脑不清、耳目不灵,工作往往处在被动局面。如 1957 年 7 月开滦煤矿学校发生了一起反动诗歌案。案子发生后,该校领导主张向全体师生公布案情,组织讨论,发动群众揭发检举,以达到迅速破案。这个措施本来是正确的。可是我们不同意,认为案情较复杂,单靠群众办不到,怕搞出了乱子,怕搞不出来被动"丢脸面"等,顾虑重重。群众提出可疑线索不相信,迷信专门工作,对群众提供的真实情况置之不理。就这样,几个专职干部连搞了七八个月毫无头绪。这时校领导对我们做法不满意,学生贴出大字报来质问我们。1958 年 3 月在市公安局跃进誓师大会上受到批判后,我们立即纠正了这种错误的做法,采纳了校领导的意见,重视了群众揭发检举的材料,结果仅十几天的时间就破了案。

这件事生动地告诉我们:任何革命工作,如果脱离了实际,脱离了政治,脱离了群众,特别是没有群众力量这样一个物质基础,要去完成是不可想象的。所以,任何没有群众观点,片面认为在政法部门工作,不能大胆设想、大胆革新,工作束手束脚、谨小慎微、唯恐出错的同志,其这种想法和做法都是不对的。

(1958 年第 9 期)

编后记

《法学的历史》第 2 卷的完成是大家共同努力的结果。其中，孙晓鸣、邬勖、黄晶、李林、孙婷、刘倩、刘颖等都分工对打印稿进行了校对，发现其与原稿的错处，以便改正；王捷在此基础上，对电子稿进行了校正，按照新文本的要求，总成了本卷；陈灵海、高珣、练育强 3 位副主编各司其职，对自己分管的校正工作，进行了必要的指导和督促，保证这一工作按时按质完成。对于大家的辛勤劳动和有效工作，一并表示真诚感谢。可以想象，如果没有大家的共同努力，本卷的工作就将一事无成。这次的合作非常成功，也非常愉快，期望我们以后会有更多的合作。

根据本套丛书的统一要求，本卷中原有的论文都得以保留，广告、书目介绍等非论文则不再保存。由于打印稿与原稿差别不小，错字较多，还有大段遗漏，所以校对任务很繁重；再加上还要把原稿中的繁体字改为简体字，工作量很大。要在有限的时间内完成这一工作实不容易，难免留下舛错，留有遗憾，还望读者指正、见谅。

王立民

2012 年 4 月 25 日于华东政法大学

领取稿费告知

尊敬的各位作者：

值华东政法大学建校60周年、《法学》创刊56周年之际，华东政法大学《法学》月刊社出版了《法学的历史》文丛，旨在以文献的方式反映新中国法制建设的进程以及法学理论的发展。为此，选萃了《法学》月刊自1956年创刊以来刊登的具有代表性的、能够反映当期现实问题和理论研究水平的文章。您的文章被我们选用，但由于各方面原因，我们无法与您直接取得联系，希望看到此通知后联系我们，以便发放您的稿费。具体事项如下：

1. 请告知您的信息，具体包括：(1)作者姓名；(2)文章名；(3)文章发表的卷名。可直接到杂志社领取稿费。如需要邮寄稿费的，为防止冒领，请将个人身份证号、收款账户、联系电话予以告知我刊。

2. 稿费的发放标准为每千字10元。

3. 杂志社地址：上海市万航渡路1575号华东政法大学六三楼《法学》月刊社。邮政编码：200042。联系电话：021－62071924。联系人：过纯益 汪池洲

感谢您的大力支持！

华东政法大学《法学》月刊社

2012年7月8日

图书在版编目(CIP)数据

法学的历史．第2卷,1958年／王立民主编．—北京:法律出版社,2012.9
ISBN 978-7-5118-3763-9

Ⅰ.①法…　Ⅱ.①王…　Ⅲ.①法学史—世界—文集
Ⅳ.①D909.1-53

中国版本图书馆CIP数据核字(2012)第166534号

责任编辑／陈　妮　　**装帧设计**／李　瞻

出版／法律出版社　　**编辑统筹**／财税出版分社
总发行／中国法律图书有限公司　　**经销**／新华书店
印刷／北京中科印刷有限公司　　**责任印制**／吕亚莉

开本／720毫米×960毫米　1/16　　**印张**／60.5　**字数**／1050千
版本／2012年9月第1版　　**印次**／2012年9月第1次印刷

法律出版社／北京市丰台区莲花池西里7号(100073)
电子邮件／info@lawpress.com.cn　　**销售热线**／010-63939792/9779
网址／www.lawpress.com.cn　　**咨询电话**／010-63939796

中国法律图书有限公司／北京市丰台区莲花池西里7号(100073)
全国各地中法图分、子公司电话：
第一法律书店／010-63939781/9782　**西安分公司**／029-85388843　**重庆公司**／023-65382816/2908
上海公司／021-62071010/1636　**北京分公司**／010-62534456　**深圳公司**／0755-83072995

书号:ISBN 978-7-5118-3763-9　　**定价**:216.00元

(如有缺页或倒装,中国法律图书有限公司负责退换)